Wer regiert die Welt?

Ian Morris ist gebürtiger Brite und seit zwanzig Jahren Historiker und Archäologe an der University of Chicago und der Stanford University. Er ist Autor zahlreicher Veröffentlichungen und häufig Studiogast im amerikanischen Fernsehen. Seine Arbeiten sind preisgekrönt und werden gefördert unter anderem von der Guggenheim Foundation und der National Geographic Society. Von 2000 bis 2006 leitete er ein Ausgrabungsprojekt auf dem Monte Polizzo, Sizilien, eines der größten archäologischen Projekte im westlichen Mittelmeerraum.

Ian Morris

Wer regiert die Welt?

Warum Zivilisationen herrschen oder beherrscht werden

Aus dem Englischen von Klaus Binder, Waltraud Götting und Andreas Simon dos Santos

Büchergilde Gutenberg

Die amerikanische Originalausgabe *Why the West Rules – For Now*
erschien 2010 bei Farrar, Straus & Giroux, New York, USA.

Redaktion: Klaus Gabbert, Büro Z, Wiesbaden

Lizenzausgabe für die Büchergilde Gutenberg,
Frankfurt am Main, Zürich, Wien
www.buechergilde.de
Mit freundlicher Genehmigung
des Campus Verlags, Frankfurt am Main

Satz: Fotosatz L. Huhn, Linsengericht
Gesetzt aus der Minion
Karten: Peter Palm, Berlin
Druck und Bindung: GGP Media GmbH, Pößneck
Gedruckt auf Papier aus zertifizierten Rohstoffen (FSC/PEFC).
Printed in Germany
ISBN 978-3-7632-6487-2

Für Kathy

Inhalt

Das vollständige Literaturverzeichnis zu diesem Buch finden Sie im Internet unter http://www.campus.de/morris

Im Anmerkungsteil ist jede Quelle bei ihrer ersten Nennung mit allen bibliografischen Angaben aufgeführt.

Einleitung

Albert in Beijing

London, 3. April 1848. Königin Victoria hatte Kopfschmerzen. Sie kniete seit 20 Minuten auf dem Pier, das Gesicht auf die hölzernen Planken gedrückt. Sie hatte Angst und war wütend, und sie war müde, weil sie schon so lange gegen die aufsteigenden Tränen ankämpfte; und jetzt hatte es auch noch angefangen zu regnen. Ihr Kleid war triefend nass, und sie hoffte nur, dass niemand ihr Zittern für ein Zeichen der Furcht halten würde. Ihr Mann kniete neben ihr. Wenn sie den Arm ausstreckte, konnte sie ihm die Hand auf die Schulter legen oder ihm das nasse Haar aus der Stirn streichen – irgendetwas tun, um ihm Kraft für das zu geben, was ihm bevorstand. Wenn doch die Zeit stillstehen – oder schneller vergehen würde. Wenn sie und Prinz Albert doch sonstwo wären, nur nicht hier.

Und so warteten sie – Victoria, Albert, der Herzog von Wellington und der halbe Hof – auf den Knien im Regen. Offensichtlich gab es ein Problem auf dem Fluss. Da das Flagschiff der chinesischen Kriegsflotte zu groß war, um in den East India Docks vor Anker zu gehen, hatte Gouverneur Qiying sich entschieden, seinen großen Auftritt in London von einem nach ihm selbst benannten kleineren gepanzerten Dampfschiff aus zu inszenieren, aber selbst die *Qiying* war eigentlich zu groß für die Docks in Blackwall und musste mühsam manövriert werden. Ein halbes Dutzend Schleppboote zogen sie unter viel Getöse und Tumult herein. Qiying fand das Ganze nicht lustig. Aus den Augenwinkeln konnte Victoria die kleine chinesische Musikkapelle sehen. Vor einer Stunde hatten die Seidengewänder und komischen Hüte der Musiker noch prachtvoll ausgesehen, jetzt waren sie vom englischen Regen vollkommen durchnässt. Viermal hatte die Kapelle in dem Glauben, dass Qiyings Sänfte gleich ans Ufer getragen werde, eine fernöstliche Kakophonie angestimmt, und viermal war sie abrupt wieder verstummt. Beim fünften Mal unterbrach sie ihr Spiel jedoch nicht. Victoria wurde flau im Magen. Qiying musste endlich an Land gegangen sein. Es war soweit.

Und dann stand Qiyings Gesandter vor ihnen, so dicht, dass Victoria die Stickereien auf seinen Pantoffeln sehen konnte. Sie zeigten kleine Drachen, die Rauch und Feuer spuckten. Die Stickereien waren so fein, wie ihre eigenen Zofen sie nie hätten zustande bringen können.

Der Gesandte las mit monotoner Stimme die offizielle Bekanntmachung aus Beijing vor. Man hatte ihr erklärt, was darin stand: Das Licht der Vernunft, der Kaiser Daoguang, erkenne den Wunsch der britischen Königin an, der kaiserlichen Oberhoheit ihre Ehrerbietung zu erbringen. Victoria habe um die Gunst gebeten, Tribut und Steuern zu bezahlen, äußersten Gehorsam zu leisten und Befehle entgegenzunehmen; und der Kaiser habe sich bereit erklärt, ihr Land als eines seiner untergeordneten Herrschaftsgebiete zu behandeln und den Briten die Erlaubnis zu erteilen, sich der chinesischen Lebensweise zu befleißigen.

Aber jeder wusste, wie die Geschichte wirklich abgelaufen war. Zuerst waren die Chinesen mit offenen Armen empfangen worden. Sie hatten geholfen, den Krieg gegen Napoleon zu finanzieren, der die europäischen Festlandshäfen für die Engländer geschlossen hatte. Aber von 1815 an hatten sie ihre Güter in den englischen Häfen immer billiger und billiger verkauft, sodass die Baumwollspinnereien in Lancashire ihre Tore am Ende hatten schließen müssen. Als die Engländer protestierten und Einfuhrzölle verlangten, hatten die Chinesen die stolze Königliche Kriegsflotte abgefackelt, Admiral Nelson getötet und sämtliche Städte entlang der Südküste geplündert. Beinahe acht Jahrhunderte lang hatte England alle Eroberungsversuche abgewehrt, aber nun würde Victorias Name für immer mit Schande behaftet sein. Ihre Regentschaft war eine einzige Aufeinanderfolge von Mord und Totschlag, Raub und Entführung, Niederlage, Entehrung und Tod gewesen. Und nun war Qiying, der schändliche Drahtzieher von Kaiser Daoguangs Willen, persönlich gekommen, um noch mehr Lügen und scheinheilige Phrasen von sich zu geben.

Im entscheidenden Moment hüstelte Victorias Dolmetscher, der unmittelbar hinter ihr kniete, so dezent, dass es nur für die Königin vernehmbar war. Dies war das verabredete Zeichen: Qiyings Lakai hatte die Stelle erreicht, an der von ihrer Einsetzung als untergeordneter Regentin die Rede war. Victoria hob den Kopf von den Holzplanken und setzte sich auf, um das barbarische Gewand samt Kappe entgegenzunehmen, das die Schande ihrer Nation verkündete. Zum ersten Mal konnte sie Qiying richtig in Augenschein nehmen. Sie hatte nicht erwartet, einen so klug und lebhaft dreinblickenden Mann in mittleren Jahren vor sich zu sehen. Konnte er wirklich das Ungeheuer sein, das sie so gefürchtet hatte? Und Qiying seinerseits konnte Victoria zum ersten Mal richtig betrachten. Zwar hatte er ein Porträt gesehen, das sie während ihrer Krönung zeigte, aber sie war noch fülliger und unansehnlicher, als er erwartet hatte. Und jung – sehr, sehr jung. Sie war durchnässt, und ihr Gesicht war voller Dreckspritzer. Sie wusste nicht einmal, wie man einen anständigen Kotau machte. Was für ein ungehobeltes Volk!

Und dann kam der Augenblick des blankesten Entsetzens, das Unvorstellbare. Mit tiefer Verneigung traten zwei Mandarine hinter Qiyings Rücken hervor und zogen Albert auf die Füße. Victoria wusste, dass sie keinen Laut von sich geben und keinen Finger rühren durfte – und um der Wahrheit die Ehre zu geben, war sie zur Salzsäule erstarrt und hätte auch dann nicht protestieren können, wenn sie es gewollt hätte.

Sie führten Albert fort. Er ging langsam und würdevoll mit ihnen, dann blieb er stehen und blickte noch einmal zu ihr zurück. Das Elend der ganzen Welt lag in seinem Blick.

Victoria schwankte. Einer der chinesischen Lakaien fing sie auf, als sie zu stürzen drohte. Man konnte schließlich nicht zulassen, dass eine Königin, auch wenn es eine ausländische Teufelskönigin war, in einem solchen Moment körperlichen Schaden nahm. Wie ein Schlafwandler, mit steinerner Miene und ungleichmäßigen Atemzügen, tat Albert jetzt die letzten Schritte in dem Land, das seine Heimat geworden war. Die Gangway hinauf, in die verschließbare Luxuskabine und dann ab nach China, wo ihn der Kaiser selbst in der Verbotenen Stadt zum Vasallen ernennen würde.

Als Victoria wieder zur Besinnung kam, war Albert verschwunden. Jetzt endlich wurde sie von Schluchzen geschüttelt. Bis nach Beijing würde Albert fast ein halbes Jahr brauchen und für die Rückreise noch einmal genauso lange; und möglicherweise musste er Monate oder gar Jahre bei diesen Barbaren ausharren, bevor ihm der Kaiser eine Audienz gewährte. Was sollte sie tun? Wie konnte sie allein ihr Volk beschützen? Wie konnte sie diesem Unhold Qiying je wieder in die Augen sehen, nach allem, was er ihnen angetan hatte?

Albert kehrte nie wieder zurück. Er erreichte Beijing, wo er alle Welt mit seinem fließenden Chinesisch und seiner Kenntnis der klassischen konfuzianischen Literatur in Erstaunen versetzte. Doch ihm auf den Fersen folgten zuerst Nachrichten über Aufstände besitzloser Landarbeiter, die überall im Süden Englands Dreschmaschinen zerstörten, und dann über blutige Unruhen und Straßenkämpfe in fast allen Hauptstädten Europas. Wenige Tage später erreichte den Kaiser eine Depesche, in der Qiying ihm mitteilte, dass es das Beste sei, den so überaus begabten Prinzen Albert in sicherer Entfernung von England zu halten. Die gewalttätigen Unruhen waren nicht weniger dem schmerzhaften Übergang zur Moderne als der Erbitterung über das Chinesische Reich geschuldet, aber es war nicht ratsam, angesichts dieser aufgebrachten Völkerschaften ein Risiko einzugehen.

Albert blieb also in der Verbotenen Stadt. Er musterte seine englischen Anzüge aus, ließ sich einen Mandschu-Zopf wachsen und vertiefte mit jedem Jahr, das verstrich, seine Kenntnis der chinesischen Klassiker. In der Einsamkeit der Pagoden wurde er alt, und nachdem er 13 Jahre in seinem goldenen Käfig verbracht hatte, hörte er schließlich einfach auf zu leben.

Auf der anderen Seite der Welt schloss sich Victoria in den schlecht beheizten Privaträumen des Buckingham Palace ein und scherte sich nicht um die Kolonialherren. Qiying regierte Britannien einfach ohne sie. So genannte Politiker kamen zu Hauf gekrochen, um mit ihm Geschäfte zu machen. Als Victoria 1901 starb, gab es kein Staatsbegräbnis; nur Schulterzucken und schiefe Grimassen angesichts des Todes dieses letzten Relikts aus der Zeit vor dem Chinesischen Weltreich.

Looty in Balmoral

In Wirklichkeit liefen die Ereignisse natürlich ganz anders ab. Zumindest *einige* der Ereignisse. Es gab tatsächlich ein chinesisches Schiff namens *Qiying*, und dieses Schiff lief tatsächlich im April 1848 in den Londoner East India Docks ein (Abbildung 0.1). Aber es war kein eisengepanzertes Kanonenboot, das einen chinesischen Gouverneur nach London brachte. Die echte *Qiying* war vielmehr eine fröhlich bunt bemalte Holzdschunke. Englische Geschäftsleute, die sich in der Kronkolonie Hongkong niedergelassen hatten, hatten das kleine Schiff vor Jahren erstanden und hielten es für eine lustige Idee, es nun zurück in ihre alte Heimat zu schicken.

Königin Victoria, Prinz Albert und der Herzog von Wellington kamen tatsächlich zur Themse, allerdings nicht, um vor ihren neuen Herren einen Kotau zu machen, sondern sozusagen als Gaffer, die sich den Anblick des ersten chinesischen Schiffs in England nicht entgehen lassen wollten.

Das Schiff war auch tatsächlich nach dem Gouverneur von Guangzhou benannt. Aber Qiying hatte 1842 weder die Königliche Kriegsflotte versenkt noch war er gekommen, um die Unterwerfungserklärung der britischen Regierung entgegenzunehmen. Vielmehr führte er in diesem Jahr Kapitulationsverhandlungen für China, nachdem ein kleines britisches Geschwader jede Kriegsdschunke versenkt hatte, derer sie ansichtig wurde, und die Briten die Küstenbatterien zum Schweigen gebracht sowie den Kaiserkanal, der Beijing mit dem fruchtbaren Mündungsgebiet des Jangtse verbindet, dicht gemacht hatten, sodass die Hauptstadt von einer Hungersnot bedroht war.

Und China wurde im Jahr 1848 tatsächlich von Kaiser Daoguang regiert. Aber Daoguang veranlasste keineswegs, dass Victoria und Albert auseinandergerissen wurden: Die beiden führten ein glückliches und zufriedenes, nur durch die gelegentlichen Launen der Königin getrübtes Eheleben, bis Albert 1861 das Zeitliche segnete. In Wahrheit war es Daoguang, der von Victoria und Albert vernichtet wurde.

Die Historie schreibt oft Geschichten, die merkwürdiger sind als die kühnste Fiktion. Victorias Landsleute unterjochten Daoguang und zerschlugen sein Reich wegen der größten aller englischen Schwächen – wegen einer Tasse Tee (oder, um es genauer zu sagen, wegen ein paar Milliarden Tassen Tee). In den 1790er Jahren, als die Britische Ostindiengesellschaft weite Teile Südasiens wie ein Privatlehen beherrschte, wurden pro Jahr rund 20 Millionen Pfund Teeblätter von China nach England verschifft. Die Gewinne waren gewaltig, nur eine Sache bereitete dem Unternehmen Kopfzerbrechen: Die chinesische Regierung wollte im Gegenzug

Abbildung 0.1: Die echte Qiying
Londoner rudern 1848 in Scharen hinaus, um das Schiff zu bestaunen, im Bild festgehalten von einem Zeichner der *Illustrated London News.*

partout keine Güter aus britischen Manufakturen importieren. Sie war an nichts anderem interessiert als an Silber, und die Ostindiengesellschaft hatte Schwierigkeiten, genug davon aufzutreiben, um die Handelsgeschäfte in Schwung zu halten. So war die Freude bei den britischen Händlern groß, als sie feststellten, dass zwischen dem, was der Kaiser wollte, und dem, was seine Untertanen wollten, ein himmelweiter Unterschied war. Das Volk wollte nur eines: Opium. Und das beste Opium kam aus Indien, einem Land, das ebenfalls zum Herrschaftsbereich des Unternehmens gehörte. In Guangzhou – dem einzigen chinesischen Hafen, der ausländischen Händlern offen stand – tauschten Geschäftsleute Opium gegen Silber und benutzten das Silber als Zahlungsmittel für den Tee, den sie dann in London mit noch größerem Gewinn verkauften.

Doch wie so oft im Geschäftsleben zog auch hier die Lösung des einen Problems auf direktem Wege das nächste nach sich. Inder pflegten das Opium zu essen, Engländer tranken es in Flüssigkeit aufgelöst und brachten es so auf einen jährlichen Konsum von 20 Tonnen (von denen einige als Beruhigungsmittel für Säuglinge und Kleinkinder Verwendung fanden). Gegessen wie getrunken hatte das Opium eine leicht berauschende Wirkung, gerade genug, um den einen oder anderen Poeten zu beflügeln und ein paar adelige Wüstlinge zu neuen Taten zu inspirieren, aber nichts, worum man sich Sorgen hätte machen müssen. Die Chinesen allerdings pflegten das Opium zu rauchen. Die Wirkung ist ungleich stärker; es ist, als würde man Crackrauchen mit dem Kauen von Cocablättern vergleichen. Die britischen Dealer sahen großzügig über diesen Unterschied hinweg, aber nicht so Kaiser Daoguang. 1839 erklärte er dem Drogenhandel den Krieg.

Es war ein eigenartiger Krieg, der bald in eine Privatfehde zwischen Daoguangs Sonderkommissar Lin Zexu und dem britischen Handelsinspektor Kapitän Charles Elliot ausartete. Als Elliot merkte, dass ihm die Felle davonschwammen, überredete er die Händler, Lins Forderung Folge zu leisten und ihm 22 000 Kisten Opium mit einem Gesamtgewicht von rund 1500 Tonnen auszuhändigen. Die Händler willigten ein, als Elliot ihnen eine großzügige Entschädigung durch den britischen Staat zusagte, auch wenn sie nicht wussten, ob der Handelsinspektor dazu überhaupt befugt war. Lin bekam sein Opium, das er dann verbrennen und ins Meer spülen ließ, Elliot wahrte sein Gesicht, der Teehandel konnte fortgeführt werden, und die Kaufleute erhielten ein schönes Sümmchen (plus Zinsen und Frachtkosten) als Entschädigung für die verlorenen Drogen. Alle hatten gewonnen.

Das heißt, alle außer Lord Melbourne, dem Premierminister des Vereinigten Königreichs. Er, der nun Entschädigungssummen in Höhe von zwei Millionen Pfund an die Drogenhändler aufbringen sollte, war *nicht* unter den Gewinnern. Normalerweise hätte ein einfacher Marinekapitän wahnsinnig sein müssen, einen Premierminister in eine solche Zwangslage zu bringen, aber Elliot kannte den Einfluss der Kaufleute auf das britische Parlament und wusste, dass es ihnen gelingen würde, dessen Zustimmung zu den Entschädigungszahlungen zu erzwingen. Und so kam es, dass sich das Gespinst aus persönlichen, politischen und finanziellen Interessen immer enger um Lord Melbourne zusammenzog, bis ihm nichts anderes mehr übrig blieb, als zu bezahlen und anschließend einen Flottenverband zu entsenden, der dafür sorgen sollte, dass die chinesische Regierung den durch die Beschlagnahme des Opiums entstandenen Schaden wiedergutmachte.

Es war kein rühmlicher Tag für das Vereinigte Königreich. Vergleiche mit zeitgenössischen Ereignissen müssen zwangsläufig hinken, aber es war ungefähr so, als würde das Drogenkartell von Tijuana die mexikanische Regierung dazu bringen, als Vergeltung für einen Schlag der US-Behörde zur Drogenbekämpfung eine schwer bewaffnete, um sich schießende Truppe nach San Diego zu schicken und vom Weißen Haus zu verlangen, dass es den Drogenbaronen den Verkaufswert des beschlagnahmten Kokains (plus Zinsen und Transportkosten) ersetzt und überdies die Kosten der Militäraktion übernimmt. Und man stelle sich außerdem vor, ein mexikanischer Flottenverband würde, weil er schon einmal vor Ort ist, die Insel Santa Catalina vor der Küste Kaliforniens als Basis für künftige Operationen annektieren und Washington eine Blockade androhen, sofern dem Tijuana-Kartell kein Handelsmonopol für den Verkauf seiner Ware in Los Angeles, Chicago und New York gewährt wird.

Der Unterschied ist natürlich, dass Mexiko nicht in der Lage wäre, San Diego zu bombardieren, während Großbritannien 1839 tun und lassen konnte, was immer

Abbildung 0.2: Kein rühmlicher Tag
1842 zerstören britische Schiffe Kriegsdschunken auf dem Jangtse. Rechts im Bild die *Nemesis*, das erste ganz aus Eisen gebaute Panzerschiff der Welt, das hier seinem Namen alle Ehre macht.

es wollte. Die britischen Kriegsschiffe überwanden Chinas Verteidigungslinien mühelos, und Qiying unterzeichnete drei Jahre später einen demütigenden Vertrag, der ausländischen Händlern und Missionaren in China Tür und Tor öffnete. Daoguangs Ehefrauen wurden nicht nach London verschleppt wie Albert in der fiktiven Geschichte am Anfang dieses Buches nach Beijing, doch der »Opiumkrieg« brach dem Kaiser das Genick. Er hatte 300 Millionen Untertanen enttäuscht und eine zweitausendjährige Tradition gebrochen. Und er fühlte sich zu Recht als Versager. Das Chinesische Reich zerfiel, Opiumsucht und Sittenverfall griffen um sich, der Staat verlor seine Macht.

In diese aus den Fugen geratene Welt trat ein glückloser Beamtenanwärter namens Hong Xiuquan, der in der Nähe von Guangzhou aufgewachsen war. Viermal war er in die Stadt gereist, um die schweren Beamtenprüfungen abzulegen, und viermal war er durchgefallen. 1843 dann, nach dem vierten gescheiterten Anlauf, erlitt er einen Nervenzusammenbruch und musste in sein Dorf zurückgetragen werden. In seinen Fieberträumen erschienen ihm Engel, die mit ihm in den Himmel entschwebten. Hier begegnete er einem Mann, der ihm als sein älterer Bruder vorgestellt wurde und mit dem er nun Seite an Seite unter den Augen ihres rauschebärtigen Vaters gegen Teufel und Dämonen kämpfte.

Kein Nachbar im Dorf konnte Hongs Traum deuten, und so dachte er jahrelang nicht mehr daran, bis er eines Tages ein Büchlein aufschlug, das ihm jemand in Guangzhou auf dem Weg zum Prüfungsort in die Hand gedrückt hatte. Es enthielt eine Zusammenfassung der biblischen Geschichte – und war, wie Hong feststellte, der Schlüssel zu seinem Traum. Bei dem Bruder, der ihm in seinem Traum erschienen war, handelte es sich ganz offensichtlich um Jesus, und damit stand fest, dass er, Hong, Gottes chinesischer Sohn war. Gemeinsam mit Jesus hatte er die Teufel und Dämonen aus dem Himmel verjagt, und nun fühlte er sich in Gottes Auftrag berufen, auch die Erde von ihnen zu befreien. Auf der Grundlage einer Weltsicht, in der sich christlich-protestantisches und konfuzianisches Gedankengut mischten, rief er ein »Himmlisches Reich des höchsten Friedens« aus, unter dessen Banner sich unzufriedene Kleinbauern und Rebellen aller Art scharten. Diesem bunten Haufen gelang es 1850, die gegen sie anrückenden kaiserlichen Truppen zurückzuschlagen, woraufhin Hong, Gottes Willen folgend, radikale gesellschaftliche Reformen einführte. Er begann, den Landbesitz umzuverteilen, stellte Frauen den Männern rechtlich gleich und schaffte sogar die Praxis des Füßebindens ab.

Während sich Anfang der 1860er Jahre die Nordamerikaner im ersten modernen Krieg der Weltgeschichte gegenseitig mit schweren Geschützen und Repetiergewehren niedermetzelten, gingen die Chinesen im letzten traditionellen Krieg der Weltgeschichte mit Säbeln und Spießen aufeinander los und taten es ihnen gleich. Und die traditionelle Kriegführung erwies sich, was die blutigen Gräuel betrifft, als der modernen eindeutig überlegen. Zwanzig Millionen Menschen fanden, vor allem durch Hunger und Krankheiten, den Tod, westliche Diplomaten und Generäle machten sich die Kriegswirren zunutze und dehnten ihren Einflussbereich in Asien weiter nach Osten aus. Auf der Suche nach neuen Anlaufplätzen zum Nachladen von Kohle für die Schiffsroute zwischen China und Kalifornien erzwang der US-amerikanische Flottillenadmiral Matthew Perry 1854 die Öffnung japanischer Häfen. 1858 sah sich Kaiser Xianfeng, der Sohn Daoguangs, zu weitreichenden Handelskonzessionen gegenüber Großbritannien, Frankreich und den Vereinigten Staaten gezwungen. Verständlicherweise erbost über die ausländischen Teufel, die seinen Vater vernichtet hatten und nun seinen Krieg gegen Hongs Truppen zu ihrem Vorteil nutzten, versuchte Xianfeng, diese neuen Verträge mit allerlei Ränken zu umgehen, doch als die Briten und Franzosen merkten, dass der Kaiser Zicken machte, brachten sie ihn mit überzeugenden Argumenten zur Räson: Sie marschierten in einer anglofranzösischen Strafexpedition in Beijing ein, legten den prachtvollen kaiserlichen Sommerpalast in Schutt und Asche und ließen Xianfeng, der einen unrühmlichen Rückzug in eine seiner ländlichen Ferienresidenzen angetreten hatte, wissen, dass sie es mit der Verbotenen Stadt genauso machen könnten, wenn ihnen der Sinn danach stünde. Xianfeng gab sich geschlagen. Noch gründlicher am Boden zerstört, als es sein Vater je gewesen war, weigerte er sich fürderhin standhaft, sein Refugium zu verlassen oder je wieder mit einem Staatsbeamten zu reden. Er nahm Zuflucht zu Drogen und sexuellen Ausschweifungen und starb nur ein Jahr später.

Wenige Monate nach Xianfeng segnete auch Prinz Albert das Zeitliche. Er, der jahrelang gepredigt und die britische Regierung zu überzeugen versucht hatte, dass durch die offenen Abwassergräben Seuchen und Krankheiten in London verbreitet wurden, starb aller Wahrscheinlichkeit nach an einer Typhuserkrankung, die er sich infolge der katastrophalen sanitären Verhältnisse im Schloss Windsor zugezogen hatte. Und was die Sache noch trauriger machte: Just in dem Augenblick, als Albert sein Leben aushauchte, weilte Victoria, von den neuesten Errungenschaften der Klempnerei ebenso begeistert wie ihr königlicher Gemahl, auf dem stillen Örtchen.

Der großen Liebe ihres Lebens beraubt, versank Victoria in tiefer Schwermut. Doch ihre Einsamkeit war nicht vollkommen. Sie teilte sie mit einer der kuriosesten Raritäten, die britische Offiziere bei der Plünderung des kaiserlichen Sommerpalastes in Beijing erbeutet hatten: einem Pekinesen-Hündchen, das Victoria in Anspielung auf seine Herkunft Looty nannte, was auf Deutsch soviel wie »Kriegsbeute« heißt.

Alles ist längst festgeschrieben

Warum schlug die Geschichte den Weg ein, auf dem Looty nach Balmoral gelangte, wo er an Victorias Seite ergraute, und nicht jenen anderen, der Albert zum Studium der konfuzianischen Schriften nach Beijing führte? Wie kam es, dass britische Schiffe sich 1842 den Weg über den Jangtse freischießen konnten und nicht chinesische Dschunken den über die Themse? Kurz gesagt: Warum regiert der Westen die Welt?

»Regieren« mag leicht übertrieben klingen angesichts der Tatsache, dass »der Westen«, wie immer wir diesen definieren (eine Frage, auf die wir später zurückkommen), seit damals nicht eben eine Weltregierung anführt und darüber hinaus mit schöner Regelmäßigkeit scheitert, wenn er seinen Willen durchsetzen will. Viele von uns werden alt genug sein, um sich an den unrühmlichen Abzug der US-Truppen aus Saigon zu erinnern, das heute Ho-Chi-Minh-Stadt heißt, oder daran, wie japanische Fabrikate in den 1980er Jahren die westliche Konkurrenz vom Markt verdrängten. Und fast jeder von uns hat das Gefühl, dass alles, was wir heute kaufen, »Made in China« ist. Aber ebenso unbestritten ist auch, dass in den letzten hundert Jahren westliche Truppenverbände nach Asien geschickt wurden und nicht umgekehrt. Ostasiatische Regierungen haben sich mit kapitalistischen und kommunistischen Ideologien auseinandergesetzt, aber keine westliche Staatsführung hat sich je an konfuzianischen oder daoistischen Prinzipien orientiert. Im Osten findet die Kommunikation über Sprachgrenzen hinweg nicht selten in englischer Sprache statt; Europäer werden kaum Mandarin oder Japanisch sprechen, um sich miteinander zu verständigen. Wie ein malaysischer Anwalt dem britischen Journalisten Martin Jacques einmal rundheraus gesagt hat:

»Ich trage eure Anzüge, ich spreche eure Sprache, ich sehe mir eure Filme an, und wir haben heute dieses oder jenes Datum, weil ihr sagt, dass es so ist.«[1]

Die Liste ließe sich endlos fortsetzen. Seit Victorias Männer Looty aus Beijing fortbrachten, hat der Westen rund um den Erdball eine Vormachtstellung inne, die beispiellos ist in der Geschichte der Menschheit.

Ich habe mir zum Ziel gesetzt, das zu erklären.

Auf den ersten Blick mag es so aussehen, als hätte ich mir damit nicht allzu viel vorgenommen. Man ist sich im Großen und Ganzen darin einig, dass der Westen die Welt regiert, weil die industrielle Revolution hier und nicht im Osten stattgefunden hat. Im 18. Jahrhundert entfesselten britische Fabrikanten die Kraft von Dampf und Kohle. Fabriken, Schienennetze und Kanonenboote versetzten Europäer und US-Amerikaner im 19. Jahrhundert in die Lage, ihr Machtgefüge rund um den Erdball auszuweiten; ein Jahrhundert später dienten Flugzeuge, Computer und Atomwaffen ihren Nachfolgern dazu, diese Macht zu zementieren.

Das heißt natürlich nicht, dass kein anderer Gang der Dinge möglich gewesen wäre. Hätte Kapitän Elliot 1839 Lord Melbourne nicht zu seiner Entscheidung genötigt, so hätte der britische Angriff gegen China im gleichen Jahr vielleicht nicht stattgefunden; hätte Daoguangs Sonderkommissar Lin Zexu der Befestigung der Küsten mehr Aufmerksamkeit geschenkt, so hätten die Briten möglicherweise keinen so leichten Sieg erringen können. Es heißt aber sehr wohl, dass der Westen im 19. Jahrhundert in jedem Fall den Sieg davongetragen hätte, gleichgültig, wann die Lage eskaliert wäre, wer auf welchem Thron gesessen und wer die Wahlen gewonnen und die Streitkräfte befehligt hätte. Der britische Schriftsteller und Politiker Hilaire Belloc brachte es 1898 auf den Punkt:

Egal was kommt, wir haben die Maxim-Gun, nicht aber sie.[2]

Ende der Geschichte.

Nur dass es natürlich nicht das Ende der Geschichte ist. Es wirft lediglich die nächste Frage auf: *Warum* hatte der Westen das Maxim-Maschinengewehr und die anderen nicht? Das ist die erste Frage, die ich stelle, weil uns die Antwort verrät, warum der Westen heute die Welt regiert. Und mit dieser Antwort gerüstet können wir eine zweite Frage stellen. Europäer und Amerikaner interessieren sich nicht zuletzt deshalb dafür, warum der Westen regiert, weil sie wissen wollen, ob, wie lange und auf welche Weise sich dieser Zustand auch in Zukunft erhalten lässt – mit anderen Worten: was als Nächstes passiert.

Diese Frage stellt sich immer drängender, seit sich Japan im 20. Jahrhundert zu einer Großmacht entwickelte hat; seit Beginn des 21. Jahrhunderts kommt man nicht mehr um sie herum. Chinas Wirtschaft wächst so rasant, dass das Land vermutlich spätestens 2030 die größte Wirtschaftsmacht der Welt sein wird. Anfang 2010, während ich an diesem Buch schreibe, richten sich die Erwartungen der meisten Experten, wenn es um die Wiederankurbelung der Weltwirtschaft geht, nicht auf die Vereinigten Staaten oder Europa, sondern auf China. 2008 war

China Austragungsort der bombastisch organisierten Olympischen Spiele, und die ersten beiden Taikonauten verließen im All für einen Außenbordeinsatz ihr Raumschiff. Sowohl China als auch Nordkorea verfügen über Atomwaffen, und westliche Strategen fragen sich besorgt, wie sich die Vereinigten Staaten mit der zunehmenden Machtposition Chinas arrangieren werden. Die Frage, wie lange der Westen seine Vormachtstellung noch wird halten können, brennt uns auf den Nägeln.

Geschichtswissenschaftler taugen bekanntlich so wenig als Propheten, dass sie sich in den meisten Fällen weigern, überhaupt über die Zukunft zu sprechen. Je länger ich mir Gedanken darüber gemacht habe, warum der Westen die Welt regiert, umso klarer wurde mir, dass der Hobbyhistoriker Winston Churchill die Geschichte besser verstanden hat als die meisten seiner Kollegen vom Fach. »Je weiter man zurückblicken kann«, hat er einmal gesagt, »umso weiter wird man vermutlich vorausschauen.« In diesem Sinne meine ich (auch wenn Churchill meine Schlussfolgerungen möglicherweise nicht gefallen hätten), dass wir eine ziemlich genaue Vorstellung davon gewinnen, wie sich die Dinge im 21. Jahrhundert entwickeln werden, wenn wir verstehen, warum der Westen eine solche Vormachtstellung innehat.

Natürlich bin ich nicht der Erste, der solche Überlegungen anstellt. Die Frage, warum der Westen die Welt regiert, kursiert schon seit gut 250 Jahren. Vor dem 18. Jahrhundert machte sich kaum jemand Gedanken darüber, weil es damals, ehrlich gesagt, eine ziemlich unsinnige Frage gewesen wäre. Als Intellektuelle in Europa anfingen, sich ernsthaft mit China zu befassen, waren sie vor allem zutiefst beeindruckt von der ehrwürdigen Geschichte und Kultur des Landes; und das mit gutem Grund, wie die wenigen Bewohner der östlichen Welt bestätigten, die dem Westen überhaupt Beachtung schenkten. Manche Beamten in China äußerten Bewunderung für die raffinierten Uhren, die teuflischen Geschütze und die präzisen Kalender des Westens, fanden aber ansonsten wenig an diesen uninteressanten Fremden, dem nachzueifern sich gelohnt hätte.

Hätten die chinesischen Kaiser des 18. Jahrhunderts gewusst, dass französische Philosophen wie Voltaire ein Loblied auf sie sangen, so wären sie sicherlich der Meinung gewesen, genau das sei es, was französische Philosophen tun sollten.

Doch fast von dem Augenblick an, als Rauch aus den Fabrikschornsteinen in den Himmel über England aufzusteigen begann, merkten die Intellektuellen Europas, dass sie ein Problem hatten. Gemessen an anderen Problemen hätte es Schlimmeres geben können: Wie es aussah, übernahmen sie die Macht in der Welt, wussten aber nicht, warum.

Revolutionäre wie Reaktionäre, Romantiker wie Realisten überschlugen sich in Europa mit wilden Spekulationen, Mutmaßungen und Theorien zu dem Thema. Am besten nähert man sich der Frage, wie der Westen zu seiner Vormachtstellung kam, indem man die verschiedenen Ansätze zuerst in zwei grobe Denkrichtungen unterteilt: Eine sieht die Entwicklung als »langfristig determiniert«, die zweite sieht sie als »Produkt kurzfristiger Zufallsereignisse«. Auch wenn sich nicht jeder Gedanke eindeutig einer der beiden Richtungen zuordnen lässt, hilft die Unterscheidung doch, sich ein genaueres Bild vom Ganzen zu machen.

Allen Theorien der »langfristigen Determiniertheit« ist eine Vorstellung gemein: dass es nämlich einen entscheidenden Faktor gebe, der dafür verantwortlich ist, dass seit undenklichen Zeiten ein gravierender und unabänderlicher Unterschied zwischen Westen und Osten existiert und dass die industrielle Revolution nur im Westen stattfinden konnte. Ganz und gar nicht einig sind sich die Vertreter dieser Denkrichtung allerdings darüber, was dieser Faktor ist und wann er seine Wirkung zu entfalten begann. Die einen verweisen auf natürliche Gegebenheiten wie klimatische und topographische Bedingungen oder die Verfügbarkeit von Ressourcen; andere sehen weniger greifbare Aspekte wie Kultur, Politik und Religion als entscheidenden Faktor. Erstere definieren »langfristig« tatsächlich als sehr langen Zeitraum. Sie haben das Ende der letzten Eiszeit vor 15 000 Jahren im Blick oder gehen sogar noch weiter zurück. Für Letztere beginnt die Langfristigkeit ein bisschen später, vor 1000 Jahren vielleicht, im Mittelalter, oder vor 2500 Jahren, zur Zeit des griechischen Philosophen Sokrates und des großen chinesischen Lehrmeisters Konfuzius. Allen gemein ist jedoch die Überzeugung, dass die Briten, die sich in den 1840er Jahren den Weg nach Shanghai freischossen, und die Amerikaner, die zehn Jahre später die Japaner zwangen, ihre Häfen zu öffnen, nur als unwissentliche Handlanger in einer Folge geschichtlicher Ereignisse auftraten, die schon Jahrtausende zuvor in Gang gesetzt worden waren. Sie alle würden meine Idee, dieses Buch mit der Gegenüberstellung der Albert-in-Beijing- und Looty-in-Balmoral-Szenarien zu beginnen, als schlichtweg albern bezeichnen. Königin Victoria musste zwangsläufig den Sieg davontragen: Der Gang der Dinge war unausweichlich – festgeschrieben seit unzähligen Generationen.

Rund 200 Jahre lang, von Mitte des 18. bis Mitte des 19. Jahrhunderts, stützten sich fast alle Erklärungsversuche für die Vorherrschaft des Westens auf die Theorie der langfristigen Determiniertheit. Am beliebtesten war die Vorstellung von der kulturellen Überlegenheit der Europäer gegenüber dem Rest der Welt. Seit dem Untergang des Römischen Reiches hatten die meisten Europäer ihre Wurzeln auf das Neue Testament zurückgeführt und sich vor allem als Christen definiert. Nun aber, im Bemühen um eine Erklärung dafür, dass der Westen die Herrschaft über die Welt gewann, kam ihnen noch eine andere Abstammungslinie in den Sinn. Vor 2500 Jahren, so argumentierten sie, hätten die Griechen eine einzigartige Kultur der Vernunft und der Freiheit des Denkens und Handelns begründet und Europa damit auf einen anderen (besseren) Weg gebracht als den Rest der Welt. Natürlich habe auch der Osten seine Denker gehabt, räumten sie ein, aber deren Lehren seien viel zu konfus, zu sehr den Traditionen und überkommenen Hierarchien verhaftet, als dass sie mit dem westlichen Gedankengut hätten Schritt halten können. Aus all dem zogen die meisten Europäer den

Schluss, die Tatsache, dass sie alle anderen besiegen konnten, sei ihrer kulturellen Überlegenheit geschuldet.

Um 1900 übernahmen viele fernöstliche Intellektuelle, die sich mit der wirtschaftlichen und militärischen Überlegenheit des Westens auseinandersetzten, diese Theorie, legten sie aber auf ihre eigene Weise aus. So entstand innerhalb von 20 Jahren, nachdem Admiral Perry in der Bucht von Tokio eingelaufen war, eine Aufklärungsbewegung, deren Anhänger die klassischen Schriften der französischen Aufklärung und des englischen Liberalismus ins Japanische übersetzten und dafür plädierten, durch Demokratisierung, industrielle Entwicklung und Gleichstellung der Frauen mit dem Westen Schritt zu halten. Manche gingen so weit, Englisch als Amtssprache in Japan einführen zu wollen. Das Problem, erklärten Intellektuelle wie Fukuzawa Yukichi in den 1870er Jahren, sei langfristiger Natur: Die japanische Kultur sei weitgehend durch China geprägt, und China habe in ferner Vergangenheit einen vollkommen falschen Weg eingeschlagen. Und darum sei Japan nun allenfalls »halb zivilisiert«. Dennoch sei die Situation nicht ausweglos, meinte er. Japan müsse nur China in die Schranken weisen, um zur vollkommenen Zivilisation zu gelangen.

Chinas Intellektuelle ihrerseits hatten niemanden außer sich selbst, den sie hätten in die Schranken weisen können. In den 1860er Jahren etablierte sich eine so genannte Bewegung der Selbststärkung, deren Botschaft lautete, kulturell sei in China im Grunde genommen alles in Ordnung, das Land müsse lediglich ein paar Dampfschiffe bauen und ein Arsenal ausländischer Waffen anlegen. Das, so stellte sich heraus, war allerdings ein Irrtum. 1895 unternahm eine modern ausgerüstete japanische Armee einen gewagten Überraschungsangriff gegen eine chinesische Festung, erbeutete die darin gelagerten ausländischen Waffen und richtete diese anschließend gegen die Dampfschiffe der Chinesen. Es reichte also nicht, die richtigen Waffen zu haben. Das Problem ging viel tiefer. Um 1900 folgten chinesische Intellektuelle längst dem Beispiel der Japaner, indem sie wirtschafts- und evolutionstheoretische Schriften aus dem Westen übersetzten. Wie Fukuzawa waren sie der Ansicht, dass die westliche Vorherrschaft zwar langfristig entstanden, aber keineswegs unabänderlich sei: China müsse sich lediglich von seiner Geschichte verabschieden, dann sei das Land ebenfalls in der Lage, mit dem Westen gleichzuziehen.

Unter den westlichen Vertretern der Langfristtheorie gab es allerdings einige, die überzeugt waren, dass der ferne Osten zu rein gar nichts in der Lage sei. Die überlegene Kultur des Westens sei nicht die einzige Erklärung für dessen Vorherrschaft, da Kultur auf dem Boden materieller Gegebenheiten wächst. Vielleicht war es im Osten zu heiß oder es gab zu viele Krankheiten, als dass sich dort eine gleichrangige Kultur hätte entwickeln können; oder es gab dort einfach zu viele Menschen, die alle erzielten Überschüsse aufzehrten, dadurch einen höheren Lebensstandard unmöglich machten und so verhinderten, dass etwas Vergleichbares hätte entstehen können wie die liberale, zukunftsweisende westliche Gesellschaft.

Theorien der langfristigen Determiniertheit hatten in allen politischen Lagern Konjunktur, die wichtigste und einflussreichste aber kam von Karl Marx. Etwa zur gleichen Zeit, als britische Soldaten Looty befreiten, vertrat Marx, der damals eine China-Kolumne für die *New York Daily Tribune* schrieb, die Ansicht, die Vorherrschaft des Westens sei auf politische Faktoren zurückzuführen. Jahrtausende lang, erklärte er, seien die ostasiatischen Staaten so zentralistisch strukturiert und mächtig gewesen, dass der Fluss der Geschichte praktisch zum Stillstand gekommen sei. Die europäische Gesellschaft habe sich vom klassischen Altertum über den Feudalismus zum Kapitalismus entwickelt, und proletarische Revolutionen würden in Kürze den Kommunismus erzwingen, der Osten aber sei im Bernstein des Despotismus eingeschlossen und könne darum den fortschrittlichen Weg des Westens nicht beschreiten. Als die Geschichte dann nicht ganz den Lauf nahm, den Marx vorausgesagt hatte, modifizierten seine kommunistischen Nachfolger (allen voran Lenin und seine Anhänger) seine Aussagen und behaupteten nun, der Osten könne möglicherweise durch eine revolutionäre Avantgarde aus seinem Dornröschenschlaf herausgerissen werden. Das aber sei nur möglich, lautete die leninistische Botschaft weiter, wenn es den Revolutionären gelänge, die alten verkrusteten Gesellschaften zu zerschlagen – koste es, was es wolle. Diese Theorie ist nicht die einzige Ursache für das Grauen, das Mao Zedong, Pol Pot und die Kims in Nordkorea über ihre Völker brachten, doch ihr Teil der Verantwortung dafür wiegt schwer.

Das gesamte 20. Jahrhundert hindurch wand sich der Westen unter dem Eindruck immer neuer Fakten, die, von Historikern präsentiert, nicht recht zum Langfristmodell passen wollten, sodass sich die Verfechter dieser Theorie häufig gezwungen sahen, ihr Gedankenkonstrukt den neu gewonnenen Erkenntnissen anzupassen. Beispielsweise bestreitet heute kein Mensch mehr, dass China, als in Europa die große Zeit der Seefahrer und Entdecker gerade erst zu dämmern begann, mit seinen Schiffen bereits die Küsten Indiens, Arabiens, Ostafrikas und möglicherweise sogar Australiens angesteuert hatte.* Als der Eunuch Zheng He 1405 von Nanjing nach Ceylon segelte, führte er eine Flotte von fast 300 Dschunken an. Darunter waren Tankschiffe, die Trinkwasser mit sich führten, und gewaltige so genannte Schatzschiffe mit wasserdichten Schotten und hoch entwickelten Ruder- und Signalanlagen. Zu der 27 000 Mann starken Besatzung gehörten 180 Ärzte und Pharmazeuten.

---

* Gelegentlich wird sogar behauptet, chinesische Seeleute hätten im 15. Jahrhundert Amerika erreicht, aber das gehört wohl, wie ich in Kapitel 8 zu zeigen versuche, ins Reich der Fantasie. Einem Beweis für diese imaginären Seereisen am nächsten kommt noch eine Weltkarte, die 2006 in Beijing und London in Ausstellungen präsentiert wurde und bei der es sich angeblich um die aus dem Jahr 1763 stammende Kopie einer Karte von 1418 handelt. Sie unterscheidet sich nicht nur grundlegend von allen bekannten chinesischen Karten aus dem 15. Jahrhundert, sondern weist auch, bis hin zu Details wie der Darstellung Kaliforniens als Insel, eine verblüffende Übereinstimmung mit französischen Weltkarten aus dem 18. Jahrhundert auf. Höchstwahrscheinlich hat ein chinesischer Kartograph aus dem 18. Jahrhundert eine alte chinesische Karte und eine der nun verfügbaren französischen Weltkarten kombiniert. Vermutlich lag es überhaupt nicht in der Absicht dieses Mannes, jemanden zu täuschen, sondern Sammler des 21. Jahrhunderts haben sich in ihrer Gier nach sensationellen Entdeckungen bereitwillig selbst an der Nase herumgeführt.

Zum Vergleich: Als Christoph Kolumbus 1492 von Huelva aus in See stach, bestand sein Verband aus drei Schiffen mit 90 Mann Besatzung. Sein größtes Schiff hatte einen Rumpf, der dreißigmal weniger Wasser verdrängte als Zhengs Schatzdschunken, und es war mit 27 Metern Länge kürzer als deren Hauptmast und nur knapp doppelt so lang wie ihr Ruder. Kolumbus hatte weder einen Trinkwassertanker noch befanden sich echte Ärzte in seiner Begleitung. Zheng verfügte über Magnetkompasse und kannte den Indischen Ozean so gut, dass er eine sechseinhalb Meter lange detaillierte Seekarte anfertigen konnte; Kolumbus wusste kaum, wo er war, geschweige denn, wohin ihn seine Reise führte.

Das mag all jenen zu denken geben, die meinen, die westliche Führungsrolle sei schon in ferner Vergangenheit festgeschrieben worden, doch es gibt eine Reihe wichtiger Bücher, die argumentieren, Zheng Hes Leistungen stünden keineswegs im Widerspruch zur Theorie der langfristigen Determiniertheit, man müsse die Sache nur ein wenig differenzierter betrachten. Der Wirtschaftshistoriker David Landes beispielsweise greift in seinem beeindruckenden Buch *Wohlstand und Armut der Nationen* die bekannte These auf, dass Krankheiten und die demographische Entwicklung Europa immer wieder einen Vorteil gegenüber China verschafft hätten, gibt ihr jedoch einen eigenen Anstrich, indem er hinzufügt, die enorme Bevölkerungsdichte habe eine zentralistische Staatsführung in China begünstigt und die Anreize für die Regierenden vermindert, von Zheng Hes Reisen zu profitieren. Da die chinesischen Kaiser in ihrer Position unangefochten waren, sorgten sie sich eher darum, dass bestimmte Gruppen wie Kaufleute zu Wohlstand und Einfluss kommen könnten, als darum, sich selbst weitere Reichtümer anzueignen. Und sie waren mächtig genug, allem gefährlichen Treiben ein Ende zu setzen. Das große Zeitalter der chinesischen Entdeckungsfahrten war vorüber, als in den 1430er Jahren die kaiserlichen Schiffe stillgelegt und später vermutlich auch Zheng Hes Aufzeichnungen vernichtet wurden.

In seinem Klassiker *Arm und Reich* vertritt der Biologe und Geograph Jared Diamond ähnliche Überzeugungen. Vor allem geht es ihm in diesem Buch darum zu erklären, warum sich die ersten Zivilisationen innerhalb eines transkontinentalen Streifens entwickelten, der zwischen China und dem Mittelmeerraum auf den gleichen Breitengraden verläuft. Daneben erläutert er aber auch, dass Europa seiner Ansicht nach deshalb in der heutigen Welt mehr Einfluss besitzt als China, weil es kleinere Königreiche aufgrund der geographischen Aufteilung des Kontinents in viele Halbinseln und der daraus folgenden politischen Zergliederung leichter hatten, sich gegen Möchtegerneroberer aller Art zu behaupten. Chinas bogenförmiger Küstenverlauf hingegen begünstigte eine zentrale Staatsmacht gegenüber vielen kleinen Provinzregierungen. Diese politische Einheit wiederum machte es den Kaisern des 15. Jahrhunderts möglich, Expeditionen wie die Seereisen des Zheng He zu unterbinden.

Im zersplitterten Europa hingegen konnte ein Monarch nach dem anderen sich weigern, Kolumbus' aberwitziges Abenteuer zu finanzieren, und es fand sich doch immer noch ein nächster, den er um das Geld dafür angehen konnte. Hätten Zheng so viele Wege offen gestanden wie Kolumbus, so wäre Hernán Cortés 1519 in Mexiko möglicherweise auf einen chinesischen Gouverneur gestoßen, nicht auf den unglückseligen Montezuma. Aber allen Determiniertheitstheorien zufolge war diese Möglichkeit aufgrund von seuchenbedingten, demographischen und geographischen Faktoren ausgeschlossen.

Neuerdings vertritt jedoch manch einer die Ansicht, dass Zhengs Expeditionen und auch andere geschichtlich belegte Ereignisse ganz und gar nicht zur Theorie der langfristigen Determiniertheit passen. Schon 1905 zeigten die Japaner, dass asiatische Staaten Europa auf dem Schlachtfeld das Fürchten lehren konnten, als sie das Russische Reich besiegten. Nachdem Japan 1942 die Westmächte fast gänzlich aus dem pazifischen Raum vertrieben hatte, schwenkte das Land nach einer vernichtenden militärischen Niederlage 1945 postwendend um und entwickelte sich zu einer wirtschaftlichen Großmacht. Seit 1978 geht China, wie jeder weiß, einen ähnlichen Weg. 2006 überholte China die Vereinigten Staaten als Spitzenreiter beim CO_2-Ausstoß, und selbst in den finstersten Tagen der Finanzkrise im Jahr 2008 verzeichnete China ein Wirtschaftswachstum, von dem westliche Staaten auch in den besten Jahren nur träumen können. Möglicherweise müssen wir unsere Fragestellung ein wenig abändern und nicht danach fragen, *warum* der Westen die Welt regiert, sondern danach, *ob* der Westen die Welt regiert. Und wenn wir diese Frage mit Nein beantworten, scheinen sämtliche Determiniertheitstheorien ziemlich sinnlos zu sein, weil sie in ferner Vergangenheit nach Erklärungen für eine westliche Vorherrschaft suchen, die es gar nicht gibt.

Solche Verunsicherungen haben zur Folge, dass westliche Historiker eine ganz neue Theorie entwickelt haben, die erklärt, warum der Westen einmal die Welt regiert hat, jetzt jedoch im Begriff ist, seine Vorherrschaft zu verlieren. Ihr Erklärungsmodell bezeichne ich als Theorie der »kurzfristigen Zufallsereignisse«. Die Argumente solcher Kurzfristmodelle sind im Allgemeinen komplizierter als die der Langfristtheorie, und entsprechend viele Auseinandersetzungen gibt es auch innerhalb dieses Lagers. Aber in einer Hinsicht sind sich alle Vertreter der Zufallstheorie einig: Das meiste von dem, was im Determiniertheitsmodell behauptet wird, ist falsch. Der Westen war nicht seit Urzeiten dazu bestimmt, die Welt zu beherrschen; erst nach 1800 u. Z., am Vorabend der Opiumkriege, zog der Westen vorübergehend am Osten vorbei, und selbst das verdankte sich zum großen Teil einer Folge von Zufällen. Das Albert-in-Beijing-Szenario ist überhaupt nicht albern. Genauso hätte es sich abspielen können.

Alles eine Frage des Zufalls

Orange County in Kalifornien ist eher für konservative Politik, gepflegte Palmen und seinen Langzeiteinwohner John Wayne (nach dem der Lokalflughafen benannt ist, obwohl er es hasste, wenn die Maschinen über den Golfplatz hinwegdonnerten) bekannt als für kühne wissenschaftliche Theorien, aber in den 1990er Jahren wurde der Bezirk zum Epizentrum des weltgeschichtlichen Zufallsmodells. Drei Professoren der University of California, Irvine, – die Geschichtswissenschaftler Roy Bin Wong und Kenneth Pomeranz sowie der Soziologe Feng Wang* – sind die Autoren dreier grundlegender Werke, in denen sie die These vertreten, dass es in fast jeder Hinsicht noch bis ins ausgehende 19. Jahrhundert weit mehr Übereinstimmungen zwischen Osten und Westen gegeben habe als Unterschiede: ob nun in Ökologie oder Familienstrukturen, Technik und Industrie oder Finanzen und staatlichen Institutionen, Lebensstandard oder Verbrauchervorlieben.

Wenn sie damit richtig liegen, ist es viel schwerer zu erklären, warum nicht Albert nach Beijing, sondern Looty nach London gebracht wurde. Einige Vertreter der Zufallstheorie wie der unkonventionelle Wirtschaftwissenschaftler André Gunder Frank (der mehr als 30 Bücher über diverse Themen von der Vor- und Frühgeschichte bis zur lateinamerikanischen Finanzwirtschaft geschrieben hat) sind der Meinung, der Osten sei ursprünglich eher für eine industrielle Revolution prädestiniert gewesen als der Westen, wenn nicht ein paar Zufallsereignisse den Lauf der Geschichte verändert hätten. Europa war, so lautet Franks These, nichts weiter als eine »Halbinsel am Rande einer sinozentrischen Welt«[3]. Um sich die Märkte Asiens zu erschließen, wo der wahre Reichtum wartete, versuchten sich Europäer mit blutigen Kreuzzügen einen Weg durch den Nahen Osten zu bahnen. Als das misslang, steuerten ein paar Abenteurer wie Kolumbus das Reich der Mitte über den westlichen Seeweg an.

Auch das ging schief, weil Amerika im Weg war, aber Franks Auffassung nach begann sich mit Kolumbus' Irrtum die Stellung Europas im Weltgefüge zu verändern. Im 16. Jahrhundert stand die chinesische Wirtschaft in voller Blüte, aber es herrschte ein steter Mangel an Silber. Amerika strotzte von Silber, und so reagierten die Europäer auf die chinesische Nachfrage damit, dass sie die amerikanischen Eingeborenen zwangen, 150 000 Tonnen des kostbaren Metalls aus den Bergen Perus und Mexikos herauszuschlagen. Ein Drittel davon landete in China. Silberexport, Skrupellosigkeit und Sklaverei brachten, um Frank zu zitieren, »Europa einen Platz im Dritte-Klasse-Abteil des asiatischen Wirtschaftszuges« ein, aber es musste noch einiges mehr passieren, bevor der Westen »China aus der Lokomotive vertreiben konnte«[4].

Frank zufolge verdankte sich der Aufstieg des Westens letztendlich weniger dem Unternehmungsgeist der Europäer als dem »Niedergang des Ostens«, der um 1750 einsetzte. Es begann damit, dass die Silbervorräte knapper wurden. Das

* Bin Wong ging 2005 von Irvine weg, wechselte aber an die nur 60 Kilometer entfernte University of California, Los Angeles, und Feng Wang hatte einen Koautor, James Lee, der aber ebenfalls nur 60 Kilometer von Irvine entfernt lehrt, nämlich am Institute of Technology in Pasadena.

löste in China eine politische Krise aus, stärkte aber im Westen den Anreiz zu Neuerungen. Da den Europäern das exportierbare Silber ausging, mechanisierten sie ihre Produktionsstätten, um die asiatischen Märkte mit anderen Waren zu erobern. Auch das Bevölkerungswachstum nach 1750 wirkte sich auf die beiden entgegengesetzten Seiten Eurasiens unterschiedlich aus: Während es in China zur Polarisierung des Reichtums führte, politische Krisen auslöste und Reformen verhinderte, brachte es in Großbritannien einen willkommenen Nachschub an billigen Arbeitskräften für die wachsende Zahl von Fabriken mit sich. Während der Osten verfiel, erlebte der Westen die industrielle Revolution, die von Rechts wegen in China hätte stattfinden müssen. Und weil sie sich in Großbritannien ereignete, erbte der Westen die Welt.

Nicht alle Vertreter der Kurzfristtheorie teilen Franks Ansichten. Der Soziologe Jack Goldstone beispielsweise (der ein paar Jahre an der kalifornischen Universität Davis gelehrt und für die Vertreter der Kurzfristtheorie den Begriff »California School« geprägt hat) meint, bis etwa 1600 hätten Osten und Westen, beide dominiert von großen Agrarreichen, in denen die alten Traditionen durch komplexe Priesterschaften gehütet wurden, etwa gleich gut (oder schlecht) dagestanden. Seuchen, Kriege und der Sturz mächtiger Dynastien sorgten im 17. Jahrhundert überall in Eurasien von England bis China dafür, dass das gesellschaftliche Gefüge auseinanderzubrechen drohte. Während aber die meisten Reiche das alte, streng orthodoxe Denken wieder einführten, nachdem sie die Krise überwunden hatten, entledigten sich die Protestanten in Nordwesteuropa des katholischen Ballasts.

Dieser Akt des Aufbegehrens gegen die Traditionen war es in Goldstones Augen, der dem Westen den Weg zur industriellen Revolution ebnete. Befreit von den Fesseln altertümlicher Ideologien legten europäische Wissenschaftler die Wirkungsweisen der Natur so gründlich bloß, dass britische Unternehmer, die deren pragmatische Sicht des Alles-ist-machbar übernahmen, Kohle und Dampf für sich nutzbar machen konnten. Um 1800 war der Westen eindeutig am Rest der Welt vorbeigezogen.

Dies allerdings, meint Goldstone, war keineswegs eine festgeschriebene Entwicklung. Und tatsächlich hätten ein paar zufällige Ereignisse genügt, um den Lauf der Weltgeschichte vollkommen zu verändern. Beispielsweise durchschlug 1690 in der Schlacht am Boyne eine Kugel aus einer katholischen Muskete die Epaulette von Wilhelm von Oranien, dem protestantischen Statthalter der Niederlande und König von England. »Nur gut, dass sie nicht näher dran war«, soll Wilhelm daraufhin gesagt haben[5]; und wie recht er doch hatte, meint Goldstone, denn hätte die Kugel ein paar Zentimeter tiefer getroffen, wäre England wieder katholisch, Frankreich die stärkste Macht in Europa geworden, und die industrielle Revolution hätte möglicherweise nicht stattgefunden.

Kenneth Pomeranz von der Universtät Irvine geht noch weiter. Seiner Ansicht nach war schon die Tatsache, dass es überhaupt eine industrielle Revolution gab, ein Riesenzufall. Mitte des 18. Jahrhunderts, so argumentiert er, steuerte man im

Westen wie im Osten auf eine ökologische Katastrophe zu. Die Bevölkerung war schneller gewachsen als der technische Fortschritt, und die Menschen hatten bereits alles in ihrer Macht Stehende getan, um die landwirtschaftliche Produktion zu steigern, die Warenzirkulation zu beschleunigen und ihre gesellschaftlichen Verhältnisse zu reorganisieren. Sie waren an den Grenzen ihrer technischen Möglichkeiten angelangt, und alles deutete darauf hin, dass für das 19. und 20. Jahrhundert weltweite wirtschaftliche Rezessionen und ein Rückgang der Bevölkerung zu erwarten waren.

Dennoch war das wirtschaftliche Wachstum in den vergangenen zwei Jahrhunderten größer als in allen vorangegangenen geschichtlichen Epochen zusammen. Und das, so erklärt Pomeranz in seinem bedeutenden Buch *The Great Divergence*, liegt daran, dass Westeuropa und allen voran die Briten einfach Glück hatten. Wie Frank ist Pomeranz der Meinung, dass die Glückssträhne des Westens mit der zufälligen Entdeckung der beiden amerikanischen Halbkontinente begann, weil dadurch Handelswege erschlossen wurden, die einen Anreiz zur Industrialisierung der Produktion schufen. Im Gegensatz zu Frank behauptet er allerdings, dass diese Glückssträhne noch bis etwa 1800 durchaus hätte abreißen können. Um die frühen britischen Dampfmaschinen mit Holz zu befeuern, hätten riesige Ländereien aufgeforstet werden müssen, für die es im dicht besiedelten Europa keinen Platz gab. Doch hier kam dem Westen ein zweiter Glücksfall zupass: Als einzige Nation der Welt hatte England praktischerweise Kohlevorkommen ausfindig gemacht und im Eiltempo begonnen, Arbeitsprozesse zu mechanisieren. Um 1840 waren in Großbritannien kohlebetriebene Dampfmaschinen aus keinem Lebensbereich mehr wegzudenken, auch nicht aus dem Bau eisengepanzerter Kriegsschiffe, die sich den Weg über den Jangtse freischießen konnten. Um die Energie zu gewinnen, die jetzt mit Kohle erzeugt wurde, hätten die Briten weitere sechs Millionen Hektar Wald verfeuern müssen – Wald, der nicht vorhanden war. Die Revolution der fossilen Brennstoffe hatte begonnen, die ökologische Katastrophe war abgewendet (oder zumindest auf das 21. Jahrhundert verschoben) worden, und entgegen allen Wahrscheinlichkeiten regierte der Westen plötzlich die Welt. Es war keine seit langem festgeschriebene Entwicklung. Es war alles nur ein unverhoffter verrückter Zufall.

Die Erklärungen, die die Vertreter der Zufallstheorie für die industrielle Revolution im Westen liefern – von Pomeranz' Glücksfall, der eine weltweite Katastrophe abgewendet hat, bis zu Franks vorübergehender Verschiebung innerhalb einer expandierenden Weltwirtschaft –, sind so unterschiedlich wie die Argumente, die, sagen wir, Jared Diamond und Karl Marx für die langfristige Determiniertheit der Ereignisse ins Feld führen. Aber bei allen Kontroversen innerhalb der beiden Lager ist es doch die Frontlinie *zwischen* ihnen, der wir die gegensätzlichsten Theorien dazu verdanken, wie die Welt funktioniert. Für manche Vertreter der Determiniertheitstheorie sind die Zufallstheoretiker nichts weiter als lumpige Verkäufer einer politisch korrekten Pseudowissenschaft; diese wiederum beschimpfen erstere oft als prowestliche Apologeten oder gar als Rassisten.

Wenn so viele Fachleute zu derart unterschiedlichen Schlussfolgerungen kommen, liegt die Vermutung nahe, dass mit der Art, wie wir bisher an das Problem herangegangen sind, etwas nicht stimmt. Ich vertrete in diesem Buch die Meinung, dass beide Lager die geschichtliche Entwicklung falsch verstanden haben und darum zu unvollständigen und widersprüchlichen Ergebnissen gelangen mussten. Was Not tut, ist meiner Ansicht nach eine andere Perspektive.

Die Konturen der Geschichte

Damit meine ich, dass sich zwar beide Lager darin einig sind, dass der Westen in den letzten zwei Jahrhunderten die weltbeherrschende Macht war, nicht aber in der Frage, wie die Welt vorher aussah. Alles dreht sich um diese unterschiedliche Sicht der vormodernen Geschichte. Wir können das Problem nur lösen, indem wir diese früheren Zeitabschnitte unter die Lupe nehmen und die Entwicklung der Geschichte in Umrissen definieren. Nur auf dieser Grundlage können wir produktiv darüber debattieren, warum alles so geworden ist, wie es ist.

Genau das scheint aber kaum einer zu wollen. Die meisten Autoren, die sich dazu äußern, warum der Westen die Welt regiert, haben Wirtschaftswissenschaften, Soziologie, Politologie oder Neuere Geschichte studiert; sie kennen sich vor allem mit den Ereignissen der Gegenwart und der jüngeren Vergangenheit aus und neigen dazu, den Blick nur auf die letzten paar Generationen zu richten. Sie gehen allenfalls fünfhundert Jahre zurück und streifen die frühere Geschichte nur flüchtig, wenn überhaupt – obwohl es doch um die Frage geht, ob die Faktoren, die zur Vorherrschaft des Westens führten, schon in früheren Zeiten vorhanden waren oder erst in der Moderne unvermittelt hervortraten.

Einige wenige gehen ganz anders an die Frage heran: Sie blicken weit zurück auf die Vorgeschichte, machen dann einen Riesensprung zur Moderne und lassen sich nur wenig über die Jahrtausende aus, die dazwischen liegen. Alfred Crosby, emeritierter Professor für Geschichte und Geographie, spricht aus, was die meisten Vertreter dieser Richtung als gesicherte Tatsache betrachten – dass nämlich die Erfindung der Landwirtschaft in vorgeschichtlicher Zeit von entscheidender Bedeutung gewesen sei –, und fährt fort: »Zwischen diesem Zeitalter und der Entstehung der Gesellschaften, die Kolumbus und andere Seefahrer auf die Weltmeere hinaussandten, liegt eine Zeitspanne von 4000 Jahren, in der sich wenig wirklich Bedeutsames ereignet hat, jedenfalls *im Vergleich mit den vorangegangenen Zeiten.*«[6]

Darin, so glaube ich, irrt er sich. Wir werden keine Antworten finden, wenn wir unsere Suche auf die Vorgeschichte oder auf die Moderne beschränken (ebensowenig, beeile ich mich hinzuzufügen, wie wenn wir nur auf die vier- oder fünftausend Jahre blicken würden, die dazwischen liegen). Vielmehr müssen wir die Geschichte der Menschheit im Ganzen betrachten und deren Konturen definieren, bevor wir uns darüber Gedanken machen, warum sie diese Konturen aufweist. Genau das werde ich in diesem Buch versuchen und mich dabei auf ein etwas anderes wissenschaftliches Instrumentarium stützen.

Ich habe Archäologie und Geschichte mit Schwerpunkt klassische Antike studiert. Als ich mich 1978 an der Universität Birmingham einschrieb, schienen die meisten Professoren vollkommen überzeugt zu sein von der Langfristtheorie, der zufolge die alten Griechen mit ihrer vor 2500 Jahren entstandenen Kultur das Leben der westlichen Welt entscheidend geformt haben. Einige von ihnen (vor allem die Älteren) vertraten sogar unumwunden die Ansicht, dass es aufgrund dieser griechischen Wurzeln keine bessere als die westliche Kultur geben könne.

Soweit ich mich erinnere, empfand ich all das auch keineswegs als problematisch, bis ich Anfang der 1980er Jahre mit den Recherchearbeiten für meine Promotion anfing und mich im Zuge dessen mit den Ursprüngen der griechischen Stadtstaaten beschäftigte. Das wiederum brachte mich in Berührung mit einer Gruppe von Anthropologen und Archäologen, die ähnliche Entwicklungen in anderen Teilen der Welt erforschten. Konfrontiert mit der altbekannten Vorstellung, dass die griechische Kultur einmalig sei und eine unverwechselbare westliche Tradition der Demokratie und Vernunft begründet habe, lachten sie nur. Wie viele Menschen brachte ich es fertig, jahrelang mit zwei widersprüchlichen Bildern im Kopf zu leben: dass sich die griechische Kultur nämlich einerseits in gleicher Weise entwickelt habe wie andere frühgeschichtliche Gesellschaften auch und dass sie andererseits die Zielrichtung des Westens eindeutig vorgegeben habe.

Der Spagat fiel mir schwerer, nachdem ich 1987 meine erste Professorenstelle in Chicago angetreten hatte. Ich unterrichtete dort im Rahmen der renommierten Seminarreihe »Geschichte der Westlichen Zivilisation«, die den Zeitraum von der griechischen Antike bis zur Gegenwart (in diesem Fall schon bald der Untergang des Kommunismus) beleuchtete. Um meinen Studenten auch nur einen Tag voraus zu sein, musste ich mich viel ernsthafter mit dem Mittelalter und der Moderne in Europa befassen, als ich es je getan hatte, und dabei fiel mir auf, dass die Errungenschaften der Freiheit, der Vernunft und des kreativen Denkens, die Griechenland dem Westen angeblich als sein kulturelles Vermächtnis hinterlassen hatte, über lange Zeiträume hinweg eher durch Abwesenheit glänzten als durch übermäßige Beachtung. Bemüht, mir darauf einen Reim zu machen, stellte ich fest, dass die Abschnitte der Vergangenheit, die ich nunmehr ins Auge fasste, immer größer wurden. Und zu meiner Überraschung entdeckte ich immer stärkere Parallelen zwischen der angeblich so einzigartigen Entwicklung des Westens und der Geschichte in anderen Regionen der Welt, insbesondere in den großen Zivilisationen Chinas, Indiens und Persiens.

Universitätsprofessoren beschweren sich nur allzu gern über die Verwaltungsarbeit, die auf ihren Schultern lastet, aber als ich 1995 nach Stanford wechselte, merkte ich bald, dass man am besten erfährt, was sich außerhalb des eigenen

Fachgebiets tut, wenn man Ämter in irgendwelchen Gremien übernimmt. In der Folge habe ich das Institute for Social Science History und das Archäologische Zentrum geleitet, den Vorsitz der altphilologischen Fakultät und den stellvertretenden Vorsitz der philosophischen Fakultät übernommen und überdies eine größere archäologische Grabung durchgeführt – was mir insgesamt jede Menge Schreibarbeit und Kopfschmerzen eingebracht, mir andererseits aber auch die Chance geboten hat, mich mit Fachleuten aus allen Wissensgebieten von der Genetik bis zur Literaturkritik auszutauschen, die möglicherweise zur Beantwortung der Frage, warum der Westen die Welt regiert, etwas beizutragen haben.

Eines habe ich vor allem gelernt: Um diese Frage zu beantworten, müssen wir uns ihr auf breiter Front nähern und das Hauptaugenmerk der Historiker auf größere Zusammenhänge, das Bewusstsein der Archäologen für die ferne Vergangenheit und die vergleichenden Methoden der Sozialwissenschaftler miteinander verbinden. Eine solche Verbindung lässt sich herstellen, wenn man ein multidisziplinäres Team von Spezialisten zusammenstellt und tief aus dem Wissenspool verschiedener Fachrichtungen schöpft. Und genau das habe ich getan, als ich mich entschloss, eine archäologische Grabung auf Sizilien zu leiten. Mir fehlten die notwendigen Kenntnisse der Botanik, um die verkohlten Samen zu analysieren, der Zoologie, um die Knochenfunde zuzuordnen, der Chemie, um die Rückstände in Vorratsbehältern zu identifizieren, der Geologie, um den Entstehungsprozess landschaftlicher Merkmale zu rekonstruieren. Kurz gesagt, es fehlte mir an unverzichtbarem Fachwissen aller Art, und darum suchte ich mir Spezialisten, die diese meine Wissenslücken ausfüllten. Ein Grabungsleiter bringt wie eine Art akademischer Impresario die Künstler zusammen, die dann gekonnt die Bühnenshow gestalten.

Nun ist dies zwar eine gute Methode, einen Grabungsbericht zu erstellen, bei dem es darauf ankommt, möglichst viele Daten zu sammeln und anderen für ihre Arbeit zur Verfügung zu stellen, aber Bücher, in denen die Beiträge vieler gesammelt sind, erweisen sich im Allgemeinen als weniger geeignet, einheitliche Antworten auf große Fragen zu geben. Folglich ist die Methode, derer ich mich in diesem Buch bediene, eher ein *inter-* als ein *multi*disziplinärer Ansatz. Anstatt also die Exkursionen einer Gruppe von Spezialisten zu koordinieren, mache ich mich allein auf den Weg, um die wissenschaftlichen Erkenntnisse vieler Fachgebiete zu sammeln und zu interpretieren.

Diese Methode birgt eine Reihe von Gefahren: Oberflächlichkeit, Fachblindheit und eben allgemeine Irrtümer aller Art. Ich werde nie ein so gründliches Verständnis der chinesischen Kultur haben wie jemand, der sein Leben lang mittelalterliche Handschriften gelesen hat, und ich werde hinsichtlich der menschlichen Entwicklung nie so auf dem Laufenden sein wie ein Genforscher (die Webseite der Zeitschrift *Science* wird angeblich im Schnitt alle 13 Sekunden aktualisiert; ich verliere also vermutlich, während ich diesen Satz schreibe, schon wieder ein

Stück weit den Anschluss). Andererseits werden diejenigen, die sich immer nur auf ihrem eigenen Fachgebiet tummeln, nie den großen Überblick gewinnen. Die interdisziplinäre Ein-Autor-Methode ist vermutlich die schlechteste Herangehensweise, um ein Buch wie dieses zu schreiben – wenn man von allen anderen absieht. Mir scheint sie eindeutig der am wenigsten schlechte Ansatz für mein Vorhaben zu sein, aber ob ich damit richtig liege, müssen Sie anhand der Ergebnisse beurteilen.

Was also sind die Ergebnisse? Wenn gefragt wird, warum der Westen die Welt regiert, dann, so behaupte ich in diesem Buch, geht es im Grunde um die Frage der gesellschaftlichen Entwicklung. Damit meine ich die Handlungsfähigkeit von Gesellschaften – das Vermögen, ihr materielles, ökonomisches, soziales und intellektuelles Umfeld nach ihren eigenen Vorstellungen und Bedürfnissen zu gestalten. Im 19. und bis weit ins 20. Jahrhundert war gesellschaftliche Entwicklung in den Augen westlicher Beobachter ein positives Faktum. Entwicklung ist gleich Fortschritt (oder Evolution oder Geschichte), so ihre unausgesprochene oder auch explizite Überzeugung, und Fortschritt – sei es hin zu Gott, zum Wohlstand oder zu einem Volksparadies – ist der Sinn des Lebens. Heutzutage erscheint das nicht mehr als so selbstverständlich. Viele Menschen sind der Meinung, dass die Zerstörung der Umwelt, die Kriege, die Ungleichheit und Ernüchterung, die mit der gesellschaftlichen Entwicklung einhergehen, deren positive Aspekte bei weitem überwiegen.

Aber gleichgültig welche moralische Schuld wir der gesellschaftlichen Entwicklung anlasten, ist sie doch unbestreitbare Wirklichkeit. Fast alle Gesellschaften sind heute weiter entwickelt (in dem Sinne, in dem ich den Begriff im vorangegangenen Absatz definiert habe) als vor 100 Jahren, und einige Gesellschaften sind weiter entwickelt als andere. 1842 war die harte Wahrheit die, dass Großbritannien weiter entwickelt war als China – so weit entwickelt nämlich, dass der Einfluss der Briten um die ganze Welt reichte. Bis zu diesem Zeitpunkt hatte es bereits zahllose Reiche gegeben, aber deren Macht war immer regional beschränkt gewesen. Doch 1842 waren britische Manufakturen in der Lage, den chinesischen Markt mit ihren Erzeugnissen zu überschwemmen, britische Industrielle konnten eisengepanzerte Schiffe bauen, die weltweit allen anderen überlegen waren, und britische Politiker hatten die Möglichkeit, Expeditionen um die halbe Welt zu schicken.

Wenn wir fragen, warum der Westen die Welt regiert, müssen wir eigentlich zwei Fragen beantworten. Wir müssen herausfinden, warum der Westen weiter entwickelt ist, also eher in der Lage ist, über seine Geschicke zu bestimmen, als alle anderen Gebiete der Welt; und wir müssen herausfinden, warum sich die Entwicklung des Westens in den letzten 200 Jahren so rasant vollzog, dass zum ersten Mal in der Geschichte einige wenige Staaten unseren ganzen Planeten beherrschen konnten.

Wir können diese Fragen meiner Meinung nach nur beantworten, indem wir uns die gesellschaftliche Entwicklung als ein Diagramm vorstellen, das im buchstäblichen Sinne des Wortes die Konturen der Geschichte abbildet. Wenn wir das tun, werden wir feststellen, dass weder Theorien langfristiger Determiniertheit noch Zufallstheorien geeignet sind, diese Konturen zu erklären. Auf die erste Frage – warum der Westen weiter entwickelt ist als alle anderen Gebiete der Welt – lässt sich kein Zufallsereignis der jüngeren Vergangenheit als Antwort anführen, denn während 15 Jahrtausenden war der Westen 14 Jahrtausende lang der am weitesten entwickelte Teil der Erde. Auch das aber wurde nicht irgendwann in grauer Vorzeit festgeschrieben. Über 1000 Jahre lang, von etwa 550 bis 1775 unserer Zeitrechnung, hatten die asiatischen Gebiete die Nase vorn. Die Vormachtstellung des Westens wurde folglich weder vor Tausenden von Jahren determiniert, noch ist sie eine Folge jüngerer Zufallsereignisse.

Auch auf die zweite Frage, warum sich nämlich die gesellschaftliche Entwicklung im Westen verglichen mit früheren Gesellschaften so rasant vollzog, bietet keine der beiden Theorien allein eine Antwort. Wie wir noch sehen werden, begann der Westen erst um 1800 u. Z. gewaltig zu punkten; doch dieser Aufschwung war nur der jüngste Beleg für ein sehr langfristiges, stetiges Beschleunigungsmuster der gesellschaftlichen Entwicklung. Langfristige Determinierung und kurzfristige Zufallsereignisse wirken zusammen.

Aus diesem Grund ist es nicht möglich, die Vormachtstellung des Westens zu erklären, wenn wir uns nur mit der Vor- und Frühgeschichte oder nur mit den letzten zwei Jahrhunderten beschäftigen. Vielmehr müssen wir den gesamten Strom der Vergangenheit begreifen, um eine Antwort auf unsere Fragen zu finden. Doch auch wenn das Nachzeichnen der gesellschaftlichen Entwicklung mit allem ihrem Auf und Ab die Konturen der Geschichte offenbart und uns zeigt, was erklärt werden muss, liefert es *selbst* doch keine Erklärungen. Dafür müssen wir in die Details eintauchen.

Faulheit, Angst und Habgier

»Geschichte, *die* – meist falscher Bericht über meist unwichtige Ereignisse, die von meist kriminellen Herrschern und meist närrischen Soldaten bewirkt worden sein wollen.«[7] Manchmal fällt es schwer, Ambrose Bierces humoriger Definition zu widersprechen: Geschichte kann so sein, ein Ereignis, das auf das andere folgt, ein chaotischer Haufen von brillanten Köpfen und Narren, Tyrannen und Schwärmern, Dichtern und Dieben, die Außergewöhnliches vollbringen oder der Gipfel der Verderbtheit sind.

Und von solchen Gestalten wird es, wie könnte es anders sein, in diesem Buch wimmeln. Denn schließlich sind es keine gesichtslosen Massen, sondern Menschen aus Fleisch und Blut, die in dieser Welt leben, sterben, schöpferisch sind und kämpfen. Doch hinter all dem »Schall und Wahn«, um hier William Faulkner zu paraphrasieren, verläuft die Geschichte nach zwingenden Mustern, und mit den richtigen Instrumenten wird es Historikern gelingen, diese zu erkennen und sogar zu erklären.

Ich werde hier drei dieser Instrumente benutzen.

Zum einen ist das die Biologie*, die uns verrät, was Menschen in Wirklichkeit sind: schlaue Schimpansen. Wir Menschen gehören zum Tierreich, das seinerseits Teil der großen Welt des Lebendigen ist, die alles Leben vom Menschenaffen bis zur Amöbe umfasst. Aus dieser offensichtlichen Tatsache lassen sich drei Schlussfolgerungen ziehen.

Erstens entziehen wir, wie alle Lebensformen, unserer Umwelt Energie und verwandeln sie in weitere Exemplare unserer Art.

Zweitens sind wir, wie alle intelligenteren Tiere, neugierige Geschöpfe. Wir basteln ständig an Dingen herum, wollen wissen, ob sie essbar sind, ob wir mit ihnen spielen oder ob wir sie irgendwie verbessern können. Wir sind beim Herumbasteln nur besser als andere Tiere, weil wir ein großes, schnelles Gehirn mit vielen Windungen haben, um die Dinge zu bedenken, unendlich elastische Stimmbänder, um sie zu bereden, und opponierbare Daumen, um sie zu bearbeiten.

Davon abgesehen sind Menschen – genau wie andere Tiere – offenkundig nicht alle gleich. Manche entziehen der Umwelt mehr Energie als andere; manche vermehren sich stärker als andere; manche sind neugieriger, kreativer, klüger oder geschickter als andere. Aber die dritte Konsequenz aus unserem Tiersein besteht darin, dass große Menschengruppen im Gegensatz zu einzelnen Individuen alle ziemlich gleich *sind*. Wenn Sie aus einer Menge zwei beliebige Personen herauspicken, sind diese möglicherweise so gegensätzlich, wie man es sich nur vorstellen kann; wenn Sie sich aber zwei große Gruppen als Ganzes ansehen, werden sich diese im Allgemeinen sehr ähnlich sein. Und wenn Sie, wie ich es in diesem Buch tue, millionenköpfige Gruppen vergleichen, werden sie sich in ihrer Zusammensetzung aus tatkräftigen, fruchtbaren, neugierigen, kreativen, klugen, wortgewandten und geschickten Individuen ziemlich stark gleichen.

Diese drei Beobachtungen, die sich mit dem gesunden Menschenverstand decken, erklären zu einem großen Teil den Lauf der Geschichte. Jahrtausende lang ist die gesellschaftliche Entwicklung dank unserer Vorliebe fürs Herumbasteln vorangeschritten, und zwar im Allgemeinen mit wachsender Geschwindigkeit. Gute Ideen bringen neue gute Ideen hervor, und wenn wir einmal eine gute Idee hatten, neigen wir dazu, sie nicht wieder zu vergessen. Doch mit der Biologie allein ist, wie wir sehen werden, die gesellschaftliche Entwicklung nicht zu erklären. Manchmal erlebte die gesellschaftliche Entwicklung über lange Zeitspannen einen Stillstand oder machte gar Rückschritte. Zu wissen, dass wir schlaue Schimpansen sind, ist nicht genug.

---

* Biologie ist ein sehr weites wissenschaftliches Gebiet; ich schöpfe hier eher aus dem ökologisch-evolutionären als aus dem molekular-zellulären Pool.

Und hier kommt die Soziologie ins Spiel.* Die Soziologie erklärt die Ursachen, aber auch die Folgen gesellschaftlicher Veränderungen. Es ist eine Sache, wenn schlaue Schimpansen da sitzen und herumbasteln, aber eine ganz andere, wenn ihre Ideen Schule machen und die Gesellschaft verändern. Dazu ist offensichtlich so etwas wie ein Katalysator vonnöten. Der große Science-Fiction-Autor Robert Heinlein hat einmal geschrieben: »Den Fortschritt bringen nie die Frühaufsteher, sondern die Bequemen, die Faulen, die nach Mitteln und Wegen suchen, sich das Leben zu vereinfachen. Allein die Faulheit macht erfinderisch.«[8] An späterer Stelle werden wir sehen, dass dieser Heinlein-Satz nur zum Teil stimmt, Faulheit nicht die *einzige* Mutter aller Erfindungen ist und das Wort »Fortschritt« oft nur als optimistische Umschreibung dessen fungiert, was so passiert. Aber wenn wir Heinleins Aussage ein wenig konkretisieren, fasst sie in meinen Augen die Ursachen gesellschaftlicher Veränderungen so kurz und bündig zusammen, wie es nur möglich ist. Tatsächlich werde ich im Laufe dieses Buches anfangen, eine weniger plakative Version der Aussage als meinen eigenen Morris-Satz auszugeben: »Veränderungen werden von faulen, habgierigen, verängstigten Menschen bewirkt, die nach leichteren, profitableren und sichereren Wegen suchen, etwas zu tun. Und sie wissen nur selten, was sie eigentlich tun.« Die Geschichte lehrt uns, dass Veränderungen einsetzen, wenn Druck vorhanden ist.

Jeder faule, habgierige und verängstigte Mensch sucht sich das Gleichgewicht zwischen einem angenehmen Leben, möglichst wenig Arbeit und Sicherheit, das seinen Bedürfnissen am ehesten entspricht. Aber damit ist es nicht getan, weil der Reproduktionserfolg und Energieverbrauch der Menschen zwangsläufig die ihnen zur Verfügung stehenden (intellektuellen, gesellschaftlichen und materiellen) Ressourcen belastet. Gesellschaftliche Entwicklung bringt genau jene Kräfte hervor, die ihr weiteres Wachstum behindern. Ich bezeichne dieses Phänomen als Entwicklungsparadox. Erfolg erzeugt Probleme; deren Lösung bringt neue Probleme hervor. Wie sagt man doch so schön: Das Leben ist ein Jammertal.

Das immer gegenwärtige Entwicklungsparadox stellt die Menschen vor schwere Entscheidungen. Oft scheitern sie an seinen Anforderungen, und die gesellschaftliche Entwicklung stagniert oder macht Rückschritte. Manchmal jedoch sind die Menschen in einer Verbindung aus Faulheit, Angst und Habgier bereit, Risiken auf sich zu nehmen und Neuerungen anzustoßen, die die Spielregeln verändern. Wenn das nur einigen von ihnen gelingt und die meisten anderen die erfolgreichen Neuerungen annehmen, kann es einer Gemeinschaft gelingen, den

* Ich benutze »Soziologie« als Sammelbegriff für die Gesellschaftswissenschaften im Allgemeinen und beziehe mich vor allem auf diejenigen Zweige, die sich mit den grundsätzlichen Gemeinsamkeiten gesellschaftlicher Vorgänge und Strukturen und nicht mit deren Unterschieden befassen. Diese Definition setzt sich über traditionelle Trennungen von Soziologie, Anthropologie, Wirtschafts- und Politikwissenschaften hinweg und konzentriert sich stark auf die Bereiche, in denen Biologie und Gesellschaftswissenschaften sich berühren, vor allem auf Demographie und Psychologie.

Ressourcenengpass zu überwinden. In diesem Fall setzt sich das Wachstum der gesellschaftlichen Entwicklung fort.

Mit solchen Problemen sehen wir Menschen uns täglich konfrontiert, und weil unsere Vorfahren im Allgemeinen auch imstande gewesen sind, sie zu lösen, hat sich die gesellschaftliche Entwicklung seit der letzten Eiszeit unaufhörlich aufwärts bewegt. Aber an manchen Punkten bildet das Entwicklungsparadox, wie wir noch sehen werden, eine massive Decke, die nur mit wirklich grundlegenden Veränderungen zu durchbrechen ist. An diesen Decken hängt die gesellschaftliche Entwicklung fest, und es beginnt ein verzweifeltes Losstrampeln. Ein Beispiel nach dem anderen wird zeigen, dass Gesellschaften, die es nicht schaffen, die Probleme, die sich ihnen in den Weg stellen, zu lösen, von einem ganzen Paket von Plagen – von Hungersnöten, Epidemien, unkontrollierten Wanderbewegungen und politischer Instabilität – befallen werden, in deren Folge der Stillstand in eine Abwärtsbewegung übergeht. Und wenn zu Hungersnöten, Epidemien, Migration und instabilen Verhältnissen noch eine weitere zerstörerische Kraft wie der Klimawandel (zusammen nenne ich sie die fünf Reiter der Apokalypse) hinzukommt, kann aus der Abwärtsbewegung ein katastrophaler, Jahrhunderte währender Zusammenbruch, ein Zeitalter der Dunkelheit, werden.

Biologie und Soziologie gemeinsam erklären zu einem großen Teil die Verlaufskonturen der Geschichte – warum die gesellschaftliche Entwicklung im Großen und Ganzen angestiegen ist, warum sie manchmal schneller und dann wieder langsamer wächst und gelegentlich rückläufig ist. Aber die biologischen und soziologischen Gesetze, denen die gesellschaftliche Entwicklung unterworfen ist, sind gleichbleibende Größen, die immer und überall Gültigkeit haben. Sie sagen uns per definitionem etwas über die Menschheit als Ganzes, nicht darüber, warum es den Menschen an einem Ort so vollkommen anders geht als denen anderswo. Um das zu erklären, benötigen wir, wie ich im Laufe des Buches immer wieder zeigen werde, ein drittes Instrument: die Geographie.*

Die Bedeutung des Ortes

»Die Kunst der Biographie unterscheidet sich von der Geographie«, bemerkte der britische Schriftsteller und Humorist Edmund Bentley 1905. »Bei der Biographie geht es um Leute, in der Geographie um Landkarten.«[9] Um Leute – im Sinne der männlichen Vertreter der Oberschicht – ging es lange in den Geschichten, die Historiker erzählt haben. So beherrschend waren sie in diesen Erzählungen, dass man Geschichte und Biographie kaum noch auseinanderhalten konnte. Das

* Wie die Biologie und die Soziologie ist auch die Geographie ein sehr weites und nur ungefähr umgrenztes Gebiet (so ungefähr, dass viele Universitäten sie seit den 1940er Jahren überhaupt nicht mehr als wissenschaftliche Disziplin begreifen und ihre geographischen Fakultäten geschlossen haben). Ich beziehe mich hier weniger auf die physikalische als auf die Wirtschafts- und Sozialgeographie.

änderte sich im 20. Jahrhundert, als auch aus Frauen, weniger bedeutenden oder betuchten Männern und Kindern respektable Leute wurden, deren Stimme ebenfalls Gewicht hatte, aber ich will in diesem Buch noch weiter gehen. Wenn wir, so meine Argumentation, erst einmal übereingekommen sind, dass Leute (als größere Gruppen und im weiteren Sinn des Wortes) sich ziemlich stark gleichen, bleiben nur noch Landkarten.

Viele Historiker reagieren auf diese Behauptung wie der Stier auf ein rotes Tuch. Es sei eine Sache, so sagen sie, wenn man bestreitet, dass einige wenige bedeutende Männer den unterschiedlichen Verlauf der Geschichte im Osten und im Westen bestimmt hätten; wenn man allerdings behauptet, kulturelle Werte und Überzeugungen seien vollkommen unwichtig, und die Ursache für die Vormachtstellung des Westens nur im Materiellen sucht, sei das etwas ganz anderes. Doch im Grunde ist es genau das, was ich zu tun beabsichtige.

Ich werde versuchen zu zeigen, dass der Osten in den letzten fünfzehntausend Jahren die gleichen Phasen der gesellschaftlichen Entwicklung durchlaufen hat wie der Westen, und zwar in der gleichen Reihenfolge, weil beide von der gleichen Art von Menschen besiedelt sind, die die gleiche Art von Geschichte hervorbringen. Ich werde des Weiteren versuchen zu zeigen, dass sich die Entwicklung im Westen und im Osten nicht zur gleichen Zeit und in der gleichen Geschwindigkeit vollzogen hat. Ich schließe mit der These, dass Biologie und Soziologie die weltweiten Übereinstimmungen erklären, während die Geographie die Erklärung für örtliche Unterschiede und insofern auch für die Vormachtstellung des Westens liefert.

So unverblümt gesagt, klingt das wahrscheinlich wie das Paradebeispiel einer Langfrist-Determiniertheitstheorie, und es hat sicher Geschichtswissenschaftler gegeben, die in der Geographie genau das sehen. Die Vorstellung reicht zurück bis zu Herodot, dem Griechen, der im 5. Jahrhundert v. u. Z. gelebt hat und auch als »Vater der Geschichtsschreibung« bezeichnet wird. »Weichliche Länder pflegen weichliche Menschen zu erzeugen«[10], sinnierte er und kam wie viele Deterministen nach ihm zu dem Schluss, sein Heimatland sei aufgrund seiner geographischen Qualitäten für Großes bestimmt. Das wohl bemerkenswerteste Beispiel solchen Denkens lieferte der Geograph und Yale-Professor Ellsworth Huntington, der um 1910 Unmengen von Statistiken zusammenstellte, um zu beweisen, dass die klimatischen Bedingungen in seiner Heimatstadt New Haven in Connecticut geradezu ideal seien, um Menschen zu Höherem zu beflügeln. (Nur in England hielt er die Voraussetzungen für noch besser.) Das »zu gleichförmig stimulierende« Klima in Kalifornien – wo ich derzeit lebe – sei im Gegensatz dazu eher geeignet, eine höhere Rate von Geistesgestörten hervorzubringen. »Die Kalifornier«, versicherte Huntington seinen Lesern, »kann man mit Rennpferden vergleichen, die bis zur Erschöpfung angetrieben werden, sodass sie noch vor dem Ziel zusammenbrechen.«[11]

Natürlich sind das Weisheiten, über die man sich mit Recht lustig machen kann. Wenn ich behaupte, dass die Geographie erklärt, warum der Westen die Welt regiert, habe ich etwas vollkommen anderes im Sinn. Geographische Unterschiede haben langfristige Auswirkungen, die aber niemals festgeschrieben sind, und was in einer Phase der gesellschaftlichen Entwicklung als geographischer Vorteil gilt, kann zu einem anderen Zeitpunkt ohne jede Bedeutung oder sogar ein eindeutiger Nachteil sein. Man könnte sagen, dass geographische Faktoren zwar als Antrieb gesellschaftlicher Entwicklung fungieren, dass die gesellschaftliche Entwicklung aber über die Bedeutung der Geographie entscheidet. Es ist ein Prinzip der Gegenseitigkeit.

Um das ein bisschen genauer zu erklären – und einen kurzen Hinweis darauf zu geben, was Sie in diesem Buch erwartet –, möchte ich einen Blick zurückwerfen auf die kälteste Phase der letzten Eiszeit vor zwanzigtausend Jahren. Damals spielte die Geographie eine sehr wichtige Rolle: Ein großer Teil der nördlichen Hemisphäre war von kilometerdicken Eisschichten bedeckt, die gesäumt waren von trockenen, lebensfeindlichen Kältesteppen, und nur in äquatornäheren Gebieten konnten Menschen in kleineren Verbänden als Jäger und Sammler überleben. In dieser Zeit war der Unterschied zwischen Süden (wo Menschen leben konnten) und Norden (wo sie es nicht konnten) gewaltig, aber innerhalb der bewohnten südlichen Breitengrade gab es nur unbedeutende Unterschiede zwischen Osten und Westen.

Mit dem Ende der Eiszeit veränderte sich die Bedeutung der Geographie. Die Pole blieben natürlich kalt und der Äquator blieb heiß, aber in einem halben Dutzend Regionen, die zwischen diesen Extremen lagen – und die ich in Kapitel 2 als die ursprünglichen Kerngebiete bezeichnen werde –, entwickelten sich aufgrund einer besonders günstigen Verbindung von wärmerem Klima und örtlicher Geographie Pflanzen und/oder Tiere, die sich zur Domestizierung durch den Menschen eigneten. Die Domestizierung von Pflanzen und Tieren bedeutete mehr Nahrung, das bedeutete mehr Menschen, und das wiederum bedeutete mehr Innovationen. Domestizierung bedeutete aber auch mehr Druck auf eben jene Ressourcen, die den Prozess antrieben. Und schon war das Entwicklungsparadox in Gang gesetzt.

Die Kernregionen waren relativ typische Beispiele für die wärmeren, bewohnbaren Gebiete während der Eiszeit, aber jetzt unterschieden sie sich zunehmend nicht nur vom Rest der Welt, sondern auch untereinander. Sie waren alle geographisch begünstigt, aber einige waren stärker begünstigt als andere. In einer der Kernregionen, auf den Hängen des Taurus- und des Zagrosgebirges im Westen Eurasiens, auch Fruchtbarer Halbmond genannt, gab es besonders viele domestizierbare Pflanzen und Tiere; und da sich Gruppen von Menschen im Wesentlichen gleichen, fanden hier, wo die Ressourcen reichlich und die Schwellen niedrig waren, die ersten Versuche der Domestizierung statt. Das war etwa 9500 v. u. Z.

Im Einklang mit den üblichen Gepflogenheiten beziehe ich den Begriff »Westen« in diesem Buch auf alle Gesellschaften, deren Abstammung auf diese westlichsten (und frühesten) eurasischen Kerngebiete zurückzuführen ist. Vor langer

Zeit dehnte der Westen seine Grenzen vom ursprünglichen Zentrum in Vorderasien – dem Gebiet, das seit dem 19. Jahrhundert im angelsächsischen Raum etwas irreführend als »Mittlerer Osten« bezeichnet wird – über den Mittelmeerraum und Europa, in den letzten Jahrhunderten sogar bis hin zum amerikanischen Doppelkontinent und nach Australasien aus. Wie im Verlauf des Buches hoffentlich deutlich werden wird, ist die Definition des »Westens« in der genannten Weise (und nicht auf der Basis angeblich einzigartiger »westlicher« Werte wie Freiheit, Vernunft und Toleranz sowie der Diskussion darum, woher diese eigentlich stammen und in welchen Teilen der Erde sie vorhanden sind) ausschlaggebend für unser Verständnis der Welt, in der wir leben. Ich habe mir zum Ziel gesetzt zu erklären, warum eine bestimmte Gruppe von Gesellschaften, die vom ursprünglichen westlichen Kerngebiet abstammen – allen voran die nordamerikanischen –, heute die Welt regiert, warum nicht andere, aus anderen Kerngebieten stammende Kulturen hegemonial geworden sind und warum es eine solche Vormachtstellung überhaupt gibt.

Auf der Grundlage derselben Logik bezeichne ich als »Osten« all jene Gesellschaften, deren Herkunft auf das östlichste (und zweitälteste) eurasische Kerngebiet zurückgeht. Auch der Osten dehnte sich von diesem ursprünglichen Zentrum zwischen Gelbem Fluss und Jangtse aus, in dem die Domestizierung von Pflanzen um 7500 v. u. Z. einsetzte, und reicht heute von Japan im Norden bis zu den Staaten Indochinas im Süden.

Die Gesellschaften, die aus den anderen Kerngebieten (einem südöstlichen, dem heutigen Neuguinea, einem südasiatischen, dem heutigen Nordindien und Pakistan, einem afrikanischen, heute östliche Sahara, und zwei Regionen in der Neuen Welt, dem heutigen Mexiko und Peru) stammen, haben ihre eigene faszinierende Geschichte. Ich werde sie im Folgenden immer wieder streifen, konzentriere mich aber so beharrlich wie nur möglich auf Vergleiche zwischen Osten und Westen, weil ich grundsätzlich davon ausgehe, dass die am höchsten entwickelten Gesellschaften so gut wie immer solche waren, die aus einem der beiden entsprechenden Kerngebiete stammten. Albert in Beijing ist eine denkbare Alternative zu Looty in Balmoral, ein Szenarium, in dem es Albert nach Cusco, Delhi oder Neuguinea verschlagen hätte, wäre indes kaum vorstellbar. Insofern lässt sich am effektivsten erklären, warum der Westen die Welt regiert, wenn man sich auf die Ost-West-Vergleiche konzentriert, und genau das habe ich getan.

Natürlich hat diese Herangehensweise ihren Preis. Sicher würde sich ein umfassenderes und detailreicheres Bild ergeben und wir würden den Beiträgen, die Südasien, der amerikanische Doppelkontinent und andere Teile der Erde zur Zivilisation geleistet haben, gerechter werden, wenn wir alle Regionen der Welt ins Auge fassen würden. Doch ein solch globaler Blick hätte auch gravierende Nachteile: Er würde vom Wesentlichen ablenken und noch mehr Seiten beanspruchen, als dieses Buch ohnehin schon hat. Von Samuel Johnson, dem geistreichsten Kopf, den England im 18. Jahrhundert hervorgebracht hat, stammt die Bemerkung, alle

Welt bewundere zwar John Miltons *Das verlorene Paradies*, aber niemand würde sich wünschen, dass das Werk noch länger wäre, als es bereits ist. Und was für Milton gilt, trifft sicher mehr noch auf alles zu, was ich hier präsentiere.

Wenn die Geographie wirklich eine Erklärung der Geschichte à la Herodot, in der alles seit langer Zeit festgeschrieben ist, liefern würde, könnte ich ziemlich schnell einen Schlussstrich ziehen, nachdem ich dargelegt hätte, dass die Domestizierung im Westen um 9500 und im Osten um 7500 v. u. Z. einsetzte. Denn dann würde die gesellschaftliche Entwicklung im Osten der im Westen für immer um 2000 Jahre hinterherhinken, und im Westen hätte eine industrielle Revolution stattgefunden, während man im Osten noch mit dem Schreibenlernen beschäftigt gewesen wäre. Aber so war es ja nun einmal nicht. Wie wir im Folgenden noch sehen werden, war Geschichte nicht durch geographische Gegebenheiten determiniert, weil geographische Vorteile sich letztendlich immer selbst konterkarieren. Sie treiben die gesellschaftliche Entwicklung voran, doch im Zuge der gesellschaftlichen Entwicklung verändert sich die Bedeutung der Geographie.

In dem Maße, in dem die gesellschaftliche Entwicklung voranschreitet, dehnen sich Kerngebiete aus, sei es aufgrund von Wanderbewegungen oder Nachahmungen von nützlichen Innovationen in benachbarten Kulturen. Techniken, die in einem älteren Kerngebiet erfolgreich angewendet wurden – gleichgültig, ob es dabei um Landwirtschaft und Dörfer, Städte und Staaten, mächtige Reiche oder Schwerindustrie ging –, kamen auch in anderen Kulturen und neuen Lebenswelten zum Einsatz. Manchmal erlebten sie in dem neuen Umfeld eine wahre Blüte, manchmal vegetierten sie gerade so dahin, und manchmal bedurfte es gewaltiger Modifikationen, damit sie überhaupt funktionierten.

Es mag befremdend klingen, aber die größten Fortschritte erlebt die gesellschaftliche Entwicklung oft da, wo Techniken, die von einem höher entwickelten Kerngebiet übernommen wurden, nicht besonders erfolgreich angewandt werden. Manchmal liegt das daran, dass die Probleme, die mit der Übernahme alter Techniken in einer neuen Umgebung verbunden sind, umwälzende Neuerungen erzwingen, manchmal auch daran, dass geographische Faktoren, die in der einen Phase der gesellschaftlichen Entwicklung keine wesentliche Rolle spielen, zu einem anderen Zeitpunkt von entscheidender Bedeutung sein können.

Beispielsweise war es vor 5000 Jahren ein großer geographischer Nachteil für Portugal, Spanien, Frankreich und Britannien, dass sie am äußersten Rand Europas in den Atlantik hineinragten, weil sie auf diese Weise sehr weit weg waren vom Zentrum des Geschehens in Mesopotamien und Ägypten.* Viereinhalb Jahrtausende später war die gesellschaftliche Entwicklung so weit fortgeschritten, dass sich die Bedeutung der geographischen Bedingungen verändert hatte. Inzwi-

* Mesopotamien ist der griechische Name des heutigen Irak und heißt so viel wie »Land zwischen den zwei Flüssen«. Im Sprachgebrauch von Geschichtswissenschaftlern und Archäologen wird das Gebiet bis zur arabischen Eroberung im Jahr 637 u. Z. als Mesopotamien, danach als Irak bezeichnet.

schen gab es Schiffe, mit denen man Routen über die Meere nehmen konnte, die bis dahin unvorstellbar gewesen waren, wodurch die europäische Randlage am Atlantischen Ozean plötzlich zu einem gewaltigen Pluspunkt wurde. Es waren keine ägyptischen oder irakischen, sondern portugiesische, spanische, französische und englische Schiffe, die als Erste nach Amerika, China und Japan segelten. Es waren Westeuropäer, die mit ihren Seehandelswegen die Teile der Welt verbanden. Die gesellschaftliche Entwicklung schritt rasant voran, sodass Westeuropa das ältere Kerngebiet im östlichen Mittelmeerraum bald überflügelt hatte.

Ich bezeichne dieses Muster, das so alt ist wie die gesellschaftliche Entwicklung selbst, als die »Vorteile der Rückständigkeit«*[12]. Als beispielsweise aus Dorfgemeinschaften, die vom Ackerbau lebten, Städte wurden (im Westen um 4000, im Osten um 2000 v. u. Z.), spielten die Bodenverhältnisse und die klimatischen Bedingungen, die für die ursprüngliche Entwicklung der Landwirtschaft so förderlich gewesen waren, plötzlich eine geringere Rolle als der Zugang zu Flüssen, die für die Bewässerung der Felder angezapft oder als Transportwege benutzt werden konnten. Und als immer größere Staaten entstanden, trat die Bedeutung großer Flüsse in den Hintergrund; was nun zählte, waren längere Handelswege, die Verfügbarkeit von Metallen und von Arbeitskraft. In dem Maße, in dem sich die gesellschaftliche Entwicklung wandelt, verändern sich auch die Ressourcen, die sie benötigt, und Regionen, die lange Zeit wenig Beachtung fanden, stellen plötzlich fest, dass ihre Rückständigkeit durchaus Vorteile mit sich bringt.

Es ist immer schwer vorauszusagen, wohin die Vorteile der Rückständigkeit führen: Rückständigkeit ist nicht gleich Rückständigkeit. Vor vierhundert Jahren fanden die meisten Europäer die blühenden Plantagen der karibischen Inseln wesentlich vielversprechender als die Farmen in Nordamerika. Zwar können wir im Nachhinein erkennen, warum aus Haiti das ärmste und aus den USA das reichste Land der westlichen Welt wurde, aber solche Entwicklungen vorauszusagen ist ungleich viel schwerer.

Ein offenkundiger Vorteil der Rückständigkeit war jedoch die Tatsache, dass sich innerhalb der einzelnen Kerngebiete die am weitesten entwickelte Region mit der Zeit verlagerte. Im Westen bewegte sie sich von den Hängen des Taurus- und des Zagrosgebirges (zur Zeit der ersten Ackerbaukulturen) südwärts in die Flusstäler Mesopotamiens und Ägyptens, als sich Staaten herauszubilden begannen, und westwärts in den Mittelmeerraum, als die großen Weltreiche entstanden. Im Osten verlagerte sie sich von dem Gebiet zwischen Gelbem Fluss und Jangtse nordwärts ins eigentliche Tal des Gelben Flusses und von da aus westwärts in die Gegend des Wei-Flusses und des Qin-Ling-Gebirges.

Das Vorteilsprinzip der Rückständigkeit hatte außerdem zur Folge, dass die westliche Vorreiterrolle bei der gesellschaftlichen Entwicklung Schwankungen

* Der Begriff stammt ursprünglich von Alexander Gerschenkron, bei dem er allerdings eine etwas andere Bedeutung hat.

unterworfen war, was zum einen daran lag, dass die lebenswichtigen Ressourcen (Wildpflanzen und -tiere, Flüsse, Handelswege und Arbeitskraft) in den Kernregionen unterschiedlich verteilt waren, und zum anderen daran, dass in beiden westlichen Kernregionen der Prozess der Ausdehnung und der Inbesitznahme neuer Ressourcen so gewalttätig und unbeständig verlief, dass sich das Entwicklungsparadox zuspitzte. Durch die Ausdehnung der westlichen Reiche im zweiten Jahrtausend v. u. Z. wurde das Mittelmeer nicht nur zu einer bequemen Route für den Handel, sondern auch zu einem Weg für zerstörerische Kräfte. Um 1200 v. u. Z. gerieten die westlichen Staaten aus dem Ruder, und Zuwanderungen, schlechte Regierungsführung, Hungersnöte und Epidemien führten einen Zusammenbruch herbei, von dem das gesamte Kerngebiet betroffen war. Im Osten, wo es ein solches Binnenmeer nicht gab, kam es zu keinem vergleichbaren Zusammenbruch, und um 1000 v. u. Z. war hinsichtlich der gesellschaftlichen Entwicklung der Abstand zwischen Westen und Osten beträchtlich geschrumpft.

In den darauf folgenden drei Jahrtausenden hat sich dieses Muster mit wechselnden Folgen wiederholt. Die Geographie bestimmte darüber, an welchem Ort die gesellschaftliche Entwicklung am rasantesten verlief, aber die Bedeutung der Geographie veränderte sich mit zunehmender gesellschaftlicher Entwicklung. Die Steppen, die den Westen und den Osten Eurasiens verbinden, die fruchtbaren und reisreichen Landstriche im Süden Chinas, der Indische Ozean und der Atlantik waren zu unterschiedlichen Zeiten der Geschichte von entscheidender Bedeutung. Und als im 17. Jahrhundert u. Z. die Stunde des Atlantiks als wichtigster Seeverbindung schlug, schufen diejenigen Völker, die diesen Vorteil aufgrund der geographischen Lage ihrer Heimatländer am besten nutzen konnten – allen voran die Briten und dann die aus England eingewanderten Bewohner Nordamerikas – neuartige Weltreiche und Wirtschaftssysteme und setzten die Energie, die in fossilen Brennstoffen eingeschlossen ist, für die Ausbeutung durch den Menschen frei. Und das, so lautet meine Argumentation, hat dazu geführt, dass der Westen die Welt regiert.

Der Aufbau

Ich habe dieses Buch folgendermaßen gegliedert: Die Kapitel 1 bis 3 beschäftigen sich mit den grundlegenden Fragen: Was ist der Westen? Wo beginnen wir mit unserer Geschichte? Was heißt das: die Welt regieren? Woher wissen wir, wer die Führungsrolle innehat? In Kapitel 1 lege ich das biologische Fundament der Geschichte, indem ich auf die Evolution und die Verteilung der Siedlungsgebiete des modernen Menschen rund um den Erdball eingehe. In Kapitel 2 geht es um die Bildung und Ausdehnung der ursprünglichen Kerngebiete im Westen und im Osten nach der letzten Eiszeit. In Kapitel 3 unterbreche ich den narrativen Faden, um den Begriff der gesellschaftlichen Entwicklung zu definieren und zu erklären, in welcher Weise ich diese als Messinstrument für die Unterschiede zwischen Osten und Westen heranziehen werde.*

Die Kapitel 4 bis 10 folgen der jeweiligen Geschichte des Ostens und des Westens im Detail und suchen dabei immer wieder nach Erklärungen für Übereinstimmungen und Unterschiede. In Kapitel 4 thematisiere ich die Entstehung der ersten Staaten sowie die Faktoren, die zum Niedergang des westlichen Kerngebiets in den Jahrhunderten bis 1200 v. u. Z. führten. In Kapitel 5 betrachte ich die ersten großen Weltreiche und ihre gesellschaftliche Entwicklung bis an die Grenzen des in einer Agrarwirtschaft Möglichen. In Kapitel 6 gehe ich auf den großen Zusammenbruch ein, den Eurasien nach 150 u. Z. erlebte. In Kapitel 7 gelangen wir zu dem Wendepunkt, an dem der Osten sein Territorium neu absteckte und in Bezug auf die gesellschaftliche Entwicklung die Führung übernahm. Um 1100 u. Z. hatte der Osten erneut die Grenzen dessen erreicht, was in einer landwirtschaftlich organisierten Gesellschaft möglich ist, doch in Kapitel 8 werden wir sehen, dass dies einen zweiten großen Zusammenbruch zur Folge hatte. In Kapitel 9 zeige ich, wie sich die östlichen und westlichen Reiche erholten und ihr jeweiliges Gebiet bis in die Steppen und über die Weltmeere ausdehnten und wie der Westen den Entwicklungsrückstand gegenüber dem Osten aufholte. In Kapitel 10 schließlich geht es darum, wie durch die industrielle Revolution aus der Führungsrolle des Westens eine weltbeherrschende Machtstellung wurde und welche schwerwiegenden Folgen dies nach sich zog.

Die Kapitel 11 und 12 schließlich wenden sich der Frage zu, die für jeden Geschichtswissenschaftler die allerwichtigste ist: Ja, und? In Kapitel 11 fasse ich noch einmal meine These zusammen, der zufolge zwei Arten von Gesetzmäßigkeiten – die biologischen und die soziologischen – bestimmen, in welcher Form sich die Weltgeschichte insgesamt entwickelt, während ein drittes Prinzip – das geographische – über die regionalen Unterschiede der Entwicklung im Osten und im Westen entscheidet. Dem immerwährenden Zusammenspiel dieser Gesetzmäßigkeiten und nicht langfristiger Determiniertheit oder kurzfristigen Zufallsereignissen war es zu verdanken, dass Looty nach Balmoral und nicht Albert nach Beijing gebracht wurde.

Normalerweise äußern sich Historiker nicht in dieser Weise zur Geschichte. Vielmehr richten sie auf der Suche nach Erklärungen den Blick auf die Kultur, auf Überzeugungen, Werte, Institutionen oder auf den schieren Zufall anstatt auf die harte Oberfläche der materiellen Wirklichkeit, und die meisten von ihnen würden sich eher die Zunge abbeißen, als von Gesetzmäßigkeiten zu sprechen. Doch ihren Argumenten zum Trotz gehe ich in Kapitel 12 noch einen Schritt weiter und behaupte, dass uns die Gesetzmäßigkeiten der Geschichte eine recht gute Vorstellung davon vermitteln, was als Nächstes geschehen wird. Die Geschichte

* Eine technischere Darstellung dieses Aspekts findet sich im Anhang und auf meiner Website www.ianmorris.org.

endet nicht mit der Vormachtstellung des Westens. Noch entfalten das Entwicklungsparadox und die Vorteile der Rückständigkeit ihre Wirkung; das Tauziehen zwischen den Kräften der Erneuerung, die die gesellschaftliche Entwicklung vorantreiben, und jenen zerstörerischen Kräften, die sie behindern, ist noch im Gange. Ich behaupte sogar, dass der Kampf erbitterter ist denn je. Neue Formen der Entwicklung und der Zerstörung drohen nicht nur die geographische, sondern auch die biologische und die soziologische Landschaft grundlegend zu verändern. Die große Frage unserer Zeit stellt sich nicht danach, ob der Westen seine Vormachtstellung auch weiterhin wird halten können, sondern danach, ob die Menschheit insgesamt den Durchbruch zu einer vollkommen anderen Seinsweise schafft, bevor uns die Katastrophe ereilt – und uns für immer erledigt.

Kapitel 1

Bevor es Osten und Westen gab

Was ist der Westen?

»Wenn ein Mensch Londons überdrüssig ist«, heißt es bei Samuel Johnson, »ist er des Lebens überdrüssig; denn in London gibt es alles, was das Leben bieten kann.«[1] Das war 1777, und jeder Gedankenblitz, jede glänzende neue Erfindung belebte Johnsons Heimatstadt zusätzlich. London hatte Kathedralen und Paläste, Parks und Flüsse, herrschaftliche Viertel und Slums. Und, vor allem, man konnte einkaufen – Dinge nämlich, die sich frühere Generationen auch in ihren wildesten Fantasien nicht hätten träumen lassen. Direkt vor den neuen Arkaden der Oxford Street konnten die feinen Damen und Herren aus ihren Kutschen steigen, konnten dort nach Neuheiten stöbern, nach einem Schirm etwa, einer Erfindung der 1760er Jahre, die den Engländern rasch unverzichtbar wurde, vielleicht auch nach einer Handtasche oder nach Zahnpasta, auch das Novitäten dieser Jahre. Es waren aber nicht nur die Reichen, die sich dieser neuen Kultur des Konsums hingaben. Auch Geschäftsleute verbrachten, zum Entsetzen der Konservativen, Stunden in den Kaffeehäusern, die Armen nannten ihren Tee »unverzichtbar«[2], und Landfrauen legten sich Klaviere zu.

Damals entwickelten die Engländer die Vorstellung, dass sie anders seien als andere Völker. Der schottische Gelehrte Adam Smith hatte sie 1776, in seinem *Wohlstand der Nationen*, ein Volk von Krämern genannt, und er glaubte, ihnen damit ein Kompliment zu machen. Weil sich jeder von ihnen derart um seinen eigenen Wohlstand sorgte, würden, so Smith, alle reicher. Und er erinnerte an den Gegensatz zwischen Großbritannien und China. Dieses »zählte lange zu den reichsten Ländern der Erde, überaus fruchtbar, der Boden bestens kultiviert, die Menschen sehr fleißig und zahlreich«, habe aber den Wohlstand erlangt, den zu erreichen »Gesetze und Einrichtungen des Landes« erlaubten. Nun steckten die Chinesen fest. Ihr Wohlstand, so Smith, werde durch die »Konkurrenz der Arbeiter und die Interessen der Unternehmer … bald auf das niedrigste Niveau [herabgedrückt], das sich mit unseren Vorstellungen über Humanität noch eben vereinbaren lässt«. In China übertreffe die Armut der niederen Stände noch »bei weitem die der bettelhaftesten Völker Europas. … Auch für Aas, beispielsweise den Kadaver eines Hundes oder einer Katze, halb verwest und stinkend, sind sie genauso dankbar wie die Menschen anderer Länder für das zuträglichste Essen.«[3]

Johnson und Smith hatten ja nicht Unrecht. Kaum war die industrielle Revolution in den 1770er Jahren in Gang gekommen, schon lagen die durchschnittlichen Einkommen in England höher und waren gleichmäßiger verteilt als in China. Ein Faktum, auf das sich Theorien stützen, die zeigen wollen, dass die westliche Vorherrschaft über lange Perioden determiniert ist. Die Führungsrolle des Westens sei, so ihr Argument, die Voraussetzung der industriellen Revolution gewesen und nicht deren Folge, und darum müssten wir, wenn wir jene Rolle erklären wollten, historisch weit, möglicherweise sehr weit zurückblicken.

Klingt einleuchtend, oder? Der Historiker Kenneth Pomeranz, dessen Buch *The Great Divergence* ich in der Einleitung bereits erwähnt habe, besteht darauf, dass Adam Smith und alle Lobredner des Westens, die ihm gefolgt seien, die falschen Dinge miteinander verglichen. China sei so groß und vielfältig wie der gesamte Kontinent Europa. Insofern sei es kein Wunder, dass England die meisten Punkte mache, wenn wir diese zu Smiths Zeiten entwickeltste Region Europas isoliert betrachteten und als solche dann mit dem durchschnittlichen Entwicklungsstand in ganz China verglichen. Aus dem gleichen Grund würde, wenn wir eine Gegenprobe anstellten und die Mündungsregion des Jangtse (um 1770 die in China weitest entwickelte Region) mit dem durchschnittlichen Entwicklungsstand Europas verglichen, dieses Delta besser dastehen als England. Dabei hätten beide Regionen, so Pomeranz, im 18. Jahrhundert mehr miteinander gemein gehabt (nämlich beginnende Industrialisierung, aufstrebende Märkte, komplexe Teilung der Arbeit) als England mit unterentwickelten Teilen Europas oder das Jangtse-Delta mit unterentwickelten Regionen Chinas. All das führt Pomeranz zu dem Schluss, dass Theoretiker, die von einer langfristigen Determiniertheit der westlichen Vorherrschaft ausgingen, schlampig dächten und das Pferd vom Schwanz her aufzäumten. Wenn England und das Jangtse-Delta im 18. Jahrhundert tatsächlich so viel gemeinsam hatten, dann müsse man die Erklärung der westlichen Vorherrschaft irgendwann *nach* diesem Datum suchen und nicht davor.

Eines ist klar: Wenn wir wissen wollen, warum der Westen die Welt regiert, müssen wir vor allem herausfinden, wer und was »der Westen« ist. Und schon geraten die Dinge durcheinander. Die meisten von uns haben ein Bauchgefühl für das, was »den Westen« eigentlich ausmacht. Manche setzen ihn gleich mit Demokratie und Freiheit, andere mit dem Christentum, wieder andere mit säkularem Rationalismus. Der Historiker Norman Davies stieß auf nicht weniger als zwölf verschiedene Definitionen des Westens. Allen gemeinsam sei, was Davies deren »elastische Geographie« nennt. Jede dieser Definitionen gebe dem Westen eine unterschiedliche Gestalt, und eben das schaffe die von Pomeranz monierte Verwirrung. Der Westen, so Davies, »kann von seinen Verfechtern auf so gut wie jede Art definiert werden, die ihnen geeignet scheint« – mit der Folge, dass das, was sie als »westliche Zivilisation« betrachten, nichts anderes sein könne als »ein Amalgam intellektueller Konstrukte, das darauf angelegt ist, das Beweisinteresse des jeweiligen Autors zu stärken«.[4]

Sollte Davies recht haben, dann würden Autoren, die der Frage nach der westlichen Vorherrschaft nachgehen, nichts anderes tun, als einige zufällige Werte herauszupicken, die den »Westen« definieren, und anschließend zu behaupten, bestimmte Länder verkörperten diese Werte. Diese Länder würden dann mit einer Gruppe ebenso zufällig herausgegriffener »nicht-westlicher« Länder verglichen. Auf diesem Weg kann man in der Tat zu jedem Schluss gelangen, der den eigenen Absichten dienlich ist. Das Ganze gilt auch umgekehrt. Jeder, der so gewonnene Schlussfolgerungen ablehnt, könnte seinerseits andere Werte herausgreifen, die seiner Meinung nach »Westlichkeit« definieren, könnte eine andere Gruppe von Ländern benennen, die diesen Wert verkörperten, ebenso eine andere Vergleichsgruppe, und schon würde er zu einer anderen, aber nicht weniger interessegeleiteten Schlussfolgerung gelangen.

Kein großer Gewinn also. Darum möchte ich einen anderen Weg einschlagen. Anstatt vom Ende des historischen Prozesses auszugehen und von Annahmen darüber, was zu den Werten des Westens gezählt werden muss, und erst dann in der Zeit zurückzublicken und nach den Wurzeln dieser Werte zu suchen, möchte ich tatsächlich mit dem Anfang des historischen Prozesses einsetzen, mich dann in der Zeit voranbewegen, bis wir jenen Punkt erreichen, an dem wir in unterschiedlichen Teilen der Welt je unterschiedliche Formen des Lebens entstehen sehen. Den geographisch westlichsten Teil dieser unterschiedlichen Regionen werde ich den »Westen« nennen, den östlichsten den »Osten«, beide also als das behandeln, was sie sind, nämlich als geographische Bezeichnungen und nicht als Werturteile.

Zu erklären, wir müssten am Anfang beginnen, ist eine Sache; eine ganz andere ist es, diesen Anfang zu finden. Wie wir sehen werden, gibt es in der fernen Vergangenheit einige Punkte, an denen Wissenschaftler versucht haben, Osten und Westen in Begriffen der Biologie zu definieren. Damit haben sie verworfen, was ich in der Einleitung dieses Buchs behauptet habe, nämlich dass Menschen (in großen Gruppen betrachtet) einander ziemlich ähnlich sind, und haben stattdessen die Menschen in einem Teil der Welt als allen anderen genetisch überlegen betrachtet. Es gibt in der Tat historische Punkte, an denen man allzu leicht zu der Behauptung gelangt, eine Region sei seit unvordenklichen Zeiten allen anderen kulturell überlegen gewesen. Wir müssen solche Vorstellungen sehr genau betrachten, denn wenn wir bereits am Anfang einen Schritt in die falsche Richtung tun, werden wir die Gestalt der Vergangenheit insgesamt falsch erfassen und damit auch die Gestalt der Zukunft.

Am Anfang

Jede Kultur macht sich ihre eigene Geschichte davon, wie alles anfing, doch in den letzten Jahren haben uns Astrophysiker einige neue, wissenschaftliche Versionen geliefert. Die meisten Experten denken heute, Zeit und Raum hätten vor über 13

Milliarden Jahren begonnen, sie streiten allerdings darüber, wie das geschehen sein soll. Die vorherrschende »Inflationstheorie« des Universums geht davon aus, dass dieses sich – zu Beginn nur ein Punkt von unendlicher Dichte und unendlich kleiner Ausdehnung – mit Überlichtgeschwindigkeit ausgedehnt habe. Die rivalisierende »Zyklustheorie« des Universums dagegen behauptet, dieses expandiere, seit ein zuvor bestehendes Universum kollabiert sei. Beide Schulen sind sich darin einig, dass unser Universum sich noch immer ausdehnt, wobei die Inflationisten davon ausgehen, dass es sich weiterhin ausdehnen wird, dass die Sterne irgendwann erlöschen werden und sich zuletzt unendliche Finsternis und Kälte verbreiten werden; die Zykliker dagegen behaupten, auch unser Universum werde in sich zusammenstürzen, erneut explodieren, und damit werde ein neues Universum beginnen.

Es ist schwer, diese Theorien zu verstehen, wenn man nicht Jahre der Ausbildung in höherer Mathematik absolviert hat. Zum Glück jedoch zwingt uns unsere Frage auch nicht, derart früh einzusetzen. Wie sollte es Osten oder Westen geben, solange es überhaupt noch keine Richtungen gab und auch die Naturgesetze nicht, wie wir sie kennen? Was sollte Ost und West bedeuten, wenn es unsere Sonne noch nicht gab und unser Planet noch keine Gestalt angenommen hatte? Dies geschah vor 4,5 Milliarden Jahren. Wir könnten vielleicht von Osten und Westen sprechen, sobald die Erdkruste sich gebildet hatte, zumindest aber sobald die Kontinente in etwa ihre heutige Lage eingenommen hatten, womit wir uns bereits im Zeitraum der letzten Jahrmillionen bewegen. Doch auch diese Überlegungen treffen den Punkt nicht. Im Sinn der Frage unseres Buchs können Ost und West erst dann irgendetwas bedeuten, wenn wir eine weitere Zutat in unseren Mix aufnehmen: menschliche Wesen.

Paläoanthropologen, die die Frühmenschen erforschen, streiten noch lieber als Historiker. Ihr Forschungsgebiet ist jung und entwickelt sich rapide, und immer wieder stellen neue Entdeckungen etablierte Wahrheiten auf den Kopf. Würde man zwei Paläoanthropologen in einen Raum sperren, würden sie diesen wahrscheinlich mit drei Theorien zur menschlichen Evolution verlassen, und kaum wäre die Tür hinter ihnen ins Schloss gefallen, wären auch diese bereits wieder überholt.

Die Grenze zwischen Menschen und Vormenschen kann nur unscharf sein. Manche Paläoanthropologen denken, dass wir, sobald wir vorgeschichtliche Affenarten entdecken, die aufrecht gehen konnten, auch von Menschen sprechen sollten. Nach fossilen Hüft- und Zehenknochen geurteilt, haben einige ostafrikanische Affen damit vor sechs oder sieben Millionen Jahren begonnen. Die meisten Experten allerdings sind der Meinung, mit einer solchen Definition liege die Latte zu niedrig. Die zum biologischen Standard gewordene Klassifikation bestimmt die Gattung *Homo* (lateinisch für »Mensch«) durch zwei miteinander verbundenen Kriterien: zum einen durch den Zuwachs des Gehirnvolumens von 400 bis 500 auf rund 630 Kubikzentimeter (unser Gehirn hat etwa das doppelte

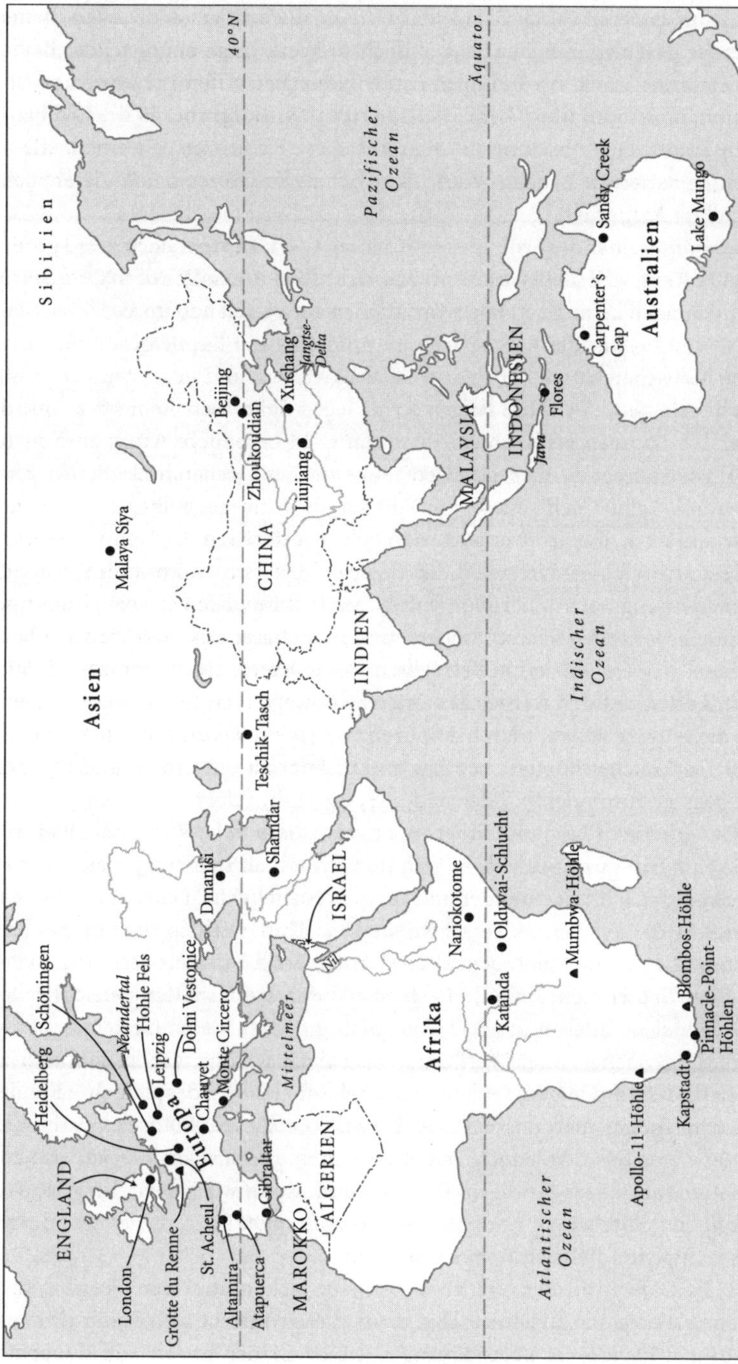

Abbildung 1.1: Bevor »Osten« und »Westen« viel bedeuteten
Stätten in der Alten Welt, die in diesem Kapitel erwähnt werden.

Volumen), zum anderen durch Belege dafür, dass aufrecht gehende Affen Steine gegeneinander geschlagen haben, um einfachste Werkzeuge herzustellen. Beide Prozesse begannen unter zweibeinigen ostafrikanischen Affen vor etwa 2,5 Millionen Jahren. Louis und Mary Leakey, die berühmten Ausgräber in der Olduvai-Schlucht in Tansania (Abbildung 1.1), nannten diese Kreaturen, die ein ziemlich großes Gehirn hatten und zudem Werkzeuge benutzten, *Homo habilis*, lateinisch für »geschickter Mensch«.

Als *Homo habilis* über die Erde spazierte, hatten Ost und West noch keine große Bedeutung. Erstens, weil diese Geschöpfe ausschließlich in den Wäldern Ostafrikas lebten und sich noch keine regionalen Variationen entwickelt hatten; zweitens, weil die Formulierung »über die Erde spazierte« wohl eher ein Euphemismus ist. Die geschickten Menschen hatten Zehen und Gelenke wie wir, und sie sind mit Gewissheit aufrecht gelaufen, doch ihre langen Arme legen nahe, dass sie noch ziemlich viel Zeit in den Bäumen verbrachten. Es waren wohl besondere Affen, aber auch nicht mehr. Die Spuren, die ihre Steinwerkzeuge an Tierknochen hinterließen, zeigen, dass *Homo habilis* sich sowohl von Fleisch als auch von Pflanzen ernährte, allem Anschein nach aber lebte er auch ziemlich weit unten in der Nahrungskette. Einige Paläoanthropologen vertreten die Theorie, Menschen seien ihrer Art nach Jäger; ihrer Meinung nach war *Homo habilis* geschickt und mutig genug, um mit nichts anderem bewaffnet als mit Stöcken und kantig geschlagenen Steinbrocken Wild zu töten. Andere wiederum betrachten *Homo habilis* (wohl überzeugender) als Resteverwerter, der den wahren Raubtieren (Löwen etwa) folgte und von dem lebte, was diese übrig ließen. Man hat Spuren, die *Homo habilis* mit seinen Werkzeugen auf Tierknochen hinterlassen hat, mikroskopisch untersucht und herausgefunden, dass sie zumindest vor denen der Hyänenzähne dorthin kamen.

25 000 Generationen lang tollten Gruppen des *Homo habilis* in dieser kleinen Ecke der Welt herum und schwangen sich durch die Bäume, schlugen sich Steinwerkzeuge zurecht, lausten einander und zeugten Nachwuchs. Dann, irgendwann vor rund 1,8 Millionen Jahren, verschwanden sie. Und zwar, soweit wir das beurteilen können, ziemlich plötzlich; allerdings gehört die genaue Datierung von Funden zu den Schwierigkeiten und Problemen beim Studium der menschlichen Evolution. In vielen Fällen sind wir davon abhängig, dass in den Gesteinsschichten, die fossile Knochen oder Werkzeuge enthalten, auch instabile radioaktive Isotopen zu finden sind, deren Zerfallszeiten bekannt sind, sodass man die Funde datieren kann, indem man das Verhältnis zwischen diesen Isotopen bestimmt. Diese Datierungen können jedoch Fehler enthalten, die sich im Bereich von einigen zehntausend Jahren bewegen. Darum kann, wenn wir sagen, die Welt des *Homo habilis* sei plötzlich zu Ende gewesen, dieses »plötzlich« ebenso gut einige wenige wie einige 1000 Generationen umfassen.

Als Charles Darwin in den 1840er und 1850er Jahren über den Vorgang der natürlichen Selektion nachdachte, nahm er an, diese vollziehe sich durch allmähliche Akkumulation kleiner Veränderungen. In den 1970er Jahren jedoch machte der Biologe Stephen Jay Gould geltend, dass die Evolution kein Ergebnis kleiner Schritte über einen langen Zeitraum hinweg sei, sondern dass irgendwelche Ereignisse eine Kaskade schneller Veränderungen auslöse. Evolutionsbiologen heute sind uneins darüber, welches das tauglichere Modell ist, ob schrittweise Veränderungen (Evolution durch Kriechen, wie deren Kritiker höhnen) oder Goulds »unterbrochenes Gleichgewicht«[5] (Evolution durch Sprünge). Zur Erklärung des Verschwindens von *Homo habilis* scheint Goulds Denkmodell aber geeigneter. Vor etwa 1,8 Millionen Jahren wurde das Klima in Ostafrika trockener, und offene Savannen entstanden dort, wo früher die Wälder gewesen waren, in denen die »geschickten Menschen« gelebt haben; und genau an diesem Punkt traten neue Arten von Affenmenschen* an seine Stelle.

Ich möchte diesem neuen Affenmenschen hier noch keinen Namen geben, sondern für den Augenblick nur festhalten, dass sie größere Gehirne (im Durchschnitt etwa 800 Kubikzentimeter Volumen) hatten als *Homo habilis.* Es fehlten ihnen auch die langen, schimpansenartigen Arme, was vermutlich bedeutet, dass sie die meiste Zeit auf dem Boden zubrachten. Außerdem waren sie größer. Ein rund 1,5 Millionen Jahre altes Skelett, das bei Nariokotome in Kenia gefunden wurde, bekannt als Turkana-(oder Nariokotome-)Boy, gehörte zu einem etwa 1,50 Meter großen Kind, das, wäre es ausgewachsen, etwa 1,80 Meter groß geworden wäre. Seine Knochen waren nicht nur länger, sondern auch weniger robust als die von *Homo habilis*, woraus zu schließen ist, dass dieser Junge und seine Zeitgenossen sich mehr auf ihre geistigen Fähigkeiten und ihre Werkzeuge verlassen haben als auf rohe Kraft.

Die meisten von uns denken, geschickt und gescheit zu sein, sei selbstverständlich von Vorteil. Wenn dem so wäre, warum hat *Homo habilis*, wo er doch schon das Potenzial gehabt hätte, sich in diese Richtung zu entwickeln, eine halbe Million Jahre herumgewerkelt, bevor er sich »plötzlich« in ein größeres Geschöpf mit größerem Gehirn verwandelt hat? Die wahrscheinlichste Erklärung liegt wohl in dem Faktum, dass es nichts umsonst gibt. Und es ist aufwändig, ein großes Gehirn am Leben zu erhalten. Unser Gehirn macht etwa zwei Prozent unseres Körpergewichts aus, verbraucht aber bis zu 20 Prozent der Energie, die wir insgesamt konsumieren. Große Gehirne bringen noch weitere Probleme mit sich: Der Schädel muss wachsen, damit er es aufnehmen kann – und er wurde so groß, dass die heutigen Frauen Schwierigkeiten haben, Babys durch den Geburtskanal zu pressen. Sie umgehen das Problem, indem sie ihre Kinder unreif zur Welt bringen. Würden unsere Babys solange im Mutterleib bleiben, bis sie sich – wie der Nachwuchs anderer Säugetiere – selbst erhalten könnten, wäre ihr Kopf zu groß, um aus dem Leib herauszukommen.

* Das Wort »Affenmensch« mit seiner Tarzan-und-Jane-Konnotation wurde, als ich jung war, in den Lehrbüchern bevorzugt verwendet. Heutige Paläoanthropologen halten es für herabwürdigend; meiner Meinung nach jedoch fasst es die Mehrdeutigkeit dieser vormenschlichen Hominiden auf eine doch ganz griffige Weise.

Dennoch müssen riskante Geburten, jahrelange Aufzucht und große Gehirne, die ein Fünftel der von uns aufgenommenen Nahrung verbrennen, durchaus das Richtige für uns gewesen sein – richtiger jedenfalls, als die gleiche Energie dazu zu nutzen, um Klauen auszubilden, mehr Muskeln oder große Zähne. Intelligenz ist ein größeres Plus als jede dieser Alternativen. Fraglicher dagegen scheint, warum eine genetische Mutation, die vor einigen Millionen Jahren zu einem größeren Gehirn führte, den Affenmenschen damals schon so viele Vorteile brachte, dass sich der größere Energieaufwand gelohnt hat. Das muss aber der Fall gewesen sein. Denn wären höhere Intelligenz und größeres Geschick nicht zumindest so nützlich gewesen, dass der zur Erhaltung der grauen Zellen höhere Energieaufwand ausgeglichen werden konnte, dann wären die gescheiten Affen weniger erfolgreich gewesen als ihre dumpferen Verwandten und ihre smarten Gene rasch wieder aus der Population verschwunden.

Vielleicht war an allem ja das Wetter schuld. Als der Regen ausblieb und die Bäume, in denen die Affenmenschen gelebt hatten, zu verkümmern begannen, könnten die gescheiteren und möglicherweise auch geselligeren Mutanten einen Vorsprung vor ihren affenartigeren Verwandten errungen haben. Anstatt sich aus dem offen liegenden Grasland zurückzuziehen, fanden die klügeren Affen Wege, genau dort zu überleben. Und während eines Wimpernschlags (auf der Zeitachse der Evolution) verbreitete eine Handvoll Mutanten ihre Gene im gesamten Pool und verdrängten *Homo habilis*, der langsamer dachte, kleiner war und den Wald liebte.

Zum ersten Mal Ost und West?

Ob ihre Lebensräume übervölkert waren, ob es Zank gab zwischen den Gruppen, ob sie einfach neugierig waren – in jedem Fall haben die neuen Affenmenschen als Erste ihrer Art Ostafrika verlassen. Überall wurden ihre Knochen gefunden: von der Südspitze des Kontinents bis zu den Pazifikküsten Asiens. Dennoch sollten wir uns keine großen Wanderungswellen vorstellen, nichts in der Art des *Westward ho* der Wildwestfilme. Die Affenmenschen werden wohl kaum gewusst haben, was sie tun; zudem erforderte die Überwindung so großer Entfernungen noch größere Zeitspannen. Von der Olduvai-Schlucht nach Kapstadt in Südafrika ist es ein weiter Weg – über 2500 Kilometer –, doch um diese Strecke in 100 000 Jahren zu überwinden (allem Anschein nach dauerte es tatsächlich so lange), mussten die Affenmenschen wohl nichts anderes tun, als den Raum ihrer Nahrungssuche jedes Jahr um durchschnittlich 35 Meter in eine Richtung zu erweitern. Hätten sie sich mit der gleichen Geschwindigkeit nach Norden treiben lassen, hätten sie auch die Schwelle zu Asien erreicht; und tatsächlich wurde 2002 bei Grabungen in der Nähe von Dmanissi in der heutigen Republik Georgien ein 1,7 Millionen Jahre alter Schädel gefunden, der Eigenschaften des *Homo habilis* und der neueren Affenmenschen vereinte. Steinwerkzeuge aus China und fossile Knochen aus Java (das damals noch mit dem asiatischen Festland verbunden war) könnten etwa ebenso alt sein, und dies würde bedeuten, dass die Affenmenschen, nachdem sie Afrika verlassen hatten, ihre Wandergeschwindigkeit erhöht hätten, auf durchschnittlich fabelhafte 140 Meter im Jahr.*

Die Erwartung wäre nicht unrealistisch, dass sich, nachdem die Affenmenschen Ostafrika verlassen hatten und sich durch die warmen subtropischen Breiten bis nach China verbreiteten, westliche und östliche Formen des Lebens unterscheiden ließen. Für die Zeit vor 1,6 Millionen Jahren verzeichnen archäologische Inventare tatsächlich östliche und westliche Muster. Gleichwohl ist zu fragen, ob diese Unterschiede bedeutsam genug sind, um dahinter unterschiedliche Lebensweisen vermuten zu dürfen.

Bekannt sind diese Unterschiede seit den 1940er Jahren, als Hallam Movius, ein Archäologe aus Harvard, feststellte, dass die Knochen der neuen, klügeren Affenmenschen häufig in Verbindung mit Steinwerkzeugen gefunden wurden, die mit einer neuen Abschlagtechnik hergestellt worden waren. Die signifikantesten dieser Werkzeuge haben die Archäologen zur Leitform der Altsteinzeitperiode des Acheuléen erklärt, die ihren Namen Saint-Acheul verdankt, einem Vorort von Amiens, wo man diese Werkzeuge zum ersten Mal in großer Zahl fand. Es handelt sich um Faustkeile (englisch *handaxes*): »Keile«, weil die Steingeräte zwar wie Axtköpfe geformt waren, ganz offensichtlich aber nicht nur zum Spalten, sondern auch zum Schneiden, Stoßen und Hämmern verwendet wurden; »Faust« erinnert daran, dass sie in der Hand geführt und nicht an Stielen befestigt wurden. Diese Werkzeuge als Artefakte zu bezeichnen, mag übertrieben erscheinen, doch mit ihrer einfachen Symmetrie sind sie sehr viel schöner als die rohen Klingen und Hackwerkzeuge von *Homo habilis*. Wie Movius feststellte, wurden die Faustkeile des Acheuléen zwar an Fundorten in Afrika, Europa und Südwestasien gefunden, in Südostasien dagegen an keiner Stelle. Dort fand man gröber gefertigte Werkzeuge, die denen des Prä-Acheuléen ähneln, die in Afrika ausgegraben worden sind und dem *Homo hablis* zugeschrieben werden.

Sollte die so genannte Movius-Linie (Abbildung 1.2) tatsächlich den Beginn der Trennung von östlichen und westlichen Lebensweisen markieren, könnte dies für eine in der Zeit erstaunlich weit zurückreichende Determinierung sprechen – für eine Theorie, der zufolge sich, kaum dass die Affenmenschen über die Grenzen Afrikas hinaus vorgedrungen waren, auch zwei Kulturkreise herausgebildet haben: die westlichen, technisch fortgeschritteneren Faustkeil-Kulturen des Acheuléen in Afrika und Südwestasien und die östlichen, technisch weniger entwickelten Abschlag- und Chopper-Kulturen in Ostasien. Dann wäre es kein Wunder, dass heute der Westen die Welt regiert, hat er doch, wie man aus der

* Faktisch sind sie vermutlich jedes Mal nur ein paar Kilometer weiter gezogen, um neue Futterplätze zu finden, und dort dann ein paar Jahre geblieben.

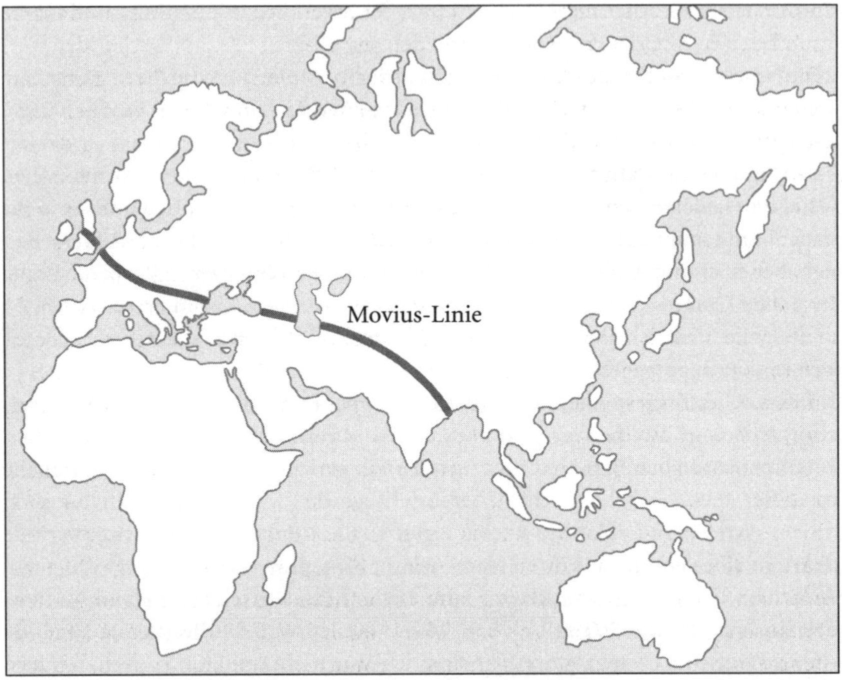

Abbildung 1.2: Der Anfang von Osten und Westen?
Die Karte zeigt die Movius-Linie, die für rund eine Million Jahre die Faustkeil-Kulturen des Westens von den Abschlag- und Chopper-Kulturen des Ostens trennte.

Movius-Linie schließen könnte, die Führung bereits seit 1,5 Millionen Jahren inne.

Die Movius-Line festzulegen ist allerdings leichter, als sie zu erklären. Die frühesten in Afrika gefundenen Faustkeile des Acheuléen sind rund 1,6 Millionen Jahre alt, doch schon 100 000 Jahre zuvor gab es ja bereits Affenmenschen im georgischen Dmanissi. Der Befund ist eindeutig: Die ersten Affenmenschen haben Afrika verlassen, bevor der Faustkeil des Acheuléen zu ihrem normalen Werkzeugkasten gehörte. Es waren diese Gruppen, die Techniken des Prä-Acheuléen quer durch Asien getragen haben, während die westliche, afrikanische Region sich daran machte, die Werkzeuge des Acheuléen zu entwickeln.

Ein kurzer Blick auf Abbildung 1.2 zeigt jedoch, dass die Movius-Linie gar nicht Afrika von Asien trennt, sie verläuft vielmehr durch Nordindien. Das ist ein wesentliches Detail. Die ersten Auswanderer verließen Afrika, *bevor* der Acheuléen-Faustkeil entwickelt war, also muss es einander folgende Wellen der Auswanderung aus Afrika gegeben haben, deren spätere den Faustkeil nach Südwestasien und Indien gebracht haben. Darum müssen wir eine neue Frage stellen:

Warum haben diese späteren Wellen von Affenmenschen die Werkzeugindustrie des Acheuléen nicht noch weiter nach Osten getragen?

Die wahrscheinlichste Antwort ist, dass die Movius-Linie eben nicht die Grenze zwischen einem technisch avancierten Westen und einem weniger fortgeschrittenen Osten markiert, sondern nur die westlichen Regionen, in denen die Art Steine, die man für Faustkeile braucht, leicht zu finden sind, von solchen östlichen Gebieten trennt, in denen diese Steine selten sind und in denen sich brauchbare Alternativen boten – Bambus etwa, der zwar widerstandsfähig ist, sich aber doch nicht so lange erhält, dass wir aus Bambus gefertigte Werkzeuge ausgraben könnten. Nach dieser Interpretation müssen Faustkeilnutzer, nachdem sie über die Movius-Linie hinweg gelangt waren, die Werkzeuge des Acheuléen nach und nach aufgegeben haben, weil sie unbrauchbar gewordene nicht ersetzen konnten. Allerdings stellten sie weiterhin Chopper und Abschläge her, denn dazu lassen sich Geröllsteine (*pebbles*) aller Art verwenden; möglicherweise nutzten sie zunehmend auch Bambus für Aufgaben, die zuvor mit Faustkeilen verrichtet wurden.

Einige Archäologen glauben, Funde aus dem Bose-Becken in Südchina stützten derartige Überlegungen. Vor rund 800 000 Jahren ging hier ein riesiger Meteor nieder: ein Unglück epischen Ausmaßes. In heftigen Feuerstürmen verbrannten zehntausende Hektar Wald. Vor dem Einschlag haben im Bose-Becken lebende Affenmenschen Chopper, Abschläge und (vermutlich) Bambus genutzt – so wie andere Gruppen in Ostasien auch. Doch als sie nach den Bränden zurückkehrten, begannen sie, Faustkeile in der Art des Acheuléen zu fertigen – möglicherweise, so die Theorie, weil die Feuersbrünste den Bambus restlos vernichtet und zugleich verwertbares Gestein freigelegt hatten. Nach einigen Jahrhunderten, nachdem sich die Vegetation wieder erholt hatte, gaben die Bewohner dort die Faustkeilproduktion auf und kehrten zum Bambus zurück.

Sollten diese Überlegungen zutreffen, waren die Affenmenschen Ostasiens bestens in der Lage, Faustkeile herzustellen, wenn die Umstände dies begünstigten. Meist aber machten sie sich diese Mühe nicht, weil es Möglichkeiten gab, mit geringerem Aufwand an Werkzeuge zu kommen. Faustkeile aus Stein und Werkzeuge aus Bambus waren unterschiedliche Geräte, mit denen sich aber das Gleiche tun ließ. Kurz: Alle Gruppen der Affenmenschen lebten auf mehr oder weniger gleiche Weise, ob sie sich nun in Marokko oder in Malaysia befanden.

Das erscheint durchaus plausibel, doch wir bewegen uns im Gebiet der prähistorischen Archäologie, und da lassen sich Dinge immer auf mehrere Weisen betrachten, auch die Movius-Linie. Bislang habe ich es vermieden, den Affenmenschen, die Acheuléen-Faustkeile benutzt haben, Namen zu geben. Von diesem Punkt an jedoch macht es einen Unterschied, mit welchen Namen wir sie belegen.

Seit den 1960er Jahren heißt die neue Spezies, die sich in Afrika vor rund 1,8 Millionen Jahren entwickelt hat, bei den meisten Paläoanthropologen *Homo erectus* (»aufrechter Mensch«). Sie vermuten, dass diese Geschöpfe durch die subtropischen Breiten an die Küste des Stillen Ozeans wanderten. In den 1980er Jahren jedoch lenkten einige Experten ihre Aufmerksamkeit auf kleine Unterschiede zwischen den Schädeln des *Homo erectus*, die in Afrika, und solchen, die in Ostasien gefunden wurden. Weil sie davon ausgingen, es tatsächlich mit zwei verschiedenen Arten von Affenmenschen zu tun zu haben, prägten sie einen neuen Namen, nämlich *Homo ergaster* (»arbeitender Mensch«), für diejenigen, die sich in Afrika vor 1,8 Millionen Jahren entwickelt und dann bis nach China verbreitet haben. Erst als *Homo ergaster* Ostasien erreicht habe, so argumentierten sie, hat sich *Homo erectus* aus dieser Art entwickelt. *Homo erectus* wäre demzufolge eine rein asiatische Spezies, zu unterscheiden von *Homo ergaster*, der Afrika, Südwestasien und Indien besiedelte.

Sollte diese Theorie zutreffen, würde die Movius-Linie nicht nur den trivialen Unterschied von Werkzeugtypen markieren, sondern eine genetische Wasserscheide, die die frühen Affenmenschen in zwei Linien teilte. Damit hätten wir so etwas wie die Mutter aller Theorien langfristiger Determination: Osten und Westen sind unterschiedlich, weil im Osten und im Westen – und zwar seit über einer Million Jahren – zwei unterschiedliche Arten von Menschen leben.

Die ersten Bewohner des Ostens: der Peking-Mensch

Die Fachdebatte über die Klassifikation prähistorischer Skelette hat alarmierende Implikationen. Nur zu gern stürzen sich Rassisten auf solche Details, denn damit lassen sich Vorurteile, Gewalttätigkeiten und sogar Genozide rechtfertigen. Vielleicht denken Sie, man solle nicht zuviel Zeit auf die Auseinandersetzung mit dieser Art von Theorien verwenden, das fördere nur Intoleranz und Selbstgerechtigkeit; vielleicht wäre es besser, sie einfach zu ignorieren. Das, denke ich, wäre ein Fehler. Es reicht nicht, rassistische Theorien zu ächten. Wenn wir sie wirklich zurückweisen und ihnen die Theorie entgegensetzen wollen, dass Menschen (in großen Gruppen betrachtet) mehr oder weniger gleich sind, dann müssen wir zeigen, dass rassistische Theorien falsch sind, und sie widerlegen. Dass heute die meisten von uns solche Theorien nicht mögen, reicht nicht aus.

Grundsätzlich wissen wir nicht, ob es vor rund 1,5 Millionen Jahren nur eine Art von Affenmenschen auf der Erde gegeben hat – was bedeuten würde, dass sie sich (wiederum in großen Gruppen betrachtet) von Afrika bis Indonesien weitgehend glichen – oder ob *Homo ergaster* westlich der Movius-Linie und *Homo erectus* östlich davon gelebt haben: als jeweils eigene, klar unterschiedene Arten. Nur weitere Forschungen können diese Frage klären. Wir wissen allerdings, und zwar ohne jeden Zweifel, dass sich innerhalb der letzten Million Jahre im Osten und im Westen tatsächlich unterschiedliche Arten von Affenmenschen entwickelt haben.

Vermutlich haben die geographischen Bedingungen eine Menge damit zu tun. Die Affenmenschen, die vor rund 1,7 Millionen Jahren auf ihren Wanderungen

Afrika verließen, waren sehr gut an subtropische Klimata angepasst, als sie aber weiter nordwärts zogen, hinein nach Europa und Asien, mussten sie längere und härtere Winter überstehen. Wie ihre afrikanischen Vorfahren lebten sie unter freiem Himmel, und das wurde, als sie sich der Linie von etwa 40° nördlicher Breite näherten (eine Linie vom Norden Portugals bis nach Beijing, vgl. Abbildung 1.1), zunehmend unpraktikabel. Soweit wir wissen, lag das Bauen von Hütten und das Anfertigen von Bekleidung jenseits ihrer mentalen Fähigkeiten, auf eine Lösung jedoch werden sie gekommen sein: Sie suchten Schutz in Höhlen. So wurden die Höhlenmenschen geboren, von denen man uns in unserer Kindheit erzählte.

Das Leben in Höhlen war keine reine Wohltat für die Affenmenschen, denn sie mussten sich diesen Lebensraum mit Bären und löwengroßen Hyänen teilen, die mit ihren Zähnen Knochen zermalmen konnten. Für Archäologen jedoch erweist sich diese neue Lebensform als Gottesgeschenk, denn in Höhlen erhalten sich prähistorische Ablagerungen gut. Und das wiederum versetzt uns in die Lage zu verfolgen, wie die Evolution der Affenmenschen einen in den östlichen und westlichen Teilen der Alten Welt jeweils eigenen Verlauf zu nehmen begann. Auslöser waren unterschiedliche Formen der Anpassung an das kältere Klima.

Die für das Verständnis der östlichen Affenmenschen bedeutendste Fundstelle liegt bei Zhoukoudian nahe Beijing, genau auf dem 40. Breitengrad, und war mit Unterbrechungen von 670 000 bis 410 000 v. u. Z. besiedelt. Die Geschichte ihrer Ausgrabung hat durchaus epische Züge, und sie liefert die Vorlage für Amy Tans Roman *Die Tuschezeichnung*. Während europäische, amerikanische und chinesische Archäologen zwischen 1921 und 1937 die Höhlen in den Bergen bei Zhoukoudian ausgruben, geriet die Grabungsstätte in die Frontlinie des unerbittlich geführten Bürgerkriegs zwischen Nationalisten, Kommunisten und einheimischen Warlords. Die Grabenden arbeiteten häufig im Lärm der Geschütze und Gewehre, und wenn sie ihre Funde ins 40 Kilometer entfernte Beijing bringen wollten, mussten sie Banditen und deren Straßensperren umgehen. Mit dem Einmarsch der Japaner in China kam das Projekt endgültig zum Erliegen. Zhoukoudian wurde zur Basis kommunistischer Widerstandskämpfer, und japanische Soldaten folterten und ermordeten drei Mitglieder des Grabungsteams.

Es sollte noch schlimmer kommen. Im November 1941, als ein Krieg zwischen Japan und den Vereinigten Staaten immer wahrscheinlicher wurde, entschloss man sich, die Funde nach New York in Sicherheit zu bringen. Techniker packten sie in zwei große Kisten, die ein Wagen der amerikanischen Botschaft aus Beijing abholen sollte. Bis heute weiß man nicht, ob der Wagen jemals ankam oder wohin er, wenn er denn kam, die Kisten brachte. Einer Geschichte zufolge fingen japanische Soldaten die US-Marines, die die Funde sichern sollten, just in dem Augenblick ab, als die ersten Bomben auf Pearl Harbor fielen, nahmen sie gefangen und kümmerten sich nicht weiter um die unschätzbare Fracht. Ein Leben zählte nicht viel in diesen dunklen Tagen, warum also sollte man sich besondere Gedanken um ein paar Kisten voller Steine und Knochen machen?

Doch nicht alles ging verloren. Das Team von Zhoukoudian hatte seine Funde gewissenhaft veröffentlicht und bereits Gipsabgüsse der Knochen nach New York gesandt – ein frühes Beispiel dafür, wie klug es ist, seine Daten zu sichern. Diese Abgüsse ließen erkennen, dass sich der Peking-Mensch* (so nannten die Ausgräber die Affenmenschen von Zhoukoudian) vor 600 000 Jahren von großen, hoch aufgeschossenen Afrikanern wie dem Turkana-Boy unterschied: Er war von gedrungener Gestalt und darum der Kälte besser angepasst. Peking-Menschen waren ungefähr 1,65 cm groß und weniger behaart als moderne Affen. Wir bekämen gleichwohl einen Schrecken, würden wir einem dieser Gesellen plötzlich im Stadtzentrum begegnen. Peking-Menschen hatten kurze breite Gesichter mit niedriger flacher Stirn, schweren Augenwülsten und Brauen und einem mächtigen Unterkiefer mit stark fliehendem Kinn.

Eine Unterhaltung mit einem Peking-Menschen käme kaum zustande. Soweit wir wissen, waren die Basalganglien des *Homo erectus* kaum entwickelt (die Teile des Gehirns, die es dem modernen Menschen ermöglichen, mit einer kleinen Zahl von Mundbewegungen eine unendliche Zahl distinkter Laute zu erzeugen). Das außergewöhnlich vollständig erhaltene Skelett des Turkana-Boys weist einen Nervenkanal auf (der das Rückenmark enthält), dessen Durchmesser um ein Viertel kleiner ist als beim modernen Menschen. Daraus wäre zu schließen, dass er seine Atmung nicht so genau kontrollieren konnte, dass er hätte sprechen können wie wir.

Das mag so sein. Andere Funde jedoch legen – indirekt – nahe, dass die Affenmenschen der östlichen Alten Welt auf irgendeine Weise doch miteinander kommunizieren konnten. 1994 gruben Archäologen auf Flores, einer kleinen Insel vor Java, Artefakte aus, die 800 000 Jahre alte Steinwerkzeuge zu sein schienen. Zu dieser Zeit war Flores definitiv schon eine Insel, von Java durch zwölf Seemeilen offenen Meeres getrennt. Dann aber hat sich *Homo erectus* mit seinesgleichen zumindest so gut verständigen können, dass sie Boote herstellen, über den Horizont hinaus aufs offene Meer segeln und Flores besiedeln konnten. Das sagten die einen; andere Archäologen jedoch fanden die Vorstellung eines Boote bauenden *Homo erectus* völlig abwegig. Ihrer Meinung nach könnten die gefundenen »Werkzeuge« ebenso gut durch natürliche Vorgänge, also zufällig, in werkzeugähnliche Formen gespaltene Steine sein.

Der Streit hätte, wie so viele Debatten der Archäologie, leicht in einer Sackgasse enden können, wären im Jahr 2003 auf Flores nicht weitere erstaunliche Funde gelungen. Mit Hilfe eines tief reichenden Echolots wurden acht Skelette aufgespürt, die alle auf 16 000 v. u. Z. datiert wurden. Sie waren nicht größer als 1,20 Meter,

---

* Auch wenn wir die Hauptstadt Chinas inzwischen meist in Beijing transkribieren, sprechen die Paläoanthropologen konventionell noch immer vom Peking-Menschen.

aber alle ausgewachsen. Damals war gerade die erste von Peter Jacksons Verfilmungen von *Herr der Ringe* in die Kinos gekommen, und sofort nannten Journalisten diese kleinen Leute »Hobbits«, nach J. R. R. Tolkiens behaarten Halblingen. Werden Tierpopulationen auf Inseln isoliert, auf denen sie keine Fressfeinde haben, entwickeln sie sehr häufig Zwergformen; wahrscheinlich kamen auch die »Hobbits« auf diese Weise zu ihrer Zwergengestalt. Damit dies aber bis 16 000 v. u. Z. hatte geschehen können, müssen Affenmenschen Flores viele 1000 Generationen zuvor besiedelt haben – vielleicht sogar seit jenen 800 000 Jahren, von denen die 1994 gefundenen Steinwerkzeuge zeugen. Auch das würde bedeuten, dass *Homo erectus* über gewisse Fähigkeiten der Kommunikation verfügte.

Wir müssen also davon ausgehen, dass sich die Affenmenschen von Zhoukoudian untereinander viel besser verständlich machen konnten als Schimpansen oder Gorillas; die Ablagerungen in der Höhle zeigen zudem, dass sie auch nach Belieben Feuer machen konnten. Zumindest in einem Fall haben Peking-Menschen den Kopf eines Wildpferdes geröstet. Schnitte am Schädelknochen zeigen, dass es ihnen auf Zunge und Gehirn ankam, die beide reich sind an Fett. Möglicherweise waren sie auch scharf auf das Gehirn ihrer Artgenossen, jedenfalls haben Archäologen in den 1930er Jahren aus der Art von Knochenbrüchen auf Kannibalismus und sogar auf Formen der Kopfjägerei geschlossen. Eine in den 1980er Jahren durchgeführte Studie an den Gipsabgüssen ergab, dass die meisten Spuren an den Schädelknochen von Zähnen der riesigen prähistorischen Hyänen stammten und nicht von anderen Peking-Menschen; ein Schädel allerdings – von dem 1966 ein zusätzliches Fragment ausgegraben wurde – zeigt eindeutig Verletzungen durch Steinwerkzeuge.

Könnte man, statt irgendwo in der Stadtmitte auf einen Peking-Menschen zu treffen, mit einer Zeitmaschine zurückreisen in das Zhoukoudian vor einer halben Million Jahre, würde man dort eine verwirrende und beunruhigende Erfahrung machen. Man würde Höhlenmenschen sehen, die miteinander kommunizieren, und sei es durch Grunzen und Gestikulieren, aber man könnte mit ihnen nicht sprechen. Auch indem man Bilder malte, würde man sie nicht erreichen; wir haben keinerlei verlässliche Hinweise darauf, ob Kunst für *Homo erectus* von größerer Bedeutung war als für Schimpansen. Der Peking-Mensch, der sich im Osten der Alten Welt entwickelte, ist sehr verschieden von uns.

Die ersten Bewohner des Westens: der Neandertaler

Doch haben sich Peking-Menschen auch von den Affenmenschen unterschieden, die sich im Westen der Alten Welt entwickelten? Die ältesten Funde aus Europa – sie wurden 1994 in einer Kette von Höhlen bei Atapuerca in Spanien entdeckt – sind etwa 800 000 Jahre alt (stammen also ungefähr aus der Zeit, in der *Homo erectus* seine Boote bestiegen und Flores besiedelt haben könnte). In mancher

Hinsicht waren die Funde aus Atapuerca denen in Zhoukoudian ähnlich: Viele Knochen sind kreuz und quer von Steinwerkzeugspuren überzogen, wie sie ähnlich auch ein Metzger hinterlassen würde.

Die Hinweise auf Kannibalismus eroberten die Schlagzeilen, die Paläoanthropologen aber fanden die Frage aufregender, was die Funde in Atapuerca von denen aus Zhoukoudian unterschied. Die Schädel aus Atapuerca hatten einen größeren Hohlraum für das Gehirn, dazu ziemlich modern geformte Nasenbeine und Wangenknochen. Die Paläoanthropologen schlossen daraus, dass eine neue Art entstanden war, die sie *Homo antecessor* (»Urmensch«) nannten.

Homo antecessor half zu verstehen, was es mit einer Folge von Funden auf sich hatte, die seit 1907 gemacht worden waren, als Arbeiter in einer Sandgrube in Deutschland einen merkwürdigen Unterkieferknochen gefunden hatten. Diese Art, nach der nahe gelegenen Universitätsstadt *Homo heidelbergensis* oder Heidelbergmensch genannt, sah *Homo erectus* sehr ähnlich, hatte allerdings einen Schädel, der mit hohen runden Schädelknochen und einem Gehirnvolumen von rund 1000 Kubikzentimetern – also deutlich größer als die durchschnittlich 800 Kubikzentimeter des *Homo erectus* – dem unseren schon ähnlich war. Wie es aussieht, hat sich das Tempo der evolutionären Veränderungen überall in der Alten Welt beschleunigt, nachdem der Affenmensch den kalten Norden erreicht hatte und mit völlig anderen klimatischen Verhältnissen konfrontiert war, unter denen zufällige genetische Mutationen gute Chancen hatten, sich durchzusetzen.*

Dafür jedenfalls haben wir einige unstrittige Fakten. Vor 600 000 Jahren, als *Homo heidelbergensis* die Bühne betrat und der Peking-Mensch in Zhoukoudian Herr im Hause war, gab es im Osten und im Westen der Alten Welt tatsächlich zwei definitiv unterschiedene Arten: *Homo erectus* mit einem kleineren Gehirn im Osten und im Westen, mit größerem Gehirn ausgestattet, *Homo antecessor* und *Homo heidelbergensis*.

Wobei, was das Gehirn anbelangt, Größe nicht alles ist. Anatole France hat den Nobelpreis für Literatur des Jahres 1921 mit einem Gehirn gewonnen, das nicht größer war als das des *Homo heidelbergensis*. Doch war dieser, wie es scheint, ein ganzes Stück geschickter und klüger als ältere Affenmenschen oder als sein Zeitgenosse Peking-Mensch. Bevor der Heidelbergmensch auftauchte, hatten sich die Steinwerkzeuge über eine Million Jahre kaum verändert, um 500 000 v. u. Z. jedoch fertigte *Homo heidelbergensis* dünnere und darum leichtere Exemplare, ihm gelangen feinere Abschläge, weil er weiche Hämmer (vermutlich aus Holz) verwendete und nicht mehr nur Steine aufeinander schlug. Dem könnte eine bes-

* Das bedeutete, dass der Heidelbergmensch ebenso in Afrika gelebt hat wie in Europa. Einige Paläoanthropologen gehen davon aus, dass sein Ursprung wohl in Europa lag, dass sich *Homo heidelbergensis* dann aber zurückbewegt hat nach Afrika; andere dagegen vermuten, dass er sich, wie *Homo habilis* und *Homo ergaster*, in Reaktion auf lokale Klimaveränderungen in Afrika entwickelt und dann nach Norden verbreitet hat. Knochen wie die des Heidelbergmenschen sind auch in China gefunden worden, doch ist dieser Fund noch umstrittener.

sere Koordination von Hand und Auge zugrunde gelegen haben. Die Gruppen des *Homo heidelbergensis* stellten sehr viel spezialisiertere Werkzeuge her, und vor allem begannen sie, besonders geformte Kernsteine herzustellen, präparierte Rohlinge, aus denen dann nach Bedarf und Belieben diverse Werkzeuge geschlagen wurden. Das kann nichts anderes heißen, als dass diese Art sehr viel besser als *Homo erectus* darüber nachdenken konnte, was sie von der Welt wollten und wie es sich erreichen ließ. Schon die Tatsache, dass der Heidelbergmensch bei Heidelberg hat überleben können, weit nördlich des 40. Breitengrads, deutet darauf hin, dass er viel geschickter war als ältere Affenmenschen.

Die Bewohner Zhoukoudians haben sich zwischen 670 000 und 410 000 Jahren v. u. Z. wenig verändert, die westlichen Affenmenschen dagegen setzten in dieser Periode ihre Evolution fort. Wenn man einige 100 Meter in die dunklen Höhlen beim spanischen Atapuerca hineinkriecht, meist auf dem Bauch, manchmal auch mit Hilfe von Seilen, gelangt man an ein fast 13 Meter tiefes Loch, das Sima de los Huesos oder Grube der Knochen genannt wird. Zu Recht, denn dort fand man die dichteste Konzentration von Relikten der Affenmenschen, die je entdeckt wurde. Über 4000 Fragmente wurden seit den 1990er Jahren geborgen, die aus der Periode zwischen 600 000 und 564 000 Jahren v. u. Z. stammen. Die meisten Knochen gehören Jugendlichen oder jungen Erwachsenen. Was sie so tief unter der Erde getan haben, wird wohl ein Rätsel bleiben, doch Sima de los Huesos enthielt, wie auch ältere Ablagerungen in Atapuerca, Relikte erstaunlich unterschiedlicher Affenmenschen. Die spanischen Ausgräber klassifizierten die meisten als *Homo heidelbergensis*, viele ausländische Forscher halten sie eher für eine andere Spezies: für Neandertaler.

Diese berühmtesten aller Höhlenmenschen wurden 1856 in einem Steinbruch im Neandertal bei Düsseldorf entdeckt. Dort fanden Arbeiter eine Schädelkappe und 15 weitere Knochen, die sie einem Lehrer präsentierten (Grabungen in den 1990er Jahren förderten weitere 62 Fragmente zutage). Der wiederum zeigte die Funde einem Anatomen, der sie, mit erstaunlichem Understatement, als »prägermanisch« einstufte.

Die Funde von Atapuerca legen nahe, dass sich die Neandertaler im Zeitraum von einer Viertelmillion Jahren verbreiteten. Wahrscheinlich waren es weder Klimaveränderungen noch die Expansion in neue Lebensräume, die für Bedingungen gesorgt haben, unter denen einige wenige Mutanten entstehen und den Heidelbergmenschen schließlich verdrängen konnten, als vielmehr reine Zufallsabweichungen im genetischen Bestand der Population (*genetic drift*), aufgrund derer sich viele unterschiedliche Arten von Affenmenschen nebeneinander entwickelt haben. Die »klassischen« Neandertaler erschienen vor 200 000 Jahren und verbreiteten sich in den folgenden 100 000 Jahren über den größten Teil Europas bis hin nach Sibirien; China oder Indonesien allerdings haben sie, soweit wir wissen, nicht erreicht.

Wie sehr nun unterschieden sich Neandertaler von Peking-Menschen? Sie waren in der Regel etwa gleich groß wie die östlichen Affenmenschen, sahen aber mit ihrer fliehenden Stirn und dem schwach ausgeprägten Kinn womöglich noch primitiver aus. Sie hatten große Schneidezähne, häufig abgenutzt, weil sie als Werkzeug eingesetzt wurden. Eine hervortretende Gebisspartie und Nase prägten das Gesicht, wobei die große Nase als Anpassung an die Kälte im eiszeitlichen Europa interpretiert wird. Neandertaler waren schwerer gebaut als Peking-Menschen, hatten breitere Hüften und Schultern. Sie waren so stark wie Ringer, hatten die Ausdauer von Marathonläufern und waren wohl auch wilde Kämpfer.

Obwohl ihre Knochen schwerer waren als die der meisten Affenmenschen, zogen sich Neandertaler häufig Verletzungen zu. Die Muster ihrer Knochenbrüche entsprechen, um einen modernen Vergleich zu geben, denen professioneller Rodeoreiter. Weil es vor 100 000 Jahren, zu Zeiten der Neandertaler, jedoch keine bockenden Wildpferde gab, von denen sie hätten stürzen können (moderne Pferde entwickelten sich nicht vor 4000 v. u. Z.), gehen Paläoanthropologen davon aus, dass sie sich ihre Verletzungen in Kämpfen zuzogen – in Kämpfen mit Artgenossen wie mit wilden Tieren. Neandertaler waren wilde Jäger; Analysen von Stickstoffisotopen in ihren Knochen haben ergeben, dass sie sich vor allem von Fleisch ernährten und einen erstaunlich hohen Anteil ihres Proteinbedarfs aus fleischlicher Nahrung bezogen. Archäologen hatten lange den Verdacht, dass die Neandertaler einen Teil ihres Bedarfs durch den Verzehr von Artgenossen deckten, so wie auch die Peking-Menschen. Funde, die in den 1990er Jahren in Frankreich gemacht wurden, bestätigten das inzwischen zweifelsfrei. An dieser Fundstätte entdeckte man Knochen von einem halben Dutzend Neandertalern vermischt mit Knochen von fünf Rothirschen. Affenmenschen und Rotwild waren auf die gleiche Weise behandelt worden: zunächst mit Steinwerkzeugen zerteilt, dann das Fleisch von den Knochen geschabt und schließlich die Schädel und die langen Röhrenknochen zerschmettert, um an Gehirn und Knochenmark zu gelangen.

Nach den Details, die ich bislang aufgeführt habe, haben sich Neandertaler nicht sehr von Peking-Menschen unterschieden, doch ist dem noch einiges hinzuzufügen. Zum einen hatten Neandertaler ein großes Gehirn – größer selbst als unseres, im Durchschnitt 1520 gegenüber unseren durchschnittlich 1350 Kubikzentimetern. Sie hatten auch einen breiteren Neuralkanal als der Turkana-Boy, und die damit dickeren Nervenstränge des Rückenmarks verliehen ihnen größere manuelle Geschicklichkeit. Ihre Steinwerkzeuge waren besser gearbeitet und vielfältiger als die des Peking-Menschen, sie verfügten über spezialisierte Schaber, Klingen und Spitzen. Spuren von Teer an einer solchen Spitze, die im Hals eines Wildesels gefunden wurde, deuten darauf hin, dass es sich um eine Speerspitze gehandelt hat, die an einem Holzspieß befestigt war. Gebrauchsspuren an manchen Werkzeugen lassen erkennen, dass Neandertaler sie vor allem zur Holzbearbeitung verwendet haben. Holz zerfällt in der Regel, in der Unterwasserfundstelle nahe dem niedersächsischen Schöningen aber wurden neben Knochenhaufen von

Wildpferden auch vier wunderschön geschnitzte, zwei Meter lange Speere geborgen. Die Speere waren als Stoß- und nicht als Wurfwaffen austariert; die Neandertaler waren wohl geschickt, doch möglicherweise nicht koordiniert genug, um Wurfgeschosse einsetzen zu können.

Die Notwendigkeit, sich bedrohlichen Tieren bis auf kurze Distanzen zu nähern, mag der Grund sein für die an Rodeoreiter erinnernden Verletzungen der Neandertaler. Es gibt aber auch Funde, so wie die aus der Shanidar-Höhle im Norden des Irak, die auf ganz andere Eigenschaften verweisen. Eines der Skelette gehörte einem Mann, der trotz seiner deformierten Beine und obwohl er einen Unterarm und das linke Auge verloren hatte, noch Jahre überlebt hat – nach diesem Fund hat Jean Auel den verkrüppelten spirituellen Führer einer Gruppe Neandertaler auf der Krim geschildert, eine Figur ihres Bestsellers *Ayla und der Clan des Bären*. Ein anderer Mann aus Shanidar litt an einer arthritischen Versteifung des rechten Knöchels, doch auch er hat sich offenbar so lange durchgeschlagen, bis ihn eine Stichwunde tötete. Dass sie über größere Gehirne verfügten, hat es den Schwachen und Verkrüppelten zweifellos erleichtert, für sich zu sorgen; Neandertaler konnten mit Gewissheit Feuer anzünden und wahrscheinlich auch aus Tierhäuten Kleidung fertigen. Und dennoch ist schwer vorstellbar, dass die beiden Männer aus Shanidar ohne die Hilfe gesunder Gefährten oder Familienmitglieder zurechtgekommen sind. Selbst die nüchternsten Wissenschaftler gehen davon aus, dass Neandertaler – anders als ältere Arten der Gattung *Homo* und anders auch als ihre Zeitgenossen in Zhoukoudian – etwas zeigen, das wir nur als »Menschlichkeit« bezeichnen können.

Einige Paläoanthropologen sind sogar der Auffassung, dass es das große Gehirn und der weite Neuralkanal den Neandertalern erlaubten, in etwa so zu sprechen, wie wir das tun. Wie moderne Menschen verfügten sie bereits über das bewegliche Zungenbein, an dem der Kehlkopf aufgehängt ist und das die Funktionen des Sprechens, Schluckens und Atmens erleichtert. Andere Wissenschaftler widersprechen dem: Das Neandertalergehirn sei zwar groß, aber auch länger und flacher gewesen als unseres, darum wohl auch die Sprachzentren weniger ausgeprägt. Man müsse, selbst wenn dies nur von drei erhaltenen Schädeln bestätigt werde, davon ausgehen, dass der Kehlkopf bei Neandertalern sehr weit oben im Hals gesessen habe, sodass sie trotz ihres Zungenbeins wohl nur ein begrenztes Spektrum an Tönen erzeugen, vielleicht einzelne Silben hervorbringen (wir könnten hier von einem »ich Tarzan, du Jane«-Modell sprechen), möglicherweise auch wichtige Gedanken äußern konnten – etwa: »Komm her«, »lass uns jagen gehen«, »lass uns Werkzeuge/Essen/Sex machen«. Dazu aber werden sie Gesten und Töne miteinander kombiniert haben (so wie der Clan des Höhlenbären im bereits erwähnten Roman, der den Neandertalern eine entwickelte Zeichensprache zuschreibt).

Im Jahr 2001 sah es so aus, als könne die Genetik Licht in diese Angelegenheit bringen. Wissenschaftler fanden heraus, dass in einer britischen Familie, deren

Mitglieder über drei Generationen hinweg an einer Sprachstörung gelitten hatten, die verbale Entwicklungsdyspraxie genannt wird, auch eine Mutation des Gens FOXP2 vorkam. Dieses Gen kodiert ein Protein, das die Hirnaktivitäten beim Reden und Sprechen beeinflusst. Allerdings bedeutet das nicht, dass FOXP2 *das* Sprachgen ist: Das Sprechen ist ein unendlich komplexer Prozess, an dem zahllose Gene beteiligt sind, von deren Zusammenwirken wir noch keine Ahnung haben. FOXP2 fiel den Wissenschaftlern auf, weil manchmal nur ein Glied in einer Kette fehlerhaft sein muss, um das ganze System zusammenbrechen zu lassen. (Eine Maus zerbeißt ein Zwei-Cent-Kabel, und schon springt mein 20 000-Dollar-Auto nicht an.) So können sich Funktionsstörungen von FOXP2 und die komplizierten Sprachnetzwerke des Gehirns verhaken. Wie auch immer, einige Archäologen vermuten, dass zufällige Mutationen, die FOXP2 und verwandte Gene hervorbrachten, den modernen Menschen sprachliche Fähigkeiten verschafft haben, die früheren Arten, die Neandertaler einbegriffen, fehlten.

Dann aber wurde die Sache interessant. Wie heute jeder weiß, ist die DNA – Desoxyribonukleinsäure – der Grundbaustein des Lebens, und es ist Genetikern im Jahr 2000 gelungen, das menschliche Genom zu sequenzieren. Weniger bekannt ist, dass Wissenschaftler in Leipzig bereits 1997 aus dem Armknochen jenes Neandertalerskeletts, das 1856 bei Düsseldorf gefunden wurde, die uralte DNA extrahieren konnten – eine außerordentliche Leistung, denn DNA-Ketten beginnen bereits kurz nach dem Tod zu zerbrechen, weshalb in derart altem Material nur kleinste Fragmente überdauern. Das Leipziger Team hatte gewiss nicht im Sinn, Höhlenmenschen zu klonen und einen Neandertal-Park* zu eröffnen, doch zwischen 2007 und 2009 wurde auch das Genom des Neandertalers sequenziert, und das wiederum führte zu einer bemerkenswerten Erkenntnis: Schon die Neandertaler hatten (was zuvor bezweifelt wurde) das Gen FOXP2.

Möglicherweise also waren die Neandertaler nicht weniger mitteilungsfreudig als wir. Es könnte aber auch sein, dass FOXP2 gar nicht der Schlüssel zu Sprachfähigkeit und -verständnis ist. Eines Tages werden wir das wohl wissen, derzeit aber können wir nur die materiellen Spuren untersuchen, die die Neandertaler hinterließen. Sie lebten in größeren Gruppen als frühere Formen von Affenmenschen, sie jagten effektiver, besetzten Territorien für längere Perioden, und sie kümmerten sich umeinander, wie dies früheren Affenmenschen nicht möglich war.

* Ein Anthropologe aus Harvard begrüßte die Veröffentlichung des Neandertaler-Genoms mit dem Vorschlag, man könne mit der Investition von nur 32 Millionen US-Dollar die DNA des modernen Menschen genetisch modifizieren und in eine Schimpansenzelle implantieren, heraus käme dann ein Neandertalerbaby. Die dazu notwendige Technik steht – noch – nicht zur Verfügung, doch selbst wenn wir sie hätten, würden wir wohl zögern, sie anzuwenden. Richard Klein, mein Kollege in Stanford und einer der weltweit führenden Anthropologen, fragte einen Journalisten: »Wohin würden Sie ihn [den Neandertaler] schicken, nach Harvard oder in den Zoo?«[6]

Sie haben auch einige ihrer Toten ganz sorgfältig begraben, haben über ihren Toten vielleicht sogar Rituale vollzogen – die frühesten Hinweise auf die menschlichste aller Fähigkeiten, auf ein spirituelles Leben –, wenn wir die Funde denn richtig interpretieren. In Shanidar zum Beispiel sind einige Körper definitiv bestattet worden, und die Erde in einem der Gräber enthielt Pollen in hoher Konzentration, was bedeuten könnte, dass einige Neandertalergruppen den Körper eines geliebten Toten auf Frühlingsblumen betteten. Weniger romantisch ist der Hinweis anderer Archäologen: Die Grabstätte sei durchzogen von Rattengängen, und Ratten schleppten häufig Blumen in ihre Verstecke.

In einem anderen Fall, am Monte Circeo bei Rom, haben Bauarbeiter 1939 ein Grab entdeckt, das 50 000 Jahre v. u. Z. von einem Felssturz verschüttet worden war. Sie erzählten den Archäologen, dass ein Neandertalerschädel mitten in einem Kreis von Steinen auf dem Boden gelegen habe, doch hatten sie den Schädel zuvor bereits bewegt, was viele Wissenschaftler an ihrem Bericht zweifeln ließ.

Zuletzt ist da noch Teschik-Tasch in Usbekistan. Dort fand Hallam Movius (berühmt wegen der nach ihm benannten Linie) das Skelett eines Jungen, um das, wie er berichtet hat, fünf oder sechs Paar Wildziegenhörner gelegt worden waren. Allerdings hat Movius weder Lageskizzen noch Fotografien präsentiert, um Skeptiker davon zu überzeugen, dass die Hörner ein bedeutungsvolles Muster bildeten.

Wir brauchen eindeutigere Beweise, bevor wir diese Frage ad acta legen können. Ich selbst gehe davon aus, dass es keinen Rauch ohne Feuer gibt und die Neandertaler insofern bestimmt eine gewisse Form spirituellen Lebens kannten. Möglicherweise gab es unter ihnen Medizinfrauen und Schamanen wie Iza und Creb aus *Clan des Bären*. Wie dem auch sein mag: Könnte die Zeitmaschine, von der ich bereits sprach, einen von uns nach Shanidar und auch nach Zhoukoudian expedieren, wir würden wirkliche Unterschiede im Verhalten zwischen den Peking-Menschen im Osten und den Neandertalern im Westen beobachten können. Und nur mit einiger Mühe könnten wir uns vor dem Gedanken hüten, dass der Westen damals entwickelter war als der Osten. Dies könnte bereits 1,6 Millionen Jahre früher so gewesen sein, als sich die Movius-Linie herausbildete, 100 000 Jahre später war es unzweifelhaft so. Wieder hebt das Gespenst der rassistischen Theorie langfristiger Determiniertheit sein Haupt: Beherrscht der Westen die Welt, weil die heutigen Europäer als Erben von den genetisch überlegenen Neandertalern abstammen, die Asiaten dagegen vom primitiveren *Homo erectus*?

Trippelschritte

Nein, natürlich nicht. Historiker lieben es, auf einfache Fragen lange verwickelte Antworten zu geben, in diesem Fall aber liegen die Dinge klar auf der Hand. Die Europäer stammen nicht von den überlegenen Neandertalern ab, so wenig wie die

Asiaten vom minderwertigen *Homo erectus*. Vor rund 70 000 Jahren* begann eine neue Spezies der Gattung *Homo* – nämlich wir – aus Afrika herauszuwandern und alle anderen Formen zu verdrängen.** Unsere Art, *Homo sapiens* (»der weise Mensch«), machte reinen Tisch: Wir heutigen Menschen sind alle Afrikaner. Die Evolution hat sich natürlich fortgesetzt, und lokale Variationen in Hautfarbe, Gesichtskontur, Größe, Laktosetoleranz und 1000 anderen Dingen haben sich in den 2000 Generationen herausgebildet, seitdem wir uns über den gesamten Globus verteilt haben. Bei Licht besehen sind alle diese Unterschiede trivial. Wo immer man hingeht, was immer man tut: Die Menschen (in großen Gruppen betrachtet) sind doch überall weitgehend gleich.

Die Evolution unserer Spezies und deren Eroberung des Planeten sind der Grund für die biologische Einheit der Menschheit und bilden insofern auch den Ausgangspunkt aller Erklärungen, warum der Westen die Welt regiert. Diese biologische Einheitlichkeit schließt alle rassistischen bzw. auf Rassenbegriffen basierenden Theorien aus. Doch so bedeutsam diese Prozesse auch sein mögen, vieles von den Ursprüngen der modernen Menschen bleibt im Dunkel. In den 1980er Jahren haben Archäologen herausgefunden, dass die ersten Skelette, die den unseren mehr oder weniger gleichen, rund 150 000 Jahre alt sind – geborgen an ost- und südafrikanischen Fundstellen. Die neue Spezies hatte flachere Gesichter als frühere Affenmenschen; Gesichter, deren untere Partien nicht mehr so weit über die Stirn hervorsprangen. Sie nutzten ihre Zähne seltener als Werkzeuge, hatten längere und muskulösere Gliedmaßen, weitere Neuralkanäle, und ihr Kehlkopf saß an einer zum Sprechen geeigneteren Stelle. Die Schädelhöhlung für ihr Gehirn war etwas kleiner als bei den Neandertalern, dennoch war das Schädeldach höher und gewölbter und ließ so Raum für größere Sprech- und Sprachzentren sowie für mehr übereinander liegende Neuronenschichten, die darum enorm viele Operationen parallel ausführen konnten.

An den Skeletten lässt sich ablesen, dass schon der früheste *Homo sapiens* sich in dem Gang fortbewegen konnte, in dem auch wir gehen. Merkwürdigerweise aber behauptete die Archäologie, *Homo sapiens* habe sich über 100 000 Jahre geweigert, auch so zu sprechen wie wir. Werkzeuge und Handlungsweisen von *Homo sapiens* scheinen denen älterer Affenmenschen weitgehend ähnlich zu sein,

* Diese Datierung verbindet Beweise nach der Radiokarbonmethode und nach der sogenannten molekularen Uhr, die gestellt wird nach der Zahl der Mutationen in der DNA. Während ich dies schreibe, Anfang 2010, behaupten einige Genetiker, wir hätten diese Uhr falsch kalibriert, tatsächlich habe die Wanderung 20 000 Jahre später begonnen, doch bislang ist das noch eine Minderheitenmeinung.

** Einige isolierte Gruppen wie die »Hobbits« von Flores haben wahrscheinlich bis in jüngste Zeit überlebt. Portugiesische Seefahrer, die die Insel im 16. Jahrhundert erreichten, behaupteten, sie hätten winzige behaarte Höhlenbewohner gesehen, die kaum sprechen konnten. Über ein Jahrhundert ist vergangen, seit sie das letzte Mal gesichtet worden sein sollen, doch wird behauptet, solche kleinen Menschen existierten auch auf Java, und zwar immer noch. Letztens wurde ein Haar von ihnen präsentiert, doch die DNA-Analyse ergab, dass es rein menschlich war. Einige Anthropologen glauben, dass wir diesen letzten Relikten einer prämodernen Menschheit in den schrumpfenden Urwäldern Javas irgendwann begegnen werden. Ich habe da meine Zweifel.

und der frühe *Homo sapiens* kannte – wiederum wie ältere Affenmenschen und ganz anders als wir – offenbar jeweils nur eine Art, Dinge zu erledigen. Egal wo in Afrika die Archäologen gruben, stets förderten sie die gleichen, nicht sonderlich aufregenden Funde zutage. Es sei denn, sie gruben an Stätten, an denen *Homo sapiens* vor weniger als 50 000 Jahren gelebt hat. An solch jüngeren Stätten nämlich begann *Homo sapiens* allerhand interessante Dinge zu tun, und das auf viele verschiedene Weisen. Werkzeuge in nicht weniger als sechs eindeutig unterscheidbaren Stilen haben Archäologen registriert, die zwischen 50 000 und 25 000 v. u. Z. im Nil-Tal in Gebrauch waren. In den Zeiten davor war von Südafrika bis an die Mittelmeerküsten ein einziger Stil vorherrschend.

Die Menschen hatten Stile entwickelt. An der Art, in der Steinwerkzeuge zurechtgeschlagen wurden, lässt sich eine Gruppe signifikant von ihren Nachbarn unterscheiden; und wenn die Abschläge auf eine dritte Weise entstanden waren, dann kann sich darin eine neue Generation in ihrem Unterschied zu ihren Vorfahren zeigen. Der Wandel vollzog sich lange Zeit unendlich langsam – zumindest nach Maßstäben, die wir gewohnt sind. Uns erscheint ja schon ein Handy wie ein Fossil, mit dem wir keine Fotos aufnehmen können, das uns nicht unseren Standort auf einer Karte zeigt und uns keine E-Mails lesen lässt. Von nun an jedoch und verglichen mit den riesigen Zeiträumen zuvor vollzog sich der Wandel geradezu kometenhaft.

Wie uns jeder Teenager bestätigen wird, der mit grün gefärbten Haaren oder mit einem neuen Piercing im Elternhaus auftaucht, gibt es keinen besseren Weg, sich selbst darzustellen, als sich zu schmücken. Doch allem Anschein nach hat das bis vor 50 000 Jahren niemand so gesehen. Und plötzlich taten es alle. Fundstätte um Fundstätte, die jünger ist als 50 000 Jahre v. u. Z., lieferte den Archäologen mit Ornamenten verzierte Knochen, Tierzähne und Elfenbein – und das zeigt ja nur die Tätigkeiten, die in haltbaren Materialien Niederschlag fanden und deshalb von uns ausgegraben werden können. Wahrscheinlich sind so gut wie alle anderen Formen persönlichen Schmucks, die auch wir kennen – Haartracht, Schminke, Tätowierungen, Kleidung –, etwa um die gleiche Zeit aufgetaucht. Eine genetische Studie kam zu dem ziemlich kribbligen Ergebnis, dass sich vor etwa 50 000 Jahren auch Körperläuse, die von unserem Blut leben, entwickelt haben – als kleiner Bonus für die ersten Fashionistas.

»Welch ein Meisterwerk ist der Mensch!«, keucht Hamlet, als seine Freunde Rosenkranz und Güldenstern kommen, ihn auszuspähen. »Wie edel durch Vernunft! Wie unbegrenzt an Fähigkeiten! In Gestalt und Bewegung wie bedeutend und wunderwürdig! Im Handeln wie ähnlich einem Engel! Im Begreifen wie ähnlich einem Gott!«[7] Und wie unähnlich doch einem Affenmenschen. Menschen um 50 000 v. u. Z. dachten und handelten auf einer ganz anderen Ebene als ihre Vorfahren. Dazwischen muss etwas ganz Außerordentliches stattgefunden haben – etwas so Tiefgreifendes, Magisches, dass es normalerweise eher nüchterne Wissenschaftler in den 1990er Jahren zu rhetorischen Höhenflügen animiert hat.

Manche sprachen von einem »Großen Sprung nach vorn«*, andere von der Morgendämmerung der menschlichen Kultur, ja sogar vom Big Bang, dem Urknall des menschlichen Bewusstseins.

So dramatisch sie sein mögen, alle diese Theorien vom Großen Sprung behalten stets etwas Unbefriedigendes. Denn wir dürfen uns nicht nur eine, sondern müssen uns zwei Transformationen vorstellen, deren erste (vor etwa 150 000 Jahren) zum Körperbau des modernen Menschen führte, aber nicht zu einem anderen Gebaren, während die zweite (vor etwa 50 000 Jahren) die Handlungsweisen des modernen Menschen hervorbrachte, unseren Köperbau jedoch unverändert ließ. Die von den meisten anerkannte Erklärung läuft darauf hinaus, dass die zweite Transformation – der Große Sprung – mit rein neurologischen Veränderungen begonnen habe, in deren Verlauf das Gehirn neu geschaltet wurde. Das habe es den Menschen ermöglicht, auf moderne Art zu sprechen, und das wiederum habe zur Revolution des Verhaltens geführt. Ein Rätsel jedoch blieb, worin diese Neuschaltung eigentlich bestanden haben soll (und warum sich nicht gleichzeitig auch an der Schädelform etwas geändert hat).

Wenn überhaupt irgendwo, dann hat die Evolutionswissenschaft genau hier Raum gelassen für eine übernatürliche Intervention, für irgendeine höhere Macht, die mit ihrem Atem einen Funken Göttlichkeit in den dumpfen Lehm der Affenmenschen gepustet hat. Als ich (erheblich) jünger war, hat mir die Episode besonders gefallen, mit der Arthur C. Clarke seinen Roman *2001* beginnen lässt, der parallel zum Drehbuch für Stanley Kubricks unvergesslichen, wenn auch schwer nachvollziehbaren Film *2001: Odyssee im Weltraum* entstand. (Beider Ausgangspunkt war Clarkes Kurzgeschichte *Der Wachposten*.) Mysteriöse kristalline Monolithen gelangen aus weit entfernten Räumen des Alls auf die Erde, gerade rechtzeitig, um die Affenmenschen unseres Planeten vor der Vernichtung durch Hunger zu bewahren. Nacht um Nacht, während ein Monolith ihm Visionen sendet und ihn lehrt, Steine zu werfen, fühlt Mond-Schauer, Alphamännchen in einer Gruppe von Affenmenschen, »die ersten Regungen einer neuen, starken Empfindung. … Sein primitives Hirn musste gründlich und bis in die kleinsten Teile umgeformt werden.« Ihren Abschluss findet die Mission des Monolithen damit, dass sich Mond-Schauer einen ausgeblichenen Knochen schnappt und damit einem Ferkel den Schädel einschlägt. Clarkes Vision vom Big Bang des menschlichen Bewusstseins hat, deprimierend genug, von Anfang an mit Zerstören und Töten zu tun und kulminiert im Mord, den Mond-Schauer an Einohr verübt, dem Alphamann einer rivalisierenden Gruppe. Als Nächstes findet sich der Leser ins Zeitalter der Weltraumfahrt versetzt.[8]

---

* Mao Zedong prägte diese Bezeichnung 1957, um sein radikales Experiment der Industrialisierung und Kollektivierung Chinas zu charakterisieren. Es wurde zu einer der größten Katastrophen der Weltgeschichte; als Mao das Experiment 1962 abbrechen ließ, waren um die 30 Millionen Menschen verhungert (in Kapitel 10 komme ich darauf zurück). Es hat also etwas Merkwürdiges, wenn man das Auftreten des modernen Menschen mit diesem Terminus beschreibt, aber er hat sich durchgesetzt.

Clarke verlegt die große Stunde von *2001* in die Zeit vor drei Millionen Jahren, denkt dabei vermutlich an die Erfindung des Werkzeugs durch *Homo habilis*. Mir schien jedoch immer schon, dass der Punkt, an dem ein guter Monolith wirklich etwas hätte vollbringen können, das Erscheinen des modernen Menschen gewesen wäre. Als ich mit meinem Archäologiestudium begonnen habe, wurde mir beigebracht, Dinge wie die zuletzt geäußerten nicht zu sagen. Doch ich wurde das Gefühl nicht los, dass professionelle Erklärungen weit weniger zwingend sind als die von Clarke.

Das große Problem, mit dem sich Archäologen in jenen fernen Tagen meines Studienbeginns herumschlagen mussten, lässt sich eigentlich ganz einfach formulieren: Man hatte damals noch nicht sehr viele Stätten ausgegraben, die Relikte aus der Zeit zwischen 200 000 und 50 000 Jahren v. u. Z. enthielten. Das geschah erst während der 1990er Jahre, und mit den neuen Funden wurde klar, dass wir überhaupt keine Monolithen brauchen. Der Große Sprung nach vorn löste sich damals auf in eine Folge von Trippelschritten, die sich auf Zehntausende von Jahren verteilen.

Wir kennen eine Reihe von Fundstätten, die älter sind als 50 000 Jahre, in denen aber dennoch Hinweise auf erstaunlich modern wirkende Handlungsweisen entdeckt wurden. So zum Beispiel die Pinnacle-Point-Höhlen an der südafrikanischen Küste, deren (2007 genauer untersuchten) Funde unter anderem belegen, dass die frühen Menschen bereits vor gut 70 000 Jahren das Feuer benutzten, um Steinwerkzeuge zu bearbeiten. Schon vor rund 160 000 Jahren war *Homo sapiens* in diese Küstenregion gezogen – allein das ist eine interessante Tatsache, denn frühere Affenmenschen haben die Meeresufernähe gemieden, wahrscheinlich weil sie sich nicht vorstellen konnten, dort viel Nahrung zu finden. *Homo sapiens* jedoch zog nicht nur gezielt in Küstengebiete – eine eindeutig moderne Präferenz –, sondern verstand es auch, sobald er dort siedelte, Schalentiere zu sammeln, zu öffnen und zuzubereiten. Die Gruppen beherrschten die Abschlagtechnik so gut, dass sie kleine leichte Spitzen herstellen konnten, die sich perfekt für Wurfspeere und Pfeile eigneten – etwas, was weder Peking-Menschen noch Neandertaler jemals taten.

Andere Beispiele aus afrikanischen Fundstätten: Vor rund 100 000 Jahren umlegten die Bewohner der Mumbwa-Höhlen in Sambia ihre Feuerstelle mit Steinplatten und schufen sich so eine gemütliche Nische. Leicht lässt sich vorstellen, wie sie dort im Kreis saßen und Geschichten erzählten. An afrikanischen Küsten, von der Südspitze bis Marokko und Algerien im Norden (und selbst über Afrika hinaus, in Israel), an Dutzenden von Siedlungsstätten hockten sich die Gruppen geduldig hin, schnitten und schliffen aus den Schalen von Straußeneiern Perlen, einige mit einem Durchmesser von etwa sechs Millimetern. Vor 90 000 Jahren waren die Leute von Katanda (in der heutigen Demokratischen Republik Kongo) zu Fischern geworden, die ihre Harpunen aus Knochen schnitzten. Die interessanteste Fundstätte ist die Blombos-Höhle an der Küste der südafrikanischen Kap-Provinz, wo die Ausgräber nicht nur Muschelperlen fanden, sondern auch mehrere fingerlange und auf den ersten Blick unscheinbare Ockersteine. Dieses Eisenerz kann zu vielen Zwecken verwendet werden, man kann Dinge damit verkleben, Segel wasserabweisend machen und anderes mehr; in neuerer Zeit allerdings war dieser Stoff vor allem bekannt, weil sich mit ihm gut zeichnen lässt. Auf Baumrinde, an Höhlenwänden und auf menschlicher Haut hinterlässt Ocker kräftige rote Linien. In Pinnacle Point etwa fanden sich 75 Ockerstücke, und ab 100 000 v. u. Z. taucht er an den meisten Fundstellen in Afrika auf, woraus zu schließen wäre, dass die frühen Menschen gerne zeichneten. Was den Ockerstab aus der Blombos-Höhle jedoch so besonders interessant macht, ist, dass jemand vor 77 000 Jahren geometrische Muster darauf geritzt und ihn damit zum ersten Artefakt gemacht hat, bei dem unbestreitbar von Kunst zu reden ist. Zugleich ist dieser mit Ritzzeichnungen versehene Stein ein Objekt, das hergestellt wurde, um weitere Kunstwerke zu produzieren.

An allen diesen Siedlungsstätten finden wir Spuren von einer oder zwei modernen Handlungsweisen, niemals aber die gesamte Palette, die für die Zeit nach 50 000 v. u. Z. bekannt ist. Auch gibt es nicht viele Hinweise darauf, dass die modern erscheinenden Tätigkeiten sich schrittweise herausgebildet und dann durchgesetzt hätten. Langsam jedoch tasten sich die Archäologen vor zu einer Erklärung für die Trippelschritte hin zur vollständig modernen Menschheit, wobei sie den Antrieb vor allem im Klimawandel sehen.

Schon in den 1830er Jahren wurde den Geologen klar, dass die kilometerlangen, linienartig geschwungenen Gesteinsschuttablagerungen, die in Teilen Europas und Nordamerikas zu finden sind, von Eisschilden geformt worden sein müssen, die dieses Geröll vor sich her schoben (und nicht, wie man bis dahin dachte, von Wassermassen der biblischen Sintflut). Die Vorstellung einer »Eiszeit« war damit geboren, auch wenn es weitere fünfzig Jahre dauerte, bis Wissenschaftler begriffen hatten, warum es zu solchen extrem kalten Perioden kommt.

Die Umlaufbahn der Erde um die Sonne bildet keinen vollkommenen Kreis, weil die Schwerkraft anderer Planeten auch auf unseren Globus einwirkt. Im Verlauf von 100 000 Jahren wandelt sich die Form dieser Umlaufbahn von nahezu rund (wie derzeit) bis leicht elliptisch – und wieder zurück. Zudem steht die Rotationsachse der Erde nicht stabil, sondern taumelt in einem 22 000-Jahre-Rhythmus um die Senkrechte; ebenso schwankt die Neigung der Erdachse zur Umlaufbahn (»Erdschiefe«), und zwar in einem 41 000-Jahres-Rhythmus. Diese drei Zyklen überlagern einander, und die Wissenschaft nennt das Ergebnis Milanković-Zyklen, nach dem serbischen Astrophysiker, der sie berechnet hat. Es sind also zeitvariante Muster, in denen sich die Intensität der Sonneneinstrahlung auf die Erde (die so genannte Solarkonstante) verändert. Durch die Überlagerung ergibt sich ein Rhythmus von ungefähr 100 000 Jahren, in dem die Sonneneinstrahlung schwankt: zwischen leicht überdurchschnittlicher, über das Jahr leicht ungleich verteilter und leicht unterdurchschnittlicher, etwas gleichmäßiger verteilter Energieeinstrahlung.

Das alles hätte noch keine wesentlichen Folgen, würden die Milanković-Zyklen nicht in Wechselwirkung mit zwei geologischen Trends stehen. So hat erstens die Kontinentaldrift in den letzten 50 Millionen Jahren den größeren Teil der Landmassen in die Nordhalbkugel verschoben, was wiederum die Wirkung der jahreszeitlichen Unterschiede in der Sonneneinstrahlung vergrößert. Zweitens hat in derselben Periode die vulkanische Aktivität abgenommen. Es gibt – zumindest bislang noch – weniger Kohlendioxid in der Atmosphäre als zur Zeit der Dinosaurier, und darum hat sich der Planet über lange Perioden und bis vor kurzem kontinuierlich abgekühlt.

Während des größten Teils der Erdgeschichte waren die Winter kalt genug, um es über den Polen schneien und den Schnee gefrieren zu lassen; normalerweise aber ließ die Sonne dieses Eis im Sommer schmelzen. Vor 14 Millionen Jahren jedoch kühlte die Erde (aus Gründen, die noch nicht hinreichend geklärt sind) so weit ab, dass die Sonne das Eis am Südpol mit seiner großen Landmasse nicht mehr völlig abschmolz. Am Nordpol wiederum, wo es keine derartige Landmasse gibt, schmilzt das Eis zwar leichter, doch waren die Temperaturen vor 2,75 Millionen Jahren so weit gesunken, dass sich das Eis auch dort das ganze Jahr hindurch hielt. Das hatte enorme Konsequenzen. Jedes Mal, wenn die Erde, den Milanković-Zyklen entsprechend, zwar gleichmäßiger verteilte, aber geringere Sonneneinstrahlung erhielt, dehnte sich die Eiskappe am Nordpol weiter nach Europa, Asien und Nordamerika aus, band dabei mehr Wasser, ließ die Erde also trockener werden und den Meeresspiegel sinken. Gleichzeitig stieg die Menge der ins All zurückgestrahlten Sonnenenergie, wodurch die Durchschnittstemperaturen weiter sanken. Die Erde kreiselte sich in eine Eiszeit hinein, die so lange dauerte, bis sich der Planet wieder in eine wärmere Position hineintrudelte, neigte und drehte, und das Eis sich zurückzog.

Je nach Zählweise gab es zwischen vierzig und fünfzig Eiszeiten, und die beiden, die in die Periode zwischen 190000 und 90000 v. u. Z. fielen – die für die menschliche Evolution kritischen Jahrtausende –, waren besonders rau und heftig. Der Malawisee in Ostafrika etwa enthielt um 135000 v. u. Z. nur den zwanzigsten Teil des Wassers, das er heute speichert. Die rauer werdende Umwelt muss die Regeln des Überlebens verändert haben, und das könnte erklären, warum sich Mutationen, die für ein größeres Gehirn sorgten, durchzusetzen begannen. Das könnte auch der Grund dafür sein, warum wir so wenige Siedlungsstätten aus dieser Zeit gefunden haben, weil die meisten Hominini damals vermutlich ausgestorben sind. Einige Archäologen und Genetiker gehen davon aus, dass um 100000 v. u. Z. nur noch etwa 20000 Vertreter unserer Gattung überlebt haben dürften.

Sollte diese neue Theorie zutreffen, dann hätte diese Populationskrise mehrere Dinge auf einmal bewirkt. Einerseits hätten sich mit schrumpfendem Genpool Mutationen leichter durchsetzen können; andererseits aber wären die kleiner gewordenen *Homo-sapiens*-Gruppen im Zweifelsfall auch leichter ausgestorben und hätten jede vorteilhafte Mutation mit in den Tod genommen. Wenn es – was die geringe Zahl bekannter Siedlungsstätten aus dieser Zeit nahelegt – weniger Gruppen gegeben hat, dann müssen sich diese Gruppen auch seltener begegnet sein und damit weniger Gelegenheit gehabt haben, ihre Gene und ihr Wissen zu vereinen. Wir sollten also davon ausgehen, dass kleine Gruppen von Hominini 100 000 Jahre lang unter unfreundlichen und unsicheren Umweltbedingungen in Afrika ihr Leben fristeten. Sie begegneten einander kaum, kreuzten sich nur gelegentlich, tauschten nur selten Dinge und Nachrichten aus. In diesen isolierten Populationsinseln kam es häufig zu Mutationen, einige davon brachten Menschen hervor, wie wir welche sind, andere nicht. Einige Gruppen entwickelten Harpunen mit Widerhaken, andere fertigten Perlen, die meisten taten nichts dergleichen; und alle lebten sie unter dem Schreckgespenst der Auslöschung.

Dunkle Tage also für *Homo sapiens.* Dann aber, vor rund 70 000 Jahren, wendete sich das Blatt. Es wurde wärmer in Ost- und Südafrika und feuchter, damit das Jagen und Sammeln leichter, und mit ihren Nahrungsquellen vermehrten sich die frühen Menschen. Der moderne *Homo sapiens* hatte sich bereits seit gut 100 000 Jahren entwickelt, mit viel Versuch und Irrtum, mit Untergang und Auslöschung. Doch als sich das Klima besserte, konnten die Populationen mit den vorteilhaftesten Mutationen durchstarten. Sie pflanzten sich schneller fort als die mit kleinerem Gehirn ausgestatteten Hominiden. Es gab keine Monolithen, keinen Großen Sprung nach vorn, nur eine Menge Geschlechtsverkehr und Nachwuchs.

Innerhalb weniger Jahrtausende erreichten die frühen Menschen einen Kipppunkt, der ebenso sehr demographisch wie biologisch bestimmt war. Statt immer wieder auszusterben, wurden die Gruppen moderner Menschen groß und zahlreich genug, um in regelmäßigen Kontakt zu kommen, um Gene, Wissen und Können zu vereinigen. Nun vollzog sich der Wandel kumulativ, und die Handlungsweisen des *Homo sapiens* unterschieden sich rasch von denen anderer Affenmenschen. Und als es dazu kam, waren die Tage biologischer Unterschiede zwischen Osten und Westen gezählt.

Heraus aus Afrika – zum zweiten Mal

Klimawandel ist selten ein einfacher Vorgang, und während die Ursprungsgebiete des *Homo sapiens* in Ost- und Südafrika vor 70 000 Jahren immer feuchter wurden, trocknete Nordafrika immer mehr aus. Unsere Vorfahren, die sich in ihren Siedlungsräumen rasch vermehrten, breiteten sich nicht in diese Richtung aus, stattdessen wanderten kleine Gruppen aus dem Gebiet des heutigen Somalia über eine Landbrücke in den Süden der Arabischen Halbinsel und von dort weiter in den heutigen Iran (Abbildung 1.3) – zumindest müssen wir annehmen, dass sie dies taten. Auch wenn es nur wenig archäologische Erkundungen in Südasien

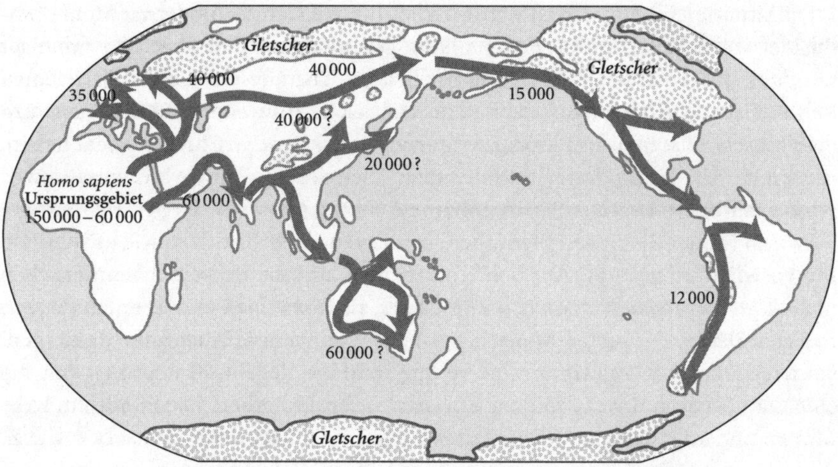

Abbildung 1.3: Die wiederhergestellte Einheit der Menschheit
Die Verbreitung der modernen Menschen von Afrika aus, zwischen etwa 60 000 und 14 000 v. u. Z. Die Zahlen geben an, vor wie vielen Jahren anatomisch moderne Menschen in den verschiedenen Weltteilen auftauchten. Die Küstenlinien entsprechen denen der späten Eiszeit, etwa um 20 000 v. u. Z.

gibt, müssen wir wohl davon ausgehen, dass sich Gruppen moderner Menschen in diese Richtung wandten, denn um 60 000 v. u. Z. hatten sie bereits das heutige Indonesien erreicht, hatten Boote gebaut, mit diesen 50 Seemeilen offener Gewässer überwunden und waren schließlich am Lake Mungo in Südostaustralien angelangt. Diese Siedler bewegten sich fünfmal schneller als die Gruppen des *Homo erectus/ergaster* außerhalb Afrikas. Waren die früheren Affenmenschen im Jahresdurchschnitt etwa 35 Meter vorangekommen, legten die anatomisch modernen Menschen um die zwei Kilometer zurück.

Zwischen 50 000 und 40 000 v. u. Z. zog eine zweite Welle von Wanderern vermutlich durch das heutige Ägypten nach Südwest- und Zentralasien, erreichte von dort aus Europa. Geschickt genug, um sich feine Klingen und Knochennadeln zu fertigen, schneiderten und nähten sich diese modernen Menschen passende Kleidung, bauten sich Unterkünfte aus Mammutstoßzähnen und Häuten und verwandelten so selbst die frostigen Weiten Sibiriens in einen Lebensraum. Um 15 000 v. u. Z. überquerten Menschen die Landbrücke zwischen Sibirien und dem heutigen Alaska und/oder segelten in kurzen Sprüngen an beider Küsten entlang. Um 12 000 v. u. Z. haben sie Koprolith (wissenschaftssprachlich für versteinerten Kot) in Höhlen im heutigen Oregon und Seegras in den Bergen des heutigen Chile hinterlassen. (Einige Archäologen glauben, dass Menschen auch den Atlantik überquert haben, und zwar entlang der Eisplatten, die damals Europa und Amerika verbanden; bislang allerdings bleibt das Spekulation.)

Die Situation in Ostasien ist weniger klar. Ein vollständig moderner Menschenschädel wurde im chinesischen Liujiang gefunden; er könnte 68 000 Jahre alt sein, allerdings ist diese Datierung umstritten. Die ältesten nicht umstrittenen Relikte sind deutlich jünger, etwa 40 000 Jahre alt. Mit weiteren Grabungen wird man klären müssen, wann moderne Menschen das heutige China erreicht haben, ob bereits sehr früh oder erst relativ spät.* Gesichert ist immerhin, dass sie vor 20 000 Jahren im heutigen Japan ankamen.

Wohin immer die neuen Menschen wanderten, sie haben dort, wie es aussieht, für Verwüstung gesorgt. Auf den Kontinenten, auf die frühere Affenmenschen niemals den Fuß gesetzt hatten, wimmelte es, als *Homo sapiens* dort anlangte, von riesigen Tieren. Die ersten Menschen, die Neuguinea und Australien erreichten, fanden dort 200 Kilogramm schwere flugunfähige Vögel und Reptilien vor, die eine Tonne wogen. Um 35 000 v. u. Z. waren sie ausgestorben. Die Funde am Lake Mungo und an einigen anderen Stätten zeigen, dass Menschen um 60 000 v. u. Z. dort angekommen waren. Menschen und Megafauna koexistierten also rund 25 000 Jahre lang. Einige Archäologen allerdings bestreiten diese Daten, ihrer Meinung nach müsste man die Ankunft der ersten Menschen dort auf 40 000 v. u. Z. vordatieren. Hätten sie Recht, wären die Großtiere nach Ankunft der Menschen verdächtig schnell verschwunden. Als vor 15 000 Jahren Menschen auf dem amerikanischen Doppelkontinent auftauchten, stießen sie dort auf Kamele, Elefanten und Riesenfaultiere; 4000 Jahre später waren diese Arten ausgelöscht. Die Koinzidenz zwischen der Ankunft von *Homo sapiens* und dem Verschwinden dieser riesigen Tiere ist frappant.

Direkte Beweise allerdings, dass Menschen diese Tiere bis zum Aussterben gejagt und aus ihrem Lebensraum vertrieben haben, gibt es nicht – dafür aber eine Menge anderer Erklärungen für ihr Verschwinden (Klimaänderungen etwa oder Meteoriteneinschläge). Die Tatsache, dass auch die Affenmenschen verschwanden, als *Homo sapiens* ihre Lebensräume erreichte, ist kaum noch strittig. Anatomisch moderne Menschen waren um 35 000 v. u. Z. in Europa eingedrungen, und nach nur 10 000 Jahren waren die Neandertaler, von einigen gebirgigen Randzonen abgesehen, überall verschwunden. Die letzten uns bekannten Relikte von Neandertalern wurden in Gibraltar gefunden, in einem Grabungshorizont, der 25 000 Jahre alt ist. 150 000 Jahre hatten sie Europa dominiert, und nun waren sie schlicht verschwunden.

Die Frage, wie moderne Menschen die Affenmenschen verdrängt haben, ist von grundlegender Bedeutung, um entscheiden zu können, ob die Vorherrschaft des Westens überhaupt rassisch begründet werden kann. Aber wir wissen nicht, ob unsere Vorfahren die geistig weniger begabten Arten aktiv vernichtet oder sie im Wettbewerb um Ressourcen einfach nur überholt und verdrängt haben. An

---

* Einige chinesische Archäologen glauben, moderne Menschen hätten sich unabhängig in China entwickelt. Ich komme später darauf zurück.

den meisten Fundstätten lösen die Hinterlassenschaften der modernen Menschen die der Neandertaler einfach ab. Das spricht für einen plötzlichen Wandel. Eine bedeutende Ausnahme bildet die Grotte du Renne (Rentierhöhle) bei Arcy-sur-Cure im französischen Burgund. Die Spuren einer Nutzung durch Neandertaler wechseln sich in den 33 000 bis 35 000 Jahre alten Schichten mit solchen ab, die moderne Menschen hinterließen. Zu den Relikten aus Neandertalerschichten gehören auch Steinfundamente für Hütten, Knochenwerkzeuge und Halsschmuck aus Tierzähnen. Die Ausgräber dieser Höhle gehen davon aus, dass die Neandertaler von den modernen Menschen gelernt haben und dass sich so etwas wie eine Dämmerung des Neandertalerbewusstseins ankündigte. Diverse Ockerfunde in Siedlungsstätten der Neandertaler in Frankreich (in einer der Höhlen über 20 Pfund) scheinen das zu bestätigen.

Wir können uns die muskelbepackten, langsam denkenden Neandertaler vorstellen, wie sie die wendigeren, gesprächigen Neuankömmlinge beobachteten, deren bemalte Körper, den Bau von Hütten bewunderten und sich anschließend mit ungeschickten Händen mühten, es diesen nachzutun, vielleicht sogar versuchten, frisch gejagtes Fleisch gegen Schmuck zu tauschen. Jean Auel hat sich in ihrem Roman *Ayla und der Clan des Bären* vorgestellt, wie die modernen Menschen die Neandertaler, »die Flachköpfe«, verjagt haben, während diese wiederum alles daran setzten, den »Anderen« aus dem Weg zu gehen – ausgenommen Ayla, das fünfjährige Menschenmädchen, das der Bärenclan der Neandertaler adoptiert hat. Natürlich ist das Fiktion, aber darum nicht weniger plausibel als alle anderen Vermutungen auch – es sei denn, wir folgten den unromantischen Archäologen, die da sagen, schlampige Grabungen seien die einfachste Erklärung dafür, dass in der Grotte du Renne Neandertalerschichten und solche moderner Menschen einander ablösten; sie sehen keinen Beweis dafür, dass die »Flachköpfe« von den »Anderen« gelernt hätten.

Entscheidend ist der Sex. Wenn sich die anatomisch modernen Menschen im Westen der Alten Welt an die Stelle der Neandertaler, im Osten an die des *Homo erectus* gesetzt haben, ohne sich mit diesen zu mischen, dann können die auf Rassebegriffen basierenden Theorien, die die aktuelle Vorherrschaft des Westens auf bereits in der Vorgeschichte bestehende biologische Differenzen zurückführen, nur falsch sein. Was aber geschah tatsächlich?

Zu Hochzeiten des so genannten wissenschaftlichen Rassismus in den 1930er Jahren behaupteten einige Anthropologen, dass anatomisch moderne Menschen aus China primitiver seien als solche aus Europa. Ihre Begründung: Die Schädel der Ostmenschen wiesen Ähnlichkeiten mit denen des Peking-Menschen auf (kleine Wülste auf dem Schädeldach, vergleichsweise flache obere Partien des Gesichts, schaufelförmige Schneidezähne). Dieselben Anthropologen betonten auch, dass die Schädel der Ureinwohner Australiens Ähnlichkeiten mit dem eine Million Jahre alten indonesischen *Homo erectus* zeigten (Knochenwülste am Hinterkopf, an denen die Nackenmuskulatur ansetzte, vorspringende Augenbrauen, fliehende Stirn, große Zähne). Darum, so die Schlussfolgerung dieser (westlichen) Anthropologen, müssten die modernen Menschen des Ostens von diesen primitiveren Affenmenschen abstammen, die im Westen dagegen von den fortgeschritteneren Neandertalern; und das wiederum könnte erklären, warum der Westen die Welt regiere.

Derart simpel argumentiert heute niemand mehr. Doch wenn wir der Frage nach der westlichen Vorherrschaft ernsthaft nachgehen wollen, müssen wir die Möglichkeit berücksichtigen, dass *Homo sapiens* sich mit vormodernen Menschen gekreuzt hat und Populationen im Osten biologisch weniger entwickelt gewesen sein könnten als die im Westen. Wir werden kaum Beilager ausgraben können, die uns bewiesen, dass *Homo sapiens* im Westen seine Gene mit denen des Neandertalers beziehungsweise im Osten mit denen des Peking-Menschen vermischt hat. Zum Glück ist das aber auch nicht erforderlich, denn wenn es zu solchen amourösen Treffen tatsächlich gekommen ist, dann müssten die Folgen noch in unseren Körpern festzustellen sein.

Denn alle Vorfahren, die wir je hatten, haben uns Bestandteile ihrer DNA vererbt, sodass Genetiker, zumindest theoretisch, die DNA aller lebenden Menschen vergleichen und einen Stammbaum zeichnen könnten, der zurückführt bis zum jüngsten gemeinsamen Vorfahren aller Menschen. Dass jedoch die Hälfte unserer DNA von der väterlichen, die andere von der mütterlichen Linie herrührt, erschwert die praktische Entwirrung der Erbinformationen enorm.

Aber pfiffige Genetiker haben einen Weg gefunden, dieses Problem zu umgehen, indem sie sich die DNA der Mitochondrien – eines vom Zellkern unabhängigen Organells – vorgenommen haben. Denn diese mitochondriale DNA (mtDNA) wird nicht, wie die nukleare DNA der Chromosomen, geschlechtlich reproduziert, sondern ausschließlich von Frauen weitergegeben (Männer erben die mtDNA ihrer Mutter, geben sie aber nicht weiter). Vor Urzeiten hatten wir alle die gleiche mtDNA, und darum muss jede Differenz zwischen der mtDNA in meinem Körper zur mtDNA im Körper eines anderen die Folge zufälliger Mutationen sein und nicht die sexueller Vermischung.

1987 hat ein von der Genetikerin Rebecca Cann geleitetes Forschungsteam eine Studie zur mtDNA lebender Menschen aus allen Weltteilen veröffentlicht. Sie identifizierten in ihren Daten rund 150 Typen und stellten fest, dass sie, mit welchen statistischen Tricks sie ihr Datenmaterial auch aufbereiteten, stets zu drei Schlüsselergebnissen kamen. Erstens: Es gibt nirgends eine größere genetische Diversität der mtDNA als in Afrika. Zweitens: Die Diversität in der übrigen Welt ist eine Teilmenge der Diversität in Afrika. Und drittens: Die tiefsten – und darum ältesten – Abstammungslinien der mtDNA kommen alle aus Afrika. Das lässt nur einen Schluss zu: Die letzte weibliche Ahnin, die allen Menschen auf der Welt gemeinsam ist, muss in Afrika gelebt haben – die afrikanische Eva, wie sie sofort genannt wurde. Sie war, wie Cann und ihre Kollegen festhielten, »die eine glückliche Mutter«[9]. Indem sie standardisierte Schätzungen der Mutationsrate zugrunde legten, errechneten sie, dass Eva vor 200 000 Jahren gelebt haben muss.

Während der gesamten 1990er Jahre stritten Paläoanthropologen über die Schlussfolgerungen des Teams um Cann. Einige stellten ihre Methode in Frage (es gibt Tausende von Möglichkeiten, die statistischen Zahlen zu gruppieren, die aber, theoretisch zumindest, alle gleich gültig sind), andere die Ausgangsdaten (die meisten »Afrikaner« der Studie waren Afroamerikaner), doch auch mit revidierten Zahlen und Proben kam man immer wieder zu fast den gleichen Ergebnissen. Das einzig neue Resultat war, dass man die Lebenszeit Evas präzisierte: auf 175 000 ±50 000 Jahre v. u. Z. Um die Sache zu entscheiden, Ende der 1990er Jahre dann, bekam die afrikanische Eva Gesellschaft, weil Genetiker mit verbesserten Techniken in der Lage waren, die nukleare DNA auf dem Y-Chromosom zu untersuchen. Wie die mtDNA wird auch sie asexuell reproduziert, allerdings ausschließlich auf der männlichen Linie. Wie eingehende Forschungen ergaben, offenbart auch die nukleare DNA des Y-Chromosom die größte Diversität und die tiefsten Abstammungslinien in Afrika und verweist so auf einen afrikanischen Adam, der irgendwann im Zeitraum von 90 000 bis 60 000 Jahren v. u. Z. gelebt hat – die Quelle für nichtafrikanische Varianten liegt erst etwa bei 50 000 Jahren.* Die genetischen Daten scheinen absolut schlüssig zu sein: Alle heute lebenden Menschen stammen von Afrikanern ab, keine und keiner trägt genetische Spuren des Neandertalers oder des Peking-Menschen in sich.

Einige Paläoanthropologen allerdings sind noch immer nicht überzeugt und behaupten, dass die Genetik weniger zähle als die Ähnlichkeiten im Knochenbau, die sie zwischen dem westlichen *Homo sapiens* und den Neandertalern beziehungsweise zwischen dem östlichen *Homo sapiens* und dem *Homo erectus* sehen. Sie verwerfen die Out-of-Africa-Theorie zugunsten einer Theorie »multiregionaler« Entwicklung. Die ursprünglichen kleinen Schritte, das räumen sie ein, könnten durchaus in Afrika geschehen sein, doch die anschließenden Wanderungen der Populationen zwischen Afrika, Europa und Asien hätten für einen derart raschen Genfluss gesorgt, dass sich günstige Mutationen an einem Ort innerhalb weniger 1000 Jahre überallhin hätten verbreiten können. Aus diesem Grund hätten sich leicht unterschiedene Formen des anatomisch modernen Menschen (*Homo sapiens*) in verschiedenen Teilen der Welt parallel entwickelt. Dies

* Wenn man sich darüber wundert, dass der afrikanische Adam 100 000 Jahre nach seiner Eva gelebt haben soll, dann hat man die willkürlich vergebenen Namen überinterpretiert. Gemeint sind *nicht* der erste männliche und der erste weibliche *Homo sapiens*, sondern nur die zwei letzten (bzw. jüngsten) Vorfahren, zu denen wir alle heute lebenden Gene zurückverfolgen können. Im Durchschnitt haben Männer die gleiche Zahl von Nachkommen wie Frauen (nämlich weil wir alle einen Vater und eine Mutter haben), doch die Zahl der Kinder pro Mann variiert von diesem Durchschnitt mehr als die Zahl der Kinder pro Frau, weil manche Männer Dutzende von Nachkommen zeugen. Der vergleichsweise große Pool von Männern, die keine Kinder haben, führt dazu, dass die genetischen Linien von Männern leichter aussterben als die von Frauen. Darum laufen die überlebenden männlichen Linien in einem (fiktiven) Mann zusammen, der jünger ist als die entsprechende (fiktive) Frau.

erkläre beides: die genetischen Beweise ebenso wie die aus dem Knochenbau abgeleiteten. Und demzufolge seien Ost- und Westmenschen biologisch tatsächlich unterschieden.

Wie so viele Theorien ist auch die des Multiregionalismus zweischneidig, und so beharren einige chinesische Wissenschaftler darauf, dass China etwas Besonderes sei, denn – so konnte man in der *China Daily* lesen – »die modernen Chinesen stammen nicht aus Afrika, sondern von dort, wo sich das heutige China befindet«.[10] Seit Ende der 1990er Jahre jedoch sprechen immer mehr Beweise gegen derartige Vorstellungen. Für Europa konnte gezeigt werden, dass die mtDNA der Neandertaler sich von der unseren vollständig unterscheidet, was wohl ausschließt, dass Neandertaler und *Homo sapiens* gemeinsame Nachkommen gehabt haben. Selbst die winzige Möglichkeit, dass sich Neandertaler und *Homo sapiens* gekreuzt haben, dass dann aber genetisches Material von Neandertalern durch zufällige Auslöschung aus unserem Genpool verschwunden ist, dürfte eher unwahrscheinlich sein: Die mtDNA, die Genetiker 2003 aus in Europa gefundenen, 24 000 Jahre alten Skeletten extrahiert haben, zeigt eine Menge Gemeinsamkeiten mit unserer, jedoch überhaupt keine mit der mtDNA von Neandertalern.

Die Zahl der Untersuchungen fossiler DNA aus Ostasien ist geringer, doch die wenigen Studien, die unternommen wurden, sprechen dafür, dass auch hier keine Vermischung stattgefunden hat. Die Autoren einer Untersuchung von Y-Chromosomen stellen sogar fest: »Die Daten stützen nicht einmal einen minimalen Beitrag von dort lebenden Hominiden zur Abstammung des anatomisch modernen Menschen in Ostasien.«[11] Die genetischen Daten scheinen eindeutig zu sein. *Homo sapiens* hat sich in Afrika entwickelt und sich nicht mit Affenmenschen gekreuzt – möglicherweise konnte er das nicht einmal.

Die Diskussion zieht sich hin, noch 2007 wurde triumphierend behauptet, die Formen kürzlich in Zhoukoudian ausgegrabener Zähne und eines Schädelfragments aus Xuchang zeigten, dass sich in China aus dem *Homo erectus* anatomisch moderne Menschen entwickelt hätten. Aber noch während diese Funde publiziert wurden, trieben andere Wissenschaftler den, wie es scheint, letzten Nagel in den Sarg der Multiregionaltheorie. Ihre ausgeklügelte, mehrfache Regressionsanalyse der Maße von über 6000 Schädeln zeigen, dass die Variationen von Schädeltypen, bei angemessener Berücksichtigung des Klimas, dem entsprechen, was die DNA-Analysen ergeben haben. Wir alle sind Afrikaner. Unsere Verbreitung aus Afrika heraus in den letzten 60 000 Jahren hat alle genetischen Unterschiede von der Tafel gewischt, die sich in der halben Million Jahre zuvor herausgebildet hatten.

Damit entbehren rassistische Theorien, die die Vorherrschaft des Westens in der Biologie begründet sehen wollen, jeder faktischen Grundlage. Vielmehr gilt: Menschen sind, in großen Gruppen betrachtet, alle gleich, wo immer man sie findet. Wir alle haben von unseren afrikanischen Vorfahren den gleichen unruhigen, erfinderischen Geist geerbt. Biologie als solche kann nicht erklären, warum der Westen die Welt beherrscht.

Prähistorische Picassos

Wenn die Rassentheorien falsch liegen, wo beginnen die Unterschiede zwischen Ost und West dann? Über 100 Jahre lang dachten viele Europäer, die Antwort liege auf der Hand: Sie brauchten keine Biologie, um an ihre kulturelle Überlegenheit und auch daran zu glauben, dass diese bestehe, seit es so etwas wie den modernen Menschen gibt. Den Beweis, der sie so sicher machte, glaubten sie seit 1879 zu haben. Charles Darwins *Über die Entstehung der Arten*, zwei Jahrzehnte zuvor erschienen, machte aus der Fossilienjagd ein respektables Hobby für adlige Landbesitzer, und wie so viele seiner Standesgenossen widmete sich auch Don Marcelino Sanz de Sautuola auf seinen nordspanischen Ländereien der Suche nach Höhlenmenschen. Eines Tages besuchte er, seine Tochter im Schlepptau, die Höhle von Altamira. Archäologie ist nicht das spannendste Spiel für Achtjährige, sodass die kleine Maria umhersprang, während der Vater die Augen fest auf den Boden heftete. Und plötzlich, so erzählte sie Jahre später in einem Interview, habe sie Gestalten und Figuren am Höhlendach gesehen. »Schau Papa, gemalte Stiere!«, habe sie gerufen.

Alle Archäologen träumen von einem solchen Augenblick, in dem man nicht glauben kann, was man sieht, in dem die Zeit stillsteht und angesichts einer atemberaubenden Entdeckung alles andere versinkt. Nur wenigen ist das vergönnt, und möglicherweise hat kein Archäologe je etwas Vergleichbares erlebt. Sautuola sah Bisons, Rotwild, Schicht um Schicht, vielfarbige Tiere, sechs Meter der Höhlendecke nahmen sie ein, manche zusammengerollt, manche im Sprung, andere fröhlich hüpfend (Abbildung 1.4). Jedes einzelne wundervoll und bewegend dargestellt. Picasso, der den Fundort Jahre später besichtigte, rief überwältigt: »Keiner von uns kann so malen. Nach Altamira ist alles andere Dekadenz!«

Sautuolas erste Reaktion sei spontanes Gelächter gewesen, rasch aber habe ihn die Begeisterung gepackt, so Maria später: »Er war so erregt, dass er gar nicht sprechen konnte.«[12] Nach und nach überzeugte er sich davon, dass die Zeichnungen tatsächlich alt waren (nach jüngsten Untersuchungen sind einige davon über 25 000 Jahre alt). Damals aber, 1879, wusste das niemand. Als Sautuola den Fund auf dem Internationalen Kongress für Anthropologie und Vorgeschichtliche Archäologie vorstellte, lachte ihn die versammelte Fachwelt aus. Höhlenmenschen, das wusste schließlich jeder, konnten keine solchen Kunstwerke produzieren. Sautuola, da waren sich die Experten einig, konnte nur ein Lügner sein oder ein Narr. Sautuola nahm das persönlich, als Angriff auf seine Ehre; acht Jahre später starb er als gebrochener Mann.

Erst 1902 hat Sautuolas Hauptkritiker, der französische Prähistoriker Émile Cartailhac, Altamira besucht und anschließend öffentlich Abbitte geleistet. Und seither sind einige 100 Höhlen mit prähistorischen Malereien gefunden worden, vor ein paar Jahren erst, 1994, die Chauvet-Höhle im französischen Departement Ardèche, eine der spektakulärsten von allen. Sie ist so gut erhalten, dass man den

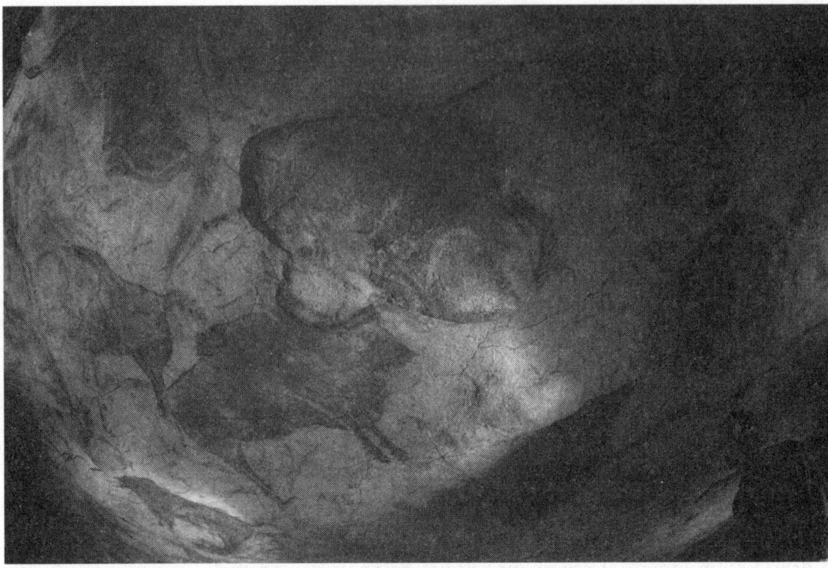

Abbildung 1.4: »Nach Altamira ist alles andere Dekadenz ...«
Ein Ausschnitt aus der Decke der Stiere, 1879 von der achtjährigen Maria Sanz de Sautuola entdeckt. Die wissenschaftliche Anerkennung dieses Fundes hat ihr Vater nicht mehr erlebt.

Eindruck hat, die Maler hätten die Höhle gerade mal für einen Happen Rentierfleisch verlassen und kämen jeden Augenblick zurück. Eine der Darstellungen in der Chauvet-Höhle ist 30 000 Jahre alt und damit eine der ältesten Hinterlassenschaften der anatomisch modernen Menschen in Europa.

Nirgendwo sonst auf der Welt wurde bislang etwas gefunden, das diesen Höhlenmalereien gleichkäme. Die Wanderung des modernen Menschen aus Afrika heraus hat alle von der Movius-Linie geschaffenen Unterscheidungen hinfällig gemacht, auch alle biologischen Unterschiede zwischen den älteren hominiden Spezies. Sollten wir also den Anfang einer besonderen (und überlegenen) westlichen Tradition in eine einzigartig kreative Kultur verlegen, die das nördliche Spanien und den Südwesten Frankreichs vor 30 000 Jahren mit prähistorischen Picassos füllte?

Die Antwort darauf findet man, vielleicht etwas erstaunlich, in den frostigen Weiten der Antarktis. Jedes Jahr fällt dort Schnee, bedeckt die Schichten der vorangegangenen Jahre und presst sie mit der Zeit zu dünnen Eisschichten zusammen. Diese bilden so etwas wie die Aufzeichnung des Wetters in vorgeschichtlicher Zeit. Klimaforscher können die einzelnen Schichten voneinander isolieren, ihre jeweilige Stärke messen und sagen, wie viel Schnee jeweils fiel; sie können das Verhältnis zwischen den Sauerstoffisotopen ermitteln und daraus auf die Temperaturen schließen; und sie können die Menge von Kohlenstoff und Methan miteinander vergleichen, was Aufschluss gibt über Treibhauseffekte. Das Gewinnen der Eisbohrkerne in der Antarktis ist eine der härtesten Aufgaben der Wissenschaft. 2004 ist es einem europäischen Team gelungen, einen Hohlkernbohrer 3,2 Kilometer tief zu treiben und damit erstaunliche 740 000 Jahre in die Vergangenheit vorzudringen.

Was mit diesen Bohrungen zutage kam, ist eindeutig: Die Welt der Künstler von Altamira war kalt. Nachdem die modernen Menschen Afrika verlassen hatten, begannen die Temperaturen erneut zu fallen; und vor rund 20 000 Jahren – als mehr Künstler Ocker und Holzkohle auf Höhlenwänden verstrichen als jemals zuvor und danach – erreichte die letzte Eiszeit ihren frostigen Höhepunkt. Die Durchschnittstemperaturen lagen um zehn Grad Celsius unter denen unserer Tage, und das macht einen Riesenunterschied. Kilometerdicke Gletscher bedeckten Nordasien, Europa und Amerika, banden so viel Wasser, dass der Meeresspiegel über 90 Meter tiefer lag als heute. Über die Gletscher fegte der Wind, Staubstürme tobten über trockenen Steppen, kalt im Winter, ausgedörrt im Sommer. Selbst in den weniger abschreckenden Gegenden, bei 40 Grad nördlicher Breite, waren die Sommer kurz, es regnete nur selten, ein geringer Kohlendioxidanteil in der Luft bremste das Wachstum der Pflanzen und hielt die Populationen von Tieren (und Menschen) klein. Es war wie in den schlimmsten Tagen, bevor anatomisch moderne Menschen Afrika verließen.

Das Leben war dort, wo heute die Tropen sind, einfacher als in Sibirien, doch wo immer Archäologen sich umsehen, finden sie Hinweise darauf, dass sich die Gruppen den Bedingungen der Eiszeit in ziemlich ähnlicher Weise angepasst hatten. Die Gruppen waren klein; ein Dutzend Individuen waren schon eine große Horde; in milderen Regionen mochten etwa doppelt so viele zusammenleben. Sie lernten, wann die unterschiedlichen Pflanzen reif wurden und wo sie zu finden waren; wann und wo die Tiere den Jahreszeiten folgend umherzogen und wo sie ihnen auflauern konnten. Beiden folgten sie bei ihren Zügen durch die Landschaft. Wer diese Dinge nicht lernte, musste verhungern.

Derart kleine Gruppen hatten heftig um ihre Reproduktion zu kämpfen. Wie Jäger und Sammler in abgelegenen Regionen unserer Tage müssen auch diese Gruppen von Zeit zu Zeit zusammengekommen sein, um Heiratspartner und Güter auszutauschen, Geschichten zu erzählen und vielleicht auch mit ihren Göttern, Geistern und Ahnen zu kommunizieren. Solche Treffen werden aufregende Höhepunkte im Jahresverlauf gewesen sein. Natürlich können wir darüber nur spekulieren, doch viele Archäologen gehen davon aus, dass solche Feste den Hintergrund der spektakulären Höhlenmalereien in Westeuropa bilden: Alle kamen, herausgeputzt mit Perlen, den besten Tierhäuten und geschminkten Gesichtern; alle schmückten nach Kräften ihre heiligen Versammlungsorte, um sie ganz besonders herzurichten.

Doch liegt die Frage nahe, warum wir – wenn denn das Leben überall gleich hart war, in Afrika, in Asien und in Europa – die begeisternden Höhlenmalereien nur in Westeuropa gefunden haben. Die traditionelle Antwort, dass die Europäer eben kulturell kreativer gewesen seien als die Menschen anderswo, erscheint nicht unbedingt als abwegig. Aber kehren wir die Frage doch einfach mal um. Die Geschichte der europäischen Kunst ist kein durchgehender Katalog von Meisterwerken, der von der Chauvet-Höhle bis zu Chagall reicht. Mit den Höhlenmalereien war es nach 11500 v.u.Z. vorbei, und es sollten Jahrtausende vergehen, bevor wir von etwas auch nur annähernd Vergleichbarem sprechen können. Die Wurzeln der westlichen Vorherrschaft in einer Tradition von 30000 Jahren europäischer Kreativität zu suchen, kann nur falsch sein, wenn diese Tradition für Jahrtausende unterbrochen war. Vielleicht sollten wir eher danach fragen, warum die Zeit der Höhlenmalerei endete, denn dann werden wir darauf stoßen, dass die erstaunlichen Funde aus dem vorgeschichtlichen Europa ebensoviel mit geographischen und klimatischen Bedingungen zu tun haben wie mit irgendeiner Besonderheit westlicher Kultur.

Während fast der gesamten Eiszeit waren Nordspanien und Südwestfrankreich ausgezeichnete Jagdgründe, weil sie regelmäßig von Rentierherden auf ihren Wanderungen zwischen Sommer- und Winterweiden durchquert wurden. Als jedoch die Temperaturen wieder zu steigen begannen, vor etwa 15000 Jahren (mehr dazu in Kapitel 2), zogen die Rentiere im Winter nicht mehr so weit nach Süden, und die Jäger folgten ihnen in den Norden.

Es kann kein Zufall sein, dass die westeuropäische Höhlenmalerei genau um diese Zeit zum Erliegen kam. Immer weniger Künstler krochen mit ihren Tranlampen und Ockerstiften unter die Erde. Irgendwann um 13500 v.u.Z. war der allerletzte Künstler fortgezogen. Er oder sie werden sich darüber keine Gedanken gemacht haben, doch mit diesem Tag endete eine uralte Tradition. In den Höhlen herrschte wieder Dunkelheit, und für einige Jahrtausende unterbrachen nur Fledermäuse und das Tropfen des Wassers ihre Grabesstille.

Warum aber zog die wunderbare Höhlenmalerei ab 11500 v.u.Z., als die Jäger den abwandernden Rentieren folgten, nicht kontinuierlich mit nach Norden? Vermutlich aus dem einfachen Grund, weil in Nordeuropa keine passenden Höhlen für die Malerei zu finden waren. In Nordspanien und Südwestfrankreich gibt es eine enorme Zahl tiefer Kalksteinhöhlen; weiter nördlich deutlich weniger. Wenn die Jagdgründe der vorgeschichtlichen Völker keine tiefen Höhlen umfassten, dann blieben auch die Anstrengungen, ihre Versammlungsorte zu schmücken, nicht erhalten, und wir können sie nicht finden. Ohne Höhlen blieb den Menschen nichts anderes übrig, als sich auf ebener Erde zu versammeln. Und Spuren künstlerischer Betätigung, die 20000 Jahre lang dem Wind, der Sonne und dem Regen ausgesetzt sind, können kaum je überdauern.

»Kaum je« ist allerdings nicht dasselbe wie »Fehlanzeige«, und so werden wir manchmal doch fündig. In der Apollo-11-Höhle in Namibia lösten sich Steinplatten mit Zeichnungen von Rhinozeros und Zebra von den Wänden, fielen zu Boden und blieben unter Ablagerungen erhalten, die zwischen 26000 und 19000

Jahre als sind. Einige Funde in Australien sind noch älter. In Sandy Creek etwa können die mineralischen Ablagerungen, die sich über Teilen von Ritzzeichnungen an einer Höhlenwand bildeten, auf die Zeit vor 25 000 Jahren datiert werden, Fragmente von Farbpigmenten sind sogar zwischen 26 000 und 30 000 Jahre alt. Und in Carpenters Gap, einem Überhang, fanden sich abgefallene Steinplatten von einer bemalten Wand in den Überbleibseln einer 40 000 Jahre alten Siedlung, womit diese Malerei noch älter ist als die in der Chauvet-Höhle.

Keines der afrikanischen oder australischen Beispiele reicht ästhetisch an die besten Arbeiten aus Spanien oder Frankreich heran, und es gibt zudem etliche tiefe Höhlen außerhalb Westeuropas, die überhaupt keine Malereien aufweisen (zum Beispiel Zhoukoudian, das vor 20 000 Jahren wieder besiedelt wurde). Es wäre töricht zu behaupten, alle Menschen hätten sich der Höhlenkunst mit der gleichen Anstrengung gewidmet, von der Erwartung, alle künstlerischen Traditionen müssten gleich erfolgreich sein, ganz zu schweigen. Doch bedenkt man, dass die Bedingungen für die Erhaltung der Malerei in Europa besonders günstig waren, dass zudem Archäologen hier länger und intensiver gesucht haben als anderswo, dann kann man daraus, dass auf anderen Kontinenten überhaupt etwas erhalten blieb, zumindest schließen, dass anatomisch moderne Menschen überall den Drang verspürten, sich künstlerisch mitzuteilen. Wo die Voraussetzungen für Höhlenmalerei nicht so gut waren wie in Westeuropa, haben die Menschen ihre Energie in andere Ausdrucksformen gesteckt.

Abbildung 1.5 zeigt sehr schön, dass es gleichzeitig mit der in Westeuropa massiert auftretenden Höhlenkunst weiter im Osten vermehrt zu Nachbildungen von Menschen und Tieren in Stein, Ton und Knochen kam. Würde es die Ökonomie von Buchpublikationen erlauben, ich könnte Bilder von Dutzenden ganz außerordentlicher Figurinen zeigen, die zwischen Deutschland und Sibirien an vielen Stätten gefunden wurden. So aber muss ich mich auf den jüngsten dieser Funde beschränken, der 2008 im Hohle Fels, einer Karsthöhle der Schwäbischen Alb (Abbildung 1.6), geborgen wurde – eine 59,7 Millimeter hohe Statuette einer weiblichen Gestalt ohne Kopf, aber mit gewaltigen Brüsten, die vor 35 000 Jahren aus Mammutelfenbein geschnitzt wurde. Etwa um die gleiche Zeit haben sich Jäger aus Malaya Síya in der Nähe des Baikalsees in Sibirien – an gewiss einem der unwirtlichsten Orte der Erde – Zeit genommen, Bilder von Tieren auf Knochen zu ritzen. Und um 25 000 v. u. Z. schließlich haben sich in Dolní Věstonice, in der heutigen Tschechischen Republik, bis zu 120 Individuen zählende Gruppen in ihren Hütten aus Mammutknochen und Tierhäuten versammelt und dort aus Ton Tausende von Tierfigürchen und auch großbrüstige Frauengestalten geschaffen. In Ostasien bleiben die Verzeichnisse von Kunstwerken schmal. Der älteste Fund jedoch – die kleine Nachbildung eines Vogels, vor vielleicht 15 000 Jahren aus einer Geweihsprosse geschnitzt und 2009 in Xuchang entdeckt – ist so kunstvoll gearbeitet, dass wir sicher sein können, bei zukünftigen Grabungen auch in China eine blühende Tradition eiszeitlicher Kunst zu entdecken.

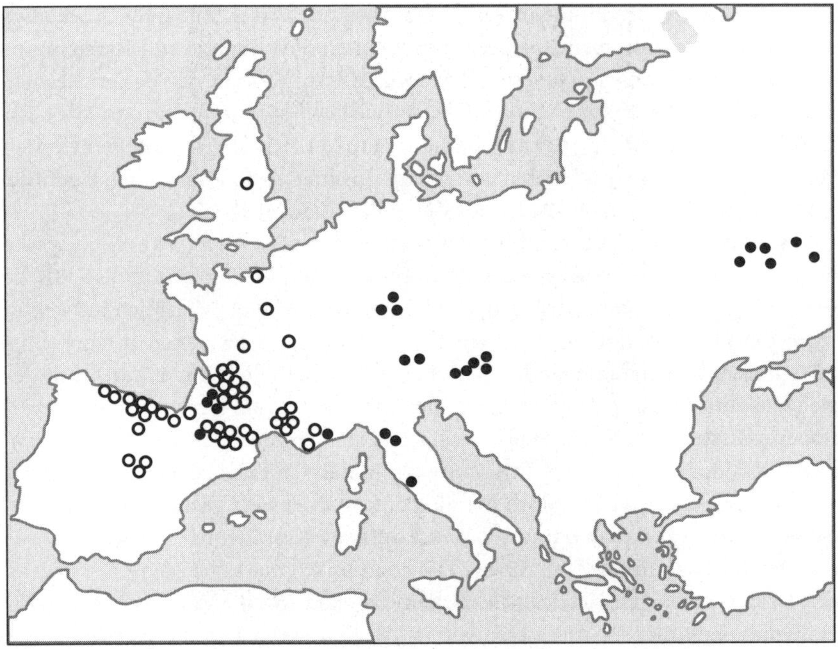

Abbildung 1.5: Die Anfänge westlicher Kultur?
Die leeren Kreise zeigen Höhlenmalereien, die 12 000 Jahre und älter sind, die gefüllten Kreise Funde beweglicher Kunstwerke von gleichem Alter.

Eiszeitliche Menschen außerhalb Europas, denen die Bedingungen fehlten, die Altamira und Chauvet so unverwechselbar gemacht haben, fanden offensichtlich andere Ventile für ihre Kreativität. Es gibt ziemlich wenig Hinweise darauf, dass die Affenmenschen zuvor überhaupt einen kreativen Drang verspürt haben, *Homo sapiens* allerdings scheint die Kreativität einprogrammiert zu sein. Vor etwa 50 000 Jahren hatten die Menschen die mentalen Fähigkeiten, in der Welt nach Bedeutungen zu suchen, und auch die Geschicklichkeit erlangt, diese Bedeutungen in dinglichen Artefakten zum Ausdruck zu bringen, sicher auch in Dichtung, Musik und Tanz – was wir natürlich nie werden belegen können. Auch hier gilt, dass Menschen (in großen Gruppen betrachtet) weitgehend gleich zu sein scheinen, wo immer wir auf ihre Spuren stoßen. Bei all ihrer Pracht: Die Malerei von Altamira macht den Westen nicht zu etwas anderem als den Rest der Welt.

Technische, geistige und biologische Unterschiede, die, nachdem der erste Affenmensch Afrika verlassen hatte, über anderthalb Millionen Jahre akkumuliert wurden, teilten die Alte Welt in einen Westen mit *Homo neanderthaliensis/Homo sapiens* und einen Osten mit *Homo erectus*. Vor ungefähr 100 000 Jahren war der Westen charakterisiert durch relativ fortgeschrittene Techniken und sogar durch

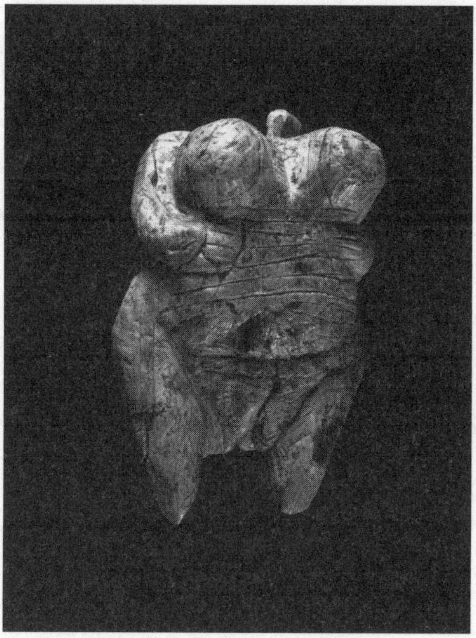

Abbildung 1.6: Schaffensdrang

Die kopflose 59,7 mm hohe und 33,3 g schwere »Venus vom Hohle Fels« aus Mammutelfenbein. Mit einem Alter von mindestens 31 000, höchstens 35 000 Jahren ist sie die weltweit älteste gesicherte Darstellung eines Menschen.

modern anmutende Handlungsweisen, wie etliche Hinweise nahelegen, während der Osten zunehmend zurückgeblieben wirkt. Als dann jedoch, vor 70 000 Jahren, anatomisch moderne Menschen aus Afrika herauswanderten, spülten sie alle diese Unterschiede hinweg. Als die letzte Eiszeit vor 20 000 Jahren ihren Höhepunkt erreichte, waren »Osten« und »Westen« lediglich Himmelsrichtungen, in denen die Sonne auf- beziehungsweise unterging. Menschen, die mehr miteinander verband als trennte, lebten in kleinen Gruppen verstreut zwischen England und Sibirien – und erreichten (ziemlich) schnell auch den amerikanischen Kontinent. Jede dieser Gruppen suchte Nahrung und ging auf die Jagd, durchstreifte riesige Gebiete, folgte dem Rhythmus, in dem die Pflanzen reif wurden und die Tiere hin- und herzogen. Jede Gruppe wird ihr Territorium genau gekannt, wird über jeden Felsen und jeden auffälligen Baum Geschichten erzählt haben; jede wird ihre eigenen Artefakte, eigene Kunstfertigkeiten und Traditionen, ihre Werkzeuge und Waffen, ihre Geister und Dämonen gehabt haben. Und jede wird auch gewusst haben, dass ihre Götter sie liebten, schließlich waren sie trotz aller Widrigkeiten noch immer am Leben.

Die Menschen waren so weit gekommen, wie es ihnen in einer derart kalten, regenarmen Welt möglich war. Doch dann schwankte die Erde unter ihren Füßen.

Kapitel 2

Der Westen geht in Führung

Globale Erwärmung

Auch wenn die Höhlenmenschen, die vor 20 000 Jahren bibbernd um ihre Lagerfeuer hockten, davon nichts ahnten, so hatte doch ihre Welt begonnen, sich zurückzubewegen in Richtung Wärme. Im Verlauf der nächsten 10 000 Jahre sollte das Zusammenwirken von Klimawandel und den schnellen Superhirnen von *Homo sapiens* die Geographie verändern, und in diesem Prozess entstanden regional unterschiedene Lebensweisen, die sich bis heute erhalten haben. »Osten« und »Westen« bekamen eine Bedeutung.

Die Folgen der globalen Erwärmung waren unvorstellbar. Um 17 000 v. u. Z. schmolzen in nur zwei oder drei Jahrhunderten die Gletscher, die Nordamerika, Europa und Asien bedeckt hatten. Im Gebiet zwischen der heutigen Türkei und der Krim, dort, wo heute die Wellen des Schwarzen Meeres rollen, erstreckte sich während der Eiszeit ein tiefes Becken (Abbildung 2.1). Der Abfluss der Gletscher verwandelte es nun in das weltweit größte Süßwasserbecken. Das geschah mit einer Flut, die einer Arche Noah würdig gewesen wäre*: In bestimmten Phasen stieg das Wasser täglich um 15 Zentimeter. Jedesmal, wenn sich die Sonne über den Horizont hob, war das Seeufer um weitere anderthalb Kilometer landeinwärts gewandert. Kein Ereignis der jüngeren Erdgeschichte kam dem gleich.

Die sich verschiebende Umlaufbahn der Erde löste ein wildes Auf und Ab von Erwärmung und Abkühlung, von Überfluss und Hunger aus. Abbildung 2.2 zeigt die extremen Schwankungen des Verhältnisses zweier Sauerstoffisotope in den antarktischen Eisbohrkernen, von denen in Kapitel 1 die Rede war. Diese Schwankungen folgen den Sprüngen des Klimas. Erst nach 14 000 v. u. Z., als kein eisiges Gletscherwasser mehr in die Meere strömte, machte die Welt für jeden

---

* In ihrem 1999 erschienenen Buch *Sintflut: Ein Rätsel wird entschlüsselt* behaupten die Geophysiker William Ryan und Walter Pitman, dass die Schwarzmeerflut, die sie auf die Zeit um 5600 v. u. Z. datieren, die biblische Geschichte inspiriert habe. Neuere Untersuchungen jedoch haben ergeben, dass das Becken vermutlich zwischen 16 000 und 14 000 von Süßwasser überflutet und irgendwann um 7400 v. u. Z., als das Mittelmeer durchbrach, zu Salzwasser wurde. Unwahrscheinlich, dass eine so frühe Naturkatastrophe die Geschichte von der Arche Noah inspiriert hat; der Wassereinbruch dort, wo sich heute der Persische Golf erstreckt, ist eine plausiblere Quelle der biblischen Sintflut.

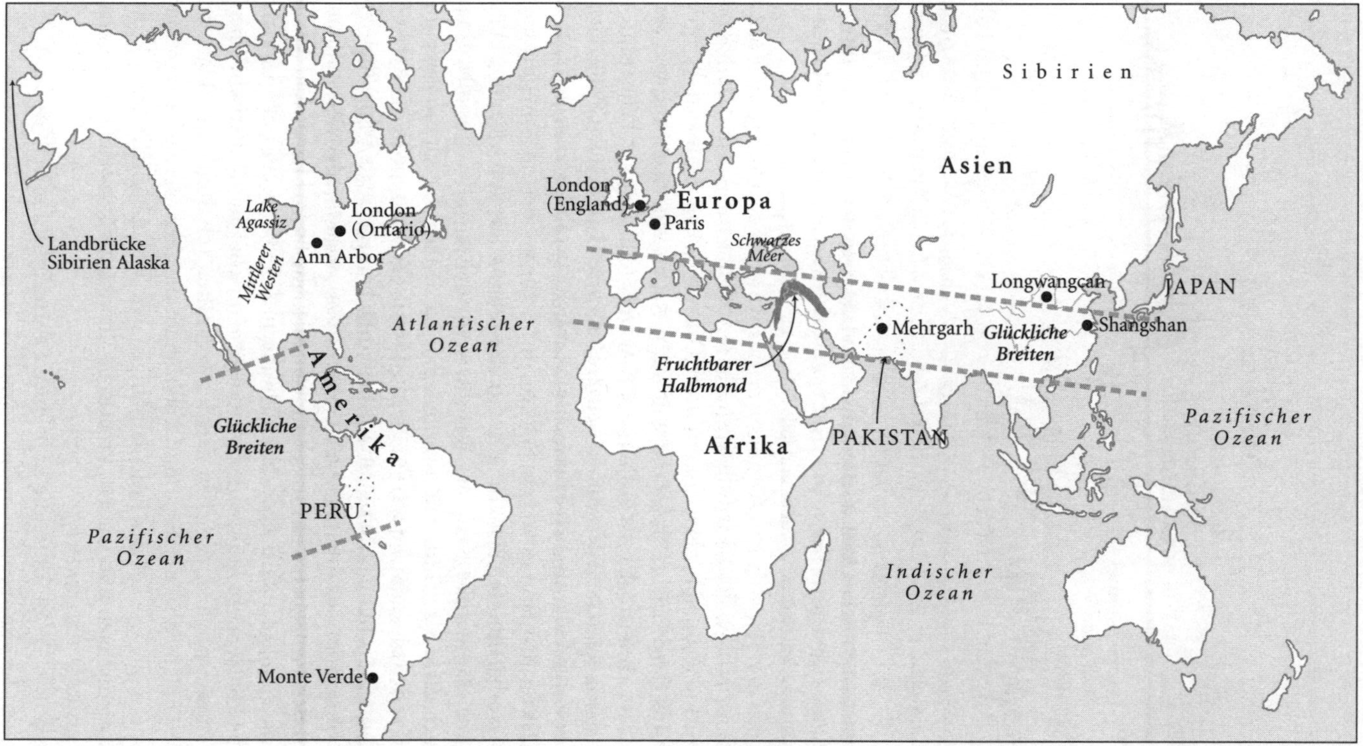

Abbildung 2.1: Das Gesamtbild

Die Veränderungen, die dieses Kapitel thematisiert, im globalen Überblick.

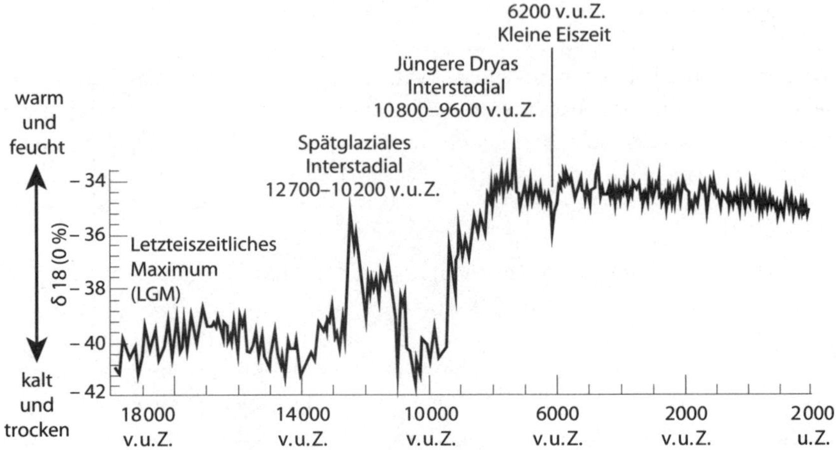

Abbildung 2.2: Ins Eis geschriebene Geschichte

Das Verhältnis zwischen Sauerstoffisotopen in den Luftblasen, die im arktischen Eis eingeschlossen wurden. Sie zeigen, wie das Klima in den letzten 20 000 Jahren zwischen warm & feucht und kalt & trocken schwankte.

Schritt, der zurück in die Kälte führte, spürbare zwei hin zur Wärme. Um 12 700 v. u. Z. wurde daraus ein Galopp: In nur einer Generation erwärmte sich die Erde um etwa drei Grad Celsius und war damit nur mehr um ein, zwei Grad von den Temperaturen entfernt, die wir aus unserer jüngeren Vergangenheit kennen.

Die Christen des Mittelalters haben sich das Universum gerne als »Große Kette des Seins« vorgestellt, als eine Hierarchie, von Gott herab bis zum geringsten Wurm. Der reiche Mann in seinem Schloss, der Arme vor dessen Tor – alle hatten ihren vorbestimmten Platz in einer zeitlos-unwandelbaren Ordnung. Wir können uns eine »Große Kette der Energien« vorstellen, sollten uns allerdings hüten, auch diese als zeitlos und unwandelbar zu denken. Gravitationsenergie strukturiert den Kosmos; sie war es, die die kosmische Ursuppe in Wasserstoff und Helium umgewandelt hat – und diese einfachen Elemente schließlich zu Sternen. Unsere Sonne arbeitet wie ein riesiger Fusionsreaktor, der Gravitationsenergie in elektromagnetische Energie umwandelt. Aus einem kleinen Teil davon machen die Pflanzen auf der Erde durch Photosynthese chemische Energie. Tiere fressen die Pflanzen, ihr Stoffwechsel wandelt chemische um in kinetische Energie. Das Zusammenspiel zwischen den Schwerkräften von Sonne und Planeten formt die Umlaufbahn der Erde und entscheidet darüber, wie viel elektromagnetische Energie wir auf der Erde empfangen, wie viel chemische Energie die Pflanzen produzieren und wie viel kinetische Energie die Tiere daraus machen. Und daraus folgt alles andere.

Um 12 700 v. u. Z. vollführte die Erde einen Sprung hinauf in der Großen Kette der Energie. Mehr Sonnenlicht bedeutete mehr Pflanzen, mehr Tiere, mehr Auswahl und Möglichkeiten für die Menschen, was ihre Nahrung, ihre Arbeit und ihre Reproduktion anbelangte. Jedes Individuum und jede kleine Gruppe – alle werden ihre Möglichkeiten auf eigene Weise kombiniert und genutzt haben. Insgesamt gesehen jedoch reagierten die Menschen auf den Aufwärtssprung in der Großen Energiekette nicht viel anders als die Pflanzen und Tiere, von denen sie lebten: Sie vermehrten sich. Auf jedes Menschenwesen, das um 18000 v. u. Z. gelebt hatte (möglicherweise eine halbe Million), kam um 10000 v. u. Z. ein ganzes Dutzend.

Welche Wirkung die globale Erwärmung auf die Menschen hatte, war abhängig davon, wo sie lebten. In der südlichen Hemisphäre milderten die großen Meere die Folgen des Klimawandels, doch im Norden kam es zu heftigen Gegensätzen. Für die Sammler in der Tiefebene, die dem Schwarzen Meer vorausging, war die Erwärmung eine Katastrophe; nicht viel besser erging es den Menschen in den Küstenebenen. Während der Eiszeit hatten sie in den reichsten Vorratskammern der damaligen Welt gelebt, doch eine wärmere Welt bedeutete einen steigenden Meeresspiegel. Jedes Jahr mussten sie sich weiter vor den Wellen zurückziehen, die ihre alten Jagdgründe überfluteten, bis diese schließlich völlig versunken waren.* Für die meisten Menschen der nördlichen Halbkugel jedoch war der Aufwärtssprung in der Energiekette ungetrübtes Glück. Sie konnten den Pflanzen und Tieren nach Norden folgen, in Regionen, die zuvor zu kalt gewesen waren, um sie zu ernähren. Gegen 13000 v. u. Z. (der genaue Zeitpunkt ist umstritten) hatten sich die Menschen in Amerika verbreitet, wohin bislang noch kein Affenmensch den Fuß gesetzt hatte. Um 11500 v. u. Z. erreichten sie die Südspitze des Kontinents, kletterten dessen Berge hinauf, drangen in die Regenwälder vor. Die Erde stand der Menschheit offen.

Der Garten Eden

Die größten Nutznießer der globalen Erwärmung lebten in einem Band, das »Glückliche Breiten« genannt wird; gemeint ist in der Alten Welt der Streifen zwischen dem 20. und 35. Grad nördlicher Breite, in der Neuen Welt zwischen

* Manche Vor- und Frühhistoriker glauben, dass in den eiszeitlichen Küstenebenen wunderbare Kulturen blühten, reicher noch als Atlantis, die nach 12700 v. u. Z. aber von den steigenden Meeren überflutet und vergessen wurden. Archäologen halten nicht viel von solchen Vorstellungen, nicht weil sie die Wahrheit nicht wissen wollen, sondern weil jene schlicht unplausibel sind. Von allem anderen einmal abgesehen: Hätte es diese Kulturen tatsächlich gegeben, müssten wir davon ausgehen, dass niemand aus den landeinwärts gelegenen Hochebenen (aus Gebieten also, die heute noch über Wasser liegen) jemals mit diesen verlorenen Städten Handel getrieben oder ihre Errungenschaften imitiert hätte. Denn trotz mehr als ein Jahrhundert währender Ausgrabungen ist kein einziges wundersames Artefakt aus den untergegangenen Kulturen aufgetaucht. Die Schleppnetze der Fischereiindustrie holen immer wieder eiszeitliche Steinwerkzeuge und Mammutknochen vom Meeresgrund an die Oberfläche, Artefakte dieser behaupteten Stadtkulturen aber verweigern sich hartnäckig dem Licht.

dem 15. Grad südlicher und 20. Grad nördlicher Breite. Pflanzen und Tiere, die es während der Eiszeit in diese gemäßigten Zonen getrieben hatte, vermehrten sich nach 12700 v. u. Z. gewaltig, insbesondere an beiden Enden Asiens (vgl. Abbildung 2.1), wo wilde Getreidearten – Vorläufer von Gerste, Weizen und Roggen in Südwestasien, von Reis und Hirse in Ostasien – große Samenkörner entwickelten, die Sammler zu Grütze kochen oder mahlen und zu Brot backen konnten. Sie mussten bloß warten, bis die Samen reif waren, die Körner herausschütteln und einsammeln. Experimente mit heutigem Wildgetreide in Südwestasien ergaben, dass man mit dieser Methode auf 10 000 Quadratmetern eine Tonne essbare Samen gewinnen kann; jede Kalorie Energie, die für die Ernte eingesetzt wurde, ergab eine Ausbeute von 50 Kalorien in der Nahrung. Es war die »Goldene Zeit der Wildbeuter« in diesen Weltgegenden.

Eiszeitliche Jäger und Sammler hatten die Landschaft in kleinen Gruppen durchstreift, denn die Nahrung war knapp; ihre Nachfahren konnten ihre Lebensweise nun ändern. Wie andere Tierarten mit großem Gehirn (Bienen etwa, Delphine, Papageien oder unsere nächsten Verwandten, die Affen) scheinen die Menschen instinktiv große Gruppen zu bilden. Wir sind gesellige Wesen.

Das mag damit zusammenhängen, dass Tiere mit großem Gehirn gescheit genug sind zu erkennen, dass sie in der Gruppe über mehr Augen und Ohren verfügen als ein Einzelwesen, und so früher auf ihre Fressfeinde aufmerksam werden. Es könnte allerdings, wie manche Evolutionstheoretiker behaupten, auch umgekehrt gewesen sein, und das Zusammenleben in Gruppen ging dem Wachstum des Gehirns voraus. Mit dem Zusammenleben habe begonnen, was der Hirnforscher Steven Pinker »kognitives Wettrüsten«[1] genannt hat* – ein Prozess, in dem die Tiere, die sich daran zu erinnern begannen, wer von ihresgleichen ihnen freundlich gesonnen war oder feindlich, wer mit ihnen teilte und wer nicht, solchen überlegen waren, deren Gehirn dazu nicht in der Lage war.

Wie auch immer, wir haben uns dazu entwickelt, Gesellschaft zu mögen, und unsere Vorfahren reagierten auf den Aufwärtssprung, den die Erde in der Energiekette vollführte, indem sie größere Gruppen bildeten. Um 12500 v. u. Z. war es in den Glücklichen Breiten nicht mehr selten, dass 40 oder 50 Menschen zusammen lebten; es wurden sogar Spuren von Gruppen gefunden, die über 100 Individuen zählten.

Während der Eiszeit bauten die Menschen in der Regel ein Lager, aßen die Pflanzen, jagten die Tiere, die sie im Umkreis finden konnten, zogen dann weiter zum nächsten Ort und so immer weiter. Bis heute singen wir Lieder vom Wandern, vom Umherziehen frei wie die Vögel, doch als es der Große Sprung in der Energiekette unseren Vorfahren ermöglichte, sich niederzulassen, fanden sie Haus und Herd wohl attraktiver. Menschen in China begannen bereits um 16 000 v. u. Z. damit, Tongefäße herzustellen (keine gute Idee, wenn man vorhat, alle

---

* Pinker selbst zieht die angedeuteten Schlussfolgerungen nicht.

paar Wochen weiterzuziehen). Im Hochland von Peru errichteten Sammler und Jäger um 11 000 v. u. Z. Wälle und Mauern – eine sinnlose Anstrengung für hochmobile Gruppen, aber vernünftig, wenn man vorhat, für Monate an einem Platz zu bleiben.

Die eindeutigsten Hinweise auf Gruppenbildung und beginnende Sesshaftigkeit stammen aus einer Gegend, die als Fruchtbarer Halbmond bekannt ist, aus dem Hügelland entlang der Flusstäler von Jordan, Euphrat und Tigris in Südwestasien. In diesem Kapitel werde ich vor allem über diese Region sprechen, in der Menschen die ersten Schritte unternahmen, die sie wegführten von den Lebensformen der Sammler und Jäger – und die zugleich die Wiege des Westens ist.

Die Fundstätte von Ain Mallaha im heutigen Israel (Abbildung 2.3; auch bekannt als Eynan) gibt das beste Beispiel für das Geschehen. Um 12 500 v. u. Z. baute dort ein heute namenloses Volk halb unterirdische Rundhäuser, gut neun Meter im Durchmesser; die Wände waren aus Kalkstein aufgesetzt, behauene Baumstämme trugen das Dach. Verbrannte Nahrungsreste zeigen, dass die Leute aus Ain Mallaha eine erstaunliche Vielfalt von Nüssen und Pflanzen sammelten, die zu unterschiedlichen Zeiten des Jahres reif waren, und diese in Gruben aufbewahrten, die sie mit Mörtel wasserdicht gemacht hatten. Steinmörser dienten zum Zerreiben der Früchte. Um die Siedlung verstreut fand man die Knochen von Rotwild, Füchsen, diversen Vogelarten und vor allem von Gazellen. Archäologen freuen sich, wenn sie Gazellenzähne finden, denn diese haben eine wunderbare Eigenschaft: Sie produzieren im Sommer und im Winter unterschiedlich gefärbten Zahnschmelz, und der erleichtert es festzustellen, wann die Tiere getötet wurden. In Ain Mallaha wurden Zähne beider Farben gefunden, woraus man wohl schließen kann, dass die Menschen das ganze Jahr über in dieser Siedlung lebten. Außerhalb des Fruchtbaren Halbmonds wurden keine Siedlungen dieser Art gefunden.

Wenn Menschen in größeren Gruppen sesshaft wurden, wird dies die Beziehungen zwischen ihnen und zu ihrer Umgebung verändert haben. Zuvor mussten sie ihrer Nahrung folgen, also ständig in Bewegung bleiben. Ganz sicher werden sie sich zu jedem Platz, an dem sie für eine Weile Rast machten, Geschichten erzählt haben: Das ist die Höhle, in der mein Vater starb; da drüben hat unser Sohn die Hütte niedergebrannt; an jener Quelle dort sprechen die Geister, und so weiter. Ain Mallaha jedoch war nicht einfach ein Ort unter anderen entlang eines Rundwegs – für die Menschen, die dort lebten, war es *der* Ort. Hier waren sie geboren worden, aufgewachsen, hier würden sie sterben. Statt die Toten irgendwo zurückzulassen, wohin sie vielleicht jahrelang nicht wieder kommen würden, begruben sie ihre Angehörigen nun zwischen ihren Häusern oder auch in diesen; sie verwurzelten auch die Vorfahren an diesem bestimmten Ort. Die Menschen investierten in ihre Häuser, bauten sie wieder und wieder um.

Sie begannen auch, sich über ihre Abfälle Gedanken zu machen. Die eiszeitlichen Sammler waren ziemlich unordentliche Leute gewesen, die ihre Nahrungs-

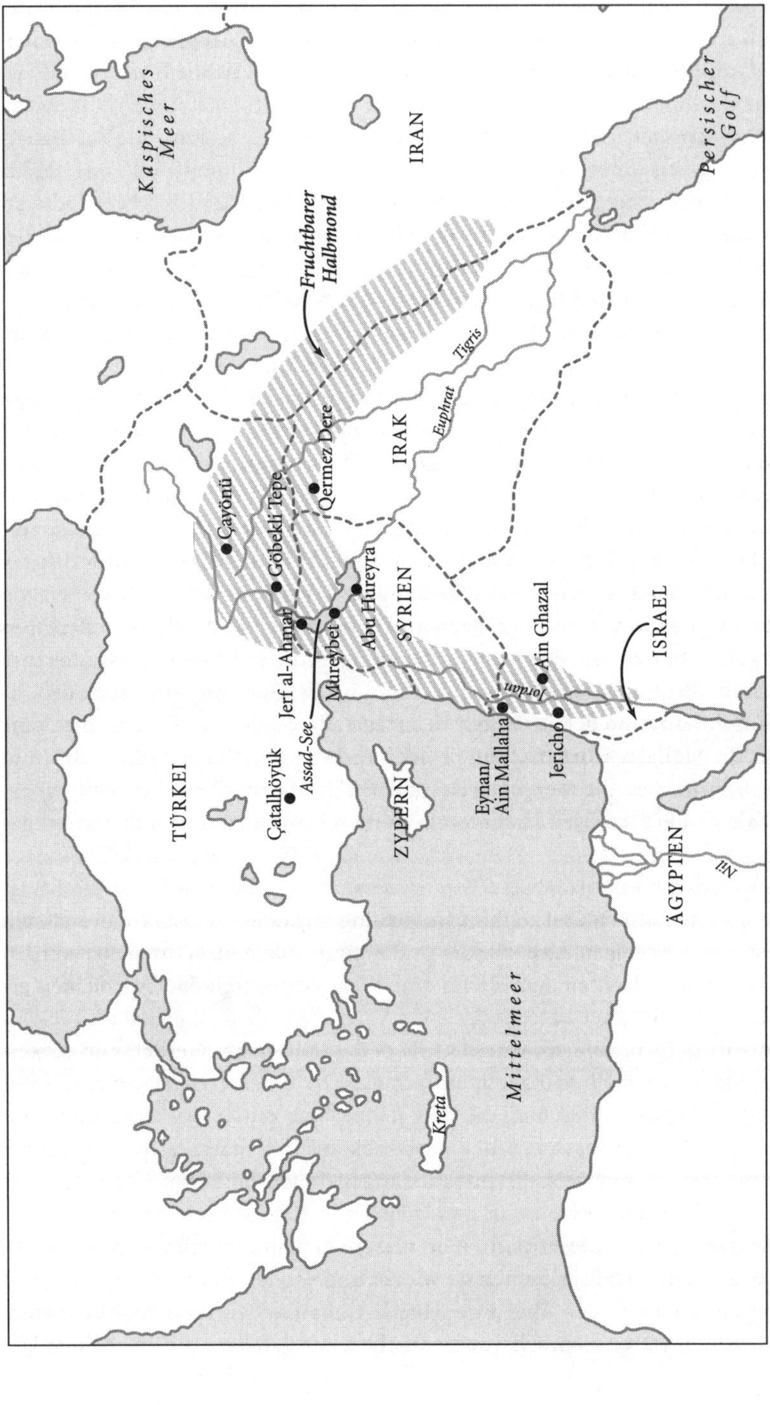

Abbildung 2.3: Die Wiege des Westens
Fundstätten im Fruchtbaren Halbmond, von denen dieses Kapitel handelt

reste einfach an ihren Lagerstätten verstreuten. Was sprach auch dagegen? Bis Maden kamen oder Aasfresser auftauchten, waren die Gruppen längst weitergezogen, auf der Suche nach neuen Nahrungsquellen. In Ain Mallaha war das etwas ganz anderes. Die Leute dort zogen nirgendwohin weiter, sie mussten mit ihren Abfällen leben. Die Ausgräber fanden Tausende von Ratten- und Mäuseknochen – Tiere, die es in der uns bekannten Form während der Eiszeit nicht gegeben hatte. Frühere Aasfresser hatten menschliche Abfälle in eine breitere Ernährungsstrategie einbauen müssen. Es war für sie nur ein angenehmes Zubrot, wenn Menschen Knochen oder Nüsse auf dem Boden einer Höhle zurückließen, doch jede Protoratte, die sich auf diese Nahrungsquelle spezialisiert hätte, wäre, bis sich die nächste Gruppe in der Höhle zeigte und für Nachschub sorgte, längst verhungert gewesen.

Dauersiedlungen dagegen veränderten die Lebensbedingungen für Nagetiere. Ununterbrochen waren köstlich duftende Müllhaufen erreichbar, und wenn Ratten und Mäuse klein blieben und heimlich umherhuschten, konnten sie den Menschen auf der Nase herumtanzen, hatten unter den neuen Verhältnissen bessere Chancen als große aggressive Exemplare, die sofort Aufmerksamkeit auf sich zogen. Innerhalb einiger Dutzend Generationen (ein Jahrhundert ist bereits ein großer Zeitraum, schließlich vermehren sich Mäuse eben wie Mäuse) verwandelten sich Nagetiere genetisch so, dass sie mit den Menschen zusammenleben konnten. Verstohlen umherschleichende, angepasste Schädlinge lösten ihre großen wilden Vorgänger so vollständig ab wie *Homo sapiens* die Neandertaler.

Die unfreiwillig domestizierten Nagetiere bedankten sich für das Geschenk des unablässigen Abfallnachschubs, indem sie ihre Eingeweide in die Nahrungsmittel- und Wasserspeicher entleerten und die Verbreitung von Krankheiten beschleunigten. Bald fanden Menschen Ratten aus eben diesem Grund unerträglich; manchen von uns sind sogar Mäuse unheimlich. Die unheimlichsten Aasfresser, die menschliche Abfälle ebenfalls unwiderstehlich fanden, waren allerdings Wölfe. Die meisten Menschen finden es unbehaglich, wenn furchterregende Monster – so wie in Jack Londons Roman *Ruf der Wildnis* – um ihre Behausungen schleichen, und so kamen auch hier, wie bei den Nagetieren, kleine und weniger bedrohliche Tiere besser zurecht.

Lange haben Archäologen vermutet, dass die Menschen Hunde aktiv domestiziert haben, indem sie Wolfswelpen zähmten, zu Haustieren machten und die zahmsten von ihnen miteinander kreuzten, um noch zahmere Welpen hervorzubringen, die Menschen fast so sehr lieben wie diese sich selbst und ihresgleichen. Doch wie jüngere Studien ergeben haben, war auch hier die natürliche Zuchtwahl am Werk, ohne viel bewusstes Zutun der Menschen. So brachte das Zusammenwirken von Wölfen, Abfällen und Menschen die Tiere hervor, die wir Hunde nennen. Sie konnten die Krankheiten übertragenden Nagetiere töten, die mit ihnen um Reste konkurrierten, konnten sogar mit den wirklichen Wölfen kämpfen und sich so ihren Platz als bester Freund des Mannes verdiene – und der Frau: Um

11 000 v. u. Z. wurde in Ain Mallaha eine ältere Frau so beigesetzt, dass eine ihrer Hände auf einem Welpen lag, beide waren zusammengerollt, als schliefen sie.*

Das tägliche Brot

Fortschritt, hat der Science-Fiction-Autor Robert Heinlein geschrieben, werde von »faulen Menschen« gemacht, die nach Wegen suchen, ihre Dinge leichter zu erledigen; in der Einleitung habe ich das weiter ausgesponnen zu einer allgemeinen soziologischen Theorie. Geschichte, habe ich gesagt, wird gemacht von faulen, gierigen, furchtsamen Menschen (die sich dessen, was sie tun, kaum bewusst sind), die versuchen, ihre Angelegenheiten immer einfacher, profitabler und sicherer zu regeln. Zum ersten Mal zeigte dieses Prinzip seine Wirkung im Fruchtbaren Halbmond gegen Ende der Eiszeit, und damit entstand eine eindeutig westliche Lebensweise, die eine höhere gesellschaftliche Entwicklung nach sich zog als in jedem anderen Teil der Welt.

Vermutlich können wir die Frauen dafür loben (oder tadeln). In den heutigen Jäger-Sammler-Gesellschaften erledigen vor allem Frauen das Sammeln von Pflanzen, während die Männer fürs Jagen zuständig sind. Wenn wir bedenken, dass die Gräber von Männern mehr Speer- und Pfeilspitzen enthalten, die von Frauen dagegen eher Mahlwerkzeuge, ist das wohl auch in vorgeschichtlichen Zeiten nicht anders gewesen. Dann aber wird sich die Antwort auf die Frage, der wir bislang vor allem nachgegangen sind – ab wann und von wo an wir von einer westlichen Lebensweise sprechen sollten, die sich von anderen definitiv unterscheidet –, wohl aus der Erfindungskraft der Frauen ergeben, die vor nahezu 15 000 Jahren im Fruchtbaren Halbmond gelebt haben.

Wildgetreide sind einjährige Pflanzen. Das heißt, in einer Saison wachsen sie, produzieren Samen und sterben ab, erst im nächsten Jahr werden aus den Samen neue Pflanzen. Wenn eine Pflanze reift, wird die Rhachis (die Hauptachse der Fruchtstände) schwächer, und eines nach dem anderen fallen die Samenkörner auf die Erde, wo ihre Schutzhaut zerplatzt und sie keimen können. Die einfachste Methode, mit der Sammler vor 15 000 Jahren solche Samen ernten konnten, bestand darin, die Pflanzen zu schütteln und die fast reifen Samen in einem Korb aufzufangen. Dabei gab es jedoch eine Schwierigkeit. Die Samen der unterschiedlichen Wildpflanzen wurden zu unterschiedlichen Zeiten reif, auch der jeweilige Standort spielte dabei eine Rolle. Kamen die Sammler zu spät an einen Standort, waren die meisten Samen bereits zu Boden gefallen, und hatten gekeimt, oder aber Vögel hatten sie gefressen. Kamen die Sammler zu früh, ließen sich die Samen noch nicht aus den Fruchtständen schütteln. In beiden Fällen war ein Großteil

* Eine berührende Szene – solange wir nicht danach fragen, wie es dazu kam, dass man den Welpen zur gleichen Zeit wie seine Herrin beerdigen konnte.

der Ernte verloren. Natürlich konnten die Sammler einen Standort wiederholt besuchen, dann aber blieb ihnen weniger Zeit, um an andere Plätze zu ziehen.

Wir wissen nicht, was hinter der entscheidenden Idee stand, ob Trägheit (der Unwille, von Standort zu Standort zu ziehen), Gier (der Wunsch, mehr zu ernten und zu essen) oder Furcht (vor Hunger oder davor, dass der eigenen eine andere Gruppe zuvorkommt) – irgendwer aber, wahrscheinlich eine Frau, wird den Einfall gehabt haben: Warum sollte man nicht die besten Samen aufheben und sie an einem fruchtbaren Ort aussähen? Dann, so wird sie weiter gedacht haben, könnten wir auch nach den Pflanzen schauen – die Erde umgraben, Unkraut ausziehen, die Pflanzen vielleicht sogar wässern – und uns darauf verlassen, dass die Pflanzen jedes Jahr wieder an diesem Ort auskeimen und vielleicht sogar höhere Erträge bringen werden. Das Leben wäre schön.

Auch der erste direkte Beleg hierfür kommt aus dem Fruchtbaren Halbmond, und indirekt haben wir das der Baath-Partei zu verdanken. Denn die Bathisten, besser bekannt als Saddam Husseins mörderische politische Bewegung im Irak, haben die Macht zunächst, nämlich 1963, im Nachbarland Syrien übernommen. Nachdem sie ihre Rivalen ausgelöscht hatten, wollten sie Syrien modernisieren. Ein damit verbundenes Großprojekt war der Bau eines Staudamms am Euphrat. So entstand der über 75 Kilometer lange Assad-Stausee, der noch heute den größten Teil des Stroms für Syrien liefert. Weil absehbar war, dass der Stausee das Herz des Fruchtbaren Halbmonds überfluten würde, startete das syrische Generaldirektorat der Altertümer eine internationale Kampagne, um die Siedlungsplätze zu untersuchen, die zerstört werden würden. 1971 erkundete ein britisches Team den Grabhügel von Abu Hureyra. Funde an der Oberfläche ließen erkennen, dass dort um 7000 v. u. Z. ein Dorf gestanden haben muss, was die Archäologen detailliert dokumentierten. In einem der gezogenen Gräben sah man, dass diese Siedlung auf den Ruinen einer älteren errichtet worden war, die auf 12 700 v. u. Z. zu datieren war.

Eine unglaubliche Chance, und die Ausgräber begannen einen Wettlauf mit der Zeit, denn das Wasser stieg; 1973 wurde daraus auch ein Kampf gegen den Krieg, denn die syrische Armee mobilisierte viele der Grabungsarbeiter für den Yom-Kippur-Krieg gegen Israel. Als die Fundstätte schließlich überflutet wurde, hatte das Team etwas mehr als 45 Quadratmeter der ältesten Siedlung ausgegraben: eine winzige Fläche, doch archäologisch eine der bedeutsamsten. Man fand die Überreste eingetiefter runder Holzhütten, Mahlsteine, Feuerstätten und tausende verkohlte Samen. Die meisten davon stammten von Wildgräsern, doch man fand auch eine Handvoll plumper, schwerer Roggenkörner.

Aus diesen Körnern war zu schließen, dass die Leute von Abu Hureyra Hacken nutzten, um den Boden zu bestellen. Sie warfen die Samen nicht einfach auf die Erde, sondern arbeiteten sie unter die Oberfläche. Und das verschaffte größeren Sämlingen, die besser in der Lage waren, dem Licht entgegen zu wachsen als kleinere Pflanzen, Vorteile. Hätten die prähistorischen Bauern einfach alles verzehrt, was sie ernteten, wäre dies ohne Bedeutung gewesen. Wenn sie aber Samen zurückbehielten, um sie im nächsten Jahr auszusäen, dann wären großkörnige Samen leicht überrepräsentiert gewesen. Zunächst dürfte der Unterschied wohl kaum bemerkt worden sein, aber als die Bauern dies oft genug wiederholt hatten, muss sich, weil die Durchschnittsgröße der Samenkörner langsam wuchs, ihre Vorstellung von »normal« nach und nach geändert haben. Archäobotaniker (sie studieren, was von alten Pflanzen blieb) nennen diese größeren Samen »kultiviert«[2], um sie von wilden Samen einerseits und von den vollends domestizierten Formen andererseits zu unterscheiden, die wir heute verzehren.

Um 11000 v.u.Z., als die Leute von Ain Mallaha die alte Frau und ihr Hündchen bestatteten, hatten die Bewohner von Abu Hureyra ihren Roggen so oft erneut ausgesät, dass er größere Körner trug. Selbst wenn dieser Unterschied zunächst eher gering gewesen sein mag, erwiesen sich diese Körner (um eines der schlechten Wortspiele von Archäologen aufzugreifen) als die Saat, aus dem der Westen wachsen sollte.

Das verlorene Paradies

Unbeeindruckt von Welpen und Roggen schmolzen einen halben Erdumfang entfernt die Gletscher noch immer. 100000 Jahre zuvor hatte ihr Vormarsch Nordamerika flach gescheuert und die riesigen Ebenen des Mittelwestens geformt; der Rückzug der Gletscher machte aus diesen zunehmend bewaldeten Ebenen eine sumpfige, mückengeplagte, unwirtliche Gegend. »Drunken woodland« nennen Ökologen das, denn der Boden ist so aufgeweicht, dass Bäume sich nicht aufrecht halten können. Felskämme und Eis, das noch nicht geschmolzen war, fingen das Tauwasser der Gletscher in riesigen Seen. Den größten davon haben Geologen Lake Agassiz (vgl. Abbildung 2.1) genannt, nach dem Schweizer Wissenschaftler, der in den 1830er Jahren als Erster erkannt hat, dass es so etwas wie eine weltweite Eiszeit gegeben haben muss. Um 10800 v.u.Z. bedeckte Lake Agassiz über 500000 Quadratkilometer der Western Plains, war also viermal größer als der Obere See unserer Tage. Da geschah, was geschehen musste: Steigende Temperaturen und steigende Wasserspiegel unterminierten den Eisriegel, der die Wassermassen im Lake Agassiz noch zurückhielt.

Nachdem dieser Damm gebrochen war, folgte eine endlos lange Überschwemmung. In *The Day After Tomorrow*, diesem so eindrucksvoll unplausiblen Film, spielt Dennis Quaid den Wissenschaftler Jack Hall – im Film wohl der Einzige, der erkannt hat, dass die globale Erwärmung über kurz oder lang die Eiskappen wird schmelzen lassen. Der Mann wird ins Weiße Haus bestellt, er erklärt dem Präsidenten, dass ein Supersturm für Temperaturen von minus 100 Grad sorgen und auch den Golfstrom abschalten werde, der die Küsten Nordeuropas mit tropischem Wasser umspült, weswegen in London an der Themse nicht das gleiche

Klima herrscht wie in London in Ontario. Eine neue Eiszeit werde der Supersturm auslösen, den größten Teil Nordamerikas unbewohnbar machen. Wie nicht anders zu erwarten, bleibt der Präsident skeptisch. Nichts geschieht. Stunden später bricht der Sturm los, und Halls Sohn sitzt in New York fest. Es folgen die üblichen Heldentaten.

Ich möchte den Plot nicht vollends verderben, indem ich das Ende des Films verrate, nur so viel sagen, dass Lake Agassiz den Golfstrom tatsächlich ausgeschaltet hat, woraufhin sich die Dinge um 10 800 v. u. Z. allerdings etwas anders entwickelt haben als im Film. Es gab keinen Supersturm, doch die Welt glitt für 1200 Jahre – so lange, wie sich der See in den Atlantik ergoss – in eiszeitliche Bedingungen zurück. (Geologen nennen die Periode von 10 800 bis 9600 v. u. Z. das Jüngere Dryas, nach dem botanischen Namen der Weißen Silberwurz, einer Pflanze, die damals in allen Torfmooren verbreitet war.) Die wilden Graspflanzen, die die Dauersiedlungen im Fruchtbaren Halbmond ernährt und uns Mäuse und Hunde beschert hatten, wuchsen nun kleiner und trugen auch weniger und kleinere Samenkörner.*

Die Menschen waren verstoßen worden aus dem Garten Eden. Sie mussten die ganzjährigen Siedlungen aufgeben, sich wieder in kleinere Gruppen aufteilen und erneut ihre Wanderungen durch das Hügelland aufnehmen, stets auf der Suche nach der nächsten Mahlzeit – sie lebten also nicht viel anders als ihre Vorfahren in den kältesten Etappen der Eiszeit. Knochenfunde aus dem Fruchtbaren Halbmond zeigen, dass um 10 500 v. u. Z. auch die Gazellen weniger wurden, ein Zeichen dafür, dass die Menschen die Bestände überjagt hatten. Außerdem weist der Schmelz menschlicher Zähne nun Grate auf, die dafür sprechen, dass Menschenkinder zu dieser Zeit chronisch unterernährt waren.

Und es ereignete sich noch eine weitere Katastrophe von ähnlichem Ausmaß. Wieder müssen wir, um eine anschauliche Parallele zu finden, auf Science-Fiction zurückgreifen. 1941 hat Isaac Asimov, damals am Anfang seiner Karriere, im Magazin *Astounding Science Fiction* die Kurzgeschichte *Und Finsternis wird kommen…* veröffentlicht, die er auf Lagash spielen ließ, einem Planeten mit sechs Sonnen. Wohin die Lagashianer auch gehen, mindestens eine Sonne scheint ihnen immer, und es ist stets Tag auf ihrem Planeten – mit Ausnahme jenes einen, alle 2049 Jahre wiederkehrenden Tages, an dem die Sonnen sich so aufreihen, dass der vorüberziehende Mond sie alle auf einmal verdecken und eine totale Sonnenfinsternis erzeugen kann. Der Himmel wird schwarz, plötzlich sieht man die Sterne.

* Manche Archäologen erzählen diese Geschichte anders. Ihrer Meinung nach können kleine Perlen aus Glas, Kohlenstoff und Iridium, die an einigen Grabungsstätten in Nordamerika gefunden wurden und etwa 11 000 Jahre alt sind, nur durch große Hitze entstanden sein – bei Temperaturen, die herrschen würden, wenn der Staubschweif eines Kometen die Erde berühren würde. Diese Archäologen zeichnen ein Bild nicht des schrittweisen Abschmelzens der Gletscher, sondern einer plötzlichen Explosion am Nordpol, die den Golfstrom abschaltete. Doch nicht einmal das hätte den Supersturm aus *The Day after Tomorrow* ausgelöst.

Die verstörte Bevölkerung läuft Amok: Am Ende der Sonnenfinsternis haben die Lagashianer ihre gesamte Zivilisation zerstört und sich selbst in den Zustand der Barbarei zurückversetzt. In den nun folgenden 2049 Jahren bauen sie ihre Kultur langsam wieder auf, bis sich die Nacht erneut über ihren Planeten senkt und der ganze Prozess von vorne beginnt.

Jüngeres Dryas – das klingt wie *Lagash revisited*: Die Umlaufbahn der Erde erzeugt ein wildes Hin und Her zwischen Frost- und Tauwetter, was im Abstand von einigen Jahrtausenden zu Katastrophen wie dem Auslaufen des Lake Agassiz führt und damit wohl auch zum völligen Neuanfang der Geschichte. Doch Asimovs *Und Finsternis wird kommen …* mag eine großartige Erzählung sein (die Science Fiction Writers of America wählten sie gar zur besten Science-Fiction-Geschichte aller Zeiten), ein gutes Beispiel für historisches Denken liefert sie nicht. Denn in der wirklichen Welt konnte selbst eine Periode wie das Jüngere Dryas nicht immer wieder zum historischen Nullpunkt zurückführen wie auf Lagash. Wir sollten besser Heraklit folgen, der 2500 Jahre bevor sich Asimov ans Schreiben setzte festhielt, dass man nie zweimal in denselben Fluss steigen könne.[3] Es ist ein berühmtes Paradox. Die Wirbel, die man beim ersten In-den-Fluss-Steigen erzeugt hat, sind längst ins Meer geflossen, wenn man sich das zweite Mal hineinwirft; der Fluss ist tatsächlich nicht mehr derselbe.

In diesem Sinn kann man auch die gleiche Eiszeit nicht zweimal erleben. Die Gesellschaften im Fruchtbaren Halbmond waren, als um 10 800 v. u. Z. die Dämme des Lake Agassiz brachen, nicht mehr die gleichen wie die während der früheren Eiszeiten. Anders als Asimovs Lagashianer drehten die Erdlinge auch nicht durch, als die Natur ihre Welt durcheinanderbrachte. Vielmehr nutzten sie die einzigartige menschliche Fähigkeit ihrer Erfindungsgabe, und bauten auf dem auf, was sie bereits erreicht hatten. Das Jüngere Dryas hat die Uhr nicht zurückgedreht. Keine Epoche hat das getan.

Einige Archäologen behaupten gar, das Jüngere Dryas habe, im Gegensatz zur Sonnenfinsternis in Asimovs Geschichte, die Neuerungen noch beschleunigt. Wie bei allen wissenschaftlichen Methoden muss man auch bei der Datierung der ersten kultivierten Roggenarten aus Abu Hureyra mit einer in der Sache liegenden Fehlerspanne rechnen, worauf die Ausgräber der Stätte selbst hinweisen. Die bereits erwähnten 11 000 Jahre v. u. Z. sind nur die Mitte eines Zeitraums, in dem die großen Roggenkörner auftauchen, und dieses Datum liegt vor Beginn des Jüngeren Dryas. Doch könnte der Zeitpunkt auch 500 Jahre später liegen und damit bereits in die Katastrophenzeit fallen. Vielleicht haben weder Trägheit noch Gier die Frauen von Abu Hureyra dazu gebracht, sich intensiver um den Roggen zu kümmern, vielleicht war es allein die Furcht. Als die Temperaturen fielen und die wild wachsenden Futterpflanzen weniger wurden, könnten die Frauen von Abu Hureyra experimentiert und herausgefunden haben, dass sich mit entsprechender Sorgfalt mehr und größere Samen erzielen ließen. Einerseits wird das kalte trockene Wetter den Anbau von Getreide erschwert, andererseits aber auch alle Anstrengungen verstärkt haben, eben das zu tun. Einige Archäologen stellen sich vor, dass die Wildbeuter des Jüngeren Dryas Säcke voller Samen herumschleppten, die sie an aussichtsreich erscheinenden Stellen ausstreuten – als Versicherung gegen eine Natur, die sie immer mehr im Stich ließ.

Weitere Grabungen werden zeigen, ob es sich tatsächlich so verhielt. Inzwischen wissen wir immerhin, dass nicht alle Populationen des Fruchtbaren Halbmonds auf die Klimakatastrophe reagierten, indem sie wieder auf Wanderschaft gingen. In Mureybet, flussaufwärts von Abu Hureyra gelegen, haben französische Ausgräber eine neue Siedlung gefunden, die um 10 000 v. u. Z. entstanden ist. Sie konnten nur 2,5 Quadratmeter der ältesten Schichten freilegen, dann überflutete der Assad-Stausee auch diese Stätte; doch schon anhand dieser Funde ließ sich zeigen, dass die Dorfleute genügend Wildpflanzen und Gazellen zusammenbrachten, um das ganze Jahr hindurch an Ort und Stelle bleiben zu können. In einem Haus, das die Archäologen zwischen 10 000 und 9500 v. u. Z. datieren, gelang ihnen ein überraschender Fund: In einer Tonschicht waren die Hörner eines wilden Auerochsen eingebettet, des grimmigen, 1,80 Meter hohen Vorfahren heutiger Stiere, dazu die Schulterblätter zweier weiterer Exemplare.

Keine Fundstätte aus Zeiten vor dem Jüngeren Dryas hat derart Erstaunliches preisgegeben. In Grabungshorizonten, die jünger sind als 10 000 v. u. Z., häufen sich die Überraschungen. So zum Beispiel in Qermez Dere im Nordirak, das 1986 bei Planierarbeiten freigelegt wurde. Nur zwei kleine Notgrabungen konnten niedergebracht werden, eine davon traf auf ein Areal, das der Zubereitung von Wildnahrung gedient hatte, ganz ähnlich der, die aus Ain Mallaha oder Abu Hureyra bekannt ist. Der andere Graben dagegen erbrachte keine Hinweise auf häusliche Aktivitäten, offenbarte stattdessen aber eine Folge rundlicher Kammern mit einem Durchmesser zwischen 3,60 und 4,50 Metern, die etwa 1,50 Meter tief in die damalige Erdoberfläche eingelassen worden waren. Die erste Kammer war gepflastert, auf dem Boden standen vier Säulen in einer Reihe so dicht beieinander, dass man sich in diesem Raum nur schwer hätte bewegen können. Eine der Säulen war noch intakt: ein Steinkern, der mit Lehm und Gips so überformt war, dass er sich verjüngte und an der Spitze seltsame Ausbuchtungen zeigte – das Ganze wirkt wie ein stilisierter menschlicher Torso mit Schultern. Der Raum war, wohl absichtlich, mit einigen Tonnen Erde gefüllt worden, die Gruppen großer Tierknochen sowie Steinperlen und andere ungewöhnliche Objekte enthielt. Dann war ein neuer Raum gegraben worden, ganz so wie der erste und am fast gleichen Ort. Auch dieser wurde gepflastert und anschließend mit Tonnen von Erde gefüllt. Und noch ein dritter Raum wurde gegraben, gepflastert und verfüllt. Nachdem die Erbauer ein paar Körbe Erde in diese letzte Kammer geleert hatten, legten sie kurz über dem Boden sechs menschliche Schädel ohne Unterkieferknochen ab. Die Schädel waren in miserablem Zustand; es sah aus, als seien sie lange Zeit hin und her getragen worden, bevor sie hier bestattet wurden.

Was nur haben diese Leute getan? Es ist unter uns Archäologen ein stehender Witz, alle Grabungsfunde, auf die wir uns keinen rechten Reim machen können, zu etwas Religiösem zu erklären. (Ich habe gerade die Ausgrabung einer Stätte auf Sizilien abgeschlossen, von der ich tatsächlich annehme, dass sie religiöse Bedeutung hat; darum muss ich bekennen, dass ich diesen Witz nicht mehr wirklich lustig finde.) Natürlich können wir untergegangene Religionen nicht ausgraben, das aber heißt nicht, dass sich Archäologen die Dinge einfach zurechtlegen, wenn sie über prähistorische Religionen sprechen.

Wenn wir von einer einigermaßen vernünftigen Definition von Religion ausgehen – wenn wir also etwa sagen, Religion sei der Glaube an mächtige, übernatürliche, normalerweise unsichtbare Wesen, die sich um die Menschen kümmern, aber auch erwarten, dass die Menschen sich ihrerseits um sie kümmern* –, dann sind wir wohl auch in der Lage, Relikte von Ritualen (von rituellen Einrichtungen), mittels derer Menschen mit einer göttlichen Welt kommuniziert haben, als solche zu erkennen. Was nicht heißen muss, dass wir sie auch verstehen oder deuten können.

Rituale sind bekanntlich kulturspezifisch. Abhängig davon, in welcher Zeit und Gegend man sich befindet, kann es sein, dass die Übermächtigen einem nur dann zuhören, wenn man das Blut einer lebenden weißen Ziege über die rechte Flanke dieses einen bestimmten Steins rinnen lässt; oder nur dann, wenn man die Schuhe auszieht und sich zum Gebet in einer bestimmten Himmelsrichtung niederkniet; oder wenn man seine Missetaten einem schwarz gekleideten Mann erzählt, der keinen Geschlechtsverkehr hat. Und so weiter, die Liste ist endlos. Doch trotz ihrer wundersamen Vielfalt haben Rituale gewisse Züge gemeinsam. Viele verlangen bestimmte Orte (Berggipfel, Höhlen, ungewöhnliche Bauwerke), Objekte (Bilder, Statuen, wertvolle oder fremde Güter), Bewegungen (Prozessionen, Pilgerreisen), Kleidung (von äußerst förmlich bis völlig zerlumpt). Das alles sind Mittel zur Verstärkung des Empfindens, nun den Bereich des Alltäglichen zu verlassen. Auch das Feiern von Festen, häufig mit ganz besonderem Essen, dient diesem Zweck, ebenso das Fasten, mit dem man sich in einen anderen Bewusstseinszustand versetzen kann. Schlafentzug, Schmerzen, repetitives Singen oder Tanzen oder auch (am beliebtesten) die Einnahme von Drogen – alles wirkt in die gleiche Richtung und kann wirklich fromme Menschen in Trance, Verzückung versetzen, sie »sehend« machen.

Die beschriebenen Fundstätten haben eine Menge davon: merkwürdige Räume halb unter der Erde, menschenähnliche Säulen, kieferlose Schädel – und selbst wenn in der Religionsarchäologie alles spekulativ ist, ich finde es schwer, jene Stätten nicht als religiöse Antworten auf das Jüngere Dryas zu sehen. Die Welt erstarrte im Frost, Pflanzen starben ab, die Gazellen zogen davon – was wäre in

* Diese Definition trifft auf so viele Gesellschaften zu, dass einige Evolutionspsychologen davon ausgehen, dass Religion im menschlichen Gehirn einprogrammiert ist.

einer solchen Situation naheliegender, als Götter, Geister oder Ahnen um Hilfe zu bitten? Was läge näher, als bestimmte Menschen auszuwählen und besondere Orte zu schaffen, um die Verständigung mit den übernatürlichen Wesen zu erleichtern? Der Schrein in Qermez Dere wirkt wie ein Verstärker, der die Lautstärke des Hilferufs erhöht.

Als sich dann, gegen Ende des Jüngeren Dryas, um etwa 9600 v. u. Z. die Welt wieder erwärmte, war der Fruchtbare Halbmond nicht mehr die Gegend, die er 3000 Jahre zuvor am Ende der Haupteiszeit gewesen war, als die Welt schon einmal wärmer geworden war. Auch globale Erwärmung trifft nicht zweimal auf die gleiche Gesellschaft. Fundstätten aus früheren Wärmeperioden wie Ain Mallaha vermitteln den Eindruck, als hätten die Menschen die Wohltaten der Natur gerne und unbedenklich angenommen. In den Siedlungen jedoch, wie sie nach 9600 v. u. Z. im Fruchtbaren Halbmond aus dem Boden schossen, steckten die Menschen beträchtliche Ressourcen in religiöse Anlagen und Aktivitäten. Viele der nach 9600 v. u. Z. entstandenen Ansiedlungen enthalten Zeugnisse dafür, dass es mit Schädeln von Menschen oder Auerochen eine besondere Bewandtnis gehabt haben muss. Zu einigen der Siedlungen gehören große unterirdische Kammern, die wie gemeinschaftlich genutzte Schreine wirken. Im syrischen Jerf al-Ahmar, das nun wie viele andere Stätten unter den Wassern des Assad-Stausees vor sich hin schlummert, fanden französische Archäologen zehn Häuser, die eine Vielzahl von Räumen aufwiesen und um eine unterirdische Kammer gruppiert waren. Ein Menschenschädel lag auf einer Bank, in der Mitte des Raumes saß ein Skelett ohne Kopf. Ein beunruhigender Fund, der eigentlich nur mit Menschenopfern zu tun haben kann.

Die spektakulärste dieser Siedlungen ist Göbekli Tepe, das zusammengedrängt auf einem Berggipfel liegt und einen die Gegend beherrschenden Blick bietet, weit über den Südosten der Türkei. Seit 1995 haben deutsche und türkische Ausgräber dort vier versunkene Kammern freigelegt, bis zu drei Meter tief und mit einem Durchmesser bis zu neun Metern; die Stätte wird auf 9000 v. u. Z., wenn nicht sogar früher, datiert. Wie die kleineren älteren Kammern in Qermez Dere waren auch diese absichtlich verfüllt worden. In jeder befanden sich T-förmige Steinsäulen, manche über zwei Meter hoch und mit eingeritzten Tieren geschmückt. Geomagnetischen Messungen zufolge gibt es dort 15 weitere, bislang nicht ausgegrabene Kammern. Insgesamt gehören zu dieser Stätte wohl 200 Steinsäulen, viele sind über acht Tonnen schwer. Eine sechs Meter lange Säule, die unvollendet in einem Steinbruch entdeckt wurde, wog alleine 50 Tonnen.

Die Menschen, die das zustande brachten, hatten Feuersteinwerkzeuge, mehr nicht. Warum gerade dieser Berggipfel heilig war, werden wir wohl nie herausfinden, doch die Anlage wirkt wie ein regionales Heiligtum. Vielleicht war es ein Ort, an dem sich Hunderte von Menschen gleichzeitig und über Wochen zu bestimmten Feiern versammelten, die Säulen meißelten, diese in die Kammern zogen und dort aufstellten. Eines scheint jedoch gewiss zu sein: Nie zuvor in der Geschichte hatte eine so große Gruppe zusammengearbeitet.

Menschen waren keine passiven Opfer des Klimawandels. Sie nutzten ihre Erfindungskraft, arbeiteten, um Götter und Ahnen im Kampf gegen die widrigen Umstände auf ihre Seite zu ziehen. Und selbst wenn heute viele von uns bezweifeln, dass Götter und Ahnen tatsächlich existieren, die Rituale könnten gleichwohl positive Folgen gehabt haben, nicht zuletzt als Mittel sozialer Bindung. Menschen, die ernsthaft daran glaubten, dass aufwändige Rituale in reich ausgestatteten Heiligtümern die Hilfe der Götter sichern könnten, werden zusammengehalten und nicht so leicht aufgegeben haben, so hart die Zeiten auch wurden.

Um 10 000 v. u. Z. hat der Fruchtbare Halbmond den Rest der Welt wohl weit übertroffen. Fast überall sonst zogen die Menschen noch immer zwischen Höhlen und Lagerplätzen hin und her, Plätzen wie dem, der seit 2004 in Longwangcan in China ausgegraben wird. Die einzigen Spuren, die dort von menschlichen Aktivitäten blieben, sind kleine Kreise gebrannter Erde, die von Lagerfeuern stammen. Ein zerschlagener Ölschiefer könnte ein einfacher Steinspaten gewesen sein, vielleicht ein Hinweis, dass die Kultivierung von Getreide begonnen hatte, doch nichts dort gleicht den ergiebigen Roggenkörnern von Abu Hureyra oder gar den Monumenten in Mureybet oder Qermez Dere. Das in beiden Amerikas einzig ernstzunehmende Bauwerk ist eine kleine Hütte aus gebogenen Baumschösslingen, über die Häute gespannt waren; gründliche Ausgräber haben sie im chilenischen Monte Verde entdeckt. In ganz Indien dagegen haben Archäologen nicht einmal eine solche Hütte finden können, die einzigen Zeugen menschlicher Aktivitäten hier sind verstreute Steinwerkzeuge.

Eine spezifisch westliche Welt nahm Gestalt an.

Das verwandelte Paradies

Um 9600 v. u. Z. erwärmte sich die Erde erneut, und diesmal wussten die Leute aus dem Fruchtbaren Halbmond bereits, wie man aus Graspflanzen das meiste herausholen kann. Rasch (zumindest nach Maßstäben der Vorzeit) nahmen sie deren Kultivierung wieder auf. Um 9300 v. u. Z. fielen die Saaten von Weizen und Gerste aus dem Jordan-Tal deutlich größer aus als die ihrer wilden Varianten, und die Menschen waren dabei, Feigenbäume zu veredeln, um deren Erträge zu verbessern. Im Jordan-Tal fanden sich auch die weltweit ältesten bekannten Kornspeicher, jeweils drei Meter breite und hohe Kammern, um 9000 v. u. Z. aus Lehm errichtet. Damals war in zumindest sieben Gebieten des Fruchtbaren Halbmonds die Kultivierung im Gange, vom heutigen Israel bis in den Südosten der Türkei; um 8500 v. u. Z. dann war großkörniges Getreide in der gesamten Region normaler Standard.

Legt man moderne Maßstäbe an, vollzog sich der Wandel langsam, aber in den nächsten 1000 Jahren war er doch ausgeprägt genug, dass sich der Fruchtbare Halbmond zunehmend von jedem anderen Weltteil unterschied. Ohne es zu wissen, sorgten seine Bewohner über Generationen hinweg dafür, Pflanzen genetisch zu verändern und dadurch vollständig domestizierte Getreidesorten heranzuziehen, die sich ohne menschliches Zutun nicht mehr vermehren konnten. Wie die Hunde brauchten auch diese Pflanzen uns Menschen ebenso sehr wie wir sie.

Pflanzen, nicht anders als Tiere, durchlaufen Evolutionsprozesse, weil es zu zufälligen Mutationen kommt, wenn die DNA von einer Generation zur nächsten weitergegeben, also kopiert wird. Immer mal wieder erhöht eine solche Mutation die Reproduktionschancen einer Pflanze. Und das gilt vor allem dann, wenn sich gleichzeitig auch die Umwelt ändert. Dies war etwa der Fall, als dauerhafte Siedlungen Nischen schufen, in denen kleine zahme Wölfe gegenüber großen wilden im Vorteil waren. Oder dann, wenn Kultivierung die Reproduktionschancen großer Sämlinge erhöhte. Wie bereits dargestellt, reproduzieren sich wilde Getreidepflanzen, indem jedes Samenkorn reift und zu seiner Zeit zu Boden fällt, woraufhin die Hülle platzt und der Samen keimen kann. Wenn nun einige Pflanzen – nur eine unter ein bis zwei Millionen normaler Pflanzen – eine zufällige Mutation durchlaufen haben, die den Fruchtstand, der die Samen mit der Pflanze verbindet, und die Samenhaut, die den Samen schützt, stärkt, dann fallen deren Samen nach der Reifung nicht zu Boden und die Samenhülle kann nicht aufplatzen. Diese Samen verlangen geradezu nach jemandem, der oder die zum Ernten kommt und die Körner einsammelt. Bevor es solche Erntehelfer gab, sind die mutierten Pflanzen jedes Jahr ausgestorben, denn ihre Samen gelangten nicht auf die Erde, keimten nicht – die Mutation brachte also einen Nachteil mit sich. Das Gleiche geschah, so lange die Menschen die Pflanzen nur schüttelten und die Samen auffingen. Auch dann fielen die mutierten Samen nicht auf den Boden, und die Pflanze starb aus.

Was musste geschehen, um diese Situation zu ändern? Archäobotaniker streiten leidenschaftlich darüber. Am wahrscheinlichsten ist wohl, dass die gute alte Gier mit von der Partie war. Nachdem sie ihre Energie in Hacken, Jäten und Bewässern der besten Standorte für Graspflanzen investiert hatten, könnte den Frauen (wir nehmen an, dass sie es waren) der Gedanke gekommen sein, aus ihren Pflanzen auch noch das letzte bisschen Nahrung herauszuholen. Sie werden also nicht nur einmal, sondern mehrfach gekommen sein, um die Fruchtstände der Grasbüschel auszuschütteln – und hätten dabei gewiss bemerkt, dass einige widerspenstige Pflanzen ihre Samen einfach nicht losließen: nämlich die Mutanten mit der widerstandsfähigen Rhachis. Was hätte dann näher gelegen, als die widerständigen Stiele auszurupfen und die ganze Pflanze mit nach Hause zu nehmen? Die Stiele von Weizen und Gerste wiegen nicht viel, und ich bin mir ziemlich sicher, wie zumindest ich auf Getreidepflanzen reagiert hätte, die ihre Samen nicht rausrücken wollten.

Wenn die Frauen nun eine zufällige Auswahl der nach Hause gebrachten Saaten wieder ausstreuten, dann brachten sie mit den normalen auch mutierte Samen aus; womöglich waren die Samen mutierter Pflanzen sogar leicht in der Überzahl, weil zumindest einige Samen normaler Pflanzen bereits aus den Fruchtständen gefallen und damit verloren gegangen wären. Jedes Jahr, in dem die Frauen ihre Saat ausbrachten, müssen sie so an ihren kultivierten Standorten den Anteil der Mutanten leicht vergrößert haben. Auch das war natürlich ein lähmend langsamer Prozess, der den Beteiligten zudem verborgen blieb, und doch setzte er eine evolutionäre Spirale in Gang, die nicht weniger dramatische Folgen hatte als das, was den Mäusen in den Abfallgruben widerfuhr. Innerhalb von einigen Jahrtausenden wartete pro Feld mit einer oder zwei Millionen nicht mehr nur eine Pflanze auf den erntenden Menschen, sondern so gut wie alle. Denn inzwischen waren alle Pflanzen genetisch modifiziert. Die ausgegrabenen Siedlungsstätten zeigen, dass noch um 8500 v. u. Z. die Funde von vollständig domestiziertem Getreide wie Weizen oder Gerste kaum der Rede wert sind. In den Stätten des Fruchtbaren Halbmonds aus der Zeit um 8000 dagegen weisen bereits fast die Hälfte der Fruchtstände feste Rhachis auf. Sie haben offensichtlich nur darauf gewartet, von Menschen geerntet zu werden, um sich reproduzieren zu können. Und um 7500 v. u. Z. sind es so gut wie alle.

Bequemlichkeit, Gier und Furcht sorgten immer wieder für Verbesserungen. Die Menschen entdeckten, dass es dem Boden gut tut, wenn sie das eine Jahr Getreide, das nächste proteinreiche Bohnen pflanzten, zudem sorgte das für Abwechslung auf dem Speiseplan. Mit diesem Verfahren domestizierten sie Linsen und Kichererbsen. Das Zerstoßen von Weizen und Hafer auf groben Mahlsteinen ließ Steingries ins Brot gelangen, was die Zähne der Menschen zu Stümpfen abschliff – also versuchten sie Verunreinigungen aus dem Mehl herauszusieben. Außerdem fanden sie heraus, dass sich Getreide auch auf andere Art zubereiten ließ. Sie mussten nur Ton zu wasserfesten Kochtöpfen brennen. Sofern es zulässig ist, Analogien zu heutigen Ackerbauern herzustellen, dann waren für die meisten dieser Neuerungen Frauen verantwortlich. Sie waren es auch, die Leinen zu Kleiderstoffen webten – Häute und Pelze hatten ausgedient.

Während Frauen Pflanzen kultivierten, kümmerten sich Männer (wahrscheinlich) um die Tiere. Um 8000 v. u. Z. gelang es Hirten im heutigen Westiran, ihre Ziegen so effektiv zu bewirtschaften, dass sich größere, ruhigere Rassen entwickelten. Noch vor 7000 v. u. Z. hatten Hirten den wilden Auerochsen in die sanften Rinder verwandelt, die wir heute kennen, und sie zähmten wilde Schweine. In den nächsten Jahrtausenden lernten sie, nicht alle Tiere noch als Jungtiere zu schlachten und zu verzehren, sondern sie aufwachsen, Milch und Wolle produzieren zu lassen – und, die nützlichste Neuerung, sie auch vor Radkarren zu spannen.* Zuvor hieß Transport stets, sich die Dinge selbst aufzupacken und sie zu tragen. Ein Rind im Geschirr aber entwickelt etwa die dreifache Zugkraft

* Das klingt, als sei dies ganz selbstverständlich, ist aber viel komplizierter, als es nun, vom Ende her, aussehen mag. Man musste den Tieren ein Joch so anlegen, dass es sie beim Ziehen nicht stranguliert und sie doch unter der Kontrolle des Wagenlenkers bleiben.

eines Mannes. Um 4000 v. u. Z. konvergierte die Domestizierung von Pflanzen und Tieren in die Entwicklung eines von Rindern gezogenen Pfluges. Und die Menschen hörten nicht auf, zu basteln und zu experimentieren, doch sollten nun fast 6000 weitere Jahre vergehen, bis es ihnen gelang, darüber hinaus bedeutende neue Energiequellen zu erschließen, indem sie die Kraft aus Kohle und Dampf in den Dienst der industriellen Revolution nahmen.

Die ersten Ackerbauern im Fruchtbaren Halbmond veränderten die Lebensweise der Menschen. Diejenigen unter uns, denen es ein Graus ist, auf einer langen Flugreise neben einem plärrenden Baby zu sitzen, sollten ein wenig Mitgefühl für die Frauen der Wildbeuter aufbringen, die ihre Kleinkinder stets bei sich tragen und doch tausende Kilometer im Jahr zurücklegen, um Pflanzen, Früchte und Wurzeln zu sammeln. Es ist alles andere als überraschend, dass sie, ob bewusst oder unbewusst, nicht zu viele Kinder haben wollen und ihre Schwangerschaften regeln, indem sie ihre Kinder bis ins dritte oder vierte Lebensjahr stillen (die Milchproduktion verhindert die Eireifung). Die eiszeitlichen Wildbeuterinnen befolgten wahrscheinlich ähnliche Strategien, doch je sesshafter sie wurden, desto weniger Grund gab es, sich entsprechend zu verhalten. Vielmehr erwies sich eine höhere Zahl von Kindern als Segen, der zusätzliche Arbeitskraft bescherte, und so sprechen denn jüngere Skelettstudien dafür, dass die Frauen in den frühen Ackerbausiedlungen, die bei entsprechender Vorratshaltung an einem Ort bleiben konnten, im Durchschnitt sieben oder acht Kinder zur Welt brachten (von denen wahrscheinlich vier das erste Lebensjahr überstanden und drei ein fortpflanzungsfähiges Alter erreicht haben); die zuvor umherziehenden Frauen hatten dagegen nur fünf oder sechs Lebendgeburten. Je mehr Nahrungsmittel die Menschen anbauten, desto mehr Nachkommen konnten sie ernähren. Allerdings gilt umgekehrt ebenso, dass sie umso mehr Nahrungsmittel erzeugen mussten, je mehr Babys zur Welt kamen.

Die Bevölkerung explodierte. Um 8000 v. u. Z. hatten einige Siedlungen vermutlich bis zu 500 Einwohner, waren damit zehnmal größer als Weiler wie Ain Mallaha aus der Zeit vor dem Jüngeren Dryas. Um 6500 v. u. Z. lebten in Çatalhöyük in der heutigen Türkei etwa 3000 Menschen. In diesen Großsiedlungen stellten sich alle möglichen Probleme ein. Mikroskopische Untersuchungen von Sedimenten aus Çatalhöyük zeigen, dass die Menschen ihre Abfälle und Fäkalien auf Haufen zwischen den Häusern warfen. Gestank und Schmutz hätten Sammler und Jäger gewiss abgestoßen, Ratten, Fliegen und Flöhe dagegen werden wohl begeistert gewesen sein. Aus kleinen, in die Fußböden eingetretenen Exkrementspuren können wir sehen, dass die Bewohner der Siedlungen auch domestizierte Tiere in ihren Häusern hielten; Skelette aus der Grabungsstätte Ain Ghazal lassen erkennen, dass der Tuberkuloseerreger um 7000 v. u. Z. von Rindern auf Menschen übergesprungen ist. Die Sesshaftwerdung und die Erzeugung größerer Nahrungsmengen ließen die Fruchtbarkeit steigen, bedeuteten aber auch, dass mehr Münder zu stopfen und mehr Keime zu teilen waren, was wiederum die

Sterblichkeit steigen ließ. Jede neue Ackerbausiedlung wuchs zunächst einige Generationen lang sehr schnell, bis dann Fruchtbarkeit und Sterblichkeit einander ausglichen.

Doch allem Schmutz zum Trotz, es war eine Lebensweise, die den Menschen gefiel. Die kleinen Sammler-und-Jäger-Gruppen hatten einen weiten geographischen Horizont gehabt, dafür aber einen sehr engen sozialen: Die Landschaften wechselten, die Gesichter blieben dieselben. In der Welt der ersten Ackerbauern verhielt sich das genau umgekehrt. Möglicherweise verbrachten sie ihr ganzes Leben im Umkreis von einem Tagesmarsch rund um die Siedlung, in der sie geboren worden waren. Aber was für ein Ort war das! Es gab Heiligtümer, in denen die Götter sich offenbarten, Feste und Feiertage, die die Sinne erfreuten, schwatzhafte laute Nachbarn in festen Häusern mit gepflasterten Fußböden und regendichten Dächern. Diese Bauwerke erscheinen den meisten heutigen Menschen als qualvoll enge, verrauchte und stinkende Löcher, doch es war ein großer Schritt, wenn man nicht länger feuchte Höhlen mit Bären teilen oder sich bei Regen unter aufgespannten Tierhäuten zusammenkauern musste.

Die ersten Ackerbauern bändigen auch die Landschaft, schnitten konzentrische Kreise hinein. Deren Mittelpunkt, der engste Kreis, war das Haus, darum herum kamen die Nachbarn, dann die bestellten Felder, weiter draußen die Weideplätze, wo Hirten und Herden zwischen Sommer- und Winterweiden hin- und herzogen; und ganz draußen die Wildnis, die erschreckende, unkontrollierbare Welt furchterregender Tiere, wilder Jäger und aller nur denkbaren Ungeheuer. Bei einigen Grabungen wurden Steintafeln gefunden, auf die Linien geritzt waren, die, zumindest in den Augen von Optimisten, aussehen wie Landkarten mit Feldern, die von schmalen Pfaden unterteilt waren. Um 9000 v. u. Z. haben die Siedler von Jerf al-Ahmar und einiger benachbarter, heute allesamt im Assad-Stausee versunkener Stätten anscheinend mit einer Art Protoschrift experimentiert, indem sie Bilder von Schlangen, Vögeln, domestizierten Tieren und abstrakte Zeichen auf kleine Steinmarken geritzt haben.

Indem sie ihrer Welt solche mentalen Strukturen aufprägten, haben sich die Bewohner des Fruchtbaren Halbmondes, so könnte man sagen, selbst domestiziert. Sie erfanden sogar neu, was Liebe bedeutete. Die Liebe zwischen Mann und Frau, Eltern und Kindern ist etwas Natürliches, in uns hineingelegt seit Jahrmillionen, doch Ackerbau und ein entsprechendes Leben verliehen diesen Beziehungen neue Kräfte. Wildbeuter haben ihr Wissen stets mit den Jungen geteilt, haben sie gelehrt, reife Pflanzen zu finden, jagdbares Wild aufzuspüren und sichere Höhlen; Ackerbauern hatten viel Konkreteres weiterzugeben. Damit es ihnen gut erging, brauchten die Menschen nun Eigentum – ein Haus, Felder und Herden, gar nicht zu sprechen von Investitionen in Brunnen, Mauern und Werkzeuge. Die ersten Ackerbauern lebten anscheinend sehr gemeinschaftlich, teilten die Nahrung und kochten vielleicht auch gemeinsam. Doch um 8000 v. u. Z. begannen sie größere, komplexere Häuser zu bauen, jedes mit eigenen Vorratsräumen und Herd beziehungsweise Küche; vielleicht teilten sie damals bereits auch das Land in Einzelbesitz auf. Das Leben konzentrierte sich zunehmend auf kleine Familiengruppen, vermutlich die Grundeinheit, in der Eigentum zwischen den Generationen weitergegeben wurde. Kinder waren auf dieses materielle Erbe angewiesen, ohne dieses drohte Armut. Die Übertragung von Eigentum wurde zu einer Frage von Leben und Tod.

Nach manchen Funden zu urteilen, bekam die Beschäftigung mit den Ahnen etwas geradezu Obsessives. Wir finden solche Hinweise sehr früh, vermutlich um 10 000 v. u. Z., nämlich in den kieferlosen Schädeln von Qermez Dere. Und je weiter sich der Ackerbau entwickelte, desto weiter steigerte sich das. Die Bestattung mehrerer Generationen von Toten unter dem Boden des Hauses verbreitete sich, was auf eine direkte, physische Art die Beziehung zwischen Eigentum und Herkunft zum Ausdruck brachte. Einige Gruppen gingen weiter, sie gruben die Skelette wieder aus, nachdem das Fleisch vermodert war, entfernten die Schädel und beerdigten das kopflose Skelett erneut. Mit Gips modellierten sie den Schädeln Gesichter, steckten Muscheln in die Augenhöhlen und malten Einzelheiten wie Haare auf.

Kathleen Kenyon, die große alte (inzwischen geadelte) Dame in der Männerwelt der Archäologie der 1950er Jahre, war die Erste, die diese Sitte, die einem Horrorfilm entnommen sein könnte, mit ihren Ausgrabungen der berühmten Fundstätte Jericho am Westufer des Jordan dokumentiert hat. Doch inzwischen wurden auch an Dutzenden anderer Siedlungen mit Gips modellierte Schädel gefunden. Was die Menschen mit diesen Schädeln taten, ist unklar, gefunden wurden nämlich nur solche, die erneut bestattet worden waren, die meisten davon in Gruben. In Çatalhöyük allerdings ist um 7000 v. u. Z. eine junge Frau bestattet worden, die einen Schädel an ihre Brust presst, der nicht weniger als drei Mal mit Gips nachgeformt und rot angemalt worden war.

Dieser innige Umgang mit den Toten wird die meisten von uns schauerlich anmuten, den ersten Ackerbauern des Fruchtbaren Halbmonds aber muss diese Sitte viel bedeutet haben. Nach Ansicht der meisten Archäologen galten Ahnen als die bedeutendsten übernatürlichen Wesen. Sie hatten Eigentum weitergegeben, ohne das die Lebenden verhungert wären, und wurden dafür von den Lebenden verehrt. Vermutlich haben die Ahnenkulte der Weitergabe von Eigentum eine Aura des Heiligen verschafft; zugleich ließ sich mit ihnen rechtfertigen, warum einige mehr besitzen als andere. Möglicherweise wurden die Schädel genutzt, um die Toten zu beschwören, ihren Rat zu erbitten, wann die Saat ausgebracht werden musste, wo man zum Jagen gehen, ob man die Nachbarn überfallen sollte.

Ahnenkulte blühten überall im Fruchtbaren Halbmond. In Çatalhöyük fanden sich Körperskelette unter nahezu jedem Haus, die Schädel der Ahnen in Wände und Oberflächen eingegipst. In Ain Ghazal entdeckte man zwei Gruben mit lebensgroßen Statuen und Büsten, die aus mit Gips überzogenen Schilfbündeln angefertigt worden waren. Manche hatten Zwillingsköpfe, den meisten waren große aufgerissene Augen aufgemalt worden. Am verblüffendsten aber ist das Bauwerk, das die Bewohner um 8000 v. u. Z. in Çayönü im Südosten der Türkei errichteten und das die Archäologen das »Haus der Toten« genannt haben: Hinter einem Altar versteckt fanden sich 66 Schädel und über 400 Skelette. In den Ablagerungen auf dem Altar identifizierten Chemiker Hämoglobinkristalle aus Menschen- und aus Tierblut; weiteres Menschenblut war auf Tonschalen verkrustet. In noch zwei weiteren Gebäuden stieß man auf blutbefleckte Altäre; in einen der beiden war das Abbild eines Menschenkopfs eingeritzt. Eine entsetzliche Vorstellung, wie aus einem Slasher-Film: zappelnde Opfer auf Altäre gebunden, Priester, die deren Venen mit rasiermesserscharfen Steinklingen aufschlitzen, ihre Köpfe abtrennen, Menschen, die ihr Blut trinken.

Kann, muss aber nicht sein. Die archäologischen Funde können solche Fantasien weder bestätigen noch widerlegen. Allerdings legen die Statuetten und das Haus der Toten wohl nahe, dass in den Siedlungen inzwischen so etwas wie Spezialisten für Religiöses am Werk waren – Menschen, die alle anderen davon überzeugen konnten, dass sie über einen privilegierten Zugang zum Übernatürlichen verfügten. Vielleicht litten sie unter Anfällen, konnten sich in Trance fallen lassen, vielleicht ihre Visionen auch nur besser beschreiben als andere. Aus welchem Grund auch immer, Priester waren wohl die ersten Menschen, die sich einer institutionalisierten Autorität erfreuten. Möglicherweise liegen hier auch die Anfänge tief verwurzelter Hierarchien.

Am schnellsten werden sich solche Hierarchien innerhalb der gemeinsam wirtschaftenden Familien entwickelt haben. Wie bereits bemerkt, hatten Männer und Frauen in den Sammlergemeinschaften unterschiedliche Aufgaben; erstere waren aktiver beim Jagen, letztere beim Sammeln. Allerdings legen Studien zeitgenössischer Wildbeutergruppen nahe, dass sich die geschlechtliche Arbeitsteilung mit der Domestizierung verfestigte und die Frauen immer mehr ans Haus band. Um hohe Sterblichkeit und hohe Fruchtbarkeit auszubalancieren, mussten Frauen die meiste Zeit ihres Lebens schwanger sein und/oder sich um die Aufzucht kleiner Kinder kümmern. Und die Veränderungen im Ackerbau – wahrscheinlich von den Frauen selbst angeregt – werden dies noch verstärkt haben. Die Verarbeitung von domestiziertem Getreide ist aufwändiger als die der meisten Wildgemüse, und weil das Dreschen, Mahlen und Backen im Haus geschehen können, gleichzeitig mit dem Kinderhüten, wurden sie zu Aufgaben der Frauen.

Wenn es Land im Überfluss gibt, Arbeitskräfte jedoch knapp sind (wie in den ersten Zeiten des Ackerbaus), bearbeiten die Menschen in der Regel eher große Gebiete und diese nicht sehr gründlich, wobei Männer und Frauen das Hacken und Ausreißen des Unkrauts gemeinsam erledigen. Wenn die Populationen wachsen, aber kein zusätzliches Land kultiviert werden kann, so wie im Fruchtbaren Halbmond nach 8000 v. u. Z., wird es ratsam, das Land intensiver zu bearbeiten und durch Düngen, Pflügen und manchmal auch Bewässern größere Erträge aus jeder Fläche zu holen. Alle diese Aufgaben erfordern Kraft und starke

Armmuskeln. Zwar sind viele Frauen genauso stark wie Männer, dennoch dominieren mit Intensivierung des Ackerbaus die Männer in der Arbeit unter freiem Himmel, die Frauen übernehmen die Hausarbeit. Erwachsene Männer arbeiten auf den Feldern, Jungen hüten die Herden, Frauen und Mädchen kümmern sich um den immer genauer definierten häuslichen Bereich. Eine Studie an 162 Skeletten aus Abu Hureyra, die aus der Zeit um 7000 v. u. Z. stammen, ergab auffällige Differenzen zwischen den Geschlechtern. Männer wie Frauen hatten im oberen Bereich verstärkte Wirbelsäulen, vermutlich vom Tragen schwerer Lasten auf dem Kopf, doch nur Frauenskelette wiesen jene arthritischen Verformungen der Zehen auf, die von längerem Arbeiten in kniender Haltung herrühren, wobei sie die Zehen wohl gerade beim Mahlen des Korns in den Boden stemmten, um Halt und Kraft zu gewinnen.

Unkraut hacken, Steine vom Feld auflesen, düngen, bewässern und pflügen – alles Tätigkeiten, die den Ertrag steigern. Und es machte einen gewaltigen Unterschied, ob ein Haushalt ein wohlbestelltes Feld erbte oder einfach ein Stück Land. Die Art, in der sich die Religion nach 9600 v. u. Z. entwickelte, lässt erkennen, dass sich die Menschen Gedanken machten um die Ahnen und das Erbe, und wir können als gesichert annehmen, dass sie die Rituale in dieser Situation durch weitere Institutionen untermauert haben. Wenn so viel auf dem Spiel stand, wollten Männer in modernen Bauernkulturen sicher sein, dass sie wirklich Väter der Kinder waren, die ihren Besitz einmal erben würden. Die eher lockere Haltung der Sammler zum Sex wandelte sich zur zwanghaften Sorge um die voreheliche Jungfräulichkeit ihrer Töchter und zur Angst vor außerehelichen Aktivitäten ihrer Frauen. In traditionellen Bauerngesellschaften heirateten Männer, wenn sie etwa 30 Jahre alt waren und damit die Verfügung über ihr Erbe erlangt hatten, Frauen dagegen mit 15, damit ihnen nicht viel Zeit zum Herumstreunen blieb. Wir können nicht sicher sein, ob solche Muster tatsächlich mit Beginn des Ackerbaus entstanden sind, es ist jedoch wahrscheinlich. Um etwa 7500 v. u. Z. wuchs ein Mädchen in der Regel unter der Autorität ihres Vaters auf, die sie noch als Teenager gegen die des Ehemanns eintauschte, der von seinem Alter her auch ihr Vater hätte sein können. Das Heiraten wurde zu einer Quelle des Reichtums, insofern diejenigen, die bereits über gutes Land und Herden verfügten, diejenigen heirateten, deren Familien in der gleichen glücklichen Situation waren, womit sich Besitz konsolidieren ließ. Die Reichen wurden noch reicher.

Werte, die zu erben sich lohnte, waren auch wert, gestohlen zu werden. Insofern ist es bestimmt kein Zufall, dass sich im Fruchtbaren Halbmond die Hinweise auf Befestigungsbauten und organisierte Kriegführung nach 9600 v. u. Z. häufen. Das Leben der Jäger und Sammler war bekanntlich von Gewalt bestimmt; es gab keine Hierarchien, die Leidenschaften in Zaum gehalten hätten, und für junge Angehörige dieser Gruppen war häufig auch Mord ein akzeptiertes Mittel, Streitigkeiten zu entscheiden. Um aber in Siedlungen zusammenleben zu können, mussten die Menschen lernen, die Gewalt zwischen den Siedlungsmitgliedern in Grenzen zu halten. Wem das gelang, dem ging es besser – und er konnte seine aggressiven Impulse gegen andere Gemeinschaften einsetzen, um deren Reichtümer zu rauben.

Die bemerkenswertesten Zeugnisse dazu stammen aus Jericho, der Stadt, deren Mauern dem Bericht der Bibel zufolge einstürzten, als Josua seine Posaune blies. Vor 50 Jahren, bei ihren Grabungen dort, fand Kathleen Kenyon tatsächlich Befestigungsmauern – allerdings nicht die Josuas. Denn der lebte um 1200 v. u. Z., die von Kenyon entdeckten Befestigungsanlagen aber sind gut 8000 Jahre älter. Sie interpretierte, was sie fand, als Verteidigungsanlagen – immerhin waren die um 9300 v. u. Z. errichteten Bauwerke 3,60 Meter hoch und 1,50 Meter dick. Weitere Grabungen in den 1980er Jahren erwiesen, dass sich Kenyon wahrscheinlich geirrt hatte, denn ihre »Befestigung« bestand aus mehreren kleinen Mauern, die zu unterschiedlichen Zeiten gebaut worden waren, vermutlich um einen Fluss einzudämmen. Ihr zweiter großer Fund, ein über sieben Meter hoher Turm aus Stein, diente dann wohl doch der Verteidigung. In einer Welt, in der die bedrohlichste Waffe eine mit einem spitz zugeschlagenen Stein bewehrte Stange war, war ein solcher Turm schon ein mächtiges Bollwerk.

Nirgendwo sonst außerhalb des Fruchtbaren Halbmonds hatten die Menschen so viel zu verteidigen. Noch um 7000 v. u. Z. waren die meisten Menschen außerhalb jener Region Wildbeuter, die jahreszeitlich bedingt wanderten. Und selbst wenn sie begonnen hatten, sich in Siedlungen wie Mehrgarh im heutigen Pakistan oder Shangshan im Jangtse-Delta niederzulassen, waren dies, verglichen mit Jericho, einigermaßen primitive Plätze. Hätte man Jäger und Sammler aus anderen Weltregionen nach Çayönü oder Çatalhöyük einfliegen können, dann hätte sie, angesichts dessen, was sie dort zu sehen bekommen hätten, wohl der Schlag getroffen. Keine Höhlen, keine Ansammlung kleiner Hütten, sondern geschäftige Großsiedlungen mit stabilen Häusern, Nahrungsvorräten, mächtigen Artefakten und religiösen Monumenten. Allerdings hätten sie dort auch hart arbeiten müssen, hätten es mit einer Menge heimtückischer Mikroben aufnehmen müssen und wären wohl jung gestorben. Sie hätten Seite an Seite mit Reichen und Armen gelebt, hätten sich aufgerieben an der Herrschaft der Männer über die Frauen, der Eltern über die Kinder, vielleicht aber auch ihre Freude daran gehabt. Möglicherweise wären sie einigen Menschen begegnet, die das Recht gehabt hätten, sie in Ritualen zu opfern. Wahrscheinlich hätten sie sich gefragt, warum sich Menschen all das antaten und weiter antun.

Gehet hin und mehret euch

Ein rascher Sprung über 10 000 Jahre hinweg: von den Ursprüngen von Hierarchie und Plackerei im prähistorischen Fruchtbaren Halbmond ins Paris des Jahres 1967.

Den Herren mittleren Alters, die den Campus der Pariser Universität in der trübseligen Vorstadt von Nanterre zu verwalten hatten – also den Erben der patriarchalischen Traditionen, die zurückreichen bis nach Çatalhöyük –, erschien es als selbstverständlich, dass man den jungen Damen in ihrem Verantwortungsbereich nicht erlauben sollte, in ihren Wohnheimzimmern junge Männer zu empfangen (das Gleiche galt umgekehrt). Den jungen Menschen werden solche Regeln nie ganz eingeleuchtet haben, doch seit 300 Generationen hatten sich Teenager damit arrangieren müssen. Doch jetzt – 1967 – sollte damit Schluss sein. Als es Winter wurde, stellten die Studenten das Recht der Älteren in Frage, sich in ihre Liebesdinge einzumischen. Im Januar 1968 verglich Daniel Cohn-Bendit, heute als Abgeordneter der Grünen geachtetes Mitglied des Europäischen Parlaments, damals als »roter Dany« ein bekannter Aktivist, die Ansichten des für die Jugend zuständigen Ministers mit denen der Führung der Hitlerjugend. Im Mai lieferten sich die Studenten Straßenschlachten mit der bewaffneten Polizei, bauten Barrikaden, zündeten Autos an und legten die Pariser Innenstadt lahm. Präsident de Gaulle traf sich insgeheim mit seinen Generälen, um zu hören, ob die Armee im Falle eines erneuten Sturms auf die Bastille hinter ihm stünde.

Das war die Situation, in der auch Marshall Sahlins in Erscheinung trat, ein junger Professor für Sozialanthropologie von der Universität Michigan. Er hatte sich einen Namen gemacht mit einer Reihe brillanter Essays zur sozialen Evolution, aber auch als Kritiker des Vietnamkriegs. Nun hatte er Ann Arbor (»eine kleine Universitätsstadt, die ausschließlich aus Nebenstraßen besteht«, hatte er sie unfreundlich, aber nicht unzutreffend genannt[4]) verlassen, um zwei Jahre bei Claude Lévi-Strauss am Collège de France zu arbeiten, dem Mekka sowohl der Ethnologie und Kulturanthropologie als auch des studentischen Radikalismus. Zur Zeit des Höhepunkts der politischen Krise sandte Sahlins ein Manuskript an die Redaktion von *Les temps modernes*, der Zeitschrift, die damals jeder lesen musste, der in der intellektuellen Szene Frankreichs etwas gelten wollte. Der Aufsatz – »La première société d'abondance« – wurde zu einer der einflussreichsten anthropologischen Schriften, die je veröffentlicht wurden.

»Öffnet die Kindergärten, Universitäten und andere Gefängnisse«, hatten die radikalen Studenten an eine Wand in Nanterre gepinselt, und: »Dank der Lehrer und der Examen beginnt die Konkurrenz bereits mit sechs.«[5] Sahlins' Aufsatz hatte den Studenten etwas zu bieten, zwar keine Antwort – die Anarchos hätten das wahrscheinlich auch nicht gewollt: »Sei Realist, verlange das Unmögliche«, war einer ihrer Slogans –, aber Argumente und eine gewisse Ermutigung. Nach Sahlins besteht das zentrale Problem der bürgerlichen Gesellschaft darin, dass diese »ein Heiligtum für das Unerreichbare: nämlich für *unendliche Bedürfnisse*« errichtet habe. Wir Zeitgenossen würden uns der kapitalistischen Disziplin unterwerfen, um Verdienstmöglichkeiten konkurrieren, damit wir uns Dinge kaufen könnten, die wir nicht wirklich wollten. Dabei, so Sahlins, könnten wir von den Jägern und Sammlern durchaus etwas lernen: »Die primitivsten Völker der

Welt haben wenig Besitz und *sind trotzdem nicht arm.*« Das klinge paradox, sei es aber nicht: Sammler, so Sahlins, arbeiteten nur 21 bis 35 Stunden die Woche – weniger als die Industriearbeiter in Paris; weniger auch, wie zu vermuten steht, als seine eigenen Studenten. Wildbeuter besäßen weder Autos noch Fernsehapparate, aber sie wüssten auch nicht, dass sie sich solche Dinge wünschen sollten. Gewiss hätten sie wenig Mittel, aber eben auch weniger Bedürfnisse, darum, so Sahlins' Schluss, lebten sie in der »ursprünglichen Wohlstandsgesellschaft«.[6]

Und dann stellte Sahlins die entscheidende Frage: Warum hat der Ackerbau das Sammeln und Jagen überhaupt ablösen können, wenn dabei nur mehr Arbeit, Ungleichheit und Kriege heraussprangen? Und genau das ist geschehen. Um 7000 v. u. Z. herrschte der Ackerbau überall im Fruchtbaren Halbmond vor. Bereits um 8500 v. u. Z. hatten sich die kultivierten Getreidesorten bis nach Zypern verbreitet, gegen 8000 das zentrale anatolische Hochland erreicht. Um 7000 hatten sich in allen diesen Gebieten die vollständig domestizierten Pflanzen durchgesetzt und verbreiteten sich ostwärts nach Pakistan (wo sie sich aber auch unabhängig entwickelt haben könnten). Sie erreichten um 6000 Griechenland, den Süden des heutigen Irak und Zentralasien, um 5500 Ägypten und Mitteleuropa, bis 4500 v. u. Z. die Altantikküste (Abbildung 2.4).

Jahrzehntelang haben Archäologen über das Warum dieser Verbreitung diskutiert, konnten sich aber nicht einig werden. Am Ende eines kürzlich veröffentlichten, autoritativen Überblicks konnte sich Graeme Barker von der Universität Cambridge nur zu einer höchst allgemeinen Formulierung durchringen: Bauern hätten die Sammler ersetzt, schreibt er, »auf unterschiedliche Weisen und in unterschiedlichem Maß und aus unterschiedlichsten Gründen, aber unter vergleichbaren Bedingungen und Herausforderungen an die Welt, die sie kannten«[7].

Der Vorgang mag unübersichtlich sein – vollzog er sich doch über Jahrtausende und ganze Kontinente hinweg –, aber er lässt sich ganz gut nachvollziehen. Wir müssen uns nur daran erinnern, dass es in letzter Hinsicht um nichts anderes geht als um den Aufwärtssprung, den die Erde in der Großen Kette der Energie vollführt hat. Die Veränderung der Erdumlaufbahn hatte zur Folge, dass die Erde mehr elektromagnetische Strahlung der Sonne einfing; die Photosynthese verwandelte einen Teil dieses Zuwachses in chemische Energie (es gab mehr Pflanzen); der Stoffwechsel wiederum verwandelte Teile der nun größeren Vorräte an chemischer Energie in kinetische (es gab mehr Tiere); und der Ackerbau erlaubte es den Menschen, für den eigenen Bedarf erheblich mehr Energie aus Pflanzen und Tieren zu ziehen. Auch wenn Mikroben, Parasiten und Raubtiere den Bauern so viel dieser neu gewonnenen Energie entzogen, wie sie nur konnten, blieb diesen noch immer reichlich davon.

Nicht anders als andere Tiere und Pflanzen fanden auch die Menschen ein Ventil für diese überschüssige Energie in der Reproduktion. Hohe Geburtenraten ermöglichten ein rasches Wachstum neuer Siedlungen, bis jeder Quadratmeter des verfügbaren Bodens bestellt war. Von da an nahmen Hunger und Krankheiten

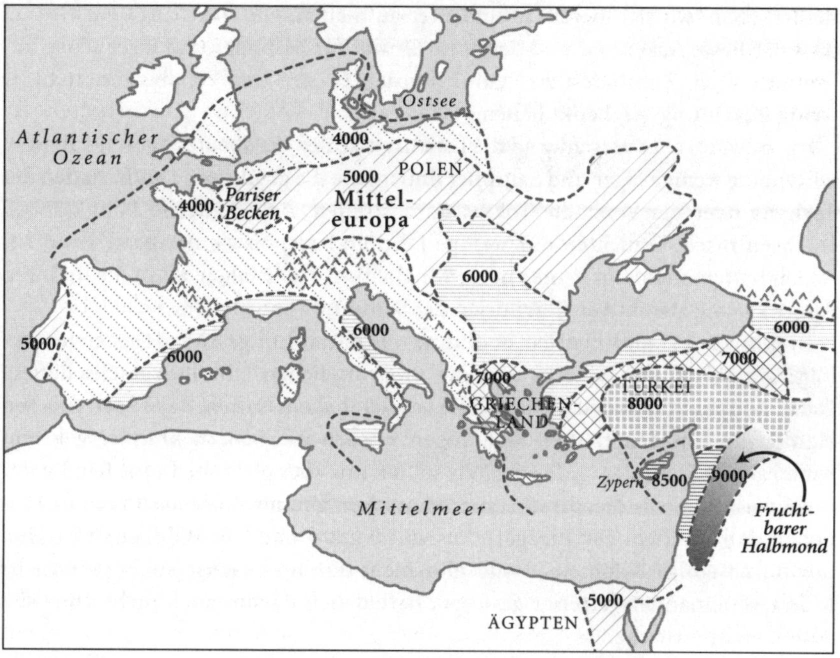

Abbildung 2.4: Gehet hin und mehret euch, Version I
Ausbreitung der domestizierten Pflanzen vom Fruchtbaren Halbmond nach Westen bis zum Atlantik, 9000–4000 v. u. Z.

zu, bis sie die erhöhte Fruchtbarkeit wettmachten. Energiezufuhr und Energieverbrauch erreichten eine ungefähre Balance. Einige Siedlungen fanden ihr Gleichgewicht, das stets bedroht war von Elend und Mangel; in anderen fassten einige mutige Geister den Entschluss, einen Neuanfang zu wagen. Möglicherweise zogen sie nur eine Stunde weiter zu einem unbesiedelten (vielleicht weniger geeigneten) Platz im selben Tal oder auf derselben Ebene – vielleicht zogen sie auch Hunderte von Kilometern weiter: auf der Suche nach grünen Weiden, von denen sie gehört hatten. Selbst Meere waren kein Hindernis für sie. Viele dieser Abenteurer müssen gescheitert sein und haben sich dann wohl abgerissen und halb verhungert wieder zurückgeschleppt, völlig entmutigt. Andere überwanden alle Hindernisse. Wieder wuchsen die Populationen, bis die Todesfälle mit den Geburten gleichzogen oder die Kolonien ihrerseits neue Kolonien ausgliederten.

Die meisten Ackerbauern, die in neue Gebiete zogen, trafen auf dort lebende Wildbeuter. Es ist verlockend, sich Szenen wie aus alten Western-Filmen auszumalen, Überfälle auf die Herden, Skalpjagden und Schießereien (Pfeil und Bogen auf beiden Seiten). Die Wirklichkeit wird weniger dramatisch gewesen sein. Archäologische Befunde zeigen, dass sich die ersten Ackerbauern meist nicht dort niederließen, wo sich bereits Wildbeuter aufhielten, vor allem aus dem Grund, dass das beste Ackerland und der beste Grund für Sammler und Jäger selten zusammenfielen. Zumindest zu Beginn werden Bauern und Wildbeuter einander wenig Beachtung geschenkt haben.

Irgendwann aber verschwand die Lebensweise der Wildbeuter dann doch. Man wird heute wenige Jäger und Sammler finden, die die gepflegten Landschaften der Toskana oder die Vorstädte Tokios durchstreifen. Ackerbauende Populationen wuchsen rasch, brauchten nur wenige Jahrhunderte, bis sie das beste Land besiedelt hatten und dann keine andere Möglichkeit mehr sahen, als in die (in ihren Augen) wenig attraktiven Territorien der Sammler vorzustoßen.

Es gibt zwei Haupttheorien über das, was daraufhin geschah. Der ersten zufolge zerstörten die Ackerbauern die ursprünglichen Überflussgesellschaften. Dabei können Krankheiten eine Rolle gespielt haben; Ratten, das Leben mit den Herden und in dauerhaften Siedlungen werden die Bauern kränker gemacht haben als die Sammler und Jäger. Wir sollten uns aber nicht solche großen Epidemien vorstellen wie die, die die amerikanischen Ureinwohner nach 1492 zu Millionen dahinrafften. Die Erregerpools von Bauern und von Wildbeutern waren nur durch einige Kilometer Wald und nicht durch zunächst unüberwindliche Meere voneinander getrennt gewesen, hatten sich darum auch nicht sehr weit auseinanderentwickelt.

Doch auch ohne Massensterben spielten Größenordnungen eine Rolle. Waren die Wildbeuter entschlossen, um ihr Land zu kämpfen, wie dies zu Zeiten des modernen Kolonialismus in vielen Grenzgebieten geschah, dann mochten sie die Siedlungen der Fremden zerstören. Doch weitere Kolonisten würden nachkommen und den Widerstand hinwegspülen. Möglicherweise entschlossen sich die Wildbeuter aber auch zum Rückzug, doch so weit sie auch vor der neuen Kultur zurückwichen, es würden neue Ackerbauern kommen, noch mehr Wälder roden und ihre Keime überall hinpusten, bis den Wildbeutern zuletzt nur noch Gegenden wie Sibirien etwa oder die Sahara blieben, mit denen Ackerbauern partout nichts anfangen konnten.

Der zweiten Theorie zufolge ist nichts von all dem geschehen, weil die Ackerbauern in den meisten der in Abbildung 2.4 gezeigten Regionen keine Nachkommen von Auswanderern aus dem Fruchtbaren Halbmond gewesen seien, sondern lokale Sammler und Jäger, die sich niederließen und zu Ackerbauern wurden. In Sahlins' Darstellung erscheinen Ackerbau und das damit verbundene Leben als äußerst unattraktiv, zumindest im Vergleich mit der ursprünglichen Überflussgesellschaft; aller Wahrscheinlichkeit nach jedoch standen Wildbeuter selten vor der Wahl zwischen zwei Lebensformen. Bauern, die ihren Pflug Pflug sein ließen und sich zum Weiterziehen entschlossen, werden dabei keine regelrechte Grenze zum Territorium der Wildbeuter überschritten haben, vielmehr werden sie auf Siedlungen gestoßen sein, deren Bewohner den Ackerbau weniger intensiv betrieben als sie selbst, ihre Felder vielleicht nur hackten, nicht pflügten und düngten.

Dann wieder werden sie Leute getroffen haben, die das Land noch weniger intensiv bearbeiteten, vielleicht ein Stück Wald niederbrannten, das gerodete Land solange bearbeiteten, bis der Wald es zurückerobert hatte, und dann an eine andere Stelle zogen; zuletzt sind sie vielleicht auf Menschen gestoßen, die ausschließlich vom Sammeln und Jagen lebten. In dieser breiten Zone möglicher Kontakte bewegten sich Menschen, Ideen und Mikroben hin und her.

Wenn die Sammler mitbekamen, dass Nachbarn mit ihren intensiveren Praktiken die Wildpflanzen ausrotteten und auch die Tiere vertrieben, von denen ihr Wildbeuterleben abhing, dann hatten sie nicht nur die Wahl, diese Vandalen zu bekämpfen oder vor ihnen zu fliehen. Genauso konnten sie sich ihrem Vorbild anschließen und ihre eigene Bearbeitung des Bodens intensivieren. Das heißt, die Menschen haben nicht den Ackerbau vorgezogen, Sammeln und Jagd gelassen, sondern sie werden sich entschlossen haben, weniger zu sammeln und ein wenig mehr ihrer Zeit dem Anbau von Pflanzen zu widmen. Irgendwann tauchte die Frage auf, ob sie Unkraut hacken wollten oder nicht, dann ging es ums Pflügen, Düngen und so weiter. Es war also eine Folge kleiner Schritte und nicht der große Sprung, der sie ein für alle Mal aus der ursprünglichen Überflussgesellschaft heraus und zu mühsamer Plackerei und chronischen Krankheiten geführt hätte. Aufs Ganze gesehen und über Hunderte von Jahren und Tausende von Kilometern hinweg haben sich die, die intensiviert haben, auch vermehrt; während die anderen, die an ihrem alten Leben festhielten, schwanden. Es war ein Prozess, während dessen die Grenze des Ackerbaus sich langsam vorwärtsschob. Niemand entschied sich bewusst für hierarchische Verhältnisse und längere Arbeitszeiten; die Frauen haben arthritische Zehen weder bewusst noch freudig in Kauf genommen, so etwas ergab sich nach und nach.

Ganz gleich, wie viele Steinwerkzeuge, verbrannte Körner oder Gebäudefundamente Archäologen noch ausgraben, sie werden niemals in der Lage sein, die eine oder die andere Theorie zu beweisen beziehungsweise zu verwerfen. Doch auch hier kam ihnen die Genetik zu Hilfe, zumindest ein Stück weit. In den 1970er Jahren startete Luigi Luca Cavalli-Sforza von der Stanford University eine groß angelegte Untersuchung in Europa vorhandener Blutgruppen und Zellkern-DNA. Sein Team fand ein von Südosten nach Nordwesten durchgängiges Gefälle von Genhäufigkeiten (Abbildung 2.5), das sich, wie die Forscher darstellten, sehr gut mit den in Abbildung 2.4 dargestellten archäologischen Befunden vereinbaren lässt. Ihr Schluss: Nachdem Auswanderer aus Westasien den Ackerbau nach Europa gebracht hatten, verdrängten deren Nachkommen die eingeborenen Wildbeuter weitgehend, deren letzte Gruppen sich in den Norden und Westen Europas zurückzogen.

Dem Archäologen Colin Renfrew zufolge wird Cavalli-Sforzas Szenario auch durch linguistische Befunde gestützt: Die ersten Ackerbauern, so seine Vermutung, haben nicht nur die europäischen Gene durch solche aus Südwestasien ersetzt, sondern auch die in Europa heimischen Sprachen durch indoeuropäische

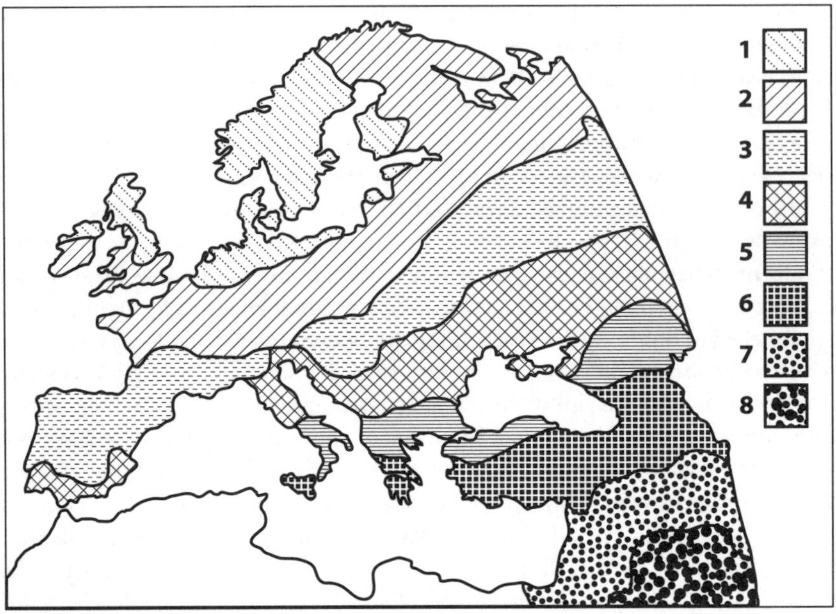

Abbildung 2.5: Ins Blut geschriebene Geschichte

Luigi Luca Cavalli-Sforzas Auswertung der genetischen Befunde in Europa, die auf einem umfangreichen Fundus von Zellkern-DNA basiert. Die Karte zeigt den Grad genetischer Ähnlichkeit moderner Populationen mit den hypothetischen Kolonisten aus dem Fruchtbaren Halbmond, wobei Muster 8 komplette Überseinstimmung anzeigt, Muster 1 den geringsten Ähnlichkeitsgrad. Diese Karte zeige, so Cavalli-Sforza, dass Kolonisten, die aus dem Fruchtbaren Halbmond stammen, den Ackerbau quer durch Europa verbreitet haben. Aber viele Archäologen und auch einige Genetiker widersprechen dem.

aus dem Raum des Fruchtbaren Halbmondes; nur in kleinen abgeschiedenen Gebieten hätten sich ältere Sprachen erhalten, etwa das Baskische. Das Drama der Enteignung, das der ursprünglichen Überflussgesellschaft ein Ende setzte, ist den Körpern der Europäer eingeschrieben und wiederholt sich, sobald eine oder einer von ihnen den Mund aufmacht.

Zunächst haben diese neuen Beweise den Streit der Gelehrten nur angeheizt. Linguisten widersprachen Renfrew mit dem Argument, dass die modernen europäischen Sprachen deutlicher voneinander abweichen müssten, wenn sie sich bereits seit sechs oder sieben Jahrtausenden aus einer einzigen Ursprache entwickelt hätten. 1996 dann stellte ein Team aus Oxford, das von Bryan Sykes geleitet wurde, Cavalli-Sforzas genetische Überlegungen in Frage. Sykes' Team betrachtete – im Unterschied zu Cavalli-Sforza – nicht Zellkern-DNA, sondern mitochondriale DNA und fand keine Südost-Nordwest-Verbreitung, sondern ein derart kompliziertes Muster, dass es sich nicht ohne Weiteres in einer Karte darstellen lässt. Das

Team identifizierte sechs Gruppen genetischer Abstammung, von denen sich nur eine plausibel mit Ackerbauern verbinden ließ, die aus Westasien ausgewandert waren. Die anderen fünf sind nach Sykes sehr viel älter und lassen sich auf die ursprüngliche, vor 25 000 bis 50 000 Jahren aus Afrika heraus erfolgte Besiedelung Europas zurückführen. Insofern könnten Europas erste Ackerbauern nicht Nachkommen von Auswanderern aus dem Fruchtbaren Halbmond sein, sondern seien vor allem eingeborene Wildbeuter gewesen, die zu sesshaften Lebensweisen gefunden hätten.

Die Teams von Cavalli-Sforza und Sykes setzten den Streit 1997 im *American Journal of Human Genetics* zunächst erbittert fort, doch haben sich ihre Positionen seither immer weiter angenähert. Cavalli-Sforza schätzt nun, dass 26 bis 28 Prozent der europäischen DNA von aus Westasien eingewanderten Ackerbauern stammen; Sykes rückt ihren Anteil näher an 20 Prozent. Wenn man also sagt, auf einen der ersten Bauern Europas, der von Einwanderern aus Südwestasien abstammt, kommen drei oder vier, die Nachkommen der Ureinwohner sind, mag man die Angelegenheit vereinfachen, liegt aber nicht ganz falsch.

Prädestination

Weder Cavalli-Sforzas und Renfrews Behauptung noch die von Sykes angebotene Alternative – nicht einmal der sich abzeichnende Kompromiss zwischen beiden – hätte die Studenten von Nanterre sonderlich glücklich gemacht, denn beide Theorien betrachten den Sieg des Ackerbaus als unausweichlich. Konkurrenzverhalten hat, wie Genetik und Archäologie zeigen können, wenig mit Examen oder Lehrern zu tun, es begleitet uns immer schon. Die Dinge hätten sich also gar nicht viel anders entwickeln können, als sie es tatsächlich taten.

Doch stimmt das wirklich? Schließlich haben Menschen einen freien Willen. Faulheit, Gier und Furcht mögen Motoren der Geschichte sein, doch jeder von uns kann sich doch zwischen ihnen entscheiden. Wenn drei Viertel oder mehr der europäischen Ackerbauern von sammelnden Ureinwohnern abstammten, dann hätten die es doch in der Hand gehabt, das Projekt Ackerbau zu stoppen, wenn sich nur genügend von ihnen dazu entschlossen hätten. Warum also kam es nicht dazu?

Mancherorts kam es sehr wohl dazu. Nachdem sich die Welle des agrikulturellen Fortschritts innerhalb weniger Jahrhunderte von der Gegend des heutigen Polen bis ins Pariser Becken ausgebreitet hatte, kam sie um 5200 v. u. Z. zum Stillstand (Abbildung 2.4). 1000 Jahre lang drang so gut wie kein Ackerbauer in den letzten, 80 bis 100 Kilometer breiten Streifen vor, der sie noch von der Ostsee trennte, und auch nur wenige Wildbeuter dort nahmen eine intensivere Bestellung des Bodens auf. Hier kämpften sie um ihre Lebensweise. Entlang der Grenzlinie zwischen Sammlern und Bauern finden wir eine bemerkenswerte Zahl befestigter

Siedlungen und auch Skelette junger Männer, die durch Verletzungen von Stirn oder linker Schädelseite gestorben sind, die ihnen mit stumpfen Instrumenten zugefügt wurden – was darauf hindeutet, dass sie ihr Leben in Zweikämpfen mit Steinäxte schwingenden Rechtshändern verloren haben. Einige Massengräber könnten durchaus Relikte schauerlicher Metzeleien sein.

Wir werden nie herausfinden, zu welchen Akten von Heroismus und Barbarei es vor 7000 Jahren an der Grenze der nordeuropäischen Ebenen gekommen ist, doch hatten Geographie und Wirtschaftlichkeit mindestens so großen Einfluss darauf, wo und wie die Grenze zwischen Ackerbauern und Sammlern fixiert wurde, wie Kultur und Gewalttaten. Im Raum der Ostseeküste lebten Wildbeuter wie in einem Garten Eden; es mochte dort frostig-kühl sein, doch die reichen Ressourcen des Meeres sicherten ihnen, die relativ dicht ganzjährige Siedlungen bewohnten, den Lebensunterhalt. Archäologen haben große Mengen Muschelschalen ausgegraben, die Reste von Festgelagen, die sich um die Hütten auftürmten. Die Natur war offenbar so reich, dass die Leute dort den Pudding (das Seegetier) behielten, auch wenn sie ihn aßen. Es gab so viele Wildbeuter, dass sie den Ackerbauern Widerstand leisten konnten, aber sie waren auch nicht so zahlreich, dass sie es den Bauern hätten gleichtun müssen, damit alle satt wurden. Umgekehrt mussten die Ackerbauern feststellen, dass Pflanzen, die im Fruchtbaren Halbmond domestiziert worden waren, hier im Norden nicht besonders gut gediehen.

Warum sich der Ackerbau ab 4200 v. u. Z. dennoch weiter nach Norden ausgebreitet hat, wissen wir nicht. Manche Archäologen vermuten, dass der Druck wuchs, als sich die Bauern so stark vermehrt hatten, dass sie die Sammler einfach niederwalzten. Andere denken an Sogwirkungen: Eine Krise in den Sammlergemeinschaften könnte den Norden für eine Invasion geöffnet haben. Was auch immer geschah, die Ausnahme in der Küstenregion der Ostsee scheint die Regel zu bestätigen, dass die ursprüngliche Überflussgesellschaft einfach nicht überleben konnte, nachdem der Ackerbau im Fruchtbaren Halbmond erst einmal entstanden war.

Indem ich das feststelle, bestreite ich jedoch nicht Existenz und Wirksamkeit des freien Willens. An jedem ihm gegebenen Tag hätte jeder prähistorische Wildbeuter sich entscheiden können, den Ackerbau nicht zu intensivieren; so wie jeder Bauer seine Felder, jede Bäuerin ihre Mahlsteine hätte verlassen können, um Wild zu jagen oder Nüsse zu sammeln. Manche werden das auch getan haben, mit spürbaren Konsequenzen für ihr jeweiliges Leben. Auf lange Sicht aber hat das nichts geändert, denn die Konkurrenz um Ressourcen führte dazu, dass Menschen, die beim Ackerbau blieben und diesen vielleicht noch intensiver betrieben, eine höhere Energieausbeute erzielten als jene, die das nicht taten. Bauern konnten weiterhin mehr Kinder und mehr Vieh ernähren, sie rodeten neue Felder und gewannen immer weitere Vorteile vor den Sammlern. Unter entsprechenden Bedingungen, solchen nämlich, wie sie um 5200 v. u. Z. an der Ostsee herrschten, konnte aus dem Vormarsch des Ackerbaus ein Kriechen werden. Doch diese Bedingungen änderten sich auch wieder.

Auch lokale Rückschläge wird der Ackerbau erlitten haben. Überweidung etwa hat das Jordan-Tal zwischen 6500 und 6000 v. u. Z. zu einer Wüste gemacht. Doch wenn sich keine Klimakatastrophe, kein neues Jüngeres Dryas ereignete (und dazu kam es nicht), dann hätte aller freie Wille der Welt nicht ausgereicht, um zu verhindern, dass Ackerbau und die entsprechende Lebensweise alle geeigneten Nischen eroberte. Das Zusammenwirken von intelligentem *Homo sapiens* und warmem, feuchtem und stabilem Wetter plus Pflanzen und Tieren, die sich zu domestizierten Formen entwickeln konnten, machte das so unausweichlich, wie nur irgendetwas in dieser Welt unausweichlich sein kann.

Um 7000 v. u. Z. waren die dynamischen, expandierenden Ackerbaugesellschaften am westlichen Ende Eurasiens mit nichts anderem auf dem Globus vergleichbar, und an genau diesem Punkt ist es sinnvoll, den »Westen« von der übrigen Welt zu unterscheiden. Allerdings war dieser Unterschied nicht von Dauer, und im Verlauf einiger Jahrtausende machten sich Menschen in etwa einem halben Dutzend anderer Regionen der Glücklichen Breiten ihrerseits daran, den Ackerbau zu erfinden (Abbildung 2.6).

Am frühesten und eindeutigsten geschah das im heutigen China. Im Jangtse-Tal begannen Anbau und Züchtung von Reis zwischen 8000 und 7500 v. u. Z.; seit 6500 wurde in Nordchina Hirse kultiviert. Völlig domestiziert war Hirse um 5500, Reis um 4500 v. u. Z. Zwischen 6000 und 5500 waren Schweine domestiziert. Jüngste Funde haben gezeigt, dass der Ackerbau fast ebenso früh auch in der Neuen Welt begonnen hat. Ab 8200 v. u. Z. wurden im peruanischen Nanchoc-Tal und zwischen 7500 und 6000 v. u. Z. im mexikanischen Oaxaca-Tal aus kultivierten Kürbisarten domestizierte Pflanzen. Erdnüsse tauchen in Nanchoc um 6500 auf. Nach archäologischen Funden in Oaxaca hat sich das Wildgras Teosinte erst um 5300 v. u. Z. in domestizierten Mais verwandelt; Genetiker vermuten aber, dass der Prozess der Kultivierung und Domestizierung bereits um 7000 v. u. Z. begonnen haben muss.

Die Domestizierungen in China und der Neuen Welt geschahen definitiv unabhängig vom Geschehen im Fruchtbaren Halbmond; weniger eindeutig liegen die Dinge im Indus-Tal. In der archäologisch bedeutsamen Siedlungsgruppe Mehrgarh tauchten um 7000 v. u. Z. Hafer, Weizen und Schafe in kultivierter beziehungsweise domestizierter Form auf – und zwar so plötzlich, dass viele Archäologen glauben, dass sie mit Migranten aus dem Fruchtbaren Halbmond dorthin kamen. Dafür spricht vor allem der Weizenfund, denn bis jetzt hat noch niemand lokale Wildformen identifiziert, aus denen irgendwo in der Nähe von Mehrgarh Weizen hätte kultiviert werden können. Allerdings haben Botaniker die Region nicht sehr gründlich untersucht (nicht einmal der pakistanischen Armee ist danach zumute, in diesen wilden Stammesgebieten herumzustöbern), es könnte also durchaus noch Überraschungen geben. Bis jetzt aber sprechen die Funde dafür, dass die Agrikultur des Indus-Tals ein Ableger aus dem Fruchtbaren Halbmond

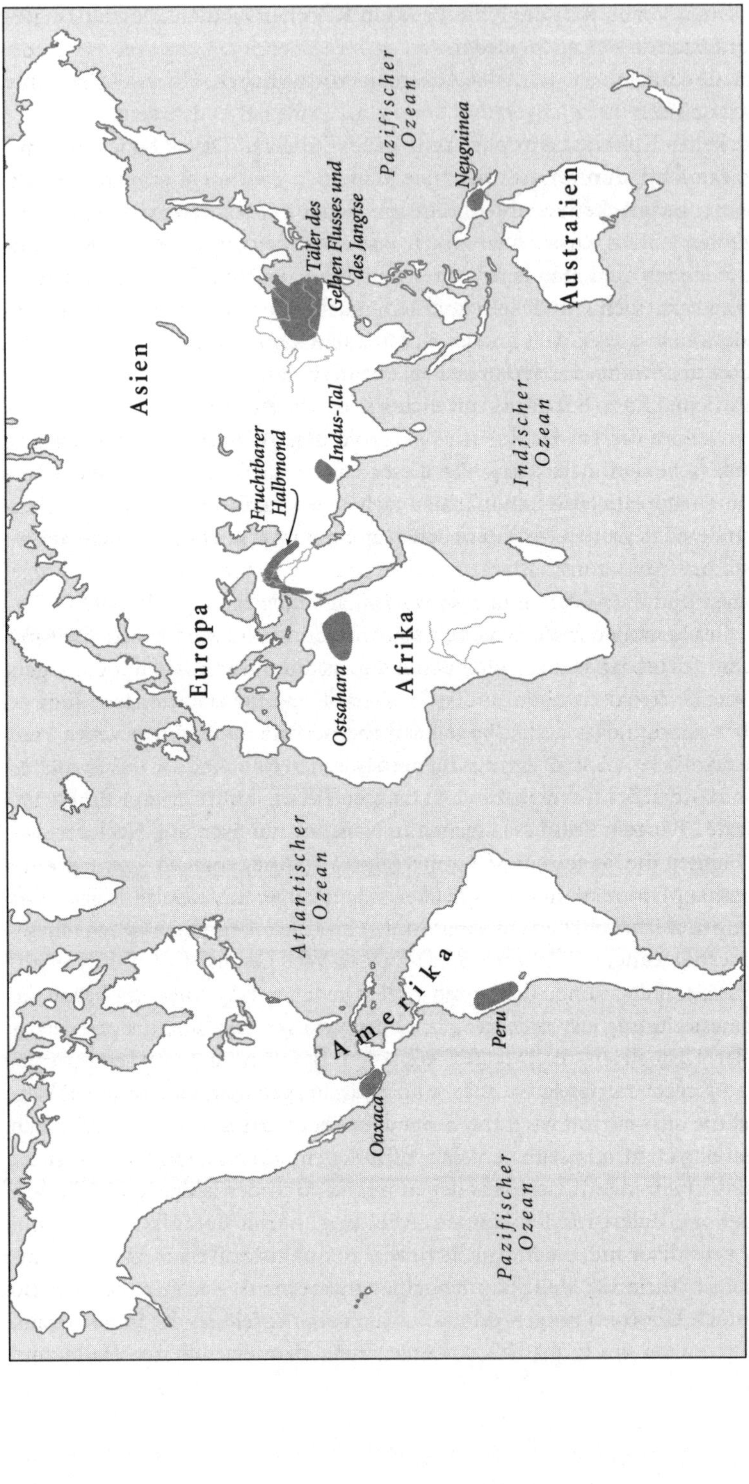

Abbildung 2.6: Gelobtes Land

Sieben Regionen rund um die Welt, in denen zwischen 11 000 und 5000 v. u. Z. unabhängig voneinander die Domestizierung von Pflanzen und Tieren begonnen haben könnte.

ist. Doch dann sollten wir sofort festhalten, dass der Ackerbau dort rasch eigene Entwicklungsschritte ging. So wurde das indigene Zeburind um 5500 v. u. Z. domestiziert, und um 2500 v. u. Z. gab es dort eine hochentwickelte städtische Kultur mit eigener Schrift.

Der Osten der Sahara war um 7000 v. u. Z. feuchter als heute, jeden Sommer füllten starke Monsunregen die Seen der Region. Insgesamt aber waren die Lebensbedingungen in der Wüste sehr hart, gleichzeitig wird man die Lebensfeindlichkeit dieser Wildnis als Mutter von Erfindungen betrachten müssen: Rinder und Schafe hatten dort alleine keine Chance, aber die Wildbeuter konnten ihr Leben verbessern, wenn sie Tiere von Wasserstelle zu Wasserstelle trieben. Zwischen 7000 und 5000 v. u. Z. wurden die nomadischen Wildbeuter zu Hirten und aus ihren wilden Rindern und Schafen größere und zahmere Tiere.

Um 5000 v. u. Z. entwickelte sich der Ackerbau auch in zwei Hochlandzonen: zum einen in Peru, wo Lamas und Alpakas domestiziert wurden und der Inkareis (Quinoa) sich so veränderte, dass die Körner nicht mehr zu Boden fielen; zum anderen in Neuguinea. Die Funde dort wurden so kontrovers diskutiert wie die aus dem Indus-Tal, doch inzwischen steht fest, dass die Leute im Hochland von Neuguinea um 5000 v. u. Z. Brandrodungen durchführten, Sümpfe trockenlegten, Bananen und Taro (Wasserbrotwurzel) domestizierten.

Es sind dies Regionen mit einer sehr unterschiedlichen Geschichte, doch waren sie, wie der Fruchtbare Halbmond auch, Ausgangspunkte für eine jeweils eigene wirtschaftliche, soziale und kulturelle Tradition, die sich bis in unsere Tage erhielt. Hier nun können wir die Frage beantworten, die uns von Anfang an verfolgt, wie nämlich »Westen« zu definieren sei. Im ersten Kapitel haben wir die Kritik des Historikers Norman Davies kennen gelernt, der die kursierenden Definitionen des Westens »elastisch« genannt hat, ersonnen nur, um den Interessen derer zu dienen, die sie jeweils in Umlauf bringen. Mit seiner Weigerung allerdings, überhaupt vom Westen zu sprechen, schüttete er das Kind mit dem Bade aus. Dank der zeitlichen Tiefe, die die Archäologie erreicht hat, sind wir inzwischen ein wenig weiter.

Alle großen Zivilisationen der heutigen Welt gehen auf die Episoden ursprünglicher Domestizierung am Ende der Eiszeit zurück. Wir müssen uns von den intellektuellen Kabbeleien, die Davies beschrieben hat, den Begriff »Westen« nicht länger madig machen lassen. Es ist eine analytische, genauer: eine geographische Kategorie, die sich auf solche Gesellschaften bezieht, die sich vom westlichsten Kerngebiet der Domestizierung ableitet, dem Fruchtbaren Halbmond. Es ist unsinnig, vom »Westen« als einer abgrenzbaren Region zu sprechen, wenn es um Zeiträume vor 11 000 v. u. Z. geht; erst danach, und zwar durch die Vorgänge rund um die Domestizierung, entwickelt sich der Fruchtbare Halbmond zu einer ungewöhnlichen Region. Zu einem wirklich analytischen Werkzeug wird der Begriff »Westen« erst nach 8000 v. u. Z., als sich agrikulturelle Kerngebiete herausbildeten. Um 4500 v. u. Z. hatte sich der Westen vergrößert und umfasste nun auch den größten Teil Europas. In den letzten 500 Jahren trugen Kolonisten diese Kultur nach Nord- und Südamerika, zu den Antipoden und nach Sibirien. Dementsprechend sind mit »Osten« jene Gesellschaften gemeint, die vom östlichsten Kerngebiet der Domestizierung abstammen, das sich ab 7500 v. u. Z. in China entwickelt hat. Wir können auch von vergleichbaren Traditionen der Neuen Welt, Südasiens, Neuguineas und Afrikas sprechen. Die Frage nach der Vorherrschaft des Westens zielt eigentlich auf die Gründe, aus denen die Gesellschaften, die sich vom agrikulturellen Kernland im Fruchtbaren Halbmond herleiten, dazu kamen, den Planeten zu beherrschen, und nicht solche, die in den Entwicklungskernen in China, Mexiko, im Indus-Tal, in der Ostsahara, Peru oder Neuguinea ihren Ausgang nahmen.

Eine der Erklärungen, die von langfristiger Determination ausgehen, kommt einem an dieser Stelle sofort in den Sinn: Die Menschen aus dem Fruchtbaren Halbmond – die ersten »Westler« also – hätten den Ackerbau Tausende von Jahren vor allen anderen deshalb entwickelt, weil sie einfach klüger und geschickter gewesen wären. Mit ihren Genen und ihren Sprachen hätten sie ihre Intelligenz weitergegeben, während sie sich in Europa verbreiteten; Europäer hätten sie mitgenommen, als sie ab 1500 u. Z. andere Erdteile kolonisierten. Und aus diesem Grund regiere der Westen die Welt.

Das ist falsch, nicht anders als die in Kapitel 1 diskutierten rassistischen Theorien. Und zwar aus Gründen, die der Evolutionstheoretiker und Geograph Jared Diamond in seinem Klassiker *Arm und reich. Die Schicksale menschlicher Gesellschaften* so überzeugend dargestellt hat. Die Natur, so Diamond, sei einfach ungerecht. Nicht weil die dort lebenden Menschen einzigartig intelligent gewesen wären, wurde der Ackerbau im Fruchtbaren Halbmond nachweislich tausende Jahre früher entwickelt als irgendwo anders, sondern weil die geographischen Bedingungen diesen Menschen gute Startchancen boten.

Es gibt derzeit, wie Diamond feststellt, etwa 200 000 Pflanzenarten auf der Welt, doch nur einige 1000 davon sind essbar und nur einige 100 würden sich zur Domestizierung eignen. Tatsächlich stammt die Hälfte der heute konsumierten Kalorien von Getreidearten, vor allem von Weizen, Mais, Reis, Gerste und Hirse. Die Wildgräser, aus denen sich diese Getreidearten entwickelt haben, existieren nicht gleichmäßig über den Globus verteilt. Von den 56 Gräsern mit den größten, nahrhaftesten Samen waren 33 Arten wild in Südwestasien und im Mittelmeerraum heimisch. In Ostasien gibt es nur sechs wilde Arten, in Mittelamerika fünf, in Afrika südlich der Sahara vier, ebenfalls nur vier in Nordamerika, in Südamerika und Australien jeweils zwei und in Westeuropa eine. Wenn Menschen (in großen Gruppen betrachtet) einander ziemlich gleich sind und Wildbeuter überall in der Welt gleichermaßen träge, gierig und ängstlich waren, dann ist es einfach wahrscheinlich, dass die Menschen aus dem Fruchtbaren Halbmond diejenigen waren, die als erste Pflanzen und Tiere domestiziert haben, denn sie hatten das aussichtsreichere Ausgangsmaterial zur Hand.

Der Fruchtbare Halbmond bot noch weitere Vorteile. Um wilde Gerste und Weizen zu domestizieren, brauchte es gerade mal eine genetische Mutation, um dagegen Teosinte in etwas Maisähnlichliches zu verwandeln, waren Dutzende von Mutationen erforderlich. Die Menschen, die um 14 000 v. u. Z. nach Nordamerika kamen, waren nicht fauler oder dümmer als irgendwer sonst, und sie machten sicher nicht den Fehler, Teosinte anstelle von Weizen zu domestizieren. Es gab schlicht keinen Weizen in der Neuen Welt. Die Einwanderer hätten aber auch keine Getreidesamen aus der Alten Welt mitbringen können, denn sie konnten nur so lange in die Neue Welt gelangen, wie eine Landbrücke nach Asien bestand. Als sie über diese Landbrücke zogen – bevor der steigende Meeresspiegel die Landverbindung überspülte, also um 12 000 v. u. Z. –, gab es noch gar keine domestizierten Pflanzen, die sie hätten mitbringen können; und als es diese Pflanzen gab*, war die Landbrücke längst überflutet.

Nicht weniger begünstigt war der Fruchtbare Halbmond im Hinblick auf die dort lebende Tierwelt. Weltweit gibt es derzeit 148 Arten großer (über 50 Kilogramm schwerer) Säugetiere. Um 1900 u. Z. waren gerade 14 dieser Arten domestiziert, und sieben davon stammen aus Südwestasien. Alle der weltweit wichtigsten Haustiere (Schafe, Ziegen, Rinder, Schweine und Pferde) hatten – das Pferd ausgenommen – wilde Vorformen im Fruchtbaren Halbmond. In Ostasien gab es fünf, in Südamerika gerade eine dieser domestizierbaren Arten. Nicht eine dieser Arten lebte in Nordamerika, Australien oder in Afrika südlich der Sahara, dabei wimmelte es dort von großen Tieren. Doch sind der Domestizierung von Arten wie dem gefräßigen Löwen oder der haushohen Giraffe offensichtlich Grenzen gesetzt.

Darum sollten wir auch nicht davon ausgehen, dass die Menschen im Fruchtbaren Halbmond den Ackerbau erfunden haben, weil sie anderen genetisch oder kulturell überlegen gewesen wären. Sie teilten einfach den Lebensraum mit vielen (und leichter als anderswo) zu domestizierenden Pflanzen und Tieren, nur darum gelang es ihnen als Ersten, sich zu deren Herren zu machen. Das Angebot wilder Pflanzen und Tiere in den diversen Regionen Chinas war nicht ganz so günstig, aber immer noch gut; zur Domestizierung kam es hier rund zwei Jahrtausende später. Hirten in der Sahara, denen nur Schafe und Rinder zur Verfügung standen, brauchten weitere 500 Jahre, und weil Feldfrüchte in der Wüste nicht gediehen, wurden sie nie zu Ackerbauern. Die Menschen im Hochland Neuguineas standen vor dem umgekehrten Problem: Hier gab es nur eine schmale Auswahl an Pflanzen und keine domestizierbaren großen Tiere. Sie benötigten weitere 2000 Jahre und wurden niemals Viehzüchter. Die agrikulturellen Kerngebiete in der Sahara und Neuguinea brachten – im Unterschied zum Fruchtbaren Halbmond,

* Anders verhielt es sich bei nicht essbaren Pflanzen. Eine DNA-Studie von 2005 kam zu dem Ergebnis, dass die ersten Kolonisten des amerikanischen Doppelkontinents den kultivierten Flaschenkürbis aus Asien mitbrachten, dessen Früchte sie als Behälter verwendeten.

zu China, dem Indus-Tal, Oaxaca und Peru – keine eigenen Städte und auf Schrift basierende Kulturen hervor: nicht weil sie minderwertig gewesen wären, sondern weil ihnen die natürlichen Ressourcen fehlten.

Den Ureinwohnern Amerikas standen mehr Angebote zur Verfügung, mit denen sie etwas anfangen konnten, als den Afrikanern und Neuguinesen, aber weniger als den Menschen im Fruchtbaren Halbmond oder in China. Die Menschen in Oaxaca und in den Anden entwickelten sich rasch, indem sie Pflanzen (aber keine Tiere) kultivierten, innerhalb von 25 Jahrhunderten ab Ende des Jüngeren Dryas. Für Truthühner und Lamas, die – von Hunden abgesehen – einzigen Tiere, die sich dort domestizieren ließen, brauchten sie Jahrhunderte länger.

Die schmalsten Ressourcen überhaupt hatten die australischen Ureinwohner. Ausgrabungen in jüngerer Zeit ergaben, dass sie mit der Züchtung von Aalen experimentierten, und sie hätten, wenn ihnen einige weitere ungestörte Jahrtausende vergönnt gewesen wären, auch sesshafte Lebensweisen entwickelt. Stattdessen aber wurden sie im 18. Jahrhundert von europäischen Kolonisten überwältigt, die Weizen und Schafe importierten, Abkömmlinge der ursprünglichen Ackerbaurevolution im Fruchtbaren Halbmond.

Die Menschen aller Weltregionen waren, soweit wir das wissen können, einander tatsächlich ziemlich gleich. Allen bot die Erderwärmung neue Wahlmöglichkeiten: Sie konnten entweder weniger arbeiten oder gleich viel arbeiten und mehr essen, sie konnten aber auch mehr Nachkommen haben, selbst wenn dies mehr Arbeit bedeutete. Mit der neuen Klimalage war es ihnen möglich, in größeren Gruppen zu leben und weniger herumzuziehen. Überall in der Welt, wo sich die Menschen entschieden, sesshaft zu werden, mehr Kinder zu haben und auch mehr zu arbeiten, übertrafen sie jene anderen, die diesen Weg nicht gingen. Es ist allein der Natur zu verdanken, dass dieser Prozess im Westen früher begann als anderswo.

Jenseits von Eden

Dem könnte ein Vertreter der Theorie langfristiger Determiniertheit durchaus zustimmen. Vielleicht, würde er sagen, waren die Menschen tatsächlich überall weitgehend gleich, vielleicht hat es die Geographie denen im Westen nur leichter gemacht. Aber, wird er fortfahren, Geschichte ist mehr als Wetter und Größe des Saatguts. Schließlich mache es einen Unterschied, welchen Weg die Menschen einschlagen. Wollten sie weniger arbeiten oder wollten sie mehr essen und größere Familien durchbringen? Wie eine Geschichte ausgeht, ist häufig mit deren Beginn schon festgelegt. Vielleicht regiere der Westen heute die Welt, weil vor über 10 000 Jahren im Fruchtbaren Halbmond eine bestimmte Kultur entstanden ist, die zum Vorfahren aller späteren westlichen Gesellschaften wurde. Sie könnte doch einfach größere Potenziale haben als die Kulturen, die in anderen Kernregionen der Welt geschaffen wurden.

Betrachten wir die am besten dokumentierte, älteste und (in unseren Tagen) mächtigste Kultur, die außerhalb des Westens entstanden ist: China. Was wir herausfinden müssen, ist, wie sehr sich die ersten dortigen Ackerbaukulturen von denen im Westen unterschieden und ob diese Unterschiede dazu führten, dass sich der Osten und der Westen auf unterschiedlichen Bahnen entwickelt haben – was wiederum erklären könnte, warum westliche Gesellschaften rund um die Welt zur Herrschaft kamen.

Bis vor kurzem wussten die Archäologen sehr wenig über den frühen Ackerbau in China. Viele Gelehrte glaubten sogar, dass der Reis, dieser Inbegriff der chinesischen Küche, seine Geschichte nicht dort, sondern in Thailand begonnen hat. Erst als 1984 entdeckt wurde, dass auch im Jangste-Tal wilder Reis wuchs, war klar, dass er auch hier hat domestiziert werden können. Das allerdings lässt sich archäologisch nur schwer bestätigen. Das Problem liegt im Unterschied der Verarbeitung: Während Bäcker stets etwas von ihrem Brot anbrennen und damit den Archäologen verkohlte Weizen- oder Hirsekörner übrig lassen, kommt es beim Kochen, der sinnvollsten Art der Reiszubereitung, selten zu solchen Zwischenfällen. Entsprechend schwerer lassen sich Spuren alter Reisarten finden.

Doch mit ein bisschen Erfindungskraft konnten die Archäologen dieses Hindernis bald umgehen. 1988 stellten Ausgräber in Pengtoushan im Jangste-Tal (Abbildung 2.7) fest, dass Töpfer um 7000 v. u. Z. begonnen hatten, Reisschrot und -stängel unter den Ton zu mischen, damit ihre Töpfe im Brennofen nicht so leicht sprangen, und nähere Untersuchungen brachten dann den eindeutigen Nachweis, dass diese Zusätze von kultivierten Pflanzen stammten.

Der eigentliche Durchbruch begann 1995, als sich Yan Wenming von der Peking University* mit dem amerikanischen Archäologen Richard MacNeish zusammentat – einem Feldforscher, wie er im Buche steht.** MacNeish brachte nicht nur eine jahrzehntelange Erfahrung im Studium des frühen Ackerbaus mit nach China, sondern auch die Archäobotanikerin Deborah Pearsall, und die wiederum hatte eine neue wissenschaftliche Technik im Gepäck. Reis bleibt in archäologischen Sedimenten nur selten erhalten, doch wie alle Pflanzen nimmt auch er geringe Mengen Kieselerde aus dem Grundwasser auf. Diese füllt einige Pflanzenzellen, und wenn die Pflanze verwest, hinterlässt sie in der Erde mikroskopische, zellenartig geformte Versteinerungen, Phytolithen genannt. Deren gründliche Untersuchung vermag nicht nur zu zeigen, ob die Leute an der Fundstätte Reis gegessen haben, sondern auch, ob die Pflanzen bereits kultiviert waren.

* Wie im Fall des in Kapitel 1 diskutierten Peking-Menschen hält auch die Universität an der älteren Form ihres Namens fest. In den 1980er Jahren wurde förmlich beschlossen, *Beijing daxue* mit »Peking University« zu übersetzen.

** MacNeish, der in den 1940er Jahren mit Grabungen in Mexiko begann, verbrachte bewunderungswürdige 5683 Tage an Grabungsstätten – nahezu zehnmal mehr, als mir bislang vergönnt waren. Als er 2001 im Alter von 82 Jahren starb, geschah das nicht im Bett, sondern durch einen Unfall während Grabungsarbeiten in Belize. Noch während des ganzen Wegs ins Krankenhaus soll er sich mit dem Fahrer des Krankenwagens über Archäologie unterhalten haben.

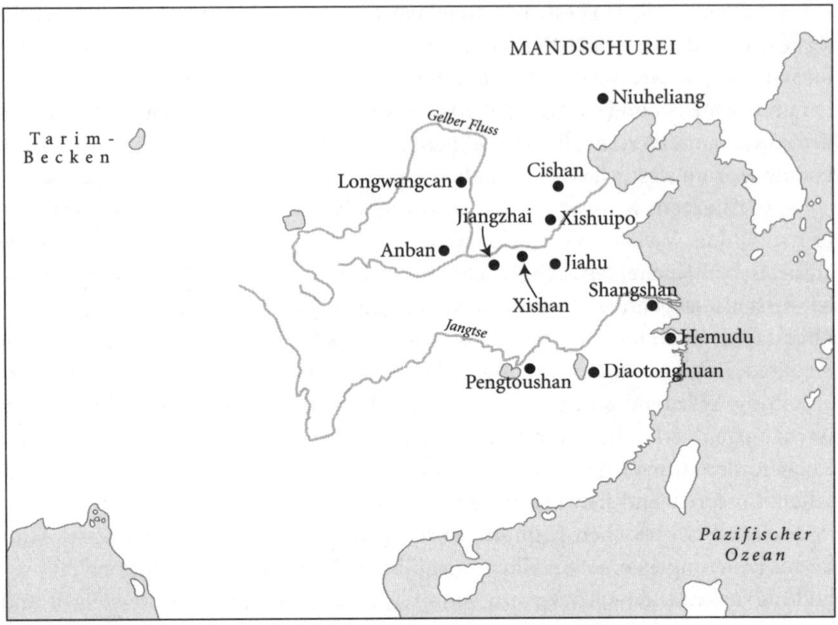

Abbildung 2.7: Die Wiege des Ostens
Stätten im heutigen China, die in diesem Kapitel erwähnt werden.

Yan und MacNeish ließen in der Diaotonghuan-Höhle, Provinz Jiangxi, einen 4,80 Meter tiefen Graben ziehen, und Pearsall konnte anhand der dabei gefundenen Phytolithen nachweisen, dass Menschen um 12000 v. u. Z. Wildreis ausgerissen und in die Höhle gebracht haben. Wie im Fruchtbaren Halbmond, wo, als sich die Erde erwärmte, Weizen, Gerste und Roggen gediehen, war auch im Jangtse-Tal eine goldene Zeit für Jäger und Sammler angebrochen. Die Phytolithen lieferten keinen Hinweis darauf, dass beim Reis, so wie beim Roggen in Abu Hureyra, eine Evolution hin zu domestizierten Formen stattgefunden hat, doch das Jüngere Dryas hatte im Jangtse-Tal die gleichen verheerenden Folgen wie im Westen. Um 10500 v. u. Z. war Wildreis fast völlig aus Diaotonghuan verschwunden, kehrte aber zurück, als sich nach 9600 v. u. Z. das Klima wieder besserte. Um diese Zeit (und damit 2500 Jahre früher als im Fruchtbaren Halbmond) tauchen auch Fragmente grober Keramikgefäße auf, vermutlich Relikte von Kesseln, in denen Körner gekocht worden waren. Ab 8000 v. u. Z. werden die Phytolithen größer, ein sicheres Zeichen dafür, dass die Menschen Wildreis kultivierten. Um 7500 v. u. Z. waren in Diaotonghuan Körner vollständig wilder und solche kultivierter Reispflanzen gleichermaßen verbreitet; um 6500 v. u. Z. war der wilde Reis verschwunden.

Ausgrabungen, die seit 2001 im Jangtse-Delta unternommen werden, bestätigen diese zeitliche Abfolge. Und wir wissen, dass die Menschen im Tal des Gelben Flusses um 7000 v. u. Z. begonnen hatten, Hirse zu kultivieren. Um diese Zeit waren auch in Jiahu, einer bemerkenswerten Fundstätte zwischen Jangtse und Gelbem Fluss, Reis und Hirse kultiviert worden, möglicherweise auch Schweine domestiziert. In Cishan, Provinz Hebei, ließ ein Feuer um 6000 v. u. Z. 80 Vorratsgruben mit fast einer Viertelmillion Pfund großer Hirsesamen verkohlen und konservierte sie damit. Auf dem Grund einiger Gruben fand man unter der Hirse auch vollständige Skelette von Hunden und Schweinen; sie gehören zu den frühesten Zeugnissen für domestizierte Tiere in China.

Wie im Westen bedeutete die Domestizierung auch hier über Jahrhunderte hinweg unzählige kleine Veränderungen an Feldpflanzen, Tieren sowie an Techniken. Der hohe Grundwasserspiegel von Hemudu im Jangtse-Delta bescherte den Archäologen eine wahre Goldgrube, denn er konservierte große Mengen von Wasserbaureis sowie Werkzeuge aus Holz und Bambus, alle aus der Zeit ab 5000 v. u. Z. Um 4000 v. u. Z. war der Reis endgültig domestiziert und – wie Weizen und Gerste im Westen – vollständig davon abhängig, dass Menschen ihn ernteten. Außerdem hatten die Menschen der Hemudu-Kultur Wasserbüffel domestiziert, deren Schulterblattknochen sie als Spaten nutzten. Wie Archäologen dokumentieren konnten, hat sich im nordchinesischen Wei-Tal eine Jägerkultur ab 5000 v. u. Z. kontinuierlich zu einer Agrikultur entwickelt. Am deutlichsten ließ sich das an Werkzeugen zeigen, die in Gebrauch waren: Spaten und Hacken aus Stein ersetzten die Steinbeile, als die Menschen von der Brandrodung kleiner Waldstücke zu dauerhaft kultivierten Feldern übergingen; die Spaten wurden größer, als die Ackerbauern den Boden tiefer umzugraben begannen. Im Jangtse-Tal gab es deutlich erkennbare, von Dämmen umgebene Reisfelder, die geflutet werden konnten, vermutlich ab 5700 v. u. Z.

Frühe chinesische Siedlungen wie Jiahu (um 7000 v. u. Z.) unterschieden sich kaum von denen im Fruchtbaren Halbmond: Man fand Relikte kleiner, unregelmäßig runder, halb in die Erde gebauter Hütten und zwischen diesen Mahlsteine und Grabstätten. In Jiahu lebten 50 bis 100 Menschen. Eine der Hütten war etwas größer als die anderen, doch die sehr gleichmäßige Verteilung der Funde spricht dafür, dass Eigentum und geschlechtlich bedingte soziale Unterschiede noch schwach ausgebildet waren. Das Kochen und die Vorratshaltung geschahen gemeinschaftlich. Das änderte sich um 5000 v. u. Z., als einige der Siedlungen 150 Bewohner zählten und mit Gräben geschützt wurden. In Jiangzhai, Provinz Shaanxi, der bestdokumentierten Stätte aus dieser Zeit, standen die Hütten um einen unbebauten Bereich, der zwei große Aschehaufen enthielt, vermutlich Relikte gemeinschaftlicher Rituale.

Verglichen mit den Heiligtümern, die im Westen damals bereits seit einigen Jahrtausenden errichtet wurden, wirken die Opferstätten von Jiangzhai – wenn es denn welche waren – ziemlich zahm. Doch zwei bemerkenswerte Funde aus Gräbern bei Jiahu zeigen, dass Religion und Ahnen hier keinen Deut weniger wichtig genommen wurden als im Fruchtbaren Halbmond. Der erste Fund besteht aus über dreißig Flöten, geschnitzt aus Flügelknochen des Mandschurenkranichs, die alle aus Männergräbern stammen, die reicher ausgestattet sind als der Durchschnitt. Auf fünf der Flöten kann heute noch gespielt werden. Die ältesten, entstanden um 7000 v. u. Z., hatten fünf oder sechs Löcher. Es sind also keine besonders feinen Instrumente, doch heutige chinesische Volkslieder lassen sich darauf spielen. Um 6500 v. u. Z. waren dann sieben Löcher üblich, und die Flötenbauer gaben den Instrumenten die gleiche Tonhöhe, woraus man wohl schließen kann, dass Flötenspieler in Gruppen Musik machten. Eines der Gräber, angelegt um 6000 v. u. Z., enthielt eine Flöte mit acht Löchern, auf der sich jede moderne Melodie spielen lässt.

Das alles klingt interessant. Die eigentliche Bedeutung der Flöten aber tritt erst zutage, wenn sie im Zusammenhang mit 24 reich ausgestatteten Männergräbern betrachtet werden, die Schildkrötenpanzer enthalten; in 14 davon waren einfache Zeichen geritzt worden. Aus einem der Gräber, es stammt von etwa 6250 v. u. Z., ist der Kopf des Verstorbenen entfernt (man denkt sofort an Çatalhöyük!) und durch 16 Schildkrötenpanzer ersetzt worden, zwei davon mit Ritzungen. Einige dieser Zeichen ähneln – zumindest sehen das einige Forscher so – verblüffend den Piktogrammen von Chinas frühestem ausgearbeiteten Schriftsystem, das die Könige der Shang-Dynastie 5000 Jahre später verwendet haben.

Auf die Shang-Inschriften werde ich in Kapitel 4 zurückkommen. Hier will ich nur festhalten, dass der zeitliche Abstand zwischen den Zeichen von Jiahu (um 6250 v. u. Z.) und Chinas erstem wirklichen Schriftsystem (um 1250 v. u. Z.) fast ebenso lang ist wie der zwischen den merkwürdigen Symbolen aus Jerf al-Ahmar in Syrien (um 9000 v. u. Z.) und der ersten wirklichen Schrift in Mesopotamien (um 3300 v. u. Z.). Allerdings gibt es in China mehr Hinweise auf Kontinuität. Dutzende von Fundstätten, insbesondere aus der Zeit nach 5000 v. u. Z., enthielten die merkwürdigen Gefäße mit eingeritzten Zeichen. Gleichwohl streiten die Experten erbittert darüber, ob die groben Ritzungen von Jiahu direkte Vorläufer der über 5000 Symbole des Shang-Schriftsystems sind.

Nicht das schwächste Argument für eine solche Verbindung ist der Umstand, dass so viele Shang-Texte auf Schildkrötenpanzer geritzt wurden. Die Könige dieser Zeit nutzten die Panzer für ihre rituellen Weissagungen; erste Spuren solcher Praktiken findet man bereits um 3500 v. u. Z. Und so fragen sich die Ausgräber von Jiahu, ob die Verbindung von Schildkrötenpanzern, Schriftzeichen, Wahrsagerei und sozialer Macht nicht schon vor 6000 v. u. Z. begonnen hat. Wie jeder weiß, der Texte des Konfuzius kennt, gehören Musik und Rituale in China seit dem 1. Jahrtausend v. u. Z. zusammen. Sollten Flöten, Schildkrötenpanzer und Schriftzeichen aus den Gräbern von Jiahu ein Hinweis darauf sein, dass es bereits 5000 Jahre früher Menschen gab, die darauf spezialisiert waren, mit den Ahnen zu sprechen?

Es wäre eine in der Tat erstaunliche Kontinuität, doch gibt es Parallelen dazu. In Kapitel 1 habe ich die merkwürdigen doppelköpfigen Statuen mit den riesigen starren Augen erwähnt, die, aus der Zeit um 6600 v. u. Z. stammend, in Ain Ghazal im Jordan-Tal gefunden wurden. Die Kunsthistorikerin Denise Schmandt-Besserat hat darauf hingewiesen, wie auffallend ähnlich die Beschreibungen von Göttern sind, die sich in Texten finden, die um 2000 v. u. Z. in Mesopotamien entstanden sind. Im Osten wie im Westen könnten einige Elemente der Religion der ersten Ackerbaugesellschaften außerordentlich langlebig gewesen sein.

Schon vor den Entdeckungen in Jiahu hat Kwang-chih Chang von der Harvard University – der Pate der chinesischen Archäologie von den 1960er Jahren bis zu seinem Tod 2001 – behauptet, dass die ersten wirklich mächtigen Menschen in China Schamanen gewesen seien, die es verstanden, andere davon zu überzeugen, sie könnten zu Tieren und Ahnen sprechen, zwischen den Welten hin und her fliegen, und die die Kommunikation mit den Himmeln zu ihrem Monopol machten. Als Chang dies schrieb, in den 1980er Jahren, erlaubten ihm die verfügbaren Funde nur, die Spuren solcher Spezialisten bis 4000 v. u. Z. zurückzuverfolgen. Zu dieser Zeit wandelten sich chinesische Gesellschaften rasch, und aus einigen Siedlungen wurden Städte. Um 3500 v. u. Z. hatten einige Gemeinwesen bereits 2000 oder 3000 Bewohner, so viele wie Çatalhöyük oder Ain Ghazal 3000 Jahre früher; eine Handvoll dieser Gemeinwesen konnte Tausende von Arbeitskräften mobilisieren, die Befestigungsanlagen errichteten, indem sie Lage über Lage Erde feststampften (guter, zum Bau geeigneter Stein ist selten in China). Die eindrucksvollste dieser Mauern fand sich in Xishan, Provinz Henan. Sie war ursprünglich zwischen 3,50 und 4,50 Meter dick und über 1,6 Kilometer lang. Noch heute ist sie an einigen Stellen bis 2,50 Meter hoch. Unter den Fundamenten wurden in Tonkrügen beigesetzte Kinderskelette gefunden, vermutlich während des Baus gebrachte Opfer. Zahlreiche mit Asche gefüllte Gruben in der Siedlung selbst enthalten Erwachsene in Kampfhaltungen, manchmal zusammen mit Tierknochen. Auch das können rituelle Morde gewesen sein wie die von Çayönü in der heutigen Türkei, und es gibt einige Belege dafür, dass solche schauerlichen Rituale in China bis 5000 v. u. Z. zurückreichen.

Sollte Chang Recht und Schamanen ihre Führungsrolle tatsächlich um 3500 v. u. Z. übernommen haben, dann könnten sie in den größeren Häusern gewohnt haben, die über einer Grundfläche von 370 Quadratmetern errichtet wurden und die von dieser Zeit an in einigen Städten auftauchen. (Archäologen nennen sie häufig »Palast«, was vielleicht ein wenig zu grandios klingt.) Die Bauten hatten mit Stein belegte Fußböden, große zentrale Feuerstellen und Aschegruben, die auch Tierknochen (von Opfern?) enthielten. In einem Gebäude befand sich ein Artefakt aus weißem Marmor, das aussieht wie ein Zepter. Der interessanteste dieser »Paläste«, der von Anban, Provinz Shaanxi, stand erhöht in der Mitte der Stadt. Die Säulen ruhten auf steinernen Fundamenten, das Bauwerk war umgeben von Gruben voller Asche, von denen einige rot angemalte Kieferknochen von Schweinen enthielten, andere in Stoff gehüllte Schweineschädel, noch andere kleine Tonfiguren mit großen Nasen, Bärten und seltsam spitzen Hüten (sie erinnern an Halloween-Hexen).

Zweierlei fanden die Archäologen an diesen Statuetten besonders aufregend. Zum einen währte die Tradition ihrer Herstellung Tausende von Jahren, und man hat ein ziemlich ähnliches Exemplar in einem um 1000 v. u. Z. entstandenen Palast gefunden, das das chinesische Schriftzeichen *wu* auf seinem Hut trägt. *Wu* bedeutet »religiöser Mittler«. Einige Archäologen schließen daraus, dass alle Figurinen, auch die aus Anban, Schamanen darstellen. Zum anderen wirken viele der Figurinen eindeutig kaukasisch und nicht chinesisch. Ähnliche Exemplare wurden vielerorts entlang der Route von Anban ins zentralasiatische Turkmenistan gefunden, entlang des Wegs, der später zur Seidenstraße werden sollte, die China mit Rom verband. In Sibirien ist der Schamanismus eine bis heute starke Tradition. Gegen Geld rufen ekstatische Seher dort Geister herbei und sagen abenteuerlustigen Touristen die Zukunft voraus. Die Figurinen aus Anban könnten dafür sprechen, dass in chinesische Traditionen religiöser Autorität um 4000 v. u. Z. Schamanen aus dem tiefsten Zentralasien eingegangen sind. Manche Archäologen glauben sogar, dass Schamanen aus dem Fruchtbaren Halbmond, die um 10 000 v. u. Z. gelebt haben, aus der Ferne einigen Einfluss auf den Osten hatten.

Wie andere Relikte zeigen, ist das beileibe nicht ausgeschlossen. Die außergewöhnlichsten davon sind Mumien aus dem Tarim-Becken, die im Westen so gut wie unbekannt waren, bis ihnen Magazine wie *Discover, National Geographic, Archaeology* und *Scientific American* Mitte der 1990er Jahre plötzliche Publizität verschafften. Die kaukasischen Züge der Mumien scheinen zweifelsfrei zu bestätigen, dass Menschen aus Zentral- und sogar aus Westasien um 2000 v. u. Z. in die westlichen Randgebiete Chinas gezogen sind. Und – ein merkwürdiges Zusammentreffen, fast zu schön, um wahr zu sein – die im Tarim-Becken bestatteten Menschen hatten nicht nur Bärte und große Nasen wie die Figurinen von Anban, bei einigen fand man auch spitze Kopfbedeckungen (in einem Grab lagen zehn wollene Mützen).

Ein paar überraschende Funde, und schon sind alle in heller Aufregung! Doch selbst wenn man die wilderen Theorien einmal beiseite lässt, sieht es so aus, als sei die Kraft der Religion im frühen China nicht weniger bedeutsam gewesen als im Fruchtbaren Halbmond. Und wenn immer noch Zweifel bleiben, so sind zwei Entdeckungen aus den 1980er Jahren dazu angetan, sie zu zerstreuen. Bei Xishuipo in der Provinz Henan grabende Archäologen waren erstaunt, als sie in einem um 3600 v. u. Z. angelegten Grab einen erwachsenen Mann fanden, neben den Muschelschalen in der Form eines Drachens und eines Tigers gelegt worden waren. Weitere Muster aus Muscheln umgaben das Grab selbst, eines zeigt einen drachenköpfigen Tiger mit einem Hirsch auf dem Rücken und einer Spinne auf dem Kopf; ein anderes einen Mann, der auf einem Drachen reitet. Chang interpretierte den Toten als Schamanen, die ihn umgebenden Muschelmosaiken als Tiergeister, die ihm halfen, sich zwischen Himmel und Erde zu bewegen.

Eine Entdeckung in der heutigen Mandschurei, weit im Nordosten, überraschte die Archäologen noch mehr. Zwischen 3500 und 3000 v. u. Z. entstand bei Niuheliang auf einer Fläche von fünf Quadratkilometern eine ganze Gruppe religiöser Stätten. In deren Zentrum lag, was die Ausgräber den »Tempel der Göttin« nannten, ein seltsamer, 18 Meter langer unterirdischer Gang mit Kammern voller Tonstatuetten: Menschen, Mischwesen aus Schwein und Drachen sowie weitere Tiere. Mindestens sechs der Statuen stellten, lebensgroß und größer, nackte Frauen dar, die mit gekreuzten Beinen sitzen. Die am besten erhaltene Frauenfigur hat rot bemalte Lippen und Augen aus blassblauer Jade – einem seltenen, schwer zu bearbeitenden Stein, der zu dieser Zeit an Stätten überall in China als Luxusgut auftaucht. Weil blaue Augen bei Chinesen selten sind, ist man leicht geneigt, diese Statuen mit den kaukasisch wirkenden Figurinen aus Anban und den Mumien aus dem Tarim-Becken in Verbindung zu bringen.

Trotz der isolierten Lage von Niuheliang liegt um den Tempel verstreut ein halbes Dutzend Ansammlungen von Gräbern. Wälle mit einem Durchmesser von 300 Metern markieren einige Gräber, und zu den Grabbeigaben gehören auch Jadeornamente, eines davon zeigt ein Drachen-Schwein. Mit allem Einfallsreichtum, den der Mangel an Beweisen in uns weckt, haben Archäologen darüber gestritten, ob die dort bestatteten Männer und Frauen Priester oder Häuptlinge waren oder vielleicht auch beides zugleich. Wie dem auch sei, die Idee, eine Minderheit der Toten – meist Männer – mit Jadegaben zu bestatten, setzte sich in ganz China durch, und um 4000 v. u. Z. begann an manchen Grabanlagen die Verehrung der Toten. Wie es aussieht, haben sich die Menschen im Osten ebenso sehr um die Ahnen gekümmert wie die im Fruchtbaren Halbmond, allerdings hat die Sorge um die Ahnen jeweils anderen Ausdruck gefunden: Im Westen hat man die Schädel von den Toten entfernt, im Osten wurden sie in Grabanlagen verehrt. An beiden Enden Eurasiens hat man größte Energie in Zeremonien investiert, die mit Göttern und Ahnen zu tun hatten, und die ersten mit Macht ausgestatteten Individuen waren offenbar jene, die Verbindung mit den unsichtbaren Welten der Ahnen und Geister aufnehmen konnten.

Durch Ackerbau bestimmte Lebensweisen – jenen ziemlich ähnlich, die einige Jahrtausende zuvor im Westen entwickelt wurden (mit allem was dazugehört: schwerer Arbeit, Vorratshaltung, Befestigungsanlagen, Ahnenkulten, Unterordnung der Frauen und Jungen unter die Männer und Alten) – waren um 3500 v. u. Z. offenbar auch im Osten fest etabliert und haben sich von den dortigen Besiedlungskernen her ausgebreitet. Auch die Verbreitung des Ackerbaus scheint sich in beiden Teilen der Welt nach ähnlichen Mustern vollzogen zu haben; zumindest ähneln sich die Expertendebatten über den jeweiligen Weltteil. Einige Archäologen gehen davon aus, dass die Menschen aus den Kerngebieten zwischen Jangtse und Gelbem Fluss durch Ostasien zogen und ihre agrikulturellen Lebensformen mitnahmen; andere denken, dass sich lokale Sammlergruppen niederließen, Pflanzen und Tiere domestizierten, miteinander Tauschhandel trieben und in großen Gebieten zunehmend ähnliche Kulturen entwickelten. Die linguistische Befundlage ist ähnlich kontrovers wie in Europa; genügend genetische Daten, um irgendeine Frage zu entscheiden, gibt es nicht. Mit Bestimmtheit lässt sich allenfalls sagen, dass mandschurische Sammler in großen Siedlungen lebten und um 6000 v. u. Z. Hirse anbauten. Ab 4000 v. u. Z. wird bis weit hinauf im Jangste-Tal Reis angebaut, ab 3000 auf Taiwan und rund um das heutige Hongkong, ab 2000 im heutigen Thailand und in Vietnam. Um diese Zeit verbreitete sich der Reisanbau auch auf der Malaiischen Halbinsel und über das Chinesische Meer hinweg auf den Philippinen und Borneo (Abbildung 2.8).

So wie im Westen erlitt die Ausbreitung des Ackerbaus auch im Osten einige Rückschläge. Wie Phytolithen zeigen, war im heutigen Korea Reis gegen 4400 v. u. Z., Hirse gegen 3600 bekannt; Letztere erreichte Japan um 2600. Doch die prähistorischen Koreaner und Japaner ignorierten diese Neuerungen weitere 2000 Jahre lang. Auch koreanische und japanische Küstengebiete boten offenbar reiche Ressourcen aus dem Meer, die, wie riesige Haufen weggeworfener Muschelschalen zeigen, große Dauersiedlungen ernährten. Diese im Überfluss lebenden Sammler entwickelten verfeinerte Kulturen und verspürten offenbar keinerlei Drang, sich der Bestellung des Bodens zu widmen. Wie die Sammler und Jäger an der Ostsee zwischen 5200 und 4200 v. u. Z. waren auch deren asiatische Kollegen zahlreich und entschlossen, die Kolonisten zu vertreiben, die ihnen das Land streitig machen wollten, doch so zahlreich auch wieder nicht, als dass Hunger sie zum Ackerbau veranlasst hätte.

In Korea wie in Japan war der Übergang zum Ackerbau verbunden mit dem Auftauchen von Waffen aus Metall – aus Bronze in Korea um 1500 v. u. Z., aus Eisen in Japan um 600 v. u. Z. So wie europäische Archäologen darüber streiten, ob es ein Druck oder ein Sog war, der den reichen Sammlergesellschaften um die Ostsee ein Ende machte, so denken einige Asianisten, dass diese Metallwaffen Eindringlingen gehörten, die mit ihren Überfällen auch den Ackerbau verbreiteten, während andere davon ausgehen, dass es innere Wandlungsprozesse waren, die Wildbeutergesellschaften verändert haben, woraufhin plötzlich Metallwaffen interessant wurden.

Um 500 v. u. Z. waren Reisfelder auf Japans südlicher Insel Kyushu verbreitet, doch die Ausbreitung des Ackerbaus erlitt auf der Hauptinsel Honshu einen weiteren Rückschlag. Und bis er im Norden auf Hokkaido, wo die Möglichkeiten des Nahrungsammelns besonders üppig waren, Fuß fassen konnte, dauerte es weitere 1200 Jahre. Zuletzt aber verdrängte der Ackerbau das Jagen und Sammeln in Asien ebenso gründlich wie im Westen.

Kochen und Backen, Schädel und Gräber

Wie können wir uns all das erklären? Gewiss waren Osten und Westen unterschiedlich, von den Nahrungsmitteln, die die Menschen zu sich nahmen, bis hin zu den Göttern, die sie verehrten. Niemand könnte Jiahu mit Jericho verwech-

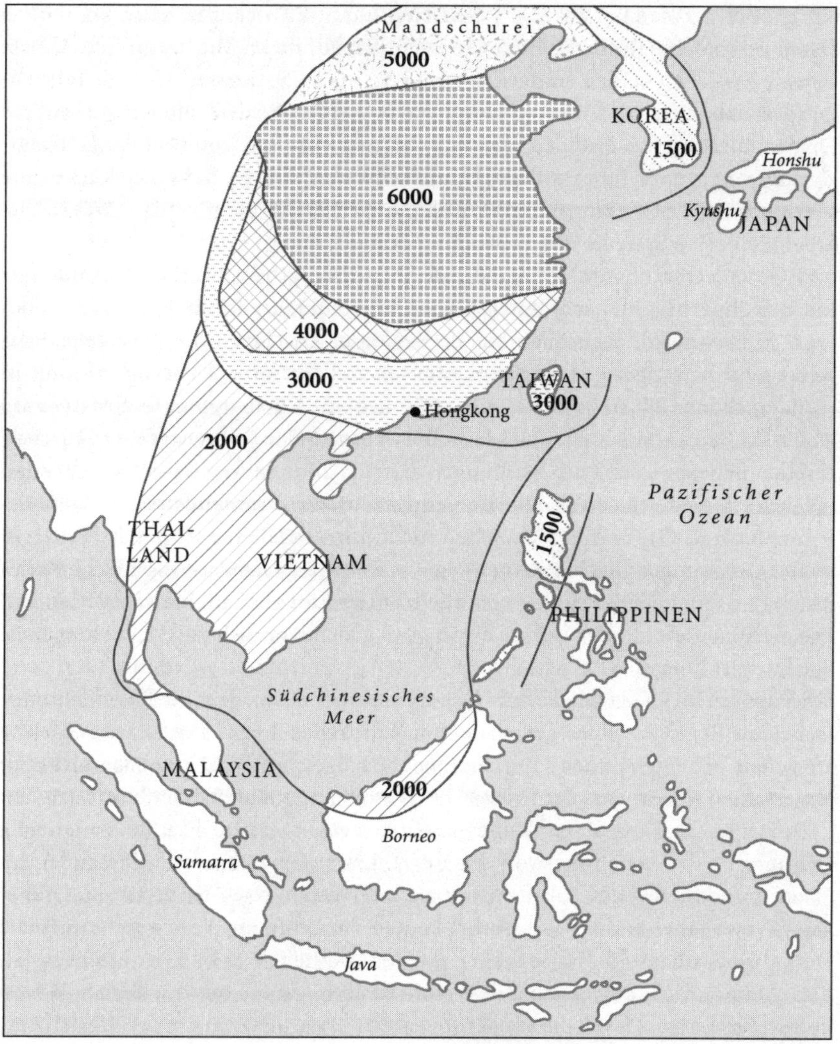

Abbildung 2.8: Gehet hin und mehret euch, Version II
Die Ausbreitung des Ackerbaus aus den Tälern von Jangtse und Gelbem Fluss heraus, 6000 bis 1500 v. u. Z.

seln. Aber waren die kulturellen Gegensätze wirklich so stark, dass sich daraus die Vorherrschaft des Westens erklären ließe? Oder waren die unterschiedlichen kulturellen Traditionen nur zwei Wege, das Gleiche zu tun? Tabelle 2.1 fasst die Befunde zusammen. Dabei, so denke ich, fällt dreierlei sofort auf.

Erstens: Wenn die vor 10 000 Jahren im Fruchtbaren Halbmond geschaffene Kultur, von der die späteren westlichen Gesellschaften abstammen, tatsächlich ein größeres Potenzial für die gesellschaftliche Entwicklung hatte als die im Osten geschaffene Kultur, sollten wir eigentlich auf dieser Tabelle größere Unterschiede zwischen beiden entdecken können. Das ist aber nicht der Fall. Tatsächlich geschah in Ost und West so ziemlich das Gleiche. Beide Regionen erlebten die Domestizierung von Hunden, die Kultivierung von Pflanzen und die Domestizierung von großen (über 50 Kilogramm schweren) Tieren. In beiden kam es zur schrittweisen Entwicklung der »Voll-Landwirtschaft« (womit ich ertragreiche, arbeitsintensive Systeme mit vollständig domestizierten Pflanzen, mit Reichtum und Geschlechterhierarchie meine), zum Aufstieg großer Siedlungen (mit über 100 Bewohnern) und, nach weiteren 2000 bis 3000 Jahren, von Städten (mit über 1000 Einwohnern). Menschen beider Regionen errichteten ausgeklügelte Bauwerke und Befestigungen, experimentierten mit Vorformen von Schrift, mit in wunderschönen Mustern bemalter Keramik, beide legten üppige Grabstätten an, lebten im Bann von Ahnen und Menschenopfern, beide verbreiteten ihre agrikulturellen Lebensweisen (zunächst langsam, nach 2000 Jahren dann beschleunigt, bis sie auch die reichsten Wildbeutergemeinschaften überwanden).

Zweitens: In Ost und West geschah nicht nur das Gleiche, es geschah auch in mehr oder weniger gleicher Reihenfolge. In Tabelle 2.1 habe ich das mit Linien illustriert, die in beiden Regionen parallele Entwicklungen miteinander verbinden. Die meisten dieser Linien weisen ein in etwa gleiches Gefälle auf, wobei der jeweilige Entwicklungsschritt zunächst im Westen geschieht und sich dann, rund 2000 Jahre später, im Osten wiederholt. Das spricht sehr dafür, dass die Entwicklungen in beiden Regionen einer gemeinsamen kulturellen Logik folgten, dass gleiche Ursachen an beiden Enden Eurasiens gleiche Folgen hatten. Der einzige wirkliche Unterschied ist der, dass der Prozess im Westen 2000 Jahre früher begonnen hat.

Drittens: Gleichwohl ist keiner meiner beiden ersten Punkte vollständig richtig. Es gab Ausnahmen von der Regel. Erste Keramikgefäße entstanden im Osten mindestens 7000 Jahre früher als im Westen; reich ausgestattete Gräber gab es 1000 Jahre früher. Umgekehrt bauten die Leute im Westen monumentale Heiligtümer über 6000 Jahre früher als die im Osten. Wer nun der Meinung ist, diese Unterschiede von Osten und Westen basierten auf unterschiedlichen Wegen kultureller Entwicklung, die wiederum erklären würden, warum der Westen vorherrscht, der müsste darlegen, warum Töpferei, Gräber und Heiligtümer so große Bedeutung gewinnen konnten; andererseits müssten alle, die (wie ich zum Beispiel) davon ausgehen, dergleichen habe keine wirkliche Bedeutung gehabt, ihrerseits erklären, warum es zu diese Abweichungen vom allgemeinen Muster kam.

Darüber, warum Keramik im Osten so früh auftaucht, sind sich die meisten Archäologen einig: Die dort verfügbaren Nahrungsmittel machten das Kochen erforderlich. Die Menschen im Osten brauchten Behältnisse, die sie aufs Feuer setzen konnten, und lernten darum früh, Ton zu brennen. Wenn dem so war, müssten wir vielleicht überlegen, ob nicht Unterschiede in der Nahrungszubereitung Ost und West auf unterschiedliche Entwicklungsschienen gesetzt haben.

Datum	Westen	Osten
14000		einfache Keramik
13000		Ende der Eiszeit
12000		
	Hunde	
11000	domestizierte Pflanzen	
		Anfang der Jüngeren Dryas
10000		
	große Sakralbauten	
	domestizierte Pflanzen	Ende der Jüngeren Dryas
	? Befestigungen	
9000	Protoschrift	
	große Dörfer	
	Beginn der Expansion (Zypern)	Hunde
8000		domestizierte Pflanzen
	domestizierte Tiere	
	? Menschenopfer	
	voll entwickelter Ackerbau	
	Städte, Großbauwerke	? Befestigungen
7000	einfache Keramik	Protoschrift
	Beschleunigung der Expansion	große Dörfer
6000		domestizierte Tiere
	kunstvolle Keramiken	Beginn der Expansion (Mandschurei)
		voll entwickelter Ackerbau
5000		? Menschenopfer
		reiche Grabbeigaben
4000		Städte, Großbauwerke
		kunstvolle Keramiken
		große Sakralbauten
	reiche Grabbeigaben	
3000		Beschleunigung der Expansion

Tabelle 2.1: Ein Vergleich der Anfänge im Westen und im Osten

Vielleicht hat ja die westliche Art des Garens mehr Nährstoffe erschlossen, die Menschen also stärker gemacht. Aber das ist nicht wirklich überzeugend. Anatomische Studien geben ein eher düsteres Bild des Lebens in den landwirtschaftlichen Kerngebieten sowohl des Ostens als auch des Westens. Es war, wie der englische Philosoph Thomas Hobbes im 17. Jahrhundert schrieb, »ein einsames, kümmerliches, rohes und kurzdauerndes Leben« (wenn auch nicht notwenig brutal). Im Osten wie im Westen waren die ersten Ackerbauern unterernährt, verkümmert, sie schleppten eine Menge Parasiten mit sich herum, hatten schlechte Zähne und starben früh. In beiden Regionen haben Neuerungen in der Landwirtschaft die Ernährung verbessert; und in beiden Regionen entwickelten sich in den Führungsschichten einfallsreichere Küchenpläne. Dass der Osten vom Kochen abhing, war nur einer unter vielen Unterschieden in der Nahrungszubereitung; insgesamt jedoch überwiegen die Ähnlichkeiten in der Ernährung die Unterschiede bei weitem.

Vielleicht aber führten die Unterschiede in der Nahrungszubereitung zu unterschiedlichen Mustern der Nahrungsaufnahme und damit auch zu unterschiedlichen Familienstrukturen, mit langfristigen Folgen. Doch auch das ist nicht sehr wahrscheinlich. Die frühesten Ackerbauern in Ost und West haben ihre Nahrungsmittel offenbar gemeinsam gelagert, zubereitet und wohl auch verzehrt; erst in den darauf folgenden Jahrtausenden haben sie das auf kleinerer Familienebene gemacht. Und auch dabei überwiegen die Gemeinsamkeiten zwischen Ost und West die Unterschiede. Die frühe Erfindung der Keramik im Osten ist gewiss ein interessanter Unterschied, doch zur Erklärung, warum der Westen die Welt regiert, scheint er nichts Wesentliches beizutragen.

Und was ist mit der frühen Anlage aufwändiger Gräber im Osten? Was mit der noch früheren Anlage aufwändiger Heiligtümer im Westen? Ich vermute, dass diese Entwicklungen einander Spiegelbilder sind. Beide stehen sie, wie wir gesehen haben, in engem Zusammenhang mit dem Ahnenkult, der sich herausbildete und intensiver wurde, als der Ackerbau das, was die Toten hinterließen, zum wichtigsten Faktor des wirtschaftlichen Lebens machte. Aus Gründen, die wir wahrscheinlich niemals verstehen werden, haben die Menschen im Osten und im Westen verschiedene Formen dafür gefunden, den Ahnen Dank abzustatten und mit ihnen in Verbindung zu treten. Einige Gruppen im Westen hatten wohl die Vorstellung, dies ließe sich am besten bewerkstelligen, wenn man die Schädel verstorbener Verwandter herumreichte, Gebäude mit Stierschädeln und Säulen anfüllte und darin Menschen opferte; die im Osten fühlten sich offenbar besser, wenn sie mit ihren Verwandten aus Jade geschnitzte Tierfiguren begruben, die Grabstätten verehrten und schließlich andere Menschen köpften und zu den Toten in die Gräber stießen. Unterschiedliche Einfälle unterschiedlicher Menschen, aber ähnliche Wirkungen.

Zwei Schlüsse, denke ich, lassen sich aus Tabelle 2.1 ziehen. Erstens: Die frühen Entwicklungen in den westlichen und östlichen Kerngebieten waren einander zumeist ziemlich ähnlich. Ich möchte die tatsächlichen Unterschiede nicht herunterspielen, die sich, von der Machart der Steinwerkzeuge bis zu den Pflanzen und Tieren, die die Menschen verzehrten, überall zeigen, doch keiner dieser Unterschiede spricht sonderlich für eine Theorie langfristiger Determinierung, von der zu Anfang die Rede war; keiner spricht dafür, dass irgendetwas auf dem Weg, den die westliche Kultur nach der letzten Eiszeit einschlug, dieser mehr Potenziale verschafft hätte als der östlichen und dass aus diesem Grund der Westen die Welt regiert. Diese These ist offensichtlich falsch.

Wenn sich angesichts der in Tabelle 2.1 dargestellten Fakten überhaupt eine der Theorien langfristiger Determinierung halten lässt, dann nur die simpelste von allen: Der Westen hat in seiner Entwicklung dank geographischer Vorteile einen 2000-jährigen Vorsprung gehabt und diesen lange genug gehalten, um als Erster bei der Industrialisierung anzulangen, und kann darum die Welt beherrschen. Um diese Theorie zu überprüfen, um zu sehen, ob es sich tatsächlich so verhält, müssen wir unseren Ost-West-Vergleich auf jüngere Epochen ausdehnen.

Das klingt ziemlich einfach. Doch die zweite Lehre, die sich aus Tabelle 2.1 ziehen lässt, ist, dass kulturübergreifende Vergleiche ihre Tücken haben. Das Auflisten bedeutsamer Veränderungen in zwei Spalten taugte für den Anfang, denn wir mussten, um die Anomalien der Gegenüberstellung zu deuten, Kochen und Backen, Schädel und Gräber in einen Zusammenhang bringen. Nur so konnten wir herausfinden, was sie innerhalb der prähistorischen Gesellschaften bedeutet haben mögen. Und das stürzt uns in eines der zentralen Problemfelder von Kulturanthropologie oder Ethnologie: das komparative Studium unterschiedlicher Gesellschaften.

Als europäische Missionare und Beamte im 19. Jahrhundert damit begannen, Informationen über die Völker in ihren kolonialen Imperien zu sammeln, wunderten sich Wissenschaftler über diese Berichte und Darstellungen ausländischer Sitten. Kulturanthropologen* haben diese Aktivitäten katalogisiert, haben Überlegungen angestellt zu ihrer Verbreitung rund um den Globus und auch darüber, was sie uns sagen könnten über die Entwicklung zivilisierteren Verhaltens (womit letztlich natürlich europäisches Verhalten gemeint war). Sie schickten neugierige Studenten in exotische Gegenden, um weitere Beispiele zu sammeln. Einer dieser aufgeweckten jungen Männer war Bronislaw Malinowski, ein Pole, der in London studiert hatte und sich auf den Trobriand-Inseln aufhielt, als 1914 der Erste Weltkrieg ausbrach. Er fand kein Schiff, mit dem er hätte nach Hause fahren können,

* In den Vereinigten Staaten umfasst »Anthropology« vier, manchmal fünf Bereiche: Kultur- und/oder Sozialanthropologie, Archäologie, Linguistische Anthropologie und Physische (Biologische) Anthropologie, ist also viel breiter als das deutsche Fach »Anthropologie« (das in Philosophische und Physische Anthropologie unterteilt ist) und entspricht eher dem, was der hierzulande nicht sehr scharfe, an Ethnologie grenzende Begriff »Kulturanthropologie« bedeutet: die Beschäftigung mit interkulturellen, ethnologischen und soziologischen Fragestellungen, was in etwa Morris' Themenfeld entspricht, den »Humanities«. [A. d. Ü.]

also tat Malinowski das in seiner Lage einzig Vernünftige. Statt sich verstimmt in sein Zelt zurückzuziehen, suchte er sich eine Freundin. Und so lernte er bis 1918 die Kultur der Trobriander von innen heraus zu verstehen. Er begriff, was den Professoren in ihrer reinen Büchergelehrsamkeit entgehen musste: Ethnologie bedeutet zu verstehen, wie die Sitten einer Kultur zusammenpassen. Vergleichen lassen sich Kulturen nur in ihrer Gesamtfunktion, nicht aber einzelne, aus dem Zusammenhang gerissene Praktiken, denn ein und dasselbe Verhalten kann in unterschiedlichen Kontexten ganz unterschiedliche Bedeutung haben. So kann dich das Tätowieren des Gesichts in Kansas zum Beispiel zum Rebellen machen, in Neuguinea dagegen erweist es dich als Konformisten. Ähnlich kann die gleiche Vorstellung in unterschiedlichen Kulturen unterschiedlichen Ausdruck finden, so wie das Weitergeben von Schädeln und das Bestatten von Jade im prähistorischen Westen und Osten gleichermaßen Verehrung der Ahnen bedeutet.

Malinowski hätte Tabelle 2.1 missbilligt. Wir können, hätte er gesagt, aus zwei funktionierenden Kulturen keine Wundertüte von Sitten machen und anhand dieser beurteilen, welche der beiden Kulturen besser abschneidet. Und ganz sicher können wir auch keine Bücher schreiben mit Kapiteln wie »Der Westen übernimmt die Führung«. Was eigentlich, so hätte er gefragt, wollen wir mit »führen« sagen? Wie um alles in der Welt könnten wir rechtfertigen, aus dem nahtlosen Gewebe des Lebens einfach spezifische Praktiken herauszulösen und diese gegeneinander abzuwägen? Und selbst wenn wir die Wirklichkeit derart auflösen könnten, woher sollten wir wissen, welche Bruchstücke wir miteinander vergleichen dürfen?

Allesamt triftige Fragen, und wir müssen sie beantworten, wenn wir erklären wollen, warum der Westen die Welt regiert – selbst wenn die Suche nach Antworten Ethnologie und Kulturanthropologie in den letzten 50 Jahren schier zerrissen hat. Mit einiger Beklemmung stürze ich mich nun in diese aufgewühlten Gewässer.

Kapitel 3

Die Vermessung der Vergangenheit

Die Archäologie entwickelt sich

Evolution war eine noch ziemlich neue Vorstellung, als Kulturanthropologen gegen diesen Begriff zu rebellieren begannen, wie Ende des letzten Kapitels angedeutet. Seine moderne Bedeutung erhielt das Wort im Jahr 1857, als der Engländer Herbert Spencer, im Selbststudium zum Universalgelehrten geworden, einen Aufsatz mit dem Titel »Progress: Its Law and Cause« veröffentlichte. Spencer war ein sonderbarer Mensch, der sich in diversen Berufen versucht hatte, als Eisenbahningenieur, als Redakteur im damals brandneuen Magazin *The Economist*, auch als Liebespartner der Romanautorin George Eliot – doch nichts hatte ihn auf Dauer befriedigt. Zeitlebens blieb er ohne festen Beruf, zeitlebens unverheiratet. Der genannte Aufsatz jedoch wurde über Nacht zur Sensation. Spencer hatte ein seiner Meinung nach allgemeines Gesetz formuliert: »Von der entferntesten Vergangenheit, die sich die Wissenschaft vorstellen kann, bis zu den Neuigkeiten von gestern – das, worin Fortschritt im Wesentlichen besteht, ist die Verwandlung des Homogenen ins Heterogene.« Evolution verstand Spencer als den Prozess, in dem Dinge einfach beginnen und immer komplexer werden. Alles und jedes lasse sich so erklären:

> Das Voranschreiten vom Einfachen zum Komplexen durch einen Prozess sukzessiver Differenzierungen lässt sich bereits in den frühesten Veränderungen des Universums beobachten, zu denen wir uns denkend zurückbewegen können, ebenso in den frühesten Veränderungen, die wir induktiv erfassen können; dieser Prozess lässt sich beobachten an der geologischen und klimatischen Evolution der Erde; an der Entfaltung jedes einzelnen Organismus auf dieser Erde und an der Vervielfältigung der Arten von Organismen; er lässt sich beobachten an der Evolution der Menschheit, ob man diese am zivilisierten Einzelnen oder im Aggregat der Rassen betrachtet; er lässt sich beobachten an der Evolution der Gesellschaft im Hinblick sowohl auf ihre politische als auch auf ihre religiöse und ihre wirtschaftliche Organisation; und er lässt sich beobachten an der Entwicklung all dieser zahllosen konkreten und abstrakten Produkte menschlicher Tätigkeiten, die die Umgebung unseres täglichen Lebens konstituieren.[1]

Die nächsten vierzig Jahre verbrachte Spencer damit, Geologie, Biologie, Psychologie, Soziologie, Politikwissenschaft und Ethik zu einer einzigen Theorie zusammenzufassen, in der, wie in allem Lebendigen, auch nur ein Prinzip wirksam ist: die Evolution. Das gelang ihm so gut, dass er um 1870 der wohl einflussreichste englischsprachige Philosoph war. Als chinesische und japanische Intellektuelle es an der Zeit fanden, den Erfolg des Westens verstehen zu lernen, gehörte Spencer zu den ersten europäischen Autoren, die sie übersetzten. Die großen Geister der Epoche verbeugten sich vor seinen Ideen. Die erste Ausgabe von Charles Darwins *Über die Entstehung der Arten* erschien 1859, das Wort »Evolution« enthielt sie nicht, ebenso wenig die zweite und dritte Auflage, auch nicht die vierte oder fünfte. Erst in der sechsten Neuauflage, 1872, fühlte sich Darwin gezwungen, auf den Begriff zurückzugreifen, den Spencer inzwischen popularisiert hatte.*

Spencer glaubte, dass sich Gesellschaften durch vier Stadien der Differenzierung hindurch entwickelt hatten, vom Einfachen (umherziehende Horden ohne Anführer) über das Zusammengesetzte (Dauersiedlungen mit politischen Führern) und doppelt Zusammengesetzte (Gruppen mit Kirchen, Staaten, komplexer Arbeitsteilung und Gelehrtentum) bis zum dreifach Zusammengesetzten (große Zivilisationen wie Rom oder das viktorianische Großbritannien). Das Schema machte Schule, auch wenn keine zwei Theoretiker darüber einig waren, wie diese Stadien zu benennen wären. Für manche vollzog sich die Evolution von der Wildheit über die Barbarei zur Zivilisation; für andere von der Magie über die Religion zur Wissenschaft. 1906 war das Dickicht der Terminologie ein derartiges Ärgernis geworden, dass Max Weber, der Gründervater der Soziologie, über die Geziertheit zeitgenössischer Autoren klagte: Sie verhielten sich gegenüber der Terminologie anderer »wie etwa gegenüber ihrer Zahnbürste«[2].

Welche Etiketten die Evolutionisten auch verwendeten, alle kämpften mit dem gleichen Problem. Sie glaubten sich auf dem absolut richtigen Weg, hatten aber wenig Beweise, dies zu belegen. Darum machte sich die Anthropologie, die sich gerade als eigene Disziplin herausbildete, daran, entsprechende Daten und Fakten zu liefern. Einige Gesellschaften, so dachte man, seien weniger entwickelt als andere: Man könne also die kolonisierten Völker Afrikas oder die Bewohner der Trobriand-Inseln mit ihren Steinwerkzeugen und auffallenden Sitten betrachten, als seien sie lebende Vorfahren und führten vor, wie zivilisierte Menschen aus dreifach zusammengesetzten Gesellschaften in prähistorischen Zeiten gewesen sein müssen. Ein Anthropologe hätte demnach nichts anderes zu tun (abgesehen davon, dass er mit Malaria, Parasiten und undankbaren Eingeborenen fertig werden musste), als sich genaue Notizen zu machen, dann könnte er wieder heimfahren und die Lücken der Evolutionsgeschichte füllen.

* Dabei war Darwins Vorstellung von Evolution eine ganz andere als die Spencers. Dieser war der Meinung, Evolution herrsche in allen Bereichen des Wirklichen und werde das Universum perfektionieren. Darwin beschränkte Evolution auf die Biologie und definierte sie als »Abstammung mit Veränderung«. Wobei Veränderung ihm zufolge durch zufällige Mutation der Erbanlagen bewirkt wird. Darum war sie für ihn auch ohne Richtung: Manchmal mache sie Einfaches komplexer, manchmal aber auch nicht.

Es war dieses Programm, das Bronisław Malinowski ablehnte. Eigentlich ist auch kaum verständlich, dass man überhaupt darauf verfiel. Wenn Evolutionisten vorhatten, Fortschritt zu dokumentieren, warum taten sie das nicht direkt, anhand archäologischer Daten und physischer Relikte tatsächlich vorgeschichtlicher Gesellschaften, sondern indirekt, anhand anthropologisch-ethnographischer Beobachtungen in zeitgenössischen Gruppen und Gemeinschaften, allein gestützt auf die spekulative Annahme, jene seien Überlebende früherer Zivilisationsstufen? Die Antwort: Auch die Archäologen wussten vor einem Jahrhundert noch nicht sonderlich viel. Gerade erst hatten ernsthafte Grabungen begonnen, die Evolutionisten mussten also dürftige Informationen aus archäologischen Berichten mit nebensächlichen Details aus der antiken Literatur und zufälligen ethnographischen Schilderungen verbinden – was es Malinowski und ähnlich denkenden Anthropologen allzu leicht machte, die Rekonstruktionen der Evolutionisten als spekulativ, als bloße Hirngespinste abzutun.

Archäologie ist eine junge Wissenschaft. Noch vor drei Jahrhunderten reichten unsere ältesten historischen Quellen – Chinas Fünf Klassiker, die indischen Veden, die hebräische Bibel und der griechische Dichter Homer – kaum bis ins Jahr 1000 v. u. Z. zurück. Davor lag alles im Dunkeln. Der einfache Akt, Dinge auszugraben, hat das ändern können, aber das brauchte seine Zeit. Als Napoleon mit seinen Truppen 1799 in Ägypten einmarschierte, hatte er eine Legion Gelehrter im Gefolge, die Dutzende alter Inschriften kopierten oder einfach mitnahmen. In den 1820er Jahren entschlüsselten französische Sprachwissenschaftler die Geheimnisse der Hieroglyphen und fügten der dokumentierten Geschichte mit einem Schlag 2000 weitere Jahre hinzu. Um nicht abgehängt zu werden, wühlten sich britische Entdecker in den 1840er Jahren in die Ruinenstädte des heutigen Irak oder transkribierten, in den Bergen des heutigen Iran an Seilen hängend, königliche Inschriften. Und bevor das Jahrzehnt zu Ende war, konnten die Gelehrten Altpersisch, Assyrisch und die Weisheit von Babylon entziffern.

Als Spencer in den 1850er Jahren über den Fortschritt zu schreiben begann, war die Archäologie noch mehr Abenteuer als Wissenschaft, es gab tatsächlich eine Menge Indiana-Jones-Typen. In den 1870er Jahren übertrugen die ersten Archäologen das geologische Verfahren der Stratigraphie auf ihre Grabungen. (Sie folgten also der Einsicht des gesunden Menschenverstandes, dass die obersten Erdschichten zuletzt und nach den tieferen Schichten dorthin gekommen sein müssen und wir deshalb den Ablauf des Geschehens anhand der Abfolge von Ablagerungen rekonstruieren können.) Zum allgemein anerkannten Verfahren aber wurde das erst in den 1920er Jahren. Und um ihre Funde zu datieren, waren Archäologen noch immer darauf angewiesen, ihre Grabungsstätten mit Ereignissen in Verbindung zu bringen, die in der antiken Literatur erwähnt sind. Darum verschwammen Funde aus den meisten Weltteilen bis in die 1940er Jahre im Nebel von Mutmaßungen und Rätselraten. Das änderte sich erst, als Atomphysiker die Methode der Radiokarbondatierung entwickelten. Nun ließ sich der Zerfall instabiler Kohlenstoffisotope in Knochen, Holzkohle und anderen organischen Relikten nutzen, um deren Alter zu bestimmen. Die Archäologen machten sich daran, Ordnung in die Vorgeschichte zu bringen, und in den 1970er Jahren nahm ein weltweit gespannter Datenrahmen für die Vor- und Frühgeschichte Gestalt an.

Während meines Graduiertenstudiums in den 1980er Jahren erklärten einige der älteren Professoren, sie hätten während ihrer Studentenzeit von ihren Lehrern gehört, die einzig wichtigen Werkzeuge für die Feldarbeit seien ein Smoking und ein kleiner Revolver. Ich weiß bis heute nicht, ob ich ihnen hätte glauben sollen, doch was immer daran gewesen sein mag, in den 1950er Jahren ging die James-Bond-Ära der Archäologie definitiv zu Ende. Die wirklichen Durchbrüche ergaben sich zunehmend in der täglichen Plackerei einer Armee von Fachleuten, die, Fakten hervorwühlend, immer tiefer in die Vorgeschichte vorstießen und dafür über den gesamten Globus ausschwärmten.

Museumsarchive quollen über von Artefakten, Buchregale ächzten unter der Last von Fachmonographien, doch einige Archäologen befürchteten, dass die eigentliche Frage – Was bedeutet das alles? – unbeantwortet bleiben würde. Die Situation der 1950er Jahre war ein Spiegelbild der 1850er: Suchte die große Theorie damals nach Daten, verlangten die Daten nun nach Theorie. Bewaffnet mit ihren mühselig erworbenen Resultaten fühlten sich Mitte des 20. Jahrhunderts, vor allem in den Vereinigten Staaten, Sozialwissenschaftler aller Disziplinen gewappnet für einen neuerlichen Aufbruch ins Theoretische.

Sie nannten sich selbst Neoevolutionisten, weil sie sich absetzen wollten von den verknöcherten »klassischen« Evolutionisten à la Spencer, und begannen mit der Erklärung, es sei zwar wundervoll, mit so vielen Fakten arbeiten zu können, die pure Masse der Evidenzen allerdings sei auch problematisch: In den überfrachteten, erzählenden (Feld-)Berichten der Archäologen und Kulturanthropologen oder in den historischen Texten gingen bedeutsame Informationen schlicht unter. Kurz: Das Wissen schien nicht wissenschaftlich genug zu sein. Um dem Dickicht der Typologien des 19. Jahrhunderts zu entgehen und zu einer einheitlichen Theorie der Gesellschaft zu gelangen, meinten die Neoevolutionisten, man müsse jede dieser Erzählungen in Zahlen verwandeln. Indem sie Differenzierungen messen und Punkte vergeben würden, könnten sie Gesellschaften einstufen und dann nach Korrelationen zwischen der Punktzahl und möglichen Erklärungen suchen. Und sich zuletzt den Fragen zuwenden, die den ganzen Aufwand an Zeit und Geld, der in die Archäologie gesteckt werde, überhaupt erst rechtfertigten – nämlich, ob es nur einen oder ob es viele Wege gibt, auf denen Gesellschaften sich entwickeln können; ob sich Gesellschaften in unterscheidbaren evolutionären Stufen gruppieren (und wenn ja, wie sie sich von einer Stufe zur nächsten entwickeln); ob sich das große Ganze aus einer bestimmten Besonderheit wie Bevölkerung oder Technik (oder auch Geographie) erklären lasse.

1955 erprobte Raoul Naroll, ein Anthropologe, der am Human Relations Area Files – einer großen, vom amerikanischen Staat finanzierten Datenbank – arbeitete, das, was er den Index gesellschaftlicher Entwicklung nannte. Nach dem Zufallsprinzip wählte er 30 Gesellschaften aus aller Welt aus (einige zeitgenössische, einige historische) und durchforstete die jeweils verfügbaren Informationen, um herauszufinden, wie differenziert diese Gesellschaften waren. Das, so überlegte Naroll, könnte sich daran zeigen, wie groß ihre ausgedehntesten Siedlungen waren, wie spezialisiert ihre Handwerker und wie viele Untergruppierungen es jeweils gab. Die Ergebnisse standardisierte er und vergab entsprechende Punktwerte. Den geringsten Wert erhielten die Yahgan, das Volk aus Tierra del Fuego (Feuerland), das Darwin 1832 dadurch beeindruckt hatte, dass es »auf einem niederen Stand des Fortschritts als irgendwo sonst auf der Welt«[3] existiert. Die Yahgan erhielten von Naroll nur zwölf von 63 möglichen Punkten. An der Spitze dieser Liste standen, mit 58 Punkten, Azteken aus der Zeit vor der spanischen Eroberung.

In den folgenden 20 Jahren versuchten sich auch andere Kulturanthropologen in diesem Spiel. Obwohl jeder von ihnen mit unterschiedlichen Kategorien, anderem Datenmaterial, anderen mathematischen Modellen und Skalierungstechniken arbeitete, konnten sie sich über 87 bis 94 Prozent der Endergebnisse einigen – ein im Bereich der Sozialwissenschaften ziemlich gutes Ergebnis.[4] 50 Jahre nach Spencers Tod, 100 Jahre nach seinem Aufsatz über Fortschritt, schienen die Neoevolutionisten gerüstet, die Gesetze der sozialen Evolution zu belegen.

Die Kulturanthropologie übernimmt

Und was kam dabei heraus? Hätten die Neoevolutionisten geliefert, was sie versprachen, und die gesellschaftliche Entwicklung erklären können, wir hätten davon gehört. Sie hätten natürlich auch unsere, die Warum-der-Westen-die-Welt-regiert-Frage längst beantwortet. Schließlich zielt diese Frage auf die Entwicklungsstufen östlicher und westlicher Gesellschaften und ihr Verhältnis zueinander: ob, wie die Verfechter langfristiger Determination behaupten, der Westen vor langer Zeit davonzog, oder ob, wie es Theoretiker kurzfristig-zufälliger Anstöße und Ereignisse sehen, die Führung des Westens eine sehr junge Angelegenheit ist. Hätten die Neoevolutionisten die soziale Entwicklung messen oder bewerten können, müssten wir uns nicht abplagen mit solch komplizierten Diagrammen wie in Tabelle 2.1. Es ginge dann nämlich um nichts anderes als darum, die Indexwerte zu berechnen, die Osten und Westen seit Ende der Eiszeit an bestimmten historischen Punkten jeweils erreicht haben. Man würde sie vergleichen und sehen, welche Theorie der Realität besser entspricht. Wenn das alles ist, warum hat sich bisher niemand daran gemacht?

Vor allem darum, denke ich, weil der Neoevolutionismus in sich zusammenbrach. Schon bevor Naroll in den 1950er Jahren den Rechenschieber auspackte, erschien vielen Kulturanthropologen die Absicht als naiv, den Entwicklungsgrad von Gesellschaften messen zu wollen. Die »law-and-order-crowd«, wie Naroll und seinesgleichen von ihren Kritikern genannt wurden, mit ihren auf Lochkarten kodierten Daten, geheimnisvollen Debatten über Statistik und ihren kaufhausgroßen Computern schienen völlig abgehoben von der Wirklichkeit der Archäologen, die sich in ihre Gräben vertieften, oder der der Kulturanthropologen, die im Feld Sammlern und Jägern mit ihren Fragebögen nachstellten. Und in den 1960ern – »The times they are a-changing«, sang damals Bob Dylan – galten die Neoevolutionisten nicht mehr als nur lächerlich, sondern geradezu als finster. Der Anthropologe Marshall Sahlins etwa, dessen Aufsatz zur ursprünglichen Wohlstandsgesellschaft ich bereits erwähnt habe, hatte seine Karriere in den 1950er Jahren zwar als Evolutionist begonnen, kam in den 1960ern jedoch zu der Ansicht, dass »Sympathie und sogar Bewunderung für den Kampf der Vietnamesen, verbunden mit moralischer und politischer Ablehnung des amerikanischen Krieges, einer Anthropologie des ökonomischen Determinismus und der evolutionären Entwicklung den Boden entziehen«.[5]

1967, als Sahlins in Paris war und erläuterte, warum Jäger und Sammler nicht wirklich arm gewesen seien, vertrat eine neue Generation von Kultur- und Sozialanthropologen – die ihre ersten Erfahrungen mit der amerikanischen Bürgerrechts-, der Antikriegs- und der Frauenbewegung gemacht hatten und die häufig in die Gegenkultur eingetaucht waren – viel radikalere Positionen. Die Evolutionisten, so argumentierten sie, täten nichts anderes, als nichtwestliche Gesellschaften danach zu bewerten, wie sehr sie den westlichen glichen. Wer solche Ranglisten aufstelle, könne gar nicht anders, als sich selbst stets die höchste Punktzahl zu geben.

»Evolutionstheorien«, schrieben die Archäologen Michael Shanks und Christopher Tilley in den 1980er Jahren, »rutschen leicht in Ideologien der Selbstrechtfertigung ab oder behaupten den Vorrang des Westens in Bezug auf andere Kulturen. Deren Belang besteht dann nur noch darin, als Vorläufer unserer zeitgenössischen ›Zivilisation‹ herhalten zu müssen.«[6] Wie viele Kritiker erkannten, war das Vertrauen in Kennziffern keineswegs ein harmloses Spiel, dem eingefleischte Abendländler zu ihrem Privatvergnügen frönten. Nein, es war Teil jener Hybris, die uns Flächenbombardements, den Vietnamkrieg und den militärisch-industriellen Komplex beschert hatten. Wenn auf den Straßen skandiert wurde: »Hey, hey, ho, ho, LBJ has got to go«, dann war damit nicht nur Lyndon B. Johnson gemeint, sondern in akademischen Kreisen zugleich auch die Professorenschaft des Ethnozentrismus samt ihrer Arroganz und ihren Rechenkünsten.

Sit-ins und Beschimpfungen machten die akademische Debatte zum manichäischen Endkampf. Einige Evolutionisten betrachteten ihre Kritiker als moralisch verkommene Relativisten; die wiederum sahen in jenen Marionetten und Stichwortgeber des amerikanischen Imperialismus. Während der 1980er und 1990er Jahre fochten die Anthropologen diesen Streit in den Komitees aus, die über Stellen, Berufungen und Promotionen zu entscheiden hatten, ruinierten Karrieren und spalteten die Gelehrtenwelt. Die Anthropology-Departments an Amerikas berühmtesten Universitäten steigerten sich in Zerrüttungszustände hinein, wie sie schlechten Ehen eigen sind, bis die Beteiligten, durch Jahre wechselseitiger Beschuldigungen zermürbt, sich endlich dazu durchrangen, ein eigenes Leben zu führen. »Wir beschimpfen einander nicht einmal mehr«, klagte ein prominenter Anthropologe 1984.[7] Im Extremfall fand die Scheidung der Anthropologen tatsächlich statt, in Stanford etwa, meiner eigenen Universität, im Jahr 1998. In aller Form wurde das Department of Anthropological Sciences, in dem man sich dem Evolutionskonzept verpflichtet fühlte, vom Department of Cultural and Social Anthropology getrennt, wo man es ablehnte. Jedes Institut betrieb das Hire and Fire sowie die Auswahl und Ausbildung der Studenten nach eigenem Gutdünken; die Mitglieder der einen Gruppe mussten von denen der anderen keine Notiz nehmen. So bereicherte man die englische Sprache (zumindest in den Vereinigen Staaten) sogar um eine neue Redewendung: »to stanfordize a department«.

Freud und Leid der Stanfordisierung – je nachdem, mit wem man sprach – lieferten den Anthropologen einige Jahre lang Gesprächsstoff, wenn sie sich nach wissenschaftlichen Tagungen an der Bar trafen. Doch ist Stanfordisierung keine wirkliche Lösung im Hinblick auf eine der größten intellektuellen Herausforderungen, die die Sozialwissenschaften zu bieten haben.* Wenn wir uns der Frage widmen wollen, warum der Westen die Welt regiert, müssen wir uns den Argumenten beider Parteien stellen.

Die Kritiker des Evolutionskonzepts hatten sicher darin Recht, dass sich die Law-and-Order-Fraktion gewaltig überschätzt hatte. Wie schon bei Herbert Spencer in seinem Versuch, alles mit allem zu erklären, kam auch bei ihnen heraus, dass sie letztlich kaum etwas richtig erklären konnten. Selbst unter den Neoevolutionisten herrschte jede Menge Verwirrung darüber, was die tatsächlich maßen und bewerteten. Und wenn sie sich dann doch einmal darauf verständigten, was genau sich in Gesellschaften entwickelte (und das gelang ihnen vor allem dann, wenn sie an Spencers Lieblingsbegriff der Differenzierung festhielten), war dennoch nicht so recht klar, was ihr Ranking von Gesellschaften aus aller Welt in einer Art Ligatabelle tatsächlich leistete.

Zählkarten, monierten die Kritiker, verbergen mehr, als sie aufdecken, denn sie lassen die Besonderheiten einzelner Kulturen verschwinden. Dieses Argument bestätigte sich mir, als ich in den 1990er Jahren die Ursprünge der Demokratie untersucht habe. Die antiken griechischen Stadtstaaten, die diese Regierungsform erfunden hatten, waren etwas ganz Eigenes. Viele ihrer Bewohner waren ernsthaft überzeugt, dass man am besten zur Wahrheit fände, wenn man alle Männer auf einem bestimmten Platz zusammenriefe, sie diskutieren und dann abstimmen ließe – besser jedenfalls, als die Priester aufzufordern, die Götter zu befragen.

* In Stanford sah man das 2007 ein, setzte eine Zwangsheirat an und vereinte die beiden Anthropologien wieder.

Wenn man den alten Griechen nun einen Punkt für Differenzierung gibt, hat man noch lange nicht erklärt, woher ihnen die Idee der Demokratie kam, und wenn man das Besondere der antiken Stadtstaaten in einem allgemeinen Index sozialer Entwicklung verschwinden lässt, guckt man unter Umständen haarscharf am Kern der Sache vorbei.

Allerdings ist damit nicht gesagt, dass es reine Zeitverschwendung wäre, so einen Index gesellschaftlicher Entwicklung zu erstellen; er ist nur das falsche Instrument für die Frage nach der Demokratie und ihren Wurzeln. Wenn wir aber nach der Vorherrschaft des Westens fragen, ist das etwas ganz anderes. Damit nämlich stellen wir eine weitgespannte komparative Frage, die uns zwingt, einige 1000 Jahre Geschichte zu überblicken, Millionen Quadratkilometer große Territorien zu betrachten und Milliarden Menschen zusammenzubringen. Für diese Aufgabe ist ein Index gesellschaftlicher Entwicklung das genau richtige Werkzeug. Der Widerspruch zwischen Theorien langfristiger Determination und solchen kurzfristig-zufälliger Ereignisse betrifft die Gesamtgestalt gesellschaftlicher Entwicklung im Osten und im Westen über die rund zehn Jahrtausende hinweg, seit denen »Osten« und »Westen« sinnvolle Begriffe sind. Anstatt sich darauf zu konzentrieren und sich direkt mit den Argumenten der Gegenseite auseinanderzusetzen, neigen Langfrist- und Kurzfristtheoretiker dazu, unterschiedliche Abschnitte der Geschichte zu betrachten, sich auf unterschiedliches Beweismaterial zu stützen und auch ihre Begriffe auf unterschiedliche Art zu definieren. Wenn man sich der Führung der Law-and-order-Fraktion überlässt und das Meer der Fakten auf einfache numerische Werte reduziert, hat das seine Tücken, aber auch den einen großen Vorteil: In der Debatte um diese Werte sind alle Beteiligten gezwungen, sich auf dieselben Beweismittel einzulassen – mit erstaunlichen Resultaten.

Was messen?

Als Allererstes gilt es herauszufinden, was genau wir messen müssen. Dazu sollten wir vielleicht zunächst einmal Lord Robert Jocelyn zuhören, einem Teilnehmer des Opiumkriegs, mit dem der Westen allen sichtbar seine Überlegenheit demonstriert hat.

An einem drückend heißen Sonntagnachmittag im Juli 1840 beobachtete Jocelyn die englischen Schiffe, die sich Tinghai näherten, wo eine Festung ihre Weiterfahrt in die Jangtse-Mündung blockierte. »Die Schiffe schossen ihre Breitseiten auf die Stadt«, notierte er, »und das Krachen der Balken und der einstürzenden Häuser, das Stöhnen der Menschen schallte vom Ufer wider. Das Bombardement unserer Seite dauerte neun Minuten. … Wir landeten an einer verlassenen Küste, auf der nur einige Leichen, Bogen und Pfeile, zerbrochene Speere und Feuerwaffen zurückgeblieben waren.«[8]

Das also war der unmittelbare Grund der westlichen Herrschaft: Um 1840 konnten europäische Schiffe und Geschütze alles beiseite fegen, was eine östliche Macht ins Feld zu führen hatte. Doch war es natürlich nicht nur die militärische Macht, die zum Aufstieg der westlichen Herrschaft beigetragen hatte. Für Armine Mountain, einen weiteren Offizier der britischen Flotte von 1840, schien die chinesische Truppe bei Tinghai den Seiten einer mittelalterlichen Chronik entstiegen zu sein: »Als seien die Menschen auf diesen alten Darstellungen zum Leben erwacht und hätten Substanz und Farbe angenommen, so bewegten sie sich vor mir und handelten, als wüssten sie nichts vom Gang der Welt durch die Jahrhunderte und all den modernen Gebräuchen, Erfindungen und Verbesserungen.«[9]

Mountain ahnte, dass das militärische Vermögen, Schiffe und Festungen in die Luft zu sprengen, nur der nächstliegende Grund westlicher Vorherrschaft sein konnte, das letzte Glied in einer langen Kette von Überlegenheiten. Ein tieferer Grund war, dass britische Fabriken Sprenggranaten, präzis gebohrte Geschützrohre und seetüchtige Kriegsschiffe liefern konnten, dass die britische Regierung Expeditionskorps aufstellen, finanzieren und zu Einsätzen um die halbe Welt dirigieren konnte; und der letzte Grund dafür, dass die Briten an diesem Nachmittag Tinghai überrannten, lag darin, dass sie der natürlichen Umwelt erfolgreich Energie entziehen und dazu einsetzen konnten, ihre Ziele zu erreichen. Alles lief darauf hinaus, dass die Menschen im Westen die Große Kette der Energie höher hinaufgeklettert waren als alle anderen und dabei so weit nach oben gelangt waren, dass sie – im Unterschied zu allen geschichtlich früheren Gesellschaften – ihre Macht über die ganze Welt ausdehnen konnten.

Dieser Prozess des Hinaufkletterns an der Großen Energiekette ist die Grundlage dessen, was ich, der von Naroll in den 1950er Jahren begründeten Tradition der evolutionistischen Anthropologen folgend, »gesellschaftliche Entwicklung« nennen möchte – im Grunde die Fähigkeit einer Gruppe, ihre materielle und geistige Umwelt so zu meistern, dass sie ihre Angelegenheiten geregelt bekommt. Um es konventioneller auszudrücken: Gesellschaftliche Entwicklung ist das Bündel technischer, den Lebensunterhalt betreffender, organisatorischer und kultureller Leistungen, aufgrund derer Menschen sich ernähren, kleiden, unterbringen und reproduzieren. Oder anders: Gesellschaftliche Entwicklung ist das Bündel der Leistungen, die ihnen helfen, die Welt, in der sie leben, zu erklären, in ihren Gemeinschaften Streitigkeiten beizulegen, ihre Macht auf Kosten anderer Gemeinschaften auszudehnen und sich umgekehrt zu wehren, wenn andere das Gleiche versuchen. Gesellschaftliche Entwicklung, so könnten wir sagen, ist ein Maß der Fähigkeit einer Gemeinschaft, mit sich und der Welt zurechtzukommen; eine Fähigkeit, deren Maß sich, zumindest dem Prinzip nach, über Zeiten und Räume hinweg vergleichen lässt.

Bevor wir diese Argumentationslinie weiterverfolgen, möchte ich eines so nachdrücklich wie möglich festhalten: Das Messen und Vergleichen gesellschaftlicher Entwicklung ist keine Methode, um moralische Urteile über unterschiedliche Gemeinschaften zu fällen. So ist zum Beispiel das Japan des 21. Jahrhunderts ein Land mit Klimaanlagen, computergesteuerten Fabriken und geschäftigen Städten. Es gibt dort Autos und Flugzeuge, Büchereien und Museen, ein hoch entwickeltes Gesundheitswesen und eine gebildete Bevölkerung. Die heutigen Japaner beherrschen ihre materielle und geistige Umwelt sehr viel gründlicher als ihre Vorfahren vor 1000 Jahren, die über all die heutigen Errungenschaften nicht verfügten. Insofern ist es sinnvoll zu sagen, dass das moderne Japan entwickelter ist als das mittelalterliche. Damit aber ist kein Wort darüber gesagt, ob die Menschen im modernen Japan würdiger, zufriedener oder gar glücklicher sind als die Japaner im Mittelalter; kein Wort gesagt über die moralischen oder auch Umweltkosten der gesellschaftlichen Entwicklung. Gesellschaftliche Entwicklung ist ein neutraler analytischer Begriff. Sie zu messen, ist eine Sache, sie zu feiern oder zu kritisieren, etwas völlig anderes.

Ich werde später in diesem Kapitel zeigen, dass uns das Messen gesellschaftlicher Entwicklung genau das liefert, was wir brauchen, um die Warum-der-Westen-regiert-Frage zu beantworten. Ich werde sogar noch etwas mehr behaupten: Wir werden diese Frage dann und nur dann beantworten können, wenn wir einen Weg finden, gesellschaftliche Entwicklung zu messen. Zunächst allerdings müssen wir einige Prinzipien aufstellen, an denen wir uns beim Herstellen eines Index orientieren können.

Ich kann mir dazu nichts Besseres vorstellen, als mit Albert Einstein zu beginnen, dem anerkanntesten Wissenschaftler unserer Epoche. »In der Wissenschaft«, soll er gesagt haben, »muss man die Dinge so einfach machen wie möglich, aber auch nicht einfacher.«[10] Das will sagen: Wissenschaftler sollten ihre Ideen eindampfen bis auf den wesentlichen Punkt, der sich an der Wirklichkeit überprüfen lässt, dann den einfachsten Weg herausfinden, einen solchen Test anzustellen, und diesen auch durchführen – nicht mehr, aber auch nicht weniger.

Einsteins eigene Relativitätstheorie bietet dafür ein berühmtes Beispiel. Dieser Theorie nach werden auch Lichtstrahlen durch die Schwerkraft gebeugt. Also muss – wenn die Theorie zutrifft – die Schwerkraft der Sonne, jedesmal wenn sie zwischen der Erde und einem anderen Stern hindurchgeht, das Licht dieses Sterns beugen und es so aussehen lassen, als habe der Stern seine Position um ein Weniges verändert. Das ließe sich auf einfache Weise überprüfen – wenn denn die Sonne nicht so hell wäre, dass man Sterne in ihrer Nähe nicht sehen kann.

Doch 1919 fand der englische Astronom Arthur Eddington eine pfiffige Lösung, ganz im Geist des Einsteinschen Aphorismus: Man müsse, so überlegte er, die Sterne einfach während einer Sonnenfinsternis beobachten, dann ließe sich feststellen, ob sie um das von Einstein vorhergesagte Maß verschoben erscheinen. Er machte sich bei passender Gelegenheit auf in den Südpazifik, stellte seine Beobachtungen an und bestätigte Einsteins Vorhersage. Eine scharfe Kontroverse entbrannte, denn die Differenz zwischen dem Ergebnis, das Einstein bestätigte, und dem, das ihn widerlegt hätte, war winzig klein, und Eddington hatte die Instrumente, die ihm 1919 zur Verfügung standen, bis zur Grenze ihrer Leistungsfähigkeit ausgereizt. Dennoch, trotz der Komplexität der Relativitätstheorie*, hatten sich die Astronomen darauf einigen können, was man messen müsse und wie das zu bewerkstelligen sei. Nun ging es nur noch darum, ob Eddington die Messung korrekt ausgeführt hatte.

Wenn wir von der erhabenen Bewegung der Sterne wieder zum brutalen Bombardement von Tinghai zurückkommen, dann sehen wir sofort, dass die Dinge, sofern es um menschliche Gesellschaften geht, sehr viel unübersichtlicher sind. Was sollen wir messen, um der gesellschaftlichen Entwicklung einen Wert zuordnen zu können?

Einen praktischen Leitfaden dazu bietet der Human Development Index (HDI) der Vereinten Nationen, nicht zuletzt deshalb, weil dieser vieles gemeinsam hat mit der Art Index, der uns bei der Beantwortung unserer Frage helfen könnte. Geschaffen wurde dieser Index für das UN-Entwicklungsprogramm (UNDP); man wollte wissen und messen, wie gut es jeder Nation gelingt, ihren Bürgern die Realisierung der ihnen angeborenen Potenziale zu ermöglichen. Die UNDP-Ökonomen fragten zunächst, was menschliche Entwicklung bedeutet, und dampften, was sie herausfanden, zu drei zentralen Merkmalen ein: die jeweils durchschnittliche Lebenserwartung, Bildung (dargestellt durch die Alphabetisierungsrate und die Zahl der Schulanmeldungen) und Einkommen. Dann entwickelten sie ein kompliziertes Gewichtungsverfahren, um die drei Merkmale in Relation zueinander zu setzen und so für jedes Land einen eigenen Wert zu ermitteln: zwischen Null, was keinerlei menschliche Entwicklung bedeuten würde (alle Bewohner wären tot) und Eins – der vollkommenen Entwicklung, selbstverständlich bezogen auf die im Jahr der Erhebung weltweit gegebenen, realen Möglichkeiten. (Falls Sie neugierig geworden sind: Im jüngsten Index, dem für das Jahr 2009, lag Norwegen mit 0,971 an der Spitze, Sierra Leone mit 0,340 am Ende.)[11]

Dieser Index wird Einsteins Regel voll und ganz gerecht, denn mit drei bewerteten Merkmalen haben die Vereinten Nationen die Dinge so einfach wie möglich gemacht, erfassen aber immer noch, was menschliche Entwicklung bedeutet. Wirtschaftswissenschaftler werden dennoch eine Menge einzuwenden haben. Zunächst sind Lebenserwartung, Bildung und Einkommen nicht die einzigen Merkmale, die sich messen ließen. Sie sind zwar relativ leicht zu definieren und zu dokumentieren (bei anderen Punkten wie zum Beispiel Zufriedenheit wäre das viel schwieriger), doch wären vielleicht auch Beschäftigungsrate, Ernährung, Wohnverhältnisse oder Ähnliches zu berücksichtigen, und mit diesen Merkmalen ergäben sich wohl auch andere Punktwerte. Selbst manche der Ökonomen, die prinzipiell einverstanden sind mit der Auswahl, die die UN getroffen haben, fin-

* Als ein Mitglied der Royal Astronomical Society in London Eddington ein Kompliment machen wollte und ihn als einen der drei Menschen auf der Welt bezeichnete, die Einsteins Relativitätstheorie begriffen hätten, schwieg dieser einen Augenblick lang und sagte schließlich: »Ich frage mich nur, wer der Dritte sein soll.«[12]

den es bedenklich, diese zu einem Entwicklungswert zusammenfließen zu lassen. Dies sei doch, als addiere man Äpfel und Birnen, einfach lächerlich. Andere Ökonomen wiederum sind einverstanden sowohl mit den ausgewählten Variablen als auch mit deren Verschmelzung, doch sie erheben Einwände gegen die Gewichtung der UN-Statistiker: Die ermittelten Werte erweckten nur den Anschein der Objektivität, seien aber faktisch durch ihre Gewichtung hoch subjektiv. Wieder andere Kritiker lehnen das Verfahren grundsätzlich ab: Menschliche Entwicklung lasse sich nicht bewerten. Das, so sagen sie, erzeuge den Eindruck, als hätten Isländer und Norweger 96,8 Prozent des Wegs zur höchsten Glückseligkeit zurückgelegt und seien 2,9-mal so glücklich wie die Menschen in Sierra Leone – beides sei, gelinde gesagt, unwahrscheinlich.

Dennoch, trotz aller Kritik hat sich der HDI als ungeheuer nützlich erwiesen. Er verhalf Hilfsorganisationen dazu, ihre Mittel gezielt in die Länder zu lenken, in denen sie das meiste bewirken konnten, und selbst die Kritiker sind bereit zuzugeben, dass allein die Tatsache, dass es diesen Index gibt, zur Verdeutlichung der globalen Probleme beitrage. Ein Index für die gesellschaftliche Entwicklung in den letzten 15 000 Jahren ist nicht weniger prekär als der HDI der Vereinten Nationen, aber er wird, denke ich, auch ähnliche Vorteile bieten.

Wir sollten, wie die Wirtschaftswissenschaftler der UN, Einsteins Regel folgen. Der Index sollte so wenige Dimensionen der Gesellschaft abbilden wie möglich (»mach es einfach«) und doch die wesentlichen Züge gesellschaftlicher Entwicklung enthalten (»mach es nicht zu einfach«). Jede Dimension der Gesellschaft, die wir abbilden und bewerten, sollte sechs Kriterien des gesunden Menschenverstandes genügen. Erstens: Sie muss relevant sein, also etwas über gesellschaftliche Entwicklung aussagen. Zweitens: Sie muss kulturunabhängig sein. Auch wenn wir den Rang von Literatur und Kunst für nützliche Maßstäbe der Gesellschaftsentwicklung halten, wissen wir doch, dass gerade sie in hohem Maße kulturabhängig sind. Drittens: Die ausgewählten Eigenschaften müssen voneinander unabhängig sein. Wenn wir also die Bevölkerungsgröße eines Staates und den Reichtum in diesem Staat zu Merkmalen machen, dürfen wir den Reichtum pro Kopf nicht zum dritten Merkmal erklären, denn das wäre aus den ersten beiden errechnet. Viertens: Die Merkmale müssen angemessen dokumentiert sein. Das wird zum realen Problem, wenn wir Tausende von Jahren zurückblicken, denn die jeweils verfügbaren Funde fallen doch sehr unterschiedlich aus. Insbesondere für die Frühgeschichte wissen wir einfach nicht viel über möglicherweise brauchbare Merkmale. Fünftens: Die Merkmale müssen verlässlich sein, will sagen, die Fachleute müssen sich mehr oder weniger einig sein über die jeweils einschlägigen Befunde und ihre Interpretation. Sechstens: Es darf nicht zu schwierig sein, Daten zu diesen Merkmalen zu erheben. Das mag als das unbedeutendste Kriterium erscheinen, doch je schwerer es ist, Beweise für etwas zu finden, oder je länger es dauert, Ergebnisse zu berechnen, desto weniger brauchbar ist dieses Merkmal.

So etwas wie ein perfektes Merkmal gibt es nicht. Unweigerlich wird jedes Merkmal, das wir auswählen, einigen der genannten Kriterien besser entsprechen als anderen. Aber nachdem ich mich ein paar Jahre mit den unterschiedlichen Optionen befasst habe, lege ich mich nun auf vier Merkmale fest, von denen ich glaube, dass sie alle sechs Kriterien gleich gut erfüllen. Sie verbinden sich mitnichten zu einem erschöpfenden Bild der östlichen beziehungsweise westlichen Gesellschaft – so wenig wie uns die Merkmale der Vereinten Nationen (Lebenserwartung, Bildung und Einkommen) alles verraten, was man über Island, Norwegen oder Sierra Leone und ihre Menschen wissen kann. Aber meine vier Merkmale liefern doch brauchbare Momentaufnahmen des jeweiligen Stands der gesellschaftlichen Entwicklung, die uns die langfristigen und erklärungsbedürftigen Muster erkennen lassen. Nur dann können wir sagen, warum der Westen die Welt regiert.

Mein erstes Merkmal ist die Energieausbeute. Ohne die Fähigkeit, Energie aus Pflanzen und Tieren zu ziehen, um damit Soldaten und Seeleute zu ernähren, die ihrerseits kaum Landwirtschaft betrieben, ferner Energie aus Wind und Kohle zu ziehen, um damit Schiffe bis nach China gelangen zu lassen, und zuletzt auch Energie aus Sprengstoffen zu ziehen, um mit Granaten chinesische Garnisonen auszuschalten – ohne diese Fähigkeit, sich Energien nutzbar zu machen, hätten die Briten 1840 niemals Tinghai erreichen und es in Schutt und Asche legen können. Energieausbeute ist fundamental für die gesellschaftliche Entwicklung – so grundlegend, dass der berühmte Anthropologe Leslie White bereits in den 1940er Jahren den Vorschlag machte, die gesamte Menschheitsgeschichte auf eine einzige Gleichung zu reduzieren: nämlich auf $E \times T \rightarrow K$, wobei E für Energie steht, T für Technik und K für Kultur.[13]

Das ist beileibe nicht so banausisch kulturlos, wie es klingt. Natürlich war auch White nicht der Meinung, man müsse nur Energie mit Technik multiplizieren und schon wisse man alles Notwenige über Konfuzius und Platon, über den holländischen Meister Rembrandt und den chinesischen Landschaftsmaler Fan Kuan. Wenn White von »Kultur« sprach, dann meinte er in etwa das, was ich mit gesellschaftlicher Entwicklung bezeichne. Aber gerade dann ist seine Formel zu simpel für unsere Zwecke. Um das Geschehen in Tinghai zu erklären, müssen wir mehr wissen.

Denn die beste Energieausbeute der Welt hätte das britische Expeditionskorps nicht bis nach Tinghai gebracht, wenn die Briten nicht in der Lage gewesen wären, dies auch zu organisieren. Königin Victorias Gefolgsleute mussten in der Lage sein, Soldaten auszuheben, sie zu bezahlen, auszurüsten und zu versorgen, ihnen Gehorsam gegenüber ihren Vorgesetzten und noch eine Menge anderer Dinge beizubringen. Auch diese organisatorische Fähigkeit müssen wir messen. Bis zu einem gewissen Grad deckt sie sich mit Spencers altem Konzept der Differenzierung, doch die Neoevolutionisten mussten in den 1960er Jahren die Erfahrung machen, dass es nahezu ausgeschlossen ist, Differenzierung direkt zu messen oder sie auch nur zur Zufriedenheit ihrer Kritiker zu definieren. Wir brauchen einen Stellvertreter, etwas, das eng verbunden ist mit Organisationsfähigkeit, aber leichter zu messen.

Ich habe dafür den Grad der Verstädterung gewählt. Das mag merkwürdig klingen, denn schließlich trägt der Umstand, dass London eine Riesenstadt war, nicht direkt zum Verständnis der Einnahmen von Lord Melbourne oder der Kommandostrukturen der Royal Navy bei. Ich denke aber, dass mit einer weiteren Überlegung mein Vorschlag plausibler wird. Es erforderte eine erstaunliche Organisationsleistung, um eine Stadt von drei Millionen Menschen zu erhalten. Es musste Leute geben, die Nahrungsmittel und Trinkwasser in die Stadt brachten, andere, die den Abfall abtransportierten, wieder andere, die für Arbeit sorgten, Gesetz und Ordnung aufrechterhielten, Brände löschten und all die anderen Aufgaben lösten, die tagein, tagaus in jeder großen Stadt anfallen.

Ohne Zweifel sind einige der größten Städte unserer Welt dysfunktionale Albträume, beherrscht von Verbrechen, Verwahrlosung und Krankheiten. Aber das gilt von allen großen Städten der Geschichte. Rom hatte im 1. Jahrhundert v. u. Z. eine Million Einwohner; es gab Banden, die nicht nur die Straßen unsicher machten, sondern manchmal auch die Regierung lahmlegten und für so hohe Sterberaten sorgten, dass jeden Monat über 1000 Landbewohner in die Metropole ziehen mussten, nur um die Einwohnerzahlen konstant zu halten. Trotz aller römischen Missstände jedoch war die Organisation, die die Stadt am Leben erhielt, allem weit überlegen, was irgendeine frühere Gesellschaft hatte zustande bringen können – so wie die Verwaltung von Lagos (mit elf Millionen Einwohnern), Mumbai (19 Millionen Einwohner) oder gar Tokio (35 Millionen Einwohner) die Möglichkeiten des Römischen Reiches weit überfordert hätte.

Aus diesem Grund nutzen Sozialwissenschaftler den Grad der Verstädterung als groben Richtwert für die organisatorischen Fähigkeiten einer Gesellschaft. Uns bietet das Merkmal »Größe der größten Städte einer Gesellschaft« den zusätzlichen Vorteil, dass wir es nicht nur den offiziellen Statistiken ablesen können, die lediglich in den letzten Jahrhunderten produziert wurden, sondern auch den archäologischen Befunden. Wir können uns also bis zurück in die Eiszeit eine annähernde Vorstellung vom Organisationsgrad einer Gesellschaft verschaffen.

Doch mussten die Briten 1840 nicht nur physische Energie gewinnen und deren Anwendung organisieren, sondern auch wachsende Mengen von Informationen verarbeiten und weitergeben. Büchsenmacher, Schiffsbauer, Soldaten und Seeleute mussten zunehmend schriftliche Anweisungen, Pläne und Karten lesen; Briefe mussten zwischen Europa und Asien hin- und hergehen. Im 19. Jahrhundert war das englische Nachrichtenwesen verglichen mit dem, was für uns heute selbstverständlich ist, hoffnungslos unterentwickelt (persönliche Briefe brauchten drei Monate, um aus Guangzhou nach London zu gelangen; Sendungen der Regierung aus unerfindlichen Gründen sogar vier Monate). Doch war dies bereits ein immenser Fortschritt gegenüber dem 18. Jahrhundert, das wiederum Standards des 17. Jahrhunderts deutlich übertraf. Verarbeitung und Verbreitung von Nachrichten ist entscheidend für die Entwicklung der Gesellschaft – darum mache ich sie zum dritten Merkmal.

Das letzte, aber leider nicht das unbedeutendste Merkmal ist die Fähigkeit, Kriege zu führen. So effektiv 1840 die britische Energieausbeute, deren Organisation und der Nachrichtenverkehr auch waren, ihre Zwecke erreichten sie nur, wenn alle drei im Verbund zur zerstörerischen Kraft wurden. In Kapitel 1 habe ich Arthur C. Clarke vorgehalten, dass er in seinem SF-Klassiker *Odyssee 2001* Evolution gleichsetzt mit der Fähigkeit zu töten. Aber er hatte insofern Recht, als ein Index gesellschaftlicher Entwicklung, in den die Entfaltung militärischer Macht nicht einginge, nutzlos wäre. Der Vorsitzende Mao hat das auf die berühmte Formel gebracht: »Jeder Kommunist muss diese Wahrheit begreifen: ›Die politische Macht kommt aus den Gewehrläufen.‹«[14] Vor den 1840er Jahren konnte keine Gesellschaft ihre militärische Macht über den gesamten Erdball ausdehnen, weshalb die Frage, wer die Welt »regiert«, sinnlos gewesen wäre; nach 1840 aber wurde sie überaus bedeutsam.

Wie beim Human Development Index der Vereinten Nationen gibt es auch hier keinen Unparteiischen, der sagen könnte, dass gerade diese und keine anderen Merkmale die einzig richtigen sind, um den Grad gesellschaftlicher Entwicklung zu messen, und auch hier wird man jedes Mal zu anderen Ergebnissen kommen, wenn man die Merkmale austauscht. Allerdings gibt es auch eine gute Nachricht: Ich habe in den letzten Jahren mit allen möglichen Merkmalen experimentiert, und bei keiner Kombination hat sich das Ergebnis grundsätzlich geändert, bei allen blieb das Gesamtmuster gleich.*

Wäre Eddington ein Künstler gewesen, er hätte die Welt vielleicht in der Manier eines alten Meisters wiedergegeben, mit vielen Details, die zu sehen schmerzlich gewesen wäre. Demgegenüber gleicht das Erstellen eines Index der gesellschaftlichen Entwicklung dem Vorgehen eines Bildhauers, der versucht, einem Baumstamm mit einer Kettensäge die Form eines Grizzlybären abzugewinnen. Diese grobe und nur umrisshafte Art der Darstellung hätte Einsteins Haar noch weißer werden lassen, doch unterschiedliche Probleme verlangen auch unterschiedliche Fehlertoleranzen. Für den Künstler mit der Kettensäge zählt nur eine Frage, ob nämlich der Baumstamm zuletzt wie ein Grizzly aussieht; der vergleichende Historiker wiederum will vor allem wissen, ob der Index die Gesamtgestalt der Geschichte gesellschaftlicher Entwicklung abbildet oder nicht. Das allerdings müssen die Historiker unter sich beurteilen, indem sie das Muster, das der Index bietet, mit den Einzelheiten der historischen Aufzeichnungen vergleichen.

---

* Gesammelt habe ich auch Daten zur Bevölkerungsgröße in den größten politischen Einheiten, zum Lebensstandard (als Annäherung diente die Körpergröße von Erwachsenen), zur Transportgeschwindigkeit und zur Bauwerksgröße. Bei jedem dieser Merkmale gab es Probleme (Überschneidung mit anderen Merkmalen, Lücken in den Daten), die sie weniger brauchbar erschienen ließen als die vier, bei denen ich schließlich gelandet bin. Beruhigend jedoch war, dass ich mit allen zu dem gleichen Muster kam wie mit den vier ausgewählten Merkmalen.

Würde ein Index die Historiker zu dieser Arbeit anregen, dann wäre das ein Verdienst, das größer nicht sein könnte. Für Debatten ist Raum genug, schließlich könnten andere Merkmale und eine andere Zuordnung der Punktwerte ja bessere Ergebnisse liefern. Doch liegen die Zahlen erst einmal auf dem Tisch, dann zwingt dies alle Beteiligten dazu, genauer nachzusehen, wo sich möglicherweise Fehler eingeschlichen haben und wie sich diese korrigieren ließen. Das wäre noch immer keine Astrophysik, doch sehr viel besser, als im Dunkel herumzutappen.

Wie messen?

Nun wird es Zeit für ein paar Zahlen. Für den Zustand der Welt im Jahr 2000 u. Z. lassen sie sich ohne weiteres finden. (Weil 2000 eine so schön runde Zahl ist, nehme ich dieses Datum als Endpunkt des Index.) Die verschiedenen Programme der Vereinten Nationen veröffentlichen jährliche statistische Überblicke, denen wir zum Beispiel entnehmen können, dass der Durchschnittsamerikaner pro Jahr 83,2 Millionen Kilokalorien Energie verbraucht, der Durchschnittsjapaner dagegen nur 38 Millionen; dass 79,1 Prozent der Amerikaner in Städten leben, aber nur 66 Prozent der Japaner; dass es 375 Internethosts auf 1000 Amerikaner gibt, doch nur 73 auf 1000 Japaner, und so weiter. Die jährliche *Military Balance* des International Institute for Strategic Studies sagt uns, sofern dies nicht der Geheimhaltung unterliegt, über wie viele Soldaten und Waffen jedes Land verfügt, welche Fähigkeiten sie haben und wie viel ihre Unterhaltung kostet. Wir ertrinken in Zahlen. Doch erst wenn wir entscheiden, wie sie zu organisieren sind, ergänzen sie sich zu einem Index.

Um das Programm weiterhin so einfach wie möglich zu gestalten, setze ich 1000 als höchsten Punktwert, der im Jahr 2000 für gesellschaftliche Entwicklung zu erreichen ist, und verteile diese 1000 Punkte gleichmäßig auf meine vier Merkmale. Als Raoul Naroll 1956 den ersten Index für gesellschaftliche Entwicklung publizierte, vergab auch er gleiche Punktmengen an die von ihm ausgewählten drei Merkmale, und zwar, wie er selbst formulierte, nur deshalb, »weil es keinen vernünftigen Grund gab, einem davon mehr Gewicht zu geben als einem anderen«[15]. Das klingt auch für unsere Zwecke hinreichend plausibel.

Haben wir den Maximalwert für jedes Merkmal im Jahr 2000 mit 250 festgesetzt, kommen wir zum eigentlich kniffligen Teil der Aufgabe: Wir müssen nämlich entscheiden, wie wir dem Osten und dem Westen auf jeder Stufe ihrer Geschichte Punkte zuerkennen wollen. Ich möchte nicht jede dazu notwendige Operation Schritt für Schritt durchgehen (ich fasse die Daten und einige der Hauptkomplexe im Anhang am Ende des Buchs zusammen), doch es wird nichts schaden, zumindest einen kurzen Blick in diese Werkstatt zu werfen und die Prozedur zu skizzieren. (Leser, die daran weniger Interesse haben, können zum nächsten Abschnitt vorblättern.)

Verstädterung ist vermutlich das einfachste Merkmal, hat aber auch seine Tücken. Das erste Problem ist definitorischer Art: Was genau ist Verstädterung? Einige Sozialwissenschaftler definieren sie als Anteil der Bevölkerung, der in Siedlungen über einer bestimmten Größe (sagen wir: über 10 000 Einwohner) lebt; andere als Aufteilung der Menschen in allen Siedlungstypen, von Städten bis hinab zu Weilern; wieder andere als Durchschnittsgröße der Gemeinden in einem Land. Das sind jeweils nützliche Ansätze, doch ist es schwierig für uns, sie über den gesamten zu betrachtenden Zeitraum anzuwenden, da sich die Art der Befunde fortwährend ändert. Ich habe mich entschieden, es mit einem einfacheren Maß zu versuchen: mit der Größe der zum jeweiligen Zeitpunkt größten bekannten Siedlung im Osten und im Westen.

Die Konzentration auf die jeweils größte Stadt beseitigt die definitorischen Probleme nicht, denn noch immer bleibt uns festzulegen, wie wir die Grenzen von Städten bestimmen und wie wir die unterschiedlichen Befunde verbinden, um in diesem Rahmen zu Zahlen zu gelangen. Allerdings haben wir mit dieser Methode die Ungewissheiten auf ein Minimum reduziert. Beim Experimentieren mit den Zahlen habe ich herausgefunden, dass die Kombination des Merkmals größte Stadt mit anderen Kriterien – zum Beispiel der Verteilung der Menschen zwischen Städten und Dörfern oder der Durchschnittsgröße der Städte – die Aufgabe enorm erschwerte, das Gesamtergebnis aber praktisch nicht beeinflusste. Wenn indes kompliziertere Messverfahren eine Menge mehr Arbeit machen und doch nur ungefähr gleiche Ergebnisse liefern, kann ich auch bei der einfachen Stadtgröße bleiben.

Im Jahr 2000 u. Z. stuften die meisten Geographen Tokio mit seinen damals rund 26,7 Millionen Einwohnern als größte Stadt der Welt ein.* Also erhält Tokio die gesamten 250 Punkte, die für Organisation/Verstädterung zu vergeben sind. Dementsprechend ist in allen anderen Berechnungen für jeweils 106 800 Menschen (26,7 Millionen geteilt durch 250) ein Punkt zu vergeben. Die größte Stadt im Westen war im Jahr 2000 New York mit 16,7 Millionen Einwohnern; das bedeutet 156,37 Punkte. Die Zahlen für 1900 sind nicht ganz so valide, alle Historiker sind sich aber einig, dass die Städte viel kleiner waren. London im Westen hatte 6,6 Millionen Einwohner, erzielt also 61,8 Punkte; Tokio war auch zu dieser Zeit die größte Stadt im Osten, allerdings mit nur 1,75 Millionen Menschen, macht 16,39 Punkte. Weitere 100 Jahre früher: Für die Zeit um 1800 müssen Historiker Quellen unterschiedlicher Herkunft verbinden, darunter Aufzeichnungen über Nahrungsmittellieferungen und Steuereinnahmen, die von Städten bedeckte Fläche, die Bebauungsdichte und anekdotische Berichte. Doch die meisten kommen zum Ergebnis, dass Beijing mit etwa 1,1 Millionen Einwohnern zu dieser Zeit die

* Die Zahl von 35 Millionen, die ich auf Seite 154 für 2009 angegeben habe, bedeutet, dass die Indexpunkte für Organisation/Verstädterung von 250 mittlerweile auf 327,72 emporgeschnellt sind. Auf die Beschleunigung der gesellschaftlichen Entwicklung im 21. Jahrhundert werde ich am Ende dieses Kapitels und in Kapitel 12 zurückkommen.

weltweit größte Stadt war, macht 10,23 Punkte. Die größte Stadt des Westens war abermals London, mit rund 861 000 Menschen, also 8,06 Punkte.

Je weiter wir in der Zeit zurückgehen, desto größer wird die Fehlerquote, doch für die 1000 Jahre bis 1700 u. Z. waren die größten Städte eindeutig chinesisch (knapp dahinter japanische Städte). Zwischen 800 und 1200 u. Z. kamen zuerst Chang'an, dann Kaifeng, später Hangzhou nahe an oder leicht über eine Million Einwohner (rund 9 Punkte). Die Städte im Westen dagegen waren damals nie mehr als nur halb so groß. Einige Jahrhunderte früher war die Lage umgekehrt: Im 1. Jahrhundert v. u. Z. machten eine Million Einwohner Rom zweifellos zur Metropole der Welt; Chang'an in China hatte damals vermutlich etwa 500 000 Einwohner.

Gehen wir zurück in die Vorgeschichte, verschlechtert sich die Beweislage, die Zahlen werden kleiner, doch wenn wir systematische archäologische Übersichten mit detaillierten Ausgrabungen kleiner Areale kombinieren, erhalten wir eine immer noch einigermaßen sichere Vorstellung von der Größe damaliger Städte. Da ist sie wieder, die Kunst nach Art der Kettensäge. Die üblichen Schätzungen mögen um zehn Prozent danebenliegen, aber größere Fehlermargen sind ziemlich unwahrscheinlich. Und weil wir auf östliche wie auf westliche Ausgrabungsstätten dieselben Schätzmethoden anwenden, ist der Trend wohl ziemlich verlässlich. Um nach unserem System einen Punkt zu erreichen, braucht es 106 800 Menschen; 1000 Menschen bedeuten also 0,01 Punkte, und einen kleineren Wert in den Index aufzunehmen erschien mir nicht als sinnvoll. Wie wir in Kapitel 2 gesehen haben, erreichten die größten Siedlungen im Westen diese Bevölkerungszahl um 3500 v. u. Z. In noch früheren Zeiten gibt es in dieser Sparte für West wie Ost keinen Punkt. (Die Tabellen dazu befinden sich im Anhang.)

Wir sollten hier für einen Augenblick bei der Energieausbeute verweilen, denn dieses Merkmal stellt uns vor ganz andere Probleme. Die einfachste Möglichkeit, hier zu Zahlen zu gelangen, wäre, den Verbrauch pro Person festzustellen, gemessen in Kilokalorien pro Tag. Nach dem gleichen Verfahren, das ich für Verstädterung angewandt habe, beginne ich wieder im Jahr 2000 u. Z. Zu diesem Zeitpunkt verbrauchte ein Durchschnittsamerikaner pro Tag etwa 228 000 Kilokalorien. Diese Zahl, gewiss die höchste in der Geschichte, bringt dem Westen die volle Zuerkennung der 250 Punkte. (Wie bereits gesagt, bin ich nicht daran interessiert, unsere Fähigkeiten, Energie zu verbrauchen, Städte zu bauen, Informationen weiterzuleiten und Kriege zu führen, zu beurteilen – ich messe sie nur.) Im Osten verzeichnete Japan den höchsten Energieverbrauch pro Person, nämlich 104 000 Kilokalorien pro Tag im Jahr 2000, was dem Osten 113,89 Punkte einbringt.

Offizielle Statistiken über den Energieverbrauch sind für den Osten erst ab 1900 u. Z., für den Westen bereits ab 1800 verfügbar. Aber es gibt glücklicherweise andere Möglichkeiten weiterzukommen. Der menschliche Körper hat einige physiologische Grundbedürfnisse. Er funktioniert erst richtig, wenn ihm über die

Nahrung täglich 2000 Kilokalorien zur Verfügung stehen.* Nimmt ein Mensch deutlich weniger als 2000 Kilokalorien pro Tag zu sich, baut sein Körper schrittweise Funktionen ab – Muskelkraft, Sehkaft, Hörkraft und so weiter schwinden –, irgendwann droht der Tod. Der durchschnittliche Nahrungsverzehr kann daher nie dauerhaft unter 2000 Kilokalorien pro Tag und Person gelegen haben, der niedrigste Wert in dieser Skala läge also bei zwei Punkten.

Im wirklichen Leben jedoch lagen die niedrigsten Werte stets über diesen zwei Punkten, denn es sind mitnichten die Nahrungsmittel, in denen der größte Anteil der verbrauchten Energie steckt. Wie wir in Kapitel 1 gesehen haben, hat *Homo erectus* vermutlich bereits in Zhoukoudian, also vor fünf Millionen Jahren, zum Kochen Holz verbrannt; sicher ist, dass die Neandertaler dies vor 100 000 Jahren taten, zudem trugen sie Tierhäute. Weil wir über die Lebensweisen der Neandertaler nur wenig wissen, können unsere Schätzungen nicht sehr genau sein, doch indem diese Frühmenschen Energiequellen nicht nur über die Nahrung anzapften, haben sie mit Sicherheit im Durchschnitt darüber hinaus täglich weitere 1000 und mehr Kilokalorien verbraucht, was ihnen insgesamt um die 3,25 Punkte einträgt. Ihre anatomisch modernen Zeitgenossen kochten mehr als Neandertaler, trugen mehr Kleidung und bauten sich auch Behausungen aus Holz, Laub, Mammutknochen und Häuten – all das Produkte der chemischen Energie, in die die Pflanzen die elektromagnetische Energie der Sonne umgewandelt hatten. Selbst die technisch unentwickeltsten Sammler und Jäger des 20. Jahrhunderts vereinnahmen alles in allem mindestens 3500 Kilokalorien pro Tag. Angesichts des kälteren Klimas müssen ihre historisch viel älteren Vorfahren am Ende der Eiszeit im Durchschnitt näher an 4000 Kilokalorien täglich gelegen haben, was mindestens 4,25 Punkten entspricht.

Ich denke, ein Archäologe wird an solchen Schätzungen nicht viel auszusetzen haben. Doch die Lücke, die zwischen den 4,25 Punkten eines eiszeitlichen Jägers und den 250 unserer westlichen, Strom und Benzin fressenden Zeitgenossen klafft, ist gewaltig. Was ist in der Zwischenzeit geschehen? Wenn wir das Wissen zusammentragen, das sich Archäologen, Historiker, Anthropologen und Ökologen je auf ihre Weise angeeignet haben, dann können wir der Antwort auf diese Frage vielleicht doch ziemlich nahekommen.

Bereits 1971 baten Redakteure des *Scientific American* den Geowissenschaftler Earl Cook um einen Beitrag über den Energiefluss in einer Industriegesellschaft. Er fügte seinem Aufsatz ein auf zuverlässigen Schätzungen basierendes Diagramm bei, das seither häufig wiederabgedruckt wurde. Es zeigt den Energieverbrauch von Jäger-Sammlern, frühen Ackerbauern (womit er die Bauern in Südwestasien um 5000 v. u. Z. meinte, denen wir in Kapitel 2 begegnet sind), fortgeschrittenen

* Ein großer oder ein körperlich arbeitender Mensch braucht mehr. Aber der aktuelle Durchschnittsverzehr der Amerikaner von 3460 Kilokalorien täglich ist, wie überdimensionale Rock- oder Hosenbünde erbarmungslos demonstrieren, weitaus mehr, als selbst ein Schwerstarbeiter benötigt.

Bauern (Nordwesteuropäer um 1400 u. Z.), Angehörigen klassischer Industriegesellschaften (Westeuropäer um 1860) und denen »technologisierter Gesellschaften« Ende des 20. Jahrhunderts – jeweils aufgeteilt in vier Kategorien: Nahrung (einschließlich des Schlachttierfutters), Haushalt und Gewerbe, Industrie und Landwirtschaft, Verkehr und Transport (Abbildung 3.1).

Cooks Schätzungen haben sich als bemerkenswert treffend erwiesen, obwohl seitdem nahezu 40 Jahre vergangen sind, in denen Historiker, Anthropologen, Archäologen und Wirtschaftswissenschaftler weitere Erkenntnisse gewonnen haben.* Sie bieten natürlich nur einen Anhaltspunkt, doch anhand der detaillierten Zeugnisse aus allen Geschichtsperioden im Westen wie im Osten können wir doch sehr gut sagen, wie weit sich die Gesellschaften der Gegenwart von diesen Parametern entfernt haben. Für die letzten Jahrhunderte können wir dabei auf Textquellen zurückgreifen, für die meisten Epochen zuvor jedoch sind wir vor allem auf archäologische Funde angewiesen.

Manchmal kommt Hilfe aus ganz unerwarteten Richtungen. Die Eiskernbohrungen aus Grönland, die schon in Kapitel 1 und 2 eine Rolle gespielt haben, zeigen auch, dass die Luftverschmutzung in den letzten Jahrhunderten vor der Zeitenwende um das Siebenfache gestiegen ist, vor allem wegen des Bergbaus der Römer in Spanien. Dieser Befund ist in den letzten zehn Jahren durch Untersuchungen von Sedimenten aus Torfmooren und Seen bestätigt worden. Die Europäer produzierten im 1. Jahrhundert u. Z. neun- bis zehnmal mehr Kupfer und Silber als im 13. Jahrhundert – einschließlich all der Energie, die Mensch und Tier dazu verbrauchten: beim Graben der Minen und Stollen, beim Fortschaffen des Abraums, beim Bau von Straßen und Häfen, beim Be- und Entladen der Schiffe, beim Transport der Metalle in die Städte, beim Bau und Betrieb der Mühlen und Hammerwerke, die das Erz zerkleinerten. Vor allem zählt dabei natürlich das Holz, mit dem die Stollen ausgebaut sowie Schmelzöfen und Essen befeuert wurden. Eiskerne und Sedimentproben ermöglichen es uns auch, die Stufen industrieller Entwicklung in unterschiedlichen Epochen zu vergleichen. Erst im 11. Jahrhundert erreichte die Verschmutzung der grönländischen Eiskerne wieder den Stand der Römerzeit – zu einem Zeitpunkt, an dem chinesische Quellen davon berichten, dass der anhaltende Bedarf der Eisenwerker die Berge von Kaifeng so restlos entwaldet hatte, dass zum ersten Mal in der Geschichte Kohle zur wichtigen Energiequelle wurde. Und erst mit den qualmenden Schloten im England des 19. Jahrhunderts stieg die Luftverschmutzung deutlich über die zur Römerzeit.

Noch einmal möchte ich betonen, dass wir hier mit der Kettensäge operieren. So veranschlage ich etwa den täglichen Energiebedarf in der Blütezeit des Römischen Reiches, im 1. Jahrhundert u. Z., auf 31 000 Kilokalorien pro Kopf und

* Nur an einem Punkt habe ich Cooks Zahlen substanziell verändert: Meiner Meinung nach überschätzt er die Steigerungsrate der Energieausbeute in Südwestasien, nachdem die Domestizierung der Pflanzen begonnen hatte. Ich denke, dass die 12 000 Kilokalorien pro Tag und Person, die er für »frühen Ackerbau« angibt, eher für 3000 v. u. Z. als, wie er meint, für 5000 v. u. Z. zutreffen.

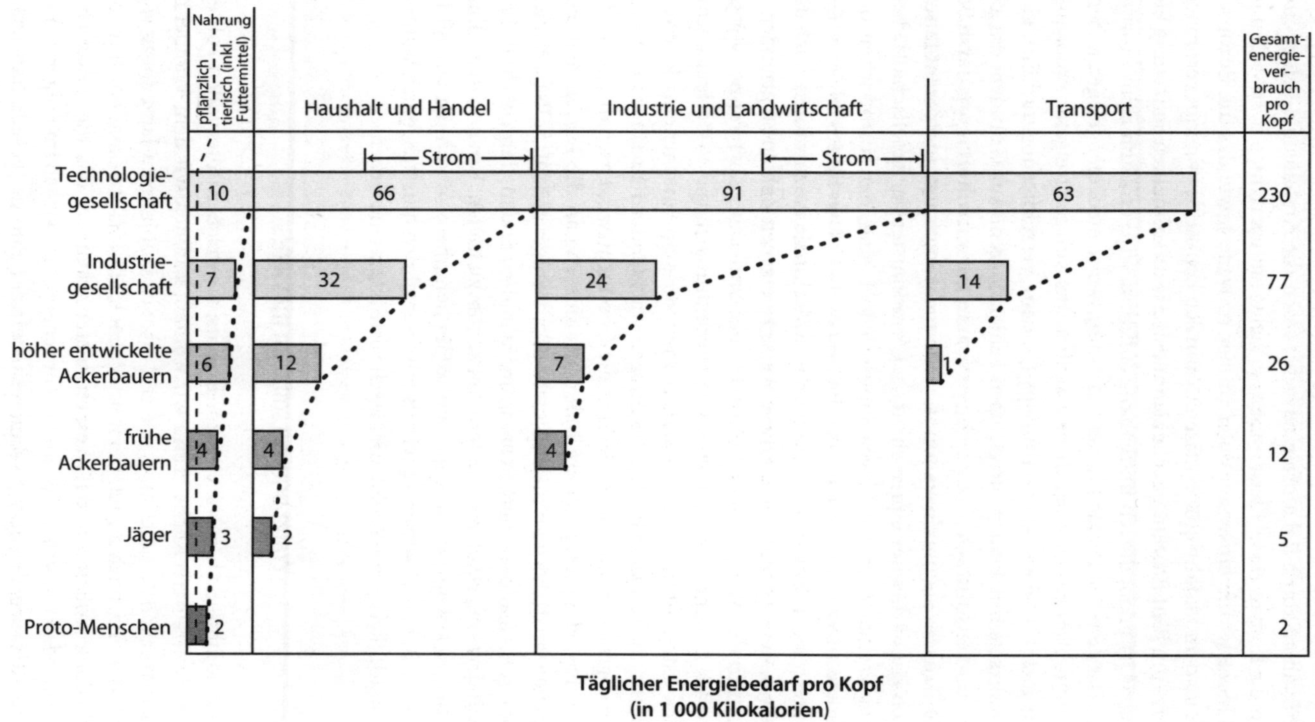

Abbildung 3.1: Die Große Kette der Energie in Zahlen

Schätzungen des Geowissenschaftlers Earl Cook über die Energieaufnahme pro Kopf und Tag, von der Zeit des *Homo habilis* bis in die Vereinigten Staaten der 1970er Jahre.

Tag. Das liegt weit über Cooks Schätzung, der für fortgeschrittene Ackerbaugesellschaften von 26 000 Kilokalorien ausgeht. Doch die Archäologie belegt eindeutig, dass die Römer so viel Fleisch aßen, so viele Städte errichteten, so viele und größere Handelsschiffe einsetzten (und immer so weiter), wie das die Europäer erst wieder ab dem 18. Jahrhundert taten. Natürlich könnte der Energieverbrauch ohne weiteres um fünf Prozent über beziehungsweise unter meinen Schätzung liegen; doch aus Gründen, die ich im Anhang aufführe, wird er kaum zehn Prozent und ganz sicher keine 20 Prozent höher beziehungsweise niedriger gelegen haben.

Nachrichtenwesen und Kriegführung stellen uns vor ganz eigene Probleme, doch gelten auch hier die gleichen Prinzipen wie für Verstädterung und Energieausbeute, wahrscheinlich auch die gleichen Fehlermargen. Aus Gründen, die ich im Anhang und ausführlicher auf meiner Website www.ianmorris.org darstelle, müssen die Punktwerte durchweg um 15, wenn nicht sogar um 20 Prozent falsch sein, bis sich ein wirklicher Unterschied im Grundmuster der gesellschaftlichen Entwicklung ergibt. So große Abweichungen jedoch sind, den historischen Befunden zufolge, unwahrscheinlich. Um alle Restzweifel zu beseitigen, bleibt anderen Historikern nichts anderes übrig, als andere Merkmale auszuwählen, auch die Punkte anders zu vergeben und auf diese Weise zu eigenen Zahlen zu gelangen.

Fortschritt in der Wissenschaft, so machte der Philosoph Karl Popper vor 50 Jahren geltend, sei eine Angelegenheit von »Vermutungen und Widerlegungen«, ein Zickzack-Kurs, der dadurch zustande kommt, dass ein Forscher eine Idee veröffentlicht und andere sie dann zu widerlegen trachten, um zu einer noch besseren zu gelangen. Das gilt wohl auch für die Geschichtswissenschaften. Ich bin überzeugt davon, dass jeder andere Index, der sich eng an die Fakten hält, ein Muster ergeben wird, das dem meinen mehr oder weniger gleicht. Sollte ich mich jedoch irren, sollten andere mein Schema unzulänglich finden, dann, so hoffe ich, wird sie mein Irrtum ermutigen, bessere Antworten zu finden. Um nochmals Einstein zu zitieren: »Wenn wir uns nur ein wenig bemühen, so können wir oft in einer philosophischen Theorie, die wir als falsch ablehnen mussten, einen wahren Gedanken entdecken, der wert ist, die falsche Theorie zu überleben.«[16]

Wann und wo soll man messen?

Bleiben zwei weitere technische Fragen. Erstens: In welchen Intervallen sollten wir die Punktwerte berechnen? Wenn wir wollten, könnten wir dem Wandel in der gesellschaftlichen Entwicklung seit den 1950ern von Jahr zu Jahr, sogar von Monat zu Monat nachgehen. Ich bezweifle jedoch, dass dies besonders sinnvoll wäre. Schließlich wollen wir das Gesamtmuster erkennen, das die Geschichte über lange Perioden hinweg prägt, und dafür scheint es – wie ich im Folgenden zu zeigen hoffe – detailreich genug zu sein, wenn wir den Puls der gesellschaftlichen Entwicklung einmal pro Jahrhundert bestimmen.

Gehen wir jedoch zurück bis zum Ende der Eiszeit, ist es weder möglich noch wünschenswert, die gesellschaftliche Entwicklung im Jahrhunderttakt zu bestimmen. Wir können einfach zu wenige Unterschiede ausmachen zwischen dem, was um 14000 v. u. Z. vor sich ging, und der Lage um 13900 v. u. Z. (und auch nicht zu der um 13800). Zum einen haben wir nicht genügend aussagekräftige Funde, zum anderen vollzog sich der Wandel sehr langsam. Ich benutze darum eine gleitende Skala. Von 14000 bis 4000 v. u. Z. messe ich die gesellschaftliche Entwicklung alle 1000 Jahre. Von 4000 bis 2500 v. u. Z. werden nicht nur die Befunde besser, sondern beschleunigt sich auch der Wandel, also messe ich alle 500 Jahre. Und zwischen 2500 v. u. Z. und 1500 u. Z. reduziere ich den Abstand auf 250 Jahre; von 1400 bis 2000 dann messe ich alle 100 Jahre.

Das birgt natürlich Risiken. Vor allem wird der gesellschaftliche Wandel, je weiter zurück wir in der Geschichte gehen, als umso ruhiger und gradueller erscheinen. Wenn wir unsere Punktwerte nur alle 1000 oder 500 Jahre bestimmen, können wir durchaus interessante Wendepunkte verfehlen. Die bittere Wahrheit jedoch ist, dass wir unsere Daten nur ganz selten sehr viel präziser datieren können als in Zeitabschnitten, wie ich sie vorschlage. Ich will das Problem nicht verleugnen und werde mich bemühen, in der narrativen Darstellung in Kapitel 4 bis 10 so viele Lücken wie möglich zu schließen, doch der Rahmen, den ich hier anwende, erscheint mir als bestmöglicher Kompromiss zwischen Praktikabilität und Genauigkeit.

Die zweite Frage lautet: Wo soll man messen? Vielleicht ist Ihnen beim Lesen der letzten Abschnitte aufgefallen, wie zurückhaltend ich war, den Teil der Welt anzugeben, von dem ich gerade sprach, als ich die Zahlen für »Westen« und »Osten« generiert habe. An manchen Stellen war von den Vereinigten Staaten die Rede, an anderen von Großbritannien, manchmal von China, dann wieder von Japan. In Kapitel 1 habe ich die Klage des Historikers Kenneth Pomeranz über seine Kollegen zitiert, die in der Frage, warum der Westen die Welt regiert, insofern schlampten, als sie das kleine England mit dem riesigen China verglichen und daraus den Schluss zögen, der Westen habe bereits um 1750 u. Z. geführt. Man müsse, insistierte Pomeranz, stets gleich große Einheiten vergleichen. Mit den Kapiteln 1 und 2 habe ich darauf reagiert, indem ich als »Westen« und »Osten« ausdrücklich die Gesellschaften definiert habe, die von den ursprünglichen Ackerbaurevolutionen im Fruchtbaren Halbmond beziehungsweise in den Tälern des Jangtse abstammen. An dieser Stelle nun muss ich einräumen, dass ich damit Pomeranz' Problem nur zum Teil gelöst habe. In Kapitel 2, in dem ich die enorme Expansion der westlichen und östlichen Kulturzonen beschrieben habe, die in den rund 5000 Jahren nach Beginn der Kultivierung stattfand, konnte ich nicht umhin, auch auf die Unterschiede in der gesellschaftlichen Entwicklung einzugehen, die zwischen den Kerngebieten im Fruchtbaren Halbmond oder im Jangste-Tal einerseits und Randgebieten wie Nordeuropa oder Korea andererseits bestanden. Auf welche Teile des Ostens oder des Westens also sollen wir uns konzentrieren, wenn wir Punktwerte für den Index gesellschaftlicher Entwicklung festlegen?

Wir könnten versuchen, beide Zonen jeweils insgesamt in den Blick zu nehmen, was allerdings bedeuten würde, dass zum Beispiel in den westlichen Punktwert für das Jahr 1900 u. Z. die rauchenden Fabriken und die ratternden Maschinengewehre des industrialisierten England ebenso eingehen würden wie etwa Russlands Leibeigene, Mexikos Tagelöhner oder Australiens Rancher. Wir müssten uns eine Art Durchschnittswert für die Entwicklung des Westens ausdenken, das gleiche für den Osten versuchen – und dieses Strickmuster dann auf alle früheren Zeitpunkte der Geschichte übertragen. Das wäre ziemlich kompliziert und erwiese sich zudem nicht nur als unpraktikabel, sondern, wie ich befürchte, auch als unsinnig. Wenn es darum geht, die westliche Führung zu erklären, sind die entscheidenden Antworten von einem Vergleich der am weitesten entwickelten Teile jeder Region zu erwarten, von einem Vergleich der jeweiligen Kerngebiete, die von den dichtesten politischen, wirtschaftlichen, gesellschaftlichen und kulturellen Interaktionen konstituiert wurden. Der Index gesellschaftlicher Entwicklung muss Veränderungen innerhalb dieser Kerngebiete messen und vergleichbar machen.

Wie wir in den Kapiteln 4 bis 10 sehen werden, haben sich diese Kerngebiete im Lauf der Zeit verschoben und verändert. Von 11000 v. u. Z. bis um 1400 u. Z. war der Kern des Westens geographisch ziemlich stabil, nämlich das östliche Ende des Mittelmeers – ausgenommen die Zeit zwischen 250 v. u. Z. bis 250 u. Z., als das Römische Reich, von Italien ausgehend, das Kerngebiet nach Westen zog. Ansonsten lag es stets im Dreieck zwischen den heutigen Staaten Irak, Ägypten und Griechenland. Seit 1400 u. Z. verlagerte sich das Kerngebiet unaufhörlich nach Norden und Westen, zunächst nach Norditalien, dann nach Spanien und Frankreich, später umfasste es, sich erweiternd, England, Belgien, Holland und Deutschland. Um 1900 erfolgte der Sprung über den Atlantik, und 2000 lag das Kerngebiet fest in Nordamerika. Das im Osten bestand bis 1850 u. Z. aus den Ursprungstälern von Gelbem Fluss und Jangtse, allerdings verlagerte sich das zentrale Kraftfeld ab etwa 4000 v. u. Z. nach Norden, nach 500 u. Z. wieder zurück in den Süden, ab 1400 u. Z. erneut nach Norden. Es dehnte sich aus und umfasste um 1900 Japan, um 2000 auch Südostchina (Abbildung 3.2).

An dieser Stelle möchte ich zunächst nur festhalten, dass alle Punktwerte der gesellschaftlichen Entwicklung die Gesellschaften in diesen Kerngebieten widerspiegeln. Die Gründe, aus denen sich diese Gebiete verlagert haben, werden eines der Hauptthemen in den folgenden Kapiteln sein.

Das Muster der Vergangenheit

So viel zu den Regeln des Spiels; nun zu einigen Ergebnissen. Abbildung 3.3 zeigt die Punktwerte für die letzten 16000 Jahre, seit Ende der Eiszeit, als die Geschichte sich warmzulaufen begann.

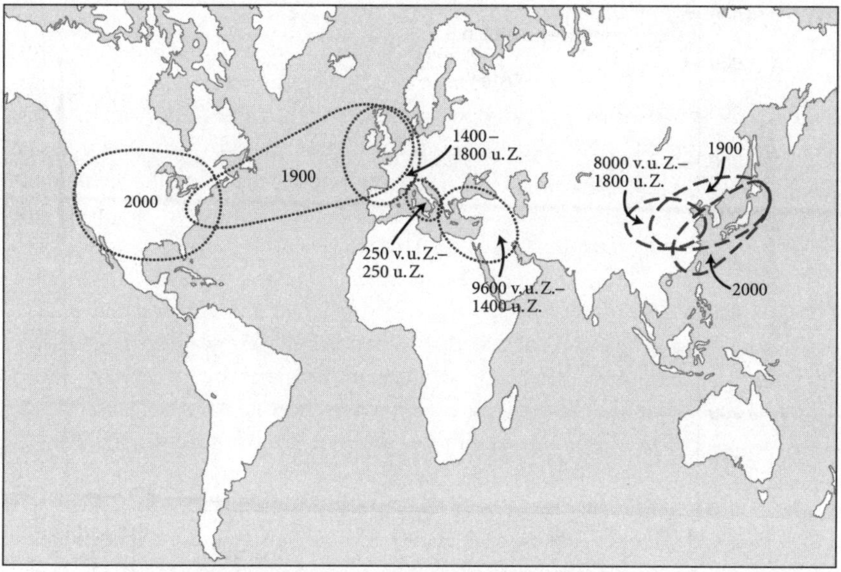

Abbildung 3.2: Verschiebung der Machtzentren
Die mal langsame, dann wieder rasche Verlagerung der höchstentwickelten Kerngebiete innerhalb des westlichen (gepunktet) und des östlichen (gestrichelt) Kulturkreises seit dem Ende der Eiszeit.

Nach unserem ganzen Vorlauf, was sehen wir tatsächlich? Offen gestanden, nicht viel – es sei denn, Ihre Augen sind ein ganzes Stück besser als meine. Die Linien für Osten und Westen verlaufen so nahe beieinander, dass sie sich kaum unterscheiden lassen. Und bis 3000 v. u. Z. lösen sie sich nicht wirklich von der Grundlinie des Diagramms. Auch danach scheint sich wenig zu tun – bis vor zwei Jahrhunderten, wo beide Linien plötzlich einen fast rechtwinkligen Knick vollführen und nach oben schießen.

Das Diagramm mag auf den ersten Blick enttäuschend sein, und doch lässt es uns zwei bedeutsame Dinge erkennen. Erstens: Es hat keinen großen Unterschied zwischen der gesellschaftlichen Entwicklung im Osten und im Westen gegeben. Im Rahmen unseres Maßstabs sind beide für die meisten der Geschichtsabschnitte nur schwer auseinanderzuhalten. Zweitens: In den letzten Jahrhunderten muss etwas sehr Tiefgreifendes geschehen sein, die bei weitem schnellste und größte Veränderung in der Geschichte.

Um der Sache näher zu kommen, müssen wir die Werte anders darstellen. Das Ungemach mit der Abbildung 3.3 liegt in dem dramatischen Aufschwung beider Linien im 20. Jahrhundert. Um die Werte für das Jahr 2000 u. Z. (906,38 für den Westen, 565,44 für den Osten) auf der vertikalen Achse eintragen zu können, muss man einen Maßstab wählen, der die sehr viel niedrigeren Werte für die früheren

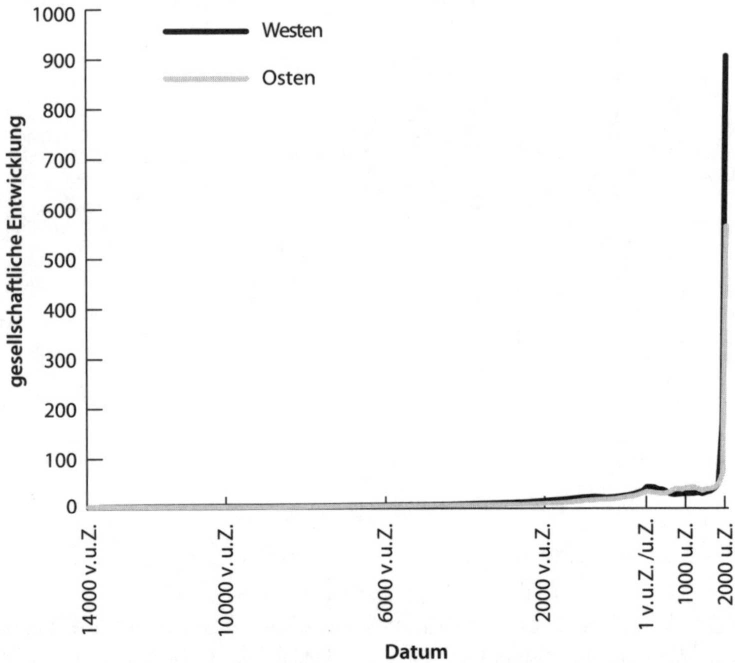

Abbildung 3.3: Punkte erzielen
Die gesellschaftliche Entwicklung im Osten und im Westen seit 14 000 v. u. Z.

Zeiten so weit komprimiert, dass deren Bewegungen mit bloßem Auge kaum sichtbar sind. Zum Glück aber gibt es eine Methode, dieses Problem zu lösen.

Stellen wir uns vor, ich möchte eine Tasse Kaffee trinken, habe aber kein Geld. Ich leihe mir einen Dollar von einer lokalen Größe vom Kaliber des Mafiabosses Tony Soprano, der Hauptfigur der gleichnamigen TV-Serie. (Wir gehen davon aus, dies alles passiert in einer Zeit, in der ein Dollar noch gereicht hat, um einen Kaffee zu bezahlen.) Der Mann ist natürlich mein Freund, er wird mir also keine Zinsen abknöpfen. Allerdings soll ich ihm den Dollar innerhalb einer Woche zurückgeben. Sollte ich diese Frist verpassen, dann, so seine Bedingung, werden sich meine Schulden verdoppeln, und so auch mit jeder weiteren Woche. Natürlich habe ich das Geld nach der ersten Woche nicht, schulde dem Mann nun also zwei Dollar. Und weil Umsicht in Gelddingen nicht zu meinen Stärken gehört, verpasse ich auch den nächsten Termin, die Schulden steigen auf vier Dollar. Eine Woche später sind es bereits acht Dollar. Ich verschwinde aus der Stadt und vergesse unser Arrangement einfach.

Abbildung 3.4 zeigt, was mit meinen Schulden geschieht. Wie in Abbildung 3.3 ist für eine lange Zeit nicht viel zu sehen. Erst um die 14. Woche löst sich die Linie, die das Wachstum der Zinsen anzeigt, von der Grundlinie; meine Schulden be-

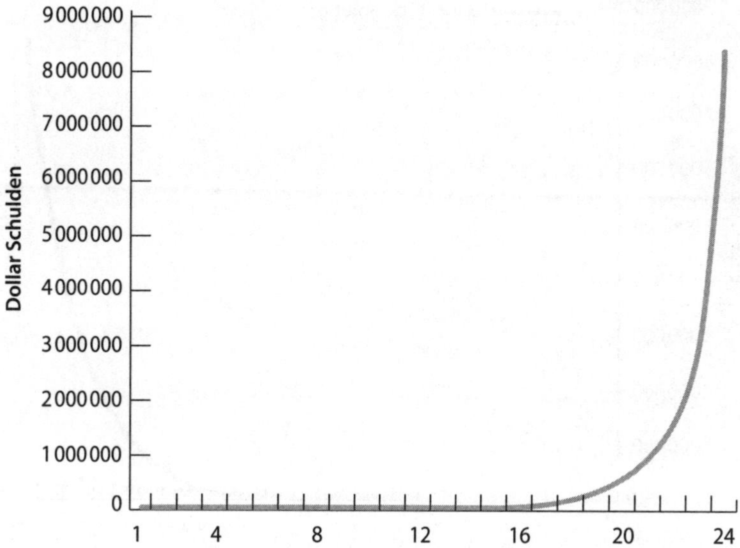

Abbildung 3.4: Der Acht-Millionen-Dollar-Kaffee

Zinseszins in konventioneller Darstellung. Die Kosten der Tasse Kaffee steigen innerhalb von 14 Wochen von einem auf 8192 Dollar. Dennoch wird der finanzielle Ruin erst ab der 15. Woche wirklich sichtbar.

tragen dann aber schon atemberaubende 8192 Dollar; in der 16. Woche haben sie sich auf 32768 Dollar hochgeschraubt, und in Woche 24, als mich die Gangster endlich aufstöbern, schulde ich ihnen geschlagene 8260608 Dollar – eine Menge Geld für einen Kaffee.

In diesem Maßstab dargestellt, ist das Wachstum meiner Schulden in den ersten Wochen (von einem zu zwei, vier, acht Dollar) in der Tat trivial. Angenommen, ich laufe den Fußsoldaten des Kredithais einen Monat nach der schicksalhaften Tasse Kaffee über den Weg, wenn meine Schulden bei 16 Dollar stehen. Nehmen wir weiter an, ich habe keine 16 Dollar, kann den Kerlen aber fünf Dollar geben. Um meine Gesundheit fürchtend, leiste ich vier weitere wöchentliche Zahlungen von jeweils fünf Dollar, dann aber vergesse ich das Ganze erneut und stelle die Zahlung ein. Die schwarze Linie in Abbildung 3.5 zeigt, was geschieht, wenn ich nichts zahle, die graue, wie meine Schulden nach fünfmaliger Fünf-Dollar-Zahlung steigen. Wieder wachsen meine Schulden auf über drei Millionen Dollar, aber das ist weniger als die Hälfte dessen, was ich ohne die Zwischenzahlungen schuldig gewesen wäre. Doch so entscheidend sie waren, in der Grafik sind sie nicht zu erkennen. Unmöglich, Abbildung 3.5 zu entnehmen, warum die graue Linie soviel tiefer endet als die schwarze.

Abbildung 3.6 erzählt die Geschichte meines Ruins auf eine andere Weise. Statistiker nennen die Abbildungen 3.4 und 3.5 linear skaliert, weil die Skalen auf

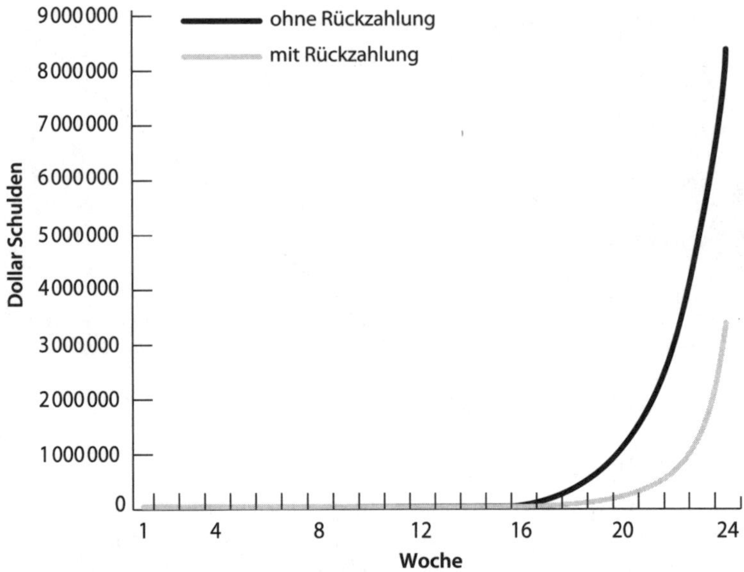

Abbildung 3.5: Keine gute Methode, schlechte Planung darzustellen
Die schwarze Linie zeigt den gleichen Anstieg der Schulden wie in Abbildung 3.4 – die graue dagegen, was nach einigen kleinen Zahlungen in den Wochen 5–9 geschieht. Doch die entscheidenden Zahlungen sind in konventioneller (linearer) Darstellung nicht zu erkennen.

beiden Achsen in linearen Schritten steigen. Das heißt: Jeder Woche, die vergeht, entspricht auf der horizontalen Achse die gleiche Strecke, und ebenso entspricht auf der vertikalen Achse jedem Dollar die gleiche Strecke. Abbildung 3.6 dagegen ist linear-logarithmisch skaliert. Die Zeit auf der horizontalen Achse wird weiterhin in gleichen Streckenabschnitten dargestellt, die Vertikale allerdings zeigt die Schulden logarithmisch – will sagen: Der Abstand zwischen der Grundlinie und der ersten horizontalen Linie zeigt das Wachstum meiner Schulden ums Zehnfache, nämlich von eins auf zehn Dollar. Im nächsten Schritt, zwischen der ersten und der zweiten Linie, wachsen meine Schulden erneut ums Zehnfache, das heißt aber von zehn auf 100 Dollar, dann wieder ums Zehnfache, also von 100 auf 1000, und so weiter bis zu den zehn Millionen an der Spitze dieser Achse.

Politiker und Berater haben eine Kunst daraus gemacht, uns mit Statistiken in die Irre zu führen. Bereits vor anderthalb Jahrhunderten fühlte sich, einem Bonmot von Mark Twain zufolge, Premierminister Benjamin Disraeli zu der Bemerkung getrieben: »Es gibt drei Arten von Lügen: Lügen, verdammte Lügen und Statistiken.« Abbildung 3.6 könnte man als Beweis dafür begreifen. Tatsächlich aber betont diese Darstellung nur einen anderen Aspekt meiner Schulden als die Abbildungen 3.4 und 3.5. Mit linear-linearer Darstellung lässt sich gut zeigen, wie

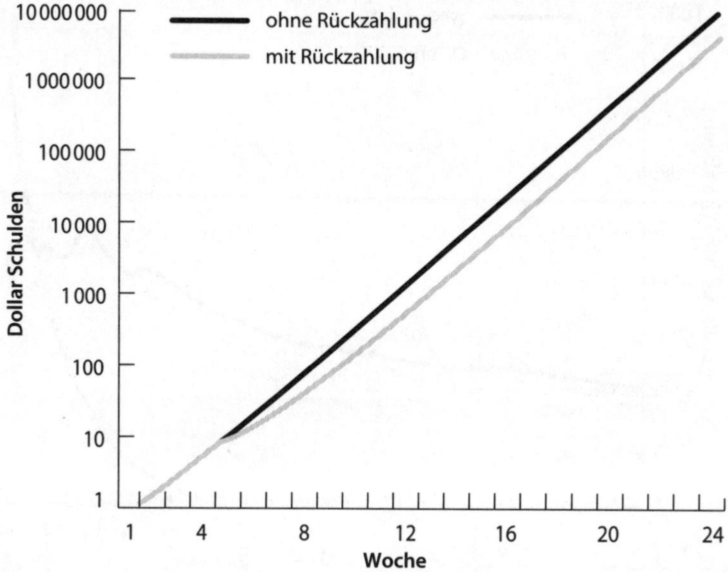

Abbildung 3.6: Geradewegs in den Ruin

Die Schuldenspirale in logarithmisch-linearer Darstellung. Die schwarze Linie zeigt die stetige Verdopplung der Schulden ohne Zwischenzahlungen, die graue dagegen die Auswirkung der kleinen Zahlungen in den Wochen 5–9, nach deren Einstellung die Verdopplung wieder einsetzt.

schlimm meine Schulden sind; die logarithmisch-lineare Darstellung dagegen demonstriert, wie es dazu kommen konnte. In Abbildung 3.6 verläuft die schwarze Linie stetig und gerade, sie zeigt, wie sich der Zuwachs meiner Schulden ohne Zahlungen stetig beschleunigt: Sie verdoppeln sich Woche für Woche. Der grauen Linie ist abzulesen, dass meine Fünf-Dollar-Zahlungen nach vier Wochen Verdopplung das Wachstum meiner Schulden zwar nicht beendet, aber dessen Rate verlangsamt. Sobald ich die Zahlung einstelle, steigt auch die graue Linie wieder parallel zur schwarzen, denn meine Schulden verdoppeln sich nun wieder ohne Abzug, erreichen aber (wegen des niedrigeren Ausgangspunkts) nicht die gleiche schwindelnde Höhe wie ohne Zwischenzahlung.

Weder Politiker noch Statistiker lügen immer, es gibt einfach keine völlig neutrale Art, Politik oder Zahlen zu präsentieren. Jede Pressemitteilung und jede graphische Darstellung rücken einige Aspekte der Realität in den Vordergrund, spielen andere dafür herunter. So auch Abbildung 3.7, welche die Punktwerte der gesellschaftlichen Entwicklung von 14000 v.u.Z. bis 2000 u.Z. in logarithmisch-linearer Darstellung wiedergibt und dabei einen völlig anderen Eindruck vermittelt als die Darstellung derselben Werte in Abbildung 3.3. Der Sprung in der Entwicklung in den letzten Jahrhunderten bleibt klar und deutlich, er ließe

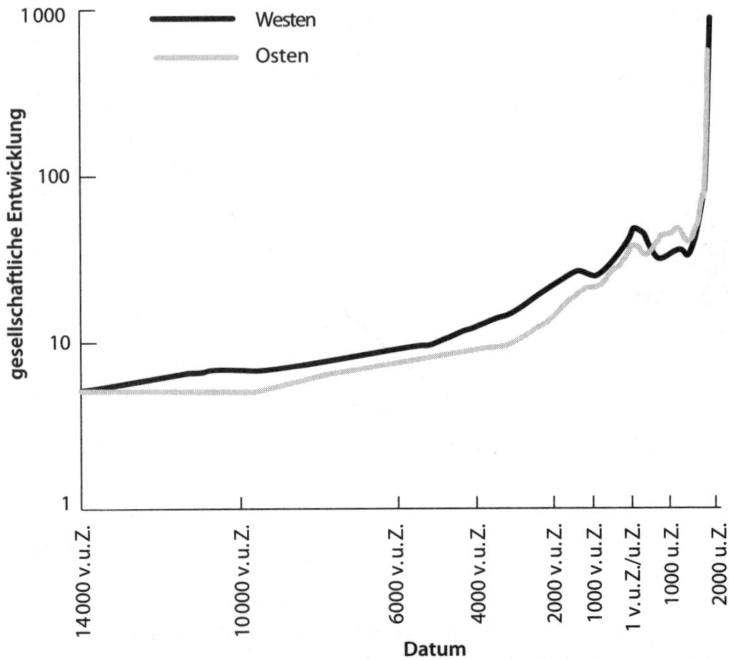

Abbildung 3.7: Der Anstieg der gesellschaftlichen Entwicklung

Hier ist die Entwicklung von 14000 v. u. Z. bis 2000 u. Z. logarithmisch-linear dargestellt – wohl die sinnvollste Art, die Werte zur Anschauung zu bringen. Dadurch werden sowohl die relativen Wachstumsraten im Osten und Westen als auch die Bedeutung der vielen 1000 Jahre der Veränderungen vor 1800 u. Z. betont.

sich auch mit keiner statistischen Trickserei zum Verschwinden bringen. Aber wir sehen jetzt, dass dieser Sprung nicht aus heiterem Himmel erfolgte, wie es nach Abbildung 3.3 erscheinen mochte. Als die Linien nach oben zu schießen beginnen (um 1700 u. Z. im Westen, um 1800 im Osten), sind die Werte in beiden Regionen bereits um das Zehnfache höher als auf der linken Seite der Grafik – ein Unterschied, der auf Abbildung 3.3 kaum wahrnehmbar war.

Wenn man erklären möchte, warum der Westen die Welt regiert, muss man, wie Abbildung 3.7 zeigt, gleich mehrere Fragen beantworten. Wir werden Gründe dafür suchen müssen, warum die gesellschaftliche Entwicklung nach 1800 u. Z. mit einem so plötzlichen Sprung ein Niveau erreicht hat (nahezu 100 Punkte), dass es einzelnen Staaten möglich wurde, ihre Macht weltweit auszudehnen. Bevor sich die Entwicklung in diese Höhe schraubte, konnten selbst die mächtigsten Staaten nur ihre eigene Region beherrschen. Erst die neuen Techniken und Einrichtungen des 19. Jahrhunderts ermöglichten es ihnen, lokale in weltweite Herrschaft zu verwandeln. Wir werden natürlich auch herauszufinden haben, warum der Westen

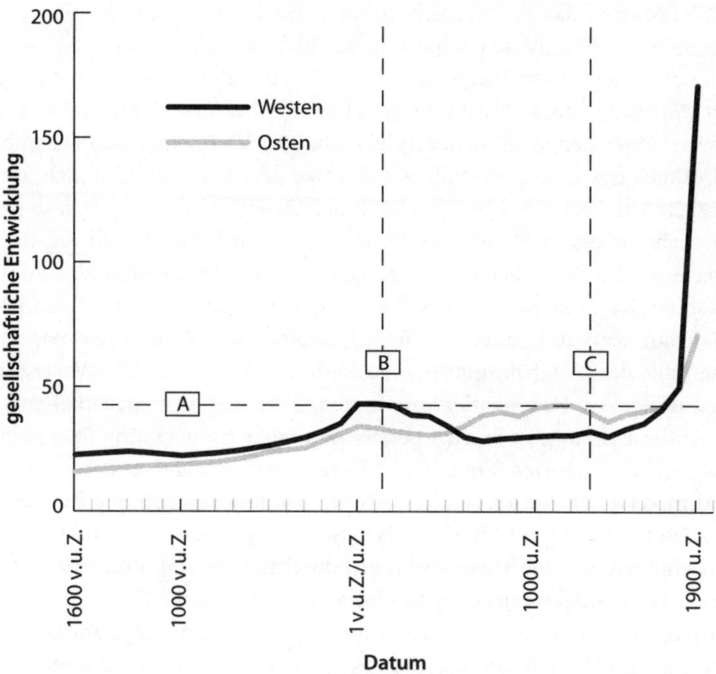

Abbildung 3.8: Linien durch Zeit und Raum

Die gesellschaftliche Entwicklung in dreieinhalb Jahrtausenden, von 1600 v. u. Z. bis 1900 u. Z., in linear-linearer Darstellung. Die gestrichelte Linie A zeigt einen möglichen Schwellenwert bei 43 Punkten, bei dem die weitere Entwicklung des Weströmischen Reiches in den ersten Jahrhunderten u. Z. blockiert worden ist, ebenso die der Song-Dynastie in China um 1100 u. Z., bevor um 1700 u. Z. dem Osten wie dem Westen der Durchbruch gelang. Linie B zeigt, dass eine Verbindung bestehen könnte zwischen den in den ersten Jahrhunderten u. Z. sowohl im Osten als auch im Westen sinkenden Werten; Linie C einen weiteren Ost-West-Gleichklang ab etwa 1300 u. Z.

diese Schwelle zuerst erreicht hat. Um aber diese Fragen beantworten zu können, müssen wir begriffen haben, warum die gesellschaftliche Entwicklung bereits in den vorangegangenen 14 000 Jahren so sehr gestiegen ist.

Noch etwas anderes offenbart Abbildung 3.7. Nun sehen wir nämlich, dass die Werte für Ost und West bis vor wenigen 1000 Jahren sehr wohl unterschieden waren: Im Westen lagen sie in über 90 Prozent der Zeit seit 14 000 v. u. Z. höher als im Osten. Das bringt kurzfristige Ereignistheorien in Erklärungsnöte. Die Führung des Westens seit 1800 u. Z. ist eine Rückkehr zur langfristigen Norm, keine merkwürdige Anomalie.

Damit sind kurzfristige Ereignistheorien nicht unbedingt widerlegt, doch zeigt Abbildung 3.7, dass deren Vertreter sich einiges einfallen lassen müssen, um das langfristige Muster, das zurückreicht bis zum Ende der Eiszeit, ebenso erklären zu können wie die Ereignisse nach 1700 u. Z. Doch auch die Gegenseite, die Theoretiker langfristiger Determination, sollte nicht zu früh jubeln. Denn Abbildung 3.7 zeigt eindeutig, dass die Werte gesellschaftlicher Entwicklung im Westen nicht immer über denen im Osten gelegen haben. Vielmehr liefen sie während eines Großteils des 1. Jahrtausends v. u. Z. etwa parallel, dann plötzlich, um 541 u. Z., kreuzten sie sich, und bis 1773 blieb der Osten in Führung. (Diese punktgenauen Daten folgen natürlich aus der unwahrscheinlichen Annahme, dass die Indexwerte gesellschaftlicher Entwicklung, die ich errechnet habe, absolut genau sind. Besser wäre es zu sagen, dass die Werte für den Osten irgendwann Mitte des 6. Jahrhunderts u. Z. über die für den Westen stiegen und der Westen die Führung Ende des 18. Jahrhunderts zurückerlangte.) Dass sich die Werte für Ost und West in der Antike einander annäherten, dass der Osten anschließend 1200 Jahre lang die Führung in Sachen gesellschaftlicher Entwicklung übernommen hat, widerlegt die Theorien langfristiger Determination nicht, ebenso wenig, wie das Faktum, dass der Westen seit Ende der Eiszeit fast durchgängig führend war, die Theorien kurzfristig-zufälliger Ereignisse in Frage stellt. Aber die Fakten zeigen, dass eine erfolgreiche Theorie sehr viel durchdachter sein und sehr viel mehr Beweise berücksichtigen muss, als dies bislang der Fall war.

Bevor wir diese Grafiken verlassen, möchte ich noch auf einige andere Muster hinweisen. Sie sind bereits auf Abbildung 3.7 zu erkennen, Abbildung 3.8 aber verdeutlicht sie noch. Es ist eine Darstellung mit konventionell linearer Skalierung, zeigt aber nur die dreieinhalb Jahrtausende von 1600 v. u. Z. bis 1900 u. Z. Weggelassen sind die enormen Werte für das Jahr 2000, sodass die vertikale Achse gestreckt werden kann und wir auch die Werte früherer Epochen erkennen können. Mit dem gewählten Ausschnitt ließ sich aber ebenfalls die horizontale Achse strecken und damit der Wandel in der Zeit verdeutlichen.

Zweierlei scheint mir hieran bemerkenswert. Zum ersten die Spitze der westlichen Werte im 1. Jahrhundert u. Z. mit etwa 43 Punkten, gefolgt von einem anschließenden langsamen Niedergang. Entsprechend sehen wir rechts davon, um 1100 u. Z., in der gleichen Höhe eine Spitze der Werte im Osten, und auch hier schließt sich ein Niedergang an. Noch weiter rechts, um 1700 u. Z., erreichen Ost und West erneut Werte in den niedrigen Vierzigern, diesmal aber ohne anschließenden Niedergang. Vielmehr beschleunigt sich nun die Entwicklung, bevor 100 Jahre später, mit Beginn der industriellen Revolution, die westliche Linie durch die Decke stößt.

Gab es eine Art Schwelle in den niedrigen Vierzigern, an der beide, Rom und Song-China, gescheitert sind? In der Einleitung habe ich auf Kenneth Pomeranz' Bemerkung in *The Great Divergence* verwiesen, dass Osten wie Westen im 18. Jahrhundert in einen ökologischen Engpass geraten seien, der ihre gesellschaftliche Entwicklung eigentlich hätte stagnieren und sinken lassen müssen. Dazu aber sei es darum nicht gekommen, weil die Engländer – mehr durch Glück als durch

Überlegung – die Früchte ihrer Ausplünderung der Neuen Welt mit der Energie fossiler Brennstoffe verbinden und auf diese Weise die überkommenen ökologischen Beschränkungen hinter sich lassen konnten. Könnte es sein, dass die Römer und Song-Chinesen in ähnliche Engpässe gerieten, als ihre gesellschaftliche Entwicklung Punktwerte leicht über vierzig erreichte, dass sie diesen Engpass aber nicht überwinden konnten? Wenn dem so wäre, dann könnte das dominante Muster der letzten 2000 Jahre eines langer Wellen gewesen sein, in denen große Imperien sich langsam den 40 Punkten näherten, das Maximum erreichten und zurückfielen, bis sich dann im 18. Jahrhundert ein ganz anderes Muster ergab.

Das zweite, das mir an Abbildung 3.8 auffällt, ist, dass man nicht nur diese horizontale, sondern auch zwei vertikale Linien einzeichnen kann. Die erste (B) im 1. Jahrhundert u. Z., wo Osten und Westen Spitzenwerte erreichen, auch wenn der Osten deutlich weniger Punkte hat als der Westen (34,13 gegenüber 43,22). Statt uns allein auf den Westen mit seinem Maximalwert von 40 plus zu konzentrieren, sollten wir vielleicht nach Ereignissen Ausschau halten, die beide Enden der Alten Welt betrafen und die gesellschaftliche Entwicklung bei Römern wie Han-Chinesen abwürgten, unabhängig davon, welche Stufe sie erreicht hatten.

Eine weitere vertikale Linie (C) können wir bei 1300 u. Z. ziehen. Auch da folgen die Werte von Osten und Westen einem ähnlichen Muster, wobei diesmal der Westen deutlich niedriger liegt als der Osten (30,73 gegen 42,66 Punkte). Der Wert im Osten ist da bereits seit 100 Jahren im Sinken, nun schließt sich der westliche Wert dieser Bewegung an, bis beide Linien ab 1400 u. Z. wieder zu steigen beginnen und sich diese Bewegung um 1700 deutlich beschleunigt. Auch hier, zu Beginn des 18. Jahrhunderts, sollten wir weniger auf den Grenzwert achten, sondern nach globalen Ereignissen fragen, die die Entwicklung im Osten und Westen seit dem 14. Jahrhundert in gleich gerichtete Bewegung setzten. Vielleicht war es kein seltsamer Glücksfall, dass sich die industrielle Revolution zuerst im Westen ereignete, wie Pomeranz vermutet, sondern befanden sich beide, Ost und West, auf dem Weg zu einer solchen Revolution. Dann hätte sich der Westen bloß durch seine spezifische Reaktion auf Vorkommnisse im 14. Jahrhundert einen leichten, aber entscheidenden Vorsprung verschafft und so den Startpunkt im 18. Jahrhundert zuerst erreicht.

Mir scheint, dass die Abbildungen 3.3, 3.7 und 3.8 einen realen Schwachpunkt sowohl der Theorien langfristiger Determination als auch der kurzfristiger Ereignisse beleuchten. Einige Theoretiker verlegen den Beginn des ganzen Geschehens in die agrikulturelle Revolution, die große Mehrheit dagegen schaut auf das Ende, auf die letzten 500 Jahre. Weil sie die vielen 1000 Jahre dazwischen weitgehend außer Acht lassen, suchen sie erst gar nicht nach Gründen, die die Beschleunigung beziehungsweise Verlangsamung des Wachstums erklären könnten; alle Abstürze, Annäherungen und Führungswechsel, auch die horizontalen Maximalwerte entgehen ihnen, ebenso die vertikalen Verbindungen, die uns ins Auge springen, wenn wir die geschichtliche Gesamtentwicklung überblicken. Zugespitzt bedeutet das: Keine der beiden Theorien kann uns erklären, warum der Westen die Welt regiert. Und weil dem so ist, kann auch keine der beiden hoffen, eine Antwort auf die Frage zu finden, die dahinter lauert: wie nämlich die Sache denn weitergehen wird.

Scrooges Frage

In Charles Dickens' Erzählung *Eine Weihnachtsgeschichte* führt der dritte der Geister Ebenezer Scrooge auf einen verwahrlosten Friedhof. Schweigend deutet er auf ein ungepflegtes Grab. Scrooge ahnt, dass er auf dem Grabstein seinen Namen lesen wird, dass er dort für immer liegen wird, allein und unbetrauert. Er schreit auf: »Sind dies die Schatten der Dinge, die sein werden, oder nur die Schatten der Dinge, die sein können?«[17]

Das ist eine Frage, die auch wir uns stellen könnten, wenn wir uns die Abbildung 3.9 anschauen. Die zeigt uns, wie sich im 20. Jahrhundert die gesellschaftliche Entwicklung in Ost und West beschleunigt, und schreibt diese Entwicklung fort.* Die Entwicklungslinie des Ostens kreuzt die des Westens im Jahr 2013. Um 2150 ist es mit der Vorherrschaft des Westens endgültig vorbei, seine Pracht vergangen wie die von Ninive und Tyros.

Der Grabstein des Westens hat die gleiche unmissverständliche Inschrift wie der von Scrooge:

WESTLICHE HERRSCHAFT
1773–2103
R. I. P.

Sind das die Schatten der Dinge, die tatsächlich sein werden?

Angesichts des eigenen Grabsteins fällt Scrooge auf die Knie und klammert sich ans Gewand des Geistes. »Guter Geist«, bittet er, »sag mir, dass ich durch ein verändertes Leben die Schattenbilder, die du mir gezeigt hast, ändern kann!« Der Geist des Zukünftigen schweigt, doch Scrooge findet die Antwort selbst. Er hatte bereits einen ungemütlichen Abend mit den Geistern des vergangenen und des gegenwärtigen Weihnachten verbringen müssen und verstanden, was sie ihn lehren wollten: »Ich will ihren Lehren mein Herz nicht verschließen. O sage mir, dass ich die Schrift auf diesem Stein tilgen kann!«

Wie ich in der Einleitung sagte, befinde ich mich unter denen, die sich mit der Frage nach dem Grund der westlichen Vorherrschaft befassen – und vor allem nach dem, was ihr folgen wird –, in einer Minderheit, denn ich bin weder Wirt-

* Der Höchstwert von 1000 Punkten, den ich für das Jahr 2000 gesetzt habe, bedeutet natürlich nicht, dass dies der höchste Wert ist, der je erreicht wird. Nach meinen Berechnungen klettert die Entwicklung zwischen 2000 und 2010 (dem Jahr, in dem ich dies schreibe) im Westen von ungefähr 906 auf rund 1060 Punkte, im Osten von rund 585 auf 680 Punkte.

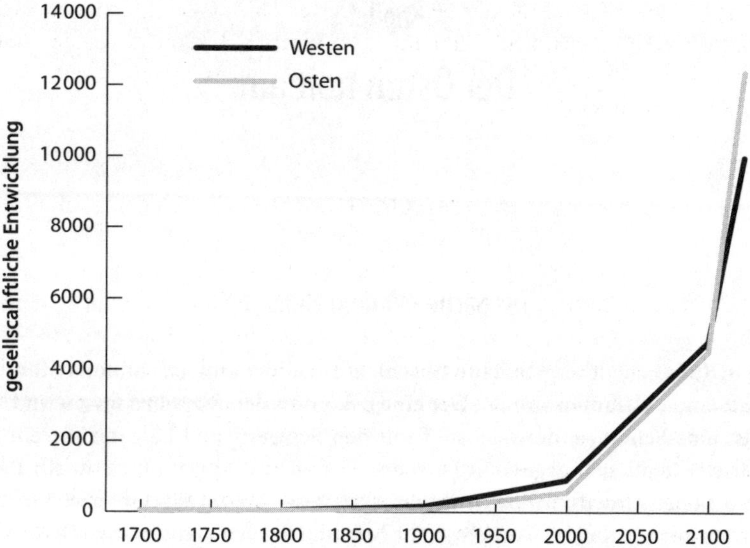

Abbildung 3.9: Die Gestalt dessen, was wird?
Wenn wir die Rate, in der die gesellschaftliche Entwicklung in Ost und West im 20. Jahrhundert gestiegen ist, ins 22. Jahrhundert projizieren, dann sehen wir, dass der Osten die Führung im Jahr 2103 zurückerobern wird. (In logarithmisch-linearer Darstellung wären die Linien für Ost und West von 1900 an gerade und würden damit unveränderte Steigerungsraten anzeigen. Dies aber ist eine linear-lineare Darstellung, darum bilden beide Linien eine steile Kurve nach oben.)

schaftswissenschaftler noch Zeithistoriker, noch politischer Experte irgendeiner Art. Auch auf die Gefahr hin, die Parallelen zu Scrooge überzustrapazieren: Mir scheint, wir haben, weil die Historiker in dieser Debatte schweigen, den Fehler gemacht, ausschließlich mit dem Geist des gegenwärtigen Weihnachten zu sprechen. Wir müssen den Geist des vergangenen Weihnachten wieder an den Tisch holen.

Dies möchte ich in den folgenden Kapiteln 4 bis 10 tun. Als Historiker werde ich erzählen, was sich während der letzten Jahrtausende im Osten wie im Westen zugetragen hat, und zu erklären versuchen, warum die gesellschaftliche Entwicklung so und nicht anders verlaufen ist. In den Kapiteln 11 und 12 schließlich werde ich beide Geschichten zusammenführen. Das wird uns erklären, warum der Westen die Welt regiert und auch, was in nächster Zukunft geschehen wird.

Kapitel 4

Der Osten holt auf

Die Sache mit dem Elefanten

Eine in Südasien althergebrachte Geschichte erzählt von sechs blinden Männern, die auf einen Elefanten stoßen. Der eine bekommt den Rüssel zu fassen und sagt, das ist eine Schlange; der nächste fühlt den Schwanz und hält ihn für ein Seil; ein dritter lehnt sich gegen ein Bein des Elefanten und glaubt, es sei ein Baum, und so weiter. Unwillkürlich denkt man an diese Fabel, sobald man sich mit den Theorien zur westlichen Vorherrschaft befasst. Gleich ob langfristige Determination oder kurzfristiges Ereignis: Wie jene Blinden tendieren die Vertreter beider Theorien dazu, den Teil des Ungetüms, dessen sie gerade habhaft wurden, für das Ganze zu halten. Schauen wir dagegen auf einen Index der gesellschaftlichen Entwicklung, werden uns die Schuppen von den Augen fallen. Kein Unsinn mehr über Schlangen, Seile oder Bäume. Jedem wird klar werden, dass er nur einen Teil des Elefanten in der Hand hält.

Abbildung 4.1 fasst zusammen, was ich im zweiten Kapitel in kurzen Impressionen gezeigt habe. Am Ende der letzten Eiszeit ließen die klimatischen und ökologischen Bedingungen die gesellschaftliche Entwicklung im Westen früher beginnen als im Osten. Der Westen, daran konnte auch die Klimakatastrophe des Jüngeren Dryas nichts ändern, blieb eindeutig in Führung. Natürlich haben unsere Konturen für diese frühe Zeit vor 10 000 Jahren etwas von grobschlächtiger Schnitzerei mit der Kettensäge. Überhaupt lässt sich ein messbarer Wandel in der gesellschaftlichen Entwicklung im Osten über 4000 Jahre hinweg kaum ausmachen; selbst im Westen, wo das Entwicklungstempo um 11 000 v. u. Z. deutlich höher lag als um 14 000 v. u. Z., bleiben uns die Feinheiten dieser Veränderung verborgen. Das Licht, das der Index wirft, ist trüb und flackert, andererseits ist ein wenig Licht immer noch besser als gar keines, und es enthüllt zumindest eine bedeutsame Tatsache: So, wie es die Theoretiker langfristiger Determination voraussagen, hatte der Westen einen Startvorsprung und konnte diesen halten.

Weniger eindeutig ist Abbildung 4.2, die die Geschichte von 5000 bis 1000 v. u. Z. fortschreibt. Sie unterscheidet sich von Abbildung 4.1 kaum weniger als ein Seil von einer Schlange. Wie Seil und Schlange ähneln sich auch die beiden Grafiken: In beiden liegen die Werte für Ost und West am Ende auf höherem

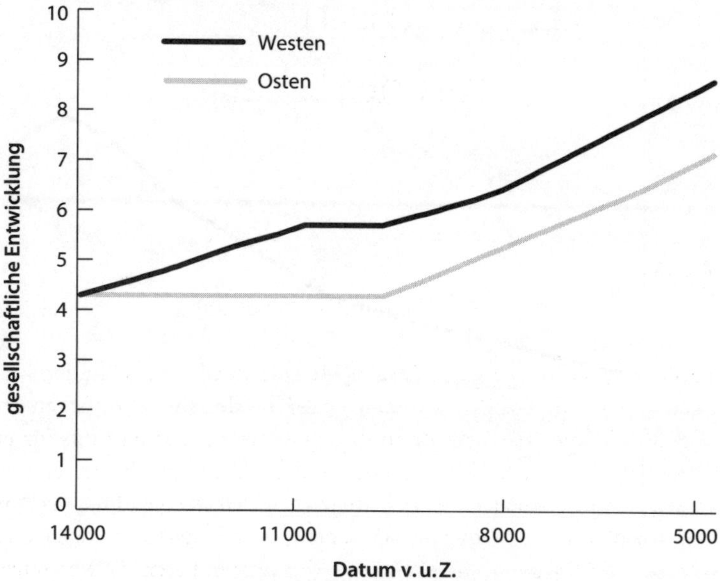

Abbildung 4.1: Das Bild des bisherigen Geschehens
Die frühe Führung des Westens in der gesellschaftlichen Entwicklung zwischen 14000 und 5000 v. u. Z., wie in Kapitel 2 beschrieben.

Niveau als zu Beginn der betrachteten Periode, in beiden liegen die westlichen Werte durchgängig über den östlichen. Doch nicht weniger augenfällig sind die Unterschiede. Erstens steigen die Linien in Abbildung 4.2 sehr viel steiler an als in 4.1. In den 9000 Jahren zwischen 14000 und 5000 v. u. Z. verdoppelt sich der Wert für den Westen, der für den Osten steigt um zwei Drittel; in den folgenden 4000 Jahren jedoch – noch nicht einmal die Hälfte des Zeitraums, den Abbildung 4.1 abdeckt – verdreifacht sich der westliche Wert, der für den Osten steigt um das Zweieinhalbfache. Zweitens sehen wir, dass die Rate der gesellschaftlichen Entwicklung im Westen nach 1300 v. u. Z. zum ersten Mal in der Geschichte sinkt.

Das möchte ich in diesem Kapitel erklären. Ich werde zeigen, dass Beschleunigung und, nach 1300 v. u. Z., Verlangsamung der Entwicklung im Westen zwei Seiten des gleichen Vorgangs sind. Ich nenne dies das Paradox gesellschaftlicher Entwicklung. Es spielt, wie wir in den anschließenden Kapiteln sehen werden, eine bedeutende Rolle für die Erklärung, warum der Westen die Welt regiert, ebenso für die Voraussage dessen, was in Zukunft geschehen wird. Bevor wir allerdings dazu kommen, müssen wir das Geschehen zwischen 5000 und 1000 v. u. Z. genauer betrachten.

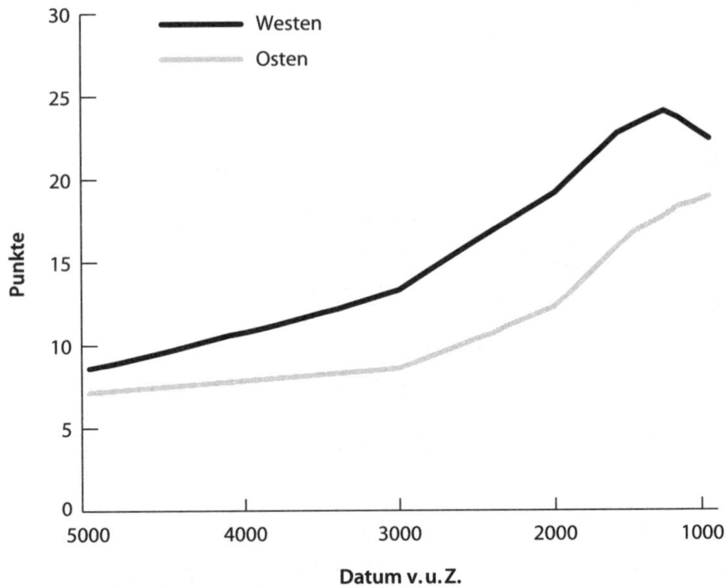

Abbildung 4.2: Vorwärts, aufwärts, weiter auseinander, näher zusammen
Beschleunigung, Divergenz und Konvergenz der gesellschaftlichen Entwicklung im Osten und im Westen, 5000–1000 v. u. Z.

Direkter Draht zu den Göttern

Zwischen 14000 und 5000 v. u. Z. verdoppelten sich die Punktwerte der gesellschaftlichen Entwicklung im Westen. Die Dörfer der Ackerbauern verbreiteten sich aus ihrer Ursprungsregion bis tief hinein nach Zentralasien und weit in Richtung Atlantikküsten. Mesopotamien jedoch war vom Ackerbau auch um 5000 v. u. Z. noch kaum berührt worden, obwohl zwischen dem »Land zwischen den Strömen«, das wir heute Irak nennen, und dem Fruchtbaren Halbmond nur ein paar Tagesmärsche liegen (Abbildung 4.3).

Eigentlich ist das gar nicht so erstaunlich. Seit 2003, als der Irak mit der Invasion der »Willigen« in den Blickpunkt gerückt ist, hören wir in den Nachrichten immer wieder von den rauen Umweltbedingungen, die dort herrschen. Im Sommer steigen die Temperaturen auf fast 50° Celsius, es regnet so gut wie nie, von allen Seiten her drängen Wüsten heran. Nur schwer lässt sich vorstellen, warum sich dort überhaupt jemals Bauern niedergelassen haben. Schließlich war es um 5000 v. u. Z. in Mesopotamien noch heißer als heute, allerdings auch feuchter. Das Problem der Ackerbauern war nicht so sehr, Wasser zu finden, ihr Problem war,

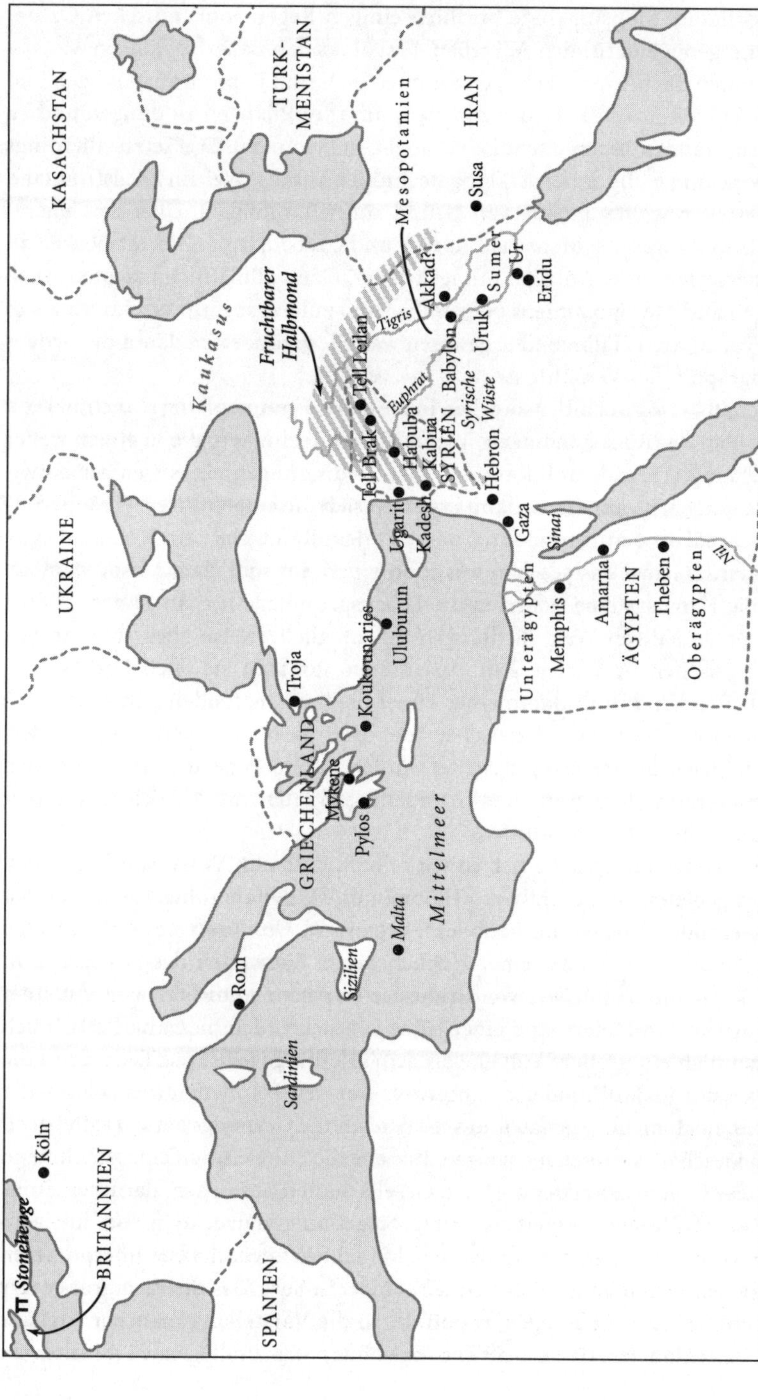

Abbildung 4.3: Die Expansion des westlichen Kerngebiets, 5000–1000 v. u. Z. Stätten und Regionen, die in diesem Kapitel behandelt werden.

es zu regulieren. Monsunwinde brachten einigen Regen vom Indischen Ozean, doch kaum genügend für den Ackerbau. Erst als es den Bauern gelungen war, die Sommerfluten der beiden mächtigen Ströme Tigris und Euphrat zu bändigen und Wasser rechtzeitig auf die Felder zu leiten, um ihre Pflanzen zu düngen und zu bewässern, standen ihnen unendliche Möglichkeiten offen. Das setzte allerdings die Entwicklung völlig neuer Ackerbautechniken voraus. Wer im Zweistromland Felder bestellen wollte, musste von Grund auf neu anfangen. Über 20 Generationen hinweg zogen die Menschen Kanäle und Gräben, legten Vorratsbecken an und verbesserten diese Anlagen immer wieder. Ganz allmählich machten sie so das karge Land Mesopotamiens bewohnbar und zuletzt sogar produktiver, als es das im Fruchtbaren Halbmond je gewesen war. Sie veränderten damit die Bedeutung geographischer Verhältnisse.

Wirtschaftswissenschaftler sprechen in diesem Zusammenhang manchmal von den Vorteilen der Rückständigkeit. Wenn Völker Techniken, die in einem weiter entwickelten Kernland funktionierten, den Bedingungen eines weniger entwickelten Randgebiets anpassen, dann erweisen sich die eingeführten Veränderungen manchmal als derart produktiv, dass aus dem Randgebiet ein Kernland eigener Art wird. Genau das geschah um 5000 v. u. Z. im südlichen Mesopotamien. Kunstvolle Kanalsysteme sicherten die Lebensgrundlage für einige der größten Dörfer der damaligen Welt, Siedlungen mit möglicherweise über 4000 Seelen. Lebten Menschen in solcher Zahl zusammen, konnten sie auch kunstvollere Tempel bauen. Und in Eridu, in einer dieser Siedlungen, fanden sich tatsächlich Spuren mehrerer Tempel, die zwischen 5000 und 3000 v. u. Z. auf übereinanderliegenden Ziegelsteinterrassen errichtet worden waren, wobei die neueren Bauten zwar der älteren architektonischen Grundanlage folgten, mit der Zeit aber immer größer und schmuckvoller wurden.

Mesopotamien entwickelte sich so vorteilhaft, dass nun Völkerstämme in den alten Kerngebieten des Fruchtbaren Halbmonds die dynamischen Gesellschaften der Schwemmlandebenen nachzubilden begannen. Um 4000 v. u. Z. übertrafen die Bewohner von Susa, auf einer Hochebene im Südwesten des heutigen Iran gelegen, sogar die Baumeister von Eridu: Sie errichteten eine Terrasse mit einer Seitenlänge von 76 Metern und einer Höhe von neun Metern. Darauf erhob sich wahrscheinlich ein großer Tempel, von dem allerdings jede Spur fehlt, denn die Ausgräber des 19. Jahrhunderts nahmen es mit den Feinheiten archäologischer Techniken noch nicht so genau und verwüsteten die Grabungsstätte. Doch bei all ihrem Ungeschick konnten nicht einmal sie alle die Hinweise auf eine zunehmend komplexere Organisation der dortigen Gesellschaften übersehen, darunter einige der weltweit frühesten Kupferornamente, Siegel und Abdrücke in Ton, die wohl auf eine Art Güterverwaltung hinweisen. Manche Wissenschaftler interpretieren die bildlichen Darstellungen als Priesterkönige. In Susa, das deutlich größer war als die umliegenden Siedlungen, residierte, so die Vorstellung mancher Archäologen, ein regionaler Herrscher. Die Bewohner aus umliegenden Siedlungen könnten nach Susa gekommen sein, um die Götter anzubeten, ihrem Herrn zu huldigen und Nahrungsmittel gegen Schmuck und Waffen zu tauschen.

Es könnte natürlich auch ganz anders gewesen sein – so schlecht, wie die ältesten Schichten Susas gesichert sind, ist das eben schwer zu sagen. Doch Archäologen sind auf Stätten wie Susa angewiesen, um diese Periode überhaupt zu verstehen, denn die gleich alten Siedlungen Mesopotamiens liegen begraben unter Sand und Schlamm, die Euphrat und Tigris in 6000 Jahren dort abgelagert haben, und sind darum schwer zu untersuchen. (Außerdem wurden im Iran seit der islamischen Revolution von 1979 und im Irak seit Saddam Husseins Überfall auf Kuwait 1990 aus leicht nachvollziehbaren Gründen nur wenig neue Grabungen unternommen.) Wahrscheinlich waren bereits ab 4500 v. u. Z. überall an Euphrat und Tigris mit Susa vergleichbare Veränderungen in Gang, doch für Archäologen sind eindeutige Hinweise darauf erst ab 3800 v. u. Z. erkennbar.

So bleibt umstritten, warum die Dörfer wuchsen und ihre Ordnung komplexer wurde. Im 6. Jahrtausend v. u. Z., als Ackerbauern in Mesopotamien einwanderten, erlebte die Erde mit ihrer sich unaufhörlich verändernden Umlaufbahn um die Sonne und ihrer schwankenden Rotationsachse den wärmsten, feuchtesten Zeitraum ihrer Geschichte, kühlte sich jedoch um 3800 v. u. Z. bereits wieder ab. Das waren, sollte man denken, gute Nachrichten für die Ackerbauern Mesopotamiens, man läge damit aber falsch. Kühlere Sommer bedeuteten, dass die vom Indischen Ozean her Regen bringenden Monsunwinde schwächer wurden. Es regnete seltener, weniger regelmäßig und unvorhersagbarer; damals wurde Mesopotamien dem Land immer ähnlicher, das wir aus dem Fernsehen kennen. Die Schwierigkeiten addierten sich: Weniger ergiebige Frühjahrsregen bedeuteten kürzere Wachstumsperioden, die Feldfrüchte waren auf kümmerliche Weise reif, bevor Euphrat und Tigris mit ihrer Sommerflut für reiche Ernte hätten sorgen können. Das System, das die Ackerbauern Mesopotamiens über 2000 Jahre lang so sorgfältig aufgebaut hatten, funktionierte nicht mehr.

Der Klimawandel verlangte von den Mesopotamiern einiges an Veränderung. Natürlich hätten sie den Kopf in den Sand stecken können, der ihre Felder eroberte, hätten weitermachen können wie bisher. Der Preis dafür wären allerdings Armut, Hunger, vielleicht sogar Hungertod gewesen. Sie hätten auch abwandern können in Regionen, die weniger abhängig waren vom Monsun, aber Bauern, die ihre Felder mit Mühe angelegt und gepflegt haben, verlassen sie so leicht nicht. Zudem war der Fruchtbare Halbmond – die Region, in die sie am ehesten hätten umsiedeln können – bereits voller Siedlungen. 2006 haben Archäologen in Tell Brak im Nordwesten des heutigen Syrien zwei Massengräber junger Männer aus der Zeit um 3800 v. u. Z. entdeckt, offenbar Opfer eines Massakers. Die Rückwanderung an Orte des übervölkerten, gut verteidigten Fruchtbaren Halbmonds war also keine sehr attraktive Option.

Hätten die Mesopotamier überwiegend nichts getan oder wären sie weggezogen, dann wäre dieser neue Entwicklungskern zusammengebrochen. Aber es gab ja noch eine dritte Möglichkeit. Die Menschen konnten ihre Dörfer aufgeben, gleichwohl in Mesopotamien bleiben, sich allerdings in einigen wenigen Großsiedlungen zusammenschließen. Das scheint widersinnig zu sein: Warum sollten die Menschen, wenn die Getreideernte sank, noch enger und dichter zusammenrücken? Diesem Zweifel haben einige Mesopotamier offenbar eine andere Überlegung entgegengesetzt: Wenn sie nämlich in größerer Zahl zusammenarbeiteten, dann könnten sie auch umfangreichere Bewässerungssysteme anlegen und unterhalten, sie könnten das Überschwemmungswasser solange in Becken zurückhalten, bis die Saat soweit war. Sie könnten mehr Bergleute ernähren, die Kupfer aus der Erde holten, mehr Schmiede, die daraus Schmuck, Waffen und Werkzeuge herstellten, mehr Händler, die diese Güter gegen andere eintauschten. Das taten sie denn auch, und es gelang ihnen so gut, dass um 3000 v. u. Z. Bronze (eine Legierung aus Kupfer und etwas Zinn) den Stein als Werkstoff für Waffen und die meisten Werkzeuge verdrängt hatte, was die Leistungsfähigkeit von Kriegern und Arbeitern deutlich steigerte.

Um aber das alles zu bewerkstelligen, war einiges an Organisation nötig. Zentralisierung der Verwaltung – das war die entscheidende Antwort auf den Klimawandel. Um 3300 v. u. Z. ritzten die Menschen so genaue Aufzeichnungen über ihre Tätigkeiten in kleine Tontäfelchen, dass die meisten Archäologen nicht mehr von Symbolen, sondern von Schrift sprechen (auch wenn nur eine winzige Schreiberelite lesen konnte). Kleine Dörfer, die solch anspruchsvolle Projekte nicht stemmen konnten, gingen unter; eine Siedlung aber, nämlich Uruk, wurde zu einer wirklichen Stadt mit möglicherweise 20 000 Einwohnern.

Mesopotamier erfanden Management, Meetings und Memoranden, – diesen Fluch im Leben vieler von uns, und sicher kein Stoff für erhebende Erzählungen über menschliche Errungenschaften. Und doch gehörten, wie die nächsten Kapitel zeigen werden, gerade solche Organisationsleistungen zu den bedeutendsten Motoren gesellschaftlicher Entwicklung. Organisation machte, ob im Fruchtbaren Halbmond oder an den Ufern des Gelben Flusses, aus den Dörfern Städte, Staaten und Reiche; Missorganisation verursachte ihren Untergang. Manager sind beides, die Helden und die Schurken unserer Geschichte.

Das Management wurde geboren, als die Monsunregen ausblieben, und das muss eine traumatische Erfahrung gewesen sein. Wir sollten uns Züge verdreckter, niedergeschlagener, hungriger Menschen vorstellen, die unter einem Himmel voller Staub nach Uruk schlichen – wie die Wanderarbeiter aus Oklahoma in den 1930er Jahren, aber ohne deren alte Autos und ganz sicher ohne New Deal. Wir sollten uns aber auch wütende Dorfbewohner vorstellen, die nicht bereit waren, aufgeblasenen Bürokraten Macht einzuräumen, wenn diese auf ihre Felder oder Früchte zugriffen. Es wird häufiger zu Gewaltausbrüchen gekommen sein. Auch Uruk hätte daran zugrunde gehen können, wie gewiss viele andere rivalisierende Städte.

Wir werden nie genau erfahren, wie die ersten Manager Uruk durchbrachten; Archäologen nehmen jedoch an, dass die erfolgreichen Verwalter und Organisatoren mit den Tempeln verbunden waren. Viele Funde weisen in diese Richtung, stützen einander wie die Stangen eines Indianerzelts. Grabungen bei Tempeln haben etwa massenweise unverzierte, kegelstumpfförmige Schüsseln immergleicher Größe zu Tage gefördert, wahrscheinlich Maßbecher zum Verteilen von Lebensmitteln. Auch die meisten der frühen Tontäfelchen mit grob geritzten Symbolen stammen aus Tempeln; und auf ihnen findet sich das Symbol für »Ration«: nämlich die Strichzeichnung einer solchen Schüssel. Bald hatte sich das Schriftsystem so weit entwickelt, dass komplexere Informationen festgehalten werden konnten, und die Tafeln erzählen uns, dass die Tempel über große Flächen bewässerten Landes verfügten sowie über die Arbeitskräfte, um dieses Land zu bestellen.

Die Tempel selbst wuchsen in kurzer Zeit zu riesigen Monumentalbauten, gegen welche die Gemeinden, die sie errichteten, zwergenhaft erscheinen. Lange Treppenfluchten führten 30 Meter hinauf in umfriedete Bereiche, in denen Spezialisten Rat bei den Göttern suchten. Sieht man die Heiligtümer aus dem 10. Jahrtausend v. u. Z., von denen in Kapitel 2 die Rede war, als Verstärker für die Botschaften an die Geister, dann muss man sich das mächtige Sanktuarium Uruks aus dem 4. Jahrtausend wie eine Beschallungsanlage vorstellen, mit der Led Zeppelin und Bands ähnlichen Kalibers zufrieden gewesen wären. Götter, die das nicht hörten, müssen taub gewesen sein.

Es war diese Art der Anrufung, die mich ursprünglich zur Archäologie gezogen hat. 1970 nahmen mich meine Eltern mit ins Kino, gezeigt wurde eine Verfilmung von Edith Nesbits Klassiker *Die Eisenbahnkinder*. Der Film hat mir bestimmt gefallen, »umgehauen« aber, wie man damals sagte, hat mich der kurze Vorfilm. Bis zu jenem Abend war ich besessen von Apollo 11, wollte unbedingt Astronaut werden. Doch nach jenem B-Movie, einer Art Dokumentarfilm nach Erich von Dänikens Buch *Erinnerungen an die Zukunft*, war mir klar: Für mich gab es nur eines, die Archäologie.

Von Dänikens Buch erschien 1968, im selben Jahr wie Arthur C. Clarkes *2001: Odyssee im Weltraum*. Beide Autoren wollen uns weismachen, Besucher aus dem All seien vor Urzeiten auf der Erde gelandet und hätten die Menschheit in ihre Geheimnisse eingeweiht. Von Däniken freilich, anders als Clarke, will seine Geschichte erstens nicht erfunden haben, und er behauptet zweitens, die Weltraumbesucher kämen immer wieder auf die Erde. Sie hätten die Baupläne geliefert für Stonehenge und für Ägyptens Pyramiden; die hebräische Bibel und auch die indischen Epen erzählten von ihren Raumfahrzeugen und Atomwaffen. Dass Könige so vieler früher Kulturen geltend gemacht haben, mit übermenschlichen Wesen in den Himmeln sprechen zu können, nimmt von Däniken wörtlich: Sie hätten, so behauptet er, tatsächlich mit Besuchern aus dem All gesprochen.

Die Beweislage mag (um es vorsichtig auszudrücken) dünn sein, ökonomisch betrachtet ist eine solche Behauptung bestimmt sinnvoll: Eine Menge Leute glauben daran, mehr als 60 Millionen Bücher hat von Däniken verkauft und bis heute einen Haufen Fans. Noch vor wenigen Jahren, bei einer harmlosen Grillparty, wurde mir allen Ernstes vorgeworfen, ich gehörte zu jenem Geheimbund von Archäologen, der an der Unterdrückung solcher Wahrheiten arbeite.

Wissenschaftlern wird oft vorgehalten, sie raubten der Welt ihre Wunder. Das mag so sein, doch im Allgemeinen tun sie das, um die Wahrheit an deren Stelle zu setzen. Und was diesen Fall angeht, so brauchen wir, um Mesopotamiens gottähnliche Könige zu erklären, ebensowenig von Dänikens Raumwesen, wie wir das galaktische Epos *2001* brauchen, um *Homo sapiens* und seine Evolution zu verstehen. Mit Beginn des Ackerbaus gewannen Spezialisten für Religiöses an Bedeutung, und alles spricht dafür, dass die Mesopotamier, als sie sich von den Mächtigen verlassen fühlten, weil diese den Regen abstellten, sich instinktiv an diejenigen wandten, die behaupteten, sie, als Priester, hätten einen privilegierten Zugang zu den Göttern. Wer, wenn nicht sie, hätte den Leuten also sagen sollen, was zu tun war? Es waren harte Zeiten, und Organisation war der Schlüssel zum Überleben. Je genauer die Menschen befolgten, was die Priester ihnen sagten, desto besser würden die Dinge sich entwickeln. (Vorausgesetzt, die Priester gaben vernünftige Anweisungen.)

Zwei Prozesse müssen einander gestützt haben, mit einer Logik, die nicht weniger zirkulär war als Gedankengänge, die einen von Däniken umtreiben, allerdings auch überzeugender. Ehrgeizige Männer, die sich ihres besonderen Zugangs zu den Göttern rühmten, sagten zugleich, sie bräuchten, damit sie bei den Göttern wirklich Gehör fänden, wundervolle Tempel, kunstvoll ausgestaltete Zeremonien und großen Reichtum. Und wenn sie schließlich darüber verfügten, konnten sie sich umwenden und auf ihre prächtigen Tempel, Zeremonien und Reichtümer verweisen: War das nicht alles Beweis genug, dass sie den Göttern nahestanden? Wer solche Dinge aufbieten kann, den müssen die Götter einfach lieben. Mit der Zeit begannen Schreiber, alles das aufzuschreiben, und um 2700 v. u. Z. erklärten mesopotamische Könige die Götter zu ihren Ahnen. Manchmal muss es geholfen haben, wenn man Männern Macht verlieh, die über den direkten Draht zu den Göttern verfügten, zumindest (vermute ich) in Uruk wird es so gewesen ein; und wo es schiefgegangen war, da blieb auch wenig, was Archäologen ausgraben könnten.

Uruk wurde nicht nur zu einer Stadt, es wurde zu einem Staat mit zentralisierten Institutionen, die Steuern festsetzten und für das gesamte Gemeinwesen verbindliche Entscheidungen fällten und die diese im Zweifelsfall auch mit Gewalt durchsetzen konnten. Wenige Männer (anscheinend keine Frauen) standen an der Spitze und konnten sich auf eine größere Gruppe von Kriegern, Landbesitzern, Händlern und schriftkundigen Beamten stützen. Von nahezu allen verlangte der Aufstieg des Staates den Verzicht auf Freiheiten, das war der Preis für den Erfolg in harten Zeiten. Gesellschaften, deren Mitglieder diesen Preis zahlten, konnten mehr Menschen, größeren Reichtum, größere Macht aufbringen als vorstaatliche Gemeinschaften.

Ab 3500 v. u. Z. trieben Städte und Staaten die gesellschaftliche Entwicklung in Mesopotamien voran, gewannen Einfluss über das Zweistromland hinaus – nicht anders als einst die Siedlungen und Lebensformen des Fruchtbaren Halbmonds. Eine von Uruk inspirierte materielle Kultur (mit Kegelstumpfschüsseln, Tontafeln, prächtigen Tempeln) verbreitete sich bis in das heutige Syrien und den Iran hinein. Die Debatten darüber, wie das vor sich ging, gleichen denen über die Verbreitung des Ackerbaus. Wahrscheinlich fand, ausgehend vom dicht besiedelten, hoch organisierten Süden Mesopotamiens, eine Kolonisierung des dünner besiedelten, weniger zentralisierten Nordens statt: Habuba Kabira im Norden Syriens wirkt, als hätte jemand Uruk geklont und gut 1000 Kilometer nach Norden verpflanzt. Tell Brak dagegen, das eine große Stadt war, noch ehe irgendwer an kegelstumpfförmige Schüsseln dachte, wirkt eher, als hätte eine bestehende Gemeinschaft unter Uruks Sitten und Gebräuchen nach eigenem Bedarf dieses und jenes ausgewählt. Dorfbewohner, die nur schwer über die Runden kamen und den Erfolg der mesopotamischen Städte sahen, haben möglicherweise zugelassen, dass sich auch ihre Priester zu Königen aufschwangen; ehrgeizige Priester wiederum, die Uruks religiöse Führer in der Blüte ihrer Macht erlebten, könnten die Leute in ihrem Dorf so lange beschwatzt, geblendet, bedrängt haben, bis man ihnen die gleiche Macht einräumte. Jedenfalls muss denjenigen, die mit dem Dorfleben durchaus zufrieden waren, eine Staatengründung schließlich ebenso unwiderstehlich erschienen sein wie einige tausend Jahre zuvor den Wildbeutern der Ackerbau.

Die Götter schufen das Fleisch

Während sich um 5000 v. u. Z. die ersten Bauern abmühten, in Mesopotamien Getreide anzupflanzen, zogen noch unerschrockenere Stämme aus dem Jordan-Tal los, quer durch die Wüste Sinai, um ihr Glück im Nil-Tal zu versuchen. In Ägypten gab es nur wenige kultivierbare Pflanzen, und das Land lag, was die Übernahme des Ackerbaus anging, hinter dem Fruchtbaren Halbmond zurück. Sobald jedoch die richtigen Pflanzen und Tiere an den Nil gebracht worden waren, blühte die neue Lebensweise auch hier auf. Der Nil überflutete die Felder jedes Jahr zur richtigen Zeit, große Oasen erlaubten den Regenfeldbau bis weit in Gegenden hinein, die heute Wüste sind.

Das aber bedeutet, dass der Rückgang der Monsunregen um 3800 v. u. Z. Ägypten noch härter traf als Mesopotamien. Viele Ägypter gaben ihre Oasen auf und drängten ins Nil-Tal, wo es zwar genügend Wasser, aber wenig bebaubaren Boden gab, vor allem im engeren Flusstal Oberägyptens. Die Lösung lag, wie in Mesopotamien so auch hier, in der Erfindung des Managements. Gräberfunde belegen, dass die oberägyptischen Dorfchefs beides waren: Krieger und Priester. Hatten die Häuptlinge Erfolg, eroberten ihre Dörfer mehr Land und sie wurden reich; hatten sie keinen, gingen sie unter. Um 3300 v. u. Z. hatten sich am Nil drei kleine Staaten herausgebildet, jeder mit reichen Grabstätten für die frühen Könige – wenn denn dieser Titel nicht zu großartig ist für sie. Ihre Gräber ahmten die mesopotamische Architektur nach; Grabbeigaben waren Gold, Waffen und Waren aus Mesopotamien.

Die Königreiche führten Kriege gegeneinander, bis schließlich um 3100 v. u. Z. nur noch eines übrig war. Von da an explodierten Maßstab und Größe der königlichen Bauten, plötzlich tauchte auch die für Ägypten charakteristische Hieroglyphenschrift auf. Das Schreiben war, wohl nicht anders als in Mesopotamien, auf eine kleine schriftkundige Elite beschränkt, doch enthalten die ägyptischen Texte von Anfang an nicht nur verwaltungstechnische Aufzeichnungen, sondern auch Erzählungen. Eine bemerkenswerte Inschrift berichtet davon, dass der oberägyptische König Narmer um 3100 v. u. Z. Unterägypten erobert hat, in einer anderen ist von König Skorpion die Rede.* Spätere Texte wiederum erwähnen auch einen Eroberer namens Menes (möglicherweise identisch mit Narmer). Die Einzelheiten mögen undurchsichtig sein, die zu Grunde liegende Geschichte ist eindeutig: Das Nil-Tal wurde um 3100 v. u. Z. zum bis dahin größten Königreich vereinigt, in dem möglicherweise eine Million Menschen lebten.

Nach 3100 v. u. Z. verbreitete sich die materielle Kultur Oberägyptens rasch nilabwärts. Wie einige tausend Jahre zuvor bei der Ausbreitung des Ackerbaus und wie bei der fast gleichzeitigen Ausbreitung der Uruk-Kultur in Mesopotamien haben auch die Menschen in Unterägypten – sei es freiwillig, sei es aus dem Zwang der Konkurrenz – oberägyptische Lebensformen nachgeahmt. Allerdings gibt es eindeutige Belege dafür, dass die staatlich organisierte Bevölkerung Oberägyptens schneller gewachsen ist als die Dorfgemeinschaften in Unterägypten und dass sich die politische Einigung zum Teil als Kolonisierung des Nordens durch den Süden vollzog.

Sie hatten vieles gemeinsam, die Verbreitung der Uruk-Kultur in Mesopotamien ab 3500 v. u. Z. und die Expansion Oberägyptens ab 3300, und doch hatten sie unterschiedliche Folgen. Um 3100 v. u. Z., just zu der Zeit, in der Narmer/Menes/Skorpion Unterägypten eroberten, fand die Ausbreitung der Uruk-Kultur ein abruptes Ende. Die Stadt selbst brannte nieder, und viele der Stätten, die der Uruk-Kultur zuzurechnen sind, wurden aufgegeben. Der Grund bleibt rätselhaft. Um 2700 v. u. Z., als die Texte zunehmend ausführliche Aufzeichnungen enthielten, lebten die Südmesopotamier, die sich nun Sumerer nannten, in 35 Stadtstaaten, jeder mit einem eigenen gottähnlichen König. Nach Auflösung des Reiches Uruk wurde das vereinigte Ägypten zum Hauptentwicklungskern des Westens.

Auch warum Mesopotamien und Ägypten sich so unterschiedlich entwickelten, bleibt im Dunkel. Vielleicht war Ägypten – es bestand aus einem Flusstal,

* Der Film *Scorpion King* – mitsamt seinen Vorläufern *Die Mumie* und *Die Mumie kehrt zurück* – weist, so traurig das ist, nicht einmal flüchtige Ähnlichkeit mit dem auf, was wir über die historischen Könige Skorpion I. und II. wissen.

dem Delta und wenigen Oasen und war rings von Wüste umgeben – einfacher zu erobern und zu halten als Mesopotamien mit den zwei Flüssen, mit Tributpflichtigen, unter denen Widerstand gären konnte, und rings umgeben von einer Berglandschaft voller möglicher Rivalen. Vielleicht haben Narmer et al. auch nur richtigere Entscheidungen getroffen als die namenlosen Könige von Uruk. Möglicherweise waren auch völlig andere Faktoren entscheidend. (Ich komme auf diesen Punkt zurück.)

Noch einen gewichtigen Unterschied zwischen Mesopotamien und Ägypten gab es. Sumerische Könige behaupteten, den Göttern *ähnlich* zu sein, ägyptische Pharaonen beanspruchten *Gottgleichheit*. Die Film- und Fernsehserie *Stargate*, ein Spin-off der Bücher von Dänikens, liefert eine simple Erklärung: Narmer und Co., erfahren wir dort, seien Menschen aus dem All gewesen, die Könige von Uruk nur deren Freunde. Das hat etwas erfrischend Unkompliziertes. Belege dafür gibt es leider keine, aber eine Menge Hinweise auf die vielen Anstrengungen der Pharaonen, die Vorstellung ihrer Göttlichkeit zu verbreiten.

Für viele von uns grenzt Selbstvergöttlichung ans Psychotische; der Vorgang wird, wie zu vermuten ist, auch für die Menschen vor 5000 Jahren nicht trivial gewesen sein. Wie also vollzog sich das? Narmer selbst und seine Freunde haben keine einschlägigen Berichte hinterlassen (schließlich müssen sich Götter nicht erklären), doch spätere Berichte über den makedonischen König Alexander den Großen liefern einige erhellende Hinweise. Alexander eroberte Ägypten 332 v. u. Z. und proklamierte sich zum Pharao. Und so, wie er in Machtkämpfe mit rivalisierenden Heerführern verwickelt war, wird es ihm hilfreich erschienen sein, die Sage zu streuen, auch er sei, wie die früheren Pharaonen, ein Gott. Nur wenige Makedonier nahmen das wirklich ernst, also erhöhte Alexander den Einsatz. Als sein Heer bis ins Gebiet des heutigen Pakistan gezogen war, ließ er zehn örtliche Weise zu sich rufen und befahl ihnen – bei Strafe ihres Todes –, die Fragen zu beantworten, die ihn am meisten quälten. Als der siebte Weise an der Reihe war, fragte Alexander: »Wie kann ein Mensch zum Gott werden?« Die Antwort des Philosophen war einfach und schlicht: »Wenn er etwas tut, was einem Menschen zu tun unmöglich ist.«[1] Alexander dachte eine Weile nach: Kannte er irgendwen, der in letzter Zeit etwas vollbracht hatte, was kein Mann hätte tun können? Die Antwort, die er sich selbst gegeben haben könnte, liegt nahe: »Ja, ich selbst. Habe ich nicht soeben das Persische Reich unterworfen? Kein Sterblicher wäre dazu in der Lage. Ich bin ein Gott, und keine Verzagtheit sollte mich mehr davon abhalten, meine Freunde zu erschlagen, wenn sie mir widersprechen.«

Alexander oder seine Gefolgsleute könnten das Ganze auch erfunden haben, doch kommt es auf die Wahrheit dieser Geschichte weniger an als auf das Faktum, dass ein König in den 320er Jahren v. u. Z. die Vorstellung seiner Göttlichkeit am besten verkaufen konnte, indem er auf seine heroische Tapferkeit, seinen Heldenmut verwies. Wir können nur darüber spekulieren, ob sich dies 3000 Jahre zuvor ebenso verhielt. Immerhin hatten auch Narmer/Menes/Skorpion, als sie das Nil-Tal vereinigten, etwas geleistet, was von Sterblichen nicht zu erwarten war. Möglicherweise wurde Selbstvergöttlichung gerade dadurch plausibel, dass die Figuren eines großen Eroberers und eines gottgleichen Königs verschmolzen wurden.

Doch war dies nicht der einzige Coup, den die Pharaonen landeten. Schon die ersten Könige Oberägyptens müssen Managerfähigkeiten entwickelt haben, denn auch sie – wie die Könige von Uruk – brachten Menschen dazu, ihre Ressourcen abzuliefern und eine zentrale Verwaltung zu akzeptieren. Und es gelang ihnen, die lokalen Eliten aus dem gesamten Nil-Tal zu ihren Verwaltern zu machen. An der Grenze zwischen Ober- und Unterägypten, strategisch geschickt angelegt, errichteten sie ihre Hauptstadt und ließen die regionalen Granden zu sich in den Palast kommen. Dort verteilten sie ihre Gunst und lieferten dem Kleinadel Gründe und Anreize, an das System zu glauben und es in Gang zu halten. Lokale Grundbesitzer pressten ihre Einkünfte aus den Bauern heraus, nahmen so viel, dass denen gerade genug zum Leben blieb, und reichten einen Teil dieser Einkünfte nach oben weiter, wofür sie umgekehrt mit königlicher Gunst bedacht wurden.

Der Erfolg der Pharaonen war abhängig teils von politischen Bündnissen und Günstlingswirtschaft, teils von der Pracht, die sie entfalten konnten, und alles das gelang vermutlich leichter, wenn sie selbst als Götter und nicht nur als deren Freunde anerkannt wurden. Welcher lokale Bonze hätte nicht gerne für einen Gott gearbeitet? Um das Ganze abzusichern, sorgten die Pharaonen dafür, dass eine mächtige Symbolik entstand. Schon bald nach 2700 v. u. Z. ließ König Djoser die Künstler am Hof einen Musterkatalog für die Hieroglypheninschriften und die Darstellung der Gottkönige entwerfen, der über 500 Jahre in Kraft blieb. Dass es theologische Probleme aufwirft, wenn ein Unsterblicher schließlich doch sterben muss, wird Djoser erkannt haben. Darum schuf er das höchste Symbol des ägyptischen Königtums, die Pyramide, die den heiligen Körper birgt. Die Große Pyramide des Königs Chufu (griechisch: Cheops), errichtet um 2550 v. u. Z., war ursprünglich 146,59 Meter hoch und blieb bis 1880 u. Z. das weltweit höchste Bauwerk; erst dann ragten die Türme des Kölner Doms noch höher empor. Und noch immer ist die Pyramide mit etwa einer Million Tonnen das schwerste Gebäude der Welt. Tausende von Arbeitern erbauten sie in jahrzehntelanger Plackerei, brachen die Steine, schifften sie den Nil hinab, behauten sie und zerrten sie an ihren Platz. Das so genannte »Arbeiterdorf« am Fuß der Pyramiden gehörte zu seiner Zeit zu den weltweit größten Siedlungen. Die Versorgung der Arbeiter, ihr Transport und Einsatz erforderten einen Quantensprung in Größe und Leistungsfähigkeit der Bürokratie; und für die Dorfleute, die zuvor wohl nie aus ihrer Heimat herausgekommen waren, wird es eine prägende Erfahrung gewesen sein, wenn sie sich den Bautrupps anschlossen. Sollte einer von ihnen an der Göttlichkeit des Pharao gezweifelt haben, nach dieser Erfahrung war es damit vorbei.

Die Entwicklung der sumerischen Stadtstaaten in Mesopotamien vollzog sich ähnlich, aber langsamer und vorsichtiger. Jede Stadt, heißt es in einem Text, war in »Haushalte« unterteilt, zu denen wiederum viele monogame Familien gehörten. Jedem dieser Haushalte stand eine Familie vor, und sie organisierte Landbesitz und Arbeit für alle, bestimmte, dass einige der Familien auf den Feldern, andere in Handwerken arbeiteten; legte die Quoten fest, die alle zu erfüllen hatten und für die sie ihre Rationen bekamen. Den größten und reichsten Haushalten standen theoretisch Götter vor; sie verfügten über einige hundert Hektar Ackerfläche und Hunderte von Arbeitern. Die Männer, die diese Haushalte für die Götter verwalteten, waren in der Regel auch die Herrscher der Stadt, der König wiederum stand dem Haushalt des jeweiligen Schutzgottes der Stadt vor, hatte also dessen Interessen zu vertreten. Machte er seine Sache gut, würde es dem Gott gut gehen; tat er zu wenig oder das Falsche, fielen auch seine Aktien.

Eben das geschah nach 2500 v. u. Z. Verbesserte Methoden in der Landwirtschaft ermöglichten die Ernährung größerer Familien. Da die Bevölkerung wuchs, wurde der Wettbewerb um gutes Ackerland schärfer und mit effektiveren Mitteln ausgetragen. Einige Städte besiegten andere und übernahmen sie samt deren Grundbesitz. Das hatte theologische Konsequenzen, die nicht weniger knifflig waren als die Sterblichkeit der ägyptischen Gottkönige. Wenn ein König im Interesse des Schutzgottes seiner Stadt handelte, was hatte es dann zu bedeuten, wenn ein anderer König, der natürlich die Interessen eines anderen Gottes vertrat, die Stadt des ersten übernahm? Einige Priester ersannen die Theorie der »Tempelstadt«, mit der sie die religiöse Hierarchie und die Interessen der Götter von den Königen lösen konnten. Erfolgreiche Könige traten den Priestern mit der Behauptung entgegen, sie seien eben mehr als nur Stellvertreter eines Gottes. So verkündete ein König um 2440 v. u. Z., er sei der Sohn seines Schutzgottes, und es kursierten Gesänge, die von der Reise des Königs Gilgamesch von Uruk ins Jenseits erzählten, wo dieser Unsterblichkeit suchte. Diese einzelnen Gesänge wuchsen nach und nach zum *Gilgamesch-Epos* zusammen, dem weltweit ältesten der überlieferten literarischen Meisterwerke.

Herrscher suchten neue Schauplätze, an denen sie ihre Majestät zur Schau stellen konnten. Der Königsfriedhof von Ur, der größte je in Mesopotamien gemachte Fund, war womöglich ein solcher Ort. Wie die Pyramiden der Pharaonen verweisen anderswo prächtige Grabbeigaben aus Gold und Silber darauf, dass der beerdigte Tote mehr war als ein gewöhnlicher Sterblicher. Im Grab der Königin Puabi wurden die Skelette von 74 Menschen gefunden; sie waren offenbar vergiftet worden, damit sie die Königin auf ihrem Weg ins Jenseits begleiten konnten – Streitigkeiten über das Verhältnis von Königen und Göttern konnten, wie sich daraus ergibt, einfachen Sumerern durchaus nicht gleichgültig sein.

Um 2350 v. u. Z. spitzten sich die Konflikte zu. Es kam zu gewaltsamen Hofintrigen, bewaffneten Eroberungen, revolutionären Umverteilungen von Eigentum und heiligen Rechten. 2334 v. u. Z. gründete ein Mann namens Sargon (was »legitimer Herrscher« heißt und vermuten lässt, dass er sich den Namen nach einem

Staatsstreich zugelegt hat) eine neue Stadt: Akkad. Sie liegt wahrscheinlich unter dem heutigen Bagdad und wurde, kein Wunder, bis heute nicht ausgegraben. Wie aus andernorts gefundenen Tontafeln hervorgeht, führte Sargon seine Kriege zunächst nicht gegen andere sumerische Könige, sondern zog durchs heutige Syrien und den Libanon und plünderte so lange, bis er sich eine Söldnerarmee von 5000 Mann leisten konnte. Erst dann wandte er sich gegen andere sumerische Herrscher, unterwarf sich deren Städte mit Diplomatie und Gewalt.

In Lehrbüchern wird Sargon häufig als der erste Staatengründer der Geschichte dargestellt, doch war, was er und seine Nachfolger in Akkad taten, wahrscheinlich mehr oder weniger das Gleiche, was die Pharaonen acht Jahrhunderte zuvor getan hatten, die Ägypten einten. Sargon selbst allerdings erhob sich nicht zu einem Gott, erst sein Enkel Naram-Sin verkündete um 2240 v. u. Z., nachdem er einen Aufstand niedergeworfen hatte, acht der sumerischen Götter wollten ihn in ihre Reihen aufnehmen. Und sumerische Künstler begannen, Naram-Sin gehörnt und überlebensgroß darzustellen, mit den traditionellen Attributen der Göttlichkeit also.

Um 2230 v. u. Z. hatten Sumer und Ägypten, die beiden Zwillingskerne westlicher Entwicklung, die ursprünglichen Kerngebiete im Fruchtbaren Halbmond weit in den Schatten gestellt. Indem sie auf die Umweltveränderungen reagierten, hatten die Menschen Städte gegründet. Diese traten in Wettbewerb miteinander, und in der Folge entstanden immer größere Städte, die von Göttern oder gottähnlichen Königen regiert und von Bürokratien verwaltet wurden. Kämpfe in diesen neuen Kerngebieten trieben die gesellschaftliche Entwicklung voran. Es bildete sich ein Netzwerk von Städten, das die einfacheren Bauerndörfer im heutigen Syrien, in Persien und bis an die Grenze des heutigen Turkmenistan übernahm. Auch auf Kreta begannen die Menschen, Paläste zu bauen; es entstanden imposante Steintempel auf Malta; nach und nach markierten befestigte Städte sogar die Südostküste der Iberischen Halbinsel. Weiter im Norden und Westen hatten Ackerbauern jede nur mögliche Nische besetzt. Selbst am äußersten Rand der westlichen Welt, dort wo an Englands kalten Küsten der Atlantik tobt, investierten unbekannte Baumeister geschätzte 30 Millionen Arbeitsstunden in das rätselhafteste aller dieser Monumente, in Stonehenge. Hätte einer von Dänikens Weltraumreisenden die Erde um 2230 v. u. Z. besucht, er hätte sich wohl gedacht, dass diese intelligenten Äffchen, so stetig, wie sie die gesellschaftliche Entwicklung vorantrieben, keine weiteren außerirdischen Interventionen mehr brauchten.

Der wilde Westen

Wäre dieser Weltraumbewohner allerdings fünfzig Jahre später doch noch einmal vorbeigeflogen, er wäre entsetzt gewesen. Überall, von einem Ende des westlichen Kerngebiets zum anderen, zerfielen Staaten, wurde Krieg geführt, gaben die Bewohner ihre Heimstätten auf. Eine Folge von Zusammenbrüchen (ein nachgerade harmloses Wort für die erschreckende Vielzahl von Massakern, Elend, Flucht und Mangel) schickte den Westen auf eine wilde Reise, die tausend Jahre dauern sollte. Und wenn wir fragen, wer oder was die gesellschaftliche Entwicklung zusammenbrechen ließ, kommen wir auf eine überraschende Antwort: Ursache war die gesellschaftliche Entwicklung selbst.

Um ihr Los zu verbessern, hatten die Menschen stets vor allem eine Möglichkeit: Sie mussten Wissen, Waren und sich selbst an andere Orte bringen. Was an einer Stelle im Überfluss vorhanden war, mochte anderswo selten – und damit wertvoll – sein. Daraus entwickelten sich zunehmend komplexere Netze, die Gemeinschaften miteinander verbanden und alle Ebenen der Gesellschaften miteinbezogen. Vor 4000 Jahren gehörte den Tempeln und Palästen ein Gutteil der besten Böden. Sie wurden nicht unter Bauernfamilien aufgeteilt, damit diese dort für ihren Eigenbedarf produzieren konnten, sondern zentralisierte Bürokratien belegten das Land mit Beschlag und bestimmten, was angebaut werden sollte. Eine Dorfgemeinschaft mit guten Ackerböden baute zum Beispiel ausschließlich Weizen an, in einem anderen Dorf, das an einem Hang lag, wurden Weinberge kultiviert, ein drittes spezialisierte sich auf Metallarbeiten. Die Beamten verteilten die Produkte um: sahnten ab, was sie selbst brauchten, legten Speicher an für Notzeiten und gaben den Rest als Rationen aus. Um 3500 v. u. Z. in Uruk entstanden, war dies Verfahren 1000 Jahre später die Norm.

Könige tauschten, auf sehr eigennützige Weise, untereinander Geschenke. Ägyptens Pharaonen, reich an Gold und Korn, ließen diese Güter kleineren Stadtregenten im heutigen Libanon zukommen, die sich mit duftendem Zedernholz revanchierten, denn in Ägypten fehlte es an Holz. Wer versäumte, das angemessene Geschenk zu machen, beging einen schweren *faux pas*. Der Austausch von Geschenken folgte dem Statusstreben ebenso wie wirtschaftlichen Interessen und war dabei ein ziemlich effektives Mittel, Güter, Menschen und Ideen zu bewegen. Die Könige am Ende solcher Ketten und die vielen Händler dazwischen vergrößerten ihren Reichtum.

Heute gehen wir davon aus, dass »Planwirtschaften« mit einem König, einem Diktator oder einem Politbüro an der Spitze, die allen anweisen, was sie zu tun haben, eher ineffektiv sind; die meisten frühen Zivilisationen jedoch basierten auf einem solchen System. In einer Welt, in der man einander nicht traute und in der es keine Gesetze gab, die die Märkte regulierten, mochte dies das genau richtige sein. Aber es war nicht die einzige Möglichkeit, denn neben den königlichen und priesterlichen Unternehmungen florierten auch kleinere unabhängige Händler und Kaufleute. Nachbarn tauschten untereinander, Käse gegen Brot, Hilfe beim Bau einer Latrine gegen Kinderhüten. Land- und Stadtbewohner trieben Handel auf Märkten. Fahrendes Volk lud Töpfe und Tiegel auf Esel und zog umher. Und an den Grenzen eines Reiches, dort, wo die bestellten Felder in Wüsten oder Berge übergingen, tauschten Dorfbewohner mit Hirten oder Nomaden Brot und Bronzewaffen gegen Milch, Käse, Wolle und Tiere.

Den bekanntesten Bericht dazu finden wir in der Bibel. Jakob lebte als erfolgreicher Hirte in den Bergen bei Hebron, im heutigen Westjordanland. Zwölf Söhne hatte er, Joseph aber, seinen Zweitjüngsten, liebte er am meisten und ließ ihm ein besonderes Gewand (»einen Ärmelrock«) anfertigen. Das weckte Missgunst unter Josephs zehn älteren Brüdern, und sie verkauften ihn an Sklavenhändler, die auf dem Weg nach Ägypten gerade vorbeizogen. Einige Jahre später, als in Kanaan Not und Hunger herrschten, entsandte Jakob seine zehn ältesten Söhne nach Ägypten, um dort Korn zu kaufen. So trafen sie, ohne ihn zu erkennen, auf ihren Bruder Joseph, der inzwischen oberster Hofbeamter des Pharao geworden war. Wunderbar lässt die biblische Erzählung erkennen, wie schwierig zu entscheiden war, ob man einem Händler trauen konnte oder nicht. Denn es überraschte die Brüder keineswegs, als Joseph, von ihnen noch immer unerkannt, diese unter dem Vorwand, sie seien Spione, in den Kerker werfen ließ. Die Geschichte endet dennoch glücklich, und Stammvater Jakob, alle seine Söhne, ihre Haushalte und Herden zogen nach Ägypten: »Sie wurden dort ansässig, waren fruchtbar und vermehrten sich sehr.«[2]

Die Josephsgeschichte wurde vermutlich im 16. Jahrhundert v. u. Z. niedergeschrieben, als Völker, deren Namen verloren sind, bereits seit 2000 Jahren dem gleichen Drehbuch folgten. Amoriter aus den Grenzgebieten der syrischen Wüste und Gutäer aus den Bergen des heutigen Iran zogen als Händler und Arbeiter umher, waren in den Städten Mesopotamiens zum gewohnten Anblick geworden; ebenso wie die »Asiaten« – so die verächtliche Bezeichnung der Ägypter für diese Fremden – im Nil-Tal. Die Wirtschaftssysteme, Gesellschaften und Kulturen der Kernregionen bezogen immer weitere angrenzende Gebiete ein, wodurch sie selber wuchsen, ihre Umwelt immer besser zu beherrschen lernten und damit ihre gesellschaftliche Entwicklung vorantrieben. Der Preis für höhere Komplexität jedoch war wachsende Fragilität. Darin bestand – und besteht – das Paradox gesellschaftlicher Entwicklung.

Um 2200 v. u. Z., als Scharkalischarri, der Sohn des Gottkönigs Naram-Sin, ebenfalls als Gott verehrt und in Akkad thronend, über den größten Teil Mesopotamiens herrschte, begannen die Dinge schiefzulaufen. Wie genau – das glaubt Harvey Weiss, Archäologe an der Yale University, der die Grabungen in Tell Leilan (im heutigen Syrien) leitete, sagen zu können. Tell Leilan, um 2300 v. u. Z. zur Zeit Sargons eine Stadt mit 20 000 Einwohnern, war etwa ein Jahrhundert später nurmehr eine Geisterstadt. Auf der Suche nach einer Erklärung analysierten die Geologen aus Weiss' Team die Sedimente mikroskopisch und fanden heraus, dass der Anteil des Staubs im Boden von Tell Leilan und angrenzenden Grabungsstätten kurz vor 2200 v. u. Z. plötzlich stark angestiegen war. Vermutlich hatten die Regenfälle abgenommen, die Bewässerungskanäle versandeten, und die Menschen zogen fort.

Auch im Nil-Tal, etwa 1600 Kilometer weiter westlich, gab es Probleme. Wie die Josephgeschichte berichtet, bediente sich der Pharao der Dienste von Traumdeutern, um die Ernteerträge vorauszusagen. Die wirklichen Pharaonen hatten dafür Nilometer – Pegelskalen, die den Wasserstand anzeigten und damit gute oder schlechte Ernten absehbar machten. Inschriften, die einige dieser Messwerte festhalten, zeigen, dass der Wasserstand um 2200 v. u. Z. rapide gesunken war. Auch in Ägypten wurde es trockener.

Zuvor, um 3800 v. u. Z., hatte das trockenere Klima die Entfaltung und Größe Uruks bewirkt sowie die Kriege ausgelöst, in deren Folge Ägypten vereinigt worden war. Nun aber, in der komplizierter gewordenen, vielfacher vernetzten Welt des ausgehenden 3. Jahrtausends v. u. Z., bedeutete die Aufgabe einer Stadt wie Tell Leilan auch, dass Amoritern und »Asiaten« die Wirtschaftsbasis entzogen wurde – so, als wären Josephs Brüder nach Ägypten gezogen und hätten dort niemanden mehr angetroffen. Sie hätten dann entweder nach Hebron zurückkehren können, um ihrem Vater zu berichten, dass sie wohl alle Hungers sterben müssten, oder aber weiter ins Land des Pharao vordringen, um dort nach Möglichkeit Handel zu treiben beziehungsweise, wenn sich ihnen dazu keine Gelegenheit geboten hätte, zu stehlen und um Nahrung zu kämpfen.

Unter anderen Umständen hätten die Soldaten Akkads oder Ägyptens solche Wirtschaftsflüchtlinge oder Verbrecher (wie auch immer man das sehen will) vermutlich umgebracht, doch um 2200 v. u. Z. waren die Heere in Auflösung begriffen. Manche Mesopotamier hatten die Könige von Akkad als grausame Eroberer betrachtet, und als der angeblich göttliche Scharkalischarri mit den Problemen der Jahre um 2190 v. u. Z. nicht zurechtkam, kündigten ihm viele Priesterfamilien die Gefolgschaft. Sein Heer schrumpfte, Heerführer ließen sich ihrerseits zu Königen ausrufen; Banden von Amoritern übernahmen ganze Städte. In weniger als einem Jahrzehnt war das Reich zerfallen. Erneut war jede Stadt auf sich gestellt – in einer sumerischen Chronik heißt es: »Wer also war ein König? Wer war kein König?«[3]

Auch in Ägypten wuchsen die Spannungen zwischen Hof und Adeligen, und Pharao Pepi II., der damals im 60. Jahr auf dem Thron saß, zeigte sich den Problemen nicht gewachsen. Während die Höflinge gegen ihn und gegeneinander Intrigen spannen, nahmen lokale Eliten die Dinge selbst in die Hand. In Unterägypten um 2160 v. u. Z. gelangte eine neue Dynastie mit einem Staatsstreich an die Macht, gleichzeitig zogen Dutzende auf eigene Faust operierende Kriegsherren und unbeherrschbare »asiatische« Banden marodierend durchs Land. Schlimmer noch: Im oberägyptischen Theben legte sich der Hohepriester des großen Amun-Tempels immer pompösere Titel zu und verwickelte den Pharao Unterägyptens immer wieder in Bürgerkriege.

Um etwa 2150 v. u. Z. waren die Reiche Ägyptens und Akkads in diverse Kleinstaaten zerfallen, die zahllose Kriege führten: um die knapper werdenden Erträge der Bauern, gegen Gesetzlose, aber auch untereinander. Einige Kriegsherren kamen zu Reichtum und Macht, doch die überlieferten Texte klingen durchweg verzweifelt. Es gibt Hinweise darauf, dass diese Krise auch jenseits der Kernregionen spürbar wurde. Allerdings können Archäologen nur schwer feststellen, ob und wie Ereignisse in einer Region mit denen in anderen zusammenhängen, und wir sollten simple Koinzidenzen niemals ausschließen. Andererseits lässt sich kaum übersehen, dass ein allgemeines Muster die Ereignisse zwischen 2200 und 2150 v. u. Z. miteinander verbindet: die Zerstörung der Großbauwerke in Griechenland, das Ende der Tempel auf Malta und die Aufgabe der befestigten Küstenstädte in Spanien.

Die größer und komplexer gewordenen Systeme des westlichen Kerngebiets waren abhängig vom regelmäßigen Fluss von Menschen, Waren und Nachrichten, plötzliche Veränderungen aber stoppten diesen Austausch. Störungen wie Dürren oder die Völkerwanderungen nach 2200 v. u. Z. mussten nicht unbedingt ins Chaos führen, ließen aber die Würfel der Geschichte rollen. Kurzfristig konnte alles Mögliche geschehen. Hätte Pepi I. einen Ratgeber wie Joseph gehabt oder wäre er bei Ausbruch der Krise jünger gewesen, er hätte aus den schweren Zeiten vielleicht Vorteile ziehen können. Und wenn Scharkalischarri sich mit seinen Heerführern und Priestern besser hätte arrangieren können, dann hätte sein Reich vielleicht überdauert. Tatsächlich aber konnte die Stadt Ur den Zusammenbruch Akkads ausnutzen, es kam zur Gründung eines neuen Reiches, das kleiner war als das von Akkad, uns aber besser bekannt ist, denn seine Beamten produzierten geradezu wie besessen Steuerquittungen. 40 000 sind dokumentiert, Tausende warten noch auf Auswertung.

Schulgi, der 2094 v. u. Z. den Thron von Ur bestieg, erklärte sich, alten Traditionen folgend, zum Gott und institutionalisierte einen Personenkult. Ihm verdankt Ur eine neue Form der Beweihräucherung, die Schulgi-Hymne, die seine Fähigkeiten – von der Sangeskunst bis zur Wahrsagerei – pries und nicht viel anders klang als die nervtötenden Hymnen auf Nordkoreas Diktator Kim Jong-il. Dennoch dauerte es nach Schulgis Tod 2047 v. u. Z. nur wenige Jahre, bis auch sein Reich in sich zusammenbrach. In den 2030er Jahren v. u. Z. wurden die permanenten Überfälle zu einem derart großen Problem, dass die Leute von Ur eine 160 Kilometer lange Mauer errichteten, um die Amoriter aus dem Land zu halten. Ab 2028 v. u. Z. aber entzogen sich die Städte dem Steuersystem von Ur, und um 2020 v. u. Z. brachen die Staatsfinanzen zusammen. Wie bereits beim Untergang von Akkad wütete der Hunger, einige Heerführer versuchten, Korn zu beschlagnahmen, andere erklärten sich für unabhängig. »Hunger durchströmt die Stadt wie Wasser«, heißt es in den sumerischen *Klageliedern über Ur.* »Seine Menschen sind wie vom Wasser umgeben, sie ringen um Atem. Sein König atmet schwer in seinem Schloss, völlig allein, seine Leute legten die Waffen ab …«[4] 2004 v. u. Z. wurde die Stadt geplündert und der letzte König in die Sklaverei geschickt.

Mesopotamien brach auseinander, Ägypten dagegen fand wieder zu neuer Einheit. Die Hohepriester von Theben, die sich in Oberägypten inzwischen zu Königen aufgeschwungen hatten, besiegten 2056 v. u. Z. ihre Rivalen und beherrschten ab 2040 v. u. Z. das gesamte Nil-Tal. So befand sich die westliche Kernregion um 2000 v. u. Z. fast wieder in dem Zustand, der tausend Jahre zuvor geherrscht hatte: Ägypten war unter einem Gottkönig vereinigt, Mesopotamien aufgespalten in Stadtstaaten mit allenfalls gottähnlichen Königen.

Damals, tausend Jahre früher, hatte der wilde wirre Ritt des Westens bereits einige der grundlegenden Kräfte erkennen lassen, welche die gesellschaftliche Entwicklung vorantreiben. Entwicklung ist weder Segen noch Fluch, die der Menschheit durch Clarkes Monolithen oder von Dänikens Weltraumbesucher auferlegt worden wäre. Wir selbst sind es, die diese Entwicklung bewirken, wenn auch nicht auf Wegen, die wir uns selbst aussuchen könnten. Wie ich in der Einleitung geschrieben habe, ist deren Quintessenz, dass wir faul, gierig und ängstlich sind, stets auf der Suche nach Wegen, unsere Angelegenheiten einfacher, effektiver und verlässlicher zu regeln. Vom Aufstieg Uruks bis zur von Theben ausgehenden Wiedervereinigung Ägyptens, immer wieder waren es Faulheit, Habsucht und/oder Furcht, die der Entwicklung einen Schub nach oben gaben. Doch die Menschen können die Dinge nicht in jede von ihnen gewünschte Richtung schubsen; jeder ihrer Anstöße erfolgt auf Grundlage aller vorangegangenen. Gesellschaftliche Entwicklung vollzieht sich kumulativ, und jeder Schritt, der Zuwachs bringen sollen, muss in die vorgegebene Richtung gehen. Die Häuptlinge von Uruk hätten um 3100 v. u. Z. die Art der Bürokratie, deren sich Ur unter Schulgi ein Jahrtausend später rühmte, nicht aufbauen können, ebensowenig wie Wilhelm der Eroberer im England seiner Zeit hätte Computer erfinden können. »You can't get there from here«, sagen die Yankees. Das kumulative Muster erklärt auch, warum sich Fortschritte in der gesellschaftlichen Entwicklung beschleunigen. Jede Neuerung gründet auf früheren und bereitet spätere mit vor, und das wiederum bedeutet: Je weiter die gesellschaftliche Entwicklung fortschreitet, desto schneller kann sie wachsen.

Prozesse der Erneuerung allerdings sind niemals sanft und störungsfrei verlaufen. Neuerung heißt Wandel, bringt Freude und Schmerz gleichermaßen. Es gibt immer Gewinner und Verlierer, neue Klassen von Reichen und Armen, neue Beziehungen zwischen Männern und Frauen, Alten und Jungen. Neuerung führt sogar zur Verlagerung des eigentlichen Kerngebiets, wenn nämlich Vorteile der Rückständigkeit sich auszahlen und die Peripherie zum neuen Zentrum wird. Mit zunehmender Entwicklung werden die Gesellschaften größer, komplizierter, es wird schwerer, sie zu lenken; je höher die Entwicklung, desto größer auch die Risiken. Daher das Paradox: Gesellschaftliche Entwicklung bringt stets zugleich die Kräfte hervor, die sie untergraben. Geraten diese Kräfte außer Kontrolle, kann dies – vor allem dann, wenn eine sich wandelnde Umwelt zusätzliche Unsicherheiten mit sich bringt – zu Chaos, Zerstörung und Zusammenbruch führen, wie um 2200 v. u. Z. geschehen. Und wie wir in den folgenden Kapiteln sehen werden: Das Paradox der gesellschaftlichen Entwicklung erklärt, warum Theorien langfristiger Determination nicht korrekt sein können.

Die internationale Periode

Das Chaos war groß, in das der Westen nach 2200 v. u. Z. stürzte, dennoch war es kein Sturz in die Finsternis. Die Zusammenbrüche dieser Epoche lassen sich in Abbildung 4.2 noch nicht einmal erkennen.* Die dortige Darstellung wird dem Ausmaß der Zerstörungen gewiss nicht gerecht, aber zugleich ist auch klar: Um 2000 v. u. Z. liegt der Grad gesellschaftlicher Entwicklung im Westen um fast die Hälfte höher als 1000 Jahre zuvor. Und er stieg weiter, die Gesellschaften des Westens wuchsen und wurden komplexer.

Auch in anderer Hinsicht änderten sich die Hauptentwicklungsgebiete. Nach 2000 v. u. Z. erklärte sich kein mesopotamischer Herrscher mehr zum Gott, und selbst in Ägypten schmolz das Selbstvertrauen der Pharaonen dahin. Sowohl die Statuen des 2. Jahrtausends v. u. Z. als auch die Lobgesänge zeigen die Herrscher kriegerischer als die des 3. Jahrtausends, zugleich aber enttäuscht und sogar der Welt überdrüssig. Und in einem damit wohl verbundenen Prozess schrumpfte die Staatsmacht: Zwar blieben Tempel und Paläste bedeutend, doch Land und Handel gerieten zunehmend in private Hand.

Dass die Rückschläge nicht auch die Uhr zurückdrehten, hatte den wesentlichsten Grund in der Ausdehnung, die die Kerngebiete infolge der Krisen erlebten: Periphere Gebiete wurden einbezogen, sie konnten erneut Vorteile aus ihrer Rückschrittlichkeit ziehen und zum Spitzenfeld vorstoßen. Völker von Persien bis Kreta übernahmen Palastbauten im Stil Ägyptens oder Mesopotamiens, passten deren umverteilende Wirtschaftsweisen den instabilen, häufig umkämpften Grenzgebieten mit Regenfeldbau an. Überhaupt stützten sich die Könige dieser Grenzregionen eher auf militärische Macht als die Herrscher der Kerngebiete mit ihrem Bewässerungsfeldbau, sie behaupteten auch seltener ihre Göttlichkeit – wobei es angesichts der so viel grandioser wirkenden Herrscher Ägyptens und Sumers auch einigermaßen schwierig gewesen sein wird, solche Ansprüche geltend zu machen.

Wieder veränderte die zunehmende gesellschaftliche Entwicklung die Bedeutung der Geographie. War im 3. Jahrtausend v. u. Z. der Zugang zu einer großen Flussebene eine entscheidende Voraussetzung gesellschaftlicher Entwicklung gewesen, wurde es im 2. immer vorteilhafter, im nördlichen Grenzbereich des

* Das hat erstens seinen Grund teils darin, dass die archäologischen Daten sehr grobkörnig sind, liegt aber auch an technischen Methoden. Wegen der so fragmentarischen Daten habe ich die gesellschaftliche Entwicklung im 3. Jahrtausend v. u. Z. in Abständen von einem Vierteljahrtausend gemessen, und zufällig lassen die Messpunkte 2250 und 2000 v. u. Z. wenig von diesem Zusammenbruch erkennen. Zweitens hatte der Westen zwei voneinander unabhängige Kerngebiete, eines in Mesopotamien, ein anderes in Ägypten, in denen die Zusammenbrüche in einem leicht unterschiedlichen Rhythmus erfolgten. Um 2100 v. u. Z. war die gesellschaftliche Entwicklung in Ägypten niedriger, als sie um 2200 v. u. Z. gewesen war, Mesopotamien aber hatte sich von der ersten Erschütterung erholt. Als um 2000 v. u. Z. dieses Gebiet erneut zusammenbrach, hatte sich Ägypten wieder erholt.

westlichen Entwicklungskerns zu leben. Um 4000 v. u. Z. hatten Hirten im Gebiet der heutigen Ukraine das Pferd domestiziert, zwei Jahrtausende später begannen Pferdezüchter aus dem heutigen Kasachstan, die kräftigen Tiere vor leichte, zweirädrige Wagen zu spannen. Wenn ein paar Steppennomaden in Wagen herumfuhren, musste dies die Kerngebiete nicht weiter beunruhigen; zu einer ganz anderen Angelegenheit wurde das, wenn sich jemand 2000 Wagen leisten konnte und sie auch einsetzte. Streitwagen sind keine Panzer, mit denen sich feindliche Linien durchstoßen ließen (wie das manche Kostümfilmregisseure so gerne in Szene setzen), doch Heerscharen von Bogenschützen, die in ihren Wagen wendig operieren konnten, setzten die althergebrachten Zusammenstöße eher schwerfälliger Fußsoldaten doch weitgehend außer Kraft.

Eigentlich lagen die Vorteile der Streitwagen auf der Hand, doch Armeen, die ehedem mit einem bestimmten taktischen System erfolgreich waren, übernehmen so schnell kein anderes. Wer ein Korps gut ausgebildeter Wagenlenker aufstellte, verhalf einer neuen Elite zur Macht und brachte die Hackordnung rein infanteristischer Heere durcheinander. Wenn die lückenhaften Funde nicht täuschen, haben Ägypter und Mesopotamier diese neuen Kampfmethoden nur sehr zögernd übernommen. Neue Staaten dagegen wie jener der rätselhaften Hurriten, die nach 2200 v. u. Z. aus dem Kaukasus nach Nordmesopotamien und Syrien gezogen waren, zeigten sich flexibler. Ihre Kontakte mit den Steppenvölkern verschafften ihnen Zugang zu den neuen Waffen, und ihre lockeren sozialen Verbände setzten deren Übernahme keine so hohen Barrieren entgegen. Weder Hurriten noch Kassiten aus dem heutigen Westiran noch Hethiter aus Anatolien*, weder Hyksos aus dem heutigen Israel und Jordanien noch Mykener in Griechenland waren so straff organisiert wie die Ägypter oder die Babylonier; und das war, wenigstens eine Zeitlang, kein Nachteil, denn die Streitwagen verliehen diesen Völkern aus den peripheren Gebieten eine solche kriegerische Überlegenheit, dass sie ihre älteren, reicheren Nachbarstaaten plündern, manchmal sogar erobern konnten. Die Hyksos drangen stetig nach Ägypten vor, errichteten um 1720 v. u. Z. sogar eine eigene Stadt und eroberten 1674 v. u. Z. den Pharaonenthron. 1595 v. u. Z. belagerten die Hethiter Babylon, bald darauf überrannten die Kassiten die Städte Mesopotamiens. Um 1500 v. u. Z. hatten die Hurriten das Königreich Mittani in Nordsyrien, die Mykener das minoische Kreta erobert (Abbildung 4.4).

Es waren turbulente Zeiten; auf lange Sicht jedoch bewirkte diese Unruhe nur, dass sich das Kerngebiet vergrößerte, die Entwicklung bremste sie nicht. In Mesopotamien führten Versklavungen, Verschleppungen, Massaker und Enteignungen lediglich dazu, dass die Einwanderer aus dem Norden die lokalen Könige verdrängten. In Ägypten änderte sich so gut wie nichts: 1552 v. u. Z. konnten die

---

* Althistoriker nennen das Gebiet der heutigen Türkei nach deren griechischem Namen *anatolia* (»Land des Ostens«), weil sich die aus Zentralasien stammenden Turkvölker erst im 11. Jahrhundert u. Z. in Anatolien niedergelassen haben.

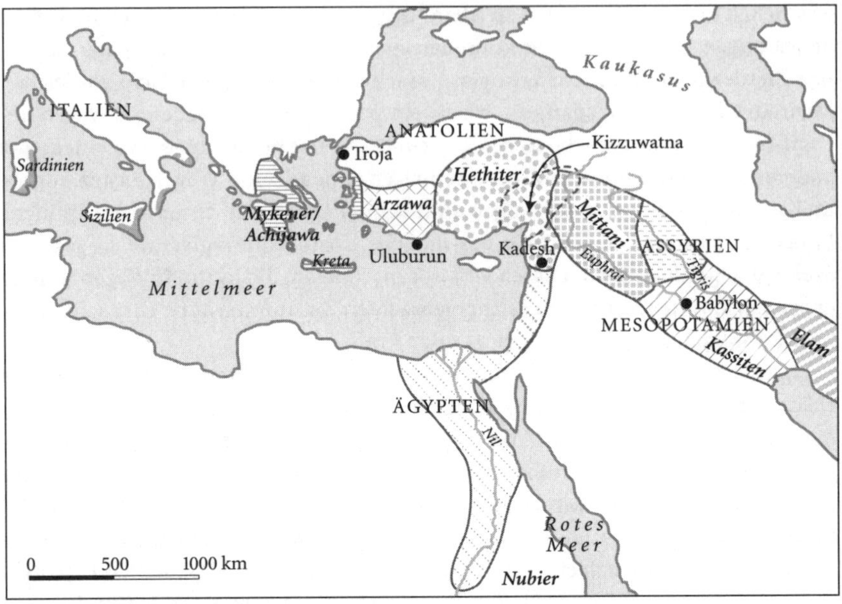

Abbildung 4.4: Ein Bund von Brüdern

Die Königreiche in der internationalen Periode des westlichen Kerngebiets, um 1350 v. u. Z., nachdem sich die Hethiter Kizzuwatna im südöstlichen Anatolien einverleibt, aber noch bevor sie und die Assyrer Mittani zerstört hatten. Die grauen Farbflächen an den Küsten Siziliens, Sardiniens und Italiens zeigen Fundorte mykenischer Keramik.

von Theben geführten Rebellen die Hyksos wieder vertreiben. Um 1500 v. u. Z. hatten sich entlang der nördlichen Grenze des alten Kerngebiets neue Königreiche etabliert. Sie konnten ihre Entwicklung so rasch beschleunigen, dass sie sich ihren Platz im Kerngebiet eroberten und dieses damit vergrößerten. Die großen Staaten waren nun so eng miteinander verknüpft, dass Historiker die nächsten 300 Jahre als »internationale Periode« bezeichnen.

Der Handel blühte, wie aus den reichen königlichen Aufzeichnungen hervorgeht. Briefe aus dem 14. Jahrhundert v. u. Z., die im ägyptischen Amarna gefunden wurden, zeigen auch, wie die Könige Babylons und Ägyptens mit denen der neuerdings mächtigen Staaten der Assyrer, Mittani und Hethiter um ihren Status rangelten, Geschenke forderten und Prinzessinnen heirateten. Sie schufen sich eine gemeinsame diplomatische Sprache, nannten einander »Bruder«. Zweitrangige Herrscher dagegen, die keinen Zutritt fanden zum Club der Mächtigen, galten als »Diener«, doch konnte über den Rang verhandelt werden. Achijawa etwa, ein Staatsgebilde wohl auf dem griechischen Festland, befand sich auf dem Sprung, zu einer großen Macht zu werden. Im Archiv von Amarna fanden sich keine Briefe aus diesem Reich; doch ein Hethiterkönig zählte in einem Vertrag des

13. Jahrhunderts v. u. Z. die Könige auf, die »mir gleich im Rang« sind, und nennt »den König von Ägypten, den König von Babylon, den König von Assyrien und den König von Achijawa«, muss sich dann aber besonnen und letzteren wieder von seiner Liste gestrichen haben.[5]

Je mehr die »Brüder« miteinander zu tun bekamen, desto heftiger wurden ihre Geschwisterrivalitäten. Der Einfall der Hyksos in ihr Reich im 18. Jahrhundert v. u. Z. hatte die ägyptischen Eliten traumatisiert, die sich bislang durch die unpassierbaren Wüsten vor solchen Überfällen geschützt wähnten. Entschlossen, jeder Wiederholung vorzubeugen, machten sie aus ihren ziemlich heruntergekommenen Milizen ein stehendes Heer mit Berufsoffizieren und einer Streitwagen-Abteilung. Um 1500 v. u. Z. drangen sie, der Mittelmeerküste folgend, bis ins heutige Syrien vor und errichteten entlang dieser Route befestigte Plätze.

Um 1400 v. u. Z. setzte ein antikes Wettrüsten ein; wer nicht mitkam, den mochte der Teufel holen. Zwischen 1350 und 1320 v. u. Z. schluckten Hethiter und Assyrer das Reich Mittani. Assyrien griff in einen babylonischen Bürgerkrieg ein, und um 1300 hatten die Hethiter ihren Nachbarstaat Arzawa zerstört. Zwischen hethitischen und ägyptischen Königen entspann sich ein regelrechter, unter Einsatz von Spionen und mit Undercover-Aktionen geführter kalter Krieg um die Kontrolle über die syrischen Stadtstaaten. Heiß wurde der Konflikt 1274 v. u. Z., als Heere so groß, wie sie die Welt bis dahin noch nicht gesehen hatte – schätzungsweise 30 000 Fußsoldaten und 5000 Streitwagen auf jeder Seite –, bei Kadesch aufeinanderstießen. Ramses II., der ägyptische Pharao, geriet offenbar in eine Falle, was er – als Gott, für den er galt – natürlich nicht wahrhaben konnte. In nicht weniger als sieben Tempeln ließ Ramses später von einem erfolgreichen Feldzug mit geradezu rambohafter Durchschlagskraft berichten:

> Als seine Majestät die ganze Schar des elenden Fürsten von Hatti [die Hethiter] niedermachte und seine Großfürsten und alle seine Brüder und ebenso alle Fürsten aller Länder, die mit ihm gekommen waren, ihre Infanterie und ihre Streitwagentruppe, die auf ihre Gesichter fielen, einer auf den anderen, als seine Majestät sie tötete, wo sie sich gerade befanden, und sie vor seinen Pferden ein fliehender Haufen waren, während seine Majestät ganz allein war, niemand bei ihm.[6]

Das »schändliche Oberhaupt von Hatti«, heißt es bei Ramses, bat um Frieden. Ein solcher Friedensfleher könnte aber auch er selbst gewesen sein.

Militärgeschichte aus gottköniglichem Schwulst zu extrahieren, ist heikel; alle anderen verfügbaren Quellen nämlich sprechen dafür, dass Ramses an diesem Tag mit knapper Not einem Hinterhalt der Hethiter entkommen ist. Diese dehnten jedenfalls ihren Einflussbereich entlang der Küste aus. Gestoppt wurden sie erst 1258 v. u. Z., als sie neue Kämpfe vom Zaun brachen, einen in den Bergen Südostanatoliens, einen anderen mit griechischen Abenteurern an der westanatolischen Küste. Einige Historiker halten Homers *Ilias*, das 500 Jahre später niedergeschriebene Epos, für die dunklen Erinnerungen an einen Krieg in den 1220er Jahren

v. u. Z., in dem ein Bündnis griechischer Fürsten die hethitische Vasallenstadt Troja belagert hat. Weit ab im Südosten war eine noch schrecklichere Belagerung im Gange, die 1225 v. u. Z. mit der Plünderung Babylons durch die Assyrer endete.

Die Kämpfe damals waren grimmig. Eine Niederlage konnte völlige Vernichtung bedeuten – erschlagene Männer, in Sklaverei verschleppte Frauen und Kinder, in Schutt und Asche gelegte Städte, die dem Vergessen anheimfallen sollten. Darum opferte, wer in den Krieg zog, alles für den Sieg. Die Kriegereliten wuchsen, wurden sehr viel reicher als ihre Vorgänger, und ihre internen Fehden gewannen an Schärfe. Könige ließen ihre Paläste, auch ganze Städte neu errichten, in denen das niedere Volk ihre Ruhe nicht störte. Steuern und mit Zwang durchgesetzte Arbeitspflichten stiegen rasant, auch die Schulden wuchsen, denn die Adligen nahmen Kredite auf, um ihren üppigen Lebensstil zu finanzieren. Bauern mussten, um zu überleben, ihre Ernten beleihen. Die Könige selbst nannten sich die Hüter ihrer Völker, schützten ihre Herden aber weiter nicht, sondern verbrachten ihre Zeit vorwiegend damit, ihnen das Fell abzuziehen. Gewaltsam sicherten sie sich Zwangsarbeiter, ganze Völker wurden verschleppt, die an ihren Monumentalbauten arbeiten mussten. Die Hebräer, die sich in den Städten der Pharaonen plagten – entfernte Nachkommen von Jakobs Söhnen, die mit so großen Hoffnungen nach Ägypten gezogen waren –, sind wohl die bekanntesten unter den damals versklavten Völkern.

Auf diese Weise wuchs nach 1500 v. u. Z. die Macht der Staaten und mit ihnen das westliche Kerngebiet. Funde griechischer Keramik entlang der Küsten Siziliens, Sardiniens und Norditaliens lassen darauf schließen, dass auch andere, wertvollere, archäologisch jedoch weniger sichtbare Güter über weite Strecken transportiert wurden. Einblicke in die Mechanismen dieses Handels haben uns Unterwasserarchäologen mit Tauchgängen vor der anatolischen Küste verschafft. So hatte ein 1316 v. u. Z. vor Uluburun gesunkenes Schiff Kupfer und Zinn geladen, aus denen sich zehn Tonnen Bronze hätten schmelzen lassen, dazu Elfenbein aus dem tropischen Afrika, Zedernholz aus dem Libanon, Glaswaren aus Syrien, Waffen aus Griechenland und dem heutigen Israel. Kurz, in jedem Hafen, den das Schiff auf seiner Fahrt anlief, wurde alles, was Profit versprach, in kleinen Mengen an Bord gebracht, und das von einer Besatzung, die vermutlich ebenso bunt zusammengewürfelt war wie die Ladung.

Auf diese Weise wurden die Küsten des Mittelmeers ins westliche Kernland einbezogen. Gräber, die wertvolle Bronzewaffen als Grabbeigaben enthielten, zeigen, dass Dorfälteste auf Sardinien und Sizilien zu Königen geworden waren. Texte berichten von jungen Männern, die ihre Dörfer auf diesen Inseln verließen und ihr Glück als Söldner suchten. So gibt es Zeugnisse von Sarden, die ihr Leben im fernen Babylon oder auch am Oberlauf des Nils (im heutigen Sudan) verloren, wohin die Ägypter auf der Suche nach Gold vordrangen, kleinere Staaten zerschlugen und entlang ihres Weges Tempel bauten. Im noch weiter abgelegenen Schweden ließen sich Häuptlinge mitsamt ihren Streitwagen bestatten, dem höchsten Statussymbol aus den Kernländern. Auch anderes importiertes Kriegsgerät – insbesondere scharfe Bronzeschwerter – hatten sie in todbringenden Gebrauch genommen.

Das Mittelmeer wurde zum neuen Grenzgebiet, und wieder änderte sich mit steigender gesellschaftlicher Entwicklung die Bedeutung der Geographie. Im 4. Jahrtausend v. u. Z. hatten Bewässerungsanlagen und Städte die großen Flusstäler Ägyptens und Mesopotamiens wertvoller gemacht als die Ländereien des Fruchtbaren Halbmonds, wo alles begonnen hatte. Im 2. Jahrtausend nun, mit der Expansion des Fernhandels, war es der Zugang zu den Wasserwegen des Mittelmeers, der den größten Wert darstellte. Nach 1500 v. u. Z. begann für das turbulente Kerngebiet des Westens ein völlig neues Zeitalter der Expansion.

Zehntausend *guo* auf Erden

Archäologen leiden häufig an Anwandlungen, die ich für »Ägyptenneid« halte. Ganz gleich, wo und was wir ausgraben, stets haben wir das Gefühl, es ließen sich viel schönere Dinge finden, würden wir nur in Ägypten graben. Insofern ist es erleichternd, dass der Ägyptenneid auch Menschen aus ganz anderen Verhältnissen befällt. 1995 unternahm der Staatsrat Song Jian, einer der führenden Männer in Chinas Wissenschaftsverwaltung, einen offiziellen Besuch in Ägypten. Er war nicht amüsiert, als ihm Archäologen erklärten, ihre Altertümer seien älter als die Chinas. Und kaum war der Mann zurück in Beijing, lancierte er das Periodisierungsprojekt der Xia-, Shang- und Zhou-Dynastie, das Licht in die Angelegenheit bringen sollte. Vier Jahre und zwei Millionen Dollar später wurden erste Ergebnisse veröffentlicht: Ägyptens Altertümer sind tatsächlich älter als die Chinas. Immerhin wissen wir nun genauer, um wie viel älter sie sind.

Wie wir in Kapitel 2 gesehen haben, entwickelten sich vom Ackerbau geprägte Lebensweisen im Westen um 9500 v. u. Z., also gut 2000 Jahre früher als in China. Um 4000 v. u. Z. hatte sich der Ackerbau in ehemalige Randgebiete wie Ägypten und Mesopotamien verbreitet, und als sich ab 3800 v. u. Z. die Monsunregen nach Süden verlagerten, errichteten diese neuen Bauern im Interesse ihrer Selbsterhaltung Städte und Staaten. Auch im Osten gab es reichlich trockene Randzonen, doch um 3800 v. u. Z. waren sie vom Ackerbau noch kaum berührt, sodass der Beginn kühlerer, trockenerer Klimaverhältnisse dort auch nicht zum Aufstieg von Städten und Staaten führte. Vielmehr wird, als die Täler von Jangtse und Gelbem Fluss ein wenig trockener wurden und damit besser zu bestellen waren, das Leben der Dorfbewohner leichter geworden sein. Heute nur schwer vorstellbar: Das Tal des Gelben Flusses war um 4000 v. u. Z. zum großen Teil von tropischen Wäldern bedeckt, und wo heute hupende Autos die Straßen Beijings verstopfen, trompeteten Elefanten.

Statt des Übergangs zu Staatskulturen wie in Ägypten und Mesopotamien erlebte das China des 4. Jahrtausends v. u. Z. ein unspektakuläres, aber stetes Bevölkerungswachstum. Wälder wurden gerodet, neue Dörfer gegründet, alte Dörfer wuchsen sich zu Städten aus. Je besser die Energieausbeute der Menschen wurde, desto rascher vermehrten sie sich und desto größer wurde der Druck, ihre Lebensverhältnisse den neuen, sich allmählich ergebenden Bedingungen anzupassen. Wie die Menschen im Westen probierten und experimentierten sie, fanden Wege, mehr aus dem Boden herauszuholen, sich selbst und ihre Arbeit besser zu organisieren und sich zu nehmen, was sie von anderen wollten. Mächtige Befestigungsanlagen aus gestampftem Lehm wuchsen um die größeren Städte, was auf Konflikte hindeutet, einige Siedlungen wurden so durchdacht angelegt, dass sie nur Ergebnis einer gewissenhaften kommunalen Planung sein konnten. Die Häuser wurden größer, und da wir in ihrem Inneren mehr Objekte finden, muss der Lebensstandard gestiegen sein. Auch die Unterschiede zwischen den Gebäuden nahmen zu, und das könnte bedeuten, dass sich reichere Bauern zunehmend von ärmeren Nachbarn absetzten. Einige Archäologen sehen in der Verteilung von Gerätschaften in den Häusern Zeichen dafür, dass sich eine Arbeitsteilung unter den Geschlechtern herausbildete. An einigen Orten, vor allem in Shandong am Unterlauf des Gelben Flusses (Abbildung 4.5), haben einige Bewohner – meistens Männer – ihre letzte Ruhestätte in großen Gräbern gefunden, die mehr Opfergaben als andere enthalten, einige davon sogar Schmuck aus geschnittenem Jadestein.

So schön diese Jade-Artefakte auch sind, Archäologen, die chinesische Stätten aus der Zeit um 2500 v. u. Z. ausgraben, werden sich noch immer gegen den Stich des Ägyptenneids wappnen müssen. Denn sie finden dort weder Pyramiden noch königliche Inschriften. Was sie finden, ähnelt vielmehr dem, was im Westen an Stätten zutage kommt, die um 4000 v. u. Z. zu datieren sind, kurz vor Entstehung der ersten Städte und Staaten. Der Osten bewegte sich entlang der gleichen Linien wie der Westen, lag jedoch mindestens 1500 Jahre zurück; und, um im Schema zu bleiben, zwischen 2500 und 2000 v. u. Z. durchlief er die Veränderungen, die der Westen zwischen 4000 und 3500 v. u. Z. erlebt hatte.

Überall entlang der großen Flüsse beschleunigte sich das Tempo des Wandels, doch dies geschah nach einem interessanten Muster. Denn am raschesten vollzog sich der Wandel nicht in den weiten Ebenen mit den reichsten Böden, sondern in übervölkerten Gebieten, wo es den Menschen schwer fiel, sich aus dem Staub zu machen und neue Heimstätten zu gründen, wenn sie in dörflichen Konflikten um Ressourcen oder Kriegen zwischen den Dörfern unterlegen waren. Auf einer der kleineren Ebenen von Shandong zum Beispiel fanden Archäologen ein neues Siedlungsmuster, das sich zwischen 2500 und 2000 v. u. Z. herausbildete: eine große Stadt mit vielleicht 5000 Einwohnern, darum herum kleinere Satellitenstädtchen, die ihrerseits von Satellitendörfern umgeben waren. Ein ähnliches Muster präsentierte sich den Archäologen bei ihren Grabungen um Susa im heutigen Südwestiran, ist dort aber rund 1500 Jahre älter. Offenbar zeigt dieses Siedlungsmuster, was geschieht, wenn eine Gemeinde die politische Vorherrschaft erlangt.

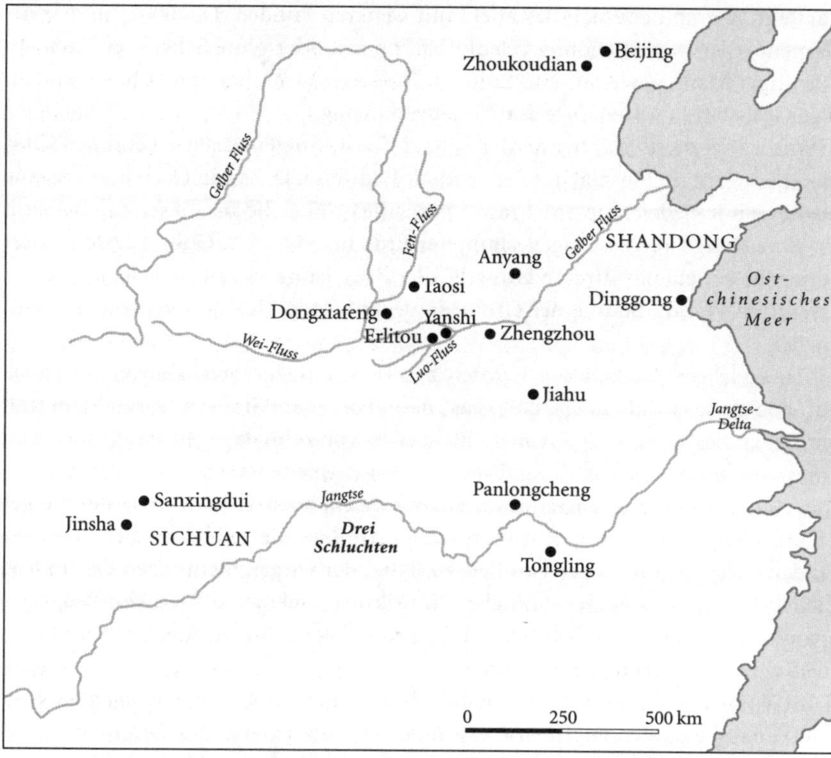

Abbildung 4.5: Die Ausdehnung des Kerngebiets im Osten, 3500–1000 v. u. Z.
In diesem Kapitel erwähnte Regionen, Orte und Stätten.

Nach den reichen Beigaben zu urteilen, die manchen Männern mit ins Grab gelegt wurden, hat sich in Shandong ein wirkliches Königtum erst ab 2500 v. u. Z. entwickelt. Einige der Gräber enthalten großartige Jade-Artefakte, und in einem fand sich ein Kopfputz mit Türkisen, der einer Krone schon ziemlich ähnlich sieht. Der bemerkenswerteste Fund aber ist eine bescheidene Tonscherbe aus Dinggong. Zunächst wanderte das unauffällige Fragment aus grauem Lehm in einen Korb mit anderen Funden; erst im Labor, beim Säubern, entdeckten die Ausgräber darauf eingeritzt elf Symbole, den späteren Schriftzeichen verwandt, aber doch von eigener Art. Damit stellte sich die Frage, ob dies vielleicht nur die Spitze eines Eisbergs ist, ein Hinweis auf eine bereits weit verbreitete Schriftpraxis auf vergänglicheren Materialien? Beschäftigten Shandongs Könige schon Beamte, ließen sie ihre Angelegenheiten organisieren wie die Herrscher im mesopotamischen Uruk tausend Jahre zuvor? Möglich wäre das. Andere Archäologen überlegten, indem sie auf die Umstände verwiesen, unter denen die Schriftzeichen entdeckt wurden, ob die Scherbe nicht vielleicht falsch datiert wurde, gar eine Fälschung darstellt. Klären ließe sich das allein mit weiteren Funden. Doch wer immer die Gemeinwesen von Shandong gelenkt hat, ob mit oder ohne Schrift, er muss ein mächtiger Mann gewesen sein. 2200 v. u. Z. waren Menschenopfer üblich, und einige Grabstätten waren Orte der Ahnenverehrung.

Wer waren diese Männer an der Spitze? Taosi, eine Fundstätte rund 650 Kilometer entfernt im Flusstal des Fen, enthält Hinweise. Es handelt sich hier um eine Siedlung mit vielleicht 10 000 Einwohnern, die größte, die aus dieser Zeit bekannt ist. Eine riesige Terrasse aus gestampfter Erde hat vielleicht Chinas ersten Palast getragen, der einzige direkte Hinweis allerdings ist das verzierte Fragment einer zerstörten Wand, die in einer Grube entdeckt wurde. (Ich komme sofort darauf zurück.)

Tausende von Grabstätten wurden bei Taosi ausgegraben, alle verweisen sie auf eine steile soziale Hierarchie. Fast neun von zehn Gräbern waren klein und enthielten nur wenige Opfergaben. Etwa eines von zehn dagegen war größer, und eines von hundert sogar riesig. Einige davon enthielten an die 200 Opfergaben, mit Drachen bemalte Vasen etwa, Jadeschmuck, auch ganze Schweine, die geopfert, aber nicht verzehrt worden waren. In den allerreichsten dieser Gräber fanden sich – in auffälliger Parallele zu Jiahu, der vorgeschichtlichen Grabstätte, die ich in Kapitel 2 vorgestellt habe – Musikinstrumente: mit Krokodilleder bespannte Trommeln aus Ton oder Holz, große Glockenspiele aus Stein und eine merkwürdig geformte Kupferglocke.

Im Zusammenhang mit Jiahu habe ich in Kapitel 2 den Archäologen Kwang-chih Chang und dessen Theorie erwähnt, dass die Könige des Ostens von vorgeschichtlichen Schamanen abstammten, die mit Hilfe von Alkohol, Musik und repetitiven Ritualen andere (und wohl auch sich selbst) davon überzeugten, in spirituelle Welten gereist zu sein und dort mit Ahnen und Göttern gesprochen zu haben. Jiahu war noch nicht ausgegraben, als Chang diese Vorstellung entwickelte, und archäologische Nachweise hatte er nur bis zur Zeit um 3500 v. u. Z.; mit Blick auf Taosi und ähnliche Stätten behauptete er jedoch, die alten religiösen und königlichen Symbole Chinas hätten sich zwischen 2500 und 2000 v. u. Z. herauskristallisiert. Noch rund 2000 Jahre später sind alle Instrumente, die in den Gräbern von Taosi im Fen-Tal gefunden wurden, in *Die Riten der Zhou* (auch *Die Beamten der Zhou* genannt) aufgeführt worden, in einem konfuzianischen Handbuch über Zeremonien, das zu den *Neun Klassikern* gerechnet wird: Diese Instrumente seien angemessen für Rituale zu Ehren hochgestellter Persönlichkeiten.

Auch andere Texte, die etwa gleichzeitig mit den *Riten von Zhou* entstanden sind, enthielten, so Chang, Erinnerungen an die Zeit vor 2000 v. u. Z. In *Frühling und Herbst des Lü Buwei**, einer Enzyklopädie, in der Lü Buwei, ein Kaufmann und Kanzler des Reiches Qin, das Wissen der Zeit um 239 v. u. Z. zusammenfasst,

* »Frühling und Herbst« war ein beliebter Titel für chinesische Geschichtsbücher, es bedeutete einfach »Jahre«. Annalen oder Chronik wäre eine passende Übersetzung.

heißt es reichlich kryptisch: »Des Himmels Weg ist rund, der Erde Weg ist eckig. Das also haben die heiligen Könige zum Vorbild genommen …«[7] Die heiligen oder weisen Könige werden als Abkömmlinge der hohen Gottheit Di betrachtet, und Yü, der letzte dieser Könige, soll die Menschheit dadurch gerettet haben, dass er, als der Gelbe Fluss über die Ufer trat, Entwässerungsgräben anlegen ließ. »Doch für Yü«, heißt es in einem anderen kanonischen Text, dem *Zuozhuan* oder *Frühling und Herbst in der Überlieferung des Zuo*, »hätten wir Fische sein müssen«[8]. Aus Dankbarkeit, so wird weiter erzählt, machten die Menschen Yü zu ihrem König, er wiederum habe die erste rein menschliche Dynastie gegründet, die der Xia (um 2070 bis 1600 v. u. Z.).

Lü Buwei hielt sein Buch für sehr genau; angeblich soll er jedem tausend Goldstücke versprochen haben, der ihm nachweise, dass er seinem Text auch nur ein einziges Wort hinzufügen oder wegnehmen müsse. (Zum Glück verlangen heutige Verleger nichts dergleichen von ihren Autoren.) Doch auch trotz Lüs anrührender Zuversicht erscheint die Gestalt des Königs Yü als so glaubwürdig wie die Noahs, der westlichen Version eines sündenfreien Retters der Menschheit vor den Fluten. Die meisten Historiker halten die heiligen Könige für Fiktionen. Nach Kwang-chih Chang allerdings enthält Lüs Buch genuine, wenn auch verzerrte Berichte über das späte 3. Jahrtausend v. u. Z., aus der Zeit also, in der in China Gestalt annahm, was man Königtum nennen könnte.

Chang sieht einen Zusammenhang zwischen Lüs Chronik, der zufolge sich die heiligen Könige die Rundheit des Himmels und die Eckigkeit der Erde zum Vorbild genommen hatten, und den *Cong*-Röhren, die sowohl in reichen Gräbern der Deltaregion des Jangste aus der Zeit um 2500 v. u. Z. als auch in jüngeren Stätten wie Taosi gefunden wurde. *Cong*-Röhren bestehen aus einem viereckigen Stück Jade, durch das in der Mitte ein zylindrisches Loch gebohrt wurde, sodass der Block, eckig und rund zugleich, die Einheit von Himmel und Erde symbolisiert. Sie blieben als mächtiges Emblem königlicher Macht bis 1912 u. Z. in Gebrauch, also bis zum Ende der letzten chinesischen Dynastie. Wer sich von den Massen nicht abschrecken lässt, die in Beijing zur Verbotenen Stadt drängen, wird im Inneren der Palastanlage entdecken, dass die gleichen Symbole – eckiges Fundament der Throne, runde Decke – wieder und wieder verwendet wurden.

Möglicherweise, so Changs Überlegung, haben Erinnerungen an die legendären Priesterkönige – der Männer, die behaupteten, zwischen dieser und der Welt der Geister hin- und herwechseln zu können, und die die *Cong*-Röhre zum Symbol ihrer Macht machten – bis in Lüs Tage überlebt. Chang nennt die Jahre von 2500 bis 2000 v. u. Z. »das Zeitalter des Jade-*Cong*, das Zeitalter, in dem Schamanentum und Politik zusammenwirkten und in dem eine Elite entstand, die sich auf ihr schamanistisches Monopol stützte«[9]. Die eindrucksvollsten *Congs* gehörten zum Schatz der Könige; das größte Exemplar, mit eingravierten Darstellungen von Geistern und Tieren, haben die Archäologen mit dem ihnen eigenen Humor »King *Cong*« genannt.

Sollte Chang nicht irren, haben sich die spirituellen Eliten zwischen 2500 und 2000 v. u. Z. zu Königen erhoben, so wie sie es in Mesopotamien über tausend Jahre zuvor getan hatten. Schnitzereien aus Jade, Musik sowie Tempel, die auf Terrassen aus gestampfter Erde errichtet wurden, werden ihnen als Verstärker für ihre Botschaften an die Götter gedient haben. An einer Grabungsstätte fand sich auch ein Heiligtum in Gestalt eines *Cong* (nicht sehr groß, etwa sechs Meter im Durchmesser, und auf einer noch niedrigen Terrasse errichtet).

Um 2300 v. u. Z. wirkte Taosi wie ein Uruk im Werden, mit allem, was dazu gehört, mit Palästen, Terrassen und Häuptlingen auf dem Weg zur Gottähnlichkeit. Aber dann wurde es doch nicht dazu. Vielmehr wurde die Anlage der Elite ganz plötzlich zerstört, und vom Palast blieb, wie bereits erwähnt, nicht mehr als das Fragment einer bemalten Wand. Vierzig Skelette, manche zerstückelt oder von Waffen durchbohrt, waren dort, wo der Palast gestanden hatte, in eine Grube geworfen worden, einige der größten Gräber der Bestattungsstätte wurden geplündert. Taosi schrumpfte auf die Hälfte seiner vorherigen Größe, doch einige Kilometer weiter entstand eine neue große Stadt.

Frustrierend an der Archäologie ist, dass wir zwar die Folgen dessen sehen, was Menschen getan haben, nicht aber die Gründe. Wir könnten unser Garn spinnen: Barbaren brannten Taosi nieder! Taosi im Bürgerkrieg zerstört! Interne Fehden zerrissen Taosi! Neue Nachbarn plünderten Taosi! Und so weiter. Was davon aber wahr ist, lässt sich kaum herausfinden. Und so tun wir am besten daran, den Niedergang von Taosi als Teil eines umfassenderen Prozesses zu verstehen. Um 2000 v. u. Z. nämlich wurden auch die größten Siedlungen in Shandong aufgegeben, gleichzeitig schrumpfte die Bevölkerung in ganz Nordchina – und das in eben jener Zeit, in der Dürren, Hunger und politische Zusammenbrüche auch Ägypten und Mesopotamien ruinierten. Könnte ein Klimawandel zu einer Krise der gesamten Alten Welt geführt haben?

Hätte man in Taosi die Wasserstände des Gelben Flusses mit einer Art Nilometer gemessen, hätten chinesische Archäologen die gleichen mikromorphologischen Untersuchungen wie im syrischen Tell Leilan unternommen, könnten wir das vielleicht beantworten, aber über solche Beweise verfügen wir nicht. Wir könnten auch die literarischen Zeugnisse durchsehen auf Nachrichten aus diesen 2000 Jahren, aber da verhält es sich wie mit dem Jade-*Cong* und den heiligen Königen: Es lässt sich einfach nicht herausfinden, wie viel die alten Autoren über so frühe Zeiten tatsächlich wussten.

»Zur Zeit des Yü«, heißt es in *Frühling und Herbst des Lü Buwei*, »gab es 10 000 Staaten [*guo*] auf Erden.«[10] Viele Archäologen, die *guo* als »Stammesfürstentum« verstehen, als kleine, auf eine umfriedete Stadt gestützte politische Einheit, halten das für eine zutreffende Beschreibung der Verhältnisse im Tal des Gelben Flusses zwischen 2500 und 2000 v. u. Z. Einige gehen noch weiter und erklären diesen König Yü zu einer historischen Figur, der die »zehntausend *guo*« vereinigt und auf diesem Weg die Herrschaft der Xia-Dynastie errichtet hätte. Die literarischen Quellen geben sogar Hinweise auf klimatische Ursachen. Doch sie sprechen nicht von Staubglocken, wie sie sich wohl über Mesopotamien gesenkt haben, sondern von sintflutartigen Regengüssen in neun von zehn Jahren; ihretwegen habe Yü das Tal des Gelben Flusses trockenlegen müssen. Etwas Derartiges hätte durchaus geschehen sein können. Noch bis vor zwei Jahrzehnten nannten die Menschen ihn immer wieder »Chinas Sorge«, denn immer mal wieder fiel er an manchen Stellen trocken, trat häufig über seine Ufer, wechselte zudem durchschnittlich einmal im Jahrhundert seinen Lauf und ruinierte oder tötete damit Tausende von Bauern.

Vielleicht basieren die Erzählungen um Yü auf einer realen Katastrophe, vielleicht sind sie Volkslegenden. Wir wissen es einfach nicht. Auch hier liegen die Ursachen von Veränderungen im Dunkel, nur die Folgen sind archäologisch zu erkennen. Die Städte in Shandong und im Tal des Fen berappelten sich um 2000 v. u. Z. wieder (Taosi erhielt sogar eine sechs Meter hohe und 60 Meter breite Terrasse). Auch hier kamen die Vorteile der Rückständigkeit – die in der Geschichte des Westens so bedeutsam waren – zur Geltung.

Noch eindrucksvollere Gebäude entstanden im Yiluo-Tal, einem zuvor stagnierenden Gebiet. Dessen Bewohner haben Taosi nicht einfach kopiert, sondern einen völlig neuen Baustil geschaffen – auch wenn uns keine Funde verraten, warum. An die Stelle der seit tausend Jahren für Nordchina typischen, größeren Gebäude, die von allen Seiten zugänglich waren, traten geschlossene Paläste. Ihre Höfe waren umgeben von überdachten Gängen und hatten nur wenige Eingänge. Später versteckten sich die Paläste hinter hohen Mauern aus gestampfter Erde. Architekturen zu deuten kann heikel sein, doch aus dem Yiluo-Stil ließe sich schließen, dass sich die Beziehungen zwischen Herrschenden und Beherrschten verändert hatten, vielleicht hierarchischer geworden waren, insofern sich auch in diesem Tal die Herrschaft der Priester verbreitete.

Wir könnten dies als das Uruk-Phänomen des Ostens betrachten, als den Augenblick, in dem eine Gemeinschaft alle Rivalen hinter sich gelassen und sich zu einem Staatsgebilde entwickelt hatte, mit Herrschern, die ihre Entscheidungen mit Gewalt durchsetzen und ihren Untertanen Abgaben abpressen konnten. Ein solches Gemeinwesen war Erlitou, Provinz Henan, das zwischen 1900 und 1700 v. u. Z. explosionsartig wuchs und zu einer wirklichen Stadt mit 25 000 Einwohnern wurde. Viele chinesische Archäologen halten Erlitou für die Hauptstadt der Xia-Dynastie, die der heilige König Yü gegründet haben soll. Nicht-chinesische Wissenschaftler sind da anderer Meinung. Literarische Hinweise auf die Xia, so ihr Argument, tauchten erst tausend Jahre später auf, als Erlitou längst wieder aufgegeben worden war. Sie halten die Xia-Dynastie samt ihrem Gründer-König Yü für eine Fiktion. Diese Kritiker werfen ihren chinesischen Kollegen, vorsichtig formuliert, leichtgläubigen Umgang mit Mythen vor; andere werden deutlicher und sprechen von purer Propaganda, erfunden um der nationalen Identität des modernen China willen, deren Ursprünge man so weit in die Vergangenheit zurückverlegen wolle wie möglich. Kein Wunder, wenn solche Auseinandersetzungen ausarten.

Für die Fragen, die wir verfolgen, hat diese Debatte kaum Bedeutung, doch wir können sie auch nicht ganz übergehen. Ich für meinen Teil neige zu der Vermutung, dass es, selbst wenn die Geschichten um Yü großenteils Legenden sind, die Xia-Dynastie samt ihrer Hauptstadt Erlitou doch gegeben hat. Wie wir im nächsten Abschnitt sehen werden, haben, soweit wir das überprüfen können, chinesische Chronisten die historischen Namen doch einigermaßen zuverlässig überliefert; ich jedenfalls kann mir nicht vorstellen, dass Yü und Xia frei erfunden sind.

Wie auch immer, ob Yü, die Xia oder sonst wer – die Herrscher von Erlitou verfügten in einem völlig neuen Maß über Arbeitskräfte, die ihnen eine Reihe von Palästen bauten, vielleicht auch einen Ahnentempel, und zwar auf gestampften Erdterrassen und in dem neuen, auf Abschottung bedachten Stil. Zur Errichtung der Terrasse, die Palast I trug, brauchte es bestimmt 100 000 Arbeitstage. Etwa 400 Meter entfernt und verstreut über ein 8000 Quadratmeter großes Feld fanden Archäologen Schlacke, Schmelztiegel und Formen für den Bronzeguss. Kupfer war in China seit 3000 v. u. Z. bekannt, blieb jedoch lange ein kurioser Artikel und wurde vor allem zu Glitzerschmuck verarbeitet. Noch zur Gründungszeit von Erlitou, etwa um 1900 v. u. Z., waren Bronzewaffen selten. Stattdessen blieben Knochen, Muschelschalen und Schildpatt bis weit ins erste Jahrtausend v. u. Z. die gängigen Werkstoffe für Geräte und Werkzeuge. Insofern stellt die Gießerei von Erlitou einen Quantensprung dar, weit hinaus über frühere handwerkliche Fertigkeiten. Ihr Ausstoß an Waffen und Werkzeugen muss eine der Grundlagen für den Erfolg der Stadt gewesen sein. Doch auch bemerkenswerte Ritualobjekte entstanden dort – Glocken wie das ältere Exemplar aus Taosi; Schmuckplatten mit eingelegten Augen, Tieren und Hörnern aus Türkis, außerdem Zeremonialgefäße mit einem Durchmesser von 30 Zentimetern und mehr. Die in Erlitou erfundenen Gefäßtypen (*jia* für Dreifußgefäße, *ding* für Kessel, *jue* für Gießtassen, *he* für Becher zum Erhitzen von Wein) wurden im Osten zu den bedeutsamsten Verstärkern religiöser Botschaften, sie ersetzten den *cong* aus Jade und wurden die in den folgenden tausend Jahren vorherrschenden Zeremonialobjekte.

Diese großen Gefäße sind nur in Erlitou gefunden worden, und wenn Chang Recht hat damit, dass die Macht des Königs der Behauptung entsprang, er könne die Verbindung herstellen zwischen natürlicher und übernatürlicher Welt, dann werden die Zeremonialgefäße für die Machthaber in Erlitou ebenso wichtig gewesen sein wie Bronzeschwerter. Der König von Erlitou hatte den lautesten Verstärker, und die Fürsten der kleineren *gou* werden es sich überlegt haben, einem Mann nicht zu folgen, den Geister so gut hören konnten.

Für den König wiederum waren die Bronzegefäße sicher nicht nur Machtmittel, sie werden ihm auch Kopfzerbrechen verursacht haben. Denn ihre Herstellung war enorm aufwändig, erforderte eine ganze Armee von Handwerkern, dazu riesige Mengen an Kupfer, Zinn und Brennstoff – und all das war knapp im Yiluo-Tal. Erlitou wird also nicht nur ein kleines Königreich erkämpft (einige Archäologen schließen aus dem Siedlungsmuster, dass es etwa 5000 Quadratkilometer groß war), sondern auch Kolonien zur Sicherung der Rohstoffe gegründet haben. In Dongxiafeng, zum Beispiel, etwa 160 Kilometer westlich von Erlitou in kupferreichem Bergland der Provinz Shanxi gelegen, fand man Keramik im Stil der Erlitou-Kultur und in großen Mengen Rückstände der Kupferproduktion, aber keine Paläste, keine reichen Grabstätten, keine Gefäße, nicht einmal Gussformen. Natürlich können die Archäologen bislang an falschen Stellen gegraben haben, aber sie haben dort so lange gesucht, dass ich das nicht so recht glauben mag. Höchstwahrscheinlich wurde das Kupfer in Dongxiafeng abgebaut und verhüttet, dann aber nach Erlitou geschickt. Dongxiafeng war die erste Kolonie des Ostens.

Oberherr der Ahnen

Rückständigkeit kann Vorteile bieten, aber sie hat auch Nachteile, nicht zuletzt, weil ein Randgebiet, sobald es zu den alten Kerngebieten aufschließt, seinerseits mit Randzonen konfrontiert sein wird, deren Bewohner nun auch ins entwickelte Kernland drängen. Erlitou war um 1650 v. u. Z. die glänzendste Stadt des Ostens, ihre Tempel prunkten mit Bronzekesseln und hallten wider vom Klang der Glocken, doch nur ein Tagesmarsch über den Gelben Fluss hinaus hätte einen abenteuerlustigen Stadtbewohner in die wild-gewalttätige Welt der Stammesfürsten, ihrer Festungen und Fehden gebracht. Zwei Skelette, die nur 60 Kilometer von der Stadt in einer Grube gefunden wurden, zeigen eindeutige Spuren von Skalpierung.

Die Beziehungen zwischen Erlitou und diesen wilden Grenzgebieten waren vielleicht ähnlich wie die zwischen dem mesopotamischen Akkad und den Amoritern, wobei beide Seiten ihren Vorteil aus Handel beziehungsweise Plünderungen zogen – bis irgendetwas dieses Gleichgewicht nachhaltig störte. Dass es auch im Osten eine solche Störung gegeben haben muss, zeigt sich an der Festung Yanshi, die um 1600 v. u. Z. gerade acht Kilometer vor Erlitou errichtet wurde. Um diese Zeit, so steht es in späteren Schriftquellen, wurde der letzte Xia-Herrscher von einem Stammesführer gestürzt, der die Shang-Dynastie begründete. Die ältesten Funde aus Yanshi verbinden den Erlitou-Stil mit Traditionen, die aus Gegenden nördlich des Gelben Flusses stammten. Die meisten chinesischen Archäologen (und in diesem Fall auch viele Nicht-Chinesen) gehen davon aus, dass die Shang um 1600 v. u. Z. über den Gelben Fluss vorgestoßen sind und Erlitou erobert haben. Sie errichteten die Festung Yanshi, um ihre gedemütigten, aber kultivierteren Feinde zu beherrschen. Erlitou zerfiel, dafür entwickelte sich die Festung zu einer blühenden großen Stadt. Um 1500 v. u. Z. allerdings verlegten die Shang-Könige ihre Residenz 80 Kilometer weiter nach Osten, in die neue Stadt

Zhengzhou – wahrscheinlich glaubten sie, ihre ehemaligen Gegner nicht mehr so direkt überwachen zu müssen.

Wie es aussieht, gelang alles, was Erlitou zuwege gebracht hatte, in Zhengzhou besser, zumindest aber größer. Die innere Stadt von Zhengzhou war etwa ebenso groß wie die von Erlitou, doch gehörten zur neuen Hauptstadt, auf einer Fläche von 64 Hektar, Vorstädte, jede von enormen eigenen Wällen aus gestampfter Erde umzogen. Die Stadt wird mit einer Bronzegießerei allein nicht ausgekommen sein, auch wenn eine einzige eine drei Hektar große Abraumhalde hinterließ. Mit den Zeremonialgefäßen setzte Zhengzhou Erlitous Traditionen fort, doch auch die Bronzekessel waren natürlich grandioser. Einer, der um 1300 v. u. Z. in aller Eile vergraben worden ist (vielleicht während eines Angriffs auf die Stadt), war knapp einen Meter hoch und wog 45 Kilogramm.

Zhengzhou erweiterte auch den Kolonialismus Erlitous. Rund 600 Kilometer entfernt, jenseits des Jangtse, durchwühlten Bergleute auf der Suche nach Kupfer die Täler Tonglings, Provinz Anhui, trieben etwa hundert mit Holz verbaute Schächte in den Felsen, verunstalteten die Landschaft mit 1000 Tonnen Abraum. Die Artefakte, die sie hinterließen (so gut erhalten, dass Archäologen Werkzeuge aus Holz und Bambus und sogar Schlafmatten gefunden haben), sind die gleichen wie die aus den Bergwerken der Shang-Hauptstadt. So wie sich die materielle Kultur im Uruk-Stil nach 3500 v. u. Z. in ganz Mesopotamien verbreitet hatte (wobei man einige der Fundstätten bis hin zur Anlage der Straßen für ein geklontes Uruk halten könnte), so errichteten die Kolonisten der Shang in Panlongcheng, am direkten Weg von Tongling in ihr Kernland gelegen, eine Art Miniatur-Zhengzhou, komplett mit Palästen, Prunkgräbern und Bronzekesseln für die Zeremonien.

Wirklich Leben und Kontur bekommen die Shang für uns allerdings erst ab etwa 1250 v. u. Z. Einer Legende zufolge* soll im Jahr 1899 (u. Z. versteht sich) ein Verwandter von Wang Qirong, dem damaligen Direktor der Kaiserlichen Akademie in Beijing, an Malaria erkrankt sein und einen Diener losgeschickt haben, um einen Schildkrötenpanzer zu besorgen – ein traditionelles Heilmittel. Wangs erkrankter Verwandter war ein gebildeter Mann, und als er auf dem Panzer, den sein Diener aufgetrieben hatte, eine Reihe von Symbolen entdeckte, vermutete er darin die Schriftzeichen einer alten Version des Chinesischen. Er sandte den Panzer zu Wang, einem Spezialisten für alte Inschriften, und bat um dessen Ansicht. Wang kam zu der Überzeugung, dass die Inschrift aus der Zeit der Shang-Dynastie stammen müsse.

So reiste Wang an den Fundort, erwarb dort weitere Panzer und Orakelknochen und machte rapide Fortschritte in der Entzifferung der Schriftzeichen. Doch

* Ich sage »Legende«, weil die Spur, die nach Zhoukoudian führte, zu der bedeutenden vorgeschichtlichen Fundstätte, von der in Kapitel 1 die Rede war, ebenfalls 1899 und auf ähnliche Weise gefunden worden sein soll wie in diesem Fall. Ein deutscher Naturwissenschaftler, den die politischen Unruhen in Beijing festhielten, entdeckte in einer Apotheke einen »Drachenknochen«, den er als frühmenschlichen Zahn erkannte. Die Koinzidenz ist einigermaßen verdächtig.

er war nicht schnell genug, denn im Sommer 1900 entlud sich im Boxeraufstand der Volkszorn gegen die Langnasen aus dem Westen. Die Kaiserinwitwe Cixi unterstützte die Rebellen und übertrug Wang und anderen kaiserlichen Beamten den Befehl über die Milizen. Die Boxer belagerten das Viertel der Botschaften, doch ein internationales Expeditionskorps mit 20 000 Soldaten – Japaner, Russen, Briten, Amerikaner und Franzosen (die Deutschen kamen zu spät) – fiel in der Stadt ein. Hineingezogen in dieses Unheil und vor den Trümmern ihres Lebens stehend, schluckten Wang, seine Frau und seine Schwiegertochter Gift und sprangen in einen Brunnen.

Die Knochen mit den Inschriften gelangten in die Hand eines Freundes. Der fiel in Ungnade, wurde in den Westen Chinas verbannt, konnte aber vor seinem frühen Tod im Jahr 1903 die Inschriften in einem Buch veröffentlichen. Das löste eine regelrechte Manie aus. Wissenschaftler aus dem In- und Ausland balgten sich um Schildkrötenpanzer, einer bot drei Unzen Silber für jedes eingeritzte Wort, und das zu einer Zeit, in der Arbeiter in Beijing pro Tag gerade mal eine sechstel Unze verdienten. Die schlechte Nachricht ist, dass damit eine Flut illegitimer Grabungen ausgelöst wurde, und über Fragmente alter Panzer kam es zu regelrechten Bandenkriegen und Schießereien. Aber es gibt auch eine außerordentlich gute Nachricht. Nicht nur, dass Wang mit seiner Vermutung recht hatte – die in Panzer und auf Knochen gebrannten Zeichen waren tatsächlich Chinas älteste Texte –, sondern sie nannten auch die Königsnamen, die mit denen genau übereinstimmten, die der Chronist Sima Qian im ersten Jahrhundert v. u. Z. als letzte Shang-Herrscher aufgelistet hatte.

Antiquitätenhändler versuchten, die Quelle der Knochen geheim zu halten, doch bald hatte sich herumgesprochen, dass sie aus dem Dorf Anyang, Provinz Henan, stammten, und 1928 startete die chinesische Regierung dort ihre erste offizielle archäologische Grabung. Unglücklicherweise stieß sie auf die gleichen Schwierigkeiten wie die Ausgräber des Peking-Menschen in den Höhlen von Zhoukoudian. Kriegsherren und Banditen lieferten sich in der Umgegend Gefechte, Grabräuber begannen Schießereien mit der Polizei, zuletzt beteiligten sich daran auch Soldaten der japanischen Armee. Der bislang umfangreichste Fund von Inschriften, eine Grube mit 17 000 Knochen, gelang eine Stunde, bevor die Grabungssaison von 1936 enden sollte. Archäologen mühten sich weitere vier Tage und Nächte, um sie zu bergen; sie ahnten wohl, dass sie kaum würden zurückkehren können. Die meisten ihrer Funde gingen in den folgenden Jahrzehnten verloren, doch gelangten Bronzegefäße und Inschriften nach der Machtübernahme der Kommunisten im Jahr 1949 nach Taiwan. Und es war der Mühe wert gewesen, denn die Grabungen in Anyang erlaubten einen völlig neuen Blick auf die Frühgeschichte Chinas.

Wie die Grabungen ergaben, lag bei Anyang die letzte Hauptstadt der Shang, gegründet um 1300 v. u. Z. Die mit Mauern bewehrte Siedlung – sie wurde erst 1997 entdeckt – bedeckte rund sieben Quadratkilometer, doch, ähnlich wie

Zhengzhou, wurde sie von ihren Vorstädten weit übertroffen. Tempel, Grabstätten und Bronzegießereien drängten sich auf weiteren 31 Quadratkilometern, auf einer Fläche also, die ein Drittel der Größe Manhattans hat. Eine 2004 ausgegrabene Gießerei erstreckte sich über vier Hektar. Doch im Zentrum des zeremoniellen Areals, wovon die Inschriften am ausführlichsten berichten, umwarben die Könige die Ahnen und baten um deren Unterstützung.

Die mit den Orakelknochen geborgenen Inschriften beginnen in der langen Regierungszeit von König Wu Ding (1250–1192 v. u. Z.), und sie geben uns Auskunft auch darüber, wie sich diese Rituale vollzogen. Um die Ahnen zu befragen, rief der König ihre Geister aus ihren Gräbern am anderen Flussufer zu sich. Dazu presste er einen erhitzten Stab gegen einen Schildkrötenpanzer oder einen Knochen (Brustbein oder Schulterblatt eines großen Tieres) und deutete dann die Risse und Sprünge, die darin durch die Hitze entstanden waren. Eigens ausgebildete Schreiber vermerkten die Ergebnisse auf den »Orakelknochen«.

In diesen Ritualen erhob sich Wu Ding zum Oberherrn der Ahnen. Die Vorstellung, dass ausgerechnet die stumme Schildkröte die Stimmen der Ahnen hörbar machen könnte, geht möglicherweise auf 6000 Jahre ältere Stätten wie Jiahu zurück, von denen in Kapitel 2 die Rede war, doch machten die Shang-Könige eine größere und eindrucksvollere Zeremonie daraus. Allein in Anyang haben Archäologen über 200 000 Orakelknochen gefunden. David Keightley, der führende westliche Fachmann für alte chinesische Inschriften, schätzt, dass zwischen zwei und vier Millionen Stück davon hergestellt wurden, was etwa 100 000 Schildkröten und Ochsen das Leben kostete. Zu den Zeremonien gehörten auch Trinkgelage, vielleicht um den König und seine Wahrsager in die für ein Gespräch mit Geistern passende Geistesverfassung zu bringen.

Die Shang-Könige markierten mit spektakulären Bestattungen den Übergang ihrer Vorgänger in den Stand der Ahnen, um sich so mit den Geistern gut zu stellen. Acht Königsgräber wurden gefunden, eines für jeden König zwischen 1300 und 1076 v. u. Z., dazu ein unvollendetes Grab für Di Xin, der den Thron noch innehatte, als die Dynastie 1046 v. u. Z. unterging. Alle Gräber waren geplündert worden, gleichwohl sind die Grabanlagen noch immer atemberaubend: Nicht nur, weil für den Bau einer jeden einige tausend Tonnen Erde bewegt wurden, was im Vergleich mit Ägypten lumpig erscheinen mag, sondern auch wegen der Besonderheit der Shang-Bestattungsriten, nämlich ihrer Gewaltsamkeit.

In der antiken chinesischen Literatur hatte man bereits von Menschen lesen können, die hochgestellten Personen »in den Tod folgten«, wenn diese bestattet wurden. Doch auf das, was sie tatsächlich fanden, waren die Ausgräber nicht vorbereitet. Allein Grab Nr. 1001, vermutlich die Ruhestätte von Wu Ding, enthielt etwa 200 Leichen, neun am Grund des Schachts, jede mit einem toten Hund und einer absichtlich zerbrochenen Bronzeklinge in einer eigenen Grube beigesetzt; elf weitere auf einem Sims rund um den Schacht; zwischen 73 und 136 weitere (die Leichen sind so zerstückelt, dass ihre Zahl nur schwer zu bestimmen ist) verstreut auf den Rampen, die ins Grab führen. Ungefähr 5000 Opfergruben wurden rund um die Gräber gezählt, die in der Regel einige hundert erschlagene Menschen (meistens Männer, deren Gelenke durch schwere Arbeit verschlissen waren) und Tiere enthalten (von Vögeln bis zu Elefanten). Die Unglücklichen waren nicht ruhig verschieden; einige wurden enthauptet, anderen wurden die Gliedmaßen abgetrennt oder man hat sie an der Hüfte zweigeteilt; wieder andere fand man gefesselt und verrenkt, sie wurden mit Sicherheit lebend beerdigt.

Die Zahlen sind schwindelerregend. Die Orakelknochen berichten von 13 052 rituellen Tötungen, und wenn Keightley recht hat und bislang tatsächlich nur fünf bis zehn Prozent der Inschriften gefunden wurden, dann verlor eine Viertelmillion Menschen das Leben. Bei vier oder fünf Opfern pro Tag hätten sich diese Tötungen über 150 Jahre hingezogen. Tatsächlich aber sind die Opfer in großen Gruppen umgekommen, in Orgien des Schreiens, Zerhackens und Sterbens, bei denen die Begräbnisstätten buchstäblich im Blut schwammen. Etwa 3000 Jahre später führten die Aztekenkönige in Mexiko Kriege, um Gefangene zu machen und ihren bluthungrigen Gott Quetzalcoatl zu füttern; die Shang werden das Gleiche getan haben für ihre Ahnen und insbesondere gegen das Volk der Qiang gezogen sein: Über 7000 von ihnen verzeichnen die Orakelknochen als Opfer.

Wu Ding und seine Kollegen hielten, wie die großen Könige im Westen, Zwiesprache mit den Geistern in einer jenseitigen Welt, zugleich brachten sie in dieser Welt den Tod. Eben diese Verbindung von Götterverehrung und Krieg machte sie zu Königen; voller martialischer Symbole waren denn auch die Bestattungsrituale, in deren Verlauf sich die Könige in Ahnen verwandelten. Das geplünderte Grab Nr. 1004 (vermutlich das des Königs Lin Xin, der um 1160 v. u. Z. gestorben ist) enthielt bei seiner Ausgrabung immer noch 731 Speerspitzen, 69 Äxte und 141 Helme. Auch wenn Wu Ding direkt mit Di, dem Höchsten der Götter, sprach, ging es ums Kämpfen: »Am Tag 41 las Zheng aus den Sprüngen [in den Knochen]«, so lautet ein typischer Orakeltext, »dass uns Di seine Hilfe zukommen lassen wird, wenn wir die Mafang angreifen.«[11]

Verglichen mit denen im damaligen Westen waren die Armeen der Shang klein. Die größte auf Orakelknochen erwähnte zählte 10 000 Mann, ein Drittel der Streitmacht des Ramses bei Kadesch. In den Inschriften festgehaltene Ortsnamen zeigen, dass Wu Ding nur über einen kleinen Abschnitt des Gelben Flusses direkt herrschte, dazu kamen ein paar verstreut liegende Kolonien wie Panlongcheng, Provinz Hubei. Das Staatsgebilde, das er lenkte, war offenbar weder einheitlich wie das Alte Ägypten, noch trieb es Steuern ein oder wurde bürokratisch verwaltet. Es scheint vielmehr eine lose Gruppe von Verbündeten gewesen zu sein, die Anyang Tribut leisteten – sie lieferten Rinder, weiße Pferde, Knochen und Schildkrötenpanzer für die Orakel, aber auch Menschen für die Opfer.

Sima Qian, der Chronist aus dem 1. Jahrhundert v. u. Z., der eine Liste der Shang-Könige verfasste, hat die chinesische Frühgeschichte sehr vereinfacht dargestellt. Auf die mythischen Urkönige, deren größter Yü gewesen sei, der sein

Volk vor den Fluten rettete, folgten die Xia, dann die Shang, darauf die Zhou (die drei Dynastien des bereits erwähnten Periodisierungsprojekts, das die Volksrepublik China 1996 zur Erforschung der Vorgeschichte des Landes aufgelegt hat). Die Archäologie hat zwar gezeigt, dass Erlitou und Anyang zu ihrer Zeit tatsächlich einzigartig waren, förderte aber auch Belege dafür zutage, dass Sima Qians Chronik die Entstehung Chinas zu sehr auf diese Dynastien verengt. Denn wie die Ägypter oder Babylonier mussten auch die Xia und Shang mit Dutzenden von Nachbarstaaten zurechtkommen.

Die Archäologen stehen erst am Beginn von Ausgrabungen der imposanten Relikte dieser Staaten, insbesondere in Süd- und in Ostchina. Noch 1986 hatten wir kaum eine Vorstellung davon, dass um 1200 v. u. Z. am Oberlauf des Jangtse in Sichuan ein Königreich seine Blütezeit erlebt hatte; dann aber fanden Archäologen in Sanxingdui, Provinz Sichuan, zwei Gruben voller Schätze: Dutzende von Bronzeglocken, einige 1,80 Meter hohe Statuen von Männern mit Kronen und großen starrenden Augen, doppelt so hohe kunstvolle »Geisterbäume« aus Bronze, reich geschmückt mit fein gearbeiteten Früchten, Blättern und Vögeln aus Metall. Damit waren die Ausgräber auf ein vergessenes Reich gestoßen, und 2001 dann kam im nahen Jinsha eine größere Stadt ans Tageslicht. Vor dem Hintergrund, dass in den nächsten 20 oder 30 Jahren weltweit die Hälfte aller Neubauten und Straßen in China entstehen werden, lässt sich schwer sagen, was uns die Bergungsteams in ihrem Wettlauf mit den Schaufelbaggern noch präsentieren werden.

Es fällt uns leicht, von Hethitern, Assyrern und Ägyptern als von jeweils eigenen Völkern zu sprechen, denn in antiken Texten haben sich ihre unterschiedlichen Sprachen erhalten. Auch dass der Westen in diverse Nationalstaaten geteilt ist, ist uns vertraut. Im Osten jedoch verführt Sima Qians Erzählfaden, dem zufolge alles Chinesische mit den Xia begann und dann ausstrahlte, leicht zu der Vorstellung, diese frühen Staaten, die alle innerhalb eines (heutigen) Nationalstaats liegen, seien »immer schon« chinesisch gewesen. In Wirklichkeit gab es im antiken Osten wohl ganz ähnliche Netzwerke miteinander ringender Staaten wie im antiken Westen; Staaten, die manche Überzeugungen, Praktiken und kulturelle Formen teilten, sich in anderen jedoch unterschieden. Sie trieben Handel, kämpften, konkurrierten miteinander, expandierten. Je mehr Spuren wir finden, desto ähnlicher werden sich die Prozesse, in denen die gesellschaftliche Entwicklung in Ost und West voranschritt. Vielleicht gab es in Anyang ja einmal eine hölzerne Halle, in der Schriften auf Seide und Bambus aufbewahrt wurden, so wie die beschrifteten Tontafeln im ägyptischen Amarna, die den diplomatischen Verkehr mit Herrschern anderer Staaten festhielten, die in fremden Zungen sprachen. Auch der König von Jinsha könnte Wu Ding »Bruder« genannt haben, als sie ihre Gedanken darüber austauschten, ob man die Herrscher von Shandong als Gleiche behandeln sollte; vielleicht schickte Wu Ding ja auch eine nichtsahnende Shang-Prinzessin als Braut an einen kleinem Hof am Jangtse, wo sie fortan in der

Hitze schmachten und fern von ihren Lieben Kinder gebären sollte. Ob es wirklich so war, werden wir nie erfahren.

Alles löst sich auf

Ich möchte von Dänikens Raumfahrer noch einmal ins Gespräch bringen. Selbst wenn die Aliens, so wie ich es mir vorhin vorgestellt habe, überrascht gewesen sein sollten vom Zusammenbruch Ägyptens und Mesopotamiens nach 2200 v. u. Z., hätten sie doch in ihren fliegenden Untertassen bei einem späteren Rundflug um 1250 v. u. Z. über die Welt von Wu Ding und Ramses II. den befriedigenden Eindruck gewonnen, dass ihr Werk getan sei. Die gesellschaftliche Entwicklung im Westen stand inzwischen bei 24 Indexpunkten, fast dreimal höher als 5000 v. u. Z.

Gewöhnliche Ägypter oder Mesopotamier konnten im Durchschnitt 20 000 Kilokalorien täglich nutzbar machen, um 5000 v. u. Z. waren es nur 8000 gewesen. Die größten Städte – wie Theben in Ägypten oder Babylon – hatten damals vielleicht 80 000 Einwohner. Es gab Tausende gebildeter Schreiber und blühende Bibliotheken. Die größten Heere konnten 5000 Streitwagen aufbieten, und eigentlich sprach nichts dagegen, dass ein Staat (Ägypten oder vielleicht auch die Hethiter) über kurz oder lang ein die gesamte Entwicklungsregion umspannendes Reich errichten würde. In Italien, Spanien und anderswo könnten sich neue Staaten mit eigenen Palästen, Tempeln und gottähnlichen Königen entwickeln; das Kernreich würde auch sie schlucken, und am Ende gäbe es nur ein einziges großes Königreich. Der Osten würde den Entwicklungen im Westen weiterhin mit einem Abstand von ein, zwei Jahrtausenden folgen. Auch der Osten müsste Brüche und Rückschläge hinnehmen, im Westen käme es zu weiteren Störungen. Doch würde das, wie bei ähnlichen Begebenheiten zuvor, die Welle der gesellschaftlichen Entwicklung kaum aufhalten können. Der Westen würde seine Führung behalten, käme nach einigen tausend Jahren darauf, fossile Brennstoffe zu nutzen, und würde die globale Vorherrschaft übernehmen.

Zunächst aber ging um 1200 v. u. Z. von Griechenland bis in die Gegend, die wir heute den Gaza-Streifen nennen, nahezu jede größere Stadt des westlichen Kerngebietes in Flammen auf. Und unsere Beobachter aus dem All hätten das wahrscheinlich nur für eine weitere Störung gehalten, so wie die von 2200 oder die von 1750 v. u. Z. – eine offenbar ziemlich heftige Krise, auf lange Sicht aber kein Grund zur Besorgnis. Selbst wenn das Unheil die Paläste so rasch verschlang, dass die Schreiber dort kaum Zeit hatten, die Ereignisse aufzuzeichnen, hätte dies den Aliens keine schlaflose Nacht bereitet.

Eine ungewöhnliche Tontafel, um 1200 v. u. Z. entstanden, wurde im zerstörten Palast von Pylos in Griechenland gefunden. Sie beginnt mit der unheilschwangeren Zeile: »Folgende Wachen sollen zum Schutz der Küste eingesetzt werden …«[12] Eine andere, in offensichtlicher Hast geschrieben, handelt zunächst von Menschenopfern, die eine Notlage abwenden sollten, bricht dann aber unvollendet ab. In Ugarit, einer reichen Handelsstadt an der syrischen Küste, fanden Archäologen ein Bündel von Tontafelbriefen, die in einer Darre lagen, in der die Schreiber sie wohl trocknen wollten, um sie dann zu archivieren. Doch bevor jemand zurückkommen und sich um die Texte kümmern konnte, war Ugarit geplündert. Diese Briefe aus der sterbenden Stadt sind eine bittere Lektüre. Einen der Briefe hat der hethitische König geschrieben, weil er um Lebensmittel bitten musste: Es geht, heißt es darin, »um Leben und Tod«. In einem anderen schreibt der König von Ugarit, er habe seine Schiffe und Soldaten den Hethitern zu Hilfe gesandt, doch: »Die Schiffe des Feindes sind gekommen. Er hat meine Städte verbrannt und viel Unheil angerichtet.«[13]

Es sah düster aus. Doch so lange Ägypten sich hielt, blieb Hoffnung. In einem Tempel, den er sich zu Ehren hatte bauen lassen, ließ Pharao Ramses III. eine Inschrift anbringen, die an die Nachricht aus Ugarit anzuschließen scheint; es heißt: »Die Fremdvölker schlossen sich auf ihren Inseln zu einer Verschwörung zusammen. Sie hatten den Plan, die Hand auf alle Länder der Erde zu legen. Kein Land hielt ihren Angriffen stand.« Die Fremden – Ramses nennt sie auch »Seevölker« – hatten die Hethiter, Zypern und Syrien bezwungen. Und nun, 1176 v. u. Z., zogen sie gegen Ägypten. Doch sie hatten nicht mit dem Gottkönig gerechnet.

> Diejenigen, die meine Grenze erreichten, ihr Samen ist nicht mehr, mit ihrem Herz und ihrer Seele ist es auf ewig zu Ende. … Sie wurden ins Land gelockt, eingeschlossen und an der Küste niedergestreckt, getötet, zu Haufen geschichtet. … Ich habe die Länder dazu gebracht, den Namen Ägyptens nicht einmal zu erwähnen; denn wenn sie in ihrem Land meinen Namen nennen, werden sie verbrannt.[14]

Die Fremdvölker, von denen Ramses III. berichtet, waren wahrscheinlich die Schurken, von denen auch die Nachrichten aus Pylos und Ugarit handeln. Zu ihnen gehörten nach Ramses die Shrdn, Shkrsh, Dnyn und Prst. Ägyptische Hieroglyphen geben keine Vokale wieder, und die Identifizierung solcher Namen ist eine Fleißarbeit von Historikern. Die meisten sind der Meinung, *Shrdn*, gesprochen »Sherden«, sei ein antiker Name für Sardinien und *Shkrsh*, gesprochen »Scheklesch«, das ägyptische Wort für Sikels (Sizilianer). *Dnyn*, weniger eindeutig, könnte Danaer bedeuten, der Name, mit dem Homer die Griechen belegte. Mit *Prst* sind wir auf sicherem Grund: Es bedeutet Peleset, und so nannten die Ägypter die biblischen Philister.

Das ist eine ganz ansehnliche Mischung mediterraner Völker, und der Streit der Historiker über die Gründe, die sie ins Nil-Delta trieben, findet kein Ende. Die Funde sind dünn, einige Archäologen verweisen jedoch auf gestiegene Temperaturen und geringere Regenfälle, auf Trockenheit also, in allen Teilen des westlichen Kerngebiets nach 1300 v. u. Z. Das habe zum gleichen Szenario wie um 2200 v. u. Z. geführt, habe Völkerwanderungen ausgelöst und Staaten zusammenbrechen lassen. Andere meinen, Erdbeben hätten das Kerngebiet erschüttert, Gelegenheiten für Plünderungen geschaffen und Räuber aus den Grenzgebieten angelockt. Auch hätten sich Kriegstechniken geändert, aus den Schwertern seien Hiebwaffen geworden. Damit und mit den neuartigen Wurfspießen hätten die nur leicht gerüsteten Fußtruppen der Randvölker, die nicht in festen Verbänden kämpften, genau die Waffen gehabt, um gegen die glänzenden, aber wenig flexiblen Streitwagenarmeen der Kernstaaten anzutreten. Auch könnten Krankheiten eine Rolle gespielt haben. Um 1320 v. u. Z. hat sich eine fürchterliche Seuche von Ägypten bis zu den Hethitern verbreitet. »Das Land der Hatti stirbt, und alles dort«, heißt es in einem Gebet.[15] Andere überlieferte Texte erwähnen diese Seuche nicht, sollte es sich aber um eine Epidemie der Art gehandelt haben, die wir aus besser dokumentierten Zeiten kennen, dann wird sie wiederholt ausgebrochen sein. Offenbar sanken die Bevölkerungszahlen in den Kernländern um 1200 v. u. Z.

Wie auch immer, die wahren Gründe der Krise kennen wir nicht. Die dem Ganzen zugrunde liegende Dynamik aber ist offensichtlich: Es kam zu einer plötzlichen Verschiebung in den Beziehungen zwischen Kerngebieten und Peripherie. Wie häufig zuvor ist Expansion auch diesmal ein zweischneidiger Begriff. Einerseits setzte die neue Grenze im Mittelmeerraum eine Welle gesellschaftlicher Entwicklung in Gang, andererseits jedoch wirkten sich wiederum die Vorteile der Rückständigkeit aus – mit all den Störungen, die sie auslösten: Wanderungen, Söldnerwesen sowie neue Kriegstaktiken erschütterten die hergebrachte Ordnung. Und im 13. Jahrhundert v. u. Z. sah es so aus, als verlören die großen Mächte des Kerngebiets die Kontrolle über die Grenzen, die sie bislang gehalten hatten.

Ob es sie drängte oder sie sich locken ließen, ob Klimawandel, Erdbeben, veränderte Kriegstechniken oder Seuchen sie in Bewegung setzten, in überwältigenden Zahlen drängten Menschen in die Kerngebiete. Schon um 1220 v. u. Z. ließ Ramses II. Ägyptens Grenzen befestigen, Migranten durften sich nur in streng kontrollierten Städten niederlassen oder sie wurden in die Armee gesteckt. Aber das reichte nicht. 1209 v. u. Z. musste Pharao Merenptah nicht nur Scherden und Scheklesch abwehren (denen um 1170 v. u. Z. dann Ramses III. erneut gegenüberstand), sondern auch Libyer und ein Volk namens Akaiwascha – vielleicht aus dem vermutlich kleinasiatischen Reich Achijawa? –, die sich verbündeten, um Ägypten von Westen her zu überfallen.

Erfreut über seinen Sieg berichtete Merenptah, dass er 6239 unbeschnittene Penisse abschneiden ließ, um die getöteten Feinde zu zählen, aber der Sturm hatte den Norden erfasst. Griechische, hethitische und syrische Städte brannten. Spätere Erzählungen handeln von Völkern, die um diese Zeit in Griechenland einwanderten, archäologische Funde sprechen auch dafür, dass andere fortzogen. Keramik, die im heutigen Gaza gefunden wurde, wo im 12. Jahrhundert v. u. Z. Philister siedelten, ist fast identisch mit Vasen aus Griechenland, was bedeuten könnte, dass die Philister als griechische Flüchtlinge nach Gaza kamen; auch auf Zypern fand man griechische Spuren.

Wanderungen könnten Schneeballeffekte ausgelöst haben, indem sich den Zügen Flüchtlinge aus zerstörten Gebieten anschlossen. Die Bewegungen scheinen ziellos gewesen zu sein, überall und unabhängig voneinander kam es zu Plünderungen und Gefechten. Der Zusammenbruch in Syrien drängte offenbar das Volk der Aramäer nach Mesopotamien, und obwohl Ramses sich seines Sieges rühmt, ließen sich ehemalige Seevölker in Ägypten nieder. Wie Griechenland erlebte auch Ägypten Zu- und Abwanderung. Vermutlich spiegeln sich diese wirren Jahre auch in den biblischen Moses-Geschichten, der Flucht der Israeliten aus Ägypten, ihrer Ansiedlung im Gebiet des heutigen Westjordanlands. Es ist sicher kein Zufall, dass die älteste außerbiblische Erwähnung der Israeliten von Merenptah stammt: In einer Inschrift von 1209 v. u. Z. heißt es, sie hätten das Land »verwüstet und ohne Saat« hinterlassen[16].

Allein ihrem Umfang nach stellen die Völkerwanderungen, die um 1220 v. u. Z. einsetzten, frühere Umbrüche und Störungen in den Schatten; doch noch um 1170 v. u. Z. hätten die Aliens in ihren Untertassen hoffen können, auch diese Episode werde nicht anders enden als die früheren. Schließlich lag Ägypten nicht in Trümmern, und in Mesopotamien konnten, als rivalisierende Staaten zusammenbrachen, die Assyrer ihr Königreich vergrößern. Doch im Verlauf des 12. Jahrhunderts, als die Unruhen noch immer nicht abebbten, hätte den fernen Beobachtern klar werden müssen, dass diese Störung etwas völlig Neues war.

Die Paläste in Griechenland, die nach 1200 v. u. Z. zerstört worden waren, wurden nicht wieder aufgebaut, auch die alten Verwaltungen blieben verschwunden. Aristokraten, die reich genug waren, konnten irgendwie an ihren alten Gepflogenheiten festhalten, häufig zogen sie sich an leicht zu verteidigende Plätze auf Bergen oder kleinen Inseln zurück. Um 1125 v. u. Z. aber traf sie eine Welle neuer Zerstörungen. Während meines Graduiertenstudiums hatte ich das doppelte Glück, dort nicht nur meine spätere Frau kennen zu lernen, sondern auch an der Ausgrabung einer dieser Stätten mitwirken zu können, nämlich der Bergfestung bei Koukounaries auf der Insel Paros.* Der Stammesfürst muss ein recht angenehmes Leben geführt haben, es gab dort einen großartigen Blick, wundervolle Buchten und einen Thron, der mit Elfenbeinintarsien geschmückt war. Doch um 1100 v. u. Z. traf ihn das Unglück. Die Leute aus seinem Dorf hatten Steine gelagert, um sie gegen die Angreifer zu schleudern, hatten das Vieh hinter die Umfassungsmauern getrieben (wir fanden Eselskelette in den Ruinen), doch sie mussten vor den Flammen fliehen, als irgendwer (wir werden wohl nie erfahren, wer) die Festung stürmte. Ähnliche Szenen spielten sich in Griechenland überall ab, und im 11. Jahrhundert v. u. Z. bauten sich die Überlebenden nur noch Lehmhütten. Alles schwand: Bevölkerungszahlen, Handwerkskunst und Lebenserwartung. Ein dunkles Zeitalter setzte ein.

---

* Ich möchte Dr. Demetrius Schilardi und der Archäologischen Gesellschaft Athen noch einmal für die Großzügigkeit danken, mit der sie uns zu den Grabungen 1983 bis 1989 eingeladen haben.

Griechenland war ein extremer Fall, doch auch das Reich der Hethiter ging unter, Ägypten und Babylon hatten Mühe, sich der Migranten und Plünderer zu erwehren. Die Dorfleute ließen ihre Felder im Stich, es kam zu Hungersnöten. Und weil die Bauern keine Abgaben zahlten, konnten die Staaten keine Truppen ausheben, konnten also auch wenig gegen die Überfälle tun. Lokalen Machthabern gelang es, sich kleinere Fürstentümer zu erkämpfen. 1140 v. u. Z. schwand Ägyptens Herrschaft über das Territorium des heutigen Israel. Von ihren Zahlmeistern verlassen, wurden die Soldaten zu Bauern oder Räubern. »In jenen Tagen«, heißt es im Buch der Richter, in dem die Israeliten von ihrem Schicksal in jener Schreckenszeit berichten, »gab es noch keinen König in Israel, jeder tat, was ihm gefiel.«[17]

Um 1100 v. u. Z. zerfiel auch Ägypten selber. Theben spaltete sich ab, im Nil-Delta gründeten Einwanderer Fürstentümer, und bald musste sich Ramses XI., der offizielle Gottkönig, seinem Wesir beugen, der den Thron 1069 dann vollends übernahm. Für einige Jahrhunderte traten Ägyptens Pharaonen ins Dunkel zurück, kaum einer von ihnen konnte größere Armeen aufstellen, Monumente errichten oder größere schriftliche Zeugnisse hinterlassen.

Assyrien, das zunächst als großer Gewinner erschien, verlor die Herrschaft über sein Hinterland, als die Wanderungen aramäischer Völkerstämme massiver wurden. Um 1100 v. u. Z. lagen die Felder brach, die Schatzkammern leerten sich, Hunger regierte das Land. Die Lage ist schwer nachzuzeichnen, weil die Beamten weniger aufschrieben, die Berichte um 1050 v. u. Z. plötzlich ganz abbrechen. Zu dieser Zeit waren Assyriens Städte bereits verwaist und das Reich nurmehr Erinnerung.

Um 1000 v. u. Z. war das westliche Kerngebiet wieder geschrumpft. Sardinien, Sizilien und Griechenland verloren weitgehend den Kontakt zur übrigen Welt. Kriegerhäuptlinge teilten sich die in Trümmern liegenden Reiche der Hethiter und Assyrer. Städte in Syrien und Babylonien überlebten, waren aber bloß noch traurige Erinnerungen an Ugarit und vergleichbare Metropolen des 2. Jahrtausends v. u. Z. Ein Cluster kleiner Staaten blieb in Ägypten bestehen, doch waren sie schwächer und längst nicht so reich wie das strahlende Imperium von Ramses II. Und zum ersten Mal seit Ende der Eiszeit sank die Rate der gesellschaftlichen Entwicklung. Die Indexwerte aller Messgrößen fielen: Um 1000 v. u. Z. nutzten die Menschen weniger Energie, lebten in kleineren Städten und schrieben weniger auf als ihre Vorgänger um 1250 v. u. Z. Die Kennzahlen sanken auf den Stand der Zeit um 1800 v. u. Z.

Streitwagen, aber kein Geschenk der Götter

Um 1200 v. u. Z., König Wu Ding saß noch auf dem Thron, fand die Shang-Elite etwas Neues, das sie bei ihren Bestattungen mit ins Grab nehmen konnte: Streitwagen. Man fand sie bei Anyang, in einigen Dutzend Gräbern aus dem 12. und 11. Jahrhundert (natürlich zusammen mit abgeschlachteten Pferden und Lenkern). Die Streitwagen der Shang sind denen, die 500 Jahre früher im westlichen Kerngebiet auftauchten, so ähnlich, dass sie – hierin sind sich Archäologen einmal weitgehend einig – dasselbe Vorbild gehabt haben müssen: nämlich die Wagen, die in der kasachischen Wüste um 2000 v. u. Z. entwickelt worden waren.* Es dauerte zwei oder drei Jahrhunderte, bis die Streitwagen bei den Hurriten ankamen und die Machtbalance im Westen erschütterten; 800 Jahre vergingen, bis sie die größere Entfernung zum Tal des Gelben Flusses überwunden hatten.

Wie die Ägypter und Babylonier brauchten auch die Shang ziemlich lange, bis sie die neue Waffe übernahmen. Erste Streitwagen werden sie bei Völkern gesehen haben, die im Norden und Westen ihres Reiches lebten und die sie Gui und Qiang nannten. Diese Nachbarn haben, so verzeichnen es Orakelknochen, Streitwagen im Kampf eingesetzt. Die Shang zur Zeit Wu Dings aber nutzten sie nur zur Jagd, und selbst das nicht sonderlich geschickt. Ein längerer Bericht hält fest, wie Wu Ding bei der Nashornjagd mit einem Wagen verunglückte. Er selbst überlebte, doch ein gewisser Fürst Yang wurde so schwer verletzt, dass ein ganzer Satz von Orakelknochen die Bemühungen festhält, die Geister auszutreiben, die seine Schmerzen verursachten. In einer Schlacht nutzten die Shang einige Streitwagen erst hundert Jahre später, anstatt sie aber so massiv einzusetzen wie die Hethiter und Ägypter, ließen sie die Wagen locker verteilt zwischen den Fußsoldaten auffahren; wahrscheinlich kutschierten Offiziere damit herum.

Die Beziehungen der Shang zu ihren Nachbarn im Nordwesten gestalteten sich anscheinend nicht viel anders als die der Mesopotamier zu den Hurriten und Hethitern 500 Jahre zuvor. Mal trieben sie Handel, mal führten sie Kriege mit ihren Nachbarn, dann wieder spielten sie diese gegeneinander aus. Eine dieser Gruppen, die Zhou, wird um 1200 v. u. Z. zum ersten Mal auf Orakelknochen erwähnt: als Feind. Dann tauchen sie als Verbündete auf, um 1150 v. u. Z. sind sie wieder Feinde. Sie lebten damals im Tal des Flusses Wei. Mal Freund, mal Feind der Shang, scheinen die Zhou aus deren materieller Kultur übernommen zu haben, was ihnen passend zu sein schien. Um 1100 v. u. Z. bildeten sie einen eigenen Staat, mit Palästen, Bronzegefäßen, Orakeln und reich ausgestatteten Gräbern. Ein adliger Zhou ließ, ganz im Stil der Shang, für seine Bestattung ein Streitwagengespann abschlachten; auch vermählten sich Könige der Zhou mit Shang-Prinzessinnen. Dann aber entglitt den Shang die Situation – wiederum ganz ähnlich wie den Mesopotamiern in ihrem Umgang mit den Streitwagen bewehrten Hurriten und Hethitern. Die Zhou müssen ein Bündnis der Völker des Nordwestens zustande gebracht haben, das 1050 v. u. Z. die Shang-Hauptstadt Anyang bedrohte.

Wie die antiken Staaten im Westen zerfiel auch der Shang-Staat ziemlich rasch, nachdem die Dinge angefangen hatten, schlecht zu laufen. Den Orakelknochen zufolge herrschte etwa seit 1150 v. u. Z. Unruhe in den Reihen der Shang-Eliten, was die Königsmacht zwar stärkte, deren adlige Gefolgschaft allerdings schmä-

* Der einzige Unterschied besteht darin, dass die Räder der chinesischen Wagen mehr Speichen hatten als die im Westen.

lerte. Um 1100 v. u. Z. sind nicht nur die Shang-Kolonien im Süden abgefallen, auch die Zhou und viele andere näher bei Anyang siedelnde Verbündete.

1048 v. u. Z. konnte der letzte Shang-König Di Xin noch 800 Lehnsfürsten aufbieten, um einen Angriff der Zhou abzuwehren, aber bereits zwei Jahre später lagen die Dinge anders. Der Zhou-König Wu hatte 300 Streitwagen zusammengezogen, Anyang umgangen und dessen Truppen von hinten aufgerieben. Ein vermutlich zeitgenössisches Gedicht klingt, als hätten die Streitwagen die Schlacht entschieden:

Die Streitwagen schimmernd
Das Gespann der Weißbäuche* stark
Oh, wie rasch
König Wu hereinbrach über den Großen Shang.
Vor Tagesanbruch noch bat er um Frieden.[18]

Di Xin beging Selbstmord. Wu besiegte einige Führer der Shang, ließ andere hinrichten, und machte Di Xins Sohn zum Vasallenkönig. Wus politische Neuordnung führte, wie wir in Kapitel 5 sehen werden, bald zu Problemen. Zu diesem Zeitpunkt hatte sich der Abstand zwischen dem Grad gesellschaftlicher Entwicklung in Ost und West bereits deutlich verringert. Der Westen hatte mit Ackerbau, Dörfern, Städten und Staaten 2000 Jahre Vorsprung vor dem Osten, während des 3. und 2. Jahrtausends v. u. Z. jedoch verringerte sich dieser Abstand stetig bis auf ein Jahrtausend.

Bis in die 1920er Jahre meinten die meisten westlichen Archäologen zu wissen, warum China von nun an aufholte. Die Chinesen hätten, so wurde argumentiert, nahezu alle westlichen Errungenschaften kopiert: Ackerbau, Keramik, Bautechnik, Metallverarbeitung, Streitwagen. Sir Grafton Elliot Smith (1871–1937), ein australischer Anatom, der in England und Kairo lehrte und forschte, trieb seinen Enthusiasmus so weit, dass er den Ägyptenneid tatsächlich in Verruf brachte. Wo immer in der Welt er sich umsah, was immer er dort betrachtete – Pyramiden, Tätowierungen, Geschichten über Zwerge und Riesen –, Elliot Smith sah Kopien ägyptischer Archetypen, denn, so sagte er sich, die ägyptischen »Kinder der Sonne« hätten eine »heliolithische« Kultur (aus Sonne und Stein) rund um die Welt getragen. Demnach wären wir nicht nur alle Afrikaner, sondern auch Ägypter.[19]

Manche dieser Vorstellungen erschienen schon zu Lebzeiten Elliot Smiths ziemlich verquer; seit den 1950er Jahren hat die Archäologie so ziemlich alle seine Behauptungen widerlegt. Der Ackerbau im Osten hat sich eigenständig entwickelt, die Menschen im Osten brannten und nutzten Keramik einige tausend Jahre früher als die im Westen; der Osten entwickelte eine eigene Tradition der Monumentalbauten; und selbst Menschenopfer waren eine eigene Erfindung des Ostens. Einige bedeutsame Ideen allerdings sind wohl doch von West nach Ost gewandert,

* Ein poetischer Ausdruck für »Pferde«.

allen voran die Herstellung und Bearbeitung von Bronze. Diese Legierung, die für Erlitou so wichtig war, tauchte in China zum ersten Mal nicht im entwickelten Yiluo-Tal auf, sondern im winddurchtosten, trockenen Xinjiang weit im Nordwesten, vermutlich nachdem sie westlich beeinflusste Stämme, deren Gräber im Tarim-Becken ich bereits erwähnt habe, durch die Steppe gebracht hatten. Den gleichen Weg nahmen, wie wir gesehen haben, wahrscheinlich auch die Streitwagen, 500 Jahre nachdem sie aus den Steppen in die Kerngebiete des Westens gelangt waren.

Die Diffusion mancher Dinge von West nach Ost mag Chinas Aufholen teilweise erklären, bei weitem wichtiger dafür aber war der Zusammenbruch im Westen. Um 1200 v. u. Z. lag die gesellschaftliche Entwicklung im Osten noch um tausend Jahre hinter der im Westen zurück, doch die Implosion der westlichen Kerngebiete vernichtete die sechs Jahrhunderten entsprechenden Gewinne. Um 1000 v. u. Z. lagen die Punktwerte der Entwicklung im Osten nurmehr um einige hundert Jahre hinter denen des Westens zurück. Der große Zusammenbruch im Westen zwischen 1200 und 1000 v. u. Z. ist der erste Wendepunkt in unserer Darstellung.

Apokalyptische Reiter

Was zum derart heftigen Zusammenbruch des Westens führte, bleibt allerdings eines der großen Rätsel der Geschichte. Hätte ich eine hieb- und stichfeste Antwort, dann hätte ich sie längst offenbart. Die bittere Wahrheit aber ist, dass wir diese Antwort nicht finden werden – es sei denn, wir stoßen mit einigem Glück auf völlig neue Evidenzen.

Dennoch, stellt man die in diesem Kapitel betrachteten Störungen der gesellschaftlichen Entwicklung systematisch dar, ergibt sich ein erhellendes Bild. Tabelle 4.1 fasst zusammen, was ich für die wichtigsten Elemente halte.

Jahr v. u. Z.	Völkerwanderungen	Zusammenbrüche von Staaten	Hungersnöte	Seuchen	Klimawandel
Westen					
3100		X			
2300	X	X	X		X
1750	X	X			
1200	X	X	X	?X	X
Osten					
2300		X			
1050	X	X			

Tabelle 4.1: Die apokalyptischen Reiter
In ihren Dimensionen dokumentierte Katastrophen, zwischen 3100 und 1050 v. u. Z.

Über die Störungen, die im Westen um 3100 v. u. Z. die Expansion von Uruk und im Osten um 2300 v. u. Z. die von Taosi beendeten, wissen wir so wenig, dass sie hier außen vor bleiben sollten. Die übrigen vier Umwälzungen jedoch lassen sich in zwei Paare einteilen. Das erste davon – die Krise im Westen nach 1750 v. u. Z., die im Osten um 1050 v. u. Z. – war, so könnten wir sagen, wurde von Menschen verursacht. Mit Streitwagen ausgetragene Kriege verschoben die Machtbalance; ambitionierte Neuankömmlinge drängten in Kerngebiete; daraus folgten Gewalt, Völkerwanderung und Regimewechsel. Als Gesamtergebnis ergab sich in beiden Fällen, dass die Macht auf zuvor periphere Gruppen überging, ohne allerdings die Aufwärtsentwicklung zu unterbrechen.

Das zweite Ereignispaar – die westlichen Krisen von 2200 bis 2000 und von 1200 bis 1000 v. u. Z. – stellt sich völlig anders dar, und das vor allem, weil die Natur menschliche Torheiten verstärkte. Der Klimawandel lag weitgehend außerhalb des menschlichen Einflusses, war aber zumindest teilweise verantwortlich für die Hungersnöte in diesen Perioden. (Sollte auf die biblische Josephsgeschichte Verlass sein, hätten auch mangelhafte Planung und Vorsorge dazu beigetragen.) Das zweite Störungspaar war sehr viel ernster als das erste, und wir können daraus versuchsweise einen ersten Schluss ziehen: Sind die vier apokalyptischen Reiter – Klimawandel, Hungersnot, staatlicher Zusammenbruch, Völkerwanderung – gemeinsam unterwegs und schließt sich ihrem Zug dann auch der fünfte Reiter an, nämlich ausbrechende Seuchen, dann können Störungen zu Zusammenbrüchen führen, manchmal auch die gesellschaftliche Entwicklung zurückwerfen.

Dennoch können wir daraus nicht schließen, dass das Kippen und Taumeln der Erde und ihrer Umlaufbahn, die hinter dem Klimawandel standen, die direkten Ursachen des Zusammenbruchs gewesen seien. Die Trockenheit, von der die westlichen Kerngebiete um 2200 v. u. Z. betroffen waren, scheint heftiger gewesen zu sein als die um 1200 v. u. Z., doch zwischen 2200 und 2000 v. u. Z. konnte sich das Kerngebiet einigermaßen halten, während es zwischen 1200 und 1000 v. u. Z. zerfiel. Die Trockenheit, die um 3800 v. u. Z. begann, war möglicherweise noch schlimmer als die von 2200 und 1200 v. u. Z., hatte aber im Osten relativ geringe Auswirkungen und trieb im Westen die gesellschaftliche Entwicklung sogar voran.

Das legt eine zweite Erklärungsmöglichkeit nahe: Zusammenbrüche resultieren aus den Wechselwirkungen zwischen natürlichen und menschlichen Kräften. Das kann man auch noch deutlicher fassen: Größere, komplexere Kerngebiete erzeugen größere, schrecklichere Umwälzungen und vergrößern die Gefahr, dass Störfaktoren wie Klimawandel und Völkerwanderung vollkommene Zusammenbrüche auslösen. Um 2200 v. u. Z. war das westliche Kerngebiet schon recht ausgedehnt; überall, von Ägypten bis Mesopotamien, gab es Paläste, gottähnliche Könige und umverteilendes Wirtschaften. Als die Trockenperiode einsetzte, als Völkerstämme aus der syrischen Wüste heraus und vom Zagros-Gebirge herabdrängten, erschütterte dies die inneren und äußeren Beziehungen in dieser

Region – mit schrecklichen Folgen. Doch weil die beiden Zwillingskerngebiete Ägypten und Mesopotamien noch nicht sehr fest miteinander verbunden waren, widerstanden beziehungsweise zerfielen beide unabhängig voneinander. 2100 v. u. Z. war Ägypten teilweise zusammengebrochen, Mesopotamien dagegen erholte sich; und als Mesopotamien um 2000 v. u. Z. teilweise zusammenbrach, war Ägypten wieder auf dem Weg der Erholung.

Um 1200 v. u. Z. dagegen hatte sich das Kerngebiet um Anatolien und Griechenland vergrößert, es hatte die Oasen Zentralasiens erreicht und auch den Sudan berührt. Die Völkerwanderungen mögen in den instabilen mediterranen Grenzgebieten begonnen haben, im 12. Jahrhundert v. u. Z. aber waren die Völker von Persien bis Italien überall unterwegs. Der Schneeballeffekt war diesmal erheblich größer als je zuvor, und die wandernden Volksstämme drängten in ein sehr viel dichter verbundenes Kerngebiet, in dem auch entsprechend mehr auf dem Spiel stand. Ugarit konnte geplündert, seine Felder konnten abgebrannt werden, weil der König seine Armee zur Unterstützung der Hethiter außer Landes verlegt hatte; will sagen: Desaster an einem Ort verstärkten die an einem anderen. Das hatte es tausend Jahre zuvor noch nicht gegeben. Jetzt aber zog der Fall eines Königreichs ein anderes in Mitleidenschaft. Während des 11. Jahrhunderts dehnten sich Unordnung und Wirren immer weiter aus und rissen schließlich alle in den Abgrund.

Das Paradox der gesellschaftlichen Entwicklung – deren Tendenz, genau die Kräfte hervorzubringen, die sie schließlich untergraben – bedeutet, dass größere Kerngebiete sich selbst auch größere Probleme einhandeln. Das ist uns aus unserem eigenen Zeitalter nur allzu bekannt. Der Aufstieg des internationalen Finanzwesens im 19. Jahrhundert hat die kapitalistischen Nationen Europas und Amerikas eng miteinander verbunden. Einerseits beschleunigte sich deshalb die gesellschaftliche Entwicklung auf bislang ungeahnte Weise, andererseits ermöglichte es genau diese Entwicklung aber auch, dass das Platzen der amerikanischen Aktienblase von 1929 alle diese Länder mit hinabriss. Ebenso sorgte die umwerfende Raffinesse neuerer Finanzinstrumente für die immer rasantere gesellschaftliche Entwicklung der letzten fünfzig Jahre, führte aber erst unlängst auch dazu, dass die amerikanische Immobilienkrise die Volkswirtschaften nahezu weltweit abstürzen ließ.

Eine beängstigende Schlussfolgerung – doch wir können der unruhigen Geschichte der frühgeschichtlichen Staaten noch eine dritte, gegenläufige Einsicht abgewinnen. Größere, komplexere Kerngebiete generieren zwar größere, bedrohlichere Störungen, bieten dann aber auch mehr und entwickeltere Möglichkeiten, darauf zu reagieren. Die Manager der globalen Finanzwelt parierten den Absturz von 2008 in einer Weise, an die 1929 nicht zu denken war, und während ich dies niederschreibe (Ende 2009), sieht es so aus, als hätten sie einen völligen Zusammenbruch wie den der 1930er Jahre abwenden können.

Indem gesellschaftliche Entwicklung voranschreitet, löst sie ein Wettrennen aus zwischen immer bedrohlicheren Störungen und immer ausgefeilteren Schutzvorkehrungen. Manchmal, wie im Westen um 2200 und um 1200 v. u. Z. geschehen, übersteigen die Erschütterungen die vorhandenen Möglichkeiten. Was immer der Grund ist, ob die Verantwortlichen Fehler machen, Institutionen versagen oder Organisation und Technik fehlen – die Probleme geraten außer Kontrolle, die Störung führt zum Zusammenbruch, und die gesellschaftliche Entwicklung wird rückläufig.

Vor dem Zusammenbruch zwischen 1200 und 1000 v. u. Z. war die gesellschaftliche Entwicklung im Westen der im Osten 13 000 Jahre lang voraus gewesen. Nichts sprach dagegen, dass es dabei bleiben würde. Nach dem Zusammenbruch war der westliche Vorsprung nurmehr hauchdünn. Noch ein weiterer Rückschlag und es wäre vorbei damit. Das Paradox der gesellschaftlichen Entwicklung, das sich zwischen 5000 und 1000 v. u. Z. so häufig und unbarmherzig zur Geltung gebracht hatte, hat auch gezeigt, dass nichts ewig besteht. Mit einer einfachen Theorie langfristiger Determinierung lässt sich nicht erklären, warum der Westen die Welt regiert.

Kapitel 5

Kopf an Kopf

Die Vorteile der Ereignislosigkeit

Ist Abbildung 5.1 nicht ziemlich nichtssagend? Anders als Abbildung 4.2 zeigt sie weder Abweichungen noch Störungen oder Konvergenzen – nichts als zwei Linien, die nahezu tausend Jahre lang parallel nebeneinander herlaufen.

Und doch hat es seine Richtigkeit mit dieser Abbildung, denn für unser Vorhaben sind gerade die Dinge wichtig, die in dieser Epoche *nicht* geschehen sind. In Kapitel 4 haben wir gesehen, wie rapide der Vorsprung des Westens schrumpfte, nachdem das Kerngebiet um 1200 v. u. Z. kollabiert war. Danach dauerte es fünf Jahrhunderte, bis sich der Westen wieder zu einem Indexwert von 24 Punkten emporgearbeitet hat, auf den Stand von 1300 v. u. Z. Wäre der Westen, als er diesen Stand erreicht hatte, noch einmal zusammengebrochen, der Ost-West-Abstand wäre vollends geschwunden. Wäre dagegen die Entwicklung im Osten zusammengebrochen, sobald er die 24 Punkte erreicht hätte (was dem Osten um 500 v. u. Z. gelang), wäre der westliche Vorsprung aus der Zeit vor 1200 v. u. Z. wieder hergestellt gewesen. Doch, wie Abbildung 5.1 zeigt, geschah weder das eine noch das andere. Die gesellschaftliche Entwicklung stieg in Ost und West in gleichen Schritten, es blieb ein Rennen Kopf an Kopf. Die Mitte des 1. Jahrtausends v. u. Z. war ein historischer Wendepunkt, gerade weil die Geschichte keine Wendung machte.

Doch auch in Abbildung 5.1 tut sich etwas, und das *hat* Bedeutung. Zwischen 1000 und 100 v. u. Z. hat sich die Rate gesellschaftlicher Entwicklung in beiden Kerngebieten fast verdoppelt. Im Westen überschritt sie die Marke von 35 Punkten. Sie war, als Julius Cäsar den Rubicon überquerte, höher als zu der Zeit, zu der Kolumbus über den Atlantik segelte.

Warum brach das westliche Kerngebiet um 700 v. u. Z. nicht zusammen, warum nicht die Entwicklung im Osten um 500 v. u. Z.? Warum stieg die gesellschaftliche Entwicklung bis 100 v. u. Z. auf derart hohe Werte? Warum entwickelten sich westliches und östliches Kerngebiet um diese Zeit so ähnlich? Das sind die Fragen, die ich mit diesem Kapitel beantworten möchte. Wiederum stellen sich Anschlussfragen: Warum haben, wenn die Entwicklungsrate um 100 v. u. Z. derart gestiegen war, weder das alte Rom noch China Kolonien in der Neuen Welt gegründet? Warum kam es zu keiner industriellen Revolution? Aber mit der Antwort darauf müssen wir warten bis zu den Kapiteln 9 und 10, erst dann können

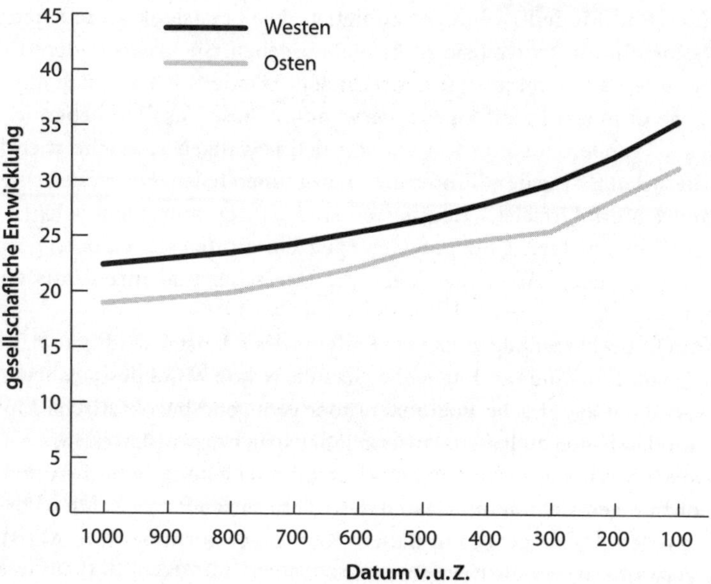

Abbildung 5.1: Das nichtssagendste Diagramm der Geschichte?
Die gesellschaftliche Entwicklung von 1000–100 v. u. Z.

wir, was nach 1500 u. Z. geschah, mit dem vergleichen, was in der Antike *nicht* geschah. Zunächst aber sollten wir betrachten, *was geschah.*

Königtum auf die billige Tour

Um es kurz zu sagen: Die Kerngebiete in Ost und West haben den Zusammenbruch im 1. Jahrtausend v.u.Z. vermieden, indem sie sich restrukturierten. Sie erfanden neue Institutionen, durch die sie den Störfaktoren, die sie mit ihrer Expansion hervorbrachten, stets einen Schritt voraus waren.

Es gibt grundsätzlich zwei Möglichkeiten, eine staatliche Organisation aufrechtzuerhalten. Wir könnten sie als High-End- und Low-End-Strategien bezeichnen. Die erste ist, wie der Name sagt, hochorganisiert, aufwändig und teuer. Sie verlangt Staatslenker, die Macht zentralisieren, und Untergebene, die ihnen gegen Bezahlung in Verwaltung und Armee dienen, die sie nach Belieben anheuern und rauswerfen können. Wer Beamte und Soldaten bezahlen muss, braucht große Einkünfte. Doch dafür sind Bürokratien ja vor allem da, sie sollen Steuern und Abgaben eintreiben und die Armeen dies nötigenfalls durchsetzen. Das Ziel ist ein Gleichgewicht: Die Staatseinkünfte sind hoch; sie fließen zwar zu großen Teilen wieder ab, aber es bleibt genug übrig. Von dieser Differenz leben die Herrscher und ihre Bediensteten.

Das Low-End-Modell ist billiger zu haben. Die Staatslenker brauchen keine hohen Steuereinkünfte, weil sie nicht viel ausgeben. Sie lassen andere für sich arbeiten, unterhalten keine eigene Streitmacht, sondern stützen sich auf lokale Eliten – wenn möglich, auf eigene Verwandte. Diese Vasallen heben in ihren Territorien Truppen aus und werden von den jeweiligen Herrschern entlohnt, indem diese den Ertrag der Plünderungen mit ihnen teilen. Herrscher, sofern sie denn zugleich erfolgreiche Kriegsherren sind, fahren mit einem solchen Low-End-Modell in der Regel ganz gut: Geringen Einkünften stehen noch geringere Ausgaben gegenüber. Auch hier leben die Herrscher und ihre Clans von der Differenz.

Das für Ost und West folgenreichste Ereignis des 1. Jahrtausends v. u. Z. war der Übergang von Low-End- zu High-End-Staaten. Schon Mitte des 3. Jahrtausends v. u. Z. verfügten ägyptische Pharaonen über genügend bürokratische Muskeln, um Pyramiden bauen zu lassen; tausend Jahre später organisierten ihre Nachfolger komplexe Streitwagen-Armeen. Doch mit ihren Geltungsbereichen und ihren Größenordnungen stellten die Staaten des 1. Jahrtausends v. u. Z. alles Vorherige in den Schatten. Daher geht es in diesem Kapitel vor allem um ihre Aktivitäten, um die Verwaltung und die Kriegführung.

Die Wege, die die Staaten in Ost und West während des 1. Jahrtausends v. u. Z. in Richtung High-End einschlugen, waren unterschiedlich, allerdings gleichermaßen holprig. Die Staaten im Osten, die sehr viel später entstanden waren als die westlichen, befanden sich um 1000 v. u. Z. dem Low-End noch ziemlich nahe. Der Staat der Shang war nur eine lose Vereinigung von Bündnispartnern. Als König Wu 1046 v. u. Z. die Shang unterwarf, war sein Zhou-Staat ein womöglich noch lockererer Verband. Wu konnte das Shang-Reich nicht annektieren, denn er hatte niemanden, der es hätte lenken können. So setzte er den Shang einen Marionettenkönig vor die Nase und zog zurück ins Wei-Tal (Abbildung 5.2).

Das ist, wenn es funktioniert, eine recht preiswerte Methode, ehemalige Gegner zu kontrollieren. In diesem Fall jedoch kam es zu Geschwisterrivalitäten, einem beständigen Problem solcher Low-End-Organisationen, und es ging nicht lange gut. Wu konnte sich nicht darauf verlassen, dass seine Familie tat, was er wollte. Als er 1043 v. u. Z. starb, hinterließ er drei Brüder und einen Sohn. Nach der offiziellen Geschichtsschreibung der Zhou-Dynastie war Wus Sohn Cheng zu jung, um den Thron zu besteigen, also erklärte sich Wus jüngerer Bruder, der Herzog von Zhou, bereit, die Regentschaft für seinen Neffen zu übernehmen. (Viele Historiker denken allerdings, dass der Herzog mit einem Staatsstreich an die Macht kam.) Daraufhin vereinigten die beiden älteren Brüder König Wus ihre Streitkräfte mit den verbliebenen des Shang-Regimes und stellten sich dem Herzog entgegen.

Diesen Bürgerkrieg konnte der Herzog von Zhou 1041 v. u. Z. für sich entscheiden, und er ließ seine beiden älteren Brüder töten. Zugleich aber musste er einsehen, dass auch er die Shang nicht würde auf die billige Tour regieren können:

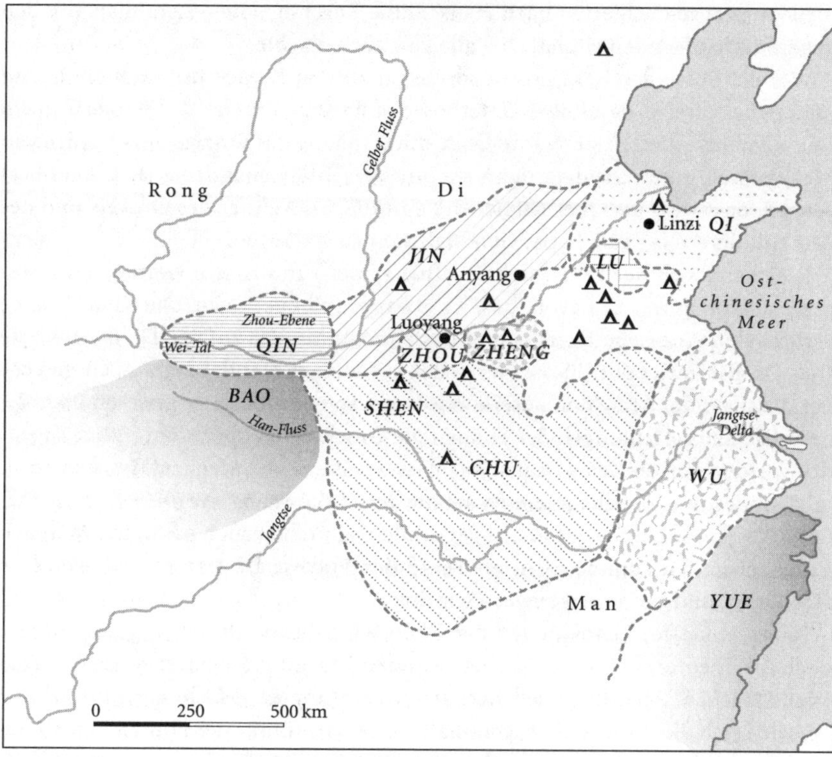

Abbildung 5.2: Low-End-Königreiche im Osten
Im Text erwähnte Stätten des 1. Jahrtausends v. u. Z. Die Dreiecke markieren größere Kolonien der Zhou.

Sobald er sie sich selbst überließe, würden sie sich gegen ihn erheben. So verfiel er auf eine andere brillante Low-End-Idee: Er sandte Mitglieder des königlichen Zhou-Clans aus, die entlang des Gelben Flusses mehr oder weniger selbstständige Stadtstaaten errichten sollten. (Es wurden, je nachdem welcher der alten Quellen man folgt, zwischen 26 und 73.) Diese Städte mussten keine Abgaben entrichten, aber auch den König kosteten sie nichts.

Das Königreich der Zhou war also ein Familienunternehmen – eines, das viel gemeinsam hatte mit jenem berühmtesten aller Familienunternehmen, der Mafia. Der König, *capo di tutti capi* der ehrenwerten Zhou-Familie, lebte von seinen riesigen Besitzungen, die er mit minimalem bürokratischem Aufwand führte. Seine Stellvertreter – die Unterbosse oder »made men«, wie man in den Vereinigten Staaten sagt – lebten in eigenen befestigten Städten. Ließ sie der König rufen, rückten diese Lords mit Streitwagen und Soldaten an und halfen ihm, seine Feinde zu dezimieren. Waren die Kämpfe vorüber, wurde die Beute geteilt, und die Gangster marschierten nach Hause. Eine Regelung, die – sieht man von den geplünderten Feinden einmal ab – alle glücklich machte.

Wie die Bosse der Cosa nostra sorgten die Zhou-Könige für emotionale und materielle Anreize, damit ihre Unterbosse und »Kapitäne« bei der Stange blieben. Vor allem investierten sie in ihre Legitimität (häufig das Einzige, was Könige von Mafiabossen unterscheidet), denn sie mussten ihre Gefolgsleute ja davon überzeugen, dass sie – als Oberhäupter der Familie, als Meister des Orakels und des Ahnenkults – das Recht hatte, Gefälligkeiten zu verlangen.

Je sicherer sich der König der Loyalität seiner Familie sein konnte, desto weniger abhängig war er davon, dass es etwas zu plündern gab. Die Zhou-Könige verbreiteten eine neue Begründung des Königtums, der zufolge Di, der höchste Gott im Himmel, der irdische Herrscher mit seinem Mandat betraut, ausgerechnet die tugendhaften Zhou auserkoren hatte, so entsetzt sei er gewesen über die moralischen Verfehlungen der Shang. Die Geschichten über König Wus Tugenden wurden mit der Zeit so kunstvoll, dass der Philosoph Mengzi (Menzius) im 4. Jahrhundert v. u. Z. behauptete, Wu hätte gegen die Shang gar nicht zu den Waffen gegriffen, sondern stattdessen verkündet: »›Fürchtet euch nicht! Ich will euch Ruhe geben, ich komme nicht als Feind des Volkes.‹ Da war es, als fielen ihre Hörner ab, und sie verneigten sich vor ihm.«[1]

Kaum einer der Lehnsfürsten der Zhou wird diesen Unsinn geglaubt haben, doch die Theorie eines himmlischen Mandats brachte sie dazu, sich den Königen anzuschließen. Allerdings ließ sich diese Ableitung der Macht auch umkehren: Würden sich die Zhou nicht tugendhaft verhalten, könnte der Himmel ihnen das Mandat entziehen und es jemand anderem übertragen. Und wer, wenn nicht die Lehnsfürsten, hätte besser beurteilen können, ob die Könige den Ansprüchen des Himmels gerecht wurden?

Die Adligen unter den Zhou fanden Gefallen daran, die Ehren, die sie selbst empfangen hatten, auf den Bronzekesseln aufzeichnen zu lassen, die sie bei den Zeremonien zu Ehren der Ahnen nutzten – ein Brauch, der sehr schön abbildet, wie materielle und mentale Belohnung ineinanderliefen. Eine dieser Inschriften beschreibt, wie König Cheng (Regierungszeit 1035–1006 v. u. Z.) sich mit einer komplizierten Zeremonie einen Anhänger »machte«, indem er ihn mit Land belieh : »Am Abend erhielt der [neue] Grundherr viele Axtkämpfer als Vasallen, 200 Familien, und ihm wurde das Recht gewährt, das Streitwagengespann zu benutzen, mit dem der König fuhr; Prunkrüstungen aus Bronze, einen Staubmantel, eine Robe, Tuch und Pantoffeln.«[2]

So lange sie hielt, war die Masche der Zhou hoch effektiv. Die Könige konnten ziemlich große Armeen aufbieten (in 9. Jahrhundert v. u. Z. mit Hunderten von Streitwagen), weil sie zugleich ihrer Behauptung Glauben verschafften, dass durch sie hindurch die Ahnen, in deren Namen sie handelten, verlangten, von den »feindlichen Barbaren«, die rings um die Welt der Zhou lebten, Schutzgelder zu erpressen. Die Bauern innerhalb dieses Reiches waren zunehmend besser vor

Überfällen geschützt, konnten ungestört ihre Felder bestellen und so die wachsenden Städte ernähren. Die Zhou-Könige verlangten keine Abgaben, sondern bestimmte Arbeitsleistungen. Die Felder wurden, zumindest der Theorie nach, in Drei-mal-drei-Rastern angelegt, wie das Spielbrett für Tic Tac Toe: Acht Familien bearbeiteten die acht äußeren Felder für den eigenen Bedarf, das neunte in der Mitte bestellten sie abwechselnd für den Grundherrn. Die Wirklichkeit wird unübersichtlicher gewesen sein, doch die Verbindung von Bauernarbeit, Beutezügen und Schutzgelderpressung machte die Eliten reich. Sie beerdigten einander in spektakulären Grabanlagen, opferten dabei weniger Menschen als die Shang-Aristokraten, gaben ihren Toten aber mehr Streitwagen mit. Sie ließen in erstaunlichen Mengen Bronzekessel gießen und mit Inschriften versehen (etwa 13 000 davon wurden ausgegraben und dokumentiert). Die Schrift blieb also Machtmittel der Eliten, diente aber viel mehr Zwecken als in der Shang-Ära.

Nur einen Schwachpunkt hatte das System: Es musste durch immer neue Siege genährt werden. Für nahezu ein Jahrhundert konnten die Zhou-Herrscher damit dienen, 957 v. u. Z. allerdings scheiterte König Zhao an diesem Erfordernis. Eine Niederlage wird nur ungern zu Protokoll genommen, und so stammt, was wir darüber wissen, nicht von den Zhou selber, sondern aus einer beiläufigen Notiz in den *Bambusannalen*. Diese Chronik aus dem Staat Wei wurde 296 v. u. Z. in ein königliches Grabmal gelegt und knapp 600 Jahre später, bei der Plünderung des Grabes, wiederentdeckt. Darin heißt es, dass zwei große Lehnsfürsten König Zhao bei einem Kriegszug gegen Chu, in eine Region südlich des Zhou-Reiches, Gefolgschaft geleistet hätten – und wörtlich weiter: »Die Himmel waren finster und stürmisch. Fasanen und Hasen fürchteten sich. Die sechs Armeen des Königs kamen um im Fluss Han. Der König starb.«[3]

Mit einem Schlag hatten die Zhou Streitmacht und König und mit diesem das Mysterium des himmlischen Mandats verloren. Möglicherweise schlossen die Lehnsfürsten daraus, dass es den Zhou doch an Tugend fehle. Deren Probleme wuchsen: Die Inschriften auf Bronzegefäßen, die nach 950 v. u. Z. entstanden sind und am Unterlauf des Gelben Flusses gefunden wurden, enthalten plötzlich keine Treueschwüre für die Zhou mehr, und als die Könige sich mühten, ihre Vasallen wieder auf Vordermann zu bringen, verloren sie die Herrschaft über die »feindlichen Barbaren« im Westen, die nun ihrerseits die Städte der Zhou bedrohten.

So versiegte der Nachschub aus eroberten Territorien, und offensichtlich nahmen die Konflikte mit den Eliten im eigenen Land zu. Um es nicht zum Zusammenbruch seines Low-End-Staates kommen zu lassen, griff König Mu zu kostspieligeren Lösungen und baute ab 950 v. u. Z. einen Beamtenapparat auf. Einige Könige der Zhou (wir wissen nicht genau, welche) ließen ihre Verwalter Land zwischen den Lehnsfürsten hin und her schieben – vielleicht um Treue zu belohnen beziehungsweise Verrat zu bestrafen. Der Adel wird sich gewehrt haben. Rekonstruiert man das Geschehen nach den knappen Darstellungen auf den Bronzegefäßen, sieht es so aus, als sei König Yih 885 v. u. Z. von irgendwem abgesetzt worden, nur damit »die vielen Lehnsfürsten« ihm wieder auf den Thron verhalfen. Daraufhin sei der König gegen den größten jener Fürsten, den Grafen Ai von Qi, zu Felde gezogen und habe den Widersacher 863 v. u. Z. lebendigen Leibes in einem Bronzekessel kochen lassen. 842 v. u. Z. aber schlugen »die vielen Lehnsfürsten« offenbar zurück, und König Li musste sich ins Exil absetzen.

Auch am westlichen Ende Eurasiens hatten Könige im 10. und 9. Jahrhundert v. u. Z. Low-End-Staaten errichtet. Wie das westliche Kerngebiet die Schwächeperiode überwand, in der es nach 1200 v. u. Z. versunken war, ist ebenso unklar wie deren Ursache. Wahrscheinlich wurden die Menschen aus schierer Verzweiflung erfinderisch. Denn nach dem Zusammenbruch des Fernhandels waren sie wieder auf lokale Ressourcen angewiesen. In vielen Regionen allerdings fehlten manche lebenswichtige Güter – vor allem das für die Bronzeherstellung so wichtige Zinn.* So lernten die Menschen im Westen, Eisen zu verwenden. Schmiede auf Zypern, wo die Metallurgie seit langer Zeit am weitesten entwickelt war, hatten bereits vor 1200 v. u. Z. herausgefunden, wie man aus den hässlichen roten und schwarzen Eisenerzen, die überall im Mittelmeerraum zu finden waren, schmiedbares Metall gewinnen konnte. Doch so lange man genug Bronze hatte, blieb Eisen einfach nur eine kuriose Randerscheinung. Das änderte sich erst, als der Zinnnachschub ausblieb; nun gab es nichts als Eisen, und um 1000 v. u. Z. war das neue billige Metall von Griechenland bis ins heutige Israel in Gebrauch (Abbildung 5.3).

Billiges Eisen, so hat Gordon Childe, einer der Riesen der europäischen Archäologie, in den 1940er Jahren geschrieben, »›demokratisierte‹ die Landwirtschaft, das Gewerbe und auch die Kriegführung«[4]. Nach weiteren 60 Jahren Ausgrabungen wissen wir etwas genauer, wie das funktioniert hat. Zu Recht aber hat Childe in der leichten Verfügbarkeit von Eisen den Grund dafür gesehen, dass Werkzeuge und Waffen aus Metall im 1. Jahrtausend v. u. Z. verbreiteter waren als noch im 2. Jahrtausend. Auch als die Handelsrouten wieder offen waren, kehrte niemand mehr zur Bronze zurück, als Werkstoff für Waffen und Werkzeuge hatte sie ausgedient.

Die Gegend des heutigen Israel könnte die erste in der westlichen Kernregion gewesen sein, die nach dem dunklen Zeitalter wieder auflebte. Dort, so berichtet die Bibel, errichteten David und Salomo, die Könige des 10. Jahrhunderts v. u. Z., ein vereintes Königreich, das von den Grenzen Ägyptens bis zum Euphrat reichte. Die Hauptstadt Jerusalem sei aufgeblüht, Salomo habe die Königin aus dem weit entfernten Saba (möglicherweise das heutige Jemen) empfangen und bewirtet, außerdem Handelsexpeditionen übers Mittelmeer und übers Rote Meer geschickt, ins sagenhafte Goldland Ophir. Das vereinigte Königreich war kleiner und kaum so mächtig wie die Reiche des internationalen Zeitalters, den biblischen Erzählungen zufolge aber war es wohl zentralisierter als der gleichzeitige Familienbetrieb der Zhou; es zog Steuern ein und erhielt Tribute vieler

* Die Hauptquelle für Zinn im westlichen Kerngebiet war Südostanatolien.

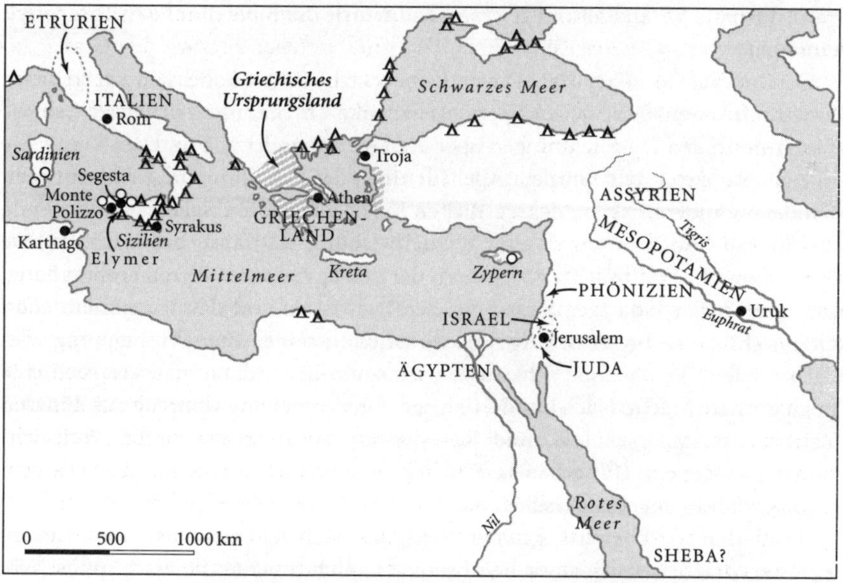

Abbildung 5.3: Low-End-Königreiche im Westen

Im Text erwähnte Stätten aus der ersten Hälfte der 1. Jahrtausends v. u. Z. Die bedeutenderen griechischen Kolonien sind mit Dreiecken, die der Phönizier mit Kreisen markiert. Das griechische Kernland ist grau schattiert.

Nachbarstaaten. Es könnte der stärkste Staat der damaligen Welt gewesen sein, bis die beiden Teilreiche Israel und Juda direkt nach Salomos Tod um 931 v. u. Z. wieder getrennte Wege gingen.

Könnte! Denn all das, was die Bibel (die Bücher Samuel und das Buch der Könige) berichtet, wird von vielen Wissenschaftlern inzwischen bezweifelt. Sie gehen davon aus, dass es das vereinigte Königreich nie gegeben hat. Es sei eine Legende, ausgemalt von Israeliten, die sich Jahrhunderte später über ihre missliche Lage hinwegtrösten wollten. Und in der Tat haben die Archäologen bislang noch so gut wie keine Spuren der großen Bauwerke gefunden, die David und Salomo der Bibel zufolge errichtet haben sollen. Stattdessen ereifern sie sich in heftigen Debatten. Gemeinhin dösen auch die passioniertesten Archäologen gelegentlich vor sich hin, wenn es bei ihren Tagungen um die Datierung antiker Vorratsbehälter geht. Doch als in den 1990er Jahren ein Zunftvertreter behauptete, Töpfe, die man bislang für Erzeugnisse des 10. Jahrhunderts v. u. Z. hielt, seien tatsächlich erst im 9. Jahrhundert gefertigt worden, war der Teufel los – der Mann musste Leibwächter engagieren. Und warum? Wenn er mit seiner Neudatierung Recht gehabt hätte, dann wären die Monumentalbauten, die bislang Salomo und dem 10. Jahrhundert zugeschrieben worden sind, ebenfalls hundert Jahre jünger; also wäre auch Salomos Königreich eine armselige und ganz normale Veranstaltung gewesen und würde die Bibel die Geschichte falsch erzählen.

Gefährliche Gewässer also. Da ich keinen Leibwächter habe, will ich sie rasch hinter mir lassen. Der biblische Bericht, so denke ich, mag übertrieben sein, so wie die chinesischen Überlieferungen über die Dynastien der Xia und der Shang, die in Kapitel 4 dargestellt wurden. Aber für eine pure Erfindung halte ich ihn nicht. Funde aus anderen Teilen des westlichen Kerngebiets legen nahe, dass dort Ende des 10. Jahrhunderts v. u. Z. eine Wiederbelebung stattfand. 926 v. u. Z. führte Scheschonq I., ein libyscher Kriegsherr, der den ägyptischen Thron erobert hatte, ein Heer durch Juda (den Süden des heutigen Israel und das Westjordanland). Offensichtlich wollte er das Ägyptische Reich in seiner alten Ausdehnung wiederherstellen. Scheschonq scheiterte, weiter nördlich jedoch mauserte sich eine noch größere Macht. Nach hundertjähriger Unterbrechung während des dunklen Zeitalters setzten 934 v. u. Z. unter König Assur-dan II. die assyrischen Aufzeichnungen wieder ein: Uns geben sie Einblicke in einen Gangsterstaat, gegen den die Zhou geradezu engelhaft erscheinen.

Assur-dan wird bewusst gewesen sein, dass sich Assyrien aus einer dunklen Zeit hervorarbeitete, denn er ließ berichten: »Ich brachte die erschöpften Völker Assyriens zurück, die angesichts von Mangel, Hunger und Hungersnot ihre Städte und Häuser verlassen hatten und in ein anderes Land gezogen waren. Ich siedelte sie in Städten und Häusern an …, und sie lebten dort in Frieden.«[5] In mancher Hinsicht war Assur-dan ein altmodischer König, der sich selbst als irdischer Statthalter des assyrischen Schutzgottes Assur betrachtete, ganz so, wie es die mesopotamischen Könige 2000 Jahre lang gehalten hatten. Allerdings vollzog Assur während des dunklen Zeitalters einen Imagewechsel und wurde zum wütenden Gott. Zu einem sehr wütenden sogar, denn er war ein hoher Gott, und die meisten Sterblichen wollten das einfach nicht begreifen. Aber sie sollten das lernen, Assur-dan wollte dafür sorgen, und er verwandelte die Welt in Assurs Jagdgründe. Und wenn er reich wurde, indem er für Assur jagen ging, umso besser.

Im assyrischen Kernland befahl der König über eine kleine Beamtenschaft und ernannte Gouverneure, Söhne des Himmels genannt, die er mit großen Ländereien und Arbeitskräften ausstattete. Das waren High-End-Praktiken, die einem Herrscher des internationalen Zeitalters gut angestanden hätten, doch verfügte der assyrische König nur über Low-End-Quellen, um seine Macht zu unterfüttern. Statt bei den Assyrern Steuern einzuziehen und damit ein Heer zu finanzieren, das die Jagd für Assur besorgen konnte, verließ sich der König auf die Söhne des Himmels: Sie mussten die Soldaten stellen, und er belohnte sie – so wie die Zhou ihre Lehnsfürsten – mit Kriegsbeute, erlesenen Geschenken und einem Platz in den königlichen Zeremonien. Die Söhne des Himmels nutzten ihre Stellung, um eine 30-jährige Amtszeit herauszuholen, was darauf hinauslief, dass ihre Lehen erblich wurden und ihre Arbeiter zu Leibeigenen.

Damit waren die assyrischen Könige, wie die Zhou-Herrscher auch, Geiseln der Lehnsfürsten, was nur so lange ohne Folgen blieb, wie sie Kriege gewannen. Die Söhne des Himmels stellten viel größere Heere als die Vasallen der Zhou-Könige (den königlichen Aufzeichnungen zufolge zählten sie im Jahr 870s v. u. Z. 50 000, im Jahr 845 über 100 000 Fußsoldaten, dazu Tausende von Streitwagen). Um diese Massen zu verpflegen und in Marsch zu setzen, brauchte es eine ausgefeilte Logistik, wofür die High-End-Bürokratie zu sorgen hatte.

Es ist nicht weiter überraschend, dass es die kleineren und schwächeren Nachbarn Assyriens vorzogen, Schutzgeld zu bezahlen; sie wollten einfach nicht erleben, dass ihre Städte brannten und sie selbst gepfählt würden. Ein Angebot der Assyrer konnte man einfach nicht ausschlagen, umso weniger, als die Assyrer willfährige lokale Herrscher häufig im Amt ließen und sie nicht, wie die Zhou, durch Kolonialherren ersetzten. Besiegte Könige konnten von ihrer Niederlage sogar profitieren, denn wenn sie Assyrien für den nächsten Krieg Soldaten stellten, bekamen auch sie einen Teil der Beute.

Natürlich hätten solche Marionettenkönige auch wieder abspringen können, also wurden ihre Seelen mit heiligem Terror gebunden. Wer sich den Assyrern unterwarf, musste Assur zwar nicht anbeten, aber doch anerkennen, dass dieser Gott im Himmel herrschte und den anderen lokalen Göttern befahl, was diese zu tun hatten. Damit war eine Rebellion nicht nur ein politisches, sondern vor allem ein religiöses Vergehen gegen Assur, was den Assyrern natürlich keine andere Wahl ließ, als die Rebellen so grausam wie möglich zu bestrafen. Assyrische Könige schmückten ihre Paläste mit Reliefdarstellungen entsetzlicher Brutalitäten, und ihre Freude an der Auflistung von Massakern muss lähmend gewesen sein. Hier ein Text, in dem Assur-narsipal II. schildert, wie Aufständische um 870 v. u. Z. bestraft wurden:

> Ich errichtete einen Turm über dem Tor ihrer Stadt, und alle Häuptlinge, die sich gegen mich erhoben hatten, häutete ich und bedeckte den Turm mit ihrer Haut. Einige mauerte ich in den Turm ein, einige spießte ich auf Pfähle auf dem Turm und andere band ich an Brandpfähle rund um den Turm.
>
> Viele der Gefangenen verbrannte ich mit Feuer und viele nahm ich als lebende Gefangene. Einigen schnitt ich Nasen, Ohren und Finger ab, vielen riss ich die Augen aus. Ich machte einen Haufen aus den Lebenden und einen anderen aus Köpfen, und ich hängte ihre Köpfe in die Baumstümpfe rings um die Stadt. Ihre Jünglinge und Jungfrauen verbrannte ich im Feuer. Zwanzig Männer fing ich lebend und mauerte sie in seinem Palast ein. … Den Rest der Krieger vernichtete ich durch Durst in der Wüste.[6]

Im 9. Jahrhundert v. u. Z. lief die politische Entwicklung in den östlichen und westlichen Kerngebieten in entgegengesetzte Richtungen: Das Herrschaftsgebiet der Zhou löste sich auf, dass Assyrische Reich dagegen entstand nach dem dunklen Zeitalter neu. In beiden Kerngebieten jedoch herrschte permanent Krieg. Die Städte, auch der Handel wuchsen, es entwickelten sich neue, unaufwändige Formen der Staatsführung. Und im 8. Jahrhundert machten beide Gebiete die gleiche Erfahrung: Man entdeckte die Grenzen des Königtums auf die billige Tour.

Winde des Wandels

Ein böser Wind, weiß ein altenglisches Sprichwort, ist der, der niemandem Gutes bringt. Zu keiner Zeit war das zutreffender als um 800 v. u. Z., als kleine Schwankungen der Erdachse auf der ganzen Nordhalbkugel für kältere Winterstürme sorgte (Abbildung 5.4). Im westlichen Eurasien, wo im Winter vor allem Westwind herrscht, der vom Atlantik kommt, bedeutete dies mehr Regen. Für alle, die im Mittelmeerraum lebten, war das von Vorteil, denn hier starben die Menschen vor allem an Darminfektionen, deren Erreger in heißem trockenem Klima besonders gut gedeihen; zudem mussten die Ackerbauern stets befürchten, dass die Winterwinde nicht genügend Regen brignen würden. Kälte und Regen waren besser als Krankheit und Hunger.

Für die Menschen nördlich der Alpen jedoch, wo von feucht-kaltem Klima begünstigte Atemwegserkrankungen die Haupttodesursache und kurze sommerliche Wachstumsperioden das größte Problem für die Landwirtschaft waren, wirkten sich die neuen Wetterverhältnisse fatal aus. Mit dem Klimawandel zwischen 800 und 500 v. u. Z. sanken die Bevölkerungszahlen in Nord- und Westeuropa, stiegen aber im Mittelmeerraum.

In China wehen Winterwinde hauptsächlich von Sibirien her, sodass das Klima mit den stärkeren Winden trockener und kälter wurde. Vermutlich erleichterte dies den Ackerbau am Jangtse und Gelben Fluss, weil die Überschwemmungen abnahmen; jedenfalls wuchs die Bevölkerung in beiden Flusstälern weiterhin. In den trockenen Hochebenen nördlich des Gelben Flusses jedoch wurde das Leben härter.

Innerhalb dieser groben Muster gab es natürlich unzählige lokale Varianten, aber das Hauptergebnis des Klimawandels unterschied sich nicht von dem in früheren Epochen (wie in Kapitel 4 beschrieben). Gleichgewichte innerhalb einzelner Regionen und zwischen ihnen verschoben sich, die Menschen mussten darauf reagieren. Raymond Bradley, der Autor eines Standardlehrbuchs der Paläoklimatologie, hat zu dieser Epochen geschrieben: »Fände eine solche Störung des Klimasystems heute statt, wären die gesellschaftlichen, wirtschaftlichen und politischen Folgen schlicht katastrophal.«[7]

Im Osten wie im Westen mussten, als die Bevölkerung wuchs, mehr Menschen von der gleichen Anbaufläche leben. Das führte zu Konflikten, aber auch zu Innovationen. Beides konnte positiv sein für die Herrschenden. Mehr Konflikte hieß: mehr Möglichkeiten, Freunden beizuspringen und Feinde zu strafen; mit mehr Innovationen wiederum ließ sich mehr Reichtum generieren. Und der Motor hinter beidem – das Wachstum der Bevölkerung – bedeutete mehr Arbeiter, mehr Krieger, mehr Beute.

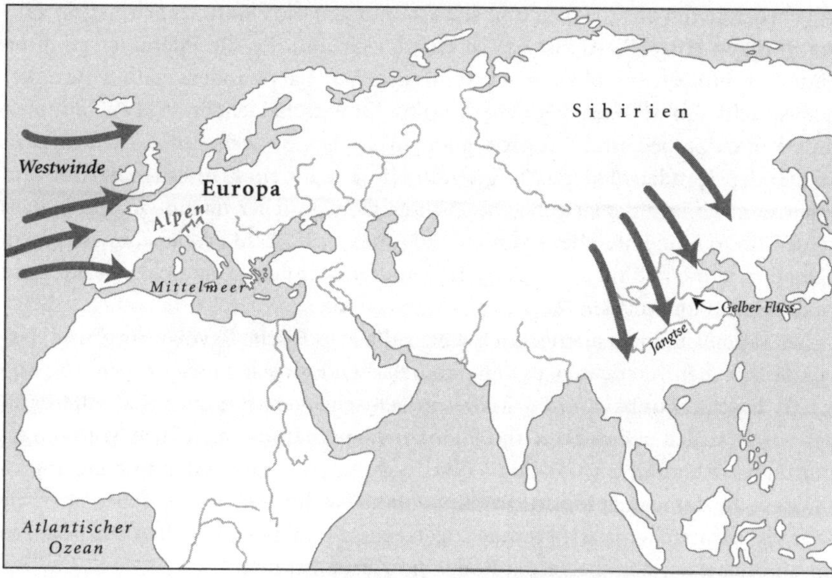

Abbildung 5.4: Kalte Winterwinde
Klimawandel zu Anfang des 1. Jahrtausends v. u. Z.

In den Genuss solcher Vorteile konnten nur Könige kommen, die die Macht behielten; das aber war gerade ein Problem für die Low-End-Könige des 8. Jahrhunderts v. u. Z. Die großen Gewinner, diejenigen, die am richtigen Ort saßen, um die neuen Möglichkeiten zu nutzen, waren häufig lokale Bosse – Gouverneure, Lehnsfürsten, Garnisonskommandeure –, von denen die Low-End-Könige abhängig waren, wenn sie ihre Dinge geregelt haben wollten. Es waren also schlechte Zeiten für Könige.

Um 770 v. u. Z. büßten die Könige in beiden Kernregionen die Macht über ihre Vasallen ein. Der ägyptische Staat, seit 945 v. u. Z. mehr oder weniger geeint, zerbrach 804 v. u. Z. in drei Fürstentümer und löste sich bis 770 v. u. Z. in ein Dutzend praktisch unabhängiger Herzogtümer weiter auf. In Assyrien musste Schamschi-Adad V. 823 v. u. Z. um den Thron kämpfen, verlor dann aber die Macht über Vasallenkönige und Statthalter. Einige Söhne des Himmels führten sogar Kriege auf eigene Rechnung. Assyriologen nennen die Jahre zwischen 783 und 744 v. u. Z. »das Intervall«, eine Zeit, in der Könige wenig zählten, Aufstände an der Tagesordnung waren und die Statthalter taten, was sie wollten.

Ein goldenes Zeitalter also für lokale Adlige, kleine Fürsten und kleine Stadtstaaten. Am interessantesten ist dabei Phönizien, jene Kette von Städten entlang der Küste des heutigen Libanon, die als Zentren des Zwischenhandels die Waren zwischen Ägypten und Assyrien umschlugen und mit dem Wiedererwachen des westlichen Kerngebiets im 10. Jahrhundert aufblühten. Ihr Reichtum weckte die

Begehrlichkeiten der Assyrer, und seit 850 mussten die Phönizier Schutzgeld zahlen. Einigen Historikern zufolge ist das der Grund, der die Phönizier zu ihren Unternehmungen im Mittelmeerraum getrieben habe; andere halten Bevölkerungswachstum und den Sog neuer Märkte für entscheidender. Wie auch immer, um 800 v. u. Z. jedenfalls fuhren phönizische Schiffe weit umher, auf Zypern entstanden Handelsniederlassungen, auf Kreta sogar ein kleines Heiligtum. Um 750 v. u. Z. konnte der griechische Dichter Homer sicher davon ausgehen, dass seine Zuhörer die Phönizier kannten und ihnen, den »Ränkevollen«, misstrauten: »Dorthin kamen Föniker, der Seefahrt kundige Männer, / Gaudieb', allerlei Tand mitbringend im dunklen Meerschiff.«[8]

Am schnellsten von allen jedoch wuchs die griechische Bevölkerung, und darbende Griechen versuchten, es den phönizischen Entdecker gleichzutun. Um 800 v. u. Z. brachten unbekannte Händler griechische Keramik nach Süditalien, um 750 v. u. Z. siedelten Griechen und Phönizier dauerhaft im westlichen Mittelmeerraum (vgl. Abbildung 5.3). Beide Völker bevorzugten gute Häfen mit Zugang zu Flüssen, die dann auch Märkte im Binnenland erschlossen; die Griechen aber, die sehr viel zahlreicher in die Fremde zogen als die Phönizier, siedelten auch Bauern an und sicherten sich die besten Böden im Küstenbereich.

Manchenorts leisteten eingeborene Völker Widerstand. Einige von ihnen, etruskische und sardische Stämme in Italien etwa, lebten bereits selbst in Städten und kannten auch den Fernhandel, bevor die griechischen Kolonisten eintrafen. Nun begannen auch andere Stämme, Städte und Monumente zu errichten, sich in Low-End-Staaten zu organisieren und die Landwirtschaft zu intensivieren. Sie legten sich auch Alphabete nach dem Vorbild der Griechen zu, die das ihre zwischen 800 und 750 v. u. Z. von den Phöniziern übernommen hatten. Diese Alphabete waren leichter zu lernen und zu schreiben als die meisten der älteren Schriften. Für die hatten die Gelehrten Hunderte von Zeichen kennen müssen, die jeweils eine aus Konsonanten und Vokal gebildete Silbe darstellten, ganz zu schweigen von den ägyptischen Hieroglyphen oder der chinesischen Zeichenschrift, die Tausende von Zeichen kannten, die jedes für ein eigenes Wort standen. Man kann davon ausgehen, dass im 5. Jahrhundert v. u. Z. zehn Prozent der athenischen Männer einfache Sätze lesen oder ihren Namen schreiben konnten – ein weit größerer Anteil als damals irgendwo sonst im Osten oder Westen.

Über die Ausbreitung der Städte und Staaten, des Handels und der Schrift im Europa des 1. Jahrtausends v. u. Z. wissen wir sehr viel mehr als über die Verbreitung der Ackerbaukultur in den vier oder fünf Jahrtausenden zuvor (was ich in Kapitel 2 erörtert habe). Die Streitigkeiten über das, was wirklich geschah, sind sich jedoch für beide Epochen eigentümlich ähnlich. Einige Archäologen behaupten, dass die Kolonisierung vom östlichen Mittelmeer aus im Verlauf des 1. Jahrtausends v. u. Z. Auslöser war für den Aufstieg weiter westlich gelegener Städte und Staaten. Andere entgegnen dem, die eingeborenen Völker hätten ihre eigenen Gesellschaften im Widerstand gegen diese Kolonisierung verändert. Die wechselseitigen Vorhaltungen wirken jedoch ziemlich zahm verglichen mit der Wut, welche die Archäologie Israels hervorbringt (soweit ich weiß, hat in diesem Streit noch niemand einen Leibwächter gebraucht), doch angesichts der Gepflogenheiten klassischer Gelehrsamkeit muss man wohl auch diese Kontroverse als bitter und heftig bezeichnen.

Auch ich habe mich in diesen Streit verwickeln lassen, und um etwas zur Klärung beitragen zu können, habe ich meine Sommer von 2000 bis 2006 an der Grabungsstätte Monte Polizzo* auf Sizilien verbracht. Es war dies eine einheimische Stadt, die zwischen 650 und 525 v. u. Z. von den Elymern besetzt wurde. Sie war den phönizischen und griechischen Kolonien so sehr benachbart, dass wir deren Stätten von der Spitze unseres Hügels aus sehen konnten – eben das macht Monte Polizzo zum idealen Testfall für die Frage Kolonisierung vs. indigene Entwicklung und die konkurrierenden Theorien über den Auslöser des Aufbruchs am Mittelmeer. Und nach sieben Sommern mit Pickel, Kelle, Sieb, nach endlosem Zählen, Wiegen, nach viel zu viel Pasta sind wir zu dem Schluss gekommen: Es war von beidem etwas.

Zugegeben, das klingt nicht viel anders als das, was Archäologen über die Verbreitung der Ackerbaukultur tausend Jahre zuvor in Erfahrung gebracht haben. In beiden Fällen nahm die gesellschaftliche Entwicklung sowohl im Kerngebiet als auch in den angrenzenden Peripherien zu. Händler und Kolonisten, ob herausgedrängt durch Rivalen oder angezogen von lockenden Möglichkeiten, verließen den Kern, einige Stämme in den Peripherien ahmten die Praktiken der Kerngebiete aktiv nach oder schufen unabhängig von diesen eigene Formen. Im Ergebnis verbreiteten sich höhere Stufen gesellschaftlicher Entwicklung vom Kern nach außen, überlagerten ältere Systeme und wurden in diesem Prozess transformiert, weil Menschen der Peripherie ihre eigenen Tricks und Kniffe beisteuerten und in den Genuss der Vorteile ihrer Rückständigkeit kamen.

Eindeutig waren am Monte Polizzo lokale Initiativen bedeutsam. Zunächst müssen wir davon ausgehen, dass unsere Stätte durch andere Elymer aus Segesta zerstört wurde, die im 6. Jahrhundert v. u. Z. ihren eigenen Stadtstaat gründeten. Doch auch die Ankunft griechischer Kolonisten veränderte die Dinge, denn zum einen war die Entstehung des Staates von Segesta eine Antwort auf die griechische Landnahme, zum anderen diente die griechische Kultur als Vorbild. Adlige aus Segesta mühten sich, als ernsthafte Rivalen der Griechen aufzutreten, und zu diesem Zweck übernahmen sie griechische Praktiken. So bauten sie um 430 v. u. Z. einen derart

* Ich möchte die Gelegenheit nutzen, mich nochmals für die Unterstützung und Mitwirkung zu bedanken, und zwar bei meinem Kodirektor Sebastiano Tusa (dem ehemaligen Superintendenten für Archäologie in der Provinz Trapani), Kristian Kristiansen (Universität Göteborg), Christopher Prescott (Universität Oslo), Michael Kolb (Northern Illinois University) und Emma Blake (University of Arizona), bei den Superintendentinnen Rossella Giglio und Caterina Greco, bei den Menschen von Salemi (insbesondere bei Giovanni Bascone und Nicola Spagnolo), bei den vielen Spendern, die das Projekt der Stanford University ermöglicht haben, und bei allen Studenten und Mitarbeitern, die an diesem Projekt teilnahmen.

perfekten Tempel im griechischen Stil, dass viele Kunsthistoriker denken, die Leute von Segesta könnten nur die Baumeister angeheuert haben, die den Pathenon in Athen entworfen hatten. Auch in die griechische Mythologie fügten sich die Bewohner von Segesta ein, indem sie (wie übrigens auch die Römer) behaupteten, Nachkommen des Aeneas zu sein, des Flüchtlings aus Troja. Im 5. Jahrhundert v. u. Z. konnten es einige Stadtkolonien im westlichen Mittelmeerraum wie Karthago (eine phönizische Gründung) oder Syrakus (von Griechen gegründet) mit jeder anderen und älteren Stadt im Kerngebiet aufnehmen. Die gesellschaftliche Entwicklung bei den Etruskern lag nicht weit zurück, und hinter diesen folgten ohne großen Abstand die Elymer und Dutzende vergleichbarer Gruppen und Stämme.

Ein ziemlich ähnliches Zusammenwirken von Staatszusammenbruch im Kern und Expansion an der Peripherie entfaltete sich auch im Osten, als die Bevölkerung dort zu wachsen begann. Um 810 v. u. Z. verlor der Zhou-König Xuan die Macht über seine Lehnsfürsten, die, je reicher und stärker sie wurden, desto weniger einsahen, warum sie mit ihm kooperieren sollten. Seine Hauptstadt in der Ebene von Zhou schlitterte in interne Konflikte, Angreifer aus dem Nordwesten stießen plündernd tief in sein Reich vor. Als Xuans Sohn You 781 v. u. Z. den Thron erbte, suchte er den Niedergang aufzuhalten. Offenbar führte er einen Entscheidungskampf mit den abtrünnigen Vasallen und den zu mächtig gewordenen Ministern seines Vaters herbei, die sich mit Yous Erstgeborenem und dessen Mutter verschworen haben könnten.

An diesem Punkt sinkt die Darstellung in eine jener Volkserzählungen ab, von denen es unter unseren antiken Quellen so viele gibt. Sima Qian, der große Historiker aus dem 1. Jahrhunderts v. u. Z., erzählt die bizarre Geschichte eines frühen Zhou-Königs, der einst eine tausend Jahre alte Schachtel mit Drachenspeichel öffnete, der daraufhin ein schwarzes Reptil entstieg. Aus Gründen, die Sima Qian im Dunkeln lässt, reagierte der König darauf, indem er einige Palastdamen nackt vor dem Ungeheuer tanzen ließ und es seinerseits anbrüllte. Statt Reißaus zu nehmen, schwängerte es eine der Frauen, die eine Drachentochter gebar, diese aber im Stich ließ. Ein anderes Paar, das aus der Hauptstadt floh, um des Königs Wut wegen einer völlig anderer Angelegenheit zu entgehen, brachte dieses Schlangenkind nach Bao, in einen der rebellischen Vasallenstaaten des Zhou-Reiches.

Das Verrückte an dieser Geschichte ist, dass die Leute von Bao 780 v. u. Z. versucht haben, König You eine Abmachung schmackhaft zu machen, indem sie ihm das Schlangenkind – inzwischen zu einer wunderschönen jungen Frau namens Bao Si herangewachsen – als Konkubine zukommen ließen. You war äußerst glücklich darüber, und im folgenden Jahr gebar ihm Bao Si einen Sohn. Offenbar war dies der Grund, aus dem You entschlossen war, seinen Erstgeborenen und seine erste Frau loszuwerden.

Alles ging gut für You, bis sein ins Exil getriebener Sohn 777 v. u. Z. in einen anderen unruhigen Vasallenstaat der Zhou floh und sich Yous oberster Minister dort mit ihm vereinte. Daraufhin schloss eine Reihe von Vasallenstaaten ein

Bündnis mit einem Volk im Nordwesten, das die Zhou »Rong« nannten: »feindliche Fremde«.

All das aber kümmerte König You nicht, seine ganze Aufmerksamkeit galt einem viel näher liegenden Problem: Wie konnte er Bao Si zum Lachen bringen? (Offenbar war sie, vielleicht kein Wunder bei ihrer Herkunft, humorlos.) Nur ein Mittel schien zu helfen. Yous Vorgänger hatten im ganzen Land Alarmfeuertürme errichten lassen, sodass im Falle eines Angriffs der Rong die Lehnsfürsten mit Trommeln und Signalfeuern alarmiert werden konnten, um mit ihren Gefolgsleuten zur Rettung des Königs herbeizueilen. Bei Sima Qian heißt es:

König You entzündete die Alarmfeuer und schlug die große Trommel. Weil die Feuer aber nur entzündet wurden, wenn Eindringlinge ins Land kamen, eilten die vielen Fürsten alle herbei. Als sie kamen und es waren keine Eindringlinge weit und breit, da lachte Bao laut. Den König erfreute das, und er entzündete die Signalfeuer noch mehrere Male. Nachdem das aber nun kein verlässliches Zeichen mehr war, widerstrebte es den vielen Fürsten immer mehr, sich auf den Weg zu machen. [9]

König You war der »Junge, der Wolf schrie«, und es erging ihm wie der Fabelgestalt: Als die Rong und die rebellischen Shen 771 v. u. Z. tatsächlich angriffen, ignorierten die Lehnsfürsten die Alarmzeichen. Die Rebellen erschlugen You, brannten seine Hauptstadt nieder und hoben seinen Sohn mit dem Königsnamen Ping auf den Thron.

Man kann diese Geschichte nicht wirklich ernst nehmen, nach Ansicht vieler Historiker aber bewahrt sie Erinnerungen an reale Ereignisse. Danach hätten in den 770er Jahren v. u. Z. – im selben Jahrzehnt, in dem ägyptische und assyrische Herrscher Macht und Einfluss verloren – Bevölkerungswachstum, erstarkte Lokalfürsten, dynastische Politik und äußerer Druck in China zusammengewirkt und dem Königtum einen noch deutlicheren Rückschlag zugefügt.

Vielleicht wollten die Vasallen, die König You 771 v. u. Z. seinem Schicksal überließen, nur Stärke demonstrieren, Ping als Strohmann installieren und die Königsherrschaft weiter ignorieren. Ihre Entscheidung, ihre zeremoniellen Bronzegefäße im gesamten Tal des Wei zu vergraben, wo sie von Archäologen seit den 1970er Jahren in großen Mengen wieder ausgegraben werden, spricht dafür, dass sie eigentlich vorhatten zurückzukehren, sobald die Rong, mit ihrer Beute aus dem Palast beladen, wieder abgezogen wären. Sollten sie das tatsächlich erwartet haben, hätten sie sich gründlich verrechnet. Denn die Rong waren gekommen, um zu bleiben, und »die vielen Lehnsfürsten« mussten nun König Ping als Kopf einer Exilregierung in Luoyi, im Tal des Gelben Flusses, installieren.* Doch zeigte

* Üblicherweise bezeichnen die Historiker die Jahre 1046 bis 771 v. u. Z. als Westliche Zhou-Dynastie; die Periode nach der Flucht der Könige nach Osten, also von 771 bis 481 (oder 453 oder 403, je nach Historiker) v. u. Z., als Östliche Zhou-Dynastie. Um die Sache noch unübersichtlicher zu machen, wird die Periode von 770 bis 476 v. u. Z. »Zeit der Frühlings- und Herbstannalen (des Herzogtums Lu)« und die Periode von 480 bis 421 v. u. Z. »Zeit der Streitenden Reiche« genannt.

sich rasch, dass der Zhou-König, mochte er auch Sohn des Himmels sein, nun, da er seine Güter am Wei verloren hatte, machtlos war. Die Grafen von Zheng, die mächtigsten unter den »Vasallen«, erprobten alsbald, wie weit sie gehen konnten. Einer der Grafen nahm 719 v. u. Z. den Thronerben zur Geisel, ein anderer erschoss 707 v. u. Z. den König selbst mit einem Pfeil.

Ab 700 v. u. Z. spielte der Hof der Zhou für die Lehnsfürsten, für die Herzöge, Markgrafen, Grafen und Barone der ehemaligen Kolonien (nach einer antiken Quelle waren es damals 148) keine Rolle mehr. Die führenden »Vasallen« behaupteten zwar immer noch, sie handelten im Namen des Zhou-Königs, tatsächlich aber kämpften sie alle um die eigene Vorherrschaft und ohne ihren angeblichen Herrscher darum zu fragen. Sie schlossen nach Belieben Verträge und brachen sie wieder.

Zeitweise hatte Markgraf Huan von Qi Oberwasser und konnte 667 v. u. Z. seine Rivalen sogar zu einer Versammlung einberufen, wo sie ihn als ihren Führer bestätigten (und dann doch fortfuhren, ihn und alle anderen zu bekämpfen). Im nächsten Jahr brachte Huan den König dazu, ihn zum *ba* zu ernennen, zum »Oberherrn«, der (theoretisch) die Interessen von Zhou vertrat. Huan hatte seine starke Stellung dadurch erlangt, dass er schwächere Staaten vor den Angriffen »fremder« Völker schützte – im Norden die Rong und Di, im Süden als Man bekannte Stämme. Insgesamt aber führten dieser Kämpfe (sicher unbeabsichtigt) zum gleichen Ergebnis wie die phönizische und griechische Kolonisation des westlichen Mittelmeerraums: Die Rong, Di und Man wurden in die Kerngebiete hineingezogen, die durch diese Vorgänge deutlich expandierten.

Im 7. Jahrhundert v. u. Z. gewannen die Staaten an der nördlichen Grenze des Kerngebiets die Rong und Di als Bundesgenossen, was durch Heiraten zwischen den Herrscherhäusern bekräftigt wurde. Die Herrscher der Rong und Di wurden zu Experten der Zhou-Literatur, verbanden sich mit Grenzstaaten wie Qi, Jin und Qin, die damals rasch expandierten. Im Süden bildeten einige Stämme der Man, als sie im 7. Jahrhundert v. u. Z. mit Jin und Qi Krieg führten, ihren eigenen Staat Chu. Ab etwa 650 v. u. Z. war Chu vollberechtigtes Mitglied des Staatenverbundes und nahm an den Versammlungen teil. Deren Herrscher nun behaupteten – auch dies ganz ähnlich wie die Adligen aus Segesta oder Rom, die sich als Nachkommen von Aeneas bezeichneten –, ihr Staat sei, wie die anderen im östlichen Kerngebiet auch, ursprünglich eine Kolonie der Zhou gewesen. In Chu entwickelte sich um 600 v. u. Z. eine eigene materielle Kultur, in der sich Traditionen des Südens mit solchen des Kerngebiets verbanden.

583 v. u. Z. war Chu so mächtig geworden, dass sich der Staat Jin entschloss, Bündnisse mit anderen Man-Völkern zu schließen, um Chu in die Zange nehmen zu können. 506 v. u. Z. war einer der Verbündeten, der Staat Wu, stark genug, um das Heer von Chu vernichtend zu schlagen; und 482 v. u. Z. schließlich musste der Markgraf von Jin seinen Status als *ba* an den Vizegrafen Fuchai von Wu übergeben – der prompt ebenfalls seine Abkunft von den Zhou erklärte. Nun aber

stieg ein anderer Staat des Südens auf: Yue wurde zur führenden Macht. Seine Vizegrafen versuchten, Wu ideologisch zu übertrumpfen, und behaupteten ihre Abkunft von der ältesten aller Dynastien, nämlich von den Xia. Nach 473 v. u. Z., nachdem sich Vizegraf Fuchai von Wu erhängt hatte (während der Belagerung seiner Hauptstadt durch das Heer von Yue), übernahm der Vizegraf von Yue dessen Stellung als *ba*. Trotz aller politischen Zersplitterung hatte sich das östliche Kerngebiet nicht weniger dramatisch vergrößert als das westliche.

Auf dem Weg zum High-End

Die Jahre von 750 bis 500 v. u. Z. waren jener Wendepunkt, an dem die Geschichte gerade keine Wendung nahm. 750 v. u. Z. erreichte die gesellschaftliche Entwicklung im Westen wieder 24 Indexpunkte, damit den Stand vom Vorabend des großen Zusammenbruchs um 1200 v. u. Z.; um 500 v. u. Z. geschah das Gleiche im Osten. Und wie schon einmal um 1200 änderte sich auch nun wieder das Klima, die Völker begannen zu wandern, die Konflikte verschärften sich, alte Staaten zerfielen, neue Staaten drangen in die Kerngebiete vor. Ein erneuter Zusammenbruch wäre denkbar gewesen, stattdessen aber restrukturierten sich beide Kerngebiete, entwickelten ihre jeweiligen wirtschaftlichen, politischen und geistigen Ressourcen weiter, um mit den Problemen fertig zu werden, die sie bedrängten. Genau das lässt Abbildung 5.1 so nichtssagend erscheinen – und macht sie zugleich so interessant.

Was sich verändert hat, erkennen wir zuerst in Assyrien. Der Usurpator, der 744 v. u. Z. als Tiglat-Pileser III. den Thron bestieg, wirkte zunächst nicht anders als alle die Thronprätendenten, die seit den 780er Jahren v. u. Z. das gleiche Spiel versucht hatten. Tatsächlich aber katapultierte er den heruntergewirtschafteten Low-End-Staat Assyrien in weniger als 20 Jahren ans dynamische High-End. Und auf dem Weg dorthin verwandelte er sich auch selbst, wurde – wie ein Mafiapate, der die Gesetzlichkeit für sich entdeckt – vom Gangsterboss zum großen (wenn auch brutalen) König.

Tiglat-Pileser – und das war das Geheimnis seines Erfolgs – hielt die adligen Söhne des Himmels aus allem heraus, stellte stattdessen ein stehendes Heer auf, das nicht mehr von den Lehnsfürsten unterhalten wurde, sondern vom König selbst, auf den es auch eingeschworen wurde. Die überlieferten Texte sagen nichts darüber, wie im Einzelnen er das bewerkstelligte, es muss ihm aber gelungen sein, Kriegsgefangene in seinen Dienst zu zwingen. Wenn dieses Heer Schlachten gewann, beanspruchte Tiglat-Pileser die ganze Kriegsbeute für sich, um seine Truppen direkt zu bezahlen; er teilte nicht mehr mit den Lehnsfürsten. Auf dieses Heer gestützt, brach er die Macht des Adels. Er schwächte Spitzenposten, indem er sie untergliederte und teils auch mit gefangenen Eunuchen besetzte. Eunuchen hatten zwei Vorteile. Zum einen konnten sie ihre Posten nicht an Söhne vererben, zum anderen wurden sie vom traditionellen Adel dermaßen verachtet, dass ihre Teilnahme an möglichen Rebellionen unwahrscheinlich war. Vor allem aber erweiterte Tiglat-Pileser enorm den Beamtenapparat, der den Staat lenkte, und auch hier überging er die alte Elite; seine Verwalter waren allein ihm ergeben.

All das kostete Geld. Tiglat-Pileser musste also auch die Staatsfinanzen regeln. Statt Fremde zu erleichtern, indem er ab und an auftauchte und Zahlungen erzwang, bestand er auf regelmäßigen Kontributionen – meist in Form von Steuern. Machte ein Vasallenkönig Schwierigkeiten, wurde er durch einen assyrischen Statthalter ersetzt. 735 v. u. Z. etwa verbündete sich König Pekach von Israel mit Damaskus und andern syrischen Städten zu einer Steuerrevolte (Abbildung 5.5). Wie ein Wolf über eine Herde[10] fiel Tiglat-Pileser über sie her, zerstörte 732 Damaskus, setzte einen Statthalter ein und annektierte die fruchtbaren Täler im Norden Israels. Pekachs unglückliche Untertanen ermordeten ihren König und hoben den pro-assyrischen König Hoschea auf den Thron.

Bis 727 v. u. Z. ging alles gut, dann starb Tiglat-Pileser. Hoschea, der glaubte, das neue assyrische System sterbe mit seinem König, verweigerte die Steuerzahlung, doch Tiglat-Pilesers Institutionen waren stark genug, um einen Wechsel an der Spitze zu überdauern. 722 verwüstete Assyriens neuer König Salmanassar V. (Šulmanu-asared) Israel, tötete Hoschea, setzte einen Statthalter ein und ließ die Israeliten zu Tausenden deportieren. Zwischen 934 und 612 v. u. Z. verschleppte oder vertrieb das Neuassyrische Reich etwa 4,5 Millionen Menschen aus ihren Siedlungsgebieten. Sie mussten als Söldner dienen, die Städte aufbauen und die Produktivität des Reiches steigern helfen: Flüsse eindeichen, Bäume pflanzen, Olivenhaine anlagen, Kanäle graben. Die Zwangsarbeit der Deportierten ernährte Ninive und Babylon, die beide, ältere Städte in den Schatten stellend, auf 100 000 Einwohner anschwollen und Ressourcen von überall her aufsaugten. Die gesellschaftliche Entwicklung ging steil nach oben. Um 700 v. u. Z. war Assyrien stärker als jeder andere historische Staat zuvor.

Hat Tiglat-Pileser den Gang der Geschichte beeinflusst, indem er einen Zusammenbruch im 8. Jahrhundert verhinderte? Früher antworteten Historiker darauf ohne zu zögern mit Ja, heute scheuen sie sich eher, dem Willen eines einzelnen Mannes so viel Macht zuzuschreiben. In diesem Fall haben sie sicher Recht. Tiglat-Pileser kannte keine Skrupel, er mag groß gewesen sein, einzigartig war er nicht. Überall im westlichen Kerngebiet des 8. Jahrhunderts v. u. Z. setzten Herrscher auf Zentralisierung, es schien *das* Heilmittel zu sein, um ihren Nöten zu wehren. Schon bevor Tiglat-Pileser in Assyrien die Macht ergriff, wurde Ägypten von Nubiern aus dem Gebiet des heutigen Sudan vereinigt, die in den folgenden 30 Jahren Reformen einleiteten, die auch die Zustimmung des Assyrers gefunden hätten. In den 710er Jahren v. u. Z. tat es ihnen sogar Hiskija (Ezechia), der König des kleinen Juda, gleich.

All das sieht nicht so sehr nach einem einsamen Genius aus, der den Lauf der Geschichte verändert hätte. Eher scheint es so gewesen zu sein, dass verzweifelte

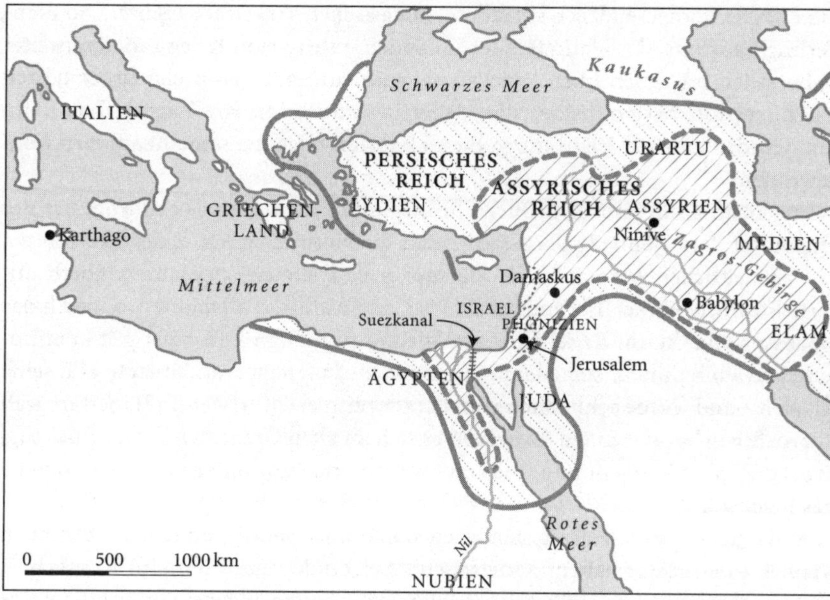

Abbildung 5.5: Die ersten High-End-Imperien
Die gestrichelte Linie zeigt die größte Ausdehnung des Assyrischen Reiches, die geschlossene die des Persischen Reiches, um 490 v. u. Z.

Menschen jede neue Idee aufgriffen und ausprobierten und sich dann die jeweils beste Lösung durchsetzte. Zentralisieren oder untergehen – so standen die Zeichen. Herrscher, die in ihrem Reich lokale Machthaber nicht unter Kontrolle brachten, wurden von anderen überrannt, denen dies gelang. So sah sich etwa Hiskija angesichts des bedrohlichen Assyriens gezwungen, sein Reich Juda zu stärken. Allerdings vergebens: 701 v. u. Z. wurde es von Sanherib geplündert, das Volk verschleppt. Nur Jerusalem blieb verschont, sei es, weil der Engel des Herrn, wie es in der Bibel heißt, Tausende von Assyrern erschlug; sei es, weil Hiskija, wie Sanheribs Annalen überliefern, bereit war, mehr Steuern zu zahlen.

Wie auch immer, sein Sieg konfrontierte Sanherib mit einer bitteren Einsicht: Durch jeden Krieg, den Assyrien gewann, schuf sich das Reich neue Feinde. Als Tiglat-Pileser Anfang der 730er Jahre v. u. Z. Nordsyrien annektiert hatte, verbanden sich Damaskus und Israel gegen ihn; als Salmanassar V. zwischen 732 und 722 v. u. Z. beide eroberte, wurde Juda zur neuen Front; und indem er 701 v. u. Z. Juda unter seinen Willen beugte, wurde Ägypten zu einer Bedrohung, bis die Assyrer in den 670er Jahren v. u. Z. schließlich auch das Nil-Tal überrannten. Ägypten jedoch erwies sich als zu weit vom Kernland entfernt. Als sich die Assyrer nach zehn Jahren wieder zurückzogen, drohten dem Reich Probleme an allen Grenzen. Nachdem sie Urartu, den Hauptfeind im Norden, geschlagen hatten, waren die Assyrer verheerenden Überfällen kaukasischer Völker ausgesetzt. Die Plünderung Babylons, des Hauptfeindes im Süden, führte zum Krieg mit dem weiter südwestlich gelegenen Elam. Und als sie auch dieses Reich in den 640er Jahren v. u. Z. zerstört hatten, hatten die Meder in den Bergen von Zagros freie Bahn und wurden zu einer Bedrohung, die es Babylon erlaubte, seine Kraft zurückzugewinnen.

In seinem einflussreichen Buch *Aufstieg und Fall der großen Mächte* hat der Historiker Paul Kennedy dargestellt, dass die Notwendigkeit, Kriege zu führen, die neuzeitlichen europäischen Mächte in den letzten 500 Jahren überbeanspruchte, ihre Stärke also untergrub, bis sie schließlich kollabierten. So auch das Neuassyrische Reich. Es schaffte den Sprung zum High-End-Staat mit kontinuierlichen Einnahmen, stehendem Heer und Beamtenapparat, besiegte alle seine Rivalen – und wurde schließlich zum Paradebeispiel dafür, wie ein Imperium sich übernehmen kann. 630 v. u. Z. befand es sich an allen Grenzen auf dem Rückzug, 612 v. u. Z. plünderte ein Bündnis von Medern und Babyloniern Ninive und teilte das Reich auf.

Assyriens abrupter Zusammenbruch wiederholt ein Muster, das wir bereits in Kapitel 4 betrachtet haben: Kriegerische Aufstände vergrößern ein Kerngebiet, indem zuvor periphere Völker die Möglichkeit erhalten, in jenes vorzustoßen. Das Reich der Meder übernahm viele der assyrischen Institutionen und Verfahrensweisen, Babylon wurde wieder zur Großmacht und Ägypten versuchte, sein Einflussgebiet an der Levante wieder aufzubauen. Außerdem hielt das Gerangel um das assyrische Fell die expansive Dynamik in Gang. Mit der Zentralisierung des Mederreichs wurde ein weiteres peripheres Volk, die Perser aus dem Südwesten des heutigen Iran, zu einer gefährlichen Macht. Schließlich konnte der persische Kriegsherr Kyros II. die Meder – begünstigt durch deren innere Konflikte – 550 v. u. Z. unterwerfen.*

Wie zuvor die assyrischen glaubten auch die persischen Könige, im göttlichen Auftrag zu handeln. Ihrer Vorstellung nach repräsentierte ihre Dynastie, die Achämeniden, die irdischen Interessen von Ahura Mazda, dem Gott des Lichts und der Wahrheit, in dessen ewigem Kampf gegen das Dunkel und das Böse. Die Götter anderer Völker, so redeten sich die Achämeniden ein, sähen die Gerechtigkeit dieses Kampfs und wollten ihren Sieg. Als Kyros 539 v. u. Z. Babylon erobert hatte, ließ er (offenbar allen Ernstes) verkünden, er habe dies getan, um die babylonischen Götter von den verdorbenen Herrschern zu befreien, die sie vernachlässigt hätten. Als er die Befreiung dadurch vollendete, dass er den Juden gestattete, nach Jerusalem zurückzukehren, und damit deren seit 586 v. u. Z. währende Gefangenschaft beendete, bestätigten sogar die Autoren der hebräischen Bibel Kyros'

* Der medische König war so unklug, das Heer, das er gegen Kyros II. aufbot, unter den Befehl von Harpagos stellen, eines Feldherrn, den er zuvor zur Strafe gezwungen hatte, das Fleisch des eigenen ermordeten Sohns zu verzehren. Prompt lief Harpagos zum Feind über, das Heer löste sich auf, und Kyros übernahm die Macht.

hohe Meinung von sich selbst. Ihr eigener Gott nenne Kyros »meinen Hirten«: »Alles, was ich will, wird er vollenden.« An der rechten Hand habe er ihn gefasst, »um ihm die Völker zu unterwerfen, um die Könige zu entwaffnen«[11].

Kyros führte seine Armeen bis zur Ägäis und in die Grenzgebiete des heutigen Kasachstans, Afghanistans und Pakistans. Sein Sohn Kambyses II. eroberte und besetzte Ägypten. 521 v. u. Z. aber, mit einer Intrige, die nicht weniger bizarr ist als die von Sima Qian erzählten Episoden, kam Dareios I., ein entfernter Verwandter, auf den Perserthron. Bei Herodot heißt es, Kambyses sei, einen Traum falsch deutend, davon ausgegangen, dass sich sein Bruder Smerdis gegen ihn verschworen habe, und habe diesen heimlich umbringen lassen. Zu Kambyses' Schrecken jedoch gab ein Priester – der zufällig ebenfalls den Namen des Toten trug und ihm auch wie aus dem Gesicht geschnitten schien – vor, der wahre Smerdis zu sein, und übernahm den Thron. Kambyses sprang aufs Pferd, um von Ägypten aus zurück in seinen Palast zu eilen und den Betrug aufzudecken (und damit wohl auch den Mord an seinem eigenen Bruder). Unglücklicherweise jedoch stach er sich selbst in den Oberschenkel und starb. Inzwischen war der Betrug des falschen Smerdis aufgeflogen, denn eine der Frauen des echten hatte entdeckt, dass jenem die Ohren fehlten. (Sie waren ihm einige Zeit zuvor als Strafe abgeschnitten worden.) Sieben Adlige ermordeten den falschen Smerdis und veranstalteten anschließend eine Wette um den Thron. Jeder sollte mit seinem Pferd zu einem vereinbarten Ort reiten, und wessen Tier nach Sonnenaufgang als Erstes wieherte, sollte König werden. Dareios gewann (natürlich mit einem Trick).

Wie sich herausstellte war diese Art, einen König zu wählen*, so gut wie jede andere auch, denn Dareios I. erwies sich rasch als neuer Tiglat-Pileser. So nachhaltig steigerte er die Einnahmen aus seinem Reich mit vielleicht 30 Millionen Untertanen, dass die Perser, wie Herodot berichtete, »sagen, dass Dareios ein Geschäftsmann war …, weil er bei allem auf Geld und Gewinn sah.«[12]

Dareios folgte den Geldquellen, und das zog ihn nach Westen, wo die steigende gesellschaftliche Entwicklung den Mittelmeerraum erneut belebte. Um 500 v. u. Z. hatten Kaufleute, die eher auf eigene Rechnung Handel trieben als für Paläste und Tempel, für ein pulsierendes Wirtschaftsleben gesorgt, wodurch die Transportkosten übers Meer dermaßen sanken, dass sich auch mit Massengütern wie Lebensmitteln und nicht nur mit Luxuswaren Profite erzielen ließen. Hundert Jahre zuvor hatten die Lydier in Westanatolien damit begonnen, Metallstücke zu stempeln und so deren Gewicht zu garantieren, und in den Tagen des Dareios war die Neuerung der Münzprägung weit verbreitete Praxis geworden und hatte den Handel nochmals beschleunigt. Der Lebensstandard stieg: Um 400 v. u. Z. konnte der Durchschnittsgrieche zwischen 25 und 50 Prozent mehr konsumieren

* Wenn die Geschichte denn stimmt. Die meisten Historiker vermuten, dass Dareios den wahren Smerdis umbrachte und eine Priesterclique von seinem Hof vertrieb.

als seine Vorgänger 300 Jahre zuvor. Die Häuser wurden größer, die Lebenserwartung stieg.

Dareios zapfte das mediterrane Wirtschaftsleben an, indem er Phönizier anheuerte, die Persiens erste Flotte bemannten, einen »Suezkanal« anlegen ließ, der Mittelmeer und Rotes Meer miteinander verband, und versuchte, die griechischen Städte unter seine Macht zu bekommen. Herodot zufolge schickte er auch Spione los, die Italien auskundschaften sollten, und überlegte sogar, Karthago anzugreifen.

486 v. u. Z., im Todesjahr Dareios', lag die gesellschaftliche Entwicklung im Westen gut zehn Prozent über den 24 Indexpunkten, die sie um 1200 v. u. Z. erreicht hatte. Die Erträge aus dem Bewässerungsfeldbau in Ägypten und Mesopotamien waren stetig gestiegen; Babylon hatte 150 000 Einwohner (die Stadt war, Herodot zufolge, so groß, dass die Nachricht, Kyros habe sie erobert, Tage brauchte, bis sie alle Viertel erreicht hatte). Die Soldaten der Perser waren so zahlreich, dass sie (wiederum laut Herodot) ganze Flüsse leer tranken. Vielleicht einer von zehn Athenern konnte damals seinen Namen schreiben.

Auch im Osten erreichte die gesellschaftliche Entwicklung die 24-Punkt-Marke. Die Staaten durchliefen die gleichen Prozesse der Restrukturierung und Zentralisierung, die der Westen im 8. Jahrhundert erlebt hatte. Der Zusammenbruch der Zhou-Herrschaft seit 771 v. u. Z. hatte sich für die Herrscher früherer Vasallenstaaten als zweischneidige Angelegenheit erwiesen. Sie hatten nun die Freiheit, Kriege mit ihren Rivalen zu führen, was sie mit Hingabe taten. Doch war dies nicht das Ende der Verfallsprozesse. Herzöge und Grafen, die früher ungebärdige Vasallen waren, die sich den Zhou einerseits verpflichtet fühlten, aber andererseits auch wussten, dass deren Könige von ihren Truppen abhängig waren, erlebten nun, dass ihre eigenen Adligen und Grundherren nicht weniger ungebärdig waren als sie selbst. Um sie auszubooten, verpflichteten die Exvasallen Fremde für Staats- und Heeresdienste, so wie das auch Tiglat-Pileser III. tat, der sein Heer mit Kriegsgefangenen bemannte. Vier große Reiche an den Grenzen der Zhou-Welt (Jin, Qi, Chu und Qin; vgl. Abbildung 5.2) gewannen im 7. Jahrhundert genau dadurch an Stärke.

Bereits 690 v. u. Z. führte Chu – ein Staat, der weniger an aristokratische Traditionen gebunden war als die Staaten am Gelben Fluss – neue Verwaltungsbezirke ein, deren Gouverneure dem Palast direkt unterstanden. Andere Staaten folgten. In den 660er Jahren v. u. Z. versuchte es Xian, der Herrscher von Jin, mit einer drastischeren Methode: Er ließ die Oberhäupter der führenden Familien des Landes umbringen und ernannte Minister, die, wie er hoffte, fügsamer waren. Auch das machten andere Staaten nach. 594 v. u. Z. entdeckte Markgraf Xuan von Lu einen anderen Weg, die Adligen seines Landes zu umgehen. Er hob die Arbeitspflichten der Bauern auf und gab ihnen damit faktischen Anspruch auf das Land, das sie bearbeiteten. Dafür mussten die Bauern Kriegsdienst leisten und Steuern direkt an den Hof entrichten. Ich brauche kaum hinzuzufügen, dass andere Staaten sich beeilten, diesen Weg ebenfalls einzuschlagen.

Modernisierende Herrscher stellten größere Armeen auf, fochten härtere Kriege aus und zogen Nutzen aus einem wirtschaftlichen Wachstum, das dem im Westen glich. Bauern waren eher bereit, die Bodenerträge zu steigern, wenn das Land ihnen gehörte. Sie züchteten bessere Getreidepflanzen und investierten in Pflüge, vor die sie Ochsen spannten. Agrarwerkzeuge aus Eisen setzten sich durch, und im 5. Jahrhundert v. u. Z. lernten die Schmiede mit dem Blasebalg umzugehen, sodass sie Temperaturen von 1500° Celsius erreichen konnten, bei denen sich Eisen schmelzen und gießen lässt.* Handwerker aus Wu experimentierten auch schon mit dem Kohlenstoffgehalt des Eisenflusses, um Stahl zu produzieren.

Die Städte blühten – Linzi in Lu hatte um 500 v. u. Z. vermutlich 50 000 Einwohner –, und wie im Westen ermutigte der Bedarf der Städter private Kaufleute, auch mit Nahrungsmitteln zu handeln. 625 v. u. Z. schaffte ein Minister aus Lu die Grenzkontrollposten ab, um den Handel zu erleichtern. Der Warenverkehr über Wasserstraßen florierte. In Jin und am Hof der Zu in Luoyi wurden Bronzemünzen eingeführt, unabhängig von deren Erfindung im Westen. In einer weiteren Parallele zum Westen stiegen die Lebensstandards, allerdings auch die Ungleichheit. Ebenfalls stiegen die Steuersätze, von zehn Prozent zu Anfang des 6. Jahrhunderts auf 20 Prozent ein Jahrhundert später. Der Adel ließ sich Eishäuser in seine Paläste bauen, die Bauern verschuldeten sich.

Mit Beginn des wirtschaftlichen Wachstums im Westen, im 6. Jahrhundert v. u. Z., hatten die Könige ihre Macht bereits wiedererlangt. Im Osten dagegen verschärfte das Wachstum deren Probleme, weil die Minister, die die streitsüchtigen Lehnsfürsten ersetzt hatten, ebenfalls aus mächtigen Familien stammten. Ihre Stellung erlaubte es ihnen oft besser als ihren Herren, die Früchte des Wachstums zu ernten, und so wurden sie meist zu Rivalen. 562 v. u. Z. stellten drei Ministerfamilien den Markgrafen von Lu praktisch kalt, in den 480er Jahren übernahmen sie den Staat. In Jin führten die Minister 50 Jahre lang einen Dreifronten-Bürgerkrieg, bis der Staat 453 v. u. Z. aufgeteilt wurde.

Zu dieser Zeit jedoch hatten die Herrscher (beziehungsweise die Minister, die deren Macht usurpiert hatten) eine Lösung gefunden. Wenn adlige Minister ebenso schwer zu lenken waren wie die Aristokraten, die sie ersetzt hatten, warum dann nicht Verwalter und Beamte außerhalb des eigenen Landes suchen? Diesen angestellten Fachleuten, die *shi* genannt wurden (meist mit »Hofbeamter« übersetzt), fehlten politische Verbindungen, sie konnten also nicht zu Rivalen werden. Viele stammten sogar aus einfachen Verhältnissen, darum vor allem hatten sie ja nach bezahlter Arbeit gesucht. Der immer häufigere Einsatz der *shi* zeigt zweierlei: zum einen die Zentralisierung der Macht, zum anderen, wie verbreitet die Fähigkeit des Schreibens und Lesens war. Tausende *shi* hantierten in stillen

* Im 1. Jahrhundert v. u. Z. hatte sich Gusseisen in China durchgesetzt. Im Westen dagegen war bis ins 14. Jahrhundert nur Schmiedeeisen – als Resultat mehrfachen Erhitzens auf 900° Celsius und Hämmern der so erzeugten weichen »Blüte« – bekannt.

Schreibzimmern der Verwaltung mit ihren Schriftrollen und zählten Bohnen, Tausende zogen von Land zu Land, so wie die Stellen sich anboten.

Einige Glückpilze unter den beamteten Schreiberlingen erregten die Aufmerksamkeit von Grafen oder Markgrafen und machten Karriere. In einem interessanten Kontrast zum Westen waren es diese Männer und weniger die Herrscher, die sie angestellt hatten, die zum Gegenstand der chinesischen Literatur dieser Zeit wurden. Als rechtschaffene Ratgeber halfen sie, den Wohlstand ihrer Herren zu steigern, indem sie diese auf dem Pfad der Tugend hielten. Der *Zuozhuan*, ein historischer Kommentar zu den ebenfalls historischen *Frühlings- und Herbstannalen*, ist voll solcher Charaktere. Mein Favorit ist Zhaodun, ein hoher Hofbeamter bei Ling, dem Herzog von Jin. Herzog Ling, heißt es im *Zuozhuan* mit einigem Understatement, »war kein rechter Herrscher. Von seiner Terrasse aus schoss er mit seiner Armbrust auf Menschen und beobachtete, wie sie vor den Bolzen flohen.* Als sein Koch ein Gericht mit Bärentatzen servierte, das nicht richtig zubereitet war, tötete er ihn, stopfte den Leichnam in einen Behälter und ließ diesen von seinen Frauen durch den Audienzsaal tragen.«[13]

Zhaodun machte seinem Herzog derart heftige Vorhaltungen, dass Ling einen Mörder damit beauftragte, den lästigen Ratgeber zum Schweigen zu bringen. Als der Killer aber bei Morgengrauen in Zhaoduns Haus ankam, war der ehrenwerte *shi* bereits völlig angekleidet und saß in seinen Hofgewändern über seiner Arbeit. Schwankend zwischen dem Entsetzen, einen so guten Mann ermorden zu müssen, und der Scham, seinem Herrn ungehorsam zu sein, fand der Killer einen schicklichen Ausweg: Er beging Selbstmord, indem er seinen Kopf gegen einen Baum schlug.

Es folgen weitere Abenteuer. Der Herzog legte einen Hinterhalt, doch Zhaodun entkam, weil sein Gefolgsmann einen Kampfhund mit einem Schlag tötete und sich zudem herausstellte, dass einer von des Herzogs Soldaten der Mann war, den Zhaodun Jahre zuvor vor dem Hungertod gerettet hatte. Zuletzt, und wie in allen anderen Geschichten des *Zuozhuan* auch, ereilte den Herzog die verdiente Strafe, allerdings blieb Zhaodun – wie so häufig in diesen moralischen Texten – der Vorwurf nicht erspart, dies nicht verhindert zu haben.

Andere Herrscher (vermutlich solche mit besserem Betragen) prosperierten, und ihre Macht wuchs, wofür die im 5. Jahrhundert v. u. Z. veränderten Bauweisen sprechen. Die Zhou-Könige hatten sich Paläste auf Terrassen aus gestampfter Erde errichten lassen, die Fürsten nun bauten in die Höhe, bewegten sich also,

---

* Darin steckt ein Problem. Zhaoduns Geschichte soll sich um 610 v. u. Z. zugetragen haben, die Armbrust wurde aber erst Mitte des 5. Jahrhunderts gebräuchlich. Aus solchen Ungereimtheiten schließen einige Historiker, dass der *Zhouzhuan* nur eine Sammlung von Volkserzählungen sei, die über Jahrhunderte tradiert und dabei auch ausgeschmückt worden seien. Darum brächten sie nur allgemeine Ideale zum Ausdruck, ließen aber wenig über wirkliche Ratgeber und Herrscher erkennen. Das scheint mir zu skeptisch geurteilt. Natürlich ist vieles in Zhaoduns Geschichte Fiktion, doch hatten diejenigen, die den *Zhouzhuan* zusammenstellten, offensichtlich Zugang zu guten Quellen und vermitteln uns insofern zumindest einen Eindruck vom institutionellen und geistigen Wandel.

im Wortsinn, Richtung High-End. Ein Palast in Chu soll, so wird berichtet, auf einem 150 Meter hohen Podest gestanden und die Wolken berührt haben. Einen anderen, in Nordchina, nannte man den »Palast, der halben Wegs in den Himmel reicht«. Die Herrschenden ließen ihre Paläste auch befestigen, vermutlich fürchteten sie ihr eigenes Volk ebenso wie die Feinde aus anderen Staaten.

Um 450 v. u. Z. bewegten sich die Herrscher des Osten wie ihre Kollegen im Westen in Richtung High-End-Modell, erhoben Steuern, unterhielten stehende Heere und verwalteten diese umfangreichen Unternehmungen mit einer Beamtenschaft, die nur ihnen ergeben war und zugleich unabhängig genug, um auch den Tod ihrer Herren zu überdauern. Die Wirtschaft blühte, die gesellschaftliche Entwicklung hatte die 24-Punkt-Marke überschritten. Im Westen hatte sich das Kerngebiet ausgedehnt, und das Perserreich vereinte den größten Teil davon. Ähnliche Vorgänge zeichneten sich im Osten ab. Von den 148 Staaten, die 771 v. u. Z. aus dem Zusammenbruch des Reiches der Zhou hervorgegangen waren, waren um 450 v. u. Z. nur noch 14 übrig; und nur vier davon dominierten das Geschehen: Jin, Qi, Chu und Qin.

In Kapitel 4 habe ich mir vorgestellt, wie von Dänikens Weltraumbesucher um 1250 v. u. Z. vorausgesagt hätten, dass sich die Kerngebiete weiter ausdehnen und dass in beiden ein einziges Reich entstehen würde. Wären sie um 450 v. u. Z. zurückgekommen, sie hätten sich bestätigt fühlen können. Mit ihrer Voraussage lagen sie richtig, nur den Zeitplan hatten sie durcheinandergebracht.

Die Klassiker

Vielleicht hätten die Aliens auch mit einigem Interesse verfolgt, dass die Erdlinge offenbar keinen Gefallen mehr daran fanden vorzutäuschen, sie stünden in direktem Kontakt mit den Übermenschen. In den vier Jahrtausenden, in denen gottähnliche Könige herrschten, war die moralische Ordnung mit einer Kette von Zeremonien verankert worden. Diese Rituale hatten den niedrigsten Dorfbewohner mit den Herrschern verbunden, die an den Himmel heranreichten, indem sie Tempelburgen bauten oder Gefangene opferten. Doch als sich nun die göttergleichen Könige als Vorsitzende ihrer Bürokratien neu erfanden, schwand der Zauber aus der Welt. So klagte der griechische Dichter Hesiod im 7. Jahrhundert v. u. Z.:

[Wär' ich selber] … doch später geboren!
Denn dies Menschengeschlecht ist ein eisernes. …
Endlich empor zum Olympos vom weitumwanderten Erdreich,
Beid' in weiße Gewände den schönen Leib sich verhüllend,
Gehn von den Menschen hinweg in der ewigen Götter Versammlung
Scham und heilige Scheu, und zurück bleibt trauriges Elend
Hier den sterblichen Menschen; und nicht ist
Rettung dem Unheil.[14]

Doch war das nur eine Art, die Dinge zu sehen. Von den Küsten der Ägäis bis zum Becken des Gelben Flusses entwickelten andere Denker radikal neue Ideen und Vorstellungen davon, wie die Welt funktioniert. Sie sprachen von den Rändern her – sowohl gesellschaftlich, denn sie entstammten den niederen Rängen der Eliten, als auch geographisch, weil die meisten aus kleinen Staaten kamen und aus den Randbezirken der Macht.* Verzweifelt nicht, sagten sie sinngemäß, wir brauchen keine Gottkönige, um über diese schlechte Welt hinaus zu gelangen. Die Rettung ist in uns, nicht bei jenen verderbten, gewalttätigen Herrschern.

Der Philosoph Karl Jaspers, der sich nach Ende des Zweiten Weltkriegs mühte, den Sinn der moralischen Krise seiner Tage zu erfassen, nannte die Jahrhunderte um 500 v. u. Z. »Achsenzeit«, womit er sagen wollte, damals habe sich eine Achse gebildet, um die die Geschichte sich dreht: »Es entstand der Mensch, mit dem wir bis heute leben.«[15] Die Literatur der Achsenzeit – konfuzianische und daoistische im Osten, buddhistische und jainistische in Südasien, die griechische Philosophie und die hebräische Bibel (mit ihren Abkömmlingen Neues Testament und Koran) im Westen – wurde zu Klassikern, zu zeitlosen Meisterwerken, die seither für Millionen Menschen den Sinn des Lebens formuliert haben.

Das war eine enorme Leistung von Männern wie Sokrates oder Gautama Buddha, die selbst wenig oder gar nichts niederschrieben. Das taten ihre Anhänger, manchmal sehr viel später; sie zeichneten auf, schmückten aus oder reformulierten in eigenen Worten. Häufig wusste niemand ganz genau, was die Gründer gedacht oder gesagt hatten, und ihre erbittert streitenden Erben veranstalteten Konzile, sprachen Bannflüche aus, bezichtigten einander, in völliger Dunkelheit zu tappen. Einer der größten Erfolge der modernen Philologie war die Entdeckung, dass die Nachfolger trotz dieser Gefechte, Bannsprüche und Verfolgungen Zeit fanden, ihre heiligen Bücher zu schreiben und so häufig umzuschreiben, dass es nahezu unmöglich ist, aus den Überlieferungen die ursprüngliche Bedeutung herauszufiltern.

Die Texte der Achsenzeit sind auch der Form nach sehr vielfältig. Einige sind Sammlungen dunkler Aphorismen, andere geistreiche Dialoge, wieder andere Gedichte, Historien oder Polemiken. In manchen verbinden sich alle Genres. Und schließlich sind sich alle Klassiker darin einig, dass ihr letzter und höchster Gegenstand, ein transzendentes Reich jenseits unserer eigenen verkommenen Welt, nicht zu definieren ist. Nirwana – wörtlich »Ver-wehen«, der Zustand, in dem alle mit dem Dasein verbundenen Leidenschaften ausgelöscht sind wie eine Kerze – lässt sich nicht beschreiben, sagte Buddha, schon der Versuch ist unangemessen. Für Konfuzius war das sittliche Ideal, war *ren* – »Mitmenschlichkeit« – ebenfalls nicht

* Freilich nicht alle von ihnen. Mahavira (vermutlich um 497–425 v. u. Z.), der Begründer des Jainismus, stammte aus Magadha, dem mächtigsten Staat auf der indischen Halbinsel. Zoroaster, den manche Historiker zu den Meistern der Achsenzeit rechnen, stammte aus dem heutigen Iran, lebte aber zu einer Zeit – vermutlich zwischen 1400 und 600 v. u. Z. –, zu der Persien noch Randgebiet des westlichen Entwicklungskerns war. (Auf Zoroaster gehe ich hier nicht näher ein, weil es einfach zu wenig gesichertes Wissen über ihn gibt.)

zu erfassen: »Je mehr ich emporblicke, desto höher wird es. Je mehr ich mich hineinbohre, desto undurchdringlicher wird es. Ich sehe es zum Greifen nah vor mir, doch plötzlich entrückt es in den Hintergrund …, und wollte ich es auch, ich könnte einfach nicht aufhören, weiter in seine Lehre einzudringen.«[16] Sokrates hob ebenfalls abwehrend die Hände, als er *kalon*, das Gute, definieren sollte: »Wenn ich es nur könnte! Aber mein guter Wille wird mir Spott eintragen. – Nun, meine Verehrten, wir wollen die Erklärung des Guten selber diesmal auf sich beruhen lassen.«[17] Nur in Gleichnissen lasse es sich ausdrücken, denn das Gute sei wie ein Feuer, das Schatten erzeuge, die wir dann für die Wirklichkeit hielten. Auch Jesus äußerte sich zum Himmelreich nur in Andeutungen und Gleichnissen.

Am ungreifbarsten aber war *dao*, der »Weg«, dem die Daoisten folgen:

Ein Dào, das man erklären könnte, wäre nicht das zeitlose Dào.
Begriffe, die man begreifen kann, sind keine zeitlosen Begriffe.
Unbegreiflich ist der Anfang der Welt,
begreiflich nur als der abertausend Dinge Ursprung.[18]

Einig waren sich die Klassiker auch darin, wie Transzendenz zu erreichen sei. Natürlich steckt mehr in Konfuzianismus, Buddhismus, Christentum usw. als bloß Slogans, die auf Autoaufkleber passen. Einer davon aber ist mir aufgefallen, als ich an diesem Kapitel geschrieben habe, denn er fasst die Dinge schön zusammen: »Compassion is revolution«, Mitgefühl ist Revolution. Lebe ethisch bewusst, hüte dich vor Begierden und verhalte dich anderen gegenüber so, wie du willst, dass sie sich zu dir verhalten – und du wirst die Welt verändern. Alle Klassiker drängen uns, die andere Wange hinzuhalten, und sie zeigen uns Wege, Selbstdisziplin zu üben. Buddha setzte auf Meditation, Sokrates zog das Gespräch vor, jüdische Rabbiner* hielten zum Studium an, Konfuzius pflichtete dem bei und fügte die peinlich genaue Befolgung von Zeremonien und Musik hinzu. Und in jeder Tradition gab es Anhänger, die zur Mystik neigten, während andere einem realistisch-erdverbundenen, volkstümlichen Weg folgten.

Das Verfahren war stets eines der Herausbildung des *Selbst*, einer inneren, persönlichen, auf das Transzendente gerichteten Neuorientierung, das göttergleicher Könige nicht bedurfte – wohl auch nicht unbedingt der Götter. Um übernatürliche Mächte ging es im Denken der Achsenzeit häufig gar nicht mehr. Konfuzius und Buddha weigerten sich, über göttliche Wesen zu sprechen; Sokrates wurde, obwohl er seine Gottesfurcht öffentlich erklärte, nicht zuletzt auch darum verurteilt, weil man ihm den Glauben an die Athener Götter absprach. Und die Rabbiner mahnten die Juden, sie sollten den Namen Gottes nicht im Mund führen, da er unsagbar sei.

Noch schlechter als den Göttern erging es den Königen im Denken der Achsenzeit. Den Daoisten und Buddha waren sie gleichgültig; Konfuzius, Sokrates

* Die rabbinischen Schulen blühten vor allem im 1. Jahrhundert vor und im 1. nach der Zeitenwende.

und Jesus wiederum tadelten die ethischen Versäumnisse der Herrschenden. Das kritische Denken der Achsenzeit hinterfragte, was bislang als gut und groß gegolten hatte. Und die neuen Fragen, die zu Geburt, Reichtum, Geschlecht, Rasse und Kaste gestellt wurden, hatten etwas durchaus Gegenkulturelles.

Indem ich diese Ähnlichkeiten zwischen den Klassikern des Westens und Ostens sowie Südasiens herausstelle, möchte ich natürlich nicht über die ebenso großen Unterschiede hinweggehen, die zwischen diesen Denkern bestehen. Niemand würde das *Tripitaka* (den »Dreikorb« oder *Pali-Kanon*, die Sammlung der Aussprüche des Buddha in Pali) mit Platons Lehrgespräch *Politeia* (*Der Staat*) oder mit Konfuzius' Lehrgesprächen *Lun Yu* (den *Analekten*) verwechseln, ebenso wenig diese mit den konkurrierenden chinesischen Klassikern wie dem daoistischen *Zhuangzi* oder dem *Fajing*, dem »Buch der Gesetze«, das der Staatsbeamte Shang Yang zur Grundlage der Gesetzgebung in Qin machte. Die Jahre zwischen 500 und 300 v. u. Z. werden in der chinesischen Tradition die »Zeit der hundert streitenden Schulen« genannt, und ich möchte doch kurz bei dieser außerordentlichen Vielfalt von Ideen verweilen, die in einer einzigen Region hervorgebracht wurden.

Konfuzius erklärte Herzog Zhou aus dem 11. Jahrhundert v. u. Z. zum Vorbild der Tugendhaftigkeit; sein Ziel sei es, die moralische Vortrefflichkeit jener Epoche wiederherzustellen und dazu deren Zeremonien wieder einzusetzen. Archäologische Funde jedoch sprechen dafür, dass Konfuzius in Wahrheit ziemlich wenig wusste über die weit zurückliegende Zhou-Ära. Es war nicht dieser Herzog, sondern eine viel spätere »rituelle Revolution« um 850 v. u. Z., die der Gesellschaft unter den Zhou maßvolle, sorgfältig abgestufte Zeremonien, Riten und Gebräuche bescherte, mit denen allen Mitgliedern einer breiten Elite bestimmte Plätze in der Hierarchie zugewiesen wurden. Erst um 600 v. u. Z. änderten sich die Riten abermals, als einige übermächtige Männer damit begannen, sich besonders prächtig bestatten zu lassen, und sich damit weit über den Rest der Elite erhoben.

Konfuzius, einer der gebildeten, aber nicht besonders reichen *shi*, reagierte vermutlich kritisch auf diese zweite Veränderung und idealisierte dabei die stabile ritualisierte Ordnung zwischen 850 und 600 v. u. Z., die er bis in die legendären Zeiten des Herzogs Zhou zurückdatierte. Er postulierte: »Sich selbst überwinden, die eigenen Wünsche und Begierden bezwingen, sich von Anstand, Höflichkeit und guten Sitten leiten lassen, das ist sittliches Verhalten.«[19] Das bedeutete: Sorge dich mehr um deine lebende Familie als um die Ahnen; schätze ehrliche Verehrung höher als prunkvolle Scheinheiligkeit; schätze die Tugend und nicht die Herkunft; praktiziere die Riten mit einfachen Mitteln; folge den Traditionen. Konfuzius war davon überzeugt, dass er nur einen Herrscher dazu bringen müsste, *ren* (Mitmenschlichkeit, sittliches Verhalten) zu praktizieren, und jeder andere würde ihm nacheifern, die Welt fände Frieden.

Mozi (auch Mo Di, Mo Ti oder Micius) wiederum, ein Denker des 5. Jahrhunderts, widersprach dem entschieden. Seiner Meinung nach hatte Konfuzius *ren* missverstanden. Es bedeute, Gutes zu *tun* und nicht gut zu *sein*, und es betreffe jeden, nicht nur die eigene Familie. Mozi wollte nichts hören von Riten, Musik und vom Herzog von Zhou. Selbst wenn die Menschen hungerten und Gewalt erlitten, die Konfuzianer »verhalten sich wie Bettler, sammeln wie Hamster, blicken wie Böcke und laufen umher wie kastrierte Schweine«[20]. Grob gewirkte Kleidung tragend, im Freien schlafend, sich von Grütze ernährend – so bewegte sich Mozi unter den Armen und predigte *jian ai*, eine allgemeine Nächstenliebe, die zu gegenseitiger Unterstützung (auch: Nutzen) verpflichte und zu striktem Egalitarismus führe.

Meister Mo Ti sagte: Wenn man andere Staaten wie den eigenen betrachtet und andere Familien wie die eigene und andere Menschen wie sich selbst, dann werden die Feudalfürsten einander lieben und keinen Krieg miteinander führen, und die Familienvorstände werden untereinander Freundschaft pflegen und nicht aufeinander übergreifen, und die Menschen werden einander lieben und nicht schädigen ... und Elend, Übergriffe, Unzufriedenheiten und Hass werden in der ganzen Welt nicht mehr aufkommen können. Dies hat seinen Grund in der gegenseitigen Liebe.[21]

Mozi betätigte sich in diplomatischen Missionen, um Kriege zu verhindern, lief umher, bis seine Sandalen zerfielen. Er entsandte auch eine sektenähnliche Anhängerschaft von 180 jungen Männern, die unter Einsatz ihres Lebens einen ungerecht angegriffenen Staat verteidigten.

Die Denker, die man zusammenfassend als Daoisten (auch: Taoisten) bezeichnet, zeigten sich von Mozi ebenso unbeeindruckt wie von Konfuzius. Gang und Weg des Universums war für sie der Wandel: von der Nacht zum Tag, von der Freude zur Sorge, vom Leben zum Tod. Nichts ist fest, nichts genau festzulegen. Menschen essen Rindfleisch, Wild frisst Grass, Eulen fressen Ratten – wer will sagen, welches die beste Ernährung ist? Was Konfuzianer als wahr bezeichnen, nennen die Anhänger des Mozi falsch, in Wirklichkeit aber, sagen die Daoisten, sei alles mit allem verbunden. Niemand könne wissen, wohin der Weg führe. Eins mit dem Weg müssten die Menschen werden, das aber könne mit verzweifelter Aktivität nicht gelingen.

Mozi lehnte Konfuzius ab, Zhuangzi Konfuzius und Mozi und die so genannten Legalisten wiederum verwarfen das Denken aller drei. Der Legalismus richtete sich eigentlich grundsätzlich gegen das Denken der Achsenzeit, machiavellistischer als Machiavelli selbst. *Ren*, *jian ai*, und *dao* – alle drei verfehlten den Legalisten zufolge das, worauf es ankomme. Die Legalisten fanden es schlicht töricht, die Realität transzendieren zu wollen: Die göttergleichen Könige hätten sich zu Staatenlenkern gewandelt, die vor allem effektiv handeln wollten, und der Rest der Menschen täte gut daran, diesem Programm ebenfalls zu folgen. Für Shang Yang, im 4. Jahrhundert v. u. Z. Kanzler des Staates Qin und der führende Kopf des Legalismus, war das Ziel nicht (Mit-)Menschlichkeit, sondern »den Staat reicher zu machen und seine militärischen Möglichkeiten zu stärken«. Handle, so

Shangs Maxime, anderen gegenüber nicht so, wie du willst, dass sie sich dir gegenüber verhalten, denn: »Wenn du bei deinen Unternehmungen etwas tust, das zu tun sich der Gegner schämen würde, bist du im Vorteil.« Darum solle man auch nicht gut sein oder Gutes tun, denn: »Ein Staat, der die Bösen über die Guten herrschen lässt, erfreut sich der Ordnung und wird stärker.«[22] Auch solle man keine Zeit verschwenden auf Riten, Aktivismus oder Fatalismus, sondern einen umfangreichen Gesetzeskodex mit grausamen Strafen (köpfen, lebendig begraben, Zwangsarbeit) bewehren und diesen streng gegen jedermann anwenden. Gesetze, sagten die Legalisten gerne, sind wie der Anschlagwinkel der Zimmerleute, sie zwingen widerspenstiges Material, sich einzupassen.

Das achsenzeitliche Denken in China reichte also von der Mystik bis zum Autoritarismus und entwickelte sich stetig weiter. Im 3. Jahrhundert v. u. Z. etwa verband der Gelehrte Xunzi konfuzianische Lehren mit solchen von Mozi und des Daoismus und suchte einen Mittelweg des Legalismus. Viele Legalisten schätzten Mozis Arbeitsethos und die daostische Akzeptanz der Dinge. Über die Jahrhunderte wurden die Ideen immer wieder neu und zu kaleidoskopischer Vielfalt verbunden.

Das gilt weitgehend auch für das Achsenzeitdenken in Südasien und im Westen. Ich werde diese Traditionen nicht im Detail behandeln, doch bereits ein kurzer Blick auf das kleine Griechenland vermittelt uns einen Eindruck vom Brodeln des Ideenkessels. In Griechenland war die Göttlichkeit der Könige vor 1200 v. u. Z. möglicherweise schwächer ausgeprägt als in den älteren Staaten Südwestasiens, und um 700 glaubten die Griechen überhaupt nicht mehr daran. Vielleicht aus diesem Grund, eben weil es keine Herrscher mit Draht zu einer anderen Welt gab, gingen sie der Frage, wie ein guter Staat beschaffen sein sollte, noch entschiedener nach als die Denker der Achsenzeit anderswo.

Eine der griechischen Antworten war, das Gute durch kollektives politisches Handeln zu suchen. Wenn niemand über einen Zugang zu übernatürlichem Wissen verfügte, dann wäre es doch angezeigt, das begrenzte Wissen eines jeden einzelnen zusammenführen und daraus eine Demokratie (der Männer) zu machen. Das ist eine für das griechische Denken charakteristische Vorstellung – nicht einmal Mozi ist so weit gegangen –, und die Verfechter langfristiger Determinierung behaupten häufig, dass die Erfindung der Männerdemokratie durch die Griechen einen entscheidenden Bruch zwischen dem Westen und dem Rest der Welt markiere.

Wer meinen Gedanken bis hierher gefolgt ist, wird sich nicht wundern, dass mich das nicht überzeugt. Die gesellschaftliche Entwicklung im Westen war, als die Griechen begannen, über Angelegenheiten der Polis abzustimmen, 14 000 Jahre lang höher als die im Osten gewesen, und auch während des 5. und des 4. Jahrhunderts, in der goldenen Zeit der griechischen Demokratie, änderte sich an der westlichen Führung nichts. Erst als im 1. Jahrhundert v. u. Z. das Römische Reich die Demokratie abgelegt hatte, wurde der westliche Vorsprung deutlich größer. Ein noch viel größeres Problem entsteht der Theorie des entscheidenden

Bruchs dadurch, dass die Demokratie im Westen 2000 Jahre lang, vom klassischen Griechenland bis zur Amerikanischen und zur Französischen Revolution, völlig verschwunden war (wie in den Kapiteln 6 bis 9 noch deutlicher werden wird). Gewiss fanden Radikale des 19. Jahrhunderts im klassischen Athen eine nützliche Folie für ihre Diskussionen darüber, wie moderne Demokratien funktionieren könnten, aber es bedarf schon einer heroisch selektiven Haltung, um in der Geschichte einen stets wachen Geist demokratischer Freiheit zu erkennen. (Nur zur Erinnerung: Gerade die amerikanischen Gründerväter neigten dazu, das Wort »Demokratie« abschätzig zu verwenden. Demokratie lag für sie allenfalls eine Stufe über der Pöbelherrschaft.)

Doch davon abgesehen, der eigentliche Beitrag der Griechen zum Denken der Achsenzeit stammte nicht von Demokraten, sondern von Kritikern der Demokratie, allen voran von Sokrates. Die Griechen, sagte er, brauchten keine Demokratien, die nur die Unwissenheit von Männern zusammenfasse, die alles und jedes nach der jeweiligen Erscheinungsform beurteilten. Was die Griechen wirklich brauchten, seien Männer wie er, die wüssten, dass sie, wenn es um die letzte und einzig entscheidende Frage gehe, nämlich um das Wesen des Guten, nichts wüssten. Nur solche Männer könnten hoffen, das Gute durch eine in philosophischer Debatte geschliffene Vernunft zu begreifen – sofern das überhaupt möglich sei; Sokrates war sich da nicht sicher.

Platon, einer seiner Schüler und Anhänger, entfaltete das vom Meister ersonnene Vorbild einer guten Gesellschaft in zwei Texten: in der *Politeia* (*Der Staat*) und in *Nomoi* (*Die Gesetze*), der erste idealistisch genug für jeden Konfuzianer, der zweite autoritär genug, um das Herz eines Shang Yang zu wärmen. Aristoteles (einer von Platons Schülern) behandelte die Frage in einer ähnlichen Spannbreite: von der humanen *Nikomachischen Ethik* bis zur kalt-analytischen *Politik*. Einige der Philosophen des 5. Jahrhunderts v. u. Z., nämlich die Sophisten, kommen in ihrem Relativismus den Daoisten gleich, die Visionäre Parmenides und Empedokles standen ihnen in Sachen Mystizismus in nichts nach. Und Protagoras war ein ebenso großer Fürsprecher des gemeinen Mannes wie Mozi.

In der Einleitung dieses Buchs habe ich von einer anderen Langfristtheorie westlicher Vorherrschaft gesprochen, nach der der Westen heute nicht darum regiere, weil die alten Griechen die Demokratie erfunden, sondern weil diese eine einzigartig rationale, dynamische Kultur geschaffen hätten. Demgegenüber sei das alte China obskurantistisch und konservativ gewesen.* Ich denke, auch das ist falsch, nämlich eine Karikatur des östlichen, westlichen und südasiatischen Denkens gleichermaßen, die dessen jeweils interne Vielfalt übersieht. Östliches Denken kann ebenso rational, liberal, realistisch oder zynisch sein wie das westli-

* Einige Geistesgeschichtler und viele New-Age-Adepten stellen das auf den Kopf. Sie behalten die Ost-West-Unterscheidung bei, behaupten aber, das östliche/südasiatische Denken befreie den menschlichen Geist, während ihm die westliche Abstraktion Zwangsjacken verpasse.

che; und das wiederum ebenso mystisch, autoritär, relativistisch oder obskur wie das östliche. Was dem Denken der Achsenzeit wirklich gemeinsam ist, ist Einheit in der Vielfalt. Trotz aller Unterschiede im Denken des Ostens, Westens und Südasiens – in allen drei Regionen war die Bandbreite der Ideen, Argumente und Kontroversen bemerkenswert ähnlich. Wo immer sie lebten, ob im Tal des Gelben Flusses, in der Ebene des Ganges oder in den Städten des östlichen Mittelmeerraums, die Denker der Achsenzeit steckten das gleiche Terrain der Debatte ab.

Der eigentliche Bruch mit der Vergangenheit wird deutlich, wenn man dieses geistige Terrain *als Ganzes* betrachtet, nicht nur einzelne seiner Bestandteile wie etwa die griechische Philosophie. Als die gesellschaftliche Entwicklung im Westen zum ersten Mal die Marke von 24 Indexpunkten erreichte, um 1300 v. u. Z., dachte niemand so wie in der Achsenzeit. Diesem Denken am nächsten kam vielleicht Echnaton, Pharao von Ägypten zwischen 1364 und 1347 v. u. Z., der die traditionelle Götterwelt beiseite fegte und eine Trinität installierte, gebildet aus ihm, seiner Frau Nofretete und der Sonnenscheibe Aton. Er ließ eine neue Stadt voller Atontempel bauen, verfasste unvergessliche Hymnen und förderte einen völlig neuen Stil in der Kunst.

Seit hundert Jahren diskutieren Ägyptologen darüber, was Echnaton tatsächlich getan hat. Manche denken, er habe versucht, den Monotheismus einzuführen. Kein Geringerer als Sigmund Freud behauptete, Moses habe Echnaton diese Auffassung gestohlen, als die Hebräer in Ägypten waren. Tatsächlich gibt es auffällige Parallelen zwischen Echnatons »Großer Hymne an Aton« und dem 104. Psalm der Bibel, dem »Loblied auf den Schöpfer«. Doch war Echnatons religiöse Revolution alles andere als achsenzeitlich, denn sie ließ keinen Raum für persönlich erfahrene Transzendenz. Im Gegenteil: Echnaton verwehrte es gewöhnlichen Sterblichen, Aton zu verehren, womit der Pharao noch ausschließlicher als zuvor zur exklusiven Brücke zwischen dieser Welt und dem Göttlichen wurde.

Wenn überhaupt etwas, dann illustriert der Atonismus die Schwierigkeiten, wenn es darum ging, in Gesellschaften, in denen das Gottkönigtum fest verankert war, einen größeren geistigen Wandel einzuleiten. Echnatons neue Religion fand keine Anhängerschaft, und kaum war er gestorben, da wurden die alten Götter zurückgebracht und Echnatons Tempel zerstört. Seine Revolution blieb vergessen, bis Archäologen 1891 seine Stadt ausgruben.

Sollte das achsenzeitliche Denken der Faktor sein, der die Abbildung 5.1 so nichtssagend macht? Haben Konfuzius, Sokrates und Buddha die Gesellschaften über eine Art geistiger Schwelle geführt, nachdem die gesellschaftliche Entwicklung Mitte des 1. Jahrtausends v. u. Z. die Marke von 24 Punkten erreichte, wohingegen das Fehlen solch großer Geister die gesellschaftliche Entwicklung zuvor, im 2. Jahrtausend v. u. Z., verhindert hat?

Wahrscheinlich nicht. Zum einen spricht die Chronologie dagegen. Im Westen wurde Assyrien zum High-End-Staat und übersprang im 8. Jahrhundert

v. u. Z. die 24-Punkte-Marke, und doch lässt sich 300 Jahre vor Sokrates im westlichen Denken wenig Achsenzeitliches erkennen. Im Osten ist der zeitliche Abstand geringer. Die Staaten Qin, Chu, Qi und Jin erreichten die 24-Punkt-Marke um 500 v. u. Z., zu der Zeit also, in der Konfuzius höchst aktiv war. Die Hauptwelle des achsenzeitlichen Denkens aber kam später, im 4. und 3. Jahrhundert v. u. Z. Wenn die Südasienforscher Recht haben mit ihrer Rückdatierung Buddhas auf das späte 5. Jahrhundert v. u. Z., dann scheint die Herausbildung von High-End-Staaten dem achsenzeitlichen Denken auch dort vorauszugehen.

Auch die Geographie spricht dagegen. Die bedeutendsten achsenzeitlichen Denker kamen aus kleinen marginalen Gemeinschaften wie Griechenland oder Israel. Buddhas Heimatstaat war Sakya, Konfuzius kam aus dem kleinen Lu. Es ist schwer einzusehen, wie transzendente Durchbrüche im politischen Hinterland die gesellschaftliche Entwicklung der Großmächte hätten beeinflussen sollen.

Zuletzt spricht auch die Logik dagegen. Achsenzeitliches Denken war eine Reaktion auf den High-End-Staat, richtete sich gegen große Könige und war gegen ihre Bürokraten bestenfalls indifferent, ihrer Macht jedoch häufig ausgesprochen feindlich gesonnen. Einen Beitrag zur gesellschaftlichen Entwicklung und deren Steigerung leistete das achsenzeitliche Denken, wie ich annehme, erst spät, Ende des 1. Jahrtausends v. u. Z., als die großen Staaten lernten, dieses Denken zu zähmen und für ihre Interesse einzuspannen. Im Osten entschärfte die Han-Dynastie den Konfuzianismus so weit, dass er zur offiziellen, zur Staatsideologie werden konnte, die einer Klasse loyaler Bürokraten als Leitfaden diente. In Indien trat der große König Aschoka, offensichtlich selbst erschrocken über seine gewaltsamen Eroberungen, um 257 v. u. Z. zum Buddhismus über, ohne allerdings weiteren Feldzügen ganz abzuschwören. Und im Westen neutralisierten die Römer zunächst das griechische Denken und machten anschließend das Christentum zur Stütze ihres Imperiums.

Die rationaleren Richtungen des achsenzeitlichen Denkens förderten Recht, Mathematik, Naturwissenschaft, Geschichte, Logik und Rhetorik, die alle dazu beitrugen, dass die Menschen ihre geistige Welt besser zu beherrschen lernten. Der wahre Motor hinter Abbildung 5.1 jedoch war kein anderer als der, der schon seit Ende der Eiszeit wirksam war. Faule, gierige und furchtsame Menschen fanden einfachere, ergiebigere und sicherere Wege, ihre Angelegenheiten zu regeln. Und indem sie dies taten, bildeten sie stärkere Staaten, trieben Handel über immer weitere Entfernungen, siedelten sich in größeren Städten an. Nach einem Muster, dem wir in den nächsten fünf Kapiteln immer wieder begegnen werden, bekam das neue Zeitalter mit steigender gesellschaftlicher Entwicklung eben die Kultur, die es brauchte. Das achsenzeitliche Denken war eines der Phänomene, zu denen es kam, als die Menschen High-End-Staaten schufen und die Welt entzauberten.

Grenzreiche

Bedarf es weiterer Beweise dafür, dass achsenzeitliches Denken eher Konsequenz und nicht Ursache staatlicher Restrukturierung war? Dann müssen wir nach Qin schauen (Abbildung 5.6). Der unbekannte Autor des *Zhanguo Ce* (*Strategeme der Streitenden Reiche*), einer Art Handbuch diplomatischer Winkelzüge, schreibt über diesen grimmigen Staat an der Westgrenze des östlichen Kerngebiets: »Qin hat die gleichen Sitten wie die [barbarischen] Rong und Di … Es hat das Herz von Tiger oder Wolf; ist gierig, liebt seinen Vorteil, ist nicht vertrauenswürdig, weiß nichts von Ritualen, Pflichten oder tugendhaftem Verhalten.«[23] Obwohl es das Gegenteil all dessen war, was ein konfuzianischer Edelmann hochhielt, expandierte das randständige Qin explosionsartig und hatte das östliche Kerngebiet im 3. Jahrhundert v. u. Z. vollständig erobert.

Ähnliches geschah am anderen Ende Eurasiens. Dort übernahmen die Römer – ebenfalls mit Wölfen gleichgesetzt – aus ihrem randständigen Territorium heraus das westliche Kerngebiet komplett und versklavten die Philosophen, die sie Barbaren nannten. Polybios, ein griechischer Edelmann, der 167 v. u. Z. als Geisel nach Rom verschleppt wurde, verfasste eine vierzigbändige Universalgeschichte – *Historíai* –, um seinen Landsleuten dieses Geschehen zu erklären. Ihn trieb die Frage um, wie es die Römer in weniger als 50 Jahren (220–167 v. u. Z.) geschafft hatten, fast die gesamte ihm bekannte Welt unter ihre Herrschaft zu bringen, was es zuvor noch nie gegeben habe.

Qin und Rom hatten eine Menge gemeinsam. Beide liefern sie spektakuläre Beispiele für die Vorteile der Rückständigkeit, indem sie organisatorische Methoden, wie sie im älteren Kerngebiet entwickelt worden waren, mit Methoden der Kriegführung verbanden, die sie an einer unruhigen Grenze gelernt hatten. Beide Staaten massakrierten, versklavten und enteigneten Millionen; beide trieben sie die gesellschaftliche Entwicklung in bislang unbekanntem Tempo voran. Qin und Rom liefern Beispiele auch für das, was wir das Paradox der Gewalt nennen könnten: Als die Ströme des Bluts getrocknet waren, standen die meisten Völker trotz und wegen des römischen Imperialismus besser da.

In beiden Fällen liegt das Erfolgsgeheimnis offen: Zahlen. Qin und Rom erreichten ihre Erfolge auf unterschiedlichen Wegen, letzten Ende aber lag es daran, dass beide ihre Armeen besser ausheben, bewaffnen, ernähren und ersetzen konnten als alle ihre jeweiligen Rivalen.

Jahrhundertelang war Qin das schwächste der sechs Streitenden Reiche gewesen.* Spät machte es sich auf den Weg zur High-End-Organisation, Grundsteuern etwa erhob es erst ab 408 v. u. Z. Damals zwangen unablässige Kämpfe die anderen

* Aus den vier großen Mächten (Jin, Qi, Chu und Qin) des 6. Jahrhunderts wurden sechs, als Jin nach einem Bürgerkrieg in drei Staaten zerfiel (Han, Wei und Zhao). Manche Historiker nehmen Yan, rund um das heutige Beijing, als siebte große Macht hinzu.

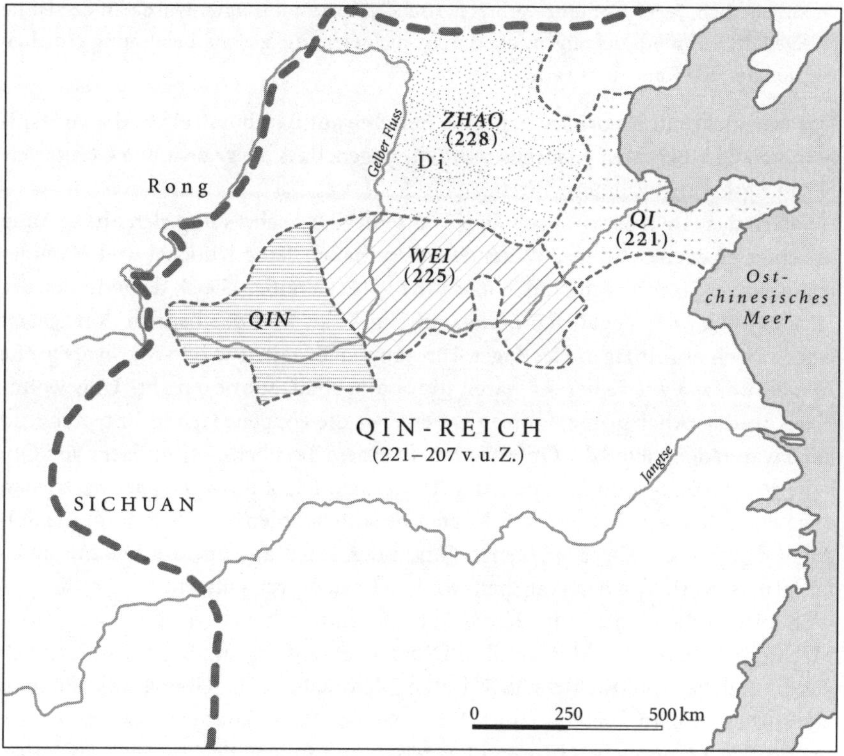

Abbildung 5.6: Der Triumph der Qin
Der Osten zur Zeit der Streitenden Reiche 300–221 v. u. Z.
(Zahlen in Klammern geben das Jahr an, in dem die Hauptstaaten an Qin fielen.)

Staaten, ihre Untertanen in den Militärdienst zu pressen, Steuern von ihnen zu erheben und sie mit Methoden des Legalismus zu disziplinieren. Die Herrschenden taten, was sie konnten, um ihre Einkünfte zu erhöhen, und die erfolgreichsten Mittel dazu verbreiteten sich rasch, denn die Alternative zur Nachahmung waren Zerstörung und Untergang. Um 430 v. u. Z. hatte der Staat Wei mit der Aushebung von Zwangsarbeitern begonnen und ließ sie Bewässerungskanäle graben, um den Ertrag des Ackerbaus zu steigern; die anderen Staaten, zuletzt auch Qin, folgten dem. Zhao und Wei errichteten Mauern, um ihr wertvolles bewässertes Land zu schützen, die anderen taten es ihnen nach.

Im 4. Jahrhundert v. u. Z. holte Qin auf. Um etwa 350 v. u. Z. erwarb sich Shang Yang dort seinen Ruf: Er riet dem Herrscher von Qin, wie sich das Land in einen Alptraum aus Überwachung und Disziplin verwandeln ließe:

Er befahl, dass die Bewohner in Gruppen zu Zehnen und Fünfen aufgeteilt wurden, in diesen sollten sie sich gegenseitig überwachen und waren wechselseitig füreinander verantwortlich. Jeder, der eine verbrecherische Tat nicht anzeigte, wurde an der Hüfte zweigeteilt, während diejenigen, die die Tat meldeten, die gleiche Belohnung erhielten wie der, der den Kopf eines Feindes beibrachte.[24]

Das war nicht nur autoritäre Fantasie. Berichte auf Bambusstreifen, die aus Gräbern von Qin-Beamten geborgen wurden, zeigen, dass die grausamen Gesetze erbarmungslos angewendet wurden.

Sofern das ein Trost ist, nach dem Tod seines Herrschers fing sich Shang Yang in seiner eigenen Schlinge: Wütende Adlige ließen seine Knöchel und Handgelenke an vier Streitwagen binden und ihn in Stücke reißen. Doch da hatte sich der Hig-End-Staat der Legalisten bereits durchgesetzt, und das östliche Kerngebiet wurde zu einem einzigen Heerlager. Um 500 v. u. Z. galten 30 000 Mann als große Armee, um 250 v. u. Z. bereits waren 100 000 normal, 200 000 nichts Ungewöhnliches, und wirklich große Armeen hatten etwa die doppelte Größe. Entsprechend hoch waren denn auch die Opferzahlen. In einem Text heißt es, ein Heer von Qin habe 364 v. u. Z. 60 000 Soldaten aus Wei getötet. Die Zahlen mögen übertrieben sein, doch da die Soldaten nach Köpfen bezahlt wurden (im Wortsinn: die Soldaten lieferten die abgeschnittenen Ohren der Toten ab, um ihre Belohnung zu fordern), sind sie von der Wahrheit wohl nicht allzu weit entfernt.

So fürchterlich waren die Kräfte, die sie entfesselt hatten, dass die großen Mächte 361 v. u. Z. beschlossen, ihre Differenzen auf regelmäßigen Konferenzen auszuhandeln. Ab etwa 350 v. u. Z. traten Diplomaten auf, »Überreder« genannt, deren Dienste man mieten konnte. Ein einzelner Mann konnte zwischen mehreren großen Königreichen hin und her reisen und ihnen allen zugleich als oberster Minister dienen, indem er Intrigen spann, die eines Henry Kissinger würdig wären.

»To jaw-jaw is always better than to war-war«, hat Winston Churchill einmal gesagt, also etwa: Palavern ist besser als Krieg führen.[25] Im 4. Jahrhundert v. u. Z. jedoch stach rohe Gewalt das Verhandeln noch immer aus. Der Problemstifter war Qin. Vor Angriffen hinter bergigen Grenzen gut geschützt, nutzte es seine Grenzlage aus und verstärkte seine Schlagkraft, indem es Angehörige der staatenlosen Gesellschaften weiter im Westen in seine Armeen zog. So konnte das Reich den Druck auf das Kerngebiet ständig erhöhen. »Qin ist der Todfeind aller unter dem Himmel«, heißt es im *Zhanguo Ce*, es wollte »die ganze Welt verschlingen.«[26]

Die anderen Staaten erkannten, dass sie sich gegen Qin verbünden mussten, doch hatten Jahrhunderte voller Kriege ein solches Misstrauen angehäuft, dass sie einander auch immer wieder in den Rücken fielen. Zwischen 353 und 322 v. u. Z. setzte sich Wei an Spitze einer Reihe von Bündnissen, sobald die Verbündeten aber ein paar Siege errungen hatten, wandten sie sich regelmäßig gegen Wei – getrieben von der Furcht, dieses könnte die anderen übervorteilen. Wei reagierte, wie dies viele verschmähte Liebhaber tun, und wandte sich in neu entflammter Neigung dem alten Feind Qin zu. Zwischen 310 und 284 v. u. Z. führte dann Qi eine Reihe neuer Bündnisse an, nur damit auch es im Stich gelassen wurde wie zuvor Wei. Zuletzt übernahm Zhao die Führung und errang 269 v. u. Z. zwei große Siege über Qin. Neue Hoffnung keimte auf, aber die Siege waren nicht siegreich genug und kamen zu spät. Qins König Zheng entdeckte eine fürchterliche neue Strategie: Er musste nur so viele Menschen töten, dass die anderen Staaten ihre Armeen nicht wieder aufbauen konnten. Qin erfand den *Body Count*, das Zählen getöteter Gegner, als Erfolgsmesser im Krieg.

In den nächsten 30 Jahren sorgten Qins Feldherren dafür, dass etwa eine Million feindliche Soldaten ihr Leben verloren. Eine grässliche Bilanz von Massakern füllt die Annalen; doch plötzlich, im Jahr 234 v. u. Z., war damit Schluss. Dann nämlich, so wird berichtet, erschlug Qin 100 000 Mann aus Zhao. Danach gab es keinen namhaften Feind mehr, und in den Annalen ist nicht mehr von Massakern die Rede, sondern von Staaten, die sich ergaben.

Weder *jaw-jaw* noch *war-war* hatten gefruchtet, also verlegten sich Qins Gegner auf Attentate. 227 v. u. Z. schaffte es ein Mörder, an allen Aufpassern des Königs vorbeizukommen, er schnappte sich Zhengs Arm und stach mit einem vergifteten Dolch auf ihn ein – hatte aber nur den Ärmel des Königs in der Hand. Der duckte sich hinter eine Säule, zerrte sein lächerlich langes Zeremonienschwert aus der Scheide und hieb den Attentäter in Stücke.

Weitere Attentatsgelegenheiten boten sich nicht, und 221 v. u. Z. fiel Qi als letzter der unabhängigen Staaten. König Zheng nannte sich nun Qin Shihuangdi, das heißt »Erster Erhabener Gottkaiser von Qin«. Und er donnerte: »Wir sind der Erste Kaiser, und unsere Nachfolger sollen bekannt werden als Zweiter Kaiser, Dritter Kaiser und so weiter, unzählige Generationen lang.« Niemand widersprach.[27]

Roms Weg zu einem Imperium verlief anders (Abbildung 5.7). Persien hatte, als Dareios I. 521 v. u. Z. den Thron bestieg, bereits den Großteil des damaligen westlichen Kerngebiets vereinigt, setzte aber mit seinen Gelüsten, den Reichtum des mediterranen Grenzgebiets anzuzapfen, eine Welle defensiver Staatsbildungen in Gang und weckte die Kräfte, die das Altpersische Reich schließlich zerstörten. Griechische und italische Städte waren bereits sehr weit entwickelt, erreichten mit ihrer Energieausbeute und ihrem Nachrichtenwesen hohe Punktzahlen, weniger allerdings im Hinblick auf Organisation und militärische Stärke. So lange Dareios sie sich einzeln vornahm, konnte er sie einschüchtern und zur Unterwerfung zwingen, aber genau das trieb die Städte dazu, sich zu verbünden und ihre organisatorischen und militärischen Möglichkeiten zu erhöhen.

Als Dareios' Sohn Xerxes I. 480 v. u. Z. eine riesige Streitmacht nach Griechenland führte, vergaßen die Rivalen Athen und Sparta ihre Streitigkeiten und verbündeten sich gegen ihn. Mit seiner Schlachtbeschreibung verhalf der Historiker Herodot ihrem unglaublichen Sieg bei Salamis zu ewigem Ruhm. Athen ging aus dieser Schlacht als Führungsmacht des Attischen Seebundes hervor. Was nun folgte, war dem Geschehen im Bündnis der Staaten gegen Qin im Osten ziemlich ähnlich. Der Machtzuwachs Athens beunruhigte Sparta noch mehr, als es

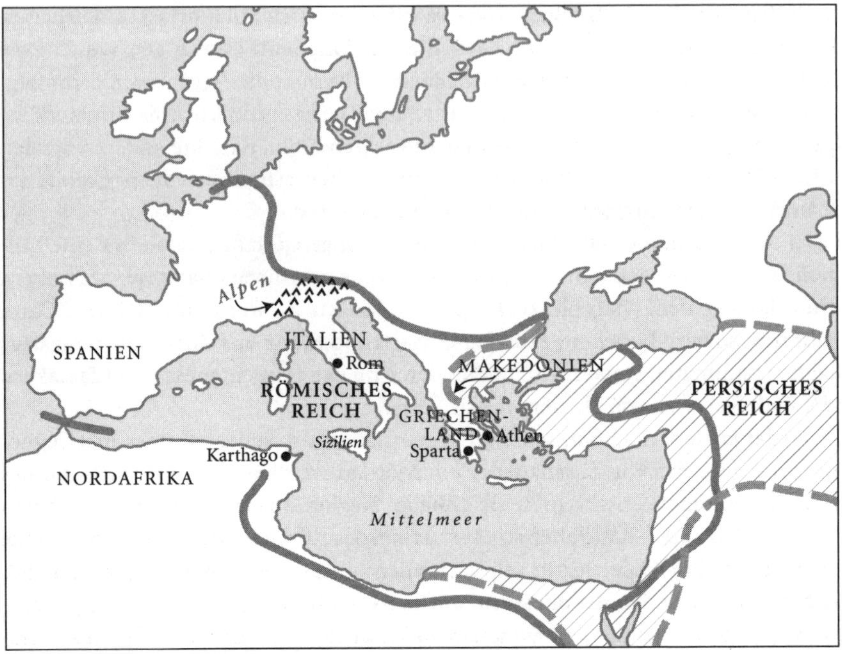

Abbildung 5.7: Antike Imperien im Westen

Das Persische und das Römische Reich, 500–1 v. u. Z. Die gestrichelte Linie zeigt die größte Ausdehnung des Persischen Reiches nach Westen, um 490 v. u. Z., die durchgezogene die des Römischen Reiches um 1 v. u. Z.

die Perser taten, und der Konflikt zwischen Athen und Sparta entlud sich ab 431 v. u. Z. im fürchterlichen Peloponnesischen Krieg (den Thukydides unvergesslich machte). Als das geschlagene und hungernde Athen 404 v. u. Z. seine Flotte übergeben und die Mauern der Stadt schleifen musste, hatte der Krieg bereits Sizilien und Karthago einbezogen und Teile des Mittelmeerraums, vor allem Makedonien, in wirtschaftliche Abhängigkeit von den Griechen gebracht.

Makedonien war eine Art antiker Bananenrepublik, reich an Rohstoffen (insbesondere Bauholz und Silber), doch ohne innere Ordnung. Fünfzig Jahre lang hatten griechische Städte das Land herumgeschubst, rivalisierende Anwärter auf den makedonischen Thron unterstützt und daran mitgewirkt, dass die Politik am dortigen Hof zu einer Seifenoper aus Inzest und Mord wurde. 359 v. u. Z. jedoch eroberte Philipp II., ein makedonischer Tiglath-Pileser, den Thron. Er brauchte keine sozialwissenschaftlichen Berater, die ihm die Vorteile der Rückständigkeit erläuterten: Er hatte sie instinktiv verstanden und adaptierte griechische Institutionen für sein großes, reiches, doch anarchisches Königreich. Er ließ Silber fördern, heuerte Söldner an und brachte den aufrührerischen Adel auf seine Seite.

Dann fegte er die griechischen Städte hinweg. Das gleiche hätte er zweifellos mit Persien getan, hätte ihn nicht sein Leibwächter Pausanias 336 v. u. Z. getötet – das Motiv hinter der Tat sollen, wie es Gerüchte wissen wollten, Wutanfälle des betrunkenen Philipp gewesen sein und/oder Liebeshändel, die in homosexuellen Vergewaltigungen endeten. Ohne Zeit zu verlieren verwirklichte sein Sohn, Alexander III., was Vater Philipp geplant hatte. In nur vier Jahren (334–330 v. u. Z.) hetzte er Persiens König Dareios III. in den Tod, brannte dessen heilige Stadt nieder und marschierte mit seinen Streitkräften bis an die Grenze Indiens. Nur die Weigerung seiner Soldaten, den Feldzug fortzusetzen, konnte seinen Eroberungsdrang stoppen.

Alexander, ein Kind der neuen entzauberten Welt (Aristoteles war einer seiner Lehrer gewesen), erkannte nicht, wie schwierig es sein würde, in die Fußstapfen eines göttergleichen Königs zu treten.* Fromme Perser sahen in ihren Königen die irdischen Repräsentanten Ahura Mazdas und seines immerwährenden Kampfes gegen das Dunkle. Für sie konnte Alexander nur ein Agent des Bösen sein. Alexander versuchte gequält, dieses schlechte Image loszuwerden und die Perser von seiner Göttlichkeit zu überzeugen (davon war in Kapitel 4 bereits die Rede). Hätte er genügend Zeit gehabt, wäre ihm das vielleicht auch gelungen. So aber ließ sich kein Perser von seiner Göttlichkeit überzeugen, und je mehr er sich mühte, desto verrückter schien er seinen Griechen und Makedoniern zu werden. So starb er – möglicherweise an Vergiftung – 323 v. u. Z. ohne göttlichen Glanz. Seine Feldherren verwickelten sich prompt in interne Machtkämpfe, teilten das Reich auf und machten sich nach und nach zu Königen mit durchaus göttergleichen Zügen.

Zuletzt hätte sich eines dieser Königreiche alle anderen unterwerfen können, dem Weg Qins folgend; doch Alexanders Nachfolgern blieb ebensowenig Zeit wie diesem selbst. Im 4. Jahrhundert v. u. Z. war Makedonien in die griechischen Konflikte hineingezogen worden, hatte griechische Institutionen seinen Bedürfnissen angepasst, die Griechen geschlagen, zuletzt das damalige Großreich zerstört; im 2. Jahrhundert dann war es Rom, das dieses Programm wiederholte.

Die Stadt bietet ein vollkommenes Beispiel dafür, wie Kolonisierung und Entwicklungen an der Peripherie zusammenwirken, um Kerngebiete zu erweitern. Seit dem 8. Jahrhundert v. u. Z. stark durch die Griechen beeinflusst, wuchs Rom dennoch vor allem in den Kämpfen mit seinen unmittelbaren Nachbarn und brachte eine merkwürdige Mischung von High-End- und Low-End-Organisation hervor. Ein aristokratischer Senat traf die meisten der großen Entscheidungen; Versammlungen, in denen die mittlere Bauernschaft dominierte, stimmten ab über Fragen von Krieg und Frieden. Wie Qin bewegte sich auch Rom erst spät

* Das ist fast wörtlich zu verstehen. Alexander war 30 Zentimeter kleiner als der persische König Dareios III. Und als er zum ersten Mal auf den Thron sprang, baumelten seine Füße über dem Fußboden, ein ziemlich ungöttlicher Anblick – bis ein Höfling mit einem Schemel herbeieilte.

Richtung High-End. Erst ab 406 v. u. Z. erhielten seine Soldaten Sold, vermutlich um die gleiche Zeit wurden zum ersten Mal Steuern eingezogen. Für Jahrhunderte stützten sich Roms Staatseinnahmen auf Beutezüge und Plünderungen, und anstatt besiegten Feinden Tributzahlungen abzuverlangen, verhandelten die Römer mit ihnen über die Aushebung von Soldaten, damit sie neue Kriege führen konnten.

Die Römer hatten ebensowenig Sinn für göttergleiche Könige wie die Griechen, den Zusammenhang von Eroberung und Göttlichkeit allerdings sahen sie nur zu gut. Wirklich erfolgreiche Feldherren wurden mit Triumphzügen belohnt, den antiken Konfettiparaden, bei denen weiße Rösser geschmückte Streitwagen durch Rom zogen, auf denen Bilder der Unantastbarkeit und Heiligkeit prangten – begleitet jedoch von Sklaven, die den Helden zuflüsterten: »Bedenke, dass du nur ein Mensch bist!« Der Triumphzug machte den Eroberer vielleicht zum Gott für einen Tag, aber eben auch nicht mehr.

Mochte dieses System den Griechen im 3. Jahrhundert v. u. Z. auch als altmodisch erschienen sein, mit seiner Verbindung von High-End- und Low-End-Praktiken generierte es Soldaten und Kampfbereitschaft in einem Maß, das dem in Qin nicht nachstand. Persien hatte 480 v. u. Z. etwa 200 000 Soldaten aufgeboten, um Griechenland zu überfallen, und als es diese verloren hatte, brauchte es Jahrzehnte, um diese Reihen wieder zu füllen. Mit solchen Beschränkungen hatte Rom nicht zu rechnen. Ein Jahrhundert voller Kriege, und es verfügte über die Männer ganz Italiens.

264 v. u. Z. ließ sich der Senat mit Karthago auf ein titanisches Kräftemessen um die Macht über den westlichen Mittelmeerraum ein. Die Karthager lockten Roms erste Flotte in einen Sturm, der diese – und mit ihr 100 000 Seeleute – auf den Meeresgrund schickte. Rom baute sich einfach eine größere Flotte. Zwei Jahre später ging auch sie in einem Sturm unter, also schickte Rom eine dritte Armada und verlor auch diese. Erst die vierte gewann den Krieg, im Jahr 241 v. u. Z. – Karthago hatte seine eigenen großen Verluste nicht ausgleichen können. Nun brauchte die punische See- und Handelsmacht 23 Jahre, um sich zu erholen, dann zog Feldherr Hannibal mit seinen Elefanten über die Alpen, um Italien von Norden her aufzurollen. Zwischen 218 und 216 v. u. Z. tötete oder versklavte er 100 000 Römer, aber Rom konnte die Verluste wettmachen, noch mehr Männer mobilisieren und Hannibals Truppen in Abnutzungsschlachten zerreiben. 201 v. u. Z. musste Karthago die Waffen strecken.

War-war kam dem Römischen Senat rascher in den Sinn als *jaw-jaw.* Nach nur einem Sommer Erholungspause wandte sich Rom gegen die Königreiche von Alexanders Nachfolgern im östlichen Mittelmeerraum. 167 v. u. Z. hatte es sie endgültig überwunden. Eine weitere Generation später zogen mörderische Kriege gegen Aufständische die Armeen Roms tief hinein nach Spanien, nach Nordafrika und Norditalien. Dann war Rom zur einzigen Supermacht des Westens geworden.

Erste Begegnung

Um 200 v. u. Z. hatten der Osten und der Westen mehr miteinander gemein als je zuvor seit der Eiszeit. Beide wurden dominiert von je einem einzigen Imperium mit zehn Millionen Untertanen. Beide hatten eine schriftkundige, kultivierte, im achsenzeitlichen Denken geschulte Elite, die in großen Städten lebte. Erhalten wurden diese Städte von hochproduktiven Bauern, versorgt von gut ausgebauten Handelsnetzen. In beiden Kerngebieten lag die gesellschaftliche Entwicklung um 50 Prozent höher als um 1000 v. u. Z.

Dieses Kapitel hat uns die Regel anschaulich vor Augen geführt, dass sich Menschen (in großen Gruppen betrachtet) doch alle sehr gleichen. Getrennt durch die Weiten Zentralasiens und des Indischen Ozeans durchliefen Osten und Westen praktisch völlig isoliert voneinander jeweils eigene und doch ähnliche Entwicklungen, wobei der Hauptunterschied darin lag, dass der Westen den Vorsprung gesellschaftlicher Entwicklung mit knapper Not hielt, den ihm die geographische Verbreitung domestizierbarer Pflanzen und Tiere am Ende der Eiszeit verschafft hatte.

Noch eine zweite Hauptregel ist sichtbar geworden, nämlich dass die geographischen Bedingungen zwar den Kurs der gesellschaftlichen Entwicklung bestimmen, dass aber deren Verlauf wiederum auch Bedeutung und Einfluss dieser Bedingungen verändert. Die Expansion beider Kerngebiete ließ die Entfernung zwischen ihnen schwinden, was beide von nun an in den Mantel einer einzigen weltweiten Geschichte hüllt. Das sollte dramatische Folgen haben.

Noch 326 v. u. Z., als Alexander der Große seine Truppen bis in den Punjab führte (Abbildung 5.8), wussten selbst die gebildetsten Menschen im Osten und im Westen nichts von der Existenz der jeweils anderen. Alexander versicherte seinen Männern, dass sie bald im Wasser eines Ozeans würden baden können, dem großen Gewässer, das die Welt umgab. (Als dann aber im andauernden Monsunregen die Indus-Ebene mit ihren befestigten Städten vor ihnen lag, meuterten sie.)

Alexander kehrte um, Richtung Heimat. Einige Unzufriedene aber blieben zurück und ließen sich nieder. Eine dieser Gruppen errichtete im Gebiet des heutigen Afghanistan das Königreich Baktrien, das um 150 v. u. Z. vom Kaspischen Meer bis zum Indus-Tal reichte und eine bemerkenswerte Verschmelzung griechischer und indischer Kultur in Gang setzte. Ein indischer Text will von Gesprächen wissen, die ein Griechisch sprechender baktrischer König mit einem buddhistischen Mönch geführt habe; im Anschluss daran sei der König mit vielen seiner Gefolgsleute zum Buddhismus übergetreten.

Baktrien ist aus einem bemerkenswertem Grund berühmt: Der Zerfall des Reiches um 130 v. u. Z. ist das erste historische Ereignis, das sowohl in östlichen als auch in westlichen Quellen auftaucht. Ein Botschafter des chinesischen Hofs, der ein paar Jahre später in den Untergang des Königreichs hineingeriet, überbrachte seinem Kaiser wunderbare Geschichten, insbesondere über die Pferde Zentral-

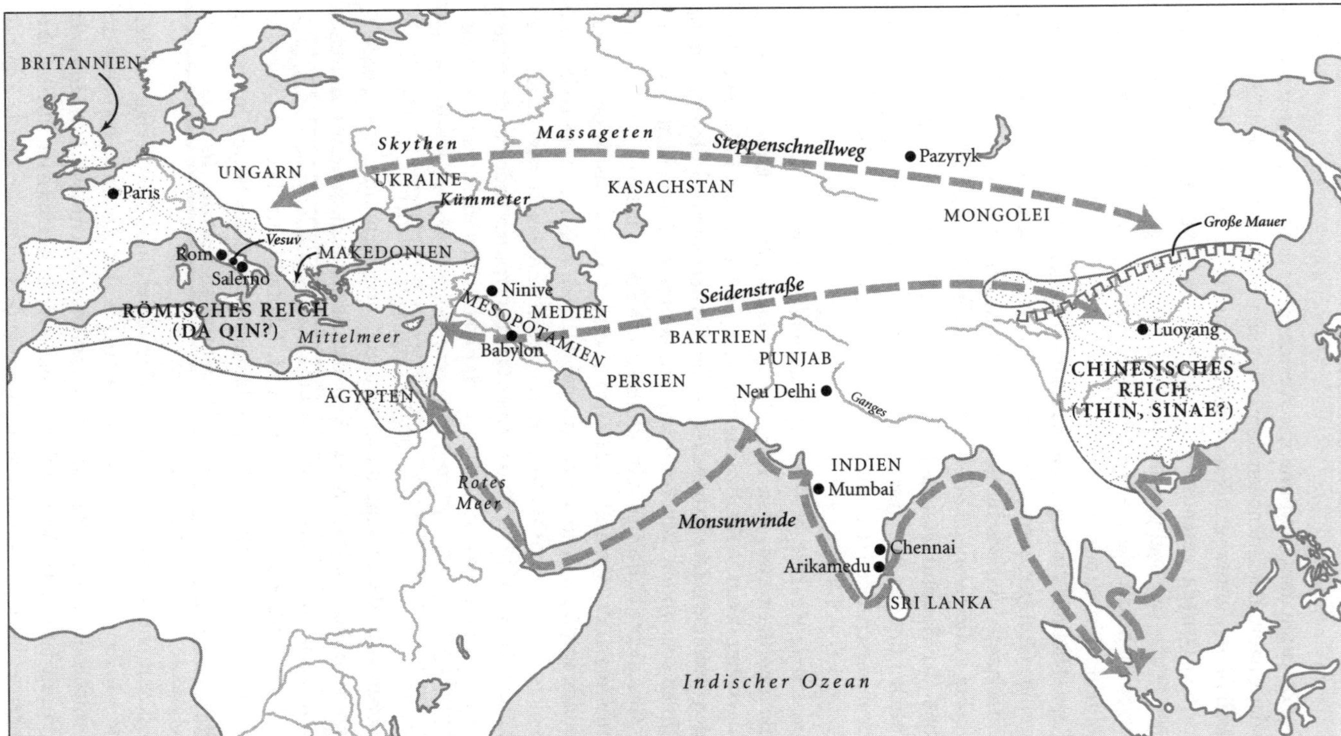

Abbildung 5.8: Weite Räume zwischen Osten und Westen

Gegen Ende des 1. Jahrtausends überbrückt durch Fernhandel über den Indischen Ozean sowie entlang der Seidenstraße und des »Steppenschnellwegs«.

asiens, sodass sich 101 v. u. Z. eine chinesische Expedition dorthin durchkämpfte. Einige Historiker denken, dass unter den örtlichen Truppen, die Widerstand leisteten, auch Römer gewesen sein könnten, die im weit entfernten Mesopotamien in Kriegsgefangenschaft geraten waren und als Sklaven durch viele Hände gingen, bis sie schließlich in der Bergwelt Zentralasiens gegen Chinesen kämpften.

Weniger romantisch veranlagte Historiker gehen davon aus, dass zwei weitere Jahrhunderte vergangen sind, bevor tatsächlich Römer und Chinesen aufeinandertrafen. Einer offiziellen chinesischen Chronik zufolge entsandte ein chinesischer Feldherr im Jahr 97 u. Z. »seinen Adjutanten Gan Ying den ganzen Weg bis zur Küste des Westlichen Meeres und wieder zurück«[28]. An dieser fernen Küste, wo immer sie gelegen haben mag, besuchte Gan das Königreich Da Qin – wörtlich: »Großes Qin« –, so genannt, weil es den Chinesen wie eine großartige, entfernte Spiegelung ihres eigenen Reiches erschien. Ob dieses Westliche Meer nun das Mittelmeer war und Da Qin das Römische Reich, muss offen bleiben. Die unromantischsten Historiker denken, dass sich Chinesen und Römer erst 166 u. Z. in einem Raum gegenüberstanden, als nämlich Botschafter des Königs Andun von Da Qin (gewiss der römische Kaiser Mark Aurel) die chinesische Hauptstadt Luoyang in der heutigen Provinz Henan erreichten.

Natürlich kann es frühere und fruchtbarere Begegnungen gegeben haben, an denen einfache Menschen beteiligt waren, die den gebildeten Herren und Autoren der überlieferten Texte zumeist nicht der Rede wert zu sein schienen, Kaufleute etwa. Nur Plinius der Ältere – der römische Aristokrat und Autor einer voluminösen Beschreibung der Welt und ihrer Besonderheiten, der 79 u. Z. beim Ausbruch des Vesuv ums Leben kam, weil er, zu fasziniert vom Geschehen, wegzurennen vergaß –, nur er war sich nicht zu schade, die jährliche Ausfahrt der Handelsflotte von der ägyptischen Küste des Roten Meers nach Sri Lanka zu erwähnen. Auch die Schrift eines Kaufmanns hat sich erhalten, ein griechischer Text, der um 58 u. Z. entstand. Diese *Reise über das Rote Meer* ist eine Art Handbuch für Kaufleute, das Häfen im heutigen Somalia und Kenia sowie die Winde des Indischen Ozeans beschreibt.

Auch in Indien haben römische Kaufleute ihre Spuren hinterlassen. Kaum hatten sich dort im 18. Jahrhundert britische und französische Kolonisten niedergelassen, überreichten ihnen Einheimische antike römische Münzen. Doch erst im Sommer 1943 offenbarte sich der Umfang der Kontakte. Damals, nach Jahrzehnten der Vernachlässigung des indischen Kulturerbes – und auf dem Höhepunkt des Zweiten Weltkriegs, als das Ende von Raj (Britisch-Indien) schon absehbar war –, fand es das British Colonial Office an der Zeit, die indische Archäologie auf Vordermann zu bringen. Und so stöberte das Amt Brigadekommandeur Mortimer Wheeler an der Küste von Salerno auf, wo gerade eine anglo-amerikanische Invasionstruppe gelandet war, und versetzte ihn nach Neu-Delhi. Dort sollte er ein Territorium von knapp vier Millionen Quadratkilometern verwalten, das archäologisch fast so reich war wie Ägypten.

Wheeler war eine Art Übermensch. Er hat in beiden Weltkriegen gekämpft, über drei Kontinente hinweg eine Spur gebrochener Herzen hinterlassen und die britische Archäologie mit seinen peinlich genauen Ausgrabungen römischer Stätten revolutioniert. Und doch erzeugte seine Berufung Stirnrunzeln. Das British Empire könne sich kaum noch halten, warum also, fragten indische Nationalisten, schickt ihr uns diesen abgehalfterten Colonel Blimp*, der sich mit sumpfigen römischen Grabungsstätten besser auskennt als im Land des Buddha?

Wheeler musste sich also beweisen, und kaum war er in Mumbai (für die Briten damals noch Bombay) gelandet, löste er einen archäologischen Wirbelsturm aus. In Chennai (dem kolonialen Madras), das kurz vor dem anstehenden Monsun in der Hitze schmorte, fand er die Regierungsbüros geschlossen, also besuchte er, um sich die Zeit zu vertreiben, das örtliche Museum. Darüber schrieb er in seinen Memoiren:

> In einem Atelierschrank bekam ich den Hals und den langen Henkel eines Keramikgefäßes zu fassen, das in dieser tropischen Umgebung reichlich fremd wirkte. Als ich es genauer betrachtete, fiel mir die provozierende Frage wieder ein, die im Parlament von Neu-Delhi gestellt worden war: »Was hat das römische Britannien mit Indien zu tun?« Hier war die Antwort.

Was Wheeler in der Hand hielt, war das Fragment eines römischen Weinkrugs, das im südindischen Arikamedu (Puducherry) gefunden worden war, 130 Kilometer weiter die Küste hinunter. Er nahm den Nachtzug und nach einem ausgiebigen, alkoholischen Frühstück in der französischen Gesandtschaft dieser Stadt ging er die Römer suchen.

> Ein Raum der öffentlichen Bibliothek enthielt drei oder vier Vitrinenschränke. Hoffnungsvoll ging ich darauf zu, wischte mit einem ziemlich schweißnassen Ärmel den Staub ab und blickte hinein. Zum zweiten Mal gingen mir die Augen über. Zusammengedrängt lagen dort Bruchstücke von einem Dutzend weiterer römischer Amphoren, Teile einer römischen Lampe, ein römisches *intaglio* [eine Kamee], eine Menge indisches Material – Scherben, Perlen, Terrakotta – und einige Fragmente rotglasierter Keramik, die niemand, der in die Schule der klassischen Archäologie gegangen war, hätte missdeuten können.

Zurück in Neu-Delhi stieß er auf zwei weitere archäologische Koryphäen aus Großbritannien, die in Armeediensten mit Luftaufnahmen befasst waren. Beiläufig zeigte er ihnen seine rotgebrannten Scherben aus dem Museum in Arikamedu, und sie bestätigten ihn: Es war *Terra Sigillata*, römisches Tafelgeschirr aus Arezzo. Sein Kommentar: »Wie kindlich freut man sich doch über verständige Zuhörer.«[29]

Rasch konnte man mit Grabungen bestätigen, dass Waren vom Mittelmeer um 200 v. u. Z. in die Stadt Arikamedu (und einige andere Häfen) gelangt waren. In

* Eine in den 1930er Jahren bekannte Comic-Figur, Inbegriff eines britischen Konservativen und Imperialisten [A. d. Ü.].

den nächsten drei Jahrzehnten kamen immer neue Funde dazu, und bei jüngsten Grabungen entlang der ägyptischen Rotmeerküste hat man auch ausgetrocknete Kokosnüsse, Reis und schwarzen Pfeffer gefunden, die aus Indien stammen müssen. Im 1. Jahrhundert u. Z. wurden auch Waren zwischen China und Indien transportiert, so wie von dort auch nach Südostasien.

Die Formulierung, Osten und Westen hätten sich über die Meere hinweg die Hände gereicht, wäre gewiss übertrieben. Es handelte sich weniger um ein Netz von Verbindungen als um einzelne spinnwebdünne Fäden, die von einem Ende Eurasiens zum anderen gespannt waren. Ein Kaufmann hat vielleicht Wein aus Italien nach Ägypten gebracht; der nächste hat ihn über Land mitgenommen ans Rote Meer, der dritte vielleicht bis Arabien, ein vierter schließlich über den Indischen Ozean nach Arikamedu. Dort könnte sich dieser mit einem lokalen Händler zusammengesetzt haben, der Seide im Angebot hatte, die auf ihrem Weg aus dem Tal des Gelben Flusses wohl durch noch mehr Hände gegangen war.

Aber es war ein Anfang. In der *Reise über das Rote Meer* wird ein Ort namens Thin erwähnt, möglicherweise eine Verballhornung von Qin (gesprochen: Chin), aus dem später der westliche Name China abgeleitet wurde. Eine Generation später behauptete ein Grieche namens Alexander, er habe »Sinae« besucht; auch das war vermutlich China. Um 100 v. u. Z., wahrscheinlich auch dank Chinas Vorstoß nach Baktrien, bewegten sich entlang der berühmten Seidenstraße durch Gebirge und Steppe Seide und Gewürze nach Westen, Gold und Silber nach Osten. Nur leichte und kostbare Güter wie Seide warfen auch dann noch Gewinne ab, wenn sie bereits sechs Monate lang über 8000 Kilometer hinweg transportiert worden waren; und innerhalb von ein, zwei Jahrhunderten konnte eine römische Dame, die auf sich hielt, sich kaum noch ohne Seidenschal sehen lassen. In allen größeren Städten Chinas hatten Kaufleute aus Zentralasien Niederlassungen eröffnet.

Die reichen Adligen, Führungsschichten im Osten und im Westen, hatten allen Grund, diese ersten Kontakte zu preisen, doch machten sie sich auch immer wieder Sorgen. Manche Völker, die in den Weiten Zentralasiens unterwegs waren, kamen ihnen noch abstoßender vor als die betrügerischen Kaufleute. So notierte der römische Geschichtsschreiber Ammianus Marcellinus um 390 u. Z.:

> Dabei besitzen sie alle gedrungene, starke Gliedmaßen sowie einen festen Nacken, sind aber so entsetzlich missgestaltet und verkrümmt, dass man sie für zweibeinige Bestien oder für Menschenklötze halten könnte, wie man sie zur Eingrenzung von Brücken roh behauen aufstellt. Bei ihrem abstoßenden Äußeren pflegen sie auch eine derart raue Lebensweise, dass sie weder Feuer noch wohlschmeckende Speisen benötigen, sich vielmehr von den Wurzeln wildwachsender Kräuter oder von dem halbrohen Fleisch irgendeines Tieres ernähren, das sie zwischen ihre Schenkel und den Pferderücken legen und ein wenig warm reiten.[30]

Diese Menschen waren Nomaden, Landbesitzern und Städtern wie Ammianus Marcellinus also völlig fremd. Ihren Vorfahren sind wir bereits begegnet, den

Hirtenvölkern Zentralasiens, die um 3500 v. u. Z. Pferde domestizierten und sie um 2000 v. u. Z. vor Karren spannten, damit die Streitwagen in die Welt setzten, die das westliche Kerngebiet nach 1750 v. u. Z. ins Chaos stürzten und 500 Jahre später auch den Osten erreichten. Auf Pferde zu klettern und sie zu reiten, klingt einfacher, als sie vor einen Wagen zu spannen. Doch erst um 1000 v. u. Z. kamen drei Faktoren zusammen, die eine ganz neue Lebensform, das berittene Hirten- und Nomadentum, entstehen ließen: die Zucht größerer Pferde, Verbesserungen des Geschirrs und die Erfindung kleiner kräftiger Bogen, mit denen man im Sattel sitzend schießen konnte. Mit dem nun möglichen Leben auf dem Pferderücken veränderte sich die Bedeutung der geographischen Bedingungen noch einmal. Denn nach und nach wurde aus dem ununterbrochenen Band trockener Ebenen, das sich von der Mongolei bis nach Ungarn erstreckt (beide nach Nomadenvölkern genannt), ein »Steppenschnellweg«, der Ost und West verband.

In mancher Hinsicht unterschieden sich diese Steppennomaden nicht viel von den anderen, relativ mobilen, relativ unterentwickelten Völkern, die seit dem biblischen Jakob und seinen Söhnen die Grenzgebiete großer Imperien besiedelten. Sie tauschten Tiere und Häute gegen die Produkte sesshafter Gesellschaften. Alle profitierten davon. Chinesische Seidenstoffe und ein persischer Teppich schmückten die reichen Grabstellen im sibirischen Pazyryk aus dem 5. Jahrhundert; im 9. Jahrhundert wiederum führten die Assyrer Pferde und Bögen aus der Steppe ein und ersetzten ihre Streitwagen durch Reitertruppen.

Aber keine möglichen Vorteile ohne Probleme. Die Gräber von Pazyryk enthielten nicht nur Seidenstoffe und Teppiche, sondern auch Berge von Eisenwaffen und Trinkbecher aus vergoldeten Schädeln skalpierter Feinde, was darauf hindeutet, dass die Linie zwischen Handel und Krieg dünn war. Besonders nach 800 v. u. Z., als das kältere, trockenere Klima das Weideland der Steppe schmälerte, hatten Hirten, die ihre Herden rasch über große Entfernungen bewegen konnten und die, wo immer sie ankamen, kampfbereit waren, riesige Vorteile. Ganze Stämme gewöhnten sich an das Leben auf dem Pferderücken und ritten Hunderte von Kilometern zwischen Sommer- und Winterweiden hin und her.

Mit ihren Wanderungen erzeugten sie einen Dominoeffekt. Im 8. Jahrhundert v. u. Z. zog der Stamm der Massageten durch Kasachstan nach Westen und stellte damit das Volk der Skythen vor die gleiche Entscheidung, die auch vorgeschichtliche Jäger und Sammler hatten treffen müssen, wenn Ackerbauern in ihre Sammelgebiete eindrangen, oder auch sizilianische Dorfgemeinschaften, als griechische Kolonisten an ihren Küsten landeten: Sollten sie ihr Land verteidigen, sich also zum Kampf organisieren, vielleicht sogar einen König wählen, oder sollten sie sich besser zurückziehen? Die Stämme, die sich fügten, flohen nach Westen über die Wolga und trafen dort auf die Kimmerer. Nun standen diese vor der Entscheidung: fliehen oder standhalten?

Ab den 710er Jahren v. u. Z. drangen fliehende Kimmerer in das westliche Kerngebiet ein; es waren keine großen Gruppen, sie konnten aber großen Schaden anrichten. In Agrarstaaten müssen viele Bauern auf ihren Feldern hart arbeiten, um wenige Soldaten zu ernähren. Auf dem Höhepunkt ihrer Kriegszüge haben Rom und Qin vielleicht jeden sechsten Mann mobilisiert; in Friedenszeiten nur einen von zwanzig. Geboren in einer Nomadengemeinschaft, aufgewachsen mit Pferd und Bogen, konnte jeder Mann (und auch viele Frauen) Krieger sein. So begann, was wir heute »asymmetrische Kriegführung« nennen. Die großen Imperien konnten Geld, Zeugmeister und Belagerungswaffen ins Feld führen, die Nomaden dagegen Geschwindigkeit, Terror und den Vorteil, dass ihre sesshaften Opfer häufig auch noch untereinander Krieg führten.

In diesen Jahren wirkten Klimawandel und beschleunigte gesellschaftliche Entwicklung zusammen, die Grenzen des westlichen Kerngebiets wurden unsicher, und wieder waren Gewalt und Aufruhr die Folge. Das Assyrische Reich, um 700 v. u. Z. noch immer größte Macht im Westen, ließ die Kimmerer ins Kerngebiet einwandern und machte sie zu Bundesgenossen in seinen Kämpfen gegen rivalisierende Staaten. Zunächst ging das gut; 695 v. u. Z. etwa drangen Kimmerer in das heutige Zentralanatolien ein und eroberten die phrygische Hauptstadt Gordion, woraufhin deren König Midas Selbstmord beging – jener sagenhafte Mann, der alles, was er berührte, in Gold verwandelte.

Doch indem sie Pufferstaaten wie Phrygien zerstörten, setzten die Assyrer ihr Kernland nomadischen Überfällen aus, und tatsächlich kontrollierten die Skythen um 650 v. u. Z. fast ganz Nordmesopotamien. »Alles hatten sie durch Gewalt und Gleichgültigkeit verwüstet«, schrieb Herodot, sie »zogen in den Ländern umher und raubten, was jeder noch hatte«[31]. Die Nomaden destabilisierten das Assyrische Reich, halfen Medern und Babyloniern 612 v. u. Z., Ninive zu belagern, und wandten sich schließlich umstandslos auch gegen die Meder. Diese kamen erst 590 v. u. Z. auf eine Idee, wie sie sich dieser verschlagenen und beweglichen Feinde erwehren konnten. Wie Herodot erzählt, luden sie deren Anführer zu Gelagen, machten sie betrunken und ermordeten sie.

Die Könige von Medien, Babylonien und Persien versuchten alles Mögliche, um der Nomaden Herr zu werden. Wenn sie sich still verhielten, verwüsteten die Reiter die Grenzprovinzen, und die Steuereinnahmen gingen verloren. Zahlten sie Schutzgelder, konnte das genau so teuer kommen wie die Steuerverluste. Eine dritte Möglichkeit waren Präventivschläge, also in die Steppe zu ziehen und das Weideland zu besetzen, das die Nomaden zum Überleben brauchten – eine womöglich noch kostspieligere und vor allem riskante Angelegenheit. Denn die Nomaden hatten nicht viel zu verteidigen, konnten sich also in die baumlosen und wasserarmen Weiten zurückziehen und die verfolgenden Invasoren, denen irgendwann die Vorräte ausgehen mussten, ins Verderben locken.

Kyros II., der Gründer des Persischen Reiches, startete 530 v. u. Z. einen präventiven Feldzug gegen die Massageten. Wie die Meder kämpfte auch er mit Rebensaft: Er ließ die Vorhut der Massageten sein Lager plündern, und als sie betrunken waren, ließ er sie massakrieren und den Sohn ihrer Königin Tomyris gefangen nehmen. »Nicht zu sättigen mit Blut, sei du nicht allzu stolz auf das, was geschehen ist«, ließ diese Kyros wissen, »gib mir meinen Sohn zurück, dann magst du aus diesem Lande abziehen, ohne zu büßen. … Tust du das nicht, so schwöre ich dir bei der Sonne, der Massageten Herrn, ich, ja ich, werde dich, so unersättlich du bist, noch sättigen mit Blut.«[32] Sie hielt Wort: Die Perser wurden geschlagen, und Tomyris ließ den Kopf des Kyros in einen Beutel mit Menschenblut stecken.

Ein schlechter Start für Präventivschläge, doch 519 v. u. Z. demonstrierte der Perserkönig Dareios I., dass es auch anders ausgehen konnte. Er schlug ein Bündnis der Saken, eines zentralasiatischen Nomadenvolks, das die Perser die »spitzhütigen Skythen« nannten, erzwang Tributzahlungen und setzte einen Marionettenkönig ein. Fünf Jahre später versuchte er das Gleiche noch einmal, setzte über die Donau und verfolgte andere Skythenstämme bis tief in die Ukraine. Wie in vielen asymmetrischen Kriegen unserer Tage lässt sich schwer ausmachen, wer in diesem Konflikt siegreich war. Herodot spricht von einem Desaster, dem Dareios nur mit Glück entkam, doch die Skythen haben das Perserreich danach nicht mehr bedroht, also muss Dareios' Feldzug nicht völlig vergebens gewesen sein.

Im Osten dauerte es länger, bis Reiterkrieger aus der Steppe zu einem Faktor wurden, mit dem man in den Grenzregionen zu rechnen hatte, so wie auch die Streitwagen in China später ankamen als im Westen. Doch als sich der Dominoeffekt streitender Reitervölker auch im Osten bemerkbar machte, tat er dies mit ebenso bösen Folgen. Die Ausbreitung der Reiternomaden nach Osten stand vermutlich bereits hinter den Überfällen der Rong auf das Reich von Zhou im 8. Jahrhundert v. u. Z., und die Völker des Nordens, die im 7. und 6. Jahrhundert v. u. Z. in den Staaten Qin und Jin aufgingen, werden den Kämpfen mit den herandrängenden Nomadenhorden die Assimilation vorgezogen haben. Wenn das stimmt, dann werden die Puffergesellschaften zwischen den Nomadenüberfällen und den expandierenden Großstaaten zerrieben worden sein, so wie dies auch im Westen der Fall war.

Auf diese Weise wurde Zhao selbst zum Grenzstaat. Und wie die Assyrer, denen die Skythen gegenüberstanden, rekrutierte Zhao, um gegen seine Nachbarn zu kämpfen, sofort nomadische Reiterkrieger und bildete auch die eigenen Untertanen zu Reitern aus. Der Staat entwickelte zudem eine gegen die Nomaden gerichtete Strategie, die im Westen nur selten eingesetzt wurde, nämlich Zermürbung. Man baute Mauern, um die Nomaden abzuwehren (oder zumindest zu regeln, wo sie Handel treiben und plündern konnten). Das hatte offenbar weniger schlimme Folgen als der offene Kampf und das Zahlen von Schutzgeldern, sodass sich der Mauerbau ab dem 3. Jahrhundert v. u. Z. verbreitete. Die Mauer, die der erste Qin-Kaiser errichten ließ, hatte eine Länge von über 3000 Kilometern und kostete (der Legende nach) pro gebautem Meter das Leben eines Arbeiters.*

* Die Große Mauer der Qin ist nicht der zur Ikone gewordene Steinwall, dem man mit einem Tagesausflug von Beijing aus besuchen kann (und der zum größten Teil aus dem 16. Jahrhundert u. Z. stammt). Ebensowenig ist wahr, dass die Große Mauer von einem die Erde umkreisenden Raumschiff, gar vom Mond aus zu sehen wäre.

Einem Mann wie Qin Shihuangdi, dem Ersten Erhabenen Gottkaiser von Qin, wird das keine schlaflosen Nächte bereitet haben. Tatsächlich war er vom Mauerbauen derart überzeugt, dass er diese defensive Strategie zu einer Waffe machte und die Große Mauer um die weiten Weideflächen ziehen ließ, in denen die Nomaden ihre Herden bislang hatten grasen lassen. 215 v. u. Z. dann ging er zu präventiven Angriffen über.

Die Große Mauer war ein unmissverständliches Signal: Wieder hatte sich die Bedeutung der Geographie verändert. Die Kräfte, die hinter der, wie in Abbildung 5.1 dargestellt, ereignislosen Aufwärtsbewegung der gesellschaftlichen Entwicklung standen – steigende Energieausbeute, effektivere Organisation, verbreitete Schrift, immer schlagkräftigere Armeen –, veränderten die Welt. Um 200 v. u. Z. wurden beide Kerngebiete von je einer einzigen Großmacht dominiert, deren Krieger und Händler auch in die Regionen zwischen beiden Entwicklungskernen hinein vorstießen. Die Steppen waren nicht länger Barriere zwischen Ost und West, sondern hatten sich zu einem Schnellweg entwickelt, der beide verband. Trotz je eigener, aber doch ähnlicher Entwicklung und Geschichte begann ein Prozess der Verflechtung beider Kerngebiete. Noch waren es nur einige wenige Güter, Menschen oder Ideen, die den ganzen Weg von einem zum anderen Ende Eurasiens zurücklegten. Doch es bildeten sich neue geographische Realitäten heraus, die binnen einiger weniger Jahrhunderte die großen, ihre Kerngebiete dominierenden Reiche hinwegfegen – neue Realitäten, die die gesellschaftliche Aufwärtsentwicklung umkehrten und dem Westen die Führung nahmen. Das Paradox der Entwicklung trat in eine ganz neue Phase.

Kapitel 6

Verfall und Untergang

Aufs Beste bestellt

Alles in dieser »besten aller möglichen Welten«, schwadroniert Dr. Pangloss in Voltaires Klassiker *Candide*, sei »aufs Beste bestellt«[1]. Trotz einer Syphilis, des Verlustes eines Auges und eines Ohres, obwohl er versklavt und gehängt wird und zwei Erdbeben erlebt, hält Pangloss an seiner Weltsicht fest.

Pangloss ist natürlich eine Spottfigur, mit der sich Voltaire über Dummheiten der zeitgenössischen Philosophie lustig machte. Die Geschichte aber hält eine Menge lebensechter Variationen dieser Figur parat. Besonders ergiebig scheinen die großen Reiche in dieser Hinsicht gewesen zu sein, die in den ersten Jahrhunderten u. Z. die Kerngebiete in Ost und West beherrschten. »Wenn der Kaiser sein Reich bereist, erstrahlt alles«, schrieb ein chinesischer Dichter der Han-Dynastie, dann herrscht »grenzenlose Freude … zehntausend Jahre lang«[2]. Nicht weniger begeisterte Stimmen hörte man auch im Römischen Reich. »Alle Götter und Söhne der Götter wollen wir anflehen«, ließ sich der griechische Redner Aelius Aristides vernehmen. »Sie mögen ihre Gunst gewähren, dass dieses Reich und diese Stadt in Ewigkeit gedeihen und nicht eher vergehen, als glühendes Eisen auf dem Meere schwimmt und die Blätter im Frühling nicht mehr sprießen.«[3]

Was hätten diese Geistesverwandten des Pangloss aus Abbildung 6.1 entnommen? Die gesellschaftliche Entwicklung verlor nach der Zeitenwende, ihrem Höhepunkt, sowohl im Osten als auch im Westen an Dynamik. Dieser Kollaps begann auf neuer Stufenleiter. Er wurde nicht nur umfassender als je zuvor, indem er beide Enden Eurasiens erfasste, sondern auch langwieriger und tiefer. Jahrhunderte lang zog er sich hin, brachte dem Entwicklungsindex im Osten um 400 u. Z. einen Einbruch von zehn, dem im Westen 500 u. Z. von 20 Prozent. Wie sich dieser Vorgang abspielte, der das Ende der 14 000-jährigen Führung des Westens in Sachen gesellschaftlicher Entwicklung einleitete, ist Thema dieses Kapitels.

Die neue Weltordnung

Die alten Reiche waren nicht immer von Panglossen bevölkert. Bis sich das Paradox der Gewalt, von dem ich in Kapitel 6 gesprochen habe – nämlich dass

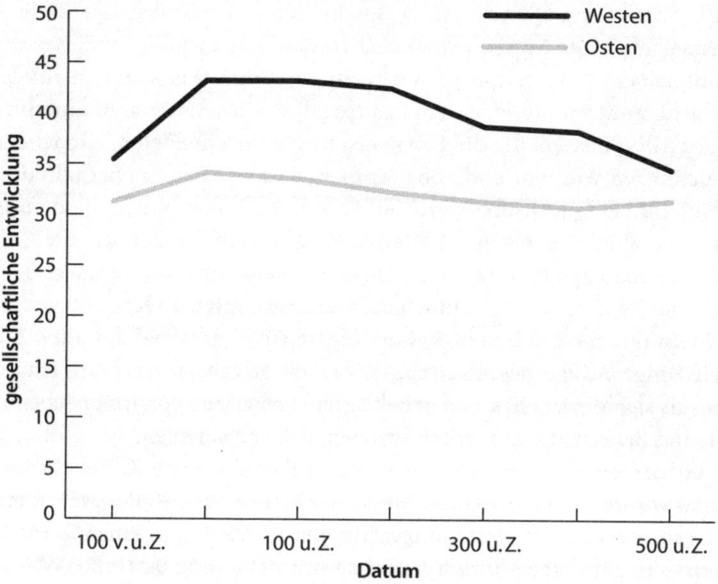

Abbildung 6.1: Eine die gesamte Welt erfassende Krise
Blütezeit, Niedergang und Zusammenbruch der antiken Reiche, 100 v. u. Z.–500 u. Z.

Kriege schließlich zu Frieden und Wohlstand führten –, klar herausstellte, vergingen Jahrhunderte voller Kriege und mit Millionen Toten. Und kaum waren die Vereinigungskriege beendet, zerfleischten sich die Superstaaten der Qin und der Römer in furchtbaren Bürgerkriegen selbst. Die Qin gerieten in diesen Strudel sofort hinein, die Römer erst in einem längeren Prozess.

Die zentralisierten repressiven Institutionen Qins eigneten sich hervorragend für Zwecke der Eroberung, aber nicht zum Regieren. Nachdem der Erste Kaiser Qin Shihuangdi 221 v. u. Z. seine letzten Feinde bezwungen hatte, zog er weiterhin alle seine männlichen Untertanen ein, sie mussten nun keine Kriege mehr führen, sondern sollten bauen. Manchmal, wenn sie beispielsweise tausende Kilometer Straßen und Kanäle anlegten, war das durchaus von Nutzen, manchmal auch nicht. Der Erste Kaiser, so Sima Qian, überzeugte sich nicht nur selbst von seiner Göttlichkeit und gab mehrere Vermögen für Quacksalber aus, die versprachen, ihm das ewige Leben zu verschaffen, sondern ließ auch 700 000 Männer 36 Jahre lang eine Grabstätte für sich bauen. (Gräber einiger hundert Männer, die an der Baustelle ihr Leben ließen, wurden archäologisch gesichert.)

Die Grabanlage, 51 Quadratkilometer groß (und noch immer weitgehend ungesichert), ist Chinas Antwort auf den Ägyptenneid, heute vor allem durch die so genannte Terrakottaarmee bekannt, jene 6000 Tonsoldaten in Lebensgröße, die die Grabanlage bewachen sollten. 1974 beim Bohren eines Brunnens zufällig entdeckt, sind sie ein archäologisches Weltwunder. Noch verwunderlicher jedoch ist, dass Sima Qian in seiner Beschreibung der Grabanlage diese Terrakottaarmee, die heute Museumsbesucher rund um den Globus in Erstaunen versetzt, mit keinem Wort erwähnte. Vielmehr beschränkte er sich rein auf den zur Anlage gehörenden, unterirdischen Bronzepalast – 365 Meter breit und umzogen von Quecksilberflüssen, die die Flüsse des Reiches nachbildeten. (Geochemische Untersuchungen von 1981 und 2003 ergaben, dass der Boden oberhalb des Grabes stark erhöhte Quecksilberwerte aufweist.) Die Konkubinen, die dem Ersten Kaiser keine Kinder geschenkt hatten, dazu alle Handwerker, die die Geheimnisse der Grabanlage kannten, und möglicherweise auch die hundert höchsten Beamten des Reiches wurden 210 v. u. Z. zusammen mit dem Kaiser beerdigt.

Die Megalomanie des Ersten Kaisers führte zu Widerstand auf allen Ebenen. Als sich einige Adlige beschwerten, ließ er sie gewaltsam in seine Hauptstadt bringen; als sich die Intellektuellen beklagten, ließ er 460 von ihnen lebendig begraben, und Bauern, die Einspruch erhoben, ließ er zweiteilen.*

Das Terrorregime brach zusammen, kaum dass der Erste Kaiser tot war. 209 v. u. Z., so wurde später berichtet, hinderten heftige Regenfälle zwei untere Beamte daran, zwangsrekrutierte junger Männer rechtzeitig in einer Garnison abzuliefern. Verspätungen wurden natürlich mit dem Tode bestraft. »Wie es aussieht, müssen wir sterben, ob wir bleiben oder weglaufen«, lässt Sima Qian einen von ihnen sagen, »und wenn wir einen Aufstand anzetteln, ebenso. Da wir also in jedem Fall sterben müssen, wäre es da nicht besser, wenn wir im Kampf für unser Land sterben [indem wir rebellieren]?«[4]

Wie sie es geahnt hatten: Die beiden Rebellen verloren ihr Leben. Sie hatten aber nicht ahnen können, dass ihr Aufstand rasch um sich griff. Innerhalb von Monaten hatten sich die Streitenden Reiche erneut gebildet. Um 206 v. u. Z. war Qin am Ende, und aus dem Aufstand wurde ein fürchterlicher Bürgerkrieg. Nach weiteren vier Jahren Gemetzel konnte sich allein der aus bäuerlichen Verhältnissen stammende Kriegsherr Liu Bang behaupten. Er rief die Han-Dynastie aus, ließ 80 000 Kriegsgefangene köpfen, verkündete den allgemeinen Frieden und nahm schließlich den Namen Gaodi (»Hoher Kaiser«) an.**

Rom hatte das genau umgekehrte Problem. Es war kein Übermaß an Zentralisierung, das die Regierungsgeschäfte des römischen Staates in Friedenszeiten behinderte, sondern die unklare Abgrenzung seiner Institutionen gegeneinander. Der aus reichen alten Männern bestehende Senat und die Volksversammlungen

* Ersteres behaupten zumindest konfuzianische Gelehrte; manche moderne Historiker vermuten, dass Landadlige die Geschichte aufgebauscht haben. Das Zweiteilen der Bauern jedoch ist offenbar unstrittig.

** Es gibt diverse Möglichkeiten, chinesische Kaiser zu benennen. Jeder von ihnen hatte einen oder mehrere Eigennamen (Liu Bang war auch als Liu Ji bekannt). Jedem wurde zudem mindestens ein »Tempelname« gegeben. Aus Liu wurde so Gaodi, er war aber auch als Gaozu bekannt, als »Hoher Vorfahre«. Um Verwirrungen zu vermeiden, werde ich alle Kaiser mit dem Tempelnamen bezeichnen, den Anne Paludan in ihrer nützlichen *Chronicle of the Chinese Emperors* verwendet. Gibt es mehrere Kaiser gleichen Namens, füge ich den Namen ihrer Dynastie hinzu (z. B. Han Wudi, Liang Wudi und so weiter.)

waren in einem Stadtstaat entstanden und taugten nicht zur Regierung eines Reiches. Sie wurden nicht fertig mit der vielen Beute und den Sklavenarmeen, die Rom durch seine Siege zufielen, auch nicht mit den Hahnenkämpfen unter den superreichen Armeeführern. Während einer Grundsatzdebatte im Jahr 133 v. u. Z. zertrümmerten ehrwürdige Senatoren die hölzernen Bänke, auf denen sie saßen, schnappten sich Latten und Stuhlbeine und schlugen sich gegenseitig tot. Um 80 v. u. Z. wusste niemand mehr so genau, wer das Reich eigentlich regierte.

Rom brach nicht augenblicklich zusammen wie Qin, sondern schlitterte 50 Jahre lang von einem Bürgerkrieg in den nächsten. Mit der Zeit standen die Armeen treuer zu ihren Heerführern als zum Staat, und der Senat konnte mit erfolgreichen Feldherren nur fertig werden, wenn er sie in Kriege gegen schwächere fremde Völkerschaften schickte (wodurch die eigenen Heerführer nur noch stärker wurden) oder neue Kommandanten ermächtigte, die alten anzugreifen (womit neue Herausforderer auftraten). 45 v. u. Z. hatte Julius Cäsar alle Rivalen aus dem Feld geschlagen, fiel im Jahr darauf aber selbst einem Mordanschlag zum Opfer. Also drehte sich das Rad von neuem, bis Oktavian im Jahr 30 v. u. Z. die Truppen Antonius' und Kleopatras in Ägypten endgültig in die Enge trieb und beide Selbstmord begingen. Die von ständigen Kriegen erschöpfte römische Elite erklärte sich bereit, alles zu tun, was Oktavian (der sich nun Augustus, der »Ehrwürdige« oder »Erhabene«, nannte) verlangte; wobei dieser so tat, als sei er in Wirklichkeit nur einfacher Bürger und Privatmann. Mit dieser merkwürdigen Regelung konnten alle Beteiligten ihr Gesicht wahren, und 27 v. u. Z. erklärte Augustus, die Republik sei wieder hergestellt, regierte faktisch aber als Kaiser.

Um die Zeitenwende standen die Kerngebiete in Ost und West jeweils fast vollständig unter der Herrschaft eines einzigen Reiches, aber diese Entwicklung war nicht unvermeidlich. Im Osten hatte Gaodi, der Gründer der Han-Dynastie, 203 v. u. Z. mit seinem letzten Gegner vereinbart, die Herrschaft zu teilen, brach jedoch sein Wort, tötete seinen Rivalen und machte sich zum Alleinherrscher. Im Westen dagegen hatte es in den 30er Jahren des 1. Jahrhunderts v. u. Z. den Anschein, als werde der Mittelmeerraum zerfallen: in einen lateinischprachigen, von Oktavian von Rom aus regierten Westen und einen griechischprachigen Osten unter der Herrschaft von Antonius und Kleopatra in Ägypten. Wäre Gaodi ein Ehrenmann gewesen und Antonius weniger abgelenkt durch Wein und Sex, dann hätte dieses Kapitel anders beginnen können. Nur Südasien durchlief eine andere Entwicklung. Die zwischen 1000 und 600 v. u. Z. im Ganges-Delta entstandenen kleineren Städte und Staaten entwickelten sich wie in den westlichen und östlichen Kerngebieten Richtung High-End zu organisierten Gebilden. Im 3. Jahrhundert v. u. Z. wurden sie vom riesigen Maurya-Reich geschluckt, dem damals wohl weltweit größten Staat (dem Qin allerdings bald den Rang ablief). Anders als Rom und Qin konnte das Maurya-Reich seine Macht jedoch nicht festigen, sondern zerfiel in den folgenden hundert Jahren allmählich. Zu Augustus' Zeiten bestand Südasien wieder aus einer großen Zahl ständig miteinander rangelnder kleiner Königreiche.

»Alle glücklichen Familien sind einander ähnlich«, heißt es bei Tolstoi, »jede unglückliche Familie aber ist auf ihre Art unglücklich.«[5] Das ließe sich auch von Reichen sagen. Gründe, derentwegen sie zerfallen – verlorene Schlachten, verärgerte Statthalter, nicht zu beherrschender Hochadel, verzweifelte Bauern, unfähige Bürokraten –, gibt es viele, doch nur eine Möglichkeit sie zusammenzuhalten: den Kompromiss. Die Herrscher Hans und Roms verstanden sich darauf.

Gaodi hatte den Bürgerkrieg 202 v. u. Z. nur deshalb gewonnen, weil er sich mit anderen Kriegsherren arrangierte und zehn von ihnen belohnte, indem er vorerst zwei Drittel seines »Reiches« als halb unabhängige Staaten unter ihrer Herrschaft beließ. Um neue Bürgerkriege zu verhindern, musste das Reich diese Vasallenkönige entmachten. Doch durfte die Zentralmacht weder zu schnell vorpreschen, sonst hätte sie ihre Rivalen verschreckt und möglicherweise genau die Kriege provoziert, die sie verhindern wollte, noch durfte sie zu lange zögern und damit zulassen, dass die Könige zu stark wurden. Die Han-Kaiser fanden das genau richtige Tempo, und um 100 v. u. Z. gelang es ihnen, die Vasallenstaaten aufzulösen, ohne dass es zu nennenswerten Aufständen kam.

Die Han-Kaiser waren nicht ganz so größenwahnsinnig wie Qin Shihuangdi, der Erste Kaiser der Qin, doch waren auch sie nicht frei von Anfechtungen. Jingdi beispielsweise wurde 141 v. u. Z. mit seiner eigenen Terrakottaarmee begraben. (Sie zählte sechsmal mehr Köpfe als die des Ersten Kaisers – die Soldaten allerdings waren auch nur ein Drittel so groß.) Mit Ausnahme des großen Eroberers Wudi hüteten sich die Han-Kaiser, Unsterblichkeit und Göttlichkeit für sich zu fordern, gleichwohl hielten sie an der Rolle der Shang- und Zhou-Könige fest und agierten als Vermittler zwischen dieser und der übernatürlichen Welt.

Ihre Machtentfaltung tarierten sie sorgfältig aus. Um mit den Aristokraten zurechtzukommen, mussten sie die Idee der Göttlichkeit des Herrschers aufgeben. (In diesem Zusammenhang zahlte sich aus, dass die Han den Reichtum des Adels an die Erfolge des Hofes knüpften.) Die gebildete Oberschicht wiederum banden sie ein, indem sie den Thron in ein idealisiertes, konfuzianisches Bild des hierarchischen Universums einfügten. (Nicht weniger wichtig: Die Han setzten durch, dass für den Einstieg in eine Ämterlaufbahn nicht mehr die Beziehungen zum Adel zählten, sondern die Kenntnis der konfuzianischen Klassiker.) Um schließlich die Autorität des Herrschers auch in den riesigen ländlichen Gebieten zu festigen und zu sichern, musste der vor der Achsenzeit gültige Status der Monarchie als einem Bindeglied zu den Ahnen und Göttern ganz handfest unterfüttert werden: etwa durch Einschränkungen des Militärdienstes, eine Lockerung der grausamsten Gesetze aus der Qin-Zeit und zeitlich genau abgestimmte Steuersenkungen.

Es waren also Kompromisse, die für Frieden und Einheit sorgten, und allmählich wurde der Osten zu einem einzigen Staatswesen. Bei seinen Herrschern hieß es *zhongguo* (»Reich der Mitte« im Zentrum der Welt) oder *tianxia* (»Alles unter dem Himmel«, denn was jenseits seiner Grenzen lag, konnte nichts Bedeutendes sein). Von nun an ist es tatsächlich sinnvoll, vom östlichen Kerngebiet als einem einzigen politischen Raum zu sprechen, der im Westen nach der üblichen falschen Aussprache von »Qin« China heißt. »Unter dem Himmel« blieben große kulturelle Unterschiede bestehen, allmählich aber wurde das östliche Kernland nun »chinesisch«.

Rom verfolgte eine ganz ähnliche Kompromisspolitik. Nach dem Ende der Bürgerkriege im Jahr 30 v. u. Z. schickte der siegreiche Augustus die Wehrpflichtigen nach Hause und sicherte die Grenzen durch Berufssoldaten. Wie den Han-Kaisern war auch ihm klar, dass die Armee seiner Herrschaft gefährlich werden konnte. Aus diesem Grund rekrutierten die chinesischen Herrscher ihre Armeen aus Sträflingen und Fremden und drängten das Militär damit in gewisser Weise aus der Gesellschaft heraus; Augustus und seine Nachfolger gingen ihrerseits dazu über, ihre Feinde näher an sich heranzuziehen als ihre Freunde. Sie machten die Armee zu einer zentralen gesellschaftlichen Einrichtung, die aber direkt ihrer Kontrolle unterstand.

In beiden Fällen wurde der Krieg zur Sache von Spezialisten, und alle anderen konnten sich friedlichen Künsten zuwenden. Wie China absorbierte Rom seine Vasallenkönige und knüpfte den Reichtum des Adels eng an den des Reiches. Die Kaiser vollführten eine Gratwanderung, gerierten sich im Umgang mit dem Adel als Erste unter Gleichen, waren Oberbefehlshaber, wo es um militärische Angelegenheiten ging, und göttlich dort, wo von ihnen erwartet wurde, dass etwas Numinoses um sie sei. Bis sie starben, waren Kaiser nichts weiter als herausragende Menschen, erst danach, so lautete die gängige Formel, würden sie in den Schoß der Götter aufgenommen. Manche Kaiser fanden solche Vorstellungen lächerlich, Vespasian zum Beispiel, der, als er 79 u. Z. im Sterben lag, mit seinen Höflingen scherzte: »Ach, ich glaube, ich werde ein Gott.«[6]

Im 1. Jahrhundert u. Z. entwickelte sich eine griechisch-römische Kultur. Reiche Männer konnten vom Jordan bis an den Rhein reisen, und die Städte, in denen sie Halt machten, sahen überall gleich aus; überall konnten sie von den gleichen goldenen Tellern essen, bekannte griechische Tragödien anschauen und kultivierte Bemerkungen zu Homer und Vergil machen; überall trafen sie auf Gleichgesinnte, die Bildung zu schätzen wussten. Der Senat nahm immer mehr Würdenträger aus der Provinz in seine Reihen auf, örtliche Honoratioren ließen Inschriften auf Lateinisch und Griechisch anbringen, und selbst die Bauern auf den Feldern fühlten sich allmählich als Römer.

Die Kompromisspolitik entschärfte den Widerstand. Es wäre schön, dies mit dem Zitat aus einem alten Text zu illustrieren, aber nichts bringt die Sache so gekonnt auf den Punkt wie *Das Leben des Brian*, die Monty-Python-Komödie von 1979. Als Reg (gespielt von John Cleese), der Vorsitzende der Volksfront von Judäa (Offizieller Flügel), versucht, seine nicht allzu eifrigen Anhänger zur Wut gegen die Römer aufzustacheln, muss er feststellen, dass sie lieber über die Vorteile des Reiches (speziell den Wein) reden. Reg reagiert mit der sicher berühmtesten Frage, die je zum Römischen Reich gestellt wurde: »Schon gut … schon gut … Aber abgesehen von der besseren Kanalisation und Medizin und Bildung und Bewässerung und dem Gesundheitswesen und den Straßen und der Trinkwasserversorgung und den Bädern und der öffentlichen Ordnung … was haben die Römer uns gebracht?« Die Freiheitskämpfer denken einen Augenblick nach, dann hebt einer zögernd die Hand: »Den Frieden!« Reg, außer sich über diese Einfalt: »Was!? Ach … den Frieden, ja, ja … Schnauze!«[7]

Dabei war ihm etwas Entscheidendes entgangen: Der Frieden hatte tatsächlich alles verändert und an beiden Enden Eurasiens eine Periode des Wohlstands eingeleitet. In beiden Reichen wuchsen die Bevölkerung und, noch schneller, Handel und Wandel. Am wichtigsten aber war, dass auch der Ertrag landwirtschaftlicher Produktion stieg – ob nun als Gesamtertrag, Flächenertrag oder als Ertrag pro Arbeitseinheit gerechnet. Sowohl die Han als auch die Römer erließen Gesetze, die das Eigentum von Grundbesitzern, aber auch das von Bauern besser schützten. Neue Anbauflächen wurden erschlossen, Be- und Entwässerungssysteme verbessert, Sklaven gekauft oder Arbeiter angestellt, mehr Dünger und besseres Werkzeug eingesetzt. Wie aus ägyptischen Dokumenten hervorgeht, ernteten die Bauern zur Römerzeit auf ein Pfund Saatgut zehn Pfund Weizen, ein für die vormoderne Landwirtschaft beachtliches Niveau. Aus China haben wir keine Statistiken aus dieser Zeit, aber aus archäologischen Funden und Berichten in landwirtschaftlichen Handbüchern geht hervor, dass auch hier die Erträge gestiegen sind, besonders im Tal des Gelben Flusses.

In aller Stille, fast unbemerkt von den Adligen, den Autoren der überlieferten Literatur, machten sich Bauern und Handwerker neue Möglichkeiten der Energieausbeutung zunutze. Bis zu diesem Punkt der Menschheitsgeschichte kam fast alle Energie, die eingesetzt wurde, aus Muskelkraft oder organischen Brennstoffen, jetzt aber begann man, vier potenziell revolutionäre Energiequellen anzuzapfen – Kohle, Erdgas, Wasser und Wind.

Die ersten beiden blieben marginal. Nur manche Eisengießereien in China nutzten Kohle, und in Sichuan wurde Erdgas durch Bambusröhren geleitet und verbrannt, um zur Salzgewinnung Wasser zu verdampfen. In großem Stil dagegen wurden Wasser- und Windkraft genutzt. In Rom wie in China bewegten sich seit dem 1. Jahrhundert u. Z. Mahlsteine für Getreide und Blasebälge der Schmelzöfen in Eisengießereien mit Wasserkraft. Das beeindruckendste Beispiel ist eine im 3. Jahrhundert u. Z. im südfranzösischen Barbegal errichtete Anlage mit zweimal acht hintereinander angeordneten Wasserrädern. Sie erzeugten 30 Kilowatt, was etwa der Leistung von hundert Ochsen entspricht (oder von zwei mit Höchstgeschwindigkeit fahrenden Automobilen vom Typ Ford T). Im Allgemeinen waren die Wasserräder viel kleiner, aber selbst eine durchschnittliche römische Mühle lieferte so viel Energie wie zehn starke Männer, die Laufräder in Schwung hielten.

Am bedeutsamsten aber war nicht der Einsatz neuer Wind- und Wasserräder, sondern die verbesserte Segeltechnik. Niemand hätte sich bemüßigt gesehen, tausende Tonnen Weizen, Millionen Liter Wein und Milliarden Eisennägel zu produzieren, wenn all das nicht von den Bauernhöfen oder Gießereien zu den Käufern hätte gebracht werden können. Größere, bessere und billigere Schiffe, Häfen und Kanäle waren ebenso wichtig wie Pflüge und Wasserräder. Handel und Industrie wuchsen gemeinsam.

Für den Westen geht dies aus Abbildung 6.2 deutlich hervor. Hier wird die steigende Zahl von Schiffswracks verschiedenen Graden der Bleiverschmutzung gegenübergestellt, die 2005 bei der Untersuchung von Ablagerungen in einem See bei Penido Velho (heutiges Spanien) festgestellt wurden. (Ich führe Schiffswracks auf, weil wir keine Dokumente über die antike Schifffahrt haben, daher – es sei denn, die Kapitäne wären aus unerklärlichen Gründen ungeschickter geworden und mit der Zeit immer häufiger auf Felsen aufgelaufen – liefern Schiffswracks die besten Näherungswerte für die Zahl der Schifffahrten. Blei wiederum ist ein Nebenprodukt der Silbergewinnung, die Bleibelastung lässt sich geochemisch, anhand von Isotopen, am besten beobachten.) Beide Kurven haben ihren Scheitelpunkt im 1. Jahrhundert v. u. Z., ein Zeichen für die enge Verbindung von Handel und Industrie (und für die Tatsache, dass das alte Rom kein goldenes Zeitalter für die Umwelt war).

Leider lässt sich Abbildung 6.2 nicht mit einer entsprechenden Grafik für den Osten vergleichen, weil chinesische Archäologen wenig quantifizierbare Daten gesammelt haben. Immerhin lassen die vorliegenden Daten den Schluss zu, dass der Handel im östlichen Kerngebiet nach 300 v. u. Z. einen deutlichen, wenn auch keinen ganz so starken Aufschwung erlebte wie im Westen. Einer neueren Studie zufolge waren im Römischen Reich etwa zweimal so viele Münzen im Umlauf wie unter den Han, und die reichsten Römer waren doppelt so reich wie die reichsten Chinesen.

Die unterschiedliche Zunahme des Handelsverkehrs lag wahrscheinlich zu großen Teilen an den jeweiligen geographischen Bedingungen. 90 Prozent der Menschen im Römischen Reich lebten nicht weiter als 15 bis 20 Kilometer von der Mittelmeerküste entfernt. Die Expansion des westlichen Kerngebiets in den Mittelmeerraum hatte im 2. Jahrtausend v. u. Z. die Entwicklung der gesamten Region vorangetrieben, im gleichen Maß aber zu Störungen geführt. Das endete erst, als Rom die gesamte Mittelmeerküste erobert hatte (im 1. Jahrhundert v. u. Z.). Nun konnten Waren zur See preiswert überallhin transportiert werden, und aufgrund der Verbindungen und Beziehungen, die dabei entstanden, beschleunigte sich das Entwicklungstempo beträchtlich.

Im Reich der Han lebte ein viel kleinerer Teil der Bevölkerung nahe am Meer oder an großen Flüssen, und diese waren nicht immer schiffbar. Roms militärische Expansion hatte immer neue wirtschaftliche Grenzen zur Folge, mit den fortgeschrittensten Techniken konnten Bauern neu erobertes Land bestellen und ihre Ernten verkaufen, um die Städte Italiens und Griechenlands zu versorgen. In China dagegen gab es keine Wasserwege wie das Mittelmeer, darum hatten die Eroberungen der Qin und Han in dieser Hinsicht viel geringere Auswirkungen. Einige

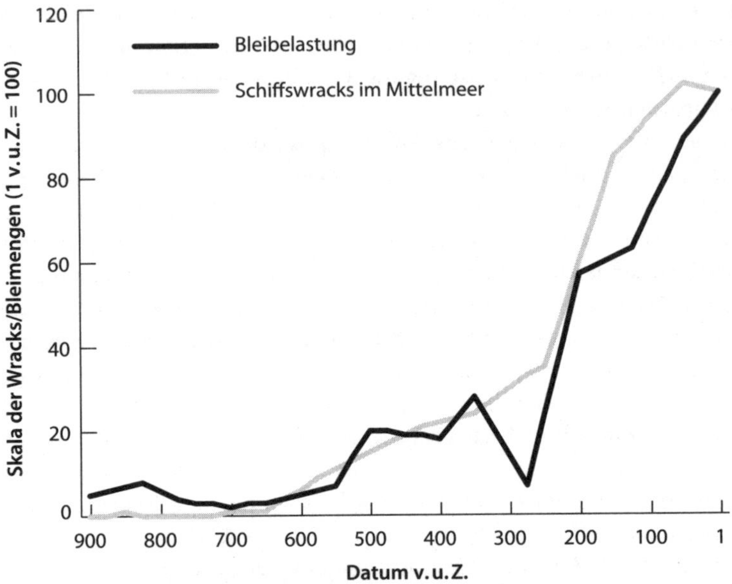

Abbildung 6.2: Waren und Dienstleistungen

Der parallele Anstieg von Schiffsunglücken im Mittelmeer und der Bleibelastung am spanischen Penido-Velho-See. Die Zahl der Wracks und die Bleimengen wurden in Relation gesetzt, sodass sie auf einer (vertikalen) Skala verglichen werden können, wobei die Zahl/Menge beider für das Jahr 1 v.u.Z. gleich 100 gesetzt wurde.

Han-Kaiser arbeiteten wie wild daran, die Transportbedingungen zu verbessern, sie ließen Wei und Gelben Fluss vertiefen und zur Umgehung nicht schiffbarer Abschnitte Kanäle anlegen; doch dauerte es Jahrhunderte, bis China den Nachteil, ohne ein eigenes Mittelmeer auskommen zu müssen, ausgleichen konnte.

Das Wirtschaftswachstum in Ost und West verdankte sich im Wesentlichen zwei ähnlichen Kräften. Die eine zog, die andere schob die wirtschaftliche Entwicklung nach oben. Was zog, war das Wachstum des Staates. Die römischen und die Han-Eroberer holten Steuern aus riesigen Gebieten, gaben den größten Teil davon jedoch für ihre Grenzarmeen (schätzungsweise 350 000 Mann in Rom und 200 000 in China) und für gigantische Hauptstädte wieder aus (wahrscheinlich eine Million Menschen lebten in Rom, in Chang'an, der Hauptstadt der Han, etwa die Hälfte). Beide mussten dafür sorgen, dass Nahrungsmittel, Güter und Geld aus reichen, Steuern zahlenden Provinzen zu hungrigen, die Einnahmen verzehrenden Zusammenballungen von Menschen gelangten.

Der Monte Testaccio (»Monte Scherbelino«) in einem Vorort von Rom ist ein Beispiel dafür, wie stark diese Zugkräfte im Westen waren. Der 50 Meter hohe, von Gras überwucherte Hügel aus Tonscherben ist gewiss weniger eindrucksvoll als das Grab des Ersten Kaisers, für manche hartgesottene Archäologen jedoch ist er Italiens Antwort auf den Ägyptenneid. Die unglaubliche Zahl von 25 Millionen Gefäßen zum Lagern aller möglichen Waren wurde hier im Laufe von drei Jahrhunderten entsorgt. Die meisten dienten dem Transport von Olivenöl – 800 Millionen Liter – von Südspanien nach Rom, womit die Städter kochten, sich wuschen* und ihre Lampen fütterten. Steht man auf dem Monte Testaccio, staunt man, wozu hungrige Menschen fähig sind. Und das war nicht der einzige künstliche Müllberg Roms.

Die zweite Kraft, die die wirtschaftliche Entwicklung anschob, war der bereits bekannte Klimawandel. Die globale Abkühlung nach 800 v. u. Z. hatte schwächere Staaten ins Chaos gestürzt und für Jahrhunderte eine Welle der Expansion ausgelöst. Um 200 v. u. Z. leiteten anhaltende Veränderungen der Erdumlaufbahn die von Klimatologen so genannte Römische Warmperiode ein. Die Winterwinde wurden schwächer – schlechte Nachrichten für die Bauern am Mittelmeer und in den großen Flusstälern Chinas –, aber die High-End-Imperien, die zum Teil in Reaktion auf die früheren globalen Abkühlungsphasen entstanden waren, verschafften den Gesellschaften des Ostens und des Westens soviel Flexibilität, dass sie den Klimawandel nicht nur überstanden, sondern auch Nutzen daraus ziehen konnten. Härtere Zeiten bieten mehr Anreize zu Diversifikation und Innovation. Die Menschen experimentierten mit Wasserrädern und Kohle, der Staat sorgte für Straßen und Häfen, um den Handel einträglicher zu machen, sowie für Heere und Gesetze, um ihn abzusichern. Den Staatenlenkern war sehr wohl bewusst, dass reichere Untertanen auch mehr Steuern zahlen können.

Die High-End-Imperien stießen auch über ihre alten Kerngebiete hinaus in Regionen vor, in denen die Wärmeperiode der Landwirtschaft zugutekam – im Westen nach Frankreich, Rumänien und ins regenreiche England, im Osten in die Mandschurei, nach Korea und Zentralasien (Abbildung 6.3). Selbst wenn sie dabei keinem bewussten Plan folgten, setzten die Reiche damit auf die richtige Karte, denn die Klimaveränderungen, die in den wärmeren Gebieten zu Problemen führten, wirkten in kälteren Gegenden zu ihren Gunsten. Das Römische Reich, in dem der Gütertransport wegen des Mittelmeers relativ einfach war, zog große Vorteile daraus; China dagegen, wo es nur die großen, schwer zu befahrenden Flüsse gab, profitierte vom Klimawandel gewiss weniger.

So hatten all die Kriege, Versklavungen und Massaker des 1. Jahrtausends v. u. Z. zu einem Zeitalter des Wohlstands geführt, das durchaus Grund gab zu jener Begeisterung à la Pangloss, mit der dieses Kapitel begann. Der Wohlstand war ungleich verteilt – es gab weitaus mehr Bauern als Philosophen oder Könige –, aber

* In jenen Tagen, als es noch keine Seife gab, wuschen sich Menschen, die es sich leisten konnten, indem sie sich einölten und das Öl dann wieder abschabten. Das mag nicht jedermanns Geschmack sein, doch anders als der Gebrauch von Urin zum Zähneputzen (was ein römischer Dichter, wenn auch im Scherz, erwähnt), war es gewiss hygienisch. Wirkliche Seife und Zahnpasta wurden erst 1000 Jahre später in China erfunden.

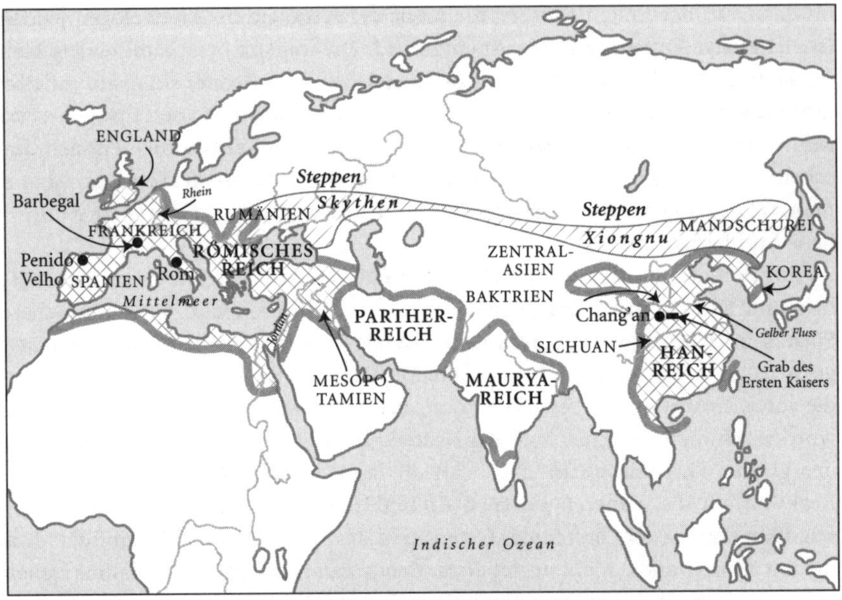

Abbildung 6.3: Das Beste aus dem Wetter machen
Die größte Ausdehnung von Han-Reich (um 100 u. Z.) und römischem Imperium (117 u. Z.); beide umfassten Gebiete, die von der globalen Erwärmung profitierten.

es lebten insgesamt mehr Menschen auf der Erde als in den vorangegangenen Zeitaltern. Sie lebten in größeren Städten, hatten im Großen und Ganzen ein längeres Leben, ernährten sich besser und umgaben sich mit mehr Dingen als je zuvor.

Als ich an meinen ersten archäologischen Ausgrabungen teilnahm – in England in den 1970er Jahren –, hatte ich es mit mehreren römischen Fundstätten zu tun. Mit der Spitzhacke, oft bis an den Rand der Erschöpfung, legten wir riesige Fundamente aus gegossenem Beton frei (auch eine römische Erfindung) und sahen zu, dass wir mit unseren Logbüchern der Flut von Funden halbwegs hinterherkamen. Dann begann ich, meine Doktorarbeit über die griechische Gesellschaft um 700 v. u. Z. zu schreiben, und 1983 machte ich mich zum ersten Mal um eine Ausgrabungsstätte aus jener Zeit verdient. Es war ein Schock. Diese Leute besaßen so gut wie nichts. Wenn wir nur ein paar Stücke aus verrostetem Eisen fanden, war dies eine große Sache. Die Römer lebten, verglichen mit früheren Populationen, in einem Konsumparadies. Ausgehend von einem Niveau, das praktisch bloß dem Existenzminimum entsprach, stieg der Pro-Kopf-Verbrauch in den späteren westlichen Provinzen des Römischen Reiches zwischen 800 und 200 v. u. Z. um gut 50 Prozent.

Ähnliche Entwicklungen sind auch im Osten zu verzeichnen, obwohl sie sich, wie gesagt, bislang noch nicht so gut in Zahlen darstellen lassen. Nach modernen

Maßstäben lebten die Menschen in beiden Kerngebieten in tiefster Armut – jedes zweite Neugeborene starb vor seinem fünften Lebensjahr, wenige Menschen wurden älter als 50 Jahre, und aufgrund ihrer schlechten Ernährung waren die Erwachsenen im Durchschnitt 15 Zentimeter kleiner als wir –, doch verglichen mit allem, was vorher war, lebten sie in einem goldenen Zeitalter. Kein Wunder, dass sich Dr. Pangloss und Konsorten so breit machten in den alten Imperien.

Der Alte-Welt-Austausch

Was Pangloss und seinesgleichen allerdings entging, waren die vom Entwicklungsschub in den Imperien bewirkten Veränderungen in der Welt jenseits ihrer Grenzen. Waren die Reiche stark, zwangen sie den Völkern an den Grenzen ihren Willen auf, so wie der Perserkönig Dareios I. im 6. Jahrhundert v. u. Z. oder wie im 3. Qin Shihuangdi, der Erste Kaiser von Qin, große Teile der zentralasiatischen Steppe unter ihre Kontrolle brachten. Waren sie jedoch schwach, schlugen die Nomaden zurück. So konnten es die Nachfolgestaaten, die Alexanders Diadochen nach 300 v. u. Z. auf den Trümmern des Persischen Reiches aufbauten, mit der Macht ihres illustren Vorläufers nie aufnehmen, und bald fielen Horden plündernder Skythen in Baktrien und Nordindien ein. Die Parther, auch sie ein Stammesvolk aus Zentralasien, sickerten ins Gebiet des heutigen Iran ein und nutzten, als die makedonischen Reiche nach 200 v. u. Z. unter den Angriffen der Römer zusammenbrachen, ihre Chance.

Die Parther waren anders als die Nomadenstämme, die zuvor ins westliche Kerngebiet eingefallen waren. Die Skythen etwa häuften ihre Reichtümer durch Raubzüge an oder indem sie Schutzgelder von ackerbauenden Reichen erpressten. Sie verhielten sich im Grunde wie Banditen – ohne das geringste Interesse daran, die High-End-Staaten zu erobern und ihre komplizierten Bürokratien zu bedienen. Die parthischen Reiter dagegen waren nur Halbnomaden. Sie kamen vom Rand der zentralasiatischen Steppe, nicht aus deren kahler Mitte, und hatten seit Generationen Seite an Seite mit Bauern gelebt. Ihre Herrscher wussten, wie man von unterdrückten Bauern Steuern eintreibt und zugleich an den Traditionen eines Reitervolks festhält, von denen ihre Militärmacht abhing. Um 140 v. u. Z. hatten sie einen großen Teil des Persischen Reiches in ein eigenes, nur lose integriertes Low-End-Reich verwandelt.

Die Partherkönige inszenierten sich gern als Erben von Kyros und Dareios, übernahmen auch gern die westliche Hochkultur, ihr Staat aber blieb stets ein lockeres, schwach organisiertes Gebilde, das Rom nie wirklich gefährlich wurde, auch wenn die Parther den Römern, die immer mal wieder vergaßen, wie stark die nomadische Reiterei sein konnte, kurze, scharfe Schläge versetzten. Berühmt waren die kämpferischen Nomaden für den »parthischen Schuss«: Ein Reiter tat, als wolle er fliehen, wandte sich dann im Sattel um und schoss auf seinen Verfolger.

Mit solchen Taktiken konnten die Parther zum Beispiel den römischen Feldherrn Crassus erledigen, der in einem überstürzten Angriff 53 v. u. Z. Armee und Leben verlor. Der Partherkönig Orodes II., ein großer Bewunderer westlicher Kultur, verfolgte, so lesen wir bei Plutarch, gerade die Aufführung der *Bakchen* des Euripides, als ihm Crassus' Kopf gebracht wurde. Er war gebildet genug, um die Pointe zu verstehen, als ein Schauspieler sich erlaubte, ein grässliches Memento in seine Verse aufzunehmen: »Wir bringen vom Berge / Ein frischgeschlachtetes Rind ins Haus, / Herrliche Jagdbeute!«[8]

Roms Probleme mit den Parthern am westlichen Rand der Steppe waren jedoch gar nichts im Vergleich zu den Schwierigkeiten, die China an deren östlichem Ende mit den Xiongnu hatte. Der Präventivkrieg, den Qin Shihuangdi 215 v. u. Z. führte, hatte verheerende Folgen. Er brachte, anstatt die Nomaden einzuschüchtern, in der Steppe eine politische Revolution ins Rollen, die dazu führte, dass sich die einander befehdenden Stämme zum ersten wirklichen Nomadenreich der Welt zusammenschlossen. Anders als die Parther besteuerte Mao-dun, der Herrscher der Xiongnu, nicht die Bauern, um adlige Reitertruppen zu bezahlen, sondern er finanzierte seinen Low-End-Staat ausschließlich durch Beutezüge nach China und kaufte sich die Loyalität niederer Stammeshäuptlinge mit erbeuteter Seide und Wein.

Mao-dun zeichnete sich durch ein treffsicheres Timing aus. 209 v. u. Z., gleich nach dem Tod von Qin Shihuangdi, wurde er zum Herrscher (Chanyu) der Xiongnu und nutzte die folgenden neun Jahre chinesischer Bürgerkriege, um zu plündern, was das Zeug hielt. 200 v. u. Z. hatte der erste Han-Kaiser Gaodi genug und zog an der Spitze einer riesigen Streitmacht in die Steppe, musste dort jedoch die Erfahrung machen, dass ein Krieg gegen Nomaden etwas anderes war, als chinesische Thronrivalen zu bekämpfen. Die Xiongnu wichen zurück, die Chinesen litten in der Wildnis Hunger, und als Mao-dun mit seinen Reitern zurückkehrte und aus einem Hinterhalt angriff, hatte ein Drittel von Gaodis Männern erfrorene Finger. Gaodi selbst kam allerdings fast unversehrt davon; wie in jedem Krieg waren auch hier die meisten seiner Männer viel schlimmer dran.

Als ihm klar wurde, dass er gegen die Xiongnu weder mit Zermürbungstaktiken noch mit Tatenlosigkeit oder Präventivschlägen etwas ausrichten konnte, verfiel er auf eine vierte Strategie: seine Familie mit der Mao-duns durch Heirat zu verbinden. So verbannte Gaodi seine älteste Tochter aus den eleganten Gemächern von Chang'an, wo die Böden aus poliertem Stein waren und die Bettdecken mit Perlen übersät*, in die Steppe, wo sie Mao-duns Frau wurde und ihre Tage in einem Filzzelt beschloss. Noch tausend Jahre später besangen chinesische Dichter das herzzerreißende Leid der Han-Jungfer, die sich so einsam fühlte unter den wilden Reitern.

---

* So ist um 208 v. u. Z. der Luxus der Paläste Chang'ans beschrieben worden; bei Ausgrabungen allerdings hat man bislang keine entsprechenden Spuren gefunden.[9]

Diese königliche Hochzeit leitete ein, was chinesische Wissenschaftler euphemistisch »harmonische Verwandtschaftspolitik« nennen. Für den Fall, dass Liebe nicht ausreichen sollte, versuchte Gaodi Mao-duns Treue zusätzlich mit jährlichen »Geschenken« aus Gold und Seide zu kaufen. Doch sowohl die arme Tochter als auch die Geschenke verfehlten ihren Zweck. Die Xiongnu wollten den Preis erhöhen und plünderten weiter, wobei sie sich ausrechneten, dass die Han-Kaiser still halten würden, solange die Schäden, die sie anrichteten, geringer blieben als die Kosten für einen Rachefeldzug.

Die harmonischen Verwandtschaftsverhältnisse hielten 60 zunehmend teure Jahre, dann zerstritt sich der Hof der Han fürchterlich über dieses Problem. Die einen erinnerten an das Desaster des Jahres 200 v. u. Z. und rieten zur Geduld, die anderen lechzten nach Blut. Nachdem im Jahr 135 v. u. Z. die vorsichtige Mutter des jungen Kaisers Wudi gestorben war, setzte sich die Rachefraktion durch. Von 129 bis 119 v. u. Z. bot Wudi Jahr um Jahr Hunderttausende von Soldaten auf, die in die Wildnis vorrückten, und jedes Jahr kam nur knapp die Hälfte von ihnen zurück. Die Kosten an Menschenleben und Gold stiegen ins Unermessliche, und Wudis Kritiker – die gebildete Elite, die die Geschichtsbücher verfasste – kamen zu dem Schluss, sein Präventivkrieg sei ein totales Fiasko gewesen.

Aber wie die Feldzüge des Dareios von Persien gegen die Skythen 400 Jahre zuvor (die von den Geschichtsschreibern ebenfalls als Fehlschlag beurteilt worden waren) veränderten auch die des Wudi das Nomadenproblem. Ohne Geschenke und Beute, die sie mit ihren Untergebenen teilen konnten, und angesichts der ständigen Bedrohung ihres Weidelandes verloren die Herrscher der Xiongnu an Einfluss auf ihre Verbündeten. Interne Machtkämpfe waren die Folge. 51 v. u. Z. anerkannten die Xiongnu die Oberherrschaft der Han an, ein Jahrhundert später zerbrach das Volk in zwei Stämme. Der eine zog sich nach Norden zurück, und der andere ließ sich innerhalb des Chinesischen Reiches nieder.

So hatten im 1. Jahrhundert u. Z. sowohl die Römer als auch die Han Oberhand über die Nomaden gewonnen. Die Han begannen, »die Barbaren gegen die Barbaren ins Feld zu schicken«, wie sie es nannten: Sie überließen den südlichen Xiongnu Raum zum Leben (und immer wieder »Geschenke«) – unter der Bedingung, dass sie Kriegsdienste gegen andere Nomaden leisteten. Rom, das Osteuropas Wälder, Gebirge und bäuerliche Siedlungen gegen Vorstöße aus den Steppen abschirmte, hatte direkt nur mit den (Halb-)Nomaden des Partherreichs zu tun; und auch dort standen sich beide Parteien nicht in der Steppe gegenüber, wo die Nomaden so viele Vorteile hatten, sondern zwischen den Städten und Kanälen Mesopotamiens. Wann immer die römischen Kaiser es ernst meinten, fegten ihre Legionäre den Widerstand der Parther hinweg.

Wirklich Ruhe allerdings herrschte niemals, weder an Roms Ost- noch an Chinas Nordgrenze. 114 u. Z. vertrieben die Römer die Parther aus Mesopotamien und kontrollierten nun das gesamte westliche Kerngebiet. Doch schon 117 u. Z. zogen sie sich aus dem Land zwischen den Strömen wieder zurück. Noch viermal überrannten sie Mesopotamien im 2. Jahrhundert, viermal gaben sie das Gebiet wieder auf. Trotz seines Reichtums war das Zweistromland einfach zu weit weg und zu schwer zu verteidigen. In China dagegen stellte man fest, dass die Grenze durch die Ansiedlung der Xiongnu innerhalb des eigenen Territoriums alles andere als eine eindeutige Linie auf der Landkarte war, sondern allmählich zu einem im Fluss befindlichen Grenzgebiet wurde, zum »Wilden Norden«, in dem Stämme auftauchten und wieder abzogen, wie es ihnen passte, wo kaiserliche Erlasse selten Wirkung zeigten und wo ein scharfes Schwert mehr zählte als vertragliche Finessen.

Die zunehmenden Verflechtungen zwischen den Reichen von Nomaden und sesshaften Ackerbauern veränderten abermals die Geographie Eurasiens: Die Welt wurde ein wenig kleiner. Die sichtbarste Folge war eine riesige Zone mit einer gemeinsamen materiellen Kultur, die von der Ukraine bis zur Mongolei reichte und in der Kaufleute und Krieger aus Ost und West untereinander Ideen, Kunstfertigkeiten und Waffen austauschten. Die wichtigste Fracht auf den Straßen durch die Steppe jedoch war unsichtbar.

In den Tausenden von Jahren, in denen die Bauern der Alten Welt sich nun schon in Dörfern zusammendrängten, hatten sich zugleich auch viele bösartige Krankheitserreger entwickelt. In großen Populationen, in denen die Menschen auf engstem Raum und in hygienisch prekären Verhältnissen miteinander leben, können sich die verschiedensten Ansteckungskrankheiten rasch verbreiten. Doch da die Kerngebiete der Alten Welt weitgehend geschlossene Siedlungsräume darstellten, verbreiteten sich im Laufe der Jahrtausende auch entsprechende Antikörper im Genpool. Zwar konnten zufällige Mutationen immer mal schlafende Krankheiten in todbringende Seuchen verwandeln, aber Wirte und Viren stellten dann ein neues Gleichgewicht her, mit dem beide leben konnten.

Menschen, die ungewohnten Keimen zum ersten Mal ausgesetzt sind, können gegen die stillen Killer so gut wie keine Abwehrkräfte mobilisieren. Das berühmteste Beispiel ist das, was der Geograph und Historiker Alfred Crosby »kolumbianischer Austausch« genannt hat: den 1492 u. Z. mit der Eroberung Mittel- und Südamerikas eingeleiteten Austausch nicht nur von domestizierten bzw. domestizierbaren Pflanzen und Tieren, sondern auch von Krankheitserregern. Dieser Austausch war eine ungewollte, aber furchtbare Nebenfolge der Eroberung der Neuen Welt.[10] In Europa und Amerika hatten sich Pools völlig unterschiedlicher Keime entwickelt. Amerika kannte eigene unangenehme Krankheiten, die Syphilis etwa, aber mit der üppigen Palette an Mikroben, das sich in Europa entwickelt hatte, konnten die kleinen, im dünn besiedelten Amerika isoliert lebenden Populationen nicht mithalten. Epidemiologisch waren die kolonisierten Völker unberührt. Das Vordringen der Europäer auf dem Doppelkontinent war zugleich eine Invasion fremder Körper. Von Masern und Hirnhautentzündung bis zu Pocken und Typhus drangen alle möglichen Krankheitserreger in die Zellen der amerikanischen Ureinwohner ein und ließ sie unweigerlich verenden. Niemand weiß genau, wie viele starben, aber der kolumbianische Austausch könnte drei Viertel der Menschen in der Neuen Welt dahingerafft haben. »Wenn man mit diesen Wilden in Berührung kommt«, notierte einer der französischen Invasoren im 16. Jahrhundert, »gibt es etwas, was anzumerken ich mir nicht versagen kann, nämlich wie sehr doch in alledem der Wunsch Gottes sichtbar wird, dass sie ihr Land an neue Völker abtreten sollen.«[11]

Zu einem ähnlichen, aber ausgeglicheneren »Austausch« muss es in der Alten Welt im 2. Jahrhundert u. Z. gekommen sein. Jedes Kerngebiet, im Westen, in Südasien und im Osten, hatte in den Jahrtausenden seit Beginn des Ackerbaus jeweils eigene Kombinationen tödlicher Krankheiten hervorgebracht, und sie konnten sich bis 200 v. u. Z. weiterentwickeln, als seien sie auf verschiedenen Planeten beheimatet. Als sich jedoch immer mehr Kaufleute und Nomaden zwischen den Kerngebieten hin und her bewegten, vermischten sich die Erregerpools und verbreiteten überall Angst und Schrecken.

Wie chinesische Dokumente festhalten, brach 161/162 u. Z. in einer Armee, die an der Nordwestgrenze gegen die Nomaden kämpfte, eine mysteriöse Seuche aus, die jeden dritten Soldaten dahinraffte. Auch für das Jahr 165 u. Z. wird von Krankheiten in Armeelagern berichtet, diesmal allerdings in römischen Texten. Hier geht es um eine Epidemie, die während eines Feldzugs gegen die Parther in syrischen Militärstützpunkten wütete, über 6000 Kilometer vom Seuchengebiet in China entfernt. Zwischen 171 und 185 u. Z. wurde China fünfmal von Seuchen heimgesucht; fast ebenso häufig war im gleichen Zeitraum Rom betroffen. In Ägypten, wo sehr detaillierte Dokumente erhalten sind, fiel ein Viertel der Bevölkerung den Epidemien zum Opfer.

Wir können nur schwer herausfinden, welche Krankheiten das waren, denn zum einen haben sich Viren und Bakterien in den seither vergangenen 2000 Jahren weiterentwickelt, zum anderen aber haben die antiken Chronisten die Krankheitsbilder nur äußerst vage beschrieben. So wie sich aufstrebende Autoren heute Bücher wie »Drehbuchschreiben für Anfänger« zulegen können und nach deren Rezeptur wie am Fließband Filme oder Fernsehshows heraushauen, so wussten auch antike Schreiber, dass zu einer guten Geschichte politische Intrigen, Schlachten und Seuchen gehören. Wie wir, wenn wir ins Kino gehen, hatten auch deren Leser ziemlich genaue Vorstellungen davon, wie solche Grundelemente einzusetzen waren. Seuchen etwa mussten sich in ominösen Zeichen ankündigen, mussten grässliche Symptome und unerhörte Sterberaten hervorbringen. Zu einer guten Geschichte gehörten einfach verwesende Leichen, der Zusammenbruch von Recht und Ordnung, gehörten verzweifelte Witwen, Eltern und/oder Kinder.

Am einfachsten war es für einen Chronisten, wenn er eine Seuchenszenerie bei einem anderen Historiker abschrieb und nur die Namen änderte. Im Westen lieferte Thukydides so etwas wie den Archetyp eines Augenzeugenberichts: seine Schilderung einer Seuche, die Athen 430 v. u. Z. heimgesucht hatte. Nach einer

2006 durchgeführten DNA-Studie muss es sich wohl um eine Art Typhusfieber gehandelt haben, was aus Thukydides' Bericht allerdings nicht klar hervorgeht. Und wenn nun andere Historiker seine (zugegebenermaßen packende) Prosa tausend Jahre lang wiederaufbereiteten, kann dies zur Klärung der Frage, welche Epidemien sie eigentlich beschrieben haben, wenig beitragen.

Eines allerdings verschwindet nicht im Nebel der Unklarheit: der scharfe Gegensatz, in dem römische und chinesische Quellen zur indischen Literatur stehen. Dort nämlich werden für das 2. Jahrhundert u. Z. keine Seuchen erwähnt. Das könnte am Desinteresse gebildeter Eliten liegen, die für etwas so Profanes wie den Tod von Millionen armer Leute kein Interesse hatten. Wahrscheinlicher aber ist, dass die Seuchen nach Indien gar nicht vordrangen, woraus folgen würde, dass der Tauschverkehr in der Alten Welt sich hauptsächlich entlang der Seidenstraße und durch die Steppen abspielte und nicht über Handelsrouten im Indischen Ozean. Diese Erklärung würde auch zu den Umständen passen, unter denen die Seuchen in China und Rom begannen, nämlich in den Heerlagern der Grenzregionen.

Wie immer man sich den Mikrobenaustausch vorzustellen hat, fest steht, dass seit den 180er Jahren u. Z. so gut wie jede Generation furchtbare Seuchen durchlebte. Die für den Westen schlimmsten Jahre lagen zwischen 251 und 266 u. Z.; damals starben in der Stadt Rom zeitweilig 5000 Menschen am Tag. Im Osten wiederum wüteten Seuchen vor allem zwischen 310 und 322 u. Z., auch diesmal gingen sie vom Nordwesten aus. Ganze Regionen dort wurden gemäß den Berichten entvölkert. Einem Arzt zufolge, der die Krankheit überlebte, könnte es sich um Masern oder Pocken gehandelt haben:

> Kürzlich gab es Leute, die an seuchenartigen Wundstellen an Kopf, Gesicht und Rumpf erkrankt waren. In kurzer Zeit verbreiteten sich diese Wundstellen über den ganzen Körper. Sie erscheinen als heiße Geschwüre, die einen weißlichen Stoff enthalten. Während einige der Pusteln austrocknen, entstehen überall neue. Wenn die Patienten nicht früh behandelt werden, sterben sie für gewöhnlich. Die Genesenen sind durch purpurfarbene Narben entstellt, die erst nach einem Jahr verschwinden.[12]

Der Alte-Welt-Austausch hatte verheerende Folgen. Die Städte leerten sich, der Handel ging zurück, Steuereinnahmen sanken, Felder fielen brach. Und als sei das nicht genug, deuten alle Beweisquellen – Torfmoore, Ablagerungen in Binnenseen, Eisbohrkerne, Baumringe, das Verhältnis von Strontium und Kalzium in Korallenriffen, selbst die chemischen Eigenschaften von Algen – darauf hin, dass sich auch das Klima gegen die Menschheit verschworen hatte und die Römische Wärmeperiode (auch »römerzeitliches Klimaoptimum« genannt) zu Ende ging. Zwischen 200 und 500 u. Z. sanken die Durchschnittstemperaturen um gut 1° Celsius; angelsächsische Klimatologen sprechen von der Kälteperiode des Dunklen Zeitalters (der Völkerwanderungszeit). Die Sommer wurden kühler, die Monsunwinde schwächer und entsprechend weniger regnete es.

Unter anderen Umständen hätten die blühenden Kerngebiete in Ost und West auf den Klimawandel so wirkungsvoll reagiert, wie sie es zu Beginn der Römischen Wärmeperiode im 2. Jahrhundert v. u. Z. getan hatten. Dieses Mal jedoch kamen Krankheiten und Klimawandel zusammen – zwei der fünf apokalyptischen Reiter, die im vierten Kapitel ihren prominenten Auftritt hatten. Was das hieß und ob sich ihnen die drei anderen Reiter – Hungersnot, Völkerwanderung und Zusammenbruch des Staates – anschlossen, hing jeweils davon ab, wie die Bevölkerungen reagierten.

Der Verlust des Himmelsmandats

Wie alle Organisationen waren die Reiche der Han und der Römer als Antwort auf bestimmte Probleme entstanden. Sie hatten gelernt, ihre Rivalen auszuschalten, riesige Gebiete und große Bevölkerungen mit einfachen Techniken zu regieren sowie Nahrungsmittel und Einkünfte aus den reichen Provinzen zu den jeweiligen Grenzarmeen und zu den Massen in den großen Städten zu schaffen. Beide organisierten dies auf leicht unterschiedliche Weise, und diese Unterschiede waren auch ausschlaggebend dafür, wie sie auf den Austausch in der Alten Welt reagierten.

In diesem Zusammenhang war der Umgang der Imperien mit ihren Armeen von besonderer Bedeutung. Um den Xiongnu zu trotzen, hatten die Han seit den 120er Jahren v. u. Z. riesige Reiterarmeen aufgestellt, für die zunehmend auch Nomaden rekrutiert wurden. Im 1. Jahrhundert u. Z. perfektionierten die Han ihre Politik des »Barbaren einsetzen, um Barbaren zu bekämpfen« und siedelten viele dieser Nomaden innerhalb der Reichsgrenzen an. Das hatte doppelte Folgen. Einerseits wurde die Grenze, an der die Krieger der Xiongnu unter leichter Bewachung durch die Han lebten, militarisiert, andererseits das Inland demilitarisiert. Abgesehen von der Hauptstadt waren in Zentralchina nur wenige Soldaten stationiert, und noch weniger wurden dort ausgehoben. Auch chinesische Adlige versprachen sich wenig davon, weit entfernt von der Hauptstadt als Offizier zu dienen und in abgeschiedenen Garnisonen »Barbaren« zu befehligen. Der Krieg wurde zu etwas, mit dem sich im Namen des Kaisers irgendwo in der Ferne Fremde beschäftigten.

Die Kaiser mussten sich zwar nicht länger vor mächtigen Adligen fürchten, die ihre Truppen möglicherweise gegen sie einsetzten; der Nachteil aber war, dass ihnen auch der Stock fehlte, mit dem sie Unruhe stiftende Adlige hätten züchtigen können. Das staatliche Gewaltmonopol bröckelte. Den Adligen fiel es mit der Zeit leichter, Bauern zu schikanieren und sich deren Höfe einzuverleiben, wodurch ihre wie private Lehen geführten Latifundien wuchsen. Aus den Bauern ließen sich nur begrenzt Überschüsse herauspressen, und wenn der Gutsherr so nah und der Kaiser so weit weg waren, gelangten Überschüsse eher als Pacht an lokale Herren denn als Steuern nach Chang'an.

Die Kaiser versuchten, dem einen Riegel vorzuschieben. Sie setzten Obergrenzen fest für die Größe der Gutsherrschaften und die Zahl der dazugehörigen Bauern, verteilten Land an freie (und besteuerbare) Kleinbauern und verschafften sich Mehreinnahmen aus Staatsmonopolen auf wichtige Güter wie Eisen, Salz und Alkohol. Doch im Jahr 9 u. Z. spitzte sich das Kräftemessen zwischen Kaiser und Großgrundbesitzern zu. Da nämlich hatte sich ein hoher Beamter namens Wang Mang des Throns bemächtigt und sich daran gemacht, das Ackerland komplett zu verstaatlichen sowie Sklaverei und Leibeigenschaft abzuschaffen. Als er zudem verkündete, nurmehr der Staat dürfe Gold besitzen, brach sein fast maoistischer Zentralismus sofort zusammen. In der Folge erschütterten Bauernaufstände das Reich, und als in den 30er Jahren u. Z. Ruhe und Ordnung wieder hergestellt waren, hatte sich die Politik der Han total verändert.

Wang Mangs Nachfolger, Kaiser Guangwu (von 25 bis 57 u. Z.), entstammte einer begüterten Familie, die ihre Macht nicht aus Verbindungen zum alten Hof bezog. Um die Autorität der Dynastie wiederherzustellen, musste Guangwu eng mit den Großgrundbesitzern zusammenarbeiten, und weil er sein Schicksal mit dem ihren verband, brach nun für die ein goldenes Zeitalter an. Reich wie Könige und Herrscher über Tausende von Bauern, nahmen die Magnaten den Staat und seine lästigen Steuereinnehmer kaum noch zur Kenntnis. Früher hatten die Han-Kaiser unbequeme Großgrundbesitzer nach Chang'an (in die heutige Provinz Shaanxi) zitiert, um ein strenges Auge auf sie zu werfen; Guangwu dagegen verlegte die Hauptstadt nach Luoyang (in die heutige Provinz Henan), wo die Grundbesitzer am stärksten waren und genau mitbekamen, was am Hof geschah (Abbildung 6.4).*

Die Elite suchte den Einfluss des Staates zurückzudrängen und sich von dessen größtem Haushaltsposten, der Armee, freizumachen. Als die Xiongnu gegen Ende des 1. Jahrhunderts u. Z. keine große Bedrohung mehr waren, musste die große Reiterarmee, die zu ihrer Bekämpfung aufgebaut worden war, für sich selbst sorgen – mit der Folge, dass sie die Bauern ausplünderte, die sie doch eigentlich schützen sollte. Um 150 u. Z. waren die südlichen Xiongnu, pro forma immer noch Vasallen, mehr oder weniger unabhängig.

Niemand unternahm größere Anstrengungen, die Armee zu reorganisieren, um der neuen Bedrohung begegnen zu können, die von den Qiang ausging – so nannten die Chinesen zusammenfassend Bauern und Hirten an der Westgrenze. Deren Zahl war, vielleicht aufgrund des milden Klimas der Römischen Wärmeperiode, über Generationen gewachsen, kleine Gruppen waren in die westlichen Provinzen eingesickert und hatten dort Land besetzt oder zogen, wenn ihnen das nicht gelungen war, raubend durchs Land. Um sie unter Kontrolle zu halten, brauchte die Grenze Garnisonstruppen und keine nomadische Reiterei, aber die

* Viele Historiker nennen die Zeit von 202 v. u. Z. bis 9 u.Z, die Westliche Han-Dynastie, die Periode von 25 bis 220 u. Z. die Östliche Han-Dynastie, weil die Hauptstadt Luoyang im Osten lag. Andere sprechen von Früher und Später Han-Dynastie.

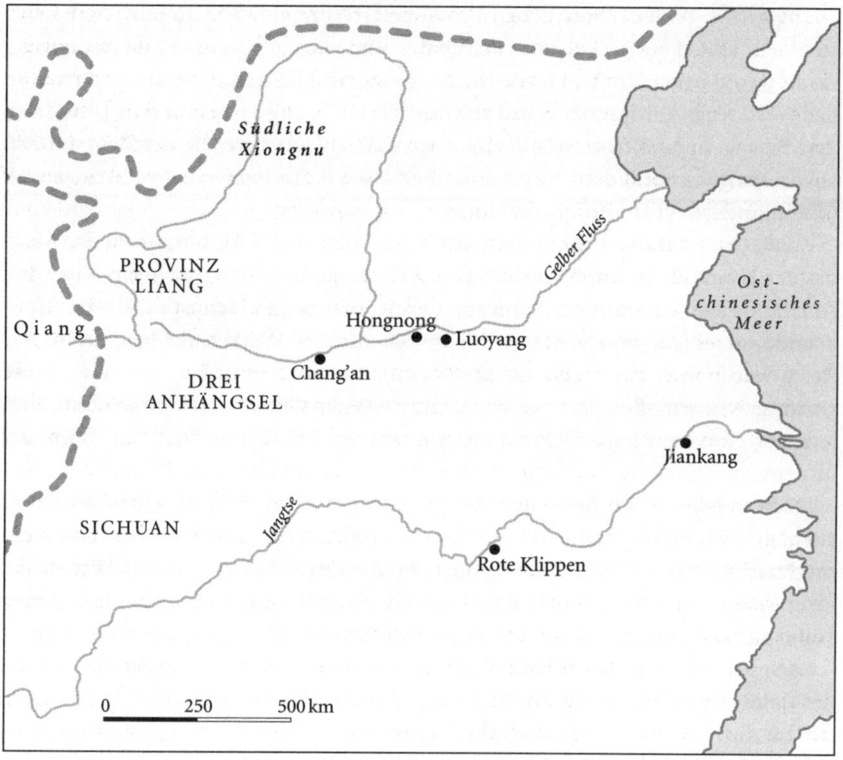

Abbildung 6.4: Das Ende der Han-Dynastie, 25–220 u. Z.
Im Text erwähnte Orte.

Grundbesitzer der Region Luoyang weigerten sich, diese Garnisonen zu finanzieren.

Einige Beamte machten den Vorschlag, die westlichen Provinzen aufzugeben und die Qiang sich selbst zu überlassen, andere wiederum befürchteten einen Dominoeffekt. Ein Höfling gab zu bedenken:

Wenn ihr die Provinz Liang verliert, dann werden die Drei Gehilfen* die Grenze sein. Ziehen die Leute aus den Drei Gehilfen weiter ins Landesinnere, wird Hongnong die Grenze sein. Ziehen die Leute dann von Hongnong weiter ins Landesinnere, wird Luoyang die Grenze sein. Und wenn ihr so weitermacht, werdet ihr die Küste des Östlichen Meeres erreichen, und zuletzt wird dieses eure Grenze sein.[13]

Das überzeugte die Regierung, sie behielt ihren Kurs bei und gab ein Vermögen aus, aber die Infiltration ging weiter. In den Jahren 94 und 108 u. Z. brachten die

* Die Drei Gehilfen (des Kaisers) waren die drei Gouverneure der alten Hauptstadt Chang'an. Zusammenfassend wurden die von ihnen verwalteten Stadtbezirke mit demselben Namen belegt. [A. d. Ü.]

Qiang große Teile der westlichen Provinzen in ihre Gewalt. Im Jahr 110 kam es zu einem allgemeinen Aufstand der Qiang, und um 150 hatte der Hof in Luoyang sie so wenig unter Kontrolle wie die Xiongnu. So mussten die Grundbesitzer an der West- und Nordgrenze selbst für ihre Verteidigung sorgen und organisierten ihre Bauern in bewaffneten Milizen. Auch die Gouverneure, die der Staat dorthin abkommandiert und dann sich selbst überlassen hatte, bauten eigene Armeen auf (und plünderten ihre Provinzen, um sie zu finanzieren).

Zuletzt war daraus wohl nur ein Schluss zu ziehen: Die Han mussten das Mandat des Himmels verloren haben. 145 u. Z. brachen unabhängig voneinander drei Aufstände los, jeder mit der Forderung nach einer neuen Dynastie. Für die Großgrundbesitzer jedoch schimmerte hinter den dunklen Wolken ein Silberstreif. Das Reich war kleiner geworden, die Steuereinnahmen schrumpften, und die Armee wurde gewissermaßen privatisiert, nur ihre eigenen Güter brachten mehr ein denn je zuvor, und kein kaiserlicher Steuereinnehmer ließ sich blicken, der Krieg war nur ein entferntes Gerücht. Aufs Ganze gesehen stand alles zum Besten.

Doch es gab, den chinesischen Pangloss-Träumern zum Trotz, ein böses Erwachen, als sich nämlich in den 160er Jahren plötzlich der Alte-Welt-Austausch bemerkbar machte. Im Nordwesten, dort, wo die Qiang ins Reich einsickerten und umherzogen, richteten Seuchen verheerende Schäden an, und anstatt mit starker Hand zu reagieren, brach der kaiserliche Hof zusammen.

Dabei saßen Beamte zu Hunderten in den Schreibstuben und Amtszimmern des Palasts in Luoyang, die eigentlich nur dazu da waren, des Kaisers Wünsche in die Tat umzusetzen. Tatsächlich aber verfolgten sie (wie Beamte anderer Epochen auch) vornehmlich eigene Interessen. Die meisten kamen aus Grundbesitzerfamilien und zeigten ein erstaunliches Geschick, wenn es darum ging, Gründe zu finden, etwas nicht tun zu müssen, was Grundbesitzer abscheulich fanden (wie beispielsweise Geld für Kriege einzutreiben). Kaiser, die eigene Ideen umsetzen wollten, durften mit diesen Beamten nicht rechnen. Manche Herrscher holten sich darum Verwandte an den Hof, vor allem aus den Familien ihrer vielen Frauen, die die anstehenden Aufgaben erledigen sollten; andere griffen auf Eunuchen zurück, von deren Vorteilen in Kapitel 5 die Rede war. Doch auch diese vorteilhaften Eunuchen verfolgten so manches Mal eigene Absichten und suchten die Kaiser an einem wirklichen Überblick zu hindern. Und sie wussten es einzurichten, dass nach 88 u. Z. kein Prinz seinen 14. Geburtstag überlebte, an dem er den Thron hätte besteigen können. Die Politik des Hofes degenerierte zuletzt zu reinen Hintertreppenintrigen zwischen hohen Ministern, Eunuchen und den Einflüsterern der noch unmündigen Thronfolger.

Im Jahr 168 u. Z., als Han-China am dringendsten der Führung bedurft hätte, putschten die Palasteunuchen gegen die einflussreiche Mutter und Regentin des gerade eingesetzten zwölfjährigen Kaisers Lingdi. Fast zwanzig Jahre lang, in einer Zeit, in der Seuchen Teile des Landes verheerten, die Xiongnu und Qiang ihre Raubzüge unternahmen, kam es am Hof zu Säuberungen und Gegensäuberungen, die Tausende von Menschenleben forderten und die Regierung lähmten. Korruption und Inkompetenz erreichten ungeahnte Höhen, schreiende Ungerechtigkeiten lösten Aufstände aus. Da sie selbst nicht in der Lage waren, ihrerseits Soldaten auszuheben und Armeen zu führen, gaben Lingdis Handlungsbevollmächtigte lokalen Machthabern die Genehmigung, Truppen aufzustellen und zu tun, was sie für nötig hielten.

Lautstark verlangte das Volk Erklärungen für diesen so plötzlichen Absturz ins Chaos, und als diese weder nach konfuzianischen Ritualen noch mit daoistischem Mystizismus zu erlangen waren, füllten selbsternannte Visionäre die Lücke. Im Tal des Gelben Flusses gewann ein Arzt eine große Anhängerschaft, der lehrte, es sei die Sünde, die alle Krankheiten verursache, und nur durch Beichte lasse sich Heilung erlangen. In den 170er Jahren ging er noch einen Schritt weiter: Die Dynastie selbst sei die letzte Ursache von Sünde und Ansteckung. Sie müsse weg. »Wenn ein neuer Zyklus von 60 Jahren beginnt«, verkündete er, »wird großer Reichtum in die Welt kommen.«[14]

Der aber kam nicht. Vielmehr wurde, als am 3. April 184 der neue Kalenderzyklus begann, alles noch schlimmer. Zigtausende von Bauern erhoben sich. Die Truppen der Han konnten die Rebellen (die wegen ihrer Kopfbedeckungen »Gelbe Turbane« genannt wurden, wobei Gelb das neue Zeitalter symbolisieren sollte) zunächst zwar schlagen, doch griff der Aufstand in ganz China um sich. Der Himmel selbst schien sein Missfallen zu zeigen, denn der Gelbe Fluss trat über die Ufer, und 365 000 Bauern mussten fliehen. Die Qiang wiederum nutzten das Chaos und plünderten erneut das westliche China; Kommandeure, die eigens ernannt worden waren, um diesen Bedrohungen entgegenzutreten, erhoben sich zu unabhängigen Kriegsherren; und als der Hof schließlich selbst eingriff, machte er alles nur noch schlimmer.

Lingdi berief schließlich 189 u. Z. Dong Zhuo, den mächtigsten der Kriegsherren ab, doch dieser schrieb zurück: »Die Han und die Barbarentruppen unter meinem Kommando kamen zu mir und sagten: ›Unser Proviant wird gekürzt werden, und unsere Frauen und Kinder werden vor Hunger und Kälte sterben.‹ Würde ich mich zurückziehen, sie würden mich nicht gehen lassen.«[15] Als Lingdi auf der Abberufung beharrte, setzte Dong alles auf eine Karte und kehrte nach Luoyang zurück, allerdings an der Spitze seiner Armee. Passenderweise starb Lingdi, als Dong im Anmarsch war. Prompt machten sich die Höflinge um Lingdis ranghöchste Witwe (die einen Dreizehnjährigen als neuen Herrscher favorisierten) einerseits, die Eunuchen (die einen Achtjährigen unterstützten) andererseits daran, sich gegenseitig umzubringen. Dong marschierte in Luoyang ein, massakrierte die Eunuchen, ließ den älteren der beiden Thronprätendenten ermorden und setzte den jüngeren als Kaiser Xiandi ein. Dann ließ er Luoyang niederbrennen und fragte sich, was er als Nächstes tun sollte.

Die Han hatten die Herrschaft verloren, Dong aber auch, denn selbst wenn der kaiserliche High-End-Regierungsapparat versagt hatte, so blieb doch die unklare numinose Low-End-Macht erhalten. So lange Xiandi lebte, wagte niemand, sich zum Kaiser zu erklären, und wagte auch niemand, den Kindkaiser zu töten. (Nur Kriegsherren waren vogelfrei, und so wurde Dong 192 u.Z. ermordet.) Nun gerieten sich die politischen Strippenzieher in die Haare und nutzten Kaiser Xiandi als Unterpfand. Darüber zerfiel das Reich in einzelne Lehen, die Xiongnu und die Qiang übernahmen die Grenzgebiete, und die Institutionen, die so stabil gewirkt hatten, lösten sich in nichts auf.

So schrieb Cao Cao, Kriegsherr, Politiker und Gelegenheitsdichter, kurz nach 197 u.Z.:

Meine Rüstung so lange getragen,
dass Läuse in ihr brüten.
Unzählige Geschlechter versunken,
gebleichte Knochen auf den Feldern,
Kein Hahn im Kreis von tausend Li* kräht mehr.
Überlebt hat einer nur von hundert.
Daran zu denken zerreißt mir das Innerste.[16]

Tatsächlich jedoch bändigte Cao seinen Kummer, schnappte sich Xiandi und brachte den Kindkaiser dazu, ihn zum Hauptakteur in Nordchina zu machen.

Cao hätte sich nun mit der altehrwürdigen Rolle des weisen Beraters begnügen und versuchen können, die Han-Dynastie wiederherzustellen. Als ihm jedoch klar wurde, wie die Grundherren den alten High-End-Staat geschwächt hatten, versuchte er, das Problem militärischer Macht zu lösen, indem er seine Soldaten in Kolonien ansiedelte, in denen die einen als Kämpfer ausgebildet wurden, die anderen Lebensmittel anbauten. In politischer Hinsicht entmachtete er den alten Adel, indem er die Amtsträger nach Verdienst auswählte und dabei neun Rangstufen einführte. Wie tausend Jahre zuvor Tiglath-Pileser in Assyrien, beraubte er so die Großgrundbesitzer ihrer Rolle und Funktion. Bis 208 u.Z., als er die Schlacht bei den Roten Klippen verlor und seine Flotte in den Fluten des Jangtse unterging, sah es so aus, als könne es Cao gelingen, China wieder zu vereinigen.

Trotz seiner Bemühungen (und nicht zuletzt dank der *Geschichte der Drei Reiche*, einem Roman aus dem 14. Jahrhundert) ging Cao als der Unhold in die Geschichte ein, der die Han vernichtet habe. Noch in der Peking-Oper des 20. Jahrhunderts waren die Schauspieler, die eine weiß geschminkte Cao-Maske mit schwarz umrandeten Augen trugen, stets die Bösewichte, denen das Publikum seinen Hass schenkte; in den 1990er Jahren dann trat Cao in unzähligen Videospielen als der Bösewicht auf. Noch populärer wurde er als der Schurke in einer 84 Episoden umfassenden Fernsehfassung der *Geschichte der Drei Reiche*, und ganz groß heraus kam er in *Red Cliff*, dem mit 80 Millionen Dollar teuersten Film, der

* Knapp 500 Kilometer.

je in Asien gedreht wurde. (Der erste Teil kam 2008 in die Kinos, gleichzeitig mit den Olympischen Spielen in Beijing.*)

Caos schlechter Ruf resultierte aber eher aus dem Geschehen nach seinem Tod als aus seinen eigenen Missetaten. Nach seiner Niederlage in der Schlacht bei den Roten Klippen entwickelte sich zwischen den drei Hauptkriegsherren Liu Bei, Sun Quan und eben Cao ein unentschiedenes Gleichgewicht. Cao, mittlerweile zum Fürsten von Wei befördert, starb 220. Sein Sohn zwang Kaiser Xiandi noch im selben Jahr zur Abdankung, bestieg selbst den Thron und begründete die Wei-Dynastie. China zerfiel in die drei Reiche Wei, Wu und Shu Han. Vierzig Jahre lang herrschte weitgehend eine fragile Ruhe. Erst 264 fiel Wei in Shu Han ein und schlug damit einen der beiden Konkurrenten aus dem Feld. Ein Jahr später wurde im Verlauf innenpolitischer Clan-Auseinandersetzungen die Wei-Dynastie gestürzt und von der Jin-Dynastie beerbt.** Weitere 15 Jahre später bot Jin eine riesige Armee und eine Flotte auf, mit denen auch Wu besiegt und folglich die Wiedereroberung ganz Chinas abgeschlossen wurde.

Im nächsten Jahrzehnt sah es so aus, als sei der Zusammenbruch nach dem Ende des Han-Reiches nur eine kurzzeitige Störung, vergleichbar vielleicht mit dem, was im westlichen Kerngebiet nach 2200 oder 1750 v. u. Z. geschehen war, als zwar die staatlichen Organisationen unter Klimaveränderungen, Völkerwanderungen und Hungersnöten zusammenbrachen, die gesellschaftliche Entwicklung davon jedoch weitgehend unberührt blieb. Dann aber zeigte sich bald, dass der Untergang der Han tatsächlich eher dem Zusammenbruch des Westens um 1200 v. u. Z. glich und langfristig gewaltige Konsequenzen hatte.

Siege auf dem Schlachtfeld mochten die Anzahl der konkurrierenden Kriegsherren vermindern, Chinas Probleme lösten sie nicht. Macht und Einfluss des Adels reichten weiterhin aus, um Caos Militärkolonien und meritokratische Ideen zu hintertreiben. Noch immer wüteten Seuchen, die Kälteperiode des Dunklen Zeitalters erschwerte das Leben, und das nicht nur für die Bauern im Tal des Gelben Flusses, sondern auch für Xiongnu und Qiang. Zwischen 265 und 287 drängten etwa 250 000 Menschen aus Zentralasien ins Jin-Reich und siedelten sich dort an. Zu manchen Zeiten kamen den Jin die Arbeitskräfte der Eingewanderten gerade recht, aber manchmal waren ihnen die Machthaber einfach nicht gewachsen.

Vor einem solchen Hintergrund konnten Kleinigkeiten wie das Liebesleben eines Kaisers große Bedeutung bekommen. Recht leichtsinnig hatte der Jin-Kaiser Wudi 27 Söhne gezeugt, und als er 289 starb, nahmen einige von ihnen die wildesten

---

* Hierzulande fand *Red Cliff* keinen Verleih. Seit November 2009 ist der Film allerdings auf DVD und Bluray Disc erhältlich. [A. d. Ü.]

** Jin war der Name eines der großen Reiche aus der »Zeit der Frühlings- und Herbstannalen«, also etwa vom 8. bis zum 5. Jahrhundert v. u. Z. Viele der neuen Staaten, die zwischen 220 und 589, in der Zeit der Uneinigkeit, gegründet wurden, griffen auf ältere Namen zurück, um ihrer Herrschaft Legitimität zu verschaffen. Dass dies zur Verwirrung heutiger Wissenschaftler beitragen könnte, bedachten sie natürlich nicht.

Nomaden, die sie für sich gewinnen konnten, in Dienst und führten Krieg gegeneinander. Die Nomaden aber, auch nicht auf den Kopf gefallen, realisierten rasch, dass sie es waren, die Forderungen stellen und jeden Preis verlangen konnten. Als ein Häuptling der Xiongnu 304 u. Z. nicht ausgezahlt wurde, verkündete er, ein neues Reich gründen zu wollen, und goss damit neues Öl ins Feuer. Die Jin gaben ihm nicht, was er haben wollte, also brannte sein Sohn 311 u. Z. Luoyang nieder, entweihte die Familiengräber der Dynastie, setzte den Kaiser gefangen und zwang ihn bei Festgelagen, den Wein auszuschenken. Als die Xiongnu noch immer nicht bekamen, was ihnen ihres Erachtens zustand, zerstörten sie 316 auch Chang'an und nahmen den neuen Jin-Kaiser gefangen; er musste jetzt nicht nur den Wein ausschenken, sondern auch das Geschirr abwaschen. Nach ein paar Monaten verlor dieses Spiel seinen Reiz, und sie ließen ihn und seine Verwandtschaft ermorden.

Damit war der Jin-Staat am Ende. In Horden streiften Xiongnu und Qiang raubend und plündernd durch Nordchina, der Hof der Jin floh mit einer Million Anhänger nach Jiankang am Jangtse (dem heutigen Nanjing). Das Land im Norden, das sie aufgaben, war eines der fortgeschrittensten Anbaugebiete der Welt gewesen, nun aber, als dort Seuchen wüteten und die Bauern scharenweise davonzogen, fielen weite Flächen brach. Den Nomaden, die aus der Steppe nachströmten, kam das gerade recht; die bäuerlichen Gemeinschaften jedoch, die geblieben waren, litten Hunger. In glücklicheren Tagen wäre ihnen der örtliche Landadel oder die Staatsmacht zu Hilfe gekommen, diesmal war keine Rettung in Sicht. Und zu allem Elend fielen nun auch noch die geringen Überschüsse, die die standhaften Bauern erzielten, einer Heuschreckenplage zum Opfer. Neue Seuchen, vielleicht von den Einwanderern aus der Steppe eingeschleppt, bedeuteten für die ohnehin schon geschwächte Bevölkerung weiteres Leid. Die Pocken traten in China wahrscheinlich 317 zum ersten Mal auf, ein Jahr nach dem Brand von Chang'an.

Die Kriege, die Häuptlinge der Xiongnu und Qiang in diesen öden Landstrichen untereinander führten, waren eher Raubüberfälle, um Sklaven zu machen, als Zusammenstöße zwischen gut organisierten Staaten. Die Opfer wurden zusammengetrieben, manchmal zu Zehntausenden, und in die Nähe größerer Städte verschleppt, wo sie, um die Reiterarmeen zu versorgen, die Felder zu bestellen hatten. Diese Reiter hatten mittlerweile von den zentralasiatischen Steppenvölkern Pferdesättel übernommen, die ihnen qua Sattelbaum und Steigbügel besseren Halt verliehen. Sie ritten jetzt auch kräftigere Pferde, die mit dem Gewicht von Panzerungen und Rüstungen fertig wurden. Damit waren Fußtruppen tendenziell hinfällig. Die chinesischen Adligen, die nicht nach Süden geflohen waren, zogen sich in die Berge zurück, wobei sie ihre abhängigen Bauern mitnahmen und in riesigen Einfriedungen unterbrachten – die einzige Möglichkeit, sie vor marodierenden Reiterhorden zu schützen.

So bildeten sich in Nordchina neue Staaten heraus. Chinesische Historiker nennen sie verächtlich »Die Sechzehn Reiche der Fünf Barbaren«, und tatsächlich waren sie alles andere als stabil. Im Jahr 350 beispielsweise brach einer dieser Staaten in einer Orgie ethnischer Säuberung zusammen, als einheimische Chinesen zugewanderte Zentralasiaten abschlachteten. »Die Toten zählten über 200 000«, heißt es in der offiziellen Geschichtsschreibung der Dynastie, »die Leichen wurden außerhalb der Stadtmauern aufgeschichtet, wo sie von Schakalen, Wölfen und wilden Hunden aufgefressen wurden.«[17] So entstand ein Machtvakuum, in das andere Häuptlinge eindrangen. Um 383 sah es für kurze Zeit so aus, als könnte einer dieser Kriegsherren China wieder vereinigen. Doch als er gegen Jiankang marschierte, führte eine eigentlich unbedeutende Niederlage zur panischen Flucht seiner Truppen. Sie wurden vollständig aufgerieben, und um 385 gab es seinen Staat nicht mehr.

Flüchtlinge aus dem zerstörten Chang'an hatten 317 in Jiankang das »Östliche Jin« gegründet.* Anders als die Banditenreiche in Nordchina konnte es sich eines verschwenderisch reichen, hochkultivierten Hofes rühmen, der vorzuführen verstand, wie ein chinesischer Herrscher eigentlich leben sollte. Der Hof entsandte Botschafter nach Japan und Indochina, brachte ein reiches literarisches und künstlerisches Leben hervor – und, was am bemerkenswertesten ist: Er bestand hundert Jahre.

Doch hinter all dem Glanz war das Östliche Jin-Reich in einander erbittert bekämpfende Lager gespalten, wie die anderen nördlichen Staaten auch. Die in den Süden geflohenen Granden des Nordens zeigten wenig Neigung, den Befehlen des Kaisers Folge zu leisten. Einige adlige Flüchtlinge sammelten sich in Jiankang, wurden zu opportunistischen Parasiten, die vom königlichen Hof lebten. Andere kolonisierten das Jangtse-Becken und erkämpften sich in ihrer neuen feucht-heißen Heimat große Güter. Sie vertrieben die einheimische Bevölkerung, rodeten Wälder, legten Sümpfe trocken und siedelten geflüchtete Bauern als Leibeigene an.

Konflikte gab es auf allen Ebenen: Der Neuadel aus dem Norden lag in Fehde mit den alteingesessenen Familien des Südens, beide zusammen kämpften sie gegen kleinere Großgrundbesitzer; die Reichen und die nicht ganz so Reichen pressten die Bauern aus; Chinesen aller Schichten trieben die Eingeborenen zurück in die Berge und Wälder; und alle dachten sie nicht daran, sich dem zu einer Festung ausgebauten Hof in Jiankang zu beugen. Trotz ihrer herzergreifenden Dichtungen über die verlorenen Länder im Norden zeigten die Grundbesitzer Südchinas keine Eile, Steuern zu zahlen oder sich den Mächten zu ergeben, die vielleicht zu einer Rückeroberung in der Lage gewesen wären. Das Mandat des Himmels war verloren.

Die furchtbare Umwälzung

Die vom interkontinentalen Alte-Welt-Austausch ausgelöste Krise erfasste – anders als die des 12. Jahrhunderts v. u. Z. – ganz Eurasien. Ihr westlicher Bestandteil

* So genannt im Unterschied zum Westlichen Jin, das ganz China zwischen 280 und 316 u. Z. von Chang'an aus beherrscht hatte.

veranlasste Edward Gibbon zu seinem Monumentalwerk *Geschichte des Verfalles und Unterganges des römischen Weltreiches* (1776–88), dem wohl ersten Meisterstück moderner Geschichtsschreibung. Sein Thema, erklärte Gibbon, sei eine »furchtbare Umwälzung …, deren Andenken nie erlöschen wird und welche noch immer von den Nationen der Erde gefühlt wird«[18]. Er hatte Recht: Erst zu seinen Lebzeiten erreichte die gesellschaftliche Entwicklung im Westen wieder die schwindelnde Höhe, auf der sie sich im Römischen Reich befunden hatte.

Die römischen Kaiser waren mit ähnlichen Problemen konfrontiert wie die Han, fanden aber andere Lösungen. Sie setzten sich an die Spitze der Armee, ernannten Verwandte zu Befehlshabern und rekrutierten Bürger Roms für den Militärdienst. Es brauchte einiges Geschick, dieses System zu handhaben. Und weil etliche römische Kaiser dieses Geschick nicht aufbrachten, brach das Reich auch immer mal wieder zusammen. Caligulas Orgien und die Ernennung seines Pferdes zum Konsul waren schlimm genug, aber dass Nero Spaß daran fand, Senatoren in der Öffentlichkeit singen zu lassen oder diejenigen umzubringen, die seinen Zorn erregten, war zu viel. Im Jahr 68 u. Z. meldeten vier Feldherren und Statthalter ihre Ansprüche auf die Kaiserwürde an, und erst nach einem erbitterten Bürgerkrieg kamen die Verhältnisse mit der Inthronisation Vespasians wieder ins Lot. Jetzt, »da man das Mysterium des Reiches der großen Masse überantwortet hatte«, heißt es bei Tacitus, stellte sich heraus, »dass … die Möglichkeit bestehe, auch anderswo als in Rom zum Staatsoberhaupt erhoben zu werden.«[19] Wo immer Legionen stationiert waren, konnte ein neuer Kaiser ausgerufen werden.

Die römische Lösung war allerdings sehr dazu angetan, die Grenzen zu sichern (Abbildung 6.5). Wie die Qiang an Chinas Westgrenze machten auch die Germanen jenseits von Rhein und Donau in den ersten Jahrhunderten u. Z. ein kräftiges Bevölkerungswachstum durch. Die Folge war, dass sie sich einerseits untereinander bekriegten, sich aber andererseits auch zu größeren Verbänden zusammenschlossen. Sie trieben lebhaften Handel mit den römischen Städten nördlich der Alpen und sickerten heimlich über die Flüsse ins Reich ein. Wie die Han reagierten die Römer auf ihre zunehmend durchlässigen Grenzen mit dem Bau von Befestigungsanlagen (etwa dem Hadrianswall quer durch Britannien oder dem Limes zwischen Mittelrhein und Donau), um den Handel zu überwachen und militärisch zurückschlagen zu können.

Noch 161 u. Z., als Mark Aurel Kaiser wurde, schien Rom von robuster Konstitution zu sein. Der neue Kaiser wird sein Prinzipat mit der Zuversicht angetreten haben, weiter seiner Leidenschaft frönen zu können – der Philosophie. Stattdessen erheischten die Folgen des Alte-Welt-Austauschs seine ganze Aufmerksamkeit. Im Jahr der Inthronisierung Mark Aurels brach in Armeelagern an Chinas Nordwestgrenze die erste Seuche aus, und zugleich zwang ihn ein Einfall der Parther in Syrien, dort Truppen zusammenzuziehen. Überfüllte Lager boten ideale Voraussetzungen für die Verbreitung von Krankheiten, und schon 165 wurden auch Roms Legionäre von einer verheerenden Epidemie heimgesucht. (Es können

Abbildung 6.5: Die römische Krise im 3. Jahrhundert
In den gepunkteten Regionen kam es regelmäßig zu Überfällen von Germanen, Goten und Persern.

Pocken oder Masern gewesen sein, die Angaben in der Literatur sind wie immer vage.) Zwei Jahre später erreichte diese Seuche Rom – ausgerechnet zu einer Zeit, als weit im Norden und Osten aufgrund von Bevölkerungsbewegungen neue, mächtige germanische Bündnisse über die Donau drängten. Dreizehn Jahre, sein ganzes weiteres Leben, verbrachte Marcus damit, sie zu bekämpfen (und fand dennoch abends die Zeit, um seine *Selbstbetrachtungen* zu Papier zu bringen, einen der Klassiker des stoischen Philosophie).

Anders als China gewann Rom seine Grenzkriege im 2. Jahrhundert. Sonst wäre das westliche Imperium in den 180er Jahren ebenfalls in die Krise geschlittert. Doch Mark Aurels Siege beeinflussten nur das Tempo des Wandels, nicht dessen Resultate. Mit Armeen allein ließ sich der Zusammenbruch nicht mehr aufhalten. Der hohe Blutzoll, den die Seuchen forderten, stürzte die römische Wirtschaft ins Chaos. Die Lebensmittelpreise und die Einkünfte in der Landwirtschaft schnellten auch in die Höhe, wodurch sich die Seuchen für die überlebenden Bauern als Segen erwiesen. Sie konnten weniger ertragreiches Land brach liegen lassen und sich auf die besten Flächen konzentrieren. Als nun aber die landwirtschaftlichen Erträge insgesamt schrumpften und damit sowohl die Steuereinnahmen als auch die Pachtzinsen sanken, geriet die Gesamtwirtschaft in freien Fall. Die Zahl der Schiffswracks im Mittelmeer ist nach 200 stark rückläufig, nach 250 gilt dies auch für den Verschmutzungsgrad in Eiskernen, Binnenseesedimenten und Torfmooren (Abbildung 6.6). Die Knochen von Rindern, Schweinen und Schafen, die in den entsprechenden Ausgrabungsschichten gefunden wurden, sind kleiner und weniger zahlreich – ein Zeichen für sinkenden Lebensstandard. Und in den 220er Jahren hielten sich die reichen Stadtbewohner mit dem Neubau großer Häuser deutlich zurück.

So verlor schließlich auch Rom – 50 Jahre nach Mark Aurels gewonnenen Schlachten – die Kontrolle über seine Grenzen. Ebenso, wie die Siege über die Xiongnu im 1. Jahrhundert v. u. Z. den Han paradoxerweise den Schutz ihrer Grenzen erschwert hatten, erwiesen sich auch für die Römer ihre erfolgreichen Feldzüge letztlich als Pyrrhussiege. Das Partherreich wurde dadurch so geschwächt, dass es in den 220er Jahren u. Z. im Aufstand eines persischen Unterkönigs vollends zusammenbrach. Die neue Dynastie der Sassaniden baute mit dem Neupersischen Reich einen hochzentralisierten High-End-Staat auf, dem es 244 gelang, eine römische Armee vernichtend zu schlagen und ihren Heerführer, Kaiser Gordian III., zu töten.

Rom wandte viel Geld und Truppen auf, um im Osten die vom Zusammenbruch bedrohten Fronten zu halten, mit dem Erfolg, dass nun die Grenze an Rhein und Donau nicht mehr richtig zu verteidigen war. Und dort schlichen nicht mehr nur kleine Gruppen über die Grenze, um Rinder zu stehlen, sondern Kriegerbanden, die nach Hunderten oder Tausenden zählten, drängten durch den schwach besetzten Limes, brandschatzten, plünderten und machten Sklaven. Die Goten, die kurz zuvor von der Ostsee in den Balkan gewandert waren, unternahmen Raubzüge bis nach Griechenland. Sie besiegten und töteten 251 mit Decius einen weiteren römischen Kaiser. Inzwischen waren neue Seuchen ausgebrochen, möglicherweise eine Folge dieser Völkerwanderungen. Als Rom 259 eine neue Armee gegen Persien mobilisierte, ging auch das gewaltig schief: Kaiser Valerian geriet in Gefangenschaft und wurde in einen Käfig gesperrt, in dem er ein Jahr lang blieb, in Sklavenlumpen gekleidet und mit ausgesucht grausamen Methoden gefoltert. Die Römer behaupteten, Valerians Tapferkeit habe seine Peiniger beeindruckt, in Wirklichkeit wurden – wie die Xiongnu mit den von ihnen gefangenen chinesischen Kaisern – auch die Perser dieses Schauspiels überdrüssig. Sie zogen Valerian die Haut ab und hängten sie zur Warnung Roms in einem ihrer Tempel auf.

Der Alte-Welt-Austausch und der Aufstieg des sassanidischen Perserreichs veränderten die Stellung Roms. Die Bevölkerung nahm ab, und die Wirtschaft geriet ins Stolpern, und ausgerechnet jetzt brauchten die Kaiser mehr Geld und Truppen denn je. Ihre erste (nicht wirklich kluge) Idee war, die neuen Armeen mit minderwertigen Münzen zu bezahlen – was den wirtschaftlichen Zusammenbruch beschleunigte. Entsetzt über das Versagen der Zentralregierung nahmen die Ar-

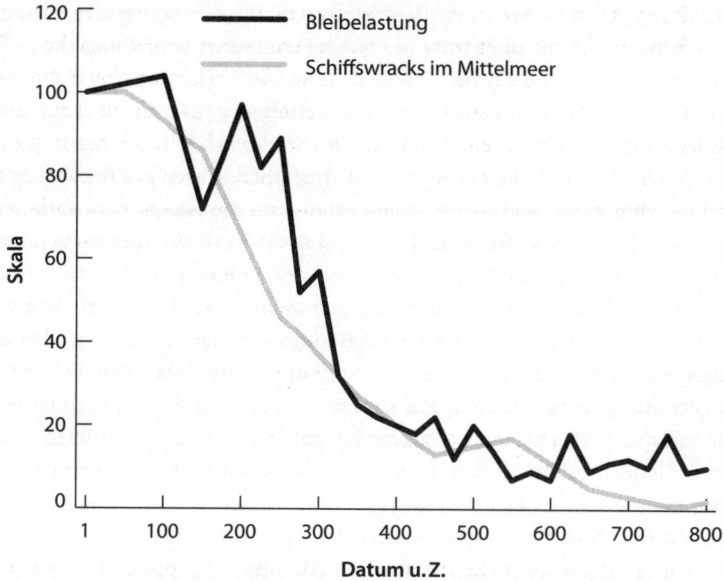

Abbildung 6.6: Was der Penido-Velho-See verrät

Sinkende Zahlen von Schiffswracks im Mittelmeer, sinkende Bleiverschmutzung in den Sedimenten des spanischen Penido-Velho-Sees, im 1. Jahrtausend u. Z. Das Gefälle der Kurven stellt ein Spiegelbild der Steigung dar, die für das 1. Jahrtausend v. u. Z. in Abbildung 6.2 dargestellt ist. Wie dort wurden auch in dieser Darstellung die Zahlen der Wracks und die Menge des Bleis in Relation gesetzt (Jahr 1 v. u. Z. = 100), sodass sie sich auf der vertikalen Achse vergleichen lassen.

meen die Dinge selbst in die Hand und riefen in verwirrendem Tempo immer neue Kaiser aus. Im Gegensatz zu früheren Kaisern waren diese Männer nicht im Entferntesten mehr von der Aura des Göttlichen umgeben, sondern bloß noch harte, manchmal ungebildete Soldaten. Die meisten von ihnen konnten sich nicht länger als zwei Jahre halten, alle starben sie durch das Schwert.

Während sich also verschiedene Fraktionen der Armee entschiedener gegenseitig bekämpften, als dass sie die Provinzen verteidigten, schlugen die lokalen Granden denselben Weg ein wie ihre chinesischen Gegenstücke: Auch sie machten Bauern abhängig und fassten sie zu Milizen zusammen. Der syrischen Handelsstadt Palmyra gelang es, die Perser zurückzuwerfen, theoretisch im Namen Roms, aber ihre Kriegerkönigin Zenobia (die ihre Truppen persönlich anführte und an Stadtversammlungen stets in voller Rüstung teilnahm) wandte sich nun auch gegen das Römische Reich und überrannte Ägypten und Anatolien. Am anderen Ende des Imperiums, am Rhein, proklamierte ein Gouverneur ein unabhängiges »Gallisches Reich«, zu dem neben Gallien (dem heutigen Frankreich) auch Britannien und Spanien gehören sollten.

Im Jahr 270 stand es um Rom nicht anders als um China im Jahr 220: Es war in drei Reiche zerfallen. Aber trotz des ganzen Aufruhrs war Roms Lage weniger verzweifelt. Palmyra und Gallien, die gegen Persien beziehungsweise die Germanen antraten, verschafften dem Reich eine Atempause, und die Städte rund ums Mittelmeer – das Rückgrat des Reiches, vom Steueraufkommen her betrachtet – blieben im Großen und Ganzen sicher. Solange noch Waren auf dem Meer transportiert wurden, floss Geld in die Staatskassen, und die neuen, praktisch denkenden Militärs, die auf dem Thron saßen, konnten die Verluste wettmachen und von neuem an die Aufbauarbeit gehen. Sie tauschten Philosophenbart und wallende Locken der früheren Kaiser gegen ein rasiertes Kinn und Bürstenfrisur, erhöhten die Steuern in den Regionen, die sie noch kontrollierten, ergänzten ihre gepanzerte Reiterei durch schlagkräftige Einsatztruppen und wandten sich entschieden gegen ihre Feinde. Im Jahr 272 warfen sie Palmyra nieder, 274 Gallien und 282 die meisten germanischen Kriegerscharen. 297 konnten die Römer Valerians Schmach rächen, indem sie den Harem des persischen Hofs gefangen nahmen.

Kaiser Diokletian (er regierte 284–305) nutzte diesen Umschwung zu Reformen in Verwaltung, Steuerwesen und Militär, die das Reich der neuen Lage anpassen sollten. Die Truppenstärke der Armee wurde fast verdoppelt. Wirkliche Ruhe sollte an den Grenzen zwar nicht mehr einkehren, aber die Römer gewannen mehr Schlachten, als sie verloren, nahmen den germanischen Überfällen mit gestaffelten Verteidigungsstellungen an Durchschlagskraft und zermürbten die Perser durch Belagerungen. Um das alles organisieren zu können, führte Diokletian die Tetrarchie ein, indem er einen Mit- und zwei Unterkaiser ernannte. Ein Kaiserpaar regierte die westlichen Provinzen, das andere die östlichen. Wie vorauszusehen war, kam es zwischen den neuen Herrschern alsbald zu Bürgerkriegen mit zwei, drei oder vier Fronten. Sie zogen ebenso oft gegeneinander ins Feld wie gegen äußere Feinde. Verglichen jedoch mit dem in 27 Richtungen geführten Bürgerkrieg im chinesischen Jin-Reich der 290er Jahre herrschten in Rom stabile Verhältnisse.

Ein neues Imperium kristallisierte sich heraus. Rom war nicht mehr die alleinige Hauptstadt. In den westlichen Provinzen wurden Entscheidungen an vorgeschobenen Stützpunkten in Grenznähe, im Ostteil des Reiches in der großen neuen Stadt Konstantinopel getroffen. Letztendlich jedoch ließen sich die Grundprobleme des Reiches auch mit noch so großem organisatorischen Aufwand nicht mehr lösen. Der in vielen Jahrhunderten geschaffene wirtschaftliche Zusammenhalt war in seinen Grundfesten erschüttert. Die östlichen Provinzen erlebten im 4. Jahrhundert einen Aufschwung, indem der Handel mit Getreide, Wein und Olivenöl bis weit hinunter in der Hierarchie einen bescheidenen Wohlstand generierte; die westlichen Provinzen dagegen schieden aus dem Wirtschaftskreislauf immer mehr aus. Die Großgrundbesitzer in Westeuropa hielten an der Macht fest, die sie im 3. Jahrhundert gewonnen hatten, banden »ihre« Bauern an das Land und bewahrten sie vor staatlicher Steuer. Je autarker die Güter wurden, desto mehr schrumpften die Städte zwischen ihnen, desto stärker gingen Handel und Industrie zurück. Die Probleme wuchsen sich derart aus, dass kein Kaiser sie mehr lösen konnte. Ganz unabhängig davon, was die Herrscher vermochten oder nicht vermochten, wurde das Klima kühler und trockener, forderten die Seuchen immer neue Menschenleben und drängten die Steppenvölker weiterhin gegen die Grenzen.

Eines dieser Völker, genannt die Hunnen, zog um 350 durch Kasachstan nach Westen. Mit ihrem Vormarsch stießen sie Länder und Staaten wie Dominosteine um (Abbildung 6.7). Warum sie eine solche Furcht verbreiteten, ist umstritten. Die antiken Schriftsteller machten dafür ihr schreckliches Aussehen verantwortlich, moderne Wissenschaftler eher ihre Reitkunst und ihre schlagkräftigen Bögen. Wieder einmal können wir nur die Folgen ihrer Taten studieren. Vor den Hunnen fliehende Nomaden fielen in Indien und im Iran ein, drängten aber auch nach Westen ins heutige Ungarn. Damit machten sie den Goten das Leben schwer, die sich im 3. Jahrhundert, nach ihren Überfällen auf das Imperium, im heutigen Rumänien als Bauern niedergelassen hatten. Nach hitzigen internen Debatten baten die Goten die Römer um Schutz innerhalb des Reiches.

So etwas geschah nicht zum ersten Mal. In Rom hatte sich die gleiche Politik entwickelt wie bei den Han: »Barbaren einsetzen, um Barbaren zu bekämpfen«. Man ließ wandernde Völker ins Reich, teilte sie in kleine Gruppen auf, steckte sie dann entweder in die Armee, siedelte sie als Bauern an oder verkaufte sie als Sklaven. Mit solchen Maßnahmen konnten der Druck auf die Grenzen vermindert, die Truppenstärke erhöht und die besteuerbare Bevölkerung vermehrt werden. Die Einwanderer selbst hatten natürlich oft andere Pläne, hätten sich gern alle in ihren alten Verbänden hinter den Reichsgrenzen angesiedelt und ihre gewohnte Lebensweise fortgesetzt. Um das zu verhindern und die Einwanderer einzuschüchtern, musste Rom stets genügend Truppen in Bereitschaft halten.

Dass die Goten im Sommer 376 an der Donau standen, bereitete Kaiser Valens, dem in Konstantinopel residierenden Herrscher über die Ostprovinzen, einiges Kopfzerbrechen. Einerseits waren es zu viele, als dass er in Ruhe hätte abwarten können; andererseits bot es vielleicht sogar Vorteile, so viele Einwanderer aufzunehmen. In jedem Fall wäre es schwer gewesen, sie jenseits der Grenzen zu halten, nicht zuletzt deshalb, weil Valens' beste Truppen in Persien standen. Also entschloss er sich, die Goten ins Land zu lassen. Sobald sie aber den Fluss überquert hatten, verloren des Kaisers Kommandeure, die mehr an Geschäften interessiert waren als an Aufteilung und Ansiedlung der Einwanderer, die Kontrolle. Halb verhungerte Goten brachen aus, zogen plündernd durch das heutige Bulgarien und verlangten Siedlungsland im Innern des Imperiums. Nun blieb Valens hart, weigerte sich strikt zu verhandeln, zog seine Armee nun doch von der persischen Front ab und eilte auf den Balkan – und wieder traf er eine falsche Entscheidung: Er stellte sich der Schlacht, anstatt zu warten, bis sein westlicher Mitkaiser Gratian Unterstützung heranführte.

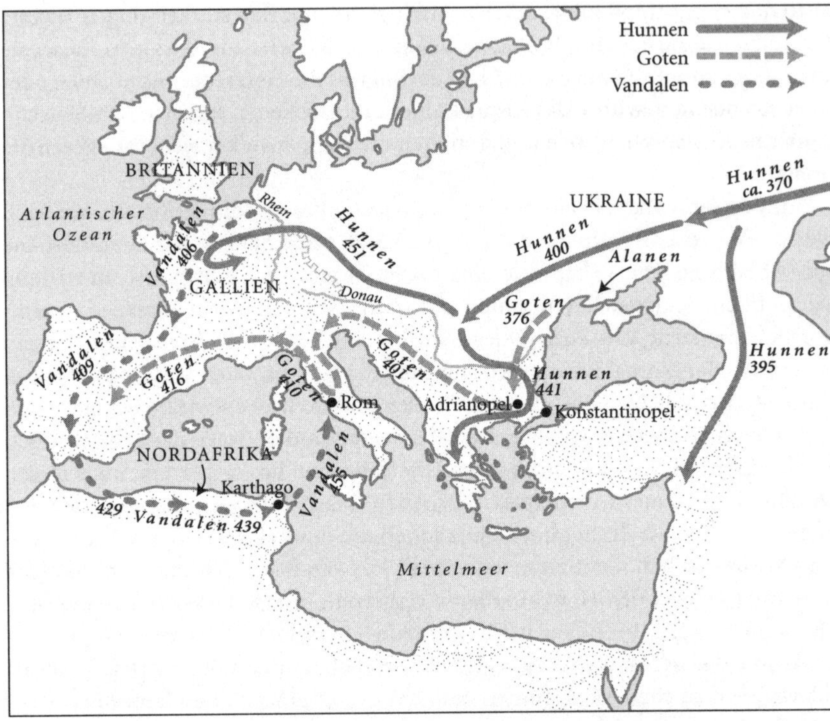

Abbildung 6.7: Geißeln Gottes
Das Auftauchen der Hunnen und der Zusammenbruch des Weströmischen Reiches, 376–476 u. Z. Die Karte zeigt die drei Hauptgruppen der Invasoren: Hunnen (durchgezogene Linien), Goten (gestrichelte Linien), Vandalen (gepunktete Linien) und die Daten ihrer Züge. Daneben gab es unzählige kleinere Wanderungen.

Ungefähr 15 000 römische Soldaten (darunter viele germanische Einwanderer) standen im August 378 bei Adrianopel (dem heutigen Edirne) vielleicht 20 000 Goten gegenüber – und erlitten eine vernichtende Niederlage, in der zwei Drittel der Römer umkamen, auch Valens selbst. Zur Zeit des Augustus hätte Rom den Verlust von 10 000 Soldaten kaum wahrgenommen, hätte neue Legionen aufgestellt und furchtbar Rache genommen. Um 378 jedoch war das Imperium so groß, waren die Grenzen so überdehnt, dass diese Männer nicht zu ersetzen waren. Die Goten befanden sich innerhalb der Reichsgrenzen und waren außer Kontrolle.

Doch kam es zwischen beiden Parteien zu einem seltsamen Patt. Die Goten waren weder Nomaden wie die Xiongnu, die Raubzüge unternahmen und wieder in der Steppe verschwanden, noch Imperialisten wie die Perser, die ihrem Reich neue Provinzen einverleiben wollten. Sie wollten nichts weiter, als sich im Reich eine eigene Enklave zu schaffen. Dafür aber hätten sie Belagerungsmaschinen gebraucht, um Städte sturmreif zu schließen, und Verwaltungsapparate, um sie anschließend zu regieren, und insofern waren sie doch auf Zusammenarbeit mit den Römern angewiesen. Als ihnen die verweigert wurde, machten sie den Balkan unsicher, versuchten den Kaiser in Konstantinopel zu erpressen und zu zwingen, ihnen ein eigenes Reich zuzugestehen. Der oströmische Kaiser, dem die notwendigen Legionen fehlten, um sie zu vertreiben, verwies auf die Leere seiner Staatskassen; mal bestach er die Goten, mal lieferte er sich Gefechte mit ihnen. Im Jahr 401 konnte er sie davon überzeugen, dass sie es besser treffen würden, wenn sie weiter westwärts zögen. Sollte sich doch sein Mitkaiser mit ihnen herumschlagen.

Doch schon 405 spielten diese klug eingefädelten, diplomatischen Schachzüge keine Rolle mehr, denn nun nahmen die Hunnen ihren Vormarsch nach Westen wieder auf. Weitere Dominosteine fielen, noch mehr germanische Stämme drückten auf die Grenzen des Imperiums. Anfangs gelang es den römischen Legionen, die nun hauptsächlich aus germanischen Einwanderern bestanden und von einem halbgermanischen Feldherrn geführt wurden, noch in blutigen Feldzügen, die germanischen Stämme zu zermürben. Am letzten Tag des Jahres 406 jedoch musste Rom seine Grenzverteidigung endgültig aufgeben: Tausende von Germanen strömten über den zugefrorenen Rhein. Es waren keine Legionen mehr da, die sie hätten aufhalten können. Die Germanen stießen in alle Richtungen vor und raubten, was sie kriegen konnten. Gallien brannte und wurde zum Massengrab.

Die Legionen in Britannien rebellierten und nahmen ihre Verteidigung selbst in die Hand, 407 folgten die Rheinarmeen ihrem Beispiel. Nun brach alles auseinander. Die Goten, die unbedingt wollten, dass der weströmische Kaiser inmitten so vieler Katastrophen auf sie aufmerksam wurde, fielen 408 in Italien ein und plünderten 410 die Stadt Rom. 416 endlich machte ihnen der Kaiser ein Angebot: Wenn sie den Römern helfen würden, die Germanen und andere Eindringlinge aus Gallien und Spanien zu vertreiben, könnten sie einen Teil dieses Gebietes behalten.

Wie die chinesischen waren auch Roms Grenzländer zu Territorien geworden, in denen sich Barbaren (so titulierten beide Reiche die Menschen, die außerhalb ihrer Grenzen lebten) niederließen und sich gegen Bezahlung bereit erklärten, das Reich gegen andere Barbaren zu verteidigen. Die Kaiser konnten dabei nur verlieren. Als die germanischen Goten, die nun auf Roms Seite kämpften, die germanischen Vandalen 429 in Spanien schlugen, setzten diese nach Nordafrika über. Für uns heute kaum vorstellbar: Damals fungierte die heutige tunesische Wüste als Roms Brotkorb. Aus 25 000 Quadratkilometern bewässerten Ackerlandes wurden jährlich eine halbe Million Tonnen Getreide nach Italien exportiert. Ohne dieses Getreide wäre die Stadt Rom verhungert, und ohne die Steuern darauf hätte das Reich seine Germanen nicht dafür bezahlen können, dass sie die feindlichen Germanen bekämpften.

Weitere zehn Jahre lang gelang es glänzenden römischen Feldherren und Diplomaten (die oft selbst germanischer Abstammung waren), die Vandalen unter Kontrolle sowie Teile Galliens und Spaniens loyal zu halten. Im Jahr 439 jedoch brach alles zusammen. Die Vandalen überrannten das agrarische Hinterland Karthagos, und das für Rom schlimmste Szenario wurde plötzlich Realität.

Die Herrscher in Konstantinopel hatten es zumeist nicht ungern gesehen, wenn ihre potenziellen Rivalen in Rom zu kämpfen hatten. Dass nun aber die westlichen Teile des Reiches endgültig wegbrechen könnten, erschreckte den oströmischen Kaiser Theodosius II. so sehr, dass er eine große Streitmacht aufstellte, um die Befreiung des heutigen Tunesiens zu unterstützen. Doch als sich seine Truppen 441 sammelten, erfolgte der nächste Schlag. Attila, der neue Hunnenkönig, »die Geißel Gottes«, wie ihn römische Schriftsteller nannten, fiel in den Balkan ein, und er verfügte nicht nur über eine wilde Reiterei, sondern auch über moderne Belagerungstruppen.

Als die Mauern seiner Städte unter den Rammböcken der Hunnen fielen, strich Theodosius den Angriff auf die Vandalen. Konstantinopel konnte er – gerade so – retten, für Rom aber sah es nun schlecht aus. Hatte die Stadt um 400 noch rund 800 000 Einwohner, waren um 450 drei Viertel davongezogen. Die Steuereinnahmen versiegten, die Armee löste sich auf, und je schlimmer die Lage wurde, desto mehr Usurpatoren versuchten, sich des Throns zu bemächtigen. Attila, für den auf dem Balkan nicht mehr viel zu holen war, wandte sich mit seinen Reitern nach Westen. Dem Kommandeur von Roms westlichen Armeen, einem Halbgoten, gelang es, die gotischen Stämme davon zu überzeugen, dass Attila auch ihr Feind war, und an der Spitze einer fast durchweg germanischen Streitmacht verpasste er Attila die einzige Niederlage, die der in seiner Laufbahn hinnehmen musste. Der Hunnenkönig starb, bevor er auf Rache sinnen konnte: Während eines Gelages zur Feier seiner zigsten Heirat platzte ein Blutgefäß, und die Geißel Gottes ging, um vor ihren Schöpfer zu treten.

Ohne Attila zerfiel das lockere Hunnenreich, die Kaiser in Konstantinopel hatten wieder den Rücken frei und konnten sich an den Versuchen beteiligen, den westlichen Reichsteil zusammenzuflicken. Doch schrieb man bereits das Jahr 467, bis endlich alles Notwendige beisammen war – Geld, Schiffe und ein starker Mann in Rom, der Ostrom die Unterstützung wert war. Kaiser Leo I. plünderte seine Staatskasse und schickte seinen Kommandeur und Schwager Basiliskos mit 1000 Schiffen nach Nordafrika, um die Kornprovinzen zurückzuerobern und das steuerliche Rückgrat des Westreichs wiederherzustellen.

Am Ende war es der Wind, der über das Schicksal des Reiches entschied. Als Basiliskos' Flotte im Sommer 468 auf Karthago zuhielt, hätte an der nordafrikanischen Küste Westwind wehen sollen. Im letzten Moment aber drehte der Wind und trieb die Schiffe auf die Küste zu. Die Vandalen ließen Brandschiffe zwischen die eng gestaffelten Römerschiffe segeln – genau die Taktik, die die Engländer 1588 gegen die Spanische Armada einsetzten. Antike Schiffe mit Tauen, die trocken waren wie Zunder, mit hölzernen Decks und Tuchsegeln konnten in Sekundenschnelle zu Infernos werden. Fieberhaft versuchten die Römer, die

Brandschiffe mit langen Stangen wegzustoßen, aber sie hatten keinen Raum für Fluchtmanöver, es kam zum Chaos. Die Vandalen mussten die Besatzungen nur noch erschlagen, und alles war vorbei.

In Kapitel 5 habe ich über die Theorie der großen Männer gesprochen, der zufolge einzigartige Genies wie beispielsweise Tiglath-Pileser von Assyrien die Geschichte bestimmen – und nicht große unpersönliche Kräfte wie der Alte-Welt-Austausch. Die Kehrseite der Theorie großer Männer ist die der Stümper: Was, so müssen wir fragen, wäre passiert, hätte sich Basiliskos nicht gegen die Küste drängen lassen und wäre nicht in die Falle geraten?* Wahrscheinlich hätte er Karthago zurückerobert, aber wäre damit auch die fiskalische Achse Italien–Nordafrika wiederhergestellt gewesen? Möglicherweise. Die Vandalen hatten sich erst seit 30 Jahren in Nordafrika festgesetzt, und das Römische Reich wäre vielleicht in der Lage gewesen, die Wirtschaftsstrukturen schnell wieder aufzubauen. Vielleicht aber eben auch nicht. Schon hatte der Gotenkönig Odoaker, der stärkste der starken Männer in Westeuropa, ein Auge auf Italien geworfen. Die Welt, ließ er 476 Zeno, den Kaiser in Konstantinopel, wissen, brauche keine zwei Kaiser mehr. Zenos Glanz reiche aus für alle. Darum mache er, Odoaker, folgenden Vorschlag: Er werde – loyal natürlich – in Zenos Namen Italien regieren. Dieser verstand. Odoaker wollte die Herrschaft in Italien übernehmen, und es hatte keinen Sinn, darüber zu streiten.

Und damit kam das Ende Roms – nicht mit einem Knall, eher sang- und klanglos. Hätte Basiliskos Karthago zurückerobert, wäre Zenos Lage 476 wirklich besser gewesen? Hätte er Italien verteidigen und halten können? Ich bezweifle das. Zu diesem Zeitpunkt wäre es niemandem mehr möglich gewesen, ein Reich zu erhalten, das den gesamten Mittelmeerraum umspannte: Die hektischen Aktivitäten, die das 5. Jahrhundert charakterisieren, die viele Pläne, die immer neuen Strategien und das endlose Töten vermochten an der Realität des ökonomischen Niedergangs, des politischen Zusammenbruchs und der unaufhaltsamen Völkerwanderungen nichts zu ändern. Die klassische Welt fand ein Ende.

Kleinere Welten

Sowohl das östliche als auch das westliche Kerngebiet hatten sich aufgespalten. In China herrschte die Östliche Jin-Dynastie über den südlichen Teil des alten Reiches, betrachtete sich freilich als dessen rechtmäßigen Erben. Das gleiche Bild im Westen: Das Byzantinische Reich (das so hieß, weil seine Hauptstadt Konstan-

* Das unterstellt natürlich, dass Basiliskos tatsächlich ein Stümper und Idiot gewesen sei. Die Römer bevorzugten Verschwörungstheorien. Sie warfen dem Flottenführer vor, Bestechungsgelder angenommen zu haben, und hätten ihn fast gelyncht.

tinopel auf dem Gebiet der früheren griechischen Stadt Byzanz errichtet worden war) beherrschte den östlichen Teil des alten Römischen Reiches, das es aber als Ganzes beanspruchte (Abbildung 6.8).

Östliches Jin und Byzantinisches Reich blieben High-End-Staaten, hochorganisiert mit Verwaltungsbürokratien, Steuern und besoldeten Armeen. Beide waren stolz auf ihre großen Städte und fachkundigen Gelehrten, und den Landgütern an Nil und Jangtse ging es besser denn je. Beide aber waren sie nicht zu vergleichen mit dem Römischen und dem Han-Reich in deren besten Zeiten. Ihre Welten wurden kleiner, als Nordchina und Westeuropa aus den Kerngebieten ausschieden.

Seuchen, Völkerwanderungen und Kriege hatten die Netzwerke von Staatenlenkern, Kaufleuten und Geld zerrissen, welche die früheren Reiche zu einem zusammenhängenden Ganzen verbunden hatten. Die neuen Herrscher Nordchinas im 4. Jahrhundert und Westeuropas im 5. waren entschieden Low-End-orientiert; am liebsten fanden sie sich mit ihren langhaarigen Kriegsherren in den großen Hallen, die sie erobert hatten, zu Gelagen zusammen. Diese Könige waren zufrieden, wenn sie die eroberten Bauern mit Abgaben drangsalieren konnten, doch ohne Söldnerarmeen, die bezahlt werden mussten, hatten sie diese Einnahmen nicht mehr unbedingt nötig. Sie waren bereits reich, und sie waren stark. Warum also sollten sie den meist beschwerlichen Versuch unternehmen, funktionierende Bürokratien zu etablieren und bei ihren aufsässigen Untertanen regelmäßig Steuern zu erheben? Es schien der Mühe nicht wert zu sein.

Viele der alten und reichen Adelsfamilien Nordchinas und Westeuropas flohen mit ihren Schätzen nach Jiankang beziehungsweise Konstantinopel, noch mehr aber richteten sich in den Ruinen der alten Reiche ein und suchten sich wie Sidonius mit den neuen Herren zu arrangieren. Sie tauschten ihre Seidengewänder gegen Wollhosen, ihre klassische Dichtung gegen die Jagd und passten sich den neuen Gegebenheiten an.

Manche davon waren, wie sich zeigte, nicht die schlechtesten. Die schwerreichen Aristokraten früherer Zeiten mit ihren Latifundien, die über das ganze Han- beziehungsweise Römische Reich verstreut waren, verschwanden zwar, aber auch mit Ländereien in nur einem einzigen Königreich blieben manche Grundbesitzer im 4. und 5. Jahrhundert erstaunlich wohlhabend. Die alten römischen und chinesischen Eliten verheirateten sich mit ihren Eroberern und zogen aus den zerfallenden Städten in große Gutshäuser auf dem Land.

Als die staatlichen Verwaltungen in Nordchina im 4., in Westeuropa im 5. Jahrhundert immer weiter Richtung Low-End abdrifteten, gestatteten die Könige dem Adel, die Überschüsse, die die Bauern früher den Steuereinnehmern zu übergeben hatten, selber als Pacht einzuziehen. Wahrscheinlich waren diese Überschüsse in der Zwischenzeit eher gewachsen, schließlich war die Bevölkerungszahl gesunken, und die Bauern konnten sich auf die besten Anbauflächen

(a)

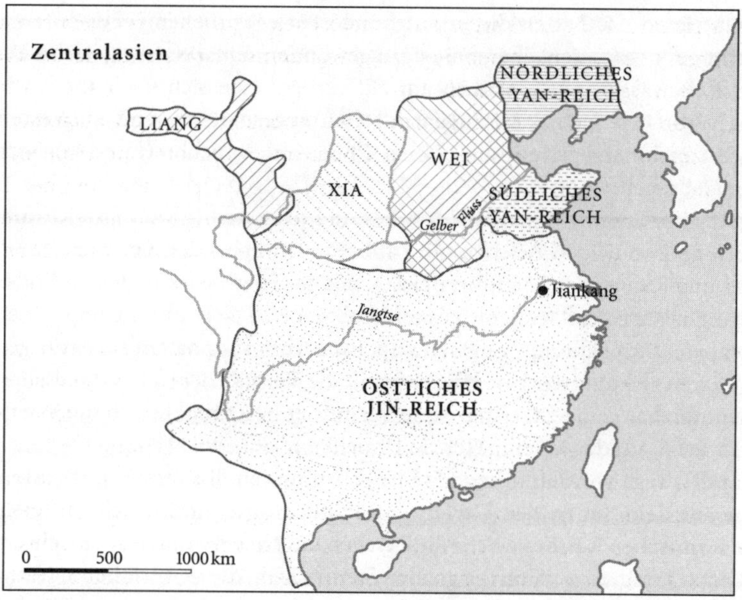

(b)

Abbildung 6.8: Geteilter Osten, geteilter Westen
(a) das Östliche Jin und Chinas Einwandererreiche, um 400 u. Z.;
(b) Byzanz und die größeren Einwandererreiche Europas, um 500 u. Z.

konzentrieren. Sie hatten die in Jahrhunderten erworbenen Fertigkeiten kaum verlernt oder vergessen, eher neue dazu gewonnen. Entwässerungstechniken am Jangtse, Bewässerungstechniken am Nil verbesserten sich nach 300, in Nordchina verbreitete sich das Pflügen mit Ochsengespannen, und in Westeuropa kamen zunehmend erste Sämaschinen, Pflüge mit Streichbrett und Wassermühlen in Gebrauch.

Trotz aller Prachtentfaltung des Adels und trotz des Erfindungsreichtums der Bauern ging in beiden Reichen die Zahl der wohlhabenden Beamten, Staatsverwalter und Kaufleute beständig zurück – mit der Folge, dass an beiden Enden Eurasiens die Wirtschaftssysteme zusammenbrachen. Die Funktionsträger mochten inkompetent und korrupt gewesen sein, immerhin aber hatten sie dafür gesorgt, dass Waren zirkulierten, und hatten damit die Vorteile der unterschiedlichen Regionen nutzbar gemacht. Ohne diese Vermittler beschränkte sich die Wirtschaft wieder mehr auf das jeweilige lokale Umfeld und auf Subsistenz.

Handelswege wurden kürzer, Städte schrumpften. Entsetzt registrierten Reisende aus dem Süden den Verfall der Städte Nordchinas. Auch in Teilen des alten Römischen Reiches waren die Zeichen des Niedergangs unübersehbar, und die Dichter fragten sich, ob die großen Steinruinen, die sie zerfallen sahen, überhaupt von Sterblichen hatten gebaut werden können. »Zerbrochene Firstbalken, schwankende Türme, das Werk von Riesen«, heißt es in einem altenglischen Gedicht aus der Zeit um 700. »Reif [Schimmel] liegt auf den Tortürmen, Reif auf dem Mörtel, zersprungen der Regenschutz, die Dächer zerfallen. Das Alter verschlang sie.«[20]

Er habe, so rühmte sich Kaiser Augustus im 1. Jahrhundert u. Z., Rom, die Stadt aus Ziegeln, zu einer Stadt aus Marmor gemacht; im 5. Jahrhundert kehrte Europa zum Baustoff Holz zurück. In den Baulücken zwischen den zusammenbrechenden Hüllen alter römischer Stadthäuser wurden rasch einfache Hütten hochgezogen. Heute wissen wir eine Menge über solche ärmlichen Unterkünfte, aber als ich in den 1970er Jahren in England mit Ausgrabungen begann, waren die Archäologen noch dabei, ihre Techniken in mühsamer Kleinarbeit so zu verfeinern, dass sie Spuren auch dieser Bauten entdecken konnten.

In der einfacher gewordenen Welt wurden Münz- und Rechnungswesen, Lesen und Schreiben immer weniger gebraucht. Weil die Kupferminen in China verwaist lagen, wurden Münzstätten nicht mehr beliefert. Darum versuchten die nordchinesischen Könige zunächst, den Metallgehalt der Münzen zu reduzieren (so weitgehend, dass böse Zungen behaupteten, die Münzen seien so leicht, dass sie schwimmen könnten[21]), später stellten sie die Münzprägung überhaupt ein. Buchhaltung und Volkszählungen verkümmerten, die Bibliotheken zerfielen. Das alles vollzog sich nicht gleichmäßig, sondern dauerte Jahrhunderte, doch in den meisten Teilen Nordchinas ebenso wie Westeuropas sanken die Bevölkerungszahlen. Disteln und Wälder eroberten das Ackerland zurück, und das Leben wurde kürzer und armseliger.

Geduld und Kleinmut

Wie konnte das geschehen? Für die meisten Menschen in Ost und West war die Sache klar: Die alten Methoden und die alten Götter hatten versagt.

Sobald die Grenzregionen Chinas gefallen waren, beschuldigten Kritiker die Han, sie hätten das Mandat des Himmels verloren. Chiliastische Heilskulte versetzten das Land in Aufruhr, die schöpferischsten Köpfe in der gebildeten Elite begannen, konfuzianische Gewissheiten in Frage zu stellen. Die »Sieben Weisen vom Bambushain«, eine Gruppe von Freidenkern aus dem 3. Jahrhundert, wurden zu Symbolfiguren einer neuen Empfindsamkeit. Sie studierten keine Klassiker mehr, dienten auch dem Staat nicht, sondern verbrachten ihre Tage, wie berichtet wird, mit Gesprächen, Dichtung, Musik, mit Alkohol und Drogen. So soll der Weise Ruan Ji, als er bei einem skandalösen Bruch der Etikette erwischt wurde (er war ohne Begleitperson mit seiner Schwägerin spazieren gegangen), nur gelacht haben: »Ihr glaubt doch etwa nicht, dass *li* [die Sitte, die Grundlage des Konfuzianismus] für *mich* gilt?« Und er fuhr fort:

> Habt ihr jemals Läuse gesehen, die in einer Hose wohnen? Sie springen tief in die Säume, verstecken sich in der Baumwollwattierung und glauben, sie hätten einen angenehmen Platz zum Leben. Sie trauen sich nicht, über den Rand des Saums hinauszugehen und aus dem Hosenbein aufzutauchen, und sind überzeugt, alle Regeln der Etikette einzuhalten. Werden die Hosen aber gebügelt, dringen Flammen in die Hügel ein … und die Läuse, die das Hosenbein bewohnen, können nicht entkommen.
>
> Welcher Unterschied besteht zwischen dem Mann, der in einer engen Welt lebt, und den Läusen, die Hosenbeine bewohnen?[22]

Den moralischen Ernst, der am Hof der Han geherrscht hatte, fanden manche dieser Dichter nurmehr lächerlich. Da sei es doch besser, meinte die neue Generation, sich in eine ländliche Umgebung zurückzuziehen und Gedichte über Gärten und Wälder zu schreiben oder sogar als Einsiedler zu leben. Ästheten, die zu beschäftigt waren, um sich ins ferne Gebirge begeben zu können, spielten manchmal Einsiedler in den Gärten ihrer Villen oder – wie beipielsweise Wang Dao, oberster Minister am Hof von Jiankang um 300 – bezahlten Leute, die an ihrer statt als Einsiedler lebten. Maler begannen, die wilden Berge zu feiern; der große Gu Kaizhi etwa erhob im 4. Jahrhundert die Landschaftsmalerei zu einer bedeutenden Kunstform. Die Sieben Weisen und andere Denker stellten die Form über den Inhalt und studierten mehr die Techniken des Malens und Schreibens als die moralische Botschaft von Bildern und Texten. Diese Revolte gegen die Tradition im 3. Jahrhundert blieb großenteils in Ablehnung stecken, man verspottete die Konventionen und verwarf sie, ohne positive Alternativen zu entwickeln; eine Einstellung, die sich erst gegen Ende des Jahrhunderts änderte.

Achthundert Jahre zuvor, als Konfuzianismus und Daoismus in China gerade im Entstehen waren, begann sich auch der Buddhismus in Südasien zu verbreiten.

Auf den Wegen des Alte-Welt-Austauschs war er bis nach China gelangt, vermutlich als ost- und südasiatische Kaufleute in zentralasiatischen Oasen zusammentrafen. In einem chinesischen Text zum ersten Mal erwähnt wird der Buddhismus 65 u. Z. Einige kosmopolitische Intellektuelle nahmen den Glauben an, noch lange aber blieb er eine unter vielen fremdländischen Philosophien, die von der Steppe nach China hineingespült wurden.

Erst Ende des 3. Jahrhunderts änderte sich das, vor allem dank des zentralasiatischen Mönchs und Übersetzers Dharmaraksa. Er, der regelmäßig zwischen Chang'an und der großen Oase Dunhuang weiter im Westen an der Seidenstraße hin- und herreiste, fand chinesische Gelehrte, die sich für seine Übersetzungen buddhistischer Texte interessierten; er war es, der indische Begriffe in eine Sprache übertrug, die Chinesen verständlich war. Wie die meisten Weisen der Achsenzeit hatte Buddha selbst keine Zeile geschrieben, und so ergab sich ein endloser Spielraum für Auseinandersetzungen über die Inhalte seiner Botschaft. Die frühesten Formen des Buddhismus hatten besonderes Gewicht auf disziplinierte Meditation und Selbsterfahrung gelegt. Die Interpretation jedoch, die Dharmaraksa vertrat und die unter dem Namen Mahayana-Buddhismus bekannt wurde, ließ die Erlösung weniger mühevoll erscheinen. Dharmaraksa präsentierte Buddha nicht als spirituellen Sucher, sondern als Inkarnation eines ewigen Prinzips der Erleuchtung. Auch sei der ursprüngliche Buddha nur der erste in einer Reihe von Buddhas in dieser und anderen Welten gewesen. Umgeben seien sie von Heerscharen anderer himmlischer Figuren, vor allem von Bodhisattvas, Sterblichen auf dem Weg zur Erlösung, die ihren Eingang ins Nirwana nur darum verschoben hätten, um geringeren Sterblichen zu helfen, die Vollendung zu erreichen und dem Kreislauf von Wiedergeburt und Leiden zu entgehen.

Der Mahayana-Buddhismus hatte auch extreme Seiten. Die meisten buddhistischen Sekten glaubten, eines Tages werde ein Maitreya-Buddha (ein »zukünftiger« Buddha) die Massen zur Freiheit führen, und ab 401 erklärten sich Gruppen wild blickender chinesischer Buddhisten selbst zu Buddhas, taten sich mit Banditen zusammen, mit rebellischen Bauern und/oder enttäuschten Beamten, und zogen randalierend durchs Land, um allen hier und jetzt Erlösung zu bringen. Der Spuk nahm ein blutiges Ende.

Der wichtigste Beitrag des Mahayana-Buddhismus bestand darin, die beschwerlichen Forderungen des traditionellen Buddhismus zu vereinfachen und allen den Weg zur Erlösung zu öffnen. Nach der im 6. Jahrhundert populären Lehre vom »Himmelsmenschen« mussten die Gläubigen nur noch um Buddha und Bodhisattva-Statuen herumlaufen, Reliquien verehren (besonders die vielen Zähne, Knochen und Bettelschalen, die angeblich Buddha gehört hatten), singen, mitleidvoll und aufopfernd handeln, die Fünf Gebote befolgen (du sollst nicht töten, stehlen, Ehebruch begehen, trinken oder lügen). Zwar werde dies, wie die Lehrer sagten, noch nicht unmittelbar ins Nirwana, aber zu Gesundheit, Wohlstand und einer Wiedergeburt führen, die allemal besser sei als das aktuelle Alltagsleben. Die Schule des »Reinen Landes« ging noch weiter, denn sie lehrte, der Bodhisattva des Mitleids unterbreche, wenn ein Gläubiger sterbe, gemeinsam mit Buddha Amitabha den Kreislauf der Wiedergeburten und geleite den Sterbenden zu einem Paradies im Westen, wo er unbehelligt von den Sorgen dieser Welt nach dem Nirwana streben könne.

Die indischen Nirwana-Sucher gingen in der Regel auf Wanderschaft und bettelten. Der chinesischen Tradition waren heilige Wanderer (anders als wohlhabende Einsiedlerpoeten) fremd, sie fanden denn auch keine Nachahmer, im Unterschied zu jenem zweiten Weg zur Erlösung, dem Klosterleben. Um 365 verfasste Dao'an – ein im Geist des Konfuzianismus erzogener chinesischer Buddhist und kein Einwanderer aus Zentralasien – eine Klosterregel, die zur chinesischen Gesellschaft passte. Die Mönche mussten eine Tonsur tragen, Mönche und Nonnen Keuschheits- und Gehorsamsgelübde ablegen und ihren Lebensunterhalt mit Arbeit verdienen, daneben in Gebet, Meditation und Gelehrsamkeit nach Erlösung streben. Der klösterliche Buddhismus konnte ebenso extrem werden wie der chiliastische: Viele Mönche und Nonnen brachten sich selbst Verletzungen bei, um es – im Kleinen – den sich aufopfernden Bodhisattvas gleichzutun, und manche verbrannten sich sogar bei lebendigem Leib, gelegentlich vor Tausenden von Zuschauern, um andere von ihren Sünden zu erlösen. Dao'ans großer Beitrag war jedoch die Organisation des klösterlichen Lebens zu einer religiösen Institution, die den Zusammenbruch der staatlichen Institutionen im 4. Jahrhundert ein Stückweit kompensieren konnte. Die Klöster bauten Wassermühlen, beschafften Geld, verteidigten sich unter Umständen sogar selbst. Sie waren nicht nur Zentren des Gebets, sondern wurden auch zu Oasen der Stabilität, ja zu Inseln des Wohlstands, wenn sie von reichen Glaubensbrüdern Land und Güter geschenkt bekamen und enteignete Bauern bei ihnen Schutz suchten. Tausende von Klöstern schossen im 5. Jahrhundert aus dem Boden. »Heute«, schrieb ein Beamter im Jahr 509, »gibt es keinen Ort mehr ohne ein Kloster.«[23]

Wie rasch der Buddhismus China eroberte, ist bemerkenswert. Höchstens einige hundert Buddhisten dürften dort um 65 u. Z. gelebt haben haben, im 6. Jahrhundert dagegen bekannten sich die meisten Chinesen – vielleicht dreißig Millionen Menschen – zu der neuen Lehre. Aber so erstaunlich das sein mag – auch am anderen Ende Eurasiens wuchs eine neue Religion, und zwar noch schneller: das Christentum.

Im Westen brachen die klassischen Traditionen nicht so früh zusammen wie im Osten, vielleicht weil Roms Grenzen länger hielten, anders als in China. Auch trugen die Heilskulte, die im Gefolge der großen Epidemien der 160er Jahre u. Z. auch im Westen aufkamen, dazu bei, dass gewaltsame Aufstände seltener ausbrachen. Das Chaos des 3. Jahrhunderts jedoch erschütterte ebenfalls im Westen alte Lebensweisen und Überzeugungen. Stumme Zeugen einer veränderten Stimmungslage sind Steinskulpturen, die im ganzen Reich zu finden sind, ausgeführt nicht mehr in den imposant-würdevollen Formen der klassischen Kunst, sondern merkwürdig proportioniert und mit riesigen, gen Himmel starrenden Augen, die offenbar nach einer anderen, besseren Welt Ausschau halten. Neue Religionen aus den östlichen Grenzregionen – Isis aus Ägypten, Elagabal oder *Sol invictus* (»Unbesiegte Sonne«) aus Syrien, der Mithras-Kult (dessen Anhänger sich in unterirdischen Kammern in Stierblut wälzten) letztlich wohl aus dem Iran, das Christentum aus Palästina – versprachen ewiges Leben. Die Menschen verlangten nach Erlösung aus dieser Welt voller Sorgen, nicht nach rationalen Erklärungen ihres Zustands.

Einige Philosophen reagierten auf die Wertekrise, indem sie zu zeigen versuchten, dass die Gelehrsamkeit der vergangenen Jahrhunderte noch immer bedeutsam war. Zu ihrer Zeit zählten Gelehrte wie Porphyrius und Plotin, die die platonische Tradition neu interpretierten und den neuen Zeiten anpassten, zu den größten Namen im Westen. Zunehmend jedoch suchten Philosophen auch nach völlig neuen Antworten.

Das Christentum hatte in diesen verunsicherten Zeiten jedermann etwas zu bieten. Darin dem Mahayana-Buddhismus ähnlich, war es die Anpassung einer alten, achsenzeitlichen Idee an die Bedürfnisse des Zeitalters. Es bezog sich auf die heiligen Bücher des Judentums und behauptete, sein Gründer Jesus sei der dort verheißene Messias. Beide, Mahayana-Buddhismus und Christentum, können wir als Religionen der »zweiten Welle« der Achsenzeit bezeichnen. Sie hatten neue Weisen der Erlösung anzubieten, und das für sehr viel mehr Menschen als ihre Vorläufer in der ersten Welle, indem sie den Weg dorthin erleichterten. Zudem waren beide neuen Religionen ökumenisch ausgerichtet und richteten sich an die gesamte bewohnte Welt. Weder Jesus noch Buddha gehörten einem auserwählten Volk an, sie waren gekommen, um alle Menschen zu erlösen.

Wie Buddha schrieb auch Jesus selbst keine heiligen Texte, und schon um 50 u. Z. begann mit dem Apostel Paulus (der Jesus nie gesehen hatte) der Kampf um die Einigung aller Christen auf grundlegende Aussagen der neuen Religion. In ihrer Mehrzahl vertraten die Anhänger Jesu die Auffassung, Christen müssten getauft sein, zu Gott beten, anderen Göttern abschwören, an Sonntagen gemeinsam essen und gute Werke tun; über diese grundlegenden Punkte hinaus aber war ziemlich alles möglich. Manche Christen waren der Meinung, der Gott der hebräischen Bibel sei nur der letzte (und niedrigste) in einer Reihe früherer Götter. Für andere war die Welt einfach schlecht, daher könne auch der Schöpfergott nur böse sein. Vielleicht gebe es ja auch zwei Götter, einen übel wollenden jüdischen und den ganz und gar guten (aber unbekannten) Vater Jesu. Wiederum andere glaubten, es habe Jesus zweifach gegeben, einen spirituellen, der der Kreuzigung entging, und einen körperlichen, der am Kreuz starb. Andere hingegten meinten, Jesus könnte auch eine Frau gewesen sein, und hielten Frauen und Männer für gleichberechtigt. Für noch andere standen neue Offenbarungen bevor, die die alten außer Kraft setzen würden, also stehe Jesu zweites Kommen unmittelbar bevor, weshalb Christen keinen Sex haben sollten. Es könne aber auch sein, dass nur die Märtyrer in den Himmel kämen, die schreckliche Qualen durchgemacht hätten, und in diesem Fall sei Sex bedeutungslos.

Für Buddhisten war das Problem der Transzendenz eine ziemlich pragmatische Angelegenheit. Es gäbe verschiedene Wege zum Nirwana, die Gläubigen sollten von Buddhas Lehre nur annehmen und nutzen, was sie gebrauchen konnten, und den Rest zu ignorieren. Christen dagegen kamen nur dann in den Himmel, wenn sie genau wussten, wer Gott und Jesus waren, und wenn sie taten, was diese von ihnen verlangten. So zwang das Durcheinander unterschiedlicher Interpretationen gläubige Christen stets aufs Neue zu erregter Selbstbefragung. Gegen Ende des 2. Jahrhunderts setzte sich die Auffassung durch, dass die Bischöfe als Nachfahren der ursprünglichen Apostel gelten und die Autorität haben sollten, verbindlich zu sagen, was Jesus gemeint habe. Prediger mit abweichenden, eigenen Ideen wurden verdammt und vergessen, langsam gewann das Neue Testament feste Gestalt, und das Fenster, durch das Offenbarungen zu empfangen waren, schloss sich. Niemand konnte mehr an der Bibel herumpfuschen, niemand mehr den Heiligen Geist empfangen – es sei denn, die Bischöfe erkannten das an. Und niemand musste auf ehelichen Geschlechtsverkehr verzichten oder sich selber peinigen, es sei denn, er selbst wollte das so.

Dennoch blieben strittige Punkte genug. Ab 200 aber wurde das Christentum nach und nach zu einem disziplinierten Glauben mit (einigermaßen) klaren Regeln, deren Befolgung Erlösung versprach. Wie der Mahayana-Buddhismus war auch das Christentum unverwechselbar genug, um Aufmerksamkeit zu erlangen, und zugleich – als zweite Welle des achsenzeitlichen Denkens – vertraut genug. Gebildete Griechen behaupteten sogar, das Christentum sei von ihrer klassischen Philosophie gar nicht so verschieden: Platon (als gleichsam athenischer Moses) sei auf dem Weg des vernünftigen Denkens zur Wahrheit gelangt, die Christen auf dem der Offenbarung, bei beiden aber handele es sich um dieselbe Wahrheit.

Als die Institutionen des High-End-Staates zusammenzubrechen begannen, waren die Bischöfe zur Stelle, um die Lücke zu füllen; sie mobilisierten ihre Gemeinden, um die Stadtmauern wieder aufzubauen, die Straßen instand zu setzen oder mit den germanischen Plünderern zu verhandeln. Heilige Männer, die der Welt mit einer Entschiedenheit entsagten, die der von Buddhisten in nichts nachstand, wurden zu lokalen Vorbildern und Führungsfiguren in ländlichen Regionen. Ein Asket wurde im ganzen Reich berühmt, weil er in einem Grab in der ägyptischen Wüste lebte, fastete, sich mit Satan herumschlug und ein Büßerhemd aus Ziegenhaar trug. Sein größter Bewunderer verkündete:

> Nahrung nahm er einmal des Tages zu sich nach Sonnenuntergang; bisweilen aß er nur alle zwei, oft aber auch bloß alle vier Tage; er lebte von Brot und Salz, als Getränk diente ihm nur Wasser. … Zum Schlafen begnügte er sich mit einer Binsenmatte; meist aber legte er sich auf die bloße Erde zur Ruhe nieder. Sich mit Öl zu salben, lehnte er ab; denn

> er sagte, es zieme sich für junge Leute mehr, die Askese in bereitwilligem Eifer zu üben, statt all die Dinge zu suchen, die den Körper verweichlichen …[24]

Ein anderer heiliger Mann saß 40 Jahre lang auf einer 15 Meter hohen Säule in Syrien; andere, die der Welt entsagten, trugen Tierfelle, aßen nur Gras und lebten (kurz vermutlich) als »Toren um Christi willen«.

Den verwöhnten Herren des römischen Adels kam dies eher sonderbar vor, und selbst die meisten Christen fanden es bedenklich, wie diese wilden Männer fanatische Anhänger inspirierten und niemandem Rechenschaft geben wollten als Gott allein. Im Jahr 320 verfiel ein heiliger Mann aus Ägypten namens Pachomius auf eine Lösung, indem er nämlich Eremiten aus seiner Gegend zum ersten christlichen Kloster vereinte, damit sie nach seinen rigiden disziplinarischen Regeln durch Arbeit und Gebet erlöst würden. Pachomius und der Chinese Dao'an wussten sicher nichts voneinander, aber ihre Klöster waren einander verblüffend ähnlich und wirkten auf vergleichbare Weise in die Gesellschaft hinein. Im 5. Jahrhundert wurden, wo umfassendere Strukturen zusammenbrachen, häufig Klöster zur Stütze der regionalen Wirtschaft. Sie entwickelten sich, als die klassische Bildung verfiel, zu Zentren der Gelehrsamkeit, und sie stellten aus Mönchen bestehende Milizen, um den Frieden zu erhalten.

Das Christentum breitete sich noch schneller aus als der Buddhismus. Als Jesus um das Jahr 32 starb, hatte er ein paar hundert Anhänger, im Jahr 391 dann, als Kaiser Theodosius I. das Christentum zur Staatsreligion erhob, waren über dreißig Millionen Römer zum Christentum konvertiert, wobei »Konversion« gewiss ein recht unbestimmter Ausdruck ist. Während manche Gebildete mit quälenden Zweifeln zu kämpfen hatten, weil sie die Implikationen der christlichen Lehre mit Logik und Eifer durcharbeiteten, bevor sie den neuen Glauben annahmen, konnten ein christlicher beziehungsweise ein buddhistischer Wundertäter an einem einzigen Nachmittag nach Tausenden zählende Menschenmengen gewinnen. Genaue Statistiken haben wir natürlich nicht, weshalb wir auf grobe Schätzungen angewiesen sind. Genau werden wir wohl nie herausfinden, wann und wo genau sich das Tempo der Übertritte zum Christentum beschleunigte, wann und wo es wieder nachließ. Weil wir aber wissen, dass sowohl Christentum als auch Buddhismus mit einigen hundert Anhängern begonnen hatten und schließlich dreißig Millionen zählten, zeigt Abbildung 6.9 die mutmaßlichen durchschnittlichen Wachstumsraten beider Religionen. Danach wuchs der chinesische Buddhismus jährlich um 2,3 Prozent, das heißt die Zahl seiner Anhänger verdoppelte sich alle 30 Jahre, während das Christentum um 3,4 Prozent zunahm, womit sich die Zahl der Christen bereits alle 20 Jahre verdoppelte.

Die Linien in Abbildung 6.9 steigen, die für die gesellschaftliche Entwicklung in Abbildung 6.1 dagegen fallen beständig. Eine Frage liegt also auf der Hand, die bereits Edward Gibbon im Jahr 1781 aufwarf: Besteht da ein Zusammenhang?

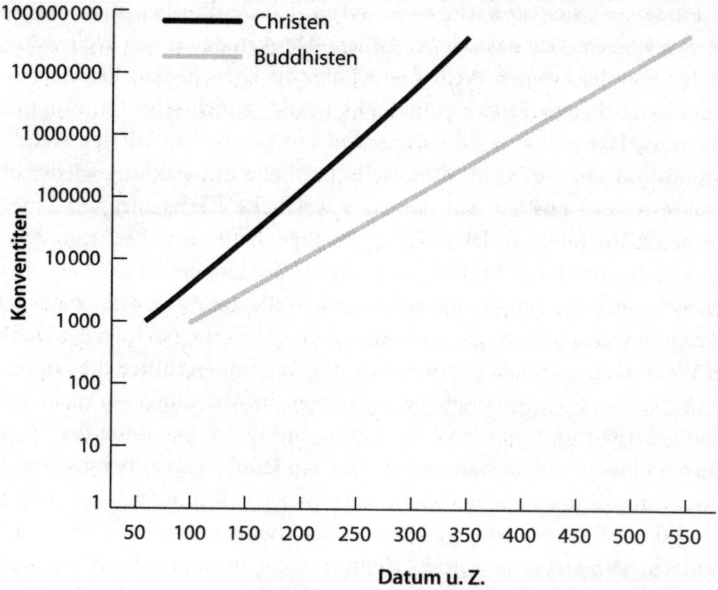

Abbildung 6.9: Seelen zählen

Das Wachstum von Christentum und chinesischem Buddhismus, bei angenommen konstanter Wachstumsrate. Die vertikale Skala ist logarithmisch, wie in den Abbildungen 3.6 und 3.7, darum bringen die konstanten durchschnittlichen Wachstumsraten (3,4 Prozent pro Jahr für das Christentum; 2,3 Prozent für den Buddhismus) gerade Linien hervor.

> Wir mögen ... ohne Ueberraschung oder Aergerniß vernehmen, daß die Einführung ... des Christenthumes nicht ohne einigen Einfluß auf das Sinken und den Sturz des Römischen Reiches gewesen ist. Die Geistlichkeit predigte mit Erfolg die Lehren der Geduld und Feigheit; die thätigen Tugenden der bürgerlichen Gesellschaft wurden entmuthigt, und die letzten Ueberreste kriegerischen Geistes in den Klöstern begraben. Ein großer Theil des öffentlichen und Privatreichthumes ward den gleißenden Forderungen der Mildthätigkeit und Andacht gewidmet, und der Sold der Soldaten an jene unnützen Schaaren beiderlei Geschlechtes vergeudet, die höchstens nur das Verdienst der Enthaltsamkeit und Keuschheit für sich in Anspruch nehmen konnten.[25]

Geduld und Kleinmut (um den Begriff »Feigheit« etwas aufzuwerten) waren ebensosehr buddhistische Tugenden wie christliche. Sollten wir also Gibbons Argument erweitern und den Schluss ziehen, dass es Ideen gewesen seien – der Triumph der Pfaffenlist über die Politik, der Offenbarung über die Vernunft –, die zu einem Ende der klassische Welt geführt hätten? Dass sie die gesellschaftliche Entwicklung in einem jahrhundertelangen Prozess auf ein immer niedrigeres Niveau gesenkt und dabei auch den Abstand zwischen Ost und West verringert hätten?

Die Frage lässt sich so leicht nicht abtun, ich denke aber, man muss sie mit Nein beantworten. Wie das achsenzeitliche Denken der ersten Welle waren auch die Religionen der zweiten Welle mehr Folge als Ursache von Veränderungen in der gesellschaftlichen Entwicklung. Judentum, griechische Philosophie, Konfuzianismus, Daoismus, Buddhismus und Jainismus – sie alle entstanden zwischen 600 und 300 v. u. Z., als die gesellschaftliche Entwicklung wieder über das 24-Punkte-Niveau anstieg, auf dem das westliche Kerngebiet um 1200 v. u. Z. zusammengebrochen war. Dieses neue Denken stellte eine Reaktion dar auf die Reorganisation der High-End-Staaten, auf die Entzauberung der Welt. Und eben das spiegeln auch die Religionen der zweiten Welle der Achsenzeit wieder: Als der Alte-Welt-Austausch die High-End-Staaten erschütterte, erschien das Denken der ersten Welle als unzureichend, und Erlösungsreligionen füllten die Lücke.

Wenn die durchschnittlichen Zuwachsraten in Abbildung 6.9 nicht völlig aus der Luft gegriffen sind, waren Christentum und Buddhismus vor dem Alte-Welt-Austausch bloße Randerscheinungen. Um 250 jedoch gab es bereits eine Million Christen (ungefähr 2,5 Prozent der Einwohner des Römischen Reiches), was offenbar einer Art Trendwende gleichkam. Nun begann das Christentum den Kaisern entschieden lästig zu werden, denn in einer der dunkelsten Stunden Roms konkurrierte es nicht nur um Einkünfte, sondern sein eifersüchtiger Gott machte auch der imperialen Formel »Ich bin ein Gott, wenn ich tot bin« ein Ende – jenem Kompromiss, der so lange dazu beigetragen hatte, die Macht der Herrscher zu rechtfertigen. 250 löste Kaiser Decius die ersten großen Christenverfolgungen aus, kurz bevor er von den Goten getötet wurde. 257 startete Valerian eine erneute Verfolgungswelle, dann aber fiel er im Krieg gegen die Perser.

Trotz dieser Menetekel und der offensichtlichen Tatsache, dass es aussichtslos war, Menschen mit Gewalt einzuschüchtern, die kein höheres Ziel kannten, als so qualvoll zu sterben wie Jesus, versuchten die Kaiser 50 Jahre lang immer wieder, das Christentum auszulöschen. Und trotzdem wuchsen die Gemeinden jährlich um 3,4 Prozent, sodass die Kirche um etwa 310 zehn Millionen Mitglieder hatte, ein Viertel der Bevölkerung des Reiches. Das war die Zeit einer zweiten Trendwende: 312, mitten in einem Bürgerkrieg, fand Kaiser Konstantin zu Gott. Er suchte und fand einen Kompromiss – nicht anders, als seine Vorgänger vor einem halben Jahrtausend Kompromisse mit dem gleichermaßen subversiven Denken der ersten achsenzeitlichen Welle gefunden hatten. Konstantin schenkte der Kirche große Reichtümer, verlieh ihr das Privileg der Steuerbefreiung und anerkannte ihre Hierarchie. Als Gegenleistung anerkannte die Kirche Konstantin als Kaiser.

In den folgenden 80 Jahren nahm die restliche Bevölkerung den christlichen Glauben an, der Adel besetzte führende Stellen in der Kirchenhierarchie, gemeinsam plünderten Kirche und Staat die heidnischen Tempel – die vielleicht größte Umverteilung von Reichtum, die die Welt bis dahin gesehen hatte. Das Christentum war ein Ideengebäude, dessen Zeit gekommen war. Schon 301 hatte Trdat III., der König von Armenien, das Christentum zur Staatsreligion erklärt, um 340 konvertierte auch Ezana, der Herrscher Äthiopiens. Die Perserkönige allerdings nahmen das Christentum nicht an, wahrscheinlich deshalb, weil der iranische Zoroastrismus sich ohnehin ganz ähnlich entwickelte wie das Christentum.

Auch der chinesische Buddhismus muss ähnliche Wendepunkte durchgemacht haben. In Abbildung 6.9 überschreitet er die Millionengrenze um 400. Weil aber die Verhältnisse in Nord- und Südchina so unterschiedlich waren, hatte sein Wachstum in beiden Regionen auch unterschiedliche Konsequenzen. Im unruhigen Norden scharten sich die Buddhisten eher in den Hauptstädten zusammen, womit sie dem Druck der Staatsmacht schutzlos ausgesetzt waren. Um 400 rief das Nördliche Wei, das stärkste Reich jener Zeit, eine Regierungsbehörde zur Überwachung des Buddhismus ins Leben, ab 446 wurden dessen Anhänger verfolgt. In Südchina dagegen konzentrierten sich die buddhistischen Mönche nicht in der Hauptstadt Jiankang, sondern zerstreuten sich im Tal des Jangtse, wo sie mächtige Adlige gewannen, die sie vor dem Hof schützten und den Kaisern Konzessionen abringen konnten. 402 akzeptierte ein Kaiser sogar, dass die Mönche sich nicht vor ihm verbeugen mussten.

Um 500 lebten in China ungefähr zehn Millionen Buddhisten, und als der neue Glaube seine zweite Trendwende erlebte, trafen die Herrscher (im Norden wie im Süden) die gleiche Entscheidung wie Konstantin und überhäuften die Führer der Gemeinden mit Reichtümern und Ehren und gewährten ihnen Steuerfreiheit. Im Süden unterstützte der fromme Kaiser Wudi riesige buddhistische Feste, er verbot Tieropfer (stattdessen mussten Nachbildungen aus Teig gegessen werden) und entsandte Boten nach Indien, die dort heilige Texte ausfindig machen sollten. Als Gegenleistung erkannte die buddhistische Hierarchie Wudi als Bodhisattva an, als Erlöser und Retter seines Volkes. Die Könige des Nördlichen Wei machten ein noch besseres Geschäft, denn sie sicherten sich das Recht, die führenden Mönche selbst auszusuchen, und ließen diese dann verkünden, dass die Könige Reinkarnationen von Buddha seien. Konstantin wäre vor Neid erblasst.

Nicht Geduld und Kleinmut waren die Ursachen von Verfall und Untergang der Reiche, sondern das Paradox gesellschaftlicher Entwicklung – das gilt im Osten wie im Westen. Teils folgten die Verfallsprozesse und Untergänge dem Drehbuch, das im Westen um 1200 v. u. Z. geschrieben worden war, als dessen Kerngebiet mit seinem Wachstum Ereignisketten in Bewegung setzte, die niemand kontrollieren konnte; teils wurde das Drehbuch im Jahr 160 u. Z. durch die bloße Größenordnung der gesellschaftlichen Entwicklung neu geschrieben. Es änderte sich die Bedeutung der geographischen Bedingungen, als Ost und West durch Zentralasien hindurch in Verbindung traten und den Alte-Welt-Austausch von Mikroben und Migranten begründeten.

Um 160 u. Z. waren die Reiche der klassischen Welt viel größer und stärker als die Reiche des westlichen Kerngebiets um 1200 v. u. Z., aber das gilt auch für die

Störungen, die diese erste primitive Version der Globalisierung ausgelöst hat. Mit den Kräften, die sie freisetzten, kamen die klassischen Reiche nicht zurecht. Im Laufe der Jahrhunderte geriet die gesellschaftliche Entwicklung immer mehr ins Rutschen. Aufs Schreiben, auf die Städte, Steuern und Bürokraten kam es nicht mehr an, und als die alten Gewissheiten ihren Sinn verloren hatten, suchten hundert Millionen Menschen Erlösung von einer Welt, die sich offenbar in die falsche Richtung bewegte, indem sie den alten Weisheiten einen neuen Dreh gaben. Wie das achsenzeitliche Denken der ersten Welle waren die Ideen der zweiten Welle gefährlich, stellten sie doch die Autorität der Ehemänner über ihre Frauen, die der Reichen über die Armen und die der Könige über ihre Untertanen in Frage. Doch wieder machten die Herrschenden ihren Frieden mit den subversiven Kräften und verteilten Macht und Reichtum neu. Um 500 u.Z. waren die Staaten schwächer und die Kirchen stärker, das Leben aber ging weiter.

Hätte ich dieses Buch um das Jahr 500 geschrieben, ich wäre vielleicht ein Theoretiker langfristiger Determination gewesen. Alle tausend Jahre, hätte ich wohl festgestellt, macht sich die gesellschaftliche Entwicklung ein Stück weit selbst zunichte, und auf jeweils zwei oder drei Schritte voran folgt ein Schritt zurück. Die Brüche wurden größer, betrafen nun Ost und West gleichermaßen, das Muster jedoch blieb deutlich. Erfolgten Schritte nach vorn, hängte der Westen den Osten ab, Schritte nach hinten dagegen bedeuteten, dass der Abstand zwischen beiden kleiner wurde – und so würde es weitergehen, in einer ganzen Folge von Wellen mit stets höheren Kämmen, mit sich ändernder, aber weiterhin determinierter Führung des Westens.

Hätte ich jedoch mein Buch ein Jahrhundert später in Angriff genommen, hätte alles komplett anders ausgesehen.

Kapitel 7
Das Zeitalter des Ostens

Der Osten übernimmt die Führung

Der Abbildung 7.1 zufolge müsste das Jahr 541 eines der berühmtesten Daten der Geschichte sein. In diesem Jahr nämlich (oder, um dem Index eine gewisse Fehlermarge einzuräumen, irgendwann um die Mitte des 6. Jahrhunderts) übertraf der Osten mit seiner gesellschaftlichen Entwicklung zum ersten Mal den Westen: das Ende eines 14 000 Jahre alten Musters. Mit einem Schlag wurden alle einfachen Theorien langfristiger Determination der westlichen Vorherrschaft widerlegt. Um 700 lagen die Indexpunkte des Ostens bereits um ein Drittel höher als die des Westens, um 1100 war der Abstand um fast 40 Prozent größer als während der 2500 Jahre zuvor (als der Westen noch die Nase vorn hatte).

Warum konnte der Osten im 6. Jahrhundert am Westen vorbeiziehen? Warum erreichte seine gesellschaftliche Entwicklung für das nächste halbe Jahrtausend einen derart hohen Stand, warum fiel der Westen kontinuierlich zurück? Das sind zentrale Fragen, wenn man wissen will, warum der Westen heute die Welt regiert, und wenn wir in diesem Kapitel eine Antwort versuchen, werden wir vielen Helden und Schurken, Genies und Pfuschern begegnen. Hinter diesen Dramen allerdings werden wir dieselbe simple Tatsache entdecken, die während des gesamten Geschichtsverlaufs verantwortlich war für die Unterschiede zwischen Ost und West: die Geographie.

Krieg und Reis

Schon vor 100 u. Z. begann der Indexwert gesellschaftlicher Entwicklung im Osten zu fallen, und bis 400 nahm die Talfahrt kein Ende. Als er seinen tiefsten Stand erreicht hatte, war dies zugleich der niedrigste seit 500 Jahren. Staaten waren zusammengebrochen, Städte niedergebrannt worden, Völkerwanderungen – aus Zentralasien nach Nordchina, von Nord- nach Südchina – hatten das gesamte Kerngebiet erschüttert. Doch eben diesen Wanderungen verdankte der Osten seine Wiederbelebung.

In den Kapiteln 4 bis 6 haben wir verfolgt, wie die zunehmende gesellschaftliche Entwicklung die geographischen Bedingungen veränderte, wie sich Vorteile der

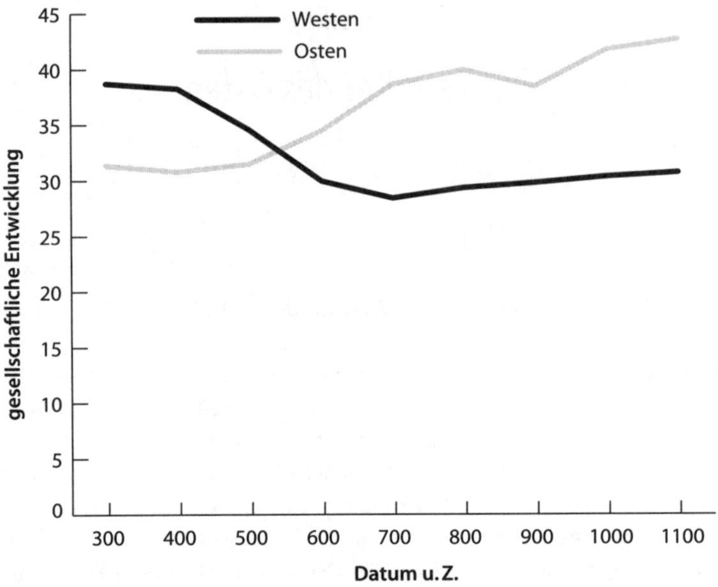

Abbildung 7.1: Die große Umkehrung

Der Osten kann seinen Niedergang stoppen und zum ersten Mal in der Geschichte den Westen überholen.

Rückständigkeit nutzen ließen, wie neue Verkehrswege durch Meere und Steppen erschlossen wurden. Doch wir haben seit dem 3. Jahrhundert auch verfolgt, dass solche Einflüsse ebenso gut umgekehrt verlaufen konnten: Auch bei rückläufiger gesellschaftlicher Entwicklung konnten die geographischen Bedingungen eine neue Bedeutung erlangen. Indem römische und chinesische Städte zu schrumpfen begannen, das Bildungsniveau sank, die Armeen an Kampfkraft verloren und der Lebensstandard fiel, schrumpften die Kerngebiete auch geographisch. Dieser Prozess verlief in West und Ost unterschiedlich, und zum Teil erklärt sich schon daraus, warum die gesellschaftliche Entwicklung in China so schnell wieder aufwärts zeigte, während sie im Westen bis ins 8. Jahrhundert ständig sank.

Wie wir in Kapitel 6 ebenfalls verfolgt haben, zerfiel das alte Zentrum des östlichen Kerngebiets, das Tal des Gelben Flusses, nach 300 u. Z. in die Streitenden Reiche, und Millionen Menschen flohen aus dem Norden in den Süden. Mit diesem Exodus wurde das Land südlich des Jangtse, das während der Han-Dynastie ein unterentwickeltes Randgebiet gewesen war, zum neuen Grenzgebiet. Die Flüchtlinge kamen in eine fremde feucht-heiße Gegend, in der ihre Hauptnahrungsmittel Weizen und Hirse schlecht gediehen, Reis dagegen gut. Das Land war dünn besiedelt, oft von Völkerschaften, deren Sitten und Sprachen völlig andere waren als die der nordchinesischen Einwanderer. In den gewaltsamen

(a)

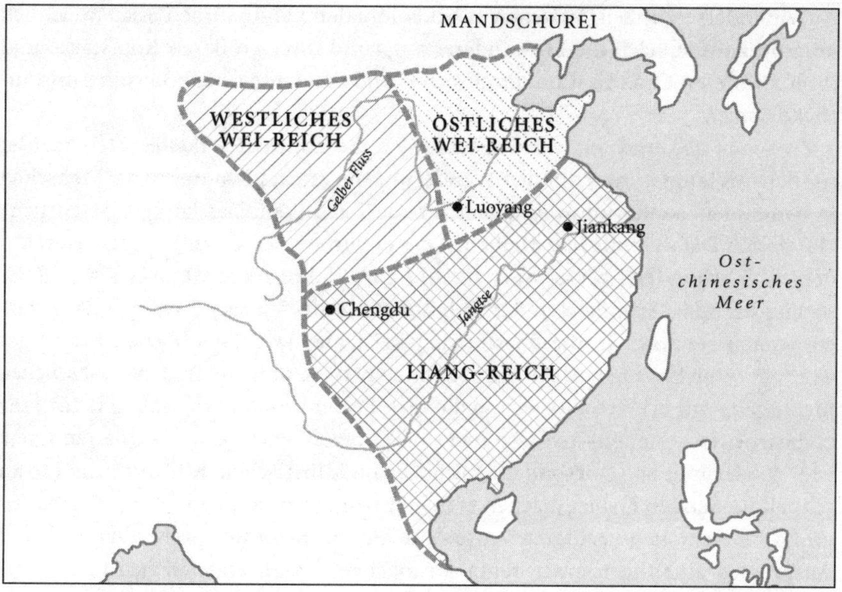

(b)

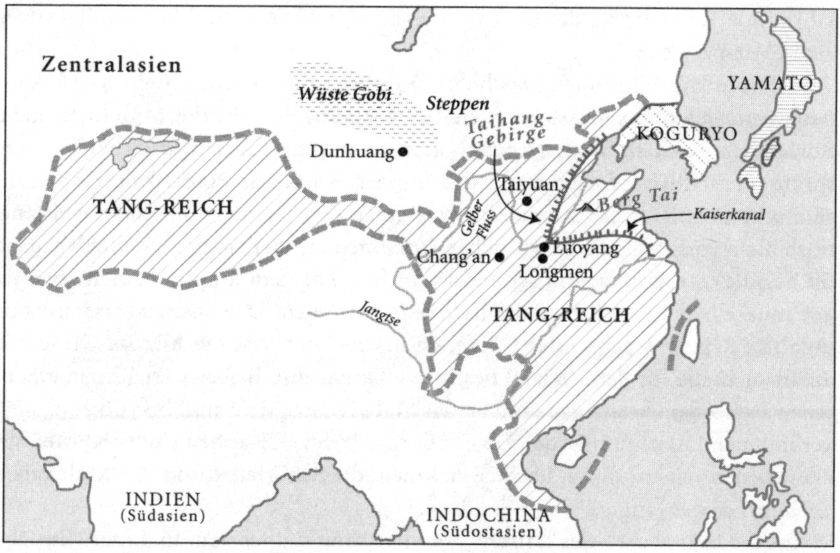

Abbildung 7.2: Der Osten erholt sich, 400–700

Abbildung 7.2a zeigt die Staaten Westliches und Östliches Wei und die südchinesische Liang-Dynastie im Jahr 541. Alle drei wurden 589 von der Sui-Dynastie vereinigt. Abbildung 7.2b zeigt die größte Ausdehnung des Tang-Reiches um 700.

Auseinandersetzungen, zu denen es bei kolonialen Landnahmen unausweichlich kommt, konnten sich die Einwanderer aufgrund ihrer größeren Kopfstärke und ihrer strafferen Organisation durchsetzen und die autochthone Bevölkerung zurückdrängen.

Zwischen 280 und 464 verfünffachte sich die Zahl der erfassten Steuerzahler südlich des Jangtse, und mit den Wanderungen kamen nicht nur mehr Menschen in den Süden, sondern mit ihnen auch neue Techniken. Das landwirtschaftliche Handbuch *Die wesentlichen Methoden der einfachen Leute*, ein Kompendium aus dem 6. Jahrhundert, verzeichnet für die 530er Jahre nicht weniger als 37 Reissorten, und das Auspflanzen der in besonderen Beeten sechs Wochen lang vorgezogenen Setzlinge in die überfluteten Reisfelder war zur üblichen Praxis geworden – eine Knochenarbeit, die aber hohe Erträge brachte. In den *Wesentlichen Methoden* wird erklärt, dass es möglich ist, Felder durch Düngung Jahr für Jahr zu bearbeiten – sie mussten also nicht mehr brachliegen. Auch ist hier zu lesen, wie Wassermühlen – besonders solche in buddhistischen Klöstern, die oft an schnell fließenden Gebirgsbächen errichtet wurden und die über das Kapital für große Investitionen verfügten – das Mahlen von Korn und Reis, aber auch das Auspressen ölhaltiger Samen rentabler machen. Damit ergaben sich neue Möglichkeiten für die Landwirtschaft – denen ähnlich, über die die Römer verfügten, als sie im 1. Jahrhundert u. Z. Westeuropa eroberten. Schrittweise, im Verlauf von Jahrhunderten, münzte der Süden seine landwirtschaftliche Rückständigkeit in einen Vorsprung um.

Nicht nur die Herstellung, auch der Transport von Lebensmitteln wurde kostengünstiger. Chinas Flüsse konnten die Möglichkeiten, die das Mittelmeer dem Römischen Reich als Wasserstraße bot, nicht ersetzen, Schritt für Schritt jedoch sorgte menschlicher Erfindungsgeist für einen Ausgleich. Statistiken wie die für römische Schiffswracks haben Unterwasserarchäologen aus dem Osten bislang noch nicht vorgelegt; aus schriftlichen Dokumenten aber lässt sich schließen, dass die Schiffe nun größer und schneller wurden. Auf dem Jangtse kamen etwa ab 490 muskelbetriebene Schaufelradschiffe in Gebrauch. Von Chengdu bis Jiankang ernährte Reis die wachsenden Städte; städtische Märkte boten Anreize, Produkte anzubauen, die für den Verkauf bestimmt waren, zum Beispiel Tee (der in erhaltenen Dokumenten um 270 zum ersten Mal erwähnt wird und bis 500 zum weit verbreiteten Luxusgut wurde). Ob Großgrundbesitzer, Kaufleute oder Klöster, sie alle wurden reich – durch Pachteinnahmen, die Schifffahrt und den Mühlenbetrieb im Tal des Jangtse.

Nur die Einnahmen des Kaiserhofs in Jiankang stagnierten. In dieser Hinsicht glich die Lage in China weniger der des Römischen Reiches als der Assyriens im 8. Jahrhundert v. u. Z., als zwar Statthalter und Grundbesitzer von Bevölkerungswachstum und zunehmendem Warenverkehr profitierten, nicht aber der Staat – bis Tiglath-Pileser kam und neue Verhältnisse schuf. Einen Herrscher dieses Kalibers hatte Südchina nicht, nur Kaiser, denen es hin und wieder gelang, den Adel zu zügeln und zu versuchen, den Norden zurückzuerobern. Allerdings endeten solche Unternehmungen stets in Bürgerkriegen. In den knappen 300 Jahren zwischen 317 und 589 waren es nacheinander fünf Dynastien, die die Herrscher in Jiankang stellten (so eine der Zählweisen).

Die *Wesentlichen Methoden* lassen vermuten, dass die fortgeschrittene Landwirtschaft im Norden bis in die 530er Jahre überlebte. Fernhandel und Münzprägung aber waren schon lange zuvor zurückgegangen, weil berittene Räuberbanden das Land plünderten. Zunächst führte das zu einem politischen Chaos, das die Verhältnisse im Süden noch übertraf, allmählich aber stellten neue Herrscher die Ordnung wieder her, vor allem die Xianbei, die aus den Rändern der mandschurischen Steppe einwanderten. Wie die Parther, die sechs Jahrhunderte zuvor den Iran überrannt hatten, verbanden sich auch bei den Xianbei, einer kampfstarken Reiterelite, die von Bauern Schutzgelder erhob, nomadische mit bäuerlichen Traditionen.

Auf den Trümmern Nordchinas errichteten sie in den 380er Jahren einen eigenen Staat: das Nördliche Wei.* Statt die Chinesen auszurauben, arrangierten sie sich mit ihnen; zumindest zum Teil behielten sie auch die bezahlten Beamten und das Steuersystem der alten High-End-Staaten bei. Dadurch gewann das Nördliche Wei einen gewissen Vorsprung gegenüber den aufrührerischen Sippen, die in den anderen nordchinesischen Staaten regierten, und der wurde schließlich so groß, dass die Xianbei 439 die ganze Region vereinigen konnten.

Die Abkommen, die das Nördliche Wei mit den letzten Vertretern der alten chinesischen Aristokratie traf, waren allerdings brüchig. Die meisten Xianbei-Krieger zogen lieber mit ihren Herden umher, als sich mit hochnäsigen Literaten abzugeben; und als die Reiter dann sesshaft wurden, behagte ihnen auch der Kontakt mit den chinesischen Bauern nicht, und sie zogen sich lieber in ihre eigenen Burgen zurück. Ihre politische Organisation lief auf einen Low-End-Staat hinaus. Mehr brauchte es auch nicht, solange sie nur nördliche Räuberstaaten bekämpften. Doch als Reiterhorden der Xianbei 450 Jiankang erreichten, machten sie die Erfahrung, dass sie zwar Schlachten gewinnen und stehlen konnten, was nicht niet- und nagelfest war, für wirkliche Städte aber keine Gefahr darstellten. Dazu fehlten ihnen die Mittel, die sich nur ein wohlorganisierter High-End-Staat leisten konnte: Schiffe, Belagerungsmaschinen und Nachschubketten.

Ohne High-End-Armee konnten die Herrscher des Nördlichen Wei Südchina nicht plündern. Und weil sich Raubzüge in Nordchina, das sie ja zu ihrem Reich gemacht hatten, von selbst verboten, fehlten ihnen bald die Mittel, um die Loyalität ihrer Anhänger zu kaufen – in der Regel eine tödliche Schwäche für Low-End-Staaten. So sah Kaiser Xiaowen in den 480er Jahren bloß noch einen Ausweg: Er

* Auch hier ist die Terminologie verwirrend. Die Xianbei übernahmen den Namen des alten Königreichs Wei (445–225 v. u. Z.), das in Kapitel 5 erwähnt wird. Um diesen vom Staat der Xianbei zu unterscheiden, nennen ihn manche Historiker Tuoba Wei (genannt nach dem Clan, der in diesem Staat den Ton angab); andere bevorzugen Nördliches Wei – der Konvention, der ich hier folge.

musste seinen Staat besser organisieren. Und das tat er rigoros, verstaatlichte den Grundbesitz, übertrug die Anbauflächen nur an diejenigen zur Pacht, die sich als Steuerzahler und für den Staatsdienst registrieren ließen, und setzte, um die Xianbei dazu zu bringen, wie Untertanen eines High-End-Staates zu denken und zu handeln, einen Frontalangriff auf deren Traditionen in Gang. Xiaowen verordnete also eine neue Kleiderordnung, ersetzte die Familiennamen der Xianbei durch chinesische, zwang alle Höflinge unter 30 Jahren, chinesisch zu sprechen, und siedelte einige hunderttausend Menschen in einer neuen Stadt an der geheiligten Stätte von Luoyang an.

Die Xianbei gaben jedoch ihre angestammten Sitten und Gebräuche nur zum Teil auf, andere weigerten sich, ihr Herrschaftsgebaren dem chinesischer Adliger anzupassen. Kulturkämpfe brachen aus und eskalierten zu Bürgerkriegen. Im Jahr 534 schließlich zerfiel das Nördliche Wei in einen östlichen (sich modernisierenden) und einen westlichen (traditionalistischen) Staat. Die Traditionalisten, die am nomadischen Lebensstil festhalten wollten, konnten Reiterhorden aus der Steppe für ihre Sache einnehmen, und bald sah es so aus, als seien sie militärisch stark genug, um die von Xiaowen eingeleitete Revolution zu stoppen. Doch erneut erwies sich die Verzweiflung als Mutter der Erneuerung. Xiaowen hatte versucht, die Krieger der Xianbei in chinesische Herren zu verwandeln, seine Nachfolger versuchten es mit dem Gegenteil: Sie gewährten chinesischen Soldaten Steuervergünstigungen, machten Angehörige der chinesischen Oberschicht zu Kommandeuren und gestatteten chinesischen Kriegern, Namen der Xianbei anzunehmen. Bauern und Intelligenz lernten zu kämpfen, und 577 überwältigten sie die Opposition. Es war ein langer verfahrener Prozess, zuletzt aber triumphierte Xiaowens Vision.

Das Resultat war ein stark polarisiertes China. Im Norden saß ein High-End-Staat (in dem sich die Sui-Dynastie mit einem Militärputsch 581 die Macht sicherte) mit einer gewaltigen Armee auf einer in die Brüche gegangenen Wirtschaft; im Süden dagegen versuchte ein in die Brüche gegangener Staat mit schwachen Institutionen mehr oder weniger vergeblich, vom wirtschaftlichen Aufschwung zu profitieren.

Das klingt, als könne es nur in eine Sackgasse führen, tatsächlich aber zündete diese Situation einen Neustart gesellschaftlicher Entwicklung. Im Jahr 589 ließ Wendi, der erste Kaiser der Sui, eine Flotte bauen, vereinnahmte das Jangtse-Tal und warf eine riesige Armee (vielleicht eine halbe Million Soldaten) gegen Jiankang. Aufgrund des enormen militärischen Ungleichgewichts fiel die Stadt innerhalb einiger Wochen. Als den Adligen Südchinas klar wurde, dass Wendi vorhatte, ihnen Steuern abzunehmen, organisierten sie einen Volksaufstand – sie sollen den Sui-Gouverneuren die Bäuche aufgeschlitzt, sie sogar verspeist haben –, noch im selben Jahr aber erlitten sie eine Niederlage. Ohne zermürbend lange Kriege hatte Wendi Südchina erobert. Und der Osten konnte wieder aufblühen.

Wus Welt

Indem sie daran ging, wieder ein einziges großes Reich zu schaffen, bewirkte die Sui-Dynastie zweierlei. Erstens konnte der erstarkte Staat in Nordchina vom neuen wirtschaftlichen Grenzgebiet im Süden zehren, und zweitens konnte der wirtschaftliche Aufschwung im Süden ganz China erfassen.

Dahinter stand nicht unbedingt ein absichtsvoller Plan. Als die Sui-Kaiser das größte Bauwerk ihres Zeitalters errichten ließen, den rund 2400 Kilometer langen und 40 Meter breiten Kaiserkanal, der den Jangtse mit Nordchina verband, ging es ihnen vor allem um einen raschen Verbindungsweg für ihre Truppentransporte. Im Verlauf nur einer Generation jedoch wurde der Kanal zu Chinas wirtschaftlicher Hauptschlagader, auf der Reis aus dem Süden in den Norden verschifft wurde. »Als sie das Taihang-Gebirge durchschnitten«, klagten Gelehrte aus dem 7. Jahrhundert, »fügten die Sui den Menschen unerträgliches Leid zu.« Sie mussten aber zugleich einräumen, dass der Kanal auch »unendliche Vorteile« gebracht habe: »Sein Nutzen für die Menschen ist wahrlich ungeheuer!«[1]

Der Kaiserkanal fungierte wie ein von Menschen gemachtes Mittelmeer. Er veränderte die geographischen Bedingungen des Ostens, indem China endlich eine Wasserstraße des Kalibers hatte, wie sie auch dem alten Rom zugute gekommen war. Nun konnte die sich stark vermehrende Bevölkerung in den Städten des Nordens mit billigem Reis aus dem Süden versorgt werden. »Hunderte von Häusern, Tausende von Häusern – wie ein großes Schachbrett«, schrieb der Dichter Bai Juyi über Chang'an, das noch einmal zu Chinas Hauptstadt wurde. Die Stadt nahm eine Fläche von 80 Quadratkilometern ein, »wie ein großes Feld, das mit Reihen von Kohlköpfen bepflanzt ist«[2]. Eine Million Einwohner drängten sich auf Boulevards, die von Bäumen gesäumt und bis fünfmal breiter waren als New Yorks Fifth Avenue. Und Chang'an war kein Einzelfall. Luoyang war wahrscheinlich halb so groß, ein Dutzend anderer Städte zählte über 100 000 Einwohner.

Chinas Erholung hatte jedoch etwas von einem Drahtseilakt, denn die Verschmelzung der Staatsmacht des Nordens mit den Grenzgebieten des Südens, wo der begehrte Reis angebaut wurde, war eine durchaus zweischneidige Angelegenheit. Einerseits organisierte und überwachte eine aufblühende Verwaltung die städtischen Märkte, die den Bauern und Kaufleuten gute Verdienstmöglichkeiten boten, was wiederum die gesellschaftliche Entwicklung vorantrieb. Andererseits stand diese Verwaltung mit ihrer exzessiven Bürokratie der Entwicklung im Weg, weil sie dem Handel mit kleinlichen Verordnungen und Vorschriften Fesseln anlegte. Die Beamten setzten die Preise, Termine für Käufe und Verkäufe, sogar den Lebensstil der Kaufleute fest (zum Beispiel durften sie nicht reiten, das sei für Händler zu würdevoll).

Immer wieder stellten die Beamten politische über wirtschaftliche Erwägungen. Statt den Kauf und Verkauf von Land zu fördern, hielten sie fest an Xiaowens Reformen, denen zufolge aller Boden Staatsbesitz war und Bauern nur Pächter sein konnten. Damit waren die Bauern gezwungen, sich in den Steuerlisten registrieren zu lassen. Für die Bürokratie fiel jede Menge Papierkram* an. Aus Dokumenten, die unter den besonders trockenen Bedingungen von Dunhuang am Rande der Wüste Gobi erhalten blieben, geht hervor, dass sich die Verwalter des 8. Jahrhunderts ziemlich penibel an die Regularien hielten.

Die Beamtenschaft, die Berge von Unterlagen zu bewältigen hatte, schwoll stetig an und durchlief ihrerseits eine Revolution. Seit den Zeiten der Han gab es die Aufnahmeprüfungen, die aus der Verwaltung ein Reservat für Chinas beste und klügste Köpfe machen sollten. In der Praxis aber gelang es den Adelsfamilien immer wieder, die Besetzung eines hohen Amtes zum Vorrecht der Geburt zu machen. Erst jetzt, im 7. Jahrhundert, wurden die Ergebnisse der Aufnahmeprüfungen zum tatsächlich einzigen Erfolgskriterium. Wenn wir davon ausgehen, dass das Schreiben von Gedichten und das Zitieren aus der klassischen Literatur tatsächlich administrative Talente erkennen lassen, kann man von China wohl mit Fug und Recht sagen, es habe den rationalsten Auswahlmodus für den öffentlichen Dienst entwickelt, den die Geschichte kennt.**

Als sich der Zugriff der alten Aristokratie auf die hohen Staatsämter langsam lockerte, wurde ein Posten in der Verwaltung zum sichersten Weg, zu Reichtum und Einfluss zu gelangen, und die Konkurrenz um Ämter verschärfte sich. In manchen Jahren bestand weniger als einer unter hundert Kandidaten die Prüfungen, und jede Menge Geschichten, tragische wie komische, berichten von Männern, die jahrzehntelang immer wieder neu zur Prüfung antraten. Ehrgeizige Familien stellten Tutoren ein, so wie manche es noch heute tun, um ihre Kinder durch die Aufnahmenprüfungen zu bringen, mit denen Elite-Universitäten ihre Bewerber aussieben; und mit dem möglicherweise bereits um 581 erfundenen Holztafeldruck konnte man Tausende von Büchern mit Übungsfragen unter die Leute bringen. Manche Kandidaten trugen »Betrügerhemden« mit vorbildlichen, auf den Futterstoff geschriebenen Aufsätzen. Weil die literarische Gestaltung großen Einfluss auf die Noten hatte, beeilten sich alle jungen Männer, Dichter zu werden, und da nun so viele gute Köpfe Verse produzierten, wurde dies zum goldenen Zeitalter der chinesischen Literatur.

Die Prüfungen bewirkten eine beispiellose soziale Mobilität innerhalb der gebildeten Elite – eine neue Offenheit, die auch die Geschlechterbeziehungen umfasste. Manche Historiker sprechen in diesem Zusammenhang sogar von einem neuen »Protofeminismus«, aber man sollte diesen Trend doch besser nicht über-

---

* »Papierkram« ist durchaus das richtige Wort, denn das im China der Han-Zeit erfundene Papier fand im 7. Jahrhundert weite Verbreitung.

** Als Großbritannien in den 1880er Jahren den öffentlichen Dienst reformierte, wurden ähnliche Prüfungen eingeführt, in denen junge Männer ihre Kenntnisse in griechischer und lateinischer Klassik beweisen mussten, bevor man sie losschickte, Indien zu regieren. Bis heute gelten Englands Beamte als Mandarine. Konservative des 19. Jahrhunderts sahen die Examen als Teil einer finsteren Verschwörung zur Chinesifizierung Englands an.

schätzen. Der Rat, den die *Großväterlichen Unterweisungen für die Familie* – eines der am weitesten verbreiteten Bücher des 8. Jahrhunderts – für die Frauen bereithielt, hätte auch tausend Jahre früher niemanden aufgeregt:

Eine Braut dient ihrem Mann,
wie sie ihrem Vater gedient hat.
Ihre Stimme soll nicht zu hören sein,
noch ihr Körper oder Schatten zu sehen.
Mit dem Vater und den älteren Brüdern ihres Gatten
spricht sie nicht.[3]

Auf der anderen Seite verschafften neue Mitgiftvorschriften und die (im Vergleich zu konfuzianischen Auffassungen) liberalen Einstellungen der Buddhisten zu weiblichen Fähigkeiten vermögenden Frauen einen gewissen Spielraum, um sich über Großvaters Anweisungen hinwegzusetzen. So etwa Wu Zetian, die nach einer Zeit als buddhistische Nonne (im Alter von 13 Jahren) einen anderen Dienst aufnahm, nämlich als Konkubine im Harem des Kaisers, bis sie durch Heirat zur Nebenfrau von dessen Sohn wurde. Sie konnte ihren nicht sehr hellen, leichtlebigen Mann mühelos in die Tasche stecken und regierte »hinter dem Bambusvorhang«, wie eine Redeweise lautete. Als ihr Mann 683 passenderweise starb, soll sie den legitimen Thronerben vergiftet haben, später auch zwei ihrer eigenen Söhne (einen nach sechs Wochen, den anderen nach sechs Jahren). 690 zog sie den Bambusvorhang auf und wurde mit dem Regentennamen Wu Zhao zur ersten Frau, die jemals offiziell auf dem chinesischen Thron saß.

In mancher Hinsicht war Wu Zhao Protofeministin. Sie beauftragte eine Gruppe von Gelehrten mit einer Sammlung von Lebensläufen berühmter Frauen und stieß Konservative vor den Kopf, indem sie eine Prozession von Frauen zum Berg Tai anführte und dort Chinas heiligstes Ritual, das Opfer an den Himmel, zelebrierte. Aber ihre Schwesterlichkeit hatte auch Grenzen. Während Wu sich noch an die Spitze vorarbeitete, wurde ihr die Hauptfrau ihres Mannes bedrohlich, darum erstickte sie (so zumindest wird behauptet) ihren eigenen Säugling, schob diesen Mord ihrer Rivalin die Schuhe und bestrafte sie, indem sie ihr Arme und Beine abschneiden und den verstümmelten Körper in ein Fass Wein stecken ließ.

Nicht weniger widersprüchlich als Wus Protofeminismus war ihr Buddhismus. Bei aller Frömmigkeit instrumentalisierte sie die Religion doch schamlos für politische Zwecke. So »entdeckte« ihr Liebhaber – ein Mönch – 685 Schriftrollen, in denen der Aufstieg einer Frau zur universalen Herrscherin vorausgesagt wurde: Wu zierte sich ein bißchen, nahm dann aber den Titel Maitreya (Zukünftige Buddha) an. Und der Legende zufolge ist das Gesicht der schönen Maitreya-Buddha-Statue in Longmen, Provinz Guangdong, Wus Zügen nachempfunden (Abbildung 7.3).

Nicht weniger kompliziert war Wus Verhältnis zur Beamtenschaft. Sie hielt daran fest, die Aufnahmeprüfungen über familiäre Beziehungen zu setzen, doch

Abbildung 7.3: Das Gesicht der Wu Zhao?
Zumindest der Legende nach ist das Gesicht dieser monumentalen Statue der Zukünftigen Buddha, um 700 in Longmen erschaffen, dem der einzigen Frau nachgebildet, die China jemals im eigenen Namen regiert hat.

die konfuzianischen Herren Gelehrten, die eben davon profitierten, hassten ihre Herrscherin leidenschaftlich – ein Gefühl, das auf Gegenseitigkeit beruhte. Wu drangsalierte die Gelehrten mit diversen Säuberungsaktionen; die wiederum rächten sich, indem sie ihre Herrscherin in der offiziellen Geschichtsschreibung zum Inbegriff all dessen machten, was schief geht, wenn eine Frau an der Spitze steht.

Ganz verschweigen jedoch konnten die Historiker den Glanz ihrer Regierung nicht. Immerhin gebot sie über eine Armee von einer Million Männern, hatte Macht und Mittel, sie tief in die Steppe vorstoßen zu lassen. Ähnlich wie bei den Römern und anders als bei den Han hob ihre Armee Soldaten vor allem im Innern des Reiches aus, ihre Offiziere entstammten der Oberschicht. Mit ausgetüftelten Vorsichtsmaßnahmen sicherte sie sich die Loyalität ihrer Befehlshaber, und so konnte die Armee Gegner im Innern durchaus einschüchtern. Ein Offizier, der ohne Genehmigung auch nur zehn Mann in Marsch setzte, musste mit einem

Jahr Haft rechnen, und wer auf eigene Faust ein Regiment mobilisierte, lief Gefahr, erdrosselt zu werden. Gestützt auf diese Armee dehnte das Chinesische Reich seine Herrschaft nach Nordosten, nach Südosten und bis hinein nach Zentralasien weiter aus als je zuvor; sogar in Nordindien intervenierte es 648.

Unter Wus Regierung reichte Chinas »sanfte« Macht sogar noch weiter. Vom 2. bis zum 5. Jahrhundert war Indien ein kulturelles Gravitationszentrum gewesen, das China in den Schatten stellte. Seine Missionare und Kaufleute verbreiteten den Buddhismus in alle Himmelsrichtungen, und umgekehrt übernahmen die Eliten sich neu formierender Staaten in Südostasien Kleidung, Schriften und die Religion Indiens. Vom 7. Jahrhundert an aber machte sich Chinas Einfluss zunehmend bemerkbar. In Südostasien entwickelte sich eine besondere indochinesische Kultur, chinesische Schulen des Buddhismus wirkten auf das buddhistische Denken in Indien zurück, und die herrschenden Schichten in den Staaten, die in Korea und Japan entstanden, lernten den Buddhismus ausschließlich über China kennen. Sie übernahmen chinesische Kleidung, Stadtplanung, Gesetze und Schriftzeichen und stützten ihre Macht mit der Behauptung, von den chinesischen Herrschern nicht nur anerkannt zu werden, sondern von ihnen abzustammen.

Die Anziehungskraft der chinesischen Kultur beruhte zum Teil auf ihrer Offenheit für fremde Ideen und der Fähigkeit, diese zu integrieren und daraus neue Funken zu schlagen. Viele der mächtigsten Männer in Wus Welt konnten ihre Vorfahren bis zu den Steppennomaden zurückverfolgen, die nach China eingefallen waren, und sie pflegten ihre Bindungen an den Steppenschnellweg, der Ost und West miteinander verband. Tänzer und Lautenspieler aus Zentralasien waren der letzte Schrei in Chang'an; modebewusste Frauen trugen persische Kleidung mit eng geschnürten Miedern, Plisseeröcken und meterlangen Schleiern; und wahre Trendsetter protzten mit ostafrikanischen »Teufelssklaven« als Türstehern. »Wenn sie nicht sterben«, bemerkte ein Eigentümer solcher Sklaven kalt, »kann man sie behalten, und irgendwann beginnen sie, die menschliche Sprache zu verstehen, obwohl sie diese selbst nicht sprechen können.«[4]

Der Nachwuchs in Chinas mächtigen Familien brach sich die Knochen beim Polo, dem bei Nomaden so beliebten Spiel; jedermann lernte, nach zentralasiatischer Sitte auf Stühlen statt auf Matten zu sitzen, und elegante Damen vertrieben sich die Zeit in Heiligtümern exotischer Religionen wie dem Zoroastrismus oder dem Christentum – Kaufleute aus Zentralasien, Persien, Indien oder Arabien, die scharenweise in chinesischen Städten auftauchten, hatten diese fremden Glaubensrichtungen nach Osten mitgebracht. Wie eine 2007 durchgeführte DNA-Studie ergeben hat, war ein gewisser Yu Hong, der 592 im nordchinesischen Taiyuan beigesetzt wurde, Europäer (unklar bleibt allerdings, ob er die ganze Strecke vom westlichen bis zum östlichen Ende der Steppe selbst zurückgelegt hat oder ob seine Vorfahren sie langsam, Strecke für Strecke, überwunden haben).

Wus Welt war das Produkt von Chinas Vereinigung im Jahr 589, die im Süden einen mächtigen Staat entstehen ließ und ihm riesige Räume wirtschaftlicher

Entwicklung eröffnete. Das erklärt, warum die gesellschaftliche Entwicklung im Osten sich so rasch beschleunigte; ist aber nur die halbe Erklärung dafür, warum sich die Entwicklungslinien von Ost und West um 541 kreuzten. Um das zu verstehen, müssen wir auch die Gründe kennen, aus denen die gesellschaftliche Entwicklung im Westen weiterhin fiel.

Die Letzten ihrer Art

Auf den ersten Blick schien eine Erholung des Westens im 6. Jahrhundert mindestens so wahrscheinlich zu sein wie die im Osten. In beiden Kerngebieten war ein altes Riesenreich zusammengebrochen und ein kleineres Reich übrig geblieben, das die legitime Herrschaft über die ganze Region beanspruchte. Daneben gab es eine Menge »barbarischer« Reiche, die diesen Anspruch ignorierten (Abbildung 7.4). Nach den Katastrophen des 5. Jahrhunderts hatte Byzanz seine Grenzen gesichert und erfreute sich relativer Ruhe. So standen die Zeichen gut, als 527 ein neuer Kaiser namens Justinian den Thron bestieg.

Historiker bezeichnen Justinian I. oft als den letzten Römer. Er regierte mit ungeheurer Energie, brachte die Verwaltung auf Vordermann, hob die Steuern an und baute Konstantinopel um (der Bau der wundervollen Kirche Hagia Sophia fällt in seine Regierungszeit). Er arbeitete wie ein Teufel, und manche Kritiker behaupteten, er sei auch ein Teufel gewesen – so etwas wie ein Vampir aus Hollywood, der weder aß noch trank, noch schlief, zugleich aber gewaltigen sexuellen Appetit hatte.

Die eigentlich treibende Kraft hinter Justinian muss, so man dem Klatsch trauen kann, dessen Frau Theodora I. gewesen sein (Abbildung 7.5), die eine noch schlechtere Presse bekam als Wu Zhao. Sie war, bevor Justinian sie heiratete, Schauspielerin gewesen (im Altertum oft ein Euphemismus für Prostituierte). Ihr sexueller Appetit soll den ihres Mannes noch übertroffen haben. Gerüchten zufolge schlief sie bei einem nächtlichen Gelage mit allen Gästen, nahm sich, als diese erschöpft gewesen seien, auch noch ihre 30 Bediensteten vor und beklagte dabei, dass Gott ihr nur drei Körperöffnungen gegeben habe. Ob wir das nun glauben wollen oder nicht: Kaiserin jedenfalls war sie mit Leib und Seele. 532 etwa, als Adlige aus Protest gegen Justinians Steuerpolitik randalierende Stadionbesucher gegen ihn aufwiegeln wollten, war es Theodora, die den Kaiser von der Flucht abhielt.[5] Justinian riss sich zusammen, setzte die Armee ein und schaute nicht zurück.

Im nächsten Jahr entsandte Justinian seinen Feldherrn Belisar, um Nordafrika den Vandalen zu entreißen. 65 Jahre zuvor hatten Brandschiffe die Hoffnungen der Byzantiner, Karthago wieder in ihre Gewalt zu bringen, in Rauch aufgehen lassen, diesmal erwischte es die Vandalen. Belisar befreite Nordafrika und setzte anschließend nach Sizilien über, wo als Nächstes die Armeen der Goten untergingen. Das Weihnachtsfest 536 konnte Justinians Feldherr in Rom feiern. So lief

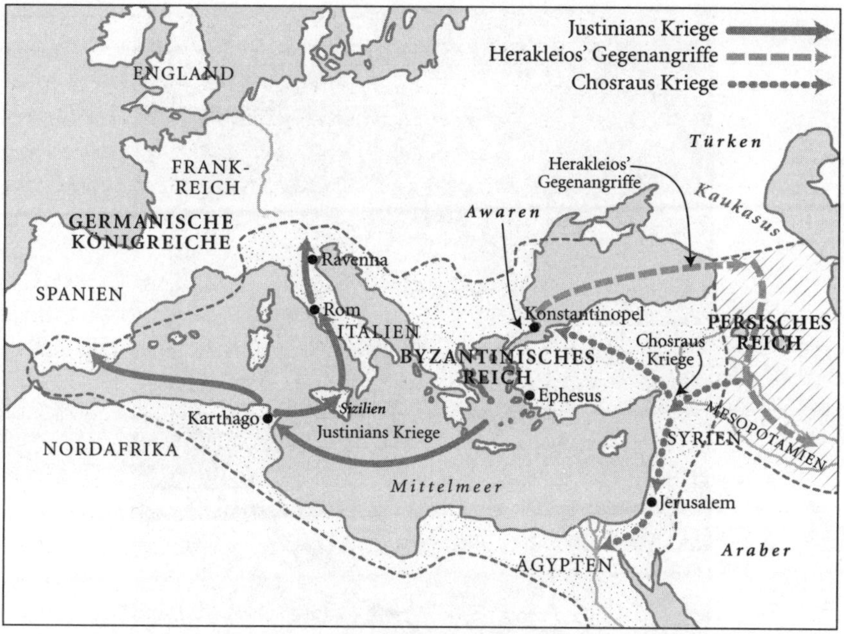

Abbildung 7.4: Die Letzten ihrer Art?

Zunächst versuchte der oströmische Kaiser Justinian I. von 533–565, dann der persische Großkönig Chosrau II. von 602–627, das westliche Kerngebiet wieder zu vereinigen. Der byzantinische Kaiser Herakleios setzte sich von 624–628 gegen Persien zur Wehr.

eigentlich alles wie am Schnürchen. Doch als Justinian 565 starb, war die Rückeroberung zum Stillstand gekommen, das Reich bankrott und die gesellschaftliche Entwicklung des Westens hinter die des Ostens zurückgefallen. Was war schief gegangen?

Belisars Sekretär Prokopios, von dem eine *Historia arcana* (*Geheimgeschichte*) genannte Schmähschrift stammt, schob die Schuld den Frauen zu, lieferte also eine verschwurbelte Verschwörungstheorie, die die konfuzianischen Beamten der Kaiserin Wu Zhao nicht besser hätten schreiben können. Belisars Frau Antonina, so Prokopios, sei Kaiserin Theodoras beste Freundin und ihre Partnerin bei deren hemmungslosem sexuellen Treiben gewesen. Um Justinian von dem nur allzu wahren Klatsch über Antonina (und sie selbst) abzulenken, habe Theodora deren Mann Belisar bei Justinian angeschwärzt. Überzeugt, dieser plane einen Anschlag, rief ihn Justinian zurück – mit der Folge, dass die ohne ihren Feldherrn kopflose byzantinische Armee geschlagen wurde. Justinian habe daraufhin Belisar flugs zu seinem Heer zurückbeordert, damit dieser rette, was zu retten war; sei dann aber erneut seinem Verfolgungswahn erlegen. Und dieses dumme Spiel habe sich noch einige Male wiederholt.

Abbildung 7.5: Schlechter (oder besser, je nach Blickwinkel) als Wu Zhao?
Kaiserin Theodora, nach einem 547 in Ravenna entstandenen Mosaik.

Über den Wahrheitsgehalt von Prokopios' geheimer Geschichte wollen wir nicht weiter rechten; es wäre auch unergiebig. Die entscheidende Erklärung für das Scheitern der Wiedereroberung liegt eher darin, dass bei allen Ähnlichkeiten des östlichen und westlichen Kerngebiets im 6. Jahrhundert die Unterschiede zwischen beiden überwogen. Strategisch gesehen war Justinians Position der von Wendi, dem ersten Sui-Kaiser, geradezu entgegengesetzt. 577, als dieser sich anschickte, China zu vereinigen, bildeten die nördlichen »barbarischen« Reiche eine einzige Einheit, die Wendi dazu nutzten konnte, den materiell reichen, militärisch aber schwachen Süden zu überwältigen. Justinian dagegen versuchte, eine Vielzahl meist armer, aber starker »barbarischer« Staaten aus dem reichen Byzantinischen Reich heraus zu erobern. Das, was Wendi 589 gelungen war, nämlich das Kerngebiet in einem einzigen Feldzug wieder zu vereinigen, konnte Justinian nur misslingen.

Denn der byzantinische Kaiser musste auch die Perser in Schranken halten. Ein Jahrhundert lang hatten die Hunnenkriege, Steuerkonflikte und religiöse Aufstände Persiens militärische Möglichkeiten begrenzt. Nun aber, wo es so aussah, als könnte das Römische Reich wieder auferstehen, war Persien in einer besseren Position. 540 durchbrach eine persische Armee die schwachen byzantinischen Verteidigungslinien und plünderte Syrien, weshalb Justinian nun an zwei Fronten zu kämpfen hatte. (Dass es so weit kommen konnte, lag gewiss nicht an Antoninas Intrigen, eher schon daran, dass Belisar aus Italien zurückgerufen wurde.)

Und damit nicht genug. 541 traf aus Ägypten die unerfreuliche Kunde von einer neuen Krankheit ein. Die Kranken fühlten sich fiebrig, Leisten und Achselhöhlen schwollen an. Innerhalb eines Tages verfärbten sich die Schwellungen schwarz, und die Opfer fielen ins Koma oder Delirium. Nach ein, zwei weiteren Tagen starben die meisten von ihnen unter entsetzlichen Schmerzen. Es war die Beulenpest. Ein Jahr später erreichte sie Konstantinopel, wo sie wahrscheinlich 100 000 Menschen hinraffte. Die Todesgefahr war nach Ansicht des Bischofs Johann von Ephesus so groß, dass »niemand aus dem Haus gehen soll, ohne einen Anhänger mit seinem Namen darauf um den Hals zu tragen«[6].

Der Bazillus der Beulenpest entwickelte sich vermutlich lange vor 541 im Gebiet der großen afrikanischen Seen und wurde im äthiopischen Hochland bei Flöhen heimisch, deren Wirtstiere Hausratten waren. Kaufleute dürften bei ihren Fahrten übers Rote Meer mit der Zeit immer mehr äthiopische Ratten nach Ägypten eingeschleppt haben. Doch sind Flöhe, die den Bazillus tragen, nur bei Temperaturen zwischen 17° und 30° Celsius wirklich aktiv, sodass die ägyptische Hitze eine epidemiologische Schranke bildete – zumindest bis in die späten 530er Jahre.

Was dann geschah, ist umstritten. Wie Baumringe zeigen, herrschte mehrere Jahre lang eine ungewöhnliche Kälte. Sowohl byzantinische als auch angelsächsische Himmelsbeobachter verzeichneten zudem einen großen Kometen. Manche Historiker neigen zu der Auffassung, dass dessen Schweif einen Staubschleier bildete, der mit den daraufhin sinkenden Temperaturen die Seuche auf die Menschen losließ. Andere halten Vulkanasche für die Ursache des Temperatursturzes. Eine dritte Fraktion glaubt weder das eine noch das andere.

Bedenkt man all das, werden es weder Kometen noch falsche Strategien allein und auch nicht die lockere Moral am Hof gewesen sein, welche die gesellschaftliche Entwicklung des Westens im 6. Jahrhundert zurückfallen ließen. Der fundamentale Unterschied zwischen Ost und West, der darüber entschied, wie die Erschütterungen durch Kriege und Seuchen die Entwicklung beeinflussten, war geographischer Natur und hatte mit den genannten Störungen nichts zu tun. Die Wirtschaft unter Justinian lief wie geschmiert: Ägyptische und syrische Bauern waren produktiver denn je, Kaufleute brachten noch immer Getreide und Olivenöl nach Konstantinopel. Mit dem Aufschwung aber, der von den Reisfeldern im chinesischen Süden ausging, war keine der westlichen Entwicklungen vergleichbar. Als Wendi den Süden eroberte, befehligte er mindestens 200 000 Soldaten, Justinian dagegen konnte 551 – auf dem Höhepunkt seines Krieges in Italien – nicht mehr als 20 000 aufbieten. Wendi brachte mit seinen siegreichen Feldzügen den großen Reichtum Südchinas in seine Gewalt, Justinian hingegen gewann bloß ärmere, häufig von Kriegen verwüstete Länder hinzu. Ein wiedervereinigtes Römisches Imperium hätte das Mittelmeer im Verlauf mehrerer Generationen vielleicht in ein riesiges Netz bedeutender Handelsstraßen zurückverwandelt, hätte neue wirtschaftliche Grenzen erschlossen und den Trend gesellschaftlicher Entwicklung umgekehrt, doch ein solcher Überschuss an Zeit stand Justinian nicht zur Verfügung.

Es war die Geographie, die Justinians heroisch-großspurige Wiedereroberung zum Scheitern verurteilte, bevor sie recht begonnen hatte; und so, wie er es anstellte, machte er dieses Scheitern nur noch schlimmer. Seine Soldaten verwandelten Italien in Brachland, die Händler und Kaufleute, die die Truppen mit Lebensmitteln versorgten, verteilten Ratten, Flöhe und den Tod rund ums Mittelmeer.* Nach 546 ebbte die Seuche ab, doch der Bazillus hatte sich eingenistet, und bis etwa 750 verging kein Jahr, ohne dass irgendwo eine Epidemie ausbrach. Die Bevölkerung schrumpfte um ein Drittel. Wie 400 Jahre zuvor, als der Alte-Welt-Austausch Seuchen auslöste, gab es auch diesmal Gruppen, die vom Massensterben profitierten: Weil es immer weniger Arbeitskräfte gab, stiegen die Löhne – zum Vorteil der Überlebenden. Damit brachen härtere Zeiten für die Reichen an. (In einer bemerkenswert unchristlichen Bemerkung klagte Bischof Johannes von Ephesos, all diese Toten hätten die Kosten für den Wäschedienst in die schwindelnde Höhe getrieben.) Justinian reagierte mit einem Dekret, in dem die Löhne auf das Niveau der Zeit vor der Seuche festgeschrieben wurden. Helfen konnte das nicht. Denn das Land lag brach, die Städte schrumpften, das Steueraufkommen sank, die Institutionen brachen zusammen. Bald erging es jedermann schlechter.

Innerhalb von zwei weiteren Generationen brach Byzanz zusammen. Bereits im 5. Jahrhundert waren Britannien und große Teile Galliens aus dem westlichen Kerngebiet ausgeschieden. Das vom Krieg zerrissene Italien und Teile Spaniens folgten im 6. Jahrhundert. Schließlich erreichte die Zusammenbruchswelle, die langsam von Nordwesten nach Südosten rollte, auch das byzantinische Kernland. Die Bevölkerung Konstantinopels sank um drei Viertel, Landwirtschaft, Handel und Einkommen brachen ein, und das Ende schien nahe. Nur einer träumte um 600 noch davon, das westliche Kerngebiet wiederherzustellen: König Chosrau II. von Persien.

Schließlich war Rom tatsächlich nicht das einzige westliche Reich, das hätte wiedererstehen können. Hatte nicht Persien, als Rom um 500 v. u. Z. noch klein und unbedeutend war, den größten Teil des westlichen Kerngebiets vereinigt? Jetzt, da Byzanz in die Knie gegangen war, schien seine Zeit wieder gekommen. 609 durchbrach Chosrau die zerfallenden Grenzbefestigungen, und die byzanti-

* Menschen, nicht Ratten, verbreiteten die Pest. Auf eigenen Beinen unterwegs verlegt eine Hausratte während ihrer zwei Lebensjahre ihren Standort kaum um 400 Meter. Allein auf Ratten angewiesen, wäre die Pest im Verlauf eines Jahrhunderts nur etwa 20 Kilometer vorgedrungen.

nische Armee schmolz dahin. 614 eroberte er Jerusalem und mit ihm die heiligsten Reliquien der Christenheit: Bruchstücke des Wahren Kreuzes, an dem Jesus gekreuzigt worden war, die Heilige Lanze, die seine Seite durchstochen, und den Heiligen Schwamm, der ihn erfrischt hatte. In weiteren fünf Jahren konnte Chosrau Ägypten seinem Reich einverleiben, 626 dann – 99 Jahre, nachdem Justinian den Thron bestiegen hatte – sahen die persischen Armeen über den Bosporus hinweg Konstantinopel vor sich. Und die Awaren, Nomaden aus der westlichen Steppe, die Chosrau zu Verbündeten gemacht hatte, waren durch den Balkan gefegt und standen hinterrücks zum Angriff bereit.

Doch Chosraus Träume platzten noch schneller als die Justinians. Er wurde 628 weggeputscht und bald darauf ermordet. Prompt ging sein Reich in die Brüche. Ohne sich von den Armeen unter den Stadtmauern Konstantinopels beeindrucken zu lassen, hatte sich der byzantinische Kaiser Herakleios Gold und Silber von der Kirche »geliehen«, war zum Kaukasus gefahren und hatte dort unter den Turkvölkern* der Steppe eine eigene nomadische Reiterei angeworben. Reiter, so sein Kalkül, waren kriegsentscheidend, und da Byzanz kaum noch welche hatte, wollte er welche mieten. Seine Turk-Reiterei schlug die Perser zurück, die sich ihr entgegenstellten, und verwüstete Mesopotamien.

Mehr brauchte es nicht, um die Welle des Zusammenbruchs auch über Persien rollen zu lassen. Die herrschende Klasse brach auseinander, Chosraus eigener Sohn ließ den König hinter Schloss und Riegel verhungern, gab die Länder und Reliquien zurück, die Chosrau erobert hatte, und trat sogar zum Christentum über. Persien versank in Bürgerkriegswirren, acht Könige saßen in nur fünf Jahren auf dem Thron, Herakleios dagegen wurde als der Größte von allen gefeiert. »Maßlose Freude und unbeschreibliches Glück haben die ganze Welt ergriffen«, heißt es in der Eloge eines Zeitgenossen.[7] »Lasst uns alle mit vereinter Stimme die Lobpreisungen der Engel singen«, schrieb ein anderer: »Ehre sei Gott in der Höhe und Friede den Menschen auf Erden.«[8]

Das rasant wechselnde Kriegsglück im Jahrhundert nach 533 war nur ein Zeichen für die Todeskämpfe, in denen die alten Reiche des Westens sich wanden. Da es, anders als in China, keine neuen, wirtschaftlich starken Grenzgebiete gab, konnte Chosrau die gesellschaftliche Entwicklung im Westen ebenso wenig drehen wie Justinian. Je hartnäckiger es beide versuchten, desto schlimmer wurde die Lage. Mit einem Jahrhundert voller Gewalt, Seuchen und des wirtschaftlichen Niedergangs unterhöhlten der letzte Römer und der letzte Perser das westliche Kerngebiet. Um 630, nur zehn Jahre nach dem Einzug Herakleios' in Jerusalem, mit dem dieser das Wahre Kreuz an seinen rechtmäßigen Ort zurückbrachte, hatten ihre Triumphe und Tragödien keinerlei Bedeutung mehr.

---

* Turkvölker nennen Historiker die Steppennomaden, die Vorfahren der heutigen Türken sind, doch erst im 11. Jahrhundert ins Gebiet der heutigen Türkei einwanderten.

Das Wort des Propheten

Ohne es zu wissen, folgten beide, Justinian wie Chosrau, alten Mustern. Mit den Kriegen, die sie führten, um das jeweilige Kerngebiet komplett unter ihre Herrschaft zu bringen, schwächten sie es und zogen erneut fremde Völkerschaften von den Randregionen ins Innere. Chosrau brachte Awaren nach Konstantinopel, Herakleios führte Turkvölker nach Mesopotamien; beide Reiche warben arabische Stämme zum Schutz ihrer Wüstengrenzen an, denn das war billiger, als eigene Garnisonen zu unterhalten. Dasselbe Denken, das Roms Grenzgebiete germanisiert und die Chinas xiongnuisiert hatte, arabisierte jetzt die gemeinsame Grenze von Byzanz und Persien. Beide Reiche bekamen es im 6. Jahrhundert immer mehr mit Arabern zu tun, beide bauten arabische Klientelstaaten auf; Persien verleibte das südliche Arabergebiet sogar seinem Reich ein. Und zum Ausgleich drangen äthiopische Verbündete von Byzanz in den Jemen vor. So wurden arabische Territorien ins Kerngebiet hineingezogen, Araber schufen in der Wüste eigene Reiche, indem sie an den Handelsstraßen Oasenstädte bauten und zum Christentum übertraten.

Die großen Kriege zwischen Persien und Byzanz erschütterten die arabische Peripherie, und als beide Reiche auseinanderfielen, balgten sich arabische Kriegsherren um die Ruinen. Im westlichen Arabien kämpften in den 620er Jahren Mekka und Medina (Abbildung 7.6) um die Kontrolle der Handelsstraßen, ihre Kriegerbanden schwärmten in die Wüste aus, um Verbündete zu finden und die Karawanen der Gegner zu überfallen. In diesem Spiel hatten die alten Reichsgrenzen kaum noch Bedeutung, und als Medina im Jahr 630 Mekka unterwarf, machten seine Räuberbanden bereits Palästina unsicher. Dort stießen Araber, die loyal zu Medina standen, mit arabischen Parteigängern Mekkas zusammen; weitere arabische Stämme wurden von Konstantinopel bezahlt und kämpften gegen die beiden anderen Gruppen.

Solche Geschehnisse wären etwa den Aramäerstämmen bekannt vorgekommen, die nach 1200 v. u. Z., als das Ägyptische und das Babylonische Reich zusammenbrachen, im Wüstenrandgebiet ihr Unwesen trieben. Eben das wiederholte sich in den Grenzgebieten immer dann, wenn Staaten sie nicht länger schützen konnten. Eines allerdings wäre den Aramäern neu gewesen, nämlich Medinas Führer, ein gewisser Mohammed ibn Abdullah.

Um 610, als Persien seinen folgenreichen Krieg gegen Byzanz begann, hatte dieser Mohammed eine Vision. Ihm war der Erzengel Gabriel erschienen und hatte befohlen: »Rezitiere!« Mohammed, verständlicherweise verwirrt, erwiderte, er habe nichts vorzutragen, noch zweimal aber erging Gabriels Aufforderung. Und siehe, plötzlich drangen Worte aus Mohammeds Mund:

Trag vor im Namen deines Herrn, der erschuf,
Erschuf den Menschen aus einem Blutklumpen!
Trag vor, denn dein Herr ist im Guten unübertrefflich,
Der durch das Schreibrohr nahebrachte,
Den Menschen lehrte, was er nicht wusste![9]

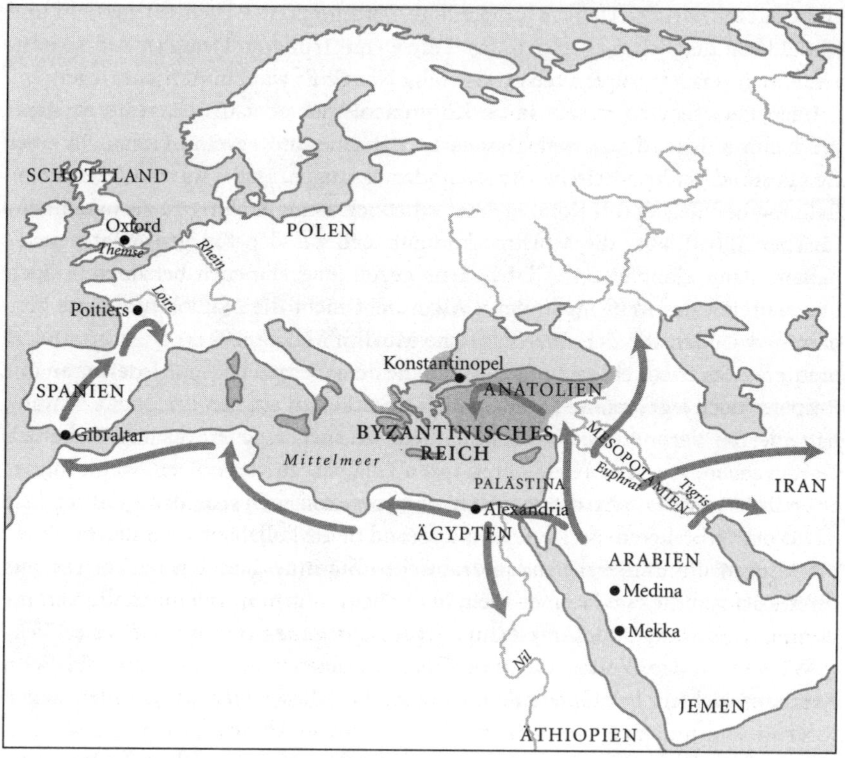

Abbildung 7.6: Dschihad
Zwischen 632 und 732 vereinigten die Araber fast das gesamte westliche Kerngebiet. Die Pfeile zeigen die Hauptlinien des arabischen Vorstoßes.

Mohammed fürchtete, er sei verrückt geworden oder Dämonen hätten von ihm Besitz ergriffen, doch seine Frau beschwichtigte ihn. In den folgenden 22 Jahren meldete sich Gabriel immer wieder und ließ Mohammeds widerstrebende Lippen unter Fieberanfällen und Schweißausbrüchen Gottes Worte sprechen. Und was für Worte das waren: Augenblicklich, so die Überlieferung, verwandele ihre Schönheit die Menschen, die sie vernehmen. »Mein Herz wurde weich, und ich weinte«, sagte Umar, einer der bedeutendsten Bekehrten, »der Islam zog in mich ein.«[10]

Der Islam – »die Unterwerfung unter Gottes Willen« – ist in vieler Hinsicht eine typische Religion der zweiten Welle der Achsenzeit. Ihr Gründer entstammte dem Rand der Elite (war ein unbedeutendes Mitglied eines gerade zu Reichtum gelangten Kaufmannsclans) und dem Rand eines Reiches. Er hinterließ keine schriftlichen Aufzeichnungen (der Koran, das heißt: »Lesungen«, wurde erst nach seinem Tod zusammengestellt); er glaubte, Gott sei unbegreiflich, knüpfte an das ältere achsenzeitliche Denken an, predigte Gerechtigkeit, Gleichheit vor Gott und Mitleid mit den Schwachen. All das teilte er mit früheren Denkern der Achsenzeit. Doch verkörperte er auch etwas völlig Neues: Er war ein Achsenkrieger.

Im Unterschied zu Buddhismus, Konfuzianismus oder Christentum entstand der Islam am Rand zusammenbrechender Reiche und gewann Gestalt in einer Zeit beständiger kriegerischer Auseinandersetzungen. Dabei war der Islam keine Religion der Gewalt (im Koran geht es erheblich weniger blutig zu als in der hebräischen Bibel), aber die Muslime konnten sich aus den Kriegen nicht heraushalten. »Und kämpfet für Allahs Sache gegen jene, die euch bekämpfen, doch überschreitet das Maß nicht, denn Allah liebt nicht die Maßlosen«, lehrte Mohammed – oder, wie der amerikanische Muslim Malcolm X im 20. Jahrhundert predigte: »Sei friedlich, sei höflich, gehorche dem Gesetz, begegne jedermann mit Respekt, doch legt jemand Hand an dich, schicke ihn auf den Friedhof.«[11] Zwang hatte bei der Verbreitung der Religion nichts zu suchen, aber Muslime – »die sich Gott ergeben« – waren verpflichtet, ihren Glauben zu verteidigen, wann immer er bedroht war. Das allerdings wird häufig vorgekommen sein, denn während sie das Wort verbreiteten, drangen sie plündernd in die kollabierenden Reiche ein.

So zogen die umherziehenden arabischen Stämme ganz eigene Vorteile aus ihrer Rückständigkeit: In einer Welt, in der beides rar war, gab ihnen die Verbindung von Erlösung und Kämpfertum organisatorischen Halt und ein festes Ziel.

Wie viele andere Völker, die in peripheren Gebieten lebten und einen Platz im Zentrum suchten, behaupteten auch die Araber, dieser Platz stehe ihnen wegen ihrer Abstammung zu, nämlich als Nachfahren von Abrahams Sohn Ismael. Mit eigenen Händen hätten Vater und Sohn die Kaaba errichtet, Mekkas bedeutendstes Heiligtum. Abrahams ursprüngliche Religion sei der Islam gewesen, das Judentum habe sich davon abgespalten. Tatsächlich präsentiert der Koran den Islam als Erweiterung des Judentums: »Wer verschmäht den Glauben Abrahams denn einer, der sich selbst zum Toren macht? Denn ihn haben wir bereits im Diesseits auserwählt, und im Jenseits gehört er gewiss zu den Rechtschaffenen.« Alle Propheten, von Abraham bis Jesus, werden anerkannt (allerdings gilt Jesus weder den Juden noch Mohammed als der Messias), und Mohammed ist der letzte Prophet, der, die Botschaft des Herrn besiegelnd, das Versprechen von Judentum und Christentum erfüllt: »Und streitet mit den Leuten der Schrift, auf die schönste Weise nur … Und sagt: ›Wir glauben an das, was zu uns herabgesandt und was zu euch herabgesandt. Und unser Gott und euer Gott ist Einer. Und Ihm sind wir ergeben.‹«[12] Es musste also nicht notwendig zu Konflikten zwischen den Buchreligionen kommen: Tatsächlich brauchte der Westen den Islam.

Mohammed schickte Briefe an Chosrau und Herakleios, in denen er diese Dinge erklärte, erhielt aber keine Antwort. Das machte weiter nichts, denn die Araber waren ohnehin bereits nach Palästina und Mesopotamien unterwegs. Sie kamen als Kriegerbanden, nicht als Armeen, selten mit mehr als 5000 und vermutlich nie stärker als 15 000 Mann; sie kämpften auch nicht in regelrechten Schlachten, sondern schlugen zu und zogen sich rasch zurück. Doch auch die Streitkräfte, die ihnen Widerstand leisteten, waren kaum zahlreicher. Bankrott und zersplittert, wie sie in den 630er Jahren waren, fehlte den Reichen die Kraft, sich der verwirrenden neuen Bedrohung zu stellen.

Für die meisten Menschen in Südwestasien dürfte es ohne große Bedeutung gewesen sein, wenn arabische Stammesfürsten byzantinische oder persische Beamte ablösten. Jahrhunderte lang hatten beide Reiche viele ihrer christlichen Untertanen wegen doktrinärer Nebensächlichkeiten verfolgt. Im Byzantinischen Reich beispielsweise galt seit 451 die offizielle Lehre, dass Jesus zwei Naturen habe, eine menschliche und eine göttliche, beide in einem Körper vereint. Ägyptische Gelehrte hielten dem entgegen, Jesus habe in Wirklichkeit nur eine, nämlich eine rein göttliche Natur. In den 630er Jahren hatten so viele Menschen im Streit um die Zwei-Naturen-Lehre ihr Leben verloren, dass viele syrische und ägyptische Anhänger der Lehre von der *einen* Natur* die Muslime willkommen hießen. Besser, man hatte Ungläubige als Herren, denen diese Frage gleichgültig war, als Glaubensgenossen, die ihretwegen heiligen Terror veranstalteten.

Es waren kaum 4000 Muslime, die 639 in Ägypten einfielen, dennoch ergab sich Alexandria kampflos. Das mächtige Persische Reich, noch immer erschüttert von zehn Jahren Bürgerkrieg, fiel wie ein Kartenhaus in sich zusammen; die Byzantiner zogen sich nach Anatolien zurück und gaben damit drei Viertel der Basis ihrer Steuereinkünfte auf. Innerhalb der nächsten 50 Jahre zerfielen die High-End-Institutionen des Oströmischen Reiches. Es überstand diese Zeit nur, weil ziemlich rasch Low-End-Lösungen gefunden wurden, indem etwa lokale Würdenträger Armeen aufstellten, deren Soldaten nicht bezahlt wurden, sondern für ihren Unterhalt durch eigenen Landbau aufkommen mussten. Um 700 lebten kaum 50 000 Menschen in Konstantinopel, sie pflügten die Vorstädte um und bauten dort Gemüse an; es gab keine Einfuhren mehr, und statt mit Münzen zu bezahlen, wurde direkt getauscht.

In nur einem Jahrhundert vereinnahmten die Araber die reichsten Teile des westlichen Kerngebiets. 674 schlugen ihre Heerscharen unter den Stadtmauern Konstantinopels ihr Lager auf; 40 Jahre später standen sie am Ufer des Indus (im heutigen Pakistan) und setzten nach Spanien über, 732 erreichte eine Reiterhorde Poitiers in Zentralfrankreich. Danach ließen die Wanderungen von der Wüste in die Zentren der Reiche allmählich nach. Ein Jahrtausend später schrieb Gibbon:

> Die Bahn des Sieges war nun über tausend Meilen vom Felsen von Gibraltar bis an die Ufer der Loire verlängert worden; die Wiederholung dieses Raumes hätte die Saracenen an die Grenzen von Polen oder des schottischen Hochlandes gebracht. Der Rhein ist nicht ungangbarer als der Nil oder Euphrat, und die arabische Flotte hätte ohne Seekampf in die Mündung der Themse einlaufen können. Vielleicht würde die Auslegung

---

* Der Fachbegriff für diese Glaubensrichtung ist Monophysitismus, abgeleitet aus dem griechischen *monos* und *physios*, »eine Natur«.

des Koran in den Schulen von Oxford gelehrt, und auf ihren Kanzeln einem beschnittenen Volke die Heiligkeit und Wahrheit der Offenbarungen Mohameds bewiesen.[13]

»Vor einem solchen Unheil blieb das Christenthum bewahrt«, setzte Gibbon hinzu, nicht ohne Sarkasmus. Der gängigen Meinung nach – und das war im England des 18. Jahrhunderts nicht anders als im 7. Jahrhundert in Konstantinopel – galt das Christentum als das für den Westen charakteristische Glaubens- und Wertsystem und der Islam als dessen Gegensatz. Es wird wohl immer so gewesen sein, dass die Machthaber in den Kerngebieten all jene als Barbaren hinstellen, die von den Rändern her ins Zentrum drängen. Doch Gibbon verstand sehr wohl, dass die Araber Teil jener Veränderungsprozesse waren, die mit dem Triumph des Christentums begonnen hatten und die das westliche Kerngebiet mit der zweiten Welle der Achsenzeit durchlief. Ohne weiteres können wir die Araber in eine weiter zurückreichende Tradition stellen, die auf die Amoriter in Mesopotamien um 2200 v. u. Z. zurückgeht. Wir können sie sehen, wie sie selbst sich sahen, nämlich als Menschen, die durch Konflikte im Kerngebiet in dieses hineingezogen worden waren und jetzt ihren vermeintlich rechtmäßigen Platz an dessen Spitze einforderten. Sie kamen nicht, um den Westen zu begraben, sondern um ihn zu vervollkommnen; sie wollten Justinian und Chosrau keinen Strich durch deren Ambitionen machen, sondern diese erfüllen.

Wie Gibbons Kritikern aus dem 18. Jahrhundert kommt es auch vielen Politexperten unseres Jahrhunderts gelegen, die islamische Kultur als nicht-westlich, als Gegensatz zur »westlichen« Kultur hinzustellen (womit sie in der Regel Nordwesteuropa und dessen Kolonien in Übersee meinen). An den historischen Realitäten geht das vorbei. Um 700 *war* die islamische Welt mehr oder weniger das westliche Kerngebiet, die Christenheit dagegen ein peripheres Phänomen an dessen nördlichem Rand. Die Araber hatten einen ungefähr so großen Teil des westlichen Kerngebiets zu einem Staat zusammengefasst wie zuvor Rom.

Die Araber brauchten für ihre Eroberungen im Westen länger als Wendi im Osten für die seinen, doch waren die arabischen Armeen vergleichsweise klein und der Widerstand der Bevölkerung meist begrenzt, sodass sie die Länder, die sie eroberten, selten verwüsteten. Darum konnte die gesellschaftliche Entwicklung im 8. Jahrhundert ihren Sinkflug beenden. Nun hätte sich das mehr oder weniger vereinte westliche Kerngebiet, so wie das östliche im 6. Jahrhundert, wieder fangen und sich die Lücke zwischen Ost und West verringern können.

Die Zentren halten nicht

Dazu aber kam es nicht, wie Abbildung 7.1 deutlich zeigt. Obwohl beide Kerne um 700 im Wesentlichen wiedervereinigt waren und zwischen dem 8. und 10. Jahrhundert vergleichbare politische Höhen und Tiefen durchlebten, verlief die gesellschaftliche Entwicklung im Osten schneller als im Westen.

Beide wiedervereinten Kerne waren politisch schwach. Ihre Herrscher mussten eine Lektion noch einmal lernen, die den Han und den Römern wohlbekannt gewesen war, dass Reiche nämlich mit Tricks und Kompromissen regiert werden. Doch weder die chinesische Sui-Dynastie noch die Araber waren darin wirklich gut. Wie die Han mussten sich auch die Sui Sorgen machen wegen der Nomaden (jetzt eher Turkvölker* als Xiongnu), doch mit seinem Wachstum zog der östliche Kern auch das Interesse sich neu formierender Staaten auf sich. Als die Goguryo im heutigen Korea in Geheimverhandlungen mit den Turkvölkern traten, um mit ihnen zusammen China zu plündern, wurde dem Sui-Kaiser klar, dass er handeln musste. 612 entsandte er eine riesige Streitmacht gegen Goguryo, aber dank schlechten Wetters, noch schlechterer Logistik und einer grauenhaften Führung wurde diese aufgerieben. 613 führte er eine zweite, 614 eine dritte Armee ins Feld. Als er sich anschickte, noch eine vierte Armee auszuheben, rissen Rebellionen gegen die damit verbundenen Belastungen sein Reich auseinander.

Eine Zeitlang sah es so aus, als brächen die apokalyptischen Reiter erneut los. Kriegsherren teilten China auf, Häuptlinge der Turknomaden spielten sie gegeneinander aus, plünderten, wie es ihnen gefiel, Hunger und Krankheiten breiteten sich aus. Eine Epidemie kam aus der Steppe, eine andere, vermutlich die Beulenpest, übers Meer. Aber so wie Stümperei genügt hatte, die Krise auszulösen, so hätten weise Potentaten sie auch beenden können. Einer der Warlords, der Herzog von Tang, redete den Turkhäuptlingen zu, ihn gegen die anderen chinesischen Kriegsherren zu unterstützen, und bis jene Stammesführer ihren Fehler erkannten, hatte er sich zum Herrscher einer neuen Tang-Dynastie ausgerufen. 630 nutzte sein Sohn interne Konflikte unter den Turkstämmen aus, um die chinesische Herrschaft so weit wie nie zuvor in die Steppe hinein auszudehnen (Abbildung 7.2b). Die staatliche Kontrolle war wiederhergestellt, Hungersnöte, Bevölkerungsbewegungen und Seuchen ebbten ab. Die Woge gesellschaftlicher Entwicklung, die Wus Welt erzeugt hatte, schwoll nun wirklich an.

Eine feste Hand war nötig, nötiger als zu Zeiten der Han, um das Zentrum zusammenzuhalten, doch wie die Menschen nun einmal sind, ist eine solche Hand nicht immer verfügbar. Tatsächlich war es das menschlichste aller Gefühle, die Liebe, die das Reich der Tang zunichte machte. Dem großen Dichter Bai Juyi zufolge verliebte sich Kaiser Xuanzong 740 in Yang Guifei, die Frau seines Sohnes und eine der Vier Schönheiten des alten Chinas, und machte sie zu seiner Konkubine. Die Geschichte klingt verdächtig nach der von König You, der Schlangenfrau Bao Si und ihrer Liebe, an der 1500 Jahre zuvor die westliche Zhou-Dynastie zugrunde gegangen sein soll. Wie dem auch sei, der Überlieferung zufolge war

* Das waren entfernte Verwandte der Turkvölker am anderen Ende der Steppenstraßen, die Herakleios für den Überfall auf Mesopotamien gedungen hatte.

Xuanzong bereit, alles zu tun, um Yang Guifei zu gefallen. Eine seiner glänzenden Einfälle bestand darin, ihre Günstlinge mit Ehren zu überhäufen, darunter auch einen turkstämmigen Feldherrn namens An Lushan, der auf chinesischer Seite kämpfte. Xuanzong schlug allen Rat, jegliche Vorsicht in Fragen militärischer Macht in den Wind und übertrug ihm immer weitere Befehlsgewalt über seine riesigen Armeen.

Es kam, wie es kommen musste. 755 fiel An Lushan undurchsichtigen Palastintrigen zum Opfer, verlor die Gunst seiner Herrin und des Kaisers. Was blieb dem Mann also anderes übrig, als die ihm anvertrauten Armeen gegen Chang'an in Marsch zu setzen. Xuanzong und Yang flohen, die Soldaten jedoch, die sie zu ihrem Schutz eskortierten, machten Yang für den Bürgerkrieg verantwortlich und forderten ihren Tod. Xuanzong – der die Geliebte nicht den Soldaten überlassen wollte und schluchzend und voller Verzweiflung, aber vergeblich nach einem Ausweg suchte – befahl seinem Haupteunuchen schließlich doch, die Geliebte zu erdrosseln. Bai Juyi schrieb:

Wie Blüten fielen Haarnadeln zu Boden, niemand hob sie auf.
Der Kaiser konnte sie nicht retten, nur verhüllen sein Gesicht.
Und als er den Blick wieder hob, war der Ort von Blut und Tränen
Verdeckt von gelbem Staub, von kaltem Wind dorthin geweht.

Der Legende zufolge beauftragte Xuanzong einen Seher damit, Yangs Geist auf einer verzauberten Insel ausfindig zu machen. In Bais Gedicht spricht sie zum Kaiser:

Unsere Seelen gehören zusammen
irgendwo, irgendwann, auf der Erde oder im Himmel,
werden wir uns wiedersehen.[14]

Inzwischen hatte Xuanzongs Sohn die Rebellion niedergeschlagen., musste dafür allerdings anderen Militärgouverneuren so weitgehende Befugnisse einräumen wie die, derer sich zuvor An Lushan erfreut hatte. Und weil er sich außerdem des Beistandes der Turknomaden versicherte, waren weitere Katastrophen vorprogrammiert. Die Grenzen wurden durchlässig, Steuereinnahmen schrumpften, und mehrere Generationen lang stolperte das Reich zwischen Ansätzen zur Wiederherstellung der Ordnung und neuen Erhebungen, zwischen Invasionen und Rebellionen hin und her. Erst 907 machte ein Kriegsherr dem Elend der Tang-Dynastie ein Ende, indem er den halbwüchsigen Kaiser umbrachte. Was folgte, war die Zeit der Fünf Dynastien und Zehn Reiche. Für die nächsten 50 Jahre blieb Nordchina ein großes Reich, in dem wechselnde Fraktionen von Eunuchen und Militärs die Macht ausübten, während sich acht bis zehn kleinere Staaten in den Süden teilten.

Am Schicksal Xuanzongs zeigte sich Chinas grundlegendes politisches Problem: Starke Kaiser konnten sich sehr wohl über andere Interessen und staatliche Institutionen hinwegsetzen, aber nur dann, wenn sie zugleich geschickt und maßvoll vorgingen, handelten sie sich wenige Probleme ein. Doch eine solche Begabung hing vom Zufall ab, die zu bewältigenden Aufgaben waren vielfältig, und so musste es früher oder später zu einer Katastrophe kommen.

Umgekehrt lagen die Dinge im westlichen Kerngebiet. Hier war die Führung schwach. Das riesige arabische Reich hatte keinen Kaiser. Mohammed war ein Prophet, kein Potentat. Die Menschen folgten ihm, weil sie glaubten, er wisse, was Gott wolle. Nach seinem Tod im Jahr 632 gab es keinen Grund, einem anderen zu folgen, und fast hätte sich Mohammeds arabisches Bündnis aufgelöst. Um das zu verhindern, machten seine engsten Gefolgsleute einen aus ihrer Mitte zum *khalifa*, was in nützlicher Zweideutigkeit sowohl »Stellvertreter« (Gottes) als auch »Nachfolger« (Mohammeds) bedeutet. Seinen Anspruch auf die Führungsmacht konnte ein Kalif jedoch allein durch seine Nähe zum Propheten begründen.

Wenn man bedenkt, wie uneins die arabischen Stammesfürsten und Clanchefs waren (von denen einige Persien und Byzanz ausrauben, andere die Reiche in Parzellen aufteilen und sich als Grundbesitzer niederlassen, wieder andere neue Propheten salben wollten), haben sich die ersten Kalifen wacker geschlagen. Sie brachten die Araber dazu, das Byzantinische und das Persische Reich so wenig wie möglich in Unordnung zu bringen: Die Bauern sollten auf ihren Feldern, die Grundbesitzer auf ihren Gütern und die Beamten in ihren Kontoren bleiben. Die einzige große Veränderung, die sie vornahmen, war, die Reichssteuern in ihre Schatullen umzuleiten, sodass sie vor allem Angehörige der eigenen Stämme für ihre Dienste als berufsmäßige Gotteskrieger bezahlen konnten. Diese lebten in rein arabischen Garnisonsstädten, die in den eroberten Ländern an strategisch wichtigen Punkten errichtet wurden.

Die Unsicherheit darüber, was ihr Amt bedeutete, konnten die Kalifen nicht auflösen. Waren sie Könige, die zentral die Staatsfinanzen verwalteten und Verordnungen erließen, oder religiöse Führer, die den unabhängigen Scheichs in den eroberten Provinzen geistlichen Rat erteilten? Sollten sie die vorislamischen Stammeseliten repräsentieren? Oder waren sie, als die ersten Getreuen Mohammeds, Auserwählte? Sollten sie eine egalitäre Gemeinschaft von Gläubigen anführen? Kein Kalif konnte es allen Muslimen fortwährend recht machen. Und 656, als bereits der dritte Kalif einem Mordanschlag zum Opfer gefallen war, wuchsen sich die Schwierigkeiten zur akuten Krise aus. Nur wenige von Mohammeds ursprünglichen Getreuen lebten noch, und die Wahl fiel auf Ali ibn Abi Talib, Mohammeds viel jüngeren Vetter (und Schwiegersohn).

Ali wollte den ursprünglichen Geist des Islam, so wie er ihn sah, wiederherstellen, aber seine Strategie, für die Armen einzutreten, die Steuereinnahmen in den Händen der Soldaten zu lassen und die Beute erfolgreicher Plünderungen gleichmäßiger aufzuteilen, brachte zuvor privilegierte Gruppen gegen ihn auf. Bürgerkrieg drohte, aber die Muslime scheuten (zu dieser Zeit) davor zurück, sich gegenseitig umzubringen. Statt die ganze arabische Welt in einen Krieg zu stürzen, entschlossen sich Alis enttäuschte Anhänger 661, ihn zu ermorden. Das

Kalifat ging nun auf Muawiya ibn Abu Sufyan über, den syrischen Statthalter. Er machte Damaskus zur Hauptstadt und mühte sich ohne allzu großen Erfolg, ein gewöhnliches Reich mit zentraler Steuerverwaltung und Beamten zu schaffen.

In China hatte Xuanzongs Liebe eine politische Katastrophe ausgelöst; im Westen war es die Bruderliebe – genauer: deren Fehlen –, die das Unglück heraufbeschwor. Eine neue Kalifendynastie verlegte die Hauptstadt 750 nach Bagdad und bemühte sich um effizientere Zentralisierung, aber 809 brachen Führungsstreitigkeiten zwischen Brüdern aus, die den Kalifen al-Ma'mun selbst nach arabischen Maßstäben außerordentlich schwächten. Er traf den kühnen Entschluss, dem Problem auf den Grund zu gehen: Gott. Im Unterschied zu Christen oder Buddhisten hatten die Muslime keine institutionalisierte kirchliche Hierarchie. Die Kalifen übten zwar große weltliche Macht aus, beanspruchten aber nicht, mehr als andere über Gottes wahren Willen zu wissen. Al-Ma'mun entschloss sich, das zu ändern, womit er eine alte Wunde des Islam wieder aufriss.

Im Jahr 680, kaum zwanzig Jahre nach dem Mord an Mohammeds Vetter/Schwiegersohn Ali, hatte dessen Sohn Hussein das Banner der Revolte gegen die Kalifen ergriffen. Als Hussein unterlag und getötet wurde, rührten nur wenige Muslime einen Finger für ihn. Dafür aber bildete sich im folgenden Jahrhundert eine Fraktion (*shi'a*) heraus, die die Macht der Kalifen für illegitim hielt, weil sie ihre Stellung allein dem Mord an Ali verdankten. Den Schiiten zufolge waren Hussein, Ali und Mohammed tatsächlich göttlich legitimiert, daher könnten auch nur Imame, nämlich Abkömmlinge dieser Linie, die Gläubigen anleiten. Die Mehrheit der Muslime (die Sunniten hießen, weil sie der *sunna*, den alten Bräuchen, folgten) fand diese Geschichte lächerlich, doch die Schiiten arbeiteten ihre Theologie weiter aus. Im 9. Jahrhundert glaubten manche Schiiten, dass die Linie der Imame zu einem *mahdi* führe, zu einem Messias, der das Reich Gottes auf Erden begründen werde.

Al-Ma'mun kam nun die glänzende Idee, den amtierenden Imam (Husseins Ur-Ur-Urenkel) als Erben zu adoptieren und damit die Schiiten wieder einzugemeinden und auf sich selbst zu verpflichten. Ein schlauer, wenn auch manipulativer Trick. Doch er lief ins Leere, weil der Imam im Laufe des Jahres starb und dessen Sohn wiederum keinen Sinn für al-Ma'muns Winkelzüge hatte. Der aber ließ sich nicht entmutigen und enthüllte Plan B. Einige religiöse, von der griechischen Philosophie beeinflusste Gelehrte, die sich in Bagdad ihren Studien hingaben, waren bereit zu erklären, dass der Koran Menschenwerk und nicht (wie die meisten Muslime glaubten) Gottes unmittelbare Offenbarung sei. Als lediglich von Gott inspiriertes Buch unterstehe der Koran – wie auch die Kleriker, die ihn interpretierten – der Autorität des Kalifen, Gottes irdischem Stellvertreter. Daraufhin rief Al-Ma'mun eine irakische Inquisition* ins Leben, die anders denkende Gelehrte

* Die Historiker verwenden den arabischen Namen Irak (anstelle des griechischen Namens Mesopotamien) gemeinhin ab dem 7. Jahrhundert und der muslimischen Eroberung des Landes zwischen den zwei Strömen Euphrat und Tigris.

einschüchtern und ihm ihre Zustimmung sichern sollte. Doch einige Kleriker widerstanden und blieben prinzipienfest: Der Koran sei Gottes Wort und stehe über allem anderen – auch über al-Ma'mun. Die Auseinandersetzung währte bis 848, dann mussten die Kalifen eingestehen, dass sie verloren hatten.

Mit seinen Plänen A und B schwächte al-Ma'mun die Autorität des Kalifats, mit Plan C aber erledigte er sie endgültig. Da ihm noch immer religiöse Autorität fehlte, entschloss er sich, zu gröberen Mitteln zu greifen. Nun wollte er sich militärische Macht kaufen, nämlich turkische Reiter als Sklavenarmee anheuern. Doch al-Ma'mun und seine Erben mussten die gleiche Erfahrung machen wie andere Herrscher zuvor: Auf Dauer waren Nomaden nicht zu kontrollieren. Um 860 waren die Kalifen praktisch zu Geiseln ihrer eigenen Sklavenarmee geworden. Ohne militärische Macht und ohne religiösen Rückhalt konnten sie keine Steuern mehr eintreiben, mussten vielmehr einzelne Provinzen an Emire abtreten, an Militärgouverneure, die nun ihrerseits an Steuern einsackten, was sie konnten. 945 schließlich eroberte ein Emir Bagdad, und das Kalifat zerfiel in ein Dutzend unabhängiger Emirate.*

Zu diesem Zeitpunkt waren östliches und westliches Kerngebiet in jeweils zehn und mehr Staaten zersplittert. Doch trotz aller Gleichartigkeit, mit der sich die Zusammenbrüche in beiden Gebieten vollzogen, schritt die gesellschaftliche Entwicklung im Osten schneller voran als im Westen. Wieder scheint sich zu bestätigen, dass nicht Kaiser und Intellektuelle die Geschichte machten, sondern Millionen fauler, gieriger und verängstigter Menschen auf der Suche nach leichteren, einträglicheren und sichereren Lebensbedingungen. Trotz oft grausamer Disziplinierungsversuche von Seiten der Herrschenden schlugen sich die einfachen Menschen durch und machten das Beste aus den Umständen, unter denen sie lebten. Weil aber die geographischen Realitäten in Ost und West sehr unterschiedlich waren, hatten die politischen Krisen jeweils auch andere Konsequenzen.

Motor der gesellschaftlichen Entwicklung im Osten war die Binnenwanderung, die seit dem 5. Jahrhundert eine neue Grenze jenseits des Jangtse zur Folge hatte. Die Wiederherstellung eines vereinigten Reiches im 6. Jahrhundert beschleunigte die Entwicklung, im 8. Jahrhundert war der Aufwärtstrend so stark, dass ihm sogar die Folgen von Xuanzongs Liebesleben nichts anhaben konnten. Gewiss hatte das politische Chaos negative Konsequenzen. So lag das plötzliche scharfe Absinken der Punktzahl um das Jahr 900 (Abbildung 7.1) vor allem daran, dass verschiedene, sich gegenseitig bekämpfende Armeen die Millionenstadt Chang'an vernichteten. Aber die meisten Kämpfe fanden abseits lebenswichtiger Reisfelder, Kanäle und Städte statt. Sie fegten vor allem kleine Regierungsbeamte hinweg,

* Die Kalifen regierten in Bagdad noch bis 1258 (»Schattenkalifen« in Kairo hielten sich noch länger), aber sie waren, wie die Zhou-Könige in China nach 771 v. u. Z., bloße Marionetten. Die Emire erwähnten die Kalifen regelmäßig in den Freitagsgebeten, ansonsten aber kümmerten sie sich nicht um sie.

die den Handel bis dahin behindert hatten, was die gesellschaftliche Entwicklung womöglich noch beschleunigte. Außerstande, das Staatsland in diesen unruhigen Zeiten zu überwachen, beschafften sich die Staatsbeamten Geld durch Monopole und Besteuerung des Handels und hatten insofern kein Interesse mehr daran, den Kaufleuten vorzuschreiben, wie sie ihre Geschäfte zu führen hatten. So kam es zu einer Art Machttransfer von den politischen Zentren Nordchinas zu den Kaufleuten des Südens, und diese, die nun selbst entscheiden mussten, was zu tun war, entwickelten noch ganz andere Ideen, um den Handelsverkehr voranzutreiben.

Ein großer Teil des nordchinesischen Fernhandels war staatlich gelenkt, abgesprochen zwischen Kaiserhof und den Herrschern in Korea und Japan. 775, mit dem Zusammenbruch der Tang-Dynastie, gingen diese Verbindungen allerdings verloren – was auch positive Folgen hatte. Abgeschnitten von den chinesischen Vorbildern, entwickelte sich die Kultur der japanischen Elite höchst eigenständig. So traten zum Beispiel mehrere Frauen mit literarischen Meisterwerken hervor, etwa mit *Die Geschichte vom Prinzen Genji* oder mit dem *Kopfkissenbuch*. Insgesamt allerdings waren die Folgen negativ. Im 9. Jahrhundert verlangsamte sich die wirtschaftliche Entwicklung in Nordchina, Korea und Japan, womit auch die politischen Systeme zusammenbrachen.

Die unabhängigen Kaufleute in Südchina dagegen verstanden es, ihre Freiheit von staatlicher Regulierung zu nutzen. Seit den 1990er Jahren werden in der Javasee Schiffswracks aus dem 10. Jahrhundert geborgen, die nicht nur chinesische Luxuswaren an Bord hatten, sondern auch Keramik und Glas aus Südasien und der muslimischen Welt – Zeichen für die Expansion der Märkte in dieser Region. Als lokale Eliten begannen, den aufblühenden Handel zu besteuern, entstanden in Südostasien die ersten starken Staaten, auf Sumatra etwa oder bei den Khmer in Kambodscha.

Die im westlichen Eurasien so ganz andere Geographie, in der es nichts der Reisgrenze im Osten Entsprechendes gab, führte dazu, dass der politische Zusammenbruch dort auch andere Folgen hatte. Die arabischen Eroberungszüge im 7. Jahrhundert fegten die alte Grenze zwischen römischer und persischer Welt hinweg (Abbildung 7.7), was dem muslimischen Kern einen ungeahnten Aufschwung verschaffte. Die Kalifen ließen die im Irak und in Ägypten bereits vorhandenen Bewässerungssysteme ausbauen, Reisende brachten landwirtschaftliche Produkte und Techniken vom Indus bis zum Atlantik. So verbreiteten sich Reis, Zucker und Baumwolle im muslimischen Mittelmeerraum, und mit Hilfe des Fruchtwechsels erzielten die Bauern zwei oder drei Ernten. Die Muslime, die Sizilien kolonisierten, erfanden klassisch westliche Speisen wie Pasta und Speiseeis.

Doch den Vorteilen, die sich aus der Überwindung der alten Grenze zwischen Rom und Persien ergaben, standen zunehmend Nachteile gegenüber, die sich den neuen Grenzen zwischen Islam und Christentum im Mittelmeerraum verdankten. Als der südliche und östliche Mittelmeerraum immer muslimischer (um 750 waren vielleicht zehn Prozent der arabischen Untertanen Muslime, um 950 dann

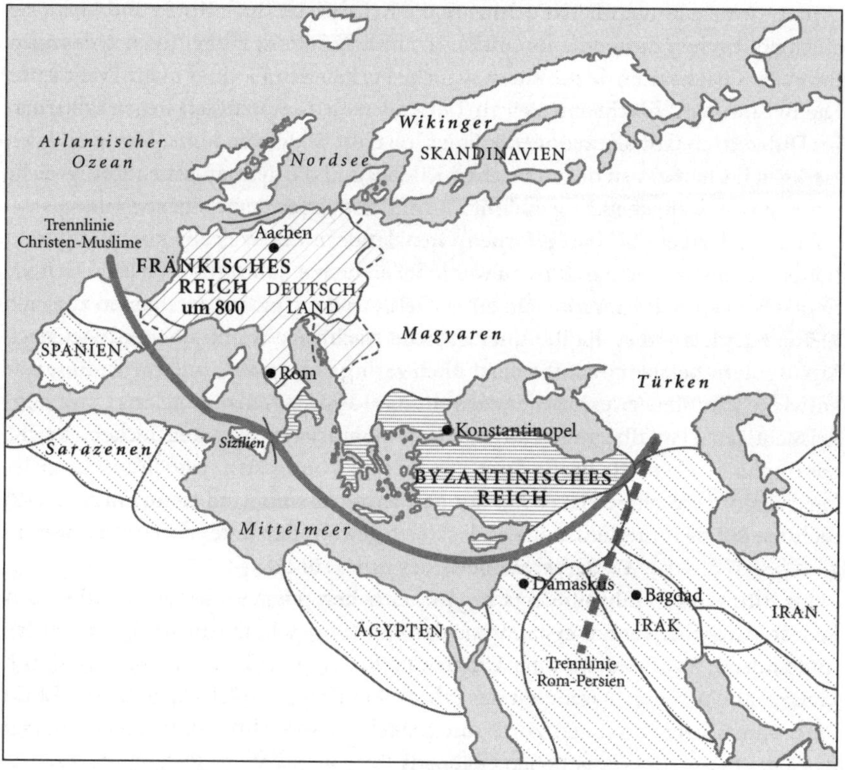

Abbildung 7.7: Die Bruchlinie verschiebt sich

Die dick gestrichelte Linie stellt die Grenze dar, die Rom von 100 v. u. Z. bis 650 u. Z. wirtschaftlich, politisch und kulturell von Persien trennte. Die durchgezogene Linie zeigt die Hauptgrenze zwischen Islam und Christentum ab 650 u. Z. Links oben sieht man das Frankenreich um 800, in seiner Blütezeit also; unten die muslimische Welt und ihre politischen Grenzen um 945.

90 Prozent) und Arabisch dort zur Lingua franca wurde, verringerten sich die Kontakte zur Christenheit. Und ab 800, nachdem das Kalifat gescheitert war, errichteten die Emire zusätzliche Barrieren innerhalb der islamischen Welt selbst. Einige Regionen im muslimischen Kerngebiet, wie Spanien, Ägypten und Iran, waren groß genug, um wirtschaftlich allein durch die Nachfrage aus dem Inland über die Runden zu kommen, andere Regionen dagegen verfielen. Und während die Kriege des 9. Jahrhunderts die wirtschaftlichen Kernregionen Chinas weitgehend aussparten, wurde das empfindliche Bewässerungsnetz im Irak von rivalisierenden Turkarmeen und durch einen Aufstand afrikanischer Plantagensklaven verwüstet, der sich über 14 Jahre hinzog – angeführt von einem Mann, der mal behauptete, Dichter, dann wieder Prophet oder Nachkomme Alis zu sein.

Im Osten steuerten, als Nordchina in die Krise geriet, auch Korea und Japan auf einen politischen Zusammenbruch zu. In ähnlicher Weise zerfiel, als sich der muslimische Kern herausbildete, die christliche Peripherie in immer mehr Fragmente. Die Byzantiner schlachteten sich zu Tausenden ab, trennten sich wegen doktrinärer Differenzen (vor allem über die Frage, ob Gott Bilder von Jesus, Maria und den Heiligen gutheiße) von der römischen Kirche; und die germanischen Königreiche schufen sich, weitgehend abgeschnitten vom Mittelmeer, eine eigene Welt.

Manche Gebiete in diesen fernen Grenzländern des Westens konnten darauf hoffen, zu einem eigenen Kern zu werden. Seit dem 6. Jahrhundert hatten sich die Franken zu einer Regionalmacht entwickelt. An der Nordsee entstanden zugleich kleine Handelsstädte, die die unersättliche Nachfrage fränkischer Adliger nach Luxusgütern befriedigten. Ihr Staat blieb gering organisiert, mit nur rudimentär entwickeltem Steuerwesen und Verwaltung. Könige, denen es gelang, ihre händelsüchtigen Feudalherren erfolgreich zu mobilisieren, konnten lockere Reiche zusammenbringen, die große Teile Westeuropas umfassten, jedoch rasch verfielen, sobald schwächere Herrscher auf den Thron kamen. Und wenn ein Monarch mehrere Söhne hinterließ, teilte er das Reich gewöhnlich unter ihnen auf – was oft zu Kriegen um die Wiedervereinigung des Erbes führte.

Ab Mitte des 8. Jahrhunderts begann eine besonders gute Zeit für die Franken. In den 750er Jahren ersuchte sie der Papst um Schutz vor den Langobarden und anderen Raufbolden in der Umgebung Roms, und der Frankenkönig Karl I. brachte am Weihnachtsmorgen des Jahres 800 Papst Leo III. dazu, ihn in Sankt Peter zum Kaiser zu krönen, zum »durchlauchten Augustus« und zum Beschützer des Papstes und des christlichen Glaubens.

Karl, der später mit dem Zusatz »der Große«* geehrt wurde, versuchte von Anfang an, ein Reich aufzubauen, das des von ihm angestrebten Kaisertitels würdig sein sollte. Seine Heere trugen das Christentum mit Feuer und Schwert nach Osteuropa, trieben im Westen die Muslime zurück nach Spanien. Gleichzeitig ließ er durch seine gebildeten Beamten wenigstens einige Steuergelder eintreiben, holte Gelehrte nach Aachen (»das kommende Rom«, wie einer seiner Hofdichter jubelte[15]), schuf eine stabile Währung und kümmerte sich um die Wiederbelebung des Handels. Man ist versucht, Karl den Großen mit Xiaowen zu vergleichen, der drei Jahrhunderte zuvor das Nördliche Wei an Chinas rauer Grenze in Richtung High-End ausgebaut und damit einen Prozess in Gang gesetzt hatte, der zur Wiedervereinigung des östlichen Kerngebiets führte. Karls Kaiserkrönung in Rom lässt in der Tat Ambitionen erkennen, die denen Xiaowens ähnlich sind. Auch dass Karl Botschafter nach Bagdad entsandte, um die Freundschaft des Kalifen zu suchen, spricht dafür. Dieser sei so beeindruckt gewesen, heißt es in fränkischen Chroniken, dass er Karl einen Elefanten zukommen ließ.

---

* Karls lateinischer Name Carolus mit dem Zusatz Magnus wurde später in Frankreich und England zu Charlemagne gallifiziert.

In arabischen Quellen allerdings ist weder etwas von Franken noch von Elefanten zu lesen. Karl war eben doch kein Xiaowen und zählte in den Ratsversammlungen des Kalifen nicht viel. Auch sah die byzantinische Kaiserin Irene* in Karls Anspruch auf die römische Kaiserwürde keinen Grund, zu seinen Gunsten abzudanken. Wirklichen High-End-Status erlangte das Frankenreich nie. Karl mochte gewaltige Ambitionen haben; realistische Möglichkeiten, das westliche Kerngebiet wiederzuvereinigen oder auch nur dessen christliche Randzonen zu einem einzigen Staat zu machen, hatte er nicht.

Etwas aber gelang Karl dem Großen wider Willen und unglücklicherweise doch: Er trieb die gesellschaftliche Entwicklung so weit voran, dass er Räuberhorden aus den noch wilderen Gebieten jenseits der christlichen Peripherie in sein Reich lockte. Als er 814 starb, schoben sich die Langschiffe der skandinavischen Wikinger die Flüsse hinauf bis ins Zentrum des Reiches. Im Süden fielen Magyaren auf zähen kleinen Steppenponys raubend in Deutschland ein. Und noch weiter im Süden waren sarazenische Piraten aus Nordafrika drauf und dran, Rom zu plündern. Der Königshof in Aachen war schlecht gerüstet, um angemessen zu reagieren. Wenn die Wikinger ihre Schiffe mal wieder am Ufer festmachten und Dörfer niederbrannten, dann kamen die fränkischen Truppen schlicht zu spät – sofern überhaupt. So also stellten sich die Landbewohner zunehmend unter den Schutz ihrer lokalen Fürsten, die Städter hielten sich an ihre Bischöfe und Bürgermeister. Als die drei Enkel Karls des Großen im Jahre 843 das Reich unter sich aufteilten, hatten die Könige für die meisten ihrer Untertanen kaum noch Bedeutung.

Unter Druck

Als genügten diese Spannungen nicht, geriet Eurasien nach 900 unter neuen Druck – und zwar buchstäblich: Die Umlaufbahn der Erde verschob sich weiter, und über den Landmassen nahm der atmosphärische Druck zu, sodass sich sowohl die Westwinde, die vom Atlantik her wehten, als auch die Monsunwinde über dem Indischen Ozean abschwächten. Die Durchschnittstemperaturen in Eurasien stiegen zwischen 900 und 1300 um 2 bis 3° Celsius, die Regenfälle verringerten sich um zehn Prozent.

Wie immer zwang der Klimawandel die Menschen, ihre Lebensgewohnheiten zu ändern, wobei ihnen allerdings die Wahl der Mittel offen blieb. Im nasskalten Nordeuropa war dieses so genannte Mittelalterliche Wärmeoptimum grundsätzlich willkommen, zwischen 1000 und 1300 verdoppelte sich die Bevölkerung. Im wärmeren und trockeneren islamischen Kerngebiet kam es weitgehend un-

* Irene war den Kaiserinnen Theodora I. und Wu Zhao durchaus ebenbürtig. 797 sicherte sie sich den Thron, indem sie den eigenen Sohn blenden ließ, um ihm das Regieren unmöglich zu machen.

gelegen. Dort verringerte sich die Bevölkerung um rund zehn Prozent; nur einige Gebiete, vor allem in Nordafrika, gediehen prächtig. 908 löste sich Ifriqiya* (Abbildung 7.8) aus dem Machtbereich der Kalifen in Bagdad. Radikale Schiiten** konstruierten eine Abstammungslinie offiziell unfehlbarer Kalif-Imame, die sie auf Mohammeds Tochter Fatima zurückführten, weshalb sie Fatimiden genannt wurden. Sie eroberten 969 Ägypten, wo sie mit Kairo eine große neue Stadt errichteten und in Bewässerungsanlagen investierten. Um 1000 hatte Ägypten die höchste gesellschaftliche Entwicklungsrate im Westen, und ägyptische Kaufleute fuhren kreuz und quer über das Mittelmeer.

Wir wüssten wenig über diese Kaufleute und ihren Handel, hätte sich die jüdische Gemeinde von Kairo 1890 nicht entschlossen, ihre 900 Jahre alte Synagoge umzubauen. Dort gab es, wie in anderen Synagogen auch, einen Lagerraum, in dem die Gläubigen Dokumente deponieren konnten, die sie aus Furcht, dass diese vielleicht den Namen Gottes enthielten, nicht vernichten wollten. Normalerweise wurden diese Lagerräume in periodischen Abständen ausgeräumt, dieser jedoch hatte sich über Jahrhunderte mit Makulatur gefüllt. Als der Umbau begann, tauchten auf Kairos Antiquitätenmärkten alte Dokumente auf, und im Frühjahr 1896 brachte ein englisches Schwesternpaar ein Bündel davon mit nach Cambridge. Zwei Texte daraus zeigten sie Solomon Schechter, einem Professor für Talmudistik. Den traf alsbald schier der Schlag: Einer der Texte war ein hebräisches Fragment des biblischen Buches *Ecclesiasticus* (Jesus Sirach), das bis dahin nur aus griechischen Übersetzungen bekannt war. Noch im Dezember machte sich der gelehrte Doktor auf nach Kairo und brachte 140 000 Dokumente mit nach Hause.

Unter diesen befanden sich einige hundert Briefe an Kairoer Handelshäuser, die zwischen 1025 und 1250 aus so fernen Ländern wie Spanien und Indien eingegangen waren. Die ideologischen Spaltungen, die sich nach den arabischen Eroberungen gebildet hatten, bedeuteten den Korrespondenten offenbar wenig, ihnen ging es mehr ums Wetter, um ihre Familien und die eigene Wohlstandsmehrung als um Religion oder Politik. Das dürfte typisch gewesen sein für alle Kaufleute aus dem Mittelmeerraum. Der Handel in Ifriqiya und Sizilien, wo das muslimische Palermo durch seine wirtschaftlichen Beziehungen zum christlichen Norditalien zur aufstrebenden Stadt wurde, ist zwar weniger gut dokumentiert, scheint aber ebenso international und gewinnbringend gewesen zu sein.

Sogar Monte Polizzo, das abgelegene sizilianische Dorf, in dem ich in den letzten Jahren an Ausgrabungen beteiligt gewesen bin, kommt hier ins Bild. Wie in Kapitel 5 bereits angedeutet, kam ich dort hin, um die Auswirkungen der phöni-

* Das Territorium des heutigen Tunesien mit dem Osten Algeriens und Teilen Libyens (Tripolitanien), was etwa der römischen Provinz Africa entsprach; bei den Arabern wurde Ifriqiya daraus.

** Genauer: Angehörige der schiitisch-ismailitischen Sekte, die häufig gewaltsamen Widerstand gegen die von ihnen als illegitim betrachteten sunnitischen Regime leisteten – anders als sie Imamiten oder Zwölfer-Schiiten, die friedlich auf die Wiederkehr des verborgenen Zwölften Imam warteten.

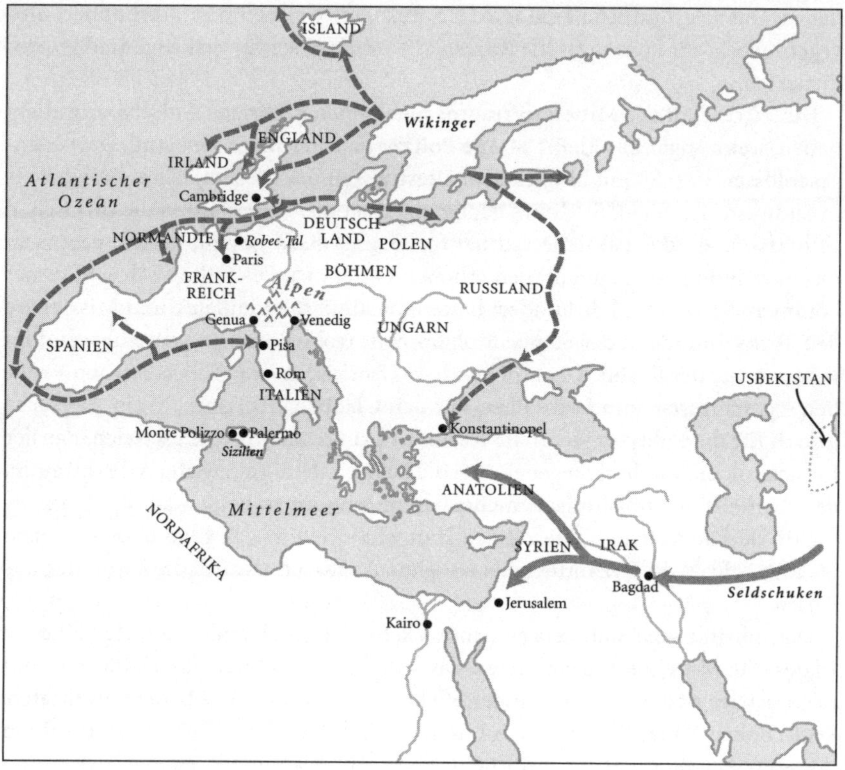

Abbildung 7.8: Die aus der Kälte kamen
Die Wanderungen von Seldschuken (durchgezogene Pfeile) und Wikingern bzw. Normannen (gestrichelte Pfeile) in das westliche Kerngebiet, 11. Jahrhundert.

zischen und griechischen Kolonisation im 7. und 6. Jahrhundert v. u. Z. zu studieren. Als wir 2000 mit den Grabungen begannen, fanden wir jedoch ein zweites Dorf über den alten Häusern: gegründet um 1000 u. Z., vermutlich von muslimischen Einwanderern aus Ifriqiya, niedergebrannt um 1125. Als unser Botaniker aus diesen Ruinen geborgene, verkohlte Samen durchsiebte, entdeckte er – zur allgemeinen Überraschung –, dass offensichtlich ein Gebäude als Lagerraum gedient hatte und gefüllt war mit sorgfältig gedroschenem Weizen ohne größere Grasbeimengung.*

Ganz anders die Samen, die wir aus dem 6. Jahrhundert v. u. Z. fanden: Sie waren stets stark mit Gras und Spreu vermischt. Daraus ließ sich nur sehr grobes Brot herstellen, wenig erstaunlich für ein einfaches Bauerndorf, dessen Bewohner für den eigenen Bedarf anbauten und denen Spelzen im Mund wenig ausgemacht

* Auch an dieser Stelle möchte ich Dr. Hans-Peter Stika für seine Analyse dieser Funde danken.

haben. Das so gründliche Trennen der Spreu vom Weizen im 12. Jahrhundert hingegen spricht für kommerzielle Bauern, die reines Korn für mäkelige Städter produzierten.

Die Wirtschaft des Mittelmeerraums muss einen gehörigen Aufschwung erlebt haben, wenn sogar das kleine Monte Polizzo an internationale Handelsnetze angeschlossen war. So gut ging es dem ältesten Teil des muslimischen Kerngebiets in Südwestasien nicht. Schlimm genug, dass seit den 860er Jahren die türkischen Militärsklaven, die irakische Kalifen für ihre Armeen gekauft hatten, geputscht und ihre Führer sich zu Sultanen erhoben hatten. Und es sollte noch schlimmer kommen. Seit dem 7. Jahrhundert hatten muslimische Kaufleute und Missionare den Turkstämmen in der Steppe Mohammeds frohe Botschaft gepredigt, und im Jahr 960 trat der Karluk-Clan im heutigen Usbekistan – angeblich 200 000 Familien – geschlossen zum Islam über. Für den Glauben ein Triumph, ein Albtraum jedoch für die Politiker, denn die Karluken gründeten ihr eigenes Reich, das der Karachaniden. Zugleich begaben sich die Seldschuken – ein weiterer Turkstamm, der ebenfalls den muslimischen Glauben angenommen hatte – auf die Wanderschaft, durchquerten plündernd den Iran, eroberten 1055 Bagdad und vertrieben bis 1079 sowohl die Byzantiner aus fast ganz Anatolien als auch die Fatimiden aus Syrien.

Das muslimische Südwestasien entwickelte sich rasch anders als die blühende islamische Mittelmeerregion, denn das von den Seldschuken geschaffene Großreich erwies sich als noch weniger effektiv als das Kalifat. Als der gewalttätige Seldschuken-Sultan Malik Schah I. 1092 starb, folgten seine Söhne der Tradition der Steppe, teilten das Reich in neun Teile und bekämpften einander gegenseitig. Die wichtigste Waffe in ihren Kriegen war die Reiterei, daher verliehen die Seldschukenherrscher große Güter an die Kriegsherren, die berittene Gefolgsleute stellen konnten. Wie zu erwarten, kümmerten sich diese Nomadenhäuptlinge wenig um Verwaltung und Handel, prägten auch keine Münzen mehr. So schrumpften Handel und Städte, Kanäle verschlammten, Dörfer an den Grenzen wurden aufgegeben. Unter den neuen, trocken-heißen Klimaverhältnissen hatten die Bauern ohnehin gegen die Versteppung ihrer kostbaren Äcker kämpfen müssen. Nun machte ihnen die Politik der Seldschuken ihre Arbeit noch schwerer. Viele Eroberer, die lieber Nomaden blieben als einen städtischen Lebensstil anzunehmen, begrüßten den Niedergang der Landwirtschaft, und im Laufe des 12. Jahrhunderts ließen auch immer mehr Araber ihre Äcker im Stich und schlossen sich den Turkstämmen und ihren Herden an.

Aufgeschreckt durch die zunehmende Verbreitung radikal schiitischer Theorien und von den seldschukische Herren nach Kräften unterstützt gründeten Gelehrte im östlichen Iran Schulen, die eine schlüssige sunnitische Lehre entwickeln sollten. Ihre Denkmale der Gelehrsamkeit – wie zum Beispiel Abu Hamid al-Ghazalis *Wiederbelebung der religiösen Wissenschaften* mit den Mitteln der griechischen Logik oder sein Versuch, islamische Rechtswissenschaft, sufistische

Mystik und Mohammeds Offenbarung miteinander zu vereinbaren – sind bis heute Grundlagen des sunnitischen Denkens. Diese Neubelebung war so erfolgreich, dass einige Schiiten ihr Heil nur noch darin sahen, die Führer der Sunniten zu ermorden. Sie zogen sich ins iranische Hochland zurück und gründeten eine Geheimgesellschaft, die unter dem Namen Assassinen bekannt wurde (der Legende nach wurden sie so genannt, weil sie Haschisch rauchten, um sich mental auf ihre Mordaktionen vorzubereiten). Mit dem Dolch im Gewande war das Erstarken der Sunniten nicht aufzuhalten, ebensowenig jedoch konnte eine revitalisierte Glaubensrichtung den Staat der Seldschuken zusammenhalten. So brachen die seldschukischen Gebiete, denen eine politische Organisation nach Art der Fatimidenreiche Nordafrikas fehlte, unter dem Druck der mittelalterlichen Warmzeit zusammen.

Das Elend der einen entsprach dem Wohlergehen der anderen. In Nord- und Westeuropa ermöglichte das wärmere Klima längere Anbauphasen und höhere Erträge, sodass die Bearbeitung zuvor wenig ergiebiger Böden sich nun durchaus lohnte. Die Bauern nahmen riesige, vordem bewaldete Landstriche unter den Pflug; fast die Hälfte aller Bäume in Westeuropa wurde in diesem Zeitraum gefällt.

Wie stets seit der Verbreitung des Ackerbaus aus dem Fruchtbaren Halbmond heraus wirkten in Zeiten der Expansion zwei Prozesse zusammen, die halfen, fortgeschrittene landwirtschaftliche Methoden von West- nach Osteuropa zu verbreiten. Der erste war die Kolonisierung, die häufig von der Kirche getragen wurde – der Institution, die in den Grenzgebieten in der Regel als einzige gut organisiert war. »Gib diesen Mönchen ein unberührtes Moor oder einen wilden Wald«, schrieb der normannische Dichter und Diplomat Gerald von Wales (Giraldus Cambrensis), »dann lasse ein paar Jahre vergehen, und du wirst nicht nur wundervolle Kirchen finden, sondern um sie herum auch Siedlungen.«[16] Die Ausdehnung des Kulturraums galt als gottesfürchtiges Werk; und so heißt es in einer Anwerbungskampagne von 1108: »Die Heiden sind die schlimmsten Menschen, aber ihr Land ist das beste, sie haben Weizen, Honig und Mehl. … Hier könnt ihr eure Seele retten [indem die Heiden gezwungen wurden, das Christentum anzunehmen] und zugleich auch gutes Siedlungsland erwerben.«[17]

Manchmal flohen die Heiden, manchmal unterwarfen sie sich, kamen dann aber kaum besser weg als Sklaven. Doch wie die Wildbeuter, denen einige tausend Jahre zuvor die ersten Bauern, oder wie die Sizilianer, denen auf einmal griechische Kolonisten entgegentraten, organisierten sich bisweilen auch die Heiden und behaupteten sich auf ihrem Grund und Boden. Als fränkische und andere germanische Bauern nach Osten zogen, dort Bäume fällten und Weideland umpflügten, übernahmen Dorfleute in Böhmen, Polen, Ungarn und selbst im fernen Russland ihre Techniken und nutzten das wärmere Klima, um ihr eigenes Land intensiver zu bearbeiten. Ihre frisch christianisierten Häuptlinge überredeten sie zu der oder zwangen sie in die neue Rolle steuernzahlender Untertanen. Im Namen ihrer

Herren bekämpften die alteingesessenen Dörfler sodann die Kolonisten – und sich auch untereinander.

Anders als im Osten entwickelten sich in Europa keine großen Handelsströme zwischen dem neuen, Ackerbau treibenden Grenzgebiet und den alten städtischen Zentren. Ohne ein Äquivalent zu Chinas Kaiserkanal gab es keine Möglichkeit, etwa polnisches Getreide preiswert in große Städte wie Palermo oder Kairo zu verschiffen. Die westeuropäischen Städte lagen zwar näher an den Grenzregionen, sie wuchsen auch, aber es waren doch zu wenige und sie waren zu klein, um auskömmliche Märkte abzugeben. Stattdessen stützten sich diese Städte auf eine Intensivierung der lokalen Produktion und auch die Erschließung neuer Energiequellen.

So verbreiteten sich Wassermühlen, die im muslimischen Kerngebiet schon gang und gäbe waren, nun auch an der christlichen Peripherie. Zwischen dem 10. und dem 13. Jahrhundert verfünffachte sich beispielsweise die Zahl der Mühlen im Robec-Tal in der Normandie, und das *Domesday Book*, das Reichsgrundbuch Wilhelm des Eroberers von 1086, weist für England 5624 Mühlen aus. Die Bauern besannen sich nun auch auf die Vorteile von Pferden. Die waren zwar teurer in der Anschaffung, fraßen auch mehr als Ochsen, konnten dafür aber den Pflug schneller und ausdauernder ziehen. Nach 1000 verschoben sich die Relationen allmählich zugunsten der Pferde, als die Europäer – aus Gründen, auf die ich in Kapitel 8 zurückkommen werde – von den Muslimen Hufeisen aus Metall übernahmen sowie andere Schirrungen verwendeten. Die Hufeisen verliehen den Pferden einen sichereren Tritt, und die neuen Kummetgeschirre schnürten ihnen, wenn sie vor dem Pflug gingen, nicht mehr die Luft ab, was ihre Zugkraft vervierfachte. 1086 war auf den Ländereien englischer Barone nur eines von 20 Zugtieren ein Pferd, 1300 belief sich das Verhältnis auf eins zu fünf. Mit dieser zusätzlichen Pferdekraft (und dem zusätzlichen Dünger) konnten die Bauern das Brachland weiter reduzieren und mehr aus ihren Anbauflächen herausholen.

Die Bauernhöfe in Europa blieben weniger produktiv als die in Ägypten oder China, doch auch sie erwirtschafteten zunehmend Überschüsse, die sie in den Städten verkauften. Diese wachsenden Städte übernahmen neue Funktionen. Viele Nordwesteuropäer waren Leibeigene, rechtlich gezwungen, das Land ihrer Herren zu bearbeiten, die sie umgekehrt vor Räubern (und anderen Herren) beschützten. Zumindest theoretisch waren die Grundherren Vasallen der Könige, die im Gegenzug für die Lehen, die sie erhielten, in des Königs gepanzerter Reiterei kämpften. Die Könige wiederum verdankten ihre Position der Kirche, die im Namen Gottes sprach. Doch alle, Grundherren, Könige und Kirche, wollten vom Reichtum profitieren, der sich nun in den Städten anhäufte, und die Städter konnten sich häufig die Befreiung von feudalen Pflichten aushandeln, indem sie den Feudalherren einen Teil ihres Reichtums überließen.

Wie so gut wie alle Low-End-Herrscher seit den Zeiten der Assyrer und der Zhou betrieben auch die Könige Europas einträgliche Schutzgeschäfte, wobei ihre

Geschäftsbasis noch verfahrener war als die ihrer Vorläufer. Ob Stadtbürger, Adlige, Könige oder Kleriker – sie alle mischten sich ständig in die Angelegenheiten der jeweils anderen ein, und da es keine funktionierende Zentralmacht gab, waren Konflikte unausweichlich.

1075 zum Beispiel beanspruchte Papst Gregor VII. das Recht für sich, die Bischöfe im Heiligen Römischen Reich nördlich und südlich der Alpen zu ernennen. Offiziell ging es ihm um die Moral der Kirchenführer, doch waren die Bischöfe in Deutschland auch Herren über große Territorien. So winkte für Gregor der angenehme Nebeneffekt, auch größere Anteile an den deutschen Ressourcen kontrollieren zu können. König Heinrich IV. reklamierte auf dem Reichstag von Worms seine Rechte als Verteidiger des Glaubens und forderte im Verein mit den deutschen Reichsfürsten und Erzbischöfen Papst Gregor auf, sein Amt niederzulegen. In dem Wormser Schreiben heißt es: »Heinrich, nicht durch Anmaßung, sondern durch Gottes gerechte Anordnung König, an Hildebrand [der Geburtsname des Papstes], nicht mehr den Papst, sondern den falschen Mönch. … Ich, Heinrich, durch die Gnade Gottes König, sage dir zusammen mit allen meinen Bischöfen: Steige herab, steige herab!«[18]

Gregor dachte jedoch gar nicht daran, sondern belegte seinerseits den König mit dem Bann. Nun hatte jeder deutsche Feudalherr das Recht, seinen Herrscher zu ignorieren. Nach einem Jahr musste Heinrich zur Rettung seines Throns eine Demütigung über sich ergehen lassen: Drei Tage lang kniete er vor der Burg Canossa im Apennin barfuß im Schnee und bat den Papst um Vergebung. Der löste den Bann, doch der Frieden zwischen weltlicher und geistlicher Macht währte nicht lange. Schon ein paar Monate später unterstützte Gregor einen Gegenkönig, und als er Heinrich 1080 erneut für abgesetzt erklärte, stellte der einen Gegenpapst auf und zog gegen Rom. In diesem Drama gab es keinen Sieger. Papst Gregor verlor jeden Rückhalt, nachdem seine eigenen Söldner Rom geplündert hatten, weil er sie nicht bezahlt hatte. Heinrich, mittlerweile zum Kaiser gekrönt, beendete sein Leben auf der Flucht vor dem eigenen Sohn, und der theologische Streit um die Einsetzung der Bischöfe wurde ebensowenig gelöst wie der dahinter liegende Konflikt um das Verhältnis von weltlicher und kirchlicher Macht.

Das Europa des 11. Jahrhunderts war voller solch verwickelter Konflikte, doch nach nahmen die Institutionen an Stärke zu und klärten sich Verantwortungsbereiche. Den Königen gelang es immer besser, ihre Untertanen zu organisieren, zu mobilisieren und zu besteuern. Ein Historiker hat diesen Prozess einmal die Herausbildung einer »persecuting society« (Verfolgergesellschaft) genannt[19]: den verstärkten Anspruch weltlicher Obrigkeiten, einen an den christlichen Normen orientierten Lebenswandel durchzusetzen. Königliche Beamte brachten die Menschen dazu, sich als Teil einer Nation zu sehen (der englischen, französischen und so weiter), und zwar durch Abgrenzung von allem, was sie *nicht* waren – weder Parias wie die Juden noch Homosexuelle, Leprakranke oder Häretiker. Alle diese »Anderen« wurden zum ersten Mal systematisch jeglichen Schutzes beraubt, verfolgt und terrorisiert. Ein überaus unerfreulicher Prozess, in dessen Verlauf sich zunehmend effizientere Staaten entwickelten.

Andere Historiker sprechen weniger bitter von der »Zeit der Kathedralen«[20], in der überall in Europa Ehrfurcht gebietende Bauten entstanden. Zwischen 1180 und 1270 wurden allein in Frankreich 80 Kathedralen, 500 Abteien und Zehntausende von Pfarrkirchen gebaut. Dafür mussten über 25 Millionen Kubikmeter Stein gebrochen und transportiert werden, mehr als für Ägyptens Große Pyramide.

Die Wissenschaft im europäischen Westen war zusammen mit dem Römischen Reich untergegangen und konnte sich auch im Frankenreich Karls des Großen nur teilweise wieder erholen. Ab 1000 jedoch sammelten sich um die neuen Kathedralen herum Gelehrte, es wurden Schulen gegründet, die mit denen der unabhängigen Muftis in der islamischen Welt vergleichbar waren. Christen, die im muslimischen Spanien studierten, brachten Übersetzungen der aristotelischen Schriften zur Logik mit, die arabische Hofgelehrte jahrhundertelang aufbewahrt hatten. Dies stärkte das intellektuelle Leben auch in der Christenwelt, Theologen dort dachten nun auf ähnlich komplexe Weise über Gott nach, wie dies al-Ma'muns Philosophen im Bagdad des 9. Jahrhunderts getan hatten. Müßig zu erwähnen, dass es innerhalb der gebildeten Elite natürlich auch zu neuen Konflikten kam.

Nirgends besser als am Schicksal des Petrus Abaelardus (Pierre Abaillard), eines klugen, von der neuen Bildung erfüllten jungen Mannes, der um 1100 in Paris auftauchte, lassen sich diese Konflikte verfolgen. Er zog von einer Schule zur anderen und demütigte in mehreren Disputationen seine pedantischen Lehrer, deren Gedankengebäude er mit seinem Primat der Vernunft und seiner aristotelischen Logik zum Einsturz brachte. Ungewöhnlich selbstgewiss, wie er war, gründete er eine eigene Schule. Als er eine seiner Schülerinnen, die noch sehr junge Heloïse, verführte und schwängerte, rächte sich deren entehrte Familie furchtbar, indem sie ihn überfallen und entmannen ließ: »Eines Nachts, als ich in einem abgeschiedenen Zimmer meiner Unterkunft ruhig schlief, bestachen sie einen meiner Diener mit Geld und rächten sich an mir durch eine besonders grausame und schmachvolle Strafe, von der die Welt mit größtem Erstaunen hörte: Sie schnitten mir die Körperteile ab, mit denen ich begangen hatte, was sie beklagten.«[21]

Heloïse und Abaelard zogen sich schamerfüllt jeder in ein Kloster zurück und führten 20 Jahre lang eine Korrespondenz. In diesem erzwungenen Ruhestand schrieb Abaelard *Sic et Non. Theologia Christiana* (»Ja und Nein«), eine Art Handbuch zum Gebrauch der Logik für die Lösung von Widersprüchen in der christlichen Lehre. Sein Name stand für die Gefahren, die mit der neuen Wissenschaft verbunden waren, gleichwohl zwang er christliche Theologen und Philosophen mit seinem Denken, die Autorität der Heiligen Schrift mit dem aristotelischen Rationalismus in Einklang zu bringen. Erst um 1270, als Thomas von Aquin eine perfekte Lösung für diese Aufgabe fand, war die christliche Bildung genau so entwickelt und anspruchsvoll wie die der sunnitischen Renaissance.

In diesen Jahrhunderten wurden allerdings nicht nur Ideen und Institutionen aus dem muslimischen Kerngebiet in die christlichen Randgebiete importiert. Europäische Kaufleute machten sich auch selbst in die islamische Welt auf. Die Venezianer, Genuesen und Pisaner konkurrierten mit ihren Kollegen aus Kairo und Palermo um den lukrativen Mittelmeerhandel – kaufend und verkaufend, stehlend und miteinander streitend. Auswanderer aus dem zunehmend übervölkerten Nordwesten halfen den spanischen Christen, die Muslime zurückzudrängen, und im gesamten Mittelmeerraum entfachten die Normannen einen Sturm von Plünderungen und Eroberungen.

Die Normannen waren Abkömmlinge der heidnischen Wikinger aus Skandinavien, die sich im 9. Jahrhundert in fernen nordwestlichen Randgebieten erfolgreich als Räuber betätigt hatten und im 10. ihre Raubzüge in größerem Stil durchführten. Als die mittelalterliche Warmzeit den Nordatlantik befahrbar machte, segelten sie auf ihren Langschiffen nach Island, Grönland und sogar nach Vinland (Nordamerika). Sie siedelten sich in Irland und England an, und in Nordfrankreich, in der heutigen Normandie, wurde ihr Häuptling Rollo, nachdem er sich 912 hatte taufen lassen, zum regelrechten Herzog ernannt.

Um Einzelheiten des christlichen Glaubens kümmerten sich die Normannen nicht sonderlich. So opferten sie 931 zum Beispiel, aus Anlass von Rollos Bestattung, hundert Gefangene. Aber wegen ihres kriegerischen Ungestüms waren sie selbst im fernen Konstantinopel als Söldner beliebt. 1016 wurden sie von beiden Parteien der endlosen Kriege um Süditalien angeheuert, und 1061 schickten sich ihre Kriegerhorden an, einen eigenen Staat zu gründen: Sie drangen in Sizilien ein und rotteten die muslimische Bevölkerung fast vollständig aus. Wer heute Sizilien besucht, wird kaum ein islamisches Bauwerk finden, dabei galt die Insel in den zwei Jahrhunderten der islamischen Herrschaft als Wunder des Mittelmeers.

Die Normannen hegten keine besondere Feindseligkeit gegen den Islam, Christen behandelten sie nicht weniger rücksichtslos. Ein italienischer Schriftsteller nannte sie »eine wilde, barbarische, schreckliche Rasse mit unmenschlichen Zügen«[22]. Noch entsetzter zeigte sich Anna Komnene, eine byzantinische Prinzessin und Geschichtsschreiberin: »Doch wenn es gilt zu kämpfen und wenn es zur Schlacht kommt, dann sind sie unbesiegbar in ihrer eifernden Wut, und zwar nicht nur der gemeine Soldat, sondern auch ihre Anführer, und wenn sie sich dann mitten in die feindlichen Schlachtreihen stürzen, kann nichts sie aufhalten.«[23]

Byzanz lernte die Normannen auf die harte Tour kennen. Das Reich hatte sich im 9. und 10. Jahrhundert, als die Muslime begannen, sich gegenseitig zu bekämpfen, wieder etwas erholt. 975 kam eine byzantinische Armee sogar bis auf Sichtweite an Jerusalem heran. Es gelang ihr zwar nicht, die Heilige Stadt einzunehmen, doch konnte sie Jesu Sandalen und das Haar Johannes des Täufers befreien.

Dann aber, im folgenden Jahrhundert, machten sich die Byzantiner auf gefährliche Weise abhängig von normannischen Söldnern, deren notorische Unzuverlässigkeit 1071 zu einer katastrophalen Niederlage gegen die Türken beitrug. Als 20 Jahre später Konstantinopel von türkischen Truppen belagert wurde, wandte sich der byzantinische Kaiser hilfesuchend an den Papst in Rom. Der aber hatte anderes im Sinn. Er war darauf erpicht, gegen die Könige Europas seine eigene Position zu stärken, berief 1095 eine Synode ein und verkündete dort seine Vorstellung, mit einer militärischen Expedition – einem Kreuzzug – die Türken aus Jerusalem zu vertreiben.

Damit löste er eine unbeschreibliche Begeisterung aus, heftiger als ihm oder den Byzantinern lieb sein konnte. Zehntausende einfache Leute zogen nach Osten, plünderten Mitteleuropa und massakrierten Juden. Nur wenige erreichten Anatolien, wo die Türken sie niedermachten. Niemand schaffte es bis ins Heilige Land, es sei denn als Sklave.

Mehr Erfolg hatten die drei französischen und normannischen Ritterheere, von Genueser Kaufleuten unterstützt, als sie sich 1099 Jerusalem näherten. Der Zeitpunkt war günstig: Die Seldschuken, völlig in Beschlag genommen von ihren internen Fehden, leisteten kaum Widerstand, und mit einigen tollkühnen Aktionen gelang es den Kreuzfahrern, eine Bresche in Jerusalems Stadtmauer zu schlagen. Zwölf Stunden lang plünderten und mordeten sie auf eine Weise, die selbst die Normannen unter ihnen schockierte, verbrannten Juden bei lebendigem Leib und hackten Muslime in Stücke (immerhin befleißigten sich die Christen, nach Aussage einer Jüdin, wenigstens nicht der türkischen Praxis, ihre Opfer zuerst zu vergewaltigen). Als die Sonne schließlich sank, wateten die Eroberer durch knöcheltiefe Blutlachen zur Grabeskirche, um Gott zu danken.

So spektakulär diese Episode auch sein mochte, eine ernsthafte Bedrohung des islamischen Kerngebiets war sie nicht. Das christliche Königreich Jerusalem erlitt immer neue Niederlagen, bis die Muslime die Stadt 1187 zurückeroberten. Es folgten weitere Kreuzzüge, die meisten scheiterten auf grässliche Weise. Weil sich die Kreuzfahrer keine Schiffe leisten konnten, endete der vierte Zug 1204 damit, dass sich die militanten Christen zu Söldnern venezianischer Geldgeber machen ließen und nicht Jerusalem, sondern Konstantinopel plünderten und besetzten. Weder die Kreuzzugsbewegung noch das Byzantinische Reich erholten sich von dieser Schande.

Unter dem Druck der mittelalterlichen Warmzeit änderte der Westen seine Gestalt. Die muslimischen Länder blieben Kerngebiet; doch die gesellschaftliche Entwicklung in Südwestasien stagnierte, und so verlagerte sich das islamische Gravitationszentrum hin zum Mittelmeer. Und selbst im Mittelmeerraum gab es Gewinner und Verlierer. Ägypten wurde zum muslimischen Kronjuwel; Byzanz, Roms letzter Überrest, ging endgültig seinem Untergang entgegen; und die unzivilisierten, rückständigen Randgebiete im Nordwesten dehnten sich schneller aus als alle anderen.

Dunkle teuflische Fabriken

Die Verhältnisse im östlichen Kerngebiet konnten unterschiedlicher kaum sein. 907 hatte sich das Tang-Reich aufgelöst, schon 960 jedoch wurde China erneut vereinigt. Taizu, der erste Kaiser der neuen Song-Dynastie, war ein hartgesottener Soldat, registrierte aber sehr wohl, dass das Anwachsen wirtschaftlicher und kultureller Bindungen zwischen den chinesischen Regionen in den letzten Jahrhunderten viel dazu beigetragen hatte, dass sich die Eliten China als *ein* Reich vorstellten und wünschten. Dass kam ihm zupass. Im Unterschied zu früheren Einigungsbestrebungen fügten sich die meisten Staaten nun, ohne dass es zu Kriegen kam, und akzeptierten die Herrschaft der Song.

Taizu erkannte auch, dass es militärische Befehlshaber gewesen waren, die die meisten früheren Dynastien zu Fall gebracht hatten, also entledigte er sich ihrer. Er lud die Feldherren, die ihm auf den Thron verholfen hatten, zu einem Fest und »löste die Macht der Militärs mit einem Becher Wein auf«[24], wie es in der offiziellen Geschichtsschreibung heißt. Er brachte einen Trinkspruch auf die Heerführer aus, gratulierte ihnen zur Erreichung des Ruhestands (womit er die Herren überraschte) und entließ sie. Erstaunlicherweise kam Taizu mit diesem unblutigen Coup durch; und von nun an führte er die Armee, wenn nötig, selbst.

Der Wechsel von einer militärischen zu einer zivilen Regierung war ein kluger Schachzug, denn er kam dem weit verbreiteten Wunsch nach Frieden und Einheit sehr entgegen. Der einzige Haken war, dass China noch immer Feinde hatte, besonders zwei halbnomadische Völker, die Kitan und die Tanguten, die jenseits der Nordgrenze Reiche gebildet hatten (Abbildung 7.9). Spannungen mit ihnen ließen sich nicht mit einem Glas Wein lösen, und nachdem die Song eine Armee verloren hatten und beinahe auch ihren Kaiser, besannen sie sich der alten Politik, den Frieden mit Geschenken zu erkaufen.

Bis zu einem gewissen Grad funktionierte diese Methode. Weder die Kitan noch die Tanguten überrannten den östlichen Kern, wie es die Seldschuken im Westen getan hatten. Die Kehrseite allerdings war, dass sich, wie frühere Dynastien auch, die Song mit den Geschenken und Garnisonen, für die sie aufkommen mussten, bald ruinierten, wobei sich der Frieden auch so nicht wirklich sichern ließ. In den 1040er Jahren mussten die Song eine Armee von einer Million Mann unterhalten und jeden Monat einige tausend Rüstungen und Millionen von Pfeilspitzen kaufen – nicht unbedingt das, was Taizu gewollt hatte.

Manche Feldherren hofften, China könne durch Wunderwaffen davor bewahrt werden, in das alte Unentschieden mit den Steppenvölkern zu schlittern. Um 850 hatten daoistische Alchimisten (ausgerechnet bei der Suche nach Elixieren für ein ewiges Leben) eine Rohform des Schießpulvers entdeckt. Auf Malereien aus der Zeit um 950 sind Menschen zu sehen, die sich aus Bambusrohren gegenseitig mit brennendem Pulver bespritzen. Und in einem Militärhandbuch von 1044 wird eine »Feuerdroge« beschrieben, die in Papier oder Bambus eingewickelt war und

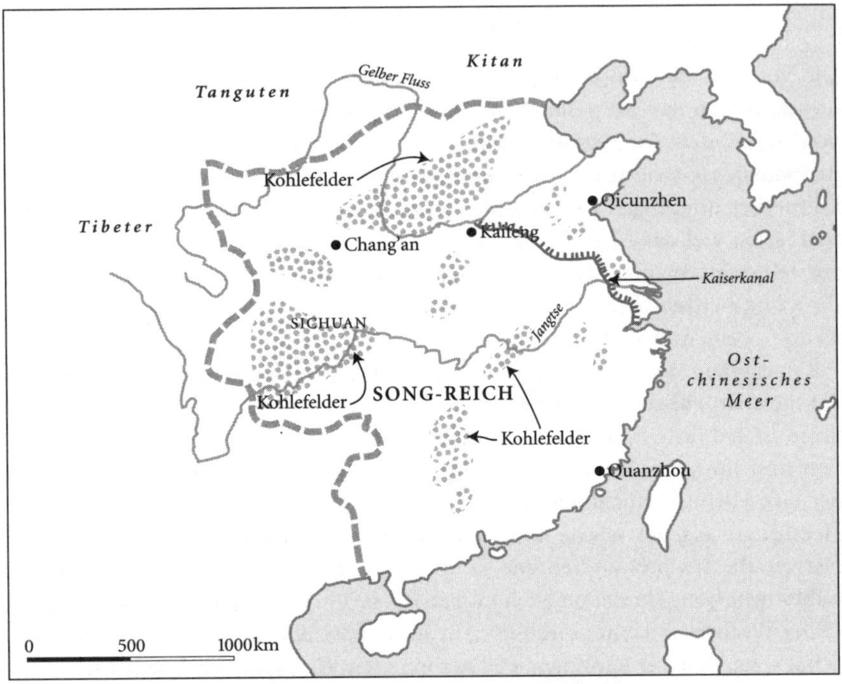

Abbildung 7.9: Das antimilitaristische Reich
Die Teilung Chinas zwischen den Staaten der Song, der Kitan und der Tanguten, um 1000. Chinas Hauptkohlenreviere sind mit Punkten markiert.

mit einem Katapult geschleudert wurde. Aber dieses Schießpulver sah gefährlicher aus, als es war, es machte zwar die Pferde scheu, verletzte aber in der Regel niemanden – noch nicht.

Da also doch keine technischen Durchbrüche absehbar waren, brauchte die Armee der Song einfach mehr Geld. Hilfe kam von unerwarteter Seite: zum einen von den chinesischen Gelehrten, zum anderen von der prosperierenden Wirtschaft.

Nachdem der turkstämmige Feldherr An Lushan mit seiner Revolte 755 den Untergang der Tang-Dynastie eingeleitet und das Land ins Chaos gestürzt hatte, fror bei vielen Gelehrten der Enthusiasmus für alles Fremde ein. Diese Begeisterung habe China doch nichts weiter gebracht als Unordnung. Die 500 Jahre, die seit dem Fall der Han vergangen waren, erschienen vielen enttäuschten Mitgliedern der Oberschicht nur als barbarisches Zwischenspiel, das die chinesischen Traditionen korrumpiert habe. Der übelste dieser zersetzenden Importe aus dem Ausland sei, so hieß es nun, der Buddhismus.

819 ließ der hohe Beamte, gelehrte Dichter und entschiedene Konfuzianer Han Yu dem Kaiser eine »Denkschrift zu den Knochen des Buddha« zukommen.

Ihn erfüllte die Massenhysterie mit Abscheu, die alle 30 Jahre ausbrach, wenn ein angeblicher Fingerknochen Buddhas als Reliquie in feierlicher Prozession in den Kaiserpalast überführt wurde. Daran sehe man doch, dass der Buddhismus nichts weiter sei als ein Kult barbarischer Völker. Damals, in den Zeiten, als der Buddhismus China verführt habe, seien die Beamten nicht imstande gewesen, die »Erfordernisse von Vergangenheit und Gegenwart« völlig zu verstehen und das Land vor verderblichen Einflüssen zu bewahren. Inzwischen aber sei die Wissenschaft viel weiter fortgeschritten. Die Gelehrten müssten nur lernen, so zu denken, zu malen und vor allem so zu schreiben wie die Alten. Dann könnten sie sich die alten Tugenden wieder aneignen und das Land retten. »Das Prosaschreiben muss zum Mittel für den Weg werden«, so Hans dringender Rat. Er selbst tat alles dafür, den schnörkellosen Schreibstil der Han-Dynastie wiederzubeleben.[25]

Der Schlag gegen den Buddhismus führte zu Protesten – nicht zuletzt der Kaiser reagierte überaus ungehalten und schickte Han in die Verbannung –, war aber auch nicht unwillkommen. Die buddhistischen Klöster hatten enorme Reichtümer angehäuft, und als Kaiser Wuzong in den 840er Jahren hart gegen den Buddhismus durchgriff – indem er den Mönchen ihr geistliches Amt entzog, Klöster schloss und ihre Schätze konfiszierte –, werden ihn dazu eher finanzielle Nöte als das Wettern der Gelehrten bewogen haben. Die offizielle Verfolgung verhalf den Ansichten, die Han Yu vertreten hatte, zu einiger Anerkennung. Zwar blieben Millionen Chinesen Buddhisten, aber noch mehr Tang-Untertanen verfielen in Zweifel über diese importierte Religion. Sie konnten der Möglichkeit, dass die Antworten auf Buddhas große Fragen – Was ist das wirkliche Ich? Wie passe ich ins Universum? – in ihren konfuzianischen Klassikern verborgen lagen und nur herausgeholt werden mussten, immer mehr abgewinnen.

Eine »neokonfuzianische« Bewegung ergriff die Oberschicht, und in Chinas Stunde der Not, als die Kitan und Tanguten ins Land drängten, taten es die besten Köpfe des Reiches Konfuzius nach und stellten sich dem Herrscher als Berater zur Verfügung. Vergiss Wiedergeburt und Unsterblichkeit, sagten sie, das Hier und Jetzt ist alles, und Erfüllung kommt durch Handeln in der Welt. »Der wahre Gelehrte«, heißt es bei einem von ihnen, »sollte der Erste sein, der sich um die Probleme der Welt sorgt, und der Letzte, der ihre Freuden genießt.«[26]

Die Neokonfuzianer machten aus den klassischen Studien ein Programm zur Perfektionierung der Gesellschaft. Männer mit den zum Verständnis der alten Kultur notwendigen philologischen und künstlerischen Fähigkeiten sollten die althergebrachten Tugenden nutzen, um die moderne Welt zu retten. Dutzende von Gelehrten boten dem Kaiser ihre Dienste an. Der bemerkenswerteste war Wang Anshi, ein bekannter Dichter, Philosoph und Kanzler. Seine vielen Feinde trieben ihn am Ende ins Exil und Unglück, doch seine radikale »Neue Politik« – eine Elfte-Jahrhundert-Version von New Deal und Reaganomics in einem – verschaffte dem Staatshaushalt etwas Erleichterung. Wang ersann ein neues, gerechteteres Steuersystem, indem er für die Kleinbauern die Steuerquote senkte, aber die Steuerpflicht erweiterte, sodass sich die Einnahmen insgesamt erhöhten. Er finanzierte große öffentliche Arbeiten und regte das Wachstum mit »Grünen-Schössling-Krediten« an, die er an Bauern und kleine Kaufleute ausgeben ließ. Und er glich den Haushalt aus, indem er die teuren Berufssoldaten durch billigere Milizen ersetzte. Den konservativen Beamten ging das gegen den Strich; erhoben sie Einwände, wurden sie entlassen. Wang machte Wirtschaft, Geographie und Recht zu Gegenständen der Beamtenprüfungen und hob die Gehälter derjenigen an, die sie bestanden.

Bedeutsam, wie die Errungenschaften der Neokonfuzianer auch waren, erscheinen sie doch geradezu als belanglos, wenn man sie mit einer zweiten Entwicklung vergleicht, die sich gleichzeitig abspielte – eine wirtschaftliche Explosion, die es mit der des alten Rom aufnehmen konnte. Die mittelalterliche Warmzeit erwies sich für fast ganz China als Segen. Seesedimente, die Chemie der Stalagmiten und schriftliche Dokumente lassen vermuten, dass es im halbtrockenen Norden mehr regnete, was den Bauern dort sehr gelegen kam, während der feuchte Süden weniger Niederschläge zu verzeichnen hatte, auch das zur Freude der Bauern dieser Region. Bis 1100 wuchs die chinesische Bevölkerung auf etwa 100 Millionen Menschen.

Um 1100 waren alle 37 Reissorten, die in den *Wesentlichen Methoden der einfachen Leute* aus dem 6. Jahrhundert erwähnt wurden, durch ertragreichere Sorten ersetzt worden, und die Bauern erzielten mit ihren bewässerten und gedüngten Feldern regelmäßig drei Ernten, indem sie im Wechsel Reis und Weizen anbauten. Ein wachsendes Netz von Straßen – in den Städten häufig mit Steinen und selbst auf dem Land manchmal mit Ziegeln gepflastert – erleichterte es, die Ernten zu den Häfen zu bringen; auch der Transport zu Wasser erlebte weitere Verbesserungen. Chinesische Schiffsbauer übernahmen die besten Eigenschaften persischer, arabischer und südostasiatischer Wasserfahrzeuge und bauten große hochseetüchtige Dschunken mit Schotten, mit vier, manchmal sogar sechs Masten und bis zu tausend Mann starken Besatzungen. Die Frachtkosten verminderten sich drastisch, und die Kaufleute stellten sich organisatorisch auf Großhandel um. In einem Text aus dem 12. Jahrhundert heißt es:

> Die Flüsse und Seen sind miteinander verbunden, sodass man mit ihrer Hilfe überallhin gelangen kann. Verlässt ein Schiff seinen Heimathafen, hindert es nichts daran, auf eine Reise von 10 000 Li [knapp 5000 Kilometer] zu gehen. Jedes Jahr nutzen die einfachen Leute alles Getreide, das sie nicht für die Saat und ihre Nahrung brauchen, zu Handelszwecken. Großkaufleute tragen zusammen, was die kleineren Haushalte haben. Kleine Boote sind angewiesen auf größere Schiffe und arbeiten mit ihnen zusammen, sie fahren hin und her und verkaufen Getreide mit solidem Gewinn.[27]

Fast so wichtig wie die Dschunken waren Transportmakler, Mittelsmänner, die Frachten kauften und lagerten, Darlehen vergaben und die Schiffe schnell wieder zurückschickten. All das verlangte Münzgeld, und als die Wirtschaft wuchs, hatte die Regierung Mühe, genug Bronzemünzen zu prägen. Heroische Anstrengungen, neue Kupfervorkommen zu finden (und weniger heroische, indem die Münzen durch Zusatz von Blei in ihrem Wert gemindert wurden), führten dazu, dass die Produktion von 300 Millionen Münzen im Jahr 983 auf 1,83 Milliarden im Jahr 1007 hochschnellte, und noch immer übertraf die Nachfrage den Nachschub.

Gier und Faulheit sorgten auch hier für die rettende Lösung. Als der Teehandel im 9. Jahrhundert einen gewaltigen Aufschwung erlebte und die staatliche Überwachung des Handels nachließ, gründeten Händler aus Sichuan Büros in Chang'an, wo sie die Münzen, die sie für ihren Tee bekamen, gegen »fliegendes Geld« – Kreditbriefe aus Papier – eintauschen konnten. Nach Sichuan zurückgekehrt, konnten die Händler diese Kreditbriefe im Hauptbüro der Gesellschaft in Bargeld zurücktauschen. Nimmt man an, eine Tasche voll fliegenden Geldes sei 40 Taschen voller Bronzemünzen wert gewesen, dann leuchten die Vorteile auf Anhieb ein. Alsbald gebrauchten die Kaufleute Kreditbriefe wie richtiges Geld. Damit war das Kreditgeld erfunden – Gutscheine, deren Wert auf Vertrauen beruhte und nicht auf ihrem Metallgehalt. 1024 ging der Staat den logisch nächsten Schritt und druckte Banknoten aus Papier. Binnen kurzem waren mehr Werte in Banknoten in Umlauf als in Münzen.

Als Papiergeld und Kreditwesen auch jenseits der Städte Fuß fassten und den Handel erleichterten, bauten immer mehr Bauern auf ihrem Land an, was am besten gedieh, verkauften es gegen Bargeld und kauften, was sie selbst nicht so ohne weiteres herstellen konnten. Ein buddhistischer Mönch beschrieb einen kleinen Markt in einem entlegenen Dorf:

Die Morgensonne steht noch nicht über dem See,
Für den Moment erscheinen Brombeerhecken wie Tore aus Kiefernholz.
Uralte Bäume tauchen die steilen Klippen in düsteres Licht.
Die traurigen Rufe der Affen treiben hinunter.
Der Pfad macht eine Biegung, es öffnet sich ein Tal,
In der Ferne kaum sichtbar ein Dorf.
Den Weg entlang ziehen, rufend und lachend,
Landarbeiter, schneller mal die einen, dann wieder die anderen,
Ein paar Stunden ihr Geschick auf dem Markt zu messen.
Buden und Läden sind zahllos wie Wolken.
Sie bringen Leinen und Maulbeerpapier,
Oder treiben Junghennen und Ferkel vor sich her.
Bürsten und Kehrschaufeln, so oder so gestapelt –
Zu viele Haushaltssachen, um alle zu nennen.
Ein älterer Mann kontrolliert den geschäftigen Handel,
Alle beachten sie seine kleinsten Anweisungen.
Höchst sorgfältig vergleicht er
Jeden einzelnen Maßstab
Und dreht ihn langsam in seiner Hand.[28]

Städtische Märkte waren natürlich ungleich großartiger, zum Teil bezogen sie ihre Waren von Lieferanten eines halben Kontinents. Südostasiatische Kaufleute verbanden den Hafen von Quanzhou mit indonesischen Gewürzinseln und den Reichtümern des Indischen Ozeans, die Einfuhren gelangten von dort in alle Städte des Reiches. Um sie zu bezahlen, stellten Familienbetriebe Seide, Porzellan, Lackarbeiten und Papier her, und die erfolgreichsten der kleinen Betriebe wuchsen zu Fabriken. Selbst Dorfleute konnten kaufen, was früher Luxus war, zum Beispiel Bücher. Relativ billig, mit Holztafeln gedruckt, verließen sie in den 1040er Jahren in Millionen Exemplaren die Druckereien. Die Zahl der Lese- und Schreibkundigen entsprach gewiss der im römischen Italien tausend Jahre zuvor.

Zu den bedeutendsten Veränderungen jedoch kam es in der Textilproduktion und der Kohleförderung – genau jenen Branchen, die den Anstoß gaben für die industrielle Revolution im England des 18. Jahrhunderts. Die Weber des 11. Jahrhunderts erfanden eine von Pedalen angetriebene Haspelmaschine für Seide. 1313 berichtete der Gelehrte Wang Zhen in einem Traktat über die Landwirtschaft von einer großen Vorrichtung zum Spinnen von Hanf, die, mit Tier- und Wasserkraft betrieben, »mehrfach billiger« sei »als die Frauen, die sie ersetzte«; in Gebrauch waren diese Maschinen »in allen Teilen Nordchinas ..., wo Hanf verarbeitet wird«.

Der Wirtschaftshistoriker Mark Elvin hat französische Pläne für eine Flachsspinnmaschine aus dem 18. Jahrhundert mit Wangs Modell aus dem 14. Jahrhundert verglichen und war völlig verblüfft über die Ähnlichkeit beider. Unausweichlich dränge sich der Verdacht auf, »der französische Entwurf sei letztlich chinesischen Ursprungs«. Wohl sei Wangs Maschine nicht so leistungsfähig gewesen wie die französische, »aber wenn der Fortschritt, den sie repräsentierte, ein bisschen weitergetrieben worden wäre, hätte China auf dem Gebiet der Textilproduktion 400 Jahre vor dem Westen eine wirkliche industrielle Revolution erlebt«[29].

Statistiken über die Textilproduktion und -preise in der Song-Ära sind nicht überliefert, wir können diese Mutmaßung also nicht ohne weiteres überprüfen. Allerdings haben wir Informationen über eine andere, nämlich die Eisenindustrie. Einschlägigen Steuererklärungen lässt sich entnehmen, dass sich die Herstellung von Eisen zwischen 800 und 1078 auf ungefähr 125 000 Tonnen versechsfachte – fast die Menge, die in ganz Europa um 1700 produziert wurde.

Die Eisenwerke gruppierten sich um ihren Hauptmarkt, die Millionenstadt Kaifeng, Provinz Henan, wo (unter anderem) die zahllosen Waffen gegossen wurden, die die Armee brauchte. Kaifeng, wegen seiner Lage am Gelben Fluss inzwischen zur Hauptstadt gekürt, war vor allem ein Produktionsstandort. Die Stadt hatte keine Geschichte, keine von Bäumen gesäumten Boulevards, nicht die zierlichen Paläste früherer Hauptstädte, inspirierte auch keine große Dichtung. Im 11. Jahrhundert aber wuchs sie zu einer übervölkerten, chaotischen und pulsierenden Metropole heran. In ihren lärmenden Schenken wurde bis zum frühen Morgen Wein serviert, 50 Theater zogen jeweils Tausende von Zuschauern an, und selbst entlang der einen großen Prozessionsstraße öffneten immer mehr Läden. Vor den Stadtmauern brannten die Schmelzöfen Tag und Nacht, dunkle Fabriken spuckten Feuer und Rauch, schluckten Bäumen zu Zehntausenden, um Erz zu Eisen zu schmelzen – so viele Bäume, dass Eisenfabrikanten ganze Berge aufkauften, abholzen ließen und den Preis für Holzkohle in die Höhe trieben. Gewöhnliche Hausbesitzer konnten da nicht mehr mithalten. 1013 brachen Brennstoffaufstände aus, bei denen frierende Bewohner Kaifengs zu Hunderten niedergetrampelt wurden.

Kaifeng geriet offensichtlich in einen ökologischen Engpass. Es gab in Nordchina einfach nicht genug Wald, um Millionen Menschen mit Nahrung und Wärme zu versorgen und zugleich Gießereien zu unterhalten, die tausende Tonnen Eisen ausstießen. Da blieben nur zwei Möglichkeiten: Entweder die Menschen und/oder die Industrien würden abwandern – oder es würden sich ganz neue Brennstoffquellen finden.

Homo sapiens hat immer von Pflanzen und Tieren gelebt, denen er Nahrung, Kleidung, Brennstoff und Unterkunft abgewinnen konnte, und mit der Zeit ist er zu einem immer effizienteren Parasiten geworden. So verbrauchten die Untertanen des Han- und des Römischen Reiches in den ersten Jahrhunderten u. Z. sieben- oder achtmal so viel Energie pro Person wie ihre Vorfahren in der Eiszeit, 14 000 Jahre zuvor.* Han und Römer hatten zudem gelernt, Mühlen mit Wasserkraft und Schiffe mit Wind anzutreiben, was einen großen Schritt über die energetische Nutzung von Pflanzen und Tieren hinausging. Aber die frierenden Menschen in Kaifeng, die 1013 auf die Barrikaden gingen, lebten noch immer vor allem von anderen Organismen, nahmen in der Großen Kette der Energie einen kaum höheren Platz ein als die Jäger und Sammler der Steinzeit.

Innerhalb weniger Jahrzehnte änderte sich das, und ohne es zu wissen oder zu wollen, wurden Kaifengs Eisenfabrikanten zu Revolutionären. Als die gefräßigen Schmieden miteinander sowie mit Häusern und Herdstellen um Brennmaterial konkurrierten, stießen die Industriellen die Tür zwischen der alten organischen Ökonomie und der neuen Welt fossiler Brennstoffe auf. Kaifeng lag in der Nähe von zwei der größten Kohlenreviere Chinas (Abbildung 7.9), die über den Gelben Fluss leicht zu erreichen waren. Es brauchte also keinen großen Erfindungsgeist – nur Gier und Verzweiflung, Versuch und Irrtum –, um herauszufinden, wie man Stein- anstelle von Holzkohle nutzen konnte, um Eisenerz zu schmelzen.

Ein um 1080 verfasstes Gedicht vermittelt einen Eindruck von den damaligen Veränderungen. Die erste Strophe beschreibt eine Frau, die so verzweifelt auf der Suche nach Brennstoff ist, dass sie ihren Körper gegen Feuerholz verkauft, die zweite

* In den Jahrtausenden von 14 000 v. u. Z. bis zur Zeitenwende wuchs die Energieausbeute pro Kopf und Tag (und für alle Zwecke) im Osten von durchschnittlich grob 4000 Kilokalorien auf 27 000 Kilokalorien. Im Westen stieg sie im selben Zeitraum von etwa dem gleichen Ausgangswert auf rund 31 000 Kilokalorien. Auf der Skala der gesellschaftlichen Entwicklung kletterten die Indexpunkte von jeweils 4,29, also wiederum dem gleichen Ausgangswert, im Osten auf 29,25 und im Westen auf 33,70.

eine Kohlengrube, die Rettung verspricht, die dritte einen großen Schmelzofen und die vierte die Erleichterung, dass die Leute jetzt genug zu essen haben. Nun lassen sich große Eisenschwerter schmieden, ohne dass dafür die Wälder draufgehen.

Hast du sie nicht gesehen
Letzten Winter, als Regen und Schnee die Reisenden aufhielten
Und der Wind an den Knochen der Stadtbewohner zerrte?
Ein halbes Bündel nasses Feuerholz, ihr Bettzeug bis zum Morgen erduldend*,
Im Zwielicht klopfte sie ans Tor, ihr Gewerbe mochte niemand.

Wer hätte gedacht, dass in diesen Bergen ein Schatz versteckt liegt,
Zuhauf, wie schwarze Juwelen, zehntausend Wagenladungen Kohle.
Gnade und Gunst im Überfluss, von denen niemand wusste.
Der üble Hauch der Öfen – *zhenzhen*** – verzieht sich.
Ist ein Anfang erst gemacht, wird er unermesslich ohne Grenzen.***

Zehntausend Männer mühen sich, tausend haben die Aufsicht.
Wird Erz in den brodelnden Fluss geworfen, wird er noch heller,
Reich fließende Jade und Gold, seine kraftvolle Stärke.
Jetzt, in den Südlichen Bergen, atmen Kastanienwälder auf,
Kein Zwang in den Nördlichen Bergen, das harte Erz zu hämmern.
Gießen werden sie dein Schwert, hundertfach verfeinert,
Um den dicken Fisch von Banditen in Stücke zu hauen.[30]

Kohle und Eisen hoben gemeinsam ab. Eine gut dokumentierte Gießerei beschäftigte 3000 Arbeiter, die pro Jahr 35 000 Tonnen Erz und 42 000 Tonnen Kohle in die Öfen schaufeln mussten, um 14 000 Tonnen Roheisen zu gewinnen. Um 1050 wurde so viel Kohle gefördert, dass auch private Haushalte sie nutzen konnten, und als die Regierung 1098 ihre Armenfürsorge überdachte, war Kohle der einzige Brennstoff, den die Beamten für erwähnenswert hielten. Zwanzig neue Kohlemärkte wurden zwischen 1102 und 1106 in Kaifeng eröffnet.

Um diese Zeit hatte die gesellschaftliche Entwicklung im Osten einen dem alten Rom tausend Jahre zuvor entsprechenden Höhepunkt erreicht. Der in muslimisches Kerngebiet und christliche Peripherie zersplitterte Westen war nun weit abgeschlagen. Erst im 18. Jahrhundert, als in England die industrielle Revolution einsetzte, sollte er dieses Niveau gesellschaftlicher Entwicklung wieder erreichen. Alles deutet darauf hin, dass sich innerhalb von Kaifengs rußgeschwärzten Mauern eine chinesische industrielle Revolution zusammenbraute, die den Osten mit seinem gewaltigen Entwicklungsvorsprung würde die Welt regieren lassen. Die Geschichte schien den Weg zu nehmen, der Albert nach Bejing und nicht Looty nach Balmoral geführt hätte.

---

* Euphemismus für Prostitution
** Lautmalerisch für Blasebalg
*** Gemeint ist die Produktion

Kapitel 8

Um die ganze Welt

Drei große Dinge

Marco Polo in China kam aus dem Staunen nicht heraus. Die Paläste dort waren die besten der Welt, die Herrscher die reichsten, auf den Flüssen fuhren mehr Schiffe als auf allen Gewässern der Christenheit zusammen, und die Nahrungsmittel, die sie in die Städte brachten – kaum vorstellbar für einen Europäer, dass sie alle verzehrt würden. Und was für Lebensmittel das waren, so fein, dass Europäer es kaum glauben mochten. Dann die jungen Frauen: ein Muster an Bescheidenheit und Schicklichkeit, chinesische Ehefrauen: die reinsten Engel, und kein Fremder, der sich der Gastfreundschaft der Kurtisanen von Hangzhou erfreut hatte, würde sie sein Lebtag vergessen. Am erstaunlichsten aber war die chinesische Wirtschaft – so ungeheuer, »dass es denen, die nicht Zeuge davon gewesen sind, unglaublich erscheinen mag«[1].

Genau das wurde zu Marcos Problem. Als er 1295 nach Venedig zurückkehrte, drängte man sich, seine Geschichten zu hören, und wenn er begann, wollte man ihm nicht glauben.* Dabei passt, sehen wir von gelegentlichen Ungereimtheiten wie zehn Pfund schweren Birnen ab, Marcos Bericht recht gut zu dem, was uns Abbildung 8.1 zeigt. Als Marco Polo nach China kam, war das Riesenreich dem Westen in seiner gesellschaftlichen Entwicklung weit voraus.

Drei gewichtige Punkte allerdings gab es, von denen unser staunender Marco nichts wusste. Erstens nahm der Vorsprung des Ostens ab, von fast zwölf Indexpunkten gesellschaftlicher Entwicklung um 1100 auf weniger als sechs Punkte um 1500. Zweitens, was wir am Ende von Kapitel sieben als mögliches Szenario beschrieben haben – dass nämlich Eisenfabrikanten und Fabrikbesitzer mit dem Einsatz fossiler Brennstoffe im Osten eine industrielle Revolution hätten auslösen können – hat sich nicht realisiert. Marco bestaunte den »schwarzen Stein«, der in chinesischen Herden brannte, bewunderte genau so den fetten Fisch und das hauchdünne Porzellan. Trotz all seiner Wunder, das Land, wie er es beschrieb, blieb eine traditionelle Wirtschaft. Drittens schließlich war, dass Marco überhaupt dorthin hatte reisen können, ein Zeichen für die Zukunft. Die Europäer waren unterwegs. 1492 landete ein anderer Italiener, Christoph Kolumbus, in

* Noch heute gibt es einige Historiker, die bezweifeln, dass Marco Polo je in China gewesen ist.

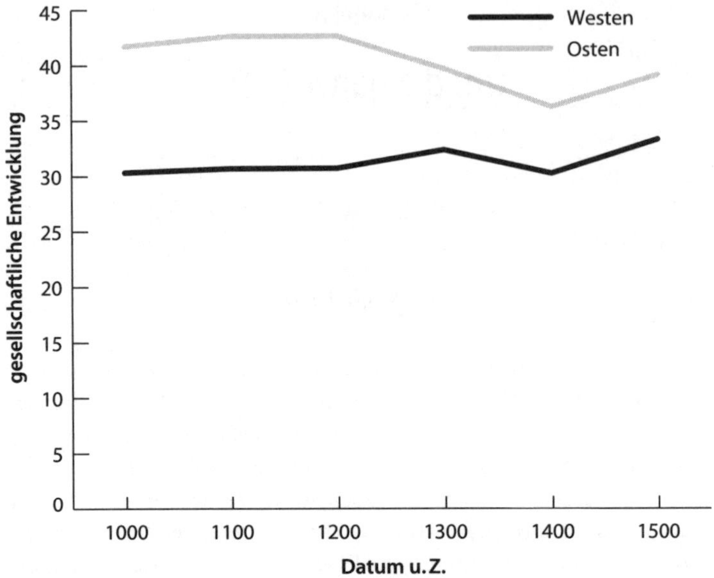

Abbildung 8.1: Der Abstand wird kleiner, die Welt schrumpft
Handel, Reisen und turbulente Zeiten bringen Ost und West einander wieder näher.

Amerika, blieb allerdings bis zu seinem Tod davon überzeugt, er habe Landmassen östlich von Indien (China, wie wir sagen würden) erreicht. 1514 aber machte sein Vetter Rafael Perestrello der Verwirrung, die in der Familie herrschte, ein Ende und wurde zum ersten Europäer, der wirklich nach China segelte.

Zwischen der Landung des Kolumbus und dem Zeitraum, in dem der Westen die Führung der gesellschaftlichen Entwicklung wiedererlangte, vergingen weitere 300 Jahre. Die lange Periode, die in diesem Kapitel behandelt wird, war nicht das Ende des östlichen Zeitalters, noch nicht einmal der Anfang vom Ende. Aber sie war zweifellos das Ende vom Anfang.

Satanische Horden

Kaifeng, 9. Januar 1127. Die Stadtmauern erbebten unter dem Aufprall der Rammböcke und den Detonationen von Bomben. Es war nur schwer zu erkennen, was da im Schneetreiben vor sich ging, aber noch schossen die chinesischen Verteidiger mit ihren riesigen Armbrüsten große eiserne Bolzen von den Mauern herab, sprühten brennendes Schießpulver in die Dunkelheit – in der Hoffnung, die Belagerungstürme zu treffen, die sich quietschend näherten. Dreitausend Mann aus dem Reich der Jurchen, der jüngsten Bedrohung von Chinas Nordgrenze, waren beim ersten Angriff auf die Mauern gefallen – verbrannt, von Steinen erschlagen oder von Pfeilen durchbohrt –, aber die Angreifer sammelten ihre Toten auf und formierten sich neu. Sie waren Schlimmeres gewohnt. Innerhalb der Mauern waren kaum hundert Mann gefallen, doch allein wegen der umherliegenden Leichen verloren die Verteidiger die Nerven. Offiziere verzagten, Gerüchte überschlugen sich, und nur zu bald war, durch den Schnee gedämpft, das Rumpeln zurückkehrender Belagerungstürme, das tödliche Zischen immer neuer Pfeile zu hören. Wir wissen nicht genau, wie die Panik begann, plötzlich aber strömten einige zehntausend Männer von den Zinnen und suchten ihr Heil in verzweifelter Flucht. Der Feind war in der Stadt, plünderte, brandschatzte, vergewaltigte, tötete. Manche Hofdamen ertränkten sich, um nicht ertragen zu müssen, was auf sie zukam, und der Kaiser konnte nur darauf warten, dass er als Gefangener abgeführt würde.

Der Fall von Kaifeng war eine selbst beigebrachte Wunde. Da war einerseits der wirtschaftliche Aufschwung im 11. Jahrhundert, andererseits aber der endlose Krieg der Song-Dynastie gegen die Kitan an der Nordgrenze: ein ständiger finanzieller Aderlass. Die Kaiser suchten nach neuen Wegen, ihre Rechnungen zu bezahlen. Daher nahm Kaiser Huizong, als sich die »Wilden Jurchen« aus der Mandschurei 1115 als Kämpfer gegen die Kitan anboten, dankend an (Abbildung 8.2). Es hätte ihn stutzig machen müssen, dass sich diese hinterwäldlerischen Bauern in gerade einmal 20 Jahren zu furchterregenden Reitern gemausert haben sollten. Aber es fiel ihm nicht auf. Huizong war Musikkenner, ein bekannter Maler und genialer Kalligraph, aber kein Staatsmann; und seine Berater betrieben Politik aus den Amtsstuben heraus, statt sich mit harten Fakten auseinanderzusetzen. Indem Huizong für die Jurchen eintrat, schuf er ein Ungeheuer, das zuerst die Kitan verschlang und dann ihn selbst. Es hätte auch noch die verzweifelten Überreste des Hofstaats der Song geschluckt, hätte sich dieser nicht auf Schiffen abgesetzt. Erst 1141 kam das Grenzgebiet zwischen den Jurchen, die jetzt Nordchina beherrschten, und einem deutlich verkleinerten Song-Staat mit seiner Hauptstadt Hangzhou zur Ruhe.*

Mit Kaifengs Untergang und der anschließenden Unterbrechung des Nord-Süd-Handels stockte die gesellschaftliche Entwicklung im 12. Jahrhundert, machte so gut wie keine Fortschritte, brach aber auch nicht zusammen, stagnierte nur. Kaifeng erholte sich rasch von der Plünderung und wurde zur Hauptstadt der Jurchen; Hangzhou wuchs zu der Metropole heran, die Marco Polo so beeindruckte. Die Kohlereviere Südchinas waren nicht so reich wie die des Nordens, aber es gab viele davon, und die Industriellen des 12. Jahrhunderts lernten, billigere, schmutzigere Kohle für die Eisenherstellung zu nutzen und aus den belasteten Nebenpro-

* Normalerweise unterteilen Historiker die Song-Periode in die Phase der Nördlichen Song (960–1127), als die Dynastie den größten Teil Chinas von Kaifeng aus regierte, und eine Phase der Südlichen Song (1127–1279), in der die Dynastie von Hangzhou aus nur Südchina regierte.

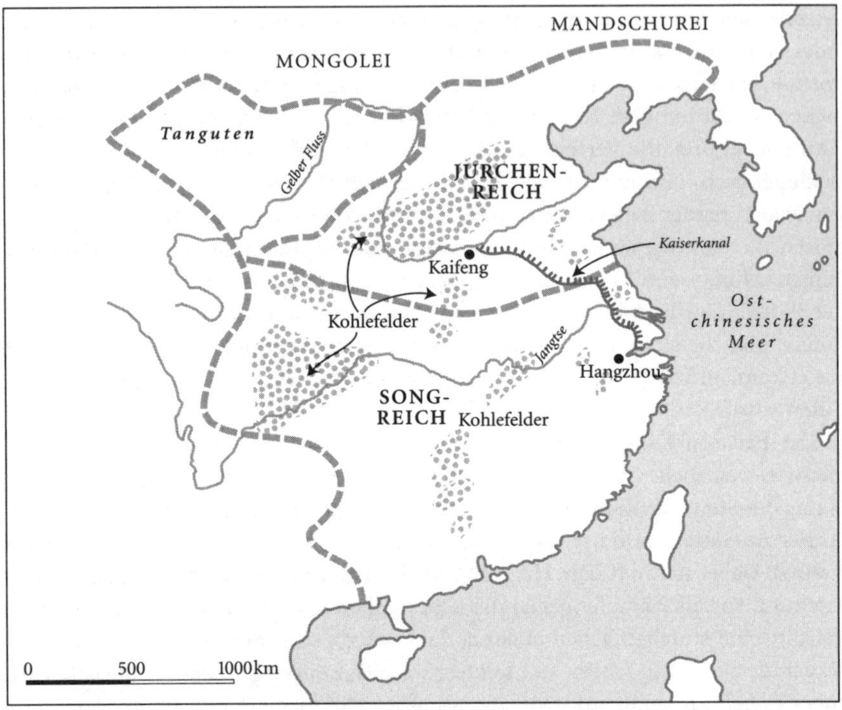

Abbildung 8.2: Die Erschaffung von Monstern
Die Reiche der Jurchen und der Song, 1141. Gepunktete Flächen zeigen die Hauptkohlevorkommen Chinas.

dukten der Eisenverarbeitung sogar Kupfer zu gewinnen. Handel, der Umlauf des Papiergelds, der Einsatz fossiler Brennstoffe und die Warenproduktion nahmen weiter zu. Um 1200 erschien der Beginn eines industriellen Zeitalters nicht weniger wahrscheinlich als ein Jahrhundert zuvor.

Das änderte sich abrupt, und zwar durch einen wilden jungen Steppenbewohner aristokratischer Herkunft namens Temüdschin. Er wurde wahrscheinlich 1162 in der eisigen Mongolei geboren. Sein Vater Yesügei hatte seine Mutter Hoelun vom Hochzeitswagen ihres ursprünglichen Bräutigams geraubt, geschwängert und geheiratet. Als Temüdschin neun Jahren alt war, ging sein Vater, den Gebräuchen entsprechend, mit ihm zusammen auf Brautschau. Bei einem befreundeten Clan fanden sie Wohlgefallen an Börte, einem etwa gleichaltrigen Mädchen. Während Temüdschin noch blieb, um sich mit seiner Braut anzufreunden, kehrte Yesügei zurück, wurde dabei aber von einem feindlichen Stamm ermordet. Seine Frau Hoelun wurde daraufhin von ihrer Sippe verstoßen. Ohne Schutz und allen Habs und Guts beraubt drohte ihr und ihren halbwüchsigen Kindern der Hungertod. Temüdschin, der ihnen zur Hilfe eilte, fing Ratten, damit sie überhaupt etwas zu essen bekamen. Allerdings erschlug er im Streit seinen älteren Halbbruder. Später musste er wiederholt fliehen, geriet in Gefangenschaft und durchlitt eine demütigende Zeit als Sklave, bis ihm seine legendäre Flucht gelang. Schließlich spürte er Börte auf, die inzwischen entführt worden war. Temüdschin brachte ihre Häscher um und konnte seine Braut nun heiraten.

Temüdschin war ein harter Mann, sonst hätten ihm die Mongolen auch niemals den Titel Dschingis Khan* verliehen, und er wäre wohl kaum zum größten Eroberer der Geschichte geworden. Man muss kein Therapeut sein, um auf die Idee zu kommen, dass sein Weg zur Macht wohl etwas mit seinen frühen Familienerfahrungen zu tun hatte – ein Weg, auf dem er seinen Schwur- und Blutsbruder Dschamucha, der zu seinem erbittertsten Rivalen geworden war, jagte und tötete, auf dem er seine Heerführer nicht mehr nach Blutsverwandtschaft auswählte, sondern nach Tapferkeit und bedingungslosem Gehorsam, und auf dem er im Zweifelsfall auch gegen seine dem Alkohol zugetanen Söhne entschied.

Über 2000 Jahre hinweg hatte sich am Leben in der Steppe in mancher Hinsicht kaum etwas geändert. Wie viele Stammesfürsten vor ihm war auch Dschingis Khan einesteils durch Furcht (vor China), andernteils durch Gier (nach Reichtum) getrieben. Diese Motive gaben den Anstoß, das Reich der Jurchen in Nordchina zu überfallen. Mit der Beute konnte er weitere mongolische Häuptlinge bewegen, ihm Gefolgschaft zu leisten. In anderer Hinsicht aber war doch einiges anders geworden, und selbst ein Großkhan wie er stand nicht über dem ehernen Gesetz der Geschichte, dass man nicht zweimal in denselben Fluss steigen kann.

Ein halbes Jahrtausend lang hatten chinesische, muslimische und christliche Siedler Städte, Bewässerungssysteme und den Pflug in die Steppe gebracht. Die Bauern nahmen den Nomaden Land, die wiederum übernahmen von den Bauern deren Wissen über Waffen und Lebensweisen. Die Nomaden konnten, wie sich herausstellte, bei diesem Tausch nur gewinnen. Auch hier kamen die Vorteile der Rückständigkeit zum Tragen, und Dschingis Khan – selbst Analphabet, aber der glänzendste unter den Nomadenfürsten – lernte, Ingenieure aus den Städten so gut in seine Reiterarmeen zu integrieren, dass er jede Festung ebenso leicht stürmen wie er jede feindliche Armee schlagen konnte. Bis zu seinem Tod im Jahr 1227 plünderte und raubte er sich mit seinen Streitkräften ein Reich zusammen, das vom Chinesischen Meer bis zur Wolga reichte (Abbildung 8.3). Hindernisse fegte er beiseite, »wie Schriftzeilen vom Papier gewischt werden«, so ein persischer Augenzeuge. Orte, durch welche die Mongolen gezogen waren, »wurden zur Be-

---

* Bis 1190 war es ihm gelungen, die mongolischen Sippen zu einigen, Rache an den tatarischen Mördern seines Vaters zu nehmen, weitere Stämme zu unterwerfen, sodass er 1206 vom Kuriltai, dem Reichstag der Mongolen, zum Dschingis Khan oder Großkhan aller Mongolen gewählt und mit dem Titel »ungestümer Herrscher« ausgezeichnet wurde. Mit einer Gesetzessammlung, der *Jassa*, beendete er die Willkürherrschaft der Stammesfürsten und gab dem Zusammenleben im Mongolenreich eine feste, ganz auf ihn zugeschnittene und zentralisierte Form. [A. d. Ü.]

hausung von Eule und Rabe; dort antworten nur die Schreieulen einander, und in den Hallen ächzt und stöhnt der Wind.«[2]

Dschingis Khan brauchte keinen Index gesellschaftlicher Entwicklung, um zu sehen, dass China das Beuteland schlechthin war. Soweit wir wissen, wollte er alles fortschleppen, die Bauern von ihrem Land vertreiben und ganz Nordchina zu Winterweiden für seine zähen Steppenponys machen. 1215 zerstörte er über 90 Städte, Beijing zum Beispiel brannte einen Monat lang. 1227, nach seinem Tod, gewannen jedoch klügere (chinesische) Berater die Oberhand und konnten den Mongolen klarmachen, dass es sich besser auszahlte, wenn man Bauern ihre Felder ließ und Steuern einzog.

Eine erste Gelegenheit, die neue Politik zu erproben, ergab sich alsbald. Unbeeindruckt davon, dass das Bündnis, das Huizong mit den Jurchen gegen die Kitan geschlossen hatte, mit der Plünderung Kaifengs endete, dass die Jurchen den Kaiser sogar verschleppt hatten, schlug ein neuer Song-Kaiser 1234 vor, ein ähnliches Bündnis mit den Mongolen, nun gegen die Jurchen, zu schließen – mit noch verheerenderem Ergebnis. Die Mongolen schluckten nicht nur das Jurchen-Reich, sondern brachten auch Chinas Armeen an den Rand des Zusammenbruchs.

Nur die Eigenarten mongolischer Politik bewahrten das Song-Reich vor dem Untergang schon in den 1230er Jahren. Nach Dschingis Khans Tod, 1227, wurde sein Sohn Ugedai zum Großkhan bestimmt, und sofort begannen dessen Neffen, sich um Ugedais Nachfolge zu streiten und sich gegenseitig auszumanövrieren. Einige von ihnen, die befürchteten, Ugedai werde zu mächtig und sein Sohn im Kampf um die Nachfolge begünstigt, wenn man ihn China erobern ließe, drängten die kleineren mongolischen Stammesfürsten, sich stattdessen stark zu machen für einen großangelegten Überfall auf den fernen Westen. 1235 bekamen Ugedais Widersacher, was sie wollten, und die wichtigsten und größten mongolischen Horden begannen ihren Zug gen Westen.

Die Europäer wussten buchstäblich nicht, wer sie da heimsuchte. Für Matthew Paris, einen englischen Chronisten, waren die einfallenden Horden ein totales Mysterium. »Niemals«, schrieb er, »gab es irgendeinen Zugang zu ihnen, noch haben sie sich von sich aus geäußert, sodass man hätte in Gesprächen Kunde von ihren Sitten gewinnen können.« Er nannte sie Tataren – in Anlehnung an Tartaros, die alte griechische Hölle – und fragte sich, ob sie vielleicht »eine unermessliche Horde des verabscheuungswürdigen Teufelsgeschlechts« seien. Sie könnten aber auch, überlegte er, die verlorenen Stämme Israels sein, die endlich nach Hause zögen. Auch wenn die Mongolen offenbar kein Hebräisch sprachen und das mosaische Gesetz nicht zu kennen schienen, blieb Paris dabei: Das waren Juden, die auf Abwege geraten waren, bevor Moses die Zehn Gebote empfangen hatte – Leute, »die fremden Göttern huldigten und unbekannte Sitten hatten und die nun, dank der Rache Gottes, allen anderen Völkern unbekannt waren, auch ihr Herz und ihre Sprache waren verwirrt, und ihr Leben wurde wie das der grausamen und vernunftlosen Bestie«[3].

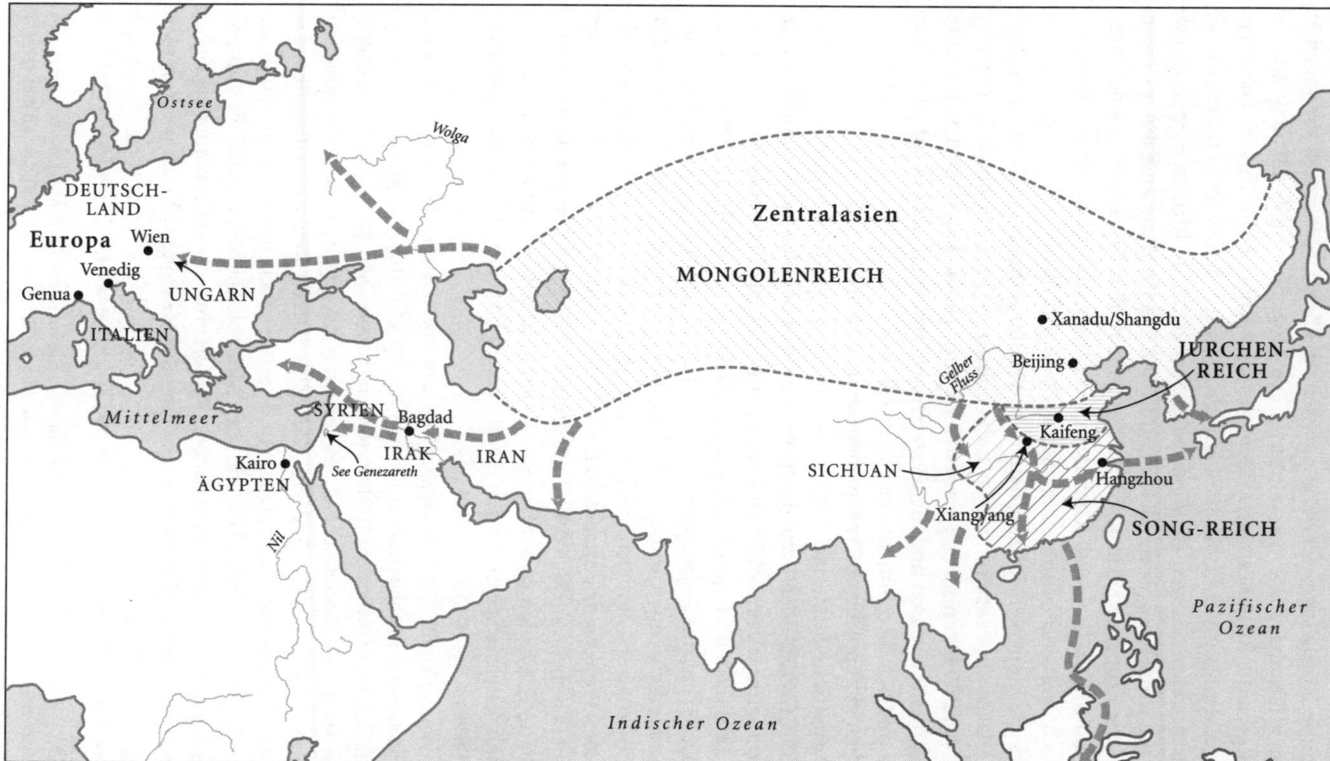

Abbildung 8.3: Wo die Mongolen umherzogen
Die Grenzen des Mongolenreichs zur Zeit um Dschingis Khans Tod sowie (gestrichelte Pfeile) die Kriegszüge seiner Söhne und Enkel bis 1294.

Manche Christen zogen daraus den Schluss, dass man sich gegen die verlorenen Stämme Israels logischerweise nur wehren könne, wenn man die Juden in der eigenen Nachbarschaft massakrierte. Die Mongolen hielt das nicht auf. Sie überwältigten die Ritterheere, die ihnen aus Deutschland und Ungarn entgegenzogen, und drangen vor bis nach Wien. Aber dann – genau so plötzlich, wie sie aufgetaucht waren – zogen sie wieder ab, wendeten ihre kleinen Steppenpferde und trieben ihre Gefangenen nach Zentralasien. Von Anfang an hatte ihr Überfall nicht die Eroberung Europas zum Ziel gehabt, den Kriegsherren ging es um Einfluss auf die Nachfolge im Khanat. Daher wurde, als Ugedai am 11. Dezember 1241 starb, Europa für sie mit einem Schlag bedeutungslos.

Als sich die Mongolen später erneut nach Westen wandten, suchten sie sich vernünftigerweise ein reicheres Ziel aus: das muslimische Kerngebiet. In nur zwei Wochen durchbrachen sie 1258 Bagdads Mauern, gaben dem letzten Kalifen drei Tage lang nichts zu essen und nichts zu trinken, warfen ihn dann auf einen Haufen Gold und befahlen ihm, das zu essen. Als er sich weigerte, rollten sie ihn und seine Erben in Teppiche und trampelten sie zu Tode.*

Eine ägyptische Streitmacht schließlich brachte die Mongolen am See Genezareth zum Halten, doch hatte deren Wüten nur noch den Schlusspunkt gesetzt hinter 200 Jahre wirtschaftlichen Niedergangs in den alten muslimischen Kernländern Iran, Irak und Syrien. Die größte Wirkung auf den Westen jedoch übten die Mongolen aus durch das, was sie nicht getan hatten. Weil sie Kairo *nicht* plündern und niederbrennen konnten, blieb es die größte und reichste Stadt; weil sie *nicht* in Westeuropa einfielen, blieben Venedig und Genua die größten Handelszentren des Westens. Die gesellschaftliche Entwicklung im alten muslimischen Kerngebiet taumelte vor sich hin, stieg hingegen in Ägypten und Italien weiterhin an und hatte sich in den 1270er Jahren, als sich Marco Polo nach China aufmachte, Richtung Westen verlagert, zu den mediterranen Ländern, die die Mongolen verschont hatten.

Die Mongolen gaben ihre Kriegszüge in den Westen auf, als ein weiterer Khan starb. Dessen Nachfolger Kublai Khan – verewigt durch das gleichnamige Gedicht von Samuel Coleridge, in dem der englische Dichter Xanadu**, die Sommerresidenz des Mongolenherrschers, verherrlicht: »Dieses sonnige Schloss! Jene Höhlen von Eis!«[4] – entschloss sich, das Chinesische Reich auszulöschen. Das führte die Mongolen in den härtesten und zerstörerischsten Krieg, den sie je ausgefochten hatten. Fünf Jahre lang mussten Mongolenheere die große Festung Xiangyang belagern, um den chinesischen Widerstand zu brechen, und als Kublai Khan 1279 den letzten Kindkaiser der Song ins Meer jagte, brach die komplexe

---

* Die Mongolen betrachteten das als einen ehrenwerten Tod, weil auf diese Weise kein (sichtbares) Blut vergossen wurde.

** Der zur Metapher für Prunk und Wohlstand gewordene Name beruht auf dem Missverstehen der chinesischen Bezeichnung, die normalerweise als »Shangdu« transkribiert wird. Kublai Khans Palastanlage, 1359 von den Chinesen zerstört, wird derzeit archäologisch gesichert.

Infrastruktur zusammen, die China bis zur Schwelle einer industriellen Revolution gebracht hatte. Die gesellschaftliche Entwicklung im Osten geriet in freien Fall.

Zu diesem Abwärtsstrudel trugen sicher auch Naturkatastrophen bei. Nachdem sich Kaifeng von der Plünderung durch die Jurchen erholt hatte, begann der eigentliche Niedergang der Stadt: 1194 durchbrach der Gelbe Fluss seine Deiche und zerstörte die Versorgungskanäle, über die die Kohle in die Stadt kam und deren Produkte ins Reich verschifft wurden. Der Gelbe Fluss war schon öfter über die Ufer getreten, diesmal aber wurde die Erbarmungslosigkeit der Natur durch die Zerstörungen der Mongolen noch verstärkt. In den 1230er Jahren folgten den mongolischen Horden Hunger und Seuchen, rafften allein in Kaifeng und Umgebung eine Million Menschen dahin, möglicherweise noch mehr in Sichuan; und noch zahlreichere Opfer waren in den 1270er Jahren zu beklagen. Insgesamt dezimierten die vier apokalyptischen Reiter, die China im 13. Jahrhundert heimsuchten – Völkerwanderungen, Zusammenbruch des Staates, Hungersnot und Krankheiten – die Bevölkerung um ungefähr ein Viertel. Mochte Marco Polo auch staunen, um 1290 aber war China definitiv nicht mehr auf dem Sprung in ein Industriezeitalter. Von nun an verringerte sich der Abstand zwischen Ost und West.

Kanonen, Krankheitskeime und Gusseisen

Wann immer die gesellschaftliche Entwicklung des Ostens in früheren Epochen zurückgefallen war, vom 1. bis zum 4. Jahrhundert u. Z. etwa, geschah dies unter dem Einfluss des eurasienweit wirksamen Paradoxons. Der steile Anstieg der gesellschaftlichen Entwicklung im 1. Jahrtausend v. u. Z. hatte die Entfernung zwischen den Kerngebieten verringert; Reisende, Kaufleute und Räuber hatten Verkehrswege durch die Steppe und über den Indischen Ozean geschaffen. Dieser mit der steigenden Entwicklung in Gang gesetzte Alte-Welt-Austausch ließ aber auch Kräfte heranwachsen, die die Entwicklung schwächten, und als es das westliche Kerngebiet nicht schaffte, bei 43 Punkten durch die Decke zu schießen, zogen die apokalyptischen Reiter beide Kerngebiete nach unten.

Im 9. Jahrhundert nun hatte sich die Entwicklung im Osten so weit erholt, dass es zu einer zweiten Phase des Alte-Welt-Austauschs kam. Erneut zogen Kaufleute, Missionare und plündernde Horden durch die Steppe und über den Indischen Ozean, wieder entstanden einander überlagernde Berührungszonen (Abbildung 8.4). In Dschingis Khans Jugendjahren führten Kaufleute nicht nur Luxuswaren wie Gewürze und Seide mit sich, sondern sie verschifften auch Nahrungsmittel über den Indischen Ozean – und zwar in Mengen, die die Römer hätten vor Neid erblassen lassen. Von Hormuz am Persischen Golf bis nach Majapahit auf Java erblühten kosmopolitische Handelsstädte.

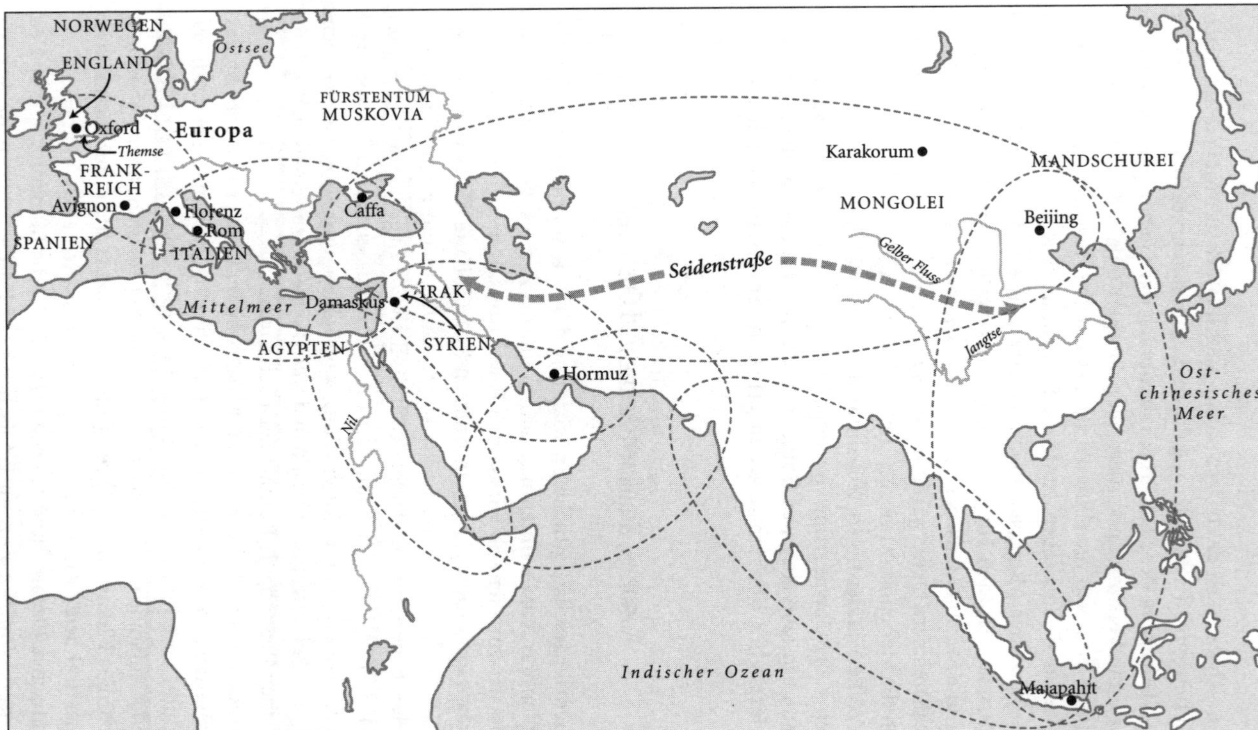

Abbildung 8.4: Der zweite Alte-Welt-Austausch
Die acht einander überlappenden Zonen des Handels und des Verkehrs, durch die Fortschritt und Unglück von einem Ende Eurasiens zum anderen transportiert wurden.

Die mongolische Eroberung der Steppe verlieh einer zweiten Ost-West-Schlagader Stabilität, und Ugedai Khan, der seine frisch begründete Hauptstadt Karakorum unbedingt zu einer würdigen Reichsmetropole machen wollte, köderte Kaufleute, indem er ihnen zusätzlich zehn Prozent auf ihre Warenpreise zahlte. »Er saß«, so schrieb der persische Gelehrte Rashid al-Din, »jeden Tag nach der Mahlzeit auf einem Sessel vor seinem Palast, wo Waren jeglicher Art und aus aller Welt aufgestapelt waren.«[5]

Zusammen mit den Kaufleuten kamen Männer der Kirche, neugierig gemacht durch die gelassene Einstellung der Mongolen zur Religion. »Aber so wie Gott der Hand verschiedene Finger gab«, soll Ugedais Nachfolger zu einem Christen gesagt haben, »so gab er auch dem Menschen verschiedene Wege, Seligkeit zu erlangen.«[6] Und weil er diese Gebräuche näher kennen lernen wollte, ließ der Khan 1254 eine öffentliche Debatte zwischen Buddhisten, Muslimen und Christen veranstalten – nur in Karakorum war so etwas möglich.

Eine große Menschenmenge kam zusammen, um die gelehrten Doktoren zu sehen, aber das Experiment scheiterte. Nach mongolischer Sitte wurde den streitenden Parteien vergorene Stutenmilch gereicht, und mit der Zeit war immer weniger verständlich, worüber sie redeten. Ihr dialektisches Können verlor an Treffsicherheit, die Christen intonierten Hymnen, die Muslime Koranverse, die Buddhisten wiederum verfielen in schweigende Meditation – einem Beispiel, dem irgendwann auch die betrunkenen Christen und Muslime folgten.

Auch wenn der Dialog zwischen den Glaubensrichtungen damit gescheitert war, so kamen doch weiterhin Menschen aus dem Westen in den Osten. Muslimische Händler brachten chinesische Waren nach Caffa auf der Krim und verkauften sie dort an Italiener. Die wiederum verkauften sie nicht nur an Nordeuropäer weiter (auf französischen Märkten tauchte die erste chinesische Seide 1257 auf), sondern verfolgten sie auch zu ihren Entstehungsorten zurück. So etwa die Kaufleute Niccolò und Maffeo Polo, die 1260 von Soldaia am Schwarzen Meer bis nach Beijing zogen. Ihre zweite Reise dann begannen sie 1274 mit ihrem Neffen Marco im Schlepptau. Missionare folgten, und 1305 rühmte, gerade in Beijing angekommen, ein christlicher Mönch die Route durch die Steppe: Sie sei schneller und sicherer als die Route über das Meer.

Der erste Alte-Welt-Austausch hatte nur dünne Fäden quer durch Eurasien gezogen, der zweite nun spann ein regelrechtes Gewebe. Jetzt waren so viele Menschen unterwegs, dass die Jahrhunderte nach 1100 auch zur ersten Epoche eines Techniktransfers wurden. Es war fast ausschließlich der rückständige Westen, der davon profitierte. Ein so simples Arbeitsgerät wie die Schubkarre, auf das eigentlich jeder hätte kommen können, wurde um das 1. Jahrhundert in China erfunden, aber erst um 1250 kam es nach Europa; ebenso das Kummet, das in China seit dem 5. Jahrhundert in Gebrauch war.

Der bei weitem wichtigste technische Transfer jedoch waren billige Werkzeuge aus Gusseisen. Derartige Werkzeuge waren in China bereits im 6. Jahrhundert v.u.Z. aufgetaucht und bis zum 1. allgemein gebräuchlich geworden. Araber lernten Gusseisen im 11. Jahrhundert kennen, Europäer erst um 1380. Wer jemals versucht hat, Erde ohne eiserne Spitzhacke und Schaufel zu bewegen, wird wissen, welchen Unterschied Eisen macht. Bei einer Ausgrabung in Griechenland während meiner Studentenzeit ging einmal der Schlüssel zum Lagerraum verloren, und wir mussten ohne unsere Eisenwerkzeuge anfangen zu graben. Wir haben gelernt, wie hart und schwer der Boden sein kann, wenn man an ihn herangeht wie ein Europäer vor 1380. Insofern kann ich persönlich bezeugen, dass der zweite Alte-Welt-Austausch die westlichen Methoden der Energieausbeute revolutioniert hat.

Und nicht nur das, sondern auch die Informationstechniken und das Nachrichtenwesen. Das erste Papier – aus Maulbeerbaumrinde – fertigten chinesische Handwerker 105 u.Z. an; um 700 wurde allgemein Papier aus Zellstoff verwendet. Die Araber lernten das Papier um 750 kennen (angeblich, indem sie in Zentralasien chinesische Papiermacher gefangen nahmen), aber erst nach 1150 kauften Italiener Papier von den Arabern, und erst 1276, über 100 Jahre später, stellten sie es selbst her. Da hatten chinesische Verleger bereits 500 Jahre lang geschnitzte Holztafeln benutzt, um Bücher auf Papier zu drucken, und schon 200 Jahre lang mit beweglichen Lettern experimentiert. Die Europäer übernahmen den Holztafeldruck erst um 1375, erfanden ihn vielleicht auch noch einmal. Der erste Druck mit beweglichen Lettern gelang Johannes Gutenberg um 1430.

Nicht nur so alte Geräte wie die Schubkarre eignete man sich im Westen an, auch die damals neuesten Errungenschaften. Der Magnetkompass, zum ersten Mal in einem chinesischen Text von 1119 erwähnt, erreichte Araber und Europäer bereits um 1180. Noch schneller verbreiteten sich Schusswaffen. Während der mongolischen Invasion Chinas lernten Handwerker im Osten, wie man Schwarzpulver so schnell zum Oxydieren bringt, dass es explodiert und nicht bloß brennt, und nutzten dieses neue tückische Verfahren, um Pfeile aus Bambusrohren abzuschießen. Das älteste bekannte Gewehr – ein in der Mandschurei gefundenes, 30 Zentimeter langes Bronzerohr, mit dem sich Bleikugeln abfeuern ließen – stammt wahrscheinlich von 1288. Ein Florentiner Manuskript aus dem Jahr 1326, also kaum eine Generation später entstanden, beschreibt eine Donnerbüchse aus Messing; ein Oxforder Manuskript von 1327 enthält Illustrationen, auf denen unverkennbar zwei (wenn auch primitive) Kanonen zu erkennen sind. Soweit wir wissen, benutzten bald darauf auch die Araber zum ersten Mal Handrohre, nämlich 1331 während eines Feldzugs in Spanien. Eine weitere Generation war notwendig, damit die neuen Donnerwaffen ihren Weg wieder ostwärts nach Ägypten fanden.

In den nächsten Jahrhunderten sorgten die Kanonen und Arkebusen im Westen für einige Veränderungen. Sehr viel bedeutsamer war aber ein weiteres »Handelsgut«, das im zweiten – wie im ersten – Alte-Welt-Austausch hin- und herbewegt wurde: Krankheitskeime. »Die Zivilisation sowohl im Osten als auch im Westen wurde von einer tödlichen Seuche heimgesucht, die die Länder verwüstete und ganze Bevölkerungen verschwinden ließ«, schrieb der arabische Historiker Ibn Chaldun. »Sie verschlang viele gute Dinge, die die Zivilisation gebracht hat, und vernichtete sie.«[7] Der Schwarze Tod* war angekommen.

Entstanden ist die Pest wahrscheinlich in Zentralasien und hat sich entlang der Seidenstraße verbreitet. Einem arabischen Gelehrten zufolge (der selbst an ihr starb) brach sie um 1331 in der Steppe aus, und noch im selben Jahr wurde das mittlere Jangtse-Tal von einer Epidemie heimgesucht, der fast 90 Prozent der Bevölkerung zum Opfer fielen. Wir wissen nicht, ob das derselbe Bazillus war wie der, der die nächsten 20 Jahre in ganz Eurasien wütete, aber eine 1338 und 1339 auf mongolischen Grabsteinen erwähnte Pest ging ziemlich sicher auf diesen Erreger zurück. 1340 verlieren wir die Seuche für ein paar Jahre aus den Augen, ganz plötzlich aber wütete sie dann überall zugleich: sie schlug 1345 an der chinesischen Ostküste zu, wurde im Jahr darauf von einer mongolischen Armee nach Caffa am Schwarzen Meer eingeschleppt.** Der zweite Alte-Welt-Austausch war zu seinem Ausgangspunkt zurückgekehrt.

Im Jahre 1347 verbreiteten Kaufleute die Pest in jedem Hafen am Mittelmeer. Von England bis zum Irak traten die klassischen Symptome der Beulenpest auf. »Plötzlich erschienen Schwellungen in der Achselhöhle oder an den Leisten, in vielen Fällen an beiden Stellen«, notierte ein französischer Chronist 1348, »unfehlbar waren sie Zeichen des Todes.«[8] Noch tödlicher war eine krankhafte Veränderung der Lunge, die durch Husten verbreitet wurde. »Die Leute spuckten Blut, und einer war übersät von Hautflecken und starb«, kommentierte ein Dichter aus Damaskus lakonisch[9], der dann selbst 1363 der Seuche zum Opfer fiel.

Wer auch immer zur Feder griff, berichtete von Friedhöfen, die so voll waren, dass sie keine weiteren Leichen mehr aufnehmen konnten. Wir lesen von Priestern, die tot umfielen, während sie die Letzte Ölung verabreichten, von ganzen Dörfern, die ausgestorben waren. »Die Seelen der Menschen sind sehr billig geworden«, heißt es bei einem anderen Dichter aus Damaskus. »Die Seele ist nur einen Kern wert«[10] – ein gruseliges Wortspiel mit dem Wort *habbah*, das sowohl »Getreidekern« oder »Korn« als auch »Pustel« bedeutet, das erste Symptom der Beulenpest.

Um 1351 hatte die Krankheit ein Drittel, wenn nicht die Hälfte der Bevölkerung des Westens dahingerafft, hatte sich vom Mittelmeer bis nach Moskau vorangearbeitet und von dort zurück nach China. In diesem Jahr brachten »grünäugige Christen«[11], die der Kaiser in Zentralasien angeworben hatte, um Aufständische zu bekämpfen, die Seuche mit. Sie tötete die halbe Armee, im Jahresrhythmus

---

* Dieser Namen wurde erst 1832 erfunden. Die Europäer des 14. Jahrhunderts sprachen vom »Großen Sterben«, chinesische und arabische Quellen verwendeten jeweils ein halbes Dutzend Bezeichnungen.

** Der Chronist Gabriele de' Mussi (der sich zu dieser Zeit in Italien aufhielt) behauptete, die Mongolen hätten Katapulte benutzt, um Leichen von Pestopfern über die Befestigungsanlagen hinweg in die Stadt Caffa zu schleudern. Die meisten Historiker vermuten – prosaischer –, dass es Ratten waren, die mit Pest infizierte Läuse aus dem Lager der Angreifer in die Stadt schleppten.

wütete sie bis 1360 in China. Die Zahl der Opfer lässt sich nicht schätzen, aber sie wird enorm hoch gewesen sein.

Plagen wie der Schwarze Tod suchen die Menschen stets zur Unzeit heim, doch schwerlich lässt sich ein Zeitpunkt denken, der hätte schlimmer sein können als die 1340er Jahre. Die milde Warmzeit ging in die Periode über, die Klimatologen meist die Kleine Eiszeit nennen. Von Norwegen bis China wuchsen die Gletscher. Ab 1350 fror die Dänemarkstraße zwischen Grönland und Island regelmäßig zu. Die Normannen gaben ihre Siedlungen auf Grönland auf, Eisbären wanderten über die Eisbrücke nach Island, wo sie geeignete Lebensbedingungen fanden. 1303, ein zweites Mal 1306/07 fror die Ostsee zu, 1309/10 die Themse. Von 1315 bis 1317 regnete es in Nordwesteuropa so viel, dass die Ernten auf den Feldern verrotteten und der Boden – ein wahrhaft frappierender Nebenaspekt – zu morastig wurde für Ritterturniere.

Missernten, der Tod der Liebsten – waren das nicht alles Anzeichen einer Botschaft Gottes? In China läuterten sich eingefleischte Banditen zu religiösen Rebellen, die vor allem gegen die mongolischen Besatzer aufbegehrten. Während der fremde Kaiser sich auf Vergnügungsschiffen und mit Orgien amüsierte, verkündeten messianische Sektenführer, Buddha komme zurück, um die Übel der Welt zu beseitigen und jedermann ins Paradies zu geleiten. Um 1350 zerfiel das Reich.

Wir wissen ziemlich wenig über die Ereignisse im alten westlichen Kernland Irak, dessen mongolische Herrscher ebenso unfähig waren wie die in China. In Ägypten und Syrien jedenfalls könnte die Seuche den Islam gestärkt haben; sicher nicht jeder wird die offiziellen Verlautbarung geglaubt haben, die Seuche solle nur die Ungläubigen strafen (für Gläubige sei der Tod Gnade und Martyrium). So schrieb zum Beispiel der Chronist Ibn al-Wardi: »Wir bitten Gott um Vergebung für die schlechten Neigungen unserer Seelen; die Seuche ist gewiss seine Strafe«.[12] Wer mit magischen Amuletten handelte, machte gute Geschäfte. Die bei weitem gängigsten Reaktionen aber waren Massengebete, Prozessionen zu Gräbern heiliger Männer und schärfere Gesetze gegen Alkohol und den Verfall der Sitten.

Vielen Christen mutete das alles noch viel schlimmer an. Nicht nur, dass Gott sie offensichtlich strafen wollte – »Mir schwindelt, da ich Vorbereitungen treffe, über das Urteil zu schreiben, das die göttliche Gerechtigkeit in ihrer unendlichen Gnade gegen die Menschen verhängt hat«, lamentierte Matteo Villani, ein Florentiner Kaufmann und Historiker[13] –, auch die Kirche selbst schien aus den Fugen geraten zu sein. 1303 hatte ein französischer König den Papst verprügeln und ins Gefängnis werfen lassen, bald darauf wurde der päpstliche Hof nach Avignon verlegt, wo er zu einem Synonym für Korruption und Dekadenz wurde. Einer dieser avignonesischen Päpste ließ sogar die Behauptung verbieten, Jesus sei arm gewesen. Ein paar Jahrzehnte später machten sich einige Kardinäle aus dem Staub, begaben sich zurück nach Rom und wählten einen Gegenpapst, der sich mit dem in Avignon über alles stritt, was strittig sein konnte. Und ab 1409 gab es einige lähmende Jahre lang sogar drei rivalisierende Päpste, die alle den Anspruch erhoben, Stellvertreter Gottes auf Erden zu sein.

Von der Kirche enttäuscht nahmen irritierte Gläubige die Dinge selbst in die Hand. Am kreativsten waren die Flagellanten:

> Mit nacktem Oberkörper sammelten sie sich in großen Gruppen und Scharen und marschierten in Prozessionen über die Kreuzungen und Plätze der Städte. Sie bildeten Kreise und schlugen sich mit Peitschen auf den Rücken, frohlockten darüber mit lauter Stimme und dem Singen von Hymnen. … Auch viele ehrbare Frauen und fromme Damen gaben sich, so ist zu berichten, dieser Buße mit Peitschen hin, und zogen den Männern gleich singend durch die Städte und Kirchen.[14]

Andere bevorzugten traditionellere Heilmittel wie das Massakrieren von Juden, obwohl diese (worauf einer der Päpste 1348 ausdrücklich hingewiesen hatte) ebenso schnell starben wie Christen. Aber nichts half, und die gesellschaftliche Entwicklung im westlichen Kerngebiet rund ums Mittelmeer fiel in der großen, vom zweiten Alte-Welt-Austausch angelieferten Seuche ebenso schnell zurück wie während der Epidemien, die zur Zeit des ersten Alte-Welt-Austauschs grassiert hatten. Kein Wunder, dass vielen Menschen das Ende der Welt nahe schien.

Verschiedene Flüsse

Man könnte denken, die Geschichte wiederhole sich. Im 1. Jahrhundert u. Z. war die gesellschaftliche Entwicklung im Westen auf ein Höchstmaß gestiegen, auf rund 43 Punkte, und im Bemühen, darüber hinaus zu gelangen, löste sie einen Jahrhunderte langen, die gesamte Alte Welt erfassenden Kollaps aus. 1100 Jahre später erreichte die gesellschaftliche Entwicklung im Osten das gleiche Niveau und führte zu ähnlichen Katastrophen. Wären von Dänikens Besucher aus dem All auch 1350 um die Erde gekreist, hätten sie vielleicht gedacht, die menschliche Geschichte sei festgefahren in einer Reihe von Auf- und Abschwungzyklen und renne gegen eine nicht zu durchbrechende Obergrenze an.

Aber wie alle Weltraumbewohner, die ich mir bisher vorgestellt habe, wären sie damit im Irrtum gewesen, weil da noch ein anderes historisches Gesetz am Werk war. Nicht einmal apokalyptische Reiter können zweimal durch denselben Fluss reiten. Die Kerngebiete, durch die sie während des zweiten Alte-Welt-Austauschs zogen, unterschieden sich deutlich von denen, die sie während der ersten Phase verwüstet hatten, und insofern hatte der zweite Austausch ganz andere Folgen als der erste.

Schon bei oberflächlicher Betrachtung zeigt sich, dass beide Kerngebiete, als sich der zweite Austausch um 1200 intensivierte (Abbildung 8.5), geographisch größer waren als zur Zeit des ersten – und Größe ist ein wichtiger Faktor. Einerseits ermöglichten größere Kerngebiete auch größere Störungen. Katastrophen lassen sich nur schwer quantifizieren, aber die Seuchen, Hungersnöte und Völkerwanderungen, die im 13. Jahrhundert stattfanden, scheinen schlimmer gewesen zu sein als diejenigen, die im 2. Jahrhundert einsetzten. Andererseits konnten größere Kerngebiete die Schläge, die sie trafen, auch gründlicher absorbieren; aufgrund ihrer größeren Reserven setzte die Erholung beschleunigt ein. Japan, Südostasien, der Mittelmeerraum und der größte Teil Europas entgingen den Verwüstungen, die die Mongolen im 13. Jahrhundert anrichteten. Japan und Südostasien entgingen im 14. Jahrhundert zudem dem Schwarzen Tod, und im eigentlichen Herzen Chinas scheint die Deltaregion des Jangtse die Katastrophen bemerkenswert gut überstanden zu haben.

Auch die Wirtschaftsgeographie hatte sich verändert. Um 100 u.Z. war das westliche Kerngebiet reicher und entwickelter als das östliche, um 1200 verhielt es sich genau andersherum. Nun war es der Osten, nicht der Westen, der sich der Höchstgrenze entgegenstreckte, und die östlichen Handelsnetze (besonders diejenigen, die Südchina, Südostasien und den Indischen Ozean miteinander verbanden) stellten alles in den Schatten, was der Westen vorzuweisen hatte.

Es waren die Veränderungen in der politischen Geographie, die die Wirtschaft stärkten. In beiden Kerngebieten hatte sich um 100 u.Z der Handel innerhalb der

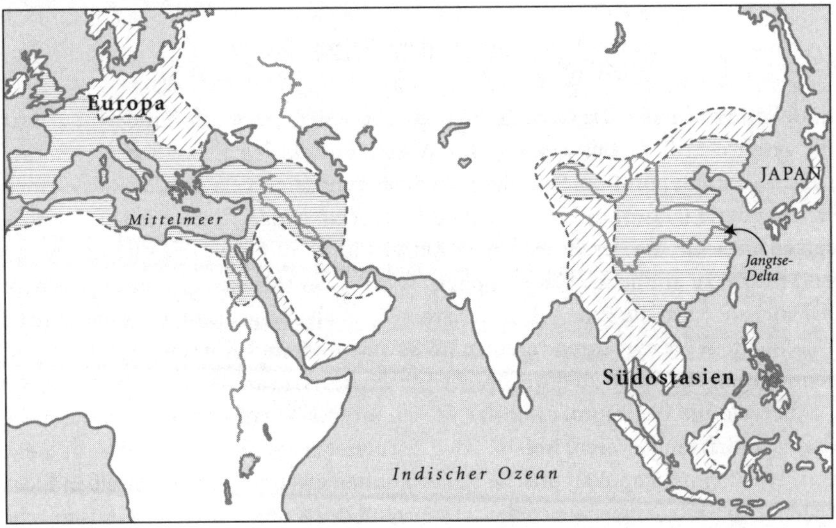

Abbildung 8.5: Größe zählt

Die horizontalen Schraffuren markieren die Regionen im östlichen und westlichen Kerngebiet, die um 100 u.Z., beim Ausbruch der ersten Krise der Alten Welt, von Staaten regiert wurden. Die diagonalen Schraffuren geben die Ausdehnung staatlicher Herrschaft bis 1200, kurz vor der zweiten Krise, an.

Grenzen eines einzigen großen Reiches abgespielt; um 1200 galt das nicht mehr. In beiden Kerngebieten herrschte ein politisch größeres Durcheinander als in der Antike, und selbst wenn es den großen Reichen noch einmal gelang, die alten Kernlande nach dem Schwarzen Tod zu konsolidieren, fielen doch die politischen Beziehungen sehr unterschiedlich aus. Alle großen Reiche mussten jetzt mit einem Ring sie umgebender, kleinerer Staaten zurechtkommen. Im Osten waren ihre Beziehungen in erster Linie wirtschaftlicher und diplomatischer, im Westen dagegen kriegerischer Art.

Kurz: Die Kerngebiete erholten sich vom zweiten Alte-Welt-Austausch nicht nur schneller als vom ersten, sondern auch auf unterschiedliche Weise.

Im alten Kerngebiet des Westens errichteten die Osmanischen Türken im 14. Jahrhundert rasch ein neues Reich. Dabei waren die Osmanen nur einer von mehreren Dutzend türkischer Clans, die sich um 1300, nachdem die Mongolen die älteren muslimischen Reiche (Abbildung 8.6) erschüttert hatten, in Anatolien niederließen. Aber nach dem Schwarzen Tod schafften sie es in nur wenigen Jahren, die Oberhand über ihre Rivalen zu gewinnen und bei Gallipoli, am Ausgang der Dardanellen, einen Brückenkopf nach Europa zu errichten. Schon in den 1380er Jahren tyrannisierten sie die kümmerlichen Reste des Byzantinischen Reiches, und bis 1396 hatten sie der Christenheit einen solchen Schrecken eingejagt, dass die streitenden Päpste von Rom und Avignon beschlossen, ihre Kräfte zu vereinen und den Osmanen mit einem weiteren Kreuzzug Einhalt zu gebieten.

Der Feldzug endete in einer Katastrophe, doch die Hoffnungen der Christen lebten kurzzeitig wieder auf, als Tamerlan (auch Timur genannt), ein mongolischer Stammesfürst, gegen den Dschingis Khan geradezu ausgeglichen wirkte, erneut Nomadenhorden aus der Steppe gegen die muslimische Welt führte. 1400 vernichteten seine Mongolen Damaskus, besetzten und plünderten 1401 Bagdad, wobei sie, so die Legende, rund um die Ruinen der Stadt aus den Schädeln der 90 000 erschlagenen Einwohner eine Reihe von Türmen errichteten. 1402 schlug Tamerlan die Osmanen und steckte den Sultan in einen Käfig, wo der vor lauter Scham sein Leben aushauchte. Dann jedoch enttäuschte Tamerlan die Christen. Anstatt die verbliebenen muslimischen Lande zu verwüsten, kam er zu der Auffassung, der Kaiser im weit entfernten China habe ihn beleidigt, und hieß seine Reiter umkehren. 1405, auf dem Ritt nach Osten, ereilte ihn der Tod.

Die Osmanen hatten noch mal Glück gehabt, und nach nur 20 Jahren nahmen sie ihren alten Kurs wieder auf, mussten aber, als sie durch den Balkan zogen, einige harte Lektionen lernen. 1402, in der Schlacht gegen die Mongolen, kämpften beide Parteien, wie es Steppenkrieger 2000 Jahre lang getan hatten: Schwärme berittener Bogenschützen kreisten den sich weniger schnell bewegenden Feind ein und ließen einen Pfeilhagel los. Mit diesen Schwärmen leichter Reiterei konnten es europäische Ritter und ihre Hilfstruppen nicht aufnehmen,

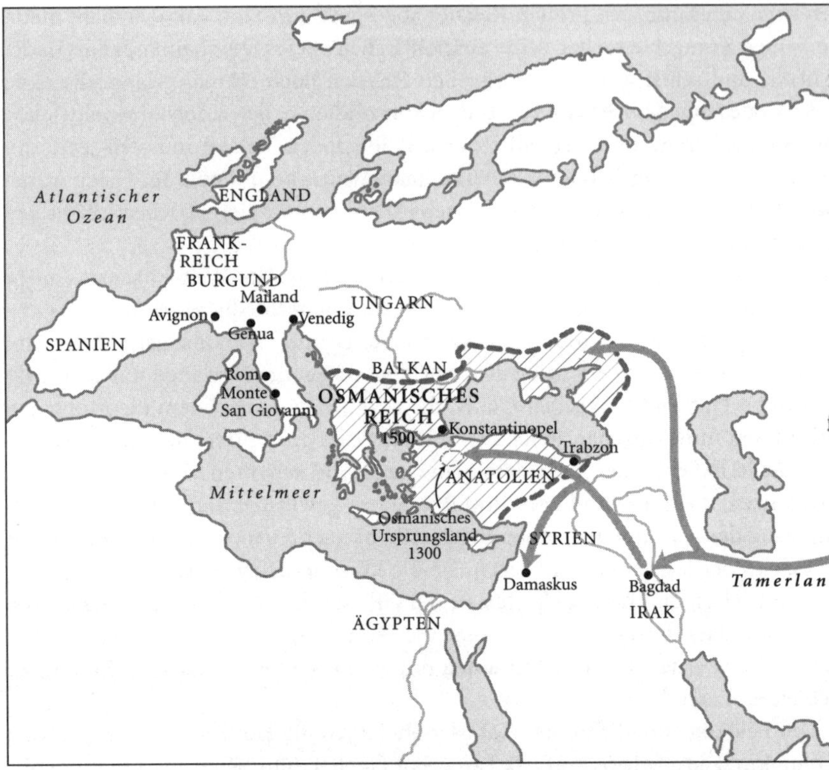

Abbildung 8.6: Die Wiederbelebung des Westens, 1350–1500
Die Schraffuren zeigen die Ausdehnung des Osmanischen Reiches um 1500. Damals verlagerte sich das westliche Kerngebiet entscheidend nach Norden und Westen.

dafür aber hatten sie ihre neumodischen Kanonen so weit verbessert, dass eine ungarische Armee den Osmanen 1444 eine böse Überraschung bereitete. Mit kleinen, auf Wagen montierten Geschützen, die sich zu beweglichen Festungen verbinden ließen, und der so erzielten Feuerkraft konnten die Ungarn die türkische Reiterei vorübergehend stoppen. Wäre König Wladislaw III., der an der Spitze seiner Truppen galoppierte, nicht getötet worden, er hätte die Schlacht wahrscheinlich gewonnen.

Die Türken lernten schnell und verfielen rasch auf die einzige Lösung: Sie kauften die europäische Feuerkraft. Die neue Technik war teuer, aber selbst Europas reichste Staaten wie Venedig und Genua waren arm im Vergleich zu den Sultanen. Indem sie Italiener als Admirale und Belagerungsingenieure anheuerten, junge Christen als Militärsklaven zu einem Eliteinfanteriekorps ausbildeten und europäische Kanoniere anwarben, konnten die Osmanen unter Mehmed II. bald erneut losschlagen. 1453 begannen sie ihren Angriff auf Konstantinopel, der immer noch größten Festung der Welt und dem Haupthindernis für die Streitmacht der Türken auf dem Weg in den Balkan. Sie spannten den Byzantinern deren besten Geschützmacher aus, einen Ungarn. Dieser fertigte den Osmanen eine Eisenkanone, die groß genug war, eine 1000 Pfund schwere Steinkugel abzuschießen, wobei sie einen solchen Krach machte, dass (so die Chronisten) schwangere Frauen Fehlgeburten erlitten. Das Kanonenrohr bekam denn auch schon am zweiten Tag Risse, am vierten oder fünften Tag war es überhaupt nicht mehr zu gebrauchen. Doch ließ der ungarische Meister auch kleinere, kampftauglichere Kanonen gießen, die Erfolg hatten, wo der Gigant versagte.

Zum ersten und einzigen Mal in seiner Geschichte hielten Konstantinopels Mauern nicht stand. Tausende in Panik geratene Byzantiner suchten Schutz in der Hagia Sophia. Sie vertrauten einer Prophetie, dass nämlich, wenn Ungläubige die Kirche angriffen, ein Engel mit dem Schwert in der Hand niederfahren und das Römische Reich wiederherstellen werde. Aber es kam kein Engel, Konstantinopel fiel – und mit ihm hauchte das Imperium Romanum sein Leben endgültig aus.*

Während die Türken Richtung Mitteleuropa vorrückten, kämpften die europäischen Könige ebenso heftig gegeneinander wie gegen die Ungläubigen. Ein wahrer Rüstungswettlauf begann. In den 1470er Jahren marschierten Frankreich und Burgund an dessen Spitze, gossen Kanonen mit dickeren Rohren, formten Schießpulver zu Körnern, die schneller zündeten, verwendeten Eisen- statt Steinkugeln. Das Ergebnis waren kleinere, besser transportable und doch stärkere Kanonen; sie waren zudem leicht genug, um auf Schiffen montiert werden zu können – auf neuartigen Karavellen, die von Segeln und nicht von Rudern angetrieben wurden. Die Stückpforten waren so tief unten in den Schiffsrumpf geschnitten, dass von dort abgeschossene eiserne Kanonenkugeln feindliche Kriegsschiffe knapp oberhalb der Wasserlinie durchschlugen.

Nur Könige konnten sich derart aufwändige Techniken leisten, und langsam, aber sicher kauften sich die westeuropäischen Monarchen genügend dieser neuen Waffen zusammen, um die Feudalherren, die freien Städte und Bischöfe, deren sich überschneidende Rechtsprechung die früheren Staaten Europas geschwächt hatten, einschüchtern zu können. An der Atlantikküste entstanden größere und stärkere Staaten – Frankreich, Spanien und England –, in denen königliche Erlasse uneingeschränkte Gültigkeiten hatten und die Loyalität der Bevölkerung in erster Linie nicht weit verstreuten Adelsfamilien oder den Päpsten in Rom, sondern der eigenen Nation galt. Und sobald sie ihre Feudalherren beiseite geschoben hatten, konnten die Könige Verwaltungen aufbauen, Untertanen direkt besteuern und noch mehr Kanonen kaufen – was ihre Kollegen in den Nachbar-

* Haarspalterisch könnte man argumentieren, dass dies noch nicht das wirkliche Ende des Römischen Reiches gewesen sei, denn der letzte byzantinische Außenposten, Trapezunt, [am östlichen Südufer des Schwarzen Meeres] hielt sich bis 1461. Außerdem lebte auch das von Karl dem Großen gestiftete Heilige Römische Reich weiter, zumindest der Theorie nach, bis Napoleon es 1806 auflöste. Die meisten Historiker jedoch folgen Gibbon und ziehen den Schlussstrich unter das Römerreich mit dem Jahr 1453.

staaten zwang, es ihnen gleichzutun, mit der Folge, dass alle immer noch mehr Geld auftreiben mussten.

In diesem permanenten Wettkampf verschob sich das Gravitationszentrum des Westens näher zum Atlantik, und wieder einmal bot die Rückständigkeit auch Vorteile. Die oberitalienischen Städte, die für lange Zeit Europas entwickeltste Region gewesen waren, mussten sich nun in die Nachteile der Frühreife fügen: Ruhmreiche Stadtstaaten wie Mailand oder Venedig waren zu reich und zu mächtig, als dass sie sich in einen italienischen Nationalstaat hineinzwingen ließen, aber nicht reich oder mächtig genug, um sich allein gegen werdende Nationalstaaten wie Frankreich oder Spanien behaupten zu können. Zwar wusste Niccolò Machiavelli die Freiheit seiner Heimatstadt Florenz zu schätzen, aber dass die auf wackeligen Füßen stand, wurde nur allzu offensichtlich, als 1494 eine französische Armee in Italien einfiel. Die italienische Kriegskunst war im Niedergang, wie Machiavelli einräumen mußte: »In solch verrotteter Welt konnte sich offenbar nur der Kraftmensch, das große Individuum, behaupten, das bereit war, rücksichtslos Gewalt und List anzuwenden, also Löwe und Fuchs zugleich zu sein.«[15] Ein paar Dutzend moderne französische Kanonen bliesen alles weg, was ihnen in den Weg kam. Sie brauchten gerade acht Stunden, um das große Kastell von Monte San Giovanni zu knacken; 700 Italiener verloren das Leben, auf französischer Seite gerade zehn Mann. Kurz: Um 1500 wurde das westliche Kerngebiet von seinem atlantischen Rand her neu geordnet, und den Weg dahin wies der Krieg.

Die Neuordnung des Kerns im Osten dagegen ging von seinem alten Zentrum in China aus, und hier gaben letztendlich Wirtschaft und Diplomatie die Richtung vor, selbst wenn der Aufstieg neuer Reiche mit Blutvergießen begann, das dem im Westen an Grausamkeit nicht nachstand. Zhu Yuanzhang, der Gründer der Ming-Dynastie, unter der China wiedervereinigt wurde, war 1328, als die Macht der Mongolen zu bröckeln begann, als Sohn armer Wanderarbeiter auf die Welt gekommen. Seine Eltern mussten vor den Steuereinnehmern davonlaufen; vier seiner Brüder und Schwestern verkauften sie, weil sie die Kinder nicht ernähren konnten; ihn selbst, den Jüngsten, ließen sie bei einem buddhistischen Großvater. Der alte Mann füllte den Kopf des Jungen mit den messianischen Visionen der Roten Turbane, einer der vielen Widerstandsbewegungen gegen die Mongolenherrschaft. Das Ende sei nahe, und bald werde Buddha aus dem Paradies zurückkehren, um die Bösen zu vernichten. Stattdessen raffte 1344, in einem ohnehin schon von Heuschrecken und Dürre verwüsteten Sommer, eine Seuche – nach aller Wahrscheinlichkeit der Schwarze Tod – Yuanzhangs ganze Familie dahin.

Der Jugendliche suchte Zuflucht als Diener in einem buddhistischen Kloster, doch konnten sich die Mönche kaum selbst ernähren und schickten ihn weg, damit er für seinen Lebensunterhalt betteln oder stehlen ging. Nachdem er sich drei, vier Jahre lang in Südchinas Hinterland herumgetrieben hatte, kehrte er zum Kloster zurück, gerade rechtzeitig genug, um zu erleben, wie diese bis auf die Grundmauern niederbrannte: nur ein minimales Ergebnis der Bürgerkriege, die den Zusammenbruch der Mongolenherrschaft begleiteten und das ganze Land aufwühlten. Weil Yuanzhang nichts Besseres wusste, schloss er sich den Mönchen an und hing hungrig in den rauchenden Ruinen herum.

Yuanzhang war ein bedrohlich wirkender junger Mann, groß, hässlich, hohlwangig und von Pockennarben entstellt. Aber er war auch klug, zäh und (dank der Mönche) gebildet, kurz: genau der Mann, den jeder Bandit gern in seiner Bande sah. So wurde er denn auch von vorbeiziehenden Roten Turbanen angeworben, machte großen Eindruck auf die anderen Räuber und Visionäre, heiratete die Tochter des Hauptmanns und wurde schließlich zum Anführer der Bande.

In zwölf Jahren Krieg unter härtesten Bedingungen formte Yuanzhang die Schar seiner Halsabschneider zu einer disziplinierten Armee und vertrieb die anderen Rebellen aus dem Jangtse-Tal. Zudem verließ er sich nicht länger auf die wilden Prophetien der Roten Turbane, sondern baute vielmehr eine Bürokratie auf, mit der sich ein ganzes Reich lenken ließ. Im Januar 1368, kurz vor seinem 40. Geburtstag, gab er sich den Kaisernamen Hongwu (»Ungeheure militärische Macht«) und verkündete eine neue Dynastie, die Ming (»brillant«).

Hongwus offizielle Verlautbarungen klingen, als sei sein ganzes Erwachsenenleben nichts als eine Reaktion auf seine schreckliche, entwurzelte und gewalttätige Jugend. Das China, für das er warb, war ein bukolisches Paradies mit stabilen friedlichen Dörfern, die sich unter der Leitung rechtschaffener Ältester selbst versorgten und in denen Kaufleute nur solche Waren handelten, die nicht vor Ort hergestellt werden konnten. In diesem China sollte – im Unterschied zu Hongwus eigener Familie – niemand umherziehen müssen. Seiner Ansicht nach gab es für die meisten Menschen keinen vernünftigen Grund, sich weiter als 13 Kilometer von zu Hause zu entfernen; und wer sich ohne Genehmigung weiter als 55 Kilometer wegbewege, der verdiene die Peitsche. Aus Furcht, Handel und Geldverkehr könnten die stabilen Verhältnisse zersetzen, erließ er dreimal Gesetze, die nur staatlich privilegierten Kaufleuten den Handel mit Ausländern gestatteten. Er verbot sogar ausländische Parfüms, damit sie die Chinesen nicht zum gesetzwidrigen Tauschhandel verführten. Seine Nachfolger hielten an diesen Prinzipien fest: Bis 1452 hatten sie seine Gesetze drei weitere Male erneuert, viermal wurden Silbermünzen verboten, damit sie überflüssige Handelsgeschäfte nicht erleichterten.

»31 Jahre lang habe ich mich bemüht, das Mandat des Himmels zu erfüllen«, schrieb Hongwu in seinem Testament, »von Sorgen und Ängsten geplagt und ohne auch nur einen einzigen Tag zu ruhen.«[16] Allerdings sollten wir uns doch fragen, wie viel von Hongwus Kampf sich allein in seinem Kopf abgespielt hat. Zwar wollte er – im Gegensatz zu seinen mongolischen Vorgängern – als idealer konfuzianischer Herrscher erscheinen, tatsächlich aber unterband er den Außenhandel nie. Sein Sohn Yongle dehnte diesen noch aus, importierte fleißig koreanische Jungfrauen als Sexdienerinnen (sie seien, sagte er, gut für seine Gesundheit). Allerdings bestanden die Ming-Kaiser darauf, dass der Handel in staatlichen Händen bleiben mußte. Nur so könne die (theoretisch) stabile gesellschaftliche

Ordnung geschützt und den Ausländern die gebührende Ehrerbietung abverlangt werden. »Dinge aus dem Ausland sind mir nicht wichtig«, erklärte der Ming-Kaiser Xuande, »ich akzeptiere sie, weil sie von weit her kommen und die Aufrichtigkeit von Menschen aus fernen Ländern bezeugen.«[17] Die Tatsache, dass »Tribute« (wie der grenzüberschreitende Handel am Hof genannt wurde) die kaiserlichen Kassen füllten, hielt er nicht für weiter erwähnenswert.

Trotz des ganzen Geredes blühte der Handel. Im Jahre 1488 lagen, so der Eindruck eines koreanischen Schiffbrüchigen im Hafen von Hangzhou, »die ausländischen Schiffe so dicht wie die Zähne eines Kamms«[18]. Unterwasserarchäologen haben nachgewiesen, dass die Handelsschiffe größer wurden. Und die Historiker schließen aus den wiederholt bekräftigten Gesetzen über den rechtswidrigen Handel, dass jene keine allzu große Beachtung fanden.

Der wirtschaftliche Aufschwung hatte weitreichende Folgen. Die bäuerlichen Einkommen stiegen erneut, die Familien wuchsen, und deren Söhne zogen massenhaft aus ihren Dörfern weg, um neues Land zu erschließen oder in der Stadt zu arbeiten. Lokale Würdenträger ließen, nach den Zerstörungen und der Gewalt der vorangegangenen Jahrhunderte, Straßen, Brücken und Kanäle instandsetzen. Kaufleute handelten mit Lebensmitteln und Gebrauchsgütern, und von überall her eilten die Leute auf die Märkte, um ihre eigenen Produkte zu verkaufen und sich vom Erlös mit Fremdprodukten einzudecken.

Der Handel verband die einzelnen Regionen des erweiterten östlichen Kerngebiets so miteinander, wie dies im Westen der Krieg mit den einzelnen Staaten tat. Auch im Japan des 14. Jahrhunderts wuchsen Bevölkerung, Landwirtschaft und Finanzen, alles expandierte, und der Handel mit China nahm trotz der Beschränkungen durch die Ming-Kaiser ständig zu. Noch bedeutsamer waren die Geschäfte mit Südostasien: Einnahmen aus dem Handel begründeten etwa den Aufstieg von Majapahit auf Java, das den Gewürzhandel beherrschte. Manche lokale Herrscher waren, um ihren Thron zu sichern, auf chinesische Unterstützung angewiesen.

All das ließ sich jedoch ohne die unbarmherzige Gewalt bewerkstelligen, die wie ein Fluch auf dem Westen lastete, und abgesehen von einem katastrophal scheiternden Versuch, ein China freundlich gesonnenes Regime in Vietnam zu stützen, beschränkten die frühen Ming-Kaiser ihre Kriegszüge auf die Grenze zur Steppe. Die einzig wirkliche Bedrohung für die Dynastie blieben die Mongolen. Wäre Tamerlan nicht im Jahr 1405 gestorben, hätte er die Ming vielleicht gestürzt. 1449 gelang es den Mongolen tatsächlich, eine Schlacht zu gewinnen und den Kaiser Zhengtong vorübergehend gefangen zu nehmen. Für ihre Steppenkriege meinten die Ming auf »moderne« Kanonen verzichten zu können, konventionelle Armeen mit riesigem Tross für den Nachschub sollten genügen. Als zum Beispiel Yongle 1422 in die Steppe einfiel, gehörten zu seiner Streitmacht 340 000 Esel, 117 000 Lastkarren und 235 000 Wagenzieher, um 48 Millionen Pfund Getreide als Proviant zu transportieren.

Yongle umgarnte seine Handelsbeziehungen mit einem diplomatischen Netz, entsandte gleichzeitig jedoch die größte Flotte, die die Welt je gesehen hatte. Für deren Bau ließ er 25 000 Handwerker anheuern, die in seiner Hauptstadt Nanjing zunächst riesige neue Werften aus dem Boden stampften. Holzfäller suchten in Sichuan die besten Föhren aus für die Masten, Ulmen und Zedern für die Rümpfe und Eichen für die Ruderpinnen. Ganze Wälder holzten sie ab und flößten sie den Jangtse hinunter zu den Schiffsbauern. Arbeiter errichteten riesige Trockendocks, über 100 Meter lang, um an den großen Schiffen arbeiten zu können. Kein Detail wurde übersehen, selbst die Eisennägel bekamen einen speziellen wasserdichten Überzug.

Yongle war mit dieser Flotte nicht auf Krieg aus, ihre bloße Existenz sollte Schrecken und Ehrfurcht verbreiten. Kern der Flotte waren die größten Holzschiffe aller Zeiten, 80 Meter lang und mit einer Verdrängung von 2000 Tonnen. Und ihr Befehlshaber war der größte Flottenchef der Geschichte, der muslimische Eunuch Zheng He, der 2,10 Meter lang gewesen und einen Bauchumfang von 1,50 Metern gehabt haben soll (andere Quellen sprechen gar von 2,70 Metern Länge und einem Körperumfang von 2,28 Metern).*

Über 300 Schiffe mit 27 870 Mann an Bord lichteten die Anker. Der schlichte Plan war, zu den reichen Städten am Indischen Ozean zu segeln und deren Herrscher, denen beim Blick durch ihre Palastfenster angesichts der zahllose chinesischen Segel angst und bange werden würde, zu großen »Tribut«-Zahlungen zu bewegen, um den Handel damit in geordnete, also kaiserliche Bahnen zu lenken (Abbildung 8.7). Insgesamt sieben solcher Schatzflotten wurden zwischen 1405 und 1433 losgeschickt, die grandioseste Demonstration staatlicher Macht, die die Welt bis dahin erlebt hatte. Die Chinesen mussten drei Gefechte durchstehen, um die Malakkastraße zu sichern – damals wie heute die meistbefahrene Wasserstraße der Welt, damals wie heute von Piraten verseucht –, ansonsten griffen sie nur noch einmal zur Gewalt, als sie nämlich in Sri Lanka in einen Bürgerkrieg gezogen wurden. Chinesische Seeleute liefen durch die Straßen von Mogadischu, waren aber nicht sonderlich beeindruckt: »Wenn man sich umsieht, trifft man nur auf Menschen, die seufzen und trübe dreinblicken«, schrieb einer von Zhengs Offizieren. »Welche Trostlosigkeit, das ganze Land nur Hügel!«[19] Mekka beeindruckte sie schon eher, auch wenn ein Offizier, nicht ganz nachvollziehbar, dachte, das bedeutendste Heiligtum des Islam sehe aus wie eine Pagode.[20]

9000 Meilen waren die Schatzflotten nach Süden und Westen gesegelt, manche Forscher nehmen jedoch an, dies sei nur der Anfang gewesen. Mit ihren Kompassen und Karten, ihren Trinkwasser- und Lebensmittelvorräten hätten Zhengs Schiffe fahren können, wohin und soweit sie wollten – und genau das, so behauptet der

---

* Zheng stammte aus Chinas Südwesten, wo arabische Kaufleute viele Menschen zum Islam bekehrt hatten. Als Junge war er während der Kriege, mit denen die Ming die Region befrieden wollten, in Gefangenschaft geraten, wurde dem kaiserlichen Dienst zugeteilt und entmannt. All das scheint ihn nicht sonderlich aus dem Konzept gebracht zu haben.

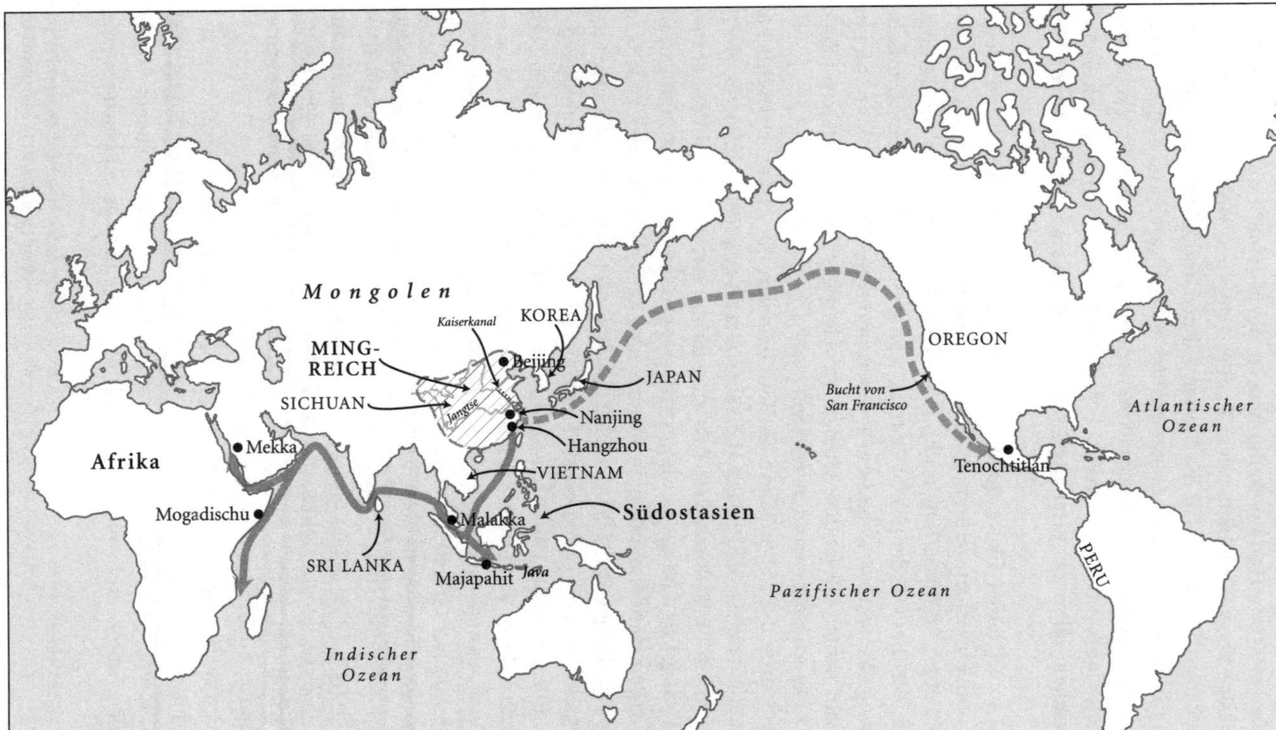

Abbildung 8.7: Die Welt des 15. Jahrhunderts, von China aus gesehen
Dargestellt ist die diplomatische Offensive der Ming im Indischen Ozean (durchgezogene Linie) und die Route, die chinesische Schiffe in die Neue Welt geführt haben könnte (gestrichelte Linie).

frühere U-Bootkapitän Gavin Menzies in seinem Bestseller *1421. Als China die Welt entdeckte*, hätten sie auch getan:[21] Zhengs Stellvertreter Zhou Man sei in den kartographisch nicht erfassten Pazifischen Ozean hineingesegelt, im Sommer 1423 in Oregon an Land gegangen, dann der Westküste Amerikas nach Süden gefolgt. Zhou habe sich nicht davon aufhalten lassen, dass er in der Bucht von San Francisco ein Schiff verlor, habe die mexikanische Küste und dann auch Peru erreicht, bevor er mit günstigen Winden über den Pazifik zurücksegeln konnte. Im Oktober 1423, nach einem viermonatigen Abstecher, sei er sicher in Nanjing wieder an Land gegangen.

Konventionelle Historiker, so Menzies' Vermutung, hätten Zhous Großtaten – dazu zählt er auch Fahrten, die Zhengs Kapitäne in den Atlantischen Ozean, zum Nordpol, zur Antarktis, nach Australien und Italien gebracht haben sollen – übersehen, weil die offiziellen Dokumente des Admirals im 15. Jahrhundert verschwunden seien. Und weil nur wenige Historiker über so genaue Kenntnisse der Navigation verfügten wie er, Menzies, hätten sie die auf Karten aus dem 15. und 16. Jahrhundert versteckten Hinweise nicht verstanden.

Die Historiker zeigen sich wenig beeindruckt. Menzies habe zwar Recht: Zhengs Logbücher seien tatsächlich verschollen. Warum aber, so ihre Gegenfragen, werde in der außerordentlich umfangreichen Literatur der Ming-Zeit – in der sich nicht nur ein, sondern zwei Augenzeugenberichte von Zhengs Reisen finden – keine dieser anderen Entdeckungen erwähnt? Wie hätten Schiffe aus dem 15. Jahrhundert das Tempo halten können, von dem Menzies' Theorie ausgeht? Wie sollten Zhengs Seeleute die Küsten der Welt kartographiert haben, so wie Menzies das darstellt? Und warum hielten die Beweise, die Menzies für die chinesischen Reise um die Welt vorgelegt hat, der wissenschaftlichen Untersuchung so wenig stand?

Ich muss zugeben, dass ich zur Seite der Skeptiker neige. Für mich steht Menzies' *1421* auf einer Stufe mit von Dänikens Götterwagen. Doch wie dessen Spekulationen – oder wie das Szenario »Albert in Beijing«, das dieses Buch einleitet – hat auch *1421* immerhin das Verdienst, uns auf die Frage zu stoßen, *warum* die Dinge so gerade *nicht* geschehen sind. Diese Frage ist entscheidend, denn wäre tatsächlich geschehen, was Menzies beschreibt, würde der Westen vielleicht heute nicht die Welt regieren.

Zheng He in Tenochtitlán

Tenochtitlán, 13. August 1431. Zheng Hes Kopf schmerzte. Für diese Dinge war er einfach zu alt. Und zu dick. Und zu groß. Den ganzen Tag hatte er Boten in die brennende Stadt geschickt und von seinen Verbündeten verlangt, die Massaker an den Azteken einzustellen, aber als die Sonne in diesem Qualm unterging, gab er auf. Ihn jedenfalls, so redete er sich ein, könnte man für das Gemetzel nicht verantwortlich machen. Diese Leute waren Wilde, ohne jede Moral, nichts wussten sie vom rechten Weg oder von Gott; kannten ja noch nicht einmal Bronze. Das einzige, wofür sie sich zu interessieren schienen, war, ihren Feinden mit glasähnlichen schwarzen Steinen die Brust aufzuhacken und ihr noch zuckendes Herz herauszureißen.

Natürlich kannten Zheng und seine Männer die Geschichten über Chinas alte Shang-Dynastie, deren ruchlose Herrscher vor so vielen tausend Jahren Menschen geopfert hatten, und so manch einer glaubte, es gebe jenseits des Östlichen Meeres eine Parallelwelt, wo die Zeit stehen geblieben sei und noch immer die Shang herrschten. Der Himmel, das zumindest stellten Zhengs Männer sich vor, musste ihrer Expedition die Rolle zugewiesen haben, die in jenen uralten Zeiten die tugendhafte Zhou-Dynastie gespielt hatte. Zheng war ein neuer König Wu – gekommen, um den sündhaften Königen dieses Landes das Mandat des Himmels zu entreißen und es in ein goldenes Zeitalter zu geleiten.

Von alledem hatte Zheng keine Ahnung gehabt, als der Kaiser ihn ins Östliche Meer entsandte. »Segle über das Östliche Meer hinaus zu den Inseln von Penglai«, hatte der Sohn des Himmels gesagt. »Seit den Zeiten des Ersten Kaisers der Qin wurden diese Inseln gesucht, auf denen die unsterblichen in Palästen aus Silber und Gold leben, die Vögel und die anderen Tiere ganz weiß sind und wo magische Kräuter wachsen. Vor zehn Jahren besuchte unser Admiral Zhou Man diesen magischen Ort, und jetzt befehle ich dir, uns das Kraut der Unsterblichkeit zu bringen.«

Zheng He hatte mehr von der Welt gesehen als irgend jemand vor ihm. Nichts konnte ihn erschüttern, und wenn er auf Drachen träfe und Riesenhaie, wie sie ihm die alten Geschichten voraussagten, dann würde er mit ihnen schon fertig werden. Doch was er zuerst fand, war genau das, was er am ehesten erwartet hatte – nichts. Er war die japanische Küste hochgefahren, hatte Japans widerspenstigen Kriegsherren Titel verliehen und ihren Tribut in Empfang genommen, war dann mit seiner Flotte zwei Monate lang mit dem Wind gesegelt, immer auf der Jagd einem endlos zurückweichenden blauen Horizont entgegen, wo Meer und Himmel miteinander verschmolzen. Und als seine fast schon meuternden Männer endlich Land sahen, gab es da nur Bäume, Regen und Berge, auf seine Art schlimmer noch als Afrika.

Es dauerte weitere lange Wochen die Küste hinunter, bis sie Eingeborene fanden, die nicht davonliefen – sondern hinaussegelten, ihnen entgegen, um sie zu begrüßen. Wunderbare Speisen wurden ihnen gereicht, von denen sie noch nie gekostet hatten. Diese gastfreundlichen, halbnackten Barbaren hatten kein Kraut der Unsterblichkeit, dafür aber angenehm betäubende Kräuter zum Rauchen. Sie hatten auch keine Paläste aus Silber und Gold, doch solche Dinge, schienen sie zu sagen, gebe es im Inneren des Landes. Und so machte sich Zheng auf mit nur wenigen hundert Mann, mit ein paar Dutzend Pferden und ein paar Brocken in der Eingeborenensprache, um die Unsterblichen zu finden.

Manchmal musste er kämpfen, doch die Feuerbomben hatten eine heilsame Wirkung, selten hielten die Wilden stand. Das Schießpulver ging allmählich zur Neige, aber Pferde und Stahlschwerter waren fast ebenso wirkungsvoll. Seine beste Wehr jedoch waren die Eingeborenen selbst. Sie behandelten seine Männer wie

Götter, trugen ihre Vorräte und liefen in Scharen herbei, um für sie zu kämpfen. Zheng konnte der weisen Tradition folgen, konnte Barbaren nutzen, um Barbaren zu bekämpfen, indem er einfach »seinen« Barbaren, die sich selbst die Purépecha nannten, half, einen alten Groll zu mästen, den sie gegen ihre Nachbarbarbaren, die Azteken, hegten. Zheng fand nicht heraus, woher der Groll rührte, doch ganz egal, der Krieg unter den Barbaren brachte ihn den Unsterblichen Schritt um Schritt näher.

Erst als Zheng seinen Verbündeten vor die Tore Tenochtitláns folgte, der Hauptstadt der Azteken, musste er einsehen, dass es dort keine Unsterblichen gab. Tenochtitlán war auf seine Art durchaus großartig, verteilte sich auf mehrere Inseln, hatte breite gerade Straßen und Stufenpyramiden, aber keine reinweißen Tiere, keine Paläste aus Silber und Gold und sicher auch keine Kräuter des ewigen Lebens. Vielmehr herrschte hier der Tod. Tückische Beulen und Pusteln hatten bereits Tausende von Barbaren dahingerafft, sie stanken schon, bevor sie starben. Zheng hatte viele Seuchen gesehen, eine solche noch nicht. Dass kaum einer von hundert seiner eigenen Männer krank wurde, war gewiss ein Zeichen für Gottes Wohlgefallen an seiner Aufgabe.

Bis zum letzten Augenblick war es eine prekäre Situation: Wen würde die Pest zuerst schwächen? Würden Zhengs Barbaren zu schwach sein, um Tenochtitlán zu stürmen, oder die feindlichen Barbaren zu schwach, es zu verteidigen? Und noch einmal entschied der Himmel zu Zhengs Gunsten. Gedeckt von ihren letzten Bomben und Armbrustbolzen führten seine Reiter den Angriff über die Dammstraßen nach Tenochtitlán an. Nach scheußlichen, einseitigen Straßenkämpfen – aztekische Steinklingen und Baumwollpolster gegen chinesische Stahlschwerter und Kettenhemden – brach der Widerstand zusammen, und die Purépecha machten sich daran, zu foltern, zu vergewaltigen und zu plündern. Itzcóatl, den letzten Aztekenkönig, durchbohrten sie mit Wurfpfeilen, als er sich am Tor seines Palastes zum Kampf stellte, warfen ihn anschließend in ein Feuer, rissen sein Herz heraus, bevor er starb, schnitten Stücke aus seinem Fleisch und verschlangen sie.

Zhengs Fragen waren beantwortet. Diese Leute waren keine Unsterblichen. Und er selbst kein König Wu, der ein neues Zeitalter der Tugend einleitete. So blieb nur eine Frage: Wie konnte er seine Beute zurück nach Nanjing bringen?

Große Männer und Stümper

In Wirklichkeit war natürlich alles ganz anders. Diese Geschichte stimmt ebenso wenig wie die von 1848, die ich für die Einleitung erfunden habe. Tenochtitlán wurde tatsächlich besetzt und geplündert, seine mittelamerikanischen Nachbarn besorgten tatsächlich den größten Teil der Kämpfe, eingeschleppte Krankheiten töteten tatsächlich den größten Teil der Bevölkerung in der Neuen Welt. Aber die Eroberung Tenochtitláns fand 1521 statt, nicht 1431. Der Mann, der den Befehl dazu gab, hieß Hernán Cortés und nicht Zheng He. Und die Killerbazillen kamen aus Europa und nicht aus Asien. Hätte Zhou Man, wie Menzies meint, tatsächlich Amerika entdeckt, und hätte sich die Sache so entwickelt, wie ich sie gerade beschrieben habe, wäre Mexiko also Teil des Ming-Reiches geworden und nicht des spanischen Weltreichs, sähe die moderne Welt ganz anders aus. Amerika wäre in pazifische und nicht in atlantische Wirtschaftskreise eingebunden, möglicherweise hätten seine Ressourcen im Osten eine industrielle Revolution in Gang gesetzt und nicht im Westen. Albert wäre in Beijing gelandet und nicht Looty in Balmoral, und der Westen würde die Welt nicht regieren.

Warum also haben sich die Dinge so entwickelt, wie es tatsächlich gekommen ist?

Die Schiffe der Ming-Dynastie hätten, wenn ihre Kapitäne das gewollt hätten, ohne Zweifel nach Amerika segeln können. Eine nach Plänen der Zheng-Ära nachgebaute Dschunke jedenfalls hat 1955 die Reise von China nach Kalifornien bewältigt (die Rückreise allerdings nicht mehr); einer anderen, der *Princess Taiping*, haben 2009 nur noch 20 Meilen von ihrer Rundreise von Taiwan nach San Francisco und zurück gefehlt, als sie von einem Frachter in zwei Teile zerschnitten worden ist.* Wenn die Chinesen es hätten tun können, warum hat Zheng es dann nicht getan?

Alles, so die verbreitete Antwort auf diese Frage, sei gekommen, wie es kam, weil die chinesischen Kaiser im 15. Jahrhundert kein Interesse mehr daran gehabt hätten, Schiffe nach Übersee zu entsenden; anders als die europäischen Könige, die (zumindest einige) damals anfingen, sich sehr dafür zu interessieren. Bis zu einem gewissen Punkt ist diese Antwort zutreffend. Yongle starb 1424, und eine der ersten Aktionen seines Nachfolgers war das Verbot von Fernreisen. Wie zu erwarten, stellten die Fürsten am Indischen Ozean daraufhin ihre Tributzahlungen ein, also wurde Zheng vom nächsten Kaiser 1431 noch einmal zum Persischen Golf entsandt. Zhengtong, der Nachfolger dieses Kaisers wiederum, wechselte erneut den Kurs. 1436 beschied der Hof wiederholte Anfragen aus Nanjing nach mehr Handwerkern abschlägig, und in den nächsten beiden Jahrzehnten verfiel die große Flotte. Selbst wenn er gewollt hätte, von 1500 an hätte kein Kaiser die von Yongle befohlenen Reisen wiederholen können.

Die Könige am anderen Ende Eurasiens verhielten sich genau umgekehrt. Portugals Prinz Heinrich, genannt der Seefahrer, investierte viel Geld in Entdeckungsreisen zur See. Seine Motive beruhten zum Teil auf Berechnung (auf der Gier nach afrikanischem Gold), zum Teil auch auf religiösen Hoffnungen (dem Glauben, irgendwo in Afrika lebe ein unsterblicher christlicher König namens Priester Johannes, der die Tore des Paradieses bewache und Europa vor dem Islam retten werde). Jedenfalls finanzierte Heinrich Expeditionen, stellte Kartographen

* Die Besatzung überlebte, allerdings musste sie nach Stunden im Wasser mit Unterkühlung ins Krankenhaus gebracht werden.

ein und förderte die Entwicklung eines neuen Schiffstyps, der Karavelle, die sich zur Erforschung der afrikanischen Westküste eignete.

Entdeckungsreisen waren alles andere als Spazierfahrten. Als die Portugiesen 1419 die unbewohnten Madeira-Inseln (Abbildung 8.8) entdeckten und im Jahr darauf zu besiedeln begannen, setzte der Kapitän (der künftige Schwiegervater des Kolumbus) auf Porto Santo, dem vielversprechendsten Stück Land, ein Kaninchen mit seinen Jungen aus. Die Kaninchen vermehrten sich, wie es sich gehört, und fraßen alles kahl, sodass die Menschen auf die dicht bewaldete Hauptinsel Madeira (portugiesisch für »Holz«) ausweichen mussten. Bald brannte die Insel, und die Kolonisten mussten, wie es in einer Chronik heißt, »mit allen Männern, Frauen und Kindern fliehen und sich im Meer in Sicherheit bringen, sie blieben bis zum Hals im Wasser und hatten zwei Tage und zwei Nächte nichts zu essen und zu trinken«[22].

Nachdem die Europäer derart gründlich das einheimische Ökosystem zerstört hatten, entdeckten sie, dass in dieser verkohlten neuen Welt Zuckerrohr gedieh, und Heinrich trieb Kapital für Anbau und Verarbeitung auf. Innerhalb einer Generation schleppten die Portugiesen Afrikaner als Sklaven auf die Insel, wo sie auf den Plantagen arbeiten mussten. Schon Ende des 15. Jahrhunderts exportierten die Siedler jährlich über 600 Tonnen Zucker.

Portugiesische Seeleute drangen noch weiter in den Atlantik vor, entdeckten die Azoren und tasteten sich vorsichtig die afrikanische Küste hinunter, bis sie 1444 den Senegal erreichten. 1473 überquerte ihr erstes Schiff den Äquator, 1482 erreichten sie den Kongo. Hier machten Gegenwinde die Weiterfahrt nach Süden eine Zeitlang unmöglich. 1487 jedoch kam Bartolomeu Dias auf die Idee der *volta do mar*, »der Rückkehr übers Meer«. Er folgte nicht mehr der Küste, sondern fuhr weit nach Westen hinaus auf den Atlantik, bis er auf Winde stieß, die ihn zum – wie er es nannte – Kap der Stürme an der Südspitze Afrikas brachten (heute unter dem optimistischeren Namen Kap der Guten Hoffnung bekannt), wo seine Seeleute meuterten und ihn zur Rückfahrt zwangen. Den Priester Johannes hatte Dias nicht gefunden, aber er hatte gezeigt, dass es auch über das Meer eine Route in den Orient geben könnte.

An Yongles Standards gemessen, waren die portugiesischen Expeditionen lächerlich klein: ein paar Dutzend Männer statt ein paar Tausend. Und sie waren würdelos: Da ging es um Kaninchen, Zucker und Sklaven, nicht um Geschenke großer Fürsten. Im Rückblick aber ist man versucht, die 1430er Jahre als einen – vielleicht als den – entscheidenden Augenblick in der Weltgeschichte zu sehen, als den Punkt nämlich, an dem die Vorherrschaft des Westens möglich wurde. Inzwischen ließen sich aufgrund fortgeschrittener Schiffs- und Seefahrttechnik die Meere als Fernstraßen nutzen, die alle Erdteile miteinander verbinden, und Prinz Heinrich erkannte den Augenblick und seine Möglichkeiten; Zhengtong hingegen verwarf sie. Wenn irgendwo, dann hier scheint sich die Theorie der großen Männer und der großen Stümper in der Geschichte zu bewahrheiten: Das

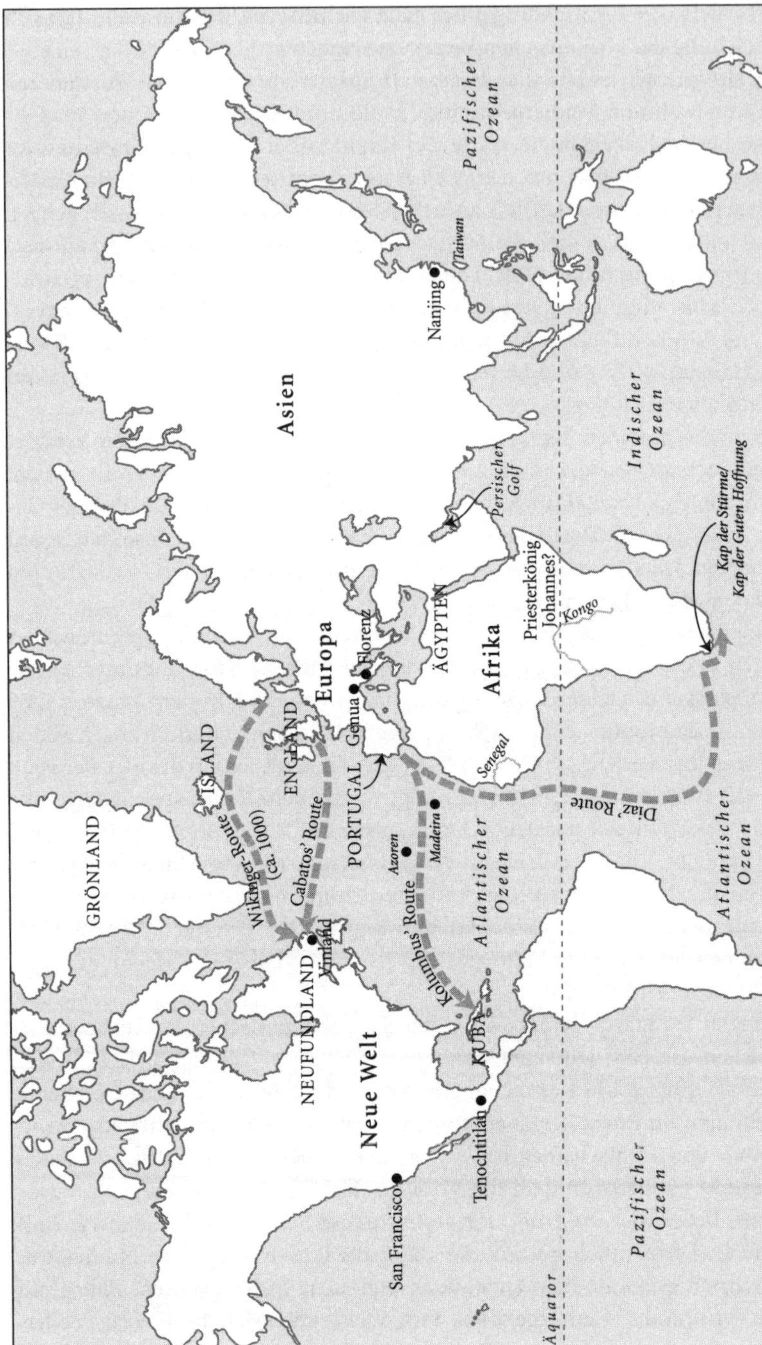

Abbildung 8.8: Die Welt des 15. Jahrhunderts, von Europa aus gesehen
Dargestellt sind die Routen der Entdeckungsreisenden.

Schicksal des Planeten hing ab von den Entscheidungen dieser beiden Männer. Tatsächlich? Heinrichs Weitsicht war beeindruckend, aber sicher nicht einzigartig. Andere europäische Monarchen waren ihm dicht auf den Fersen, und die privaten Unternehmungen zahlloser italienischer Seefahrer trieben den Prozess ebenso voran wie die Launen der Herrscher. Hätte sich Heinrich als Münzsammler betätigt und nicht als Seefahrer, hätten andere Herrscher die Lücke gefüllt. Als Portugals König João dem Genueser Abenteurer Christoph Kolumbus und seinem offenbar verrückten Plan, Indien westwärts segelnd zu erreichen, eine Absage erteilte, sprang Königin Isabella von Kastilien ein (auch ihr musste Kolumbus seine Idee dreimal schmackhaft machen, bevor sie Ja sagte). In einem Jahr war Kolumbus zurück und verkündete, dass er das Land des Großkhans erreicht habe – ein doppelter Irrtum. Sein erster Fehler war, dass er auf Kuba gelandet war, sein zweiter, dass die mongolischen Khane über ein Jahrhundert zuvor aus China vertrieben worden waren. Aufgeschreckt durch Berichte über die neue Route der Kastilier nach Asien, schickte König Heinrich VII. von England 1497 den Florentiner Kaufmann Giovanni Caboto los, um eine nordatlantische Antwort zu finden. Caboto erreichte das eisige Neufundland und behauptete – enthusiastisch verwirrt wie Kolumbus –, dies sei das Land des Großkhans.

So atemberaubend uns Zhengtongs Fehlentscheidung heute erscheinen mag, wir sollten nicht vergessen, dass er, als er sich 1436 »entschloss«, keine Schiffsbauer für die Werften in Nanjing zu rekrutieren, gerade einmal neun Jahre alt war. Seine Berater trafen diese Entscheidung für ihn, und ihre Nachfolger wiederholten sie das ganze 15. Jahrhundert hindurch. In einer Geschichte dazu heißt es, eine verschworene Gruppe von Beamten habe, als Höflinge 1477 wieder einmal die Idee der Schatzflotten ins Spiel brachten, die Unterlagen von Zhengs Reisen vernichten lassen. Der Rädelsführer Liu Daxia soll dem Kriegsminister erklärt haben:

> Für die Reisen von Zheng zum Westlichen Meer haben wir Millionen, sowohl in Geldmitteln als auch in Getreide, vergeudet, und nicht zu vergessen die nach Zehntausenden zählenden Menschen, die den Tod fanden. … Das war nichts weiter als die Tat einer schlechten Regierung, die Minister in aller Strenge missbilligen sollten. Selbst wenn die alten Archive noch vorhanden wären, sollten sie zerstört werden.[23]

Der Minister verstand: Liu hatte die Dokumente absichtlich »verloren«. Und er rief aus: »Eure verborgene Tugend, mein Herr, ist nicht die geringste. Bestimmt wird dieser Platz bald der Eure sein!«

Auch wenn Heinrich und Zhengtong andere Menschen gewesen wären, andere Entscheidungen getroffen hätten, wäre die Geschichte im Großen und Ganzen doch nicht anders verlaufen. Vielleicht sollten wir nicht danach fragen, warum Prinzen und Kaiser diese Entscheidung trafen und nicht jene, sondern lieber überlegen, warum die Westeuropäer sich risikobereit zeigten, während in China ein nach innen gewendeter Konservativismus die Oberhand gewann. Vielleicht lag es an der jeweiligen Kultur und nicht an großen Männern oder Stümpern, dass Cortés und nicht Zheng Tenochtitlán eroberte.

Wiedergeboren

»Könnte man doch wieder jung sein«, schrieb der holländische Gelehrte Erasmus 1517* an einen Freund, »aus keinem anderen Grund als dem, dass ich die baldige Herankunft eines goldenen Zeitalters erahne.«[24] Heute kennen wir dieses »goldene Zeitalter« unter dem Namen, den die Franzosen ihm gaben: Renaissance, »Wiedergeburt«. Manche Historiker sind der Ansicht, diese Wiedergeburt sei genau die kulturelle Kraft gewesen, die die Europäer plötzlich und irreversibel von der übrigen Welt geschieden und Männer wie Kolumbus oder Caboto zu ihren Taten getrieben hätte. Die geniale Schöpferkraft einer im Wesentlichen italienischen kulturellen Elite – in Jacob Burckhardts berühmter Formulierung aus dem Jahr 1860 sei der Italiener »der Erstgeborene unter den Söhnen des jetzigen Europas«[25] – sei es gewesen, die Cortés auf den Weg nach Tenochtitlán gebracht hätte.

Historiker verfolgen die Ursprünge dieser Wiedergeburt bis ins 12. Jahrhundert zurück. Damals schüttelten die norditalienischen Städte die Herrschaft des Deutschen Kaisers und des Papstes ab und wurden zu ökonomischen Kraftzentren. Ihre Eliten verwarfen die jüngere Geschichte ihrer Städte, die Unterwerfung unter fremde Herrscher, und begannen sich zu fragen, wie sie sich als unabhängige Republiken selbst regieren könnten. Und immer mehr von ihnen kamen zu dem Schluss, dass die Antwort in der klassischen römischen Literatur zu finden sei. Im 14. Jahrhundert dann, als Klimawandel, Hungersnöte und Seuchen so viele alte Gewissheiten erschüttert hatten, erweiterten manche Intellektuelle ihre Interpretation der antiken Klassiker zu einer umfassenden Vision einer gesellschaftlichen Wiedergeburt.

Die Antike, behaupteten diese Denker, sei ein fremdes Land. Das alte Rom sahen sie als Epoche außerordentlicher Weisheit und Tugend, dann aber sei das barbarische »Mittelalter« dazwischengekommen und habe alles verdorben. Die jüngst befreiten Stadtstaaten Italiens könnten nur vorankommen, wenn sie zurückblickten: Eine Brücke zur Vergangenheit müssten sie bauen, damit die Weisheit der Alten wiedergeboren und die Menschheit vervollkommnet werden könne. Wissenschaft und Kunst sollten diese Brücke sein. Die Gelehrten müssten die Klöster nach verlorenen Manuskripten durchsuchen, müssten Latein so gründlich lernen wie die Römer selbst, dann könnten sie auch denken und sprechen, wie die Römer gedacht und gesprochen hätten, dann würden sie zu wirklichen Humanisten (wie die Wiedergeborenen sich selbst nannten) und die Weisheit der Alten wieder verstehen. Und Architekten, die sich in den römischen Ruinen umsähen, könnten

* Erasmus war, als er den Brief schrieb, 51 Jahre alt – im 16. Jahrhundert ein hochbetagtes Alter.

lernen, die physische Welt der Antike wiederherzustellen, könnten Kirchen und Paläste bauen, die das Leben im Sinne der höchsten Tugenden prägen würden.

Diese Vorstellungen fanden ein breites Echo. Fürsten, die als Vollender der Welt gesehen sein wollten, holten Humanisten als Berater an ihre Höfe, beauftragten Künstler, sie unsterblich zu machen, und sammelten römische Antiquitäten. Und das Merkwürdige an der Renaissance ist, dass ihr scheinbar rückwärtsgewandt-konservierender Kampf um eine neue Antike etwas ganz anderes hervorbachte: nämlich eine wilde, nicht traditionsgezügelte Kultur der Erfindungen und der prinzipiell unabschließbaren Forschung. Sicher gab es konservative Stimmen, die radikale Denker (wie Machiavelli) dazu verurteilten, den bitteren Kelch des Exils zu leeren, die andere (wie Galilei) einschüchterten, bis sie schwiegen – die Wucht der neuen Ideen aber konnten sie weder bremsen noch dämpfen.

Das Resultat war einzigartig. »Renaissancemenschen«* wie Michelangelo erneuerten Wissenschaft, Kunst und Handwerk von Grund auf, indem sie alle drei miteinander verflochten und im Widerschein der Antike gewichteten. Leon Batista Alberti zum Beispiel, ein anderer dieser erstaunlichen Charaktere, glänzte als Theoretiker ebenso wie als praktisch arbeitender Künstler. Und Leonardo da Vinci, der vielleicht allergrößte von ihnen, war ein Meister in vielen Disziplinen – von der Porträtmalerei über die Mechanik und Architektur bis hin zur Naturphilosophie. Mühelos bewegten sich diese kreativen Geister zwischen ihren Werkstätten und den Vorzimmern der Macht. Sie konnten ihre Bücher und Theorien durchaus beiseite legen, um etwa eine Armee zu führen, ein Amt zu übernehmen oder Fürsten zu beraten. (Machiavelli schrieb nicht nur seinen Traktat *Der Fürst*, sondern auch die besten Komödien seiner Zeit.) Besucher und Emigranten verbreiteten die neuen Ideen vom Epizentrum der Renaissance in Florenz bis nach Portugal, Polen und England, wo regional geprägte Renaissancen aufblühten.

Es war zweifellos eine der erstaunlichsten Perioden der Geschichte. Die Italiener der Renaissance schufen kein neues Rom – um 1500 lag die gesellschaftliche Entwicklung noch um volle zehn Punkte unter dem römischen Maximum anderthalbtausend Jahre zuvor. Zwar konnten damals mehr Italiener lesen als zur Glanzzeit des Römischen Reiches, aber die Stadt Rom (immer noch die größte Stadt Europas) war nur ein Zehntel so groß wie zu ihrer antiken Blütezeit. Die Söldnerheere jener Zeit hätten sich, obwohl nun im Besitz von Feuerwaffen, sehr anstrengen müssen, um Cäsars Legionen zu schlagen; und selbst die reichsten europäischen Länder kamen nicht an die Produktivität der reichen römischen Provinzen heran. Doch keiner dieser quantitativen Unterschiede zählt in Anbetracht dessen, dass die Italiener der Renaissance die westliche Kultur tatsächlich revolutionierten, Europa damit von der übrigen Welt abhoben und nicht zuletzt westliche Abenteurer dazu beflügelten, Amerika zu erobern, während die Bewohner des Ostens, das Alte bewahrend, lieber zuhause blieben.

* Menschen, das meint hier vor allem Männer, doch gab es auch einige wenige Renaissancefrauen.

Chinesische Intellektuelle und Historiker des 19. Jahrhunderts, vermute ich, wären über solche Feststellungen einigermaßen verwundert gewesen. Ich sehe sie vor mir, wie sie Pinsel, Tuschestange und Reibstein hinlegen und ihren europäischen Kollegen, die sich vor Begeisterung über den Renaissancemenschen schier nicht zu lassen wissen, geduldig erklären, dass die Italiener des 12. Jahrhunderts nicht die Ersten waren, die sich, mit ihrer jüngeren Geschichte unzufrieden, im Altertum nach Mitteln und Wegen umsahen, die (jeweilige) Moderne zu perfektionieren.

Ja, es stimmt, chinesische Denker gingen – wie wir in Kapitel 7 gesehen haben – 400 Jahre zuvor hinter den Buddhismus zurück und suchten eine überlegene Weisheit in der Literatur und Malerei der Han-Dynastie. Italiener haben die Antike im 15. Jahrhundert zu einem Programm für die Wiedergeburt der Gesellschaft gemacht, Chinesen hatten das bereits im 11. Jahrhundert getan. Florenz war um 1500 voller Genies, die sich souverän zwischen Kunst, Literatur und Politik hin- und herbewegten, in Kaifeng taten sie dies bereits um 1100. Ist Leonardo mit seinen breit gestreuten Interessen und Fähigkeiten wirklich erstaunlicher als Shen Kuo, der über Landwirtschaft, Archäologie, Kartographie, Klimawandel, die Klassiker, Ethnographie, Geologie, Mathematik, Medizin, Metallverarbeitung, Meteorologie, Musik, Malerei und Zoologie schrieb? Vertraut mit den mechanischen Künsten wie nur irgendein Florentiner Erfinder, erklärte Shen die Funktionsweise von Kanalschleusen und beweglichen Lettern der Drucker, entwarf eine neue Art von Wasseruhr und konstruierte Pumpen, die 40 000 Hektar Sumpfland trockenlegen konnten. So vielseitig begabt wie Machiavelli, diente er dem Staat einerseits als Direktor des Büros für Astronomie, handelte andererseits Verträge mit Nomaden aus. Einen Leonardo hätte das tief beeindruckt.

Die Grundüberzeugung des 19. Jahrhunderts, dass die Renaissance Europa auf einen einzigartigen Weg gebracht habe, verliert an Kraft, wenn man weiß, dass China 400 Jahre früher eine ähnliche Renaissance erlebt hat. Wir sollten wohl besser anerkennen, dass beide – also China *und* Europa – jeweils ihre Renaissance hatten, und zwar aus dem gleichen Grund, aus dem sie beide eine erste und eine zweite Welle des achsenzeitlichen Denkens erlebten: Jedem Zeitalter steht schließlich das Denken zur Verfügung, das es braucht. Kluge, gebildete Menschen denken über die Probleme nach, mit denen sie zu tun haben, und wenn sie über ähnliche Fragen nachdenken, finden sie auch ähnliche Antworten, egal wo und wann sie leben.*

---

* Dem wird nicht jeder zustimmen. In seinem allerneuesten Buch *1434. The Year a Magnificent Chinese Fleet Sailed to Italy and Ignited the Renaissance* behauptet Gavin Menzies, dass Teile der Flotte Zheng Hes 1434 Venedig besucht und die Renaissance ausgelöst hätten, indem sie Alberti und andere in die Geheimnisse der früheren chinesischen Renaissance eingeweiht hätten. Dass Leonardos Erfindungskraft der Shen Kuos so ähnlich scheine, habe seinen Grund, so Menzies, darin, dass die Italiener nach chinesischen Vorbildern gearbeitet hätten, insbesondere nach Wang Zhens *Unterweisungen im Ackerbau* (von denen hier in Kapital 7 die Rede war). Das könne auch erklären, warum die europäischen Spinnmaschinen des 18. Jahrhun-

Die Chinesen des 11. und die Europäer des 15. Jahrhunderts standen vor ziemlich ähnlichen Problemen. Beide lebten sie in Zeiten sich beschleunigender gesellschaftlicher Entwicklung. Bei beiden herrschte das Gefühl, die zweite Welle des achsenzeitlichen Denkens habe ein katastrophales Ende genommen (Zusammenbruch der Tang-Dynastie und Ablehnung des Buddhismus im Osten; Klimawandel, Schwarzer Tod und Krise der Kirche im Westen). Beide blickten, über ihre »barbarische« jüngere Vergangenheit hinweg, zurück auf ein glorreiches Altertum, das bestimmt war von der ersten Welle des achsenzeitlichen Denkens (Konfuzius und das Han-Reich im Osten; Cicero und das Römische Reich im Westen). Und beide reagierten ähnlich, indem sie die fortgeschrittenste Wissenschaft auf die antike Literatur und Kunst anwendeten und auf diesem Weg zu einem neuen Weltverständnis gelangten.

Die Frage, warum die Renaissancekultur Europas Teufelskerle auf den Weg nach Tenochtitlán brachte, während Chinas Konservative zu Hause blieben, trifft die Sache genau so wenig wie die Frage, warum die westlichen Herrscher große Männer waren und die im Osten Stümper. Nein, wir müssen die Frage ganz anders stellen. Fragen wir uns also: Wenn die europäische Renaissance des 15. Jahrhunderts wirklich die Entdeckungsreisen von Teufelskerlen veranlasst hat, warum hat die Renaissance im China des 11. Jahrhunderts dies nicht auch getan? Warum haben chinesische Entdeckungsreisende Amerika nicht schon zur Zeit der Song-Dynastie entdeckt, also noch früher, als Menzies sich das vorstellt?

Darauf lässt sich kurz und bündig antworten: Die chinesischen Schiffe des 11. Jahrhunderts dürften nicht hinreichend ausgestattet und in der Lage gewesen sein, einen etwaigen Abenteurer der Song-Zeit tatsächlich Amerika entdecken zu lassen. Dass die Wikinger mit ihren Langschiffen bereits um 1000 bis nach Amerika kamen, mit Schiffen, die sehr viel einfacher gebaut waren als chinesische Dschunken, ist kein triftiger Einwand. Wir müssen bloß einen kurzen Blick auf den Globus werfen (oder auf Abbildung 8.10). Die Wikinger, die über die Färöer, Island und Grönland segelten, mussten, um nach Amerika zu gelangen, nie mehr als 500 Meilen offenes Gewässer am Stück überwinden. So viel Mut das auch erfordert haben mochte, es ist nichts im Vergleich zu den 5000 Meilen, die chinesische Entdeckungsreisende zu überwinden hatten, um von Japan mit dem Kuroshio, der Schwarzen Strömung, an den Aleuten vorbei nach Nordkalifornien zu segeln und Festland zu erreichen. (Wären sie dem Äquatorialen Gegenstrom von den Philippinen bis Nicaragua gefolgt, hätten sie eine doppelt so große Strecke offenen Meeres überqueren müssen.)

Gemäß der Physiogeographie – und, wie wir gegen Ende dieses Kapitels sehen werden, auch gemäß anderer Bereiche der Geographie – hatten es die Westeu-

derts den älteren chinesischen so ähnlich sähen. Menzies' *1434* zwingt uns noch mehr als sein Buch *1421*, unsere Zweifel zu unterdrücken, denn hier müssen wir uns fragen, warum die Ankunft der prächtigen chinesischen Flotte in der überreichen italienischen Literatur an keiner Stelle erwähnt wird. Auch diesmal muss ich gestehen, dass ich ein solches Maß an Unterdrückung nicht aufbringen kann.

ropäer einfach leichter, den Atlantik zu überqueren, als die Chinesen mit dem Pazifik. Und auch dann, wenn es der Zufall gewollt hätte, wenn also ein Sturm des 11. Jahrhunderts eine Dschunke bis an die Küsten Amerikas* getrieben hätte, wäre es überaus unwahrscheinlich, dass deren Kapitän, wie sehr auch vom Geist der chinesischen Renaissance motiviert, über den Nordäquatorialstrom in den Heimathafen zurückgekehrt wäre, um über seine Entdeckung zu berichten.

Erst im 12. Jahrhundert hatten die Chinesen Schiffbau und nautische Instrumente so weit verbessert, dass sie mit ihren Schiffen die 12 000 Meilen lange Rundreise von Nanjing bis Kalifornien und zurück hätten bewältigen können. Immerhin wäre das dann noch fast 400 Jahre vor Kolumbus und Cortés der Fall gewesen. Warum also gab es im 12. Jahrhundert keine chinesischen Konquistadoren?

Es könnte sein, dass sich der Geist der Renaissance, was immer mit diesem Begriff genau gemeint ist, im China des 12. Jahrhunderts bereits auf dem Rückzug befand. Die gesellschaftliche Entwicklung stagnierte, bis sie im 13. und 14. Jahrhundert ganz und gar zu schrumpfen begann, und als die Voraussetzungen für eine Kultur der Renaissance verschwanden, bewegte sich das Denken der Elite tatsächlich in zunehmend konservative Richtung. Manche Historiker sind der Meinung, das Scheitern von Wang Anshis Neuer Politik in den 1070er Jahren habe die neokonfuzianischen Intellektuellen veranlasst, sich gegen jede Art von Engagement in der Welt außerhalb Chinas zu wenden. Andere verweisen auf den Fall von Kaifeng im Jahr 1127, wieder andere sehen die Ursachen an ganz anderen Stellen. Alle jedoch stimmen darin überein, dass die Intellektuellen zwar weiterhin global dachten, tatsächlich aber sehr lokal zu handeln begannen. Anstatt ihr Leben in den internen politischen Kämpfen der Hauptstadt aufs Spiel zu setzen, blieben die meisten zu Hause. Manche organisierten kleine Akademien, Lesungen oder Lesegruppen, wollten aber keine Bewerber auf die Staatsprüfungen vorbereiten. Andere stellten Regeln für ein wohlgeordnetes Dorfleben und Familienrituale auf, wieder andere bezogen sich auf sich selbst und suchten ihr Leben durch »ruhiges Sitzen« und Meditation zu vervollkommnen.

Der wohl bedeutendste dieser Neokunfuzianer war der Philosoph Zhu Xi, der seine kaiserlichen Ämter niedergelegt hatte, bescheiden lebte und sich einen Ruf erwarb als Lehrer an einer Akademie, als Autor von Büchern und Briefen, in denen er seine Ideen erläuterte. Er plädierte dafür, den Geist frei zu halten von allen

* Einige Historiker sind der Ansicht, dass Xu Fu, der Emissär, den Qin Shihuangdi, der Erste Erhabene Gottkaiser von Qin, ausgesandt hatte, um die Kräuter der Unsterblichkeit zu finden, Amerikas Westküste in den 210er Jahren v. u. Z. durchaus erreicht haben könnte. Belege dafür allerdings gibt es bislang keine. Tim Severins mutiger Versuch, Xus mögliche Reise 1993 zu wiederholen, war nicht ermutigend. Obwohl er über einige moderne Vorteile verfügte, musste er sein Schiff gut 1000 Meilen vor Amerika aufgeben. Auch Thor Heyerdahls berühmtes Balsafloß *Kon Tiki* zählt in dieser Hinsicht nicht. Er hatte schließlich nur den halben Pazifik zu überqueren, von Peru bis Polynesien, und auch nur in einer Richtung, in der ihn der Äquatorialstrom trug. Eine Reise von Asien bis nach Peru wäre um einiges länger und härter gewesen.

Zweifeln und stattdessen die eigene Tugendhaftigkeit durch tägliche Studien zu fördern. Sein einziger praktischer Beitrag zur nationalen Politik endete mit Verbannung und der Verurteilung seines Lebenswerks als »falscher Wissenschaft«. Als im 13. Jahrhundert jedoch die Bedrohungen von außen zunahmen und die Beamten der Song nach Mitteln und Wegen suchten, die Oberschicht bei der Stange zu halten, schien Zhus philosophisch einwandfreie und politisch harmlose Version des Konfuzius nützlich zu sein. Zuerst wurden seine Theorien rehabilitiert, dann zum Stoff der staatlichen Prüfungen und schließlich zur ausschließlichen Grundlage für den Aufstieg in der Ämterlaufbahn gemacht. Mit anderen Worten: Zhu Xis Denken wurde zur Orthodoxie. »Seit der Zeit Zhu Xis ist uns der Weg vollends bekannt«, ließ um 1400 ein Schüler überglücklich verlauten. »Wir brauchen nichts mehr zu schreiben, jetzt kommt es nur noch darauf an zu handeln.«[26]

Zhu gilt häufig als der (nach Konfuzius) zweiteinflussreichste Denker in der chinesischen Geschichte und wird, je nach Perspektive des Urteilenden, verantwortlich gemacht entweder für die Vollendung des klassischen Denkens oder dafür, dass China zu Stagnation, Selbstgefälligkeit und Unterdrückung verurteilt war. Doch das wäre zu viel der Ehre beziehungsweise des Tadels. Wie alle großen Philosophen gab Zhu dem Zeitalter einfach nur die Ideen, die es brauchte, und seine Zeitgenossen machten nach Belieben Gebrauch davon.

Am deutlichsten zeigt sich das an Zhus Verhältnis zu den Werten der Familie. Im 12. Jahrhundert hatten Buddhismus, Protofeminismus und wirtschaftliches Wachstum die alten Geschlechterrollen tiefgreifend verändert. Wohlhabende Familien ließen nun auch ihren Töchtern eine Erziehung angedeihen und statteten sie mit einer größeren Mitgift aus, was die Position der Ehefrauen stärkte. Da lag die Forderung nicht mehr fern, dass die Töchter erben sollten wie die Söhne. Und auch die Frauen ärmerer Schichten konnten dank der Textilproduktion mehr zum Familieneinkommen beitragen, was ihre Eigentumsrechte ebenfalls stärkte. Aber um 1150, als Zhu noch jung war, begann sich in der Oberschicht eine männliche Gegenreaktion zusammenzubrauen. Die Männer bestanden wieder auf weiblicher Keuschheit und Abhängigkeit. Ehefrauen sollten sich vorzugsweise im Haus aufhalten, und wenn sie doch einmal gezwungen wären, es zu verlassen, dann tunlichst verschleiert oder in einer verhängten Sänfte. Die Kritiker hatten es besonders auf Witwen abgesehen, die wieder heirateten und ihr Eigentum in ihre neuen Familien mitnahmen. Als Zhu Xi im 13. Jahrhundert rehabilitiert wurde, konnte sein frommes Ideal der vollkommenen konfuzianischen Familie als philosophischer Ausdruck der männlichen Dominanzansprüche begriffen werden. Und als im 14. Jahrhundert die Eigentumsgesetze, die die Frauen begünstigt hatten, wieder rückgängig gemacht wurden, beriefen sich die Beamten ausdrücklich auf Zhu Xi.

Aber nicht seine Schriften waren es, die diese Veränderungen im Leben der Frauen verursachten. Sie waren bloß ein Strang einer viel weiter gehenden reaktionären Stimmung, die nicht nur gelehrte Beamte erfasste, sondern auch Menschen, die Zhus Schriften kaum gelesen haben dürften. So veränderten sich in diesen Jahren auch künstlerische und kunsthandwerkliche Darstellungen weiblicher Schönheit dramatisch. Im 8. Jahrhundert, auf dem Höhepunkt von Buddhismus und Protofeminismus, sahen Keramikfigurinen vorzugsweise aus wie »fette Frauen« – so zumindest die wenig galante Bezeichnung der Kunsthistoriker. Angeblich inspiriert durch Yang Guifei, die Kurtisane, deren Schönheit 755 zum Zündstoff für An Lushans Revolte wurde, zeigen diese Figurinen Frauen, die auch einem Rubens gefallen hätten, bei allen möglichen Beschäftigungen, vom Tanzen bis zum Polospielen. Die Frauenporträts des 12. Jahrhunderts hingegen geben im Allgemeinen blasse, glanzlose Wesen wieder, die gerade dabei sind, Männer zu bedienen, oder ansonsten träge herumsitzen.

Möglicherweise mussten die blassen Schönheiten einfach sitzen, weil ihnen das Stehen aufgrund ihrer Lotus- oder Lilienfüße wehtat. Schon kleinen Mädchen wurden die Zehen gebrochen, teils unter die Fußsohle gebogen, und dann die Füße so fest einbandagiert, dass sie nicht richtig wachsen konnten und sich verformten, bis sie dem Ideal der Zierlichkeit entsprachen. Diese berüchtigte Praxis des Füßebindens setzte wahrscheinlich um 1100 ein, etwa 30 Jahre vor Zhus Geburt. Zumindest legen einige Gedichte diesen Zeitraum nahe. Die ältesten archäologischen Belege stammen aus den Gräbern von Huang Sheng und Madame Zhou, zwei Frauen, die 1243 beziehungsweise 1274 das Zeitliche segneten. Beider Füße waren in fast zwei Meter lange Gazestreifen gebunden und steckten in Seidenschuhen und -strümpfen mit steil nach oben gebogenen Spitzen (Abbildung 8.9). Madame Zhous Skelett war so gut erhalten, dass es noch die Übereinstimmung ihrer deformierten Füße mit den Strümpfen und Schuhen demonstrierte: Ihre acht kleinen Zehen waren unter die Sohlen und die beiden großen Zehen waren nach oben gebogen worden, sodass ein schlanker Fuß entstand, der in die engen spitzen Slipper passte.

Die Veränderung des weiblichen Fußes war keine Erfindung des 12. Jahrhunderts. Den Gang von Frauen zu beeinflussen, scheint eine fast universale Obsession zu sein (bei Männern jedenfalls). Die Qualen, die Huang und Zhou ertragen mussten, sind allerdings von anderer Größenordnung als die in anderen Kulturen. Eine Frau, die Pfennigabsätze trägt, bekommt vielleicht entzündete Fußballen, eine mit verkrüppelten Lilienfüßen landet eher im Rollstuhl. Den Schmerz, den diese Praxis verursachte – tagaus, tagein, von der Wiege bis zur Bahre –, kann man sich kaum vorstellen. In dem Jahr, in dem Madame Zhou beigesetzt wurde, veröffentlichte ein Gelehrter die älteste überlieferte Kritik des Füßebindens: »Kleine vier- oder fünfjährige Mädchen, die nichts Böses getan haben, müssen dennoch grenzenlose Schmerzen ertragen, wenn ihre Füße gebunden werden, damit sie klein erscheinen. Ich weiß nicht, wofür das gut sein soll.«[27] Tatsächlich, wozu diese Prozedur? Aber trotz aller gelegentlich geäußerten Vorbehalte verbreitete sich die (Un-)Sitte des Füßebindens immer weiter und nahm immer schrecklichere Formen an. Im 13. Jahrhundert sollten die Füße vor

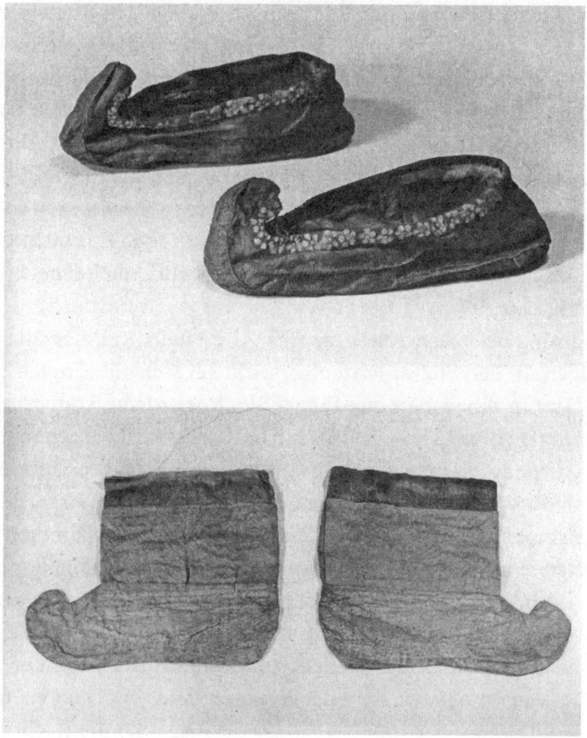

Abbildung 8.9: Lilienfüße
Seidenslipper und Strümpfe aus dem Grab von Huang Sheng, einem 17-jährigen Mädchen, das 1243 beerdigt wurde. Sie sind das älteste eindeutige Dokument für die Praxis des Füßebindens.

allem verschlankt, ab dem 17. Jahrhundert auch noch verkürzt werden. Fotos aus dem 20. Jahrhundert von den verstümmelten Füßen der letzten Opfer kann man sich kaum anschauen.*

Es wäre verfehlt, Zhu Xi für all das verantwortlich zu machen. Seine Philosophie war nicht der Auslöser dafür, dass die Kultur der chinesischen Elite immer konservativer wurde. Ganz im Gegenteil: Seine Ideen hatten Erfolg, weil sich ein kultureller Konservatismus durchgesetzt hatte, den man als das sichtbarste Zeichen für eine allgemeine Reaktion auf militärische Niederlagen, Einschränkungen und eine rückläufige gesellschaftliche Entwicklung sehen muss. Die Chinesen verstanden ihre Antike weniger als Quelle der Erneuerung denn als Zuflucht. Als Madame Zhou 1274 starb, war vom Geist der Renaissance, der weltweite Entdeckungsreisen hätte beflügeln können, nichts mehr zu spüren.

* Was auch immer seine Fehler waren – das Füßebinden hat Mao Zedong direkt nach seiner Machtübernahme 1949 verbieten lassen.

Können die Stagnation und der Rückgang der gesellschaftlichen Entwicklung nach 1100 erklären, warum Hernán Cortés und nicht Zheng He in Tenochtitlán auftauchte? Zum Teil gewiss. Jedenfalls lässt sich damit erklären, warum im 12. und 13. Jahrhundert keine großen Entdeckungsreisen stattfanden. Um 1405 aber, als Zhengs erste Schatzflotte von Nanjing aus in See stach, war die gesellschaftliche Entwicklung im Osten gerade dabei, wieder kräftig zuzulegen. Allein die Tatsache, dass Yongle seinen Admiral auf dem Indischen Ozean kreuzen ließ, ist ein Zeichen für expansives Denken. Als die gesellschaftliche Entwicklung weiterhin voranschritt, im 15. Jahrhundert, sahen sich die Intellektuellen nach Alternativen zur Philosophie Zhu Xis um.

Wang Yangming beispielsweise, eine Ausnahmefigur, gab sich alle Mühe, Zhus Regeln zu folgen. In den 1490er Jahren versenkte er sich auf Empfehlung von Zhu eine Woche lang in einen Bambusstängel, doch wurde er, statt zu tieferen Einsichten zu gelangen, bloß krank. Immerhin hatte er eine Erscheinung, die zu einer erfolgreichen, expandierenden Gesellschaft passt: Er sah, dass jedermann sowohl den Unterschied zwischen Gut und Böse als auch die Wahrheit intuitiv erkennen könne, dass also niemand jahrelang still sitzen und erst die Kommentare zu Konfuzius' Schriften studieren müsse. Weisheit ließe sich auch von dem erlangen, der hinausgehe und handele. Wang, der auch lebte, was er schrieb, wurde zu einem neuen Renaissancemenschen, zu einem der bedeutendsten Heerführer und Verwaltungsbeamten, zu einem Dichter und Herausgeber antiker Texte. Seine Anhänger, die sich immer entschiedener gegen Zhu Xis Denken wandten, behaupteten, die Straßen seien voller Weiser, jedermann könne Recht und Unrecht unterscheiden, und es sei eine gute Sache, reich zu werden. Sie befürworteten sogar – *horribile dictu* – die Gleichheit der Frauen.

Die Entscheidung, Zhengs Entdeckungsreisen zu beenden, fiel also nicht vor dem Hintergrund konservativer Einschränkungen und Sparmaßnahmen. Nein, das Bühnenbild kündete vielmehr von Aufbruch, Innovation und der Erleichterung, die drängenden Herausforderungen bewältigt zu haben. So spricht wenig dafür, dass es eine rigide, nach innen gewandte Gesinnung gewesen sei, die China im 15. Jahrhundert von Forschungs- und Entdeckungsreisen abgehalten hätte, während eine dynamische Renaissancekultur die Europäer über die Meere trieb. Was aber hielt die Chinesen dann auf?

Vorteile der Isolation

Wir haben die Antwort schon kennen gelernt: Noch einmal waren es Landkarten und nicht irgendwelche Männer, die dem Osten und dem Westen verschiedene Entwicklungspfade verpasst haben. Die Geographie macht es den Menschen im Westen leichter, nach Amerika gespült zu werden, als den Menschen aus dem Osten (Abbildung 8.10).

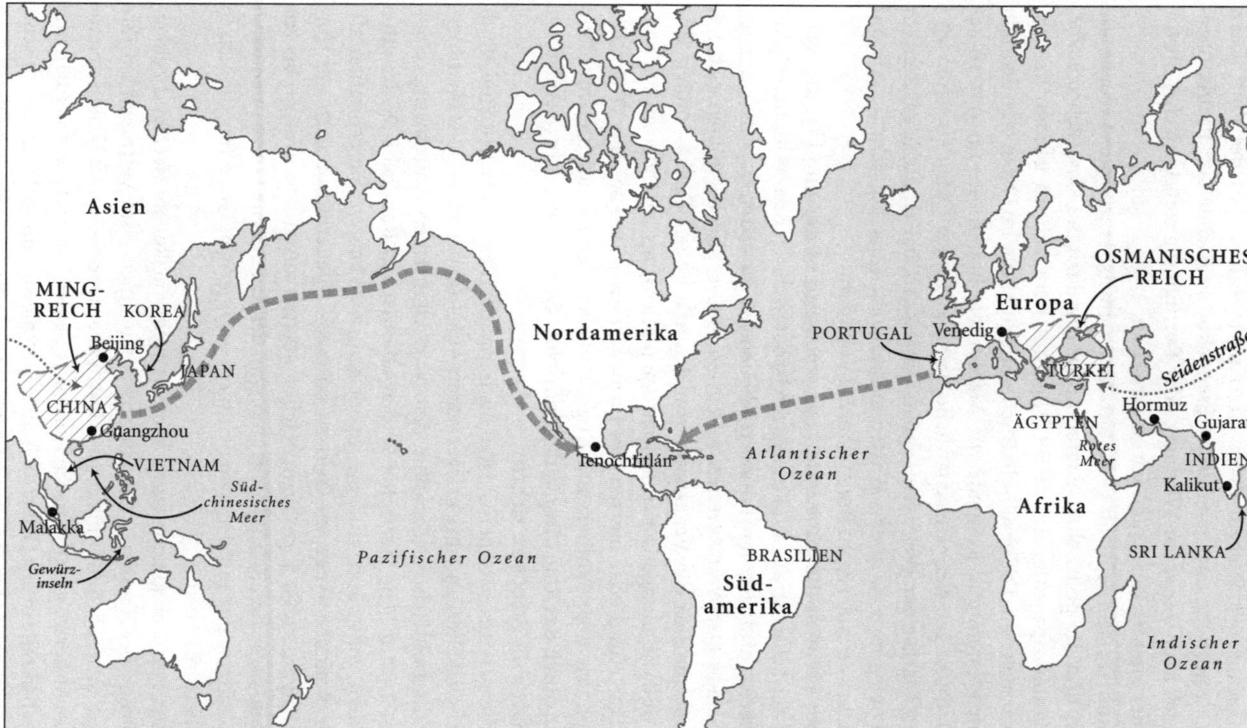

Abbildung 8.10: Eine dritte Art und Weise, die Welt zu sehen

Wie die Physiogeographie die Chancen zugunsten Westeuropas verteilt. Portugal liegt knapp 5000 Kilometer von Amerika entfernt, China dagegen hat Pech: Die Entfernung ist doppelt so groß.

Der offensichtlichste geographische Vorteil der Europäer ist physischer Natur: Die vorherrschenden Winde, die Lage der Inseln und schlicht die Größe des Atlantischen Ozeans erleichterten ihnen die Angelegenheit. Mit der Zeit hätten sicher auch chinesische oder japanische Entdeckungsreisende den Pazifik überquert. Generell aber war es für Wikinger oder Portugiesen stets einfacher als für Chinesen oder Japaner, die Neue Welt zu erreichen.

Auch in anderer Hinsicht gab es Unterschiede. Im 15. Jahrhundert trugen die Wirtschafts- und die politische Geographie kräftig dazu bei, dass sich die Vorteile, die Westeuropa aufgrund seiner Lage auf dem Globus genoss, um ein Vielfaches vermehrten. Die gesellschaftliche Entwicklung im Osten war deutlich höher als im Westen, und Reisende wie Marco Polo hatten dies im Westen bekannt gemacht. Es gab also wirtschaftliche Anreize, in den Osten zu reisen und die reichsten Märkte der Welt anzuzapfen. Umgekehrt hatten die Menschen im Osten wenig Grund, sich in den Westen aufzumachen. Sie konnten sich darauf verlassen, dass alle anderen zu ihnen kommen würden.

Die Araber nahmen die günstigste Lage ein, wenn es darum ging, die westlichen Teile der Seidenstraße und die Handelsrouten durch den Indischen Ozean zu kontrollieren, und viele Jahrhunderte blieben die Europäer, die am äußersten Rand der beiden Ost-West-Arterien saßen, zu Hause und begnügten sich mit den Krümeln, die sich die Venezianer von den arabischen Tischen holten. Die Kreuzzüge und die mongolischen Eroberungen allerdings veränderten die politische Landkarte und erleichterten den Europäern den Zugang zum Osten. Die Gier triumphierte über Faulheit und Angst und motivierte Kaufleute (vor allem Venezianer), durch das Rote Meer in den Indischen Ozean vorzudringen oder, wie die Polos, durch die Steppe zu ziehen.

Als sich die westeuropäischen Staaten nach und nach zu politischen High-End-Systemen entwickelten und ihre kriegerischen Auseinandersetzungen zunahmen, verschaffte die politische Geographie dem wirtschaftlichen Aufschwung einen zusätzlichen Anstoß. Die Herrscher in den atlantischen Randgebieten konnten den Hals nicht vollkriegen und nie genug Kanonen kaufen. Sie schöpften allmählich die üblichen Wege, zu Geld zu kommen (Steuerbürokratien auf Vordermann bringen, Juden ausrauben, Nachbarstaaten ausplündern usw.), bis zur Neige aus. Sie waren bereit, mit jedem zu reden, der ihnen neue Einnahmequellen anzubieten hatte, selbst mit den zwielichtigen, geldgierigen Gestalten, die sich in den Häfen herumtrieben.

Die atlantischen Königreiche lagen denkbar weit von Rotem Meer und Seidenstraße entfernt, aber Kapitäne aller Couleur boten ihnen – im Vertrauen auf ihre wunderbaren neuen Schiffe und gegen Geschenke, Darlehen und Handelsmonopole – an, die bisherige geographische Isolation in einen Vorteil zu verwandeln und eine atlantische Route in den Orient zu finden. Den meisten dieser Kapitäne schwebte vor, um die südliche Spitze Afrikas herum in den Indischen Ozean zu segeln, um größere Auseinandersetzungen mit Venezianern und Arabern zu vermeiden. Andere versprachen sich mehr vom direkten Weg nach Westen, der sie um den Globus herum in den Osten führen sollte.* (Eine dritte Möglichkeit, nämlich eine Route über den Nordpol zu suchen, war aus naheliegenden Gründen wenig attraktiv.)

Wer die Südroute favorisierte, ging zu Recht davon aus, dass sich ein Westtörn verdammt in die Länge ziehen würde, bis der Osten erreicht sei. Wenn es in dieser Geschichte einen Platz für Stümper gäbe, dann gebührte der Kolumbus, der die Entfernung rund um den Erdball massiv unterschätzte, sein Lebtag nicht glauben wollte, dass er mit falschen Zahlen operierte – und den Weg nach Tenochtitlán trotzdem frei machte. Gäbe es umgekehrt einen Platz für große Männer, dann müsste man ihn wohl den realistischen Beratern der Ming-Kaiser einräumen, die, nachdem sie Kosten und Gewinne berechnet hatten, Zheng Hes abenteuerliche Touren in den 1430er Jahren einstellten und ihre Unterlagen in den 1470er Jahren »verloren«.

Manchmal ist ein bisschen Pfusch durchaus ganz hilfreich, im Grunde jedoch kam es auf den Unterschied zwischen Pfusch und richtigem Riecher gar nicht an, denn allzuviel Spielraum ließ die Geographie nicht. Letztlich mussten die Abenteurer tun, was sie tatsächlich taten. Als Yongle 1403 den Thron bestieg, musste er Chinas in Südasien erschütterte Stellung festigen. Zheng mit Schatzflotten nach Calicut (dem heutigen Kozhikode an der Südwestküste Indiens) und Hormuz in Marsch zu setzen, mochte eine teure Lösung gewesen sein, aber es hat funktioniert. Sie über einen leeren Ozean nach Osten schippern zu lassen, kam dagegen überhaupt nicht in Frage, gleichgültig wie viele Kräuter der Unsterblichkeit man dort vielleicht finden würde. Die chinesischen Verwaltungsbeamten des 15. Jahrhunderts waren stets drauf und dran, schon die kostspieligen Reisen in den Indischen Ozean einzustellen. Dass sie ihre Flotten ganz und gar in den Pazifik schicken würden, war zu keiner Zeit wahrscheinlich. Es war schlicht die Wirtschaftsgeographie, die chinesische Entdeckungsreisen als unvernünftig erscheinen ließ.

Dass europäische Seefahrer über kurz oder lang auf Amerika stoßen würden, als sie auf der Suche nach den Reichtümern des Ostens anfingen, in den Atlantischen Ozean vorzudringen, liegt auf der Hand. Kolumbus und seine Männer brauchten Herzen aus Eiche und Eingeweide aus Eisen, um sich, den Wind im Rücken, ins Unbekannte zu stürzen, ohne Garantie, einen anderen Wind für die Rückfahrt zu finden. Doch hätten sie irgendwo und irgendwann nicht weiter gewollt, dann wären Massen mutiger Seeleute in den europäischen Häfen bereit gewesen, es erneut zu versuchen. Und hätte Königin Isabella (wie fast geschehen) 1492 auch Kolumbus' dritten Vorschlag abgelehnt, es wäre nicht das Ende aller Fahrten nach Westen gewesen. Entweder hätte Kolumbus einen anderen Geldgeber gefunden oder es wäre einfach ein anderer Kapitän für uns zum großen Entdecker geworden – Caboto vielleicht oder der Portugiese Pedro Alvares Cabral, der 1500 auf seinem Weg nach Indien Brasilien entdeckte.

* Selbst im rückständigen Europa hatte die gebildete Öffentlichkeit seit dem 12. Jahrhundert erkannt, dass die Erde rund ist. (Im klassischen Griechenland war das schon einmal bekannt gewesen.)

Landkarten bestimmen den Lauf der Dinge. So unvermeidlich wie zum Beispiel der Übergang von der Wildbeuterei zum Ackerbau und später von Dörfern zu Staaten war, so unvermeidlich mussten die Abenteurer aus den atlantischen Randgebieten Amerika eher früher als später finden, in jedem Fall aber früher als die Abenteurer des Südchinesischen Meeres.

Als Amerika »gefunden« worden war, standen auch die Konsequenzen mehr oder weniger fest. Krankheitserreger, Waffen und Institutionen der Europäer waren so viel mächtiger als die der amerikanischen Urbevölkerung, dass deren Stämme und Staaten einfach zusammenbrachen. Hätten Montezuma oder Cortés andere militärische Entscheidungen getroffen, dann wären vielleicht die Konquistadoren von 1521 auf den blutüberströmten Altären von Tenochtitlán gestorben, mit herausgerissenen Herzen als Opfer für die Götter. Aber es hätten genügend andere Konquistadoren gegeben, die ihnen gefolgt wären und noch mehr Pocken, Kanonen und Ansiedlungsabsichten mitgebracht hätten. Die amerikanischen Ureinwohner konnten den europäischen Imperialisten nicht mehr Widerstand entgegensetzen als sieben oder acht Jahrtausende zuvor die europäischen Ureinwohner und Wildbeuter den einwandernden Bauern.

Eine ebenso große Rolle spielte die Geographie, als europäische Seefahrer Südafrika umrundeten und in den Indischen Ozean segelten, hier allerdings auf andere Weise. Denn indem sie dieser Route folgten, gelangten die Europäer in eine Welt mit höherer gesellschaftlicher Entwicklung, mit alten Reichen, traditionsreichen Handelshäusern und eigenen bösartigen Krankheiten. Entfernung und Kosten – die Physio- und die Wirtschaftsgeographie – setzten dem Eindringen der Europäer so enge Grenzen wie dem nach Amerika. An der ersten portugiesischen Entdeckungsreise um die Südspitze Afrikas nach Indien im Jahr 1498 waren nicht mehr als vier Schiffe beteiligt. Ihr Befehlshaber Vasco da Gama war ein Niemand. Die Wahl war nur deshalb auf ihn gefallen, weil keiner erwartete, dass er Erfolg haben würde.

Da Gama war ein großartiger Kapitän – 6000 Meilen segelte er auf offenem Meer, um die Winde zu erwischen, die ihn in den Süden von Afrika brachten –, Politiker und Diplomat war er nicht. Er tat alles, um den Mangel an Vertrauen in ihn zu rechtfertigen. Seine Angewohnheit, einheimische Lotsen zu entführen und auspeitschen zu lassen, hätte, noch bevor er Afrika auch nur wieder verlassen hatte, beinahe katastrophale Folgen gehabt, und nachdem ihn seine Navigatoren trotz übler Behandlung nach Indien gebracht hatten, beleidigte er die hinduistischen Herrscher in Calicut, indem er sie für Christen hielt. Und er hörte nicht auf, sie zu kränken, indem er ihnen knausrige Geschenke machte. Als er schließlich eine Ladung Gewürze und Edelsteine herausgeschlagen hatte, ließ er gegen alle Ratschläge bei Gegenwind die Segel setzen. Fast die Hälfte seiner Besatzung kam auf dem Indischen Ozean um, und die Überlebenden waren vom Skorbut außer Gefecht gesetzt.

Aber weil bei asiatischen Gewürzen Gewinnmargen von über 100 Prozent zu erzielen waren, holte da Gama trotz seiner Fehler für sich und seinen König immer noch ein Vermögen heraus. Dutzende portugiesische Schiffe machten es da Gama nach und hatten Erfolg – aber nur, weil sie vom einzigen Vorteil Gebrauch machten, den sie hatten: von ihren Kanonen. Je nach Gelegenheit trieben die Portugiesen friedlich Handel, schüchterten ein oder schossen. Nichts, so fanden sie, besiegelte ein Geschäft so rasch wie eine Kanone. Sie brachten Häfen an der indischen Küste unter ihre Kontrolle, nutzten sie als Handelsenklaven (oder als Piratenverstecke, je nach Perspektive) und brachten Pfeffer heim nach Portugal.

Wegen ihrer geringen Zahl glichen die portugiesischen Schiffe eher Mücken, die um die großen Reiche des Indischen Ozeans herumschwirrten, als Konquistadoren. Doch nach fast einem Jahrzehnt Beißen und Stechen fanden – aufgestachelt von Venedig – die Sultane und Könige der Türkei, Ägyptens, Gujarats und Calicuts, nun sei es genug. Mit über 100 Schiffen umzingelten sie 18 portugiesische Kriegsschiffe vor der indischen Küste, wollten sie rammen und entern. Die Portugiesen schossen sie gnadenlos zusammen.

Wie die Osmanen, die ein Jahrhundert zuvor in den Balkan eingefallen waren, beeilten sich die Herrscher rund um den Indischen Ozean, die europäischen Kanonen zu kopieren, mussten aber die Erfahrung machen, dass die Portugiesen mit Kanonen allein nicht fernzuhalten waren. Sie mussten das ganze militärische System importieren, die gesellschaftliche Ordnung ändern, Platz schaffen für neue Arten von Kriegern, was sich im Südasien des 16. Jahrhunderts als ebenso schwierig erwies wie 3000 Jahre zuvor, als sich die Könige des westlichen Kerngebiets mühten, ihre Armeen den Streitwagen anzupassen. Herrscher, die zu unbeweglich waren, mussten den wilden Eindringlingen einen Hafen nach dem anderen öffnen. 1511 schüchterten die Portugiesen den Sultan von Malakka ein, der die Meerenge kontrollierte, die zu den Gewürzinseln führte, und verlangten Handelsrechte. Als der Sultan sich wieder fing und sie vor die Türe setzen ließ, besetzten die Portugiesen die ganze Stadt. »Wer über Malakka gebietet«, bemerkte Tomé Pires, die rechte Hand von Afonso de Albuquerque, dem Gouverneur von Indien, »hält seine Hand an die Kehle Venedigs.«[28]

1521

Und nicht nur an die Kehle Venedigs. Pires sah weiter:

> China ist ein wichtiges, gutes und sehr reiches Land, und der Gouverneur würde, um es unter unsere Herrschaft zu bringen, keine so große Streitmacht brauchen, wie gesagt wird, denn die Menschen dort sind sehr schwach und leicht zu überwältigen. Und die bedeutenden Männer, die mehrfach dort waren, bestätigen, dass der Gouverneur von Indien, der Malakka mit zehn Schiffen eroberte, ganz China entlang der Küste einnehmen könnte.[29]

In den leichtsinnigen Jahren nach 1500 schien den Abenteurern, die den Atlantik überquert beziehungsweise Afrika umrundet hatten, nahezu alles möglich zu sein. Warum nicht einfach den Osten unterwerfen, wenn man denn schon einmal da war? Also entschloss sich der portugiesische König 1517, Pires' Theorie überprüfen zu lassen, und entsandte ihn nach Kanton, um mit dem Reich des Himmels ein Friedens- und Handelsabkommen zu schließen. Leider war Pires ungefähr so diplomatisch wie da Gama, und es kam zu einem dreijährigen Geplänkel, weil Pires verlangte, zum Kaiser vorgelassen zu werden, die Beamten ihn aber hinhielten. 1521, im selben Jahr, in dem Cortés in Tenochtitlán einzog, bekam Pires endlich, was er wollte.

Seine Geschichte endete allerdings ganz anders als die von Cortés. Nachdem er in Beijing angekommen war, musste er erneut wochenlang warten, bis ihm eine Audienz gewährt wurde, und dann ging alles furchtbar schief. Noch während Pires verhandelte, erreichte den Kaiserhof ein Brief des entthronten Sultans von Malakka, der bittere Klage über die portugiesische Besetzung führte. Und ausgerechnet jetzt, einen ungünstigeren Zeitpunkt hätte es nicht geben können, starb der chinesische Kaiser. Dessen Nachfolger aber war den Portugiesen nicht wohlgesonnen und ließ Pires und seine Leute in Ketten legen.

Was aus ihnen geworden ist, ist nicht ganz klar. Einer der inhaftierten Seeleute schrieb in einem Brief, Pires sei im Gefängnis gestorben, einer anderen Quelle zufolge ist er in ein Dorf verbannt worden, wo ein portugiesischer Priester 20 Jahre später seine Tochter getroffen haben will. Wie dieser Geistliche berichtete, habe das Mädchen ihre Identität dadurch bewiesen, dass sie das Vaterunser auf Portugiesisch aufsagte, und ihm mitgeteilt, Pires sei mit einer reichen chinesischen Frau alt geworden und erst vor kurzem gestorben. Am wahrscheinlichsten aber ist wohl, dass Pires das Schicksal der anderen portugiesischen Gesandten teilte. Sie wurden an den Pranger gestellt, öffentlich verspottet und gedemütigt, danach hingerichtet. Den Männern wurde der Penis abgeschnitten und in den Mund gesteckt, anschließend wurden ihre Körperteile auf Eisenspießen durch Kanton getragen.

Welches Schicksal er auch erlitten haben mag, Pires lernte auf die harte Tour, dass die Europäer hier, im wirklichen Mittelpunkt der Welt, noch immer wenig zählten – trotz ihrer Kanonen. Sie hatten die Azteken vernichtet und sich in die Märkte des Ostens hineingeschossen, doch das reichte nicht aus, um die Türhüter des Himmelssohns, der »Alles unter dem Himmel« repräsentierte, zu beeindrucken. In seiner gesellschaftlichen Entwicklung lag der Ostens noch immer vor dem Westen, und trotz Europas Renaissance, trotz seiner Seefahrer und Kanonen gab es 1521 kaum Hinweise darauf, dass der Westen den Abstand würde spürbar verringern können. Noch drei Jahrhunderte mussten vergehen, bis klar wurde, welchen Unterschied es machte, dass Cortés und nicht Zheng He Tenochtitlán niedergebrannt hatte.

Kapitel 9

Der Westen holt auf

Die steigende Flut

»Die steigende Flut hebt alle Schiffe«, hat John F. Kennedy einmal gesagt.[1] Und nie hatte dieser Satz mehr Gültigkeit als in den 300 Jahren zwischen 1500 und 1800, als das Schiff der gesellschaftlichen Entwicklung im Westen wie im Osten unaufhaltsam nach oben getragen wurde (Abbildung 9.1.). Um 1700 stieß es hier wie da an die Obergrenze, die bis dahin bei 43 Punkten gelegen hatte, um 1750 ließ es diese bereits hinter sich.

Kennedys berühmt gewordener Ausspruch stammt aus einer Rede, die er anlässlich der Einweihung eines neuen Staudamms in Herber Springs, Arkansas, gehalten hat. Das Projekt wurde von seinen Gegnern als Wahlkreisgeschenk erster Güte kritisiert: Klar, sagten sie, die steigende Flut hebt alle Schiffe, aber manche hebt sie schneller als andere. Auch das hatte zwischen 1500 und 1800 mehr Gültigkeit als zu irgendeinem anderen Zeitpunkt. Im Osten beschleunigte sich die gesellschaftliche Entwicklung um ein Viertel, aber im Westen stieg sie doppelt so schnell an. 1773 (oder irgendwann zwischen 1750 und 1800, wenn man eine vernünftige Fehlertoleranz zugrunde legt) zog der Westen hinsichtlich seiner gesellschaftlichen Entwicklung am Osten vorbei und beendete damit das 1200 Jahre währende Zeitalter des Ostens.

Historiker streiten erbittert um die Fragen, warum die Flut nach 1500 weltweit so rasant anstieg und warum sich das Schiff des Westens als so besonders auftriebsstark erwies. In diesem Kapitel versuche ich zu zeigen, dass es einen Zusammenhang zwischen diesen beiden Fragen gibt und dass, wenn man sie im richtigen, nämlich langfristigen Kontext der gesellschaftlichen Entwicklung betrachtet, die Antworten darauf gar nicht mehr so sehr im Dunkeln liegen.

Mäuse in der Scheune

Es dauerte eine Weile, bis das Schicksal von Tomé Pires verwunden war. Erst 1557 fingen chinesische Beamte an, die portugiesischen Kaufleute zu tolerieren, die ihre Geschäfte in Macao eröffneten (Abbildung 9.2.), und obwohl die Niederlassungen der Portugiesen an den Küsten Asiens sich 1570 bereits bis ins japanische Naga-

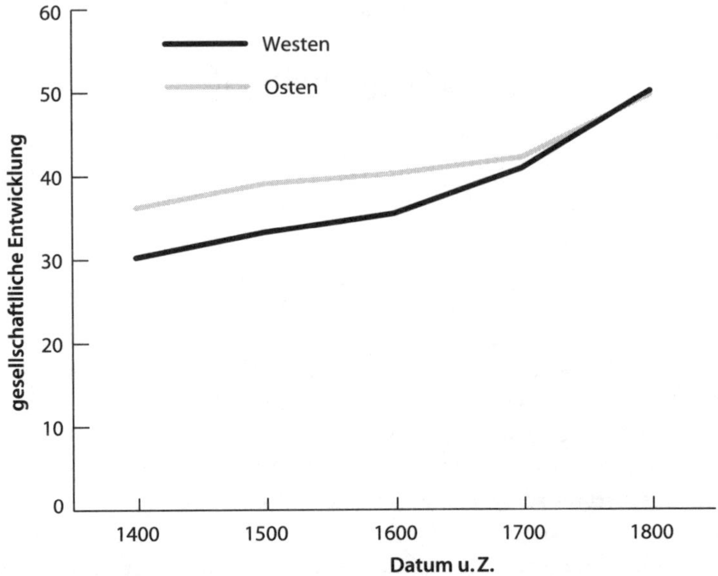

Abbildung 9.1: Manche Schiffe schwimmen besser als andere

Im 18. Jahrhundert trieb die steigende Flut der sozialen Entwicklung den Osten wie den Westen über den Pegel hinaus, der bis dahin die Obergrenze organischer Wirtschaftssysteme gebildet hatte. Aber den Westen trieb sie stärker, weiter und schneller voran. Dem Index zufolge übernahm der Westen 1773 wieder die Führung.

saki erstreckten, blieben sie zahlenmäßig doch ein jämmerlich kleines Häufchen. Für die meisten Europäer blieben die Länder des fernen Ostens sagenumwobene Orte, für die meisten Asiaten war Portugal nicht einmal das.

Wenn diese europäischen Abenteurer im 16. Jahrhundert überhaupt einen Einfluss auf das Leben der Menschen im Osten hatten, dann wegen der erstaunlichen Pflanzen aus der Neuen Welt – Mais, Kartoffeln, Süßkartoffeln, Erdnüsse –, die sie im Gepäck hatten. Sie gediehen da, wo sonst nichts wuchs, hielten auch dem schlechtesten Wetter stand und sättigten die Bauern und ihre Tiere aufs Angenehmste. Im Laufe des 16. Jahrhunderts wurden von Irland bis zum Gelben Fluss Millionen Hektar Land damit bepflanzt.

Vermutlich kamen sie gerade zur rechten Zeit. Das 16. Jahrhundert war kulturell ein goldenes Zeitalter für den Osten wie für den Westen. In den 1590er Jahren (zugegebenermaßen einem besonders guten Jahrzehnt) konnten sich die Bürger Londons Theaterstücke wie Shakespeares *König Heinrich der Fünfte*, *Julius Caesar* und *Hamlet* ansehen oder sie konnten preiswerte religiöse Traktate wie John Foxes blutrünstig bebildertes *Buch der Märtyrer* lesen, die zu Tausenden aus den neuen Druckerpressen kamen. Auf der anderen Seite Eurasiens konnten die Bewohner Beijings den zwanzigstündigen *Päonien-Pavillon* von Tang Xianzu, die bis heute

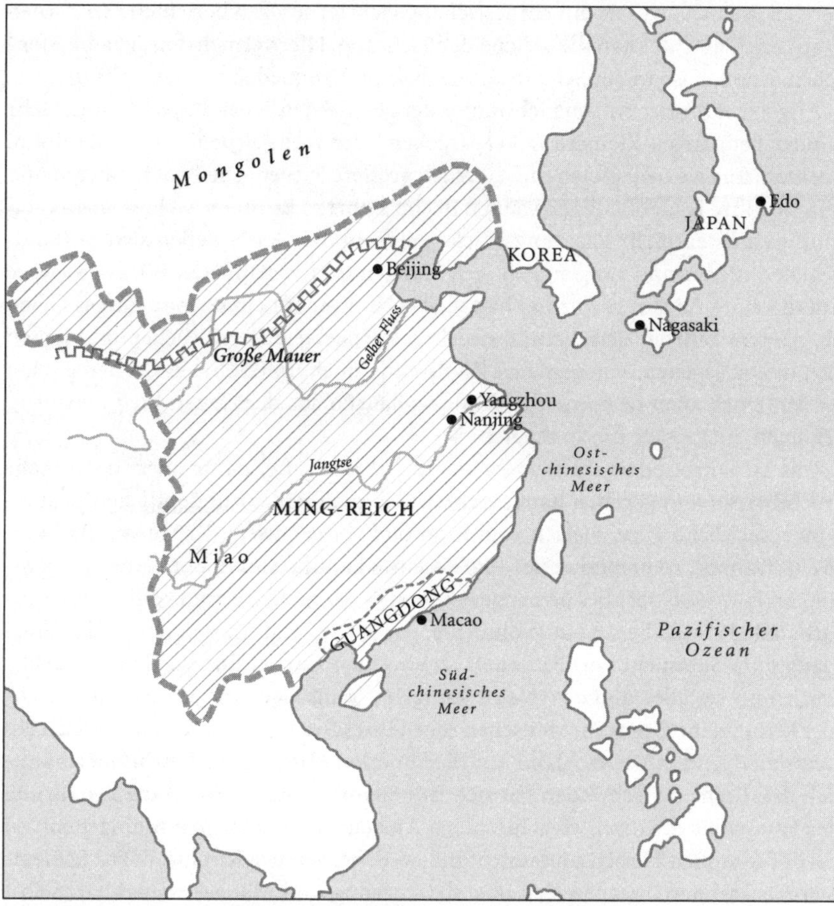

Abbildung 9.2: Eine dicht besiedelte Welt
Der Osten in der Zeit der steigenden Flut, 1500–1700

meistaufgeführte klassische chinesische Oper, bestaunen oder sich in die Lektüre der *Reise nach Westen* vertiefen (der Saga in hundert Kapiteln von einem Affen, einem Schwein und einem Shrek-ähnlichen Dämon namens Sha Wujing, die im 7. Jahrhundert einen Mönch auf seiner Suche nach Buddha nach Indien begleiten und ihn unterwegs aus zahllosen Gefahrensituationen retten).

Aber hinter der glänzenden Fassade lag einiges im Argen. Der Schwarze Tod hatte mindestens ein Drittel der Bevölkerung in den Kerngebieten des Westens und des Ostens dahingerafft, und nach 1350 hemmten immer neue Epidemien ein Jahrhundert lang ein neuerliches Wachstum der Bevölkerung. Zwischen 1450 und 1600 stieg jedoch die Zahl der hungrigen Mäuler hier wie dort auf nahezu das Doppelte an. »Die Bevölkerungszahl ist so hoch wie noch niemals zuvor in der Geschichte«, wusste ein chinesischer Gelehrter 1608 zu berichten.[2] Im fernen Frankreich machte man die gleiche Beobachtung. Hier vermehrten sich die Menschen »wie Mäuse in der Scheune«, wie man im Languedoc zu sagen pflegte.

Angst war immer ein Antriebsmotor der gesellschaftlichen Entwicklung. Mehr Kinder bedeuteten kleinere Ackerparzellen oder mehr Erben, die in die Röhre guckten, und sie bedeuteten unweigerlich größere Sorgen. Die Bauern jäteten und düngten ihre Felder häufiger, stauten Bäche, bohrten Brunnen, webten mehr Stoff und versuchten mehr Kleidungsstücke zu verkaufen. Viele ließen sich in Randgebieten nieder und rangen steinigen Hängen und versandeten Böden, die ihre Eltern keines Blickes gewürdigt hätten, das Nötigste für ein noch so karges Leben ab. Andere kehrten den dicht besiedelten Kerngebieten den Rücken und ließen sich in abgelegenen, von jeglicher Zivilisation noch unberührten Grenzregionen nieder. Doch auch wenn sie die Wunderpflanzen aus der Neuen Welt anbauten, schienen die Erträge nie zu reichen.

Das 15. Jahrhundert, in dem es wenig Arbeitskräfte, dafür aber umso mehr fruchtbares Land gegeben hatte, verblasste allmählich zur undeutlichen Erinnerung: glückliche Tage, Fleisch vom Rind und vom Schwein, Krüge voll Bier und Wein. Damals, so bemerkte der Präfekt eines Landkreises in der Nähe von Nanjing im Jahr 1609, sei alles besser gewesen: »Die Menschen waren vollkommen autark: Jede Familie besaß ein Wohnhaus, ein Stück Land für den Ackerbau, einen Hang zum Sammeln von Feuerholz sowie einen Garten für die Gemüsezucht.« Doch nun sei alles anders: »Neun von zehn Menschen sind verarmt, die Habgier kennt keine Grenzen, Menschen fügen ihresgleichen Schaden zu … welch ein Jammer!«[3] Und in Deutschland war die Situation Mitte des 16. Jahrhunderts ähnlich drastisch: »In Schwaben hat sich laut Heinrich Müller (1550) die Ernährung des Landvolks drastisch verschlechtert. Anstelle der reichlichen Mahlzeiten von einst, die täglich Fleisch umfassten und an Festtagen wie Kirchweih zur Schlemmerei ausarteten, machen sich überall Teuerung und Mangel bemerkbar. Selbst die Kost der reichsten Bauern, so der Autor, ist fast schlechter als die der Tagelöhner und Knechte von anno dazumal.«[4]

In dem englischen Märchen *Dick Whittington und seine Katze* (das wie viele solcher Geschichten seinen Ursprung im 16. Jahrhundert hat) findet ein armer Junge vom Land sein Glück in London, aber im wirklichen Leben kamen viele der hungrigen Millionen, die es auf der Suche nach Arbeit in die Großstädte verschlug, nur vom Regen in die Traufe. Abbildung 9.3 zeigt, wie sich die städtischen Reallöhne (das heißt die Kaufkraft der Verbraucher, angepasst an inflationäre Prozesse) nach 1350 entwickelten. Die grafische Darstellung stützt sich auf die Ergebnisse von Wirtschaftshistorikern, die in jahrelanger detektivischer Arbeit bruchstückhafte alte Aufzeichnungen entziffert haben, niedergeschrieben in einem babylonischen Gewirr von Sprachen und einem noch größeren Durcheinander von Maßeinheiten. Erst seit dem 14. Jahrhundert wurde statistisches Zahlenmaterial in europäischen Archiven so dokumentiert, dass man daraus genauer auf die Einkommensentwicklung schließen kann, für China gilt dies erst von 1700 an. Aber trotz der lückenhaften Dokumentation und der vielen sich überschneidenden Linien ist zumindest für den Westen eine eindeutige Tendenz zu erkennen. In dem Jahrhundert nach der großen Pestepidemie verdoppelten sich die Löhne in etwa in allen Gebieten, aus denen uns Zahlen vorliegen, fielen jedoch, als die Bevölkerung wieder zu wachsen begann, fast wieder auf den Stand zurück, auf dem sie vor dem Schwarzen Tod gewesen waren. Die Florentiner, die in den 1420er Jahren die Steine für Filippo Brunelleschis Kathedrale schleppten und ihre mächtige Kuppel errichteten, ließen sich Fleisch, Käse und Oliven schmecken; die Männer, die 1504 Michelangelos David an seinen Standort wuchteten, mussten sich mit trockenem Brot begnügen. Ein Jahrhundert später konnten sich ihre Urenkel glücklich schätzten, wenn sie auch nur das bekamen.

Mittlerweile hatte der Hunger Eurasien fest im Griff. Eine schlechte Ernte, eine falsche Entscheidung oder einfach nur Pech konnten eine arme Familie zwingen, sich von dem zu ernähren, was sie mühselig ergattern mussten: in China Spreu und Bohnenhülsen, Baumrinde und Wildkräuter, in Europa Kohlstrünke, Wildkräuter und Gras. Kamen mehrere ungünstige Umstände zusammen, konnte dies zur Folge haben, dass Tausende ihre Nahrung auf der Straße zusammenbetteln mussten und dass die Schwächsten verhungerten. Es ist sicher kein Zufall, dass die Protagonisten der ältesten europäischen Volksmärchen (wie beispielsweise *Dick Whittington*) nicht von goldenen Eiern und gen Himmel wachsenden Zauberbohnen träumten, sondern von echten Eiern und echten Bohnen. Ein voller Magen war alles, was sie sich von den guten Feen wünschten.

Im Westen wie im Osten verhärteten diejenigen, die sich noch leidlich über Wasser halten konnten, ihr Herz gegen Bettler und Vagabunden, die sie in Armenhäuser und Gefängnisse steckten, in unwirtliche Grenzregionen abschoben oder in die Sklaverei verkauften. Das war zwar herzlos, ganz ohne Zweifel, aber die Menschen, denen es nur ein bisschen besser ging, fühlten sich von ihren eigenen Sorgen derart bedrängt, dass sie sich nicht um das Schicksal anderer kümmern konnten. Wenn die Zeiten schlecht sind, schrieb 1545 ein Mann im Jangtse-Delta an einen Freund, »wird den Ärmsten die Steuerschuld erlassen, aber die Wohlhabenden werden so geschröpft, dass sie ebenfalls verarmen«[5]. Den Kindern ehemals angesehener Familien drohte ein unaufhaltsamer sozialer Abstieg.

Die Söhne der Adeligen suchten sich neue Betätigungsfelder, um in dieser kälter gewordenen Welt um Wohlstand und Macht zu wetteifern, und ihre offene Missachtung der Traditionen empörte die Konservativen im Lande. »Immer häufiger werden ausgefallene Kleider und Hüte getragen«, bemerkte ein chinesischer Beamter indigniert, »und es gibt sogar einige, die Kaufleute werden!«[6] Schlimmer noch, ließ sich einer seiner Kollegen vernehmen, selbst ehemals ehrbare Leute

sind verrückt nach Reichtum und Einfluss. … Sie gefallen sich darin, Beschuldigungen zur Anzeige zu bringen, und benutzen ihre Macht, um ihre Argumente mit solchem

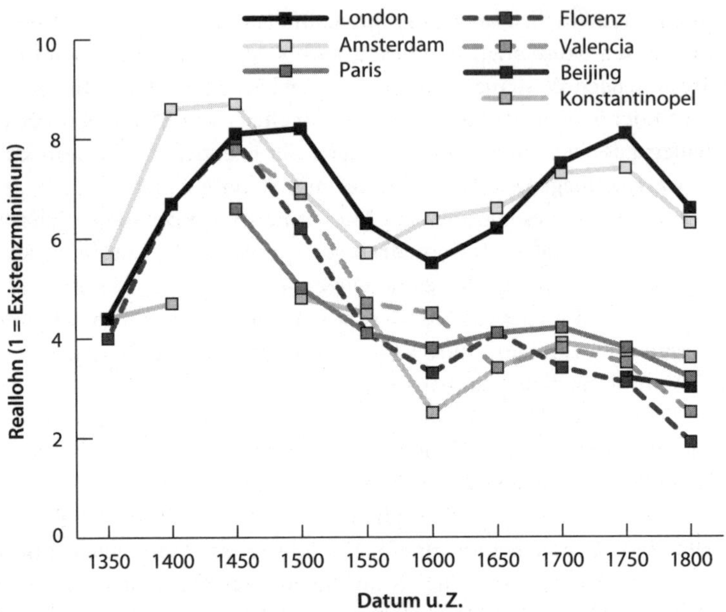

Abbildung 9.3: Arm oder reich

Die Entwicklung der Reallöhne ungelernter Arbeiter in sechs europäischen Städten sowie in Beijing von 1350–1800. Jede Stadt und jedes Gewerbe hat ihre beziehungsweise seine eigene Geschichte, aber wo immer eine Auswertung möglich ist, zeigt sich, dass die Kaufkraft der Arbeiter, nachdem sie sich zwischen 1350 und 1450 verdoppelt hatte, bis 1550 oder 1600 wieder auf den Stand zurückfiel, den sie vor 1350 gehabt hatte. Aus Gründen, die sich im Laufe dieses Kapitels noch erschließen werden, entfernt sich die Kurve der Großstädte im Nordwesten Europas von 1600 an immer weiter von allen anderen. (Für Paris und Valencia liegen Daten erst von 1450, für Beijing von 1750 an vor, und im Zahlenmaterial für Konstantinopel klafft verständlicherweise um 1453, als die Osmanen die Stadt eroberten, eine Lücke.) Daten aus Allen 2006 b.

Nachdruck vorzutragen, dass man nicht mehr zwischen Rechtschaffenheit und Betrug unterscheiden kann. Verschwenderisch und vorzugsweise elegant gekleidet wandern sie in ihren weißen Seidengewändern umher, sodass man kaum noch sagen kann, wer ein Ehrenmann ist und wer ein Schuft.[7]

Große Unruhe herrschte insbesondere unter den Beamten. Die Ränge des Adels blähten sich immer mehr auf, aber die Zahl der Beamtenposten stieg nicht an, und als die dornigen Tore zur Bildung sich als zunehmend undurchlässig erwiesen, fanden die Wohlhabenden Mittel und Wege zu bewirken, dass Reichtum mehr zählte als Gelehrsamkeit. »Arme Studenten, die einen Platz bei den Prüfungen zu ergattern hofften, wurden von den Beamten abgewiesen, als wären sie Flüchtlinge und Hungerleider«, klagte ein Provinzbeamter.[8]

Es waren harte Zeiten, sogar an der Spitze der Hierarchie, für die Monarchen selbst. Theoretisch waren steigende Bevölkerungszahlen gut für die Regierung – mehr Bürger, denen man Steuern aufbürden, mehr Soldaten, die man zum Dienst verpflichten konnte –, aber in der Praxis lagen die Dinge nicht so einfach. Hungernde Bauern, die keinen Ausweg mehr sahen, konnten aufbegehren, statt brav ihre Steuern zu zahlen, und der aufsässige, untereinander zerstrittene Adel tat es ihnen nicht selten gleich. (Vor allem Beamtenanwärter, die in den Prüfungen durchgefallen waren, entwickelten eine bemerkenswerte Vorliebe dafür, als Rebellen wieder in Erscheinung zu treten).

Das Problem war so alt wie die Regierungsform der Monarchie selbst, und die meisten Könige des 16. Jahrhunderts griffen auf altbewährte Lösungsstrategien zurück: Zentralisierung und Expansion. Japan war in dieser Hinsicht ein Extrembeispiel. Hier war die politische Führung im 15. Jahrhundert vollkommen zusammengebrochen. Dörfer, buddhistische Klöster und sogar einzelne Stadtteile hatten eigene Regierungen ausgerufen und Schlägertrupps angeheuert, die für ihre Sicherheit sorgen oder die Nachbarschaft ausplündern sollten.* Im 16. Jahrhundert wuchs die Bevölkerung an, es entbrannten erbitterte Kämpfe um die Ressourcen, und aus dem Heer kleinerer Regenten traten einige große Gebieter hervor. Die ersten portugiesischen Gewehre erreichten Japan 1543 (eine Generation früher also als die Portugiesen selbst), und in den 1560er Jahren waren japanische Waffenschmiede in der Lage, hervorragende eigene Musketen herzustellen – gerade rechtzeitig, um den ohnehin schon mächtigen Herren, die es sich leisten konnten, ihre Krieger zu bewaffnen, zu noch mehr Macht zu verhelfen. Im Jahr 1582 machte sich einer der Feldherren, Toyotomi Hideyoshi, faktisch zum Shogun über das gesamte Inselreich.

Hideyoshi rief seine zerstrittenen Landsleute auf, alle Waffen abzuliefern, und versprach ihnen, diese einzuschmelzen und aus dem Metall die größte Buddhastatue der Welt zu gießen. Das, so erklärte er, gereiche »zum Wohle der Menschen nicht nur in diesem, sondern auch im jenseitigen Leben«[9]. Welche religiösen Motive er auch immer gehabt haben mag – eines lag auf der Hand: Die Entwaffnung der Bevölkerung war ein gewaltiger Schritt hin zur Zentralisierung des Staates, bot sie der Regierung doch eine ausgezeichnete Gelegenheit, eine Volkszählung durchzuführen, das Land zu vermessen, Steuern festzulegen und Personen zum Kriegsdienst zu verpflichten. Fünf Jahre später sah Hideyoshi die Lösung aller seiner Probleme in der Expansion und beschloss daher, China zu erobern. Abermals fünf Jahre später landeten seine Truppen – etwa eine Viertelmillion Mann stark und mit modernsten Musketen bewaffnet – in Korea, wo sie zunächst alles niederwalzten, was sich ihnen in den Weg stellte.

Das Chinesische Reich war in der Expansionsfrage tief gespalten. Einige Ming-Kaiser bemühten sich wie Hideyoshi in Japan, ihren maroden Haushalt zu sa-

* Vor diesem geschichtlichen Hintergrund spielen Akira Kurosawas Filmklassiker *Die sieben Samurai* (1954) und das fast ebenso berühmt gewordene Remake von John Sturges, *Die glorreichen Sieben* (1960).

nieren und zu expandieren. Sie führten Volkszählungen durch, versuchten auszutüfteln, wer wofür Steuern zu entrichten hatte, und wandelten komplizierte Arbeits- und Getreideabgabeverpflichtungen in einfache Silberzahlungen um. Die Beamten jedoch lehnten solche Umtriebe mit überwältigender Mehrheit ab. Jahrhundertealte Traditionen, so argumentierten sie, hätten gezeigt, dass der ideale Herrscher still (und kostengünstig) im Zentrum des Geschehens sitze und das Land durch sein moralisches Vorbild regiere. Er führe keine Kriege, und noch weniger schröpfe er den Landadel, die Familien also, denen die meisten Beamten entstammten. Volkszählungen und Steuerregister, diese Lieblingssteckenpferde des Japaners Hideyoshi, könne man getrost vergessen.

Tatendurstigere Kaiser rieben sich in diesem bürokratischen Sumpf auf. Manchmal war das, was bei ihren Bemühungen herauskam, komisch. Als beispielsweise Kaiser Zhengde 1517 darauf beharrte, gegen die Mongolen in den Krieg zu ziehen, scheiterte er am diensthabenden Beamten an der Großen Mauer, der sich weigerte, die Tore zu öffnen, weil ein Kaiser nach Beijing gehöre. Manchmal entbehrten die Dinge aber auch jeglicher Komik. So ließ Zhengde bei anderer Gelegenheit seine leitenden Beamten wegen Aufsässigkeit auspeitschen, was einige von ihnen das Leben kostete.

Die wenigsten Kaiser verfügten über die Tatkraft eines Zhengde, und anstatt gegen Beamte und Landadelige mobil zu machen, ließen sie die Steuerlisten vor sich hin modern. Als ihnen das Geld ausging, zahlten sie keinen Sold mehr an die Truppen (1569 musste der stellvertretende Kriegsminister eingestehen, dass nur noch ein Viertel der in den Soldbüchern registrierten Soldaten auffindbar waren). Schließlich war es billiger, die Mongolen zu bestechen, als mit ihnen Krieg zu führen.

Auch die Zahlungen an die Kriegsflotte wurden eingestellt, obwohl dieser die Aufgabe oblag, den ausufernden Schwarzmarkt zu zerschlagen, der entstanden war, nachdem Hongwu im 14. Jahrhundert den privaten Seehandel verboten hatte. Entlang der Küste tätigten chinesische, japanische und portugiesische Schmuggler in Piratenmanier ihre lukrativen Geschäfte, deckten sich mit den modernsten Gewehren ein und schlugen damit die schlecht ausgerüstete Küstenwache, die ihnen das Handwerk legen sollte, mühelos in die Flucht. Nicht, dass sich die Küstenwache allzu große Mühe gegeben hätte; Schmiergelder von Schmugglern gehörten zu den Haupteinnahmequellen der Soldaten.

Die Szenerie an Chinas Küste ähnelte zunehmend bestimmten US-amerikanischen Krimiserien, in denen skrupellose Verbrecher, lokale Würdenträger und zwielichtige Politiker in einem Filz schmutziger Geschäfte miteinander verbunden sind. Ein rechtschaffener, aber reichlich naiver Gouverneur bekam dies am eigenen Leib zu spüren, als er, das Gesetz befolgend, eine Bande von Schmugglern hinrichten ließ, obwohl einer von ihnen der Onkel eines Richters war. Der Richter ließ sozusagen die Drähte glühen, der Gouverneur wurde seines Amtes enthoben und beging Selbstmord, als der Kaiser einen Haftbefehl für ihn ausstellte.

In den 1550er Jahren verlor die Regierung endgültig die Kontrolle über die Küste. Aus Schmugglern wurden Piratenkönige, die 20 Städte beherrschten und sogar drohten, die kaiserlichen Gräber in Nanjing zu plündern. Am Ende bedurfte es einer ganzen Reihe politisch umsichtiger und unbestechlicher Personen, um ihrem Treiben ein Ende zu setzen. Mit einer 3000 Mann starken Geheimtruppe (nach Qi Jiguang, dem Anführer dieses Fähnleins der Aufrechten, »Qis Heer« genannt) führten die Reformer manchmal mit, manchmal auch ohne Unterstützung der Regierung einen Schattenkrieg, finanziert mit Hilfe von Steuergeldern einer städtischen Oberschicht, die ein Präfekt aus Yangzhou abzweigte und ihnen heimlich zukommen ließ. Qis Heer lieferte den Beweis, dass der Staat immer noch in der Lage war, sich gegen seine Feinde zu behaupten, sofern nur der Wille dazu vorhanden war, und sein Erfolg leitete eine (kurze) Phase der Reformen ein. Nach Nordchina versetzt, revolutionierte Qi die Verteidigungsanlagen der Großen Mauer, indem er Wehrtürme errichten* und mit gut ausgebildeten Schützen bemannen ließ und diese durch Kampfwagen verstärkte, auf die Geschütze montiert waren – ähnlich den Wagenfestungen, mit denen die Ungarn ein Jahrhundert zuvor dem Ansturm der Osmanen getrotzt hatten.

In den 1570er Jahren reformierte der kaiserliche Großsekretär Zhang Juzheng, den viele für den fähigsten Staatsbeamten in der Geschichte Chinas halten, die Steuergesetzgebung, trieb Steuerschulden ein und modernisierte die Streitkräfte. Er förderte vielversprechende junge Männer wie Qi und wachte persönlich über die Erziehung des kindlichen Kaisers Wanli. Die kaiserlichen Schatzkammern füllten sich wieder und das Kriegsheer erholte sich, doch als Zhang 1582 starb, holte der Beamtenstand zum Vergeltungsschlag aus. Postum wurde Zhang diskreditiert, seine Gefolgsleute verloren ihre Ämter. Der verdienstvolle General Qi starb arm und vereinsamt, verlassen sogar von seiner Frau.

Kaiser Wanli aber verlor nun, da sein wichtigster Ratgeber das Zeitliche gesegnet hatte, zunehmend das Interesse an Staatsangelegenheiten und zog sich 1589 vollständig aus seiner kaiserlichen Verantwortung zurück. Er ergab sich der Völlerei, verschwendete ein Vermögen für Kleidung und wurde so dick, dass er ohne Hilfe nicht mehr aufstehen konnte. Ein Vierteljahrhundert lang gab er keine kaiserlichen Audienzen mehr, sondern ließ seine Minister und ausländische Staatsgäste vor dem leeren Thron ihren Kotau machen. Nichts wurde erledigt, weder wurden neue Beamte eingestellt noch alte befördert. 1612 war die Hälfte aller Staatsämter und -posten unbesetzt, und die Liste anhängiger Gerichtsverfahren reichte Jahre zurück.

So gesehen war es kein Wunder, dass Hideyoshi 1592 mit einem leichten Sieg rechnete. Aber ob es nun an seiner Kriegführung oder an der modernisierten

---

* Wenn Sie sich heute ins Gedränge der Touristen und fliegenden Händler stürzen und die Chinesische Mauer besuchen, ist das, was sich da in der Nähe von Beijing wie ein mächtiger Steinpanzer über die Berge wälzt, weitgehend das Werk von Qi und seinen Zeitgenossen.

Flotte der Koreaner lag oder auch daran, dass sich das zur Hilfe geeilte chinesische Heer (vor allem die von Qi aufgebaute Artillerie) unerwartet gut schlug, jedenfalls geriet der Vormarsch der Japaner ins Stocken. Manche Historiker sind der Meinung, dass Hideyoshi China trotzdem besiegt hätte, wäre er nicht 1598 gestorben. So aber überlegten sich seine Generäle die Sache mit der Expansion noch einmal, verließen Korea stehenden Fußes und eilten zurück in die Heimat, um sich dem wichtigen Geschäft ihrer Grabenkämpfe untereinander zu widmen, während Wanli und sein Gefolge zum ebenso wichtigen Geschäft des mehr oder weniger Nichtstuns zurückkehrten.

Nach 1600 war man sich in den großen Reichen des östlichen Kerngebiets stillschweigend darin einig, dass die Beamten recht hatten: Zentralisierung und Expansion waren nicht die Lösung ihrer Probleme. Für China war die Nordgrenze zu den mongolischen Steppengebieten nach wie vor eine Herausforderung, in Südostasien bildeten europäische Piraten/Händler immer noch eine Bedrohung, aber Japan drohten – einmalig in der Geschichte der Menschheit – so wenig Gefahren, dass dort keine Schusswaffen mehr verwendet wurden und die Waffenschmiede des Landes wieder dazu übergingen, Schwerter (leider keine Pflugscharen) zu fertigen. Einen solchen Luxus konnte sich im Westen niemand leisten.

Die kaiserliche Krone

In mancher Hinsicht waren sich Osten und Westen im 16. Jahrhundert ziemlich ähnlich. Hier wie da wurde das Ursprungsgebiet der Zivilisation von einem mächtigen Reich beherrscht (das Gebiet des Gelben Flusses und des Jangtse im Osten vom chinesischen Kaiserreich der Ming-Dynastie, der östliche Mittelmeerraum im Westen vom Osmanenreich der Türken), während in den Randgebieten kleinere Staaten einen blühenden Handel trieben (Japan und südostasiatische Staaten im Osten, westeuropäische Staaten im Westen). Aber hier endeten auch schon die Übereinstimmungen. Anders als im zerstrittenen China zweifelte im Osmanischen Reich niemand daran, dass Expansion die Lösung aller Probleme war. Nach der Eroberung durch die Osmanen 1453 war die Einwohnerzahl Konstantinopels auf 50 000 zurückgegangen, stieg aber erneut sprungartig an, als die Stadt wieder zum Zentrum eines mächtigen Reiches wurde. Um 1600 lebten in Konstantinopels 400 000 Menschen, und sie benötigten – wie viele Jahrhunderte zuvor die römische Bevölkerung – die Früchte des gesamten Mittelmeerraums, um satt zu werden. Und wie die römischen Senatoren vor ihnen waren auch die osmanischen Sultane der Überzeugung, all diese Mahlzeiten seien am besten durch Eroberungszüge zu sichern.

Die Sultane verfolgten eine komplexe Strategie, die ihre Basis zum einen im westlichen Kerngebiet und zum anderen in den Steppen hatte. Das war das Geheimnis ihres Erfolgs. Sultan Süleyman I. schätzte die Stärke seiner Armee im

Jahr 1527 auf 75 000 Reiter, die meisten von ihnen Bogenschützen aus einer nomadischen Oberschicht, sowie 28 000 Janitscharen, vorwiegend christliche Sklaven, die als Musketiere ausgebildet und durch die Artillerie verstärkt wurden. Um die Reiter bei Laune zu halten, übertrugen ihnen die Sultane erobertes Land als Lehen; und um die Janitscharen zufriedenzustellen, das heißt ihnen pünktlich den vollen Sold auszahlen zu können, führten sie Landvermessungen durch, die selbst Hideyoshi in Staunen versetzt hätten, und lenkten die Geldflüsse aus den entsprechenden Steuereinnahmen bis auf den letzten Silberling.

Das alles erforderte einiges Verwaltungsgeschick, und so kam es, dass eine ständig wachsende Bürokratie die klügsten Köpfe des Reiches für sich beanspruchte, während die Sultane sehr gewieft konkurrierende Interessengruppen gegeneinander ausspielten. Im 15. Jahrhundert begünstigten sie meist die Janitscharen, zentralisierten die Regierung und pflegten eine weltoffene Kultur. Im 16. Jahrhundert neigten sie eher zur Aristokratie und zur Dezentralisierung und stärkten den Islam. Aber wichtiger als all dieses geschickte Lavieren und Protektionieren waren erfolgreiche Beutezüge, die alles am Laufen hielten. Die Osmanen brauchten den Krieg, und im Allgemeinen gingen sie auch als Sieger daraus hervor.

Die schwerste Prüfung erlebten sie an der östlichen Front. Jahrelang hatten sie sich mit immer wieder aufbrandenden Unruhen in Anatolien herumgeschlagen (Abbildung 9.4), wo sie von den kämpferischen schiitischen Rotköpfen* als sunnitische Despoten geschmäht wurden. Bösartig wurde das Geschwür, als sich Ismail I., der Schah von Persien, 1501 selbst zum direkten Nachfahren des Kalifen und Imams Ali ibn Abi Talib erklärte. Diese schiitische Herausforderung lieferte den Hungrigen, Armen und Entrechteten des Reiches ein Ziel für ihre Wut, die sich so gewalttätig entlud, dass selbst hartgesottene Soldaten mit Entsetzen reagierten: »Sie machten alles nieder – Männer, Frauen und Kinder«, wusste ein Unteroffizier über die Aufständischen zu berichten, »sie bringen sogar Katzen und Hühner um.«[10] Der türkische Sultan ließ die Schiiten von seinen Religionsgelehrten zu Häretikern erklären, und die Folge war, dass im gesamten 16. Jahrhundert ein Dschihad den anderen jagte.

Die Osmanen waren aufgrund ihrer überlegenen Feuerwaffen im Vorteil, und obwohl sie Persien nie vollständig unterwerfen konnten, schafften sie es doch, den weiteren Vormarsch der persischen Streitkräfte zu verhindern, wonach sie nach Südwesten abschwenkten, um 1517 mit Ägypten den Hauptgewinn einzuheimsen. So hatten die hungrigen Bürger Konstantinopels zum ersten Mal seit der islamischen Expansion, die gut 900 Jahre zurücklag, freien Zugang zum Nildelta, dem Brotkorb Ägyptens.

Aber wie jede Eroberungsmacht seit den Assyrern mussten auch die Osmanen feststellen, dass jeder gewonnene Krieg einen weiteren nach sich zieht. Um den

* So genannt nach ihrer charakteristischen roten Kopfbedeckung mit zwölf Zipfeln, die die zwölf Imame, der Shia zufolge die einzigen legitimen Nachfolger Mohammeds, symbolisierten.

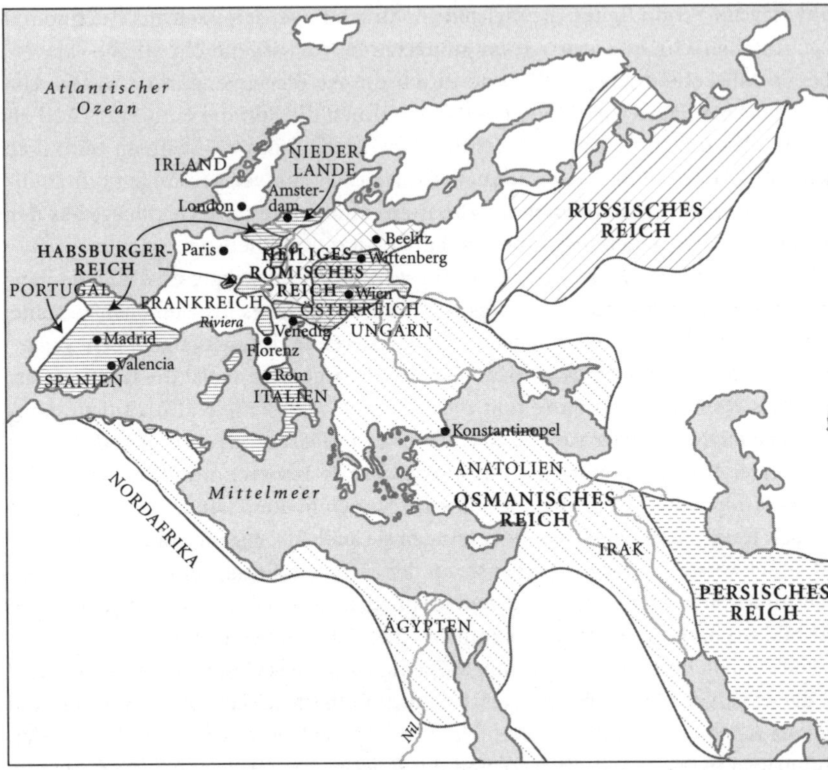

Abbildung 9.4: Die westlichen Reiche
Das Habsburger, das Heilige Römische, das Osmanische und das Russische Reich um 1550.

Getreidehandel zwischen Ägypten und Konstantinopel wieder aufleben zu lassen, brauchten die Türken zum Schutz ihrer Handelsschiffe eine Kriegsflotte, doch ihre Siege über die verwegenen Piraten des Mittelmeers (Muslime wie Christen) trieben die Flotte immer weiter nach Westen. In den 1560er Jahren beherrschte das Osmanische Reich die gesamte nordafrikanische Küste und führte Seekriege gegen westeuropäische Streitkräfte. Überdies drangen die Türken tief ins europäische Binnenland vor, wo sie 1526 Ungarn eroberten und den König und viele seiner Adeligen töteten.

Im Jahr 1529 stand Sultan Süleyman mit seinem Heer vor Wien. Zwar gelang es ihm nicht, die Stadt einzunehmen, aber die Belagerung weckte in der christlichen Welt die Angst, die Osmanen könnten sich bald ganz Europa einverleiben. »Ich schaudere bei dem Gedanken, welchen Ausgang ein größerer Krieg haben würde«, schrieb ein Botschafter in Konstantinopel in einem Brief in die Heimat.

Sie verfügen über die gewaltigen Reichtümer ihres Reiches, Praxis und Erfahrung an den Waffen, ein erprobtes Heer, eine ungebrochene Reihe von Siegen. ... Dem haben wir eine leere Staatskasse, Verschwendungssucht, verfallene Sitten und erschöpfte Ressourcen entgegenzusetzen ... und, was das Schlimmste von allem ist, der Feind ist an Siege gewöhnt, wir an Niederlagen. Gibt es auch nur den geringsten Zweifel daran, wie ein Krieg ausgehen würde?[11]

Einige Europäer hegten diesen Zweifel sehr wohl, allen voran Karl V. aus dem Hause Habsburg, einer der superreichen Familien, die seit dem Schwarzen Tod in Mitteleuropa die Macht untereinander aufteilten. Durch geschickt eingefädelte Heiratsverbindungen und zeitlich fast übernatürlich günstig gelegene Todesfälle in der angeheirateten Verwandtschaft schafften es die Habsburger, sich von der Donau bis zum Atlantik auf diverse Königsthrone zu hieven, und 1516 fiel Karl das gesamte Erbe – Österreich, Teile von Deutschland, das heutige Tschechien, Süditalien, Spanien und die Niederlande, also die heutigen Staaten Belgien und Holland – in den Schoß. Mit all diesen Königskronen verfügte er nun über die besten Soldaten, die reichsten Städte und die führenden Bankhäuser Europas, und 1518 wählten ihn die deutschen Kurfürsten auch noch zum Kaiser des Heiligen Römischen Reiches. Diese Krone, ein eher kurioses Relikt aus den Wirren des europäischen Mittelalters, war ein zweifelhafter Segen, denn das Heilige Römische Reich war, wie Voltaire in den 1750er Jahren bemerkt hat, »in keiner Weise heilig, noch römisch, noch ein Reich«[12]. Und im Allgemeinen kostete es mehr, die zänkische Schar der Kurfürsten in Zaum zu halten, als es der Thron wert war. Allerdings trat derjenige, der den Kaiserthron bestieg, das Erbe von Karl dem Großen an – keine Kleinigkeit, wenn man im Begriff stand, Europa gegen die Türken zusammenzuscharen.

In den Augen vieler Beobachter gab es für Westeuropa nur zwei Alternativen: Eroberung durch die Muselmanen oder Unterwerfung unter die Habsburger, die Einzigen, die als stark genug angesehen wurden, um die Türken aufzuhalten. Der Großkanzler Karls brachte es 1519 in einem Brief an den Kaiser auf den Punkt: »Sire, da Euch Gott diese ungeheure Gnade verliehen hat, Euch über alle Könige und Fürsten der Christenheit zu erhöhen zu einer Macht, die bisher nur Euer Vorgänger Karl der Große besessen hat, so seid Ihr auf dem Wege zur Weltmonarchie, zur Sammlung der Christenheit unter einem Hirten.«[13]

Hätte entweder der Botschafter oder der Großkanzler Recht gehabt, so hätte sich in Westeuropa schon bald das gleiche Bild geboten wie in den anderen Kerngebieten der Welt, die von einer großen Landmacht beherrscht wurden. Doch die Vorstellung, »unter einem Hirten« vereinigt zu sein, schreckte die Könige und Fürsten der christlichen Welt so sehr, dass einige von ihnen Präventivkriege gegen Karl führten, um dies zu verhindern. Frankreich verbündete sich gar mit den Türken gegen die Habsburger, und gemeinsam nahmen sie mit ihrer Flotte die französische Riviera unter Beschuss, die zu dieser Zeit zum Herrschaftsgebiet Kaiser Karls gehörte. Karl seinerseits sah sich durch all das natürlich gezwungen, sich noch ernsthafter um die Versammlung der christlichen Schäflein zu bemühen.

Karl und sein Sohn Philipp II. brachten den größten Teil ihrer langen Regentschaft* damit zu, gegen Christen, nicht gegen Muselmanen zu kämpfen. Anstatt aber eine westeuropäische Landmacht zu schaffen, entzweiten sie Europa mit ihren Kriegen, alte Feindschaften vertieften sich und neue entstanden. Als beispielsweise Martin Luther am 31. Oktober 1517 seine 95 Thesen am Hauptportal der Schlosskirche zu Wittenberg anschlug, war dies überhaupt nichts Besonderes; es war eine zu dieser Zeit gebräuchliche Art, theologische Streitthemen zum Gegenstand öffentlicher Diskussionen zu machen (und Luthers Thesen waren, verglichen mit denen anderer Kirchenkritiker seit dem Schwarzen Tod, ausgesprochen gemäßigt). Doch in der aufgeladenen Atmosphäre der Zeit wurde aus Luthers Reformation eine politische und gesellschaftliche Erschütterung, die seine Zeitgenossen oft mit der Spaltung zwischen Schiiten und Sunniten in der islamischen Welt verglichen.

Luther hatte auf Karls Unterstützung gehofft, doch in den Augen des Kaisers setzte ein vereintes christliches Reich eine ungeteilte Kirche voraus. An Luther gerichtet, ließ er verlauten: »Denn es ist sicher, dass ein einzelner Bruder irrt, wenn er gegen die Meinung der ganzen Christenheit steht, da sonst die Christenheit tausend Jahre oder mehr geirrt haben müsste. Deshalb bin ich entschlossen, meine Königreiche und Herrschaften, Freunde, Leib und Blut, Leben und Seele einzusetzen.«[14] Und er handelte danach. Doch in einer Situation, in der ganz Europa für oder gegen die Habsburger in Waffen stand, erwies es sich als verhängnisvoll, die Differenzen innerhalb des Christentums zu leugnen. Millionen Christen sagten sich, sei es aus Überzeugung oder auch nur aus Unsicherheit, von der römisch-katholischen Kirche los. Protestanten und Katholiken brachten sich gegenseitig um, Protestanten brachten andere Protestanten um, und die Auslegungen des Protestantismus wurden immer vielfältiger. Die einen verkündeten die Ankunft eines neuen Heilands, die anderen riefen zur freien Liebe oder zum Kommunismus auf. Viele fanden einen gewaltsamen und grausamen Tod. Und alle machten sie den Habsburgern das Regieren schwerer – und teurer.

Da Menschen, die in ihren Feinden Handlanger des Teufels sehen, selten zu Zugeständnissen bereit sind, wurden aus kleinen Streitigkeiten große Konflikte, die kein Ende fanden und die Kriegsausgaben in schwindelnde Höhen trieben. Als für die Habsburger schließlich das untere Ende der Leiter erreicht war, war dies das Ende überhaupt: Sie konnten es sich einfach nicht leisten, Europa zu vereinigen.

In den Jahren 1555 und 1556 dankte Karl, erschöpft von seinen vielen Kriegen, stufenweise ab und teilte die Länder seines Herrschaftsbereiches auf: Ferdinand I., einer seiner Brüder, erhielt Österreich und später den Kaiserthron des Heiligen

* Ein paar Verwicklungen einmal beiseite gelassen, regierten die beiden durchgehend von 1516 bis 1598.

Römischen Reiches, seinem Sohn Philipp übertrug er Spanien und die übrigen westeuropäischen Besitztümer. Es war ein kluger Schachzug: War der Habsburger Thron mit der spanischen Regentschaft identisch, konnte Philipp den Verwaltungsapparat straffen und sich auf das Wesentliche konzentrieren: das Geld.

Vierzig Jahre lang schuftete Philipp wie ein Ochse, um die Finanzen der Habsburger zu sanieren. Er war ein merkwürdiger Mensch. Stunden um Stunden verbrachte er in pedantischer Eintönigkeit auf dem düsteren, eigens für ihn errichteten Königssitz El Escorial in der Nähe Madrids, war aber stets zu beschäftigt, um seinen Besitztümern einen Besuch abzustatten. Doch obwohl er seine Untertanen so eifrig zählte und mit Steuern belegte wie Hideyoshi und damit die Steuereinnahmen vervielfachte und trotz entscheidender Siege über Franzosen und Türken kam er dem endgültigen Triumph, der das christliche Westeuropa vereinigen sollte, zu keinem Zeitpunkt auch nur einen Schritt näher. Philipps Untertanen – die sich vermehrten wie Mäuse in der Scheune, zwischen Hunger und Staat gefangen waren und zusehen mussten, wie ihre Steuern draufgingen für Auseinandersetzungen in fernen Ländern mit Menschen, die ihnen vollkommen fremd waren – setzten sich zunehmend zur Wehr.

In den 1560er Jahren schaffte Philipp es gar, dass sich Gott und Mammon gemeinsam gegen ihn verbündeten. Als Protestanten von den Habsburgern verfolgt und mit höheren Steuern belegt, begehrte die normalerweise eher phlegmatisch veranlagte Bürgerschaft der Niederlande auf und blies zum Bilder- und Kirchensturm. Weil er die reichen Niederlande keinesfalls an einen Haufen Calvinisten verlieren wollte, schickte Philipp seine Streitmacht, woraufhin die Niederländer ein eigenes Heer aufstellten. Philipp gewann eine Schlacht nach der anderen, aber den Krieg konnte er nicht gewinnen. Die Niederländer weigerten sich, weitere Steuern an die Habsburger zu zahlen, aber wenn es um ihren Glauben ging, waren sie bereit, mit jeder beliebigen Summe Geldes und unter Einsatz ihres Lebens darum zu kämpfen. In den 1580er Jahren überstiegen die Kriegskosten bereits die Staatseinnahmen des gesamten Reiches, und Philipp musste sich, da er nun weder Sieg noch Niederlage hätte bezahlen können, noch mehr Geld von seinen italienischen Finanziers leihen. Als er an dem Punkt angelangt war, dass er seinen Soldaten keinen Sold mehr bezahlen und seinen Schuldnern keine Rückzahlungen mehr leisten konnte, erklärte er den Staatsbankrott – was er im Laufe seiner Regentschaft noch ein zweites und ein drittes Mal tat. Seine unbezahlten Soldaten gerieten außer Rand und Band und bestritten ihren Lebensunterhalt mit Raubzügen und Plünderungen, womit sie Philipps Kreditwürdigkeit vollends ruinierten. Spanien wurde zwar erst 1639 (zur See) und 1643 (zu Lande) endgültig besiegt, doch als Philipp 1598 starb, war das Reich, dessen Schulden die Jahreseinnahmen um das Fünfzehnfache überstiegen, bereits am Boden zerstört.

Es sollte zwei Jahrhunderte dauern, bis es in Westeuropa wieder nach der Entwicklung einer veritablen Landmacht aussah, aber inzwischen hatten andere Westeuropäer eine industrielle Revolution losgetreten, die im Begriff war, die

Welt zu verändern. Hätten die Habsburger oder die Türken Europa im 16. Jahrhundert vereint, so wäre es möglicherweise nicht zur industriellen Revolution gekommen. Vielleicht haben wir mit Karl und Philipp, die Westeuropa nicht einigen konnten, oder mit Süleyman, dem es nicht gelang, Westeuropa zu erobern, die vertrottelten Stümper gefunden, die den Lauf der Geschichte verändert haben.

Das allerdings wäre abermals zu viel der Schuldzuweisung an irgendeine einzelne Person. Der europäische Botschafter, der so besorgt um die Gefahr eines türkischen Eroberungszuges gewesen war, hatte seinen Einlassungen hinzugefügt: »Das einzige Hindernis ist Persien, das den türkischen Eroberern so im Nacken sitzt, dass sie gezwungen sind, Vorsicht walten zu lassen.«[15] Die Türken waren schlichtweg nicht in der Lage, Persien, die Schiiten *und* die Europäer zu besiegen. Ebenso lag es nicht am Verlust irgendeiner entscheidenden Schlacht oder am Fehlen irgendeiner notwendigen Ressource, dass Karl und Philipp nicht in der Lage waren, die christliche Welt zu einen. (Tatsächlich trugen sie bis in die 1580er Jahre fast immer den Sieg davon, und Glück, Begabung und Anerkennung war ihnen im Übermaß beschieden.) Vielmehr lag es daran, dass es ihre strategischen und finanziellen Möglichkeiten überstieg, gleichzeitig gegen Türken, christliche Reformatoren *und* die anderen Staaten Westeuropas zu kämpfen. Und wenn die Habsburger mit all ihren Privilegien nicht in der Lage waren, Westeuropa zu einen, dann konnte dies niemand. Westeuropa sollte sich auch weiterhin von den Reichen unterscheiden, die sich in einem breiten Streifen von der Türkei bis nach China erstreckten.

Die Obergrenze

So unterschiedlich die Ausprägung der Reiche war, hatte bis dato die gesellschaftliche Entwicklung in beiden Kerngebieten doch beträchtliche Fortschritte gemacht. In den Jahrzehnten nach dem Dahinscheiden von Hideyoshi und Philipp (beide im Jahr 1598) deutete allerdings alles darauf hin, dass das Entwicklungsparadox wieder in Erscheinung trat. Wie so oft in der Geschichte trug das Klima zur Zuspitzung der neuerlichen Krise bei. War es schon seit 1300 kühl gewesen, so wurde es nun noch kälter. Manche Klimaforscher machen dafür einen Vulkanausbruch in Peru im Jahr 1600 verantwortlich, andere eine niedrige Sonnenaktivität. Die meisten sind sich jedoch darin einig, dass in den Jahren zwischen 1645 und 1715 fast überall in der Alten Welt eine außergewöhnliche Kälte herrschte. Von London bis Guangdong beklagten sich Chronisten und Beamte über Schnee und Eis und viel zu kalte Sommer.

Gemeinsam sorgten gewissenlose Städter und gierige Landwirte dafür, dass das 17. Jahrhundert zum Verhängnis für all diejenigen wurde, die sich nicht wehren konnten: Wälder, Sumpfgebiete, Wildtiere, kolonisierte Völker. Manchmal suchten Herrscher, von schlechtem Gewissen geplagt, diese Opfer durch Gesetze zu schützen, die aber vor allem bei den Siedlern wenig Beachtung fanden, die immer weiter über die Grenzen der Kerngebiete hinausdrängten. In China machten sich so genannte Hüttenleute auf Berghängen und in den Wäldern breit und zerstörten mit dem Anbau von Süßkartoffeln und Mais empfindliche Ökosysteme. Sie trieben dort ansässige Volksgruppen wie die Miao an den Rand des Hungertodes, doch als die Miao aufbegehrten, schlug der chinesische Staat den Aufstand mit seinen Truppen nieder. Die Ainu im Norden Japans, die Iren in der ältesten Kolonie der Briten und die indigenen Völker an der Ostküste Nordamerikas – sie alle könnten die gleiche traurige Geschichte erzählen.

Vordringende Menschen, die ihre ebenso vordringenden Pflanzen und Tiere mitbrachten, verdrängten heimische Spezies oder rotteten sie durch intensive Jagd aus, pflügten gewachsene Lebensräume nieder und holzten die Wälder ab. Ein Gelehrter beklagte sich in den 1660er Jahren, dass japanische Berglandschaften zu vier Fünfteln entwaldet seien. Um 1550 waren nur noch zehn Prozent der englischen und schottischen Landfläche bewaldet, und 200 Jahre später waren auch diese Wälder zur Hälfte verschwunden. In Irland nahmen die Waldflächen um 1600 zwar noch zwölf Prozent des Landes ein, doch bis 1700 hatten die Kolonisten fünf Sechstel dieser Bäume abgeholzt.

In den Großstädten zogen die Holzpreise so empfindlich an, dass die Menschen nach Alternativen suchten. In der Umgebung von Edo, dem heutigen Tokio, gingen Salz- und Zuckersieder, Töpfer und schließlich auch Hausbesitzer dazu über, Kohle zu verbrennen, und wo dies möglich war, benutzte man in Europa zunehmend Torf und Steinkohle anstelle von Holzkohle. Wie die Bewohner von Kaifeng 500 Jahre vor ihnen griffen die Londoner begierig auf fossile Brennstoffe als Ersatz für das Holz zurück, das sie sich nicht mehr leisten konnten. Die meisten Familien im englischen Hinterland konnten noch genügend Brennholz auftreiben, aber in London verbrauchte 1550 jeder Bewohner durchschnittlich eine Vierteltonne Kohle im Jahr. 1620 war es schon dreimal so viel, und 1650 lieferte Kohle die Hälfte der in England verbrauchten Heizenergie. »London ist in eine so dichte Wolke von Kohlenrauch eingehüllt«, beklagte sich ein Londoner 1659, »dass, wenn es so etwas wie eine Hölle auf Erden gibt, es dieser Vulkan an einem nebelverhangenen Tag sein muss.«[16]

Leider lag er mit seiner Einschätzung falsch, denn die Wirklichkeit in anderen Teilen Eurasiens kam der Hölle noch viel näher. Der Klimawandel war nur der erste apokalyptische Reiter, der die Menschen heimsuchte. Zunehmender Druck auf die Ressourcen führte dazu, dass Regierungen und Staaten auseinanderbrachen. Wenn Könige die Ausgaben senkten, brachten sie ihre Beamten und Soldaten gegen sich auf; wenn sie die Steuern erhöhten, machten sie sich ihre Kaufleute und Bauern zu Feinden. Gewalttätige Proteste von Seiten der Armen gehörten seit der Erfindung des Staatswesens zum Alltag, aber jetzt gesellten sich auch verarmte Adelige, bankrotte Kaufleute, um ihren Sold betrogene Soldaten und gescheiterte Beamtenanwärter zu den Aufständischen.

Als die Zeiten schwieriger wurden, versuchten westliche Regenten, möglichen Aufständen den Wind aus den Segeln zu nehmen, indem sie mit Nachdruck behaupteten, den Fleisch gewordenen Willen Gottes zu repräsentieren. Die osmanischen Sultane bemühten sich offensiver um ihre Religionsgelehrten, während die Intellektuellen Westeuropas die Idee des Absolutismus verbreiteten. Der König, so behaupteten sie, sei Herrscher von Gottes Gnaden, seine Macht könne weder durch Parlamente noch durch die Kirche oder den Willen des Volkes beschränkt werden. Es galt das Schlagwort Ludwigs XIV., des französischen Sonnenkönigs: »Un roi, une loi, une foi«, ein König, ein Gesetz, ein Glaube. Wer auch nur einen Aspekt dieses Gesamtanspruchs anzweifelte, stellte alles in Frage, was recht und heilig ist.

Aber Scharen wütender Untertanen waren entschlossen, genau das zu tun. Als Osman II., der als Sultan des Osmanischen Reiches zugleich Mohammeds Nachfolger und Gottes Stellvertreter auf Erden war, 1622 versuchte, die Macht der immer kostspieliger werdenden Janitscharen zu beschneiden, schleiften diese, nicht faul, den Herrscher aus seinem Palast, erdrosselten ihn und verstümmelten seinen Leichnam. Murad IV., Osmans Bruder und Nachfolger, versuchte die verfahrene Situation zu retten, indem er sich mit den Strenggläubigen unter den Religionsgelehrten verbündete. Um ihnen zu gefallen, verbot er sogar das Kaffeetrinken und stellte das Rauchen unter Todesstrafe, doch in den 1640er Jahren verlor der Sultan endgültig seinen Machtanspruch. 1648 wurde Sultan Ibrahim der Verrückte von den Janitscharen abgesetzt und gehängt (vielleicht gerade noch rechtzeitig, denn er trug seinen Beinamen vollkommen zu Recht), worauf ein Bürgerkrieg ausbrach, der ein halbes Jahrhundert dauern sollte.

Die 1640er Jahre waren fast überall ein Alptraum der Potentaten. Aufstände gegen die absolutistische Herrschaft lähmten Frankreich, in England führten die Anhänger des Parlaments Krieg gegen den allzu forschen König Karl I. und richteten ihn schließlich hin. Damit war der Geist aus der Flasche gelassen: Wenn es möglich war, einem gottgleichen König den Prozess zu machen und ihn zu enthaupten, dann war alles möglich. Vielleicht zum ersten Mal seit dem alten Athen kamen demokratische Ideen auf. »Der Ärmste in England hat genauso ein Leben zu leben wie der Mächtigste«, erklärte ein Oberst des Parlamentsheeres, in dem die Kommandogewalt erstmals nach Befähigung und nicht nach Abstammung vergeben wurde, »jeder Mensch, der unter einer Regierung leben soll, muss sich zuerst aus freiem Willen dieser Regierung unterstellen.«[17]

Das war schon starker Tobak im 17. Jahrhundert, aber einige radikale Splittergruppen im englischen Bürgerkrieg gingen noch weiter. Die Leveller (Gleichmacher), eine der Fraktionen im Unterhaus, lehnten gesellschaftliche Unterschiede generell ab. Sie traten ein für die Gleichheit vor dem Gesetz und die Abschaffung der Stände. »Keiner kommt mit einem Sattel auf dem Rücken zur Welt«, lautete ihr Motto, »und keiner mit Stiefeln und Sporen, um auf ihm zu reiten.«[18] Und wenn schon Hierarchien nicht naturgegeben waren, dann war es Privateigentum erst recht nicht. Innerhalb eines Jahres nach der Hinrichtung des Königs spaltete sich eine noch radikalere Gruppe ab, die sich True Levellers nannte. Eine andere Splittergruppe, die Ranters, bezeichnete Gott als »den großen Gleichmacher« und predigte die ewige Revolution: »Umsturz, Umsturz, Umsturz … Teilt alles, was da ist, sonst wird die Pest Gottes alles, was ihr habt, verfaulen lassen und vernichten.«[19]

Die Zeit war einfach reif für den Gleichheitsgedanken der Leveller. So heißt es in einem 1644 verfassten Rapport:

> Sie schmiedeten scharfe Schwerter aus ihren Hacken und bezeichneten sich selbst als »gleichmachende Könige«, und sie schafften den Unterschied ab zwischen Herren und Dienern, Würdenträgern und Gemeinen, Reichen und Armen. Die Gleichmacher nahmen sich die besten Kleider ihrer Herren …, und sie befahlen ihren Herren, niederzuknien und ihnen den Wein einzuschenken. Sie schlugen ihnen auf die Wangen und sagten: »Wir Menschen sind alle gleich. Wer gab euch das Recht, uns Diener zu nennen?«[20]

Allerdings: *Diese* kompromisslosen Gleichmacher waren gar keine Engländer; sondern machten vielmehr die Ostküste Chinas unsicher. Die Ming-Dynastie war bankrott und aufgrund ihrer inneren Querelen nahezu handlungsunfähig, und als 1628 eine Hungersnot – der dritte der apokalyptischen Reiter – ausbrach, schienen die Kaiser ihr himmlisches Mandat verloren zu haben. Aufständische verfolgten ihre Ziele immer hemmungsloser, selbsternannte lokale Machthaber sorgten ab 1630 für Chaos im Land. 1644 fiel Beijing, und Chongzhen, der letzte Ming-Kaiser, erhängte sich an einem einsamen Pagodenbaum hinter dem Palast. »In meiner Schwäche und Wertlosigkeit habe ich den Himmel beleidigt«, hatte er auf sein Gewand geschrieben. »Voller Scham, vor das Angesicht meiner Vorfahren zu treten, sterbe ich. Ich lege meine Kaiserkrone ab, zerwühle mein Haar vor dem Gesicht und überlasse den Rebellen meinen Leichnam zum Zerreißen. Auf dass sie meinem Volk keinen Schaden zufügen mögen!«[21]

Doch seine letzten Worte waren vergebens. Da die aufständischen Kriegsherren ihre aufgeblähten Heere genauso wenig bezahlen konnten wie die Könige Europas, die Sultane des Osmanischen Reiches oder Chongzhen selbst, stellten sie es ihren Soldaten frei, sich ihren Sold bei der Zivilbevölkerung zu holen. Soldaten haben geplündert, seit es Kriege gibt, und sind dabei immer schon grausam vorgegangen. Doch im bluttriefenden 17. Jahrhundert loteten wütende, gierige und verängstigte Soldaten in ganz Eurasien offenbar neue Abgründe der Grausamkeit aus. Die Chroniken aus dieser Zeit sind voll von Folterungen, Massenhinrichtungen und systematischen Vergewaltigungen. Als Beijing fiel, wurden die Bürger der Stadt

> brutal verprügelt, bis sie auch das letzte Stück Silber herausgerückt hatten, das sie besaßen. Manche wurden mehr als drei- oder viermal mit Finger- oder Gliederpressen gefoltert. Manche denunzierten andere, sodass Tausende von Bürgerfamilien betroffen waren …, bis den Menschen schließlich nichts mehr am Leben lag.[22]

Sofern überhaupt möglich, waren die Auswüchse der Gewalt, die durch das Versagen der Regenten entfesselt wurde, im Westen noch schlimmer. In Deutschland erreichten die Religionskriege zwischen 1618 und 1648 ihren blutigen Höhepunkt. Aus allen Winkeln der christlichen Welt wurden gewaltige Heere entsandt; Söldner, die nur unregelmäßig oder überhaupt nicht bezahlt wurden, nahmen sich zum Leben, was immer das Land hergab. Die überlieferten Quellen offenbaren unvorstellbare Gräueltaten. Die kleine Stadt Beelitz südwestlich von Berlin, die das Pech hatte, dass die kaiserlichen Truppen 1637 ausgerechnet hier hindurchmarschierten, ist nur eines von zahllosen traurigen Beispielen. Ein Zollbeamter beschrieb die Geschehnisse:

Da haben die reuber und mörder ein Holz genohmmen, den armmen leutten solches im halße gestochen, umbgerühren, waßer eingegoßen, sandt darzu eingeschutten, ja wohl mänschen koth undt die leutte jämmerlich gequelen umb Gelde, wie ein Bürger von Beelitz, David Örtel genandt, wiederfahren, undt balde gestorben.[23]

Ein anderer Soldatenmob hängte einen Beelitzer Bürger über ein Feuer und ließ ihn dort schmoren, bis er den Männern zeigte, wo er seine Ersparnisse versteckt hatte; nur um von einer anderen Gruppe Söldner, die gehört hatten, dass ihre Kameraden Geld aus ihm herausgeräuchert hatten, wieder zum Feuer zurückgeschleppt zu werden, in das sie sein Gesicht hielten – »so lange, biß er davon stirbet, ja das ihm die Haut wie einer ganß abgeschlachtet abgehet«[24].

Lange Zeit hat man solche Gräuelgeschichten für erfunden, mindestens aber übertrieben gehalten, für religiöse Propaganda, zu schrecklich, um wahr zu sein, doch neuere Forschungen widersprechen dieser Annahme. Über zwei, wenn nicht sogar vier Millionen Menschen starben während des Dreißigjährigen Krieges eines gewaltsamen Todes (eine Zahl, die erst in den Weltkriegen des 20. Jahrhunderts wieder erreicht werden sollte), und etwa zehnmal so viele wurden von Hunger und Krankheiten – dem dritten und vierten apokalyptischen Reiter – dahingerafft, die den Kriegsscharen auf dem Fuß folgten. China wie Mitteleuropa erlebten einen von Menschen verursachten Schwarzen Tod, der die Bevölkerung hier wie da um ein Drittel dezimierte.

Die eigentliche Pest, die in verheerenden neuen Formen wiederkehrte, tat ein Übriges. In seiner 1722 veröffentlichten fiktiven Reportage *Die Pest zu London* beschrieb Daniel Defoe die Ereignisse, die London während der Pestepidemie 1665 in einen Hexenkessel des Aberglaubens, der Angst und der Leiden verwandelten. Nicht weniger anschaulich sind die Berichte chinesischer Ärzte: »Manchmal haben alle geschwollene Mandeln, dann wieder schwellen jedermann Gesicht und Kopf an. … Manchmal leiden alle an Durchfall und Wechselfieber. Es können auch Krämpfe oder Pusteln oder ein Hautausschlag oder juckende Krätze oder Furunkeln auftreten.«[25]

Vier der fünf apokalyptischen Reiter suchten die Erde mit Macht heim, und doch erlebte das 17. Jahrhundert, wie Abbildung 9.1 zeigt, keinen Zusammenbruch. Mit der gesellschaftlichen Entwicklung ging es weiter bergauf, sie überstieg 43 Punkte – die Obergrenze, die sie im Römischen Reich und unter der Song-Dynastie erreicht hatte – im Osten 1710, im Westen 1723 (in beiden Fällen plus/minus 25 Jahre, je nach Genauigkeit des Indexes). Um 1800 näherte man sich im Osten wie im Westen einer neuen Obergrenze von 50 Punkten. Warum, so muss man sich fragen, spiegelte die gesellschaftliche Entwicklung nicht die geschichtlichen Ereignisse wider?

Die Steppen werden geschlossen

Nertschinsk, 22. August 1689. Der kurze sibirische Sommer kann auf eigentümliche Weise schön sein. Alljährlich sprießt, wenn die Frostperiode vorbei ist, das Gras aus dem Boden und überzieht die sanft gewellte Landschaft mit einem grünen Teppich, der gesprenkelt ist mit roten, gelben und blauen Wiesenblumen und Schmetterlingen. In diesem Sommer jedoch bot sich ein anderes Bild: An den Ufern der Schilka (Abbildung 9.5) schoss eine Zeltstadt aus dem Boden, und Hunderte von chinesischen Gesandten setzten sich mit mürrischen Russen zusammen, um eine gemeinsame Grenze auszuhandeln.* Begleitet wurden die Chinesen von christlichen Missionaren, die den Vertragstext ins Lateinische übersetzen sollten.

Die Russen waren fern ihrer Heimat. Noch bis 1500 war Moskau nur ein Fürstentum von vielen im Wilden Osten Europas gewesen, ständig bedrängt von den plündernden Horden der Mongolen, die aus den Steppengebieten einfielen, und von Ritterheeren, die aus Polen, Deutschland und Litauen vordrangen. Seine gewalttätigen und ungebildeten Fürsten nannten sich Zaren (also Caesaren), was eine direkte Verbindung zum Byzantinischen und sogar zum Römischen Reich suggerieren sollte, schienen sich aber oft nicht im Klaren darüber zu sein, ob sie herrschen wollten wie ein europäischer König oder wie ein mongolischer Khan. Bis in die 1550er Jahre, als Iwan der Schreckliche, ein übler Sadist selbst nach den erbärmlichen Normen russischer Herrscher, die Zarenkrone trug, war Moskau relativ bedeutungslos, aber Iwan machte die verlorene Zeit schnell wett. Ein mit Musketen beladener Tross von Glücksrittern überquerte das Uralgebirge, unterwarf 1598 den mongolischen Khan der Region und machte so Moskau den Weg nach Sibirien frei.

Heute vor allem als eisiger Schauplatz von Solschenizins Szenen aus dem Gulag bekannt, verbanden die Russen Sibirien damals mit dem Traum von unendlichen Reichtümern. Sie waren vom Pelzfieber befallen: Nachdem die Europäer ihre eige-

* Sie machten ihre Sache gut. Die Grenze am Amur verläuft noch so, wie sie damals festgelegt wurde – abgesehen von den zwei oder drei Kilometern, um die sie aufgrund von Verhandlungen im Juli 2008 über eine Flussinsel hinaus verschoben wurde.

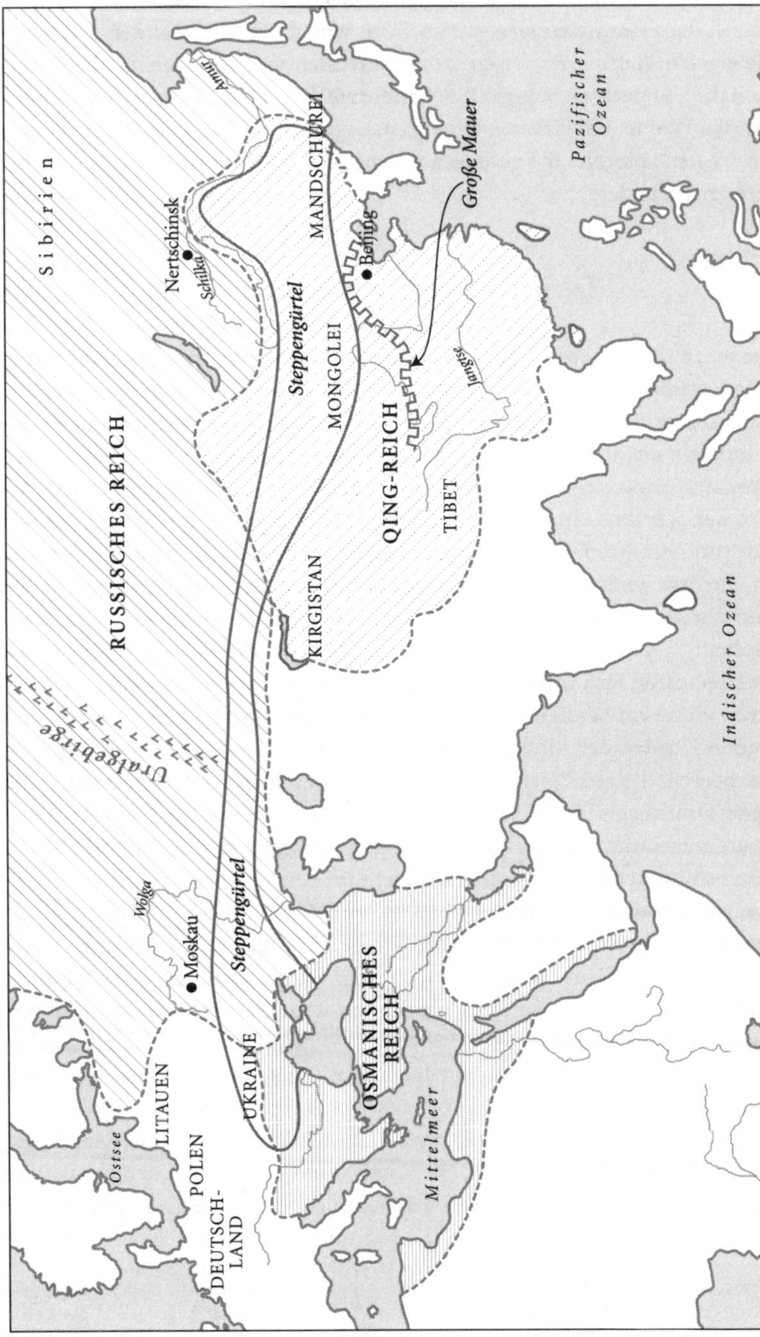

Abbildung 9.5: Am Ende der Steppen schlagen die Imperien zurück
1750 legen Russland und China den Steppenschnellweg still.

nen Marder, Zobel und Hermeline durch die Jagd ausgerottet hatten, würden sie nun teuer für ihre Mäntel bezahlen. Innerhalb von 40 Jahren erreichten russische Pelzjäger, die die Tundra durchstreiften, um diesen lukrativen Markt zu bedienen, die Küste des Pazifischen Ozeans. Sie hatten am Rand der verschneiten Wälder Sibiriens eine Reihe umfriedeter Niederlassungen errichtet, von denen sie auszogen, um ihre Nerzfallen aufzustellen oder bei den noch steinzeitlich lebenden und jagenden Ureinwohnern der Gegend Felle zu ergaunern. Und obwohl diese einsamen Weiten in den Augen eines Süleyman oder eines Hideyoshi kaum als Weltreich gegolten hätten, bewahrten die Steuern aus dem Pelzhandel so manchen Zar vor dem Ruin.

Immer häufiger kam es an den Ufern des Amur zu heftigen Zusammenstößen zwischen russischen Fallenstellern und chinesischen Grenztruppen, doch in den 1680er Jahren einigte man sich darauf, miteinander zu reden. Beide Seiten fürchteten, der Gegner könne, wie so viele fehlgeleitete Regenten in der Vergangenheit, die Mongolen zu seinen Verbündeten machen und so den fünften apokalyptischen Reiter – Einwanderungen der Steppenvölker – auf den Plan bringen. So kam es zu den Verhandlungen in Nertschinsk.

Der Vertrag, der in diesem sibirischen Sommer geschlossen wurde, markierte eine der großen Veränderungen der Weltgeschichte. 2000 Jahre lang war der eurasische Steppengürtel ein Schnellweg zwischen Osten und Westen gewesen, der außerhalb des Machtbereichs der großen Agrarreiche lag. Migranten, Mikroben, Ideen und Erfindungen waren auf diesem Weg von hier nach da gelangt und hatten so Westen und Osten im gleichen Rhythmus von Fortschritt und Zusammenbruch miteinander verbunden. Ganz selten – und wenn, dann nur um einen hohen Preis – hatten sich Eroberer wie Dareios von Persien, der Han-Kaiser Wudi oder der Tang-Kaiser Taizong die Steppengebiete untertan gemacht. Doch im Großen und Ganzen galt die Regel, dass die Agrarreiche zahlten, was die Nomaden forderten, und ansonsten auf das Beste hofften.

Mit den Schusswaffen wurde alles anders. Die Nomadenvölker benutzten regelmäßig Feuerwaffen (das älteste bekannte Gewehr aus dem Jahr 1288 wurde, wie bereits erwähnt, auf Nomadengebiet in der Mandschurei gefunden), und es waren vermutlich Mongolen, die Gewehre aus China in den Westen brachten. Aber die Gewehre wurden immer besser, sie trugen weiter und ließen sich schneller laden – und zudem entwickelten die Reiche eine immer effizientere Verwaltung. Deren Generälen, die es sich leisten konnten, Zehntausende von Infanteristen zu rekrutieren, sie mit Musketen und Kanonen zu bewaffnen und gründlich daran auszubilden, gelang es immer häufiger, die berittenen Truppen der Nomaden zu besiegen. Um 1500 trugen die berittenen Bogenschützen aus den Steppengebieten noch sehr häufig den Sieg über die Fußtruppen der Agrarreiche davon. Um 1600 kam das noch manchmal vor. Um 1700 war es die absolute Ausnahme.

Nun waren es die Russen, die die Führung übernahmen. In den 1550er Jahren verdrängte Iwan der Schreckliche die schwächelnden Mongolenkhanate aus dem

Wolgabecken, und in den darauf folgenden 100 Jahren umfriedeten Russen, Türken und Polen die dürren Steppengebiete der Unkraine systematisch mit Gräben, Palisaden und Garnisonen. Mit Musketen bewaffnete Dorfbewohner schränkten anfangs die Ströme der umherziehenden Nomaden ein, bis sie ihnen schließlich vollkommen den Weg abschnitten. Und in Nertschinsk kamen Russen und Chinesen überein, dass fürderhin in den Steppengebieten niemand – kein Flüchtling, kein Händler, kein Fahnenflüchtiger und schon gar kein umherziehender Nomade – einen Schritt ohne ihre Erlaubnis tun dürfe. Für alle galt jetzt das Recht der Agrarreiche.

Das letzte Gefecht Zentralasiens im Jahr 1644 zeigt, wie viel sich verändert hatte. In China beendete die Einnahme Beijings durch Li Zicheng und seine Bauernarmee die Herrschaft der Ming-Dynastie, und als der Bürgerkrieg außer Kontrolle zu geraten drohte, kam ein ehemaliger Ming-General zu dem Schluss, dass es das geringste von vielen möglichen Übeln sei, wenn man die halbnomadischen Mandschuren aufforderte, über die Große Mauer einzudringen und in China wieder für Ordnung zu sorgen. In der Geschichte Chinas war es schon oft vorgekommen, dass ein Herrscher in Bürgerkriegszeiten militärische Unterstützung aus Zentralasien gesucht hatte – fast immer mit fatalen Folgen. Aber die Mandschuren kamen, anders als die Eindringlinge früherer Zeiten, nicht als berittener Nomadentrupp, sondern als wohlorganisierte, von der chinesischen Armee kaum zu unterscheidende Streitmacht mit einer zahlenstarken Infanterie, ausgerüstet mit Musketen und Kanonen, die nach der Bauweise portugiesischer Modelle gefertigt waren.

Die Mandschuren nahmen Beijing fast ungehindert ein, riefen die neue Qing-Dynastie aus und verbrachten die folgenden 40 Jahre damit, ihre Herrschaft zu festigen. Im Gegensatz zu früheren Invasoren aus den Steppengebieten öffneten sie nicht sämtliche Schleusen, um immer mehr Nomaden aus der Kälte nach China einströmen zu lassen, sondern sie bildeten in den langen Jahren der Konsolidierung eine Armee heraus, die in der Lage war, bis weit nach Zentralasien vorzustoßen. 1697 schlugen die Qing-Truppen tief in der Mongolei eine große Nomadenarmee, und 1720 dehnte das Qing-Reich die chinesische Herrschaft erstmals auf das tibetische Bergland aus. 1750 lösten die Qing schließlich das Nomadenproblem ein für alle Mal, indem sie Feuerwaffen, Schießpulver und Munition bis an die Grenze Kirgistans schleppten, wo sie den letzten Widerstand zerschlugen.

Im 17. und 18. Jahrhundert gelang es also den großen Agrarreichen, allen voran Russland und Qing-China, einen der apokalyptischen Reiter für immer unschädlich zu machen. Aus diesem Grund löste der Druck der gesellschaftlichen Entwicklung, die sich vor einer neuen Obergrenze staute, keine Abwanderungswellen aus den Steppen aus, wie es im 2. und im 12. Jahrhundert der Fall gewesen war. Und aus diesem Grund reichte nicht einmal die vereinte Last von Staatsversagen, Hungersnot, Seuchen und Klimawandel aus, um einen Zusammenbruch der Kerngebiete zu bewirken. Der Steppenschnellweg war geschlossen, und damit endete ein ganzes Kapitel in der Geschichte der Alten Welt.

Für die Nomaden war dies eine Katastrophe sondergleichen. Wer die Kriege überlebt hatte, konnte nicht mehr frei umherziehen. Die Bewegungsfreiheit, eine Grundlage der nomadischen Lebensweise, war nun abhängig von den Launen ferner Herrscher, und vom 18. Jahrhundert an verkamen viele dieser einst so stolzen Steppenkrieger zu gekauften Handlangern, zu Schlägern, die bei Bedarf angeheuert wurden, um widerspenstige Bauern zur Vernunft zu bringen.

Für die Agrarreiche war die Abriegelung des Steppengürtels dagegen ein Sieg auf der ganzen Linie. In Zentralasien, von wo aus so lange Zeit Gefahr gedroht hatte, wurden neue Siedlungsgebiete erschlossen. Als es immer seltener zu Überfällen durch Nomaden kam, drängten bis zu zwei Millionen Russen und fünf bis zehn Millionen Chinesen aus den übervölkerten Kerngebieten heraus, um sich als Pioniere am Rande der Steppengebiete niederzulassen. Diejenigen, die stark genug waren, sich durchzuschlagen, zerstückelten das Land für Ackerbau und Viehzucht, für den Abbau von Bodenschätzen und zur Holzgewinnung und bereicherten ihre Heimat mit Rohmaterialien und Steuern. Die Schließung des Steppenschnellweges verhinderte nicht nur den Zusammenbruch, sondern sie leitete eine Blütezeit ein, in der die Decke durchstoßen wurde, die jahrtausendelang die Indexwerte der gesellschaftlichen Entwicklung auf die unteren Vierziger beschränkt hatte.

Die Meere werden geöffnet

Während die Russen und Chinesen den Steppengürtel abriegelten, erschlossen die Westeuropäer einen neuen Seeweg, der den Lauf der Geschichte noch dramatischer verändern sollte.

Nachdem die Europäer erstmals den Atlantik überquert und den Indischen Ozean erreicht hatten, waren ihre Seereiche für die Dauer eines Jahrhunderts nichts Besonderes. Die Venezianer hatten schon seit dem 13. Jahrhundert den Handel über den Indischen Ozean angezapft und sich dadurch bereichert; die Portugiesen taten es ihnen nun gleich, nur billiger und schneller, indem sie um die Südspitze Afrikas herumgesegelten, statt sich feilschend ihren Weg durch das Osmanische Reich zu bahnen. In Amerika hatten die Spanier eine vollkommen Neue Welt betreten, aber was sie dort trieben, war nichts anderes als das, was die Russen später in Sibirien tun sollten.

Die Spanier wie die Russen waren Weltmeister im Outsourcen. Iwan der Schreckliche überließ der Familie Stroganow gegen eine Scheibe vom Kuchen das Monopol auf alles, was östlich des Urals zu holen war; die spanischen Könige gestanden praktisch jedem, der darum bat, das Recht zu, alles zu behalten, was sie in Amerika finden konnten, solange die Habsburger nur 20 Prozent davon bekamen.

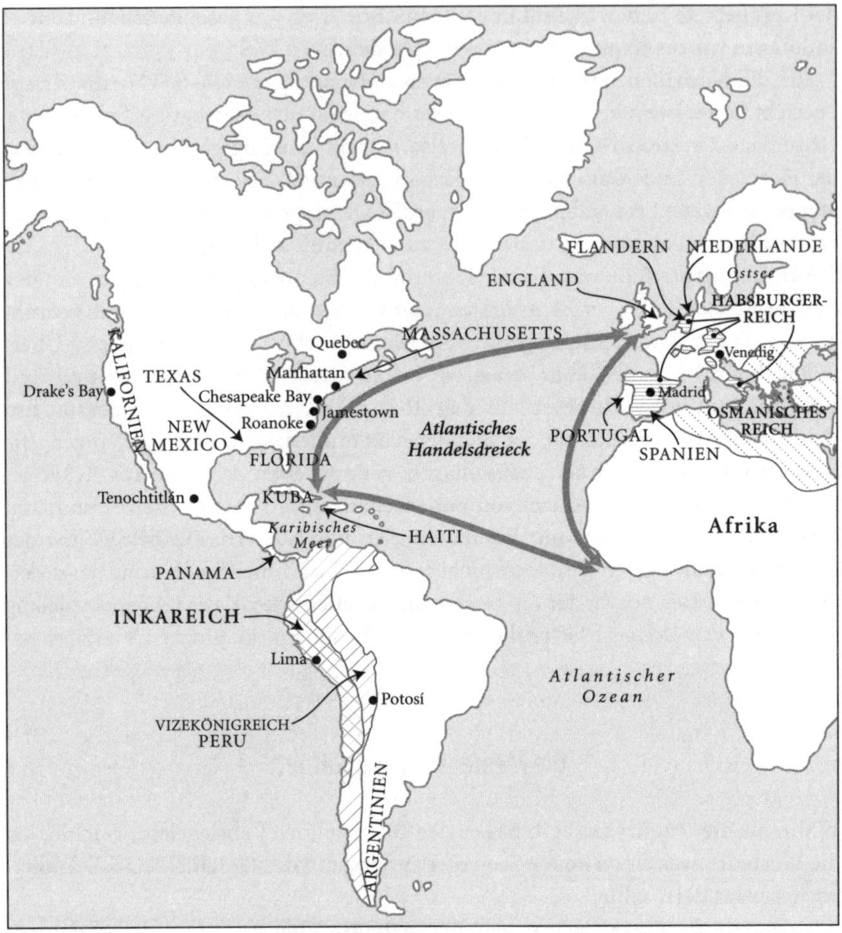

Abbildung 9.6: Die Seereiche 1500–1750
Die Pfeile zeigen die Routen des atlantischen Dreieckshandels mit Sklaven, Zucker, Rum, Nahrungsmitteln und Fertigwaren zwischen Europa, Afrika und Amerika.

In Sibirien wie in Amerika schwärmten kleine Abenteurergrüppchen aus, errichteten quer über ein unvorstellbar großes unerforschtes Gebiet (Abbildung 9.6) auf eigene Kosten Niederlassungen und schickten einen Brief nach dem anderen in die Heimat, in denen sie mehr Geld und mehr europäische Frauen forderten.

Während die Russen vom Pelzfieber getrieben wurden, waren für die Spanier Gold und Silber die Objekte der Begierde. Die Spanier leckten Blut, als Cortés 1521 Tenochtitlán eroberte, und Francisco Pizarro steigerte ihren Rausch, als er 1533 den Inkakönig Atahualpa gefangen nehmen ließ und dessen Untertanen befahl, als Lösegeld einen sieben mal fünf Meter großen und drei Meter hohen Raum mit Schätzen zu füllen. Die Inkas brauchten Wochen, um diesem Befehl nachzukommen. Auf Pizarros Geheiß wurden die gesammelten künstlerischen Errungenschaften der Andenzivilisation zu Barren eingeschmolzen – 6000 Kilogramm Gold und 12 000 Kilogramm Silber – und Atahualpa dann trotzdem erdrosselt.

Mit dieser relativ leichten Art der Bereicherung war es 1535 vorbei, aber der Traum von El Dorado, dem sagenhaften Goldreich, in dem das Edelmetall praktisch auf der Straße lag, sorgte dafür, dass immer mehr Schurken und Halsabschneider in Amerika eintrafen. »Täglich dachten sie an nichts anderes als an das Gold und das Silber und die Schätze der Indios von Peru«, beklagte sich ein Chronist. »Sie benahmen sich wie Verzweifelte, Wahnsinnige, Verrückte, waren völlig außer sich in ihrer Gier nach Gold und Silber.«[26]

Der Wahnsinn fand 1555 neue Nahrung, als die Silbergewinnung in der Neuen Welt dank verbesserter Bergbautechniken zu einem überaus gewinnträchtigen Geschäft wurde. Die Erträge waren märchenhaft: 50 000 Tonnen Silber wurden zwischen 1540 und 1700 von Amerika nach Europa geschafft, zwei Drittel davon aus Potosí am Cerro Rico, einem Berg im heutigen Bolivien, der praktisch zur Gänze aus Silbererz bestand. Bis 1580 hatten sich die Silbervorräte in Europa verdoppelt und der Anteil der Habsburger daran war um das Zehnfache gestiegen – ungeachtet der Tatsache, dass »jeder in Potosí geprägte Peso zehn Indios das Leben gekostet hat«[27], wie ein spanischer Besucher 1638 schrieb. Wie die russischen Zaren sahen die Habsburger die Eroberung der noch unerforschten Randgebiete hauptsächlich als eine Möglichkeit, die Kriege zu finanzieren, mit denen sie eine Landmacht in Europa aufbauen wollten. »Potosí existiert nur, um den hochfliegenden Ambitionen Spaniens zu dienen«, schrieb ein anderer Beobachter. »Es dient dazu, die Türken zu bestrafen, die Mauren zu demütigen, Flandern erzittern zu lassen und England in Angst und Schrecken zu versetzen.«[28]

Den größten Teil des Silbers aus der Neuen Welt verwendeten die Habsburger, um die immensen Schulden bei ihren italienischen Finanziers zurückzubezahlen, von denen aus es wiederum nach China gelangte, wo die blühende Wirtschaft alles Silber erforderte, dessen man habhaft werden konnte. »Mit all den Silberbarren aus Peru, die nach China gebracht werden, könnte der Kaiser von China einen Palast bauen«, bemerkte ein Kaufmann.[29] Doch auch wenn das Habsburger Reich Silber aus- und das Ming-Reich dasselbe einführte, hatten sie ansonsten vieles gemein. Beiden war mehr daran gelegen, sich ein möglichst großes Stück vom Kuchen zu sichern, als daran, den Kuchen selbst zu vergrößern. Beide Reiche beschränkten den Überseehandel auf ein paar Auserwählte, deren staatlich verliehenes Monopol problemlos zu besteuern war.

Theoretisch durfte pro Jahr nur eine große Schiffsladung Silber über den Atlantik nach Spanien gebracht werden, und der Handel mit anderen Gütern war (auch wieder theoretisch) ebenso streng reguliert. Praktisch sah es hier genauso aus wie an den unruhigen Küsten Chinas: Diejenigen, denen die lukrativen Amigo-Geschäfte verwehrt waren, bauten einen riesigen Schwarzmarkt auf. Diese Schwarzhändler konnten wie die Schmuggler in China die offiziellen Händler unterbieten, weil sie ihre Ware raubten, keine Steuern zahlten und im Übrigen jeden niederschossen, der ihnen in die Quere kam.

Die Franzosen, die in den 1520er und 1530er Jahren die Hauptlast der europäischen Kriege zu tragen hatten, stürzten sich als Erste ins Geschäft. Der erste Piratenangriff wurde 1536 vermeldet; in den 1550er Jahren waren solche Überfälle bereits an der Tagesordnung. »Entlang der gesamten Küste Haitis gibt es kein einziges Dorf, das die Franzosen nicht geplündert hätten«[30], beklagte sich ein Amtsträger 1555. In den 1560er Jahren fingen auch englische Schmuggler an, Sklaven zollfrei zu verschieben oder, wenn sich die Gelegenheit ergab, Maultierkarawanen zu überfallen und das Silber, das sie mit sich führten, zu stehlen. Sie machten fette Beute, und innerhalb von 20 Jahren hatten sich die verwegensten Männer Westeuropas (sowie eine Handvoll Frauen) zusammengeschart, um es ihnen gleichzutun.

Wie China reagierte auch Spanien schwerfällig und halbherzig. Hier wie da fand man es billiger, das Piratenunwesen zu ignorieren, anstatt es zu bekämpfen. Erst in den 1560er Jahren nahmen beide Mächte ernsthaft den Kampf gegen die Piraten auf, und er sollte noch Jahrzehnte dauern. Im Jahr 1575 gingen chinesische und spanische Schiffe vor den Philippinischen Inseln sogar vereint gegen die Piraten vor.

Als die Chinesen und auch die Osmanen den Krieg gegen die Piraten weitgehend gewonnen hatten, sah sich Spanien jedoch mit der wesentlich schlimmeren Gefahr der Freibeuterei – einer staatlich geförderten Form der Piraterie – konfrontiert. Freibeuter waren Kapitäne, die seitens ihrer Herrscher nicht nur das verbriefte Recht hatten, die spanischen Karavellen zu kapern und auszurauben, sondern zu diesem Zweck sogar mit eigenen Fregatten oder Galeonen ausgestattet wurden. Und ihre Dreistigkeit kannte keine Grenzen. In den 1550er Jahren plünderte und brandschatzte der wüste französische Kaperkapitän »Holzbein« Le Clerc die wichtigsten Städte Kubas, und 1575 nahm der englische Freibeuter John Oxenham Kurs auf die Karibik, warf vor Panama die Anker aus und schleppte zwei seiner Schiffskanonen über die Landenge. Als er auf der pazifischen Seite angelangt war, ließ er Bäume fällen, baute ein neues Schiff, das er mit flüchtigen Sklaven bemannte, und terrorisierte ein paar Wochen lang die wehrlosen Bewohner der peruanischen Küste.

Oxenham endete schließlich in Lima am Strang, aber vier Jahre später trat sein alter Kamerad Francis Drake auf den Plan: mit der noch verwegeneren Idee, die Südspitze Südamerikas zu umsegeln und Peru nach allen Regeln der Kunst auszurauben. Nur eines seiner sechs Schiffe kam um Kap Hoorn herum, aber dieses Schiff war so schwer bewaffnet, dass es den Engländern umgehend die Seehoheit im Pazifischen Ozean sicherte. Drake brachte die größte Ladung Silber und Gold an sich, die je von spanischen Schiffen erbeutet wurde (über 25 Tonnen), und segelte dann, als ihm klar wurde, dass er auf der Route, die er auf der Hinfahrt genommen hatte, nicht würde zurückkehren können, ungerührt mit seiner kostbaren Fracht um die ganze Welt. Piraterie zahlte sich aus: Drakes Geldgeber konnten 4700 Prozent Rendite auf ihre Investition verbuchen, und Königin Elizabeth I. benötigte nur zwei Drittel ihres Gewinnanteils, um die gesamten britischen Auslandsschulden Englands zu begleichen.

Von solchen Erfolgen ermutigt, schickten die Feinde Spaniens ihre eigenen Möchtegern-Konquistadoren in die Neue Welt. Das allerdings ging nicht besonders gut. In der Erwartung, Gold und Gewürze zu finden, gründeten die Franzosen – ein erstaunlicher Sieg der Hoffnung über die Erfahrung – 1541 eine Kolonie in Quebec. Da beides in Quebec ausgesprochen rar war, ging die Kolonie bald zugrunde. Und auch der nächste Versuch der Franzosen war nicht eben von Erfolg gekrönt: In noch getreulicherer Nachahmung der Spanier ließen sich französische Siedler in Florida quasi Tür an Tür mit einer spanischen Festung nieder und wurden prompt massakriert.

Die Engländer waren mit ihren ersten Versuchen nicht wesentlich erfolgreicher. Nachdem er 1579 Peru in Angst und Schrecken versetzt hatte, segelte Francis Drake die amerikanische Westküste hinauf und landete schließlich in Kalifornien (vielleicht in der malerischen Bucht bei San Francisco, die heute den Namen Drake's Bay trägt). Hier ließ er die Einheimischen, die ihm am Strand über den Weg liefen, wissen, dass ihre Heimat ab sofort Nova Albion – Neuengland – heiße und Königin Elizabeth gehöre; um kurz darauf davonzusegeln und sich nie wieder blicken zu lassen.

Drakes Erzrivale Walter Raleigh gründete 1585 im heutigen North Carolina eine eigene Kolonie, die er Roanoke nannte. Raleigh, der offenbar realistischer war als Drake, brachte immerhin richtige Siedler ins Land, aber sein Plan, Roanoke als Piratennest zu nutzen und von hier aus spanische Schiffe auszuplündern, erwies sich als verhängnisvoller Fehler. Roanoke war zu ungünstig gelegen, und als Drake im darauffolgenden Jahr wieder vorbeikam, ergriffen die ausgehungerten Siedler die Gelegenheit beim Schopf und kehrten mit ihm in die Heimat zurück. Einer von Raleighs Offizieren setzte desungeachtet eine zweite Gruppe von Siedlern in Roanoke ab (eigentlich sollte er sie in ein geeigneteres Gebiet in der Chesapeake-Bucht bringen, hatte aber den Weg nicht gefunden). Keiner weiß, was aus ihnen geworden ist. Als ihr Gouverneur jedenfalls 1590 wieder vorbeischauen wollte, war niemand mehr da, und er fand nur noch das in einen Baum geritzte Wort »Croatan« (wie die Siedler Roanoke nannten) vor.

Die Siedlungsgebiete in der Neuen Welt waren wild, und das Leben war billig hier, aber das Leben der indigenen Amerikaner war noch billiger als das der Kolonisten. Die Spanier machten sich gern über die Unfähigkeit ihrer kaiserlichen Herren in Madrid lustig, und sie pflegten zu sagen: »Wenn der Tod aus Spanien käme, hätten wir alle ein langes Leben.«[31] Die nordamerikanischen Ureinwohner fanden das vermutlich nicht sonderlich witzig. Für sie kam der Tod tatsächlich aus Spanien. Isoliert zwischen Atlantik und Pazifik lebend, also von Fremdeinflüssen abgeschirmt, hatten sie keine Abwehrkräfte gegen die Krankheiten der Alten Welt entwickelt, sodass ihre Zahl innerhalb weniger Generationen nach Kolumbus' Landung auf höchstens ein Viertel dezimiert war. Das war der »kolumbianische Austausch«, von dem in Kapitel 6 die Rede war: Die Europäer bekamen einen neuen Kontinent, die amerikanischen Ureinwohner bekamen die Pocken. Zwar verübten Europäer gelegentlich unvorstellbare Gräueltaten an der einheimischen Bevölkerung, aber häufiger noch wurde diese von einem unsichtbaren Tod ereilt: in Form von Mikroben, die mit der Atemluft oder durch Körperflüssigkeiten übertragen wurden. Überdies eilten den Europäern ihre Krankheiten meist voraus. Siedler übertrugen sie auf Einheimische, die sie dann stafettenartig im Hinterland verbreiteten. Folglich hatten die Weißen, wenn sie selber an Ort und Stelle auftauchten, kaum Schwierigkeiten, die dezimierten Gruppen amerikanischer Ureinwohner aus ihren angestammten Gebieten zu vertreiben.

Wo immer die Bedingungen gut waren, schufen Kolonisten »neu-europäische Gebiete«, wie der Historiker und Geograph Alfred Crosby es genannt hat, also Ableger ihrer alten Heimat – vertraute Tiere, Getreidepflanzen und Gemüse- und Obstsorten inbegriffen. Und selbst da, wo kein Siedler sich niederlassen wollte – wie in New Mexico, wo es den Worten eines spanischen Vizekönigs zufolge nichts gab außer »Nackten, Falschen Korallenschlangen und vier Kieselsteinen«[32] –, veränderte der ökologische Imperialismus (auch einer der treffenden Begriffe, die Crosby geprägt hat) das Gesicht der Landschaft. Von Argentinien bis Texas gelangten Rinder, Schweine und Schafe in Freiheit, wo sie verwilderten, riesige Herden bildeten und die Weiten der Prärien und Pampas übernahmen.

Und nicht nur das, die Kolonisten schufen sogar *bessere* Europas, in denen sie nicht bei widerspenstigen Bauern den Pachtzins eintreiben mussten, sondern die indigene Bevölkerung, die noch am Leben war, in die Knechtschaft zwingen oder – wenn keine amerikanischen Ureinwohner greifbar waren – Sklaven aus Afrika einschleppen lassen konnten. Die ersten wurden 1510 registriert; 1650 lebten in den spanischen Kolonien Amerikas bereits mehr schwarze Sklaven als Europäer. »Selbst wenn du arm bist, geht es dir hier besser als in Spanien«, schrieb ein Siedler in einem Brief in die Heimat, »weil du hier immer das Sagen hast, nicht selbst arbeiten musst und immer auf einem Pferd sitzt.«[33]

Indem sie bessere Europas schufen, veränderten die Siedler wieder einmal grundlegend die Bedeutung der geographischen Bedingungen. Im 16. Jahrhundert, als europäische Imperialherrscher mit konservativem Weltbild die Neue Welt vor allem als Finanzierungsquelle für ihre Eroberungskriege gesehen hatten, war der Atlantische Ozean einfach nur ein lästiges Ärgernis zwischen Amerika und der Alten Welt gewesen. Im 17. Jahrhundert schien die geographische Trennung dagegen eher ein Vorteil zu sein. Die ökologischen Unterschiede zwischen der Neuen und der Alten Welt ermöglichten es den Kolonisten, Gebrauchsgüter zu produzieren, die es in Europa entweder nicht gab oder die in Amerika leichter herzustellen waren, und sie dann in die alte Heimat zu exportieren. Der Atlantik stellte nun kein Hindernis mehr dar, sondern begann sich zu einer Handelsroute zu entwickeln, die Welten miteinander verband.

1608 kamen zum zweiten Mal französische Siedler nach Quebec, diesmal allerdings nicht als Schatzjäger, sondern als Pelzhändler. Ihr Geschäft blühte. In Jamestown waren englische Siedler dem Hungertod nah, bis sie 1612 entdeckten, dass Tabakpflanzen in Virginia prächtig gedeihen. Die Qualität des Tabaks war nicht so exquisit wie das, was die Spanier auf den karibischen Inseln ernteten, aber er war billig, und schon bald konnten die Produzenten ein Vermögen damit verdienen. 1613 ließen sich niederländische Pelzhändler auf Manhattan nieder und kauften dann den Algonkin die ganze Insel für schlappe 60 Gulden ab. Die Auswanderer, die in den 1620er Jahren aus religiösen Gründen England verlassen und sich in Massachusetts angesiedelt hatten, sprangen auf den Zug auf und schickten Holz für den Schiffsbau in die alte Heimat. In den 1650er Jahren lieferten die nordamerikanischen Siedler Rinder und getrockneten Fisch in die Karibik, wo Zucker – das weiße Gold – einen wahren Rausch ausgelöst hatte. Siedler und Sklaven wurden erst vereinzelt, dann in Scharen westwärts über den Atlantik geschwemmt, während exotische Waren plus Steuern Richtung Osten zurückschwappten.

Bis zu einem gewissen Grad hatten alle Pioniere, die in neue Siedlungsgebiete vorgedrungen waren, etwas Ähnliches getan. Griechen hatten aus den westlichen Mittelmeerregionen Weizen eingeführt, Chinesen hatten Reis aus dem Jangtse-Delta über den Kaiserkanal verschifft, und die Kolonisten, die sich am Rande der Steppen niedergelassen hatten, lieferten nun Holz, Pelze und Erze nach Moskau und Beijing. Doch dank der schieren Vielzahl ökologischer Nischen jenseits des Atlantiks und dank der Größe dieses Meeres waren die Westeuropäer in der Lage, etwas vollkommen Neues zu entwickeln: eine unabhängige interkontinentale Ökonomie, die durch ein Dreieckssystem überlappender Handelsnetze zusammengehalten wurde.

Anstatt einfach nur Waren von A nach B zu transportieren, schafften Kaufleute westeuropäische Gebrauchsgüter (Textilwaren, Gewehre usw.) nach Westafrika und tauschten sie dort mit Gewinn gegen Sklaven, die sie dann in die Karibik brachten und dort, auch wieder mit Gewinn, gegen Zucker eintauschten. Schließlich kehrten sie mit dem Zucker nach Europa zurück, wo sie das weiße Gold mit noch größerem Gewinn verkauften, bevor sie ein neues Kontingent an Fertigwaren erwarben und wieder Richtung Afrika in See stachen. Europäer wiederum, die sich in Nordamerika niedergelassen hatten, konnten Rum nach Afrika verschiffen und Sklaven in die Karibik holen, wo sie im Tausch gegen ihre menschliche Ware Melasse bekamen, die in Nordamerika für die Produktion von weiterem Rum gebraucht wurde. Andere brachten Nahrungsmittel in die Karibik (wo die mit Zuckerrohr bepflanzten Bodenflächen zu kostbar waren, um darauf Essbares für die Sklaven anzubauen), kauften dort Zucker ein, den sie nach Westeuropa lieferten, und kehrten dann mit Fertigwaren nach Nordamerika zurück.

Auch die Vorteile der Rückständigkeit machten sich bemerkbar. Spanien, die große westeuropäische Imperialmacht des 16. Jahrhunderts, war die ausgeprägteste absolutistische Monarchie und betrachtete entsprechend ihre Kaufleute als Geldautomaten, die auf Befehl Bares ausspuckten, wenn sie bedroht wurden, und ihre Kolonien als lohnende Beute, die restlos ausgeplündert werden konnte. Wäre es den Habsburgern gelungen, ihre Gegner in eine vereinigte Landmacht zu zwingen, so hätte sich diese transatlantische Ökonomie sicher noch bis weit ins 17. Jahrhundert fortgesetzt. So aber gaben Kaufleute vom relativ rückständigen nördlichen Rand Europas, wo die Könige weniger mächtig waren, eine neue Richtung vor.

Tonangebend waren hier vor allem die Niederländer. Im 14. Jahrhundert waren die Niederlande ein wasserdurchtränkter, in mehrere Stadtstaaten zergliederter Randstreifen. Theoretisch gehörten die Niederlande zum Herrschaftsgebiet der Habsburger, praktisch befanden diese fernen, viel beschäftigten Herren das unbedeutende Gebiet im äußersten Nordwesten ihres Reiches jedoch keiner Mühe wert und überließen die Regierungsgeschäfte demzufolge den örtlichen Honoratioren. Um zu überleben, mussten die niederländischen Städte erfinderisch sein. In Ermangelung von Brennholz heizten die Niederländer mit Torf; in Ermangelung ausreichender Ackerflächen zur Deckung ihres Nahrungsbedarfs fischten sie in der Nordsee und tauschten ihren Fang im Ostseeraum gegen Getreide ein; und da es keine Könige und keine Adeligen gab, die ihnen einen Strich durch die Rechnung gemacht hätten, sorgten die wohlhabenden Bürger der Niederlande dafür, dass in ihren Städten das Geschäftsleben blühte. Solides Geld und eine noch solidere Politik zogen immer mehr Geld an, bis aus den ehemals rückständigen Niederlanden im 16. Jahrhundert plötzlich Europas führendes Finanzzentrum geworden war. Nunmehr in der Lage, sich Geld zu niedrigen Zinsen zu leihen, waren die Niederländer bestens gerüstet, den endlosen Zermürbungskrieg zu finanzieren, der die Macht der Spanier allmählich brechen sollte.

England entwickelte sich unaufhaltsam in die gleiche Richtung wie die Niederlande. Vor der großen Pestepidemie um die Mitte des 14. Jahrhunderts war England ein echtes Königreich, doch durch den Aufschwung des Wollhandels gewannen die Kaufleute so viel Einfluss wie nirgendwo sonst außerhalb der Niederlande. Im 17. Jahrhundert übernahmen sie die Führung, lehnten sich gegen ihren relativ schwachen König Karl I. auf und machten ihn am Ende einen Kopf kürzer. Anschließend drängten sie die Regierung zum Bau einer großen, modernen Handelsflotte. Als ein unblutiger Umsturz im Jahr 1688 mit Wilhelm von Oranien einen niederländischen Prinzen auf den englischen Thron brachte, gehörten die Kaufleute zu den Hauptnutznießern.

Nach 1600 verlor Spanien allmählich seine Vormachtstellung, englische und niederländische Kaufleute drängten offensiv in den transatlantischen Handel. Wie Abbildung 9.3 zeigt, waren die Löhne am englisch-niederländischen Nordrand Europas schon 1350 geringfügig höher als in den reichen, aber übervölkerten

Städten Italiens. Nach 1600 klaffte die Schere jedoch immer weiter auseinander. Überall in Europa sanken die Löhne aufgrund der rasch wachsenden Bevölkerung auf das Niveau der Zeit vor dem Schwarzen Tod, nur im Nordwesten waren sie fast wieder so hoch wie im goldenen Zeitalter des 15. Jahrhunderts.

Dieser Wohlstand kam nicht daher, dass man die Reichtümer des amerikanischen Kontinents einfach ausgebeutet und nach Europa gebracht hätte, wie es die Spanier getan hatten. In der Debatte darum, welchen Anteil Kolonisierung und Handel am neuen Wohlstand hatten, liegen selbst die höchsten Schätzungen bei weniger als 15 Prozent, die niedrigsten gehen von fünf Prozent aus. Die atlantische Wirtschaft veränderte die Art, wie die Menschen arbeiteten – darin lag ihre revolutionäre Kraft.

Ich habe in diesem Buch Angst, Faulheit und Habgier mehrfach als die Triebkräfte der Geschichte genannt. Angst siegt im Allgemeinen über Faulheit, und als nach 1450 überall in Eurasien die Bevölkerungszahlen stiegen, begannen die Menschen zu handeln – aus Angst, ihre gesellschaftliche Stellung zu verlieren, nicht genug zu essen zu bekommen oder gar zu verhungern. Doch nach 1600, als der atlantische Handel mit seiner ökologischen Vielfalt, dem billigen Güterverkehr und den offenen Märkten den kleinen Leuten eine neue Welt des Konsums zugänglich machte, siegte auch die Habgier über die Faulheit. Im 18. Jahrhundert konnte sich ein Mensch, der ein bisschen Geld übrig hatte, nicht nur einen Laib Brot zusätzlich kaufen; er konnte sich vielmehr importierte Waren wie Tee, Kaffee, Tabak und Zucker leisten oder heimische Luxusartikel wie Tonpfeifen, Hüte oder auch Galanteriewaren. Zugleich brachte diese atlantische Wirtschaft, der die Fülle an Waren zu verdanken war, auch die Leute hervor, die in der Lage waren, einen solchen Menschen mit dem benötigten Geld zu versorgen. Denn weil die Händler vom Hut bis zur Wolldecke alles kauften und nach Amerika und Afrika verschifften, was sie ergattern konnten, mussten die Fabrikanten Leute einstellen und entlohnen, die diese Güter herstellten. Manche Bauern ließen ihre Familien spinnen und weben, andere verdingten sich in Werkstätten. Manche gaben die Landwirtschaft ganz auf, andere stellten fest, dass es sich lohnte, immer mehr Land für eine intensivere Bewirtschaftung einzuzäunen, zu bewässern und zu düngen und immer mehr Vieh zu halten, um die Nachfrage nach Nahrungsmitteln für die hungrigen Arbeiter zu decken.

Natürlich waren die Verhältnisse nicht überall gleich, aber im ganzen Nordwesten Europas verkauften die Menschen zunehmend ihre Arbeitskraft und arbeiteten immer länger. Und indem sie dies taten, konnten sie immer mehr Zucker, Tee und Baumwolltücher kaufen – was zur Folge hatte, dass immer mehr Sklaven über den Atlantik geschleppt, immer größere Flächen für Plantagen gerodet und immer mehr Fabriken und Werkstätten eröffnet wurden. Die Verkäufe stiegen und mit ihnen die Produktionsmengen. Folglich fielen die Preise, was wiederum dafür sorgte, dass noch mehr Europäer Zugang zu dieser Welt der Konsumgüter fanden.

Mitte des 18. Jahrhunderts hatte sich rund um die nordatlantischen Küsten die erste Konsumkultur herausgebildet, was das Leben von Millionen veränderte. Männer, die es nie gewagt hätten, einen Fuß in ein Café zu setzen, wenn sie nicht wenigstens Lederschuhe und eine Taschenuhr vorweisen konnten – geschweige denn, ihrer Frau zu sagen, dass sie sich keinen Zucker für den Tee leisten konnten, wenn Gäste erwartet wurden –, waren weniger anfällig dafür, Dutzende von Feiertagen zu begehen oder nach alter Sitte montags blau zu machen, um den Kater vom Sonntag auszuschlafen. Angesichts der vielen Dinge, die es zu kaufen gab, war Zeit Geld. »Ein einziger Zeiger der Uhr genügte«, wie Thomas Hardy in einem seiner Romane beklagt hat, nicht mehr, »um den Tag einzuteilen«.[34]

Wie ein Uhrwerk

Tatsächlich waren Uhren mit zwei Zeigern die geringste der Anforderungen, die dieses neue Zeitalter mit sich brachte. Die Menschen im Westen interessierten sich für Sämaschinen, Dreieckspflüge, Dampfkessel und Uhren, die nicht nur zwei Zeiger hatten, sondern auch noch auf der anderen Seite der Erdkugel die Zeit präzise anzeigten, sodass Schiffskapitäne mit ihrer Hilfe die Längengrade berechnen konnten. 2000 Jahre lang hatten die Stimmen der Alten genügt, um die brennenden Fragen des Lebens zu beantworten. Doch nun dämmerte den Menschen allmählich die Erkenntnis, dass ihnen die Weisheiten des klassischen Altertums die Dinge, die sie wissen mussten, nicht vermitteln konnten.

Der Titel, den Francis Bacon seinem 1620 erschienenen Buch gegeben hat, *Novum Organum* (»Neue Methode«), sagt alles. Als *Organon* bezeichnete er die sechs Schriften, in denen Aristoteles sich über die Kunst der Logik ausgelassen hatte. Sein Ziel war es, etwas Neues an ihre Stelle zu setzen – »jedoch so, dass dabei die Ehre und der Ruhm der Alten nicht geschmälert … werde«. Er übernehme dabei bloß »die Rolle des Wegweisers«, um von den richtigen Grundlagen aus eine allgemeine Erneuerung der Wissenschaften und Künste sowie aller menschlichen Lehren zu beginnen. Diejenigen, die sich auf fremde Autoritäten stützten, »müssen die eingewurzelten verkehrten Vorstellungszweifel ohne Umstände zeitgemäß ändern: Dann erst mögen sie – wofern es ihnen beliebt –, also vorbereitet, ihr Urteil fällen.«[35]

Was aber sollte diese richtigen Grundlagen liefern? Ganz einfach: Beobachtung, unvoreingenommenes wissenschaftliches Forschen. Die Philosophen sollten aufhören, ihre Nase in Bücher zu stecken, und sich stattdessen alle Dinge ansehen, die ihnen unter die Augen kämen: Sterne und Insekten, Kanonen und Schiffsruder, Äpfel, die vom Baum fielen, und wackelnde Kronleuchter. Und sie sollten sich mit Hufschmieden, Uhrmachern und Mechanikern unterhalten – Leuten eben, die wussten, wie die Dinge funktionieren.

Wenn sie dies täten, so Bacon (und der Beifall von Galileo, Descartes und Heerscharen weniger bekannter Philosophen war ihm gewiss), könnten sie gar nicht umhin, als zu dem einen Schluss zu kommen: dass nämlich die Natur kein lebendiger, atmender Organismus mit Wünschen und Zielen sei, wie die Alten behauptet hatten, sondern ein mechanisches Gebilde – fast wie ein Uhrwerk. Gott war der Uhrmacher, der das Getriebe der bewegten Natur in Gang gesetzt und sich dann zurückgezogen hatte. Und wenn das so war, mussten die Menschen in der Lage sein, die Funktionsweise der Natur ebenso leicht zu entschlüsseln wie irgendeinen anderen Mechanismus. Schließlich, so dachte sich René Descartes, ist es »der aus diesen und jenen Rädern zusammengesetzten Uhr ebenso natürlich, die Stunden anzuzeigen, als dem aus diesem oder jenem Samen aufgewachsenen Baum es ist, diese Früchte zu tragen«[36].

Dieses mechanische Modell der Natur trug, gepaart mit ein paar blitzgescheiten Experimenten und logischen Schlussfolgerungen, außerordentlich reiche Früchte. Mit einem Schlag wurden Geheimnisse offenbart, die seit Anbeginn der Zeit im Dunkeln gelegen hatten. Luft, so zeigte sich, ist keine Leere, sondern eine stoffliche Substanz, das Herz pumpt Blut durch den Körper wie ein Blasebalg, und das Erstaunlichste: Die Erde ist nicht der Mittelpunkt des Universums.

All diese Entdeckungen, die den Alten und auch der Heiligen Schrift widersprachen, lösten Stürme der Entrüstung aus. Galileo Galilei wurde für seine Himmelsbeobachtungen damit belohnt, dass man ihn vor ein Inquisitionsgericht zerrte und zwang, die Wahrheit seiner Erkenntnisse gegen besseres Wissen zu widerrufen. Doch alle kirchlichen Schikanen führten nur dazu, dass sich das neue Denken noch schneller vom mediterranen Kerngebiet nach Nordwesteuropa verbreitete, wo die gesellschaftliche Entwicklung die größten Fortschritte machte, die Probleme der alten Weltsicht am deutlichsten erkannt wurden und die Angst davor, sich mit der Obrigkeit anzulegen, am geringsten war.

In Nordeuropa begann man die Renaissance auf den Kopf zu stellen, indem man dem klassischen Altertum den Rücken kehrte, anstatt Antworten darin zu suchen, und in den 1690er Jahren, als die gesellschaftliche Entwicklung nur noch um Haaresbreite unter dem Höchststand lag, den sie im Römischen Reich erreicht hatte, debattierten gelehrte Herren in Paris über die Frage, ob die Moderne im Begriff sei, das Altertum zu überholen. Die Antwort lag mittlerweile für jeden, der Augen hatte, um zu sehen, klar auf der Hand. 1687 war Isaac Newtons Werk *Philosophiae Naturalis Principia Mathematica* erschienen, für das er eigens die Technik der Infinitesimalrechnung entwickelt hatte, um sein mechanisches Himmelsmodell mathematisch darstellen zu können.* Sie war selbst für gebildete Leser mindestens ebenso unverständlich, wie es Einsteins allgemeine Relativitätstheorie 230 Jahre später sein sollte, aber ungeachtet

* Es sei denn, Gottfried Wilhelm Leibniz, der sich in den 1670er Jahren mit ähnlichen mathematischen Problemen befasste, hätte das Kalkül der Infinitesimalrechnung tatsächlich als Erster entwickelt und Newton nur den Ruhm dafür eingeheimst. Wahrscheinlicher ist, dass die beiden Philosophen die Methode unabhängig voneinander erfunden haben, aber ihre Beziehung war am Ende durch gegenseitige Plagiatsvorwürfe unwiderruflich vergiftet.

dessen stimmten alle darin überein, dass sie den Beginn eines neuen Zeitalters einläutete.

Als man Englands Dichterfürsten Alexander Pope bat, der Geistesgröße Newton ein Denkmal zu setzen, dichtete er:

In Dunkel barg Natur ihr Angesicht,
Gott sprach: »Es werde Newton!« Und es ward Licht.[37]

In Wirklichkeit vollzog sich der Übergang von der Nacht zum Tag nicht ganz so plötzlich. Newton veröffentlichte seine *Principia* fünf Jahre, nachdem man in England die letzte Hexe aufgehängt hatte, und fünf Jahre vor Beginn der Hexenprozesse von Salem in Massachusetts. Und wie sich 1936 herausstellte, als Newtons persönliche Papiere in einer Auktion versteigert wurden, konnte sich der Naturphilosoph ebenso für die Alchimie begeistern wie für die Schwerkraft; auch war er bis zu seinem Tod überzeugt, dass es ihm eines Tages gelingen würde, Blei in Gold zu verwandeln. Aber schließlich war er beileibe nicht der einzige Wissenschaftler des 17. Jahrhunderts, der ein paar heutzutage eindeutig schrullig wirkende Überzeugungen vertrat. Allmählich entzauberten die Westeuropäer jedoch die Welt und vertrieben ihre Geister und Dämonen mit Hilfe der Mathematik. Zahlen wurden zum Maß der Wirklichkeit.

Was für die Natur galt, ließe sich ja vielleicht auch auf die Gesellschaft anwenden. Bis zu einem gewissen Grad nahmen Regierungsvertreter und die Finanzleute solche Überlegungen wohlwollend auf. Wenn man den Staat als Maschine betrachte, könnten Statistiker seine Haushaltseinnahmen berechnen und Minister sein kompliziertes Räderwerk justieren. Aber die neue Denkweise wurde auch mit Sorge aufgenommen. Die Naturwissenschaften hatten die Lehren der Alten als unbegründet abgetan und ihre eigene Richtung eingeschlagen. Würden die Gesellschaftswissenschaften genauso mit den Königen und der Kirche verfahren?

Wenn es, wie von Wissenschaftlern behauptet, tatsächlich keine besseren Methoden gab, um Gottes Willen zu begreifen, als Beobachtung und Vernunft, dann konnte man daraus logisch folgern, dass diese auch so gut wie keine anderen als Instrumente der Staatsführung geeignet waren. Ebenso vernünftig war John Locke zufolge die Annahme, Gott habe dem Menschen gewisse natürliche Rechte verliehen: »Er hat von Natur … die Macht, sein Eigentum – nämlich sein Leben und seine Habe – gegen das Unrecht und die Angriffe anderer Menschen zu schützen.« Daraus folgte für den Philosophen: »Das große und hauptsächliche Ziel also, zu dem sich Menschen in Staatswesen zusammenschließen, ist die Erhaltung ihres Eigentums.« Deshalb sind die Menschen »von Natur alle frei, gleich und unabhängig, und niemand kann aus diesem Zustand verstoßen und ohne seine Einwilligung der politischen Gewalt eines anderen unterworfen werden«[38].

Solche Gedanken hätten schon dann für beträchtliche Unruhe gesorgt, wären sie nur in lateinischer Sprache in der Abgeschiedenheit altehrwürdiger, efeuumrankter Universitäten vorgebracht worden. Aber das war nicht der Fall. Wohlhabende Damen der Gesellschaft richteten in Paris und später auch in anderen Großstädten Europas Salons ein, in denen die Gelehrten und die Mächtigen der Welt auf Tuchfühlung gingen und die Gedanken der Aufklärung die Runde machten. Debattierclubs wurden eröffnet und Vordenker der Aufklärung eingeladen, die neuen Ideen in Vorträgen zu erläutern und durch Experimente zu veranschaulichen. Billigere Drucktechniken, bessere Vertriebsmöglichkeiten und zunehmende Alphabetisierung schufen die Voraussetzungen dafür, dass neue Zeitschriften mit einer Mischung aus Berichterstattung, Gesellschaftskritik und Leserbriefen von zigtausend Menschen gelesen werden konnten. 300 Jahre vor Starbucks entdeckten geschäftstüchtige Kaffeehausbetreiber, dass die Kunden den ganzen Tag herumsaßen, lasen, diskutierten und Kaffee bestellten, wenn kostenlose Zeitungen und bequeme Stühle für sie bereitgehalten wurden. Etwas vollkommen Neues begann sich herauszukristallisieren: eine öffentliche Meinung.

Deren Protagonisten pflegten zu sagen, die Aufklärung breite sich in Europa aus und werfe ihr Licht in all die düsteren Winkel, über die Jahrhunderte des Aberglaubens ihre Schatten geworfen hätten. Aber was war die Aufklärung? Immanuel Kant drückte es ganz klar und einfach aus: »*Sapere aude*! Habe Mut, dich deines eigenen Verstandes zu bedienen!«[39]

Die Gefahr für die herrschenden Monarchen war offensichtlich, doch anstatt sie zu bekämpfen, zeigten sich die meisten von ihnen kompromissbereit. Sie zogen es vor, sich als aufgeklärte Herrscher zu inszenieren, die zum Wohle der Allgemeinheit mit Vernunft regierten. »Die Philosophen sollen die Lehrer der Fürsten sein«, schrieb Preußens Friedrich II. 1740, »ihr folgerichtiges Denken ist die Schule für ein folgerichtiges fürstliches Handeln.«[40]

In Wirklichkeit fanden es die Fürsten eher lästig, wenn sich ihre Untertanen des Verstandes bedienten. In Großbritannien* mussten sich die Könige schlichtweg damit abfinden, in Spanien konnte das aufklärerische Denken unterdrückt werden, aber Frankreich war einerseits so avantgardistisch (immerhin eine französische Wortprägung), dass es dort von Aufklärern nur so wimmelte, und andererseits so absolutistisch, dass deren Bücher von Zeit zu Zeit verboten und sie selbst ins Gefängnis gesteckt wurden.

Von allen Büchern und geistreichen Sprüchen, die Paris in den 1750er Jahren in Aufregung versetzten, reichte nichts in seiner Wirkung an das streitbarste und zugleich ehrgeizigste Werk der Aufklärung, *Enzyklopädie oder alphabetisch geordnetes Lexikon der Wissenschaften, Künste und Gewerbe* heran. Denis Diderot, Jean-Baptiste d'Alembert und die Verfasser der etwa 60 000 Artikel dieses Riesenwerks beanspruchten nichts weniger, als das gesamte Wissen der Zeit verfügbar zu machen, damit sich alles menschliche Handeln am Maßstab der Vernunft messen lassen könne. Zuhauf verkündeten Perücken tragende Rebellen, dass Sklaverei,

---

* Durch den Act of Union waren England, Wales und Schottland am 1. Mai 1707 zum Königreich Großbritannien zusammengeschlossen worden; Irland kam mit einem eigenen Vertrag am 1. Januar 1801 hinzu.

Kolonialismus sowie die Benachteiligung von Frauen und Juden vor dem Gesetz wider die Natur und die Vernunft seien. Und aus dem schweizerischen Exil zog der klügste Kopf von allen, Voltaire, gar mit dem Schlachtruf »Rottet sie aus, die Niedertracht!« gegen die Privilegien der Kirche und der Krone zu Felde.

Voltaire wusste genau, wo sich die Europäer nach Vorbildern aufgeklärter Herrschaftsmodelle umsehen mussten: in China. Dort gebe es einen weisen Despoten, der sich in den Regierungsgeschäften von einer rationalen Beamtenschaft beraten ließe, sinnlose Kriege meide und keine religiöse Verfolgung dulde. Es gebe dort außerdem den Konfuzianismus, der im Gegensatz zum Christentum ein Glaube der Vernunft ohne Aberglauben und alberne Legenden sei.

Voltaire hatte nicht ganz Unrecht, denn in China war der Absolutismus in Intellektuellenkreisen 100 Jahre vor seiner europäischen Geburt in Frage gestellt worden. Der Buchdruck hatte den Schriften des Neuen Denkens eine noch breitere Leserschaft beschert als in Westeuropa, und private Lehranstalten erlebten eine neue Blüte. Die berühmteste dieser Institutionen, die Donglin-Akademie, wandte sich noch eindeutiger gegen »die Niedertracht« als Voltaire. In den 1630er Jahren appellierte deren Leiter, Chen Zilong, an die Eigenverantwortung seiner Studenten, indem er sie aufrief, sich bei der Suche nach Antworten auf ihr eigenes Urteilsvermögen zu verlassen statt auf die alten Schriften, was zur Folge hatte, dass etliche Donglin-Studenten ins Gefängnis geworfen, gefoltert und hingerichtet wurden, weil sie es gewagt hatten, die Ming-Regierung zu kritisieren.

Als die Mandschuren 1644 nach diversen Eroberungskriegen an die Macht kamen und die Qing-Dynastie begründeten, verschärfte sich die Kritik der Intellektuellen nur. Hunderte von Gelehrten verweigerten ihnen die Gefolgschaft. Einer von ihnen war Gu Yanwu, ein untergeordneter Beamter, der die Prüfungen für die höchsten Ränge nie abgelegt hatte. Gu entzog sich dem Einfluss der Herrschenden, indem er sich in den fernen Randgebieten des Reiches niederließ. Hier kehrte er dem kleinkarierten metaphysischen Geplänkel den Rücken, das das akademische Leben des Ostens seit dem 12. Jahrhundert beherrscht hatte, und versuchte stattdessen wie Francis Bacon in England, sich die Welt begreiflich zu machen, indem er genau beobachtete, was wirkliche Menschen wirklich tun.

Fast 40 Jahre lang reiste Gu durch die Lande und füllte unzählige Notizbücher mit der Beschreibung von Tätigkeiten in der Landwirtschaft, im Bergbau und im Bankwesen. Das machte ihn berühmt. Andere Denker eigneten sich seine Methode an, allen voran Ärzte, die noch erschüttert darüber waren, wie vollkommen hilflos sie den großen Epidemien der 1640er Jahre gegenübergestanden hatten. Sie fingen an, Krankengeschichten zu sammeln und die überkommenen Theorien anhand realer Krankheitsverläufe zu überprüfen. In den 1690er Jahren war endlich sogar der Kaiser überzeugt, dass es von Vorteil sei, ein Problem zu lösen, »indem man ihm auf den Grund geht und mit einfachen Leuten darüber spricht«[41].

Die Gelehrten des 18. Jahrhunderts nannten diesen Ansatz *kaozheng*, »beweisführende Forschung«. Er stellte Fakten über Annahmen, gab streng methodische

Vorgehensweisen für so unterschiedliche Wissenschaftsgebiete wie Mathematik, Astronomie, Geographie, Linguistik und Geschichtsforschung vor und entwickelte einheitliche Regeln zur Auswertung von Beweisen. *Kaozheng* entsprach der wissenschaftlichen Revolution in Westeuropa in jeder Hinsicht – bis auf einen Punkt: *Kaozheng*-Gelehrte entwickelten kein mechanisches Modell der Natur.

Wie ihre westlichen Kollegen waren die Intellektuellen im Osten oft frustriert über die Lehren, die sie aus der Zeit übernommen hatten, als die gesellschaftliche Entwicklung zuletzt die Obergrenze von 43 Punkten auf dem Index erreicht hatte (in China während der Song-Dynastie im 11. und 12. Jahrhundert). Anstatt aber deren Grundprämisse eines durch den Geist (*qi*) begründeten Universums zurückzuweisen und an deren Stelle das Bild einer Welt zu setzen, die wie das Räderwerk einer Maschine funktioniert, besannen sich die meisten Denker des Ostens auf die noch älteren und ehrwürdigeren Schriften der Han-Dynastie zurück. Selbst Gu Yanwu fand an den alten Schriften ebenso viel Gefallen wie am Studium des Bergbaus und der Landwirtschaft, und nicht wenige Ärzte benutzten die Krankengeschichten, die sie gesammelt hatten, nicht nur, um Menschen zu heilen, sondern auch und genauso gern, um die medizinischen Lehrtexte der Han-Zeit zu veranschaulichen. Anstatt die Renaissance auf den Kopf zu stellen, entschied man sich in China für eine zweite Renaissance. Es gab viele hervorragende Gelehrte, aber aufgrund dieser Entscheidung wurde aus keinem von ihnen ein Galilei oder ein Newton.

Und in dieser Hinsicht irrte Voltaire. Er stellte China just in dem Moment als leuchtendes Beispiel hin, als es aufhörte, ein solches zu sein. Etliche der Pariser Salonlöwen sahen klarer. Sie entwarfen ein vollkommen gegensätzliches Bild Chinas. Auch ohne einen Index, an dem sie hätten ablesen können, dass der Osten angesichts der gesellschaftliche Entwicklung im Westen nach und nach seine führende Rolle eingebüßt hatte, kamen diese Leute zu dem Schluss, dass China keineswegs der Idealvorstellung eines aufgeklärten Staates entsprach. Für sie war es vielmehr der Gegenpol zu allem, was europäisch war. In Europa hatte man Tatgendrang, rationales Denken und Kreativität von den alten Griechen gelernt und war nun im Begriff, die eigenen Lehrer zu überflügeln; China dagegen war das Land, in dem die Zeit stillstand.

Damit war die Langfristtheorie der westlichen Überlegenheit geboren. Einige Europäer wie etwa Montesquieu machten als eigentliche Ursache für diese Überlegenheit die Gunst des kühlen und erfrischenden Klimas aus. Für andere waren die Chinesen nicht nur unterwürfig, sondern eine vollkommen andere Menschenart. Carl von Linné, der Begründer der modernen Taxonomie, unterschied vier Menschenrassen: die weißhäutigen Europäer, die gelbhäutigen Asiaten, die rothäutigen Amerikaner und die schwarzhäutigen Afrikaner. Und in den 1770er Jahren kam der Philosoph David Hume zu der Erkenntnis, nur Weiße seien überhaupt fähig, eine echte Zivilisation zu entwickeln. Kant seinerseits fragte sich, ob gelbhäutige Menschen überhaupt als richtige Rasse gelten könnten. Vielleicht, so sinnierte er, waren sie lediglich das Produkt einer Kreuzung von Indern und Mongolen.

Der Mut, sich ihres Verstandes zu bedienen, stand offensichtlich nur weißhäutigen Europäern zu.

Wettstreit am Teleskop

1937 bestiegen drei junge Nachwuchswissenschaftler in Nanjing, der damaligen Hauptstadt Chinas, ein Schiff Richtung England. Es wäre ihnen zu jeder Zeit schwer gefallen, die chaotische Betriebsamkeit ihrer Heimatstadt (die wegen ihres feuchtheißen Klimas als einer der »vier Glutöfen« Chinas bekannt ist) gegen die stillen Wandelgänge, den unaufhörlichen Nieselregen und die schneidenden Winde in Cambridge einzutauschen; aber in diesem Sommer waren die Umstände besonders ungünstig. Die drei jungen Leute wussten nicht, ob sie ihre Familie und ihre Freunde je wiedersehen würden. Japanische Truppen waren auf dem Weg nach Nanjing. Ein paar Monate später sollten sie 300 000 Bürger von Nanjing so grausam niedermetzeln, dass selbst ein Nazioffizier, der Zeuge des Massakers wurde, entsetzt war.

Und die drei Flüchtlinge konnten auch nicht erwarten, dass man sie bei ihrer Ankunft freudig willkommen heißen würde. Heute wimmelt es an den wissenschaftlichen Fakultäten der Universität Cambridge von chinesischen Studenten, aber 1937 hatte das Vermächtnis von Hume und Kant noch nicht viel von seiner Wirkung verloren. Die Drei erregten beträchtliches Aufsehen, und vor allem Joseph Needham, ein aufgehender Stern am Institut für Biochemie, war regelrecht elektrisiert. Die Studentin Lu Gwei-djen, die zu der Gruppe der drei jungen Wissenschaftler aus Nanjing gehörte, berichtete später: »Je besser er uns kennen lernte, desto mehr stellte er fest, wie sehr wir ihm, was wissenschaftliches Auffassungsvermögen und intellektuellen Scharfblick betraf, ähnelten, und das veranlasste ihn dazu, sich zu fragen, warum die moderne Wissenschaft ihre Ursprünge nur in der westlichen Welt gehabt hatte.«[42]

Needham hatte zu dieser Zeit weder Sprachkenntnisse noch war er Historiker, aber er war einer der klügsten und eigensinnigsten Köpfe, die Cambridge zu bieten hatte, und das wollte schon etwas heißen. Lu wurde seine Geliebte und brachte ihm die chinesische Sprache und Geschichte näher. Und Needham verliebte sich so hoffnungslos in Lus Heimatland, dass er 1942 den sicheren Hafen seiner Universität verließ und im Auftrag der Royal Society einen Posten in Chongqing annahm, um die chinesischen Universitäten während des verheerenden Krieges gegen Japan zu unterstützen. Die BBC bat ihn förmlich, seine Eindrücke aufzuzeichnen, doch Needham tat viel mehr als das. Er kritzelte auf den Rand des BBC-Briefes eine Frage, die sein Leben verändern sollte: »*Sci[ence] in general in China – why not develop?*«[43]

Diese Frage – warum es nämlich nach so vielen Jahrhunderten der wissenschaftlichen Überlegenheit der Chinesen die Westeuropäer waren, die im 17. Jahrhunderten die moderne Wissenschaft begründet hatten – ist heute allgemein als »Needham-Frage« bekannt. Und Needham schlug sich immer noch damit herum, als ich ihn 40 Jahre später in Cambridge kennen lernte (wo meine Frau Anthropologie studierte, Lu Gwei-djen – immer noch Needhams Geliebte, erst später seine zweite Gattin – ein Forschungsstipendium innehatte und wir die obere Etage in Lus Haus bewohnten). Er hat die Frage nie beantwortet, aber dass wir heute wesentlich besser als in den 1930er Jahren verstehen können, was sich abspielte, verdanken wir zum großen Teil der Akribie, mit der er über Jahrzehnte hinweg die wissenschaftlichen Errungenschaften Chinas katalogisierte.

Wie wir in Kapitel 7 gesehen haben, hatte China im 11. Jahrhundert, als die gesellschaftliche Entwicklung einen Höchststand erreichte, besonders rasante Fortschritte in Wissenschaft und Technik gemacht, die jedoch mit dem wirtschaftlichen und sozialen Niedergang endeten. Es stellt sich nun die Frage, warum chinesische Intellektuelle, als die gesellschaftliche Entwicklung im 17. und 18. Jahrhundert eine neuerliche Blüte erlebte, nicht wie ihre europäischen Kollegen daran gingen, mechanische Modelle der Natur zu entwerfen und deren Geheimnisse zu enträtseln.

Und wieder lautet die Antwort, dass Intellektuelle *die* Fragen stellen, die ihnen die gesellschaftliche Entwicklung aufzwingt: Jede geschichtliche Periode bekommt das Denken, das sie braucht. Westeuropa brauchte aufgrund der neu erschlossenen transatlantischen Siedlungsgebiete präzise Normen, um Einheiten von Raum, Zeit und Geld zu bemessen. In einer Zeit, in der Uhren mit zwei Zeigern zum Standard geworden waren, hätten die Europäer schon ziemlich begriffsstutzig sein müssen, wenn sie sich nicht gefragt hätten, ob die Natur selbst nicht auch ein Mechanismus sei. Und die Regierenden in Europa hätten noch begriffsstutziger sein müssen, wenn sie im wissenschaftlichen Denken nicht so viele Vorteile erkannt hätten, dass sie ihren exzentrischen und unberechenbaren Intellektuellen ein wenig Spielraum ließen. Wie die erste und die zweite Achsenzeit sowie die Renaissance waren Aufklärung und wissenschaftliche Revolution nicht Ursachen, sondern Folgen der fortschreitenden gesellschaftlichen Entwicklung.

Natürlich hatte der Osten seine eigenen neuen Siedlungsgebiete im Steppengürtel, aber dieses Neuland war für ihn weniger exotisch als die transatlantischen Territorien für Europa, und insofern war die Notwendigkeit eines neuen Denkansatzes weniger zwingend. Zwar stellten chinesische Natur- und Gesellschaftsphilosophen zum Teil die gleichen Fragen wie ihre westeuropäischen Kollegen, aber es erschien ihnen nicht so unbedingt erforderlich wie diesen, ein vollkommen neues Denkmodell im Sinne einer mechanischen Auffassung des Universums zu entwickeln. Zudem waren für die neuen Qing-Herrscher mit einer zu großen Freiheit des Denkens wesentlich mehr Gefahren als Vorteile verbunden.

So tat der Hof der Qing alles in seiner Macht Stehende, um die Gelehrten aus ihren privaten Akademien und ihren Forschungsreisen nach fremden Gefilden in den Staatsdienst zurückzuholen. Die Qing richteten Sonderprüfungen ein, zahlten großzügige Gehälter und umwarben die intellektuelle Elite. Der junge Kaiser Kangxi präsentierte sich geflissentlich als Konfuzianer und scharte zum gemeinsamen Studium der klassischen Texte eine Gruppe von Gelehrten um sich. Um zu zeigen, dass es ihm ernst war mit der konfuzianischen Moral, erließ er 1670 ein »heiliges Edikt«. Darüber hinaus finanzierte er umfangreiche Enzyklopädien (die *Vollständige Sammlung der Abbildungen und Schriften von den Anfängen bis zur Gegenwart*, die kurz nach seinem Tod erschien, umfasste 800 000 Seiten*), die allerdings anders als die Enzyklopädien, die zur gleichen Zeit in Frankreich veröffentlicht wurden, an kein Tabu rührten, sondern lediglich die alten Texte getreu wiedergaben und einer Gruppe regierungstreuer Gelehrter die Pfründe sicherten.

Die Rechnung ging in jeder Hinsicht auf, und während Intellektuelle in den Staatsdienst zurückdrängten, wurde *kaozheng* selbst zum Karrieresprungbrett. Die Prüfungskandidaten mussten Ergebnisse beweisführender Forschung nachweisen, die aber nur liefern konnte, wer Zugang zu guten Bibliotheken hatte. Das hatte zur Folge, dass niemand außer einer ganz kleinen Elite gute Prüfungsergebnisse erzielen konnte. Die Verlockung eines einträglichen Postens im Staatsdienst leistete dem konventionellen Denken gewaltigen Vorschub.

Auf die wichtige Frage, ob chinesische Intellektuelle, wäre ihnen mehr Zeit geblieben, ihre eigene wissenschaftliche Revolution bewirkt hätten, gehe ich im nächsten Kapitel ein. Aber wie die Dinge lagen, ließen ihnen die Westeuropäer diese Zeit nicht. Seit den 1570er Jahren waren Jesuiten von Macao aus als Missionare auf chinesisches Gebiet vorgedrungen, und obwohl sie gekommen waren, um Seelen zu retten, und nicht, um Wissenschaft zu verkaufen, wussten sie doch, dass kleine Geschenke die Freundschaft erhalten. Uhren aus dem Westen waren ebenso ein Renner wie Brillen. Kong Shangren, einer der bedeutendsten chinesischen Schriftsteller, dessen Augenlicht mit der Zeit immer schwächer geworden war, dichtete voller Begeisterung:

Von jenseits der westlichen Ozeane wird über Macao
Durchsichtiges Glas ins Land gebracht.
Zu Linsen so groß wie Münzen geschliffen,
Umfassen sie den Blick in einem doppelten Rahmen.
Ich setze sie auf – und plötzlich wird alles klar.
Ich kann bis in die Einzelheiten der Dinge sehen!
Und Kleingedrucktes im schwachen Licht am Fenster lesen
Wie in meiner Jugend.[44]

* Das 1782 vervollständigte Nachfolgewerk, die *Vollständige Bibliothek der Vier Schätze*, brachte es auf 36 000 Bände und über zwei Millionen Seiten.

Das größte Geschenk, das die Jesuiten mitbrachten, war jedoch die Astronomie. Den Missionaren war bewusst, dass der Kalender in China eine wichtige Rolle spielte. Wurde das Fest der Wintersonnenwende am falschen Tag gefeiert, konnte dies den Kosmos ebenso aus den Angeln heben wie in der christlichen Welt eine irrtümliche Verschiebung des Osterfestes. Die Regierenden in China nahmen diese Gefahr so ernst, dass sie sogar bereit waren, Ausländer im Amt für Astronomie einzustellen, wenn die Fremden – meist Araber und Perser – sich erwiesenermaßen besser mit den Sternen auskannten als einheimische Gelehrte.

Die Jesuiten sahen darin ganz richtig eine Möglichkeit, sich die Tür zum chinesischen Kaiserhof zu öffnen. Sie hatten in den 1580er Jahren ihren erklecklichen Teil zur Einführung des Gregorianischen Kalenders beigetragen, und obwohl ihr astronomisches System verglichen mit dem Wissensstand in Nordwesteuropa veraltet war (sie hielten beharrlich an der geozentrischen Sicht der Welt fest), war es doch besser als alles, was man in China finden konnte.

Anfangs lief alles wie geschmiert. Anfang des 17. Jahrhunderts traten dann ein paar höhere Beamte, beeindruckt von den mathematischen Kenntnissen der Jesuiten, heimlich zum Christentum über. Sie priesen die westlichen Wissenschaften als den ihrigen überlegen und übersetzten europäische Lehrbücher ins Chinesische. Die Konservativeren unter den chinesischen Gelehrten reagierten empört auf dieses unpatriotische Treiben, sodass sich der wichtigste Anhänger der Jesuiten genötigt sah, gemäßigtere Töne anzuschlagen: »Wir werden Stoff und Wesen des westlichen Wissens miteinander verschmelzen und in die Form des [traditionellen chinesischen] Systems der Großen Übereinstimmung gießen«[45], versicherte er seinen Landsleuten und ließ gar die Vermutung folgen, die Wissenschaft des Westens habe ihren Ursprung möglicherweise in der chinesischen Weisheit früherer Tage.

Als die Mandschuren 1644 die Macht in Beijing übernahmen, schlugen die Jesuiten vor, einen öffentlichen Wettstreit im Voraussagen der nächsten Sonnenfinsternis zu veranstalten, den sie auch prompt gewannen. Sie standen so hoch im Ansehen wie noch nie, und im Jahr 1656 sah es ein paar berauschende Monate lang sogar so aus, als würde der Kaiser zum Christentum übertreten. Der Sieg schien ihnen schon sicher, als dem jugendlichen Herrscher klar wurde, dass Christen keine Konkubinen haben dürfen. So wurde er stattdessen Buddhist. Die Konservativen sahen die Stunde der Rache gekommen und bezichtigten den ranghöchsten Jesuiten der Spionage.

Im Jahr 1664 wurde ein neuerlicher Wettstreit am Fernrohr angeordnet, bei dem ein Jesuit, das Amt für Astronomie und ein muslimischer Astronom den genauen Zeitpunkt einer abermals bevorstehenden Sonnenfinsternis voraussagen sollten. Viertel nach zwei, sagte das Amt, halb drei, sagte der Muslim, punkt drei Uhr, sagte der Jesuit. Mit Hilfe von Linsen wurde das Bild der Sonne in einen verdunkelten Raum projiziert. Viertel nach zwei verging ohne Sonnenfinsternis.

Halb drei: Nichts tat sich. Aber fast auf den Schlag genau um drei Uhr schob sich ein Schatten vor die glühende Scheibe.

Nicht gut genug, beschieden die Richter und verboten das Christentum.

So weit, so gut, sollte man meinen – wäre da nicht die ärgerliche Tatsache gewesen, dass der chinesische Kalender immer noch falsch war. Also veranstaltete Kaiser Kangxi, kaum dass er 1668 den Thron bestiegen hatte, noch einmal einen Wettstreit. Wieder gewannen die Jesuiten.

Überzeugt von deren überlegenem Wissen stürzte sich Kangxi ins Studium ihrer Lehren, saß stundenlang bei den Priestern und ließ sich von ihnen in Arithmetik, Geometrie und Mechanik unterrichten. Er fing sogar an, Cembalo zu spielen. »Ich begriff auch, dass die westliche Mathematik ihren Nutzen hatte«, schrieb der Kaiser. »Auf Inspektionsreise bediente ich mich später der westlichen Verfahren, um meinen Beamten zu zeigen, wie sie bei der Planung ihrer Flussregulierungsarbeiten genauere Berechnungen anstellen konnten.« Er erkannte an, »dass die ›neuen Rechenmethoden‹ … grundlegende Fehler unmöglich« machten und »die Grundregeln der westlichen Kalenderwissenschaft … fehlerfrei« waren, aber jeden weiteren Überlegenheitsanspruch der Jesuiten in Bezug auf ihren Gott und ihre Wissenschaft wies er zurück. »Denn wenn sich auch manche westlichen Methoden von unseren unterscheiden und vielleicht sogar eine Verbesserung bedeuten, so bieten sie doch wenig Neues. Die Grundregeln der Mathematik leiten sich allesamt vom *Buch der Wandlungen* her, und die westlichen Methoden sind chinesischen Ursprungs. … Letzten Endes ist keiner der Europäer in der chinesischen Literatur wirklich bewandert.«[46]

In Sorge, die Jesuiten könnten sich eifriger für die Astronomie einsetzen als für die christliche Religion, entsandte der Papst 1704 einen Emissär nach Beijing, der ein Auge auf die Ordensbrüder haben sollte. Kangxi schob daraufhin die Missionare auf das Abstellgleis, indem er nach dem Vorbild der Pariser Akademie der Wissenschaften Lehrstätten einrichtete, in denen chinesische Gelehrte, frei vom Einfluss der Jesuiten, Astronomie und Mathematik studieren konnten. Die jesuitische Mathematik, in der nur wenig Algebra und noch weniger Infinitesimalrechnung vorkamen, war bereits um Jahrzehnte hinter dem zurück, was in Nordeuropa gelehrt wurde. Als Kangxi aber auch noch diese Verbindung zur westlichen Wissenschaft kappte, vertiefte sich die akademische Kluft zwischen Osten und Westen zu einem Abgrund.

Es wäre sicher verlockend, in Kangxi (siehe Abbildung 9.7) die Antwort auf Needhams Frage zu sehen, ihn also für den vertrottelten Stümper zu halten, der die chinesische Wissenschaft ins 18. Jahrhundert hätte führen können, sich aber entschied, dies nicht zu tun. Doch von allen Männern (und der einen Frau), die auf dem Himmlischen Thron gesessen haben, ist Kangxi wohl derjenige, der ein solches Etikett am wenigsten verdiente. Er war ein echter Gelehrter, ein starker Regent und ein tatkräftiger Mann (der unter anderem 56 Kinder zeugte). Kangxi sah Westeuropa in einem größeren Zusammenhang. 2000 Jahre lang hatten chinesische Kaiser die taktische Überlegenheit nomadischer Kriegführung hinnehmen müssen und es im Allgemeinen für weniger gefährlich gehalten, die Reitertruppen zu bestechen, als gegen sie zu kämpfen. Kangxi war der Erste, der erkannte, dass sich das zu ändern begann, und er führte selbst die Feldzüge an, in deren Folge der Steppenschnellweg in den 1690er Jahren abgeschnitten wurde. Mit den Westeuropäern hatte Kangxi seit den 1660er Jahren die Verbindung gepflegt, doch nun erschien es ihm als weniger gefährlich, sie einfach links liegen zu lassen. Ein paar südostasiatische Regenten waren schon im 16. Jahrhundert zu der gleichen Einschätzung gekommen, und die Japaner waren ihnen 1613 darin gefolgt. Ein gewalttätiger Aufstand im Jahr 1637, an dem viele Christen beteiligt waren, bestätigte die Klugheit der Entscheidung, die Verbindungen zum Westen abzubrechen. In diesem Licht betrachtet, sieht Kangxis Verhalten keineswegs nach Stümperei aus.

Auf jeden Fall indes muss eine weitere Frage gestellt werden. Hätte Kangxi, selbst wenn ihm bewusst gewesen wäre, wie sich die westliche Wissenschaft entwickelte, und wenn er sie in China gefördert hätte, den Vorsprung der gesellschaftlichen Entwicklung im Osten im 18. Jahrhundert halten können?

Die Antwort lautet mit an Sicherheit grenzender Wahrscheinlichkeit: nein. Es war die Verschiebung der westlichen Grenzen über den Atlantik hinaus, die dafür sorgte, dass in Europa lauthals und hektisch nach Antworten auf neue Fragen gerufen wurde. Die Erweiterung des chinesischen Einflussbereichs auf die Steppengebiete stellte keine auch nur annähernd vergleichbare Herausforderung dar. Die gut bezahlten Gelehrten in Kangxis wissenschaftlichen Instituten sahen keine Notwendigkeit, sich mit der Entwicklung der Infinitesimalrechnung aufzuhalten oder herauszufinden, dass sich die Erde um die Sonne dreht. Für sie war es viel nutzbringender, die Mathematik – wie die Medizin – als einen Zweig der klassischen Lehren zu behandeln.

Beide, der Osten wie der Westen, bekamen das Denken, das sie brauchten.

Das eherne Gesetz

Als Kangxi 1722 starb, hatte die gesellschaftliche Entwicklung einen höheren Stand erreicht als je zuvor. Zweimal im Laufe der Geschichte lag sie bei 43 Punkten – das erste Mal im Römischen Reich um 100 u. Z. und etwa 1000 Jahre später während der Song-Dynastie in China –, nur um in Katastrophen zu münden, die den Wert wieder nach unten drückten. Doch 1722 war der Steppenschnellweg abgeschnitten. Einer der apokalyptischen Reiter war tot, und die gesellschaftliche Entwicklung brach nicht ein, als sie an die Obergrenze stieß. Vielmehr stieg sie im Osten dank der territorialen Erweiterungen am Rande der Steppen weiter an, während der Westen, nunmehr vor Zuwanderungen durch Russland und China geschützt, seine Grenzen über den Atlantik ausdehnen konnte. Der Westen entwickelte sich noch schneller als der Osten und zog um 1773 an diesem vorbei. Auf beiden Seiten Eurasiens hatte ein neues Zeitalter begonnen.

Abbildung 9.7: Der große Stümper?
Kangxi, Kaiser von China, um 1700 porträtiert von dem italienischen Maler Giovanni Gherardi.

Aber kann davon wirklich die Rede sein? Wäre ein Römer oder ein Chinese der Song-Zeit ins 18. Jahrhundert nach London oder Beijing versetzt worden, so hätte er sicher vieles bestaunt. Gewehre beispielsweise. Oder Amerika. Oder Tabak, Kaffee und Schokolade. Und was die Mode betraf – gepuderte Perücken? Mandschu-Zöpfe? Geschnürte Mieder? Abgebundene Füße? *O tempora, o mores!* (»O Zeiten! O Sitten!«), wie Cicero zu sagen pflegte.

Noch mehr, viel mehr, wäre ihm allerdings vertraut vorgekommen. Die großen, mit Kanonen und Gewehren bewaffneten Armeen der modernen Welt waren sicher stärker als die Streitkräfte früherer Zeiten, und es konnten mehr Menschen lesen als je zuvor, aber weder der Westen noch der Osten hatten eine Millionenstadt vorzuweisen, wie es das alte Rom oder das mittelalterliche Kaifeng gewesen waren.* Vor allem aber hätte der Besucher bemerkt, dass die Art

* 1722 hatte Beijing 650 000, Edo (wie Tokio damals hieß) vermutlich unwesentlich mehr Einwohner; in London lebten zu dieser Zeit etwa 600 000, in Istanbul/Konstantinopel 700 000 Menschen.

und Weise, wie die Menschen die Entwicklung – gleichviel, dass deren Stand so hoch war wie noch nie – vorantrieben, sich nicht wesentlich von den Bemühungen unterschied, die er zu seiner Zeit selbst an den Tag gelegt hatte. Die Bauern verwendeten mehr Dünger, legten mehr Bewässerungsgräben an, wechselten die Fruchtfolge in kürzerem Turnus und ließen weniger Felder brachliegen. Handwerker verbrannten mehr Holz, um Metall zu gießen, und gingen zu Kohle über, als das Holz knapp wurde. Es wurden mehr und größere Tiere gezüchtet, die Lasten trugen und bessere Wagen über glattere Straßen zogen. Wind und Wasser wurden nutzbar gemacht, um Erze zu zerkleinern und Getreide zu mahlen, für die Schifffahrt wurden Flüsse begradigt und künstliche Kanäle angelegt. Gut, unser Besucher aus Rom oder aus Song-China hätte vermutlich eingeräumt, dass im 18. Jahrhundert vieles größer und besser war als im 1. oder 11. Jahrhundert, zugleich aber wohl doch verneint, dass sich die Dinge grundlegend anders verhielten.

Und da lag der Hund begraben. Die Eroberung der Steppen und der Ozeane hatte die Obergrenze von etwa 43 Punkten, die die Römer und Song-Chinesen erreicht hatten, nicht durchstoßen: Sie hatte sie lediglich ein wenig nach oben gedrückt, und um 1750 gab es bereits beunruhigende Zeichen dafür, dass sich die Entwicklung erneut dagegen anstemmen musste. Die Entwicklungskurven der Reallöhne in Abbildung 9.3 veranschaulichen dies. Um 1750 sank der Lebensstandard allenthalben, sogar im dynamischen Nordwesten Europas. Die Zeiten drohten abermals schwerer zu werden.

Was war da zu tun? Die Bürokraten in Beijing, die Salonzirkel in Paris und alle einigermaßen selbstbewussten Intellektuellen irgendwo zwischendrin warteten mit den unterschiedlichsten Theorien auf. Die einen waren der Meinung, aller Wohlstand werde von den Bauern produziert. Folglich drängten sie die Regierenden, denjenigen, die Sümpfe trockenlegten und Berghänge terrassierten, Steuererleichterungen zu gewähren. Andere behaupteten, aller Wohlstand verdanke sich dem Handel. Also verwendeten die Regierenden (oft genug dieselben) noch mehr Mittel darauf, ihre Nachbarn an den Bettelstab zu bringen, indem sie deren Handelsgeschäfte übernahmen.

Die Maßnahmen waren vielfältig, doch kristallisierte sich prinzipiell heraus, dass die Regierenden im Westen (die sich schon seit dem 15. Jahrhundert so erbittert bekämpften) Krieg für die Lösung ihrer Probleme hielten. Hingegen waren die Regierenden im Osten (die sich im Allgemeinen kriegerisch zurückgehalten hatten) vom Gegenteil überzeugt. Japan belegte dies am eindeutigsten. Nachdem sich das Land 1598 aus Korea zurückgezogen hatte, kamen die Regierenden zu dem Schluss, dass mit Eroberungen nichts zu gewinnen war, und in den 1630er Jahren stellten sie überdies fest, dass sie beim Überseehandel nur wertvolle Güter wie Silber und Kupfer einbüßten. Chinesische und niederländische Kaufleute (die Niederländer waren 1640 die einzigen Ausländer, die überhaupt nach Japan einreisen durften) lebten in winzigen Ghettos in Nagasaki, und die einzigen Frauen, die Zutritt zu ihren Quartieren hatten, waren japanische Prostituierte. Kein Wunder also, dass der Handel mit dem Ausland vor sich hin kümmerte.

Durch seine Insellage vor feindlichen Angriffen geschützt, ging es Japan bis etwa 1720 prächtig. Die Bevölkerungszahl verdoppelte sich, und Edo entwickelte sich zur größten Stadt der Welt. Reis, Fisch und Soja verdrängten billigere Nahrungsmittel vom Speiseplan der Japaner. Und es herrschte Frieden: Nachdem die Bauern 1587 ihre Waffen bei den Truppen Toyotomi Hideyoshis abgeliefert hatten, legten sie sich nie wieder neue Schwerter und erst recht keine Gewehre zu. Und selbst die stolzen Samuraikrieger willigten ein, ihre Streitigkeiten nur noch durch Schwertkämpfe auszutragen, worüber die Amerikaner, die sich in den 1850er Jahren den Weg nach Japan erstritten, nicht schlecht staunten. Ein Admiral gab zu Protokoll:

> Diesen Menschen war der Gebrauch von Feuerwaffen anscheinend so gut wie unbekannt. Einer meiner Offiziere schnappte das japanische Wort für Gewehr auf, mit dem ein sehr gebildeter Mann den Umstehenden seine Beschlagenheit unter Beweis stellte. Ein Amerikaner, der von kleinauf an den Anblick von Kindern mit Spielzeugpistolen gewöhnt ist, kann nicht umhin, in der Unkenntnis von Waffen etwas Absonderliches zu sehen, das von ursprünglicher Unschuld und arkadischer Einfalt zeugt. Wir waren nicht gewillt, hier als Störenfriede aufzutreten.[47]

Nach 1720 trübte sich das Bild jedoch zunehmend ein. Japan platzte aus allen Nähten. Ohne einen entscheidenden technischen Durchbruch war es unmöglich, aus dem überbevölkerten Land noch mehr Nahrungsmittel, Treibstoff, Bekleidung und Wohnstätten herauszuholen, und ohne Außenhandel konnten diese Dinge auch nicht importiert werden. Die Bauern Japans legten einen erstaunlichen Erfindungsreichtum an den Tag. Die Regierenden erkannten, welchen Schaden die Gier nach Brennmaterial ihren Wäldern zugefügt hatten, und begannen, sie zu schützen. Die japanische Kulturelite entwickelte einen strengen ästhetischen Minimalismus, um die Ressourcen des Landes möglichst zu schonen. Doch die Lebensmittelpreise stiegen, Hunger breitete sich aus, und unzufriedene Massen trugen ihren Protest auf die Straße. Arkadien sah anders aus.

Japan konnte diesen drastischen Weg nur beschreiten, weil China, das einzige Land, das eine ernst zu nehmende Gefahr für seine Sicherheit darstellte, sich in die gleiche Richtung bewegte. In China konnte die Bevölkerung zwar aufgrund der ausgedehnten, offenen Grenzen bis zum Ende des 18. Jahrhunderts getrost weiter wachsen, doch auch die Qing-Regierung schottete das Land zunehmend gegen die Gefahren aus der Welt jenseits der Ozeane ab. 1760 wurden ausländische Handelsniederlassungen auf Guangzhou beschränkt, und als Lord Macartney im Auftrag der Britischen Ostindiengesellschaft 1793 nach China reiste, um sich über die Schikanen zu beklagen, verwies ihn Kaiser Qianlong herrisch in die Schranken. »Raffinierte Gegenstände«, so schrieb er, »haben wir nie geschätzt, und wir bedürfen in keiner Weise der Erzeugnisse Englands. Weitere Beziehungen stehen nicht im Einklang mit den Gesetzen des Himmlischen Reiches … und wären für Ihr Land nicht von Vorteil.«[48]

Im Westen teilten nur wenige Regierende Qianlongs Glauben an die Abkapselung. Die Welt, in der sie lebten, wurde nicht von einem einzigen großen Kaiserreich beherrscht, sondern sie war geprägt von permanenten territorialen Streitereien und Machtverschiebungen. Die westlichen Herrscher gaben sich der Überzeugung hin, dass die Reichtümer der Welt zwar endlich seien, sie sich aber gegebenenfalls ein größeres Stück vom Kuchen schnappen könnten. Jeder Gulden, jeder Franc und jedes Pfund, das sie für Kriege ausgäben, würde sich eines Tages auszahlen – und solange auch nur noch ein Monarch dieser Ansicht war, mussten alle anderen ebenfalls für den Kampf gerüstet sein. In Westeuropa hörte das Wettrüsten nie auf.

Die europäischen Händler des Todes verbesserten die Werkzeuge ihres Gewerbes ständig (bessere Bajonette, vorgefertigte Schießpulverpatronen, schnellere Abzugsmechanismen), aber den eigentlichen Durchbruch brachte die systematische Organisation der Gewalt. Zucht und Ordnung – in Form von Uniformen, festgelegten Dienstgraden und Erschießungskommandos nun auch für Offiziere, die taten, was sie wollten (die einfachen Soldaten waren schon immer brutal bestraft worden, wenn sie Befehlen nicht Folge leisteten) – wirkten Wunder, und eine praktische Ausbildung, die das ganze Jahr über andauerte, erzeugte Kampfmaschinen, die in der Lage waren, komplexe Manöver auszuführen und dabei gleichmäßige Salven aus ihren Waffen abzufeuern.

Solche disziplinierten Kriegshunde lieferten mehr Tote für ihr Geld ab. Die Niederländer waren die Ersten, die der billigen, aber üblen Tradition ein Ende machten, Kriege an Privatunternehmer zu übertragen. Solche Warlords hatten mörderische Haufen angeheuert, ihre Söldner aber nur selten oder gar nie bezahlt und es ihnen stattdessen überlassen, sich ihren Sold bei der Zivilbevölkerung selbst zu holen. Die anderen westeuropäischen Länder taten es den Niederländern nach und nach gleich. Krieg war nach wie vor die Hölle, aber jetzt war es immerhin eine geregeltere Hölle.

Das Gleiche galt auf See, wo sich der Vorhang über die Zeit der Totenkopfflaggen und der vergrabenen Schätze senkte. England wollte nichts mehr von seiner Francis-Drake-Vergangenheit wissen und führte nun Krieg gegen die Piraterie. Als der berüchtigte Captain Morgan 1671 den Friedensvertrag zwischen England und Spanien missachtet und ein paar spanische Kolonien in der Karibik überfallen hatte, war er dafür mit Unterstützung seiner einflussreichen Hintermänner in den Adelsstand erhoben und zum Gouverneur von Jamaika ernannt worden. Der nicht weniger berüchtigte Captain Kidd hingegen wurde 30 Jahre später, nur weil er ein britisches Schiff überfallen hatte, nach London geschleppt, wo er erfahren musste, dass seine einflussreichen Hintermänner (einschließlich des Königs) ihm nicht helfen konnten oder wollten. So gab er seinen letzten Schilling für eine Buddel Rum aus und randalierte, bevor man ihm die Schlinge um den Hals legte: »Ich bin der Unschuldigste von allen!«[49] – woraufhin das Seil riss. Das hätte ihm früher vielleicht einmal das Leben gerettet, aber diese Zeiten waren vorbei. Ein zweites Seil vollendete das Werk. Als die Marine 1718 den Oberpiraten Edward Teach, genannt Blackbeard, in einen Hinterhalt lockte, machte niemand auch nur den Versuch, ihm zu helfen. Blackbeard zeigte sich zählebiger als Kidd: Fünf Gewehrkugeln und 25 Schwerthiebe streckten ihn schließlich nieder. Im selben Jahr wurden im Karibischen Meer 25 Piratenüberfälle gezählt, 1726 waren es nur noch sechs. Die Zeit der gesetzlosen Abenteurer war vorbei.

Das alles kostete Geld, und die Fortschritte in der organisierten Kriegführung setzten noch größere Fortschritte im Finanzwesen voraus. Eigentlich konnte es sich kein Land leisten, ein Heer von Land- und Marinesoldaten das ganze Jahr über zu ernähren, zu bezahlen und auszurüsten. Auch für dieses Problem fanden die Niederländer eine Lösung: Kredite. Man braucht Geld, um Geld zu bekommen, und da die Niederlande über so stabile Einkünfte aus dem Handel und so solide Banken zur Regelung des Geldflusses verfügten, konnten die regierenden Krämer in kürzerer Zeit höhere Kredite zu niedrigen Zinsen und bei längerfristiger Abzahlung aufnehmen als ihre verschwenderischeren Konkurrenten.

Wieder war es England, das dem Beispiel der Niederlande folgte. Um 1700 hatten beide Länder eine Staatsbank, die die öffentlichen Schulden regulierte, indem sie langfristige Anleihen verkaufte, während die Regierung die Bedenken der Käufer ausräumte, indem sie aus Steuereinnahmen Zinsen auf die Anleihen zahlte. Die Folgen waren überwältigend. Daniel Defoe (der Verfasser von *Robinson Crusoe*, diesem epischen Roman über die neuen ozeanischen Verkehrswege) schrieb über das englische Kreditwesen:

> Kredit macht Kriege, und er macht Frieden; er stellt Armeen auf, rüstet Kriegsflotten aus, schlägt Schlachten, belagert Städte; kurz gesagt wird er mit größerem Recht als die Triebfeder des Krieges bezeichnet als das Geld selbst. … Kredit lässt Soldaten ohne Bezahlung kämpfen und Truppen ohne Proviant marschieren … und spült bei Bedarf beliebig viele Millionen in die Kassen des Fiskus und der Banken.[50]

Unbegrenzte Kredite hatten endlose Kriege zur Folge. Großbritannien musste 20 Jahre lang Krieg führen, um den Niederländern das größte Stück ihres Handelskuchens abzujagen, aber dieser Sieg ebnete nur den Weg für noch heftigere Kämpfe. Frankreich schien entschlossen, die Landmacht zu werden, von der die Habsburger vergeblich geträumt hatten, und britische Politiker äußerten sich besorgt, dass die Franzosen auf See angreifen könnten, wenn sie zu Lande nichts mehr zu fürchten hätten. Der britische Premierminister William Pitt (der Ältere) schlug als Lösung des Problems vor, »Amerika mit Hilfe von Deutschland zu erobern«[51] und kontinentale Allianzen zu finanzieren, damit die französischen Truppen in Europa beschäftigt seien, während die Briten ihr Kolonialreich nach allen Seiten vergrößern könnten.

Die britisch-französischen Kriege zogen sich von 1689, als der erste Versuch Frankreichs, in England einzufallen, scheiterte, bis 1815, als Napoleon in der Schlacht von Waterloo eine endgültige Niederlage erlitt. Bei diesen gewaltigen Schlachten ging es um nichts anderes als um die Vorherrschaft im Kerngebiet Europas. Auch in den Wäldern Kanadas und Ohios, auf den Plantagen der Karibik und in den Dschungeln Westafrikas und Bengalens trugen Europäer und (mehr noch) ihre einheimischen Verbündeten Dutzende kleiner, aber heftiger Scharmützel aus, die zusammen genommen den Krieg des Westens zur ersten weltumspannenden kriegerischen Auseinandersetzung machten. Es gab kühne Taten und niederträchtigen Verrat genug, um so manches Buch damit zu füllen, aber die eigentliche Geschichte wurde in Pfund, Schilling und Pence geschrieben. Die Briten rüsteten ihre Kriegsflotte und Truppen mit Krediten immer neu auf, während die Franzosen ihre Rechnungen nicht mehr bezahlen konnten. »Unsere Glocken sind ganz dünnwandig geworden vom vielen Siegesgeläut«[52], frohlockte der britische Schriftsteller Horace Walpole 1759, und 1763 war Frankreich finanziell so ausgelaugt, dass dem Land keine andere Wahl blieb, als seine Überseekolonien fast vollständig abzutreten (Abbildung 9.8).

Doch der Krieg des Westens war noch nicht einmal zur Hälfte ausgefochten. Selbst in Großbritannien machten sich die finanziellen Belastungen bemerkbar, und als die wenig durchdachten Pläne, den amerikanischen Kolonisten einen Teil der Last aufzubürden, 1776 zu einer Revolte führten, waren die Franzosen mit Geld und Schiffen zur Stelle, um den Rebellen den Rücken zu stärken. Nicht einmal mit ihren Krediten waren die Briten in der Lage, zugleich wild entschlossene Rebellen auf der anderen Seite des Atlantiks *und* eine andere Großmacht auf dem eigenen Kontinent in Schach zu halten.

Geld konnte jedoch der Niederlage ihren Stachel nehmen. Eigentlich hätte der Verlust Amerikas an Revolutionäre, die ihren Anspruch auf Glück und Unabhängigkeit in einer Sprache feierten, in der sich die Gedanken der französischen Aufklärung spiegelten, der atlantischen Wirtschaft Großbritanniens den Todesstoß versetzen und Frankreich zur herrschenden Macht in Europa machen müssen. Doch auch diesmal retteten Kredite die Situation. Großbritannien konnte seine Schulden abbezahlen, ließ die Seewege auch weiterhin von seiner Flotte überwachen und fuhr fort, Güter auszuführen, die in Amerika nach wie vor gebraucht wurden. 1789 hatte der transatlantische Handel Großbritanniens wieder den Umfang erreicht, den er vor dem Unabhängigkeitskrieg gehabt hatte.

Für Frankreich hingegen war das Jahr 1789 eine Katastrophe. Ludwig XVI. hatte durch sein Eingreifen zugunsten der Kolonisten Schulden angehäuft, die er nicht zurückzahlen konnte. Er sah sich darum gezwungen, dem Adel, der Kirche und den Wohlhabenden höhere Steuern abzuverlangen, was die Bürger dazu veranlasste, die Aufklärung gegen ihn selbst ins Feld zu führen. Die Nationalversammlung verabschiedete die Erklärung der Menschen- und Bürgerrechte (in die zwei Jahre später auch die Frauen einbezogen wurden), und die großbürgerlichen

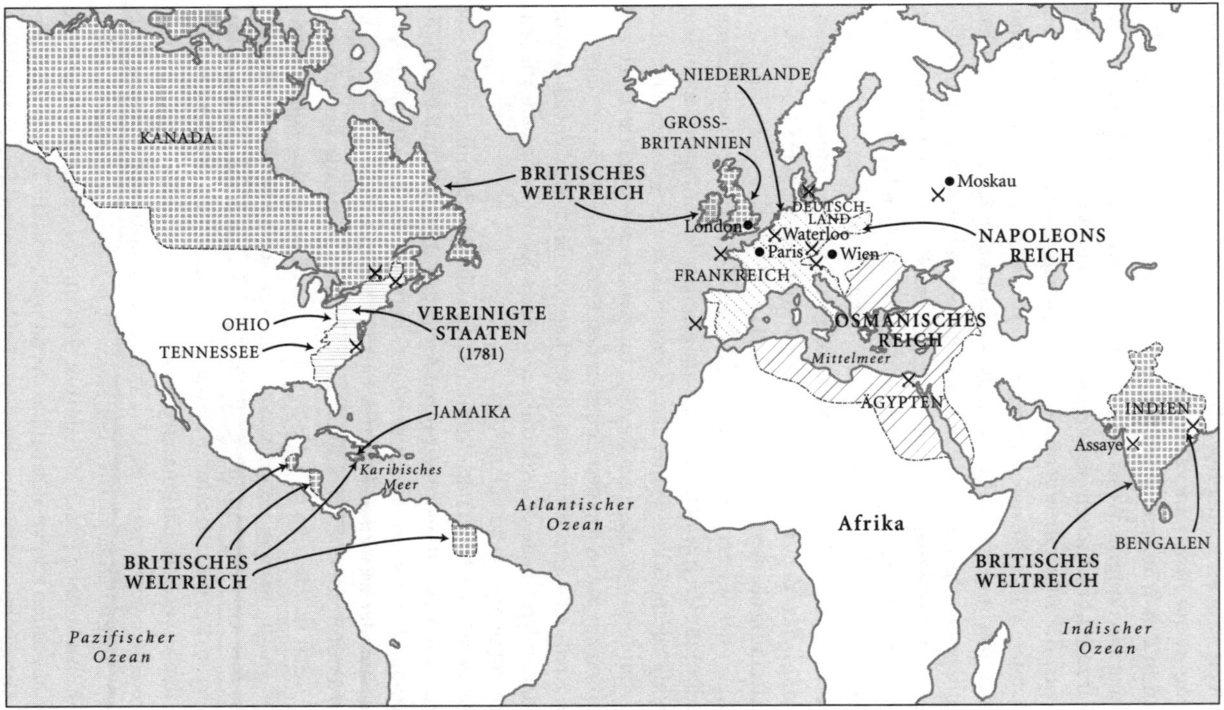

Abbildung 9.8: Die ganze Welt ist eine Bühne

Der Krieg des Westens, den England und seine Verbündeten von 1689 bis 1815 gegen Frankreich führten, auf der globalen Bühne. Die gekreuzten Schwerter zeigen die Schauplätze wichtiger Schlachten an, das Britische Kolonialreich in den Grenzen von 1815 ist durch gepunktete Flächen gekennzeichnet.

Fraktionen des Dritten Standes fanden sich wider Willen als Drahtzieher einer unüberschaubaren Spirale der Gewalt und des Bürgerkrieges wieder, aus der sie sich zugleich nach Kräften herauszuhalten suchten. »Setzt den Terror auf die Tagesordnung«[53], forderten die Radikalen und richteten anschließend den König, seine Familie und Tausende ihrer revolutionären Weggefährten hin.

Aber wieder entwickelten sich die Dinge anders, als vernünftigerweise zu erwarten gewesen wäre. Großbritannien konnte seine Kolonial- und Handelsmacht nicht zur Vorherrschaft in Europa ummünzen. Zudem war die Periode der Kabinettskriege vorbei. Die Französische Revolution machte den Weg frei für die *Levée en masse*, eine neue Form der Massenmobilisierung, und ein paar Jahre lang sah es während der Koalitionskriege so aus, als würde es Napoleon, dem genialen Feldherrn, endlich gelingen, Frankreich zur führenden Landmacht Europas zu machen. 1805 mobilisierte Napoleon – mittlerweile selbstgekrönter Kaiser der Franzosen – seine Grande Armée zum vierten Mal seit 1789 zum Ansturm auf Großbritannien. »Lasst uns sechs Stunden lang Herren über den Kanal sein«, feuerte er seine Soldaten an, »dann sind wir die Herren der Welt!«[54]

Ihm waren die sechs Stunden nicht vergönnt, und obwohl er mit seiner Handelsblockade die schlimmsten Alpträume aller britischen Kaufleute wahr werden ließ, konnte er die wirtschaftliche Macht Großbritanniens nicht brechen. 1812 regierte Napoleon über ein Viertel der europäischen Bevölkerung und hatten seine Truppen Moskau eingenommen. Aber zwei Jahre später war er entmachtet und russische Truppen (die auf der Soldliste der Briten standen) hatten Paris besetzt. Und wieder ein Jahr später wurden auf dem Wiener Kongress Beschlüsse gefasst, die dem Krieg des Westens für die nächsten 99 Jahre den Wind aus den Segeln nehmen sollten.

Machten all diese Kriege letztendlich überhaupt einen Unterschied? In gewisser Weise: ja. 1683, am Vorabend der britisch-französischen Kriege, war Wien wieder einmal von türkischen Truppen belagert worden, doch als sich die Mächtigen 1815 dort zum Kongress versammelten, hatte Europa durch den Krieg des Westens den Rest der Welt in punkto Waffentechnik, Truppenführung und Wirtschaftskraft so weit hinter sich gelassen, dass die Türken von weiteren Eroberungsversuchen absahen. Schon 1803 gelang es den Briten, mit knapp 5000 Soldaten (die Hälfte davon vor Ort rekrutiert und an europäischen Musketen ausgebildet) eine zehnmal so große Streitmacht des indischen Marathenreiches zu zerschlagen.

In anderer Hinsicht auch wieder nicht. Ungeachtet aller Kriege und Feuergefechte sanken die Reallöhne nach 1750 unaufhörlich. Von 1770 an bot eine neue Gelehrtenzunft, die sich Nationalökonomen nannten, alles auf, was Naturwissenschaften und Aufklärung zu bieten hatten, um dieses Problem zu lösen. Die Erkenntnisse, die sie durch ihre Forschung gewannen, verhießen nichts Gutes. Es gebe nun einmal eherne Gesetze, die das Handeln der Menschheit bestimmten. Und eines dieser Gesetze laufe darauf hinaus, dass die Menschen jeden Anstieg der Produktivität und der Einkommen unweigerlich zum Anlass nehmen würden, mehr Kinder in die Welt zu setzen. Diese Kinder würden den gesamten Wohlstandsüberschuss aufzehren und, schlimmer noch, als Erwachsene später eigene Arbeitsplätze beanspruchen, woraufhin die Löhne aufgrund der Konkurrenzsituation wieder so weit sinken würden, dass man davon nicht leben und nicht sterben könne.

Aus diesem Teufelskreis schien es keinen Ausweg zu geben. Hätten die Nationalökonomen den Index der gesellschaftlichen Entwicklung gekannt, so hätten sie vermutlich darauf hingewiesen, dass sich die Obergrenze zwar ein Stück nach oben verschoben habe, aber so starr wie eh und je geblieben sei. Sie hätten vielleicht mit Verwunderung zur Kenntnis genommen, dass der Westen 1773 den gleichen Entwicklungsstand erreicht hatte wie der Osten, hätten dies aber als relativ unwichtig abgetan, weil aufgrund der ehernen Gesetze keiner von beiden eine wesentlich höhere Punktzahl erzielen würde. Die Nationalökonomie hatte den wissenschaftlichen Beweis erbracht, dass sich eigentlich auf Dauer nichts ändern konnte.

Und dann änderten sich die Dinge doch.

Kapitel 10

Das westliche Zeitalter

Wonach alle Welt verlangt

Zuweilen scheint ein einziges Jahr unsere Welt ins Wanken zu bringen. Im Westen war 1776 ein solcher Augenblick. In Amerika wuchs sich ein Steuerboykott zur Revolution aus; in Glasgow vollendete Adam Smith seinen *Wohlstand der Nationen*, das erste und größte Werk der politischen Ökonomie; in London kam Edward Gibbons *Verfall und Untergang des Römischen Reiches* in die Buchläden und wurde über Nacht zur Sensation. Große Männer vollbrachten große Taten. Am 22. März selbigen Jahres indes befand sich James Boswell – neunter Gutsherr auf Auchinleck, verhinderter Literat und ehrgeiziger Schmeichler der Reichen und Berühmten – nicht in einem Salon voll sprühender Geister, sondern in einer Kutsche auf dem matschigen Weg nach Soho, einem Anwesen vor Birmingham in den englischen Midlands (Abbildung 10.1).

Aus der Ferne mochten der Uhrenturm, der Kutschweg und die palladianische Fassade geradewegs den Anschein jener Art von Gutshof erwecken, in die Boswell gern zu Tee und Artigkeiten einkehrte, doch beim Näherkommen zerstreuten das Lärmen und Klirren niederfahrender Hämmer, quietschender Drehbänke und fluchender Arbeiter jede solche Anwandlung. So sah kein Schauplatz eines Jane-Austen-Romans aus. Was sich hier darbot, war eine Fabrik. Und trotz seiner Stellung und Ambitionen wollte Boswell sie sehen, denn nichts auf der Welt war mit Soho vergleichbar.

Alles an der Fabrik erfüllte Boswells Erwartungen: ihre Hunderte von Arbeitern, die »ungeheure Größe und geniale Konstruktion einiger Maschinen«, und vor allem ihr Besitzer, Matthew Boulton (»ein *Eisenhäuptling*«, wie Boswell ihn titulierte). Seinem Tagebuch vertraute Boswell an: »Ich werde niemals Mr. Boltons [*sic*] Ausspruch zu mir vergessen: ›Ich verkaufe hier, wonach alle Welt verlangt – Kraft.‹«[1]*

Es waren Männer wie Boulton, welche die düsteren Vorhersagen politischer Ökonomen Lügen straften. Als sich Boswell und Boulton 1776 begegneten, hatte sich die gesellschaftliche Entwicklung des Westens seit den eiszeitlichen Jägern und Sammlern, die auf Nahrungssuche die Tundra durchstreift hatten, gerade einmal mühsam auf 45 Punkte nach oben gearbeitet. Binnen der folgenden 100

---

* Im Englischen bedeutet das Wort *power*, das Boulton hier verwendete, auch »Macht«. [A. d. Ü.]

Abbildung 10.1: Der Verkauf von Kraft
Die Wiege der Industriellen Revolution des 19. Jahrhunderts.

Jahre schoss sie indes um weitere *100* Punkte in die Höhe. Die Verwandlung war schier unglaublich, sie stellte die Welt auf den Kopf. 1776 lagen Osten und Westen immer noch Kopf an Kopf, nur geringfügig oberhalb der alten massiven Decke von 43 Punkten, an der bislang jede weitere Entwicklung abgeprallt war. Ein Jahrhundert später hatte der Verkauf von Kraft den westlichen Vorsprung in westliche Vorherrschaft verwandelt. Der Dichter William Wordsworth schrieb 1805:

Es war nun wirklich
Damals die Stunde allgemeiner Gärung:
Die Sanftesten erschienen aufgerührt,
Und Aufstand, Streit der Leidenschaften und
Der Meinungen erfüllten selbst die Räume
Der friedlichsten Behausungen mit Unruh'
Und lärmendem Disput. Zu einer Zeit
Schien uns der Boden unseres Alltagsdaseins
Zu heiß geworden, um darauf zu treten.
Oft sagt' ich da (und später, in Erinnerung
An damals, oft): »Welch eine Parodie
Auf die Geschichte, auf Vergangenheit
Und Zukunft, ist dies hier!«[2]

Fürwahr, was für eine Parodie – zumindest der Vergangenheit, allerdings durchaus nicht dessen, was die Zukunft noch bringen sollte. Die allgemeine Gärung stand in Wirklichkeit erst am Beginn, und im Lauf des folgenden Jahrhunderts geriet die westliche Entwicklung außer Rand und Band. In jeder Grafik (wie Abbildung 10.2), deren vertikale Achse ausreichend Raum für die 906 Punkte bietet, bei denen der Westen gegenwärtig angelangt ist, schrumpft das Auf und Ab, schrumpft jeder Vorsprung und Rückstand, schrumpfen alle Triumphe und Tragödien, die in den ersten neun Kapitel dieses Buches ausgebreitet wurden, zur Bedeutungslosigkeit zusammen. Und alles dank dessen, was Boulton verkaufte.

Das Glück des Dampfes

Die Welt hatte natürlich schon vor Boulton »Kraft« gehabt. Was er verkaufte, war *bessere* Kraft. Über Jahrmillionen hinweg war nahezu die gesamte Kraft, mit der sich Gegenstände oder Erdreich bewegen ließen, Muskelkraft gewesen. Muskeln leisten zwar Bemerkenswertes – mit ihrer Hilfe wurden die Pyramiden und der Grand Canal in Irland gebaut –, doch sie haben ihre Grenzen. Am offenkundigsten ist, dass Muskelkraft von Arbeitstieren und menschlichen Arbeitskräften stammt, und diese benötigen Nahrung, Schutz, häufig Brennstoff und Kleidung. All dies wird aus Pflanzen oder anderen Tieren gewonnen, die ebenfalls Nahrung, Schutz etc. brauchen. Und alles in dieser Kette erfordert letztlich Land. Während sich also in den Kerngebieten des 18. Jahrhunderts Land in ein knappes Gut verwandelte, wurde Muskelkraft teuer.

Jahrhundertelang hatten Wind und Wasser die Kraft der Muskeln verstärkt, hatten Schiffe angetrieben und Mühlsteine bewegt. Doch Wind und Wasser stoßen ebenfalls an Grenzen. Sie sind nur an bestimmten Orten verfügbar; Flüsse können im Winter zufrieren oder im Sommer versiegen, und wann immer die Luft drückend wird, geraten Windmühlenflügel ins Stocken.

Was man brauchte, war eine Kraft, die transportabel war, sodass man sie zum Ort der Arbeit bringen konnte, statt die Arbeit zu ihr zu tragen; sie musste verlässlich sein, sodass sie nicht von den Wetterverhältnissen abhing; und raumneutral, sodass sie nicht Abertausende von Hektar Wald- und Ackerland verschlang. Die Eisenhüttenmeister von Kaifeng erkannten im 11. Jahrhundert, dass Kohle eine Antwort bot, aber auch die hatte ihre Grenzen: Sie konnte Energie nur als Hitze freisetzen.

Der Durchbruch – Hitze in Bewegung zu verwandeln – gelang im 18. Jahrhundert und begann in den Kohlebergwerken selbst. Entwässerung, im Bergbau Wasserhaltung genannt, war dort ein stetes Problem. Die Stollen ließen sich zwar mit Muskelkraft und Eimern entwässern (ein findiger englischer Zechenbesitzer spannte 500 Pferde vor eine Eimerkette), aber diese Methode war ungemein teuer. Im Rückblick erscheint die Lösung offenkundig: Verwende zur Wasserhaltung

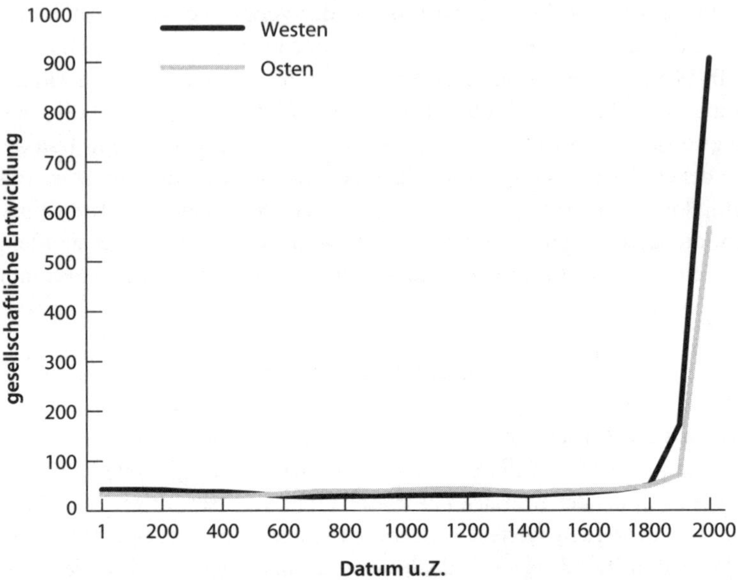

Abbildung 10.2. Allgemeine Gärung
Die gesellschaftliche Entwicklung in den letzten beiden Jahrtausenden zeigt den vom Westen angeführten rasanten Aufstieg seit Beginn des 19. Jahrhunderts, der dem ganzen Drama der vorangegangenen Weltgeschichte spottete.

Maschinen, die mit Kohle aus der Mine gefüttert werden, statt Tiere, die Hafer fressen. Doch das war leichter gesagt als getan.

Die östlichen und westlichen Kerngebiete benötigten im 18. Jahrhundert Kohle, und beiden machte das Grubenwasser zu schaffen, doch es waren britische Maschinenbauer, die eine Antwort darauf fanden. Wie in Kapitel 9 gesehen, begünstigte die atlantische Wirtschaft hier, am äußersten Nordwestsaum Europas, eine halbwissenschaftliche Maschinentüftelei. Aus ihr erwuchsen genau die richtigen Fachleute, die zur Lösung des Problems erforderlich waren, verband sich bei ihnen doch Geschäftstüchtigkeit mit praktischer Erfahrung in Metallverarbeitung und einigen physikalischen Grundkenntnissen. Solche Männer gab es auch in China und Japan, aber sie waren selten, und soweit wir wissen, hat keiner von ihnen je an einer mit Kohle befeuerten Maschine gebastelt.

Die erste funktionstüchtige Pumpe im Westen namens »Miner's Friend« wurde 1698 in England patentiert. Sie verbrannte Kohle, um Wasser zum Kochen zu bringen, und ließ den Dampf in einem Behälter kondensieren, sodass Unterdruck entstand. Per Hand wurde dann ein Ventil geöffnet und über eine Saugleitung Wasser aus der Grube in den Behälter gehoben. Nun schloss man das Ventil wieder und heizte ein, um das Wasser, wiederum mit Dampfkraft, über den Auslass in eine Druckleitung zu pressen. Dieser der Schwerkraft trotzende Prozess von Verdampfung und Kondensation wiederholte sich ein ums andere Mal.

Die Miner's Friend war langsam, bewältigte nur einen Wasserhub von zwölf Metern und hatte die entschieden unfreundliche Neigung zu explodieren, aber sie war (gewöhnlich) immer noch billiger, als Hunderte von Pferden zu füttern. Sie inspirierte auch weitere Konstruktionsexperimente, doch selbst die verbesserten Maschinen blieben wahre Energieschleudern. Weil ein und derselbe Kessel zum Verdampfen wie zur Kühlung des Wassers benutzt wurde, um den Unterdruck zu erzeugen, musste der Behälter für jeden Hub wieder neu erhitzt werden. Selbst die besten Maschinen wandelten weniger als ein Prozent der Kohleenergie in Kraft zum Wasserpumpen um.

Jahrzehntelang beschränkte dieser geringe Wirkungsgrad die Dampfkraft auf die alleinige Aufgabe der Grubenentwässerung, und selbst hier forderte ihr Einsatz einen erheblichen Preis: »Der hohe Brennstoffverbrauch dieser Maschinen stellt einen gewaltigen Nachteil für die Gewinne unserer Bergwerke dar«, klagte ein Minenfachmann, »diese hohe Belastung kommt fast einem Verbot gleich.«[3] Wer als Unternehmer die Kohle erst aus den Bergwerken zu seinen Fabriken schaffen musste, für den waren Dampfmaschinen schlicht zu teuer.

Dafür waren Maschinen ein Plaisier für Gelehrte. Die Universität Glasgow kaufte die Miniaturversion einer Dampfmaschine, doch als keiner der Professoren sie in Gang zu bringen vermochte, landete sie 1765 in der Werkstatt von James Watt, der für die Universität mathematische Instrumente fertigte. Watt bekam sie in Gang, doch ihr schlechter Wirkungsgrad war dem tüchtigen Handwerker ein Gräuel. Fortan machte er sich neben seinen anderen Arbeiten besessen auf die Suche nach besseren Wegen zur Wasserverdampfung und -kondensation, bis ihm eines schönen Sonntagnachmittags

> der Gedanke in den Kopf schoss, dass der Dampf als elastischer Körper in ein Vakuum strömen würde und, falls eine Verbindung zwischen dem Zylinder und einem ausgepumpten Kessel hergestellt würde, er in diesen einströmen und dort kondensieren würde, ohne den Zylinder abzukühlen. … Beim Golfhaus angelangt, hatte ich die ganze Sache in meinem Kopf fertig.[4]

Da es Sonntag war, blieb dem gottesfürchtigen Mann zunächst nichts anderes übrig, als Däumchen zu drehen, doch am Montagmorgen machte sich Watt sofort daran, ein neues Modell zusammenzuschrauben, bei dem der Kondensator vom Verdampfungszylinder getrennt war. Statt einen Zylinder abwechselnd zu erhitzen und zu kühlen, blieb der Kessel nun heiß, der Kondensator dagegen kalt, was den Kohleverbrauch um beinahe vier Fünftel senkte.

Dies warf ein Bündel neuer Probleme auf, doch Watt werkelte Jahr um Jahr unbeirrt weiter. Seine Frau starb, sein Finanzier ging Bankrott, und immer noch schaffte er es nicht, einen verlässlichen Betrieb der Maschine zu gewährleisten. Doch 1774, gerade als Watt die Tüftelei für eine beständigere Arbeit an den Nagel hängen wollte, kam ihm der Eisenhäuptling Matthew Boulton zu Hilfe, indem er die Beteiligung von Watts verschuldetem Finanzier erwarb und den Maschinenbauer nach Birmingham verfrachtete. Boulton brachte nicht nur Geld mit, sondern auch den genialen Eisenspezialisten und Erfinder John »Iron Mad« Wilkinson. (Wilkinson glaubte, dass alles aus Eisen gemacht werden sollte, einschließlich seines eigenen Sarges.)

Nur sechs Monate später schrieb Watt seinem Vater – für mich die zweitgrößte Untertreibung aller Zeiten (zur größten komme ich noch weiter unten in diesem Kapitel) –, dass seine Maschine nun »recht erfolgreich« sei[5]. Bei einer großen öffentlichen Vorführung im März 1776 pumpte die Maschine von Watt und Boulton in genau 60 Minuten eine Wassersäule von 20 Meter aus einem Schacht herauf und verbrannte dabei nur ein Viertel so viel Kohle wie ältere Dampfmaschinen.

Kein Wunder, dass Boulton überschwänglich war, als Boswell in jenem Monat Soho besuchte. Nun, da die Maschinen auch außerhalb der Zechen selbst kosteneffizient waren, konnten die Bäume in den Himmel wachsen. »Wenn wir … 100 kleine Maschinen … und 20 große fertig hätten, so könnten wir sie alle leicht losschlagen«, schrieb Boulton an Watt. »Fahren wir das Heu ein, solange die Sonne scheint.«[6]

Und das taten sie, obwohl selbst sie wahrscheinlich über einige der Kunden erstaunt waren, die an ihre Tür klopften. Die ersten Fabrikanten, die sich auf die Dampfkraft stürzten, waren Hersteller von Baumwolltuch. Baumwolle gedieh in Westeuropa nicht, und bis zum 17. Jahrhundert hatten die Briten gewöhnlich das ganze Jahr über kratzende, schweißtreibende Wolle getragen, wobei sie im Allgemeinen auf Unterwäsche ganz verzichteten. Als Händler daher leichtes, bunt bedrucktes Baumwolltuch aus Indien importierten, war es nicht erstaunlich, dass sie damit reißenden Absatz fanden. »Es kroch in unsere Häuser, unsere Schränke, unsere Schlafzimmer«, erinnerte sich Daniel Defoe, der Autor von *Robinson Crusoe*, im Jahr 1708. »Vorhänge, Kissen, Stühle und schließlich die Betten selbst waren nichts als Kattun oder Indiennes.«[7]

Die Importeure machten ein Vermögen damit, aber Geld, das für indische Baumwolle ausgegeben wurde, konnte natürlich nicht ein zweites Mal zum Kauf britischer Wolle verwendet werden. Die Lobby der Wollmagnaten sorgte im britischen Parlament daher für ein Einfuhrverbot von Baumwolltuch, woraufhin andere Briten Rohbaumwolle importierten (was legal blieb) und ihr eigenes Tuch woben. Leider war es nicht so gut wie das indische, und noch in den 1760er Jahren betrug der Markt für britisches Baumwolltuch nur ein Dreißigstel des britischen Wollmarktes.

Baumwolle hatte allerdings einen großen Vorzug: Die arbeitsaufwändige Aufgabe, ihre Fasern zu Garn zu spinnen, ließ sich mechanisieren. Etwa 10 000 Jahre lang waren in der Textilproduktion flinke Frauenfinger vonnöten gewesen, um Büschel von Wolle oder Fasern auf Spindeln zu drehen. Wir haben in Kapitel 7 gesehen, dass chinesische Spinnereien seit Beginn des 14. Jahrhunderts ihre Produktivität mit Maschinen erhöhten, die von Wasser und Zugtieren angetrieben wurden. Diese Maschinen wurden in den folgenden Jahrhunderten gebräuchlicher und vermehrten den Ausstoß stetig, doch der britische Schritt zur Mechanisierung machte alle überkommenen Techniken überflüssig. Zu Beginn des 18. Jahrhunderts brauchte eine Spinnerin mit einem pedalgetriebenen Spinnrad 200 Stunden, um ein Pfund Garn herzustellen.* Ein Jahrhundert später schafften außergewöhnliche Geräte mit noch außergewöhnlicheren Namen – Hargreaves' Jenny, Arkwright's Throstle, Crompton's Mule – dieselbe Arbeit in drei Stunden. Und die Selfaktor, die selbsttätige Spinnmaschine von Richard Roberts, erfunden 1824, benötigte dazu gerade einmal eine Stunde und 20 Minuten. Aufgrund ihrer immer gleichen Bewegungsabläufe eigneten sich die Maschinen ideal für den Einsatz von Dampfkraft und die Konzentration in großen Fabriken, und die erste Spinnerei, die gänzlich mit Dampfmaschinen betrieben wurde (geliefert selbstverständlich von Boulton und Watt), eröffnete 1785.

Maschinen machten britisches Baumwolltuch noch billiger, feiner, fester und gleichmäßiger als selbst indisches. Die britischen Baumwolltuchexporte stiegen zwischen 1760 und 1815 um das Hundertfache, wodurch sich das Baumwollgeschäft von einer nachrangigen Industrie zur Quelle von beinahe einem Zwölftel des Nationaleinkommens mauserte. 100 000 Frauen, Männer und (besonders) Kinder schufteten zwölf und mehr Stunden am Tag an sechs Tagen in der Woche in den Fabriken und überfluteten den Markt mit so viel Baumwolle, dass der Garnpreis von 38 Schilling pro Pfund 1786 auf unter sieben Schilling 1807 absackte. Obwohl die Preise purzelten, schossen die Profite dennoch weiter nach oben, weil schlicht die Märkte expandierten.

Die geographischen Gegebenheiten machten Baumwolle zur perfekten Industrie für Großbritannien. Weil der Rohstoff in Übersee wuchs, vermehrte er daheim nicht die Konkurrenz um Land. Stattdessen wandelten die Amerikaner, begierig auf britisches Bargeld, Millionen von Hektar Land in Baumwollplantagen um und ließen Hunderttausende von Sklaven auf ihnen arbeiten. Die Produktion schoss von 3000 Ballen 1790 auf 178 000 Ballen 1810 und 4,5 Millionen Ballen im Jahr 1860 in die Höhe. Britische Innovationen in der Tuchindustrie regten amerikanische Innovationen auf den Plantagen an, wie Eli Whitneys Egreniermaschine, die Cotton Gin, mit der sich die Baumwollfasern noch preisgünstiger von den klebrigen Samen reinigen ließen als selbst durch Sklavenfinger. Das amerikanische Baumwollangebot stieg gleichauf mit der britischen Nachfrage, was die Preise niedrig hielt, die Spinnerei- und Plantagenbesitzer reich machte und auf beiden Seiten des Atlantiks riesige neue Arbeiterarmeen entstehen ließ.

Daheim in Großbritannien sprangen die technischen Innovationen von einer Industrie auf die nächste über. Der wichtigste Sprung ereignete sich in der Eisen-

---

* Spinnräder hielten im 12. Jahrhundert in Europa Einzug; ohne ein Rad benötigte man 500 Stunden zum Spinnen von einem Pfund Garn.

verarbeitung, jener Industrie, die andere neue Industrien mit Ausrüstungsgütern versorgte. Britische Eisenfabrikanten kannten die Eisenschmelze mit Koks seit 1709 (sieben Jahrhunderte nach den Chinesen), hatten jedoch Schwierigkeiten, die bei der Koksverhüttung benötigte hohe Hitze in ihren Öfen kontinuierlich zu halten. Nach 1776 ermöglichten die Maschinen von Boulton und Watt die Lösung des Problems durch dampfgetriebene Gebläse, und binnen einer Dekade konnten durch das Puddel- und das Walzverfahren von Henry Cort (so wohlklingend benannt wie irgendeine Technik der Baumwollspinnerei) die verbleibenden technischen Schwierigkeiten überwunden werden. Die Eisenfabrikation befand sich auf demselben Pfad wie die Baumwollindustrie: Die Arbeitskosten stürzten in den Keller, während Beschäftigung, Produktivität und Gewinne explodierten.

Boulton und seine Konkurrenten hatten die Grenzen der Energieausbeutung gesprengt. Obwohl ihre Revolution mehrere Jahrzehnte benötigte, um sich zu entfalten (um 1800 produzierten britische Fabrikanten immer noch dreimal mehr Energie mit Wasserrädern als mit Dampfmaschinen), war es dennoch die größte und schnellste Transformation der gesamten Weltgeschichte. In drei Generationen sprengte der technologische Wandel jene harte Decke, an der jede weitere Entwicklung bislang gescheitert war. Bis 1870 produzierten britische Dampfmaschinen bereits vier Millionen Pferdestärken, das Äquivalent von 40 Millionen Arbeitern, die – wäre die Industrie noch von Muskelkraft abhängig gewesen – mehr als das Dreifache der britischen Jahresgetreideproduktion verzehrt hätten. Fossiler Brennstoff machte das Unmögliche wahr.

Die große Divergenz

Die Einwohner nennen meine Heimatstadt, Stoke-on-Trent in den englischen Midlands, gerne die Wiege der industriellen Revolution. Diesen Ruhm beansprucht sie als Herz der britischen Töpferei-Industrie, wo Josiah Wedgwood in den 1760er Jahren die Vasenherstellung mechanisierte. Die industriemäßige Töpferei durchdrang in Stoke alles. Selbst meine eigenen frühesten archäologischen Erfahrungen als Jugendlicher standen gänzlich in Wedgwoods Schatten, als ich beinahe zwei Jahrhunderte später Ausschusskannen aus einer riesigen Schutthalde hinter der Fabrik von Thomas Whieldon rekonstruierte, wo Wedgwood sein Handwerk gelernt hatte.

Stoke war auf Kohle, Eisen und Ton erbaut, und als ich jung war, standen die meisten seiner Arbeiter noch vor Tagesanbruch auf und gingen auf die Zeche, ins Stahlwerk oder in die Töpferei. Mein Großvater war Stahlarbeiter, und mein Vater ging noch vor seinem 14. Geburtstag von der Schule ab, um im Bergwerk zu arbeiten. In meiner Schulzeit betete man uns unablässig vor, wie unsere Vorfahren mit Beherztheit, Charakterfestigkeit und Erfindungsreichtum Großbritannien groß gemacht und die Welt verändert hatten. Doch soweit ich mich entsinne, erzählte uns niemand, warum es gerade *unsere* Hügel und Täler und nicht andere an fremden Orten gewesen waren, die zur Wiege der jungen Industrie wurden.

Genau an dieser Frage scheiden sich im Streit um die große Divergenz zwischen West und Ost die Geister. War es tatsächlich unausweichlich, dass sich die industrielle Revolution in Großbritannien ereignete (tatsächlich in und um Stoke-on-Trent) und nicht irgendwo anders im Westen? Falls nicht, war es unvermeidlich, dass sie im Westen und nicht irgendwo anders stattfand? Oder auch nur: dass es überhaupt dazu kam?

Ich habe in der Einleitung dieses Buches bemäkelt, dass die Experten, die Antworten auf diese Fragen anbieten, nur selten weiter als vier oder fünf Jahrhunderte zurückblicken, obwohl sie tatsächlich darum kreisen, ob die westliche Vorherrschaft nicht bereits seit noch fernerer Zeit vorgezeichnet war. Ich hoffe, es ist bis hierhin klar geworden, dass wir bessere Antworten erhalten, wenn wir die industrielle Revolution in die lange historische Perspektive rücken, die ich in den ersten neun Kapiteln dieses Buches umrissen habe.

Die industrielle Revolution war einzigartig darin, wie stark und schnell sie die gesellschaftliche Entwicklung vorantrieb, doch im Übrigen war sie all den anderen Aufschwüngen der früheren Geschichte sehr ähnlich. Wie all jene Phasen (relativ) schneller Entwicklung ereignete sie sich auf einem Territorium, das bis kurz zuvor eher am Rande der Hauptschauplätze gelegen hatte. Seit den Ursprüngen der Landwirtschaft hatten sich die maßgeblichen Kerngebiete durch verschiedene Kombinationen von Kolonialisierung und Nachahmung ausgebreitet, wobei Bevölkerungen an der Peripherie übernahmen, was im Kerngebiet funktionierte, und es an zuweilen sehr unterschiedliche Verhältnisse in den Randgebieten anpassten. Manchmal offenbarte dieser Prozess Vorteile der Rückständigkeit, wie im 5. Jahrtausend v. u. Z., als Bauern erkannten, dass die einzige Überlebensmöglichkeit in Mesopotamien die Bewässerung war, wodurch sich die Region in der Folge zu einem neuen Kerngebiet ausbildete; oder als sich Städte und Staaten im 1. Jahrtausend v. u. Z. in den Mittelmeerraum ausdehnten und neue Muster des Seehandels entwickelten; oder als nordchinesische Bauern nach 400 u. Z. nach Süden flohen und die Region jenseits des Jangtse in ein neues vorgeschobenes Reisanbaugebiet verwandelten.

Als das westliche Kerngebiet sich im 2. Jahrtausend u. Z. aus dem Mittelmeerraum heraus nach Norden und Westen ausdehnte, entdeckten die Westeuropäer schließlich, dass sich ihre geographische Isolation, die so lange Quelle ihrer Rückständigkeit gewesen war, durch neue Schifffahrtstechniken in einen Vorteil ummünzen ließ. Eher zufällig als planvoll begründeten sie neue Arten von Seereichen, und als ihre neuartige atlantische Wirtschaft die gesellschaftliche Entwicklung vorantrieb, erwuchsen aus ihr gänzlich neue Herausforderungen.

Es gab keine Garantie, dass die Europäer ihnen gewachsen sein würden. Weder die Römer (im 1. Jahrhundert u. Z.) noch die Chinesen der Song-Dynastie (im 11. Jahrhundert) hatten es vermocht, die Decke zu einer neuartigen Entwicklungsdynamik zu durchbrechen. Alle Anzeichen sprachen dafür, dass Muskelkraft die endgültige Energiequelle bleiben würde; dass nicht mehr als zehn bis 15 Prozent der Menschen je würden lesen können; dass Städte niemals über etwa eine Million Einwohner, Armeen nie über etwa ebenso viele Soldaten hinauswachsen würden, und dass – als Folge davon – der Index der gesellschaftlichen Entwicklung niemals einen Wert erreichen würde, der den Bereich der unteren 40er überschritte. Doch im 18. Jahrhundert setzten sich die Menschen im Westen über diese Schranken hinweg. Indem sie Kraft verkauften, spotteten sie allem, was es bis dahin gegeben hatte.

Die Westeuropäer hatten Erfolg, wo die Römer und die Chinesen der Song-Zeit scheiterten, weil sich dreierlei verändert hatte. Erstens hatte sich die Technologie weiter angereichert. Einige Fertigkeiten gingen stets verloren, wann immer die gesellschaftliche Entwicklung zusammenbrach, doch die meisten blieben erhalten, und mit den Jahrhunderten gesellten sich neue hinzu. Das Prinzip, dass man nicht zweimal in denselben Fluss steigen kann, blieb in Kraft: Jede Gesellschaft, die sich zwischen dem 1. und dem 18. Jahrhundert der entwicklungshemmenden Decke näherte, unterschied sich von ihren Vorgängern. Jede wusste und vermochte mehr als die jeweils Vorangegangene.

Zweitens standen den Agrarreichen – hauptsächlich aufgrund der Akkumulation von Technologie – nun wirkungsvolle Feuerwaffen zu Gebote, sodass die Russen und die Chinesen der Qing-Zeit den Steppenschnellweg abriegeln konnten. Als folglich die gesellschaftliche Entwicklung im 17. Jahrhundert gegen die eherne Decke presste, war der fünfte Reiter der Apokalypse – die Migration – von seinem Pferd gestiegen. Es war ein zähes Ringen, aber den Kerngebieten gelang es, mit den anderen vier Reitern fertig zu werden und einen Zusammenbruch abzuwenden. Ohne diesen Wandel hätte das 18. Jahrhundert ein ebenso vernichtendes Los ereilen können wie das 3. oder das 13. Jahrhundert.

Drittens – wiederum weitgehend aufgrund der Akkumulation von Technologie – konnten Schiffe nun jedes gewünschte Ziel erreichen, was es den Westeuropäern ermöglichte, eine atlantische Wirtschaft zu entwickeln, die mit nichts Vorangegangenem vergleichbar war. Weder die Römer noch die Chinesen der Song-Zeit waren in der Lage gewesen, eine solch enorme Triebkraft des Wirtschaftswachstums zu entfesseln, daher waren sie auch nicht mit den Problemen konfrontiert, die sich den Westeuropäern im 17. und 18. Jahrhundert aufdrängten. Newton, Watt und ihre Kollegen waren wohl keine größeren Geister als Cicero, Shen Kuo und ihre Kollegen; sie grübelten nur über anderen Problemen.

Die westeuropäische Gesellschaft des 18. Jahrhunderts war besser in der Lage als alle anderen, um die massive Decke fortzusprengen, die ihrer Entwicklungsdynamik Schranken setzte. Innerhalb von Westeuropa war der Nordwesten – mit seinen schwächeren Königen und freieren Händlern – besser darauf vorbereitet als der Südwesten. Und innerhalb des Nordwestens war es Großbritannien, das sich in der besten Ausgangsposition von allen befand. Bis 1770 hatte es nicht nur höhere Löhne, mehr Kohle, eine größere Finanzkraft und wohl auch offenere Institutionen (zumindest für Menschen aus der Mittel- und Oberschicht) als alle anderen Länder, sondern – dank der Siege in seinen Kriegen mit den Niederländern und Franzosen – auch mehr Kolonien, ein größeres Handelsvolumen und mehr Kriegsschiffe.

Eine industrielle Revolution konnte sich in Großbritannien eher ereignen als anderswo, doch besaß das Land keine ausschließliche Anwartschaft darauf. Wenn es französische und nicht britische Glocken gewesen wären, die 1759 vor lauter Siegesläuten dünner wurden, und wenn es Frankreich gewesen wäre, das Großbritannien seiner Marine, seiner Kolonien und seines Handels beraubt hätte statt umgekehrt, wäre ich als Kind von den Älteren nicht mit Geschichten gefüttert worden, wie Stoke-on-Trent zur Geburtshelferin der industriellen Revolution geworden war. Stattdessen hätten vielleicht die Alten in einer ebenso rußgeschwärzten französischen Stadt wie Lille diese Geschichte erzählt. Frankreich verfügte schließlich über eine Fülle von Erfindern und Unternehmern, und selbst eine kleine Verschiebung in den Produktionsfaktoren des Landes oder Entscheidungen von Königen und Generälen hätte einen großen Unterschied machen können.

Große Männer, vertrottelte Stümper und schieres Glück hatten eine Menge damit zu tun, warum die industrielle Revolution britisch statt französisch war, aber sie waren in weit geringerem Maße dafür verantwortlich, warum dem Westen überhaupt eine industrielle Revolution gelang. Um dies zu erklären, müssen wir auf größere Kräfte schauen. Sobald nämlich ausreichend Technologie akkumuliert war, sobald der Steppenschnellweg verschlossen und die Seeschifffahrtswege über die Ozeane gebahnt waren – um, sagen wir, 1650 oder 1700 herum –, ist es nur schwer vorstellbar, was noch hätte verhindern sollen, dass sich *irgendwo* in Westeuropa eine industrielle Revolution ereignete. Wenn Frankreich oder die Niederlande zur Werkbank der Welt geworden wären statt England, wäre die industrielle Revolution vielleicht langsamer zum Durchbruch gekommen und hätte womöglich erst in den 1870er statt den 1770er Jahren begonnen. Die Welt, in der wir heute leben, wäre anders, doch Westeuropa hätte dennoch die ursprüngliche industrielle Revolution gehabt, und der Westen hielte trotzdem noch die Vorherrschaft inne. Dann hätte ich zwar immer noch guten Grund, dieses Buch zu schreiben, aber vielleicht auf Französisch statt auf Englisch.

Es sei denn, der Osten hätte sich auf eigene Weise zuerst industrialisiert. Hätte das geschehen können, wenn die westliche Industrialisierung langsamer verlaufen wäre? Hier häufe ich natürlich Hypothese auf Hypothese, doch ich glaube, die Antwort müsste ziemlich klar ausfallen: wahrscheinlich nicht. Obwohl die gesellschaftliche Entwicklung von Ost und West bis zum Ende des 18. Jahrhunderts gleichauf lag, deuten nur wenige Anzeichen darauf hin, dass der Osten, wäre er auf sich gestellt geblieben, schnell genug in Richtung Industrialisierung vorangekommen wäre, um sich im 19. Jahrhundert aus eigener Kraft emporzuschwingen.

Der Osten verfügte über große Märkte und einen lebhaften Handel, doch funktionierten diese nicht so wie in der atlantischen Wirtschaft des Westens. Gewöhnliche Menschen im Osten waren zwar nicht so arm, wie Adam Smith in *Wohlstand der Nationen* behauptete (»Die Armut der Unterschicht übertrifft in China die in den allerärmsten Ländern Europas noch bei weitem.«[8]), aber, wie Abbildung 10.3 zeigt, alles andere als wohlhabend. Arbeiter in Beijing* hatten es nicht schlechter als Florentiner, waren aber wesentlich schlechter dran als Londoner. Da Arbeit in China und Japan (und Südeuropa) so billig war, boten sich örtlichen Unternehmern vom Schlage Boultons kaum Anreize, in Maschinen zu investieren. Noch 1880 betrugen die Vorlaufkosten für die Eröffnung eines Bergwerks mit 600 chinesischen Arbeitern schätzungsweise fast 4300 Dollar – grob gerechnet der Preis einer einzigen Dampfpumpe. Selbst als sich ihnen die Wahl bot, zogen kluge chinesische Investoren billige Muskelkraft teurem Dampf vor.

Angesichts eines so geringen Gewinns aus der Maschinentüftelei zeigten weder östliche Unternehmer noch Gelehrte an den kaiserlichen Akademien großes Interesse an Dampfkesseln und Kondensatoren, geschweige denn an Spinnereimaschinen wie den Jennys oder Throstles oder an Verhüttungsverfahren wie dem Puddeln. Um seine eigene industrielle Revolution loszutreten, hätte der Osten eine der atlantischen vergleichbare Wirtschaft gebraucht: mit höheren Löhnen und neuen Herausforderungen, also mit einer Stimulation des ganzen Pakets von wissenschaftlichem Denken, Maschinentüftelei und billiger Kraft.

Abermals: Mit ausreichend Zeit hätte sich auch dies ereignen können. Bereits im 18. Jahrhundert gab es in Südostasien eine blühende chinesische Diaspora. Bei sonst vergleichbarer Ausgangslage hätte sich hier im 19. Jahrhundert jene Art von geographischer Interdependenz entwickeln können, von der die atlantische Wirtschaft geprägt war. Doch die Ausgangslage war eben nicht vergleichbar. Die Menschen im Westen brauchten 200 Jahre, um von Jamestown zu James Watt zu gelangen. *Wenn* der Osten in glänzender Isolation verblieben wäre, *wenn* er im 19. und 20. Jahrhundert den gleichen Weg eingeschlagen hätte wie der Westen und eine geographisch diversifizierte Wirtschaft geschaffen hätte und *wenn* er sich ungefähr in demselben Tempo entwickelt hätte wie der Westen, dann hätte vielleicht ein chinesischer Watt oder ein japanischer Boulton seine erste Dampfmaschine in Shanghai oder Tokio enthüllt. Doch keine dieser hypothetischen Möglichkeiten wurde Wirklichkeit, weil die industrielle Revolution des Westens, nachdem sie einmal begonnen hatte, den Rest der Welt verschlang.

* Arbeiter in Tokio, Suzhou, Shanghai und Guangzhou verdienten während eines Großteils des 18. und 19. Jahrhunderts alle etwas weniger als ihre Kollegen aus Beijing.

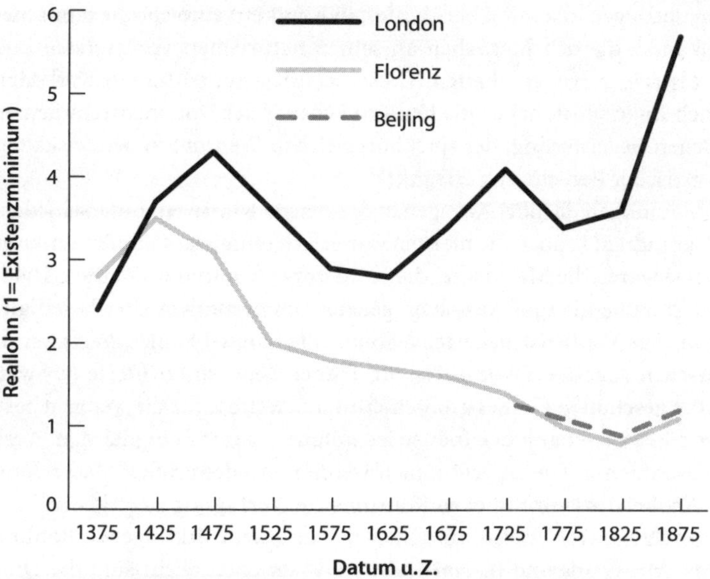

Abbildung 10.3: Arbeiter aller Länder, seid gespalten!

Trotz ihrer Misere verdienten britische Arbeiter zwischen 1780 und 1830 viel mehr als ihre Kollegen in anderen Ländern und stellten sich nach 1830 noch besser. Die Grafik vergleicht die Reallöhne der ungelernten Arbeiter in London, Florenz (recht typisch für die niedrigen Löhne Südeuropas) und Beijing (stellvertretend für die chinesischen und japanischen Löhne).

Die Gradgrinds

Noch 1750 waren die Ähnlichkeiten zwischen den östlichen und westlichen Kerngebieten auffallend. Beide waren fortgeschrittene Agrarwirtschaften mit komplexer Arbeitsteilung, ausgedehnten Handelsnetzen und wachsenden Manufaktursektoren. An beiden Enden Eurasiens geboten reiche landbesitzende Eliten, im festen Vertrauen auf die Stabilität, die Traditionen und den Wert ihrer Ordnung, souverän über alles, was sie überblickten. Jede dieser Eliten verteidigte ihre Position mit ausgefeilten Regeln der Ehrerbietung und Etikette, und jede schuf und konsumierte Kultur von hoher Verfeinerung und Gediegenheit. Hinter all den offenkundigen Unterschieden in Stil und Erzählweise fällt es schwer, nicht eine gewisse Verwandtschaft zwischen den ausufernden Sittenromanen des 18. Jahrhunderts wie Samuel Richardsons *Clarissa* und Cao Xuequins *Der Traum der roten Kammer* zu erkennen.

Bis 1850 waren all diese Ähnlichkeiten von einem großen Unterschied fortgespült worden: der Aufstieg einer neuen dampfkraftgetriebenen Klasse von

Eisenhäuptlingen, die ihren berühmtesten Kritikern zufolge »die buntscheckigen Feudalbande, die den Menschen an seinen natürlichen Vorgesetzten knüpften, unbarmherzig zerrissen« hatten. Diese neue Klasse, so fuhren Karl Marx und Friedrich Engels fort, habe »die heiligen Schauer der frommen Schwärmerei, der ritterlichen Begeisterung, der spießbürgerlichen Wehmut in dem eiskalten Wasser egoistischer Berechnung ertränkt«[9].

Die Meinungen darüber, was genau diese neue Klasse tat, unterschieden sich – und zwar radikal –, doch die meisten waren sich einig, dass sie alles umkrempelte. Für einige waren die Millionäre, die Kraft anzapften und verkauften, Helden, die sich durch »Energie und Ausdauer, geleitet von gesundem Urteil, [lediglich] ihr gewöhnliches Verdienst sicherten«. So urteilte Samuel Smiles, Verfasser des viktorianischen Klassikers *Selbsthilfe*. »In früher Zeit«, so erläuterte er, »waren die Produkte geschulten Fleißes größtenteils Luxuswaren, für die wenigen bestimmt, während heute« – dank der Industriekapitäne – »die vorzüglichsten Werkzeuge und Maschinen in Dienst genommen werden, um der großen Masse der Gesellschaft Artikel des gewöhnlichen Konsums zur Verfügung zu stellen.«[10]

Für andere jedoch waren die Industriellen fiese, fracktragende Rohlinge, wie Dickens' Mr. Gradgrind in *Harte Zeiten*. »Tatsachen allein sind die Dinge, die man im Leben braucht«, insistiert Gradgrind. »Pflanzen Sie nichts anderes ein, und rotten Sie alles andere aus.«[11] Dickens hatte die industrielle Revolution von ihrer harten Seite kennen gelernt, als er in einer Schuhpoliturfabrik arbeiten musste, während sein Vater im Schuldgefängnis schmachtete, und hegte entschiedene Ansichten über die Gradgrinds. Seiner Meinung nach laugten sie dem Leben alle Schönheit aus, indem sie die Arbeiter in deprimierende Städte wie sein imaginäres Coketown trieben, diesen »Triumph der Tatsache ..., eine Maschinenstadt und eine Stadt der hohen Essen, aus denen sich endlose Rauchschlangen immer und ewig emporringelten und niemals abgewickelt wurden«[12].

Es gab im echten Leben zweifellos Gradgrinds zuhauf. Der junge Friedrich Engels beschrieb, wie er in den 1840er Jahren einem davon über den Weg lief und ihm einen Vortrag über das schwere Los der Arbeiter eines realen Coketown hielt: »Der Mann hörte das alles ruhig an, und an der Ecke, wo er mich verließ, sagte er: And yet, there is a great deal of money made here – und doch wird hier enorm viel Geld verdient – guten Morgen, Herr!«[13]

Der Geschäftsmann hatte Recht: Indem sie die in fossilen Brennstoffen eingeschlossene Energie anzapften, hatten die Maschinen von Boulton und Watt einen Sturm des Geldmachens ausgelöst. Doch auch Engels hatte Recht: Die Arbeiter, die diese Geldwerte produzierten, sahen selbst herzlich wenig davon. Zwischen 1780 und 1830 nahm der Ausstoß je Arbeiter um 25 Prozent zu, während die Löhne nur um kaum fünf Prozent stiegen. Der Rest wurde als Profit abgeschöpft. In den Elendsvierteln braute sich Wut zusammen. Die Arbeiter gründeten Gewerkschaften und verlangten nach einer Volkscharta (People's Charter). Radikale schmiedeten ein Komplott, um die Regierung in die Luft zu sprengen. Landarbeiter, die sich durch mechanische Drescher in ihrer Existenz bedroht sahen, zertrümmerten 1830 Landmaschinen, steckten Heuschober in Brand und unterzeichneten Drohbriefe an Grundbesitzer mit dem piratenhaft klingenden Namen »Captain Swing«. Überall witterten Richter und Geistliche den Hauch von Jakobinertum, ihr Überbegriff für aufrührerische Umtriebe französischen Stils. Die Besitzenden gingen dagegen mit der ganzen Wucht des Staates vor: Berittene Polizei trampelte Demonstranten nieder; Gewerkschafter kamen hinter Schloss und Riegel; Maschinenstürmer wurden in Strafkolonien an die äußersten Ränder des British Empire verschifft.

Für Marx und Engels war der Fall glasklar: Die westliche Industrialisierung trieb die gesellschaftliche Entwicklung schneller voran denn je zuvor, doch sie stürzte sie auch mit Lichtgeschwindigkeit in das Entwicklungsparadox.* Indem sie Menschen zu bloßen Lohnarbeitern degradierten, zu Zahnrädchen aus Fleisch und Blut in Stahlhütten und Fabriken, vergesellschafteten die Kapitalisten sie auch zum Proletariat und machten sie zu Revolutionären. Die Bourgeoisie, so folgerten Marx und Engels, »produziert vor allem ihren eigenen Totengräber. … Mögen die herrschenden Klassen vor einer kommunistischen Revolution zittern. Die Proletarier haben nichts in ihr zu verlieren als ihre Ketten. Sie haben eine Welt zu gewinnen. *Proletarier aller Länder, vereinigt euch!*«[14]

Marx und Engels glaubten, dass die zitternden Kapitalisten sich dieses düstere Los selber eingebrockt hatten, indem sie die Enteigneten vom Land ausgesperrt und als Lohnsklaven in die Städte vertrieben hatten. Doch da irrten sie sich. Tatsächlich wurde die Landbevölkerung nicht von reichen Landbesitzern vertrieben, sondern sie wanderte aus Gründen ab, die mit ihrer Sexualität zu tun hatten. Die intensive Landwirtschaft des 19. Jahrhunderts benötigte mehr Feldarbeiter, nicht weniger, und der wahre Grund, warum die Menschen vom Land in die Stadt zogen, war die Fortpflanzungsrate. Die Lebenserwartung stieg zwischen 1750 und 1850 um etwa drei Jahre. Die Historiker sind sich zwar nicht einig, warum dies geschah (ob dafür weniger Pestausbrüche, nahrhafteres Essen, eine bessere Wasserversorgung und Kanalisation, ein klügeres Verhalten während der Schwangerschaft, Baumwollunterwäsche oder völlig andere Gründe verantwortlich waren), doch diese gewonnenen Jahre bedeuteten, dass Frauen drei Jahre länger schwanger werden konnten. Sofern sie nicht später heirateten, ihre Sexualpraktiken änderten, ihre Kinder abtrieben oder verhungern ließen, hatten sie mehr Nachwuchs großzuziehen. Tatsächlich änderten Frauen ihr Verhalten, doch nicht genug, um ihre höhere Lebenserwartung auszugleichen, und so kam es zwischen 1780 und 1830 grob gerechnet zu einer Verdoppelung der britischen Bevölkerung auf etwa 14 Millionen. Etwa eine Million dieser zusätz-

* Marx und Engels drückten dies in ihrer eigenen Terminologie natürlich anders aus. Ihnen zufolge steigerte der Wechsel von einer feudalen zu einer kapitalistischen Produktionsweise zwar die Ausbeutung der Mehrarbeit, verschärfte aber auch die Widersprüche zwischen Basis und Überbau.

lichen Menschen blieb auf dem Land, doch sechs Millionen suchten Arbeit in den Städten.

Diese harten demografischen Tatsachen lassen das Glas der industriellen Revolution als halb gefüllt statt halb leer erscheinen. Die Industrialisierung war traumatisch, doch die Alternativen wären schlimmer gewesen. Im 16. Jahrhundert waren die Löhne überall im Westen eingebrochen, weil die Bevölkerung wuchs, doch nach 1775 stiegen die britischen Löhne tatsächlich und zogen allen anderen davon (Abbildung 10.3). Als die Briten wirklich hungerten, wie während der entsetzlichen irischen Hungersnot in den 1840er Jahren, hatte dies mehr mit der Kartoffelfäule, mit gierigen Landbesitzern und dummen Politikern als mit der Industrie zu tun (von der in Irland kaum die Rede sein konnte).

Die Ironie ist, dass sich eben in jenen Jahren, als Marx und Engels ihre Doktrinen formulierten, das Blatt zugunsten der Arbeiter zu wenden begann. Seit 1780 hatten die Kapitalisten einen erheblichen Teil ihrer Profite auf Landhäuser, Adelstitel und andere Statussymbole für Emporkömmlinge verwendet, doch noch größere Beträge hatten sie in neue Maschinen und Hütten zurückgesteckt. Bis etwa 1830 machten diese Investitionen die mechanisch gesteigerte Arbeit jedes dreckstarrenden, schlecht ernährten und ungebildeten Lohnarbeiters so profitabel, dass es die Bosse häufig vorzogen, Abmachungen mit Streikenden zu treffen, als sie zu feuern und mit anderen Fabrikherren um neue Arbeiter zu konkurrieren. In den folgenden 50 Jahren wuchsen die Löhne so schnell wie die Gewinne, und 1848, als Marx und Engels das *Kommunistische Manifest* veröffentlichten, eroberten die Löhne der britischen Arbeiter wieder jene Höhen zurück, die sie nach dem Schwarzen Tod erklommen hatten.

In den 1830er Jahren brach sich, wie es in jeder Epoche geschieht, das Denken Bahn, das die Zeit brauchte, und als die Arbeiter wertvoller wurden, entdeckten die Mittelschichten eine – gewisse – Sympathie für die Unterdrückten. Einerseits erschien Arbeitslosigkeit bald als entschieden verwerflich, und Arme wurden (zu ihrem eigenen Besten, wie die Mittelschichten sagten) ins Arbeitshaus gesteckt; andererseits machte Dickens' Bild eines solchen Arbeitshauses seinen Roman *Oliver Twist* zu einem Bestseller. Reformen wurden zur Losung der Stunde. Offizielle Kommissionen prangerten städtisches Elend an, das Parlament verbannte Kinder unter neun Jahren aus den Fabriken und beschränkte die Arbeit für unter 13-Jährige auf eine 48-Stunden-Woche, und es wurden die ersten holprigen Schritte zur Bildung der Massen unternommen.

Diese frühen Reformer der viktorianischen Epoche mögen uns heute heuchlerisch vorkommen, doch schon die bloße Idee, praktische Schritte zur Verbesserung des Lebens der Armen zu unternehmen, war revolutionär. Der Gegensatz zum östlichen Kerngebiet ist besonders stark. In China, wo Gradgrinds, Coketowns und Fabrikarbeiter auffällig selten blieben, fuhren gelehrte Herren mit der jahrhundertealten Tradition fort, handbemalte Schriftrollen mit utopischen Reformvorschlägen an kaiserliche Bürokraten zu schicken, die sie nach ebenso alter Sitte zu ignorieren pflegten. Möchtegernreformer rekrutierten sich weiterhin weitgehend aus den Rändern der Elite. Hong Liangji (der wegen »höchster Unschicklichkeit« zum Tode verurteilt wurde, nachdem er die Untätigkeit der Regierung in sozialen Fragen kritisiert hatte) und Gong Zizhen (ein Exzentriker, der sich seltsam kleidete, sich einer wilden Kalligraphie bediente und wie ein Verrückter dem Spiel frönte), vielleicht die konstruktivsten Sozialkritiker, scheiterten beide mehrfach am höchsten Beamtenexamen und entfalteten keine große Wirkung. Selbst eminent praktische Vorhaben wie das in den 1820er Jahren aufgelegte Programm zur Verschiffung von Reis nach Beijing auf dem Seeweg, um der schlechten Schiffbarkeit und Korruption auf dem Kaiserkanal auszuweichen, ließ man schluren.

Nur im Westen, nirgendwo sonst, wurde eine schöne neue Welt aus Kohle und Eisen geboren, und zum ersten Mal in der Geschichte schienen die Möglichkeiten wahrhaft grenzenlos. »Wir betrachten es als Glück und Privileg, dass uns das Los beschieden war, in den ersten 50 Jahren dieses Jahrhunderts zu leben«, frohlockte die britische Zeitung *The Economist* 1851; »die Periode der letzten 50 Jahre … erlebte einen rascheren und erstaunlicheren Fortschritt als *alle* Jahrhunderte, die ihr vorangingen. In mehreren entscheidenden Punkten ist der Unterschied zwischen dem 18. und 19. Jahrhundert, soweit es das zivilisierte Europa betrifft, größer als der zwischen dem 1. und dem 18. Jahrhundert.«[15] Im Westen beschleunigte sich die Zeit, der Rest der Welt blieb auf der Strecke.

Eine Welt

London, 2. Oktober 1872, 7.45 Uhr. Es ist eine berühmte Szene. »Hier bin ich, meine Herren!«, ruft Phileas Fogg aus, als er in den Club stürmt.[16] Obwohl in Ägypten mit einem Bankräuber verwechselt, in Nebraska von Sioux angegriffen und in Indien in die Rettung einer schönen Witwe vor dem erzwungenen Selbstmord verwickelt (Abbildung 10.4), hatte Fogg Wort gehalten: Er war in 80 Tagen um die Erde gereist und auf die Sekunde pünktlich zurückgekehrt.

Es ist nur ein Stück Literatur, doch die *Reise um die Erde in 80 Tagen* stand, wie alle Erzählungen von Jules Verne, fest auf dem Boden der Fakten. Der mit einem so trefflichen Namen ausgestattete George Train war 1870 tatsächlich in 80 Tagen um die Welt gereist, und obwohl die Romanfigur Fogg auf Elefanten, Schlitten und Segelschiffe zurückgriff, wenn ihn die Technik im Stich ließ*, hätten weder er noch Train ihre Reisen ohne die brandneuen Triumphe der Ingenieurskunst bewältigen können – den Suezkanal (eröffnet 1869), die Bahnverbindung San Francisco–New York (fertiggestellt im selben Jahr) und die Eisenbahnstrecke Bom-

* Nicht jedoch auf Ballons. Dieses Detail wurde erst 1956 für die wunderbare Filmversion mit David Niven hinzugefügt.

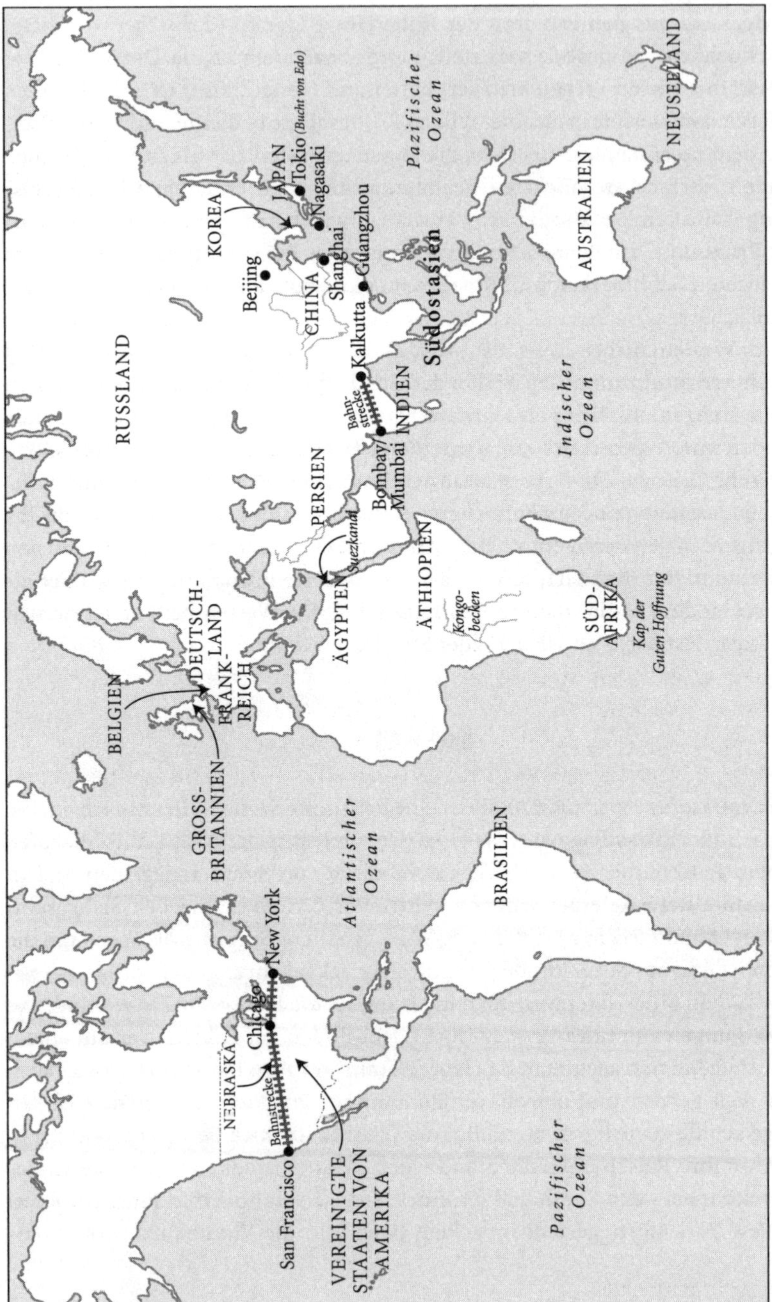

Abbildung 10.4. Reise um die Erde
Die Vorherrschaft des Westens lässt die Welt schrumpfen.

bay–Kalkutta* (in Dienst genommen 1870). Die Welt, wie Fogg vor seiner Abreise bemerkte, war nicht mehr so groß wie früher.

Eine aufstrebende gesellschaftliche Entwicklung und expandierende Kerngebiete waren immer Hand in Hand gegangen, wenn Kolonisten die neuen Lebensstile nach außen trugen und ihnen Menschen an den Peripherien nacheiferten, widerstanden oder vor ihnen flüchteten. Das 19. Jahrhundert unterschied sich davon nur in Ausmaß und Geschwindigkeit, doch diese Unterschiede veränderten den Lauf der Geschichte. Vor dem 19. Jahrhundert hatten große Reiche diesen oder jenen Teil der Welt dominiert, nur einzelne Territorien ihrem Willen unterworfen, doch die neuen Technologien rissen alle Grenzen ein. Zum ersten Mal ließ sich ein Vorsprung in gesellschaftlicher Entwicklung in globale Vorherrschaft verwandeln.

Die Umwandlung von fossiler Energie in Bewegung löschte Entfernungen aus. Bereits 1804 demonstrierte ein britischer Ingenieur, dass leichte Hochdruckdampfmaschinen Kutschen auf eisernen Schienen antreiben konnten, und ab den 1810er Jahren trieben ähnliche Maschinen Raddampfer an. Nach einer weiteren Generation begnadeter Tüftelei schnaubte George Stephensons berühmte Rocket mit 46 Stundenkilometern** den Schienenstrang der Liverpool-Manchester-Eisenbahn entlang, und Raddampfer überquerten den Atlantik. Die gesellschaftliche Entwicklung überwand die geographischen Zwänge schneller als je zuvor: Nicht länger abhängig von Wind und Wellen, konnten Schiffe nicht nur jeden beliebigen Ort anlaufen, sondern auch in See stechen, wann immer sie wollten, und sofern für die Schienen gesorgt war, ließen sich Güter auf dem Landweg beinahe so günstig transportieren wie über Wasser.

Die Technik verwandelte die Kolonisierung. Über fünf Millionen Briten (aus einer Bevölkerung von 27 Millionen) wanderten zwischen 1851 und 1880 aus, meist nach Nordamerika, die letzte neue Grenzregion. Zwischen 1850 und 1900 rodete diese »weiße Plage«, wie Niall Ferguson sie nennt,[17] 67 Millionen Hektar Wald, mehr als das Zehnfache der landwirtschaftlich nutzbaren Fläche Großbritanniens. Bereits 1799 notierte ein Reisender über die amerikanischen Pioniere: »Überhaupt haben sie einen unüberwindlichen Widerwillen gegen Bäume; wo sich jemand anbaut, werden sie alle weggehauen, und nicht einer wird übrig gelassen.«[18] Hundert Jahre später war diese Abneigung noch gewachsen, unterstützt von Entwurzelungsmaschinen, Flammenwerfern und Dynamit.

Ein beispielloser Aufschwung der Landwirtschaft ernährte nicht minder erstaunliche Städte. 1800 gab es 79 000 New Yorker, 1890 waren es 2,5 Millionen. Unterdessen wurde Chicago zum Weltwunder: 1850 eine Präriestadt von 30 000 Einwohnern, war es 1890 die sechstgrößte Stadt der Welt mit über einer Million

* Heute Mumbai und Kolkata.

** Zugegebenermaßen in entladenem Zustand. Mit voller 13-Tonnen-Last schaffte sie nur ein gemesseneres Tempo von ca. 19 km/h.

Menschen. Chicago ließ Coketown vornehm aussehen. Ein erstaunter Kritiker schrieb:

Für sie und durch sie waren die gesamten Mittelstaaten, war der gesamte Große Nordwesten erfüllt vom Widerhall lebhaften Handels und Gewerbes; Sägemühlen kreischten, Fabriken, deren Rauch den Himmel verdunkelte, rasselten und flammten; Räder drehten sich, Kolben schossen in ihren Zylindern auf und nieder; Zahnräder griffen in Zahnräder; Treibriemen legten sich fest um die Scheiben von riesigen Rädern; und Bessemerbirnen in Eisenhütten spien ihren Sturmhauch flüssigen Stahls in die Atmosphäre. Es war die Herrschaft, die widerstandslose Unterwerfung dieser ganzen zentralen Welt der Seen und Prärien.[19]

Bei der Ausbreitung der Industrialisierung gen Osten nach ganz Europa bewirkte Nachahmung weit mehr, als es die Kolonialisierung vermocht hätte. 1860 war Großbritannien noch die einzige durchindustrialisierte Wirtschaft und sorgte für die Hälfte der weltweiten Eisen- und Textilproduktion, doch zuerst in Belgien (das über gute Kohle- und Erzvorkommen verfügte) und dann entlang eines Bogens von Nordfrankreich durch Deutschland bis nach Österreich brach das Zeitalter des Dampfes und der Kohle an. Bis 1910 hatten die ehemaligen Peripherieländer Deutschland und USA die Vorzüge ihrer Rückständigkeit entdeckt und ihren Lehrmeister überflügelt. Die Deutschen, mit weniger Kohle gesegnet als die Engländer, lernten, den Brennstoff effizienter zu nutzen, und da es ihnen an Arbeitern mangelte, die – hervorgegangen aus Generationen der praktischen Ausbildung am Arbeitsplatz – einen sechsten Sinn dafür entwickelt hatten, wann genau ein Ventil zu schließen oder ein Klöppel anzuziehen war, führte das Kaiserreich technische Ausbildungsgänge ein.

Die Amerikaner, denen alte, kapitalstarke Familienunternehmen fehlten, entdeckten einen anderen Vorteil. Die Veräußerung von Anteilen, um Geld für große moderne Unternehmen aufzunehmen, trennte die Eigentümer wirkungsvoll von den angestellten Managern, die sich frei fühlten, mit Zeit- und Bewegungsstudien, Fließbändern und der neuen Wissenschaft vom Management zu experimentieren. All dieses Buchwissen kam den Engländern ziemlich lächerlich vor, doch in neuen Hochtechnologiesektoren wie der optischen und chemischen Industrie ließen sich mit etwas Wissenschaft und Managementtheorie bessere Ergebnisse erzielen als durch Intuition. Nach 1900 war es Großbritannien mit seinem Glauben an Improvisation, Durchwurstelei und begnadete Amateure, das langsam lächerlich auszusehen begann.

Deutschland und die Vereinigten Staaten bahnten der zweiten industriellen Revolution, wie sie von Historikern häufig genannt wird, den Weg, indem sie in systematischerer Weise wissenschaftliche Erkenntnisse für den technischen Fortschritt nutzbar machten. Sie ließen Phileas Foggs Großtaten bald alt aussehen und verwandelten das 20. Jahrhundert in ein Zeitalter des Öls, der Automobile und Flugzeuge. 1885 entdeckten Gottlieb Daimler und Carl Benz, wie man mit

Benzin (bislang ein geringwertiges Nebenprodukt von Lampenkerosin) effizient einen Verbrennungsmotor befeuern konnte, und im selben Jahr perfektionierten britische Mechaniker das Fahrrad. Mit einer Kombination von leichten neuen Maschinen und robusten neuen Chassis ließen sich Autos und Flugzeuge bauen. 1896 waren Automobile noch so langsam, dass ihnen Zuschauer beim ersten amerikanischen Autorennen hinterherriefen: »Holt euch Pferde!«[20] 1913 indes verließen eine Millionen Autos die amerikanischen Fabriken. Bis dahin hatten zwei Fahrradmechaniker aus North Carolina, die Brüder Wilbur und Orville Wright, Flügel an einen Verbrennungsmotor geschraubt und das Ganze zum Fliegen gebracht.

Öl verwandelte die geographischen Bedingungen. »Die Entwicklung des Verbrennungsmotors ist das Größte, was die Welt je gesehen hat«, sagte ein englischer Ölunternehmer 1911 voraus, »denn so sicher, wie ich diese Zeilen schreibe, wird er den Dampf ablösen, und das mit fast tragischer Geschwindigkeit.«[21] Weil Öl leichter und energiereicher als Kohle ist und höhere Geschwindigkeiten ermöglicht, blieben diejenigen, die sich an die Dampfkraft klammerten statt in die neuen Maschinen zu investieren, unausweichlich auf der Strecke. »Die allererste Notwendigkeit«, erklärte der höchste britische Admiral 1911, »ist Geschwindigkeit.«[22] Englands Marineminister Winston Churchill fügte sich ins Unvermeidliche und stellte die Royal Navy von Kohle auf Öl um. Großbritanniens endlose Kohlevorräte fingen an, weniger ins Gewicht zu fallen als der Zugang zu Ölfeldern in Russland, Persien, Südostasien und vor allem Amerika.

Die Kommunikationsmittel änderten sich ebenso rasch. Zu Beginn des 19. Jahrhunderts bestand die schnellste Methode, eine Nachricht um die Welt zu schicken, darin, einen Brief per Schiff zu versenden, doch 1851 konnten Briten und Franzosen erstmals Nachrichten über die elektrischen Signale eines Unterwasserkabels austauschen. 1858 telegraphierten die britische Königin Victoria und der amerikanische Präsident James Buchanan über den Atlantik, und mehr als einmal hing nun alles von einem rechtzeitig eintreffenden Telegramm ab. Zwischen 1866 und 1911 fielen die Kosten transatlantischer Telegramme um 99,5 Prozent, doch mittlerweile nahm man solche Einsparungen für selbstverständlich. Die ersten Telefone klingelten 1876, gerade einmal drei Jahre, nachdem Jules Vernes *Reise um die Erde in 80 Tagen* erschienen war; 1895 kam die drahtlose Telegraphie; 1906 folgte das Radio.

Schnellere Verkehrs- und Kommunikationsmittel befeuerten ein explosives Wachstum der Märkte, und die Herolde des Freihandels übertönten mit der Zeit die Verfechter des Protektionismus. Letzteren kam die Begeisterung für freie Märkte wie blanker Wahnsinn vor. Britische Hersteller exportierten Eisenbahnen, Schiffe und Maschinen, und britische Finanziers liehen Ausländern das Geld, um sie zu kaufen. Großbritannien baute letztlich ausländische Industrien auf, die seine wirtschaftliche Vorherrschaft herausfordern würden. Für die Freihändler jedoch steckte in dem Wahnsinn Methode. Indem das Vereinte Königreich allenthalben seine Produkte verkaufte und Geld verlieh, selbst an seine Rivalen, schuf es einen so großen Markt, dass es sich auf jene industriellen (und zunehmend finanziellen) Kompetenzen konzentrieren konnte, die den größten Profit abwarfen. Und nicht nur das: Britische Maschinen halfen den Amerikanern und Kontinentaleuropäern, jene Nahrungsmittel zu produzieren, die Großbritannien zukaufen musste, und mit den Profiten daraus wiederum noch mehr britische Waren zu erwerben.

Die Verfechter des Freihandels argumentierten, dass jeder – jeder zumindest, der gewillt war, die harte Gradgrind-Logik der Liberalisierung zu schlucken – dabei gewinnen würde. Wenige Länder waren so enthusiastisch wie Großbritannien (besonders Deutschland und die Vereinigten Staaten schotteten ihre jungen Industrien vor britischer Konkurrenz ab), aber bis zu den 1870er Jahren war das westliche Kerngebiet praktisch zu einem einzigen Finanzsystem verflochten. Seine verschiedenen Währungen waren mit festen Wechselkursen an den Goldstandard gebunden, was den Handel verlässlicher machte und die Regierungen verpflichtete, sich an die Marktregeln zu halten.

Doch das war erst der Anfang. Die Liberalisierung machte an den Schlagbäumen nicht halt, sie wischte die Grenzen zwischen den Nationen beiseite und riss die überkommenen sozialen Barrieren in ihrem Innern nieder. Die Liberalisierung war ein Pauschalarrangement, wie Marx und Engels sehr hellsichtig erkannten:

> Die Bourgeoisie kann nicht existieren, ohne die Produktionsinstrumente, also die Produktionsverhältnisse, also sämtliche gesellschaftlichen Verhältnisse fortwährend zu revolutionieren. Unveränderte Beibehaltung der alten Produktionsweise war dagegen die erste Existenzbedingung aller früheren industriellen Klassen. Die fortwährende Umwälzung der Produktion, die ununterbrochene Erschütterung aller gesellschaftlichen Zustände, die ewige Unsicherheit und Bewegung zeichnet die Bourgeoisepoche vor allen anderen aus. Alle festen eingerosteten Verhältnisse mit ihrem Gefolge von altehrwürdigen Vorstellungen und Anschauungen werden aufgelöst, alle neu gebildeten veralten, ehe sie verknöchern können. Alles Ständische und Stehende verdampft, alles Heilige wird entweiht, und die Menschen sind endlich gezwungen, ihre Lebensstellung, ihre gegenseitigen Beziehungen mit nüchternen Augen anzusehen.[23]

Wenn überkommene Regeln und Festlegungen, wie sich die Menschen zu kleiden hatten, zu wem sie beten sollten und welche Arbeit sie ausüben durften, mit der Produktivität und dem Marktwachstum in Konflikt gerieten, dann mussten diese Traditionen weichen. Der liberale Denker John Stuart Mill folgerte, dass »der einzige Grund, aus dem die Menschheit, einzeln oder vereint, sich in die Handlungsfreiheit eines ihrer Mitglieder einzumengen befugt ist, der ist: sich selbst zu schützen. … Über sich selbst, über seinen eigenen Körper und Geist ist der Einzelne souveräner Herrscher.«[24] Alles andere stand nunmehr zur freien Disposition.

Leibeigenschaft, Handwerkszünfte und andere rechtliche Beschränkungen der Bewegungs- und Berufsfreiheit zerbröckelten. Es bedurfte eines Krieges, eines furchtbaren Krieges mit mehr als 600 000 Toten, um die amerikanische Sklaverei 1865 zu beenden, doch innerhalb einer Generation erließen die anderen Sklavenhalterstaaten des Westens Gesetze, um mit dieser kollektiven Freiheitsberaubung friedlich (und häufig gewinnbringend) Schluss zu machen. Arbeitgeber trafen mit den Arbeitern zunehmend Übereinkünfte, und nach 1870 legalisierten die meisten Länder Gewerkschaften und sozialistische Parteien, gewährten Männern das allgemeine Wahlrecht und sorgten für eine freie, verpflichtende Grundschuldbildung. Als die Löhne und der Lebensstandard stiegen, führten einige Regierungen öffentliche Gesundheitsprogramme, Renten- und Arbeitslosenversicherungen ein. Im Gegenzug waren die Arbeiter zum vaterländischen Dienst in Armee und Marine bereit.

Die Liberalisierung nagte selbst an den ältesten Vorurteilen. Beinahe 2000 Jahre lang hatten die Christen Juden und sonstige Andersgläubige verfolgt, doch plötzlich erschien der Glaube der Menschen als ihre Privatsache. Die Anbetung fremder Götter war kein Grund mehr, ihnen den Erwerb von Eigentum oder das Wahlrecht vorzuenthalten. Tatsächlich schien für eine wachsende Zahl von Menschen der Glaube überhaupt kein Thema mehr zu sein, und neue Glaubensüberzeugungen wie Sozialismus, Evolutionismus und Nationalismus füllten den Platz aus, den die Religion so lange eingenommen hatte. Und als wäre die Entthronung Gottes noch nicht genug, geriet das ehernste Vorurteil von allen, die Minderwertigkeit der Frau, ebenfalls unter Beschuss. So war John Stuart Mill überzeugt, dass »das Prinzip, nach welchem die jetzt existierenden sozialen Beziehungen zwischen den beiden Geschlechtern geregelt werden – die gesetzliche Unterordnung des einen Geschlechtes unter das andere –, an und für sich ein Unrecht und gegenwärtig eines der wesentlichsten Hindernisse für eine höhere Vervollkommnung der Menschheit« sei. Kein »Sklave ist Sklave in solcher Ausdehnung und in so vollem Sinne des Wortes, wie es die Frau ist«[25].

Film und Literatur stellen die Viktorianische Zeit häufig als eine behagliche, von Kerzen erleuchtete Welt knisternder Kamine dar, bevölkert von Menschen, die ihren Platz in der Gesellschaft kannten, doch Zeitgenossen erlebten sie ganz anders. Der Westen des 19. Jahrhunderts glich einem »Hexenmeister, der die unterirdischen Gewalten nicht mehr zu beherrschen vermag, die er heraufbeschwor«, wie es Marx und Engels formulierten.[26] Einige Künstler und Intellektuelle schwelgten darin, die Konservativen stemmten sich dagegen. Die Kirchen bezogen – einige plump, andere klug – Stellung gegen Sozialismus, Materialismus und Wissenschaft; Großgrundbesitzer verteidigten ihre Privilegien. Immer wieder kann es zu Zusammenstößen, und die konnten auch gewaltsam sein.

Die westliche Gesellschaft entledigte sich in raschem Tempo jener Züge, die sie noch um 1750 herum dem Osten so ähnlich gemacht hatte. Wie so häufig offenbart sich dies nirgends so deutlich wie in der Literatur. Man sucht in der chinesischen Belletristik des 19. Jahrhunderts vergeblich nach durchsetzungsfähigen Heldinnen der Art, wie sie zur gleichen Zeit die Seiten europäischer Romane füllen. Einem Protest gegen die Unterjochung der Frau am nächsten kommt vielleicht die bizarre Satire *Im Land der Frauen* von Li Ruzhen, in der ein Kaufmann zwangsweise bis hin zum Fußbinden feminisiert wird:

Zwar wurden sie [seine Füße] vor jedem Einbinden mit Fußbalsam gebadet und mit Alaunpulver bestreut, dennoch begann das Fleisch an den Zehen langsam wegzufaulen, und täglich tropfte neues, mit Eiter vermischtes Blut durch die Bandagen. Er lebte noch keinen Monat im Wohnturm, da waren seine Füße bereits so krumm wie Mondsicheln.[27]

Helden, die einen sozialen Aufstieg schaffen, wie bei Dickens, sind schwer zu finden, noch weniger der Schlag des Selfmademan, den Samuel Smiles beschrieb. Die Stimmung von Shen Fus herzergreifenden *Sechs Aufzeichnungen über ein unstetes Leben* ist mit seiner romantischen und bewegenden Schilderung eines Lebens, dessen Aspirationen einer rigiden Hierarchie zum Opfer fallen, weitaus typischer.

Das wirklich Neue am Westen war jedoch, dass er, je mehr er sein Entwicklungstempo beschleunigte und Pfade hinunterjagte, die sich so gänzlich von jenen unterschieden, auf denen der Rest der Welt dahintrottete, desto stärker diese übrige Welt zwang, seiner Richtung und seiner frenetischen Geschwindigkeit zu folgen. Der Markt duldete kein Rasten. Er musste expandieren, immer mehr Aktivitäten in sich aufsaugen, oder das rasende Ungeheuer der Industrie würde sterben. Das ätzende liberale Säurebad zerfraß nicht nur die Schranken innerhalb von Gesellschaften, sondern auch die Grenzen zwischen ihnen, und kein Maß an Sitten, Traditionen oder kaiserlichen Edikten vermochte jene althergebrachte Ordnung zu retten, an der Shen Fu so gelitten hatte. Bereit oder nicht, die Welt war eins geworden.

Nemesis

Die Globalisierung offenbarte das Geheimnis des Zeitalters: Es ist einfach unsinnig, angesichts dieser neuen Verhältnisse davon zu sprechen, dass der Westen die übrige Welt in der gesellschaftlichen Entwicklung lediglich *anführte*.

Jahrtausendelang hatten sich die ursprünglichen landwirtschaftlichen Kerngebiete in mehreren Teilen des Planeten weitgehend unabhängig voneinander ausgedehnt, doch die aufwärtsgerichtete Bewegung der gesellschaftlichen Entwicklung transformierte die geographischen Bedingungen stetig und band die Kerngebiete der Welt zusammen. Bereits im 16. Jahrhundert ermöglichten neue Schiffstypen den Europäern, die Azteken und Inkas zu überwältigen und aus den zuvor unabhängigen Kerngebieten der Neuen Welt die weiträumige Peripherie eines enorm erweiterten Westens zu machen. Im 18. Jahrhundert begannen die

Europäer, das südasiatische Kerngebiet in eine weitere solche Peripherie zu verwandeln, und im 19. Jahrhundert verschafften Dampfschiffe, Eisenbahnen und die Telegraphie dem Westen eine weltweite Reichweite und sprengten abermals die geographischen Beschränkungen. Großbritannien, die Großmacht des Westens, konnte seinen Willen nun beinahe überall auf dem Planeten durchsetzen, und als die Westler ihre Energieausbeute steigerten, schoss der Anteil, den sie für den Krieg verausgabten, exponentiell in die Höhe. Die Energieausbeute des Westens stieg zwischen 1800 und 1900 um das Zweieinhalbfache, seine militärischen Fähigkeiten dagegen um das Zehnfache. Die industrielle Revolution verwandelte die westliche Führungsrolle bei der gesellschaftlichen Entwicklung in eine westliche Vorherrschaft.

Es war daher sehr ärgerlich, dass die östlichen Großmächte diesen Umstand ignorierten und die westlichen Händler auf winzige Enklaven in Guangzhou und Nagasaki beschränkten. Als der britische Lord Macartney, wie in Kapitel 9 erwähnt, 1793 nach Beijing reiste, um die Öffnung der Märkte zu verlangen, wies ihn Kaiser Qianlong brüsk zurück – obwohl, wie Macartney in seinem Tagebuch säuerlich bemerkte, die gewöhnlichen Chinesen »alle Händlerseelen sind, und es schien in den Seehäfen, in denen wir anlegten, dass sie nichts lieber sähen, als wenn unsere Schiffe gar häufig ihre Häfen anliefen«[28].

In den 1830er Jahren spitzte sich die Lage zu. Drei Jahrhunderte lang waren westliche Kaufleute nach Guangzhou gereist, um Silber – für die chinesischen Beamten anscheinend die einzige Ware von Interesse im Angebot der weißen Händler – gegen Tee und Seide zu tauschen. Schon in den 1780er Jahren waren jedes Jahr annähernd 700 Tonnen westliches Silber nach Guangzhou geflossen. Die Britische Ostindienkompanie hatte jedoch entdeckt, dass – mochten die chinesischen Beamten sagen, was sie wollten – viele Chinesen auch die in Indien angebaute Wunderdroge Opium begehrten. Die westlichen Händler (insbesondere die Briten) puschten die Droge aggressiv. Bis 1832 strömte genug davon nach Guangzhou – beinahe zwölf Tonnen –, um zwei bis drei Millionen Süchtige das ganze Jahr über high sein zu lassen (Abbildung 10.5). Durch den Kauf von Narkotika wurde China vom Silberimporteur zum Nettoexporteur von jährlich annähernd 400 Tonnen des Edelmetalls. Das war ein Haufen Drogen und eine Menge Geld.

Die britischen Händler beharrten darauf, dass Opium »für die oberen Schichten der chinesischen Gesellschaft schlicht das war, was Brandy und Champagner für die gleichen Schichten in England« bedeuteten,[29] doch das war nicht wahr, und sie wussten es. Opium hinterließ eine Spur zerbrochener Leben, so trostlos wie jede Drogenkarriere in den heutigen Innenstädten. Es schadete auch den Bauern, die nie eine Opiumpfeife gesehen hatten, weil der Abfluss von Silber an die Drogenbarone den Wert des Metalls nach oben trieb und die Bauern zwang, größere Anteile ihrer Ernte zu verkaufen, um das nötige Silber zur Begleichung ihrer Steuern zu erwerben. Bis 1832 waren die Steuern praktisch doppelt so hoch wie 50 Jahre zuvor.

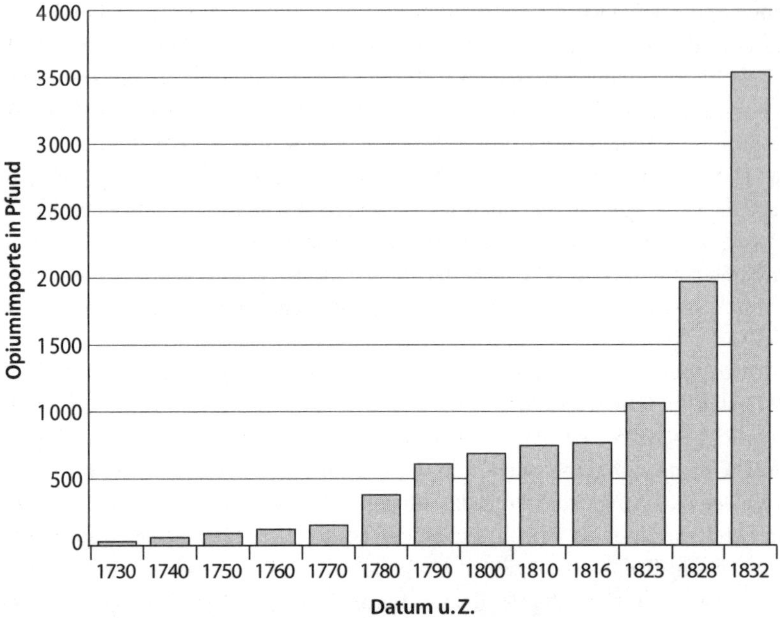

Abbildung 10.5: Ein Haufen Drogen
Die steil ansteigenden Opiumverkäufe der Britischen Ostindienkompanie in Guangzhou, 1730–1832.

Einige von Kaiser Daoguangs Ratgebern empfahlen eine zynische Marktlösung: Legalisierung des Opiums, um mit einheimischem Mohn die britischen Importe auszubieten, die Silberausfuhr zu drosseln und die Steuereinnahmen zu steigern. Doch Daoguang war ein guter Konfuzianer und wollte seine Untertanen vor sich selbst retten, statt ihren niederen Trieben freien Lauf zu lassen. 1839 erklärte er den Drogen den Krieg.

Ich habe in der Einleitung ein paar Worte über diesen Ersten Opiumkrieg verloren. Zuerst ging alles gut. Daoguangs oberster Drogenwächter Lin Zexu konfiszierte tonnenweise Opium, verbrannte es und versenkte die Reste im Meer (nachdem er ein gehöriges klassisches Gedicht an den Meeresgott verfasst hatte, um für die Verunreinigung seines Reiches Abbitte zu leisten). Doch dann lief es nicht mehr so gut. Der britische Handelskommissar kam zu dem Schluss, dass, wenn die Magie der Märkte versagte, der Zauber der Feuerwaffen vielleicht mehr ausrichten würde, und zog seine widerwillige Heimat in eine kriegerische Auseinandersetzung mit China hinein.

Was folgte, war eine schockierende Demonstration der Macht der Kriegführung im Industriezeitalter. Die britische Geheimwaffe war die *Nemesis*, ein brandneuer, ganz aus Eisen erbauter Dampfer. Selbst die Royal Navy befiel angesichts dieser so radikalen Waffe ein gewisses Unbehagen: »Wie die *Schwimm*eigenschaften von Holz dieses, ungeachtet der Form oder Gestaltung, zum natürlichsten Material für den Schiffsbau machten, so erweckten die *Sink*eigenschaften von Eisen auf den ersten Blick den Anschein, dass es höchst ungeeignet für einen ähnlichen Zweck wäre«, räumte ihr Kapitän ein.[30]

Diese Sorgen waren wohlbegründet. Der Eisenrumpf führte zur Fehlfunktion des Kompasses. Die *Nemesis* kollidierte mit einem Felsen, noch bevor sie England verließ, und hätte vor dem Kap der Guten Hoffnung beinahe zwei weitere gerammt. Inmitten eines tosenden Sturms konnte das Schiff nur vor dem Kentern gerettet werden, indem der Kapitän seiner Mannschaft befahl, über Bord hängend die Schiffswände mit überschüssigen Planken und Eisenplatten zu verstärken. Bei der Ankunft in Guangzhou jedoch war alles vergessen und vergeben. Die *Nemesis* machte ihrem Namen alle Ehre, schnaufte enge, von großen Holzschiffen nicht zu befahrende Flusspassagen hinauf und schoss jeden Widerstand in Stücke.

1842 schlossen britische Schiffe den Kaiserkanal und brachten Beijing an den Rand einer Hungersnot. Generalgouverneur Qiying, mit Friedensverhandlungen beauftragt, versicherte seinem Kaiser, dass er »unserem großen Plan zuliebe über solche Kleinigkeiten hinwegsehen« wolle,[31] doch tatsächlich öffnete er, wie verlangt, für die Briten – dann für die Amerikaner, später für die Franzosen, schließlich auch für andere Westler – die chinesischen Häfen. Und als die Feindseligkeit der Chinesen gegenüber diesen ausländischen Teufeln (Abbildung 10.6) den erwarteten Profit aus diesen Konzessionen schmälerte, stellten die westlichen Mächte Nachforderungen.

Die Westler trieben sich auch gegenseitig an, in steter Furcht, ein Handelsrivale könnte eine Konzession erhalten, mit der die eigenen Händler von dem neuen Markt ausgeschlossen würden. 1853 schwappte ihre Rivalität nach Japan über. Kommodore Matthew Perry lief in die Bucht von Edo ein und verlangte für amerikanische Dampfer das Recht, dort auf dem Weg nach China Brennstoff nachzuladen. Er brachte nur vier moderne Schiffe mit, doch diese Flottille war von größerer Feuerkraft als alle Kanonen Japans zusammengenommen. Seine Schiffe waren »Festungen, die sich frei über das Wasser bewegten«, bemerkte ein erstaunter Augenzeuge. »Was wir für eine Feuersbrunst auf dem Meer gehalten hatten, war tatsächlich schwarzer Rauch aus ihren Schloten.«[32] Japan gewährte den Amerikanern das Recht, in zwei Häfen Handel zu treiben. Großbritannien und Russland verlangten prompt für sich dasselbe Recht – und erhielten es.

Das Gerangel um die besten Plätze machte hier nicht Halt. Im Anhang zum englisch-chinesischen Vertrag von 1842 hatten die Anwälte der britischen Seite ihrem Land den frisch erfundenen Status einer »meistbegünstigten Nation« gesichert, was bedeutete, dass China alles, was es einer anderen westlichen Macht gewährte, auch Großbritannien zugestehen musste. Der Vertrag, den die USA 1843 mit China geschlossen hatten, enthielt eine Bestimmung, die eine Neuver-

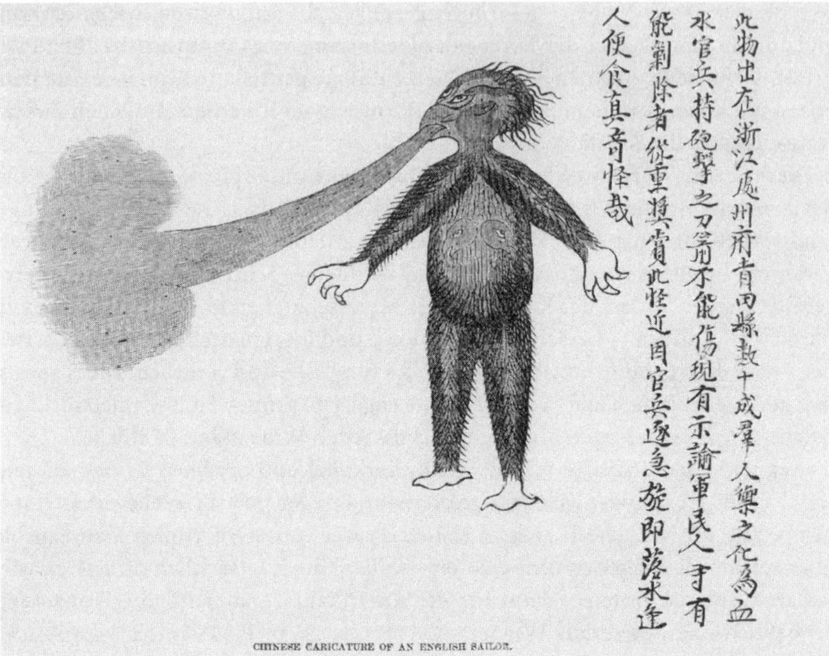

Abbildung 10.6: Kulturelle Dissonanz
Chinesische Karikatur eines feuerspeienden englischen Seemanns, 1838.

handlung nach zwölf Jahren erlaubte, und so beanspruchten britische Diplomaten 1854 dasselbe Recht für sich. Die Qing sträubten sich, und Großbritannien zog abermals in den Krieg.

Selbst dem britischen Parlament war das ein bisschen zu viel. Es tadelte Premierminister John Henry Palmerston, dessen Regierung daraufhin stürzte, nur um bald darauf mit einer noch größeren Mehrheit der Wählerstimmen ins Amt zurückzukehren. 1860 besetzten Großbritannien und Frankreich Beijing, brannten den Sommerpalast nieder und verfrachteten das Pekinesenhündchen Looty nach Balmoral. Der amerikanische Generalkonsul wollte sich, was Neuverhandlungen anging, nicht ausstechen lassen und kujonierte Japan zu einem neuen Vertrag mit der Drohung, britische Schiffe würden andernfalls das Land für Opium öffnen.

Der Westen donnerte um 1860 wie ein Koloss durch die Welt, dessen langer Arm anscheinend überallhin reichte. Das alte östliche Kerngebiet, das sich nur ein Jahrhundert zuvor der höchsten gesellschaftlichen Entwicklung auf der Welt hatte rühmen können, wurde, ebenso wie die ehemaligen Kerngebiete in Südasien und Amerika, zu einer neuen Peripherie des westlichen Kerngebiets. Und Nordamerika, mittlerweile stark von Europäern besiedelt, drängte nun selbst ins

Kerngebiet. In Reaktion auf diese durchgreifende geographische Neuorganisation stießen die Europäer in immer neue Grenzregionen vor. Ihre Dampfschiffe trugen die weiße Plage der Siedler nach Südafrika, Australien und Neuseeland und kehrten mit Frachträumen voller Getreide und Schafen zurück. Afrika, auf westlichen Landkarten noch 1870 weitgehend ein weißer Fleck, war bis 1900 beinahe vollständig unter europäische Herrschaft gebracht.

Der Ökonom John Maynard Keynes erinnerte sich 1919 an jene Jahre als ein goldenes Zeitalter zurück:

Denn für jeden irgend über Durchschnitt Fähigen und Willenskräftigen war der Aufstieg in die Mittel- und Oberklasse möglich, denen das Leben mit geringen Kosten und sehr wenig Mühe Bequemlichkeiten und Annehmlichkeiten weit hinaus über den Gesichtskreis der reichsten und mächtigsten Monarchen anderer Zeitalter bot. Der Bewohner Londons konnte, seinen Morgentee im Bette trinkend, durch den Fernsprecher die verschiedenen Erzeugnisse der ganzen Erde in jeder beliebigen Menge bestellen und mit gutem Grund erwarten, dass man sie alsbald an seiner Tür ablieferte. Er konnte im selben Augenblick und auf demselben Wege seinen Reichtum in den natürlichen Hilfsquellen und neuen Unternehmungen jeder Weltgegend anlegen und ohne Anstrengung, ja ohne Mühe, an ihren künftigen Erträgen und Vorteilen sich beteiligen. Oder er konnte sich entschließen, die Sicherheit seines Vermögens dem Kredit der Bürger irgendeiner bedeutenderen Stadtgemeinde in irgendeinem Erdteil anzuvertrauen, den seine Einbildungskraft oder Kenntnis ihm empfahlen. Er konnte nach Wunsch sofort billige und bequeme Verkehrsgelegenheiten nach jedem Lande oder Klima ohne Pässe und andere Förmlichkeiten bekommen … und dann nach fremden Gegenden reisen, ohne ihre Religion, ihre Sprache oder ihre Sitten zu kennen, nur mit seinem gemünzten Reichtum in der Tasche, und sich bei dem geringsten Hindernis schwer beleidigt und höchlich überrascht dünken.[33]

Dem Romancier Joseph Conrad stellte sich das ganz anders dar, nachdem er 1890 ein Jahr im Kongobecken verbracht hatte. »Die Eroberung der Erde, und das bedeutet meistens, sie denen wegzunehmen, die eine andere Hautfarbe haben oder etwas plattere Nasen als wir, ist bei genauerem Hinsehen nicht gerade ein Kinderspiel«,[34] bemerkte er in seinem antikolonialistischen Klassiker *Herz der Finsternis*.

Der Kongo war ein Extremfall. König Leopold II. von Belgien nahm ihn als persönliches Eigentum in Besitz und wurde zum Milliardär, indem er über fünf Millionen Kongolesen foltern, verstümmeln und ermorden ließ, um die übrige Bevölkerung zu zwingen, ihm Kautschuk und Elfenbein zu liefern. Er war jedoch kaum ein Einzelfall. In Nordamerika und Australien rotteten die weißen Siedler die Eingeborenen fast aus, und einige Historiker machen den europäischen Imperialismus dafür verantwortlich, dass die schwachen Monsunregenfälle der Jahre 1876–1879 und 1896–1902 Katastrophen heraufbeschworen. Trotz ausbleibender Ernten exportierten die Landeigentümer weiter Nahrungsmittel auf die westlichen Märkte, und von China bis Indien, von Äthiopien bis Brasilien verwandelte sich Hunger in Hungersnot. Ruhr, Pocken, Cholera und selbst der Schwarze Tod folgten ihnen auf dem Fuße und rissen womöglich an die 50 Millionen geschwächte Menschen in den Tod. Einige Westler sammelten Geld für die Hungernden; andere taten so, als wäre nichts geschehen; und manche, wie das Magazin *The Economist*, mokierten sich, Hilfe lehre die Hungernden nur, »es sei die Pflicht der Regierung, sie am Leben zu erhalten«[35]. Kein Wunder, dass der letzte Seufzer des sterbenden Mr. Kurtz, jenes Unmenschen, der in Conrads Roman im Dschungel ein privates Königreich errichtet, zur Grabinschrift des europäischen Imperialismus geworden ist: »Das Grauen! Das Grauen!«[36]*

Der Osten wendete das Schlimmste ab, doch Niederlagen, Demütigungen und Ausbeutung durch den Westen blieben ihm nicht erspart. China und Japan zerfielen, als zusammengewürfelte Haufen von Patrioten, Dissidenten und Kriminellen, die ihren Regierungen für alles die Schuld gaben, zu den Waffen griffen. Religiöse Fanatiker und Milizen ermordeten Westler, wenn sie sich außerhalb ihrer befestigten Stützpunkte verirrten, und Beamte, die diesen Eindringlingen begütigend zu Willen waren. Westliche Marineschiffe bombardierten zur Vergeltung Hafenstädte, rivalisierende Parteiungen spielten die westlichen Eindringlinge gegeneinander aus. Europäische Waffen überfluteten Japan, wo eine von den Briten unterstützte Fraktion 1868 die legitime Regierung stürzte. In China kostete der Bürgerkrieg 20 Millionen Menschenleben, bevor westliche Finanziers beschlossen, dass ein Regimewechsel die Gewinne schmälern würde, woraufhin eine »stets siegreiche Armee« mit amerikanischen und britischen Offizieren und Kanonenbooten half, die Qing zu retten.

Westler diktierten östlichen Regierungen, was sie zu tun hatten, rissen ihre Reichtümer an sich und umgaben sie mit ihren eigenen Beratern. Wenig überraschend sorgten diese dafür, dass die Zölle auf westliche Importe und auf Güter, an deren Kauf der Westen interessiert war, niedrig blieben. Manchmal überkam selbst Westler dabei ein ungutes Gefühl. »Ich habe Dinge gesehen, die mich zur Weißglut getrieben haben, so wie die europäischen Mächte die asiatischen Nationen zu erniedrigen versuchen«, gestand der ehemalige US-Präsident Ulysses S. Grant dem japanischen Kaiser 1879.[37]

Die meisten Westler befanden indessen, dass alles genau so war, wie es sein sollte, und vor diesem Hintergrund des östlichen Zusammenbruchs verfestigte sich ein Denken, das in der westlichen Vorherrschaft eine von jeher angelegte Zwangsläufigkeit erkannte. Der Osten mit seinen korrupten Kaisern, auf dem Bauch rutschenden Konfuzianern und Abermillionen halbverhungerter Kulis schien immer schon zur Unterwerfung unter den dynamischen Westen bestimmt. Aus westlicher Perspektive sah es so aus, als würde nun die Welt ihre letzte, vorherbestimmte Form erreichen.

---

* Heute wahrscheinlich am ehesten bekannt aus dem Mund von Marlon Brando in *Apocalypse Now*, Francis Ford Coppolas ins Vietnam der 1960er Jahre verlegter freier Filmadaption des Romans.

Der Krieg des Ostens

In ihrer Anmaßung und Selbstbeweihräucherung übersahen die Herolde unverbrüchlicher westlicher Vorherrschaft im 19. Jahrhundert etwas ganz Wichtiges: die Logik ihres eigenen, von Marktkräften angetriebenen Imperialismus. Genau wie der Markt die britischen Kapitalisten zur Schützenhilfe beim Aufbau der industriellen Infrastruktur ihrer erbittertsten Rivalen Deutschland und USA genötigt hatte, belohnte er nun Westler, die Kapital, Innovationen und Know-how über den Osten ausschütteten. Die Westler zinkten die Karten, wo immer es ging, doch der unerbittliche Drang des Kapitals hin zu neuen Profiten bot auch den östlichen Unternehmern Gelegenheiten, die bereit waren, sie beim Schopf zu packen.

Die Geschwindigkeit, mit der die Asiaten dies taten, war verblüffend. In den 1860er Jahren machten sich die chinesische Selbststärkungsbewegung und die japanische Bewegung für »Zivilisation und Aufklärung« daran, das zu kopieren, was sie als das Beste am Westen ansahen. Sie übersetzten westliche Bücher über Wissenschaft, Staatsführung, Recht und Medizin ins Chinesische und Japanische und schickten Delegationen in den Westen, um sich selbst ein Bild zu machen. Die Westler beeilten sich, den Asiaten ihre neuesten technischen Maschinen zu verkaufen, und chinesische und japanische Gradgrinds verdreckten die Landschaft mit ihren Fabriken.

In gewisser Weise war das gar nicht so überraschend. Als die Ostler nach den Werkzeugen griffen, die im Westen die gesellschaftliche Entwicklung in solche Höhen getrieben hatten, taten sie schlicht das Gleiche, was die Westler sechs Jahrhunderte zuvor mit den Werkzeugen und Techniken aus dem Osten – wie etwa Kompass, Gusseisen und Feuerwaffen – gemacht hatten. Doch in anderer Hinsicht war es höchst erstaunlich: Der Osten reagierte auf die westliche Herrschaft entschieden anders als die ehemaligen Kerngebiete in der Neuen Welt und Südasien, die sich der Westen in den vorangegangenen drei Jahrhunderten als Peripherien einverleibt hatte.

Die amerikanischen Ureinwohner entwickelten nie einheimische Industrien, und die Südasiaten waren darin weit langsamer als die Ostasiaten. Einige Historiker sehen die Erklärung dafür in den unterschiedlichen kulturellen Mustern: Die westliche Kultur ermutige sehr stark zu harter Arbeit und Rationalität, und dies sei in der östlichen Kultur kaum, in der südöstlichen noch weniger und in wieder anderen Kulturen überhaupt nicht der Fall. Doch diese Theorie, Relikt einer kolonialistischen Geisteshaltung, kann nicht stimmen.

Wenn wir die Reaktionen auf die westliche Vorherrschaft in eine längere zeitliche Perspektive rücken, lassen sich tatsächlich zwei frappierende Korrelationen erkennen. Erstens neigten jene Regionen, die, wie das östliche Kerngebiet, vor den Zeiten westlicher Vorherrschaft eine relativ weit gediehene gesellschaftliche Entwicklung aufwiesen, zu einer rascheren Industrialisierung als jene, deren Entwicklung relativ schwach geblieben war. Zweitens vollzog sich die Industrialisierung rascher in Regionen, die einer direkten europäischen Kolonialisierung entgingen, als in den Kolonien selbst. Japan hatte vor 1853 eine hohe gesellschaftliche Entwicklung und wurde nicht kolonialisiert; seine Modernisierung setzte in den 1870er Jahren ein. China hatte einen hohen Entwicklungsstand und wurde teilkolonialisiert; seine Modernisierung begann in den 1950er Jahren. Indien wies vor den Europäern eine moderate gesellschaftliche Entwicklung auf und wurde vollständig kolonialisiert; seine Modernisierung setzte nicht vor den 1990er Jahren ein. Das subsaharische Afrika wurde bei einem geringen Entwicklungsstand vollständig kolonialisiert und beginnt erst heute damit, seinen Rückstand aufzuholen.

Weil der Osten des 19. Jahrhunderts (an vorindustriellen Maßstäben gemessen) eine Welt fortschrittlicher Landwirtschaft, großer Städte, weit verbreiteter Bildung und mächtiger Armeen war, fand seine Bevölkerung zu großen Teilen Mittel und Wege, die westlichen Methoden den eigenen Verhältnissen anzupassen. Die Ostasiaten übernahmen selbst westliche Industrialisierungs- und Sozialdebatten. Auf jeden östlichen Kapitalisten kam ein alternder Samurai, der murrte: »Nutzlose Schönheit hatte einen Platz im alten Leben, doch das neue verlangt nur nach hässlicher Nützlichkeit.«[38] Und obwohl (oder weil) die Reallöhne in den Städten um die Wende zum 20. Jahrhundert gemächlich anstiegen, gründeten Oppositionelle in China und Japan sozialistische Parteien. Bis 1920 gehörte zu ihren Mitgliedern auch Mao Zedong.

Die östlichen Industrialisierungsdebatten unterschieden sich von Land zu Land. Genau wie im Westen gab es wenig bis gar nichts, was große Menschen oder närrische Stümper, was Kultur oder schieres Glück noch hätten ausrichten können, um eine industrielle Initialzündung zu verhindern, als sich die Möglichkeit dazu bot. Doch bestimmten diese Kräfte – wieder in Parallele zum Westen – ganz und gar darüber, welches Land dabei die Führung übernahm.

Als William S. Gilbert und Arthur Sullivan 1885 ihre Operette *Der Mikado* in London uraufführten, präsentierten sie Japan als Urbild des exotischen Orients, als ein Land, in dem die Vöglein aus Liebe starben und sich der Scharfrichter erst selbst einen Kopf kürzer machte, bevor er andere hinrichtete. Tatsächlich jedoch war Japan damals bereits dabei, sich weit schneller zu industrialisieren als irgendeine andere Gesellschaft in der Geschichte. Mit der geschickten Inthronisierung des jungen Kaisers, des Meiji-Tennos, 1868 nach dem Bürgerkrieg gelang es klugen Strippenziehern in Tokio, ihr Land aus Kriegen mit den westlichen Mächten herauszuhalten, die Industrialisierung weitgehend aus heimischem Kapital zu finanzieren und wütende Menschen von provozierenden Angriffen auf Ausländer abzuhalten. Unbeholfene Strippenzieher in Beijing dagegen duldeten und ermutigten sogar Gewalt gegen Missionare, stolperten 1884 in einen Krieg mit Frankreich (wobei sie einen Großteil ihrer teuren neuen Flotte binnen einer Stunde verloren) und liehen sich – und veruntreuten – ruinös hohe Summen.

Japans Elite sah der Tatsache ins Auge, dass die Liberalisierung nur im Paket zu haben war. Die Herren setzten sich Zylinder auf, die Damen stülpten sich Reifröcke über; einige diskutieren, ob man nicht die lateinische Schrift übernehmen solle; andere wollten Japan zu einem englischsprachigen Land machen. Die japanische Elite war bereit, alles in Erwägung zu ziehen, was funktionieren könnte. Chinas Qing-Herrscher waren im Gegensatz dazu die personifizierte Zwietracht. 40 Jahre lang hatte die Kaiserinwitwe Cixi hinter dem Bambusvorhang regiert und sich gegen jede Modernisierung gesträubt, die ihre Dynastie gefährdet hätte. Ihr einziger Flirt mit westlichen Ideen bestand darin, Geld, das für den Wiederaufbau der Flotte bestimmt war, für die Marmorkopie eines Mississippi-Dampfers für ihren Sommerpalast abzuzweigen (das Werk steht bis heute dort und lohnt einen Besuch). Als ihr Neffe Guangxu 1898 versuchte, in 100 Tagen ein Reformprogramm durchzupauken (Verschlankung des öffentlichen Dienstes, Aktualisierung der Prüfungsaufgaben, Schaffung eines modernen Schulsystems, Koordinierung der Tee- und Seidenproduktion für den Export, Förderung von Bergbau und Eisenbahn sowie eine Heeres- und Marinereform nach westlichem Vorbild), gab Cixi bekannt, dass Guangxu sie gebeten habe, wieder die Regentschaft zu übernehmen, sperrte ihn im Palast ein und ließ seine modernisierungsfreudigen Minister hinrichten. Guangxu blieb ein Reformer bis zu seinem bitteren Ende – er wurde mit Arsen vergiftet, als Cixi 1908 selbst im Sterben lag.

Während China auf die Modernisierung zustolperte, legte Japan einen Sprint hin. 1889 erließ das Land eine Verfassung, die wohlhabenden Männern das Wahlrecht verlieh, politische Parteien nach westlichem Vorbild erlaubte und moderne Regierungsministerien schuf. China nahm erst in den letzten Tagen Cixis eine Verfassung an und gewährte 1909 Männern ein eingeschränktes Wahlrecht. Japan räumte der Bildung der Massen Priorität ein. Bis 1890 erhielten zwei Drittel der japanischen Jungen und ein Drittel der japanischen Mädchen eine kostenlose Grundschulbildung. China dagegen unternahm praktisch nichts zur Förderung der Volksbildung. Beide Länder verlegten 1876 ihre ersten Eisenbahntrassen, doch Shanghais Gouverneur ließ 1877 die Geleise wieder herausreißen, aus Angst, Rebellen könnten sie benutzen. 1896 verfügte Japan über 2300 Kilometer Schienenwege, China hingegen nur über 370. Ganz ähnliche Feststellungen ließen sich über Eisen, Kohle, Dampfkraft oder Telegrafenlinien treffen.

Im Verlauf der gesamten Geschichte löste die Ausweitung von Kerngebieten häufig grausame Kriege an den Peripherien aus, in denen sich entschied, welcher Teil des Randes den Widerstand gegen (oder die Assimilation an) die Großmächte anführen würde. Im 1. Jahrtausend v. u. Z. zum Beispiel bekriegten sich an den Rändern des Perserreiches Athen, Sparta und Makedonien eineinhalb Jahrhunderte lang; und Chu, Wu und Yue taten dasselbe in Südchina, als das Kerngebiet im Tal des Gelben Flusses wuchs. Im 19. Jahrhundert u. Z. wiederholte sich der Prozess, als der Osten zu einer Peripherie des Westens wurde.

Seit Japans gescheitertem Eroberungsversuch Chinas in den 1590er Jahren waren die Herrscher im östlichen Kerngebiet davon ausgegangen, dass die Kosten von Kriegen zwischen großen Reichen den Nutzen überwogen, doch die Ankunft des Westens stellte nun diese Annahme auf den Kopf. Welche östliche Nation sich als Erstes industrialisierte, sich am schnellsten reorganisierte und neu bewaffnete, würde in der Lage sein, nicht nur die westlichen Imperialisten auf Distanz, sondern auch den Rest des Ostens niederzuhalten.

Es war letzten Endes die japanische Industrialisierung, nicht die britische Kriegsflotte, die zu Chinas Nemesis wurde. Japan mangelte es an Ressourcen, China hatte reichlich davon. Japan brauchte Märkte, China bot sie zur Genüge. Der Streit in Tokio, welcher Kurs eingeschlagen werden sollte, war grimmig und sogar mörderisch, aber im Laufe zweier Generationen reifte im Land langsam die Vorstellung, dass es von Vorteil sei, sich gewaltsam der Rohstoffe und Märkte Chinas zu bemächtigen. Bis zu den 1930er Jahren hatte sich im japanischen Offizierskorps der unbedingte Impetus durchgesetzt, das gesamte östliche Kerngebiet zu übernehmen, China und Südostasien in Kolonien zu verwandeln und die westlichen Imperialisten hinauszuwerfen. Ein Krieg des Ostens hatte begonnen.

Der große Unterschied zwischen dem Krieg des Ostens und dem im 18. Jahrhundert ausgetragenen Krieg des Westens war jedoch, dass sich Ersterer in einer Welt zutrug, die bereits unter westliche Vorherrschaft gefallen war. Das machte alles komplizierter. Als Japan 1895 den chinesischen Widerstand bei seinem Einmarsch in Korea brach, reagierte Deutschlands Kaiser Wilhelm II., indem er seinem Cousin Zar Nikolaus II. von Russland eine ziemlich grauenvolle Lithographie mit dem Titel »Völker Europas, wahret Eure heiligsten Güter!« zukommen ließ (Abbildung 10.7) und ihn drängte, »seine Aufmerksamkeit dem asiatischen Kontinent zuzuwenden und Europa gegen die Eingriffe der großen gelben Rasse zu verteidigen«.[39] Nikolaus antwortete, indem er Japan einen Großteil des Territoriums wieder abjagte, das das Inselreich China entrissen hatte.

Andere Westler sahen jedoch Vorteile in einer Zusammenarbeit mit Japan und bedienten sich seiner wachsenden Macht, um den übrigen Osten im Zaum zu halten. Die erste Gelegenheit dazu bot sich im Jahr 1900, als sich eine chinesische Geheimgesellschaft mit dem schönen Namen »In Rechtschaffenheit vereinigte Faustkämpfer« (im Westen: Boxer) gegen den westlichen Imperialismus erhob (wobei sie unter anderem behauptete, dass 100 Tage Kampfkunsttraining ihre Mitglieder gegen Kugeln imprägnieren würden). Es waren 20 000 ausländische Soldaten nötig, um sie niederzuringen, und ein Großteil dieser Truppen bestand – auch wenn man es aus westlichen Darstellungen nicht erfährt (am wenigsten aus dem Hollywood-Kassenschlager *55 Tage in Peking* von 1963) – aus Japanern. So zufrieden war Großbritannien mit dem Ausgang dieser Intervention, dass es 1902 eine Flottenallianz mit Japan schloss und damit dessen Großmachtstatus im Osten anerkannte. Der britischen Neutralität gewiss, nahm Japan 1904 an Russland Rache, versenkte dessen Fernostflotte und überwältigte in der größten bis dato jemals ausgetragenen Landschlacht die russische Armee. Als Zar Nikolaus seine Hauptflotte 20 000 Seemeilen um die Welt schickte, um die Dinge zu richten, versenkten die japanischen Schlachtschiffe auch diese.

Abbildung 10.7: Die »gelbe Gefahr«
Diese Lithographie von 1895 nach Skizzen Wilhelms II. sollte, wie der Kaiser erläuterte, die Europäer ermutigen, sich im Widerstand »gegen das Eingreifen des Buddhismus, des Heidentums und der Barbarei zur Verteidigung des Kreuzes [zu] vereinigen«.[40]

Weniger als 50 Jahre waren vergangen, seit man Looty nach London verfrachtet hatte, doch das alte östliche Kerngebiet hatte so dynamisch reagiert, dass es bereits ein westliches Reich besiegen konnte. »Was 1904/05 in der Mandschurei geschehen ist, war nicht mehr als ein Geplänkel mit der Vorhut«, folgerte der blamierte russische Kommandeur Alexei Nikolajewitsch Kuropatkin. »Nur wenn wir gemeinsam anerkennen, dass es für ganz Europa wichtig ist, Asien ruhig zu halten …, können wir die ›gelbe Gefahr‹ in Schach halten.«[41] Doch Europa schlug seinen Rat in den Wind.

Die Weltkriege

Zwischen 1914 und 1991 trug das westliche Kerngebiet die größten Kriege der Geschichte aus: Im Ersten Weltkrieg zwischen 1914 und 1918 und im Zweiten Weltkrieg zwischen 1939 und 1945 ging es jeweils um die Frage eines deutschen Festlandsimperiums in Europa und im Kalten Krieg zwischen 1947 und 1991 um die Frage, welcher Anteil der Beute den Vereinigten Staaten und welcher der Sowjetunion zustand (Abbildung 10.8). Zusammen summierten sie sich zu einem neuen Krieg des Westens, der seinen Vorläufer im 18. Jahrhundert weit in den Schatten stellte. Er schloss den Krieg des Ostens ein, hinterließ 100 Millionen Tote und bedrohte das Überleben der Menschheit selbst. 1991 herrschte der Westen noch immer, doch immer mehr Zeitgenossen dünkte es, dass sich Kuropatkins Befürchtungen schließlich bewahrheiten könnten: Der Osten stand bereit, ihn zu überholen.

Die Geschichte, wie der neue Krieg des Westens begann, ist oft erzählt worden: wie der lange Niedergang des Osmanischen Reiches im Balkan Tausende von Terroristen respektive Freiheitskämpfern auf den Plan rief; wie es durch Stümperei und Pech einer Bande namens Schwarze Hand gelang, im Juni 1914 den österreichisch-ungarischen Thronfolger zu ermorden (die vom ersten Attentäter geworfene Bombe prallte vom Auto des österreichischen Erzherzogs Franz Ferdinand ab, sein Fahrer nahm jedoch später eine falsche Straße, musste wenden und hielt direkt vor einem zweiten Attentäter, der sich die Gelegenheit nicht entgehen ließ); und wie das Netz von Verträgen, die den Frieden in Europa wahren sollten, alle Mächte gemeinsam in den Abgrund zog.

Was folgte, ist ebenso gut bekannt: wie Europas modernisierte Staaten ihre jungen Männer in beispielloser Zahl mobilisierten, sie mit unerhörten Waffen ausrüsteten und die enormen Kräfte ihrer Armeen zu einem nie gekannten Gemetzel missbrauchten. Vor 1914 hielten optimistische Intellektuelle Kriege zwischen den Großmächten für unmöglich: Die Volkswirtschaften seien nun so stark miteinander verflochten, dass sie im Kriegsfall alle zusammenbrechen müssten und der Konflikt ein rasches Ende fände. 1918 jedoch schien die Lehre des Ersten Weltkriegs eher zu sein, dass nur solche Staaten, die ihre riesigen, komplexen Wirtschaften wirkungsvoll für ihre Zwecke einzuspannen vermochten, den totalen Krieg des 20. Jahrhunderts mitsamt seinen Folgen und Belastungen überstehen konnten.

Der Krieg hatte offenbar gezeigt, dass der Vorteil bei den liberalen, demokratischen Staaten lag, deren Bürger am überzeugtesten in die Schlacht zogen. Einst, im 1. Jahrtausend v. u. Z., hatten die Menschen im Osten und Westen gleichermaßen gelernt, dass dynastische Reiche die zur Kriegführung effektivsten Organisationen waren. Nun, im Laufe einer einzigen Dekade, erfuhren sie, dass diese dynastischen Reiche – die beständigste Regierungsform der Geschichte, deren nahtloses Erbe auf Assyrien, Persien und das Qin-Reich zurückging – nicht länger mit dem Krieg vereinbar waren.

Als Erste verabschiedete sich die Qing-Dynastie in China. Im Sumpf von Schulden, Niederlage und Chaos verloren die Minister des Kindkaisers Pu Yi bereits 1911 die Kontrolle über das Heer, doch als sich der Rebellengeneral Yuan Shikai 1916 selbst zum Kaiser ausrief – wie es Rebellengeneräle seit 2000 Jahren getan hatten –, musste er feststellen, dass auch er das Land nicht mehr zusammenhalten konnte. Eine andere Militärclique setzte Pu Yi 1917 wieder ein, doch war das Ergebnis nicht besser. Chinas imperiale Geschichte endete ein paar Tage darauf, wenn schon nicht sang- und klanglos, so doch nur mit einem sehr mäßigen Knall:

Abbildung 10.8: Die Welt im Krieg, 1914–1991
Grau eingezeichnet sind die Vereinigten Staaten und ihre wichtigsten Alliierten um 1980, schraffiert die Sowjetunion und ihre Hauptverbündeten.

Ein einziges Flugzeug ließ eine Bombe auf die Verbotene Stadt in Beijing fallen, Pu Yi wurde abermals abgesetzt, und das Land verfiel in Anarchie.

Als Nächste kam Russlands Romanow-Dynastie an die Reihe. Die Niederlage gegen Japan hatte 1905 fast schon zum Sturz von Zar Nikolaus II. geführt, doch das erledigte dann der Erste Weltkrieg. 1917 wurde seine Familie erst von den Liberalen gestürzt, dann 1918 von den Bolschewiken erschossen. Deutschlands Hohenzollern und Österreichs Habsburger folgten rasch und entgingen dem Schicksal der Romanows nur, weil sie aus ihrer Heimat flohen. In der Türkei schleppten sich die Osmanen weiter dahin, doch nur bis 1922.

Trotz aller Verwüstungen stärkte der Erste Weltkrieg die westliche Vorherrschaft, indem er die archaischen dynastischen Reiche Europas hinwegfegte und China schwächer denn je zurückließ. Als große Gewinner traten zunächst Frankreich und Großbritannien auf, die sich die deutschen Kolonien einverleibten und ihre Seereiche noch weiter nach Afrika, in den Pazifik und zu den Ölfeldern des alten Osmanischen Reiches vortrieben. Um 1919 wurde ein Drittel der Landmasse des Planeten und nahezu ein Drittel der Weltbevölkerung entweder von London oder von Paris aus regiert.

Doch die ausgedehnten Schraffurflächen, die diese Reiche in älteren Atlanten zu meiner Schulzeit noch markierten, waren irreführend. Der Krieg stärkte nicht nur die westliche Macht, er verteilte sie auch um. Europa hatte über seine Verhältnisse gekämpft, und die Quittung dafür sprengte selbst die britische Kreditlinie. Die Inflation erreichte 1920 im Vereinten Königreich 22 Prozent, im folgenden Jahr überstieg die Arbeitslosigkeit elf Prozent. 68 Millionen Arbeitstage gingen durch Streiks verloren. Die Sonne ging noch immer nicht unter im Britischen Empire, doch sie hatte ihre liebe Not, während der Geschäftszeiten zu strahlen.

Zur Zahlung seiner Schulden musste Großbritannien bluten. Das Kapital floss zumeist über den Atlantik. Der Krieg war die Hölle gewesen, aber die Vereinigten Staaten hatten einen höllisch erfolgreichen Krieg gehabt und sich nicht nur zur Werkbank, sondern auch zum Bankhaus der Welt gemausert. Im 15. Jahrhundert hatte sich das westliche Kerngebiet vom Mittelmeer nach Westeuropa verlagert und sich im 17. Jahrhundert nochmals weiter zu den Seemächten im Nordwesten des Kontinents verschoben. Nun, im 20. Jahrhundert, bewegte es sich abermals, als die bankrotten Seemächte des europäischen Nordwestens gegenüber dem nordamerikanischen Imperium ins Hintertreffen gerieten.

Die USA hatten sich in eine neue Art von Organisation verwandelt, die man Subkontinentalreich nennen könnte. Anders als traditionelle dynastische Reiche hatte es keine alte Aristokratie, die über unterdrückte Bauern herrschte; anders als die europäischen Seereiche war es kein kleines, liberales, industrialisiertes Land, dessen Herrschaftsgebiet die Welt umspannte. Stattdessen hatten Euro-Amerikaner, nachdem sie die indigene Bevölkerung nahezu ausgerottet, einen brutalen Bürgerkrieg ausgefochten und Millionen ehemaliger Sklaven praktisch in die Leibeigenschaft zurückgestoßen hatten, demokratische Bürgerrechte von einem Ozean zum anderen verbreitet, mit wohlhabenden Farmern, die ein riesiges industrielles Kernland im Nordosten und nördlichen Mittleren Westen versorgten und von dort wiederum ihre Waren bezogen. Bis 1914 konnte sich dieses subkontinentale amerikanische Reich bereits mit den europäischen Seereichen messen, und nach 1918 waren seine Geschäftsleute weltweit unterwegs.

Mit welch einem gewaltigen Schmatzgeräusch die Vereinigten Staaten den europäischen Reichtum verputzten, erstaunte die Zeitgenossen. »Das Finanzzentrum der Welt, das Tausende von Jahren brauchte, um von den Ufern des Euphrat an Themse und Seine zu wandern«, bemerkte der amerikanische Außenminister John Hay schon vor dem Ersten Weltkrieg, »scheint zwischen Morgengrauen und Abenddämmerung zum Hudson überzusiedeln.«[42] Bis 1929 hielten die Amerikaner über 15 Milliarden Dollar Auslandsinvestitionen, beinahe so viel wie die Briten 1913, und verfügten über einen 50 Prozent größeren Anteil am Welthandel.

Das goldene Zeitalter des Kapitalismus schien unter amerikanischer Führung eine Wiedergeburt zu erleben, doch da gab es einen entscheidenden Unterschied. Vor 1914 war nach Meinung von John Maynard Keynes »der Einfluss Londons auf die Kreditbedingungen der ganzen Welt so überragend, dass die Bank von England beinahe Anspruch darauf erheben konnte, der Dirigent des internationalen Orchesters zu sein«.[43] Doch nach 1918 waren die USA unwillig, diese Aufgabe zu übernehmen. Die amerikanischen Politiker nahmen nach 1918 vor den ansteckenden Rivalitäten und Kriegen Europas Reißaus, ließen das Dirigentenpult verwaist zurück und zogen sich in eine politische Isolation zurück, die dem chinesischen oder japanischen Reich des 18. Jahrhunderts alle Ehre gemacht hätte. Zu guten Zeiten improvisierte das Orchester und wurstelte sich durch, doch als die Zeiten schlecht wurden, verwandelte sich seine Musik in Kakophonie.

Im Oktober 1929 sorgten ein wenig Stümperei, ein Haufen Pech und die Abwesenheit eines Dirigenten dafür, dass eine Blase am amerikanischen Aktienmarkt zu einem internationalen Finanzdesaster wurde. Die Ansteckung raste um die kapitalistische Welt: Banken stürzten, Kredite verdampften und Währungen brachen zusammen. Nur wenige litten Hunger, doch Weihnachten 1932 war jeder vierte amerikanische Arbeiter ohne Job. In Deutschland war es eher jeder zweite. Die Schlangen fahlgesichtiger Arbeitsloser, »die ihrem Schicksal mit der gleichen stummen Verwunderung entgegensahen wie ein Tier in der Falle«[44], wie der englische Journalist George Orwell schrieb, wurden immer länger.

Zumindest bis Mitte der 1930er Jahre machte alles, was die liberalen Demokratien taten, die Lage nur noch schlimmer. Nicht nur schienen die westlichen Kerngebiete über das Entwicklungsparadox gestolpert zu sein, es sah auch so aus, als kämen nun anderswo die Vorteile der Rückständigkeit ins Spiel. Russland, jahrhundertelang ein sehr zurückgebliebenes Land an der Peripherie, hatte sich als kommunistische Union der Sozialistischen Sowjetrepubliken neu konstituiert. Wie die Vereinigten Staaten fügte es einem riesigen landwirtschaftlichen Hinterland einen aufstrebenden industriellen Kern hinzu, doch anders als jene betrieb es eine Politik der Verstaatlichung und Kollektivierung der Landwirtschaft unter zentralistischer Planung. Die Sowjetunion mobilisierte ihre Menschen eher wie ein moderner westlicher Staat als ein altes dynastisches Reich, aber ihre Autokraten Lenin und Stalin regierten mehr wie Zaren denn demokratische Präsidenten.

Die Sowjetunion war eine Art Anti-Amerika: ein subkontinentales, aber entschieden illiberales Reich. Während Stalin Gleichheit predigte, schuf er durch Zwangsumsiedlung von Millionen seiner Genossen innerhalb seines Reiches und die Inhaftierung einer weiteren Million in Gulags eine zentralistische Wirtschaft. Ideologisch verdächtige ethnische Gruppen und Klassenfeinde (was häufig dasselbe war) fielen Säuberungen zum Opfer. Und anders als die scheiternden kapitalistischen Wirtschaften ließ die erfolgreiche Sowjetunion tatsächlich zehn Millionen ihrer Untertanen verhungern. Dennoch machte Stalin eindeutig etwas richtig, denn während die kapitalistische Industrie zwischen 1928 und 1937 zusammenbrach, vervierfachte sich die sowjetische Produktion. »Ich habe die Zukunft gesehen, und sie funktioniert«[45], verkündete der Journalist Lincoln Steffens in einem berühmt gewordenen Ausspruch seinen amerikanischen Landsleuten nach einem Besuch der Sowjetunion.*

Anfang der 30er Jahre schien vielen die wahre Lektion des Ersten Weltkriegs nicht darin zu liegen, dass der liberalen Demokratie die Zukunft gehörte. Die anglo-franko-amerikanische Allianz, so glaubten sie, hatte vielmehr *trotz*, nicht wegen ihres Liberalismus gewonnen. Die wahre Antwort schien ein subkontinentales Reich zu sein, je weniger liberal, desto besser. Japan, das so sehr von der Nachahmung liberaler Modelle profitiert hatte, änderte seinen Kurs, als die Weltmärkte und ihre handelsorientierte Wirtschaft ins Trudeln gerieten. Angesichts einer stark anschwellenden Arbeitslosigkeit, einer wackeligen Demokratie und zunehmender kommunistischer Agitation traten Militaristen auf den Plan und forderten lauthals ein Reich, von dem Japan leben könnte. Die Armee – insbesondere ihre radikalen jüngeren Offiziere – liefen völlig aus dem Ruder und nutzten die Verwirrung der westlichen Demokratien und den Bürgerkrieg in China, um die Mandschurei zu annektieren und auf Beijing zuzumarschieren. »Nur durch die Herbeiführung einer japanisch-mandschurischen Kooperation und japanisch-chinesischer Freundschaft«, erklärte ein Oberstleutnant, »kann das japanische Volk zum Herrscher Asiens werden und darauf vorbereitet sein, den letzten und entscheidenden Krieg gegen die verschiedenen weißen Rassen zu führen.«[46]

Bis zu einem gewissen Grad funktionierte der Militarismus. Japans Wirtschaft wuchs in den 1930er Jahren um 72 Prozent, allein die Stahlproduktion stieg um das Achtzehnfache. Aber auch hier waren die Kosten hoch. »Kooperation« und

* Steffens reiste 1919 in die Sowjetunion, textete dieses zustimmende Urteil jedoch offenbar schon vor seiner Reise. Unbeeindruckt von solchen Details machten die Kommunisten in Europa und Amerika den Ausspruch in den 1930er Jahren zu ihrem Mantra.

»Freundschaft« bedeuteten häufig Sklaverei und Massaker, und selbst nach den niedrigen, unlauteren Maßstäben jener Zeit war die Brutalität der Japaner schockierend. Des weiteren war 1940 klar, dass die Eroberungen die Probleme Japans nicht gelöst hatten, da der Krieg die Ressourcen noch schneller verschlang, als sich neue erbeuten ließen. Von fünf Litern Treibstoff, die ein Kriegsschiff oder Bomber verbrauchte, mussten vier vom Westen gekauft werden. Der Plan der Armee, mit den Eroberungen fortzufahren, brachte keine Besserung, und als die Lage in China immer verfahrener wurde, gewann ein noch alarmierenderer Plan an Boden: nach Südostasien vorzustoßen und die dortigen Ressourcen Öl und Kautschuk aus den Händen der westlichen Imperialisten zu befreien, selbst wenn das Krieg mit Amerika bedeutete.

Am alarmierendsten war der Plan, der in Deutschland heranreifte. Niederlage, Arbeitslosigkeit und finanzieller Zusammenbruch hatten bei den Erben von Goethe und Kant so tiefe Wunden gerissen, dass sie bereit waren, selbst einem Verrückten ihr Ohr zu leihen, der alle Schuld den Juden gab und mit dem Allheilmittel der Eroberung hausieren ging. »Die erste Ursache des Gleichbleibens unserer Währung ist das KZ«, versicherte Adolf Hitler seinem Finanzminister, als er jüdische Geschäftsleute brutal verfolgen und verbannen und Gewerkschafter ins Gefängnis werfen ließ.[47] Hitlers Wahnsinn hatte Methode: Defizitfinanzierung, staatliche Lenkungseingriffe und die Wiederaufrüstung beseitigten in den 1930er Jahren die Arbeitslosigkeit und verdoppelten die Industrieproduktion.

Hitler posaunte seinen Plan, die Westflanke Deutschlands durch die Besiegung der Seereiche zu sichern und dann die osteuropäischen Slawen und Juden durch arische Bauern zu ersetzen, offen heraus. Weit mehr als bloß illiberal, war seine Vision eines um Deutschland zentrierten subkontinentalen Reiches unumwunden völkermörderisch, doch nur wenige Menschen im Westen konnten glauben, dass er es ernst meinte. Ihr Selbstbetrug beschwor herauf, was die meisten vermeiden wollten: einen weiteren umfassenden Krieg. Einige wenige dunkle Monate lang sah es – zum ersten Mal seit 1812 – so aus, als würde es ein Kontinentalreich doch noch schaffen, Europa zu vereinigen, aber wie in einem unheimlichen Echo auf Napoleon wurde Hitler am Ärmelkanal, im Schnee Moskaus und in der Wüste Ägyptens zurückgeschlagen. Mit dem Versuch, Japans Ostkrieg in seinen eigenen Westkrieg einzubeziehen, überdehnte er die deutschen Kräfte und zog, statt Großbritannien aus dem Feld zu schlagen, nur die Vereinigten Staaten mit ins Spiel. Der Krieg machte das liberale amerikanische und das illiberale sowjetische Reich zu Bettgenossen, und trotz der Ausplünderung von Bodenschätzen und Arbeitskräften in Europa und im Osten konnten Deutschland und Japan der kombinierten Finanzstärke, Arbeitskraft und Fabrikationsmacht dieser Reiche nicht standhalten.

Im April 1945 reichten sich amerikanische und sowjetische Soldaten bei Torgau die Hände, umarmten sich, stießen auf den Sieg an und tanzten zusammen. Wenige Tage darauf erschoss sich Hitler, und Deutschland kapitulierte. Im August, als Feuer vom Himmel regnete und Atombomben Hiroshima und Nagasaki in Schutt und Asche legten, brach Japans Gottkaiser mit allen Traditionen und sprach direkt zu seinem Volk. Mit einer Erklärung, die meine Stimme für die größte Untertreibung der Geschichte bekommt, informierte er seine Untertanen per Radioansprache: »Der Kriegsverlauf hat sich nicht unbedingt zu Japans Vorteil entwickelt.«[48] Selbst da noch versuchten unverbesserliche Generäle einen Putsch in der Hoffung auf eine Fortführung des Kampfes, doch am 1. September ergab sich auch Japan.

Das Jahr 1945 beendete sowohl den Versuch Japans, den Krieg des Ostens zu gewinnen und die westlichen Imperialisten hinauszuwerfen, als auch das Bestreben Deutschlands, in Europa ein subkontinentales Reich zu schaffen, doch setzte es überdies den westeuropäischen Seemächten ein Ende. Zu ausgelaugt durch den totalen Krieg, um noch nationalistischen Revolten oder antikolonialistischen Erhebungen zu widerstehen, schmolzen sie innerhalb einer Generation dahin. Europa war am Ende seiner Kräfte. Sein wirtschaftlicher, sozialer und politischer Zusammenbruch ließ sich bestenfalls mit dem Zusammenbruch des Römischen Reiches vergleichen.

Die gesellschaftliche Entwicklung im Westen brach 1945 jedoch nicht zusammen, weil das Kerngebiet mittlerweile so ausgedehnt war, dass nicht einmal der größte je ausgefochtene Krieg es zur Gänze ruinieren konnte. Die Sowjets hatten ihre Industrie jenseits der Reichweite der Deutschen wiederaufgebaut, und Bomben hatten kaum einmal das Gebiet der Vereinigten Staaten erreicht.* Im Gegensatz dazu hatten die Verwüstungen, die von Japan in China und von den USA in Japan angerichtet worden waren, das östliche Kerngebiet gründlich demoliert, mit der Folge, dass der Zweite Weltkrieg – wie der Erste – die westliche Vorherrschaft noch stärkte. Es schien kaum einen Zweifel zu geben, dass die westliche Dominanz von Dauer sein würde – die Frage war nur, ob unter sowjetischer oder amerikanischer Führung.

Diese beiden Imperien teilten das alte europäische Kerngebiet unter sich auf und trieben einen Keil mitten durch Deutschland. Amerikanische Finanzfachleute diskutierten in der Folge eingehend über ein neues internationales Finanzsystem für den Kapitalismus und entwarfen den Marshallplan, vielleicht das beste Beispiel für aufgeklärtes Eigeninteresse, das die Geschichte zu bieten hat. Wenn die Europäer Geld hätten, so der Hintergedanke, könnten sie amerikanische Nahrungsmittel kaufen, amerikanische Maschinen importieren, um ihre eigene Industrie wieder aufzubauen, und würden davon Abstand nehmen, ihre Stimme den Kommunisten zu geben. So schob ihnen Amerika einfach 13,5 Milliarden Dollar zu, etwa ein Zwanzigstel seines Bruttoinlandsprodukts von 1948.

---

* Abgesehen von dem Angriff auf Pearl Harbor ereignete sich die einzige Zerstörung auf amerikanischem Boden durch ein einzelnes (von einem U-Boot aus gestartetes) japanisches Flugzeug, das 1942 Brookings, Oregon, bombardierte.

Die meisten Westeuropäer griffen nach dem Geld, akzeptierten Amerikas Führungsrolle und traten einer demokratischen, marktfreundlichen Kontinentalgemeinschaft bei oder näherten sich ihr an.* (Die Ironie, dass die USA die Europäer mit sanftem Druck zu einer blassen Version eines Landimperiums unter der industriellen Vorherrschaft der Westdeutschen drängten, konnte eigentlich niemandem entgehen.) Die osteuropäischen Führungen beugten sich der militärischen Vormacht der Sowjetunion und schlossen sich einem kommunistischen, nach innen gerichteten Rat für gegenseitige Wirtschaftshilfe an. Statt Ressourcen nach Osteuropa zu pumpen oder etwa auch die Demokratie zu fördern, zapften die Sowjets Ressourcen daraus an und warfen Gegner ins Gefängnis oder erschossen sie. Trotzdem erreichte die osteuropäische Produktion bis 1949 wieder Vorkriegsniveaus. In der amerikanischen Einflusssphäre lief es noch besser: Ohne nennenswerte Inhaftierungen oder Erschießungen gelang dort von 1948 bis 1964 eine Verdoppelung der Produktion.

Das amerikanische und sowjetische Imperium waren nicht die Ersten, die sich das westliche Kerngebiet teilten, doch aufgrund ihrer Nuklearwaffen unterschieden sie sich von all ihren Vorgängern. Die Sowjets testeten 1949 eine Atombombe, und bis 1954 verfügten beide über Wasserstoffbomben mit einer 1000-fach größeren Vernichtungskraft als die Waffe, die Hiroshima ausradiert hatte – so viel gewaltiger als diese, wie Churchill in sein Tagebuch schrieb, dass sie sich davon unterschieden wie die »Atombombe selbst von Pfeil und Bogen«.[49] Ein Kreml-Bericht kam zu dem Schluss, dass ein Krieg »auf dem gesamten Planeten Bedingungen schaffen könnte, unter denen kein Leben mehr möglich ist«.[50]

Doch hinter der Atompilzwolke zeichnete sich ein Silberstreif ab. »So sonderbar es erscheinen mag«, sagte Churchill vor dem britischen Parlament, »die Universalität der potenziellen Zerstörung ist, denke ich, der Grund, weshalb wir mit Hoffnung und sogar Zuversicht in die Zukunft blicken können.«[51] Mit der Doktrin der »wechselseitig zugesicherten Zerstörung« war das Gleichgewicht des Schreckens geboren, und obwohl eine Kette angsteinflößender Fehlleistungen die Welt mehrfach an den Rand der Apokalypse brachte, trug der Westen keinen dritten Weltkrieg aus.

Stattdessen kämpfte er einen Krieg in der Dritten Welt um die Überreste der westeuropäischen und japanischen Reiche, ausgetragen zumeist durch Stellvertreter (gewöhnlich bäuerliche Revolutionäre auf Seiten der Sowjets und brutale Diktatoren auf Seiten der Amerikaner). Dem Anschein nach hätte dies ein Heimspiel für die Vereinigten Staaten werden müssen, die nun mit noch kolosshafterem Schritt den Globus durchmaßen als die Briten ein Jahrhundert zuvor. Besonders im Osten hatte Washington scheinbar die besten Karten. Die USA pumpten eine

* Die Zusammenarbeit begann mit der 1948 gegründeten Organisation für europäische wirtschaftliche Zusammenarbeit und der Montanunion von 1952. Diese wurden 1958 als Europäische Wirtschaftsgemeinschaft neu gegründet und mit dem Maastricht-Vertrag 1993 in die Europäische Union umgewandelt.

halbe Milliarde Dollar nach Japan und zogen sich einen loyalen, wohlhabenden Verbündeten an die Brust. Gestützt von großzügiger amerikanischer Hilfe, schien außerdem die nationalchinesische Armee gut gerüstet, Mao Zedongs Kommunisten zu besiegen und endlich den chinesischen Bürgerkrieg zu beenden.

Der abrupte Zusammenbruch der Guomindang 1949 veränderte alles und verwandelte den Osten in den heißesten Brandherd des nunmehr Kalten Kriegs des Westens. Stalin ermutigte Nordkorea, in Amerikas Klientelstaat Südkorea einzumarschieren, und als das schiefging, griff auch Mao ins Kampfgeschehen ein. Als der Krieg 1953 ins Stocken kam, waren vier Millionen Menschen umgekommen (einschließlich einer von Maos Söhnen), und Guerillakriege wüteten auf den Philippinen, in Malaysia und Indochina. Die amerikanischen Stellvertreter entschieden die ersten beiden Konflikte ebenso wie den Kampf in Indonesien für sich, aber bis 1968 stand eine halbe Million Amerikaner in Vietnam – und unterlag (wenn auch der ebenso endgültige wie fluchtartige Abzug erst 1975 erfolgte).

Diese Kämpfe waren zugleich Frontabschnitte im sowjetisch-amerikanischen Krieg des Westens und nationale Befreiungskriege, jedoch in keiner Weise eine Neuauflage des Kriegs des Ostens. China und Japan, die Großmächte des Ostens, versprachen sich nach 1945 wenig von einer Expansion. China hatte genug Probleme im Inneren, während Japan auf friedlichem Wege viele der Ziele erreichte, die es 1941 gewaltsam angestrebt hatte – eine in jeder Hinsicht ebenso befremdliche Ironie wie die Erfolge Westdeutschlands in Europa. Japan bediente sich der amerikanischen Unterstützung überaus geschickt und nutzte die Zerstörung seiner alten Industrien zu seinem Vorteil, indem es sie neu organisierte, mechanisierte und profitable Nischen für sie fand. 1969 überrundete die japanische Wirtschaft die westdeutsche und holte in den 1970er Jahren stetig gegenüber der amerikanischen auf.

Mittlerweile spürten die USA die Belastung des an vielen Fronten geführten Kalten Kriegs. Obwohl sie mehr Bomben auf Vietnam abwarfen als auf Deutschland während des Zweiten Weltkriegs, erlitten die Amerikaner eine demütigende Niederlage und schwächten ihren Einfluss im Ausland. Die sowjetischen Stellvertreter begannen, Kriege in Afrika, Asien und Lateinamerika zu gewinnen, und selbst die Erfolge der USA zerfielen zu Staub. Ihren beharrlich von ihnen aufgebauten asiatischen Klientelstaaten ging es nun so gut, dass sie die amerikanischen Märkte eroberten, während die europäischen Verbündeten, die Amerika zu so hohen Kosten verteidigte, anfingen, von Abrüstung und Bündnisfreiheit zu sprechen. Und indem die USA Israel unter ihren Schutz stellten, trieben sie die arabischen Regierungen in die Arme der Sowjets. Nachdem Israel 1973 den Überraschungsangriff Ägyptens und Syriens zurückschlug, entfesselten arabische Ölembargos und Preissprünge das neue Ungeheuer der Stagflation – Stagnation gepaart mit Inflation.

Als Teenager im England der 1970er Jahre sprach ich mit meinen Freunden beiläufig über den kommenden Zusammenbruch Amerikas, während wir herumsaßen und amerikanische Jeans trugen, amerikanische Filme sahen und amerikanische Gitarren spielten. Soweit ich mich erinnere, sah niemand von uns jemals einen Widerspruch darin. Ich bin mir zudem ziemlich sicher, dass es uns nie in den Sinn kam, dass wir beileibe nicht Zeugen des Untergangs des amerikanischen Imperiums waren, sondern unseren Teil dazu beitrugen, den Krieg des Westens für Amerika zu gewinnen. Die entscheidende Front, so sollte sich bald herausstellen, lag nicht in Vietnam oder Angola. Sie lag in den Einkaufszentren.

Das Zeitalter des Überflusses

»Seien wir ehrlich«, rief Harold Macmillan, der englische Premierminister, 1957 seinen Wählern zu, »den meisten Menschen bei uns ist es noch nie so gut gegangen.«[52] Die Briten mochten ein Imperium verloren und noch keine neue Rolle für sich gefunden haben, doch sie hatten, wie immer mehr Menschen auf der ganzen Welt, zumindest eine Fülle von materiellen Dingen. In den 1960er Jahren waren Luxusgüter, die noch ein Jahrhundert zuvor nicht einmal existiert hatten – Radios, Fernseher, Plattenspieler, Autos, Kühlschränke, Telefone, elektrisches Licht und (woran ich mich am besten erinnere) Plastikspielzeug–, im westlichen Kerngebiet alltäglich geworden (Abbildung 10.9).

Manch einem erschien es wie ein Zeitalter der Vulgarität. Vororte und Satellitenstädte breiteten sich um jede Autobahnabfahrt und Ortsumgehung aus, vom amerikanischen Levittown über das britische Telford bis hin zur Gropiusstadt in Westberlin, und beleidigten mit ihrer schachtelhaften Eintönigkeit das Auge der Ästheten. Aber sie verschafften den Menschen, was sie wollten: ein bisschen Platz, sanitäre Einrichtungen im Gebäudeinnern und Garagen für ihre glänzenden Fords und VWs.

Das 20. Jahrhundert war ein Zeitalter der Fülle, eines materiellen Überflusses, der die kühnsten Träume übertraf. Preisgünstige Kohle und billiges Öl generierten Elektrizität für alle, ließen auf Knopfdruck Maschinen laufen und Häuser beleuchten. Über 2000 Jahre zuvor hatte Aristoteles bemerkt, dass es immer Sklaven geben würde, es sei denn, die Menschen hätten *automata* – sich selbsttätig bewegende Maschinen –, die für sie die Arbeit erledigten. Nun wurde seine Fantasievorstellung wahr, und die elektrische Energie verschaffte selbst dem Niedrigsten unter uns Dutzende von Sklaven, die unser tägliches Verlangen nach Unterhaltung, Wärme und – insbesondere – Essen stillten.

Diese Energierevolution verwandelte die Märchen des 16. Jahrhunderts von endlosen Festen in Realität. Zwischen 1500 und 1900 hatte sich der Weizenertrag im westlichen Kerngebiet dank eines optimierteren Ackerbaus, vermehrter Zugtiere und besseren Düngers ungefähr verdoppelt, aber dann stießen die Bauern an die Grenzen ihres Einfallsreichtums. Durch noch mehr Tiere ließ sich die Produktivität nur bis zu einem gewissen Grad steigern, und um 1900 wurde ein

Abbildung 10.9: Es ging uns noch nie so gut
Der Autor und sein Spielzeug, Weihnachten 1964.

Viertel des nordamerikanischen Ackerlands allein zum Füttern der Pferde benötigt. Dann kamen Benzin und Diesel zu Hilfe. Amerikas erste Traktorenfabrik öffnete 1905, und bis 1927 stellten Trecker auf amerikanischen Farmen ebenso viel Arbeitskraft bereit wie Pferde.

Alles hat seine Schattenseiten. 1875 war es die Hälfte aller Amerikaner, die auf dem Feld arbeitete, doch ein Jahrhundert später nur noch einer von 50. Maschinen fraßen Menschen, der Traktor entvölkerte auf dem Land ganze Gemeinden, war es doch profitabler, den Boden mit ein paar angeheuerten Tagelöhnern und Dieselmaschinen zu bewirtschaften. »Stumpfnasige Ungeheuer, die den Staub durchwühlten und ihre Schnauzen hineinsteckten«, nannte der Schriftsteller John Steinbeck die Traktoren. »Sie durchzogen kreuz und quer das Land, kamen durch Zäune, durch Höfe und durch Gräben.«[53]

Steinbeck sah eine Revolution der Verdammten dieser Erde voraus, doch als die Flutwelle der Enteignung und Verarmung, die überschüssige Menschen aus dem Mittleren Westen ganz nach Westen und schwarze Baumwollpflücker nach Norden spülte, wieder abebbte, fanden die meisten Migranten in der Stadt eine Arbeit, die besser bezahlt war als die Plackerei in der Landwirtschaft, die sie hinter sich gelassen hatten. Die Agrogeschäftsleute, die sie vertrieben hatten, verkauften ihnen nun billige Nahrungsmittel und investierten die Gewinne in chemische Düngemittel und Herbizide, elektrische Pumpen zur Bewässerung trockener

Felder und schließlich genveränderte Feldfrüchte, die nahezu allen Umweltbedingungen trotzten. Bis zum Jahr 2000 schluckte jeder Hektar amerikanischen Farmlands achtzigmal mehr Energie als 100 Jahre zuvor und warf einen vierfach höheren Ertrag an Nahrungsmitteln ab.

Wohin Amerika heute ging, dorthin folgte ihm morgen die Welt. Eine »grüne Revolution« vervierfachte zwischen 1950 und 2000 die Weltnahrungsmittelproduktion. Die Preise fielen stetig, Fleisch rückte bei der Ernährung an die Stelle von Getreide, und der Hunger wurde kontinuierlich zurückgedrängt – außer dort, wo Katastrophen, Dummheit und Gewalt dazwischenfunkten.

Wie alle anderen Organismen, so verwandeln auch Menschen überschüssige Energie in Nachkommenschaft, und so kam es im 20. Jahrhundert zusammen mit der Nahrungsmittelproduktion annähernd zu einer Vervierfachung der Weltbevölkerung. Aber in anderer Hinsicht wichen die Menschen von der Norm ab. Statt ihren gesamten unerwarteten Energiezugewinn in Nachkommen zu stecken, horteten sie etwas davon in ihrem eigenen Körper. Ein Erwachsener hatte im Jahr 2000 im Durchschnitt 50 Prozent mehr Körpermasse als hundert Jahre zuvor. Die Menschen wurden zehn Zentimeter größer, wurden fülliger und hatten mehr Energie für die Arbeit zu Verfügung. Diese größeren Menschen entwickelten robustere Organe und legten Fett zu (in reichen Ländern zu viel) und wurden damit widerstandsfähiger gegen Krankheiten und Verletzungen. Heutige Amerikaner und Westeuropäer leben üblicherweise 30 Jahre länger als ihre Urgroßeltern und genießen ein bis zwei zusätzliche Jahrzehnte, bevor ihre Augen, Ohren und anderen Organe schwächer werden und Arthritis ihre Gelenke lahmlegt. In einem Großteil der übrigen Welt einschließlich China und Japan ist die Lebenserwartung eher um 40 Jahre gestiegen. Selbst in Afrika, das von AIDS und Malaria heimgesucht wird, war die durchschnittliche Lebenserwartung 2008 um 20 Jahre höher als um 1900.

Der menschliche Körper hat sich in den letzten 100 Jahren stärker verändert als in den vorangegangenen 50 000, und die Menschen haben – insbesondere in reichen Ländern – gelernt, in ihn einzugreifen, um seine verbliebenen Mängel zu beheben. Europäer haben seit Beginn des 14. Jahrhunderts Brillen getragen, die sind nun längst über den ganzen Globus verbreitet. Ärzte haben neue Techniken entwickelt, um das Gehör zu erhalten, das Herz weiterschlagen zu lassen, abgetrennte Gliedmaßen wieder anzunähen und sogar in die Zellen einzugreifen. Öffentliche Gesundheitsvorsorge und, mehr noch, bessere sanitäre Verhältnisse haben die Pocken, Masern und andere Infektionskrankheiten als Ursache massenhaften Sterbens ausgerottet.

Abbildung 10.10 zeigt, unter welchen chronischen Krankheiten Veteranen der US-Armee litten. Sie vermittelt einen Eindruck davon, wie sehr sich die allgemeine Gesundheit verbessert hat. Veteranen mögen angesichts der Gewaltsamkeit ihres Berufs als Untersuchungsobjekt (und weil sie vornehmlich Männer sind) keinen idealen Ausschnitt der Menschheit darstellen, doch dank der beses-

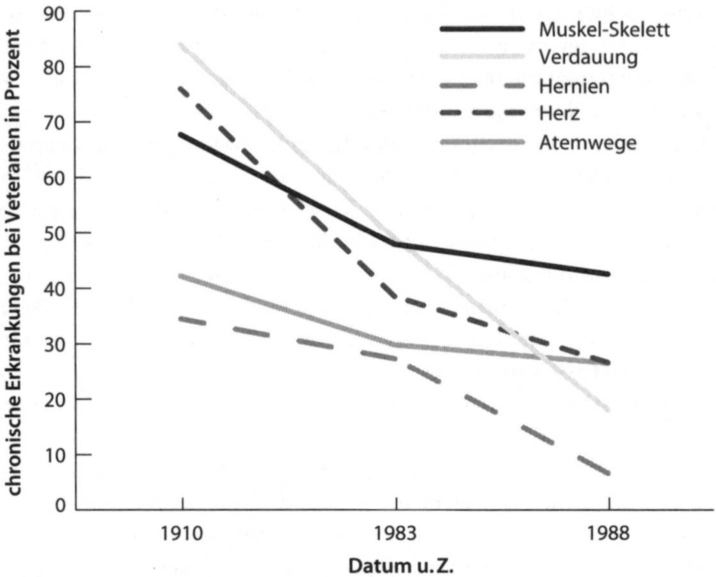

Abbildung 10.10: Sei alles, was du sein kannst
Die Gesundheit von Veteranen der US-Armee, 1919–1988.

senen Dokumentationstätigkeit des Militärs ist keine Gruppe besser untersucht. Die Verbesserungen, die sich an ihr ablesen lassen, sind verblüffend.

Das Leben der Frauen hat sich sogar noch mehr verändert. Durch die gesamte Geschichte hindurch waren Frauen Gebärmaschinen gewesen. Weil die Hälfte ihrer Kinder im ersten Lebensjahr starb (die meisten davon tatsächlich bereits in der ersten Lebenswoche) und nur die Hälfte der überlebenden Nachkommen es bis zu ihrem 40. Geburtstag schafften, war es zur Aufrechterhaltung einer stabilen Bevölkerung (je Paar zwei erwachsene Nachkommen, die Mutter und Vater ersetzen) notwendig, dass eine Frau durchschnittlich etwa fünfmal niederkam und einen Großteil ihres Erwachsenenlebens als Schwangere und/oder Stillende verbrachte. Das 20. Jahrhundert indes hob diese von hoher Mortalität regierte Welt aus den Angeln.

Bereits vor der Wende zum 20. Jahrhundert gebaren besser genährte, stärkere Frauen kräftigere Babys, fütterten sie mehr und hielten sie sauberer. Die Kindersterblichkeit nahm ab, sodass die Bevölkerung explosionsartig wuchs – bis die Frauen ihre Fruchtbarkeit unter Kontrolle brachten. Die Menschen hatten zwar schon immer Mittel und Wege der Verhütung gefunden (der Legende nach gebrauchte Casanova im 18. Jahrhundert zu diesem Zweck Zitronenhälften), auch waren die Geburtenraten in den reichsten Ländern bereits um 1900 rückläufig, doch im 20. Jahrhundert nahmen sich Technik und Wissenschaft in den USA auch dieser Herausforderung an: 1920 kam das Latexkondom, 1960 die Antibabypille. In den reichen Ländern fiel die Geburtenrate bald unter die Erhaltungsrate von zwei Kindern pro Paar.

Während gesündere Kinder und die Pille die Frauen vom lebenslangen Gebärzwang befreiten, enthob sie die Erfindung preisgünstiger Heizspiralen für Bügeleisen und Toaster und kleiner Elektromotoren für Waschmaschinen und Staubsauger der beschwerlichsten Schinderei im Haushalt. Ein Knopfdruck erledigte Aufgaben, die zuvor Stunden mühsamer Arbeit erfordert hatten. Frauenhände kamen noch immer nicht zur Ruhe, aber ab 1960 konnte eine Frau ins Auto springen (fast jede amerikanische Familie besaß eins), zum Supermarkt fahren (wo zwei Drittel der im Land produzierten Nahrungsmittel verkauft wurden), anschließend ihre Einkäufe im Kühlschrank deponieren (98 Prozent der Haushalte hatten einen) und die Waschmaschine einschalten, bevor ihre zwei oder drei Kinder von der Schule heimkamen und sich vor dem Fernseher niederließen.

Diese Veränderungen befreiten die Frauen für Tätigkeiten außerhalb des Heims. Und sie wurden dringend gebraucht. Der rasche Übergang von der Industrie- zur Dienstleistungsgesellschaft setzte Kolonnen klassischer Arbeiter frei und ließ den Bedarf an Angestellten im Tertiärsektor in die Höhe schießen. In den reichsten Ländern stieg nach 1960 der Anteil der Frauen in bezahlten Beschäftigungsverhältnissen und den Hochschulen stetig, und wie jedes Zeitalter vor ihm bekam auch dieses das Denken, das es brauchte. Bücher wie *Der Weiblichkeitswahn oder Die Mystifizierung der Frau* von Betty Friedan und *Sexus und Herrschaft* von Kate Millett drängten Frauen der Mittelklasse, Erfüllung außerhalb ihrer traditionellen Rollen zu suchen. 1968 sprengten etwa 100 Demonstrantinnen die Miss-Amerika-Wahl in Atlantic City. Gegen Ende des 20. Jahrhunderts beteiligten sich die Männer stärker an der Hausarbeit und Versorgung der Kinder (auch wenn ihre Ehefrauen und Partnerinnen im Allgemeinen immer noch mehr leisteten als sie).

1958 kamen die Sowjetunion und die USA überein, Leistungsschauen im jeweils anderen Land abzuhalten, waren doch beide zuversichtlich, mit der Stärke ihrer Industrieproduktion den Gegner einschüchtern zu können. Bei der ersten Ausstellung in New York führten die Sowjets Traktoren, Lastwagen und Raketenattrappen ins Feld, um die Kapitalisten zu überzeugen, dass Widerstand zwecklos war. 1959 schlugen die USA mit Bravour zurück und entsandten den damaligen Vizepräsident Richard Nixon nach Moskau, um auf einer Ausstellungsfläche von 15 000 Quadratmetern Haushaltsgeräte vorzustellen, einschließlich der exakten Kopie eines Reihenhausneubaus auf Long Island. Unter den Augen verblüffter Moskowiter gingen Nixon und Nikita Chruschtschow an beiden Seiten einer Westinghouse-Waschmaschine in Kampfstellung.

»Was immer Frauen die Arbeit erleichtert, ist gut«, eröffnete Nixon die Partie, doch Chruschtschow war vorbereitet. »Sie wollen Ihre Frauen in der Küche halten«, parierte er. »Wir denken nicht so über Frauen. Wir haben eine höhere Meinung von ihnen.« Da mochte etwas dran sein, schließlich arbeiteten in der Sowjetunion mehr Frauen außerhalb des Haushalts als in den USA. Andererseits sollte ein weiteres Jahrzehnt vergehen, bis auch nur die Hälfte der sowjetischen Haushalte eine Waschmaschine besaß. Nachdem sie mit dem Bus von ihrer Fabrikarbeit heimgekommen war, leistete die typische sowjetische Ehefrau zusätzlich 28 Stunden pro Woche Hausarbeit. Nur in einer von acht Wohnungen gab es einen Staubsauger, wenngleich ihn sich die Genossen, allesamt gute Kommunisten, vielleicht teilten.

Nixon antwortete mit einer Lobrede auf das freie Unternehmertum. »Bei uns wird nicht eine einzelne Entscheidung an der Spitze einer Regierungsbehörde gefällt«, erklärte er. »Wir haben viele verschiedene Hersteller und viele verschiedene Arten von Waschmaschinen, damit die Hausfrauen eine Wahl haben. ... Wäre es nicht besser, bei der Leistung von Waschmaschinen zu konkurrieren als bei der Stärke von Raketen? ... Wir drängen Ihnen [unseren Lebensstil] nicht auf«, schloss er, »aber Ihre Enkel werden ihn erleben.«[54]

Da hatte Nixon Recht. 1959 bestritt Chruschtschow noch schlicht, dass amerikanische Arbeiter in solchen Häusern lebten, doch spätestens in den 1980er Jahren musste seinen Enkeln klar geworden sein, dass man ihnen etwas vormachte. In gewisser Weise war diese verspätete Einsicht wiederum dem Entwicklungsparadox geschuldet: Die meisten Sowjetbürger besaßen mittlerweile Waschmaschinen und Staubsauger, aber sie hatten auch Radios, Fernsehgeräte und Schallplatten mit Rockmusik vom Schwarzmarkt. So konnten sie selbst sehen, dass die Amerikaner ihnen sogar noch weiter davonzogen.

Ein Witz begann die Runde zu machen: Ein Zug fährt ehemalige Sowjetführer durch die Steppe und bleibt plötzlich stehen. Wie erwartet, springt Stalin auf und ruft: »Peitscht den Lokführer aus!« Der Lokführer wird ausgepeitscht, aber der Zug bewegt sich nicht weiter. Daraufhin befiehlt Chruschtschow: »Rehabilitiert den Lokführer!« Dies geschieht, doch wieder regt sich nichts. Da lächelt Breschnew und schlägt vor: »Tun wir doch einfach so, als würde der Zug fahren.«[55]

Schlimm genug, dass die Untertanen des Sowjetimperiums, wenn sie ihre Fernseher einschalteten, darin manchmal auch Leute wie mich mit ihren Gitarren und Jeans zu Gesicht bekamen, doch wirklich katastrophal war, dass sie mit ansehen konnten, wie mit der Informationstechnologie als Treibsatz eine ganz neue Phase der industriellen Revolution begann. Und diese Phase verhalf einem Großteil derer, die auf der richtigen Seite des Eisernen Vorhangs lebten, zu noch größerem Wohlstand. Der erste amerikanische Computer, der Electronic Numerical Integrator and Calculator, kurz: ENIAC, war 1946 enthüllt worden. Er wog 30 Tonnen und verbrauchte so viel Strom, dass die Lichter in ganz Philadelphia sich verdunkelten, wenn er eingeschaltet wurde. Im Verlauf der folgenden 30 Jahre verkaufte die Firma International Business Machines, kurz: IBM, den westlichen Unternehmen kleinere, doch immer noch monströse Rechner, bis mit der Erfindung des Mikroprozessors 1971 der wahre Durchbruch gelang.

Wie so oft kamen die Erneuerer nicht aus der Mitte, sondern aus dem Dunstkreis der etablierten Elite – in diesem Fall eben nicht von einem hochrespektablen

Unternehmen wie IBM. Steve Wozniak, Steve Jobs und ein paar befreundete Computerfreaks bastelten in ihrer Garagenfirma in Menlo Park, einem kalifornischen Kleinstädtchen, mit einem eher lächerlichen Startkapital ihren Heimcomputer Apple I zusammen und brachten ihn 1976 auf den Markt. Bis 1982 erreichte der Umsatz von Apple 583 Millionen Dollar. IBM entwickelte, um konkurrenzfähig zu bleiben, den Personal Computer. Mittlerweile hatten zwei Studienabbrecher der Universitäten Harvard und Washington State, Bill Gates und Paul Allen, Microsoft gegründet und waren an die Westküste gezogen. Computer hielten Einzug in jedes Büro und jedes Heim. Sie wurden Jahr für Jahr preisgünstiger und bedienungsfreundlicher – und sogar zum Spaßfaktor.

Computer veränderten im westlichen Kerngebiet alles: die Unterhaltung, die Arbeit, den Handel, die Kriegführung. Bis 1985 gab es keinen Bereich des westlichen Lebens, der nicht mit Computern in Berührung gekommen wäre – anders im Sowjetimperium. So zu tun, als ob der Zug führe, war keine Option mehr.

Das Paradies des Volkes

Im Osten, wo Amerikas Klientelstaaten rasch das kommunistische China hinter sich ließen, war das nicht anders. Japan kletterte, gefolgt von Taiwan und Südkorea, schnell die wirtschaftliche Leiter hinauf, vom Plastikspielzeug der 60er Jahre, das mir als Kind so gefallen hatte, hin zu Schwerindustrie und Elektronik. Und während diese Staaten aufstiegen, übernahmen andere asiatische Nationen – Singapur, Malaysia, Thailand – ihre Plätze. Im ganzen Osten stiegen die Löhne, die Lebenserwartung nahm zu, die Säuglinge wurden kräftiger, größere Wohnungen füllten sich mit technischen Geräten. Es gab weit weniger Fernsehgeräte in China als in der Sowjetunion, aber die Politiker in Beijing erkannten nur zu klar die Gefahr, die sich durch die entlang ihrer Ostküste verteilten Außenposten des Wohlstands aufbaute. Diese »asiatischen Tiger«, wie man sie bald nannte, waren ein Affront. Alle hatten mehr oder weniger ein Ein-Parteien-Regime, und alle teilten Chinas konfuzianischen und buddhistischen Hintergrund. Wenn also weder Autoritarismus noch östliche Kulturtradition ein meteoritenhaftes Wachstum verhinderten, wo konnte das Problem wohl liegen, wenn nicht beim Kommunismus selbst?

Das Jahrhundert des Bürgerkrieges und der Parteikämpfe zwischen den 1840er und den 1940er Jahren hatte es China unmöglich gemacht, Japans rascher Industrialisierung zu folgen, aber nach seinem Sieg 1949 beeilte sich Mao Zedong, in Lenins Fußstapfen zu treten, und baute sein Reich als subkontinentales Imperium wieder auf. Der Frieden brachte eine enorme Dividende, und genau wie bei der Sui-Dynastie, die China im 6. Jahrhundert geeint hatte, bei den Song im 10. und den Ming im 14. Jahrhundert erholte sich die Wirtschaft wieder. Der Fünfjahresplan im sowjetischen Stil, den Mao auf den Weg brachte, als sich der Koreakrieg in einem Waffenstillstand verlaufen hatte, war weit weniger effektiv als der Kapitalismus der asiatischen Tiger, aber immerhin verdoppelte er die Industrieproduktion und hob die Reallöhne um ein Drittel an. Die Lebenserwartung bei der Geburt stieg steil, von 36 Jahren im Jahr 1950 auf 57 Jahre 1957.

Es gibt gute Gründe für die Annahme, dass die chinesische Wirtschaft in den 1960er und 1970er Jahren weiter stark gewachsen wäre, allein Mao, wie so viele chinesische Kaiser vor ihm, misstraute seinen Beamten. Die falschen Gesetze der Ökonomie, so verkündete er, müssten den wahreren Gesetzen des Marxismus weichen, doch seine Planer – mit ihren Rechenschiebern und Grafiken – kamen ihm verdächtig bourgeois vor. Erst durch Entfesselung des unbezwingbaren Volkswillens, befand Mao, würde das Paradies des Volkes errichtet werden können.

Mao war um 1915, als er Marx (und Herbert Spencer) las, zu geistiger Reife gelangt. Er war ein Anhänger der Theorie langfristiger Determiniertheit und davon überzeugt, dass die Unterlegenheit des Ostens seit Jahrhunderten in Stein gemeißelt sei. Die Antwort, so folgerte er, bestand darin, die »Vier Alten« – alte Sitten, alte Gewohnheiten, alte Kulturen und altes Denken – hinwegzufegen. Selbst die Familie musste weichen: »Die liebsten Menschen auf der Welt sind unsere Eltern«, erläuterte eine chinesische Jugendzeitung, »aber sie lassen sich nicht mit dem Vorsitzenden Mao und der Kommunistischen Partei vergleichen …, die uns alles gegeben hat.«[56] Beim »Großen Sprung nach vorn«, mit dem er den Westen einholen wollte, steckte Mao 99 Prozent der Bevölkerung in Volkskommunen mit mehreren tausend Mitgliedern. In so manchem dieser Produktionskollektive lief der Utopismus Amok:

> Der Parteisekretär der Stadt Paoma gab im Oktober 1958 bekannt, dass der Sozialismus am 7. November enden und der Kommunismus am 8. November beginnen würde. Nach der Versammlung strömten alle sofort auf die Straßen und fingen an, sich Waren aus den Läden zu schnappen. Als die Regale leer waren, gingen sie in die Häuser anderer Leute und nahmen deren Hühner und Gemüse zum Essen mit nach Hause. Die Leute hörten sogar auf, zu unterscheiden, welches Kind zu wem gehörte. Nur Ehefrauen blieben vor einem allgemeinen Zugriff bewahrt, weil sich der Parteisekretär in dieser Sache unsicher war.[57]

Andernorts herrschte Zynismus vor. Einige nannten es die Iss-alles-auf-Periode: Jedes Anreizes beraubt, arbeiten zu gehen oder zu sparen, verzichteten viele Leute auf beides.

Die Parteifunktionäre beugten sich dem Druck von oben und wiesen immer größere Ernteerträge aus. Dabei sanken diese Erträge in Wirklichkeit, weshalb die Funktionäre dazu übergingen, immer größere Anteile zu konfiszieren, um ihre Zahlen zu rechtfertigen. »Es ist nicht so, dass es keine Nahrung gibt«, beharrte ein Kommissar. »Es gibt eine Menge Getreide, aber 90 Prozent der Menschen haben ideologische Probleme.«[58]

Zu allem Übel entzweite sich Mao auch noch mit Chruschtschow. Von sowjetischer Hilfe abgeschnitten, versuchte er, das Niveau der westlichen Stahlproduktion zu erreichen, indem er 40 Millionen Bauern vom Land abzog, um in Hinterhöfen Volkshochöfen zu bauen. In denen wurde dann zur Herstellung hausgemachten Stahls geschmolzen, was immer sich vor Ort an Eisenerz auftreiben ließ, sogar Töpfe und Pfannen. Wenig von dem, was dort produziert wurde, war verwendbar, doch niemand wagte es auszusprechen.

Das Leben auf dem Land wurde zunehmend surreal. »Helle, aus einem Lautsprecher über dem Gelände tönende Melodien lokaler Opern erfüllen die Luft«, berichtete ein Reporter, »begleitet von dem Gesumm der Gebläse, dem Keuchen von Benzinmotoren, dem Hupen schwerbeladener Lastwagen und dem Gebrüll der Erz und Kohle ziehenden Rinder.«[59]

»Der Kommunismus ist das Paradies«, sollten die Bauern singen. »Die Volkskommunen sind die Brücke dorthin.«[60] Es war jedoch ein Paradies voller Drangsal und Ungemach. Wenn das Volk nicht gerade sang, hungerte es. Ein Informant berichtete:

> Das Schlimmste, das während der Hungersnot geschah, ist dies: Eltern fällten den Entschluss, die Alten und Kleinen zuerst sterben zu lassen. … Eine Mutter sagte dann zu ihrer Tochter: »Du musst gehen und deine Oma im Himmel besuchen.« Sie hörten auf, dem Mädchen zu essen zu geben, sie gaben ihm nur noch Wasser. … Eine Frau wurde angezeigt und vom Amt für Öffentliche Sicherheit verhaftet. Niemand im Dorf kritisierte sie, als sie ein paar Jahre später aus einem Arbeitslager zurückkehrte.[61]

Zwischen 1958 und 1962 verhungerten etwa 20 Millionen Chinesen (die düstersten Schätzungen belaufen sich sogar auf über 40 Millionen Tote). Nach Maos Tod kam das Zentralkomitee der Kommunistischen Partei Chinas offiziell zu dem Schluss, dass der große Steuermann zu 70 Prozent Recht und zu 30 Prozent Unrecht gehabt hatte, aber um 1960 hätten viele hohe Parteikader die Anteile von Recht und Unrecht gewiss umgekehrt gewichtet. Eine Gruppe von Technokraten umging Mao und führte in gewissem Umfang wieder Privateigentum ein. Bis 1965 hatten die Ernten wieder das Niveau von 1957 erreicht.

Mao war jedoch nicht geschlagen. Nach dem Krieg hatte China, wie der Westen, einen Babyboom erlebt. Diese Kinder waren mittlerweile zu einer riesigen Kohorte ungeduldiger Teenager herangereift. Wohlhabende Jugendliche im liberalen westlichen Kerngebiet verwandten ihre Energie (und ihre Kaufkraft) darauf, sich ihrer Musik hinzugeben, mit ihrer Haartracht und ihren Klamotten zu provozieren sowie die Bastionen der überkommenen Sexualmoral zu stürmen. Doch in China lenkte Mao die Energie zorniger Jugendlicher auf seine eigenen Mühlen. 1966 predigte er eine permanente »große proletarische Kulturrevolution« und stachelte die Jungen zu einem Angriff auf alles Bestehende auf.

Millionen von Heranwachsenden verließen ihre Schulen und Universitäten und verwandelten sich in randalierende Rotgardisten, die zuerst ihre Lehrer schlugen und erniedrigten und dann alle anderen, die ihnen reaktionär vorkamen. Während westliche Jugendliche die Revolution beschworen, lebten die jungen Chinesen sie aus. Ein Literaturstudent verkündete stolz per Wandzeitung:

Es war Klassenhass, der mich dazu veranlasste, [meine Klassenkameradin] Li Jianping zu denunzieren, und das entflammte den Zorn der Massen. Sie schlugen sie – ein konterrevolutionäres Element, das vom alten kommunalen Parteikomitee so viele Jahre beschützt worden war – mit ihren Knüppeln zu Tode. Es war ein ungeheuer befriedigendes Ereignis, das revolutionäre Volk zu rächen, die toten Märtyrer zu rächen. Als Nächstes werde ich einige Rechnungen mit jenen Bastarden begleichen, die Verrätern Schutz gewähren.[62]

Mao versuchte, den Zorn der Roten Garden gegen seine Rivalen zu richten, doch er bekam sie nie wirklich unter Kontrolle. Da niemand davor sicher war, als Konterrevolutionär denunziert zu werden, beeilten sich die Leute, mir ihrer Kritik die Ersten zu sein. Für viele war es einfach verwirrend. So murrte ein Latrinenwärter, dass er seine Arbeit verloren habe, weil zu viele Professoren im Rahmen ihrer Umerziehung zur Reinigung von Toiletten gezwungen wurden. Viele fanden es jedoch berauschend. Die Fabriken kamen knirschend zum Stillstand, als junge Arbeiter sich zusammenrotteten, um zu den Studenten zu stoßen. Rotgardisten luden Filmteams ein, um zu dokumentieren, wie sie buddhistische Statuen, konfuzianische Tempel und Relikte der Han-Dynastie zertrümmerten. Eine Bande besetzte sogar das Außenministerium und ernannte ihre eigenen, durch und durch proletarischen Diplomaten.

1969, als die Ereignisse offenbar auf ein Desaster vom Ausmaß des Großen Sprungs zutaumelten, riss selbst Mao der Geduldsfaden. Tausende waren umgekommen, Millionen Leben ruiniert. Die asiatischen Tiger zogen der Volksrepublik stetig davon. Die Beziehungen zu den Sowjets waren so schlecht, dass mittlerweile 800 Chinesen bei Zwischenfällen an der Grenze getötet worden waren. Mao distanzierte sich nachträglich von den Radikalen und sah sich nach einem Rettungsanker um.

Beistand erwuchs ihm von der vielleicht denkbar unwahrscheinlichsten Person: dem scharf antikommunistischen US-Präsidenten Richard Nixon. Für Nixon war ein Abkommen mit China ein willkommener Trumpf, um die Sowjets im Kalten Krieg strategisch an die Wand zu spielen, und 1972, nach allerlei Ballwechseln im Rahmen der Ping-Pong-Diplomatie, flog er nach Beijing und schüttelte Mao die Hand. »Das war die Woche, die die Welt verändert hat«, triumphierte Nixon am Ende seines mehrtägigen Besuchs, und in gewisser Weise hatte er Recht.[63] Die Aussicht auf eine Achse Washington–Beijing jagte Breschnew einen solchen Schrecken ein, dass Nixon drei Monate nach seinem Chinabesuch in Moskau saß und dort das Rüstungsbegrenzungsabkommen SALT 1 unterzeichnete.

Mao profitierte beinahe genauso viel. Durch sein Treffen mit Nixon signalisierte er den Pragmatikern, die nach westlicher Technologie hungerten, Unterstützung zu und stellte sich den Radikalen entgegen, die Chinas gebildete Schichten zerschlagen hatten. In einem berühmten Fall hatte ein Bewerber einen begehrten Studienplatz ergattert, weil er ein leeres Prüfungsheft mit der Notiz abgegeben hatte, revolutionäre Reinheit sei wertvoller als »Bücherwürmer, die es sich jahrelang leichtgemacht und nichts Nützliches geleistet haben«[64]. Mit einem Dünkel, den sowjetische Spaßvögel wohl zu goutieren gewusst hätten, argumentierten hohe Radikale (angeblich), dass »ein sozialistischer Zug mit Verspätung besser ist als ein fahrplanmäßig verkehrender revisionistischer«[65].

Nach 1972 gewannen die Pragmatiker Boden zurück, auch wenn sich erst nach Maos Tod 1976 das Blatt endgültig zu ihren Gunsten wendete. Deng Xiaoping, unter Mao zweimal als rechter Abweichler ins Umerziehungslager gesteckt und zweimal rehabilitiert, stieß nun seine Rivalen beiseite und zeigte sein wahres Gesicht. Demonstrativ machte er sich Maos altes Mantra »Suche die Wahrheit in den Fakten« zu eigen und ging die unangenehmste Wahrheit in China frontal an: Die Bevölkerung wuchs schneller als die Wirtschaft. Um all die leeren Mägen zu füllen, die jedes Jahr ins arbeitsfähige Alter kamen, musste Chinas Wirtschaft mindestens eine Generation lang jedes Jahr um sieben Prozent wachsen. Andernfalls drohten Hungersnöte, die selbst den Großen Sprung in den Schatten gestellt hätten.

Aller historischen Erfahrung nach würde auch China, wenn es nur Frieden und eine geeinte Regierung hätte – was beides seit den 1840er Jahren nicht mehr der Fall gewesen war –, innerhalb der westlich dominierten globalen Ökonomie prosperieren können. Deng allerdings ging noch weiter: Um den Druck auf die Ressourcen zu mindern, führte er die berüchtigte Ein-Kind-Politik ein, die (theoretisch) von Frauen mit zwei Kindern verlangte, sich sterilisieren zu lassen.* Und um die Verfügbarkeit der Ressourcen zu erhöhen, machte er sich stark für die Integration Chinas in die Weltwirtschaft. China trat der Weltbank und dem Internationalen Währungsfonds bei, eröffnete Sonderwirtschaftszonen, um Kapitalisten aus Macao, Hongkong und Taiwan anzulocken, und genehmigte sogar ein Coca-Cola-Werk in Shanghai.

Bis 1983 hatte Deng Xiaoping die Volkskommunen Maos praktisch eliminiert. Die Bauern gingen »Nebenbeschäftigungen« nach, deren Gewinn in ihre eigene Tasche fließen durfte, und auch Geschäftsleuten war es nun gestattet, einen Teil ihrer Profite einzubehalten. Das Ackerland gehörte immer noch den Kollektiven, aber Familien konnten nun Parzellen auf 30 Jahre pachten und sie privat bewirtschaften. In den Städten durfte Wohneigentum erworben und sogar mit Hypotheken belastet werden. Die Produktion stieg steil an, und obwohl die Liberalisierung die Konservativen entsetzte, gab es kein Zurück. Deng erklärte:

* Es ist nicht klar, wie groß die Wirkung dieser Politik wirklich war. 1974 lag die durchschnittliche Geburtenrate bei 4,2 Kindern pro Frau. Bis 1980, als die Ein-Kind-Politik durchgesetzt wurde, war sie auf 2,2 Kinder gefallen. Die Abnahme verlangsamte sich dann, und es dauerte noch weitere 15 Jahre, bis die Geburtenrate auf 1,0 pro Frau fiel. Chinas Bevölkerung wird vermutlich um 2015 ihren Höhepunkt erreichen.

Während der Kulturrevolution herrschte die Auffassung, dass ein armer Kommunismus einem reichen Kapitalismus vorzuziehen sei. … Weil ich gegen diese Auffassung war, wurde ich gestürzt. … Die Hauptaufgabe des Sozialismus ist die Entwicklung der Produktivkräfte, die stetige Verbesserung der Lebensbedingungen des Volkes und die Mehrung des materiellen Wohlstands der Gesellschaft. … Reich werden ist keine Sünde.[66]

Von ähnlichen Gedanken wurden, 6000 Kilometer entfernt, auch die Kommunisten in Moskau geplagt. Nach dem Schock der Chinareise Nixons war es für die Sowjetunion in den 1970er Jahren recht gut gelaufen. Als die arabischen Staaten die Ölpreise in die Höhe trieben, profitierte davon – als großer Erdölexporteur – auch die Sowjetunion. Mit dem hereingespülten Geld finanzierte und gewann Moskau eine Reihe von Stellvertreterkriegen und überflügelte 1978 das amerikanische Atomwaffenarsenal. Dann artete eine Intervention zur Stützung eines Satellitenregimes in Afghanistan in einen Zermürbungskrieg aus, der sich durch die 1980er Jahre zog, die Ölpreise fielen um zwei Drittel und die USA erhöhten ihre Militärausgaben drastisch, besonders für High-Tech-Waffen.

Das Politbüro trug sich bereits mit der Sorge, dass den gewöhnlichen Sowjetbürgern der Stillstand ihres Zuges aufgefallen war. Die sowjetische Staatswirtschaft konnte Panzer und Kalaschnikows am laufenden Band produzieren, aber keine Computer und Autos.* Überall gärte Regimekritik. Beim Gedanken an ein neues Wettrüsten befiel die Herrscher des Sowjetimperiums das Grauen.

»So kann man nicht weiterleben«[68], gestand Michail Gorbatschow seiner Frau Raissa, als sie 1985 durch ihren Garten schlenderten. Gorbatschow sollte wenige Stunden später zum Generalsekretär der Kommunistischen Partei und damit zum neuen Führer der Sowjetunion ernannt werden, doch der Garten war der einzige Ort, an dem er der Schnüffelei seiner eigenen Spitzel entging. Wie Deng wusste Gorbatschow, dass er der Realität ins Auge sehen musste. Die Explosion eines antiquierten Atomreaktors in Tschernobyl offenbarte 1986, dass die Sowjetunion nicht nur zurückfiel, sondern auseinanderbrach. Unter den Schlagworten Öffnung (Glasnost) und Umbau (Perestroika) setzte Gorbatschow mit Hochdruck Reformen in Gang – nur um zu entdecken, was Marx und Engels schon anderthalb Jahrhunderte zuvor erkannt hatten: Die Liberalisierung fegt *alle* festen, eingerosteten Verhältnisse beiseite – nicht nur jene, die uns missfallen.

Alles Feste verdampfte, und Deng und Gorbatschow mussten beide lernen, dass wirtschaftliche Freiheiten nur den Appetit auf politische vergrößern. Manchmal erblickte Deng in Protestierenden nützliche Verbündete gegen kommunistische Betonköpfe; dann wieder ging er gegen sie vor. Gorbatschow dagegen befürchtete, dass die Anwendung von Gewalt das ganze Regime zum Einsturz bringen könnte.

* Noch ein sowjetischer Witz: Wie verdoppelt man den Wert eines Lada? Antwort: Indem man ihn volltankt.[67]

Im Frühjahr 1989 genehmigte er offene Wahlen zum Kongress der Volksdeputierten. Und als bei dessen erster Sitzung der Deputierte Andrej Sacharow vor laufenden Kameras die Abschaffung des Machtmonopols der KPdSU forderte, ließ Gorbatschow zwar die Mikrophone ausschalten, lehnte es aber ab, den Kongress aufzulösen. Stattdessen flog er nach Beijing, wo ihm die Aktivisten der Demokratiebewegung zujubelten.

Deng war nicht amüsiert und rief einen Tag nach Gorbatschows Abreise das Kriegsrecht aus. Bis Anfang Juni 1989 drängten sich eine Million Demonstranten auf dem Platz des Himmlischen Friedens. Viele von ihnen tanzten und sangen, einige traten in Hungerstreik. Deng brandmarkte sie als »sozialen Abschaum«, als Umstürzler, die eine »dem Westen hörige bürgerliche Republik … errichten«[69] wollten, und schickte die Armee vor. Bilder von zerfetzten Leibern, plattgewalzten Fahrrädern und einem unbekannten Demonstranten, der sich allein einem heranrollenden Panzer entgegenstellte, gingen um die Welt.

In China siegte die Repression, doch Gorbatschow widerstand der Versuchung, es Deng nachzutun, selbst dann, als Ungarn und Polen Mehrparteienwahlen ankündigten. Stattdessen überließ er es den sowjetischen Satellitenstaaten, ihre eigenen Wege zu beschreiten. Vor lauter Erstaunen darüber fiel der frischgebackene polnische Ministerpräsident Tadeusz Mazowiecki bei seiner Amtseinführung in Ohnmacht. Ungarische Soldaten testeten, wie weit sie gehen konnten, und bauten den Stacheldrahtzaun entlang der Grenze zu Österreich ab. Tausende von Ostdeutschen »auf Urlaub« in Ungarn ließen ihre Autos stehen und marschierten zu Fuß über die Grenze in die Freiheit.

Und immer noch rührte Gorbatschow keinen Finger. Als er im Oktober Ostberlin besuchte, wurde er abermals von Menschenmengen umjubelt und zum Bleiben aufgefordert. Einige Wochen darauf tanzten die Ostdeutschen auf der Berliner Mauer und schlugen mit Hämmern und Meißeln Stücke aus ihr heraus. Als niemand auf sie schoss, strömten Tausende nach Westberlin. Das ostdeutsche Regime, verwirrt und unfähig, brach auseinander. In den folgenden Monaten erging es den kommunistischen Diktaturen in ganz Osteuropa ähnlich. Als auch die Nationen, die in der Sowjetunion vereint gewesen waren, ihre Unabhängigkeit erklärten, reagierte Gorbatschow doch einmal mit militärischer Gewalt. Aber auch der »Blutsonntag« in Vilnius konnte den baltischen Freiheitsdrang nicht mehr aufhalten. Ein halbes Jahr später schlug Boris Jelzin, der Präsident der Teilrepublik Russland, einen kommunistischen Putschversuch in Moskau nieder, womit die Sowjetunion faktisch von der Russischen Föderation abgelöst wurde. Gorbatschow blieb als Präsident eines Imperiums zurück, das nicht mehr existierte. Am ersten Weihnachtsfeiertag 1991 beugte er sich dem Druck und unterzeichnete ein Dekret über seine förmliche Auflösung. Das Ende war beinahe zu perfekt: Sein sowjetischer Federhalter versagte, und er musste sich den Stift eines amerikanischen Kameramanns leihen.

Die USA hatten den Krieg des Westens gewonnen.

Ostwind, Westwind

Als die dynastischen Imperien dem totalen Krieg nicht standgehalten hatten und zwischen 1917 und 1922 nahezu völlig verschwunden waren, waren die USA ein sehr widerwilliger Leviathan gewesen, doch als der Kommunismus zwischen 1989 und 1991 zusammenbrach und sich als ebenso überlebtes Regime erwies, standen die Amerikaner bereit, die Lücke zu füllen. Es zeichnete sich eine Welt ab, deren alleinige Supermacht die USA werden würden.

Die alte Sowjetunion implodierte unter der wilden Plünderung ihrer Vermögenswerte. Der Zusammenbruch war nicht so schlimm wie der Bürgerkrieg, der dem Sturz der Romanows gefolgt war, dennoch erlebte Russland, der eigentliche Erbe der UdSSR, in den 90er Jahren einen Einbruch der Produktion um 40 Prozent und der Reallöhne um 45 Prozent. In den 1970er Jahren war der durchschnittliche Sowjetbürger mit 68 gestorben, nur vier Jahre früher als der durchschnittliche Westeuropäer; bis zum Jahr 2000 starb der durchschnittliche Russe mit 66, zwölf Jahre früher als Einwohner der Europäischen Union. Zwar war Russland immer noch riesig, reich an Ressourcen und die größte Atommacht der Welt, zwar hatten das autoritäre Regime von Wladimir Putin und steigende Energiepreise das Land bis 2008 machtpolitisch wieder so weit gestärkt, dass es die anderen ehemaligen Sowjetrepubliken unter Druck setzen und die Europäische Union erpressen konnte. Doch stellte Russland mitnichten eine Bedrohung vom Schlage der alten Sowjetunion dar.

Auch die Europäische Union war weit davon entfernt, die Vorherrschaft Amerikas über das westliche Kerngebiet herauszufordern. Einigen Beobachtern erschien der europäische Schlingerkurs in Richtung wirtschaftlicher und politischer Integration wie ein Stück für Stück beschrittener Weg zu einem mächtigen subkontinentalen Imperium, das endlich friedlich erreichen würde, was die Habsburger, Bourbonen, Napoleon und Hitler durch Gewalt nicht vermocht hatten. Doch in Wirklichkeit blieb Europa aufgrund seiner fortdauernden Meinungsverschiedenheiten, seines nachlassenden Wirtschaftswachstums, seiner alternden Bevölkerung und seiner militärischen Schwäche weit unterhalb des Status einer Supermacht.

Der Nahe Osten spielte im Denken der amerikanischen Planungsstäbe seit dem Zweiten Weltkrieg vor allem deshalb eine Rolle, weil sie befürchteten, dass ein feindseliger Staat die Ölfelder der Region erobern könnte, wie es der Irak 1990 versucht hatte. Sie ignorierten den islamistischen Extremismus, der seit den 1970er Jahren gewachsen war, und waren daher (wie die meisten ihrer Mitbürger auch) von den Attentaten des 11. September 2001 völlig überrascht. Ihr spektakulärstes Fehlurteil fällten die Planer jedoch im Hinblick auf den Osten. Sie hatten nicht erwartet, dass Japan gegen Ende der 1980er Jahre in eine Rezession stürzen würde (und seitdem immer noch mit Stagnation und Deflation zu kämpfen hat), während sein östlicher Hauptrivale China zu einem Höhenflug ansetzte.

150 Jahre waren vergangen, seit der Westen begonnen hatte, das alte östliche Kerngebiet in eine Peripherie zu verwandeln – und nun offenbarten sich allmählich die Lehren, die daraus zu ziehen waren. Unter der Voraussetzung von Frieden, verantwortlicher Regierungsführung und der Bereitschaft, sich der westlichen Vormacht unterzuordnen, konnte der Osten die kapitalistische Weltwirtschaft für seine eigenen Zwecke nutzbar machen und seine riesigen Bevölkerungen und gelehrten Eliten, die den Westlern des 19. Jahrhunderts als Ausweis der Rückständigkeit erschienen waren, in Triebkräfte des Wirtschaftswachstums verwandeln. Seit den 1840er Jahren hatte China herzlich wenig Frieden, verantwortliche Regierungsführung oder Flexibilität genossen, aber in den 1990er Jahren fing es an, seinen rechtmäßigen Platz in der globalen Ordnung einzunehmen.

1992 bereiste Deng Xiaoping die Sonderwirtschaftszonen in Südchina und legte dort in mehreren Reden sein Vermächtnis einer »sozialistischen Marktwirtschaft« dar. Einmal kletterte er inmitten eines Freizeitparks auf einen Golfwagen und verkündete von diesem Podium herab:

> Man muss etwas mehr Mut bei der Reform- und Öffnungspolitik an den Tag legen, Mut zum Experiment, nicht wie Frauen mit gebundenen Füßen. Wenn man das Ziel erkannt hat, dann mutig versucht, dann mutig drauflos! … Das Zulassen von Versuchen ist viel besser als jeder Zwang. … Man muss die Gelegenheit beim Schopfe packen, und jetzt ist so eine Gelegenheit.[70]

Die Hindernisse, die einem roten Kapitalismus entgegenstanden, zerbröckelten. Als Mao und Nixon sich Anfang der 1970er Jahre getroffen hatten, war der durchschnittliche amerikanische Arbeiter beinahe um das Zwanzigfache produktiver als der durchschnittliche Arbeiter in einem unterkapitalisierten chinesischen Betrieb, und die USA hatten einen Anteil von 22 Prozent an der globalen Warenproduktion, China hingegen nur von fünf Prozent. In den folgenden 30 Jahren stieg die amerikanische Produktivität zwar weiter, doch durch Investitionen schoss die chinesische dreimal so schnell in die Höhe. Im Jahr 2000 waren amerikanische Arbeiter um weniger als das Siebenfache produktiver als chinesische. Der Anteil der USA an der Weltproduktion hatte sich kaum verändert und lag bei 21 Prozent, aber der Anteil Chinas hatte sich auf 14 Prozent verdreifacht.

China bezahlte einen schrecklichen Preis für dieses Wachstum. Praktisch unregulierte Fabriken verseuchten mit ihren giftigen Abwässern nach Belieben große Flüsse; die Krebsraten entlang dieser Wasserwege waren häufig doppelt so hoch wie im nationalen Durchschnitt. Andere Flüsse, deren Wasser für eine ebenso unregulierte Landwirtschaft abgezapft wurde, versiegten vollständig. Die Abholzung kannte keine Einschränkungen mehr, die Wüsten breiteten sich doppelt so schnell aus wie in den 1970er Jahren. Die Proteste gegen die Inkompetenz der Regierung und eine endemische Korruption wurden zunehmend gewalttätig; seit der Jahrtausendwende verzeichnete die Polizei pro Jahr etwa 25 000 »Massenvorkommnisse« und weit mehr kleinere Krawalle.

Andererseits besiegte Dengs Programm den Hunger und legte den Grundstein für große Einkommenszuwächse. Die Landbevölkerung, die noch immer zwei Drittel der chinesischen Bevölkerung ausmacht, erlebte im nationalen Schnitt ein Reallohnplus von etwa sechs Prozent im Jahr. Allerdings konzentrierten sich Gewinne auf die Regionen entlang der Ostküste, in schmutzstarrenden Dörfern des Hinterlandes kamen sie nicht an oder wurden gar durch den Niedergang von Maos rudimentärer, aber freier Bildung und Gesundheitsversorgung häufig zunichte gemacht. Ein Ergebnis war die größte Migration der Geschichte: Seit den 1990er Jahren sind 150 Millionen Menschen in die Städte gezogen, diese Wanderarbeiter haben jedes Jahr das Äquivalent eines neuen Chicagos geschaffen. Der Umzug in die Stadt erhöhte das Einkommen eines durchschnittlichen Bauern um 50 Prozent, während die Fabriken auf diese Weise Arbeitskräfte zu einem Bruchteil der Arbeitskosten von reichen Ländern bekamen.

Zwischen 1992 und 2007 stiegen Chinas Exporte um das Zwölffache und sein Überschuss im Handel mit den USA explodierte von 18 auf 233 Milliarden Dollar. Im Jahr 2008 füllten chinesische Waren in amerikanischen Discountern wie Wal-Mart gewöhnlich 90 Prozent der Regalflächen. Ein Amerikaner, der morgens nicht zumindest ein in China hergestelltes Kleidungsstück anzog, hatte Seltenheitswert. Das Magazin *Business Week* schrieb: »Der chinesische Preis« – diese drei Wörter seien die furchterregendsten in der amerikanischen Industrie. »Senke deine Preise um mindestens 30 Prozent oder du verlierst deine Kunden.«[71]

Ein halbes Jahrhundert früher hatte Mao behauptet: »Gegenwärtig ... übertrifft der Westwind nicht mehr den Ostwind, sondern der Ostwind hat über den Westwind die Oberhand gewonnen.«[72] Damals machte er sich etwas vor. In den 1950er Jahren stand der Osten stark unter den Fittichen des Westens, der zwischen sowjetischer und amerikanischer Sphäre geteilt war. Doch bis zum Jahr 2000 begannen Maos Worte wahr zu werden, wenn auch nicht so, wie er gedacht hatte. Die gesellschaftliche Entwicklung im Westen war jener des Ostens weiter voraus denn je – um über 300 Punkte –, aber während das Verhältnis zwischen der westlichen und östlichen Punktzahl zu Beginn des 20. Jahrhunderts noch bei etwa zweieinhalb zu eins gelegen hatte, betrug es ein Jahrhundert später, zu Beginn des 21. Jahrhunderts, nur etwas über anderthalb zu eins. Das 20. Jahrhundert war zugleich der Gipfel des westlichen Zeitalters und der Beginn seines Endes.

Kapitel 11

Warum der Westen regiert …

Die Stationen der Geschichte

Dass der Westen regiert, ist eine Frage der Geographie. Die Biologie sagt uns, warum Menschen die gesellschaftliche Entwicklung vorantreiben; die Soziologie sagt uns, wie sie dies tun; und die Geographie sagt uns, warum ausgerechnet der Westen und nicht irgendeine andere Region in den letzten 200 Jahren die Welt beherrschte. Biologie und Soziologie liefern Gesetze, die für alle Menschen zu jeder Zeit an jedem Ort Gültigkeit haben; die Geographie erklärt die Unterschiede.

Von der Biologie lernen wir, dass wir Tiere sind und wie alles Lebendige nur existieren können, weil wir unserer Umgebung Energie entziehen. Wenn uns Energie fehlt, werden wir träge und sterben schließlich; wenn wir sie ausreichend ausbeuten, vermehren wir uns und breiten uns aus. Wie andere Tiere sind wir neugierig, aber auch habgierig, faul und ängstlich. Wir unterscheiden uns von ihnen nur durch die Werkzeuge und Instrumente, mit denen wir unsere Ziele verfolgen – die größere Denkfähigkeit, die elastischeren Stimmbänder und die opponierbaren Daumen, die uns die Evolution bescherte. Indem wir uns dieser Instrumente bedienten, haben wir der Natur in einer Weise unseren Willen aufgezwungen, wie es kein anderes Tier vermochte, haben immer mehr Energie aufgenommen und sie nutzbar gemacht, haben den Planeten mit unseren Dörfern, Städten, Staaten und Weltreichen überzogen.

Im 19. und zu Beginn des 20. Jahrhunderts waren viele Bewohner der westlichen Welt überzeugt, dass die Biologie die Antwort auf die Frage liefere, warum der Westen regiert. Die Rasse der weißhäutigen Europäer sei höher entwickelt als jede andere, behaupteten sie. Sie irrten. Zum einen liefern die genetischen Untersuchungen und Skelettfunde, von denen in Kapitel 1 die Rede war, eindeutige Beweise: Es gibt nur eine Art der Gattung *Homo*, die sich vor etwa 100 000 Jahren nach und nach in Afrika entwickelte, sich von dort aus in andere Teile der Welt ausbreitete und ältere dort lebende Arten verdrängte. Alle heute auf der Erde lebenden Menschen sind sehr nah miteinander verwandt, ihre genetischen Unterschiede minimal.

Zum anderen würden die Kurven der gesellschaftlichen Entwicklung, die ich in den Kapiteln 4 bis 10 beschrieben habe, vollkommen anders aussehen, wenn weiße Europäer wirklich allen anderen genetisch überlegen wären. In diesem

Fall hätte der Westen zu einem sehr frühen Zeitpunkt die Führung übernommen und diese fürderhin nie mehr abgegeben. Aber so war es natürlich nicht (Abbildung 11.1). Der Westen setzte sich gegen Ende der Eiszeit zwar an die Spitze, fiel aber zu manchen Zeiten zurück und preschte zu anderen wieder vor. Um 550 u. Z. musste er die Führung ganz an den Osten abgeben, der sie anschließend 1200 Jahre lang innehatte.

Heute vertreten nur noch wenige Wissenschaftler die Rassentheorie von der genetischen Überlegenheit der europäischen Weißen. Wer daran festhalten möchte, wird darlegen müssen, wie es passieren konnte, dass die Bewohner des Westens im 6. Jahrhundert u. Z. ihre starken Gene einbüßten, um sie im 18. Jahrhundert plötzlich wiederzugewinnen – oder umgekehrt, wie es den Bewohnern des Ostens im 6. Jahrhundert gelang, überlegene Gene zu entwickeln, derer sie im 18. Jahrhundert wieder verlustig gingen. Und das wird, gelinde gesagt, kaum gelingen. Alles deutet darauf hin, dass sich die Menschen, wohin wir auch blicken, als Gruppe betrachtet ziemlich ähnlich sind.

Wenn wir erklären wollen, warum der Westen regiert, müssen wir bei der Biologie anfangen, weil diese Disziplin uns erklärt, *warum* die Kurve der gesellschaftlichen Entwicklung angestiegen ist. Aber die Biologie allein kann die Frage nicht beantworten. Als Nächstes müssen wir die Soziologie heranziehen, die uns verrät, *wie* die gesellschaftliche Entwicklung diese enormen Fortschritte gemacht hat.

Abbildung 11.1 zeigt, dass dies kein linearer Prozess war. In der Einleitung habe ich in Anlehnung an einen Gedanken des Science-Fiction-Autors Robert Heinlein ein »Morris-Theorem« verkündet, das den gesamten Verlauf der Geschichte erklärt: dass nämlich Veränderungen von faulen, habgierigen, furchtsamen Menschen bewirkt werden, die zur Bewältigung ihres Alltags nach leichteren, profitableren und sichereren Wegen suchen (wobei ihnen diese Suche oft genug nicht bewusst ist). Ich hoffe, dass ich diese Behauptung in den Kapiteln 2 bis 10 durch Fakten erhärten konnte.

Die Menschen haben ständig herumexperimentiert, um sich das Leben zu erleichtern oder um ihren Wohlstand zu mehren, oder sie haben darum gekämpft, den einmal erreichten Lebensstandard zu erhalten, wenn sich die Zeiten änderten, und indem sie dies taten, haben sie im Allgemeinen die gesellschaftliche Entwicklung vorangetrieben. Aber keiner der großen Sprünge in der gesellschaftlichen Entwicklung – die Anfänge des Ackerbaus, die Entstehung von Städten und Staaten sowie von Weltreichen unterschiedlicher Ausprägung, die industrielle Revolution – war ein Produkt bloßen Herumexperimentierens. Sie geschahen stets im Gefolge schwerer Zeiten, die verzweifelte Maßnahmen erforderten. Am Ende der Eiszeit ging es den Jägern und Sammlern so gut, dass sie zur Belastung für die Ressourcen wurden, die sie versorgten. Der zunehmende Bedarf an Nahrung führte dazu, dass einige der zuvor gesammelten Pflanzen kultiviert und einige der zuvor gejagten Tiere domestiziert wurden. So wurden aus Jägern und Sammlern Ackerbauern. Manche der Ackerbauern waren so erfolgreich, dass die Ressourcen

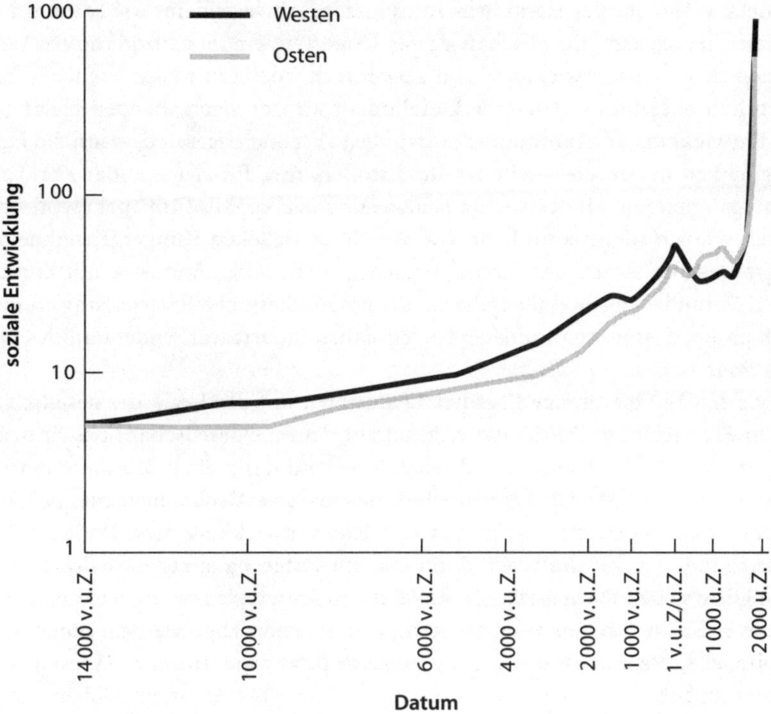

Abbildung 11.1: Die Konturen der Geschichte – noch einmal
Gesellschaftliche Entwicklung und deren Obergrenze im Osten und im Westen, 14 000 v. u. Z.–2000 u. Z.

erneut knapp wurden. Sie mussten – vor allem dann, als die klimatischen Bedingungen ungünstiger wurden – aus ihren Dörfern Städte und Staaten machen, um zu überleben. Einige Städte und Staaten prosperierten so gewaltig, dass auch sie sich bald mit dem Problem fehlender Ressourcen konfrontiert sahen und zu Imperien entwickelten. Diese wiederholten den Kreislauf, sodass die Ressourcen wieder unter Druck gerieten und aus Imperien Industrienationen wurden.

Geschichte heißt nicht, dass sich die Dinge hübsch gleichmäßig entwickeln. Vielmehr ist Geschichte das immer gleiche alte Lied, ein einziger unausweichlicher Prozess der Anpassungen an die Welt, die immer neue Probleme generieren, die wiederum Anpassungen erfordern. Ich habe diesen Prozess als Entwicklungsparadox bezeichnet: Eine ansteigende gesellschaftliche Entwicklung erzeugt genau die Kräfte, die sie selbst untergraben.

Menschen werden täglich mit solchen Widersprüchen konfrontiert und finden Lösungen dafür, aber von Zeit zu Zeit erzeugen die Widersprüche eine massive Decke, die nur durch wirklich grundlegende Veränderungen zu durchbrechen ist. Selten liegt auf der Hand, was zu tun ist, geschweige denn wie es zu tun ist, und wenn sich eine Gesellschaft dieser Obergrenze nähert, beginnt ein Wettrennen zwischen Entwicklung und Zusammenbruch. Es passiert selten – oder eigentlich eher nie –, dass eine Gesellschaft an der Decke hängen bleibt und die Entwicklung für Jahrhunderte stagniert. Vielmehr geraten, wenn sie keine Möglichkeit findet, die Decke zu durchstoßen, ihre Probleme außer Kontrolle. Dann galoppieren mindestens ein paar, wenn nicht gar alle fünf apokalyptischen Reiter, wie ich sie genannt habe, los. Am Ende drücken Hunger, Krankheiten, Migration und staatlicher Zusammenbruch – vor allem, wenn sie mit klimatischen Veränderungen einhergehen – die gesellschaftliche Entwicklung so stark nach unten, dass im schlimmsten Fall ein Jahrhunderte währendes dunkles Zeitalter folgt.

Eine solche Obergrenze liegt bei 24 Punkten auf der Skala der gesellschaftlichen Entwicklung. Das ist das Niveau, auf dem die gesellschaftliche Entwicklung im Westen nach 1200 v. u. Z. stagnierte und dann einen Zusammenbruch erlitt. Die wichtigste Obergrenze aber, die massive Decke, liegt bei 43 Punkten. Im Westen erreichte die gesellschaftliche Entwicklung diese Punktzahl im 1. Jahrhundert u. Z. und brach dann ein. Im Osten passierte das Gleiche etwa 1000 Jahre später. Die massive Decke setzt den Entwicklungsmöglichkeiten eines Agrarreiches strikte Grenzen. Sie kann nur durchbrochen werden, indem man die gespeicherte Energie der fossilen Brennstoffe anzapft, wie es der Westen nach 1750 getan hat.

Beide Disziplinen, Biologie *und* Soziologie, machen *zusammen* das Verlaufsmuster der Geschichte zum großen Teil begreifbar, weil sie erklären, wie die Menschen die gesellschaftliche Entwicklung vorangetrieben haben, warum sie manchmal schnell und manchmal nur langsam voranschreitet und warum sie gelegentlich sogar rückläufig ist. Aber auch als Zweispänner können Biologie und Soziologie nicht erklären, warum der Westen regiert. Um das zu erklären, bedarf es der Geographie.

Die Beziehung zwischen geographischen Bedingungen und gesellschaftlicher Entwicklung beruht, wie ich an früherer Stelle ausgeführt habe, auf Gegenseitigkeit: Die physische Beschaffenheit eines Ortes bestimmt, wie sich die gesellschaftliche Entwicklung verändert, aber die Veränderungen in der gesellschaftlichen Entwicklung bestimmen ihrerseits, welche Bedeutung die physische Beschaffenheit dieses Ortes hat. Vor 2000 Jahren war es ziemlich belanglos, ob man über einer Kohlenlagerstätte lebte, aber vor 200 Jahren begann dies eine enorme Rolle zu spielen. Der Abbau von Kohle trieb die gesellschaftliche Entwicklung so schnell voran wie noch nie – so schnell, dass sie von 1900 an von neuen Treibstoffen verdrängt wurde. Alles ändert sich, so auch die Bedeutung der geographischen Bedingungen.

So viel zu meiner Theorie. Ich werde einen großen Teil dieses Kapitels darauf verwenden, die offenkundigsten Einwände dagegen zu erläutern, aber bevor ich dies tue, halte ich es für sinnvoll, noch einmal auf die wichtigsten Stationen der Geschichte, die ich in den Kapiteln 2 bis 10 erzählt habe, einzugehen.

Am Ende der letzten Eiszeit, also vor etwa 15 000 Jahren, entstand aufgrund der globalen Erwärmung ein begünstigter Gürtel (etwa 20 bis 35 Grad nördlicher Breite in der Alten, 15 Grad südlicher bis 20 Grad nördlicher Breite in der Neuen Welt), in dem sich eine Fülle großer, domestizierbarer Pflanzen und Tiere entwickelten. Innerhalb dieses breiten Streifens war eine Region in Südwestasien, der so genannte Fruchtbare Halbmond, ganz besonders begünstigt. Da dieses Gebiet die größte Konzentration domestizierbarer Pflanzen aufwies, war der Übergang vom Jagen und Sammeln zum Ackerbau für die Menschen, die hier lebten, einfacher als anderswo. Und da Menschen (als Gruppe gesehen) überall ziemlich gleich sind, waren die Bewohner des Fruchtbaren Halbmondes die Ersten, die in Dörfern sesshaft wurden, Pflanzen kultivierten und Tiere domestizierten, und zwar schon vor 9000 v. u. Z. Auf diese ersten Ackerbauerkulturen gehen die westlichen Gesellschaften zurück. Etwa 2000 Jahre später beschritten die Menschen im heutigen China – wo es ebenfalls domestizierbare Pflanzen und Tiere in Hülle und Fülle gab, wenn auch nicht in ganz so dichter Konzentration wie im Fruchtbaren Halbmond – den gleichen Weg; auf sie gehen die Gesellschaften des Ostens zurück. Im Laufe der folgenden Jahrtausende begannen Menschen in verschiedenen Teilen der Welt unabhängig voneinander, Pflanzen zu kultivieren und/oder Tiere zu domestizieren, und jedesmal stießen sie damit in ihrer Region eine Entwicklung an.

Weil die Bewohner des Westens die Ersten waren, die Ackerbau betrieben, und weil sich Menschen (als Gruppe gesehen) ziemlich ähnlich sind, waren es auch die Bewohner des Westens, die das Entwicklungsparadox als Erste ernsthaft zu spüren bekamen und die Erfahrung machten, was es mit dem Vorteil der Rückständigkeit auf sich hat. Die fortschreitende gesellschaftliche Entwicklung zog eine Bevölkerungszunahme, eine aufwändigere Lebensweise, mehr Wohlstand und größere militärische Stärke nach sich. Durch eine Verbindung von Kolonisation und Nachahmung dehnten sich relativ hoch entwickelte Gesellschaften auf Kosten von Kulturgruppen mit einem niedrigeren Entwicklungsstand aus, und der Ackerbau fasste im weiten Umkreis Fuß. Um den Ackerbau auf Gebiete wie die sengend heißen Flusstäler Mesopotamiens auszuweiten, musste er praktisch neu erfunden werden, und indem die Bauern ein System zur Bewässerung ihrer Felder entwickelten, begründeten sie in dieser zuvor rückständigen Randregion eine blühende Landwirtschaft, die selbst die ursprüngliche Kernregion im weiter nördlich gelegenen Fruchtbaren Halbmond in den Schatten stellte. Und während die großen Ackerbausiedlungen im übervölkerten Fruchtbaren Halbmond nach 4000 v. u. Z. Mühe hatten zurechtzukommen, fanden die Mesopotamier Mittel und Wege, ihr Leben in Städten und Staaten zu organisieren. Rund 2000 Jahre später wiederholte sich der gleiche Prozess im Osten, wo das Entwicklungsparadox in den Seitentälern des Gelben Flusses ähnliche Vorteile der Rückständigkeit offenbarte.

Die neu gebildeten Staaten mussten neue Wege des Umgangs mit ihren Nachbarn finden, was dazu führte, dass in ihren Grenzregionen noch destruktivere Entwicklungsparadoxe zutage traten. Wenn es ihnen nicht gelang, diese zu beherrschen – wie möglicherweise im mesopotamischen Uruk um 3100 v. u. Z. und im chinesischen Taosi um 2300 v. u. Z. sowie definitiv im Westen nach 2200 und 1750 v. u. Z. –, dann versanken sie im Chaos. Ein solcher Zusammenbruch ging stets mit einer Phase klimatischer Veränderungen einher, diesem apokalyptischen Reiter, der sich als fünfter im Bunde den vier von Menschen geschaffenen Reitern der Apokalypse hinzugesellte.

Die zunehmende gesellschaftliche Entwicklung führte zu noch schlimmeren Erschütterungen und Zusammenbrüchen, aber sie brachte auch stärkere Widerstandskräfte mit sich. Nach 1550 v. u. Z. erholten sich die Städte und Staaten des Westens von den erlittenen Katastrophen und dehnten sich im östlichen Mittelmeergebiet aus. Hier kam ein weiterer entscheidender geographischer Unterschied zwischen Osten und Westen ins Spiel: Im Osten gab es kein vergleichbares Binnenmeer, das für so billige und einfache Transportwege gesorgt hätte. Aber das Mittelmeer war, wie so vieles, ein Paradox, das sowohl Möglichkeiten als auch Gefahren barg. Als die gesellschaftliche Entwicklung bei etwa 24 Punkten angelangt war, gerieten die zerstörerischen Kräfte in diesem nach allen Seiten offenen Randgebiet außer Kontrolle, und um 1200 v. u. Z. jagten die apokalyptischen Reiter wieder durchs Land. Die westliche Kernregion erlitt einen schlimmeren Zusammenbruch als je zuvor, worauf ein Jahrhunderte währendes Zeitalter der Dunkelheit folgte.

Aufgrund des Entwicklungsparadoxes war der Vorsprung der gesellschaftlichen Entwicklung, den der Westen aufgrund seiner geographischen Bedingungen am Ende der Eiszeit gewonnen hatte, zwar von langer Dauer, aber keineswegs für immer festgeschrieben. Zusammenbrüche sind unvorhersehbare Ereignisse. Manchmal können ein paar alternative Entscheidungen oder ein bisschen Glück eine Katastrophe aufhalten, abmildern oder gar abwenden – wir haben die Wahl und können dadurch den Lauf der Dinge verändern. Um die Obergrenze von 24 Punkten zu durchbrechen, hätten die Staaten in der Lage sein müssen, sich umzugestalten und eine vollkommen neue Sicht der Welt zu entwickeln, eine Sicht, die ich als erste Welle des achsenzeitlichen Denkens beschrieben habe. Da der Westen dies um 1200 v. u. Z. nicht schaffte, wurde der Entwicklungsvorsprung gegenüber dem Osten kleiner; und da beide die notwendigen Schritte der Anpassung unternahmen, als die gesellschaftliche Entwicklung im 1. Jahrtausend v. u. Z. anstieg, lieferten sie sich ein Jahrtausend lang ein Kopf-an-Kopf-Rennen.

Im Westen wie im Osten bildeten sich zentralisiertere Staaten und voll entwickelte Reiche, die nach 200 v. u. Z. so groß wurden, dass sie wiederum die Bedeutung der geographischen Bedingungen veränderten. Im Westen verleibte sich das Römische Reich den brodelnden Mittelmeerraum ein, und die Kurve der gesellschaftlichen Entwicklung stieg steil über 40 Punkte an. Im 1. Jahrhundert

u. Z. stieß sie schließlich an die massive Decke. Gleichzeitig veränderte der Aufstieg des Römischen und des Han-Reiches jedoch die Bedeutung der endlosen Weiten, die Osten und Westen voneinander trennten. Die Reichtümer, die auf beiden Seiten Eurasiens angehäuft wurden, gaben den Nomadenvölkern der Steppen Grund genug, umherzuschweifen und eine Verbindung zwischen den beiden Kerngebieten zu schaffen. So entstand der erste Alte-Welt-Austausch. Die Verbindung trieb zwar die gesellschaftliche Entwicklung im Westen wie im Osten voran, sorgte aber auch für eine Reihe unvorhergesehener Erschütterungen. Zum ersten Mal stand den apokalyptischen Reitern ein Verbindungsweg zwischen den beiden Kerngebieten zur Verfügung, und sie hatten neben Waren und Ideen auch Mikroben im Gepäck. Anstatt die massive Decke zu durchstoßen, brachen beide, das Römische wie das Han-Reich, nach 150 u. Z. auseinander.

Osten und Westen versanken wiederum in einem Zeitalter der Dunkelheit, in dem gleichermaßen eine zweite Welle achsenzeitlichen Denkens (Christentum, Islam und Mahayana-Buddhismus) die erste verdrängte, aber ansonsten unterschied sich der Zusammenbruch hier und dort in wesentlichen Aspekten. Im Westen zerschlugen germanische Eindringlinge den weniger entwickelten Teil des Römischen Reiches in der westlichen Mittelmeerregion, woraufhin sich das Zentrum nun wieder auf das ursprüngliche, höher entwickelte Kerngebiet am östlichen Mittelmeer verlagerte. Im Osten zerschlugen innerasiatische Eindringlinge die höher entwickelten Teile des ehemaligen Han-Reiches, woraufhin sich das Zentrum auf die weniger entwickelten Regionen jenseits des Jangtse verlagerte.

Dieser geographische Gegensatz wirkte sich höchst unterschiedlich aus. Um 450 u. Z. entwickelte sich rund um den Jangtse am Rand des Kerngebietes der Reisanbau zu voller Blüte, 150 Jahre später war China wieder vereinigt, und im darauffolgenden Jahrhundert wurde mit dem Kaiserkanal zwischen Jangtse und Gelbem Fluss ein System interner Wasserwege geschaffen, das für China eine ähnliche Bedeutung hatte wie das Mittelmeer zuvor für das alte Rom. Im Westen dagegen, wo arabische Eindringlinge zwar stark genug waren, das alte Kerngebiet zu zerschlagen, nicht aber die Kraft hatten, ein neues Reich zu errichten, ging es mit der gesellschaftlichen Entwicklung bis zum Anfang des 8. Jahrhunderts stetig bergab.

Um 540 zog der Osten am Westen vorbei (und bewies damit zweifelsfrei, dass die westliche Überlegenheit niemals festgeschrieben war). Gegen 1100 hatte die gesellschaftliche Entwicklung in China die Obergrenze erreicht. Als die Ressourcen mit dem wirtschaftlichen Wachstum nicht mehr Schritt halten konnten, wurden für die Eisenverarbeitung fossile Brennstoffe herangezogen und neue Maschinen erfunden, während die Intellektuellen der Song-Dynastie eine regelrechte chinesische Renaissance einläuteten. Doch es gelang den Chinesen genauso wenig wie 1000 Jahre vor ihnen den Römern, die massive Decke zu durchbrechen.

Bis zu einem gewissen Grad wiederholten sich zu Beginn des 2. Jahrtausends die Vorgänge, die den Anfang des 1. Jahrtausends gekennzeichnet hatten, nur hatten Osten und Westen nun die Rollen getauscht. Mit dem Anstieg der gesellschaftlichen Entwicklung kam es zum zweiten Alte-Welt-Austausch, und wieder sprengten die fünf apokalyptischen Reiter los. Die gesellschaftliche Entwicklung war in beiden Kerngebieten rückläufig, aber im Osten ging es länger und tiefer abwärts. Im Westen hatte das höher entwickelte muslimische Kernland im östlichen Mittelmeerraum am meisten zu leiden, und um 1400 bildete sich in Westeuropa ein neues Kerngebiet heraus, das seine eigene Renaissance erlebte.

Diese zersplitterten ehemaligen Randgebiete Europas bekamen nun ihrerseits die Vorteile ihrer Rückständigkeit zu spüren. Die Westeuropäer hatten während des zweiten Alte-Welt-Austauschs ursprünglich chinesische Techniken wie den Schiffsbau und die Herstellung von Feuerwaffen übernommen, sodass sie nun in der Lage waren, den Atlantischen Ozean als Verbindungsweg zu nutzen, wodurch die Bedeutung der geographischen Bedingungen eine neuerliche Veränderung erfuhr. Begierig, sich ihren Teil von den Reichtümern des Ostens zu sichern, stachen europäische Kapitäne in See und stießen – zu ihrer eigenen Überraschung – auf die Küsten des amerikanischen Doppelkontinents.

Die Chinesen *hätten* Amerika im 15. Jahrhundert entdecken können (und manche Leute glauben auch, dass dies so war), aber aufgrund der geographischen Gegebenheiten war einfach die Wahrscheinlichkeit größer, dass die Europäer als Erste dort ankommen würden. Im Osten war es viel lohnender, den Indischen Ozean mit all seinen Reichtümern zu befahren und in die Steppengebiete vorzudringen, von denen seit fast 2000 Jahren die größte Gefahr drohte, anstatt in die Leere des Pazifischen Ozeans vorzustoßen.

Durch die Ausdehnung der Kerngebiete im 17. Jahrhundert veränderte sich die Bedeutung der geographischen Bedingungen grundlegender als je zuvor. Zentralisierte Machtstaaten riegelten unter Einsatz von Musketen und Kanonen den innerasiatischen Steppenschnellweg ab, der Osten und Westen miteinander verband, und brachten damit, indem sie den Wanderbewegungen der Nomadenvölker ein Ende setzten, endgültig einen der apokalyptischen Reiter um. Im Westen dagegen entstanden durch die Öffnung des Atlantischen Ozeans für den Handel mit der Neuen Welt vollkommen neuartige Märkte, und die Frage nach der Beschaffenheit der Erde verlangte nach ganz anderen als den gewohnten Antworten. Um 1700 hatte die gesellschaftliche Entwicklung wieder einmal die starre Obergrenze erreicht. Da aber nun nicht mehr die gesamte Phalanx der apokalyptischen Reiter bereit stand loszupreschen, konnte die Katastrophe so lange abgewehrt werden, bis es den westeuropäischen Unternehmern gelang, als Antwort auf die Herausforderungen des transatlantischen Handels die unglaublichen Kräfte von Kohle und Dampf zu entfesseln.

Wäre genügend Zeit gewesen, so hätten die Dinge im Osten sicher die gleiche Richtung genommen und es hätte auch hier eine eigene industrielle Revolution stattgefunden. Doch die geographischen Bedingungen begünstigten nun einmal den Westen – und da die Menschen (als Gruppe betrachtet) überall ziemlich gleich sind, hieß das, dass die Bewohner des Westens als Erste ihre industrielle Revolution erlebten. Es war also eine Frage der Geographie, dass Looty auf Balmoral und nicht Albert in Beijing endete.

Große Menschen, Stümper und der Geist der Zeiten

Aber was, so fragen Sie sich vielleicht, ist mit den Menschen? Auf den Seiten dieses Buches wimmelt es nur so von mächtigen Männern (und Frauen) und vertrottelten Stümpern. Spielten die alle überhaupt keine Rolle?

Ja und nein. Wir Menschen verfügen über einen freien Willen, und die Entscheidungen, die wir treffen, verändern unsere je eigene Welt. Es ist nur so, dass die meisten unserer Entscheidungen keinen besonders großen Einfluss auf den Gang der globalen Dinge haben. Ich könnte beispielsweise hier und jetzt beschließen, dieses Buch nicht fertig zu schreiben, meine Stelle zu kündigen und mich als Jäger und Sammler durchzuschlagen. Für mich würde dann definitiv alles anders werden. Ich würde das Dach über dem Kopf verlieren, und da ich keine Ahnung vom Jagen und Sammeln habe, würde ich höchstwahrscheinlich verhungern oder mich vergiften. Ein paar Menschen aus meinem Umfeld würden stark, ziemlich viele dagegen nur marginal in Mitleidenschaft gezogen. Sie zum Beispiel müssten sich eine andere Lektüre suchen, was Sie gewiss nicht weiter erschüttern würde. Aber abgesehen davon würde sich die Welt weiterdrehen. Keine Entscheidung, die zu treffen in meiner Macht stünde, wäre von Einfluss auf die Frage, ob der Westen regiert.

Wenn natürlich Millionen von Amerikanern gemeinsam mit mir beschließen würden, ihren Achtstundenjob zu schmeißen und sich ihr Essen selbst zusammenzuklauben, dann wäre meine Entscheidung keine skurrile persönliche Geistesverwirrung mehr, sondern es wäre eine (wenn auch immer noch skurrile) Massenbewegung daraus geworden, die durchaus etwas verändern würde. Für Massenentscheidungen dieser Art gibt es jede Menge Beispiele. Gegen Ende des Zweiten Weltkrieges entschied sich beispielsweise eine halbe Milliarde Frauen dafür, früher zu heiraten und mehr Kinder zur Welt zu bringen als ihre Mütter. Die Bevölkerungszahlen schossen in die Höhe. Dann, 30 Jahre später, beschloss eine ganze Milliarde Töchter dieser Frauen, das Gegenteil zu tun, und das Bevölkerungswachstum verlangsamte sich. Diese je individuellen Entscheidungen haben in der Summe den Gang der Gegenwartsgeschichte tatsächlich verändert.

Sie waren jedoch nicht einfach nur aus einer Laune geboren. Karl Marx hat es vor 160 Jahren auf den Punkt gebracht, als er schrieb: »Die Menschen machen ihre eigene Geschichte, aber sie machen sie nicht aus freien Stücken, nicht unter selbstgewählten, sondern unter unmittelbar vorgefundenen, gegebenen und überlieferten Umständen.«[1] Im 20. Jahrhundert gab es für Frauen so viele gute Gründe, mehr statt weniger Kinder in die Welt zu setzen, dass sie oft meinten, gar keine andere Wahl zu haben – so wie die Menschen, die vor 10 000 Jahren anfingen, Ackerbau zu betreiben, oder die sich vor 5000 Jahren in Städten ansiedelten oder die sich vor 200 Jahren als Fabrikarbeiter verdingten, sicher oft keine andere Alternative sahen.

Wir stehen grundsätzlich unter dem Druck, realistische Entscheidungen zu treffen. Jeder kennt Menschen, die sich diesem Druck entziehen und zu exzentrischen Entscheidungen finden. Viele mögen diese Idealisten, Rebellen und Romantiker bewundern, aber nur wenige sind bereit, ihrem Beispiel zu folgen. Die meisten von uns wissen nur zu gut, dass berechenbare und angepasste Menschen erfolgreicher sind (damit meine ich, dass sie leichteren Zugang zu Nahrung, Behausung und einem Partner haben) als die Anna Kareninas dieser Welt. Die evolutionäre Selektion begünstigt das, was wir gesunden Menschenverstand nennen.

Abgesehen davon können exzentrische Entscheidungen natürlich außergewöhnliche Früchte tragen. Nehmen wir nur Mohammed, eines der wohl extremsten Beispiele. Dieser einigermaßen unbedeutende arabische Kaufmann hätte um 610 u. Z. die Entscheidung treffen können, vernünftig zu sein und seine Begegnung mit dem Erzengel Gabriel als Folge einer Magenverstimmung zu deuten oder Dutzende anderer plausibler Gründe dafür verantwortlich zu machen. Stattdessen beschloss er, auf seine Frau zu hören, die ihm einredete, seine Vision sei Wirklichkeit. Jahrelang sah es so aus, als sei Mohammed das Schicksal fast aller Propheten beschieden: erst verspottet, dann geschmäht, schließlich vergessen. Doch stattdessen vereinte er die arabischen Stämme. Die Kalifen, die seine Nachfolge antraten, zerstörten das Persische und das Byzantinische Reich und spalteten die westliche Welt in zwei Teile.

Niemand wird bestreiten, dass Mohammed ein großer Mann war. Kaum ein Mensch hat die Geschichte der Menschheit so stark beeinflusst wie er. Trotzdem kann man die tiefgreifenden Veränderungen, die sich während des 7. Jahrhunderts und danach im westlichen Kerngebiet vollzogen, nicht allein auf seinen persönlichen Rang zurückführen. Die Araber hatten schon lange vor Mohammeds Heimsuchung durch den Erzengel Gabriel neue monotheistische Lehren erfunden und eigene Staaten in der Wüste gegründet. Das Byzantinische Reich und Persien waren schon schwer in Bedrängnis geraten, bevor muslimische Truppen ihre Grenzen überschritten, und im Mittelmeerraum war der Zerfallsprozess schon seit dem 3. Jahrhundert im Gange.

Hätte Mohammed eine andere Entscheidung getroffen, so wären die Christen im 7. Jahrhundert vermutlich gegeneinander in den Krieg gezogen, statt gegen muslimische Eroberer zu kämpfen. Vielleicht hätte sich ohne Mohammed die gesellschaftliche Entwicklung im Westen nach 750 schneller erholt, vielleicht auch nicht. So oder so hätte es Jahrhunderte gedauert, bis der Westen wieder auf gleicher Stufe mit dem Osten gewesen wäre. Das Kerngebiet des Westens wäre weiterhin im östlichen Mittelmeerraum verblieben und erst im 11. Jahrhundert von den Osmanen, dann im 13. (und noch einmal um 1400) von den Mongolen beherrscht worden. Erst im 15. Jahrhundert hätte sich die Kernregion in westlicher Richtung nach Italien und später zum Atlantik hin verlagert. Hätte Mohammed weniger exzentrisch agiert, würden die Gläubigen von Marokko bis Malaysia heute vielleicht nicht unter dem Halbmond, sondern unter dem Kreuz beten – gewiss keine Nebensächlichkeit. Aber es gibt keinen vernünftigen Grund zu bezweifeln, dass die Europäer auch so den amerikanischen Doppelkontinent erobert oder die Vorrangstellung in der Welt übernommen hätten.

Was für Mohammed gilt, trifft wahrscheinlich noch mehr auf die anderen großen Männer zu, die uns in diesem Buch begegnet sind. Der assyrische König Tiglat-Pileser III. und Qin Shihuangdi, der »Erste Erhabene Gottkaiser von Qin«, begründeten mächtige antike High-End-Staaten. Im 16. Jahrhundert scheiterten die Habsburger in Europa und Toyotomi Hideyoshi in Japan in ihren Bemühungen, große Landmächte zu bilden. Nach der Glorreichen Revolution 1688 in England und nach dem Tod Mao Zedongs 1976 in China übernahm hier wie da eine Gruppe von Reformpolitikern das Ruder. Aber keiner dieser großen Männer oder, wie man es sieht, vertrottelten Stümper erreichte mehr, als einen Prozess, der bereits im Gange war, zu beschleunigen oder zu bremsen. Keiner schaffte es, die Geschichte in eine vollkommen neue Richtung zu zwingen. Selbst Mao, dem vermutlich größenwahnsinnigsten Herrscher von allen, gelang es lediglich, den industriellen Senkrechtstart Chinas aufzuschieben, sodass schließlich Deng Xiaoping die Lorbeeren einheimsen und als derjenige in die Geschichte eingehen konnte, der Chinas Kehrtwende vollbracht hatte. Wenn wir die Geschichte noch einmal ablaufen lassen könnten wie ein Experiment im wissenschaftlichen Labor und wenn wir dabei alles unverändert ließen und nur die vertrottelten Stümper gegen die großen Männer austauschen würden (und umgekehrt) – die Dinge würden wohl doch so ziemlich auf dasselbe hinauslaufen, wenn auch vielleicht in einem etwas anderen Tempo. Große Männer (und Frauen) gefallen sich offensichtlich in der Vorstellung, sie könnten allein qua Willenskraft die Welt verändern, aber hier irren sie.

Dies gilt innerhalb wie außerhalb des politischen Geschehens. Matthew Boulton und James Watt beispielsweise waren zweifellos große Männer, Letzterer als Erfinder und Ersterer als Vermarkter von Maschinen, die tatsächlich die Welt verändert haben. Aber sie waren als große Männer nicht *einzigartig*, genauso wenig wie Alexander Graham Bell, als er am 14. Februar 1876 ein Patent für sein gerade erfundenes Telefon anmeldete – just an dem Tag, an dem auch Elisha Gray ein Patent für *sein* gerade erfundenes Telefon einreichte. Boulton und Watt waren auch nicht einzigartiger als ihr gemeinsamer Bekannter Joseph Priestley, der 1774 den Sauerstoff entdeckte. Den hatte allerdings ein schwedischer Apotheker schon ein Jahr vor ihm ebenfalls entdeckt. Und sie waren auch nicht einzigartiger als die vier Europäer, die im Jahr 1611 unabhängig voneinander die Sonnenflecken entdeckt hatten.

Historiker fragen sich oft, warum viele Entdeckungen der Neuzeit gleich mehrfach gemacht wurden, warum, anders ausgedrückt, mehreren Menschen fast gleichzeitig ein Licht aufging. Bahnbrechende Entdeckungen sind oft weniger die Folge der Genialität von Einzelnen als vielmehr das logische Ergebnis, wenn eine Gruppe kluger Menschen von den gleichen Fragen und Methoden ausgeht. So verhielt es sich zu Beginn des 17. Jahrhunderts mit den Gelehrten Europas. Als das Teleskop erst einmal erfunden war (ein Verdienst, das neun Männer für sich in Anspruch nahmen), wäre es erstaunlich gewesen, wenn die Sonnenflecken *nicht* prompt von etlichen Astronomen entdeckt worden wären.

Erstaunlich viele neuzeitliche Entdeckungen wurden mehr als einmal gemacht – ein Phänomen, das für den Statistiker Stephen Stigler sogar Gesetzesrang beanspruchen kann. Stiglers Gesetz zufolge wird keine wissenschaftliche Entdeckung nach ihrem wirklichen Entdecker benannt (die Urheberschaft seines eigenen Gesetzes sprach er folgerichtig dem Soziologen Robert K. Merton zu, der bereits 25 Jahre vor ihm zu ähnlichen Schlüssen gekommen war). Boulton und Watt hatten die Nase vorn vor ihrer Konkurrenz, aber es *gab* diese Konkurrenz, und hätten die beiden in den 1770er Jahren keine relativ leistungsfähige Dampfmaschine auf den Markt gebracht, so hätte es ganz sicher schon bald einer ihrer vielen Konkurrenten getan. Möglicherweise wären Boulton und Watt von diesen sogar überholt worden, hätte sich Watt nicht mit List und Tücke ein Patent erschlichen, das jeglichen Wettbewerb von vornherein ausschaltete.

Große Männer oder Frauen und vertrottelte Stümper sind Produkte ihrer Zeiten. Sollten wir demzufolge davon ausgehen, dass nicht einzelne Persönlichkeiten den Verlauf der Geschichte bestimmen, sondern dass es der Geist der jeweiligen Epoche ist, der Bedingungen schafft, unter denen sich entweder Größe entfalten oder eine Kultur der Stümperhaftigkeit entstehen kann? Manche Historiker sehen beispielsweise den Grund für die Vorrangstellung des Westens darin, dass sich die chinesische Kultur im 14. Jahrhundert nach innen kehrte und von der Welt abwandte, während sich die europäische Kultur nach außen öffnete und Entdecker veranlasste, über die Weltmeere zu segeln, bis sie an die Küste des amerikanischen Doppelkontinents gespült wurden.

In Kapitel 8 habe ich mich ausführlich mit diesem Gedanken auseinandergesetzt und festgestellt, dass er sich nicht sonderlich gut mit den Tatsachen vereinbaren lässt. Kultur ist keine Stimme im Kopf, die uns sagt, was zu tun ist, sie ist vielmehr ein Gemeindesaal, in dem wir über die Möglichkeiten, die sich bieten, diskutieren. Jede Zeit bekommt die Denkart, die sie braucht, entsprechend den Problemen, die die geographischen Bedingungen und die gesellschaftliche Entwicklung ihr aufzwingen.

Das würde erklären, warum die Geschichte des Denkens im Osten und im Westen in den letzten 5000 Jahren einen weitgehend übereinstimmenden Verlauf genommen hat. Als sich in den beiden Kerngebieten die ersten Staaten herausbildeten (um 3500 v. u. Z. im Westen, um 2000 v. u. Z. im Osten), warf dies Fragen über das Wesen und die Grenzen göttlicher Herrschaft auf. Als die Staaten in beiden Kerngebieten einen effektiveren Verwaltungsapparat aufbauten (nach 750

v. u. Z. im Westen, um 500 v. u. Z. im Osten), mündeten diese Fragen im Denken der ersten Achsenzeit, das von der Frage nach dem Wesen der menschlichen Transzendenz und deren Beziehung zur weltlichen Autorität bestimmt war. Um 200 u. Z., als sowohl dem Han-Reich als auch dem Römischen Reich der Untergang drohte, trat an die Stelle dieser Frage wiederum das Denken der zweiten Achsenzeit, in dem die Frage, wie institutionalisierte Kirchen ihre Gläubigen in einer chaotischen und bedrohlichen Welt retten könnten, im Mittelpunkt des Interesses stand. Und als sich die gesellschaftliche Entwicklung wieder belebte (um 1000 in China, um 1400 in Italien), erblühte die Suchbewegung der Renaissance, der es darum ging, die enttäuschende jüngere Vergangenheit zu überspringen und sich auf die verlorene Weisheit der ersten Achsenzeit rückzubesinnen.

Im Osten und im Westen entwickelte sich das Denken deshalb so lange nahezu parallel, weil es für beide nur einen Pfad zu einer höheren gesellschaftlichen Entwicklung gab. Um die Obergrenze von 24 Punkten zu durchbrechen, musste die Macht der Staaten gleichermaßen zentralisiert werden, was unweigerlich im Denken der ersten Achsenzeit mündete. Der Niedergang dieser Staaten führte ebenso unweigerlich zum Denken der zweiten Achsenzeit, ihr Wiederaufblühen zu einer Renaissance. Jede grundlegende Veränderung brachte die Menschen dazu, die Gedanken zu entwickeln, die für ihre Zeit gebraucht wurden.

Wie aber steht es um den großen Scheidepunkt um 1600, als sich in Westeuropa das wissenschaftliche Denken durchsetzte, im Osten (und in den Regionen Europas, die abseits des neuen Kerngebiets um die Atlantikküste lagen) hingegen nicht? Zeigt sich auch darin, dass jede Zeit eben die Gedanken bekommt, die sie braucht? Oder spiegeln sich in dieser epochalen Abweichung des Denkens nicht vielmehr die kulturellen Unterschiede zwischen den Menschen des Ostens und denen des Westens?

Es gibt westliche Soziologen, die davon überzeugt sind. Sie verweisen auf psychologische Experimente, in denen Probanden unterschiedlicher Herkunft gebeten wurden, dieselben Aufgaben zu lösen. Im Magnetresonanztomographen zeigte sich, dass bei europäischen Probanden die Stirn- und Scheitellappen im Gehirn dann heller leuchteten (was anzeigt, dass die Aufgabe den Probanden eine größere Anstrengung abverlangt), wenn zur Lösung einer Aufgabe Informationen im Rahmen eines größeren Kontexts und nicht bloß isolierte Fakten verarbeitet werden mussten. Bei asiatischen Probanden verhielt es sich genau umgekehrt.

Was bedeutet dieser Unterschied? Fakten aus ihrem Kontext zu lösen und für sich zu betrachten, gehört zu den wichtigsten Kennzeichen der modernen Wissenschaft (wie die *Ceteris-paribus*-Klausel belegt). Vielleicht, so lautet eine These, zeigt sich in der unterschiedlichen Hirntätigkeit, dass Europäer einfach logischer und wissenschaftlicher denken als Asiaten.

Vielleicht aber auch nicht. Die Experimente beweisen schließlich nicht, dass Asiaten *unfähig* wären, Fakten aus ihrem Umfeld losgelöst zu betrachten, oder dass es Europäern *unmöglich* wäre, Dinge in ihrem Zusammenhang zu sehen. Sie zeigen lediglich, dass jede Gruppe gewohnt ist, auf eine bestimmte Weise zu denken, und sich darum anstrengen muss, um die jeweilige Denkgewohnheit abzuschütteln. Beide Gruppen sind sehr wohl in der Lage, die eine wie die andere Aufgabe zu lösen, was sie auch alltagspraktisch immer wieder unter Beweis stellen.

Zu jeder Zeit und in jedem Land hat es Rationalisten und Mystiker gegeben – solche, die vom Detail abstrahieren, und solche, die im Komplexen schwelgen – und ein paar wenige, die beides tun. Was unterschiedlich ist, sind lediglich die Herausforderungen, die sich ihnen stellen. Als die Europäer um 1600 anfingen, die atlantische Wirtschaft zu entwickeln, handelten sie sich damit auch Probleme ein, die sich am besten mithilfe mechanischer und wissenschaftlicher Modelle der Wirklichkeit lösen ließen. Diese Modelle etablierten sich in den folgenden vier Jahrhunderten zunehmend als westlicher Denkstandard. Im Osten, wo die Probleme, wie sie die atlantische Wirtschaft im Westen produziert hatte, bis weit ins 19. Jahrhundert hinein keine wesentliche Rolle spielten, ist dieser Prozess noch nicht so weit fortgeschritten.

Noch in den 1960er Jahren waren westliche Soziologen davon überzeugt, dass die Kultur des Ostens – und insbesondere der Konfuzianismus – die Entwicklung des unternehmerischen Konkurrenz- und Innovationsgeistes blockiert habe, ohne die wirtschaftlicher Erfolg nicht möglich sei. Als der wirtschaftliche Erfolg Japans in den 1980er Jahren nicht mehr zu ignorieren war, kam eine neue Generation von Soziologen zu dem Schluss, dass es ausgerechnet konfuzianische Prinzipen wie Autoritätsdenken und Aufopferung für die Gruppe seien, die den Erfolg der Japaner erklären würden. Vernünftiger wäre vielleicht die Schlussfolgerung, dass die Menschen ihre Kultur den jeweiligen Anforderungen der gesellschaftlichen Entwicklung anpassen. Schließlich haben sich im ausgehenden 20. Jahrhundert den altbekannten liberalen auch konfuzianische und kommunistische Kapitalisten hinzugesellt.

Die These, der zufolge wir das Denken bekommen, das wir brauchen, würde auch ein anderes Phänomen erklären, das in der Psychologie als Flynn-Effekt bezeichnet wird. Seit es IQ-Tests gibt, steigen deren Durchschnittsergebnisse ständig an (um etwa drei Punkte pro Jahrzehnt). Es wäre erfreulich, wenn das heißen würde, dass wir immer intelligenter werden, aber wahrscheinlicher ist, dass wir nur das moderne, analytische Denken, das in diesen Tests gemessen wird, immer besser beherrschen. Modernes Denken wird eher geschult, wenn wir Bücher lesen, als wenn wir Geschichten erzählen, und offenbar fördern Computerspiele (sehr zum Entsetzen mancher Pädagogen) das moderne Denken noch stärker.

Sicher trifft es zu, dass nicht alle Kulturen in gleicher Weise auf die sich verändernden Verhältnisse reagieren. Die islamische Welt hat beispielsweise erstaunlich wenige Demokratien, nobelpreisgekrönte Wissenschaftler oder moderne diversifizierte Volkswirtschaften hervorgebracht. Daraus folgern manche Nicht-Muslime, der Islam müsse ein umnachteter Glaube sein, der seine Anhänger zu Millionen im Sumpf des Aberglaubens versinken lässt. Aber wenn das stimmen würde, ließe sich kaum erklären, warum viele der hervorragendsten Wissenschaftler, Philosophen und Techniker vor 1000 Jahren Muslime waren oder warum muslimische Astronomen bis ins 16. Jahrhundert die westlichen Nachzügler übertrafen.

Die wahre Erklärung lautet vermutlich, dass sich die muslimische Kultur nach 1700 aufgrund der erlittenen militärischen und politischen Niederlagen – ähnlich dem chinesischen Konfuzianismus im 13. und 14. Jahrhundert – weitgehend nach innen gekehrt hat. Der Islam ist ein weiter Raum. Am einen Ende steht die Türkei, die soweit in der Moderne angekommen ist, dass sich ein Beitritt in die Europäische Union abzeichnet, am anderen Ende stehen Al-Qaida und die Taliban, die Frauen umbringen, wenn sie in der Öffentlichkeit ihr Gesicht zeigen. Alles in allem blieb jedoch, als die islamische Welt allmählich ihre Stellung als Zentrum des Westens verlor und immer mehr zum ausgebeuteten Randgebiet wurde, die gesellschaftliche Entwicklung in einer gewissen Opferhaltung stecken. Diese zu überwinden ist die große Aufgabe des modernen Islam; und wer weiß, welche Vorteile die islamische Welt dann in ihrer Rückständigkeit entdeckt.

Kultur und freier Wille sind Joker. Sie komplizieren das Morris-Theorem, dem zufolge Veränderungen von faulen, habgierigen, verängstigten Menschen bewirkt werden, die zur Bewältigung ihres Alltags nach leichteren, profitableren und sichereren Wegen suchen (wobei ihnen diese Suche oft genug nicht bewusst ist). Kultur und freier Wille bremsen oder beschleunigen unsere Reaktionen auf sich verändernde Umstände. Sie fälschen jede einfache Theorie ab oder verwässern sie. Aber Kultur und freier Wille können – wie die Geschichte zeigt, die ich in den Kapiteln 1 bis 10 erzählt habe – die Gesetze der Biologie, Soziologie und Geographie nie auf Dauer übertrumpfen.

Zurück in die Zukunft

Dass der Westen die Welt regiert, hat sowohl lang- als auch kurzfristige Gründe, die ihrerseits dem ständig wechselnden Zusammenspiel von geographischen Bedingungen und gesellschaftlicher Entwicklung geschuldet sind. Aber die westliche Dominanz ist weder ein Resultat eherner Festschreibung noch eines zufälliger Ereignisse. Es wäre richtiger, diese Dominanz als »wahrscheinlich« zu beschreiben, als das nächstliegende Ergebnis eines historischen Spiels, in dem die Karten aufgrund der geographischen Bedingungen fast immer zugunsten des Westens gemischt waren. Der Westen war, so könnte man sagen, immer ein heißer Kandidat für die Vorherrschaft.

Um ein wenig Licht in diese kryptischen Bemerkungen zu bringen, möchte ich mich einer Methode aus Robert Zemeckis' Komödie *Zurück in die Zukunft* bedienen, die 1985 in die Kinos kam. Zu Beginn des Films baut ein verrückter Professor aus einem riesigen Gitarrenverstärker, gestohlenem Plutonium und einem DeLorean-Sportwagen eine Zeitmaschine. Als der Professor von Terroristen ermordet wird, ergreift der mit ihm befreundete Jugendliche Marty McFly (gespielt von Michael J. Fox) die Flucht und wird von der Zeitmaschine ins Jahr 1955 zurückversetzt. Dort begegnen ihm seine künftigen Eltern in dem Alter, in dem Marty jetzt ist. Das Unglück nimmt seinen Lauf – anstatt ihr Herz an Martys künftigen Vater zu verlieren, verliebt sich seine künftige Mutter in Marty selbst. Nur ein winziger Makel im Webmuster der Geschichte, könnte man sagen, aber für Marty geht es um viel: Wenn er es nicht schafft, die Sache bis zum Ende des Films wieder in Ordnung zu bringen, wird er nie geboren werden.

Anders als es den Gepflogenheiten seriöser Historiker entspricht, die die Geschichte von Anfang an bis zu unserer Gegenwart rekonstruieren, wäre es vielleicht ganz hilfreich, à la Marty McFly in die Vergangenheit zu springen. Dann könnten wir wie in dem Film innehalten und uns fragen, was hätte geschehen sein können, um zu verhindern, dass die Zukunft – sagen wir: das Jahr 2000 – so aussieht, wie sie es tut.

Ich gehe zunächst zwei Jahrhunderte zurück, also ins Jahr 1800. In der Zeit Jane Austens angekommen, werden wir feststellen, dass schon damals alles auf die führende Rolle des Westens im Jahr 2000 hindeutete. In Großbritannien war die industrielle Revolution im Gange, die Wissenschaft blühte und gedieh, und die militärische Macht Europas stellte alles in den Schatten. Natürlich war nichts in Stein gemeißelt. Mit etwas mehr Glück hätte Napoleon seine Kriege vielleicht gewinnen können, und mit etwas weniger Glück hätten die Regierenden in Großbritannien die Sache mit der industriellen Revolution vielleicht vermasselt. Dann wäre der Senkrechtstart der Briten weniger rasant verlaufen oder die industrielle Revolution hätte sich – wie ich in Kapitel 10 beschrieben habe – nach Nordfrankreich verlagert. Der Möglichkeiten gibt es viele. Allerdings lässt sich kaum ausmalen, was nach 1800 noch hätte passieren müssen, um die industrielle Revolution im Westen gänzlich zu verhindern. Und ebenso schwer ist es sich vorzustellen, was die Globalisierung der Märkte hätte aufhalten können, als die Industrialisierung erst einmal in Gang gebracht war. »Es ist … sinnlos«, tönte Lord Macartney, als die chinesische Regierung seine Handelsmission 1793 entschieden zurückwies, »den Fortschritt des menschlichen Wissens aufhalten zu wollen.«[2] Das klingt zwar hochtrabend, aber ganz Unrecht hatte er nicht.

Wir können die Karten zuungunsten des Westens mischen, wie wir wollen, wir können uns beispielsweise vorstellen, die industrielle Revolution hätte erst 100 Jahre später eingesetzt und bis zum 20. Jahrhundert wäre es zu keiner nennenswerten Erweiterung der europäischen Kolonialreiche gekommen – es spricht dennoch kein vernünftiger Grund dafür, dass es vorher im Osten zu einer eigenen industriellen Revolution hätte kommen können. Dies hätte vorausgesetzt, dass sich im Osten eine ähnlich diversifizierte Wirtschaft entwickelt hätte, wie es sie im Westen mit der atlantischen Wirtschaft bereits gab. Und um eine solche aufzubauen, wären Jahrhunderte vonnöten gewesen. Dass der Westen 2000 die Welt regieren würde, war 1800 nicht festgeschrieben, war nicht hundertprozentig sicher, aber mindestens 95 Prozent werden es wohl gewesen sein.

Wenn wir nun weitere 150 Jahre zurückgehen bis in die Zeit um 1650, als Newton noch ein Kind war, so war damals die Wahrscheinlichkeit, dass der Westen 2000 die Welt regieren würde, weniger hoch, aber immer noch beträchtlich. Mit Feuerwaffen wurde der Steppengürtel abgeriegelt, mit Schiffen die atlantische Wirtschaft begründet. An Industrialisierung war im Traum noch nicht zu denken, aber die Voraussetzungen dafür wurden in Westeuropa bereits geschaffen. Hätten die Holländer Mitte des 17. Jahrhunderts ihre Kriege gegen England gewonnen, wäre die von Holland unterstützte Glorreiche Revolution 1688 gescheitert oder wäre der geplante Einfall der Franzosen in England 1698 tatsächlich erfolgreich gewesen, so wären die Bedingungen, die Boulton und Watt begünstigten, nie eingetreten. Und in diesem Fall hätte sich die industrielle Revolution um Jahrzehnte verzögert oder anderswo in Westeuropa stattgefunden. Aber auch hier ist schwer vorstellbar, was nach 1650 noch hätte passieren müssen, um sie gänzlich zu verhindern. Wäre die Industrialisierung im Westen schleppender verlaufen und hätten die Qing-Kaiser andere Entscheidungen getroffen, so hätte sich die Wissenschaft in China im 17. und 18. Jahrhundert möglicherweise ähnlich schnell entwickelt wie in Europa, aber damit die Industrialisierung im Osten vor dem Westen hätte einsetzen könne, wäre einiges mehr vonnöten gewesen. Dass der Westen 2000 die Welt regieren würde, war 1650 weniger sicher vorhersagbar als 150 Jahre später, aber die Wahrscheinlichkeit war auch damals schon relativ hoch – sie lag vermutlich bei 80 Prozent.

Noch einmal 150 Jahre früher, um 1500 also, lag die zukünftige Entwicklung noch mehr im Dunkeln. Mit seinen Schiffen konnte der Westen die Neue Welt ansteuern, aber er war vor allem daran interessiert, diese auszuplündern. Wären die Habsburger noch stärker vom Glück begünstigt gewesen, als sie es ohnehin schon waren (hätte beispielsweise Luther nie das Licht der Welt erblickt oder hätte Karl V. nicht die Reichsacht gegen ihn verhängt oder hätte die spanische Armada 1588 den Sieg über England errungen, woraufhin der holländische Aufstand vermutlich eingebrochen wäre), so wären sie vielleicht zum Hirten aller christlichen Lämmer geworden. In diesem Fall hätte die spanische Inquisition radikale Stimmen wie die von Newton und Descartes zum Schweigen gebracht; auch wäre wohl der holländische, britische und französische Handel wie der spanische zuvor durch willkürliche Steuerbelastungen zerschlagen worden. Das sind ziemlich wüste Spekulationen, und alles spricht dafür, dass ein die gesamte Christenheit umfassendes Habsburgerreich heftige Nebeneffekte gezeitigt hätte: Es hätten noch mehr Puritaner den Atlantik überquert, sie hätten noch mehr Städte errichtet und von dort aus die Wirtschaft angekurbelt sowie die wissenschaftliche Revolution ausgelöst.

Andererseits hätte es den Habsburgern auch erheblich schlechter ergehen können, als es in Wahrheit der Fall war. Hätten die Osmanen dem schiitischen Persien eine gründlichere Niederlage bereitet, so wäre es ihnen 1529 vielleicht gelungen, Wien zu erobern. Dann würden heute Minarette in den englischen Himmel ragen und in Oxford Auslegungen des Korans gelehrt. Bei einem Sieg der Türken hätte sich das Machtzentrum des Westens möglicherweise nicht aus dem Mittelmeerraum weg verlagert. Ob dann die atlantische Wirtschaft verkümmert oder aber gerade deshalb die atlantische Welt aufgeblüht wäre? – Lassen wir die Frage einfach offen. Ein anderes Szenario: Hätten sich Osmanen und Russen im 17. Jahrhundert nachdrücklicher bekriegt, wären sie möglicherweise zu geschwächt aus den Kämpfen hervorgegangen, um den Steppengürtel im Westen gegen die Nomadenvölker abzusperren. In diesem Fall hätten die Siege des Qing-Reiches im 17. und 18. Jahrhundert vielleicht dazu geführt, dass die Mongolen nach Europa verdrängt worden wären und die westliche Krise des 17. Jahrhunderts sich zu etwas so Finsterem ausgewachsen hätte wie die letzten Tage von Rom. Wäre der Westen von Neuem in einem dunklen Zeitalter versunken, so hätte die gesellschaftliche Entwicklung im Osten im Verlauf einiger Jahrhunderte vielleicht die starre Obergrenze erreicht und China hätte seine eigene wissenschaftliche und industrielle Revolution erlebt. Wer weiß? Jedenfalls war, so viel steht fest, um 1500 die Wahrscheinlichkeit, dass der Westen 2000 die Welt regieren würde, sehr viel geringer als 150 Jahre später – nicht viel höher als fifty-fifty vielleicht.

Weitere 150 Jahre früher, wir befinden uns im Jahr 1350, inmitten der dunklen Tage des Schwarzen Todes. Aus der Perspektive dieser Zeit wäre eine Vorherrschaft des Westens um 2000 eher unwahrscheinlich gewesen. Der unberechenbarste Joker der nahen Zukunft war Tamerlan, der mongolische Eroberer, der, aus Zentralasien hervorbrechend, mit seinen Horden Indien und Persien unterwarf und 1402 das Osmanische Reich zerschlug. An diesem Punkt beschloss Tamerlan, sich nach Osten zu wenden, um am chinesischen Kaiser Rache für irgendeine ihm zugefügte Schmach zu üben, starb aber, bevor er sein Ziel erreicht hatte. Wäre er stattdessen nach 1402 weiter westwärts gezogen, so hätte er möglicherweise Italien vernichtend geschlagen, die dort aufkeimende Renaissance verhindert und den Westen in seiner Entwicklung um Jahrhunderte zurückgeworfen. Hätte er andererseits, anstatt das Zeitliche zu segnen, seinen Feldzug gegen China fortgesetzt, so wäre er vielleicht in die Fußstapfen des Eroberers Kublai Khan getreten und hätte die Entwicklung im Osten (und nicht im Westen) um Jahrhunderte verzögert.

Es gibt unendlich viele andere Möglichkeiten, wie die Dinge hätten laufen können. Hongwu, der Gründer der Ming-Dynastie, hätte ohne weiteres an seinem Vorhaben scheitern können, China nach den Bürgerkriegen wieder zu vereinen. Dann hätte das östliche Kerngebiet des 15. Jahrhunderts statt eines mächtigen Reiches eine Vielzahl kleinerer, untereinander zerstrittener Staaten umfasst. Wer weiß, welche Folgen das gehabt hätte. Vielleicht hätte Chaos geherrscht, aber ohne das autokratische Diktat der Ming-Herrschaft hätte sich vielleicht ein regerer Seehandel entwickelt. Ich habe in Kapitel 8 erläutert, warum im Osten während der

Ming-Herrschaft kaum so etwas wie die spätere atlantische Wirtschaft des Westens hätte entstehen können – die geographischen Bedingungen sprachen einfach dagegen –, aber ohne die Ming-Kaiser wäre es Kolonisten und Kaufleuten vielleicht gelungen, in Südostasien und auf den Gewürzinseln eine bescheidenere Variante einer solchen Wirtschaft zu etablieren. Das Fazit lautet jedoch: Mitte des 14. Jahrhunderts war der Ausgang der Entwicklung noch weniger klar als um 1500. Dass der Westen 2000 die Welt regieren würde, war nur eine von vielen Möglichkeiten, die Wahrscheinlichkeit betrug vermutlich nicht mehr als 25 Prozent.

Das Was-wäre-wenn-Spiel macht Spaß, und ich könnte es endlos fortsetzen. Aber es ist klar, worauf ich hinaus will. Ob der Westen 2000 die Welt regieren würde, war keine Frage der Determiniertheit oder des Zufalls, sondern es war eine Sache von Wahrscheinlichkeiten, und je weiter wir in der Zeit zurückgehen, umso mehr Joker kommen ins Spiel. Um 1800 war es sehr unwahrscheinlich, dass sich die Vorherrschaft des Westens durch irgendwelche Entscheidungen, kulturelle Entwicklungen oder unverhoffte Ereignisse noch hätte aufhalten lassen; um 1350 wäre dies ohne weiteres denkbar gewesen. Andererseits ist schwer vorstellbar, welche Ereignisse nach 1350 hätten bewirken können, dass die Industrialisierung zuerst im Osten statt im Westen oder sogar überhaupt nicht stattgefunden hätte.

Um eine Vergangenheit zu konstruieren, in der eine Vorherrschaft des Ostens um 2000 denkbar gewesen wäre, müssen wir ganze neun Jahrhunderte zurückkehren, nämlich ins Jahr 1100. Hätte der Song-Kaiser Huizong zu diesem Zeitpunkt die Jurchen besser eingeschätzt und Kaifeng 1127 vor der Eroberung bewahrt oder wäre der kleine Temüdschin tatsächlich von seinen Eltern in der Steppe vergessen worden und gestorben, anstatt heranzuwachsen und Dschingis Khan zu werden – wer weiß, was passiert wäre. Die schieren Entfernungen und auch die verfügbaren Seefahrttechniken verhinderten vermutlich, dass sich eine pazifische Version des Weges entwickeln konnte, der in Europa im 18. Jahrhundert über die atlantische Wirtschaft zur Industrialisierung geführt hat. Aber es hätte mit anderen Mitteln eine ähnliche Wirtschaft entstehen können. Wäre China die Eroberung durch Jurchen und Mongolen erspart geblieben, so wäre die dortige Renaissance vielleicht zu einer wissenschaftlichen Revolution erblüht, statt sich auf gefällige Selbstbetrachtung und aufs Füßebinden zu beschränken. Dann hätten der Bedarf von Millionen chinesischer Untertanen, der Handel zwischen einem bäuerlichen Süden und einem handwerklich geprägten Norden sowie die Kolonisierung in Südostasien vielleicht den Ausschlag gegeben. Vielleicht aber eben auch nicht. Solange China nicht über Waffen und Armeen verfügte, um die Steppen abzuriegeln, konnte es gegen das zerstörerische Eindringen von Nomaden wenig ausrichten. Wahrscheinlich ist es zu optimistisch, davon auszugehen, dass die Mandarine endlos mit so vielen Bällen gleichzeitig hätten jonglieren können. Die Liste der Wahrscheinlichkeiten, die im 12. Jahrhundert gegen ein Abheben Chinas sprachen, ist vermutlich sehr lang.

Wenn wir nun ein letztes Mal die Reise in die Vergangenheit antreten und uns noch einmal 1000 Jahre vor die Song-Zeit zurückversetzen lassen, lautet die große Frage wieder anders. Wir müssen nun nicht mehr fragen, ob es möglich wäre, dass der Osten bis 2000 die Vorherrschaft in der Welt errungen haben könnte, sondern ob das Römische Reich 1700 Jahre früher die starre Obergrenze der gesellschaftlichen Entwicklung hätte durchbrechen können, als es der Westen dann tatsächlich getan hat. Ich sehe, offen gesagt, keine Möglichkeit, wie das hätte der Fall sein können. Rom hätte dies nicht nur ohne die Grundlage einer atlantischen Wirtschaft zuwege bringen, sondern auch noch mit sehr viel Glück den fünf apokalyptischen Reitern entkommen müssen. Nach dem Fall des Han-Reiches im 3. Jahrhundert dümpelte das Römische Reich noch 200 Jahre geschwächt vor sich hin, bevor es im 5. Jahrhundert endgültig zusammenbrach. Sicher hätte Rom auch die Möglichkeit gehabt, die Goten und ihre germanischen Verwandten irgendwie zurückzuschlagen und weiter vor sich hinzuwursteln, aber wie hätte es dann die Krise des 7. Jahrhunderts bewältigen sollen? Und selbst wenn das Römische Reich in irgendeiner Form überlebt hätte, was hätte es dann der lang anhaltenden Abwärtsbewegung der gesellschaftlichen Entwicklung im Westen entgegenzusetzen gehabt? Ein wirtschaftlicher Durchbruch war für das Römische Reich um das Jahr 100 u. Z. noch unrealistischer als für das Song-Reich nach 1100.

All das führt uns zu der Erkenntnis, dass die westliche Dominanz um 2000 weder langfristig festgeschrieben noch das Produkt kurzfristiger Zufälle war. Sie ergab sich eher als Folge langfristig gültiger Wahrscheinlichkeiten. Zu keiner Zeit, nicht einmal um 1100, deutete etwas darauf hin, dass der Osten in der Lage sein würde, sich als Erster zu industrialisieren, seine Macht weltweit auszudehnen und aus seiner höheren gesellschaftlichen Entwicklung einen Führungsanspruch abzuleiten, wie dies der Westen später tun sollte. Sehr wahrscheinlich war hingegen, dass irgendwann irgendwer über die Feuerwaffen und die Machtfülle verfügen würde, um die Steppengebiete abzuriegeln, sowie über die Schiffe und Märkte, um die Weltmeere zu erschließen. Und wenn das erst einmal der Fall war, würde die Wahrscheinlichkeit zunehmen, dass neu gewonnene geographische Vorteile die industrielle Revolution im Westen eher anstoßen würden als im Osten. Vermutlich hätte nur eine wahrhaft welterschütternde Katastrophe dies verhindern können, ein Ereignis, wie es Isaac Asimov in der Geschichte *Und Finsternis wird kommen …* beschreibt, von der ich in Kapitel 1 gesprochen habe: ein Unglück von biblischem Ausmaß, das alle Zivilisation zerstört und die Menschheit auf den Nullpunkt zurückschleudert.

»Und Finsternis wird kommen …«

Aber auch das war ziemlich unwahrscheinlich. Am nächsten kam die Welt vor der Zeit, als der Westen die Führung übernahm, einer solchen Katastrophe um

10 800 v. u. Z., als gewaltige Mengen von Schmelzwasser vom nordamerikanischen Kontinent in den Atlantik abflossen und dessen Temperaturen so stark absinken ließen, dass die Warmwasserheizung des Golfstroms ausgeschaltet wurde. Die darauf folgende 1200 Jahre währende Mini-Eiszeit, die als Jüngere Dryas bekannt ist, brachte die gesellschaftliche Entwicklung zum Stillstand und beendete die ersten zaghaften Ansätze eines sesshaften bäuerlichen Lebens im Fruchtbaren Halbmond. Die Jüngere Dryas lässt jede andere weltweite Kältephase nach ihr als so harmlos erscheinen, dass es sich nicht einmal gelohnt hätte, dafür einen Pullover aus dem Schrank zu holen.

Die Folgen, die ein Naturereignis vom Ausmaß der Jüngeren Dryas irgendwann innerhalb der letzten Jahrtausende gehabt hätte, sind so schrecklich, dass man sie sich gar nicht genauer ausmalen möchte. Über fast ewige Zeiten wären die jährlichen Ernten ausgefallen und Menschen zu Hundertmillionen verhungert. Weite Teile Europas, Nordamerikas und Zentralasiens wären durch Massenabwanderungen entvölkert worden. Die daraus folgenden Kriege, politischen Wirren und Seuchen hätten alles bis dahin Gesehene in den Schatten gestellt. Es wäre gewesen, als hätten die fünf apokalyptischen Reiter ihre Rosse gegen Panzer eingetauscht. Eine dezimierte, frierende und verängstigte Bevölkerung hätte sich dicht um den Äquator zusamamengedrängt, auf Regen gehofft und der ausgedörrten Erde die Nahrung zum Leben abgetrotzt. Jahrtausende der gesellschaftlichen Entwicklung wären zunichte gemacht worden.

Auch andere Katastrophenszenarien sind denkbar. So haben Astronomen mit einer Vorliebe fürs Morbide ausgerechnet, dass der Einschlag eines Asteroiden von eineinhalb Kilometern Durchmesser der Sprengkraft von 100 Milliarden Tonnen TNT entsprechen würde. Über den Verheerungsgrad der Folgen gehen die Meinungen auseinander. Gewiss ist nur, dass sich vorübergehend dichte Staubwolken in der Stratosphäre sammeln und das Sonnenlicht weitgehend von der Erde fernhalten würden. Millionen Menschen würden verhungern. Die durch den Einschlag entstehenden Stickstoffoxide würden die Ozonschicht zerstören, sodass die Überlebenden schutzlos der mörderischen ultravioletten Strahlung ausgeliefert wären. Würde ein Asteroid von drei Kilometern Durchmesser auf die Erde stürzen, so wären die Folgen eindeutiger. Die Wucht des Einschlags würde der Sprengkraft von zwei Billionen Tonnen TNT entsprechen, und das würde vermutlich kein Mensch überleben.

Zum Glück wurden uns keine solchen Hindernisse in den Weg gelegt, also hat es wenig Sinn, sich grausige Gedanken darüber zu machen, wie schlimm es hätte kommen können. Asteroideneinschläge und Eiszeiten sind anders als Kriege und kulturelle Muster: Wir haben (oder hatten zumindest bis vor kurzem) keinen Einfluss darauf. Kein vertrottelter Stümper, keine kulturelle Entwicklung und kein Zufall wäre in der Lage gewesen, genügend Schmelzwasser herbeizuzaubern, um damit den Golfstrom auszuschalten, ergo hätte es keine zweite Jüngere Dryas geben können, und selbst die pessimistischsten Astronomen gehen davon aus, dass die Erde nur alle paar 100 000 Jahre von einem kilometergroßen Asteroiden getroffen wird.

Tatsächlich gibt es fast nichts, was ein vertrottelter Stümper oder einer der anderen genannten Größen irgendwann im Laufe der Geschichte hätte anstellen können, um eine Katastrophe von biblischem Ausmaß herbeizuführen. Auch die blutigsten Kriege, die wir selbst über die Menschheit gebracht haben, die Weltkriege des 20. Jahrhunderts, unterstrichen nur machtpolitische Strömungen, die bereits in Gang gesetzt waren. Zu Beginn des 20. Jahrhunderts forderten die USA, ein neuer subkontinentaler Industriestaat, die Imperialmächte Westeuropas heraus. In den Weltkriegen ging es hauptsächlich um die Frage, wer an die Stelle Westeuropas treten würde. Die USA selbst? Die Sowjetunion, in der die Industrialisierung in den 1930er Jahren durchgepeitscht wurde? Nazideutschland, das in den 1940er Jahren drauf und dran war, ein eigenes Subkontinentalreich zu erobern? Im Osten versuchte Japan in den 1930er und 1940er Jahren, ein Subkontinentalreich an sich zu bringen und zu industrialisieren, um den Westen aus seiner Vormachtstellung zu verdrängen. Nachdem das misslungen war, industrialisierte China sein bereits bestehendes subkontinentales Imperium – in den 1950er und 1960er Jahren mit katastrophalen Auswirkungen und seit den 1980er Jahren mit beeindruckendem Erfolg. Es ist schwer vorstellbar, dass die europäischen Seemächte dieser Konkurrenz auf Dauer standgehalten hätten. Dagegen sprechen allein schon die antikolonialistischen Erhebungen, die nach dem Zweiten Weltkrieg von Afrika bis Indochina aufflammten, sowie die – im Vergleich zu den neuen Mächten – stagnierende Bevölkerung und Industrie in Westeuropa.

Hätten sich die europäischen Mächte 1914 und 1939 nicht von den Klippen gestürzt, so hätten ihre Imperien wahrscheinlich länger Bestand gehabt. Hätten sich die USA 1919 nicht ihren globalen Verpflichtungen entzogen, so wären die Imperialreiche möglicherweise noch schneller zerschlagen worden. Hätte Hitler Stalin und Churchill besiegt, so wäre die Geschichte vielleicht anders verlaufen. Vielleicht aber auch nicht. Der Roman *Vaterland* von Robert Harris[3] macht dies auf faszinierende Weise deutlich. Der Thriller spielt im Jahr 1964 in Deutschland, in einem Deutschland allerdings, das, soviel wird schnell klar, den Zweiten Weltkrieg gewonnen hat. Alles ist auf unheimliche Weise anders. Die Nationalsozialisten haben nicht nur die meisten, sondern alle europäischen Juden ermordet. Hitlers Architekt Albert Speer hat die Träume seines Führers wahr werden lassen und ein neues Berlin aus dem Boden gestampft – im Zentrum eine Siegesallee, die doppelt so lang ist wie die Pariser Champs-Élysées. Sie führt zum größten Prachtbau der Welt, in dem Hitler Reden unter einer Kuppel hält, die so hoch ist, dass sich Wolken darin bilden können. Doch im Laufe der Geschichte entfaltet sich eine Szenerie, die auf noch unheimlichere Weise vertraut ist. Zwischen den USA und dem totalitären Großdeutschland, das vom Rhein bis zum Ural reicht, herrscht Kalter Krieg. Die beiden Großmächte belauern sich gegenseitig misstrauisch hinter ihren aufgereihten Atomraketen, führen Stellvertreterkriege, lassen

Vasallenstaaten in der Dritten Welt nach ihrer Pfeife tanzen und tasten sich vorsichtig an eine Annäherung heran. In mancher Hinsicht ist das alles nicht so weit von der Wirklichkeit entfernt.

Die Weltkriege des 20. Jahrhunderts hätten nur dann einen vollkommen anderen Ausgang nehmen können, wenn sie in einen totalen atomaren Vernichtungskrieg geführt hätten. Hätte Hitler Atombomben gehabt, so hätte er sie wohl auch eingesetzt. Aber zum Glück für die Welt strich er 1942 praktisch das gesamte Atomforschungsprogramm. Damit blieb es den USA überlassen, ungeahndet zwei Atombomben über Japan abzuwerfen. Nachdem auch die Sowjets 1949 versuchsweise ihre erste Atombombe gezündet hatten, rückte die Katastrophe immer mehr in den Bereich des Möglichen. Selbst 1986, als das Wettrüsten seinen Höhepunkt erreicht hatte, brachten sämtliche atomaren Sprengköpfe der Welt zusammengenommen nur ein Achtel der Zerstörungskraft eines drei Kilometer großen Asteroiden auf, aber das war immer noch genug, um die Zivilisation der Gegenwart auszulöschen

Es ist kaum zu glauben, dass es Menschen gibt, die – wie der Vorsitzende Mao – in der Lage sind, vollkommen gleichmütig über die Möglichkeit eines Atomkrieges zu philosophieren. »Lasst uns überlegen«, sagte er 1957 auf der Moskauer Weltkonferenz, zu der sich die Staatsoberhäupter und Parteiführer der kommunistischen Welt versammelt hatten, »wie viele Menschen sterben werden, wenn ein Krieg ausbricht.« Und er fuhr fort:

> Wenn das Schlimmste zum Schlimmen käme und die Hälfte der Menschheit stürbe, bliebe doch die andere Hälfte, während der Imperialismus bis auf den Grund ausgetilgt wäre und die ganze Menschheit sozialistisch werden würde; in einer gewissen Zahl von Jahren würde es wieder 2,7 Milliarden Menschen geben und letztlich sogar mehr.[4]

Zum Glück für uns alle kamen die Männer, die in den USA und in der Sowjetunion die Entscheidungen zu treffen hatten, zu der Erkenntnis, dass die Gefahr eines Atomkrieges nur durch gegenseitige nuklearer Abschreckung (MAD – Mutually Assured Destruction, »gegenseitig zugesicherte Zerstörung«) abzuwenden sei, ein Gleichgewicht des Schreckens, in dem ein einziger falscher Schritt allenthalben Zerstörung nach sich ziehen musste. Die Regeln dieses Spiels blieben beängstigend undurchsichtig, und die Welt erlebte ein paar brenzlige Momente, vor allem im Herbst 1962, als John F. Kennedy und Nikita Chruschtschow kurz davor waren, diese ungeschriebenen Regeln zu verletzen. Chruschtschow hatte, vom Säbelrasseln der Amerikaner aufgeschreckt, Raketen auf Kuba stationiert, woraufhin Kennedy, nicht minder besorgt, mit einer Blockade des Inselstaates reagierte. Sowjetische Kriegsschiffe näherten sich bis auf wenige Meilen der amerikanischen Blockadelinie, die aus Zerstörern, Kreuzern und einem Flugzeugträger bestand. Zu diesem Zeitpunkt lag die Wahrscheinlichkeit einer Katastrophe Kennedys Schätzung zufolge bei 1:3, wenn nicht gar bei 1:2. Und dann, am Mittwoch, dem 24. Oktober, gegen zehn Uhr morgens, spitzte sich die Lage plötzlich zu. Während

Kennedy in angespanntem Schweigen in der Runde seines Beraterstabes saß, erreichte ihn die Nachricht, ein sowjetisches U-Boot kreuze den Kurs des Flugzeugträgers. Welche Absicht konnte dahinter stecken, wenn nicht ein Angriff? Der Präsident »hob die Hand und legte sie über seinen Mund. Er ballte sie zur Faust und öffnete sie wieder. Sein Gesicht wirkte durchfurcht, seine Augen fast grau, mit gequältem Ausdruck«[5], erinnerte sich sein Bruder Robert später. Als nächster Schritt würde der Abschuss von 4000 Gefechtsköpfen erfolgen. Doch das sowjetische U-Boot griff nicht an. Die Uhr tickte, und um 10:25 Uhr verlangsamten die sowjetischen Schiffe ihre Fahrt und drehten dann ab. Der Ernstfall trat nicht ein.

Dreißig Jahre lang brachten Spiele mit vollem Risiko und grobe Schnitzer die Welt beängstigend oft an den Rand des Abgrunds, aber es kam nie zum Schlimmsten. Seit 1986 wurden die weltweiten Bestände an Atomsprengköpfen um zwei Drittel verringert, und ein weiterer Abbau scheint derzeit – wir schreiben Anfang 2010 – im Bereich des Möglichen zu liegen. Die Atomwaffen in den Arsenalen der US-Amerikaner und der Russen reichen immer noch aus, um die Menschheit auszurotten. Aber die Wahrscheinlichkeit eines Atomkrieges ist wesentlich geringer als in den 40 Jahren, in denen das Gleichgewicht des Schreckens die Weltpolitik beherrschte. Die Bedingungen der Biologie, Soziologie und Geographie setzen ihr Webmuster fort; die Geschichte geht weiter.

»Foundation«

Asimovs Geschichte *Und Finsternis wird kommen ...* taugt bei näherem Hinsehen zumindest bis jetzt nicht wirklich als Modell, um den Lauf der Geschichte zu erklären, aber vielleicht ist sein *Foundation*-Zyklus besser dafür geeignet. Irgendwann in ferner Zukunft, erzählt Asimov, reist ein junger Mathematiker namens Hari Seldon zum Planeten Trantor, dem mächtigen Zentrum eines galaktischen Imperiums, das seit 12 000 Jahren besteht. Hier stellt er auf dem Zehnjahreskongress der Mathematiker die Idee einer von ihm entwickelten neuen Wissenschaft namens Psychohistorik vor. Im Prinzip, so erklärt er, könne man, wenn man herkömmliche Geschichtswissenschaft, Psychologie und Statistik miteinander verbinde, herausfinden, welche Kräfte die Menschen antreiben, und auf der Grundlage dieses Wissens die Zukunft vorhersagen.

Seldon wird nun aus der Provinz seines Heimatplaneten auf einen Lehrstuhl an der größten Universität auf Trantor berufen und entwickelt dort die Methoden der Psychohistorik weiter. So gelangt er zu der Schlussfolgerung, dass der Niedergang des Imperiums und ein 30 000 Jahre währendes dunkles Zeitalter bevorstehen, bevor ein zweites Imperium zur Blüte kommen wird. Der Kaiser macht Seldon zu seinem Ersten Minister, und in dieser hohen Position gründet dieser eine Denkfabrik, der er den Namen Foundation, was sowohl »Grundlage« als auch »Stiftung« bedeutet, gibt. Die Wissenschaftler, die darin arbeiten, tragen alles Wissen der Welt in einer *Encyclopedia Galactica* zusammen und entwerfen auf der Grundlage dieses Wissens einen Masterplan, der es ermöglichen soll, das neue Imperium schon nach 1000 Jahren auferstehen zu lassen.

Der *Foundation*-Zyklus begeistert Science-Fiction-Fans seit einem halben Jahrhundert, aber unter Historikern ist Hari Seldon eine gern belächelte Witzfigur. Nur in Asimovs blühender Fantasie, so sagen sie, kann man aus dem, was schon geschehen ist, darauf schließen, was in der Zukunft passieren wird. Viele Historiker bestreiten überhaupt, dass sich in der Geschichte so etwas wie größere Muster abzeichnen, und auch diejenigen, die das nicht gänzlich in Abrede stellen, halten es im Allgemeinen für unmöglich, solche Muster aufzuspüren. Geoffrey Elton, der nicht nur an der altehrwürdigen Universität Cambridge einen Lehrstuhl für Gegenwartsgeschichte innehatte, sondern auch kein Blatt vor den Mund nahm, wenn es darum ging, in geschichtswissenschaftlichen Fragen Position zu beziehen, sprach sicher vielen aus der Seele, als er behauptete: »Die aufgezeichnete Geschichte umfasst nicht mehr als etwa 200 Generationen. Selbst wenn der Geschichte ein größerer Plan zugrunde liegt, muss gesagt werden, dass wir nicht erwarten können, ihn aus dem so kleinen Bruchteil der uns bekannten Geschichte zu erschließen.«[6]

Ich habe in diesem Buch zu zeigen versucht, dass sich Historiker unter Wert verkaufen. Wir müssen uns nicht auf die 200 Generationen beschränken, innerhalb derer die Menschen schriftliche Aufzeichnungen gemacht haben. Wenn wir unseren Blick erweitern und archäologische, genetische und linguistische Beweise – die Erkenntnisse also, um die es in den ersten Kapiteln ging – einbeziehen, bekommen wir viel mehr von der Geschichte zu sehen. So viel, dass wir sogar auf 500 Generationen zurückblicken können. Und eine so gewaltige Zeitspanne gibt uns durchaus die Möglichkeit, ein paar Muster zu erkennen.

Und nun möchte ich mit Hari Seldon vorschlagen, dass wir, wenn wir schon einmal bei der Frage nach historischen Mustern sind, die Vergangenheit heranziehen, um einen Blick in die Zukunft zu werfen.

Kapitel 12

… bis jetzt

Auf dem Friedhof der Geschichte

Am Ende von Kapitel 3 haben wir Ebenezer Scrooge zurückgelassen, der auf sein eigenes vernachlässigtes Grab starrt, sich an den Geist des Zukünftigen klammert und schreit: »Sind dies die Schatten der Dinge, die sein werden, oder nur deren, die sein können?«[1]

Das gleiche könnten wir uns fragen, wenn wir Abbildung 12.1 betrachten. Sie zeigt, dass der Osten – bei im 20. Jahrhundert gleicher Geschwindigkeit der gesellschaftlichen Entwicklung in Ost und West – 2103 die Führung zurückerobern wird. Weil sich die Entwicklung seit dem 17. Jahrhundert jedoch beschleunigt hat, gibt Abbildung 12.1 nur eine sehr konservative Schätzung wieder. Zutreffender wäre wohl die Feststellung, dass 2103 der wahrscheinlich *späteste* Zeitpunkt sein wird, an dem die Führung des Westens endet.

Die Städte des Ostens sind bereits so groß wie die im Westen, und beim gesamtwirtschaftlichen Ausstoß – der vielleicht am besten voraussagbaren Variablen – schwindet der Abstand zwischen China und den USA rapide. Die Strategen des National Intelligence Council (der Zentrale der US-Geheimdienste für strategische Prognosen) rechnen damit, dass Chinas Wirtschaftsleistung die der USA 2036 erreichen wird. Die Banker von Goldman Sachs sehen das 2027 kommen, die Berater von PricewaterhouseCoopers schon 2025, und einige Wirtschaftswissenschaftler wie Angus Maddison von der OECD oder der Nobelpreisträger Robert Fogel nennen noch frühere Daten (2020 bzw. 2016).[2] Bei den anderen Kennwerten – des Vermögens, Kriege zu führen, den Informationstechniken und der Energieausbeute pro Kopf – wird es noch ein bißchen länger dauern, doch ist davon auszugehen, dass alles in allem der Osten den Westen nach 2050 bald überholen wird.

Alle diese Voraussagen sind jedoch mit Vorsicht zu genießen. Sie stammen aus den Jahren 2006/07, vom Vorabend einer Finanzkrise also, die dieselben Banker, Berater und Wirtschaftswissenschaftler gerade nicht vorausgesehen haben. Auch sollten wir nicht vergessen, dass die Pointe zumindest für Dickens' Weihnachtsgeschichte darin liegt, dass Schicksale nicht in Stein gemeißelt sind: »Doch wenn man die Bahnen verlässt, so ändert sich das Ziel.« Und tatsächlich ist der Scrooge, der am Weihnachtsmorgen aus dem Bett steigt, ein neuer Mensch: »Er wurde ein

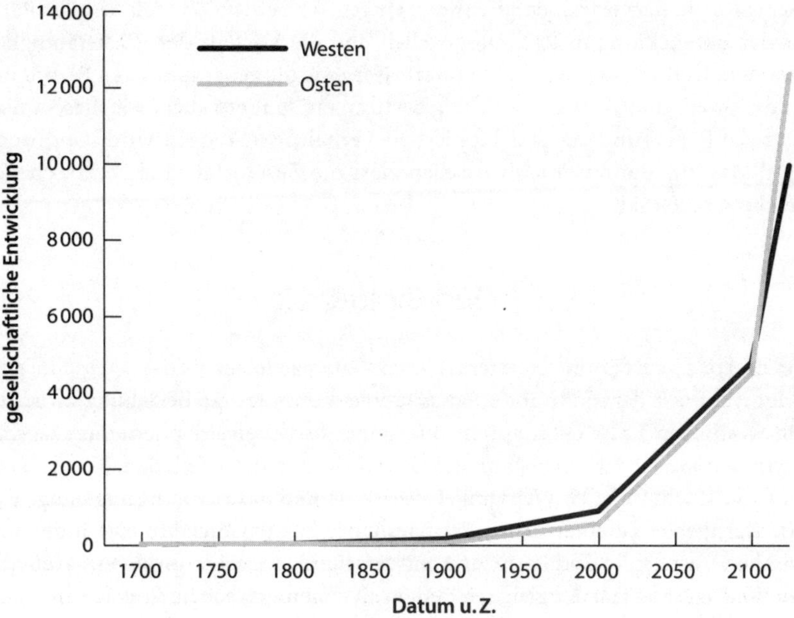

Abbildung 12.1: In Stein gemeißelt?

Wenn die Werte der gesellschaftlichen Entwicklung in Ost und West mit der gleichen Geschwindigkeit steigen wie im 20. Jahrhundert, wird die Vorherrschaft des Westens 2103 enden.

so guter Freund wie Vorgesetzter und ein so guter Mensch wie irgendeiner in der guten alten Stadt oder irgendeiner anderen guten alten Stadt oder Gemeinde in der guten alten Welt.«[3]

Könnte sich der Westen im 21. Jahrhundert nicht wie Scrooge auch neu erfinden und an der Spitze bleiben? Mit diesem letzten Kapitel will ich diese Frage beantworten – und es wird eine ziemlich überraschende Antwort sein.

Das ganze Buch hindurch habe ich behauptet, die größte Schwäche aller Versuche zu erklären, warum der Westen die Welt regiert, und vorherzusagen, was demnächst geschehen wird, liege darin, dass die Auguren im Allgemeinen eine zu kurze Perspektive wählen. Wenn überhaupt, dann blicken sie bloß ein paar Jahrhunderte zurück, bevor sie uns die geschichtlichen Zeichen deuten – so als hätte Scrooge nur mit dem Geist des Gegenwärtigen gesprochen.

Wir sollten es Scrooge besser gleichtun, sollten auf die Worte des Geistes des Vergangenen hören. Wir könnten uns auch Asimovs Hari Seldon zum Vorbild nehmen, der Jahrtausende der Geschichte befragte, ehe er in die Zukunft seines galaktischen Imperiums schaute. Wir müssen, wie Scrooge und Seldon, nicht nur herausfinden, wohin aktuelle Trends uns tragen werden, sondern auch, ob diese

Trends Kräfte hervortreiben, die ihnen entgegenarbeiten. Wir müssen das Paradox der Entwicklung in Rechnung stellen und die Vorteile der Rückständigkeit erkennen. Und wir müssen nicht nur erfassen, wie die geographischen Bedingungen die gesellschaftliche Entwicklung bestimmen, sondern auch, wie diese umgekehrt die Bedeutung der geographischen Verhältnisse ändern wird. Und wenn wir all das tun, dann werden wir sehen, dass die Geschichte eine überraschende Wendung bereithält.

Nach Chimerika

Wir sind dazu verdammt, in interessanten Zeiten zu leben.

Ungefähr seit dem Jahr 2000 hat sich eine merkwürdige Beziehung zwischen dem westlichen Entwicklungskern und seiner östlichen Peripherie herausgebildet. In den 1840er Jahren begann die Globalisierung des westlichen Kerngebiets, das seine Macht in jeden Weltwinkel ausdehnte und das zuvor eigenständige östliche Kerngebiet zu einer neuen Peripherie des Westens machte. Die Beziehung zwischen Kerngebiet und Peripherie entwickelte sich zwar in größerem Maßstab, aber doch entlang fast der gleichen Linien, an denen sich solche Verhältnisse während der gesamten Geschichte entwickelt haben: Der Osten nutzte seine billigeren Arbeitskräfte und Rohstoffe, um mit dem reicheren Westen Geschäfte zu machen. Und wie es in den Peripherien häufiger vorkam, fanden einige Völker Vorteile in ihrer Rückständigkeit. Zunächst erfand sich Japan neu und drängte in die von den USA dominierten Märkte. Ihm folgten in den 1960er Jahren mehrere südostasiatische Länder und hatten Erfolg damit. Nach 1978 schließlich setzte sich auch China in Bewegung. Die riesigen armen Bevölkerungen des Ostens und auch die Intelligenz dieser Länder, die westlichen Beobachtern stets als Kräfte der Zurückgebliebenheit erschienen waren, entpuppten sich nun zunehmend als Vorteil. Die industrielle Revolution griff auf den Osten über, östliche Unternehmer bauten Fabriken und verkauften Billigprodukte (besonders in die USA).

Nichts an diesem Ablauf der Ereignisse war grundlegend neu, und für ein Jahrzehnt oder länger lief alles hervorragend (nur nicht für die westlichen Länder, die mit den ostasiatischen Billigprodukten zu konkurrieren suchten). Ab 1990 jedoch entdeckten die Fabrikanten in China – wie zuvor schon in der Geschichte die Bewohner so vieler Peripherien –, dass es sich auch das reichste Kerngebiet nicht leisten kann, alles zu kaufen, was eine Peripherie potenziell exportieren kann.

Neu und ungewöhnlich an dieser modernen Ost-West-Beziehung war eigentlich nur die Lösung dieses Problems, wie sie sich ab 2000 abzuzeichnen begann. Obowohl ein Durchschnittsamerikaner etwa das Zehnfache dessen verdiente, was ein Durchschnittschinese mit nach Hause nahm, lieh China den USA und anderen westlichen Ländern Geld, damit deren Bürger weiterhin chinesische Produkte kaufen konnten. China investierte einen Teil seines enormen Währungsüberschusses in Schuldverschreibungen wie etwa amerikanische Treasury Bonds, die auf US-Dollar lauteten. Der Kauf hunderter Milliarden Dollar hielt die chinesische Währung gegenüber dem Dollar künstlich niedrig, was die chinesischen Produkte für westliche Käufer weiter verbilligte.

Diese Beziehung hat etwas von einer Ehe, in der ein Partner fürs Geldausgeben zuständig ist, der andere fürs Sparen und Investieren, mit dem Erfolg, dass sich keiner der beiden eine Scheidung leisten kann. Hätte China keine Dollars mehr gekauft, wäre Amerikas Währung womöglich zusammengebrochen, und die 800 Milliarden US-Dollar, die China inzwischen hielt, hätten ihren Wert verloren. Hätten umgekehrt die Amerikaner keine chinesischen Produkte mehr gekauft, wäre ihr Lebensstandard gesunken und die günstigen Kreditquellen wären versiegt. Ein amerikanischer Boykott hätte China wohl in ein industrielles Chaos gestürzt, allerdings hätte China sich revanchieren können: Hätte es seine Dollars auf den Markt geworfen, wäre die US-Wirtschaft zusammengebrochen.

Der Historiker Niall Ferguson und der Wirtschaftswissenschaftler Moritz Schularick tauften dieses aberwitzige Pärchen auf den Namen »Chimerica«[4] – ein chinesisch-amerikanisches Fabelwesen, das zwar enormes Wirtschaftswachstum generierte, zugleich aber ein Traum, aus dem die Welt irgendwann würde aufwachen müssen. Die Amerikaner konnten nicht für alle Zeit chinesisches Geld leihen, um chinesische Produkte zu kaufen. Chimericas Flut billiger Kredite ließ die Preise aller Wertanlagen anschwellen, von Rennpferden bis zu Grundstücken. 2007 begannen die Blasen zu platzen, 2008 gingen die westlichen Volkswirtschaften in den freien Fall über und rissen den Rest der Welt mit sich. 2009 schließlich hatten sich Konsumentenvermögen von 13 Billionen US-Dollar in Luft aufgelöst. Chimerica war pleite.

Die Regierungen intervenierten prompt, auf keinen Fall sollte sich die Depression der 1930er Jahre wiederholen. Dennoch, die Konsequenzen des Zusammenbruchs von Chimerica waren ungeheuer. Im Osten schnellte die Arbeitslosigkeit nach oben, die Aktienkurse stürzten ab, und Chinas Wirtschaft wuchs 2009 nur noch halb so schnell wie 2007, blieb aber mit einer Wachstumsrate von 6,7 Prozent noch immer deutlich über dem, was westliche Wirtschaften selbst für die besten Jahre erwarten konnten. Beijing musste 586 Milliarden für ein Konjunkturpaket aufbringen, aber das Land verfügte ja auch über die nötigen Reserven.

Im Westen war der Schaden deutlich größer. Die USA mussten ihr 787 Milliarden US-Dollar schweres Konjunkturprogramm auf den ohnehin schon hohen Schuldenberg draufpacken, und trotzdem schrumpfte die Wirtschaft des Landes auch 2009 nochmals um zwei Prozent. Im Sommer 2009 prognostizierte der Internationale Währungsfonds China für 2010 eine Wachstumsrate von wiederum 8,5 Prozent, den USA gerade mal 1,1 Prozent.[5] Am meisten aber beunruhigte, was das Budget Office des US-Kongresses anzukündigen hatte: Die USA würden die Schulden für das Konjunkturpaket nicht vor 2019 tilgen können, dann aber würden die Leistungsansprüche der alternden Bevölkerung die Wirtschaft noch weiter belasten.[6]

Als sich im April 2009 die Regierungschefs der 20 größten Industriestaaten versammelten, um ihre Abwehrmaßnahmen gegen die Krise zu beschließen, machte ein Witz die Runde: »Nach 1989 [dem Jahr des Tiananmen-Massakers] rettete der Kapitalismus China. Nach 2009 rettet China den Kapitalismus.«[7] Das hatte etwas für sich, eine noch bessere Analogie zu 2009 aber wäre 1918 gewesen. Nach dem Ersten Weltkrieg konnte niemandem mehr entgehen, wie heftig Macht und Reichtum aus dem bankrotten alten Kerngebiet Europa über den Atlantik in den aufblühenden neuen Kern USA gesogen wurden. Es könnte sich herausstellen, dass 2009 das Jahr war, in dem der Sog über den Pazifik, aus dem bankrotten Amerika ins aufblühende China, ähnlich unüberhörbar wurde. Chimerica könnte sich als bloße Zwischenstation auf dem Weg zur Vorherrschaft des Ostens erweisen.

Nicht jeder freilich wird dieser Prognose zustimmen. Manche Experten verweisen darauf, dass sich die USA schon einige Male so völlig verwandelt haben wie Scrooge. Zu viele Kritiker hätten die USA in der großen Depression der 1930er abgeschrieben, desgleichen während der Stagflation der 1970er Jahre – nur um beide Male zu erleben, wie die USA wieder auf die Beine kamen, in den 1940er Jahren das NS-Regime zerschlugen und in den 1980er Jahren die UdSSR besiegten. Amerikanische Unternehmer und Wissenschaftler, so die Optimisten, werden sich schon etwas einfallen lassen, und selbst wenn die USA in den 2010er Jahren in eine Krise schlittern sollten, werden sie in 2020er Jahren über China wieder die Oberhand gewinnen.

Andere verweisen auf Chinas übergroße Probleme. Mit dem wirtschaftlichen Erfolg, prognostizieren sie, werden die Löhne steigen und einige der Vorteile aufzehren, die China noch aus seiner Rückständigkeit zieht. Schon in den 1990er Jahren wanderten die einfachen Produktionsjobs von Chinas Küsten ins Landesinnere ab, inzwischen verließen sie China Richtung Vietnam, wo die Löhne noch niedriger sind. Die meisten Wirtschaftswissenschaftler begreifen das als natürlichen Vorgang auf Chinas Weg der Integration in die globale Wirtschaft; einige aber sehen darin auch erste Zeichen dafür, dass China seinen Vorsprung einbüßen werde.

Andere China-Kritiker halten die demographische Entwicklung für eine noch größere Herausforderung. Aufgrund niedriger Geburten- und Einwanderungsraten nimmt das Durchschnittsalter der chinesischen Bevölkerung schneller zu als das der Amerikaner. Und so würden um 2040 die Ansprüche der älteren Generationen auf Chinas Wirtschaft schwerer lasten als auf der amerikanischen. Auch schwindende natürliche Ressourcen könnten das Wirtschaftswachstum bremsen, die Spannungen zwischen den boomenden Städten und dem daniederliegenden Land könnten sich verschärfen. Damit würde die Unruhe in der Bevölkerung, die heute bereits wachse, außer Kontrolle geraten. In der langen chinesischen Geschichte haben ethnische Aufstände, gewaltsame Proteste gegen Korruption und Umweltkatastrophen etliche Dynastien zusammenbrechen lassen; das könnte in naher Zukunft auch wieder geschehen. Und sollte die Kommunistische Partei stürzen, könnte das Land auseinanderbrechen, so wie es auseinanderbrach, als die Dynastien der Han, der Tang, der Yuan und der Qing stürzten. Die beste Analogie für das China von 2020 wären dann nicht die USA von 1920, die den Reichtum der alten Welt einsaugten, sondern das China, das ab 1920 im Bürgerkrieg versank.

Zuletzt gibt es noch die einflussreiche Gruppe der westlichen Doctores Pangloss, die alle diese Vermutungen für gegenstandslos erklären. Dem typischen Westeuropäer des Jahres 2000 gehe es, obwohl im 20. Jahrhundert Macht und Reichtum über den Atlantik abgeflossen seien, besser als seinen Vorfahren zur Hochzeit des europäischen Imperialismus – die steigende Flut des Kapitalismus habe eben alle Schiffe angehoben. Und im 21. Jahrhundert werde der Sog über den Pazifik wiederum jedermanns Schiffe anheben. Angus Maddison – oben mit seiner Berechnung zitiert, nach der Chinas Bruttoinlandsprodukt das der USA im Jahr 2020 übersteigen werde – geht davon aus, dass sich die Einkommen in China zwischen 2003 und 2030 auf durchschnittlich 18 991 US-Dollar pro Person und Jahr verdreifachen, die der US-Amerikaner dagegen nur um 50 Prozent steigen werden. Doch wegen der höheren Ausgangslage werde der Durchschnittsamerikaner 2030 noch immer 58 722 US-Dollar jährlich verdienen, das Dreifache des typischen Chinesen.[8] Noch optimistischer argumentiert Robert Fogel, der Chinas Wirtschaft die der USA 2016 überholen sieht. Im Jahr 2040, so rechnet er uns vor, würden die chinesischen Durchschnittseinkommen erstaunliche 85 000 US-Dollar erreichen; die amerikanischen lägen dann aber bei 107 000 US-Dollar.[9*]

Am meisten nach Pangloss aber klingt, was der Journalist James Mann das »Soothing Scenario« (Beschwichtigungsszenario) genannt hat: Der wachsende Wohlstand werde, was immer sonst geschehe, den Osten verwestlichen.[10] Damit wäre die Frage, ob der Westen die Welt weiter regiere, gegenstandslos, denn dann wäre ja die ganze Welt »Westen«. »Handelt frei mit China«, drängte George W. Bush 1999, »und die Zeit wird auf unserer Seite sein.«[11]

Das Argument läuft darauf hinaus, dass es nur einen Weg gibt, die moderne globale Wirtschaft zum Blühen zu bringen: Man müsse bloß für liberale und demokratische Rahmenbedingungen sorgen, so wie sie im westlichen Kerngebiet schon existieren. Japan, Taiwan, Südkorea und Singapur – haben sie sich nicht alle, als ihr Wohlstand gegen Ende des 20. Jahrhunderts zunahm, von einer Einparteienherrschaft zu mehr oder weniger demokratischen Regierungsformen entwickelt? Und wenn sich die Kommunistische Partei Chinas schon dazu durchgerungen hat, den Kapitalismus zu übernehmen, dann wird sie sich über kurz oder lang auch der Demokratie nicht mehr versagen. Schließlich befänden sich die Regionen der Volksrepublik, die inzwischen weitestgehend in den globalen Handel einbezogen sind, doch bereits auf diesem Weg. In den Provinzen Guangdong und Fujian etwa werden heute schon viele lokale Funktionäre direkt ge-

---

* Alle Zahlen in US-Dollar, jeweils umgerechnet auf dessen Wert im Jahr 2000, um die Kaufkraft vergleichbar zu machen.

wählt. Und auch wenn die nationale Politik autoritär bleiben werde, so zeigten sich doch bereits die Herrschenden in Beijing offener gegenüber öffentlichen Angelegenheiten wie Naturkatastrophen, den Mängeln des Gesundheitswesens und der Korruption.

Viele Menschen aus dem Westen, die längere Zeit im Osten gelebt haben, finden allerdings dieses Beschwichtigungsszenario wenig überzeugend. Schließlich haben sich die Amerikaner, nachdem sie Europa als dominante Region des westlichen Entwicklungskerns abgelöst hatten, nicht etwa europäischer verhalten; vielmehr klagen die Europäer seither über die Amerikanisierung ihrer eigenen Kulturen.

Natürlich fanden Chinas urbane Eliten, nachdem sie in den 1980er Jahren in die amerikanisch dominierte globale Wirtschaft einbezogen worden waren, einige Aspekte der westlichen Kultur überaus attraktiv. Sie gaben den Mao-Look auf, eröffneten englischsprachige Schulen und schlürften (zeitweise) sogar Caffè latte bei Starbucks in der Verbotenen Stadt. Die überteuerten Bars in Beijings Altstadtviertel Hou Hai sind voller hyperaktiver Zwanzig- bis Dreißigjähriger, die, nicht anders als ihre Altersgenossen in New York oder London, mit ihren Blackberries Börsenkurse verfolgen. Die Frage aber ist, ob sich dieser Trend der Verwestlichung tatsächlich fortsetzt, wenn noch mehr Macht und Reichtum über den Pazifik abfließen.

Der Journalist Martin Jacques glaubt das nicht. Bereits jetzt könne man miterleben, wie sich etwas durchsetze, das er »umstrittene Modernitäten« nennt[12]. Damit meint er, dass die Ost- und Südasiaten die Muster von Industrialisierung, Kapitalismus und Liberalismus, die sich während des 19. Jahrhunderts im westlichen Kerngebiet entwickelt haben, ihren eigenen Bedürfnissen anverwandeln. In der ersten Hälfte des 21. Jahrhunderts werde, so Jacques' Überlegung, die Vorherrschaft des Westens einer fragmentierten globalen Ordnung Platz machen. Für diesen Zeitraum erwartet er die Herausbildung mehrerer Währungszonen (Dollar, Euro und Renminbi) und ökonomisch-militärischer Einflusssphären (eine amerikanische in Europa, im Nahen Osten und vielleicht in Südasien; eine chinesische in Ostasien und Afrika), die jeweils von eigenen kulturellen Traditionen geprägt sein werden (euro-amerikanisch, konfuzianisch etc.). Dann aber, in der zweiten Hälfte des Jahrhunderts, werden, so Jacques, Zahlen sprechen; China werde dominieren und die Welt östlicher werden.

Die sinozentrische Welt um 2100 werde ganz anders sein als die westliche Welt des 19. und 20. Jahrhunderts: vor allem hierarchischer. Die alte chinesische Vorstellung, nach der sich Fremde dem Reich der Mitte als tributpflichtige Bittsteller zu nähern hätten, werde westliche Theorien der nominellen Gleichheit von Staaten und Institutionen ablösen. Diese Welt werde illiberal sein, werde die westliche Rede von universellen Menschenrechten und Werten über Bord werfen, werde statisch sein und keine Opposition gegen die Macht der politisch Herrschenden zulassen. Rund um den Globus werde man die Errungenschaften der euro-amerikanischen Vergangenheit vergessen, man werde kein Englisch mehr lernen, sondern Mandarin, Zheng He feiern und nicht Kolumbus, anstelle von Platon Schriften die von Konfuzius lesen und Männer der chinesischen Renaissance bewundern: Shen Kuo statt Leonardo.

Einige Strategen gehen davon aus, dass die globale Vorherrschaft Chinas der konfuzianischen Tradition friedlicher Staatskunst folgen, also weniger militärisch-aggressiv sein werde als die westliche. Die chinesische Geschichte gibt dazu jedoch keine eindeutigen Hinweise. Gewiss, in Teilen der chinesischen Elite (insbesondere im niederen Adel und unter Bürokraten) ist Krieg nie als genuines Mittel der Politik betrachtet worden, aber dennoch zieht sich auch durch die chinesische Vergangenheit eine Spur der Gewalt. Vor allem die Begründer und ersten Kaiser praktisch jeder Dynastie, ausgenommen die Song, sind bereitwillig in die Schlacht gezogen. Theoretiker der internationalen Beziehungen, die sich selbst als »Realisten« einschätzen, gehen allgemein davon aus, dass Chinas Zurückhaltung seit dem Koreakrieg mehr mit militärischer Schwäche zu tun hat als mit Konfuzius. Beijings Militärbudget ist seit 2006 jedes Jahr um 16 Prozent gewachsen und wird in den 2020er Jahren mit dem amerikanischen gleichziehen. Es ist also nicht ausgemacht, ob nicht der Aufstieg des Ostens zur Weltherrschaft im 21. Jahrhundert noch blutiger ausfallen wird als der des Westens im 19. und 20. Jahrhundert.

So also steht es. Vielleicht können große Frauen und Männer die Vorherrschaft des Westens noch für einige Generationen sichern, vielleicht werden Stümper und Idioten in China dessen Aufstieg noch eine Weile verzögern. Vielleicht wird der Osten verwestlicht, vielleicht der Westen veröstlicht. Vielleicht treffen wir uns alle im *global village* wieder, vielleicht gehen wir auch alle unter im *clash of civilizations*. Vielleicht sind am Ende alle reicher, vielleicht verbrennen wir uns gegenseitig in einem dritten Weltkrieg.

Angesichts dieses Durcheinanders sich widersprechender Prognosen fällt mir nur die Geschichte wieder ein, von der am Anfang von Kapitel 4 schon die Rede gewesen ist: die Geschichte vom Elefanten und den vier Blinden, die jeder glaubten, etwas anderes in der Hand zu haben. An jener Stelle des Buchs habe ich behauptet, es gebe nur einen Weg zu erklären, warum der Westen die Welt regiert – nämlich mit einem Index gesellschaftlicher Entwicklung ein wenig Übersicht zu schaffen. Und nun behaupte ich, dass der Rückgriff auf diesen Index uns auch zu erkennen hilft, wie der Elefant in 100 Jahren aussehen wird.

2103

Wenden wir uns noch einmal der Abbildung 12.1 zu, insbesondere dem Punkt, an dem sich die Linien für Ost und West kreuzen, dem Jahr 2103 also. Dann wird, wie die vertikale Achse zeigt, die gesellschaftliche Entwicklung bei über 5000 Indexpunkten stehen.

Eine erstaunliche Zahl. 14000 Jahre liegen zwischen dem Ende der Eiszeit und dem Jahr 2000, und in diesem Zeitraum ist die gesellschaftliche Entwicklung um gerade mal 900 Punkte gestiegen. In den kommenden 100 Jahren, so zeigt es Abbildung 12.1, soll sie um *weitere 4000 Punkte* steigen. 900 Punkte brachten uns von den Höhlenmalereien in Altamira ins Atomzeitalter. Wohin werden uns dann weitere 4000 Punkte führen? Das, so scheint mir, ist die eigentliche Frage. Wir können nicht verstehen, was auf Chimerica folgt, wenn wir keine Vorstellung davon haben, wie die Welt auf dem Stand von 5000 Indexpunkten aussehen wird.

In einem 2000 geführten Interview hat Jeremy Rifkin gesagt: »Unsere Art zu leben wird sich wahrscheinlich in den nächsten Jahrzehnten gründlicher verändern als in den vergangenen 1000 Jahren.«[13] Das klingt übertrieben, doch sollte Abbildung 12.1 tatsächlich wiedergeben, wie die zukünftige Entwicklung aussieht, ist Rifkins Behauptung eine gewaltige Untertreibung. Zwischen 2000 und 2050, so zeigt es die Grafik, wird die gesellschaftliche Entwicklung doppelt so hoch steigen wie in den vorangegangenen 15000 Jahren. Und im Jahr 2103 wird sie sich erneut verdoppelt haben. Welch ein Hohn auf die Geschichte!

Angesichts dieser Entwicklung fallen alle Prognosen, die ich im vorigen Abschnitt dargestellt habe, in sich zusammen. Alle sind sie Extrapolationen aus der Gegenwart in die nahe Zukunft, und alle kommen sie – kaum überraschend – zu dem Ergebnis, dass die Zukunft nicht viel anders aussehen wird als die Gegenwart. Die größte Veränderung wäre demnach ein reiches China. Bringen wir stattdessen das Gewicht der gesamten Geschichte ins Spiel – will sagen: sprechen wir mit dem Geist des Vergangenen –, dann können wir nicht übersehen, dass die anstehende Welle gesellschaftlicher Entwicklung ohne Beispiel ist.

Man male sich aus, was ein Sprung von 5000 Indexpunkten für die gesellschaftliche Entwicklung bedeuten muss – es ist schwindelerregend. Nehmen wir einmal an, diese Punkte verteilten sich auch 2103 nicht anders auf die vier Merkmale Energieausbeute, Verstädterung, Informationstechniken und Kapazitäten der Kriegführung als um 2000*, dann wird es in 100 Jahren Städte mit 140 Millionen Einwohnern geben (man stelle sich Tokio, Mexico City, New York, São Paolo, Mumbai, Delhi und Shanghai als ein einziges Gebilde vor), in der ein Durchschnittsbewohner 1,3 Millionen Kilokalorien pro Tag aufnimmt.

Noch schwerer vorstellbar ist eine fünffache Steigerung der Kapazität, Kriege zu führen. Wir verfügen schon jetzt über genügend Waffen, um die Welt mehrfach komplett zu zerstören. Also wird das 21. Jahrhundert wahrscheinlich nicht nur vervielfältigte Atomsprengköpfe, Bomben und Geschütze erleben, sondern eher Technologien, die die Waffen des 20. Jahrhunderts ebenso gründlich veralten lassen wie einst Panzer die Kavallerie. Etwas wie der »Krieg der Sterne«, der

* Würden wir stattdessen annehmen, dass sich die Gewichtung zwischen den Merkmalen änderte, bei einem der vier Merkmale also weniger dramatische Veränderungen stattfinden würden, dann müssten wir bei den anderen von um so atemberaubenderen Transformationen ausgehen.

Raketenabwehrschirm, an dem amerikanische Wissenschaftler seit den 1980er Jahren arbeiten, wird realisiert werden. Roboter werden das Kämpfen und Zerstören in Cyberkriegen übernehmen. Die Nanotechnologie wird es ermöglichen, altbekannte Materialien zu undurchdringlichen Panzern oder zu mörderischen Waffen zu machen. Und alle neuen Angriffswaffen werden ebenso ausgeklügelte Abwehrtechniken nach sich ziehen.

Am wenigsten vorstellbar aber werden die Veränderungen der Informationstechniken sein, zu denen es der Abbildung 12.1 zufolge kommen wird. Das 20. Jahrhundert hat uns von primitiven Funkgeräten und Telefonapparaten zum Internet geführt. Das 21. Jahrhundert dagegen wird, und das ist sicher nicht zu weit hergeholt, den Menschen in den entwickelten Kerngebieten die sofortige und unbegrenzte Abrufbarkeit aller Informationen verschaffen, die in der Welt vorhanden sind. Ihre Gehirne werden vernetzt sein, vielleicht einen gigantischen Computer bilden, dessen Rechenkapazität billionenfach über der Summe aller Gehirne und Maschinen unserer Tage liegen wird.

Noch klingt das absurd. Städte mit 140 Millionen Menschen können nicht funktionieren. Es gibt einfach nicht genug Öl, Kohle, Gas und Uran in der Welt, um Milliarden Menschen täglich 1,3 Millionen Kilokalorien Energie zur Verfügung zu stellen. Nano-, Cyber- und Roboterkriege würden uns alle auslöschen. Und unsere Gehirne mit Maschinen zu verbinden – wir wären schlicht keine Menschen mehr.

Und das, denke ich, ist das eigentlich Beunruhigende, Bedeutsame an Abbildung 12.1.

Ich habe in diesem Buch zwei allgemeine Behauptungen aufgestellt. Die erste: Die Geschichte der gesellschaftlichen Entwicklung kann nur im Verbund biologischen, soziologischen und geographischen Wissens erklärt werden, wobei die Biologie erklärt, *was* die Entwicklung antreibt, die Soziologie, *wie* die Entwicklung steigt (oder eben nicht), und die Geographie, *warum* die Entwicklung in einer Region schneller steigt (oder fällt) als anderswo. Meine zweite Behauptung: Die geographischen Bedingungen entscheiden zwar über Anstieg oder Niedergang der gesellschaftlichen Entwicklung, umgekehrt aber bestimmt die gesellschaftliche Entwicklung Art und Umfang des Einflusses, den die geographischen Verhältnisse ausüben können. Ich möchte beide Behauptungen nun erweitern. Im 21. Jahrhundert verspricht – oder droht – die gesellschaftliche Entwicklung so hoch zu steigen, dass sie auch den Einfluss der natürlichen und sozialen Bedingungen verändern wird. Wir nähern uns der größten Diskontinuität der Geschichte.

Der Erfinder und Futurist Ray Kurzweil nennt dies Singularität: »eine zukünftige Epoche, in der das Tempo des technischen Wandels so gesteigert, seine Wirkung so tiefgreifend ist ..., dass sich die Technik mit unendlicher Geschwindigkeit zu erweitern scheint«[14]. Eine seiner Begründungen findet er im Mooreschen Gesetz, der berühmten Beobachtung, die der Ingenieur (und spätere Vorsitzende von Intel) Gordon Moore 1965 gemacht hat, dass sich nämlich die Leistungsfähigkeit der Computerchips mit deren Miniaturisierung jährlich verdoppelt, deren Herstellungskosten aber halbieren. Vor 40 Jahren haben gigantische Großrechner einige 100 000 Rechenoperationen pro Sekunde bewältigt und einige Millionen Dollar gekostet. Der kleine 1000-Dollar-Laptop, auf dem ich jetzt herumtippe, schafft einige Milliarden Operationen pro Sekunde – eine Steigerung des Preis-Leistungs-Verhältnisses ums Zehnmillionenfache, eine Verdopplung alle 18 Monate, ganz ähnlich wie von Moore vorausgesagt.

Setzt sich dieser Trend fort, dann, so Kurzweil, werden die Computer um 2030 so leistungsfähig sein, dass auf ihnen Programme laufen, die jene zehntausend Billionen elektrische Signale reproduzieren, die pro Sekunde zwischen den 22 Milliarden Neuronen im menschlichen Schädel hin und her gefeuert werden. Superrechner werden auch genug Kapazität haben, um die 10 Billionen Erinnerungen zu speichern, die ein Gehirn im Durchschnitt beherbergt. Zur gleichen Zeit wird die Scannertechnik genau genug arbeiten, um das menschliche Gehirn Neuron für Neuron kartographisch zu erfassen – woraus Technikfreaks schließen, dass man in der Lage sein wird, das menschliche Gehirn in Maschinen hochzuladen. Um 2045 etwa werden sie, wie Kurzweil ebenfalls erwartet, in der Lage sein, als Host-Rechner für alle Gehirne der Welt zu fungieren und die kohlenstoff- und die silikonbasierte Intelligenz in einem weltumspannenden Bewusstsein zu verschmelzen. Damit wäre die technologische Singularität* erreicht. Wir werden die Beschränktheiten unserer biologischen Grundausstattung überwinden und zu neuen Wesen werden, zu Wesen, die *Homo sapiens* so weit voraus sind, wie ein heutiger Mensch den einzelnen Zellen voraus ist, die sich zu seinem Körper zusammengeschlossen haben.

Kurzweils visionärer Enthusiasmus hat ihm ebensoviel Spott wie Bewunderung eingetragen. Die Chancen, dass er sich – wie alle Propheten vor ihm – irrt, stehen höher als dafür, dass er Recht behält. Womit Kurzweil allerdings richtig liegt, ist, dass er sich gegen »Kritik durch Ungläubigkeit«[15] verwahrt. Die pure Skepsis, dass derart ungeheuerliche Entwicklungen eintreten könnten, ist tatsächlich kein Gegenargument. Entsprechend hat der Chemiker und Nobelpreisträger Richard Smalley verkündet: »Wenn Wissenschaftler etwas für möglich halten, unterschätzen sie wahrscheinlich, wie lange das dauern wird. Sagen sie jedoch, dass es unmöglich ist, liegen sie wahrscheinlich falsch.«[16] Wir unternehmen bereits kleine Schrittchen hin zu irgendeiner Art Singularität – zumindest nehmen Regierungen und Militärs diese Aussichten so ernst, dass sie mit entsprechenden Planungen begonnen haben.

Vielleicht können wir bereits erkennen, was einige dieser Schrittchen erbracht haben. Wie in Kapitel 10 gezeigt, wurde das, was es heißt, Mensch zu sein, von der

* Der Zeitpunkt, ab dem die künstliche Intelligenz in der Lage ist, ihre technische Apparatur selbst zu verbessern, und unsere unverstärkte Intelligenz der weiteren Entwicklung nicht mehr zu folgen vermag [A. d. Ü.].

industriellen Revolution gründlicher verändert als vom Übergang zum Ackerbau. In großen Teilen der Welt ermöglicht es die bessere Ernährung den Menschen, doppelt so lange zu leben und im Durchschnitt 15 Zentimeter größer zu werden als ihre Ururgroßeltern. Nur noch wenige Frauen verbringen heute mehr als einen kleinen Abschnitt ihres Lebens damit, Kinder auszutragen und aufzuziehen; auch ist, im Vergleich zu früheren Zeiten, die Kindersterblichkeit deutlich gesunken. In den reichsten Ländern vollbringen Mediziner geradezu Wunder – sie erhalten unser Aussehen jung (2008 wurden in den USA fünf Millionen Botox-Behandlungen durchgeführt), sie regulieren unsere Stimmung (einer von zehn Amerikanern hat Antidepressiva genommen), sie können, vom Meniskus bis zur Erektion, alle möglichen Körperteile und -zustände stabilisieren (2005 haben amerikanische Ärzte 17 Millionen Rezepte für Potenzmittel wie Viagra, Cialis und Levitra ausgestellt). Die alternden Kaiser der Antike dürften diese kleinen blauen Pillen mindestens so wunderbar gefunden haben wie die heutigen Nerds Kurzweils Singularität.

Die Genforschung des 21. Jahrhunderts verspricht, die Menschheit noch weiter zu verändern, indem sich gentechnisch Kopierfehler in unseren Zellen korrigieren oder neue Organe wachsen lassen werden, wenn uns die im Stich lassen, mit denen wir geboren wurden. Einige Wissenschaftler sprechen davon, dass wir uns der »teilweisen Unsterblichkeit« nähern. Warum aber sollte man sich damit bescheiden zu reparieren, was kaputtging? Mancher erinnert sich vielleicht an die TV-Serie *Der Sechs-Millionen-Dollar-Mann*, in deren erster Folge ein Pilot namens Steve Austin (gespielt von Lee Majors) bei einem Absturz einen Arm, ein Auge und beide Beine verlor. »Wir können ihn nachbauen, wir haben die Technik«, sagt eine Stimme aus dem Off, und bald taucht Austin wieder auf: als bionischer Mann, der schneller rennt, als Autos fahren, einen Geigerzähler im Arm hat und eine Zoomlinse im Auge, schließlich sogar eine bionische Freundin (Lindsay Wagner).[17]

Nur 30 Jahre später sind einige unserer Sportler tatsächlich bionisch geworden. Als der Golfprofi Tiger Woods am Auge operiert werden musste, ließ er sich die Sehkraft auf »besser als vollkommen« hochrüsten, und 2008 schloss der Weltleichtathletikverband den südafrikanischen Sprinter Oscar Pistorius vorübergehend von der Olympiade aus, weil dieser mit seinen zwei High-Tech-Unterschenkel-Fuß-Prothesen Vorteile gegenüber Läufern habe, die auf ihren eigenen Beinen laufen müssten.*

In den 2020er Jahren könnten Menschen mittleren Alters in den entwickelten Kerngebieten weiter sehen, schneller laufen und besser aussehen, als sie dies als Kinder taten. Aber um wie viel adleräugiger, flinker, schöner wird erst die nach-

* Der Internationale Sportsgerichtshof hob zwar die Entscheidung des Weltleichtathletikverbandes noch rechtzeitig wieder auf, aber die Qualifikation zu den Olympischen Spielen in Beijing verpasste Pistorius dann um sieben Zehntelsekunden.

folgende Generation sein! Genetische Untersuchungen geben Eltern die Möglichkeit, Föten abzutreiben, die wahrscheinlich behindert auf die Welt kommen würden; und je besser die Medizin Gene an- und abzuschalten lernt, desto wahrscheinlicher werden sogenannte Designerbabys, ausgestattet mit den Merkmalen, die sich ihre Eltern wünschen. Immer mehr Eltern werden sich fragen, warum man es beim genetischen Lottospiel der Natur belassen soll, wenn mit ein wenig Bastelei das Kind entstehen kann, das man gerne hätte.

Weil Eugenik, so ein Einwand, in jedem Fall verwerflich ist – gleich ob sie von Rassisten wie Hitler oder nach Konsumentenwünschen betrieben wird. Sie könnte auch gefährlich werden: Biologen warnen gerne mit dem Hinweis, dass die »Evolution klüger ist als wir«. Eines Tages müssten wir den Preis für den Versuch bezahlen, die Natur zu überlisten und wie bei der Nutztierzucht alles Unerwünschte und Unwerte ausmerzen – Merkmale wie Dummheit, Hässlichkeit, Dickleibigkeit und Trägheit. All das Gerede vom Transzendieren der Biologie ist für Kritiker nur der Versuch, den lieben Gott zu spielen – worauf Craig Venter, einer der ersten Wissenschaftler, dem das Sequenzieren des menschlichen Genoms gelang, mit einem trotzigen »Wir spielen nicht!« geantwortet haben soll.[18]

Die Kontroverse hält an. Ich vermute aber, dass auch unser Zeitalter das Denken bekommen wird, das es braucht. Vor 10 000 Jahren sorgten sich vielleicht einige der frühen Ackerbauern, ob domestizierter Weizen und domestizierte Schafe nicht doch unnatürlich seien; vor 200 Jahren gab es genug Konservative, die Dampfmaschinen und Eisenbahnen für Teufelszeug hielten. Diejenigen, die ihre Bedenken überwanden, kamen weiter; die anderen nicht. Der Versuch, therapeutisches Klonen, Schönheit für alle und Verlängerung des Lebens gesetzlich zu verbieten, wird nicht durchführbar sein. Noch viel weniger wird man Militärs daran hindern können, an der Natur herumzufingern.

Die Defense Advanced Research Projects Agency (DARPA), eine dem amerikanischen Verteidigungsministerium unterstellte Behörde, gehört zu den größten Förderern von Forschungsprojekten, die sich der menschlichen Natur und ihrer Veränderung widmen. Die DARPA hat uns in den 1970er Jahren das Internet beschert (damals noch Arpanet genannt). Inzwischen beschäftigt sich das Brain Machine Interface Project der Behörde mit Computern, deren Schaltkreise durch Enzyme und DNA-Moleküle und nicht mehr durch Silikonchips gesteuert werden und die so winzig sind, dass man sie zum Beispiel in menschliche Hirne implantieren könnte. Die Forscher und Militärstrategen hoffen, über solche Hirn-Maschine-Schnittstellen eines Tages Soldaten, Kampfflugzeuge oder Drohnen steuern zu können. In ähnliche Richtung zielt auch das Silent Talk Projekt der DARPA: Implantierte Elektroenzephalographen sollen es ermöglichen, Hirnströme, also vorsprachliche »Gedanken«, zu decodieren und die Signale per Internet zu versenden, sodass Soldaten ohne Funk oder E-Mails kommunizieren könnten. Ein Bericht der National Science Foundation geht davon aus, dass »netzwerkgestützte Telepathie« in den 2020er Jahren Realität werden könnte.[19]

Die letzte Komponente von Kurzweils Singularität – Computer, die die Funktionsweise biologischer Gehirne reproduzieren können – scheint schneller Wirklichkeit zu werden als gedacht. Im April 2007 verwandelten Forscher bei IBM einen Supercomputer vom Typ Blue Gene/L in einen massiv-parallelen Simulator kortikaler Prozesse, auf dem ein Programm laufen konnte, das die Gehirnfunktionen einer Maus nachahmt. Das Programm war nur halb so komplex wie ein wirkliches Mäusegehirn und lief nur mit einem Zehntel der Nagetiergeschwindigkeit. Doch schon im November hatten die Forscher ein Programm entwickelt, mit dem sie das größere und komplexere Rattengehirn imitieren konnten.

Eine mit halber Kraft laufende Ratte ist noch weit entfernt von einem Hochgeschwindigkeitsmenschen. Die beteiligten IBM-Leute schätzten, dass die Simulation des Menschenhirns einen 400-mal stärkeren Computer erfordern würde, was jede Menge Energie-, Kühlungs- und Raumprobleme mit sich bringe, die nach dem technischen Stand des Jahres 2007 unlösbar seien. Doch 2008 sanken die Kosten erheblich, und IBM kündigte für 2011 einen neuen Supercomputer an, Blue Gene/Q, mit dem dann ein Viertel des Wegs geschafft wäre. Das noch ehrgeizigere Projekt Kittyhawk – ein Verbund von Tausenden von Blue Genes – soll in den 2020er Jahren in Reichweite rücken.

Daraus zu folgern, dass Kurzweils Singularität tatsächlich im Jahr 2045 eintreten würde, wäre übereilt. Noch unbedachter allerdings wäre es zu bestreiten, dass wir uns einer massiven Diskontinuität nähern. Wohin wir auch schauen, stürmen Wissenschaftler gegen die Grenzen der Biologie an. Craig Venters Labor hat bereits das Genom eines einfachen Bakteriums allein aus Chemikalien synthetisiert, und wenn dieses Buch erscheint, Anfang 2011, hat man vielleicht auch schon die ersten künstlichen Chromosomen in Zellkerne platziert und so den ersten synthetischen, sich selbst reproduzierenden Organismus geschaffen. Auch die Genetik hat so etwas wie ein Mooresches Gesetz, nämlich die Carlsonsche Kurve (benannt nach dem Physiker und Biotechniker Robert Carlson[20]): Zwischen 1995 und 2009 fielen die Kosten für die DNA-Synthese von einem Dollar pro Basenpaar auf unter 0,1 US-Cent. Manche Genetiker glauben, dass bis 2020 die Herstellung völlig neuer Organismen etwas Selbstverständliches sein wird. Wir werden uns wohl doch an den Gedanken gewöhnen müssen, dass die Entwicklung der letzten Jahrhunderte nicht zuletzt auf einen radikalen Wandel dessen hinausläuft, was es heißt, Mensch zu sein. Mega-Mega-Städte, Energieniveaus sondergleichen, apokalyptische Waffensysteme, an Science-Fiction gemahnende Informationstechnologien – ein gesellschaftliches Entwicklungsniveau von 5000 Punkten ist ohne einen »neuen Menschen« kaum vorstellbar.

Immer wieder war in diesem Buch von Umwälzungen die Rede, in denen die gesellschaftliche Entwicklung einen Sprung nach oben machte, wodurch viele der Probleme, die das Leben früherer Generationen bestimmt hatten, bedeutungslos wurden. Die Evolution von *Homo sapiens* hat alle früheren Affenmenschen hinweggefegt; die Erfindung des Ackerbaus hat viele der brennenden Lebensprobleme von Wildbeutern erledigt; die gleiche Wirkung hatte der Aufstieg von Städten und Staaten für das vorgeschichtliche Dorfleben. Das Schließen der Steppenschnellwegs, dafür die Öffnung der Weltmeere beendete Zustände, die die Entwicklung der Alten Welt über 2000 Jahre hinweg eingeengt hatten, und die industrielle Revolution ließ alles, was zuvor möglich war, als ziemlich lächerlich erscheinen.

Diese Revolutionen wirkten beschleunigend, sie bauten aufeinander auf, trieben die gesellschaftliche Entwicklung voran und beschleunigten sie. Wenn diese Entwicklung im 21. Jahrhundert um 4000 Punkte nach oben schnellt, wie in Abbildung 12.1 prognostiziert, dann wird die gegenwärtige Revolution die größte und rasanteste von allen sein. Ihr Zentrum liegt, wie viele Zukunftsforscher glauben, in den miteinander verbundenen Umwälzungen von Genetik, Robotik, Nano- und Computertechnik. In der Folge wird diese Revolution vieles umstoßen, was wir wussten und kannten.

Die Abbildung 12.1 zeigt eindeutig, dass die Punktwerte der Entwicklung im Osten die des Westens übertreffen werden. Doch meinen Lesern wird auch aufgefallen sein, dass jedes der in diesem Abschnitt angeführten Beispiele aus den USA stammte – DARPA, IBM, der *Sechs-Millionen-Dollar-Mann*. Zwar haben Wissenschaftler aus dem Osten eine Menge zur Entwicklung der neuen Technologien beigetragen (die Robotik etwa ist in Japan und Südkorea so fortgeschritten wie nur irgendwo), dennoch war diese Revolution bis jetzt vor allen Dingen eine Sache des Westens. Das könnte bedeuten, dass Experten, die auf Amerikas Niedergang und auf das kommende Chinazeitalter verweisen, am Ende doch irren. Wenn die USA die Innovationen der neuen Technologien so eindeutig dominieren wie Großbritannien vor 200 Jahren die der klassischen Industrietechniken, dann könnte die Gen-Nano-Roboter-Revolution Reichtum und Macht doch wieder nach Westen lenken – und zwar noch dramatischer, als dies die industrielle Revolution getan hat.

Allerdings könnte der derzeitige Abfluss von Reichtum und Macht von West nach Ost auch bedeuten, dass die aktuelle Vorherrschaft der USA nicht mehr ist als ein Überhang aus dem 20. Jahrhundert, dass aber die entscheidenden Durchbrüche nach 2020 in den Forschungsstätten des Osten stattfinden werden. China setzt bereits reichlich Mittel ein, um seine besten Wissenschaftler aus den USA zurückzulocken. Vielleicht wird Lenovo und nicht IBM die Großrechner bauen, die ab 2040 das Weltbewusstsein hosten werden, womit sich Abbildung 12.1 dann doch bestätigen würde.

Doch genauso könnte es sein, dass die Singularität die 10 000 Jahre alten Kategorien »Osten« und »Westen« völlig gegenstandslos machen wird. Vielleicht wird sich die Beutung der geographischen Bedingungen nicht einfach ein weiteres Mal verändern, vielleicht spielt sie dann überhaupt keine Rolle mehr. Die Verbindung von Mensch und Maschine wird zu ganz neuen Formen der Ausbeutung und Nutzung von Energie führen, zu neuen Formen des Zusammenlebens, des Kämpfens, des Kommunizierens, des Arbeitens, Denkens, Liebens und Lachens – auch zu neuen Arten und Weisen, geboren zu werden, zu altern, zu sterben. Vielleicht ist ja mit all dem überhaupt Schluss, und es wird eine Welt entstehen, die wir uns mit unseren unverstärkten, rein biologischen Gehirnen gar nicht vorstellen können.

Einiges davon oder auch all das könnte passieren.

Natürlich nur, wenn nichts dazwischenkommt und es unterbindet.

Worst-Case-Szenario

Im November 2006 wurden meine Frau und ich zu einer Konferenz an der Stanford University eingeladen, die »A World at Risk« zum Thema hatte. Das Ereignis mit großem Staraufgebot, zu dem einige der führenden Entscheidungsträger dieser Welt anreisten, fand statt an einem strahlenden Wintertag. Warm schien die Sonne vom klaren blauen Himmel, als wir uns auf den Weg machten. Aktienkurse, Immobilienpreise, Beschäftigung und Konsumentenvertrauen standen nahe bei ihren Allzeithochs. Es war ein amerikanischer Morgen.

Nach dem Frühstück dann hörten wir ehemalige Außen- und Verteidigungsminister, die uns über nukleare, biologische und terroristische Bedrohungen informierten. Vor dem Lunch erfuhren wir etwas über das erschreckende Ausmaß der Umweltzerstörung und das hohe Risiko, dass internationale Sicherheitssysteme zusammenbrechen könnten. Nach dem Essen erzählte man uns, weltweite Epidemien seien nahezu unausweichlich. Alles ging bergab, es gab kein Halten mehr, wir taumelten von Sitzung zu Sitzung, überwältigt von den Expertenberichten, die auf uns niederprasselten, von der ansteigenden Flutwelle der Katastrophe. Die Konferenz war eine *tour de force*, und als uns dann, nach dem Dinner, der letzte Redner darüber aufklärte, dass wir den Krieg gegen den Terror verlieren würden, war das Publikum endgültig erschlagen.

Ein Tag der Verzweiflung, der mir zu denken gab (um es milde auszudrücken). Im 1. Jahrhundert u. Z. und dann erneut 1000 Jahre später schoss die gesellschaftliche Entwicklung gegen eine harte Decke, und zweimal lösten die Kräfte der Zerrüttung, die diese Fortentwicklung selbst hervorgebracht hatte, den Zusammenbruch der Alten Welt aus. Stoßen wir nun auch an eine solche undurchdringliche Decke, irgendwo bei 1000 Indexpunkten? Überholen uns, die wir uns in Trippelschritten der Singularität nähern, die apokalyptischen Reiter?

Diese fünf düsteren Gestalten – Klimawandel, Hungersnöte, Staatszerfälle, Wanderbewegungen, Seuchen –, alle scheinen sie zurück auf der Bühne zu sein. Die erste, die Erderwärmung, ist vielleicht das ultimative Beispiel für das Paradox der gesellschaftlichen Entwicklung, denn die gleichen fossilen Brennstoffe, die seit 1800 den Sprung nach vorne befeuerten, haben die Atmosphäre mit Kohlendioxid angereichert und zum Wärmestau geführt. Mit unserem Plastikkram und unseren Kühlschränken haben wir die Welt zum Treibhaus gemacht. Seit 1850 sind die Durchschnittstemperaturen um fast 0,8° Celsius gestiegen, wobei die Zunahme zum größten Teil in die letzten 30 Jahre fiel und die Quecksilbersäule noch immer steigt.

In der Vergangenheit bedeuteten steigende Temperaturen höhere Ernteerträge und zunehmende Entwicklung (wie zur römischen und zur mittelalterlichen Wärmeperiode), diesmal könnte es anders kommen. Im Vierten Sachstandsbericht des Zwischenstaatlichen Ausschusses für Klimaänderungen der Vereinten Nationen (IPCC) heißt es: »Es wird erwartet, dass veränderte Frequenzen und Intensitäten von extremen Wetterereignissen zusammen mit dem Meeresspiegelanstieg hauptsächlich negative Auswirkungen auf natürliche und menschliche Systeme haben.«[21] Die Formulierung ist vergleichsweise vorsichtig, im Kleingedruckten ist der Bericht alarmierender.

Die Luftblasen in den Eiskappen der Pole zeigen, dass die Kohlendioxidsättigung in den letzten 650 000 Jahren schwankte, von 180 Molekülen Kohlendioxid pro 100 Millionen Molekülen Luft während der Eiszeit bis 290 ppm (parts per million) in den warmen Zwischeneiszeiten. Noch nie ist der CO_2-Anteil auf 300 ppm gestiegen – bis 1958. Im Sommer 2009 wurden 387 ppm gemessen, und die Schätzungen des IPCC laufen darauf hinaus, dass bis 2050 bei gleich bleibenden Trends 550 ppm erreicht sein werden. Der CO_2-Anteil wäre dann höher als jemals in den vergangenen 24 Millionen Jahren, womit auch die Durchschnittstemperaturen, je nach Szenario, um weitere zwei bis sechs Grad Celsius steigen würden. Sollte die Energieausbeute entsprechend Abbildung 12.1 steigen, würde die Erde noch schneller noch wärmer werden.

Selbst wenn wir morgen schon aufhörten, Treibhausgase in die Atmosphäre zu blasen, ist bereits soviel Kohlenstoff in der Luft, dass die Erwärmung noch zunehmen wird. Wir haben die Chemie der Atmosphäre durcheinandergebracht. Was immer wir tun werden, die Eiskappe des Nordpols wird abschmelzen. Vorsichtige Schätzungen wie die des IPCC gehen davon aus, dass dies 2100 der Fall sein wird; nach radikalsten Schätzungen könnten die Polarsommer bereits 2013 eisfrei sein; die Mehrheit der Studien nennt einen Zeitpunkt um 2040.

Schmelzen die Pole, steigt der Meeresspiegel. Die Meere stehen heute bereits gut zwölf Zentimeter höher als um 1900. Das IPCC erwartet, dass sie bis 2100 um weitere fünf Zentimeter steigen werden. Die düstersten Prognosen für die polare Eisschmelze rechnen mit einem zusätzlichen Anstieg des Meeresspiegels von 15 Metern, womit Millionen Quadratkilometer des weltweit besten Ackerlands und die weltweit reichsten Städte überflutet würden. Die Welt schrumpft auf sehr viel mehr Arten und Weisen, als wir bislang realisiert haben.

Trotz des eisigen Schmelzwassers werden sich die Meere auch erwärmen, indem sie die Wärme der Atmosphäre aufnehmen. Und da sie im Winter weniger abkühlen werden als bisher, wird sich die alljährliche Hurrikan-Saison verlängern und werden die Wirbelstürme heftiger werden. Wo es jetzt schon viel regnet, wird es noch mehr regnen, zerstörerische Stürme und Überschwemmungen werden zunehmen. Trockene Regionen dagegen werden noch mehr austrocknen, Sandstürme und Waldbrände zunehmen.

Für immer mehr Menschen sind die allgemeinen Warnsignale bereits zu einer sehr persönlichen Erfahrung geworden. Bei mir war das 2008 der Fall. Lange bevor die Waldbrandsaison in Kalifornien normalerweise beginnt, war die Luft voller Asche: Die Wälder rund um unser Haus brannten. Der Himmel leuchtete unheimlich orange, und was wir uns zuriefen, ging unter im Dröhnen der Rotorblätter der Löschhubschrauber. Gegen den Funkenflug schlugen wir eine Feuerschneise um unser Haus, und am Ende wurde es wirklich knapp, bis dann der Regen einsetzte. Ich sollte vielleicht sagen: *endlich* einsetzte, denn die Saison der Waldbrände ist im Westen der USA inzwischen 78 Tage länger als noch in den 1970er Jahren. Ein durchschnittlicher Waldbrand dauert heute fünfmal länger als vor 30 Jahren. Und die Leute vom Feuerschutz sagen, dass es noch schlimmer kommen wird.

All das fällt in die Rubrik, die der Journalist Thomas Friedman »die bereits bekannten besorgniserregenden Fakten« genannt hat. Schlimmer wird es in der Rubrik »die noch nicht genau bekannten besorgniserregenden Dinge«. Denn das Problem sei ja, dass wir nicht unmittelbar mit der Erderwärmung konfrontiert sind, sondern mit einer Welt, die verrückt spielt. Er spricht von »global weirding«, von einem globalen Verhängnis sich unheimlich steigernder Naturphänomene.[22] Der Klimawandel vollzieht sich nichtlinear: Alles hängt mit allem zusammen, die Wechsel- und Rückwirkungen sind so komplex, dass sie sich nicht in Modelle fassen lassen. Es wird Kipppunkte geben, dann nämlich, wenn die Umwelt sich abrupt und irreversibel verändert, aber wir wissen nicht, wo diese Punkte liegen und was passieren wird, wenn wir sie erreichen.

Am unheimlichsten von all dem ist aber, dass wir nicht wissen, wie die Menschen darauf reagieren werden. Wie alle anderen historischen Episoden des Klimawandels wird auch diese keinen direkten Zusammenbruch verursachen. Wenn wir so weiter wirtschaften wie bisher, dann, so prognostizierte der *Stern Report*, eine Studie des britischen Ökonomen Nicholas Stern aus dem Jahr 2006, werde der Klimawandel die Wirtschaftsleistung weltweit um 20 Prozent unter den gegenwärtigen Stand fallen lassen – eine Katastrophe, aber wohl nicht das Ende der Welt, die wir kennen. Selbst wenn sich die schwärzesten Prognosen bestätigen sollten und die Durchschnittstemperaturen um sechs Grad steigen werden, wird die Menschheit irgendwie zurechtkommen. Das eigentlich Beunruhigende ist nicht der Klimawandel selbst, sondern die Frage, ob nicht die Menschen mit ihren Reaktionen darauf die anderen Reiter der Apokalypse lange vor 2100 von der Leine lassen werden.

Am wahrscheinlichsten könnte das mit dem Hunger geschehen. Die grüne Revolution, mit der die Nahrungsmittelproduktion schneller gesteigert wurde, als die Weltbevölkerung gewachsen ist, war vielleicht die größte Leistung des 20. Jahrhunderts. 2000 sah es sogar so aus, als könnten wir Bösartigkeit und

Dummheit von Diktatoren und Warlords eindämmen und damit auch den Hunger besiegen.

Ein Jahrzehnt später ist das wieder unwahrscheinlicher geworden. Vielmehr macht sich, wieder einmal, das Paradox gesellschaftlicher Entwicklung bemerkbar. Mit steigendem Reichtum verfüttern die Bauern immer mehr billiges Getreide an Schlachttiere, damit wir mehr teures Fleisch essen können; außerdem nehmen die Agrarflächen zu, die der Produktion von Biosprit vorbehalten sind, damit wir Auto fahren können, ohne Erdöl zu verbrennen. Das Resultat: Die Preise der Grundnahrungsmittel haben sich zwischen 2006 und 2008 verdoppelt bis verdreifacht, in Afrika und Asien ist es zu Hungeraufständen gekommen. Das zeitliche Zusammentreffen der historisch größten Getreideernte (2,3 Milliarden Tonnen) und der Finanzkrise ließ die Preise 2009 zwar abstürzen, doch mit dem weiteren Anstieg der Weltbevölkerung (um 2050 vermutlichen auf neun Milliarden), so die Experten der UN Food and Agriculture Organization, werden sowohl Preisschwankungen als auch Nahrungsmittelknappheiten zunehmen.

An der Ungerechtigkeit der geographischen Bedingungen wird sich auch im 21. Jahrhundert nichts ändern. Die Erderwärmung wird die Getreideernten in kalten und wohlhabenden Ländern wie Russland oder Kanada steigen lassen, den gegenteiligen Effekt wird sie in den Regionen haben, die der US-Sicherheitsrat als »Bogen der Instabilität«[23] zusammenfasst. Er erstreckt sich von Afrika bis nach Asien (siehe Abbildung 12.2). Es sind die ärmsten Völker der Welt, die in diesem Bogen leben, und sinkende Ernten könnten den dritten der apokalyptischen Reiter losstürmen lassen.

Nach Schätzungen des US-Sicherheitsrates wird die Zahl der Menschen, die unter Nahrungs- oder Wassermangel leiden werden, zwischen 2008 und 2025 von 600 Millionen auf 1,4 Milliarden emporschnellen, wobei die meisten dieser Menschen im besagten Bogen leben. Um sich in Sachen apokalyptischer Prognosen nicht übertreffen zu lassen, sagt der britische *Stern Report* voraus, dass bis 2050 Hunger und Dürren 200 Millionen »Klimaflüchtlinge« in Bewegung setzen werden[24] – das wären weltweit fünfmal mehr Menschen als im Jahr 2008.

Viele Bürger in den westlichen Kernländern sehen die Migration schon heute als Bedrohung an, obwohl Wanderbewegungen, seit der Steppenschnellweg vor drei Jahrhunderten unterbrochen wurde, die Entwicklung häufiger ankurbelten, als dass sie sie gefährdet hätten.* 2006 ergab eine Gallup-Umfrage, dass die Amerikaner die Einwanderung für das nach dem Irakkrieg zweitgrößte Problem des Landes halten.[25] Viele Amerikaner meinen, die Gefahr, dass Mexikaner Drogen schmuggeln und ihnen Jobs wegnehmen, überwiege alle Vorteile; viele Europäer empfinden die Gefahren durch vermeintliche islamische Parallelgesellschaften in

* Deutlichstes Beispiel dafür ist der machtvolle Aufstieg der USA, der dadurch befördert wurde, dass Millionen Europäer und versklavte Afrikaner über den Atlantik, in kleineren, aber immer noch bedeutenden Teilen Chinesen und Japaner über den Pazifik einwanderten.

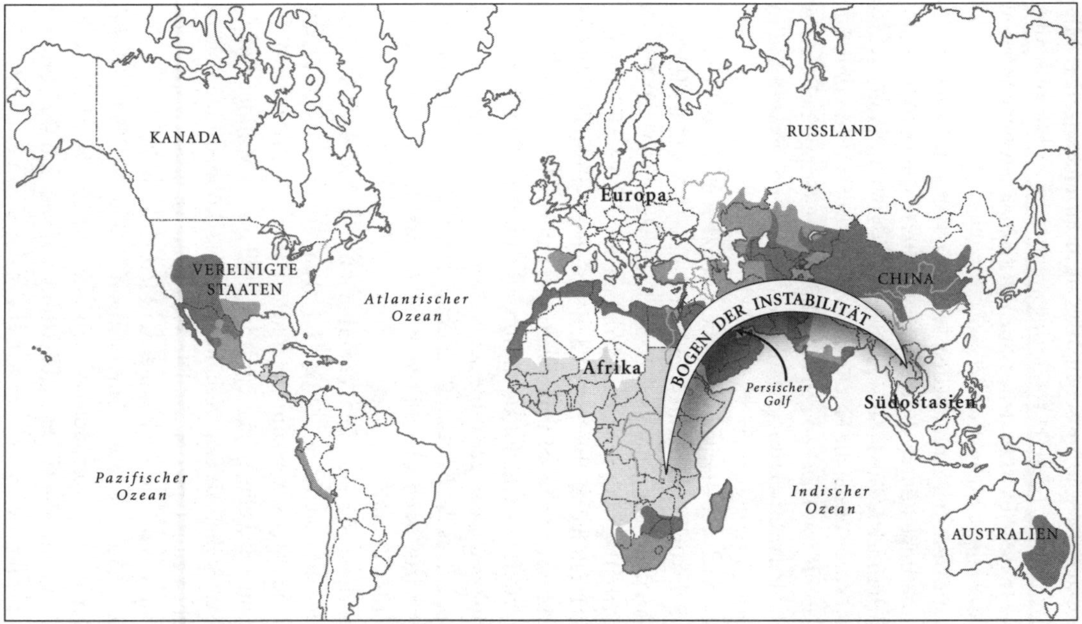

Abbildung 12.2: Der große Durst

Der vom US-Sicherheitsrat so genannte »Bogen der Instabilität« (der sich von Afrika aus durch Asien zieht) im Vergleich zu den Regionen, in denen bis 2025 Wasserknappheit erwartet wird. Die dunkelgrau schattierten Gebiete werden »physische Knappheit« erleben, definiert als Gebiete, die über 75 Prozent des verfügbaren Wassers in Landwirtschaft, Industrie und Haushalten verbrauchen. Mittelgrau angelegte Gebiete bedeuten »annähernd physische Knappheit«; dort werden 60 Prozent des Wassers zu diesen Zwecken verbraucht. Hellgrau sind Gebiete, in denen »ökonomische Knappheit« erwartet wird, hier werden 25 Prozent des Wassers verbraucht. Reiche Länder wie die USA, Australien oder Kanada können Wasser aus feuchten Gebieten in trockene pumpen; arme Länder können das nicht.

ihren Ländern als ähnlich bedrohlich. In beiden Regionen behaupten nativistische Lobbyisten, dass die Neubürger schwer zu integrieren seien.

Die Erderwärmung droht ab 2020 noch die finstersten Fantasien der Immigrationsgegner wahr zu machen. Einige zehn Millionen hungriger und verzweifelter Menschen könnten aus der muslimischen Welt nach Europa oder aus Mittelamerika in die USA fliehen. Diese Bevölkerungswanderungen könnten alles historisch Dagewesene in den Schatten stellen und die Probleme wieder aufleben lassen, für die früher der Steppenschnellweg stand.

Eines dieser Probleme könnten Krankheiten sein, der vierte der apokalyptischen Reiter. Die Wanderungen durch die Steppe verbreiteten die Pestepidemien des 2. und des 12. Jahrhunderts. Die größte Pandemie des 20. Jahrhunderts, die H1N1-Grippe von 1918, wurde durch die Flut junger Männer unter Waffen von Europa nach Amerika geschleppt. Diese so genannte Spanische Grippe raffte mehr Menschen in einem Jahr dahin – etwa 50 Millionen – als der Schwarze Tod in einem Jahrhundert, zwei- oder dreimal so viele wie AIDS in den letzten 30 Jahren.

Flugreisen haben es noch schwieriger gemacht, Krankheiten einzudämmen. Die früheste in Afrika dokumentierte Infektion mit dem HIV-Virus datiert von 1959, und seit etwa 1980 überschwemmte AIDS vier Kontinente. SARS (Schweres Akutes Atemwegssyndrom) sprang 2003, nachdem sich das Virus einige Wochen lang in Südchina entwickelt hatte, über in 37 Länder. Genetiker haben die DNA dieser Infektionskrankheit in 31 Tagen sequenziert (im Fall von HIV hatte das 15 Jahre gedauert), konzertierte internationale Aktionen konnten sie im Keim ersticken. Als die Epidemiologen die so genannte Schweinegrippe (bekannt als Neues H1N1, um es vom Grippevirus des Jahres 1918 zu unterscheiden) 2009 identifiziert hatten, hatte sich das Virus bereits so weit verbreitet, dass die Epidemie nicht mehr eingedämmt werden konnte.

Wenn die Schweinegrippe oder eine der nicht minder beunruhigenden Stämme der Vogelgrippe sich wie die Asiatische Grippe (H2N2) zu verhalten beginnen, der 1957 ein bis zwei Millionen Menschen zum Opfer fielen, dann, so schätzt die Weltgesundheitsorganisation, wird eine solche Epidemie zwei bis 7,4 Millionen Menschen das Leben kosten. Sollten sie sich verhalten wie 1918, können ihnen bis zu 200 Millionen Menschen zum Opfer fallen. Die Welt heute ist besser vorbereitet als 1918, doch selbst dann, wenn nur ein Zehntel der Menschen sterben würde, die damals zu Tode kamen, hätte dies einen kurzfristigen ökonomischen Crash zur Folge, gegen den die Finanzkrise von 2008/09 trivial aussähe. Die Weltbank rechnet damit, dass eine Pandemie die Wirtschaftsleistung weltweit um fünf Prozent verringern würde. Noch alarmierender lesen sich einige der »Zehn Punkte, die Sie über eine Grippe-Pandemie wissen sollten«, die die Weltgesundheitsbehörde auf ihre Website gestellt hat:

- Die Welt könnte sich am Rand einer neuen Pandemie befinden.
- Alle Länder werden betroffen sein.

- Die medizinische Versorgung wird nicht ausreichend sein.
- Es wird sehr viele Tote geben.
- Die wirtschaftlichen und sozialen Brüche werden groß sein.[26]

Wie während der apokalyptischen Reiterzüge in der Vergangenheit werden Klimawandel, Hunger, Migration und Krankheiten auch diesmal den fünften Reiter loslassen, den Zusammenbruch der Staaten. Im Bogen der Instabilität liegen einige der Staaten mit den weltweit schwächsten Regimes, und wenn der Druck zunimmt, könnten einige ebenso komplett zusammenbrechen wie jene in Afghanistan oder Somalia – mit der Folge, dass die Nöte der Menschen zunehmen und Terroristen weitere Schlupflöcher finden werden. Und wenn diese Instabilität dann die Kernregionen erreicht, deren Volkswirtschaften von den Ressourcen der Bogenstaaten abhängig sind, könnten wir ins schlimmste aller denkbaren Szenarien schlittern.

Bereits 1943 hat eine US-Gesandtschaft in der Golfregion das Hauptproblem erkannt. Das Öl dort, heißt es in ihrem Bericht, »ist der größte Hauptgewinn der Geschichte«.[27] Die reichen Nationen der westlichen Kerngebiete haben ihre Strategien denn auch rasch auf die Ölvorkommen rund um den Persischen Golf abgestellt. Als in den 1950er Jahren die Macht Westeuropas schwand, übernahmen die USA das Zepter. Sie intervenierten verdeckt und offen, unterstützten Verbündete, schadeten feindlichen Staaten – alles, um den Zugang zu den Ressourcen des Bogens zu behalten. Auch die Sowjetunion, die vom Öl der Golfregion weniger abhängig war, mischte kräftig mit, um den Einfluss der USA einzudämmen. Und als sich Russland in den 1990er Jahren zurückzog, sah sich China wegen seines Ölbedarfs (der seit 2000 für 40 Prozent des weltweiten Nachfrageanstiegs verantwortlich ist) gezwungen, ins große Spiel einzusteigen.

Chinas Hunger nach Rohstoffen (Soja, Eisen, Kupfer, Kobalt, Bauholz sowie Erdgas und Öl) lässt erwarten, dass es im Bogen der Instabilität in naher Zukunft permanent zu Konflikten mit westlichen Interessen kommen wird. Chinesische Diplomaten betonen den »friedlichen« Aufstieg ihres Landes (manche mildern dies ab zu »friedlicher Entwicklung«[28]), seit den 1990er Jahren aber wird der Westen immer nervöser. 2004 etwa verursachte Chinas Nachfrage nach Eisen, was die Zeitungen bald zum »großen Eisenraub«[29] machten, Diebe in aller Welt, hieß es, sammelten Abflussgitter ein und schafften sie zum Einschmelzen in den Osten. Allein in Chicago sind angeblich in einem einzigen Monat 150 Gullydeckel verschwunden. Wo sollte das noch enden – heute die Deckel, morgen die ganze Welt? Einer Umfrage von 2005 zufolge hielten 54 Prozent der Amerikaner Chinas Aufstieg für »eine Bedrohung des Weltfriedens«.[30] In einer Umfrage von 2007 landete China bei der Frage nach der größten Bedrohung der weltweiten Stabilität auf dem zweiten Platz, direkt hinter dem Iran.[31]

China erwiderte diese Komplimente mit dem größten Vergnügen. Als 1999 NATO-Jets Belgrad bombardierten, dabei auch die chinesische Botschaft trafen und drei Journalisten töteten, attackierten wütende Massen die US-Botschaft in

Beijing mit Steinen und warfen Brandsätze gegen das US-Konsulat in Chengdu. »Menschen empört über verbrecherischen Akt«, titelte *China Daily*.[32] Noch 2004 sprach die Kommunistische Partei hochoffiziell von einer »strategischen Verschwörung feindlicher Kräfte, um China zu verwestlichen und seine Einheit zu untergraben«.[33]

1914, als Europas Großmächte um die Reste des Osmanischen Reiches auf dem Balkan rangelten, reichte die Pistole eines serbischen Attentäters, um den Ersten Weltkrieg auszulösen. 2008 fand es eine amerikanische Untersuchungskommission »mehr als wahrscheinlich, dass Ende 2013 irgendwo in der Welt eine Massenvernichtungswaffe zu einem terroristischen Angriff eingesetzt wird«.[34] Heute, wo die Großmächte im Bogen der Instabilität um die Hinterlassenschaften der europäischen Imperien rangeln, mag man sich gar nicht ausmalen, welches Chaos ein Anschlag von Al-Qaida oder der Hisbollah mit solchen Waffen anrichten würde.

Die Konflikte im Bogen sind bei weitem bedrohlicher als die auf dem Balkan vor einem Jahrhundert, weil sie sich leicht nuklear entladen könnten. Israel hat sich seit etwa 1970 ein großes Waffenarsenal zugelegt, darunter auch (wenngleich jahrzehntelang nicht offiziell bestätigt) Atombomben. 1998 haben sowohl Indien als auch Pakistan Atombomben getestet. Seit 2005 werfen die EU und die USA dem Iran vor, das gleiche Ziel zu verfolgen. Das von vielen Beobachtern vermutete nukleare Potenzial des Iran wird möglicherweise ein halbes Dutzend muslimischer Staaten* zu eigenen nuklearen Abschreckungsmaßnahmen veranlassen. Allerdings wird Israel dabei nicht tatenlos zusehen. Israelische Kampfflugzeuge haben bereits Atomanlagen im Irak und in Syrien zerstört, neue Angriffe könnten erfolgen, wenn das Waffenprogramm des Iran fortschreitet.

Sollte es im Bogen der Instabilität zu einem Atomkrieg zwischen ihrem engsten Verbündeten und ihrem erbittertsten Feind kommen, könnte keine US-Regierung neutral bleiben. Auch Russland oder China dürften sich in einem solchen Fall nicht einfach still verhalten. Beide Staaten haben Irans nukleare Ambitionen kritisiert, allerdings auch zugelassen, dass sich der Iran um Mitgliedschaft in ihrer Shanghai Cooperation Organization** beworben hat. Diese lose Vereinigung hat sich vertrauensbildende und friedensfördernde Maßnahmen auf die Fahnen geschrieben, will aber vor allem den amerikanischen Interessen in Zentralasien entgegenwirken.

Ein »Großer Krieg« zwischen Osten und Westen wäre natürlich eine Katastrophe. Für China wäre er selbstmörderisch, denn die USA verfügen über das Zwanzigfache an nuklearen Gefechtsköpfen und gut und gern über das Hundertfache an konventionellen Gefechtsköpfen, denen China noch so gut wie keine Raketenabwehr

* Höchstwahrscheinlich Ägypten, Libyen, Saudi-Arabien, Syrien, die Türkei und die Vereinigten Arabischen Emirate.

** 2001 gegründet durch China, Kasachstan, Kirgisistan, Russland, Tadschikistan und Usbekistan. Der 1996 gegründeten Vorläuferorganisation Shanghai Five hatte Usbekistan noch nicht angehört. Pakistan und Weißrussland haben ihr Interesse an einer Mitgliedschaft angemeldet.

entgegenzusetzen hat. Ferner können die USA elf Flugzeugträgerkampfgruppen aufbieten – China keine einzige (allerdings hat die Volksrepublik 2009 den ersten Träger auf Kiel legen lassen). Vorerst also ist der waffentechnische Vorsprung der Amerikaner nicht einzuholen. Auch wenn die USA weder in der Lage sind noch ein Interesse daran haben, China zu besetzen, würde doch jedes vorstellbare Kriegsszenario mit einer demütigenden Niederlage für das Reich der Mitte enden, mit dem Sturz der Kommunistischen Partei und vielleicht mit dem Auseinanderbrechen des Landes.

Und dennoch: Ein Sieg in einem solchen Krieg wäre für die USA kaum weniger grauenhaft als für China. Selbst ein auf kleiner Flamme ausgetragener Konflikt würde enorme Kosten verursachen. Beide Seiten stünden dann vor einem finanziellen Desaster. Noch schlimmer wäre ein nuklearer Schlagabtausch, der die nordamerikanische Westküste und weite Teile Chinas in radioaktive Wüsten verwandeln, einige hundert Millionen Menschen töten und die Weltwirtschaft in eine Abwärtsspirale ohne absehbares Ende stürzen würde. Außerdem und noch fataler: Ein chinesisch-amerikanischer Krieg könnte ohne weiteres auch Russland mit einbeziehen, das noch immer über das weltweit größte Nukleararsenal verfügt.*

Wie immer wir das betrachten: Ein atomarer Weltkrieg wäre Wahnsinn. Zum Glück versichert uns eine Phalanx von Experten, dass in einer globalisierten Welt ein solcher Wahnsinn unmöglich sei. »Keine physische Gewalt kann die Macht des Kreditwesens beiseite schieben«, sagt einer dieser Autoritäten.[35] Für einen anderen ist die »internationale Bewegung des Kapitals der größte einzelne Garant des Weltfriedens«[36]. Und ein dritter fügt hinzu: Ein Krieg würde »die Ausgabe einer so großen Geldsumme und einen so großen Eingriff in die Wirtschaft notwendig machen, dass er von einem totalen Zusammenbruch des Kreditwesens und der Industrie in Europa begleitet sein oder dieser auf ihn folgen würde«[37]; denn ein Krieg hätte »absolut unberechenbare Ergebnisse: totale Erschöpfung und Verarmung; Industrie und Handel würden ruiniert und die Macht des Kapitals zerstört werden.«[38].

Das klingt beruhigend – nur: Diese Experten sprechen nicht über den chinesisch-amerikanischen Krieg irgendwann nach 2010; die Zitate stammen vielmehr aus der Zeit von 1910 bis 1914. Allen Kronzeugen war daran gelegen, die Unmöglichkeit eines Kriegs zwischen den europäischen Großmächten zu demonstrieren. Wir wissen, wie das ausging.

Vielleicht werden uns die Staatsmänner der Welt ein ums andere Mal von einem Abgrund zurückreißen. Vielleicht können wir für eine weitere Generation ein atomares 1914 vermeiden, vielleicht sogar die nächsten 50 Jahre lang. Doch ist die Annahme wirklich realistisch, dass wir Terroristen und Schurkenstaaten dauerhaft daran hindern können, die Bombe in ihren Besitz zu bringen? Können

---

* Vorausgesetzt, dass Russlands Raketen noch einsatzbereit sind. 2009 gab es eine Serie von Raketenfehlstarts, woraufhin der Kommandeur der strategischen Atomstreitkräfte abgesetzt wurde.

wir jedem politischen Führer zu jedem Zeitpunkt klarmachen, dass ein nuklearer Krieg nie und nimmer die beste Option wäre? Selbst wenn wir die Weitergabe von Atomwaffen halbwegs begrenzen können, wird es um 2060 knapp 20 Atommächte geben – und einige davon im Bogen der Instabilität.

Jahr für Jahr wird, auch wenn wir Armageddon verhindern können, die Bedrohung der apokalyptischen Reiter dennoch weiter wachsen. Der Druck auf die Ressourcen wird größer werden, neue Krankheiten werden sich herausbilden, Atomwaffen werden weitergegeben werden und – die schleichendste dieser Gefahren – extreme Wetterereignisse werden unsere Überlegungen in unvorhersehbarer Weise umstoßen. Der Glaube, wir könnten solche Gefahren dauerhaft ausbalancieren, hat etwas Aberwitziges.

Offenbar nähern wir uns einer neuen harten Decke. Als die Römer ihre Entwicklung im 1. Jahrhundert u. Z. der damals undurchdringlichen Grenze entgegentrieben, gab es für sie zwei Möglichkeiten: einen Weg zu finden, um die Decke zu durchstoßen (dann hätte die gesellschaftliche Entwicklung einen weiteren Sprung gemacht), oder ihn eben nicht zu finden (dann hätten die apokalyptischen Reiter sie erwischt). Die Römer sind gescheitert, und damit begann ein 600-jähriger Niedergang, der die Rate der gesellschaftlichen Entwicklung um mehr als ein Drittel nach unten drückte. Im 11. Jahrhundert, als die Song die gleiche harte Decke erreichten, misslang auch ihnen der Durchbruch, und die Rate der gesellschaftlichen Entwicklung im Osten fiel zwischen 1200 und 1400 um fast ein Sechstel.

Wenn wir uns nun im 21. Jahrhundert einem gleichermaßen undurchdringlichen Deckel nähern, stehen auch wir vor den beiden Optionen, allerdings mit verschärften Konsequenzen. Als Römer und Song keine Lösungen fanden, war ihr Niedergang vergleichsweise luxuriös, da er sich über mehrere Jahrhunderte erstreckte. Dieses Glück werden wir nicht haben. Es gibt mehrere Möglichkeiten, wie sich unsere Zukunft entwickeln könnte, doch die meisten laufen auf ein finsteres Ende hinaus: auf die Schwärze der Weltendämmerung.

Darüber, was Singularität für die Vorherrschaft des Westens bedeuten wird, lässt sich endlos diskutieren, was es mit der Epochendämmerung auf sich hat, zeichnet sich sehr viel klarer ab. 1949 sagte Albert Einstein zu einem Journalisten: »Ich weiß nicht, mit welchen Waffen der dritte Weltkrieg ausgetragen werden wird, aber ich kann Ihnen sagen, womit sie im vierten kämpfen werden: mit Steinen.«[39] Nach der Dämmerung wird niemand die Welt regieren, weder Ost noch West.

Das Große Rennen

Das Gespräch mit dem Geist des Vergangenen führt zu einem beunruhigenden Schluss: Das 21. Jahrhundert kann eigentlich nur zu einem Wettlauf werden. Auf der einen Bahn unterwegs ist die Singularität, auf der anderen die Weltendämmerung. Eine wird gewinnen, die andere verlieren. Eine Silbermedaille wird es nicht geben. Entweder werden wir bald (vielleicht schon vor 2050) eine Transformation in Gang setzen, die die industrielle Revolution weit in den Schatten stellen und die meisten unserer aktuellen Probleme in Wohlgefallen auflösen wird; oder wir stolpern in einen Zusammenbruch, wie es bislang keinen gab. Schwer zu sagen, wie irgendein mittlerer Weg funktionieren soll – ein Kompromiss, durch den es allen Menschen ein bißchen besser geht, China schrittweise die Führung übernimmt und alles andere ähnlich weiterläuft wie bisher.

Das aber heißt, dass die nächsten 40 Jahre die bedeutsamsten der Weltgeschichte sein werden.

Was die Welt braucht, um ihrer Dämmerung zu entgehen, ist in erster Linie, alles dafür zu tun, um einen globalen Atomkrieg zu verhindern. Und was die Großmächte dazu beitragen können, ist die Reduktion ihrer Arsenale. Deren völlige Abschaffung könnte paradoxerweise ein größeres Risiko bergen, denn die Erfindung der Atombombe ist nicht rückgängig zu machen, und die *bad guys*, Terroristen und die Machthaber in Schurkenstaaten, werden Atomwaffensperrverträge in jedem Fall ignorieren. Am stabilsten wird die Situation daher bleiben, wenn die Großmächte über genügend Waffen verfügen, Aggressoren abzuschrecken, diese aber nicht ausreichen, um uns alle auszulöschen.

Die ursprünglichen Atommächte – USA, Russland, Großbritannien, Frankreich und China – haben sich seit den 1980er Jahren in diese Richtung bewegt. Während des Kalten Krieges machte Lewis Fry Richardson – der britische Mathematiker, Pazifist und Meteorologe (der die Wetterforschung aufgab, als ihm klar wurde, wie sehr er damit die Luftwaffe unterstützte) – eine viel zitierte Rechnung auf. Ihr zufolge lag die Wahrscheinlichkeit bei 15 bis 20 Prozent, dass vor 2000 ein Atomkrieg ausbrechen würde. 2008 jedoch konnte der Energiewissenschaftler Vaclav Smil eine deutlich optimistischere Schätzung vorlegen. Er bezifferte die Chance, dass ein Konflikt der Größenordnung des Zweiten Weltkriegs (dem 50 Millionen Menschen zum Opfer fielen) vor 2050 ausbrechen könnte, mit weniger als einem Prozent.[40]

Zweithöchste Priorität hat die Aufgabe, das »global weirding« zurückzudrängen, also die Zunahme extremer Witterungsereignisse zu bremsen. Darum steht es nicht sonderlich gut. 1997 versammelten sich die Mächtigen der Welt in Kioto zur Verabschiedung eines Klimaschutzprotokolls. Vereinbart wurde, die Emission von Treibhausgasen bis 2012 um 5,2 Prozent unter den Stand von 1990 zu drücken. Den größten Teil dieser Reduktionen hätten die reichen Staaten des Westens bewerkstelligen müssen, weshalb es die USA – in den 1990er Jahren die weltgrößten Luftverschmutzer – vorzogen, das Protokoll nicht zu ratifizieren. Viele Kritiker hatten, wie ein indischer Delegierter formulierte, den Eindruck, hier empfählen »Leute mit starker Fettleibigkeit anderen, die sich gerade von Auszehrung erholen, eine heftige Diät«[41]. Doch die amerikanische Regierung blieb stur: Auch Indien und China (das die USA 2006 als größten Luftverschmutzer ablöste) müssten zu Einschnitten bereit sein.

Der politische Wille zu umfassenden Vereinbarungen fehlt offenbar noch immer, wie vor allem der Ende 2009 gescheiterte Weltklimagipfel in Kopenhagen bewiesen hat. Nicholas Stern hat in seinem Report geschätzt, dass die Einführung CO_2-armer Technologien, der Schutz der Wälder und die Steigerung der Energieeffizienz – von Maßnahmen also, die in der Lage wären, die CO_2-Konzentration bis 2050 auf 450 ppm zu beschränken – etwa eine Billion US-Dollar kosten würden. Das ist viel, aber vergleichsweise unbedeutend, wenn wir die Kosten bedenken, die durch Nichtstun entstünden. Doch aufgrund der durch die Krise von 2007–09 ruinierten Staatsfinanzen schrecken viele Regierungen vor kostspieligen Programmen zur Emissionsreduktion zurück.

Trotz der offenkundigen Unterschiede zwischen Atomkrieg und Klimaerwärmung verweisen beide auf das gleiche Problem. 5000 Jahre lang waren Staaten und Großreiche die effektivsten Organisationsformen. Nun aber haben sie, seit die gesellschaftliche Entwicklung die Bedeutung der geographischen Bedingungen verändert hat, deutlich an Effektivität verloren. Thomas Friedman hat das 1999 sehr hübsch auf den Punkt gebracht: »Wir können die Unterschiede zwischen den beiden Globalisierungsperioden folgendermaßen zusammenfassen: Wenn die erste Globalisierungsrunde [etwa 1870–1914] die Welt von ›Large‹ auf ›Medium‹ schrumpfen ließ, dann läßt die aktuelle Runde [seit 1989] sie auf ›Small‹ zusammenschnurren.«[42] Sechs Jahre später war der Schrumpfungsprozess so weit fortgeschritten, dass Friedman eine neue Phase gekommen sah: »Globalisierung 3.0«. »In dieser neuen Phase«, schreibt er, »schrumpft die Welt von einem kleinen zu einem winzigen Gebilde und zugleich wird das Spielfeld eingeebnet«.[43]

In dieser winzig und flach gewordenen Welt gibt es keinen Platz, etwas zu verstecken. Atomwaffen, Klimawandel, Terrorismus, Migration, Finanzen und Nahrungsmittel – all das sind globale Probleme, die globale Lösungen fordern. Staaten, die nur in ihren eigenen Grenzen über Souveränität verfügen, können sie nicht wirkungsvoll angehen.

Noch unter dem Eindruck der beiden Atombomben, die Hiroshima und Nagasaki in Schutt und Asche gelegt hatten, verwies Einstein im Gespräch mit einem Journalisten der *New York Times* auf die offenkundige Lösung: »Die einzige Rettung der Zivilisation und der menschlichen Gattung liegt in der Schaffung einer Weltregierung.« Natürlich mokierte man sich über den weltfremden Wissenschaftler, darum legte er nach: »Wenn die Idee einer Weltregierung nicht realistisch ist, dann gibt es nur eine realistische Aussicht für unsere Zukunft: die völlige Vernichtung der Menschen durch Menschen.«[44]

Blickt man zurück auf die letzten 15 000 Jahre, dann hat Einstein die Richtung der geschichtlichen Entwicklung offenbar korrekt beurteilt. Von der Steinzeit bis zu den frühen Staaten wie Uruk und dem der Shang, von frühen Reichen wie Assyrien und das der Qin bis zum weltumspannenden Britischen Imperium gab es einen Trend zu immer größeren politischen Einheiten. Das logische Resultat scheint der Aufstieg eines weltumspannenden amerikanischen Imperiums zu Beginn des 21. Jahrhunderts zu sein – oder, wenn das ökonomische Pendel gegen den Westen ausschlägt, ein weltumspannend-chinesisches Imperium Mitte oder Ende dieses Jahrhunderts.

Ein Problem allerdings steckt in dieser Logik. Größere politische Einheiten sind bislang stets durch Kriege entstanden – und das soll die von Einstein geforderte Weltregierung ja gerade verhindern. Wenn es tatsächlich nur einer Weltregierung möglich sein sollte, einen künftigen Atomkrieg zu verhindern, und wenn die einzige Möglichkeit, eine Weltregierung entstehen zu lassen, in einem chinesisch-amerikanischen Krieg liegen sollte, dann stünden die Chancen schlecht.

Glücklicherweise trifft keine dieser Voraussetzungen wirklich zu. Seit 1945 haben nicht- und suprastaatliche Organisationen mehr und mehr Funktionen übernommen. Das reicht von karitativen Initiativen und NGOs über multinationale Unternehmen bis zu internationalen Organisationen wie der Europäischen Union, den Vereinten Nationen und der Welthandelsorganisation, die in staatliche Hoheitsrechte eingreifen. Natürlich bleiben die einzelnen Staaten die Garanten der Sicherheit (die UNO hat sich, was die Verhinderung von Kriegen angeht, als kaum effektiver erwiesen denn der Völkerbund) und der Finanzen (2008/09 mussten etliche Regierungen durch staatliche Firmenübernahmen den Kapitalismus retten). Darum werden sie in absehbarer Zeit auch nicht verschwinden. Der einzige Weg aber, die Weltendämmerung für weitere 40 Jahre zu verhindern, besteht wohl darin, die Staaten unter teilweisem Verzicht auf ihre überkommene Souveränität noch stärker in überstaatliche Organisationen einzubinden. Schwierig genug – und selbst das ist nur eine notwendige, aber keine hinreichende Bedingung dafür, dass die Singularität das Rennen gewinnt.

Wir müssen zunächst die politische Geographie neu ordnen, um Platz zu schaffen für globale Institutionen, die in der Lage sind, die Kriegsgefahr zu bannen und den Klimawandel zu bremsen. Und wir müssen ferner die Zeit nutzen und die Energieausbeute ein weiteres Mal revolutionieren. Nur so versetzen wir uns in die Lage, die von den fossilen Energieträgern vorgegebene Grenze zu durchbrechen. Wenn wir weiterhin so viel Öl und Kohle verbrennen wie im 20. Jahrhundert, erwischt uns die Weltendämmerung vielleicht noch, bevor die Kohlenwasserstoffe verbraucht sind.

Einige Umweltschützer empfehlen ein anderes Vorgehen. Sie plädieren für die Rückkehr zu einfacheren Lebensweisen, um den Energieverbrauch zu senken und dadurch die Erderwärmung zu stoppen. Doch ist zweifelhaft, ob und wie das gelingen kann. Die Weltbevölkerung wird wahrscheinlich bis 2050 um weitere drei Milliarden Menschen auf ihr Maximum wachsen und entsprechend mehr Energie verbrauchen. David Douglas, als Vizepräsident von Sun Microsystems für eine nachhaltige Unternehmenspolitik verantwortlich, hat vorgerechnet, dass allein, wenn jeder dieser zusätzlichen Menschen nur eine herkömmliche 60-Watt-Birne besitzt und diese bloß täglich vier Stunden lang nutzt, weltweit weitere 20 oder mehr 500-Mega-Watt-Kraftwerke ans Netz gehen müssen.[45] Und die Internationale Energieagentur (IEA) veranschlagt einen Anstieg des Erdölbedarfs von täglich 86 Millionen Barrel im Jahr 2007 auf 116 Millionen im Jahr 2030 – und dann wären noch immer 1,4 Milliarden Menschen ohne Strom.

Die Zahl der Armen auf der Welt wird sich vervielfachen, aber auch in bestimmten Regionen und für die Angehörigen bestimmter sozialer Schichten wird der Wohlstand zunehmen – und dieser Doppelschlag wird verhindern, dass die Energieausbeute in den nächsten 50 Jahren sinken wird. Setzen wir weniger Energie zur Herstellung von Düngemitteln und zum Transport von Lebensmitteln ein, werden Hunderte von Millionen Armen verhungern. Dann wird vermutlich die Weltendämmerung noch schneller über uns hereinbrechen als alles andere. Doch wenn die Menschen nicht Hungers sterben, werden sie mehr und mehr Energie verlangen. Allein in China kommen jeden Tag 14000 neue Kraftwagen auf die Straße. 400 Millionen Menschen (mehr als die Gesamtbevölkerung der USA) werden zwischen 2000 und 2030 ihre niederenergetischen Äcker und Höfe verlassen und in die Städte mit ihrem hohen Energiebedarf ziehen. Und die Zahl der Reisenden, die für ihre Ferien mit Düsenjets nach Übersee fliegen und dort in Hotels leben, wird von 34 Millionen im Jahr 2006 auf 115 Millionen im Jahr 2020 steigen.

Nichts spricht dafür, dass wir unsere Energieaufnahme reduzieren werden, bevor uns eine Katastrophe dazu zwingt – was bedeutet, dass wir dem Ausverkauf der Ressourcen, der Vergiftung des Planeten oder beidem nur dann entkommen, wenn wir saubere, also erneuerbare Energiequellen anzapfen.

Atomenergie wird wohl oder übel ein großer Teil davon sein. Die Furcht vor radioaktiver Strahlung hat den Atomprogrammen seit etwa 1970 Fesseln angelegt; vielleicht wird diese Furcht vergehen, wenn das neue Jahrhundert auch auf neue Gedanken kommt. Gewiss wird auch die Sonnenenergie größere Bedeutung erlangen: Nur die Hälfte eines Billionstels der Energie, die die Sonne ausstrahlt, gelangt zur Erde, und davon wiederum wird rund ein Drittel zurück ins All reflektiert. Und doch erreicht uns jede Stunde genügend Sonnenenergie, um den aktuellen Energiebedarf der Menschheit für ein Jahr komplett zu decken – wenn wir diese Energie denn effektiv nutzbar machen könnten. Vielleicht könnten auch mit Hilfe der Nanotechnologie und der Genetik völlig neue Energiequellen geschaffen werden. Das mag noch nach Science-Fiction klingen, und es wird gewaltiger technischer Anstrengungen bedürfen, um ein Zeitalter ausreichend verfügbarer sauberer Energien herbeizuführen. Doch wenn uns solche Sprünge nicht – und vor allem: bald – gelingen, wird die Weltendämmerung das Rennen machen.

Damit wir die Singularität erreichen, müssen wir die Hunde des Krieges an der Leine halten, die Klimasprünge meistern und eine Energierevolution durchziehen. Und das alles muss gleichermaßen klappen. Um die Weltendämmerung gewinnen zu lassen, reicht es aus, dass die Beherrschung nur eines Faktors misslingt. Die Chancen stehen nicht gut.

Was uns erwartet

Einige Wissenschaftler glauben bereits zu wissen, wer das Rennen macht. Die Antwort, sagen sie, stehe in den Sternen. Irgendwann um 1950 (keiner erinnert sich an den genauen Tag) trafen sich der Physiker Enrico Fermi und drei seiner Kollegen zum Mittagessen im Los Alamos National Laboratory in New Mexico. Nachdem sie sich über eine Karikatur des *New Yorker* amüsiert hatten, die eine fliegende Untertasse zeigte, gingen sie zu konventionelleren wissenschaftlichen Themen über. Plötzlich platzte Fermi heraus: »Aber wo sind sie?«[46]

Fermis Kollegen brauchten ein, zwei Augenblicke, bis ihnen klar war, dass er noch immer an die Besucher von fremden Sternen dachte. Während des Essens waren ihm ein paar Überlegungen durch den Kopf gegangen. Selbst dann, wenn nur ein verschwindend kleiner Teil der 250 Milliarden Sterne unserer Galaxis Planeten hätte, auf denen die Entstehung von Leben möglich wäre*, müsste das All doch voll sein mit Außerirdischen. Die Erde ist – bezogen auf das Alter der Galaxis – relativ jung, weniger als fünf Milliarden Jahre alt, also könnten manche dieser Wesen einen sehr viel älteren Stammbaum haben und sehr viel weiter entwickelt sein als wir. Selbst wenn ihre Raumschiffe so langsam wären wie unsere, hätten sie höchstens 50 Millionen Jahre gebraucht, um das ganze Milchstraßensystem zu erkunden. Also, wo sind sie? Warum haben sie keinen Kontakt mit uns aufgenommen?

1967 präsentierten die Astronomen Josef Schklowski und Carl Sagan eine ernüchternde Lösung für das Fermi-Paradoxon. Wenn auch nur jeder 250 000. Stern von einem bewohnbaren Planeten umkreist wird, dann, so berechneten sie, gäbe es in der Milchstraße potenziell eine Million extraterrestrische Zivilisationen. Die Tatsache, dass wir keinerlei Spuren von ihnen haben**, könne, so die beiden Astronomen, nur bedeuten, dass fortgeschrittene Zivilisationen sich stets selbst zerstörten. Und zwar müsse das jeweils innerhalb von 100 Jahren nach der Erfindung von Atomwaffen geschehen, andernfalls nämlich hätten die Außerirdischen genügend Zeit gehabt, den Kosmos mit Signalen zu füllen, die wir auffangen könnten.

Wenn wir dieses Argument auf unseren eigenen Planeten anwenden, dann spräche alles für eine Weltendämmerung im Jahr 2045, dem 100. Jahrestag der Bomben über Hiroshima und Nagasaki. (Es ist irgendwie verstörend, dass Kurzweil ausgerechnet für 2045 auch das Erreichen der Singularität prognostiziert hat.)

---

* Die International Astronomic Union (IAU) berichtete im August 2009, dass seit der ersten dieser Entdeckungen im Jahr 1995 außerhalb unseres Sonnensystems inzwischen 360 Planeten gefunden worden sind. Auf keinem von ihnen scheint Leben möglich zu sein, doch der Leiter des Planetensuchprogramms der französischen Weltraumbehörde teilte der IAU mit: »Ich bin tatsächlich zuversichtlich, dass wir in den nächsten zwei Jahren einen der Erde ähnlichen Planeten entdecken werden.«

** Das Fermi-Paradoxon geht natürlich davon aus, dass weder von Dänikens Weltraumbesuchern noch den angeblich gesichteten UFOs, extraterrestrischen Entführern oder anderen einschlägigen Zeitungsstorys irgendeine Realität entspricht.

Trösten wir uns mit dem Gedanken, dass die Antwort, wie das Große Rennen ausgehen wird, nicht in den Sternen steht, sondern in unserer Geschichte liegt. Selbst wenn die Geschichtswissenschaft uns nicht die präzisen Mittel der Voraussage an die Hand gibt, die Isaac Asimov in der *Foundation*-Trilogie imaginiert hat, so versieht sie uns doch mit einigen verlässlichen Hinweisen. Und ich halte diese Hinweise für das einzige wirkliche Fundament, um vorauszuschauen.

Kurzfristig betrachtet, legen die Muster, die sich in der Vergangenheit herauskristallisiert haben, nahe, dass der Wechsel von Macht und Wohlstand von Westen nach Osten unausweichlich ist. Wahrscheinlich um 2030, so gut wie sicher um 2040 wird Chinas Bruttoinlandsprodukt das der USA übertreffen. Irgendwann im Verlauf dieses Jahrhunderts wird China die Vorteile der Rückständigkeit aufgezehrt haben, doch auch dann wird das Weltzentrum der wirtschaftlichen Schwerkraft im Osten verbleiben und nun auch Süd- und Südostasien mit umfassen.

Noch indes hat der alte westliche Kern einen gewaltigen Vorsprung an Energieausbeute pro Kopf, Technik und militärischer Macht. Während der ersten Hälfte dieses Jahrhunderts wird daher der Westen seine Vorherrschaft in irgendeiner Form ganz sicher bewahren. Solange die USA stark genug sind, den Weltpolizisten zu spielen, werden größere Kriege eher unwahrscheinlich sein. Doch irgendwann ab 2025 oder 2050 wird Amerikas Vorsprung vor dem Rest der Welt schrumpfen, und damit werden sich die Instabilitäten vergrößern und die Risiken steigen: sowohl das Risiko eines neuen Weltkriegs als auch das eines atomaren Überfalls von ein paar durchgeknallten *bad guys*.

Hoffen wir auf die Weisheit der Staatenlenker und politisch-militärischen Strategen, die erforderlich sein wird, um im konfusen 21. Jahrhundert den Frieden zu bewahren und damit zumindest die Option auf die Singularität offen zu halten. Ich habe das ganze Buch hindurch den Gedanken vertreten, dass große Männer oder Frauen ebensowenig wie große Stümper und Idioten die entscheidende Rolle gespielt haben, die zu spielen sie glaubten. Sie haben den Lauf der Geschichte kaum geändert, sie haben allenfalls die Prozesse beschleunigen oder bremsen können, die dem Geschichtsverlauf als Muster zugrunde liegen. Seit 1945 jedoch ist das anders. Jetzt haben die politischen Führer die reale Möglichkeit, tief in die Geschichte einzugreifen. Chruschtschow und Kennedy waren dem 1962 sehr nahe. Atomwaffen lassen keinen Raum mehr für Irrtum und Fehlentscheidung, es gibt keine zweite Chance. Ein falsches Kommando kann heute das Ende der Welt bewirken. Das erste Mal in der Geschichte kommt es wirklich auf die Führung an. Wir können nur hoffen, dass unser Zeitalter, wie die meisten zuvor auch, die Gedanken entwickelt, die es braucht.

Und langfristig?

In langfristiger Perspektive scheint mir nur eine Voraussage verlässlich zu sein: Weder die Weltendämmerung noch die Singularität wird das Große Rennen gewinnen – einfach weil es keine Ziellinie gibt. Wenn wir 2045 erreichen (der von

Kurzweil angenommene Zeitpunkt für das Eintreten der Singularität, zugleich, nach Schklowski und Sagan, der späteste Eintritt der Weltendämmerung), werden wir weder das Ende der Geschichte noch einen Sieger zu verkünden haben. Ich gehe davon aus, dass es uns Mitte dieses Jahrhunderts noch immer gelingt, die Gefahr einer Weltendämmerung zu bannen, und dass die gesellschaftliche Entwicklung über die 2000-Punkte-Marke schießt. In diesem Fall wird die Singularität das Große Rennen weniger beenden als vielmehr unterwegs dessen Wettkampfregeln verändern – indem sie vor allem die Gattung Mensch verändern wird.

In einem äonenübergreifenden Blickwinkel stellt es sich so dar, dass die Bedrohungen, die uns heute in Schrecken versetzen, eine Menge gemeinsam haben mit den Kräften, die in früheren Zeiten wiederholt die Evolution beschleunigt haben. Immer wieder haben einigermaßen plötzliche Umweltveränderungen zu Bedingungen geführt, unter denen sich neue Mutationen besser durchsetzen konnten. Vor etwa 1,8 Millionen Jahren hat es das Austrocknen ostafrikanischer Wälder den Freaks mit den größeren Gehirnen erlaubt, besser zurechtzukommen als *Homo habilis*. Und vor rund 100 000 Jahren hat wahrscheinlich gerade eine besonders harte Phase der Eiszeit *Homo sapiens* die Chance verschafft, sich zu bewähren. Und nun, im 21. Jahrhundert, könnte sich etwas Ähnliches ereignen.

Eine massenhafte Auslöschung findet bereits statt. Etwa alle 20 Minuten verschwindet eine Pflanzen- oder Landtierart. Eine 2004 vorgelegte Studie geht davon aus, dass im besten Fall bis 2050 etwa neun Prozent der weltweit zehn Millionen Pflanzen- und Landtierarten ausgestorben sein werden. Manche Biologen erwarten für denselben Zeitraum eine Schrumpfung der Biodiversität um ein Drittel bis gar um die Hälfte. Mittlerweile ist sogar die Rede von einem sechsten Massenaussterben*, das bis 2100 zwei Drittel der Arten ausgelöscht haben wird. Eine dieser Arten könnten die Menschen selbst sein. Was aber, wenn die harten Lebensbedingungen des späteren 21. Jahrhunderts unsere Gattung nicht einfach auslöschen, sondern – wie die Perioden vor 1,8 Millionen oder vor 100 000 Jahren – eher neue Mutationen begünstigen würden? Wenn also der alte *Homo sapiens* in einer neuen Art mit größeren und schnelleren Gehirnen aufginge? Mit Gehirnen, in denen Neuronen und Chips auf jetzt noch ungeahnte Weise verschmolzen wären? Statt uns niederzutrampeln könnten uns die Hufschläge der apokalyptischen Reiter dazu antreiben, aus unseren Trippelschritten Richtung Singularität einen großen Sprung zu machen.

Die Singularität könnte jedoch eine ebensolche Gruselgeschichte werden wie die Weltendämmerung. Kurzweils Vision einer Verschmelzung von Menschen und Computern könnte ihrerseits nur eine Zwischenphase sein, bevor das, was

---

* Die großen fünf bisherigen Massenaussterbeereignisse fanden statt im oberen Ordovizium (vor ca. 440 Mio. Jahren), im oberen Devon (vor ca. 365 Mio. Jahren), an der Perm-Trias-Grenze (vor ca. 225 Mio. Jahren), am Ende der Trias (vor ca. 210 Mio. Jahren) und an der Kreide-Tertiär-Grenze (vor ca. 65 Mio. Jahren). Bei jedem dieser Ereignisse wurden mindestens 65 Prozent aller Arten weltweit ausgelöscht.

wir herablassend »künstliche« Intelligenz nennen, *Homo sapiens* so gründlich ersetzt, wie dieser vor Zeiten alle anderen Affenmenschen ersetzt hat. Eine sich selbst vervollkommnende Singularität wäre das Ende der Biologie, wie wir sie kennen – damit auch das Ende von Faulheit, Angst und Gier als Motoren der Geschichte. Sie erinnern sich an mein Morris-Theorem, dass aller Wandel von faulen, gierigen und furchtsamen Menschen bewirkt wird, die (ohne wirklich zu wissen, was sie tun) nach leichteren, profitableren und sichereren Methoden suchen, ihre Angelegenheiten zu regeln? Das wäre dann ein für allemal erledigt.

Nicht nur die künftigen Biologen, sondern auch ihre Kollegen aus der Soziologie und der Geographie (sofern es diese akademischen Fächer dann noch gibt) dürften dann ziemlich irritiert aus der Wäsche schauen. Denn nach welchen Regeln eine robotergesteuerte Gesellschaft funktioniert, können wir heute nur raten; und natürlich wird die Singularität die alte politökonomische Geographie auslöschen. Die uralten Unterscheidungen zwischen Osten und Westen werden Robotern völlig gleichgültig sein.

Wenn Historiker (deren künftiges Geschick ebenso ungewiss ist wie das der Vertreter anderer Disziplinen) im Jahr 2103 zurückblicken auf den Übergang von kohlenstoff- zu silikonbasierter Intelligenz, mag ihnen dieser Übergang als unabdingbar erscheinen – als so unabdingbar, wie es in meiner Perspektive die früheren Übergänge von der Wildbeuterei zum Ackerbau, vom Dorf- zum Stadtleben, von der Landwirtschaft zur Industrie gewesen sind. Als ebenso offenkundig mag sich möglicherweise im Nachhinein erweisen, dass die jeweiligen Traditionen, die sich seit Ende der Eiszeit in den ursprünglichen Entwicklungskernen sukzessive herausbildeten, zwangsläufig zu einer einzigen posthumanen Weltzivilisation verschmolzen sind. Darum könnte die Ängstlichkeit, mit der zu Anfang des 21. Jahrhunderts nach der Vorherrschaft des Westens und ihrer Dauer gefragt worden ist, ein wenig lächerlich anmuten.

»Und sie kommen niemals zusammen …«

Das Ganze ist nicht ohne eine gewisse Ironie. Ich habe dieses Buch begonnen mit einer kleinen »Was wäre wenn«-Geschichte über das Reich der Mitte, das den englischen Prinzgemahl 1848 als Geisel nach Beijing schleppt; habe dann elf Kapitel lang erklärt, warum das nicht hat geschehen können. Die Antwort auf die Leitfrage dieses Buchs, habe ich gesagt, sei die Geographie. Es waren Karten, nicht Kerle, die dafür gesorgt haben, dass der kleine Hund Looty nach Balmoral verfrachtet wurde und nicht Albert nach Beijing.

In diesem letzten Kapitel habe ich behauptet, dass eine Erklärung der Vorherrschaft des Westens auch erkennen lässt, was demnächst geschehen wird. So sicher es die Geographie war, die vorschrieb, dass der Westen die Welt regierte, so sicher diktiert sie auch, dass der Osten die Vorteile der Rückständigkeit so lange ausnutzen wird, bis er mit seiner gesellschaftlichen Entwicklung den Westen überholt. Doch jetzt ändern sich die Spielregeln. Stets hat die steigende gesellschaftliche Entwicklung die Bedeutung der geographischen Bedingungen verändert, im 21. Jahrhundert aber wird diese Entwicklung ein so hohes Niveau erreichen, dass die Geographie alle Bedeutung verliert. Das Einzige, was nun noch zählt, ist das Große Rennen zwischen Singularität und Weltendämmerung. Um die Gefahr letzterer zu bannen, werden wir unsere Angelegenheiten zunehmend globalisieren müssen, und darüber wird die Frage, welcher Teil der Welt die höchste gesellschaftliche Entwicklung aufweist, immer mehr an Bedeutung verlieren.

Darin steckt eine neuerliche Ironie. Die Antwort auf die erste Frage dieses Buches – Warum regiert der Westen die Welt? – beantwortet zum großen Teil auch bereits die zweite Frage: Wie wird es weitergehen? Denkt man die Antwort auf die zweite Frage aber zu Ende, dann verliert die erste immer mehr an Bedeutung. Wer genau hinschaut, um herauszufinden, was nun geschehen wird, dem öffnet sich der Blick für das, was von jeher hätte selbstverständlich sein sollen: Die Geschichte, auf die es wirklich ankommt, ist nicht die des Westens, nicht die des Ostens, auch nicht die einer anderen Unterabteilung der Menschheit. Die bedeutsame Geschichte ist global, ist eine der Evolution. Sie erzählt uns, wie wir vom Leben als Einzeller zur Singularität gelangt sind.

Ich habe durch das ganze Buch hindurch gezeigt, dass und warum weder Theorien langfristiger Determination noch solche kurzfristig wirksamer, zufälliger Ereignisse den Geschichtsverlauf besonders gut zu erklären vermögen. Doch auch hier möchte ich jetzt einen Schritt weitergehen. Auf *wirklich* lange Sicht, auf der Zeitleiste der Evolutionsgeschichte, kommt es auf die eine der beiden Theorien sowenig an wie auf die andere. Vor 15 000 Jahren, vor dem Ende der Eiszeit, bedeuteten Osten und Westen wenig. In einem Jahrhundert werden sie wiederum wenig bedeuten. Und die Bedeutung, die sie in der Zeit dazwischen erlangten, war nur ein Nebeneffekt der Bedeutung der geographischen Bedingungen. Wenn die gesellschaftliche Entwicklung von den sechs Indexpunkten, die die frühen Ackerbauern erwirtschaftet haben, durch die ersten postbiologischen Mensch-Maschine-Wesen auf die 5000-Punkte-Marke hinaufgeschossen sein wird – also wohl irgendwann zwischen 2045 und 2103 –, dann wird die Geographie keine große Rolle mehr spielen. Osten und Westen stehen dann für eine Phase, die wir überwunden haben werden.

Selbst wenn in dem ungleich kürzeren Zeitabschnitt der Neuzeit alles, was man sich vorstellen kann, anders verlaufen wäre – wenn zum Beispiel Zheng He tatsächlich Tenochtitlán eingenommen, wenn sich ein pazifisches und kein atlantisches Wirtschaftssystem entwickelt, wenn es eine chinesische und keine englische industrielle Revolution gegeben hätte, wenn schließlich Albert nach Beijing geraten wäre und nicht Looty nach Balmoral –, selbst dann hätten die tieferen, in Biologie, Soziologie und Geographie verankerten Triebkräfte die Geschichte in ungefähr die gleiche Richtung getrieben. Amerika (oder Zhengland, wie es dann vielleicht heute hieße) wäre zum Teil des östlichen und nicht des westlichen Entwicklungskerns geworden, und dann wäre es jetzt der Westen, der zum Überholmanöver auf den Osten ansetzt. In jedem Fall aber wäre die Welt von »Large« über »Medium« auf »Small« geschrumpft und würde weiter schrumpfen auf »Tiny«. Der Beginn des 21. Jahrhunderts wäre auch dann von Chimerica dominiert worden, und das Rennen zwischen Weltendämmerung und Singularität hätte ebenso begonnen. Am Ende hätten Ost und West wiederum ihre Bedeutung verloren.

Diese Aussicht sollte uns nicht weiter schockieren. Bereits 1889, als die Welt dabei war, von »Large« auf »Medium« zu schrumpfen, konnte ein junger Dichter namens Rudyard Kipling ein Stück dieser Wahrheit erkennen. Kurz zuvor von weit entfernten Frontlinien nach London zurückgekehrt, gelang Kipling der Durchbruch mit einer spannenden Geschichte imperialer Verwegenheit unter dem Titel *Die Ballade von Ost und West**. Erzählt wird die Geschichte von Kamal, einem Räuber im Grenzgebiet, der einem britischen Obersten die Stute stiehlt. Dessen Sohn, selbst Offizier, springt aufs eigene Pferd und setzt Kamal nach, eine episch ausgebreitete Jagd durch die Wüste beginnt. Schließlich aber stürzt der Engländer, Kamal reitet zurück, mit erhobener Flinte. Doch alles wird gut, die beiden Männer stellen fest, dass sie einander vertrauen können.

Es sind vor allem die ersten Zeilen –»Ost ist Ost und West ist West, und sie kommen niemals zusammen« –, die alle Aufmerksamkeit auf sich ziehen und oft als Beispiel für die unerträgliche Selbstzufriedenheit des Westens im 19. Jahrhundert zitiert werden. Dabei war es Kipling selbst darum überhaupt nicht zu tun, wie der vollständige Balladenanfang belegt:

Oh, East is East, and West is West, and never the twain shall meet,
Till Earth and Sky stand presently at God's great Judgment Seat;
But there is neither East nor West, Border, nor Breed, nor Birth,
When two strong men stand face to face,
tho' they come from the ends of the earth!
(Ah, Ost ist Ost und West ist West, und sie kommen niemals zusammen,
bis Erde und Himmel bald vor Gottes großem Richterstuhl stehen;
doch gibt es weder Ost noch West noch Grenze, Erziehung, Geburt,
wenn sich zwei starke Männer gegenüberstehen,
kämen sie auch von den Enden der Welt!)[47]

Nach Kiplings Ansicht sind Menschen (nun ja, zumindest richtige Männer) überall ziemlich gleich. Für ihn ist es die Geographie gewesen, die diese Wahrheit verschleiert hat. Wegen der großen Entfernungen, die ihn und seine Landsleute von den »Fremden« getrennt haben, mussten sie bis ans Ende der Welt reisen, um diese Wahrheit herauszufinden. Im 21. Jahrhundert aber werden solche Reisen mit der rasanten gesellschaftlichen Entwicklung und der schrumpfenden Welt über-

* Der »Osten« in Kiplings Ballade war natürlich Indien; er hat keine feinen Unterscheidungen zwischen Süd- und Ostasien getroffen – sie lagen ja alle östlich von England.

flüssig werden. Wenn wir die biologischen Begrenztheiten überwunden haben werden, wird es weder Ost und West noch Grenzen und Rasse und Herkunft geben. »Und sie kommen doch zusammen« – sofern es uns gelingt, die Weltendämmerung lange genug hinauszuzögern.

Wird uns das gelingen? Ich denke, ja. Der große Unterschied zwischen den Herausforderungen, vor denen wir heute stehen, und jenen, an denen vor 1000 Jahren Song-China und vor weiteren 1000 Jahren das Römische Reich scheiterten, als ihre Entwicklung jeweils gegen eine undurchdringliche Decke stieß, liegt darin, dass wir sehr viel besser Bescheid wissen über die Probleme, um die es dabei geht. Anders als bei den Römern und Song-Chinesen könnte unsere Epoche tatsächlich das Denken entwickeln, das sie braucht.

Auf den letzten Seiten seines Buches *Kollaps* schreibt der Biologe und Geograph Jared Diamond, es gebe zwei Kräfte, die die Welt vor der Katastrophe retten könnten: die Archäologen und das Fernsehen. Erstere, weil sie die Fehler vergangener Gesellschaften detailliert aufdecken; letzteres, weil es diese Ergebnisse allgemein bekannt macht.[48] Als Archäologe, der ziemlich viel fernsieht, kann ich dem nur beipflichten. Doch einen dritten Retter möchte ich noch hinzufügen: die Geschichte. Nur Historiker können die große Erzählung gesellschaftlicher Entwicklung im Zusammenhang darstellen; nur sie können die Unterschiede erklären, die die Menschen voneinander trennen; nur sie können uns lehren, wie wir verhindern, dass diese Unterschiede uns zerstören.

Dieses Buch, so hoffe ich, hat ein wenig dazu beigetragen.

Anhang

Zum Begriff gesellschaftlicher Entwicklung

Der Index gesellschaftlicher Entwicklung ist, indem er all die Fakten zusammenhält, die Archäologen und Historiker zusammengetragen haben, das Rückgrat dieses Buches. Der Index selbst erklärt nicht, warum der Westen die Welt regiert, zeigt uns aber Gestalt und Verlauf der Geschichte, die zu erklären ist. Alle, die sich für die Methoden und die einzelnen Zeugnisse und Fakten interessieren, die in meine Berechnungen Eingang fanden, finden eine ausführliche Darstellung des Index auf der Website www.ianmorris.org. Dieser Anhang dagegen ist gedacht als kurze Zusammenfassung der wesentlichen technischen Probleme und der grundlegenden Ergebnisse.

Vier Einwände

Soweit ich sehe, sprechen vier Einwände dagegen, einen Index gesellschaftlicher Entwicklung aufzustellen:

1. Das Quantifizieren und Vergleichen der gesellschaftlichen Entwicklung zu unterschiedlichen Epochen und an unterschiedlichen Orten entmenschlicht die Menschen, darum sollte es unterbleiben.
2. Das Quantifizieren und Vergleichen von Gesellschaften ist ein vernünftiges Vorgehen, doch so, wie ich gesellschaftliche Entwicklung definiere (nämlich als Fähigkeit einer Gesellschaft, ihre Angelegenheiten zu regeln), ist sie die falsche Messgröße.
3. Gesellschaftliche Entwicklung im Sinn meiner Definition mag ein nützliches Kriterium sein, den Osten und den Westen miteinander zu vergleichen, die vier Merkmale aber, die ich zur Bestimmung des Index nutze (Energieausbeute, Organisation/Urbanisierung, Kriegführung und Informationstechniken), sind nicht die bestmöglichen.
4. Die vier von mir vorgeschlagenen Merkmale eignen sich dazu, gesellschaftliche Entwicklung zu messen, aber ich habe sachliche Fehler gemacht und falsche Messmethoden angewandt.

Zu Einwand 1 habe ich im dritten Kapitel Stellung genommen. Selbst wenn es etliche historische und (kultur-)anthropologische Fragen gibt, zu denen das Quantifizieren und Vergleichen gesellschaftlicher Entwicklung nichts beitragen, ist die Frage, warum der Westen die Welt regiert, eine der Sache nach quantitative Frage und läuft auf Vergleiche hinaus. Jedenfalls müssen wir, wenn wir sie beantworten wollen, quantifizieren und vergleichen.

Im dritten Kapitel habe ich auch ein paar Worte zu Einwand 2 verloren. Es ist durchaus möglich, dass es andere Zusammenhänge gibt, die wir messen und vergleichen können und die auch aussagekräftiger wären als gesellschaftliche Entwicklung, ich kann mir allerdings nicht vorstellen, welche das sein könnten. Darum möchte ich es anderen Historikern überlassen, andere Objekte vorzuschlagen, die sich mit Aussicht auf bessere Ergebnisse messen ließen.

Einwand 3 lässt sich in drei Varianten vorbringen:

- Wir sollten meine vier um weitere Merkmale ergänzen.
- Wir sollten nach ganz anderen Merkmalen suchen.
- Wir sollten eine geringere Zahl von Merkmalen betrachten.

Während der Arbeit an diesem Buch habe ich mich mit einigen anderen Merkmalen beschäftigt, zum Beispiel mit den Flächengrößen der größten politischen Einheiten, mit dem Lebensstandard (gemessen in Körpergröße der Erwachsenen), mit Transportgeschwindigkeiten und Umschlagzeiten, mit den Dimensionen der größten Monumentalbauten. Bei allen stieß ich entweder auf beträchtliche Probleme, geeignetes Datenmaterial zu finden, oder sie erwiesen sich als nicht genügend unabhängig gegenüber anderen Merkmalen. Die meisten Merkmale zeigen zudem für die längste Zeit der Geschichte ein hohes Maß an Redundanz; und es stellte sich heraus, dass alle plausiblen Merkmalkombinationen zuletzt doch zu mehr oder weniger gleichen Ergebnissen führen.

Es gibt eine Menge kleiner und zwei größere Ausnahmen zur Redundanz-Regel. Deren erste könnten wir »Nomaden-Anomalie« nennen – gemeint ist der Umstand, dass Steppengesellschaften in der Regel geringe Werte erzielen, was Energieausbeute, Organisation und Informationswesen anbelangt, dafür aber hohe Werte für Kriegführung. Diese Anomalie hilft zu erklären, warum nomadische Gesellschaften sehr wohl große Reiche besiegen konnten, aber kaum fähig waren, sie selber zu etablieren.* Das verlangt noch genauere Untersuchungen, aber diese Anomalie beeinträchtigt die Vergleiche zwischen den sesshaften Agrargesellschaften des östlichen und des westlichen Entwicklungskerns nicht direkt.

Eine weitere Version von Einwand 3 könnte sein, dass man Organisation, Kriegführung und Informationswesen aus der Analyse ausschließen und sich allein auf die Energieausbeute konzentrieren sollte, schließlich seien die drei erstgenannten Merkmale nichts anderes als bestimmte Formen der Energienutzung. Abbildung

* Halbnomadische Eroberer wie Parther, Xianbei, osmanische Türken und Mandschuren waren auch als imperiale Herrscher erfolgreich; reine Nomadenvölker wie Xiongnu, Hunnen und seldschukische Türken dagegen nicht. An ehesten eine Ausnahme machen da die Mongolen, doch ist auch ihre Erfolgsgeschichte als imperiale Herrscher ziemlich wechselhaft.

A.1 zeigt, wie ein allein auf Energie zentrierter Index aussehen würde. Der Unterschied dieser Darstellung zu der Abbildung 3.3, in der alle Merkmale berücksichtigt sind, ist nicht wirklich beeindruckend. Im Grunde zeigt die nur auf Energie basierende Darstellung nichts anderes als die vollständige Darstellung der gesellschaftlichen Entwicklung auch – nämlich, dass der Westen für 90 Prozent der betrachteten Zeit einen Vorsprung gegenüber dem Osten hat; dass dieser dann für den Zeitraum zwischen etwa 550 und 1750 u. Z. vor dem Westen liegt; dass es einen oberen Grenzwert gibt (er liegt bei knapp über 30 000 Kilokalorien pro Kopf und Tag), der um 100 und um 1100 u. Z. die Entwicklung blockiert hat; dass die Werte für die Zeit nach der industriellen Revolution die aller früheren Epochen völlig in den Schatten stellen; und zuletzt, dass der Westen im Jahr 2000 die Welt noch regiert.

Die Konzentration allein auf Energie hat den Vorteil, dass der Ansatz weniger aufwändig ist als meine Annäherung an die gesellschaftliche Entwicklung über vier Merkmale; allerdings handelt man sich so auch einen Nachteil ein. Dann nämlich macht sich die zweite große Ausnahme von der Redundanz-Regel bemerkbar, der zufolge die Beziehung zwischen den Merkmalen sich nach der industriellen Revolution ins Nichtlineare entwickelt hat. Ermöglicht durch neue Techniken hat sich die Stadtgröße während des 20. Jahrhunderts vervierfacht, die Kapazitäten, Krieg zu führen, wuchsen um das Fünfzigfache, die Leistungsfähigkeit der Informationstechniken stieg auf das Achtzigfache; nur die Energieausbeute pro Person hat sich gerade mal verdoppelt. Betrachtet man ausschließlich die Energie, führt dies zu einer unzulässigen Vereinfachung, die den Verlauf der historischen Entwicklung verzerrt.

Ganz andere Fragen wirft Einwand 4 auf. Denn um zu beurteilen, ob ich die vorliegenden Daten falsch interpretiert oder ungeeignete Methoden angewendet habe, gibt es nur einen Weg: Man muss alle Informationsquellen, die ich verwendet habe, um die Punktwerte für die gesellschaftliche Entwicklung in Ost und West über die letzten 16 000 Jahre hinweg zu bestimmen, noch einmal überprüfen. Würde man das in diesem Anhang versuchen, würde das den Rahmen sprengen und ein bereits jetzt schon dickes Buch noch dicker machen. Darum habe ich die dazu notwendigen Informationen auf die bereits erwähnte Website gestellt. Dort können Leser, die Zeit und Interesse dafür aufbringen, nachlesen, welche Quellen ich verwendet habe und wie ich die jeweiligen Fehlermargen einschätze.

Entsprechend gibt dieser Anhang nur summarisch über die von mir verwendeten Daten Auskunft, skizziert knapp, wie ich die Indexpunkte errechnet habe, und nimmt auch nur kurz zu den Fehlermargen Stellung.

Energieausbeute

Ich behandle Energieausbeute deshalb als erste Größe und am ausführlichsten, weil sie das quantitativ wichtigste der vier von mir herangezogenen Merkmale

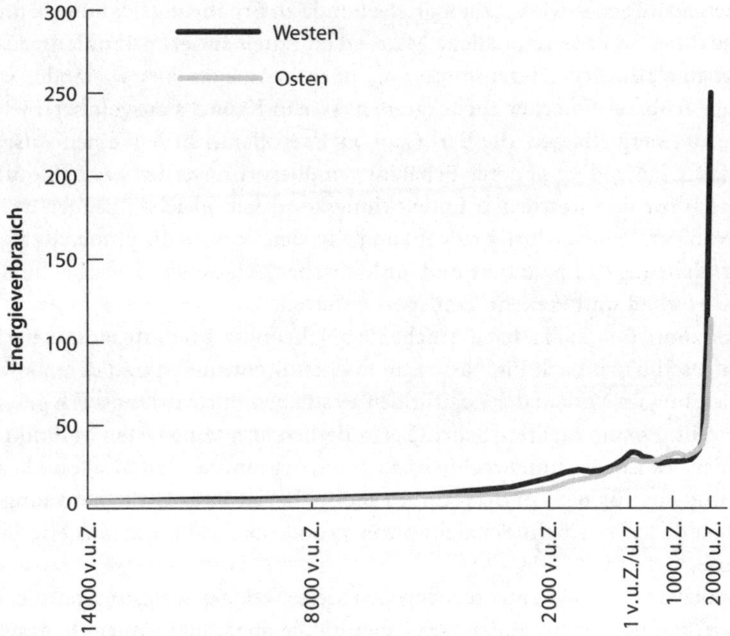

Abbildung A.1: Allein die Energie

Energieausbeute. Osten und Westen im Vergleich bei ausschließlicher Betrachtung der Energieausbeute pro Kopf.

ist. Gehen wir weit genug in der Zeit zurück, gehen auch die Werte für Verstädterung, Kriegführung und Informationstechniken gegen null, denn die entsprechenden Aktivitäten der Menschen sind dann von derart geringem Umfang, dass sie Werte generieren, die auf dem Index unter 0,01 Punkten liegen. Die Werte für die Energieausbeute dagegen gehen niemals gegen null, denn würden Menschen null Energie aufnehmen, würden sie sterben. Um Körper und Seele beisammen zu halten, brauchen Menschen grob geschätzt 2000 Kilokalorien pro Kopf und Tag. Insofern sich die Energieausbeute im Westen unserer Tage auf 228 000 kcal pro Kopf und Tag beläuft (= 250 Punkte), liegt der theoretisch niedrigste Punktwert bei 2,19. Real aber lag die Energieausbeute seit dem Ende der Eiszeit stets bei über 4 Punkten, weil die Menschen einen großen Teil der verbrauchten Energie nicht in Form von Nahrung aufnehmen oder nutzen, sondern in Gestalt von Kleidung, Schutzeinrichtungen, Artefakten, Brennstoffen etc. Bis zur industriellen Revolution liegt der Anteil der Energieausbeute am Gesamtpunktwert der gesellschaftlichen Entwicklung bei 75 bis 90 Prozent. Noch im Jahr 2000 macht die Energieausbeute im Westen 28, im Osten 20 Prozent des Gesamtpunktwerts aus.

Die Quellen zur Erfassung der Energieausbeute beinhalten moderne Sammlungen statistischer Daten, schriftliche Zeugnisse über Landwirtschaft, Industrie und Lebensweisen sowie archäologische Funde zu Ernährung, Handwerk und Lebensqualität. So unterschiedliche Materialien miteinander in Einklang zu bringen ist eine ziemliche Herausforderung, doch konnte ich hier wie anderswo auf Beiträge früherer Forscher zurückgreifen. Wie in Kapitel 3 ausgeführt, bietet die Studie zu Energieflüssen, die Earl Cook 1971 veröffentlicht hat, einen Ausgangspunkt, der laufend an anderen Schätzungen überprüft werden kann. Sie alle nähern sich für den westlichen Entwicklungskern dem gleichen zeitgenössischen Wert von rund 230 000 kcal pro Kopf und Tag, den Cook in die groben Kategorien Futter/Nahrung (für Nutztiere und für Menschen), Haushalt/Gewerbe, Industrie/Landwirtschaft und Verkehr/Transport unterteilt.

Vaclav Smil (1991, 1994) hat die nicht über Nahrungsmittel aufgenommene Energie aufgeschlüsselt nach Biomasse und fossilen Brennstoffen und deren jeweilige Entwicklung im Verlauf der Zeit für den westlichen Entwicklungskern graphisch dargestellt. Es sind mehrere Schritte erforderlich, um seine Daten in Punktwerte der Energieausbeute umzurechnen, doch die Ergebnisse – rund 93 000 kcal pro Kopf und Tag für 1900 und 38 000 für 1800 – liegen ihrer Größenordnung nach ziemlich dicht bei Cooks Schätzung von 77 000 für das industrialisierte Europa um 1860.

Je weiter wir von 1800 aus zurückgehen, desto weniger regierungsamtliche Statistiken sind verfügbar; andererseits aber gilt, je abhängiger Wirtschaftssysteme von Brennstoffen aus Biomasse sind, desto eher können wir offizielle Dokumente durch vergleichend gewonnene Daten ersetzen, wie sie Wirtschaftshistoriker und Anthropologen zusammengestellt haben. Um 1700 muss eine Person im Westen durchschnittlich zwischen 30 000 und 35 000 kcal pro Tag verbraucht haben. Nach allem, was wir über die Aktivitäten westlicher Gesellschaften wissen, steht fest, dass diese Zahlen, je weiter wir im letzten Jahrtausend zurückgehen, desto niedriger werden*, wobei aus diesen Zahlen auch hervorgeht, dass der Energieverbrauch im Westen nie sehr weit unter den Wert von 30 000 kcal pro Kopf und Tag gefallen sein kann. Natürlich bleibt hier Raum für weitere Diskussionen, ich bezweifle aber, dass die Energieausbeute jemals unter 25 000 kcal pro Kopf und Tag gefallen ist, auch nicht im 8. Jahrhundert u. Z. Aus Gründen, auf die ich zurückkommen werde, glaube ich auch nicht, dass diese Schätzungen mehr als fünf bis zehn Prozent vom tatsächlichen Wert abweichen.

Viele Funde und Fakten, die eindrucksvollen Ruinen von Häusern und Monumenten der Römerzeit, die Zahl der Schiffswracks, die Menge der produzierten

* Mediävisten sind vielleicht erstaunt, wenn sie sehen, dass die Punktwerte für den Westen in Tabelle A.1 zwischen 1000 und 1400 u. Z. – in einer Epoche also, in der die Gesellschaften Westeuropas bekanntlich kräftig wuchsen – konstant bei 26 000 kcal pro Kopf und Tag liegen; doch stehen die Punktwerte des Westens auch für den Entwicklungskern im muslimischen östlichen Mittelmeerraum, der damals eine Phase der Stagnation erlebte (wie in Kapitel 7 dargestellt). Die Energieausbeute in Westeuropa blieb während dieser Jahrhunderte stets unter 25 000 kcal pro Kopf und Tag; erst im 15. Jahrhundert zog sie mit der des Mittelmeerraums gleich.

Tabelle A.1: Die Entwicklung der Energieausbeute

Energieausbeute in Kilokalorien pro Kopf und Tag, ausgewählte Daten

Jahr	Westen	Osten
2000	230,0	104,0
1900	92,0	49,0
1800	38,0	36,0
1700	32,0	33,0
1600	29,0	31,0
1500	27,0	30,0
1400	26,0	29,0
1200	26,0	30,5
1000	26,0	29,5
800	25,0	28,0
600	26,0	27,0
400	28,0	26,0
200 u. Z.	30,0	26,0
1 v. u. Z./u. Z.	31,0	27,0
200 v. u. Z.	27,0	24,0
400	24,0	22,0
600	22,0	20,0
800	21,0	18,0
1000	20,0	17,0
1200	21,0	17,0
1500	20,5	15,0
2000	17,0	11,0
2500	14,0	9,5
3000	12,0	8,0
3500	11,0	7,5
4000	10,0	7,0
5000	8,0	6,5
6000	7,0	6,0
8000	6,0	5,0
10 000	5,5	4,0
12 000	4,5	4,0
14 000 v. u. Z.	4,0	4,0

Güter, der Grad der industriellen Verschmutzung der Eisbohrkerne und die ungeheure Zahl von Tierknochen in den archäologisch gesicherten Siedlungen – all das lässt erkennen, dass die Energieausbeute im Westen im 1. Jahrhundert u. Z. höher war als im 8., höher sogar als im 13. Jahrhundert. Doch um wie viel höher? Raffinierte Berechnungen von Wirtschaftshistorikern verweisen auf eine Antwort. Robert Allen (2007a) etwa hat gezeigt, dass die Reallöhne (sie sind ein ziemlich genaues Maß dafür, wie viel Energie die meisten Armen der vorneuzeitlichen Epochen aufgenommen haben) im westlichen Kerngebiet um 300 u. Z. denen vergleichbar waren, die in Südeuropa im 18. Jahrhundert gezahlt wurden. Die Löhne zur Römerzeit wiederum, das hat Walter Scheidel (2008) herausgearbeitet, lagen deutlich über denen, die während langer Perioden des europäischen Mittelalters gezahlt wurden. Daten, die Geof Kron (2005) sowie Nikola Koepke und Joerg Baten (2005, 2008) gesammelt haben, zeigen, dass sich die Körpergröße der Menschen zwischen dem 1. und dem 18. Jahrhundert kaum verändert hat; Kron (im Erscheinen) belegt, dass der antike Wohnungsbau in der Regel besser war als der in den reichsten Gebieten Europas während des 18. Jahrhunderts. Ich habe die Energieausbeute für die Jahre um die Zeitenwende auf etwa 31 000 kcal pro Kopf und Tag geschätzt, gehe bis 500 u. Z. von einem langsamen, bis 700 dann von einem rascheren Rückgang aus.

Die Energieausbeute muss im westlichen Kerngebiet um 1000 v. u. Z. niedriger gewesen sein – nicht nur verglichen mit den Hochzeiten des Römischen Reichs, sondern auch mit dem 8. Jahrhundert u. Z. Zur deutlichsten Zunahme kam es nach 300 v. u. Z., als der Mittelmeerraum in die größeren politischen und wirtschaftlichen Einheiten einbezogen wurde und die römische Wärmeperiode Wirkung zeigte. Doch spricht die große Masse der archäologischen Befunde dafür, dass es nach 600 v. u. Z. zu einer früheren Periode der Beschleunigung kam. Aus Vorsicht gehe ich davon aus, dass die Energieausbeute um 1000 v. u. Z. sogar bei einem so niedrigen Wert wie 20 000 kcal pro Kopf und Tag gelegen haben könnte, was einen leichten Rückgang gegenüber dem Ende des 2. Jahrtausends v. u. Z. bedeuten würde, aber immer noch über den Werten des 3. Jahrtausends läge.

Gehen wir weiter zurück in der Vorgeschichte, sind die Werte noch niedriger. Gegen Ende des Jüngeren Dryas erreichten die Wildbeuter vermutlich um die 5000 kcal pro Kopf und Tag, doch wird dieser Wert deutlich gestiegen sein, als das Klima wärmer wurde, als Pflanzen und Tiere domestiziert und als Nahrungsmittel genutzt sowie Tiere ins Geschirr genommen und zu Zugtieren wurden. Um 5000 v. u. Z. werden Menschen in den Siedlungen des Fruchtbaren Halbmonds um die 12 000 kcal pro Kopf und Tag für Kleidung, Brennstoff, Hoftiere, Häuser und Hausrat sowie Monumentalbauten verausgabt haben, selbst wenn ihre Ernährung keineswegs besser war als 4000 Jahre zuvor.

Werte für den Osten zu berechnen ist noch schwieriger, auch weil Wissenschaftler wie Cook und Smil sich nur mit den Regionen der Welt beschäftigt haben, die auch die höchste Energieausbeute verzeichneten, aber nicht mit regionalen Vergleichen. Doch können wir mit der Schätzung der Vereinten Nationen (2006) beginnen, der zufolge ein Durchschnittsjapaner im Jahr 2000 täglich 104 000 Kilokalorien verbraucht hat (weniger als die Hälfte des westlichen Niveaus). Um 1900 war das östliche Kerngebiet noch überwiegend agrarisch, der industrielle Einsatz von Öl und selbst von Kohle steckte noch in den Kinderschuhen. Die Energieausbeute in Japan lag vielleicht bei rund 49 000 kcal pro Kopf und Tag (wieder weniger als die Hälfte des Verbrauchs im Westen). Während der letzten fünf Jahrhunderte wuchsen Kohleverbrauch und landwirtschaftlicher Ertrag stetig. Um 1600 war die Produktivität im Jangtse-Delta höher als in irgendeiner Region des Westens, bis 1750 aber holten die holländische und die englische Landwirtschaft auf, und die Reallöhne im Osten entsprachen eher denen in Südeuropa als denen im reichen Nordeuropa. Ich habe die Energieausbeute im östlichen Kerngebiet auf rund 29 000 kcal pro Kopf und Tag im Jahr 1400 geschätzt, auf 36 000 im Jahr 1800, wobei der größte Teil der Erhöhung im 18. Jahrhundert stattfand.

Es wird darüber debattiert, wie sehr die Krise nach 1200 den Energieverbrauch in China beeinflusst hat; zu vermuten ist, dass es gegenüber den Höchstwerten in der Song-Ära, in der der Verbrauch 30 000 kcal pro Kopf und Tag vermutlich überstieg, zu einer leichten Absenkung kam.

Wie im Westen belegen archäologische Befunde, dass die Energieausbeute Mitte des 1. Jahrtausends u. Z. einen Tiefpunkt erlebte, doch auch hier ist schwer zu sagen, wie tief dieser Einbruch war. Die Befunde, die ich in Kapitel 5 dargestellt habe, legen nahe, dass der Energieverbrauch in der Han-Zeit höher lag als in allen anderen Epochen des Ostens zuvor, doch immer noch niedriger als zur gleichen Zeit in Rom und in der späteren Song-Zeit. Ich schätze die um die Zeitenwende verbrauchte Energie auf 27 000 kcal pro Kopf und Tag, danach sank der Wert leicht und stieg bis 700 u. Z. wieder auf die gleiche Höhe.

Das 1. Jahrtausend v. u. Z. erlebte – wie auch im Westen – ein stetiges Wachstum der Energieausbeute, das sich zunächst ab etwa 500 v. u. Z. beschleunigte, dann, ab 300 v. u. Z., noch deutlicher: infolge des Ausbaus der Kanalnetze, verstärkten Handels und des Gebrauchs von Metallwerkzeugen. Davor, um 1000 v. u. Z., lag die durchschnittliche Energieausbeute vielleicht bei rund 17 000 kcal pro Kopf und Tag; zur Zeit des Ersten Kaisers der Qin wird sie eher bei 26 000 kcal pro Kopf und Tag gelegen haben.

In vorgeschichtlichen Zeiten hat die Energieausbeute im Osten in etwa die gleichen Schwellen überschritten wie die im Westen, begann aber später zu steigen und lag die ganze Zeit um ein bis zwei Jahrtausende zurück.

Gesellschaftliche Organisation

Während der gesamten vorindustriellen Geschichte war Organisation stets die zweitgrößte Komponente des Indexwerts gesellschaftlicher Entwicklung. Ich habe dieses Merkmal in Kapitel 3 zu meinem Hauptbeispiel gemacht und bei dieser

Gelegenheit erklärt, warum ich die Dimension der größten Städte stellvertretend für gesellschaftliche Organisation genommen habe. Die Datenlage und auch die Definitionen sind derart unklar beziehungsweise fließend, dass Experten uneins sind über die Städtegrößen in jeder Epoche; meine Entscheidungen habe ich auf der Website erläutert. In Tabelle A.2 fasse ich lediglich einige meiner wichtigsten Berechnungen zusammen.

Kriegführung

Seit Erfindung der Schrift haben die Menschen ihre Kriege aufgezeichnet, und selbst in der Vorgeschichte haben sie ihre Toten häufig zusammen mit deren Waffen beerdigt. Darum wissen wir erstaunlich viel über Kriege und Kriegführung in vormodernen Zeiten. Das Hauptproblem bei der Bewertung der Kapazitäten zur Kriegführung ist denn auch keines der Faktenlage, sondern eines der Konzeptualisierung: Wie soll man völlig unterschiedliche Waffensysteme miteinander vergleichen, bei deren Einführung es in der Regel doch auf unvergleichlich neue Zerstörungspotenziale ankommt? Das berühmteste Beispiel ist die britische Schlachtschiffsklasse der Dreadnoughts, die ab 1906 vom Stapel liefen. Deren übergroße Geschütze und die Panzerung waren so konzipiert, dass die Kampfkraft aller Kriegsschiffe der 1890er-Epoche derjenigen einer einzigen Dreadnought nicht würde standhalten können.

So einfach allerdings stellt sich die Wirklichkeit niemals dar. Unter passenden Bedingungen können improvisierte Sprengkörper die bestgerüstete Armee in die Bredouille bringen. Im Prinzip aber können wir höchst unterschiedlich ausgerüsteten und aufgestellten Militärorganisationen Punkte nach einer einzigen Skala zuordnen, selbst wenn Experten darüber streiten mögen, welche Punkte das sein sollen.

Die historisch unvergleichliche Militärmacht des Westens erhält für das Jahr 2000 u. Z. 250 Punkte; sie ist eindeutig größer als die des Ostens. Einige Armeen des Ostens umfassen Hunderttausende von Soldaten, sind daher groß, doch kommt es auf bloße Zahlen nicht so sehr an wie auf die verfügbaren Waffensysteme. Das Militärbudget der Vereinigten Staaten übertrifft das der Volksrepublik China im Verhältnis 10:1; bei den Flugzeugträgergruppen ist das Verhältnis 11:0; und 26:1 steht es bei der Zahl atomarer Gefechtsköpfe. Noch größer sind die qualitativen Unterschiede zwischen US-Kampfpanzern vom Typ M1 und US-Präzisionswaffen einerseits und den veralteten Waffensystemen Chinas andererseits. Doch das Verhältnis zwischen West und Ost so niedrig wie 10:1 anzusetzen, erschien mir ebenso abwegig wie ein hohes Verhältnis von 50:1, darum habe ich mich für 20:1 entschieden, sodass der Osten 12,5 Punkte für das Jahr 2000 erhält, gegenüber den 250 Punkten des Westens.

Noch kniffliger ist es, die Punktwerte für das Jahr 2000 mit solchen früherer

Tabelle A.2: Die größten Städte beider Kerngebiete

Bevölkerung der größten Siedlungen beider Kerngebiete, in Tausend (ausgewählte Daten)

Jahr	Westen	Osten
2000	16 700 (NewYork)	26 700 (Tokio)
1900	6600 (London)	1750 (Tokio)
1800	900 (London)	1100 (Beijing)
1700	600 (London, Konstantinopel)	650 (Beijing)
1600	400 (Konstantinopel)	700 (Beijing)
1500	100 (Konstantinopel)	600 (Beijing)
1400	125 (Kairo)	500 (Nanjing)
1200	250 (Bagdad, Kairo, Konstantinopel)	800 (Hangzhou)
1000	200 (Cordoba)	1000 (Kaifeng)
800	175 (Damaskus)	1000 (Chang'an)
600	125 (Konstantinopel)	250 (Daxingcheng)
400	500 (Rom)	150 (Luoyang)
200	800 (Rom)	120 (Luoyang)
1 v. u. Z./u. Z.	1000 (Rom)	500 (Chang'an)
200	300 (Alexandria)	125 (Linzi)
500	150 (Babylon)	80 (Luoyang, Linzi)
1000	25 (Susa)	35 (Qi)
1200	80 (Babylon, Theben)	50 (Anyang)
1500	75 (Uruk, Theben)	35 (Zhengzhou, Yanshi)
2000	60 (Memphis)	15 (Erlitou)
3000	45+ (Uruk)	2 (Dadiwan)
4000	5 (Uruk,Tell Brak)	< 1 (Xipo? Dadiwan?)
6500	3 (Çatalhöyük)	
7500 v. u. Z.	1 (Beidha, Basta, Çatalhöyük)	

Epochen zu vergleichen. Betrachtet man aber die Größe der Streitkräfte, die Geschwindigkeit ihrer Operationsbewegungen, die logistischen Kapazitäten, Reichweite und Zerstörungskraft ihrer Schlagkraft, verfügbare Waffen und Verteidigungsanlagen sowie den Wandel all dessen, dann sind grobe Schätzungen durchaus möglich. Einer Berechnung zufolge wurde die Wirksamkeit der Artillerie zwischen 1900 und 2000 um das Fünfundzwanzigfache gesteigert, die der Panzerabwehrgeschütze um das Sechzigfache. Indem ich diese und alle anderen Veränderungen während des 20. Jahrhunderts in Anschlag bringe, setze ich das Verhältnis der Kapazitäten zur Kriegführung in den Jahren 2000 und 1900 in ein Verhältnis von 50:1, sodass der Westen fünf Punkte für das Jahr 1900 erhält, gegenüber 250 Punkten für 2000.

Die Militärmacht des Westens um 1900 war sehr viel größer als die des Ostens, auch wenn der Abstand sicher nicht so groß war wie im Jahr 2000. 1902 verfügte die Royal Navy der Briten über Schiffe mit einer sechsfach höheren Gesamttonnage als die Kaiserliche Flotte Japans, und jede einzelne Großmacht in Europa hatte mehr Männer unter Waffen als Japan. Darum setze ich das West-Ost-Verhältnis für 1900 mit 5:1 an, sodass der Osten für 1900 nur einen Punkt erhält (gegenüber fünf Punkten für den Westen für 1900 und 12,5 Punkten für den Osten für 2000).

Manchem wird das Maß an Subjektivität, das in solchen Berechnungen steckt, unbehaglich sein, doch der entscheidende Punkt ist, dass die militärischen Kapazitäten des Westens vor zehn Jahren so enorm groß waren, dass alle anderen Punktwerte – auch die des Westens für 1900, ja selbst die des Ostens für 2000 – notwendigerweise winzig erscheinen. Doch das bedeutet zugleich, dass auch die Fehlermarge in diesen Schätzungen winzig ist. Wir könnten einige oder alle Punktzahlen für Kriegführungskapazitäten in den Epochen bis 1900 verdoppeln, könnten sie auch halbieren, ohne dass dies eine merkliche Auswirkung auf die Gesamtpunkte für die gesellschaftliche Entwicklung hätte.

Der Unterschied zwischen die kriegerischen Kapazitäten des Westens um 1800 und um 1900 war geringer als der zwischen 1900 und 2000, doch er war noch immer enorm groß, denn in dieses Jahrhundert fällt der Übergang aus der Welt der Segelschiffe, der Kavallerieattacken und Vorderlader in die der Sprenggranaten, der gepanzerten Dampf- und dann Dieselschiffe, dazu stand die Entwicklung von Maschinengewehren, Panzern und Kampfflugzeugen kurz bevor. Das 19. Jahrhundert steigerte die Kriegsmacht des Westens um eine ganze Größenordnung, darum gebe ich dem Westen nur 0,5 Punkte für 1800. Die Kriegführung des Westens war um diese Zeit wesentlich effektiver als die des Ostens, der darum für 1800 nur 0,1 Punkte erhalten sollte.

Zwischen 1500 und 1800 durchlief Europa das, was Historiker gemeinhin eine »militärische Revolution« nennen, eine Revolutionierung des Militärwesens; in dieser Zeit vervierfachte sich die Effektivität der Kriegführung. Im Osten dagegen verringerte sich die Kapazität der Kriegführung zwischen 1700 (als Kaiser Kangxi mit der Eroberung der Steppen begann) und 1800. Da es keine existenziellen Bedrohungen gab, versuchten die chinesischen Herrscher insofern Gewinn aus dem Frieden zu ziehen, als sie ihre Streitkräfte abbauten, sich auch um kostspielige technische Neuerungen nicht kümmerten. Die Kriegführung des Ostens war um 1800 nicht merklich effektiver als um 1500; nicht zuletzt deswegen konnten die britischen Truppen die chinesischen in den 1840er Jahren so einfach beiseite fegen.

Das Aufkommen von Schießpulver und Schusswaffen im 14. Jahrhundert steigerte die Kriegführungskapazitäten im Osten wie im Westen, aber lange nicht so dramatisch, wie es die Erfindungen des 19. und 20. Jahrhunderts tun sollten. Die besten Armeen in Europa waren um 1500 vielleicht doppelt so effektiv wie die 500 Jahre zuvor, doch hatte das mit veränderter Logistik und Größe ebenso viel zu tun wie mit den Schusswaffen.

Schwerer zu berechnen oder zu schätzen ist das Verhältnis, in dem die westliche Kriegführung um 1500 zu Roms großen, hochorganisierten Streitkräften stand, die noch keine Schusswaffen kannten. In einer Studie wird geschätzt, dass die Tötungskraft eines einzigen modernen Düsenbombers 500 000fach höher ist als die eines römischen Legionärs. Daraus könnten wir entnehmen, dass die westliche Punktzahl für die Zeitenwende bei 0,0005 Punkten liegen müsste. Doch hatte Rom natürlich erheblich mehr Legionäre als die Vereinigten Staaten Düsenbomber, sodass ich das Verhältnis von moderner westlicher und römischer Kriegführungskapazität eher auf 2000:1 schätzen, also die westliche Punktzahl für die Zeitenwende auf 0,12 festlegen würde.[1] Das macht die römische Kriegsmaschinerie zur Zeit ihrer größten Stärke zu einem ernsthaften Konkurrenten für die europäischen Heere und Flotten des 15. Jahrhunderts, trotz ihrer Gewehre und Kanonen, aber nicht für die Streitkräfte aus der Ära der »militärischen Revolution«. Das bedeutet auch, dass die römische Kriegführungskapazität in ihrem Zenit sich mit derjenigen der Mongolen messen konnte und jener der chinesischen Tang-Dynastie (618–907 u. Z.) überlegen war.

Im Osten, wo um 200 v. u. Z. Bronzewaffen noch die Norm waren, waren die Streitkräfte der Han-Dynastie (200 v. u. Z. bis 200 u. Z.) allem Anschein nach weniger effektiv als die römischen; allerdings verringerte sich Chinas Militärmacht weniger als die im Westen nach dem Alte-Welt-Austausch. Die Heere und Flotten, die die Sui (581–618 u. Z.) einsetzen konnten, um China im 6. Jahrhundert wieder zu einigen, waren sehr viel stärker als alle Truppen im Westen; und bis zur Zeit der Kaiserin Wu, um 700, wuchs der Abstand noch einmal beträchtlich.

Die Streitkräfte in den Jahrhunderten v. u. Z. waren wesentlich schwächer als die des Römischen oder des Han-Reichs. Im Osten, so nehme ich an, war vor der Zeit von Erlitou um 1900 v. u. Z. keine Streitmacht so effektiv, dass sie 0,01 Punkte erzielt hätte; im Westen dagegen werden die ägyptischen und mesopotamischen Heere diesen Wert vermutlich gegen 3000 v. u. Z. erreicht haben.

Tabelle A.3. Kriegführungskapazitäten
dargestellt in Punkten des Index für gesellschaftliche Entwicklung (ausgewählte Daten)

Jahr	Westen	Osten
2000	250,00	12,50
1900	5,00	1,00
1800	0,50	0,10
1700	0,35	0,15
1600	0,18	0,12
1500	0,13	0,10
1400	0,11	0,11
1200	0,08	0,09
1000	0,06	0,08
800	0,04	0,07
600	0,04	0,09
400	0,09	0,07
200 u. Z.	0,11	0,07
1 v. u. Z./u. Z.	0,12	0,08
200	0,10	0,07
400	0,09	0,05
600	0,07	0,03
800	0,05	0,02
1000	0,03	0,03
1200	0,04	0,02
1500	0,02	0,01
2000	0,01	0,00
2500	0,01	0,00
3000 v. u. Z.	0,01	0,00

Informationstechniken

Aus archäologischen und schriftlichen Quellen wissen wir, welche Techniken der Nachrichtenübermittlung in den verschiedenen Epochen zur Verfügung standen, und es ist nicht schwer abzuschätzen, wie viele Nachrichten, wieviel Wissen und Informationen diese Medien übermitteln konnten, welche Reichweiten sie hatten, mit welcher Geschwindigkeit das funktionierte und über welche Entfernungen hinweg. Das eigentliche Problem besteht also darin abzuschätzen, in welchem Umfang von solchen Techniken Gebrauch gemacht wurde – was für die meiste Zeit der Geschichte auf die Frage herausläuft, wie viele Menschen lesen und schreiben konnten und welche Fertigkeit sie darin erlangt hatten.

Aus dem Mooreschen Gesetz – dem zufolge sich seit etwa 1950 die Kosteneffektivität der Informationstechniken ungefähr alle 18 Monate verdoppelt – könnte man folgern, dass die Punktzahl für 2000 etwa eine Milliarde mal höher sein müsste als die für 1900, was dem Westen für 1900 einen Punktwert von 0,00000025 eintragen würde. Doch würde das sowohl die Flexibilität älterer Formen der Wissensspeicherung (den gedruckten Büchern, denen erst jetzt in den elektronischen Medien ernsthafte Konkurrenz zuwächst) wie auch den historischen Wandel im Zugang zu den jeweils fortgeschrittensten Techniken gewaltig unterschätzen.

Das korrekte Verhältnis zwischen modernen und früheren Formen von Informationstechniken ist sehr viel geringer als eins zu einer Milliarde, doch immer noch enorm groß, und daraus wiederum folgt, dass die Punktwerte für die Zeit vor 1900 (und noch mehr die Fehlermargen für diese Zeit) noch kleiner sind als im Fall der Kriegführungskapazitäten. Andererseits sind die Zeugnisse dafür, wie viele Menschen wie gut lesen, schreiben und rechnen konnten, noch sehr viel vager als Zeugnisse für Kriegführungskapazitäten. Will sagen, meine Schätzungen sind in diesem Fall noch impressionistischer.

In Tabelle A.4 habe ich einen mehrstufigen Ansatz gewählt, um Informationstechniken zu quantifizieren.

Erster Schritt: Einer unter Historikern üblichen Praxis folgend, unterteile ich Fertigkeiten in die drei Stufen: volle, mittlere und Grundkenntnisse. Die Latte für die einzelnen Kategorien liegt niedrig – was das Lesen und Schreiben angeht, verfügt über Grundkenntnisse, wer einen Namen schreiben oder lesen kann; über mittlere Kenntnisse, wer einfache Sätze schreiben oder lesen kann; über vollständige Kenntnisse, wer zusammenhängende Prosa lesen oder schreiben kann. Die Definitionen, die die Kommunistische Partei Chinas ihrer Alphabetisierungskampagne von 1950 zugrunde legte, waren ähnlich: Volle Fähigkeit zu lesen und zu schreiben hatte, wer 1000 Zeichen, mittlere Fähigkeit, wer 500 bis 1000 Zeichen, und Grundkenntnisse, wer 300 bis 500 Zeichen kannte.

Zweiter Schritt: Um die jeweils verfügbare Bildung zu erfassen, ordne ich die erwachsene männliche Bevölkerung der jeweiligen Epochen diesen drei Kategorien zu. Für jedes Prozent der Männer, die das Kriterium »volle Kenntnisse« erfüllen, rechne ich 0,1 Punkte; für jedes Prozent mit mittleren Kenntnissen gibt es 0,25 Punkte; für jedes Prozent mit Grundkenntnissen 0,15 Punkte. Dann vergebe ich die gleichen Punkte für Frauen. Die Zeugnisse über Schreib- und Lesekenntnisse von Frauen sind spärlicher als die für Männer, doch es ist klar, dass bis zum 20. Jahrhundert weniger (in der Regel deutlich weniger) Frauen als Männer lesen und schreiben konnten. Auch wenn ich für die fernere Vergangenheit raten muss, riskiere ich Schätzungen darüber, wie viele Frauen Informationstechniken nutzen konnten, und berechne das in Prozent der männlichen Fertigkeiten. Dann rechne ich jeder Epoche Punktwerte zu, die darauf basieren, wie viele Menschen und auf welcher Stufe jeweils Informationstechniken (Lesen, Schreiben, Rechnen) nutzen.

Für das Jahr 2000 gehe ich davon aus, dass in Ost wie West 100 Prozent der Männer und Frauen über (im oben genannten Sinn) vollständige Kenntnisse des Lesens und Schreibens verfügen*, was sich für beide Regionen in 100 Informationstechnik-Punkten niederschlägt. 1900 konnten fast alle Männer im westlichen Kerngebiet zumindest etwas lesen und schreiben (50 Prozent mit vollen, 40 Prozent mit mittleren und sieben Prozent mit Grundkenntnissen); die meisten Frauen waren ebenso gut ausgebildet, was für den Westen zu einer Punktzahl von 63,8 in Sachen Informationstechniken führt. Im Osten war die Fähigkeit zu lesen und zu schreiben unter Männern ebenfalls weit verbreitet, wenn auch auf weniger hohem Niveau. (Ich schätze 15 Prozent mit vollen, 60 Prozent mit mittleren und 10 Prozent mit Grundkenntnissen.) Frauen, die lesen und schreiben konnten, waren im Osten nur ein Viertel so häufig. Das Ergebnis sind 13,4 Punkte für den Osten. Wenn ich diese Berechnungen in der Geschichte zurücklaufend fortsetze, werden die möglichen Fehlermargen für meine Schätzungen stetig größer, wobei jedoch die kleine Zahl der lesenden und schreibenden Menschen die Folgen dieser Fehler entsprechend klein hält.

Dritter Schritt: Hierbei nutze ich einen Multiplikator für den Wandel in Geschwindigkeit und Reichweite der Informationstechniken. Ich teile die jeweils fortgeschrittensten Instrumente in drei Kategorien: elektronisch (in Ost und West seit 2000 in Gebrauch); elektrisch (im Westen seit 1900 in Gebrauch); und vor-elektrisch (im Westen seit rund 11 000 Jahren in Gebrauch, im Osten seit etwa 9000 Jahren).

Anders als die meisten Historiker mache ich keine gewichtige Unterscheidung zwischen der Zeit des Buchdrucks und der Zeit davor; der Buchdruck trug hauptsächlich dazu bei, dass mehr und preiswerterer Lesestoff produziert werden konnte, anders als Telegraph und Internet hat er den Wissensaustausch nicht verändert, und diese quantitativen Veränderungen wurden bereits berücksichtigt. Für elektronische Techniken setze ich für den Westen einen Multiplikator von

* Ich sollte nochmals betonen, dass meine Kategorien volle, mittlere und Grundkenntnisse des Lesens und Schreibens die Messlatte viel niedriger legen, als dies heutige Ausbildungsinstitute tun würden. Jeder, der in der Lage ist, eine Bewerbung zu schreiben oder eine Steuererklärung auszufüllen, rangiert nach meiner Klassifizierung in der Kategorie volle Kenntnisse.

2,5 an, für den Osten einen von 1,89; die Werte stehen für die Verfügbarkeit von Computern und Breitbandkommunikation im Jahr 2000. Für elektrische Techniken, die im Westen um 1900 einige Wirkung entfalteten, veranschlage ich einen Multiplikator von 0,05; und für vor-elektrische Techniken, wie sie in allen anderen Epochen in Gebrauch waren, nehme ich in Ost und West einen Multiplikator von 0,01. Entsprechend erreicht der Westen 2000 das mögliche Maximum von 250 Indexpunkten für gesellschaftliche Entwicklung (100 IT-Punkte x 2,5), der Osten erhält 189 (100 IT-Punkte x 1,89); 1900 erreicht der Westen 3,19 Punkte (63,8 Punkte x 0,05) und der Osten 0,3 (30 Punkte x 0,01). Der Punktwert des Westens erreicht das Minimum, das gerade noch in den Index gesellschaftlicher Entwicklung eingeht (nämlich 0,01 Punkte) erst um 3300 v. u. Z.; der Osten ist um 1300 v. u. Z. so weit.

Fehlermargen

Im letzten Abschnitt habe ich wiederholt eingeräumt, schätzen oder raten zu müssen. Anders lässt sich kein Index gesellschaftlicher Entwicklung erstellen. Infolgedessen ist ein solcher Index niemals »richtig«. Weder kann jedes einzelne Detail völlig korrekt sein, noch ist zu erwarten, dass alle Experten zu etwa gleichen Schätzungen und Annahmen kommen würden. Insofern ist es auch wenig sinnvoll zu fragen, ob die Indexwerte der gesellschaftlichen Entwicklung, die ich berechnet habe, falsch sind. Natürlich sind sie das. Die Frage kann nur lauten: *Wie* falsch sind sie? Sind sie so falsch, dass die Grundgestalt der Geschichte gesellschaftlicher Entwicklung, wie sie in den Schaubildern der Kapitel 4 bis 10 wiedergegeben wird, ein falsches Bild ergibt und in die Irre führt? Geht dieses Buch daher völlig daneben? Oder sind die Fehler nicht eher trivial und unbedeutend?

Diese Fragen lassen sich relativ einfach beantworten. Wir brauchen nur zweierlei zu klären. Erstens: In welchem Maße müssten wir die Punktwerte verändern, um die Vergangenheit so anders aussehen zu lassen, dass die in diesem Buch vorgetragenen Argumente nicht mehr zu halten wären? Zweitens: Wäre eine solche Punktwertveränderung ihrerseits plausibel?

Es gibt nur einen Weg, das herauszufinden: Man muss die Zeugnisse und Quellen überprüfen, die ich auf meiner Website www.ianmorris.org für jede einzelne von mir vorgenommene Berechnung aufgeführt habe. Hier kann ich nur kurz auf die Möglichkeit eingehen, dass systematische Fehler meine Behauptungen über die Gesamtgestalt und den Gang der Geschichte erschüttern könnten. Meinem Index zufolge (der in logarithmisch-linearer Darstellung in den Abbildungen 3.7 und 11.1 dargestellt ist) übernahm der Westen nach 14000 v. u. Z. die Führung. Der Osten holte langsam auf, und während des 1. Jahrtausends v. u. Z. fiel die Führung des Westens überwiegend nur knapp aus. Um 100 v. u. Z. zog der Westen wieder etwas davon, bis schließlich, um 541 u. Z., der Osten gleichzog und den

Tabelle A.4. Indexpunkte für Informationstechniken

Westliches Kerngebiet

	Kategorien (in Prozent)							
Jahr	volle (@0,5 Pkt.)	mittlere (@0,25 Pkt.)	Grundkenntnisse (@0,15 Pkt.)	Männer Pkt.	Frauen (% M)	Schreiben/ Lesen Pkt.	Multi- plikator	Total Pkt.
2000 u.Z.	100 (50,0)	0	0	50,60	100 % = 50,0	100,00	x 2,50	250,00
1900	40 (20,0)	50 (12,5)	7 (1,05)	33,60	90 % = 30,2	63,80	x 0,05	3,19
1800	20 (10,0)	25 (6,25)	20 (3,00)	19,30	50 % = 9,65	28,95	x 0,01	0,29
1700	10 (5,0)	15 (3,75)	25 (3,75)	12,50	10 % = 1,25	13,75	x 0,01	0,14
1600	5 (2,5)	10 (2,50)	10 (1,50)	6,50	2 % = 0,13	6,63	x 0,01	0,07
1500	4 (2,0)	8 (2,00)	6 (0,90)	4,90	2 % = 0,10	5,00	x 0,01	0,05
1400	3 (1,5)	6 (1,50)	4 (0,60)	3,60	1 % = 0,04	3,64	x 0,01	0,04
1300	3 (1,5)	6 (1,50)	4 (0,60)	3,60	1 % = 0,04	3,64	x 0,01	0,04
1200	3 (1,5)	6 (1,50)	4 (0,60)	3,60	1 % = 0,04	3,64	x 0,01	0,04
1100	2 (1,0)	4 (1,00)	2 (0,30)	2,30	1 % = 0,02	2,32	x 0,01	0,02
1000	2 (1,0)	4 (1,00)	2 (0,30)	2,30	1 % = 0,02	2,32	x 0,01	0,02
600–900	2 (1,0)	2 (0,50)	1 (0,15)	1,65	1 % = 0,02	1,67	x 0,01	0,02
300–500 u.Z.	3 (1,5)	4 (1,00)	3 (0,45)	2,95	1 % = 0,03	2,98	x 0,01	0,03
100 v.u.Z.–200 u.Z.	4 (2,0)	6 (1,50)	5 (0,75)	4,25	1 % = 0,04	4,29	x 0,01	0,04
500–200	2 (1,0)	3 (0,75)	2 (0,30)	2,05	1 % = 0,02	2,07	x 0,01	0,02
900–600	1 (1,0)	2 (0,50)	1 (0,15)	1,65	1 % = 0,02	1,67	x 0,01	0,02
1100,1000	1 (1,0)	1 (0,25)	1 (0,15)	1,40	1 % = 0,01	1,41	x 0,01	0,01
2200–1200	1 (1,0)	2 (0,50)	1 (0,15)	1,65	1 % = 0,02	1,67	x 0,01	0,02
2700–2300	1 (1,0)	1 (0,25)	1 (0,15)	1,40	1 % = 0,01	1,41	x 0,01	0,01

3300–2800	0 (1,0)	1 (0,25)	2 (0,3)	0,55	1 % = 0,01	0,56	x 0,01	0,01
6000–3400	0	0	1 (0,15)	0,15	1 % = 0,00	0,15	x 0,01	0,00
9000–6100	0	0	0	0,00	0	0,00	x 0,01	0,00
9300–9000 v.u.Z.	0	0	1 (0,15)	0,15	1 % = 0,00	0,15	x 0,01	0,00

Östliches Kerngebiet

	Kategorien (in Prozent)							
Jahr	vollep (@0,5 Pkt.)	mittlere (@0,25 Pkt.)	Grundkenntnisse (@0,15 Pkt.)	Männer Pkt.	Frauen (% M)	Schreiben/ Lesen Pkt.	Multi-plikator	Total Pkt.
2000	100 (50,0)	0	0	50,00	100 %=50,0	100,00	x 1,89	189,00
1900	15 (7,5)	60 (15,0)	10 (1,50)	24,00	25 %=6,00	30,00	x 0,01	0,30
1800	5 (2,5)	35 (8,75)	10 (1,50)	12,75	5 %=0,64	13,39	x 0,01	0,13
1700	5 (2,5)	20 (5,00)	10 (1,50)	9,00	2 %=0,18	9,18	x 0,01	0,09
1600	4 (2,0)	15 (3,75)	10 (1,50)	7,25	2 %=0,15	7,40	x 0,01	0,07
1500	3 (1,5)	10 (2,50)	10 (1,50)	5,50	2 %=0,11	5,61	x 0,01	0,06
1400	3 (1,5)	10 (2,50)	10 (1,50)	5,50	2 %=0,11	5,61	x 0,01	0,06
1300	3 (1,5)	5 (1,25)	5 (0,75)	3,50	1 %=0,04	3,54	x 0,01	0,04
1200	3 (1,5)	5 (1,25)	5 (0,75)	3,50	1 %=0,04	3,54	x 0,01	0,04
1100	2 (1,0)	2 (0,50)	3 (0,45)	1,95	1 %=0,02	1,97	x 0,01	0,02
600 v.u.Z.–1000 u.Z.	2 (1,0)	2 (0,50)	2 (0,30)	1,80	1 %=0,02	1,82	x 0,01	0,02
1000–700	2 (1,0)	1 (0,25)	1 (0,15)	1,40	1 %=0,01	1,41	x 0,01	0,01
1300–1100	1 (0,5)	1 (0,25)	1 (0,15)	0,90	1 %=0,01	0,91	x 0,01	0,01
7000–1400 v.u.Z.	0	0	1 (0,15)	0,15	1 %=0,00	0,15	x 0,01	0,00

Westen überholte – und zwar bis 1773. Dann errang der Westen die Führung erneut, und er wird sie, wenn sich die Trends des 20. Jahrhunderts fortsetzen, auch bis 2103 behalten. Kurz, vom Ende der Eiszeit an gerechnet war seither die gesellschaftliche Entwicklung des Westens über 92,5 Prozent der Zeitspanne hinweg höher als die des Ostens.

In Kapitel 3 habe ich behauptet, die von mir ermittelten Werte könnten um eine Marge von bis zu zehn Prozent falsch sein, ohne dass dies irgendetwas Grundlegendes an diesem Muster ändern würde. Abbildung A.2b zeigt, wie sich der Trend darstellen würde, wenn ich die westliche Entwicklung durchweg um zehn Prozent zu niedrig angesetzt hätte, die des Ostens dagegen um zehn Prozent zu hoch; Abbildung A.2a demonstriert das Ergebnis des umgekehrten »Fehlers«: Hier ist die Entwicklung des Westen durchgehend um zehn Prozent zu hoch, die des Osten um zehn Prozent zu niedrig angesetzt.

Schon auf den ersten Blick fällt auf, dass diese Werte alles andere als plausibel sind. Abbildung A.2a will uns glauben machen, dass der Westen um 1400 u. Z., also kurz bevor Zheng He in den Indischen Ozean gesegelt ist, entwickelter gewesen sei als der Osten oder dass die westliche Entwicklung im Jahr 218 v. u. Z., als Hannibal seine Elefanten zum Angriff auf Rom über die Alpen führte, bereits höher gewesen sei als die im Osten zu Zheng Hes Zeiten. Und als sei nicht das schon verquer genug, besagen die beiden Kurven auch, dass der Westen 44 v. u. Z., als Cäsar in Rom ermordet wurde, weiter entwickelt gewesen sein soll als der Osten 1793, als Chinas Kaiser Qianlong Lord Macartneys Handelsmission brüskierte, weil China am Export, aber nicht am Import interessiert war.

Abbildung A.2b fällt, wenn das überhaupt möglich ist, noch seltsamer aus. Der Punktwert, den sie beispielsweise für die westliche Entwicklung im Jahr 700 u. Z. ausweist, als die Araber von Damaskus aus ein riesiges Kalifat regierten, soll niedriger sein als der für den Osten im Zeitalter des Konfuzius – das kann einfach nicht stimmen. Ebensowenig, dass der westliche Wert für 1800, als die industrielle Revolution bereits im Gange war, niedriger sein soll als der für China unter der Song-Dynastie von 1000 bis 1200.

Doch auch abgesehen von derart abwegigen Ergebnissen, die Historiker niemals schlucken würden, der Ablauf der Geschichte, wie er in den beiden Varianten der Abbildung A.2 präsentiert wird, ist noch immer nicht verschieden genug von den in den Abbildungen 3.7 und 11.1 dargestellten Abläufen, um das Grundmuster zu ändern, das nach Erklärung verlangt. Die Theorien kurzfristig wirksamer, plötzlicher Ereignisse bleiben unangemessen, weil selbst in Abbildung A.2b der Punktwert des Westens während der längsten Zeit höher ist als der des Ostens (das gilt, obwohl »längste Zeit« hier nur 56 und nicht 92,5 Prozent bedeutet). Den Theorien langfristiger Determinierung ergeht es nicht besser: Selbst in Abbildung A.2a hat der Osten für sieben Jahrhunderte die Führung inne. Biologie und Soziologie bieten die plausibelsten Erklärungen für die (wenn auch unterbrochene) Aufwärtsbewegung der Entwicklung, Geographie

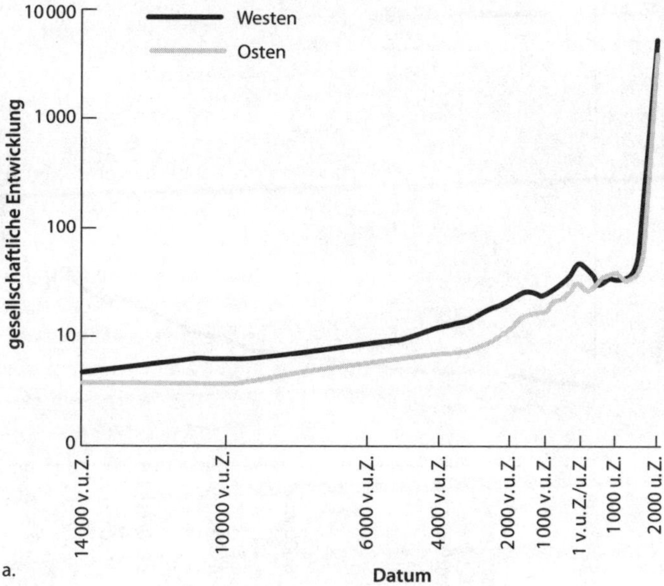

a.

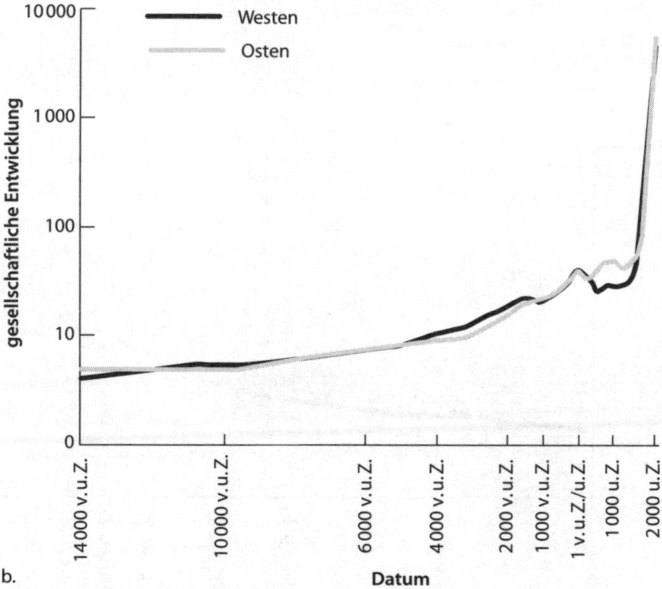

b.

Abbildung A.2. Irrtum erkannt

Die Folgen systematisch falsch vergebener Punktwerte gesellschaftlicher Entwicklung: (a) alle westlichen Punktwerte sind um 10 Prozent erhöht, alle östlichen im gleichen Maß vermindert; (b) erhöht alle östlichen, vermindert alle westlichen Werte um die gleichen 10 Prozentpunkte.

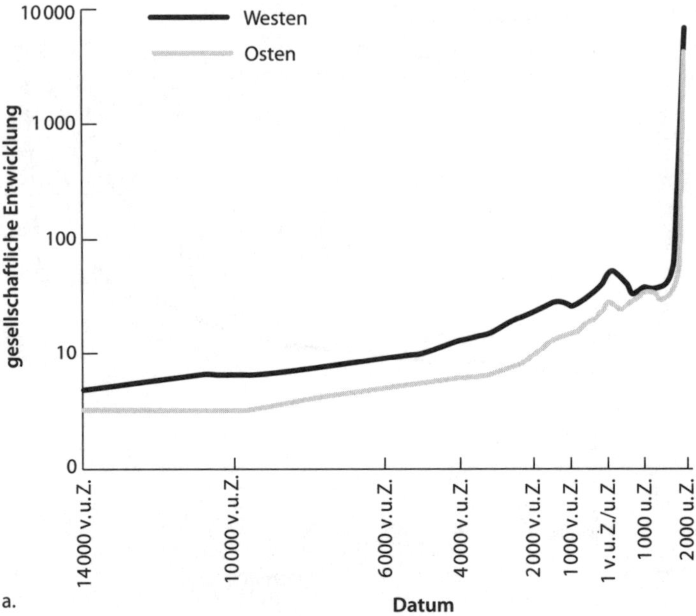

a.

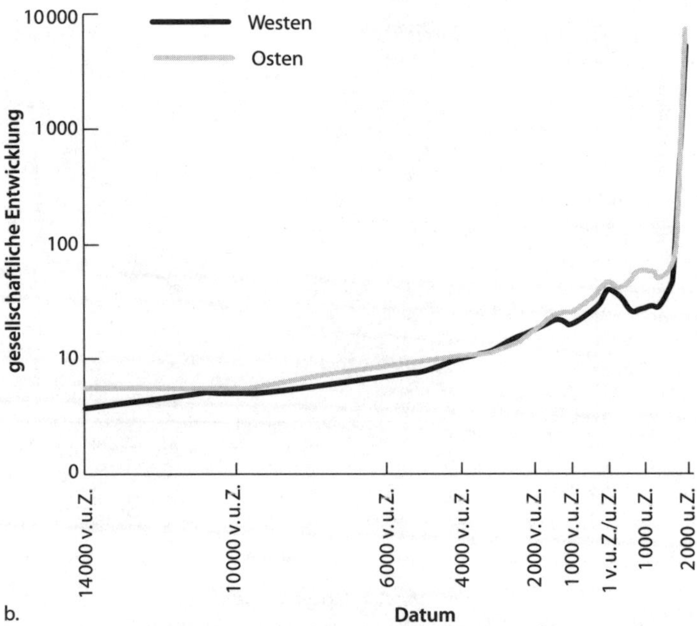

b.

Abbildung A.3: Noch größere Fehlermargen

(a) erhöht alle westlichen, reduziert alle östlichen Punktwerte um jeweils 20 Prozent; (b) erhöht alle östlichen, vermindert alle westlichen Werte um jeweils 20 Prozent.

wiederum liefert die weiterhin plausibelste Erklärung dafür, dass der Westen die Welt regiert.

Um die Grundmuster zu erschüttern, müssten meine Schätzungen um 20 Prozent daneben liegen. Abbildung A.3b zeigt, wie der Geschichtsverlauf aussehen würde, wenn ich die westlichen Punktwerte um 20 Prozent zu niedrig, die des Ostens um ebenfalls 20 Prozent zu hoch angesetzt hätte. Abbildung A.3a hält fest, was geschehen wäre, hätte ich die Entwicklung im Osten um 20 Prozent unterschätzt, die im Westen um 20 Prozent überschätzt.

Hier nun unterscheiden sich die Muster deutlich. Auf Abbildung A.3a liegen die Punktwerte des Westens durchgängig höher als die des Ostens, was den Theorien langfristiger Determination große Plausibilität verschaffen, zugleich meine Behauptung widerlegen würde, dass sich mit Veränderungen der gesellschaftlichen Entwicklung auch die Bedeutung der Geographie ändere. Abbildung A.3b dagegen kehrt die Schlussfolgerungen aus meinem Index um, denn nun führt der Osten während 90 Prozent der Zeitspanne seit Ende der Eiszeit.

Wenn entweder Abbildung A.3a oder A.3b richtig sein sollten, dann ist alles falsch, was Sie gerade in diesem Buch gelesen haben. Aber seien Sie versichert: Diese Abbildungen können nicht richtig sein. Abbildung A.3a will uns weismachen, dass die Entwicklung Roms um die Zeitenwende nur um fünf Indexpunkte hinter der des industrialisierten Japan um 1900 liege, was einfach nicht zutreffen kann. Nach Abbildung A.3b dagegen müsste die Entwicklung in Zeiten vor der Shang-Dynastie höher gewesen sein als die im Westen unter der Herrschaft des Persischen Reichs; auch hätte der Westen den Osten nur um 1828 eingeholt, am Vorabend des Opiumkrieges also; außerdem wäre die westliche Führung heute bereits beendet (nämlich seit 2003). Nichts davon ist plausibel.

Darum bekräftige ich meine Behauptung aus Kapitel 3, dass (a) die Fehlermarge meiner Schätzungen wahrscheinlich unter zehn Prozent, ganz sicher aber unter 20 Prozent liegt; und (b), dass selbst dann, wenn die Fehlermarge auf zehn Prozent steigen sollte, das historische Grundmuster, das ich erklären möchte, bestehen bleibt.

Schlussfolgerung

In Kapitel 3 habe ich mehrfach darauf hingewiesen, dass die Erstellung eines Index gesellschaftlicher Entwicklung etwas von Kettensägenkunst hat. Das Beste, was ein solcher Index liefern kann, ist eine rohe Annäherung, die die Annahmen desjenigen zu erkennen gibt, der diesen Index entwickelt hat. Der Hauptgrund dafür, so meine eingangs vorgebrachte These, dass es uns so lange nicht gelungen ist zu erklären, warum der Westen die Welt regiert, liegt darin, dass die Protagonisten dieses Streits ihre Begriffe auf unterschiedliche Weise definiert und sich auf diverse Teilaspekte des Problems fokussiert haben. Darum kann der einfache Schritt, einen Index aufzustellen, die Debatte voranbringen. Kritiker dieses Buchs, die sich den ersten der zu Beginn dieses Anhangs genannten Einwände zu eigen machen – dass nämlich quantitative Vergleiche insofern inakzeptabel seien, als sie uns, die Akteure, entmenschlichen –, werden sich gezwungen sehen, entweder einen andern Weg zu finden, um die Vorherrschaft des Westens zu erklären; oder sie müssten uns plausibel machen, warum wir nach diesen Gründen überhaupt nicht mehr fragen sollten. Kritiker jedoch, die die Einwände 2 bis 4 erheben – dass ich nämlich gesellschaftliche Entwicklung falsch definieren, die falschen Merkmale verwenden oder Quellen und Befunde falsch deuten würde –, müssten ihrerseits eigene und bessere Indizes präsentieren. Vielleicht werden wir dann doch ein ganzes Stück weiterkommen.

Dank

Wie die meisten Bücher hätte auch dieses nicht geschrieben werden können ohne die vielen Beiträge, die andere Menschen dazu geleistet haben. Ich hätte vermutlich nicht im Traum daran gedacht, ein Buch wie dieses zu schreiben, hätte mir nicht so lange die frische Luft der geisteswissenschaftlichen Fakultät an der Universität Stanford um die Nase geweht, wo man sich nicht allzu viele Gedanken um die Grenzen der konventionellen Wissenschaft macht. Ich möchte Steve Haber, Ian Hodder, Adrienne Mayor, Josh Ober, Richard Saller, Walter Scheidel und vor allem Kathy St. John für ihre Unterstützung und Ermunterung, für die vielen Gespräche und für ihre Geduld danken.

Jared Diamond, Niall Ferguson, Constantin Fasolt, Jack Goldstone, John Haldon, Ian Hodder, Agnes Hsu, Mark Lewis, Barnaby Marsh, Neil Roberts und Richard Saller haben Teile des Manuskripts gelesen, während ich noch an dem Buch schrieb; Eric Chinski, Daniel Crewe, Al Dien, Dora Dien, Martin Lewis, Adrienne Mayor, Josh Ober, Michael Puett, Jim Robinson, Kathy St. John und Walter Scheidel haben das komplette Manuskript gelesen. Ich bin ungeheuer dankbar für ihre Kommentare und Hinweise und leiste Abbitte für die Momente, in denen ich sie nicht verstanden habe oder zu stur war, um sie anzunehmen.

Bob Bellah, Francesca Bray, Mark Elvin, Ian Hodder, Richard Klein, Mark Lewis, Li Liu, Tom McClellan, Douglass North, Walter Scheidel, Nathan Sivin, Adam Smith, Richard Strassberg, Donald Wagner, Barry Weingast und Zhang Xuelian haben es mir ermöglicht, noch unveröffentlichte oder gerade erst publizierte Texte zu lesen.

Zusätzlich zu allen, die bereits genannt wurden, haben mir Chip Blacker, David Christian, Paul David, Lance Davis, Paul Ehrlich, Peter Garnsey, David Graff, David Kennedy, Kristian Kristiansen, David Laitin, Geoffrey Lloyd, Steve Mithen, Colin Renfrew, Marshall Sahlins, Jim Sheehan, Steve Shennan, Peter Temin, Lothar von Falkenhausen, Chris Wickham, Bin Wong, Gavin Wright, Victor Xiong, Xiaoneng Yang, Dinxin Zhao und Yiqun Zhou in vielen Gesprächen geholfen, verschiedene Szenarien und Ideen meines Buches zu Ende zu denken. Bei Tagungen in Stanford und bei Vorträgen in Abu Dhabi, Anaheim, Athen, Austin, Big Sky, Cambridge (in Massachusetts und in Großbritannien), Los Angeles, Medford, Montreal, New Haven, Seattle, Stanford und Victoria haben mich Teilnehmer und Zuhörer mit hilfreichen Kommentaren zu einzelnen meiner Thesen weitergebracht.

Die Universität Stanford hat mir die finanzielle Unterstützung gewährt, die es mir ermöglicht hat, bis zum Ende durchzuhalten. Ich danke Michele Angel für die Druckvorbereitung der Karten und Grafiken und Pat Powell dafür, dass sie die Rechte für alle an anderer Stelle veröffentlichten Bilder und Texte eingeholt hat.

Schließlich danke ich der Literaturagentin Sandra Dijkstra und ihrem Team, den Lektoren Eric Chinski von Farrar, Straus and Giroux und Daniel Crewe von Profile Books sowie Eugenia Cha von Farrar, Straus and Giroux für ihr Engagement, ohne das dieses Buch nie geschrieben worden wäre.

Anmerkungen

Einleitung

1 Shad Kafuri (August 1994), zit. n. Martin Jacques, *When China Rules the World. The Rise of the Middle Kingdom and the End of the Western World*, London: Allen Lane 2009, S. 113

2 Hilaire Belloc, *The Modern Traveler*, London: Edward Arnold 1898, S. 41

3 Andre Gunder Frank, *ReOrient: Global Economy in the Asian Age*. Berkeley, CA: University of California Press, 1998, S. 2

4 Ebd., S. 116 und 37

5 Zit. n. Jack Goldstone, »Europe's Peculiar Path: Would the World be ›Modern‹ if William III's Invasion of England in 1688 had Failed?«, in: Tetlock, Philip, Richard Ned Lebow und Geoffrey Parker (Hg.), *Unmaking the West: »What-If« Scenarios that Rewrite World History*. Ann Arbor, MI: University of Michigan Press 2006, S. 171

6 Alfred Crosby, *Die Früchte des weißen Mannes. Ökologischer Imperialismus 900–1900*, Übers. Niels Kadritzke, Frankfurt am Main, New York: Campus 1991, S. 45

7 Ambrose Bierce, *Des Teufels Wörterbuch*, Übers. Gisbert Haefs, Zürich: Haffmans 1986, S. 46

8 Robert Heinlein, *Die Leben des Lazarus Long*, Übers. Birgit Ress-Bohusch, München: Heyne 1976, S. 57

9 Edmund Bentley, *Biography for Beginners*, London: T. W. Laurie 1905, S. 1

10 Herodot, *Historien*, Übers. A. Horneffer, Stuttgart: Kröner 1955, Buch 9, Kap. 122,3

11 Ellsworth Huntington, *Civilization and Climate*, New Haven, CT: Yale University Press 1915, S. 134

12 Alexander Gerschenkron, *Economic Backwardness in Historical Perspective*, Cambridge, MA: Harvard University Press 1962

Kapitel 1: Bevor es Osten und Westen gab

1 James Boswell, *Das Leben Samuel Johnsons und das Tagebuch einer Reise nach den Hebriden*, Leipzig: Insel Verlag 1984, S. 304

2 Arthur Young (1761), zit. n. Asa Briggs, *A Social History of England*, London: Penguin 1994, S. 196

3 Adam Smith, *Der Wohlstand der Nationen: eine Untersuchung seiner Natur und seiner Ursachen*. München: Beck 1974, S. 62

4 Norman Davies, *Europe: A History*, Oxford: Oxford University Press, 1994, S. 24

5 Stephen Jay Gould, *Punctuated Equilibrium*, Cambridge, MA: Harvard University Press, 2007. Den Begriff hat Gould in einem 1972 zusammen mit Niles Eldredge verfassten Aufsatz geprägt.
6 Richard Klein, zit. n. »Scientists in Germany Draft Neanderthal Genome«, *New York Times*, 12. Februar 2009
7 Shakespeare, *Hamlet*, 2.2
8 Arthur C. Clarke, *2001. Odyssee im Weltraum*, Düsseldorf/Wien: Econ 1969, S. 28
9 Rebecca Cann et al., »Mitochondrial DNA and Human Evolution.« *Nature* 325, 1987, pp. 31–36
10 Zit. n. *China Daily*, 28. Januar 2008, verfügbar unter http://www.chinadaily.com/cn/opinion/2008-01/28/ content_6424452.htm
11 Yuehai Ke et al., »African Origin of Modern Humans in East Asia: A Tale of 12,000 Y Chromosomes«, *Science* 292, 2001, S. 1151
12 Zit. n. Herbert Kühn, *Auf den Spuren des Eiszeitmenschen*, Wiesbaden: Brockhaus 1950, S. 45 f

Kapitel 2: Der Westen geht in Führung

1 Steven Pinker, *Wie das Denken im Kopf* entsteht, Übers. Martina Wiese und Sebastian Vogel, München: Kindler 1998, S. 193
2 Dorian Fuller, »Contrasting Patterns in Crop Domestication and Domestication Rates« *Annals of Botany* 2007, S. 1–22
3 Keine der Schriften Heraklits (um 500 v. u. Z.) ist im Original überliefert; Platon zitiert diese Passage im Dialog *Kratylos* (entstanden nach 399 v. u. Z.), 402A. [In einer anderen Überlieferung wird das Paradox deutlicher: »Wir steigen in denselben Fluss und doch nicht in denselben, wir sind es und wir sind es nicht.« Fragment 49a nach Diels-Kranz. A. d. Ü.]
4 Marshall Sahlins, *Culture in Practice*, New York: Zone Books, 2005, S. 209
5 Zit. n. Angelo Quattrocchi und Tom Nairn, *The Beginning of the End: France, May 1968*, London: Penguin 1968, S. 17, 30
6 Marshall Sahlins, »The Original Affluent Society«, Erstveröffentlichung auf Französisch, 1968. Zit. n. einer englischen Version, in: Sahlins, *Stone Age Economics*. Chicago: Aldine 1972, S. 39, 37; auch in: Sahlins 2005, S. 134, 133
7 Graeme Barker, *The Agricultural Revolution in Prehistory: Why did Foragers Become Farmers?* Oxford: Oxford University Press 2006

Kapitel 3: Die Vermessung der Vergangenheit

1 Herbert Spencer, »Progress: Its Law and Cause«, *Westminster Review* 67, 1857, S. 465
2 Max Weber, *Gesammelte politische Schriften*, Hrsg. von Johannes Winckelmann. Tübingen: Mohr Siebeck 1988 (5. Auflage), S. 69
3 Charles Darwin, *Die Fahrt der Beagle*, Hamburg: Mare 2006, S. 311
4 Robert Carneiro, *Evolutionism in Cultural Anthropology*, Boulder, CO: Westview Press 2003, S. 167f.

5 Sahlins 2005, S. 22 f.

6 Michael Shanks and Christopher Tilley, *Social Theory and Archaeology*, Cambridge: Polity Press 1987, S. 164

7 Sherry Ortner, »Theory in Anthropology Since the Sixties«, *Comparative Studies in Society and History* 26, 1984, S. 126

8 Jocelyn, zit. n. Arthur Waley, *The Opium War Through Chinese Eyes*, London: George Allen & Unwin 1958, S. 109

9 Mountain, zit. n. Peter Ward Fay, *The Opium War, 1840–1842*, 2nd ed. Chapel Hill: University of North Carolina Press, 1997, S. 222

10 Diese oder ähnliche Worte werden Einstein immer wieder zugeschrieben, doch ist es noch niemandem gelungen, die Quelle dazu aufzuspüren. Wahrscheinlich stammt sie aus einer Kurzfassung der Relativitätstheorie im *Reader's Digest*. Vielleicht ist es aber auch das Wichtigste, was Einstein nicht gesagt hat.

11 United Nations Development Programme 2009: Tabelle H, S. 171, 174, verfügbar unter: http://hdr.undp.org/en/

12 Arthur Eddington, zit. n. Walter Isaacson, *Einstein. Genie und Popstar*, München: Bucher 2010, S. 49

13 Leslie White, *The Science of Culture*, New York: Farrar, Straus and Giroux 1949, S. 368

14 Mao Zedong, »Probleme des Kriegs und der Strategie« (1938), in: *Ausgewählte Werke*, Peking: Verlag für fremdsprachige Literatur, 1968, Bd. 2, S. 261

15 Raoul Naroll, »A Preliminary Index of Social Development«, *American Anthropologist* 58, 1956, S. 691

16 Albert Einstein, zit. n. Karl R. Popper, *Vermutungen und Widerlegungen: das Wachstum der wissenschaftlichen Erkenntnis*, Tübingen: Mohr Siebeck 1994, S. 43

17 Charles Dickens, *Eine Weihnachtsgeschichte*, Aus dem Engl. neu übertr. von Freya Stephan-Kühn, Würzburg: Arena 2010, S. 125

Kapitel 4: Der Osten holt auf

1 Plutarch, *Alexander, der Eroberer*, aus dem Griech. übers. von Eduard Eyth und mit einem Nachw. vers. von Alexander Demandt. München: Beck 2008, Kap. 64

2 Genesis 47.27 (Einheitsübersetzung)

3 Sumerische Königsliste, zit. n. Samuel Noah Kramer, *The Sumerians*, Chicago: University of Chicago Press, 1963

4 *Klagelieder über Ur*, Verse 390–394, zit. n. Piotr Michalowski, *The Lamentation Over the Destruction of Sumer and Ur*, Winona Lake, IN: Eisenbrauns 1989

5 Vertrag zwischen den Hethitern und Amurru, Ende des 13. Jahrhunderts v. u. Z.., zit. n. Gary Beckman, *Hittite Diplomatic Texts*, 2nd ed. Atlanta: Scholars Press 1999, S. 107

6 Zit. n. Thomas v. d. Way, *Die Textüberlieferung Ramses' II. zur Qades-Schlacht*, Hildesheim: Gerstenberg 1984, S. 349, Kapitel IV 2.2.11. »Angriff des Königs«, Zeile 97 ff.

7 Lü Buwei, *Frühling und Herbst des Lü Buwei*, Buch III, 5. Kapitel, zit. n. der Übersetzung von Richard Wilhelm, verfügbar unter: www.zeno.org/Philosophie/M/Lü+Bu+Wei/Chunqiu+-+- Frühling+und+Herbst+des+Lü+Bu+We/Erster+Teil/Buch+III+-+Gi+Tschun+Gi/5.+- Kapitel

8 Zit. n. der Übersetzung von James Legge (Hg.), *The Chinese Classics V*, London, Trübner 1872, S. 578
9 Kwang-chih Chang, »An Essay on *Con*« *Orientations* 20, 1989, S. 42.
10 Lü Buwei, *Frühling und Herbst des Lü Buwei*, Buch XIX, 4. Kapitel, zit. n. der Übersetzung von Richard Wilhelm, verfügbar unter http://www.zeno.org/Philosophie/M/L%C3%BC+Bu+Wei/Chunqiu++Fr%C3%BChling+und+Herbst+des+L%C3%BC+Bu+We/Zweiter+Teil/Buch+XIX+-+Li+Su+Lan/4.+Kapitel
11 *Jiaguwen heji* (*Gesammelte Orakelinschriften*) 6,664, Vorderseite, zit. n. Theodore de Bary und Irene Bloom, (Hg.), *Sources of Chinese Tradition I*, 2nd ed. New York: Columbia University Press 1999
12 Zit. n. Viktor Burr, *Die Tontafeln von Pylos und der homerische Schiffskatalog*, Ellwangen (Jagst): Peutinger-Gymnasium 1958, S. 77
13 Zit. n. Joachim Bretschneider u. Klaus-Dieter Linsmeier, »Das Omen von Ugarit«, in: *Spektrum der Wissenschaft*, Juli 2006
14 Ramses III., Inschrift in Medinet Habu, zit. n. James B. Pritchard (Hg.), *Ancient Near Eastern Texts Relating to the Old Testament*, 3rd ed. Princeton: Princeton University Press, 1969, S. 262 f.
15 Mursili II, Gebet an die Sonnengöttin (CTH 376), zit. n. Pritchard 1969, S. 396
16 Merenptah, Stele, zit. n. Miriam Lichtheim (Hg.), *Ancient Egyptian Literature*, 3 Bde. Berkeley: University of California Press 1973–80, Bd. II, S. 77
17 Buch der Richter 21.25, Einheitsübersetzung
18 Zit. n. Waley 1937, Nr. 246
19 G. E. Smith, *The Migrations of Early Culture*. Manchester, Manchester University Press, 1915

Kapitel 5: Kopf an Kopf

1 Zit. n. *Die Lehrgespräche des Meisters Meng K'o*, aus dem Chines. übertr. und erl. von Richard Wilhelm, München: Diederichs 1982, S. 198 (Buch VII B, 4: Gegen den Krieg)
2 Zit. n. Edward Shaughnessy, *Sources of Western Zhou History: Inscribed Bronze Vessels*. Berkeley: University of California Press 1991, S. 207
3 *Bambusannalen*, 4.4.5, zit. n. James Legge (Hg.), *The Chinese Classics* III: *The Shoo King*, London: Trübner 1865, Nachdruck Hong Kong: Hong Kong University Press 1960, S. 149
4 Gordon Childe, *Stufen der Kultur. Von der Urzeit zur Antike*, Stuttgart: Kohlhammer 1952, S. 226
5 Ashur-dan II, zit. n. Albert Kirk Grayson, *Assyrian Rulers of the Early First Millennium BC I.*, Toronto: University of Toronto Press, 1991, S. 134 f.
6 Assur-nasirpal II., zit. n. Daniel Luckenbill, *Ancient Records of Assyria and Babylonia I*, Chicago: University of Chicago Press 1926, Paragraphen 433, 445, 455, 472
7 Raymond Bradley, *Paleoclimatology*, New York: Academic Press 1999
8 Homer, *Odyssee*, 15.419, 415–16 (Übers. Johann Heinrich Voß)
9 Zit. n. William Nienhauser, *The Grand Scribe's Records*, Bd. I, Bloomington, IN: Indiana University Press 1994

10 Paraphrase nach Lord Byrons Poem »Die Niederlage des Sennacherib« (1815). Im Alten Testament: 2. Könige Kap. 15 und 16; Jesaia, Kap. 7
11 Jesaja, 44.28 und 45.1
12 Herodot, *Historien*, 3.89 (Übers. von Walter Marg)
13 *Zuozhuan*, »Herzog Xuans zweites Jahr«, zit. n. Burton Watson, *The Tso Chuan*, New York: Columbia University Press 1989
14 Hesiod, *Werke und Tage*, Verse 176–77, 199–204; Übers. Johann Heinrich Voss)
15 Karl Jaspers, *Vom Ursprung und Ziel der Geschichte*, Zürich: Artemis 1949, S. 19
16 Konfuzius, *Gespräche*, Leipzig: Reclam 1982, Seite 79, Kap. 9, 11
17 Platon, *Der Staat*, Übers. August Horneffer, Stuttgart: Kröner 1973, S. 219 (6. Buch, 18)
18 Laozi, *Daodejing*, zit. n. www.tao-te-king.org
19 Konfuzius, *Gespräche*, 1982, S. 93 (Kap. 12,1)
20 Mo Ti, Gegen den Krieg, Düsseldorf: Diederichs 1975, S. 143
21 Ebd., S. 141
22 Zit. n. J. J. L Duyvendak, *The Book of Lord Shang*, London: A. Probsthain 1928
23 Zit. n. Archibald Lewis, *The Early Chinese Empires: Qin and Han*, Cambridge, MA: Harvard University Press 2007, S. 40
24 Zit. n. Lewis 2007, S 30
25 Winston Churchill, Rede im Weißen Haus, 26. Juni 1954, veröffentlicht in der *New York Times*, 27. Juni 1954, S. 1
26 Zit. n. Lewis 2007, S. 40
27 Zit. n. Ann Paludan, *Chronicle of the Chinese Emperors*, London: Thames & Hudson 1998, S. 17
28 Fan Ye, zit. n. D. D. Leslie und K. J. H. Gardiner, *The Roman Empire in Chinese Sources*, Rom: Bardi 1996, S. 43
29 Mortimer Wheeler, *Still Digging: Adventures in Archaeology*, London: Pan 1955, S. 170 ff.
30 Ammianus Marcellinus, *Das römische Weltreich vor dem Untergang*, Übers. Otto Veh, München: Artemis 1974, S. 708 (Kap. 31.2)
31 Herodot, *Historien*, Düsseldorf, Zürich: Artemis & Winkler 2004, 1. Buch, 106, S. 55
32 Herodot, *Historien*, Düsseldorf, Zürich: Artemis & Winkler 2004, 1. Buch, 212, 213, S. 101f.

Kapitel 6: Verfall und Untergang

1 Voltaire, *Candide*, Übers. Ilse Lehmann. In: Ders., *Sämtliche Romane und Erzählungen*, Leipzig: Dieterich 1948, Bd. 1, S. 180
2 Zit. n. Julia Lovell, *Die große Mauer. China gegen den Rest der Welt, 1000 v.Chr.–2000 n.Chr.*, Stuttgart: Theiss 2007, S. 76
3 Zit. n. Richard Klein (Hg.), *Die Romrede des Aelius Aristides*, Darmstadt: Wissenschaftliche Buchgesellschaft 1983, S. 67 (Vers 109)
4 Zit. n. Burton Watson, *Records of the Grand Historian: Han Dynasty, I.* Revised ed. New York: Columbia University Press 1993
5 Leo Tolstoi, *Anna Karenina*, München: Droemer 1950, S. 5
6 Sueton Tranquillus, *Leben des Vespasian*, Stuttgart: Reclam 1991, S. 39 (Kap. 23)

7 Monty Python, *Das Leben Brians*, Zürich: Haffmans 1992, S. 40
8 Plutarch, »Nikias und Crassus«. In: Ders., *Große Griechen und Römer*, Bd. 2, Übers. von Konrat Ziegler, München: dtv 1979, S. 290
9 Siehe Paludan 1998, S. 49
10 Alfred Crosby, *The Columbian Exchange: Biological and Cultural Consequences of 1492*, Westport: Westview Press 1972
11 Crosby 1991, S. 212 f.
12 He Gong, zit. n. William H. McNeill, *Seuchen machen Geschichte. Geißeln der Völker*, Übers. Joachim Frh. von Richthofen, München: Pfriemer 1978, S. 153
13 Wang Fu (um 78–163), *Qianfu lun* (*Gedanken eines Einsiedlers*), zit. n. Lewis 2007, S. 259
14 Fan Ye, *Geschichte der Späten Han-Dynastie*, Kap. 71, zit. n. Twitchett und Loewe 1986, S. 338
15 Fan Ye, *Geschichte der späten Han-Dynastie*, Kap. 72, zit. n. Lewis 2007, S. 262
16 Zit. n. Lewis 2007, S. 28
17 *Die Geschichte der Jin-Dynastie*, Kap. 107; zit. n. David Graff, *Medieval Chinese Warfare, 300–900*. London: Routledge 2002
18 Edward Gibbon, *Geschichte des Verfalles und Unterganges des römischen Weltreiches. Nebst einer biographischen Skizze über den Verfasser. Deutsche Ausgabe in einem Bande von Johann Sporschil*, Leipzig: Otto Wigand 1837, Sp. 1
19 Cornelius Tacitus, *Historien*, München: Heimeran 1959, S. 4 (Buch 4, Kap. 1)
20 Anonym, *The Ruin*; zit. n. Philip Dixon, »The Cities are not Populated as Once they were«, in John Rich, ed., *The City in Late Antiquity*, S. 145–60. London: Routledge 1992, S. 146
21 Vgl. Albert Dien, *Six Dynasties Civilization*, New Haven, CT: Yale University Press 2007, S. 217
22 Zit. n. Etienne Balazs, *Chinese Civilization and Bureaucracy*, New Haven, CT: Yale University Press 1964
23 Zit. n. Jacques Gernet, *Les Aspects économiques du bouddhisme dans la société chinoise du Ve au Xe siècle*, Saigon: École Française de l'Extrême-Orient 1956
24 Athanasius, »Leben des Heiligen Antonius (Vita Antonii)«, in: *Ausgewählte Schriften*, Bd. 2, Übers. Anton Stegmann und Hans Mertel, München: Bibliothek der Kirchenväter, 1. Reihe, Bd. 31, 1917, S. 697
25 Gibbon 1837, Sp. 1301

Kapitel 7: Das Zeitalter des Ostens

1 Zit. n. Victor Xiong, *Sui-Tang Chang'an: A Study in the Urban History of Medieval China*, Ann Arbor, MI: University of Michigan Press 2000
2 Bai Juyi (827), zit. n. Waley 1961, S. 161
3 Zit. n. Patricia Ebrey, *The Cambridge Illustrated History of China.*, Cambridge: Cambridge University Press, 1996
4 Zit. n. Duyvendak 1949, S. 24
5 Die Gerüchte und der Klatsch über Justinians Dämonen und Theodoras Körperöffnungen finden sich bei Procopius, *Anekdota. Die Geheimgeschichte des Kaiserhofs von Byzanz*, Übers. Otto Veh, Düsseldorf: Artemis und Winkler 2005.

6 Zit. n. Witold Witakowski, *Pseudo-Dionysius of Tel-Mahre*, Chronicle III. Liverpool: Liverpool University Press 1996, S. XXX
7 Zit. n. Walter Kaegi, *Heraclius, Emperor of Byzantium*, Cambridge: Cambridge University Press 2003
8 Zit. n. R. W. Thomson, *The Armenian History Attributed to Sebeos*. Liverpool: Liverpool University Press 1999
9 Der Koran, Sure 96, 1–5, zit. n. der Übersetzung von Ahmad Milad Karimi, Freiburg: Herder 2009, S. 513
10 Zit. n. Guillaume 1971, S. 158
11 Malcolm X, »Graswurzelreden«, November 1963, zit. n. Gerard DeGroot, *The Sixties Unplugged: A Kaleidoscopic History of a Disorderly Decade*. Cambridge, MA: Harvard University Press, 2008
12 Der Koran, Suren 2.130 und 29.46, a. a. O. S. 19 und 330
13 Gibbon 1837, Sp. 1987
14 Zit. n. Cyril Birch (Hg.), *Anthology of Chinese Literature* I: *From Early Times to the Fourteenth Century*, New York: Columbia University Press 1965
15 Anonymus, *Karolus Magnus et Leo Papa*, Zeile 97, zit. n. Peter Godman, *Poetry of the Carolingian Renaissance*. Norman, OK: University of Oklahoma Press 1985
16 Gerald of Wales, zit. n. Fagan 2008, S. 36
17 Anonymes Schreiben, zit. n. Robert Bartlett, *The Making of Europe: Conquest, Colonization and Cultural Change 950–1350*, Princeton: Princeton University Press 1993
18 Zit. n. *Quellen zur Geschichte Kaiser Heinrichs IV.*, Darmstadt: Wissenschaftliche Buchgesellschaft 2006, S. 65
19 Robert Moore, *The Formation of a Persecuting Society: Power and Deviance in Western Europe, 950–1250*, Oxford: Blackwell 1987
20 Vgl. George Duby, *Zeit der Kathedralen*, Frankfurt am Main: Suhrkamp 1996
21 Petrus Abaelardus, *Historia Calamitatum* (»Geschichte meiner Missgeschicke«), hg. von Dag Nikolaus Hasse, Berlin: de Gruyter 2002, S. 37
22 Guillaume de Pouille, d. i.: Wilhelm von Apulien, zit. n. Bartlett 1993, S. 86
23 Anna Komnene, *Alexias* 11.6.3, Übers. Diether Roderich Reinsch, Köln: DuMont 1996, S. 379
24 Zit. n. Frederick Mote, *Imperial China, 900–1800*, Berkeley: University of California Press 1999
25 Zit. n. de Bary und Bloom 1999, S. 583 f.
26 Fan Zhongyan, *Essay vom Yueyang-Turm*, zit. n. Charles Hucker, *China's Imperial Past*, Stanford: Stanford University Press 1975
27 Ye Shi, zit. n. Shiba und Elvin 1970, S. 76
28 Daoqian, *Auf dem Weg zum Kloster Guizong*, zit. n. Yoshinobu Shiba and Mark Elvin. *Commerce and Society in Sung China*, Ann Arbor, MI: University of Michigan Press 1970
29 Wang Zhen, *Abhandlung zur Landwirtschaft*, 19.13a, 22.4a, zit. n. Mark Elvin, *The Pattern of the Chinese Past*, Stanford: Stanford University Press 1973, S. 195, 198
30 Su Shi, *Steinkohle* (um 1080), zit. n. Donald Wagner, »Blast Furnaces in Song-Yuan China.« *East Asian Science, Technology, and Medicine* 18, 2001b, S. 41–74. Ich möchte

Professor Wagner und Professor Nathan Sivin danken, dass sie diesen Text mit mir besprochen haben.

Kapitel 8: Um die ganze Welt

1 Zit. n. Hans Lemke (Hg.), *Die Reisen des Venezianers Marco Polo im 13. Jahrhundert*, Wiesbaden: Marix 2004, S. 277
2 Yaqut al-Hamawi, zit. n. Edward Browne, *The Literary History of Persia*, 2 Bde. London: Unwin 1902, S. 437
3 Zit. n. John A. Giles (Hg.) *Matthew Paris's English History from the Year 1235 to 1273*, Band 1, London: H. G. Bohn 1852, S. 314
4 Samuel Taylor Coleridge, »Kubla Khan« (1797), Zeile 47, zit. n. Ders., *Gedichte*, Übers. Edgar Mertner, Stuttgart: Reclam 1989, S. 183
5 Zit. n. John Boyle, *The Successors of Genghis Khan*, New York: Columbia University Press 1971, S. 84
6 Mongke Khan, zit. n. Wilhelm von Rubruk, *Beim Großkhan der Mongolen*, Lennigen: Erdmann 2003, S. 188
7 Zit. n. Michael Dols, *The Black Death in the Middle East*, Princeton: Princeton University Press, 1976, S. 67
8 Jean de Venette (1348), zit. n. Julius Kirchner und Karl Morrison (Hg.), *Medieval Europe*, Chicago: University of Chicago Press 1986, S. 455
9 as-Safadi, zit. n. Dols 1976, S. 80
10 Ibn Nubatah, zit. n. ebd., S. 174
11 Chuan Heng, zit. n. John Dardess, *Conquerors and Confucians: Aspects of Political Change in Late Yüan China*, New York: Columbia University Press 1973, S. 105
12 Ibn al-Wardi, zit. n. Dols 1976, S. 114
13 Matteo Villani (1348), zit. n. Kirchner und Morrison 1986, S. 448 f.
14 Jean de Venette (1349), zit nach: Kirchner und Morrison 1986, S. 457 f.
15 Niccolò Machiavelli, *Geschichte von Florenz*, Zürich: Manesse 1993, S. 569 f.
16 Zit. n. L. Carrington-Goodrich (Hg.), *Dictionary of Ming Biography* I., New York: Columbia University Press 1976
17 Kaiser Xuande (1438), zit. n. Louise Levathes, *When China Ruled the Seas: The Treasure Fleet of the Dragon Throne, 1405–1433*, New York: Oxford University Press 1994, S. 173
18 Zit. n. John Meskill (Hg.), *Ch'oe Pu's Diary: A Record of Drifting Across the Sea*. Tucson, AZ: University of Arizona Press 1965, S. 135
19 Fei Xin (1436), zit. n. J. J. L. Duyvendak, *China's Discovery of Africa*, London: A. Probsthain 1949, S. 31
20 Vgl. J. V. G. Mills und Roderich Ptak, eds. *Hsing-Ch'a Sheng-Lan, The Overall Survey of the Star Raft by Fei Hsin*, Wiesbaden: Harrassowitz 1996, S. 105
21 Gavin Menzies, *1421. Als China die Welt entdeckte*, München: Droemer 2003
22 Zit. n. Crosby 1991, S. 76
23 Zit. n. Levathes 1994, S. 179 f.
24 Erasmus, *Briefe*, hg. Walther Köhler, Darmstadt: Wissenschaftliche Buchgesellschaft 1986, S. 176

25 Jacob Burckhardt, *Die Kultur der Renaissance in Italien* (1860), 12. Auflage, Stuttgart: Kröner Verlag 2009, S. 107
26 Xuexuan, zit. n. Hucker 1975, S. 373
27 Che Ruoshui, zit. n. Patricia Ebrey, *The Inner Quarters: Marriage and the Lives of Chinese Women in the Sung Period*, Berkeley: University of California Press 1993, S. 40
28 Zit. n. , Armando Cortesão, *The Suma Oriental of Tomé Pires*, 2 Bde., London: Hakluyt Society 1944, S. 288
29 Ebd., S. 123

Kapitel 9: Der Westen holt auf

1 John F. Kennedy, Rede am 3. Oktober 1963 in Herber Springs, Arkansas, verfügbar unter http://www.presidency.ucsb.edu/ws/index.php?pid=9455
2 Xie Zhaozhe, zit. n. Ping-ti Ho, *Studies on the Population of China, 1368–1953*, Cambridge, MA: Harvard University Press 1959, S. 262
3 Zhang Tao (1609), zit. n. Timothy Brook, *The Confusions of Pleasure: Commerce and Culture in Ming China*, Berkeley: University of California Press 1998, S. 1, 4
4 Fernand Braudel, *Sozialgeschichte des 15.–18. Jahrhunderts*, Band 1, Übers. Siglinde Summerer. München: Kindler 1985, S. 201
5 Wang Wenlu, zit. n. Brook 1998, S. 106
6 Präfektur Shaowu (1543), zit. n. ebd., S. 144
7 Festung Chongwusuo (1542), zit. n. ebd., S. 149
8 Zhang Tao (1609), zit. n. ebd., S. 258
9 Zit. n. Ryusaku Tsunoda, William de Bary und Donald Keene (Hg.): *Sources of Japanese Tradition*, 2 Bde. New York: Columbia University Press 1964, S. 320
10 Unteroffizier Iskender (1501), zit. n. Caroline Finkel, *The History of the Ottoman Empire: Osman's Dream*, New York: Basic Books 2005, S. 99
11 Ogier Ghiselin de Busbeq (1560), zit. n. James Bruce Ross und Mary Martin McLaughlin (Hg.), *The Portable Renaissance Reader*, New York: Penguin 1953, S. 255
12 Voltaire, *Über den Geist und die Sitten der Nationen* (1756), zit. n. Ernst Hinrichs, Roland Krebs und Ute van Runset, *»Pardon, mon cher Voltaire ...«. Drei Essays zu Voltaire in Deutschland*, Göttingen: Wallstein, S. 57
13 Mercurino Gattinara, Brief an Karl V. vom 12. Juli 1519, zit. n. Karl Brandi, *Kaiser Karl V. Werden und Schicksal einer Persönlichkeit und eines Weltreiches*, Frankfurt am Main: Societäts-Verlag 1986, S. 93
14 Karl V., Wormser Edikt, 19. April 1521, zit. n. Brandi 1986, S. 108
15 Ogier Ghiselin de Busbeq (1560), zit. n. Ross und McLaughlin, S. 255
16 John Evelyn (1659), zit. n. John Richards, *Unending Frontier: An Environmental History of the Early Modern World*, Berkeley: University of California Press 2003, S. 235
17 Colonel Thomas Rainsborough (29. Oktober 1647), zit. n. A. S. P. Woodhouse (Hg.): *Puritanism and Liberty*, Chicago: University of Chicago Press 1938
18 Richard Rumbold, »Rede auf dem Schaffott« (1685), zit. n. Christopher Hill, *The Experience of Defeat: Milton and Some Contemporaries*, New York: Penguin 1984, S. 37
19 Abiezer Coppe (1649), zit. n. ebd., S. 43

20 Zit. n. Mark Elvin, *The Pattern of the Chinese Past*, Stanford: Stanford University Press 1973, S.246
21 Abschiedsbrief des Kaisers Chongzhen (1644), zit. n. Paludan 1998, S. 187
22 Liu Shangyou (1644 oder 1645), zit. n. Lynn Struve, *Voices from the Ming-Qing Cataclysm*, New Haven: Yale University Press 1993, S. 15
23 Bernhard Elsler (1637), zit. n. Christopher Clark, *Preußen. Aufstieg und Niedergang 1600–1947*, München: DVA 2008, S. 56
24 Zit. n. ebd.
25 Unbekannter Arzt (1642), zit. n. Jonathan Spence, *Chinas Weg in die Moderne*, München: Hanser 1995, S. 40
26 Felipe Guamán Poma de Ayala (1614), zit. n. Henry Kamen, *Empire: How Spain Became a World Power, 1492–1763*, New York: HarperCollins 2003, S. 117
27 Antonio de la Calancha (1638), zit. n. John Hemming, *The Conquest of the Incas*, New York: Penguin 1970, S. 356
28 Zit. n. Kamen 2003, S. 286
29 Zit. n. ebd., S. 292
30 Zit. n. Kris Lane, *Pillaging the Empire: Piracy in the Americas 1500–1750*. Armonk, NY: M. E. Sharpe 1998, S. 286
31 Der Satz wird verschiedenen Quellen zugeordnet. Ein ähnlicher Wortlaut findet sich aber in einem Brief, den Kardinal Antoine Perrenot de Granvell am 11. Mai 1573 geschrieben hat; zit. n. Stanley Kamen, *Philip of Spain*, New Haven: Yale University Press 1999, S. 252
32 Brief an Juan de Oñate (1605), zit. n. Kamen 2003, S. 253
33 Zit. n. ebd., S. 131
34 Thomas Hardy, *Tess von den d'Urbervilles. Eine reine Frau*, Übers. Paul Baudisch, Leipzig: List 1925, S. 30
35 Francis Bacon, *Neues Organ der Wissenschaften*, Übers. Anton Theobald Brück, Darmstadt: Wissenschaftliche Buchgesellschaft 1971 (unveränderter Nachdruck der Leipziger Ausgabe von 1830), S. 23 ff.
36 René Descartes, *Die Prinzipien der Philosophie*, Übers. Artur Buchenau. Leipzig: Meiner 1908, 4. Teil, Abs. 203
37 Alexander Popes Inschrift für Isaac Newtons Grabmal in der Westminster Abbey (1730). Ein Witzbold fügte viel später zwei Zeilen hinzu: »Nicht lange. Denn des Satans heulend ›Ho! Es werde Einstein!‹ stellte her den Status quo.«
38 John Locke, *Über die Regierung*, Übers. Dorothe Tidow, Reinbek: Rowohlt 1966, S. 87, 124, 95 [wieder so ein rätselhafter Zählfehler – Locke folgt unmittelbar auf Pope, weshalb also ab Nr. 42 die Zählung wieder stimmt]
39 Immanuel Kant, »Beantwortung der Frage: Was ist Aufklärung?« (1783). In Ders.: Werke in 12 Bänden, Hrsg. von Wilhelm Weischedel, Bd. XI. Frankfurt am Main: Suhrkamp 1977, S. 53–59
40 Aus einem Brief Friedrichs II. an Christian Wolff (1740), zit. n. Wilhelm Dilthey, *Gesammelte Schriften: Zur preußischen Geschichte*, Bd. 12, Stuttgart: Teubner 1985, S. 178
41 Jonathan Spence: *Ich, Kaiser von China. Selbstporträt des Kangxi-Kaisers*, Übers. Stefan Polter. Frankfurt am Main: Insel 1985, S. 123

42 Zit. n. Simon Winchester, *Der Mann, der China liebte*, Übers. Michael Müller, München: Knaus 2009, S. 58

43 Zit. n. ebd., S. 82

44 Kong Shangren (1690), zit. n. Richard Strassberg, »Trying on Glasses«. In: Ronald Pittis und Susan Henders (Hg.): *Macao: Mysterious Decay and Romance*, New York: Oxford University Press 1997, S. 204–205, S. 204

45 Xu Guangqi (1631), zit. n. Benjamin Elman, *A Cultural History of Modern Science in China*, Cambridge, MA: Harvard University Press 2006, S. 30

46 Zit. n. Spence 1985, S. 123 f., 126 f.

47 John Rodgers in einem Bericht an den Marineminister (1865), zit. n. Noel Perrin, *Japans Weg zurück zum Schwert von 1543 bis 1879*, Übers. Udo Rennert, Frankfurt am Main: Athenäum 1989, S. 13 f.

48 Kaiser Qianlong in einem Brief an König George III. (1793), zit. n. J. L. Cranmer-Byng (Hg.), *An Embassy to China: Lord Macartney's Journal, 1793–1794*, London: Longman 1963, S. 340

49 William Kidd (1701), zit. n. Arthur Herman, *To Rule the Waves: How the British Navy Shaped the Modern World*, New York: HarperCollins 2004, S. 247

50 Daniel Defoe, *The Complete English Tradesman* (1725), Bd. 1, Kap. 25

51 William Pitt der Ältere (1757), zit. n. Herman 2004, S. 279 [dito]

52 Horace Walpole in einem Brief vom 21. Oktober 1759 an George Montagu, zit. n. W. S. Lewis (Hg.), *Horace Walpole's Correspondence* I. New Haven: Yale University Press 1941, S. 250 f.

53 M. Barère in der Nationalversammlung (5. September 1793), zit. n. Keith Baker (Hg.), *The Old Regime and the French Revolution*. Chicago: University of Chicago Press 1987, S. 351

54 Napoleon I. in einer Rede in Boulogne (1805), zit. n. John Richard Green, *A History of the English People*, Bd. 8. London: Macmillan 1879, S. 171

Kapitel 10: Das westliche Zeitalter

1 James Boswell, *Das Leben Samuel Johnsons und Das Tagebuch einer Reise nach den Hebriden*, München: Beck 1985, S. 260, Eintrag unter dem 22. März 1776, Hervorhebung im Original

2 William Wordsworth, *Präludium oder Das Reifen eines Dichtergeistes. Ein autobiographisches Gedicht*, Übers. Hermann Fischer, Stuttgart: Reclam 1974, Neuntes Buch, Z. 240–252, S. 238 f. Wordsworth bezieht sich hier in erster Linie auf die Französische Revolution.

3 William Pryce (1778), zit. n. David S. Landes, *Der entfesselte Prometheus. Technologischer Wandel und industrielle Entwicklung in Westeuropa von 1750 bis zur Gegenwart*, München: dtv 1983, S. 101

4 So schilderte es Watt (mit Bezug auf einen Spaziergang im Jahr 1765) dem Autor Robert Hart, zit. n. Walter Kaiser, *Geschichte des Ingenieurs. Ein Beruf in sechs Jahrtausenden*, München/Wien: Hanser 2006, S. 133

5 James Watt (11. Dezember 1774), zit. n. Jenny Uglow, *The Lunar Men*, New York: Farrar, Straus and Giroux 2002, S. 248

6 Matthew Boulton (Sommer 1776), zit. n. Uglow 2002, S. 256
7 Daniel Defoe (31. Januar 1708), zit. n. Niall Ferguson, *Empire*, New York: Basic Books 2003, S. 17
8 Smith 1974, S. 62
9 Karl Marx, Friedrich Engels, »Manifest der Kommunistischen Partei« (1848), in: *Marx-Engels-Werke (MEW)*, Bd. 4, Berlin: Dietz 1972, S. 464f.
10 Samuel Smiles, *Industrial Biography. Iron Workers and Tool Makers*, London: John Murray 1863, S. 325, 332
11 Charles Dickens, *Harte Zeiten*, Übers. Paul Heichen. Frankfurt am Main: Insel 1986, S. 9
12 Ebd., S. 9
13 Friedrich Engels, »Die Lage der arbeitenden Klasse in England« (1845), in: *Marx-Engels-Werke (MEW)*, Bd. 2, Berlin: Dietz 1972, S. 486
14 Marx/Engels, *Manifest der Kommunistischen Partei*, a. a. O., S. 493
15 *The Economist* 9 (1851), S. 57
16 Jules Verne, *Reise um die Erde in 80 Tagen. Bekannte und unbekannte Welten. Abenteuerliche Reisen von Julius Verne*, Band VI, Wien u. a.: Hartleben 1875, S. 244
17 Ferguson 2003, S. 59
18 Isaac Weld, *Reisen durch die Vereinigten Staaten von Nord-Amerika und durch die Provinzen Ober- und Unter-Kanada: in den Jahren 1795, 1796 und 1797*, Berlin: Oehmigke 1800, S. 20
19 Frank Norris, *Die Getreidebörse. Eine Geschichte aus Chicago* (1903), Übers. Klaus Schirrmeister, Weimar: Kiepenheuer 1972, S. 69f.
20 Daniel Yergin, *Der Preis. Die Jagd nach Öl, Geld und Macht*, Übers. Gerd Hörmann und Regine Laudann, Frankfurt am Main: S. Fischer 1972, S. 103
21 Marcus Samuel (1911), zit. n. ebd., S. 200
22 John Fisher (1911), zit. n. ebd., S. 201
23 Marx/Engels, *Manifest der Kommunistischen Partei*, a. a. O., S. 465
24 John Stuart Mill, *Über die Freiheit*, Stuttgart: Reclam 1988, S. 16f.
25 John Stuart Mill, Harriet Taylor Mill, Helen Taylor, *Die Hörigkeit der Frau*, Übers. Jenny Hirsch. Frankfurt am Main: Helmer 1991
26 Marx/Engels, *Manifest der Kommunistischen Partei*, a. a. O., S. 467.
27 Li Ruzhen, *Im Land der Frauen. Ein altchinesischer Roman*, Leipzig: Insel 1970, S. 78
28 Lord Macartney (1793), zit. n. Cranmer-Byng 1963, S. 153
29 So James Matheson in einem Brief an J. A. Smith (24. September 1839), zit. n. Peter Ward Fay, *The Opium War, 1840–1842*, 2nd ed., Chapel Hill, NC: University of North Carolina Press 1997, S. 191
30 Zit. n. W. D. Bernard und W. H. Hall, *Narrative of the Voyages and Services of the Nemesis From 1840 to 1843*, Bd. 1, London: H. Colburn 1844, S. 6
31 Zit. n. Spence 1995, S. 204
32 Ein japanischer Beobachter (1853), zit. n. George Feifer, *Breaking Open Japan: Commodore Perry, Lord Abe, and American Imperialism in 1853*. New York: Smithsonian Books 2006, S. 5
33 John Maynard Keynes, *Die wirtschaftlichen Folgen des Friedensvertrages*, Übers. M. J. Bonn und C. Brinkmann, München/Leipzig: Duncker & Humblot 1920, S. 7

34 Joseph Conrad, *Herz der Finsternis*, Übers. Reinhold Batberger, Frankfurt am Main: Suhrkamp 1992, S. 13
35 *The Economist* 32 (Juli 1874), zit. n. Davis 2004, S. 46
36 Conrad 1992, S. 129
37 Ulysses S. Grant (1879), zit. n. Feifer 2006, S. 322
38 Sugimoto Etsu Inagaki in Erinnerung an eine Unterhaltung in den 1870er Jahren, zit. n. Feifer 2006, S. 310
39 Brief Wilhelms II. an Nikolaus II. vom 26. April 1895, in: Walter Goetz (Hg.), *Briefe Wilhelms II. an den Zaren 1894–1914*, Berlin: Ullstein 1920, S. 12
40 Brief Wilhelms II. an Nikolaus II. vom 26. September 1895, in: ebd., S. 19
41 Zit. n. Ferguson 2006, S. 117
42 Zit. n. Jeffrey Frieden, *Global Capitalism: Its Fall and Rise*, New York: Norton 2006, S. 141
43 John Maynard Keynes, *Vom Gelde*, Übers. Carl und Louise Krämer, München/Leipzig: Duncker & Humblot 1932, S. 545
44 George Orwell, *Der Weg nach Wigan Pier*, Übers. Manfred Papst, Zürich: Diogenes 1982, S. 84
45 Lincoln Steffens, *The Letters of Lincoln Steffens*, New York: Harcourt, Brace, & Co. 1938, S. 463
46 Oberstleutnant Ishiwara Kanji (1932), zit. n. Conrad Totman, *A History of Japan*, Oxford: Blackwell 2000, S. 424
47 Adolf Hitler gegenüber Hjalmar Schacht (1936), zit. n. Heinrich Heim, Werner Jochmann, *Monologe im Führerhauptquartier*, Hamburg: Knaus 1980, S. 88
48 Als O-Ton nachzuhören unter http://upload.wikimedia.org/wikipedia/commons/4/42/Imperial_Rescript_on_the_Termination_of_the_War.ogg
49 Zit. n. David Reynolds, *One World Divisible: A Global History Since 1945*, New York: Norton 2000, S. 36
50 Zit. n. David Holloway, *Stalin and the Bomb: The Soviet Union and Atomic Energy, 1939–1956*, New Haven, CT: Yale University Press 1994, S. 334
51 Zit. n. John Lewis Gaddis, *Der Kalte Krieg. Eine neue Geschichte*, Übers. Klaus-Dieter Schmidt, München: Pantheon 2008, S. 85
52 Harold Macmillan in einer Rede in Bedford (20. Juli 1957), zit. n. Ralf Dahrendorf, *Auf der Suche nach einer neuen Ordnung. Vorlesungen zur Politik der Freiheit im 21. Jahrhundert*, München: Beck 2003, S. 11
53 John Steinbeck, *Früchte des Zorns*, Übers. Klaus Lambrecht, Wien: Zsolnay 2002, S. 38
54 Richard Nixons und Nikita Chruschtschows Küchendebatte (24. Juli 1959), nachzulesen als »The Kitchen Debate«, verfügbar unter http://teachingamericanhistory.org/library/index. asp?document=176
55 Zit. n. Reynolds 2000, S. 541, Fn.
56 *China Youth Journal*, zit. n. Becker 1996, S. 106
57 Bo Yibo, *Retrospective of Big Decisions and Incidents* (1993), zit. n. ebd., S. 107 f.
58 Lu Xianwen (Herbst 1959), zit. n. ebd., S. 113
59 Bericht aus Jiangxi (Herbst 1958), zit. n. Spence 1995, S. 684
60 Lied von Kang Sheng (1958), zit. n. Jasper Becker, *Hungry Ghosts: Mao's Secret Famine*. New York: Owl Books 1996, S. 104

61 Informant, zit. n. ebd., S. 138

62 »Li XX«, Wandplakat in Beijing (2. September 1966), zit. n. Roderick MacFarquhar und Michael Schoenhals, *Mao's Last Revolution*, Cambridge, MA: Harvard University Press 2006, S. 127

63 Nixons Toast bei einem Dinner in Shanghai (27. Februar 1979), zit. n. Reynolds 2000, S. 329

64 Zhang Tiesheng (1973), zit. n. Spence 1995, S. 784. 1976 wurde die »Viererbande«, eine ultralinke Clique, zu der Mao Zedongs Witwe gehörte, angeklagt, diese ganze Episode erfunden zu haben (um Stimmung gegen vermeintlich begünstigte Sprösslinge hoher Parteimitglieder zu machen, A. d. Ü.).

65 Slogan, den man der »Viererbande« zuschrieb (1976), zit. n. ebd., S. 764

66 Deng Xiaoping in einer Rede am 2. September 1986, zit. n. John Gittings, *The Changing Face of China: From Mao to Market*, Oxford: Oxford University Press 2005, S. 103

67 »Soviet Cars. Spluttering to a Halt«, in: *The Economist*, 10. Juli 2008

68 Michail Gorbatschow, *Erinnerungen*, Übers. Igor Petrowitsch Grodezk, Berlin: Siedler 1995, S. 256

69 Deng Xiaoping in einer Rede an Parteiführer und Armeeoffiziere (9. Juni 1989), zit. n. Spence 1995, S. 872

70 Deng Xiaoping in einer Rede im Shenzhen Folk Culture Village (1992), zit. n. Chen Guidi/Wu Chuntao, *Zur Lage der chinesischen Bauern. Eine Reportage*, Übers. Hans-Peter Hoffmann, Frankfurt am Main: Zweitausendeins 2004, S. 354

71 *Business Week*, 6. Dezember 2004, S. 104

72 Stuart R. Schram, *Das Mao-System. Die Schriften des Mao Tse-Tung. Analyse und Entwicklung*, München: Büchergilde Gutenberg 1972, S. 362

Kapitel 11: Warum der Westen regiert …

1 Karl Marx, »Der achtzehnte Brumaire des Louis Bonaparte« (1852), in: *Marx-Engels-Werke (MEW)*, Bd. 8, Berlin: Dietz 1960, S. 115

2 Lord Macartney (1793), zit. n. Cranmer-Byng 1963, S. 191

3 Robert Harris, *Vaterland*, Übers. Hanswilhelm Haefs, Zürich: Haffmans 1992

4 Zit. n. *Der Spiegel*, 18.8.1969, www.spiegel.de/spiegel/print/d-45562650.html

5 Robert F. Kennedy, *Dreizehn Tage. Die Verhinderung des Dritten Weltkriegs*, Übers. Irene Muehlon, Reinbek: Rowohlt 1970, S. 34

6 Geoffrey Elton, *The Practice of History*, London: Fontana 1967, S. 62

Kapitel 12: … bis jetzt

1 Dickens 2010, S. 125

2 Vgl. National Intelligence Council, *Global Trends 2025: A Transformed World*. Washington, DC: Government Printing Office 2008. Verfügbar unter http://www.dni.gov/nic/NIC_2025_project.html , S. 6; Dominic Wilson und Anna Stupnytska, *The N-11: More than an Acronym*. Goldman Sachs Global Economics Paper no. 153, March 28, 2007. Verfügbar unter https://portal.gs.com ; John Hawksworth und Gordon Cook-

son, *The World in 2050: Beyond the BRICs.* London: PricewaterhouseCoopers, March 2008. Verfügbar unter www.pwc.co.uk/economics ; Angus Maddison, *Asia in the World Economy 1500–2030.* Canberra: Australian National University Press 2006; Robert Fogel, »Capitalism and Democracy in 2040: Forecasts and Speculations.« National Bureau of Economic Research Working Paper 13,184, 2007

3 Dickens 2010, S. 137, 125

4 Vgl. Niall Ferguson und Moritz Schularick, »›Chimerica‹ and the Global Asset Market Boom.« *International Finance* 10.3, 2007, S. 215–39; Ferguson 2009

5 International Monetary Fund, *World Economic Outlook Update*, January 28, 2009. Verfügbar unter www.imf.org/external/pubs/ft/weo/2009/update/01 , Tabelle 1.1

6 Douglas Elmendorf, zit. n. »Falls the Shadow: The Deficit and Health Care«, in: *The Economist*, 25. Juli 2009, S. 25

7 »May the Good China Preserve Us«. In: *The Economist*, 23. Mai 2009, S. 47

8 Maddison 2006, Tabelle 5. Maddison hat das BIP in US-Dollar, Stand 1990, dargestellt, ich habe es nach den Statistiken des Bureau of Labor Statistics auf Dollars, Stand 2000, umgerechnet (vgl. http://stats.bls.gov/).

9 Fogel 2007, Tabellen 1 und 2

10 James Mann, *China Morgana*, Übers. Andreas Simon dos Santos, Frankfurt am Main/New York: Campus 2008, S. 1

11 George W. Bush (19. November 1999), zit. n. John Dietrich (Hg.), *The George W. Bush Foreign Policy Reader*, New York: Michael Sharpe 2005, S. 29

12 Martin Jacques, *When China Rules the World: The Rise of the Middle Kingdom and the End of the Western World*, London: Allen Lane 2009, S. 100

13 Zit. n. P. W. Singer, *Wired for War: The Robotics Revolution and Conflict in the 21st Century*, New York: Penguin, 2009 S. 105

14 Ray Kurzweil, *The Singularity is Near: When Humans Transcend Biology*, New York: Vintage 2005, S. 5, 24

15 Kurzweil 2005, S. 432

16 Zit. n. Nicholas Thompson, »Downsizing: Nanotechnology – Why You Should Sweat the Small Stuff«, in: *Washington Monthly*, Oktober 2000

17 Original: *The Six Million Dollar Man*, ABC Television, 1974–78; in Deutschland ab 1988 bei RTL

18 Craig Venter, zit. n. Geoffrey Carr, »Shocking Science.« In: *The World in 2009*. London: *The Economist* special publication, 2008, S. 26.

19 Mihail Roco and William Bainbridge, »Converging Technologies for Improving Human Health: Nanotechnology, Biotechnology, Information Technology, and Cognitive Science.« Washington, DC: National Science Foundation 2002. Verfügbar unter www.wtec.org/ConvergingTechnologies/1/NBIC_report.pdf, S. 19

20 Vgl. Robert Carlson, *The Promise, Peril and New Business of Engineering Life. Cambridge, MA: Harvard University Press 2010*

21 Synthesebericht für Entscheidungsträger, S. 14, zit. n. www.de-ipcc.de/_media/ IPCC-SynRepComplete_final.pdf

22 Thomas Friedman, *Was zu tun ist. Eine Agenda für das 21. Jahrhundert*, Frankfurt am Main: Suhrkamp 2009, S. 157, 165, 178. Friedman schreibt die Wortprägung »global weirding« Hunter Lovins zu, dem Mitbegründer des Rocky Mountain Institute.

23 National Intelligence Council 2008, S. 61
24 Nicholas Stern, *The Economics of Climate Change. The Stern Review*, Cambridge: Cambridge University Press, 2006
25 »Don't Drink the Water and Don't Breathe the Air«, in: *The Economist*, 26. Januar 2008, S. 41 f.
26 World Health Organization, »Ten Things You Need to Know about Pandemic Influenza«, zit. n. www.who.int/csr/disease/influenza/pandemic10things/en/index.html
27 Summary of Report on Near Eastern Oil, 800.6363/1511–1512 (National Archives, State Department, Washington, DC), 3. Februar 1943, zit. n. Daniel Yergin, Der Preis. Die Jagd nach Öl, Geld und Macht. Frankfurt am Main: S. Fischer 1991, S. 393
28 Vgl. Bijian Zheng, »China's ›Peaceful Rise‹ to Great-Power Status.« *Foreign Affairs* 84.5, 2005, S. 18–24
29 Zit. n. Kynge 2006, S. 13
30 Ipsos-Reid Umfrage (April 2005), zit. n. »Balancing Act: A Survey of China«, in: *The Economist*, Sonderausgabe, 25. März 2006, S. 20, verfügbar unter www.economist. com/specialreports
31 Gallup-Umfrage (Oktober 2007), zit. n. »After Bush: A Special Report on America and the World«, in: *The Economist*, 29. März 2008, S. 9
32 *China Daily*, Mai 1999, zit. n. Hessler 2006, S. 20
33 Resolution der Kommunistischen Partei Chinas (2004), zit. n. »Balancing Act: A Survey of China«, a. a. O., S. 15
34 Bob Graham und Jim Talent, *World at Risk: The Report of the Commission on the Prevention of Weapons of Mass Destruction Proliferation and Terrorism*, New York: Vintage 2008. Verfügbar unter documents.scribd.com/docs/2avb51ejtouadzxm2wpt.pdf, S. XV
35 Norman Angell, *The Great Illusion* (1910), zit. n. Niall Ferguson, *Der falsche Krieg. Der Erste Weltkrieg und das 20. Jahrhundert*, Übers. Klaus Kochmann, Stuttgart: DVA 1999, S. 230
36 Jean Jaurès, zit. n. ebd.
37 Der britische Premierminister Edward Grey im Gespräch mit dem österreichischen Botschafter (Juli 1914), zit. n. ebd.
38 Edward Grey in einem Brief an den deutschen Botschafter (24. Juli 1914), zit. n. ebd.
39 Zit. n. Walter Isaacson, *Einstein: His Life and Universe*, New York: Simon and Schuster 2007, S. 494
40 Lewis Fry Richardson, *Statistics of Deadly Quarrels*, Pacific Grove, CA: Boxwood Press, 1960; Vaclav Smil, *Global Catastrophes and Trends: The Next Fifty Years*, Cambridge, MA: MIT Press 2008, S. 245
41 Ungenannter Angehöriger des indischen Außenministeriums, zit. n. »Melting Asia«, in: *The Economist*, 7. Juni 2008, S. 30
42 Thomas Friedman, *Globalisierung verstehen. Zwischen Weltmarkt und Marktplatz*, München: Econ 2000, S. 22
43 Ders., *Die Welt ist flach. Eine kurze Geschichte des 21. Jahrhunderts*, Übers. Michael Bayer, Frankfurt am Main: Suhrkamp 2008, S. 21
44 Zit. n. Isaacson 2007, p. 494
45 David Douglas sowie die Angaben der International Energy Agency, zit. n. George

Friedman, *The Next Hundred Years: A Forecast for the Twenty-First Century*, New York: Doubleday 2009, S. 4

46 Zit. n. Eric Jones, »›Where is Everybody?‹ An Account of Fermi's Question.« Los Alamos Technical Report LA-10311-MS, 1985. Verfügbar unter library.lanl.gov/infores/reports/

47 Rudyard Kipling, *Die Ballade von Ost und West. Selected poems,* Auswahl und Übers. Gisbert Haefs, Zürich: Haffmans 1992, S. 25

48 Vgl. Jared Diamond, *Kollaps. Warum Gesellschaften überleben oder untergehen*, Übers. Sebastian Vogel, Frankfurt am Main: Fischer 2005, S. 647 f.

Anhang

1 Vgl. dazu Sean Edwards, *Swarming and the Future of Warfare*, unveröff. Diss., Pardee Rand Graduate School 2005, S. 136, zit. n. Singer 2009, S. 100

Bildquellen

Abb. 0.1: Reproduktion aus *Illustrated London News*. Bd. 12, 1. April 1848, S. 222

Abb. 0.2: National Maritime Museum. Copyright © National Maritime Museum, Greenwich, London

Abb. 1.4: Kenneth Garrett/National Geographic Image Collection

Abb. 1.6: Copyright © Universität Tübingen, Foto H. Jensen

Abb. 7.3: Werner Forman Archive, London

Abb. 7.5: Scala/Art Resource, NY

Abb. 8.9: Reproduktion aus Fujiansheng Bowuguan, Hg.: *Fuzhou Nan-Song Huang sheng mu*, Beijing: Wenwu Chubanshe 1982

Abb. 9.7: Scala/Ministero per i Beni e le Attività culturali/Art Resource, NY

Abb. 10.6: Copyright © Corbis

Abb. 10.7: AKG Images, London

Abb. 10.9: Fotografie des Autors von Noel Morris

Register